Du même auteur

Le travail industriel contre l'homme?, Alger, ENAL/OPU, 1986.

Les sciences de la gestion et les ressources humaines, Alger, ENAL/OPU, 1986.

Méthodologie des sciences sociales et approche qualitative des organisations, Montréal-Québec, Presses des HEC et Presses de l'Université du Québec, 1987.

Algérie: entre l'exil et la curée, Paris, L'Harmattan, 1990.

Traditional Management and Beyond: A Matter of Renewal, Boucherville, Gaëtan Morin Éditeur, 1996.

La administracion: entre tradicion y renovacion, Cali, Universidad del Valle, 1996.

A Administração entre a Tradição e a Renovação, São Paulo, Atlas S.A., 1996.

La administracion: entre tradicion y renovacion, 2e édition, Cali, Universidad del Valle, 1998.

En collaboration

La rupture entre l'entreprise et les hommes, Montréal-Paris, Québec/Amérique et Éditions d'Organisation, 1985.

The Symbolism of Skill, Trento, Quaderno 5/6, Departemento di politica sociale, Université de Trento, 1985.

Le comportement des individus et des groupes dans l'organisation, Boucherville, Gaëtan Morin Éditeur, 1986.

La culture des organisations, Québec, IQRC, 1988.

Développer l'organisation: perspectives sur le processus d'intervention, Boucherville, Gaëtan Morin Éditeur, 1989.

Individu et organisations: les dimensions oubliées, Montréal-Paris, PUL-ESKA, 1990.

Organizational Symbolism, Berlin-New York, Walter de Gruyter and Co., 1990.

Vers l'organisation du XXIe siècle, PUQ, 1993.

In Search of Meaning, San Francisco, Jossey-Bass, 1995.

La quête du sens, Montréal, Québec/Amérique, 1995.

Understanding Management, Londres, Sage Publications, 1996.

D'espoir et d'éducation, Montréal, Les Intouchables, 1996.

Le management
entre tradition et renouvellement

3e édition mise à jour

Omar Aktouf

Le management
entre tradition et renouvellement

3e édition mise à jour

gaëtan morin
éditeur

Données de catalogage avant publication (Canada)

Aktouf, Omar

Le management entre tradition et renouvellement

3e éd. mise à jour

Comprend des réf. bibliogr. et des index.

ISBN 2-89105-726-0

1. Gestion.   2. Gestion – Philosophie.   I. Titre.

HD33.A4 2001   658   C98-941670

Tableau de la couverture : *À cœur joie*
Œuvre de **Anne Van Mierlo**

D'origine hollandaise, Anne Van Mierlo est initiée très jeune à la peinture par son père, lui-même peintre. À Paris, où elle habite pendant dix ans, elle se fait une certaine renommée dans le dessin et l'aquarelle. Mais son énergie créatrice prend son véritable essor dans la peinture à l'huile, qui devient sa passion lorsqu'elle s'établit au Canada en 1975. Elle étudie à la faculté des Beaux-Arts de l'Université Concordia de 1977 à 1980. Auparavant, elle étudie l'aquarelle au Centre Visuel d'Art de Montréal et le modèle vivant à Toronto. Depuis dix ans, elle enseigne la peinture et tient régulièrement des expositions.

On trouve les œuvres de Anne Van Mierlo à la galerie Myrka Begis de Saint-Lambert.

Consultez notre site
www.groupemorin.com
vous y trouverez du matériel
complémentaire pour plusieurs
de nos ouvrages.

Gaëtan Morin Éditeur ltée
171, boul. de Mortagne, Boucherville (Québec), Canada   J4B 6G4
Tél. : (450) 449-2369

Il est illégal de reproduire une partie quelconque de ce livre sans autorisation de la maison d'édition. Toute reproduction de cette publication, par n'importe quel procédé, sera considérée comme une violation des droits d'auteur.

Nous reconnaissons l'aide financière du gouvernement du Canada par l'entremise du Programme d'aide au développement de l'industrie de l'édition (PADIÉ) pour nos activités d'édition.

Révision linguistique : Jean-Pierre Leroux

Imprimé au Canada 3 4 5 6 7 8 9 0 1 2   10 09 08 07 06 05 04 03 02 01

Dépôt légal 1er trimestre 1999 – Bibliothèque nationale du Québec – Bibliothèque nationale du Canada

© gaëtan morin éditeur ltée, 1989, 1994, 1999
Tous droits réservés

Remerciements

L'auteur d'un livre, quel qu'il soit, ne peut jamais prétendre faire œuvre totalement personnelle ou originale. C'est nourri de la pensée, de la réflexion, des écrits, du travail et des commentaires d'un nombre considérable de personnes que j'ai entrepris la réalisation de ce livre. Mes remerciements doivent d'abord aller aux inspirateurs premiers et profonds d'un tel travail, ceux qui sont derrière à peu près chaque idée et chaque position défendues tout au long de l'ouvrage : Maurice Dufour et Alain Chanlat. C'est ensuite à l'École des H.E.C. de Montréal, à la direction de la recherche, au service de l'enseignement de la direction et de la gestion des organisations, et aux collègues professeurs de management (en particulier Richard Déry pour ses nombreux commentaires) que doit aller ma gratitude pour la confiance, le soutien et l'ouverture qui ont été témoignés à mon égard. Raymond Chaussé, ancien directeur du service de l'administration et des ressources humaines de l'École, mérite toute ma gratitude pour avoir cru dès le début en ce projet et l'avoir appuyé sans faille. Les fonds d'aide aux chercheurs, le FCAR et le CRSHC, doivent également être mentionnés du fait que la matière et la réalisation de ce livre ont pu profiter des retombées de subventions de recherche accordées depuis 1985.

Lucie Prince, Josée Lachaîne et France Barabé ont droit à toute ma reconnaissance pour leur patience et leur si méticuleux travail de mise en forme. Nylda, mon épouse, a été la lectrice, la critique et la correctrice de chacune des premières lignes écrites ; qu'elle soit remerciée pour sa patience et sa compréhension, et que mes enfants me pardonnent les désagréments que mon travail d'écriture leur impose. J'aimerais aussi que soient spécialement remerciés : celui qui s'est avéré non seulement un remarquable réviseur, mais également un véritable collaborateur averti, cultivé et intéressé, André Duchemin ; Derradji Bouhachi et Frédéric Beaubien, respectivement attaché et assistant de recherche, pour leur collaboration à la synthèse des informations utilisées dans les chapitres 12 et 13.

Comment remercier les générations d'étudiantes et d'étudiants qui m'ont amené à approfondir ma réflexion, à réviser mes positions, à aiguiser mes arguments, à méditer tant d'objections... avant d'arriver à la construction d'un discours, d'abord enseigné, qui ait un minimum de cohérence ?

Enfin, je dois exprimer ma gratitude à l'éditeur, Gaëtan Morin, et plus particulièrement à Mmes Lucie Robidas et Christiane Desjardins, ainsi que Josée Charbonneau, pour la remarquable qualité et la diligence apportées dans un travail qui a été un exemple de cordiale – et très efficace – collaboration.

Pour la troisième édition, je dois mentionner le soutien du Centre d'études en administration internationale – le CETAI – de l'École des H.E.C.

de Montréal, soutien qui a toujours été présent et empressé dès la première édition de ce livre. J'exprime aussi ma gratitude, pour leur aide matérielle et morale, tout particulièrement à M. André Poirier, directeur du CETAI, à M. Raymond Chaussé, directeur du Service DGO, et à Mme Suzanne Rivard, directrice du Service de la recherche. Aussi, merci à Jean-Pierre Leroux, qui s'est fort bien acquitté de la tâche ingrate de la révision.

Pour l'ensemble des parties remaniées de la présente édition, et surtout les chapitres de la deuxième partie, ainsi que pour la mise en forme et la finalisation de l'ensemble du livre, je suis extrêmement redevable au dévouement et au remarquable travail du professionnel de recherche de l'École des H.E.C., M. Farid Ben Hassel.

Table des matières

PREMIÈRE PARTIE
LE MANAGEMENT TRADITIONNEL
DES THÉORIES CLASSIQUES AUX REMISES EN CAUSE RITUELLES
UNE REVUE ET UNE DISCUSSION

DEUXIÈME PARTIE
ÉTUDE DE QUELQUES MODÈLES PERFORMANTS :
LE JAPON, LA CORÉE DU SUD, L'ALLEMAGNE ET LA SUÈDE

**CONCLUSION GÉNÉRALE
VERS UN NOUVEAU MANAGEMENT ET D'AUTRES VALEURS EN GESTION**

Avant-propos de l'édition antérieure

> « Ce n'est que si les dirigeants sont
> des philosophes que l'humanité
> sera sauvée. »
> Ludwig von Bertalanffy

Moins d'une année depuis la première parution de ce livre, et presque simultanément, sont sortis de nombreux ouvrages plaidant la même cause ou allant dans le même sens. Des auteurs de renom s'engagent de plus en plus dans ce qui est devenu une sorte de bataille à fronts multiples : faire comprendre et faire admettre que la gestion « réussie » de demain doit être en presque totale rupture avec celle d'hier. Citons, à titre d'exemple, Mintzberg (1989a et 1989b), Crozier (1989), Etzioni (1989), Sérieyx (1989), Orgogozo et Sérieyx (1989), ou encore Olive (1989), Martineau (1989), Packard (1989), Michel (1989), Gondrand (1989), Kélada (1990), Maury (1990), Minc (1990), Waterman (1990)[1].

Chacun y va de sa formule choc : « le management est victime des *business schools* » (Mintzberg), « la société est devenue ingérable à cause du management » (Mintzberg), « la gestion par les chiffres conduit à des actes immoraux » (Mintzberg), « passer de la logique de l'obéissance à la logique de la responsabilité » (Sérieyx), « un homme motivé est un homme libre » (Michel), « je n'ai pas trouvé de façon d'aider des classes remplies de "MBA" à voir qu'il y a plus important dans la vie que juste l'argent, le pouvoir, la gloire et l'intérêt personnel » (Etzioni). Mais derrière ces formules choc se construisent toute une vision, une interprétation et une prescription d'un management et d'un comportement managérial radicalement différents de ceux que nous avons hérités de la tradition courante en Occident depuis les Taylor, Fayol et autres Drucker ou Maslow. Ce « nouveau management » doit permettre de miser, disent en chœur la plupart de ces auteurs, d'une part sur « la » ressource fondamentale, les personnes humaines, et d'autre part sur une prise de conscience de l'importance du client et de la qualité offerte ainsi que de l'ampleur des coûts sociaux et écologiques de plus en plus nécessaires à la réalisation des profits privés, mais qu'on ne peut plus se permettre.

Cette double exhortation constitue en quelque sorte le fil conducteur du présent livre. Mais le management, aussi bien comme discipline que comme pratique, est tissé de nombreux fils différents, aux racines, aux

---

1. Voir les références complètes dans la bibliographie générale.

ramifications et aux entrecroisements tout aussi différents : préjugés ances-traux, croyances, convictions sociopolitiques, sociologiques, économiques, psychologiques, etc. C'est donc dire l'énormité de la tâche qui doit viser, pour reprendre le titre du livre d'Orgogozo et Sérieyx, jusqu'à « changer le changement ».

Déjà, au début des années 1980, le plus que célèbre P.-D.G. de Chrysler, Lee Iaccoca (1985), s'exclamait : « On ne peut avoir de vrais changements que si l'on est prêt à changer soi-même. » Or, le changement qui nous attend – et il y a déjà urgence – est un changement non seulement radical, mais d'une ampleur souvent insoupçonnée : il s'agit bel et bien d'un ren-versement de traditions profondément enracinées, d'un retournement com-plet de certitudes et de convictions, d'un accès à une vision autre de tout ce qui entoure et fonde les actes et les rapports de production des biens et services.

C'est là une des conditions de base du passage d'un management de moins en moins productif, basé sur la hiérarchie, la discipline, la méfiance, le contrôle, la prévisibilité chiffrée, etc., à un management bien plus rentable et moins dommageable qui, lui, se construit sur la confiance, la proximité, le partage, la complicité et le soutien mutuel[2].

Reste à savoir comment passer d'une forme de management à l'autre. Mais, comme j'essaie de le montrer dans ce livre, la réponse à ce « comment » passe par un dorénavant incontournable « pourquoi ». Pour-quoi en sommes-nous là aujourd'hui ? Peut-on être indéfiniment animé d'un esprit rentabiliste assez étroit et égoïste pour penser uniquement en termes pécuniaires et concevoir l'air, l'eau, la terre, etc., comme des « facteurs » gratuits et inépuisables ?

Après la catastrophe de Saint-Basile-le-Grand[3], le premier ministre du Québec déclarait qu'il ne pouvait, « **en quelques semaines, remédier à deux cents ans d'inconscience** ». Il faisait bien sûr allusion à deux siècles de comportements industriels « inconscients » des questions écologiques et des questions socio-humaines qui en découlent (sans parler de l'énormité des coûts économiques que ces comportements entraînent). N'est-il pas déjà grave en soi d'avoir à reconnaître que le comportement ancestral de celles et ceux qui constituent le fer de lance des sociétés libérales industrielles est entaché d'« inconscience » ? Car, qu'on ne s'y trompe pas et qu'on cesse une généralisation qui ne rend service à personne : ce n'est ni **l'homme**, ni **l'être humain**, ni **l'humanité** qui est responsable de ce qui se passe autour de nous (et donc de cette « inconscience »). Ce n'est qu'une poignée de per-sonnes qui portent le plus gros de cette responsabilité, celles qui, à travers

---

2.   Les termes « productif » et « rentable » doivent être pris dans un sens incluant le souci fonda-mental du bien-être général, du non-gaspillage, de l'équité et de la non-pollution.

3.   Incendie d'un dépôt de BPC (biphényles polychlorés) dans la région de Montréal durant l'été 1988.

le monde, ont le pouvoir de décider et de mener l'action de puissances industrielles et commerciales souvent colossales. Ce sont les intérêts poursuivis par ces personnes ou par celles qu'elles représentent qui guident et fondent ces comportements ; certainement pas la volonté d'une « humanité » prise dans sa majorité ou dans sa globalité. Celle-ci ne fait, la plupart du temps, que subir, souvent même lorsqu'elle croit choisir[4].

Me voilà à répondre à une des objections les plus importantes qu'on a soulevées à propos du présent livre : pourquoi est-ce que je « m'acharne » à en mettre tant sur le dos de ces « pauvres dirigeants » et gestionnaires qui font ce qu'ils peuvent, qui sont de bonne foi et qui ont déjà bien des problèmes ? On comprendra, je l'espère, que je ne remets en cause ni leur bonne foi ni leurs bonnes intentions. Cependant, qui pourrait nier aujourd'hui la cruciale importance des décisions qu'ils prennent pour notre vie et notre avenir à tous ? Peut-être sont-ils inconscients, mais a-t-on le droit de l'être quand on détient les leviers d'une puissance telle que la puissance industrielle[5] ? Et puis, n'a-t-on pas délibérément choisi d'ignorer les avertissements, vieux de plusieurs décennies, des Galbraith, des Dumont, des rapports du Club de Rome, des mouvements écologistes ?

On peut alors accuser « le système » auquel, dit-on, tout le monde participe. Soit, mais interrogeons-nous un instant sur les maillons les plus déterminants dans ce système : les décideurs, leurs mentalités, leurs croyances... partout et à tous les niveaux. Il ne s'agit ici ni de catastrophisme, ni de sensiblerie gratuite, mais de nécessité vitale et urgente pour demain et pour tous. La productivité, l'innovation et le succès ont changé de camp d'une part, et d'autre part il n'est plus possible d'ignorer la facture – déjà colossale – des coûts écologiques et sociaux de l'activité économique telle qu'elle a été conduite jusqu'à maintenant. Ce n'est pas impunément ni indéfiniment que l'on peut évacuer l'écosystème – et nos semblables non solvables – de nos calculs économiques. Le maximalisme et le court terme ont atteint leurs limites, ainsi que l'entreprise pyramidale-hiérarchique-cloisonnée, autoritaire et ne cherchant le plus souvent chez ses employés que productivité à moindre coût, soumission et docilité[6]. Les variables clés de la réussite ne sont absolument plus aujourd'hui ce qu'elles étaient durant les trois premiers quarts de ce siècle. Ce n'est plus « faire faire en masse » ni faire beaucoup et plus vite. « L'homme qu'il faut à la place qu'il faut » et l'ouvrier hyperactif, besogneux, silencieux et soumis aux prescriptions

---

4. La manipulation des besoins et de la consommation des populations n'est plus un secret pour personne aujourd'hui. Et même si on peut soutenir que l'Occidental moyen a « choisi » d'utiliser des réfrigérateurs au fréon et des automobiles en masse qui augmentent la pollution globale, en quoi l'Indien, le Chinois, ou le Bangladeshi partage-t-il cette « responsabilité » alors qu'il en subit tout autant les dommages ?
5. Lorsque je parle de cette puissance industrielle, c'est dans un sens planétaire qu'il faut le prendre et, aussi, dans un sens incluant la partie liée aux milieux administratifs et politiques.
6. Je m'expliquerai largement sur cela tout le long du livre. Mais on peut aussi trouver le même genre de positions dans, entre autres, Sérieyx (1989 et 1993).

ont donné tout ce qu'ils pouvaient donner. Un saut qualitatif majeur s'impose assurément. Les variables du succès sont désormais « faire mieux », « faire plus fiable » et « faire avec infiniment moins de gaspillage ». Même et y compris dans la seule poursuite du succès financier, qui dépend de plus en plus d'une qualité sans cesse améliorée.

Lorsqu'au début des années 1980 on accusait le Japon de profiter de la faiblesse de sa monnaie, de l'ouverture des marchés occidentaux, etc., pour allègrement « dumper » ses produits en Europe et en Amérique, on a pris des mesures qui ont provoqué chez les Japonais des réactions qui ne laissent pas d'étonner l'Occident. En effet, au lieu des séries de compressions dramatiques attendues face à ces mesures (relèvement du yen, contingentement des produits japonais et rééquilibrage des balances commerciales), on assista, interloqué, à une série d'investissements supplémentaires du Japon : dans la qualité (pour compenser la hausse du yen) et dans la production à l'étranger (pour contourner les problèmes de contingentement et de déséquilibre des balances commerciales)[7]. Sérieyx (1989) donne aussi l'exemple de Sumitomo qui a su redresser une faillite dans l'industrie du pneu et en faire un succès éclatant : Dunlop, en plein cœur de la France. Le « secret » a été simple : les Japonais n'ont pas hésité à investir dans la qualité de la vie, la propreté, le confort des lieux et la dignité des travailleurs. Sumitomo a su faire de ces travailleurs des employés complices, de vrais partenaires intéressés et fiers[8].

Mais il convient de savoir une bonne fois que tout cela n'est pas que *workaholism* ou manipulation ou techniques managériales hors pair. C'est bien plutôt la capacité simple et concrète de faire de l'entreprise un lieu agréable à vivre pour tous, un lieu où les sorts sont liés et où la complicité est active entre tous. Comment ceux qui ne cessent de clamer que le « fossé culturel » est trop vaste et qu'il faut à l'Occident des façons de faire « radicalement différentes » peuvent-ils expliquer ces fulgurantes réussites japonaises sur le sol même des Occidentaux, avec des employés occidentaux ? Faut-il continuer à faire passer le chauvinisme avant le bon sens[9] lorsqu'on voit le Japon se rendre maître des banques, de géants comme Columbia et Universal, de ranches du Mid-West, ou de centres d'affaires aussi prestigieux que le Rockefeller Center de New York[10] ?

---

7. Voir, pour détails et chiffres, « Le Japon plus fort que jamais », *Le Monde*, sélection hebdomadaire, 6 août 1989.
8. Sérieyx (1989). *Le zéro mépris*, InterÉditions, p. 29 et suivantes.
9. Mintzberg (1989b) parle expressément de ce que les Japonais, faute de MBA et de *business schools*, ont, par rapport à l'Occident : « la supériorité du bon sens » et « l'apprentissage sur le terrain ».
10. Nous verrons, dans le chapitre consacré au Japon, qu'il n'est aucunement question d'idéaliser ce pays ni d'en cacher les difficultés, mais d'être réaliste et d'accepter de réfléchir sur les leçons qu'on peut en tirer sans monter en épingle ses moindres revers et en tout réalisme comme le préconise Maury (1990).

Pourtant, même un Iaccoca (1985) voyait et préconisait avec justesse l'essentiel de ce qu'il faut implanter en Occident : égalité et équité, aussi bien dans les profits que dans les sacrifices. C'est une des conditions *sine qua non* pour passer d'une main-d'œuvre passive et réfractaire à une main-d'œuvre mobilisée et productive.

La variable clé du succès d'aujourd'hui nécessite des employés que leur intelligence soit active et mobilisée sans relâche, répètent inlassablement tous les nouveaux gourous du management. Mais comment cela est-il possible sans changer radicalement tout ce qui, dans la façon traditionnelle de gérer, allait – et continue d'aller – précisément à l'encontre de l'employé-partenaire ?

La réponse à cette question – et c'est là ma réplique à une deuxième objection concernant le côté « trop historique » ou « trop intellectuel » de ce livre – est évidemment multidimensionnelle et complexe. Elle passe nécessairement par la compréhension complète et impartiale de la gestion d'aujourd'hui, de ses origines, et de ce vers quoi nous nous dirigeons[11]. La gestion est action, et toute action humaine est d'abord théorie, explicite ou non. Or, comme l'action intelligente est précisément celle qui a le plus conscience des théories implicites qui la fondent (ce au nom de quoi on décide et les savoirs mis en jeu), il n'y a aucun moyen d'échapper à l'interrogation théorique approfondie[12]. « Ce dont on a le plus besoin en management, s'exclame Gareth Morgan (1989), c'est d'une **pensée critique**. » C'est là justement ce que j'entends par interrogation théorique.

C'est aussi ma réponse à une troisième objection par laquelle on me demande pourquoi j'expose tellement en détail le management traditionnel, si c'est pour le « démolir ». D'abord, je n'ai jamais eu l'intention de le démolir mais bien de le comprendre et d'attirer l'attention sur ses aspects aujourd'hui désuets ou nocifs. Ensuite, une pensée critique doit faire un tri et partir de nouvelles bases (aspects du management traditionnel encore utiles et reconductibles) pour être constructive. C'est ce que je pense faire. Cela ne va évidemment pas sans inconvénients : répétitivité de la « grille » de lecture utilisée, redondance, retours sur les éléments clés, une certaine complexité dans le vocabulaire et l'analyse, etc. Mais c'est là le prix auquel il faut consentir pour effectuer un travail de réflexion et d'approfondissement qui en soit vraiment un, pour tenter de traiter le complexe dans son propre langage. Être critique ne signifie pas dénigrer ni détruire, mais être lucide et vigilant et prêt à se remettre en question quand cela devient une nécessité. C'est « déconstruire » pour mieux reconstruire.

11. D'où le nombre de références historiques, scientifiques ou théoriques que certains commentateurs ont trouvé trop important.
12. Ce que j'appelle « théorie » ici peut être tout simplement le tissu de croyances, certitudes, connaissances, préjugés, etc., avec lesquels le gestionnaire – « homme d'action » – agit ou décide.

On m'a aussi reproché de donner trop de place aux retours sur les classiques : Taylor, Fayol, Weber, Mayo, etc., et pas assez aux « propositions » du « nouveau management ». Or, comment entrevoir ce que pourrait être un management de demain si on n'a pas pris soin de comprendre dans ses moindres recoins celui d'hier et d'aujourd'hui ? Quand on sait que bien agir, c'est d'abord bien comprendre. Quand on sait que ce sont précisément les failles du management actuel qu'il nous faut connaître pour ne pas hypothéquer les voies de demain. Il faut donc, même si cela peut sembler fastidieux, s'interroger en profondeur sur ce que nous faisons, sur ce que nous avons toujours fait, et voir comment en chacun et chacune de nous, à tous les niveaux, et que nous en soyons conscients ou non, sommeille un Taylor, un Fayol ou un Weber souvent déformés, dénaturés, mal compris, mal appliqués... par un siècle de domination d'une idéologie hyper-maximaliste.

Enfin, pour conclure cet avant-propos, j'aimerais commenter une dernière objection où l'on me reproche de trop citer, d'embellir et d'idéaliser des « modèles » pour lesquels j'aurais un « faible » : la Suède, le Japon, l'Allemagne, la compagnie québécoise Cascades, « sans vraiment donner de solutions de rechange », sans « rien proposer aux managers pris avec leurs problèmes concrets ». En fait, n'importe quel observateur plus ou moins attentif peut constater combien ces « modèles » sont repris et cités en exemple par toutes sortes de milieux et de médias[13], sans compter la masse de livres, de rapports, d'études, etc., qui leur sont consacrés. Je suis donc loin d'être le seul à les reprendre. Cependant, ce que je tente de faire, c'est de voir avec le plus de précision et d'objectivité possible ce qu'il y a derrière ces succès étonnants, ce qui en est le fondement et pas seulement l'apparence. Voilà ce qui servira à bâtir une autre façon de gérer. Ce sont là mes propositions concrètes : comprendre en quoi le management traditionnel doit être dépassé, ce en quoi et pourquoi les modèles plus productifs font mieux, et enfin synthétiser les principales raisons historiques et scientifiques qui nous dictent de viser désormais un management synonyme de partage, d'ouverture, de solidarité, d'équité, d'optimum et d'équilibre[14]. Combinée avec l'analyse détaillée des modèles cités plus haut, cette synthèse constitue un ensemble de façons d'être et de faire pour demain, tout à fait concrètes

---

13. Ainsi, à l'émission *Le Point* de Radio-Canada du 9 janvier 1990 consacrée à l'état de l'économie, le Japon, la Suède et l'Allemagne ont été cités en exemple à maintes reprises et la compagie Cascades fait l'objet d'un téléfilm, une première au Québec : *L'or et le papier*.

14. Farnham (1989), dans le magazine *Fortune*, montre comment un des obstacles les plus sérieux à la productivité et à la complicité dans les entreprises américaines est l'ampleur du fossé entre les payes, avantages, privilèges, etc., des dirigeants par rapport à ceux des employés. Ce fossé va en se creusant de plus en plus dramatiquement, érodant du même coup la motivation et la confiance des travailleurs (de 1979 à 1988, le salaire des employés a augmenté d'environ 50 % tandis que celui des dirigeants a augmenté de près de 200 % !). De même, *Business Week* (30 mars 1992) se livre à une critique en règle, par *cover story* interposée, des vertigineux montants que s'octroient les dirigeants américains ; le titre de l'article en dit long sur le contenu : « Executive Pay... out of Control ».

et explicites, sauf pour celles et ceux, encore nombreux, qui ne veulent de « solutions » que dans le sens de leurs propres désirs.

Il ne s'agit plus de remplacer des recettes par d'autres recettes (ce en quoi je me démarque de la plupart des auteurs-réformateurs contemporains), mais de transformer radicalement, tout en comprenant pourquoi, nombre de nos convictions et de nos pratiques managériales actuelles. C'est, je crois, dans ce sens qu'il convient de comprendre la formule de Bertalanffy voulant que les dirigeants de demain soient des philosophes[15]. Il est plus question de sagesse que d'aveugle volonté de puissance et de richesse. Sans la première, la seconde n'est que feu de paille, violence, fuite et échecs cuisants à terme. Et la sagesse commence par un effort de compréhension manifeste et complet de nos actes et de tout ce qui constitue notre environnement, sa qualité et sa durabilité.

---

15. Cela est loin d'être une sorte de boutade gratuite. Des études très sérieuses (Delvin 1986, Hurka 1990) montrent que, pour mieux réussir en tant que gestionnaire, il est de loin préférable de posséder aussi des « humanités » et même plus spécifiquement, tests à l'appui (comme le GMAT ou le taux de succès aux hautes directions), une formation de base en philosophie !

Avant-propos de la troisième édition

Je n'ai à peu près rien à ajouter à l'avant-propos de l'édition révisée précédente, sinon que la tendance de publications d'articles et d'ouvrages
renforçant le sens critique et réformateur que j'ai délibérément donné à ce
livre ne fait que se préciser davantage et montrer combien il est grand
temps que le management amorce une profonde remise en question. Du
Big bang des organisations de Sérieyx au *Coût de l'excellence* de Aubert et
de Gaulejac, en passant par *Au delà du capitalisme* de Drucker, des dizaines
d'écrits plaident plus fort que jamais pour le changement radical, dans la
doctrine et dans la pratique, d'à peu près tout ce qui a fait la quasi
centenaire « tradition » du management occidental.

Le contenu du présent ouvrage est donc plus que jamais d'actualité.
C'est pourquoi l'essentiel en reste sans changement, sinon de mise à jour
ou d'amélioration. Les modifications les plus substantielles concernent
l'ampleur des arguments critiques (considérablement réduits, puisqu'ils sont
dorénavant bien plus admis), l'ajout d'un chapitre sur la Corée du Sud et
son étonnante expérience et, enfin, l'actualisation et l'approfondissement
des chapitres concernant l'Allemagne, la Suède, le Japon et les fondements
d'un « management renouvelé ».

Avertissement

Dans cet ouvrage, le masculin est utilisé comme représentant des deux sexes, sans discrimination à l'égard des hommes et des femmes et dans le seul but d'alléger le texte.

« Je n'ai pas d'autre but, en allant par
les rues, que de vous persuader, jeunes
et vieux, qu'il ne faut pas donner le
pas au corps et aux richesses, et s'en
occuper avec autant d'ardeur que du
perfectionnement de l'âme. Je vous
répète que ce ne sont pas les richesses
qui donnent la vertu, mais que c'est
de la vertu que proviennent les
richesses et tout ce qui est avantageux,
soit aux particuliers, soit à la cité. »
Socrate, *Apologie*

« C'est en échangeant les dons
de la terre que vous trouverez
l'abondance et serez comblés.
Cependant, à moins que l'échange ne
se fasse dans l'amour et la justice
bienveillante, il conduira les uns
à l'avidité et les autres à la faim. »
Khalil Gibran, *Le prophète*

Introduction générale

Pourquoi, en 1994, écrire encore un livre sur le management? Qu'est-ce qu'un autre auteur, dans ce domaine où on a déjà tant écrit, aurait à dire de plus ou de différent? Le lecteur pourrait se demander, non sans raison, si ce n'est pas là un manuel qui répète, une fois de plus, ce qui s'enseigne depuis le début du siècle, et où l'auteur se contente, comme il arrive souvent, d'ajouter un petit grain de sel personnel: dans l'approche, dans la séquence des chapitres ou dans l'introduction d'un ou deux thèmes à la mode.

J'écris «non sans raison» car il faut bien l'admettre, et des auteurs connus comme Herzberg (1980) ou Staw et Salancik (1977) le clamaient déjà tout haut: l'écrasante majorité de ce qui se publie dans ce domaine n'est, bien souvent, que redites et réutilisations de «concepts parfois, précisaient-ils, vieux de vingt ans». Déjà, en tant qu'étudiant en gestion, j'étais constamment frappé par le caractère répétitif, le manque de perspective et de profondeur, et la relative pauvreté conceptuelle de la matière qui nous était enseignée. Ensuite, en tant que gestionnaire, je ne tardai pas à me rendre compte combien le fossé était parfois grand entre réalité concrète et théories apprises. Enfin, en tant que chercheur et professeur de management, je me trouve de plus en plus forcé à puiser dans plusieurs autres disciplines (ethnologie, histoire, économie, sociologie, psychanalyse, linguistique, etc.) pour éclairer de nombreux points importants à peine effleurés, sinon totalement négligés par les écrits traditionnels sur le management.

Le management est un domaine du savoir où domine l'idéologie, et non la science (affirmation sur laquelle je m'expliquerai tout au long du livre), et surtout où, fait plus grave, les théories prescriptives et normatives continuent, malgré les changements profonds survenus durant les dernières décennies, à toujours reconduire, à quelques nuances près, les mêmes conceptions fondamentales concernant l'entreprise, le dirigeant, l'employé, la motivation, le comportement, etc.

Il y a bien sûr, çà et là, depuis le début des années 1980 surtout, un certain nombre d'ouvrages qui prétendent réformer, revoir, corriger et même «révolutionner[1]» le management. De nombreux «gadgets» et pratiques plus ou moins à la mode sont recensés, expliqués, préconisés et louangés: cercles de qualité, culture d'entreprise, projets d'entreprise, héros d'entreprise, gestion par les «champions», gestion par les symboles, qualité totale.

J'ai finalement été amené, dans mon travail de professeur, à débroussailler le foisonnement d'écrits et de théories, à procéder à la fois à un

---

1. Comme *Le chaos management* de T. Peters (1988). Voir, pour une critique de ces pseudo-révolutions, entre autres, Kervern (1986).

élagage et à un enrichissement de la matière que j'enseigne par la synthèse de lectures plus variées et par l'intégration de la réflexion sur ma propre pratique de gestionnaire et sur les résultats de mes recherches de terrain. Devant le recul et les dommages que ne cessent de subir le niveau et la qualité de vie dans des contrées de plus en plus nombreuses du globe[2], une idée-force s'impose à moi de façon impérieuse. Je crois qu'il faut revoir et reformuler une bonne partie de ce à partir de quoi nous modelons nos vies et notre environnement : la pratique managériale et ses présupposés les plus répandus. Car ce sont des « gestionnaires », qu'ils soient fonctionnaires, en politique ou dans l'entreprise privée, qui impriment par leurs décisions, et les moyens de plus en plus considérables dont ils disposent, à notre vie quotidienne, et à notre avenir, leur tournure et leur contenu. Cela pose une incontournable question de finalité : vers quoi nous mène ce qui anime les gestionnaires ? quelle est la raison d'être de la gestion ? celle-ci est-elle immuable ? va-t-elle dans le sens d'un « progrès » pour tous ? ne soulève-t-elle que des questions de savoir-faire technique ou économique[3] ?

Tout au long de ma carrière, j'ai aussi été frappé de l'insistance avec laquelle on pose constamment et presque exclusivement, en management, les questions du « comment » et du « combien » ; mais à peu près jamais celle du « pourquoi » ni celle, comme me le rappelle avec justesse Maurice Dufour, du « pour qui ». On considère, bien sûr, la réponse à tout pourquoi comme évidente (pour « avoir plus », « être plus riche », pour le « progrès »), ou on écarte la question, tout simplement ; ce que j'ai vu faire mille fois dans les milieux de la gestion, sous prétexte qu'il s'agit là d'une question « philosophique » (sous-entendu : inutile et vaseuse). Il en est évidemment de même pour ce qui concerne la question « pour qui », toujours éludée au profit d'un éternel et sous-entendu « bien-être général ».

Pourtant, si l'on s'y arrête un instant, on verra bien que rien n'est évident et que rien ne va de soi, et que, plus que jamais, devant les crises, devant les déficits budgétaires, devant la dure concurrence provenant de l'Asie du Sud-Est, devant les graves accidents écologiques de plus en plus fréquents et devant la dégradation de notre environnement (l'*Exxon Valdez*, l'amincissement de la couche d'ozone, l'*Amoco Cadiz*, Bhopâl, Tchernobyl, Three Mile Island, Seveso, Sandoz, marées vertes et rouges de la mer du Nord, Saint-Basile-le-Grand, pollution irréversible du bassin des Grands Lacs), il convient de se poser des questions de fond et d'essayer de comprendre ce qui s'est passé et en quoi nos façons de gérer et de concevoir la finalité de la gestion et de l'activité économique doivent être corrigées. Car enfin, qu'on le veuille ou non, qu'il s'agisse de la gigantesque pollution

---

2.   Des régions entières comme le Soudan et le Bangladesh, par exemple, sont, disent plusieurs spécialistes, de moins en moins habitables du fait des transformations climatiques dues à l'excès d'oxyde de carbone dans l'atmosphère.

3.   Il est bien entendu que lorsque je parle ici de « gestionnaires », je vise celles et ceux qui, partout à travers le globe, occupent des positions de décision, tous régimes confondus.

du golfe du terminal de Valdez en Alaska, des chlorofluorocarbures qui détruisent la couche d'ozone, des oxydes de carbone qui réchauffent la terre, ou de la fuite de gaz toxique de Bhopâl, ou encore de l'incendie du dépôt de biphényles polychlorés (BPC) de Saint-Basile-le-Grand, nous sommes bel et bien en présence de **fautes gestionnaires**. La situation globale actuelle, qui ne manque pas d'être inquiétante, est la conséquence de décisions de gestionnaires, dont le maillon le plus déterminant est celui du manager de l'entreprise à but lucratif, qui ne prend en considération, dans la plupart des cas, de nos jours, qu'une logique et une seule : celle du gain maximal, du court terme et du coût minimal (ignorant que « coût minimal » signifie souvent « coûts reportés » ou déplacés, c'est-à-dire une « facture » différée et généralement bien plus élevée). Encore une fois, que ce manager dirige une entreprise à Hong-Kong, à Moscou, à São Paulo, à Dakar ou à Dallas, partout les conséquences de l'activité industrielle sont aussi bénéfiques que dommageables, à moins qu'elles ne soient aujourd'hui plus dommageables que bénéfiques, comme le prétendent des spécialistes tels que Dumont (1988).

Se pose donc désormais avec acuité la question de savoir si le gestionnaire d'aujourd'hui et de demain peut demeurer animé d'une telle mentalité et habité par un tel mépris des connaissances et préoccupations plus globales, plus fondamentales, plus écologiques, et plus simplement sociales et humaines. Peut-il impunément continuer à se conduire, comme une mode aussi cynique que scientifiquement retardataire[4] le prône même à l'échelle des gouvernements, en faiseur de surplus ou de valeur ajoutée monétaire indifférent ? Il faut pourtant bien se rendre compte que les coûts d'une telle attitude commencent à annuler et à dépasser les bénéfices réalisés jusquelà (misère grandissante du Tiers-Monde en passe de devenir totalement insolvable, déchets industriels hautement dangereux qui se promènent, par bateaux entiers, à travers les océans et dont on ne sait plus que faire, etc.). « L'économie de profit », avertit Dumont (1988), « loin de freiner les gaspillages, la pollution, les armements, la surpopulation, les inégalités sociales, les encourage ou, pire, n'arrive plus à les contrôler. »

L'un des plus importants économistes et penseurs qu'ait connus l'Amérique et que Einstein disait être la personnalité scientifique qu'il admirait le plus, Thorstein Veblen, a même écrit, au début de notre siècle, que le comportement de gens d'affaires, de chefs d'industries et de gestionnaires uniquement préoccupés de fructification rapide, de profits et de spéculation, est un comportement d'agents non pas d'amélioration économique et de progrès mais, à long terme, de destruction (Veblen 1912 et 1932). On est

---

4. Il est scientifiquement retardataire de continuer à penser que les niveaux de vie peuvent monter partout, à croire que la croissance est indéfinie, que la maximalisation est le meilleur facteur de progrès, que le modèle de l'entreprise (maximiser les gains) est le modèle idéal pour les sociétés. Je m'en expliquerai plus amplement dans d'autres chapitres. Voir à ce propos, entre autres, Passet (1983 et 1987), Capra (1983), Etzioni (1988), Rapport du Club de Rome (1993).

bien forcé d'admettre aujourd'hui qu'il voyait juste et loin, devant les dégâts qui se succèdent et dont on ignore encore l'ampleur et les réelles conséquences à long terme.

Bien sûr, faire de l'argent, pour l'entreprise destinée à cela, en accumuler, le faire fructifier davantage, etc., n'a rien de blâmable en soi, mais la manière, elle, peut l'être. Comme je le dis souvent en guise de boutade à mes étudiantes et à mes étudiants, si la gestion (dans le sens de conduite d'affaires privées) n'avait pour finalité que de savoir comment faire de l'argent, le plus, le plus vite possible[5], il leur suffirait d'imiter Al Capone ou de se livrer à la vente de la drogue. Ce qui distingue bien entendu le manager, c'est non seulement l'honnêteté mais aussi l'utilité (dans le sens également de non-nuisance et de réel facteur de progrès pour tous), et « l'intelligence » dans sa façon de faire de l'argent[6].

Mais qu'est-ce que faire de l'argent intelligemment, aujourd'hui où même les Jeux olympiques (Los Angeles, par exemple) doivent être rentables ? C'est la question à laquelle veut tenter de répondre ce livre. En une phrase ce serait : faire fonctionner des organisations et réaliser des profits, quand cela en est le but, sans sombrer dans les excès du maximalisme traditionnel qui mènent à la souffrance, dégradent et souvent détruisent aussi bien les milieux internes (les employés) qu'externes (l'environnement) de l'entreprise. Personne n'a à gagner d'une telle attitude, à commencer par l'homme d'affaires ou le gestionnaire lui-même, qui refuse de voir qu'il est en train de scier la branche sur laquelle il est assis. Et cela est aussi valable à l'échelle des nations.

De plus en plus de chefs d'États, dont le président français (lors du sommet du « G-7 » en 1988), rappellent aux dirigeants des pays les plus fortunés du globe que leur propre avenir et leur propre survie dépendent d'un changement radical d'attitude : cesser d'être indifférents au sort du Tiers-Monde, sort grandement lié à la façon d'agir du monde industrialisé[7], et cesser de se comporter en prédateurs envers la nature. Une participation et un partage plus équitables sont désormais un chemin vital pour tous, car si le Tiers-Monde continue à s'appauvrir, c'est toute la planète qui

---

5.   Je pense qu'on peut désormais se passer de la langue de bois qui consiste à faire croire que le but premier est de « satisfaire des besoins de consommateur », de « fabriquer un produit de qualité ». Même si cela est, le moteur fondamental reste de « faire de l'argent » et, s'il le faut, à n'importe quel prix (Servan Schreiber 1980, Walraff 1986, Pfeffer 1979). De plus, comme le dit si bien Weber (1971), les besoins et les désirs que l'entreprise cherche à « satisfaire » ne sont jamais que les besoins et désirs **solvables**.

6.   On peut parler aussi bien du gestionnaire de l'entreprise privée qui **doit** réaliser des profits que de celui du secteur public qui, de nos jours, est partout poussé à rentabiliser, ou tout au moins à autofinancer les activités dont il a la charge.

7.   Le lecteur intéressé à comprendre comment et pourquoi le sort du Tiers-Monde est lié au comportement du monde industrialisé peut se référer à : Servan Schreiber (1980), Jalée (1965), Amin (1976), Gray (1978), Furtado (1964 et 1976), Bedjaoui (1978), Capra (1983), Clairmonte et Cavanagh (1986), Dumont (1988).

suivra. Tout cela entraîne, et là-dessus je suis tout à fait d'accord avec Peters (1988), même si je ne partage pas le genre de solutions qu'il préconise, qu'une véritable « révolution » est dorénavant urgente, et dans la mentalité, et dans la pratique des managers de tous niveaux.

Une participation-partage avec employés et ouvriers est à présent tout aussi nécessaire au sein de l'entreprise, pour sa propre survie (Peters 1988, Weitzman 1986). C'est, on le verra, vers quoi devra tendre ce que j'appellerais la gestion intelligente de demain. On verra également qu'il y a des raisons scientifiques et théoriques très sérieuses à cela, aussi bien dans le sens de « sciences exactes », pour ce qui concerne le milieu extérieur, que de « sciences humaines et sociales », pour ce qui touche à la vie interne et à la productivité de l'entreprise.

Le biologiste P. Hopkins (1985), tout en rappelant que les « sombres prévisions du Club de Rome[8] », malgré les critiques et les dénégations de bien des gens de politique et d'affaires, se sont non seulement avérées exactes mais encore plus rapides et plus intenses, nous donne matière à réflexion, à nous, gestionnaires ou chercheurs en gestion :

> [...] le gaspillage de notre système socio-économique contemporain se fait à une telle échelle et pourrait avoir des conséquences si graves qu'on doit chercher à savoir s'il est réellement à ce point inévitable (p. 85).
>
> On constate que la véritable étendue des dégâts qui s'ensuivent et leurs conséquences à long terme sont impossibles à définir et à chiffrer. On constate également que l'on ne peut réparer ces dégâts que partiellement et que les moyens disponibles sont souvent dérisoires [...] (p. 90).

De Three Mile Island à l'*Exxon Valdez*, et du Boeing de la KAL à l'Airbus iranien, on a en effet bien vu la **défaillance de l'infaillible**[9].

> Ces événements ont parfois révélé le fait que les défaillances étaient dues à une recherche de rentabilisation qui augmentait les risques [...] la recherche de rentabilité monétaire immédiate – pour une activité commerciale particulière – augmente de toute évidence les risques courus par la communauté dans son ensemble (p. 90).

En 1980, se tenait à Montréal, à l'École des hautes études commerciales, un colloque international de mise au point sur l'activité et la vie de l'entreprise, regroupant plus d'une douzaine de sommités des sciences de la vie et des

---

8. Le Club de Rome est une sorte d'association regroupant des intellectuels de renom (surtout des économistes) et des gens d'affaires. Fondé en 1968, il s'occupe de prospective de la croissance mondiale et de maîtrise des nuisances qui en découlent, considérées déjà, en 1968, comme **graves**. Signalons que Dumont (1988) fait le même constat que Hopkins.

9. Les accidents meurtriers successifs, ces dernières années, dans l'aviation civile (notamment en Grande-Bretagne et aux États-Unis) et les chemins de fer (notamment en France, en 1988) ont donné lieu à des mises en cause très claires des politiques de rentabilité poursuivies qui, en baissant les effectifs et en réduisant les contrôles, concourent directement à l'augmentation des risques. C'est pourtant ce qu'on considère souvent comme de la « bonne gestion » : rationaliser, « dégraisser » et réduire au maximum.

organisations. Ce colloque déboucha sur la publication d'un livre au titre évocateur : *La rupture entre l'entreprise et les hommes*. Leur avis est unanime, du psychanalyste au linguiste et de l'ethnologue au biologiste : la façon dont nous conduisons les organisations, l'entreprise et la vie économique est de plus en plus en recul par rapport aux données des sciences physiques, humaines, sociales et biologiques. Et ce, aussi bien pour ce qui concerne la personne et l'espèce humaine que pour ce qui touche à la nature, sa qualité, son équilibre et son avenir.

Dans son introduction à cet ouvrage, A. Chanlat n'hésite pas, en accord avec ces spécialistes et après une carrière de plus de vingt ans d'enseignement, de recherche et de consultation internationale en management, à affirmer[10] :

> Nous vivons aujourd'hui dans un monde dominé par l'idéologie économique et par les impératifs de gestion [...] La rationalité économique, avec le développement du marché, devient de plus en plus autonome face aux autres rationalités et finit par leur imposer sa propre logique [...] Cette rationalité privilégie le profit, la rentabilité [...] elle va accorder une place prépondérante au CALCUL et à la MESURE (p. 15 et 16).

> Les espoirs placés dans la gestion ont été déçus. Le bien-être matériel est accompagné de conflits de plus en plus durs entre les générations, entre les sexes, [...] entre syndicats et patrons, [...] entre pays en voie de développement et pays développés. Les gestionnaires sont l'objet de vives attaques [...] Quel savoir ont-ils à leur disposition pour comprendre ce qui se passe ? (p. 19).

> Plutôt que d'inventer de nouvelles techniques de gestion ne serait-il pas préférable d'aborder les mêmes problèmes d'une autre manière ? (p. 22).

Beaucoup d'autres ouvrages et d'auteurs importants condamnent le parti pris inconditionnel pour le profit et la rentabilité à court terme qui empêche de voir l'ampleur des retombées négatives et fait persister dans la voie du gaspillage et de la fuite en avant. Citons, entre autres, Guitton (1975), Rifkin (1980), Baran et Sweezy (1966), Galbraith (1968), Packard (1960), Polanyi (1960 et 1983), Forrester (1961), Passet (1983 et 1987), les nombreux rapports du Club de Rome (par exemple Meadows [1972] et Pestel [1988], Capra (1983), Dumont (1988), Etzioni (1988).

Comme en écho à A. Chanlat, le mensuel *Le Monde diplomatique* (février 1988) publie, sous la plume de Claude Julien, un article intitulé « La faute gestionnaire » ou « Quand l'économie oublie sa finalité humaine ». On y dénonce le rêve d'une gestion toute de sciences et de techniques, toute de « neutralité objective », alimentée par une science économique évacuant, au profit de calculs savants, la vie sociale et l'humain, et se prétendant sans

---

10. Les majuscules sont de l'auteur.

idéologie, « réaliste et obéissant aux lois du marché[11] ». L'auteur démontre, à partir d'un rapport de l'OCDE, la subtile mécanique du calcul et de la statistique qui peut faire persévérer des décideurs politiques dans une attitude dite « de gestionnaires », c'est-à-dire de techniciens qui ne considèrent à peu près plus que des raisonnements coûts-bénéfices. C'est ainsi qu'on en arrive, nous dit C. Julien, à préconiser la continuité dans une stratégie où le « progrès économique » est presque devenu, par la grâce de ce nouvel esprit dit gestionnaire, synonyme d'accroissement du chômage, de diminution de la production de richesses, de stagnation du pouvoir d'achat, de recul de la promotion sociale et de la qualité de la vie du plus grand nombre.

Un autre colloque international, tenu également à l'École des hautes études commerciales de Montréal, en juin 1986, réunissant des chercheurs et praticiens venus de tous les continents et parmi les plus aptes à parler de nouvelles tendances en gestion, a ouvert ses assises sur ce constat aussi irréfutable que lourd de conséquences : « Le monde n'a jamais été aussi encombré de diplômés en gestion et il n'a jamais été aussi mal géré ! » Cela pose la question de la nature des savoirs, des convictions et des croyances mis en œuvre et dans la formation et dans l'activité des gestionnaires, d'autant plus que l'esprit gestionnaire semble devoir gagner un nombre sans cesse croissant de sphères de la vie publique et sociale (signalons que cela rejoint l'opinion exprimée par Mintzberg dans son livre de 1989).

Il existe pourtant des modes de gestion et des modèles autres que celui que l'on privilégie par tradition, c'est-à-dire celui dit « classique », et qui est issu de la pratique des entreprises des États-Unis depuis l'après-guerre. Ces autres modèles sont suédois, norvégiens, japonais, allemands, québécois... et même, souvent, mais discrets, américains. Ils démontrent que, à l'échelle de l'entreprise, et aussi de la nation, il est possible d'avoir une autre conception et une autre pratique que celles visant le seul gain à court terme. Il y a beaucoup à apprendre de ces expériences et de leur capacité à mieux concilier intérêts particuliers et intérêt global, et, donc, le propre succès, à terme, du gestionnaire et de l'entreprise[12].

On commence à se rendre compte de la grande importance du long terme, de la participation et des partages (Weitzman 1986, Peters 1988), mais pour cela il faut que le gestionnaire du futur comprenne que les outils

---

11. L'article de C. Julien est en lui-même assez explicite sur le peu de fondement de ces positions – pourtant considérées comme allant de soi –, mais le lecteur intéressé peut se référer à quelques auteurs fondamentaux défendant la même position : Polanyi, Galbraith, Godelier, Passet et l'auteur de management le plus en vue des années 1980, Henry Mintzberg lui-même (1989).

12. Des ouvrages comme ceux de Peters et Waterman (1983), si on fait abstraction des « recettes » qu'ils préconisent, ou de Bellemare et Poulin-Simon (1986) sont très instructifs quant aux modes de gestion et aux modèles économiques différents qui connaissent aujourd'hui un succès grandissant.

de gestion, les techniques économico-comptables, les sophistications technologiques ne sont rien sans la mise en place d'un climat social et humain propice à l'adhésion, à la collaboration et à la performance. En un mot, ce qui se passe autour de la gestion et des actes de gestion est aussi important, sinon plus important, que les instruments de gestion mis en œuvre. Cela ne veut pas dire qu'il faut jeter instruments et techniques de gestion par-dessus bord, mais qu'il faut d'abord s'en servir et non pas les servir, et ensuite s'en servir dans un esprit différent.

Les défis qui attendent le gestionnaire de demain sont donc encore bien plus stimulants mais aussi à la fois plus difficiles et plus faciles. Plus difficiles parce que tout est plus complexe et infiniment plus dynamique, et plus faciles parce qu'une fois réalisé le climat de collaboration dont nous venons de parler, les choses vont presque aller d'elles-mêmes, puisque chaque individu, où qu'il soit dans l'organisation, aura à cœur de toujours mieux faire. C'est cela la grande habileté du gestionnaire d'aujourd'hui et de demain : faire en sorte que le plus grand nombre possible de cerveaux dans l'organisation pensent « progrès de l'organisation », et se sentent fondés et encouragés à penser à sa constante amélioration, plutôt que de concevoir cela comme la tâche exclusive d'une poignée de hauts dirigeants.

À la fois outils, connaissances fondamentales, habiletés et façons d'être, de quoi le management de demain sera-t-il constitué ? Quels savoirs le nouveau gestionnaire doit-il aborder et lesquels doit-il prendre avec prudence, reconsidérer ou, même, remplacer ? C'est à ces questions que le présent ouvrage essaiera d'apporter certaines réponses. Se voulant le moins possible normatives, doctrinaires ou idéologiques, ces réponses se baseront autant sur des éléments de sciences fondamentales que sur l'expérience pratique de l'auteur en tant que gestionnaire, tout en mettant à profit son cheminement personnel, depuis une vingtaine d'années, comme chercheur, enseignant et consultant.

Le livre s'articulera ainsi autour de trois parties.

Une première partie sera consacrée à une plus grande compréhension et connaissance, dans le détail, du contenu du management traditionnel, des classiques du domaine, des interprétations tendancieuses, des malentendus et des excès. Ce qui aidera à mieux comprendre les défauts et insuffisances recensés par la suite. Plus précisément, cette partie commencera par un questionnement systématique des notions de gestion et de gestionnaire, pour continuer par une présentation moins managériale (laissant de côté le parti pris trop étroitement rentabiliste, au profit d'une analyse plus historiquement objective et plus complète) des plus grands classiques dans les théories de la gestion traditionnelle. Nous verrons notamment en quoi, sur bien des points, leurs théories ont été mal comprises, mal adaptées ou mal appliquées, et aussi en quoi beaucoup de leurs positions et prescriptions peuvent, peut-être, s'expliquer et se justifier par et pour leur époque, mais sont aujourd'hui dépassées et même parfois nocives.

Nous essayerons d'expliquer comment cette « nocivité » vient d'un usage souvent déformé des théories et prescriptions, et comment une adaptation aux exigences actuelles est encore possible.

Cette mise au point préliminaire sera suivie d'une présentation à la fois didactique, interrogative et ouverte sur les questions d'aujourd'hui, des fameux éléments du management classique : Planifier, Organiser, Diriger et Contrôler (PODC).

Le terrain, à peu près complet, du management traditionnel ainsi couvert, nous nous attacherons à en voir, au fur et à mesure, les directions et conditions de renouvellement possibles, avant de nous intéresser, en clôturant cette première partie, à ce que je dénomme les « réformismes rituels ». C'est-à-dire les thèses de ceux qui, parmi les auteurs les plus modernes et les plus en vue, maintiennent la vision traditionnelle, tout en prétendant la dépasser ou même la remettre en question. Cela ne nous empêchera pas d'en extraire le plus indiqué pour un effectif dépassement de la situation actuelle, étudiée par une rapide revue des grands reproches adressés au management traditionnel.

Une deuxième partie sera consacrée à l'étude de quatre modes managériaux de systèmes économiques largement considérés comme figurant parmi les plus efficaces aujourd'hui : le Japon, la Corée du Sud, l'Allemagne et la Suède. Cela permettra également de nous ouvrir quelque peu à une perspective internationale.

Tout au long de cette deuxième partie, nous dresserons un bilan des grandes failles autour desquelles il faudra conduire la réflexion et bâtir les contenus d'une pensée managériale régénérée.

Une dernière partie, faisant office de conclusion générale, tablant sur les acquis des deux premières, essayera de répondre à la question de savoir sur quoi baser et comment formuler les éléments d'un changement renouvelé. On s'y interrogera d'abord sur ce que peuvent être, de nos jours, la gestion et le travail du gestionnaire, et sur ce que sont les conditions et fondements des habiletés qu'on en attend de plus en plus : la créativité, l'originalité, l'innovation, le talent de rassembleur. Puis, une incursion dans l'histoire de l'entreprise nous montrera que nous avons un héritage à apprendre, à comprendre, à assumer et à intégrer pour mieux adapter nos actes futurs.

Nous verrons notamment combien le management traditionnel a cru pouvoir, par idéologie, ignorer certains faits historiques de première importance. Un management renouvelé passe d'abord par cette nécessaire mise au point dans les données du passé et dans les conséquences que nous continuons d'en subir. Cet objectif atteint, nous pourrons alors nous consacrer, quoique très brièvement, aux leçons de percées plus récentes et originales, et à l'exemple de quelques modèles différents, dont en particulier la très prospère compagnie québécoise Cascades inc. Cet exemple nous illustrera maints aspects d'un management renouvelé et créatif. Enfin, nous tenterons de synthétiser en un tableau général ce que pourraient être les concepts et pratiques d'un nouveau management, depuis le projet social jusqu'à l'entreprise soucieuse de « valoriser son capital humain ».

BIBLIOGRAPHIE DE L'INTRODUCTION GÉNÉRALE

AMIN, S. (1971) *L'accumulation à l'échelle mondiale*, Paris, Anthropos.

AMIN, S. (1976) *L'impérialisme et le développement inégal*, Paris, Éditions de Minuit.

BAIROCH, P. (1971) *Le Tiers-Monde dans l'impasse*, Paris, NRF.

BARAN, P.A. et P.M. SWEEZY (1966) *Monopoly Capital: An Essay on the American Economic and Social Order*, New York, Monthly Review Press.

BEDJAOUI, M. (1978) *Pour un nouvel ordre économique international*, Paris, Unesco.

BELLEMARE, D. et L. POULIN-SIMON (1986) *Le défi du plein emploi*, Montréal, Éditions Saint-Martin.

CAPRA, F. (1983) *Le temps du changement, science – société – nouvelle culture*, Paris, Le Rocher.

CHANLAT, A. et M. DUFOUR (dir.) [1985] *La rupture entre l'entreprise et les hommes*, Paris-Montréal, Québec/Amérique et Éditions d'Organisation.

CLAIRMONTE, F. et J. CAVANAGH (1986) « Comment le tiers monde finance les pays riches », *Le Monde diplomatique*, septembre, p. 14.

DEMING, W.E. (1987) « Pourquoi sommes-nous si mauvais ? », *Revue Commerce*, vol. 89, n° 10, octobre, p. 109-117.

DUMONT, R. (1966) *Nous allons à la famine*, Paris, Éditions du Seuil.

DUMONT, R. (1988) *Un monde intolérable. Le libéralisme en question*, Paris, Éditions du Seuil.

ETZIONI, A. (1988) *The Moral Dimension. Towards a New Economics*, New York, The Free Press.

FORRESTER, J.W. (1961) *Industrial Dynamics*, Cambridge, Mass., MIT Press.

FORRESTER, J.W. (1982) *Dynamique mondiale*, Lyon, Presses Universitaires de Lyon.

FURTADO, C. (1964) *Development and Underdevelopment*, Berkeley, University of California Press.

FURTADO, C. (1976) *Le mythe du développement économique*, Paris, Anthropos.

GALBRAITH, J.K. (1968) *Le nouvel État industriel*, Paris, Gallimard.

GODELIER, M. (1966) *Rationalité et irrationalité en économie*, Paris, Maspero.

GRAY, J. (1978) *Le développement au ras du sol*, Paris, Entente.

GUITTON, H. (1975) *Entropie et gaspillage*, Paris, Cujas.

HERZBERG, F. (1980) Série de trois articles sur le thème « Humanities, Practical Management Education », *Industry Week*, 15 sept., 29 sept. et 13 oct., p. 44-58, 68-88 et 60-68.

HOPKINS, P. (1985) « Compétition, coopération, l'individu et le groupe », *in* Chanlat, A. et M. Dufour (1985), p. 69-119.

JALÉE, P. (1965) *Le pillage du Tiers-Monde*, Paris, Maspero.

JULIEN, C. (1988) « La faute gestionnaire ou quand l'économie oublie sa finalité humaine », *Le Monde diplomatique*, février.

KERVERN, G.Y. (1986) « L'Évangile selon Saint Mac », *Gérer et comprendre*, n° 2, mars, p. 41-49.

LINHART, R. (1980) *La faim et le sucre*, Paris, Éditions de Minuit.

MEADOWS, D.L. (1972) *Halte à la croissance ?*, Rapport au Club de Rome, Paris, Fayard.

MENDE, T. (1972) *De l'aide à la recolonisation*, Paris, Éditions du Seuil.

MINTZBERG, H. (1989) *On Management. Inside our Strange World of Organizations*, New York, The Free Press.

PACKARD, V.O. (1960) *The Waste Makers*, New York, D. McKay Co.

PASSET, R. (1983) *L'économique et le vivant*, Paris, Payot.

PASSET, R. (1987) « Prévision à long terme et mutation des systèmes économiques », *Revue d'économie politique*, n° 5, septembre-octobre, p. 532-555.

PESTEL, E. (1988) *L'homme et la croissance*, Rapport au Club de Rome, Paris, Economica.

PETERS, T. (1988) *Le chaos management*, Paris, InterÉditions.

PETERS, T. et R. WATERMAN (1983) *Le prix de l'excellence*, Paris, InterÉditions.

PFEFFER, R. (1979) *Working for Capitalism*, New York, Columbia University Press.

POLANYI, K. (1983) *La grande transformation*, Paris, Gallimard.

POLANYI, K. et C. ARENSBERG (1960) *Les systèmes économiques dans l'histoire et dans les théories*, Paris, Larousse.

RIFKIN, J. (1980) *Entropy, A New World View*, New York, Bentam Books.

RIFKIN, J. (1989) *Entropy, into the Greenhouse World*, New York, Bentam Books.

SERVAN SCHREIBER, J.J. (1980) *Le défi mondial*, Montréal, Presses Select Ltée.

STAW, B.M. et G.B. SALANCIK (1977) *New Directions in Organizational Behaviour*, Chicago, St. Clair Press.

TOFFLER, A. (1986) *S'adapter ou périr*, Paris, Denoël.

VEBLEN, T. (1912) *The Theory of Leisure Class : An Economic Study of Institutions*, New York, McMillan Company.

VEBLEN, T. (1932) *The Theory of Business Enterprise*, New York, C. Scribner's Sons.

WALRAFF, G. (1986) *Tête de Turc*, Paris, Éditions de la Découverte.

WEITZMAN, M.L. (1986) *L'économie de partage, vaincre la stagflation*, Paris, L'Expansion–Hachette–J.-C. Lattès.

LE MANAGEMENT TRADITIONNEL

DES THÉORIES CLASSIQUES AUX REMISES EN CAUSE RITUELLES

UNE REVUE ET UNE DISCUSSION

La notion de management traditionnel

DÉFINITIONS ET GÉNÉRALITÉS

Avant d'entamer la présentation détaillée de ce que j'appellerais le « concept traditionnel » ou « classique » de management, il serait sans doute judicieux d'effectuer un bref déblayage terminologique afin de clarifier le sens et l'évolution des vocables, assez nombreux et différents, qui sont utilisés dans à peu près toutes les langues européennes et anglo-saxonnes pour désigner cette activité.

Il convient d'abord de bien préciser que lorsque l'on parle de management, il s'agit d'une activité, ou plus précisément d'une série d'activités intégrées et interdépendantes, destinées à faire en sorte qu'une certaine combinaison de moyens (financiers, humains, matériels, etc.) puisse générer une production de biens ou de services économiquement et socialement utiles et si possible, pour l'entreprise à but lucratif, rentables. C'est là la tâche généralement confiée aux personnes qui sont investies de la responsabilité d'assurer la bonne marche des institutions productrices de biens ou de services, que ces dernières soient privées, publiques ou parapubliques.

Cette activité, comme nous y faisions allusion un peu plus haut, porte plusieurs dénominations différentes. Pour certaines personnes, ces différentes dénominations sont nécessaires et renvoient à des « particularités » qu'il convient de distinguer, alors que pour d'autres, ces distinctions n'ont tout simplement pas lieu d'être, tant le travail de gérer se ressemble, où qu'il s'exerce.

Pour le présent propos, il me semble préférable de considérer qu'il n'y a pas vraiment lieu, cela créant plus la confusion qu'autre chose, de s'encombrer de nuances et de subtiles différenciations entre des termes tels que « gestion », « administration », « management », ou « gérer », « administrer », « manager », ou encore « gestionnaire », « administrateur », « cadre », « dirigeant », « manager ». On peut bien sûr, si l'on y tient, finir par trouver plusieurs fines distinctions entre ces expressions. Mais, pour ce qui nous intéresse ici, et à cause de la grande proximité des définitions qu'en donnent tous les dictionnaires et les manuels de management, on peut les considérer comme synonymes, donc interchangeables et indifféremment utilisables.

Une opinion très répandue voudrait que les vocables « manager » et « management » dérivent à peu près directement des mots français « ménager » et « ménagement ». D'après ce que l'on en sait aujourd'hui[1], il ne s'agirait que d'une parenté très indirecte passant par un lien possible entre le verbe anglais *to manage* et la racine du français « ménager » ; mais c'est là plus conjecture que certitude. Cependant, cela n'empêche pas que les termes « management » et « manager » soient aujourd'hui passés à part entière dans la langue française. Beaucoup affirment qu'ils ne font qu'y revenir après avoir transité par la langue anglaise à travers l'emprunt du verbe « ménager ».

Dans la langue française, le verbe « ménager » apparaît entre les XIVe et XVIe siècles avec le sens, parent du sens du verbe « manager », de « disposer », « régler avec soin ». Le mot « ménagement », lui, semble dériver de « ménager » pour entrer en usage au XVIe siècle avec les sens de « administration », de « conduite », ou encore de « soin » que l'on prend de quelque chose. L'adjectif et le nom « ménager-ménagère » sont utilisés, semble-t-il, dès le XVe siècle, signifiant explicitement « la personne qui administre », « qui gère » ou « qui prend soin » de biens, de patrimoines qu'on lui confie, dont elle a la charge, la garde avec mission de faire fructifier, ou, au moins, de préserver. Le terme moderne « management » est actuellement défini dans la langue française comme « conduite », « direction d'une entreprise », alors que le verbe correspondant « manager » prend le sens de « manier », « diriger ». Ici apparaît une connotation supplémentaire relative à une part grandissante de « maniement des personnes » dans le travail de gestion.

Les autres termes modernes les plus couramment utilisés sont « gérer », « gestion » et « administrer », « administration ». Les premiers, « gérer » et « gestion », proviennent du verbe latin *gerere* qui signifiait déjà, dans la langue de Cicéron, « conduire » (au sens large de « mener » ou « mener à bien »), « diriger » et même « gouverner ». La racine des seconds termes, « administrer » et « administration », est tout aussi latine, provenant, elle, du verbe *administrare* qu'on peut directement définir comme « gérer un bien », « gérer en défendant les intérêts de ceux qui nous confient leur patrimoine ».

Il apparaît donc sans grandes difficultés que les sens et nuances sont réellement très proches et tout à fait propices à une utilisation quasi indifférente des divers termes désignant l'activité du gestionnaire.

Manager, gérer, administrer, c'est tout à la fois « arranger », « aménager », « prendre soin de », « conduire », « gouverner », « manier », etc.

---

1.   Notamment d'après le dictionnaire *Robert*.

C'est ainsi que les définitions les plus classiques se rapportent toujours à des activités ou des tâches en série que doit continuellement assurer le gestionnaire : depuis Fayol, en 1916, on n'a à peu près rien trouvé de mieux que le noyau intégrateur résumant les grands axes du travail du dirigeant : Planifier, Organiser, Diriger, Contrôler, le fameux « PODC ».

Bien sûr, on peut dire aussi que gérer, c'est « faire faire », c'est « s'assurer que les choses se fassent », c'est « encadrer les autres de façon qu'ils réalisent ce qu'ils ont à faire », etc. On s'entend volontiers là-dessus, en général. Mais le débat est encore largement ouvert à propos de l'histoire, de la nature et des modalités d'exercice du travail du gestionnaire.

UN BREF HISTORIQUE DE LA NOTION ET DE LA FONCTION DE GESTIONNAIRE

Il est, bien entendu, tout à fait certain que la fonction de personnes chargées de « mener » des activités, de « conduire » ou de « prendre soin de » patrimoines ou de tâches coordonnées de plusieurs autres personnes est très ancienne dans l'humanité.

Les ouvrages des spécialistes en histoire, qui en traitent plus ou moins directement, nous incitent cependant à être extrêmement prudents quant aux contenus et aux modes d'exercice de cette fonction à travers les âges[2]. Mais cela ne semble pas empêcher certains, pour ne pas dire la plupart des auteurs en management, de parler de la fonction du dirigeant et de l'organisation à peu près comme si elle avait toujours existé, quasi identique à elle-même, depuis des temps immémoriaux. Ainsi, on n'hésite pas à laisser croire que les ateliers de taille du silex de l'homme préhistorique ou des potiers des temps pharaoniques étaient « organisés » sur un mode très proche du travail à la chaîne, avec ouvriers spécialisés, séquences « rationnelles », contremaîtres et surveillance hiérarchisée[3], tout comme on tend à faire croire que le « gouvernement » de Moïse et de ses compagnons ou encore le système du mandarinat chinois étaient des formes de « bureaucraties » dotées de structures fonctionnelles départementalisées, « divisionnalisées », avec, animant leur chef, un esprit indubitablement rationnel et orienté vers « l'efficacité »[4].

---

2. Par exemple, Arvon (1960), Jaccard (1960 et 1966), Friedmann et Naville (1969), Braudel (1980 et 1985).
3. Par exemple, l'ouvrage publié sous la direction de Parias (1965), notamment le tome I, contient nombre d'allusions et même de comparaisons directes rapprochant le travail dans la préhistoire et l'histoire de ce qui se passe aujourd'hui.
4. Ainsi Dale (1967), Likert (1976), Bergeron (1983), entre autres, n'hésitent pas à faire état, dans les chapitres consacrés aux « rappels historiques », des « organigrammes évolutifs de l'Organisation Moïse », présentée comme s'il s'agissait d'une firme répondant à des normes modernes de départementalisation.

Une telle vision des choses n'est ni gratuite ni dépourvue de conséquences : elle est, en particulier, favorable à la perpétuation d'une croyance voulant que l'entreprise actuelle, la gestion et le gestionnaire modernes ne soient que le fruit d'une longue évolution historique aussi vieille que l'humanité, donc « naturelle » et conforme à « la nature humaine ». Cela peut légitimer bien des pratiques actuelles que de croire et de laisser croire que l'homme de Cro-Magnon travaillait déjà selon des principes quasi tayloriens de division et de surveillance du travail[5].

Cependant, les données historiques aujourd'hui les moins contestables montrent qu'à partir de la Révolution industrielle, aux XVIIIe et XIXe siècles, l'apport le plus fondamental a précisément consisté en un changement radical des choses, notamment en ce qui regarde la conduite et l'organisation du travail. L'habileté centrale du futur manager apparaît comme étant une toute nouvelle capacité d'organiser, de subdiviser, de discipliner et de surveiller le travail de dizaines de personnes sans qualifications précises[6]. Cette nouvelle capacité va essentiellement permettre d'obtenir plus, toujours plus, du facteur travail[7]. L'ancêtre le plus direct de l'entrepreneur et de l'industriel apparaît, alors, sous la figure soit de l'artisan-commerçant, soit du commerçant tout court, qui s'est suffisamment enrichi pour faire travailler plusieurs personnes à la fois pour lui. Ce sont surtout les drapiers, revendeurs de textiles et de draperies, qui vont constituer le premier genre de patrons, dans le sens moderne du terme : le plus souvent ni artisans ni techniciens, ils réussissent, grâce à leur argent, à réunir sous un même toit des paysans et ex-artisans ruinés, qu'ils obligent à travailler selon des modalités, des rythmes et des horaires fixés par eux. Plus tard, et progressivement, les tâches d'organisation, de discipline et de surveillance furent déléguées à d'autres personnages, ancêtres de nos actuels gestionnaires de tous niveaux, qu'on dénommait « contremaîtres », « régisseurs » ou « chefs du personnel ».

Au départ, il ne s'agissait, avec armes, fouets et bâtons, que de surveiller et de pousser sans relâche à l'effort. Mais peu à peu, avec la complexification des contextes et des opérations, avec les luttes ouvrières, les syndicats, les lois sociales sur le travail et la concurrence, la seule fonction de contrôle-surveillance n'était plus suffisante, il fallait faire évoluer en conséquence les rôles du gestionnaire. C'est ainsi que sont apparus, successivement, le comptable, l'ingénieur, l'ingénieur en organisation, le juriste, le financier, le

---

5. Une telle attitude est grandement à l'origine du recul actuel de l'industrie et de la gestion occidentales traditionnelles face à de nombreux pays qui ont de tout autres pratiques managériales et visions socio-économiques (les pays scandinaves, l'Asie du Sud-Est, l'Extrême-Orient).

6. D'ailleurs, le regain actuel en faveur d'une organisation du travail plus humanisée, plus propice à l'engagement total de chacun montre que le travail et la façon de le laisser s'exercer (autrement dit, de l'**organiser** et de le **surveiller**) représentent bien le cœur du problème et le facteur majeur dans les changements à opérer.

7. Mantoux (1959), Marglin (1973) et Braverman (1976) montrent comment c'est là la réelle **efficacité** de l'entreprise industrielle par rapport à l'artisanat : obtenir beaucoup plus du travail.

psychosociologue, le statisticien, l'économètre, etc. Les domaines de chacune de ces professions représentent, tous réunis à la fois, l'ossature des programmes dispensés aujourd'hui par les écoles de gestion.

Ce qui constitue de nos jours la formation et le travail du manager « traditionnel » n'est que la réunion, l'amalgame, de ce qu'on attendait de chacun des spécialistes successifs, selon la nécessité du moment, depuis à peu près deux siècles. C'est cela que nous appellerons « management traditionnel » ou « classique » ou encore « orthodoxe » : la systématisation, au fur et à mesure de leur apparition, des différentes pratiques auxquelles ont eu recours les dirigeants pour conduire leurs affaires, tout en entourant ces pratiques de toutes sortes de justifications, et tout en les appuyant d'outils, de principes et de théories empruntés à différentes sciences ou à prétention scientifique[8]. Cette systématisation a été aussi bien l'œuvre de dirigeants eux-mêmes, qui ont tenté de réfléchir sur leur activité, que de chercheurs et universitaires qui ont tenté de transformer cette activité en théorie intégrée, jusqu'à nous donner une branche récente que plusieurs auteurs n'hésitent pas à qualifier de « gestion scientifique[9] ». Tout cela s'est élaboré à partir d'une série de « croyances » liées à chacune des époques traversées, croyances que l'on peut convenir de désigner par « modèles sous-jacents[10] » du management classique.

LES MODÈLES SOUS-JACENTS DU MANAGEMENT TRADITIONNEL

Tout naturellement, la systématisation initiale des idées, convictions et pratiques des chefs d'industries du début du siècle[11] va se faire en harmonie avec les croyances fondamentales du temps, liées, de façon légitime ou non, aux convictions et connaissances à caractère scientifique les plus répandues de l'époque. Or, se produit à ce moment-là, au XIXe et au début du XXe siècle,

---

8. Les arguments et explications concernant ce qui est avancé ici seront apportés dans les prochaines parties du livre.
9. On peut penser à la vogue de l'école de la « prise de décision » et du Management Information System (MIS) qui, jusqu'à la bureautique et la haute technologie, font toujours croire à la possibilité d'une gestion guidée par la puissance et la rationalité d'outils mathématico-informatiques (Simon [1973 et 1977] en est un des représentants les plus connus).
10. Précisément, l'un des grands problèmes du management actuel réside en ce que peu de ces « modèles », dépassés, sont effectivement remis en question ou radicalement interrogés. Mais certains travaux récents commencent à faire époque et vont dans le même sens que ce que j'avance ici, par exemple G. Morgan (1989) ou encore un dossier tonitruant consacré par le magazine *Business Week*, 15 juillet 1993, au conservatisme et au caractère dépassé des programmes d'écoles de management aussi prestigieuses que Harvard.
11. Dont Taylor (1957, première publication en 1911) et Fayol (1979, première publication en 1916) restent les précurseurs les plus marquants pour ce qui est de l'organisation de l'atelier de production et de l'administration générale.

le triomphe de la machine, du moteur, du chemin de fer, etc., de la conviction que rien ne vaut des « rouages bien réglés ». La discipline la plus stricte, la spécialisation la plus poussée, la division du travail la plus détaillée et, enfin, la rationalité, le calcul scientifique et la prévision méticuleuse sont garants de succès « scientifiquement » fondés.

Ce genre d'idées s'est répandu à la suite des gigantesques progrès techniques, économiques et sociaux accomplis durant les XVIIIe et XIXe siècles, où la science positiviste et rationnelle devenait la mesure de tout. Plusieurs auteurs marquants y ont aussi beaucoup contribué, tels que Smith à la fin du XVIIIe, Comte au XIXe pour l'« esprit scientifique » positiviste et, plus tard, au début du XXe, Durkheim pour la division et la spécialisation du travail, Weber pour le triomphe de la rationalité et de la légitimité de l'autorité unilatérale dans une organisation rationalisée[12], et enfin, bien sûr, Taylor et Fayol pour la conception individualiste et économique étroite des déterminants du comportement humain, d'un côté, et la foi inébranlable dans les vertus de la planification, de la discipline et de l'ordre, de l'autre côté.

Les métaphores appliquées à l'entreprise les plus en cours à cette période, et qui vont constituer, jusqu'à nos jours, les modèles sous-jacents les plus solides de la pensée managériale classique, restent l'armée et la machine, ainsi que, accessoirement, la ruche ou la fourmilière. Ces métaphores et ces modèles symbolisent très fortement la prévisibilité, la discipline, l'ordre, la division minutieuse du travail, la spécialisation détaillée des fonctions, la logique mécanique, la conduite rationnelle, la constance dans l'effort, l'obéissance docile, etc. (Morgan 1989).

Bien évidemment, toutes ces idées, auréolées de leur prétention d'appartenance à la pensée scientifique, ne pouvaient – et ne peuvent toujours – que plaire à un monde de la gestion valorisant, à l'instar de la pensée dominante, le pouvoir, l'autoritarisme, les différences de statuts, et le chef tout-puissant, omniscient, et légitimement intéressé à « tirer le maximum », pour lui d'abord, de sa compagnie et de son personnel.

On peut déjà avancer que le monde managérial n'a retenu des auteurs fondamentaux en gestion que ce qui l'arrangeait le plus, à court terme, alors même que les écrits, principes et théories de ces mêmes auteurs contenaient bien souvent de sérieuses réserves, d'importantes nuances et de véritables mises en garde contre les excès que les gestionnaires seraient tentés de commettre. Mais toujours est-il que les faits nous montrent un management classique encore enraciné dans la logique de ces modèles où l'efficacité est synonyme de discipline et d'obéissance comme dans l'armée,

---

12. Nous en reparlerons lorsque nous discuterons en particulier cet auteur, mais cette façon de concevoir l'apport de Weber est très discutable du fait qu'on n'en a retenu que certains éléments dits du « type de domination rationnelle » et d'organisation « bureautique pure », presque totalement coupés du contexte de l'œuvre wébérienne.

de causalités « scientifiques » indiscutables comme dans la machine[13], de spécialisation et de subdivision des tâches poussées comme dans la fourmilière ou la termitière, et enfin de manipulation des incitations et déterminismes économiques qui sont censés fonder les comportements de chacun[14].

Ces modèles de base ne sont, encore une fois, que pleinement légitimes et compréhensibles pour l'époque de leur apparition dans la pensée administrative. Même s'ils ont permis un indéniable et considérable accroissement de nos capacités de production et du confort de notre vie, ils n'en sont pas moins, à l'heure actuelle, beaucoup plus des obstacles que des facteurs d'efficacité. Ils ont en effet donné lieu à des conceptions des personnes et des relations au travail qui sont très lourdes de conséquences négatives pour la performance de l'entreprise et pour la productivité des employés. C'est pourquoi il est indispensable, pour le gestionnaire d'aujourd'hui, de quelque niveau qu'il soit, de bien connaître et comprendre tous les théoriciens et toutes les théories de base du management traditionnel, car bien des entreprises – et des personnes – en sont toujours imprégnées. Avant de pouvoir aller plus loin, il faut changer ou améliorer nos façons de gérer.

LES CONCEPTIONS DES RAPPORTS DE TRAVAIL DANS LE MANAGEMENT TRADITIONNEL

Il est aisé d'entrevoir, à partir de ce qui précède, le genre d'idées que les théories et la pensée managériales vont véhiculer à propos des employés et des relations dirigeants–dirigés. Il y a d'abord la conviction que toute activité doit être supervisée, vérifiée et contrôlée par un chef dont l'efficacité sera mesurée par sa capacité à se faire obéir, par son « aptitude au commandement ». C'est la littérature postérieure à la crise de 1929 qui va nuancer la connotation militariste de l'administration du début du siècle, enrichir quelque peu le tableau et populariser l'image du « leader », sorte de surhomme doté de qualités charismatiques, stratégiques et tactiques hors du commun, et capable non seulement de commander mais aussi de mobiliser, de galvaniser et d'entraîner ses hommes. Les « troupes », enthousiastes et fières de suivre un tel personnage, n'en devraient être que bien plus obéissantes, plus heureuses et plus performantes, croyait-on et croit-on toujours, souvent. De tels « leaders » pouvant aller, pense-t-on, jusqu'à provoquer l'esprit de sacrifice gratuit chez les employés.

---

13. Même avec l'avènement du courant des relations humaines et de la psychosociologie industrielle, on a simplement transposé le modèle mécaniste à l'étude des personnes et des groupes de personnes, croyant pouvoir en manipuler les « variables » comme les « rouages d'une mécanique complexe ».
14. Conception qui ressort surtout du taylorisme et qui considère que l'être humain n'agit, en particulier au travail, que pour maximiser ses gains (matériels) personnels.

C'était aussi, à la suite du modèle de l'armée et des interprétations des travaux de Taylor, la séparation radicale entre ceux qui pensent et ceux qui ne doivent qu'obéir. Le chef conçoit, pense, prévoit et ordonne, les chaînons successifs de la hiérarchie sont là pour transmettre, obéir et faire obéir. C'était à n'en pas douter, durant des siècles, en effet, une excellente façon d'être efficace (si l'on considère l'efficacité indépendamment des questions de gaspillage, de stress, de pollution, etc.).

Mais le corollaire de cette « efficacité » est de traiter l'employé comme une sorte d'instrument passif, dont on ne sollicite rien d'autre que l'exécution stricte et diligente de ce qu'on lui demande. Ses qualifications seront évidemment en conséquence : juste celles qu'il faut pour comprendre les directives (orales, écrites, sous forme de fiches de poste ou d'ordres de travail, ou de dessins) et les appliquer selon les prescriptions de cadence et de caractéristiques imposées.

Les prérogatives, avantages, pouvoirs, horizons d'action et zones de manœuvre sont aussi larges au haut de la traditionnelle pyramide hiérarchique qu'étroits en bas. C'est le règne du fameux « l'homme qu'il faut à la place qu'il faut », ni plus, ni moins. Si tout cela garantit un exercice sans faille d'un pouvoir indiscutable de la part des dirigeants, cela entraîne aussi, indirectement, une relation de méfiance généralisée par la multiplication des relais hiérarchiques destinés à s'assurer que le moindre ordre est exécuté à la lettre. À la base, c'est la prolifération des chefs d'équipes et contremaîtres, véritables caporaux et sergents, sans autres rôles et capacités que ceux de surveiller et de pousser sans cesse à l'effort[15].

Parallèlement à cette vision militariste des relations au travail s'est développé un courant dit de psychologie et de sociologie industrielles, qui ajoutera la croyance en la possibilité de manipuler et de modifier les perceptions, les convictions et les attitudes des individus pour les « canaliser » dans le sens désiré par les dirigeants, sens considéré comme éminemment souhaitable et « normal » : celui de l'attachement à l'entreprise, à ses objectifs, à sa poursuite du maximum, à ses chefs et à leurs souhaits.

En bref, que ce soit sous la vision taylorienne ou sous celle du mouvement des relations humaines, l'employé est une forme particulière d'instrument à rentabiliser, un des facteurs de production qui doit « donner son maximum ». Dans le courant dit « des relations humaines », le modèle mécanique se retrouve dans la recherche du « mode de fonctionnement » de la « machine humaine », mode de fonctionnement abondamment alimenté et soutenu par les succès de la psychologie expérimentale qui fait

---

15. On peut encore observer cela dans de très nombreux secteurs industriels (voir Aktouf 1986a et 1986b, Terkel 1976, D. Linhart 1978 et 1991, R. Linhart 1978, Dejours 1980, Durand 1978, *Work in America* 1973 et 1983, Aubert et de Gaulejac 1992, Sprouse 1992).

sortir des laboratoires – où on étudie, en particulier, le comportement des rats – les modèles de conduite des humains au travail[16].

Qu'il soit machine musculaire, animal économique attiré par le gain matériel ou « mécanique psychologique » plus ou moins manipulable, l'employé reste largement considéré comme un outil dont on se sert ou qu'on téléguide. De toute façon, il est toujours celui qui n'a qu'une chose à faire : exécuter ce qu'on lui indique, de la façon et à la cadence fixées. Pratiquement par définition, il est plus susceptible de « flâner » que de travailler, de faire des erreurs que de réussir, de se laisser aller que de s'améliorer, de ralentir que d'accélérer, de se distraire que de se concentrer[17]. On verra que nous héritons cela particulièrement de l'ère taylorienne[18] mais aussi de temps plus reculés qui remontent à la naissance de la manufacture de textile préfigurant l'entreprise industrielle moderne. C'est-à-dire dès le moment où apparaît un travailleur dont on n'utilise que l'énergie musculaire.

Mais, par delà tout ce que nous venons de voir, on trouve le moyen, dans la tradition managériale, d'entretenir une conception monolithique de l'entreprise, comme si tout y était d'une pièce, sans affrontements ni divergences de fond. On se plaît à croire, en management classique, que tous, employés, ouvriers, cadres moyens, hauts dirigeants, sont imprégnés d'objectifs communs, animés des mêmes désirs de faire triompher l'entreprise, de produire toujours mieux et davantage[19]. On fait comme si tous les protagonistes en présence dans l'entreprise industrielle la vivaient et y vivaient de la même façon, y voyaient les mêmes finalités et y poursuivaient les mêmes intérêts. Il semble, et c'est le moins qu'on puisse dire, que l'on aime croire à un esprit de convergence générale dans les actes et dans les aspirations, esprit qui ne serait qu'accidentellement rompu par des individus ou des circonstances marqués par la déviance ou la mésadaptation. C'est ce que l'on met habituellement sous les rubriques « dysfonctionnements » ou « crises » ou encore « conflits » dans l'entreprise.

L'arrière-plan des présupposés véhiculés par la pensée managériale est également largement alimenté par une ferme croyance dans les vertus indiscutables du maximalisme et de son corollaire obligé, la croissance

---

16. Des travaux tels que ceux de Skinner (1938), qui ont largement porté sur les rats, ont fourni une très grande partie des bases des théories de la motivation, de l'apprentissage, des systèmes de récompense/punition, qui constituent la matière des « sciences du comportement organisationnel ».

17. Voir, pour illustration et confirmation, les références indiquées à la note 15.

18. Dans son *Scientific Management*, Taylor utilise abondamment des expressions telles que « flânerie systématique » pour désigner le comportement, considéré comme habituel, des ouvriers (sorte de paresse « planifiée » en plus de ce qui serait leur paresse « innée » qu'il appelle « flânerie naturelle »).

19. Aucun manuel de management n'a, à ma connaissance, jamais fait allusion à quelques possibilités de conflit ou de divergence que ce soit, au sein de l'entreprise, sinon en termes de « luttes pour le pouvoir » ou de « compétition interne ».

indéfinie[20]. La très grande majorité des dirigeants et des chefs d'entreprises sont convaincus de la nécessité inéluctable de toujours chercher à être plus gros, plus rentables, solidement soutenus par leur foi en ce que le progrès et la prospérité ne sont possibles qu'ainsi. Ils partagent presque tous la conviction qu'accumuler constamment plus de richesses et produire toujours davantage de biens sont les arcs-boutants incontournables d'une incessante amélioration de nos conditions de vie.

Le principe de base, derrière toutes ces convictions, reste bien entendu la confiance dans les bienfaits du **marché**, de la libre entreprise et de la concurrence, fondés sur une conception individualiste, voire égocentrique des mobiles et des comportements, aussi bien des personnes que des entreprises[21]. La conséquence immédiate sera que l'on traitera le personnel, et donc les rapports de travail, en fonction de cette vision éclatée et individualiste des motivations et des actes ; même si cela représente un paradoxe vis-à-vis de la conviction parallèle de convergence des objectifs et des intérêts : l'égoïsme de chacun serait mieux satisfait par l'agrandissement général des richesses[22].

En résumé, les principaux piliers qui soutiennent la pensée managériale dominante et classique[23] sont : la discipline, l'ordre, l'obéissance, la hiérarchie, les différences de statuts, la séparation des rôles de conception et de réalisation, l'individualisme mais la convergence des objectifs, la méfiance vis-à-vis de l'employé de base qui n'est qu'un facteur (plus ou moins réfractaire) de production, la foi en un management scientifique basé sur des outils sophistiqués et la croyance dans les vertus et la possibilité d'une croissance indéfinie.

Pour ce qui concerne les rapports de travail, on retrouve, très majoritairement, une vision d'un employé qui n'a pas à être consulté, ni à participer au-delà de certaines limites très strictes, ni à exprimer son point de vue, ni à partager les décisions, les informations, les résultats, les ressources propres à l'entreprise. C'est cette vision qui a préséance et qui triomphe dans la fameuse **théorie X** de McGregor (1960), où l'employé

---

20. Nous discuterons ultérieurement des conséquences très importantes de cette croyance, surtout pour ce qui est du gaspillage, de la pollution et de l'inflation. Voir aussi Morgan (1989), en particulier le chapitre 8.

21. Cette conception est directement héritée de ce qu'on a retenu du père de la science économique, Adam Smith (qui parlait expressément d'égoïsme), renforcée par l'esprit « pionnier » nord-américain du XIXe siècle. Mais, aujourd'hui, la performance, la qualité, le « progrès », passent par la collaboration et le partage, donc par une remise en question de tels principes (Galbraith 1968 et 1978, Godelier 1966, Rifkin 1980, Dumont 1986, Forrester 1961, Weitzman 1986, Morgan 1989).

22. C'était là une des bases, comme on le verra, de la pensée de Smith, et, plus tard, de Taylor, que le management a reconduite et consolidée sans nuance.

23. Si je précise « dominante » et « classique », c'est pour marquer que c'est d'abord celle qui se retrouve le plus en pratique et ensuite, qu'il existe, bien sûr, aujourd'hui, de nombreux auteurs (hélas ! isolés) qui ne partagent plus ces visions.

est vu comme indigne de confiance, inintelligent et incapable de participer efficacement[24].

LES SURVIVANCES ACTUELLES DES TENDANCES TRADITIONNELLES

Les tendances traditionnelles en management survivent encore de façon très importante pour beaucoup de raisons, dont les principales[25] me semblent être :

— le refus, compréhensible, de la part des dirigeants de perdre ce que la « tradition » leur a toujours conféré : prestige, privilèges et pouvoir absolu (en cédant, par exemple, aux employés une part de leur main-mise ancestrale sur l'entreprise par une forme ou une autre de partage : profit, décisions, conception, etc.) ;

— la croyance, quasi inconditionnelle, dans la toujours possible découverte d'outils miracles (comme les équipes semi-autonomes, les cercles de qualité, le management culturel) ;

— la croyance en l'avènement successif, presque naturel, de structures miracles (divisionnalisées, par projets, matricielles, etc.) ;

— la confiance illimitée dans les solutions techniques, dans les capacités presque magiques de la haute technologie et de l'organisation ration-nelle du travail (robotique, bureautique, logiciels de gestion) capables, croit-on, de prendre la relève de l'humain partout où il y a « routine » et possibilités de programmation[26];

— l'adhésion spontanée et autorenforcée aux doctrines de ceux qu'on appelle les « nouveaux économistes », les « libertariens » ou encore les « néo-conservateurs » ou « néo-libéraux » et qui prônent, en gros, le renouvellement de la foi dans les vertus du « marché libre » et autoré-gulé, de la déréglementation et du laisser-faire, de la suppression de toutes les contraintes sociales, étatiques, juridiques qui « entravent » la libre entreprise et la concurrence[27]. Cela ravive une série de préjugés dits de « bon sens » et traditionnels tels que : « les chances sont égales

---

24. McGregor a lui-même retenu cette vision comme seule « efficace » et « pratique » à la fin de sa carrière, alors qu'au début il l'opposait à une **théorie Y** qui était une vision plus favorable à la collaboration et à la participation par l'idée d'un employé plus intelligent, plus digne de confiance.

25. Ce ne sera ici qu'une évocation très brève : nous reviendrons plus à fond sur ces questions que je considère comme centrales dans un débat sur le renouveau du management.

26. Voir Simon (1977), dont les vues en ce domaine seront examinées plus loin, et aussi dans une moindre mesure des auteurs plus récents tels que Paquin (1987), Raymond *et al.* (1986).

27. Friedman (1975) et Hayeck (1973) sont les principaux piliers de cette école de pensée (voir, pour une brève synthèse, une longue interview de F. Hayeck parue dans *L'Express* du 20 décembre 1980, p. 92-101, ou encore l'article « Adam Smith ? il va bien, merci », de P. Lefournier dans *Harvard-L'Expansion*, décembre 1978, p. 104-111).

pour tous », « le plus fort gagne », « le prix du marché est juste et naturel », « les plus intelligents dominent et commandent », « moins on donne de droits garantis, plus l'incitation à exceller sera grande », etc. Et, à leur tour, ces préjugés revigorent le refus de partager, de garantir emploi ou salaire, de céder du terrain aux employés, ou, comme on le dit souvent, de les « gâter » davantage, etc. ;

– enfin, le manque de préparation et de réelle qualification des ouvriers et employés, toujours considérés avant tout comme un coût et maintenus en situation de stricte obéissance et de soumission. C'est là, je pense, une des raisons les plus profondes de la persistance du management traditionnel. La formation donnée dans le système d'éducation public, très spécialisée et étroite, ou en entreprise est inadéquate. Elle ne permet pas aux ouvriers et employés de participer à la gestion et, *a fortiori*, à la conception, à la recherche ou à l'innovation, et de collaborer d'une façon approfondie. Car cela implique bien plus de polyvalence, de connaissances générales, d'habitudes (et de conditions) d'initiative que ce n'est généralement le cas[28]. C'est donc un processus qui nécessite du temps et des reconversions de contextes et de mentalités qu'il n'est pas aisé de faire admettre du jour au lendemain. C'est aussi une sorte de cercle vicieux que beaucoup n'hésitent pas à utiliser pour discréditer la collaboration et la participation en mettant la faute sur l'employé qui « n'est pas intéressé à », « ne veut pas » ou « ne peut pas » participer[29].

En conclusion, il faut souligner que les assises et les attributs de ce que nous avons appelé le « management traditionnel » sont loin de reculer de façon importante. Il faut même constater qu'ils trouvent encore un écho, plus ou moins direct, dans ce que je considère (je m'en expliquerai en temps voulu) être, malgré l'indéniable importance et la valeur des contributions apportées, des « remises en cause rituelles » : celles, par exemple, de Simon, de Mintzberg, et, de façon globale, du courant de la « culture d'entreprise » et de la « qualité totale », considérées comme outils de management à ajouter à la panoplie préexistante[30].

---

28. Cela explique en partie l'échec, sauf cas exceptionnels, des cercles de qualité et des programmes d'enrichissement des tâches si populaires au début des années 1980, lorsqu'ils ont été tentés sans modification des conditions plus globales de gestion de l'entreprise.

29. Voir par exemple Bergeron *et al.* (1979), notamment les chapitres portant sur les valeurs, attitudes et motivations, ou Laurin (1973). Alors même que des entreprises japonaises installées aux États-Unis, ou des entreprises nord-américaines comme Dana Corporation, ou Shermag, ou encore Cascades au Québec ont montré que, avec de bonnes conditions, c'était très faisable, tandis que de plus en plus nombreuses sont les firmes qui négocient avec syndicats et employés des « contrats sociaux » (ce que, comme on le verra, font, entre autres, Allemands et Japonais depuis presque toujours).

30. Simon (1946 et 1977 notamment), Mintzberg (1973 et 1979) et le courant de la « culture d'entreprise » avec celui de la « qualité totale » peuvent être retenus comme les jalons les plus fondamentaux dans ce qui a été apporté de nouveau dans la pensée et dans la pratique managériales durant les deux dernières décennies.

C'est donc l'ensemble de ce qui précède que je propose de désigner par « management traditionnel » ; il nous reste à en étudier (pour être en mesure d'essayer d'en franchir les impasses et d'en corriger les insuffisances) les origines, les fondements et les contenus principaux. C'est ce que les prochains chapitres vont tenter d'apporter, depuis la pensée smithienne jusqu'au « management culturel » : un décryptage sélectif mais systématique des grandes clés de voûte avec lesquelles on a sous-tendu l'idéologie du management classique[31]. Ces clés de voûte principales sont, de l'accord général, le système pensé par Smith, l'organisation du travail élaborée par Taylor, l'organisation des tâches administratives et de direction issue de Fayol (et, indirectement, de Weber), la « fluidification » des rouages sociaux apportée par Elton Mayo et le mouvement des relations humaines, et enfin, le renouveau relatif apporté par des courants tels que ceux de Simon, de Mintzberg et de la « culture d'entreprise », souvent suivis de près par celui dit de la « qualité totale ».

BIBLIOGRAPHIE DE L'INTRODUCTION

AKTOUF, O. (1986a) *Le travail industriel contre l'homme ?*, Alger, ENAL/OPU.

AKTOUF, O. (1986b) « Une vision interne des rapports de travail, le cas de deux brasseries », *Le travail humain*, vol. 49, n° 3, septembre, p. 238-248.

ARVON, H. (1960) *La philosophie du travail*, Paris, PUF.

AUBERT, N. et V. de GAULEJAC (1992) *Le coût de l'excellence*, Paris, Éditions du Seuil.

BERGERON, J.L. *et al.* (1979) *Les aspects humains de l'organisation*, Montréal, Gaëtan Morin Éditeur.

BERGERON, P.G. (1983) *La gestion moderne, théories et cas*, Chicoutimi, Gaëtan Morin Éditeur.

BRAUDEL, F. (1980) *Civilisation matérielle, économie et capitalisme, les jeux de l'échange*, 3 volumes, Paris, Armand Colin.

BRAUDEL, F. (1985) *La dynamique du capitalisme*, Paris, Arthaud.

BRAVERMAN, H. (1976) *Travail et capitalisme monopoliste*, Paris, Maspero.

COMTE, A. (1949) *Cours de philosophie positive*, Paris, Garnier.

DALE, E. (1967) *Organization*, New York, American Management Association.

DEJOURS, C. (1980) *Le travail, usure mentale : essai de psychopathologie du travail*, Paris, Le Centurion.

DUMONT, R. (1986) *Pour l'Afrique j'accuse*, Paris, Plon.

DURAND, C. (1978) *Le travail enchaîné*, Paris, Éditions du Seuil.

DURKHEIM, É. (1968) *De la division du travail social*, 8e édition, Paris, PUF.

FAYOL, H. (1979) *Administration industrielle et générale*, Paris, Dunod (première publication en 1916).

FORRESTER, J.W. (1961) *Industrial Dynamics*, Cambridge, Massachusetts, MIT Press.

---

31. Pour un très clair résumé et un complément d'information sur les bases conceptuelles et théoriques de cette idéologie managériale (résumé très concordant avec la position défendue ici), voir Morgan (1989), Séguin et Chanlat (1983), notamment l'introduction. On peut aussi consulter Mouzelis (1967).

FRIEDMAN, J. (1975) *Capitalism and Freedom*, Charlotteville, University Press of Virginia.

FRIEDMANN, G. et P. NAVILLE (1969) *Traité de sociologie du travail*, Paris, Armand Colin, 2 volumes.

GALBRAITH, J.K. (1968) *Le nouvel État industriel*, Paris, Gallimard.

GALBRAITH, J.K. (1977) *Le temps des incertitudes*, Paris, Gallimard.

GALBRAITH, J.K. (1978) *Tout savoir ou presque sur l'économie*, Paris, Éditions du Seuil (Points).

GALBRAITH, J.K. (1989) *L'économie en perspective*, Paris, Éditions du Seuil.

GODELIER, M. (1966) *Rationalité et irrationalité en économie*, Paris, Maspero.

HAYECK, F.A. von (1973) *Economic Freedom and Representative Government*, Westminster, Institute of Economic Affairs.

JACCARD, P. (1960) *Histoire sociale du travail*, Paris, Payot.

JACCARD, P. (1966) *Psychosociologie du travail*, Paris, Payot.

LAURIN, P. (1973) « Remise en question de la participation », *in Le management – textes et cas*, Montréal, McGraw-Hill, p. 407-417.

LIKERT, R. (1976) *New Ways of Managing Conflicts*, New York, McGraw-Hill.

LINHART, D. (1978) « Quelques réflexions à propos du refus du travail », *Sociologie du travail*, vol. 20, nᵒ 3, juillet-septembre, p. 310-321.

LINHART, D. (1991) *Le torticolis de l'autruche*, Paris, Éditions du Seuil.

LINHART, R. (1978) *L'établi*, Paris, Éditions de Minuit.

MANTOUX, P. (1959) *La révolution industrielle au XVIIIᵉ siècle*, Paris, Génin.

MARGLIN, S. (1973) « Origines et fonctions de la parcellisation des tâches », *in* A. Gorz *Critique de la division du travail*, Paris, Éditions du Seuil (Points), p. 43-81.

McGREGOR, D. (1960) *The Human Side of Enterprise*, New York, McGraw-Hill.

MINTZBERG, H. (1973) *The Nature of Managerial Work*, New York, Harper and Row (en français : *Le manager au quotidien*, Montréal, Agence d'Arc, 1984).

MINTZBERG, H. (1979) *The Structuring of Organizations*, Englewood Cliffs, New Jersey, Prentice-Hall (en français : *Structure et dynamique des organisations*, Montréal, Agence d'Arc, 1982).

MORGAN, G. (1989) *Images de l'organisation*, Québec-Paris, PUL-ESKA.

MOUZELIS, N.P. (1967) *Organization and Bureaucracy*, Chicago, Aldine Publishing Co.

PAQUIN, P. (1987) *L'organisation du travail*, Montréal, Agence d'Arc.

PARIAS, L.H. *et al.* (1965) *Histoire générale du travail*, Paris, Nouvelle librairie de France.

RAYMOND, L. *et al.* (1986) *Systèmes d'information organisationnels*, Chicoutimi, Gaëtan Morin Éditeur.

RIFKIN, J. (1980) *Entropy, a New World View*, New York, Bentam Books.

SÉGUIN, F. et J.F. CHANLAT (1983) *L'analyse des organisations, une anthologie sociologique*, Tome 1, 2ᵉ édition, Montréal, Gaëtan Morin Éditeur.

SIMON, H.A. (1946) « The Proverbs of Administration », *Public Administration Review*, vol. VI, nᵒ 1, février, p. 53-68.

SIMON, H.A. (1973) « Applying Information Technology to Organization Design », *Public Administration Review*, vol. 33, nᵒ 3, mai-juin, p. 268-279.

SIMON, H.A. (1977) *The New Science of Management Decision*, Englewood Cliffs, New Jersey, Prentice-Hall, 3ᵉ édition.

SKINNER, B.F. (1938) *The Behavior of Organisms : An Experimental Analysis*. New York, Appleton-Century Crofts, 3ᵉ édition.

SMITH, A. (1976) *Recherche sur la nature et les causes de la richesse des nations*, Paris, Gallimard.

SPROUSE, M. (1992) *Sabotage in the American Workplace*, New York, Pressure Drop.

TAYLOR, F.W. (1957) *La direction scientifique des entreprises*, Paris, Dunod (première édition 1911 : *Principles of Scientific Management*).

TERKEL, S. (1976) *Gagner sa croûte*, Paris, Fayard.

WEBER, M. (1971) *Économie et société*, Paris, Plon.

WEITZMAN, M.L. (1986) *L'économie de partage, vaincre la stagflation*, Paris, L'Expansion–Hachette–J.-C. Lattès.

WORK IN AMERICA (1973 et 1983) « Report of a Special Task Force to the Secretary of Health, Education and Welfare », W.E. Upjohn Institute for Employment Research, Cambridge, Massachusetts, MIT Press.

LES THÉORIES CLASSIQUES DU MANAGEMENT

ORIGINES, FONDEMENTS, INTERPRÉTATIONS ET ABUS

CHAPITRE 1

De la main invisible
à l'organisation rationnelle du travail

ADAM SMITH, CHARLES BABBAGE
ET FREDERICK TAYLOR

Adam Smith, Frederick Taylor et, accessoirement, Charles Babbage sont trois des grands piliers, jusqu'à aujourd'hui inamovibles, de l'ensemble de la pensée administrative dominante dans l'Occident industrialisé. Un des principes les plus présents dans cette pensée, les plus fondamentaux, les plus déterminants et les plus persistants, depuis Smith, est celui de la division et de la spécialisation du travail ; principe qui, progressivement, a mené jusqu'à l'élaboration des conceptions actuelles présidant à la conduite du travail et à la répartition des rôles dans les entreprises.

Charles Babbage est celui qui a fourni, entre Smith et Taylor, un supplément de vertu économique à la division du travail, ce qui va permettre de justifier et de rendre encore plus séduisante la « nécessité » de subdiviser et de spécialiser davantage les tâches.

Nous verrons non seulement les apports précis de chacun de ces trois classiques, mais aussi comment on s'est servi de leur pensée respective, comment on les a interprétés ou surinterprétés et comment on les a adaptés. En bref, nous ferons un tri systématique entre les apports originaux des auteurs et leur transposition dans le cadre du corps conceptuel du management traditionnel.

ADAM SMITH (1723-1790) : LA MAIN INVISIBLE
ET LES VERTUS DE LA DIVISION DU TRAVAIL

La formule qui qualifie peut-être le mieux l'apport d'Adam Smith à la pensée managériale, ou plutôt, ce que cette dernière en a surtout retenu et intégré, nous est fournie par le titre du premier chapitre d'un ouvrage très connu de vulgarisation en sciences économiques (Heilbroner 1971) : « Le monde merveilleux d'Adam Smith ». En effet, de tout ce que contient cette imposante mise au point morale, sociale, philosophique et économique qu'est la *Recherche sur la nature et les causes de la richesse des nations*[1], on n'a à peu près retenu et propagé que la vision d'un univers économique merveilleusement réglé par lui-même, grâce à la méticuleuse intervention de la « main invisible » et à l'équilibre quasi automatique issu du conflit des égoïsmes individuels, miraculeusement propices à l'intérêt général. Le tout baignant dans un « marché » autorégulé où tous les ingrédients se dosent par eux-mêmes, se stimulant ou se contrariant mutuellement sur la base d'une concurrence libre et totale ; que ce soit les quantités, les prix, les salaires, les profits ou même la demande et l'offre de travail.

On peut dire qu'Adam Smith a littéralement inventé la science économique, bien qu'il reprenne des penseurs contemporains, plus ou moins économistes, comme Quesnay. C'était, pour son époque, bien plus un philosophe ou un « philosophe social » qu'un économiste au sens plein du terme. Il donnait des cours de morale à l'Université de Glasgow, mais, étant donné la vaste conception qu'on se faisait de cette matière, on y avait inclus des éléments d'économie politique et de philosophie sociale. Le professeur Smith était connu et respecté au-delà même de la Grande-Bretagne.

Le moins qu'on puisse dire est qu'il a traversé, de sa naissance en 1723 à sa mort en 1790, une époque de bouleversements profonds qu'on désigne par Révolution industrielle. En fait, Smith a dû surtout en vivre les prémices et les premiers jalons, car on s'accorde généralement pour voir l'essor consolidé de la Révolution industrielle plutôt à la fin du XVIIIᵉ siècle[2]. Mais cela n'a pas empêché cet observateur perspicace de porter un regard extrêmement pénétrant et riche d'hypothèses audacieuses sur tout ce qui se passait autour de lui et traçait la voie de l'industrialisation de l'Occident. Son œil capta les signes des changements les plus significatifs, et son cerveau comprit que, comme le dit Heilbroner, la société commençait à apparaître comme tenue, guidée, réglée et agencée dans son ordre et ses échanges par autre chose que la tradition ou l'autorité centrale, toutes deux battues en brèche par le déclin du féodalisme, la montée de la démographie urbaine et l'influence montante du rationalisme lancée par, notamment, les travaux de Descartes et Voltaire.

Sommairement, disons que Smith imagina la notion de « main invisible », métaphore qui s'applique au fonctionnement d'une entité considérée comme autonome et autodéterminée : le marché. Cette « main », cachée derrière les multitudes d'échanges et de transactions, règle de façon implacable et « invisible » (quoique, pense-t-on, très logiquement prévisible) tout ce qui constitue la trame de fonctionnement et d'évolution de la société, en particulier en matière économique.

---

1. Publié par A. Smith pour la première fois en 1776.
2. Nous verrons en détail dans la dernière partie ce qu'ont été la Révolution industrielle et ses apports. Un auteur respecté en la matière, J.-P. Rioux (1971), la situe « à partir du dernier tiers du XVIIIᵉ siècle ».

Bien que le livre d'Adam Smith soit un travail de grande érudition et difficile à lire, il est relativement facile d'en extraire et d'en comprendre les principes de base[3]. Les maîtres mots en sont « concurrence » et « marché libre » : la course à la satisfaction de l'intérêt personnel met tout le monde en compétition. Et chacun, en cherchant à toujours augmenter ses propres gains, contribuerait à raviver la concurrence et à participer à l'augmentation des gains de la société, qui devient alors la gagnante ultime de cet affrontement des égoïsmes individuels.

Donc, nous explique Smith, aussitôt qu'un produit ou un service est lucratif, il attire de nouveaux producteurs qui vont automatiquement pousser les prix à la baisse pour s'attirer des clients et les garder. Cela ferait qu'à qualité égale aucun prix ne peut être conservé indûment élevé, sauf en cas de coalition délibérée des fournisseurs ou de monopole. Mais, pour Smith, cette coalition ou ce monopole ne peuvent être – à considérer qu'ils puissent exister – que provisoires, le temps qu'un nouvel opérateur, non-membre de la coalition, se mette à produire la même marchandise et à la vendre à plus bas prix. Ainsi la concurrence, engendrée par la lutte que se font les hommes, entre autres en pratiquant la guerre des prix, pour tirer un profit personnel (égoïste) des occasions qui se présentent, est le merveilleux et inéluctable mécanisme qui, tôt ou tard, rétablit le juste équilibre des choses.

Ce qui est valable pour le prix des marchandises l'est aussi pour celui du travail, pour le salaire et pour le revenu de l'entrepreneur. En effet, la pression constante sur les prix par la concurrence maintient ceux-ci très proches des coûts réels de fabrication, empêchant tout profit excessif et nivelant les surplus.

Par ailleurs, concernant les salaires, tout secteur en expansion attire de la main-d'œuvre par la hausse des rémunérations due à la pénurie momentanée d'employés spécialisés du secteur en question. Il sera ainsi vite saturé et les salaires redescendront proportionnellement à l'augmentation de l'offre de force de travail qualifiée. Là aussi, l'équilibre est atteint grâce à la concurrence entre travailleurs qui, selon les conjonctures, convoitent les industries en essor ou désertent celles en déclin, jusqu'à ce qu'il y ait adéquation avec la demande. C'est un peu le jeu des vases communicants généralisé.

Les lois qui régissent les prix et les salaires s'appliquent également à la démographie, ouvrière en tout cas. Pour Smith, si la hausse des salaires encourage la natalité – du moins, si elle favorise la possibilité d'élever plus longtemps plus d'enfants –, elle fait aussi augmenter le nombre des demandeurs d'emploi. Mais, inexorablement, la loi d'airain de l'offre et de la

---

3.   En restant au niveau du sens commun et en délaissant délibérément, pour le cadre du présent travail, les concepts de fond et les subtilités plus propres à un débat d'économistes.

demande joue et, rabaissant les salaires, diminue la capacité de nourrir autant d'enfants. Il s'ensuit une réduction du bassin de la population ouvrière jusqu'à un nouvel envol de l'offre d'emploi, et ainsi de suite.

C'est ce que l'on appelle souvent «l'utopie de la concurrence libre et parfaite». Toutefois, à l'époque d'Adam Smith, comme le souligne également Heilbroner, tout cela était loin d'être aussi naïf qu'il n'y paraît, ne serait-ce que parce que la mortalité infantile, dans le monde ouvrier et la paysannerie, était très élevée et très sensible à la moindre amélioration du niveau de vie. Ce qui a, à la grande satisfaction des classes riches, légitimé, par la plume des Smith, Malthus et Ricardo (les pères de la pensée économique), le fait de ne pas tenter d'améliorer outre mesure le sort des classes pauvres, puisqu'elles ont «un instinct effréné et vicieux de procréation». Bien au contraire, il convient de limiter et la charité et les salaires, car c'est «leur rendre mauvais service». On a encore aujourd'hui recours à ce genre d'arguments devant l'effarante montée du chômage et de la pauvreté, partout dans le monde (Galbraith 1989).

Cependant, notre intérêt ici n'est pas tant de connaître dans le détail les mécanismes de la régulation économique avancés par Smith que de nous arrêter à leurs conséquences sur le monde des affaires et les «entrepreneurs» de l'époque, alors en plein essor. C'est précisément là que l'expression «monde merveilleux» prend tout son sens : le marché, autorégulé et autorégulateur, et la main invisible, implacables redresseurs de torts, de par leur caractère de soutien au laisser-faire et de légitimation de la satisfaction des égoïsmes individualistes, étaient un extraordinaire alibi, un miraculeux paravent et une permanente absolution à toutes les pratiques plus ou moins tortueuses auxquelles on pouvait se livrer pour s'enrichir[4]. Que les uns se constituent des fortunes colossales et que les autres se ruinent ou s'enfoncent encore davantage dans la misère, seule «la main invisible» est responsable[5].

On voit tout de suite le parti que la nouvelle classe dirigeante, formée des capitaines d'industrie, va tirer d'une telle croyance, et comment nombre de ses membres vont donner, à certaines exceptions près[6], libre cours à la poursuite effrénée de gains rapides et par tous les moyens (Mantoux 1959, Neuville 1976 et 1980, Braudel 1980 et 1985, Galbraith 1961). C'est là, par des voies nombreuses et indirectes, l'une des premières pierres qui serviront

---

4.   On peut voir de nombreuses illustrations de ces pratiques retorses, pour s'enrichir, chez les hommes d'affaires même les plus opulents de la fin du XIXe et du début du XXe siècle, dans Galbraith (1961), Heilbroner (1971). Certains étaient naufrageurs ou pilleurs d'épaves, d'autres, comme Rockefeller, vendeurs de millions d'actions bidon ; d'autres encore pratiquaient le rapt, le dynamitage ou la vente de «plages en Floride» qui n'étaient que marécages, d'autres se sont constitué d'énormes fortunes par le trafic de l'alcool durant la prohibition.

5.   Nous verrons en dernière partie, à l'aide d'exemples concrets, comment on pouvait se livrer à des pratiques immorales et répréhensibles, notamment au regard des valeurs chrétiennes, et trouver bonne conscience et justification dans les effets de cette soi-disant main invisible.

6.   Comme le célèbre cas de R. Owen (Heilbroner 1971, p. 102-105).

à monter l'édifice de la future mentalité managériale classique : que chacun aille, de toute son énergie et autant qu'il le peut, dans le sens de son égoïsme individuel, le « marché » équilibrera le tout. C'est là aussi un renforcement, sinon un fondement, de la conception d'une « nature humaine » avide de gains, de pouvoirs et de puissance, qu'on retrouve explicitement ou implicitement dans nombre de livres de management[7] et qu'un Taylor aidera, sans doute malgré lui, à postuler sans hésitation plus d'un siècle plus tard.

Mais il est une autre retombée des travaux de Smith, peut-être encore plus importante : la louange des vertus de la division du travail. Je dis bien « retombée », car en réalité, A. Smith n'en a pas fait que les louanges, loin s'en faut[8]. Il n'en reste pas moins cependant que les écrits sur le management, et je ne connais aucune exception, présentent la division du travail comme un progrès décisif, sans faille ni revers de médaille. On en traite comme d'une nécessité bénéfique à tous. Et on retient aveuglément les vertus que voyait Smith à subdiviser une tâche, ou un métier, en autant de sous-tâches, les plus élémentaires possible, pour lesquelles il fallait spécialiser des employés (comme dans la fameuse manufacture d'épingles qu'il décrit et où le travail de fabrication d'une épingle est subdivisé en 18 opérations différentes). Ces vertus sont, selon Smith, pour l'essentiel et en abrégé :

–   l'accélération de la production et le gain de temps ;

–   l'augmentation des habiletés ;

–   l'amélioration de la capacité à innover[9].

Par la spécialisation étroite, par le caractère limité et répétitif d'une tâche élémentaire, on devrait non seulement être bien plus rapide (parce qu'on gagne du temps à ne pas changer de tâche, donc d'outils, de rythme), mais en plus, devenir bien plus habile et, même, inventer des façons de travailler qui feront qu'on ira encore plus vite, tout en faisant mieux. Ce qui est exact, si on ne considère pas les conséquences plus globales pour ce qui est de la monotonie, de la perte d'intérêt, de la perte de sens, etc.

Avec Taylor et surtout ses continuateurs, cette division du travail sera poussée à des extrêmes dont l'industrie occidentale traditionnelle « taylorofordiste » paye aujourd'hui le prix face à des façons d'organiser le

7.   Comme Koontz et O'Donnell (1980), réédité sans cesse depuis le début des années 1950, dont le chapitre sur le leadership repose sur une telle conception de la nature humaine (plus explicitement énoncée p. 432 et 433).

8.   Le principe de division du travail, si généralement et si spontanément pris pour « naturel », souhaitable, indiscutable facteur de progrès, etc., est en fait un des nœuds de la « malvie » au travail, de ce qu'on appelle l'aliénation et, surtout, du problème très actuel du manque d'engagement, de participation et de productivité de la main-d'œuvre industrielle, particulièrement sous le régime de ce que nous avons appelé « management traditionnel ».

9.   À l'occasion de l'exposé sur l'aliénation, en dernière partie, nous discuterons, une à une, ces « vertus ».

travail moins différenciatrices et moins cloisonnées. Mais le management classique en fera un des piliers de base de ses doctrines et pratiques.

Il convient cependant de soigneusement remarquer qu'Adam Smith lui-même émettait de très graves réserves quant aux bienfaits de la division du travail. Il consacre tout un passage à ce problème, où il évoque le fait que la « stupidité » peut gagner les « masses » appliquées à exécuter un travail de plus en plus subdivisé, alors qu'au contraire les « sociétés barbares » (non encore industrialisées) contribuent, par « la variété des sollicitations » que procure un travail non parcellisé, à l'« entretien et l'éveil de l'intelligence »[10].

Si on avait intégré à nos principes et théories cet avertissement de Smith, on aurait évité bien de mauvaises passes actuelles. Mais cela illustre clairement que la doctrine managériale traditionnelle peut être sélective et encline à ne retenir et propager que ce qui fait le mieux l'affaire, conjoncturellement, des principaux intéressés auxquels elle s'adresse : les propriétaires et les dirigeants. Ici, elle retient essentiellement, sans égard aux conséquences, que la division du travail permet de produire toujours plus et plus vite.

Avant d'aborder le second grand précurseur de la mentalité managériale contemporaine, F.W. Taylor, il est un « intermédiaire », dénommé Babbage, qu'il ne faut pas passer sous silence, tant il constitue un véritable « chaînon » entre la division smithienne du travail et la recherche systématique de rendement taylorienne.

CHARLES BABBAGE (1792-1871) : LE MOINDRE COÛT DU TRAVAIL ÉCLATÉ

Même en termes chronologiques, pourrait-on dire, Babbage est un lien entre Smith et Taylor : il est né deux ans après la mort du premier et s'est éteint alors que Taylor avait 15 ans.

Professeur de mathématiques, il était aussi économiste à ses heures. Il s'est intéressé à ce que devraient faire les personnes qui souhaitent devenir « maîtres manufacturiers » et être en mesure de vendre d'une façon rentable leur marchandise, grâce à un coût de production aussi bas que possible[11]. Babbage reste, dans les grandes lignes, tout à fait smithien, puisque ce qu'il prône, c'est de trouver les moyens d'abaisser les coûts ; on se souvient que, selon Smith, la concurrence pousse à baisser les prix, donc, pour tout nouvel arrivant, à produire à coût moindre, s'il veut à la fois vendre moins cher

---

10. Smith (1976), p. 235 et suivantes. On retrouvera ce passage intégralement cité dans Marglin (1973), p. 50 et 51. D'autres auteurs reprennent et discutent cette critique smithienne de la division du travail : Rosenberg (1965), West (1976).

11. On trouvera une analyse détaillée des différentes facettes des apports de Babbage dans Braverman (1976), analyse dont nous nous inspirons largement ici. On peut aussi se référer à l'ouvrage même de Babbage (réédité en 1963).

et éviter des pertes. C'est dans un livre intitulé *On the Economy of Machinery and Manufactures,* publié, semble-t-il pour la première fois, en 1832, que Babbage expose son raisonnement[12].

D'abord, ce que ne mentionne aucun livre de gestion, à ma connaissance, Babbage reconnaît explicitement une première formulation de « son » principe par un Italien, un certain Gioja, qui aurait publié à Milan en 1815 une œuvre intitulée *Nuovo prospetto delle scienze economiche*[13]. Ensuite, à l'opposé ou très différemment de ce qu'on laisse entendre généralement, ce principe partait du souci clair de savoir **comment un manufacturier pouvait abaisser ses coûts par la baisse des salaires payés**. Ce n'est qu'indirectement qu'il s'avère un principe de productivité par la division du travail. Cette nuance est importante car, même si Babbage parle effectivement d'« organisation globale de l'ensemble du système de la manufacture », son argument se centre principalement sur la nécessité d'acheter l'exacte quantité et qualité de travail nécessaire pour chaque tâche précise que permet une plus grande subdivision du travail : force physique pour l'une, dextérité pour l'autre, doigté et précision pour une troisième...

Il ne s'agit plus des avantages vus par Smith : gain de temps, habiletés accrues ou innovations, mais bel et bien de **prix à payer pour des gestes et des capacités limitées et spécifiques**. Plus on rendra ces gestes et capacités simples et à la portée de n'importe qui ayant un minimum de prédispositions (par exemple, physiques si la tâche nécessite de la force), moins cher on payera le travail. Voici comment Babbage l'exprime :

> Le maître d'une manufacture, en divisant le travail pour qu'il soit exécuté en différentes opérations exigeant chacune des degrés différents d'adresse ou de force, peut acheter exactement la quantité précise de chacune de ces qualités qui sera nécessaire à chaque opération ; alors que, si tout le travail est exécuté par un seul ouvrier, cette personne devra posséder assez d'adresse pour l'opération la plus difficile et assez de force pour la plus dure de celles qui composent l'ensemble du travail ainsi divisé[14].

Tout cela parce que, insiste Babbage, le prix d'achat de plusieurs de ces qualités réunies chez un seul homme (qui fait, par exemple, comme l'artisan, un métier au complet) serait bien trop cher, comparé à l'achat d'une « qualité » limitée et ordinaire à la fois[15]. On voit bien ici qu'il s'agit avant

---

12. Raisonnement que la littérature managériale (par exemple, Bergeron 1983, ou encore Boisvert 1980) retient, explicitement ou implicitement, comme un jalon « scientifique » de l'organisation du travail avant la grande pénétration de « la science » avec Taylor (1911) ou Gilbreth (1953).
13. Je tire cette précision de Braverman (1976). On en verra l'intérêt plus loin, en dernière partie, lorsque nous étudierons les raisons pour lesquelles un tel principe, ainsi que ceux de la comptabilité moderne, qui ont grandement aidé à l'essor de l'ère industrielle, ont vu le jour en Europe du Sud mais n'ont donné leur pleine mesure qu'en Europe du Nord.
14. Cité par Braverman (1976), p. 72.
15. Pour plus de précisions et pour une illustration numérique de ce principe et de ses fondements, on peut consulter Braverman (1976), p. 73 en particulier.

tout de réduire la valeur économique du travail plutôt que de le rendre, au sens plein du terme, plus productif[16]. D'ailleurs, une éloquente illustration en même temps qu'un raffinement de ce principe de diminution de la valeur du travail se retrouvent de façon spectaculaire sous la plume de Henry Ford (1927), où, sur les 7882 opérations que nécessitait la construction d'une voiture modèle *T,* il est précisé:

> 949 exigent des hommes vigoureux, robustes et pratiquement parfaits du point de vue physique, 3338 des hommes d'une force physique simplement « ordinaire », presque tout le reste peut être confié à « des femmes ou des grands enfants »... 670 opérations peuvent être accomplies par des culs-de-jatte, 2637 par des unijambistes, 2 par des hommes amputés des deux bras, 715 par des manchots et 10 par des aveugles[17].

Alvin Toffler (1980) commente: «Autrement dit, le travail spécialisé n'exigeait pas un homme entier: un fragment d'homme suffit!» Ne voilà-t-il pas, en 1927, une extension édifiante du principe de Babbage? Principe, rappelons-le, que le management traditionnel a toujours associé à l'« école scientifique » de l'administration.

Il serait, je pense, bien temps d'admettre enfin que **payer moins cher le travail ne sera jamais synonyme de rendre le travail plus productif.** C'est malheureusement, et on verra pourquoi, plutôt le contraire qui se produit.

FREDERICK WINSLOW TAYLOR (1856-1915): L'ORGANISATION RENTABLE[18] DU TRAVAIL ET DE L'ATELIER

Je m'en expliquerai en détail tout au long du présent texte, mais il faut lever d'entrée de jeu un malentendu qui dure et que l'on fait durer depuis le début du siècle: l'appellation « organisation scientifique du travail » utilisée couramment pour désigner le système mis au point par Taylor est un pur abus de langage. Car la science n'a jamais eu pour préoccupation de rentabiliser quoi que ce soit, mais de comprendre les phénomènes qu'elle étudie; il est donc faux d'attribuer un caractère scientifique à quelque chose qui n'est qu'une nouvelle forme de subdivision, de répartition et de contrôle du travail. Tout cela ne peut prétendre au statut et au caractère « scientifiques », même si on y utilise, bien légitimement, des techniques et

---

16. Ce qui serait un souci du rapport moyens/résultats/qualité dans la façon d'effectuer un travail donné et non pas un souci de la dévalorisation monétaire de la « marchandise » travail.
17. Cité par A. Toffler (1980), p. 71.
18. Je dis « rentable » pour bien attirer l'attention sur la nécessité de se démarquer par rapport à l'usage habituel, pour ce qui touche à Taylor, de l'adjectif « scientifique ». Adjectif qui, on le verra, appelle bien des questionnements et est lourd de conséquences pour ce qui a constitué le management traditionnel.

des moyens rationnels, systématiques et chiffrés relevant de méthodes ou d'approches propres à la science.

Le système de production édifié par Taylor répondait non pas aux exigences de « la science » mais à des exigences d'augmentation de rendement dans des ateliers d'usines industrielles. Il n'y a **aucune raison de confondre science et désir d'une plus grande rentabilité à l'usine**. D'ailleurs, l'abus de langage devient encore plus flagrant lorsque l'on sait qu'on n'a pas hésité à parler de « science du posage de briques ou de science du pelletage[19] ». Il n'est cependant pas question de nier que Taylor a eu recours à une méthode scientifique, bien au contraire. Il a utilisé tous les ingrédients de la science la plus positive : observer systématiquement, enregistrer, classer, mesurer, calculer, etc.

Mais, répétons-le, il y a une certaine distance entre recourir à des méthodes empruntées à la démarche scientifique pour réaliser un objectif donné et attribuer à cet objectif lui-même un statut scientifique. C'est comme si, toutes proportions gardées, l'on octroyait au fait de s'entre-tuer durant les guerres un caractère scientifique, simplement parce que l'on recourt à des sciences et à des méthodes qui lui sont empruntées pour fabriquer les armes ou étudier les mouvements de troupes. S'entre-tuer, pas plus qu'obtenir un rendement accru dans un atelier, n'a jamais été et ne sera jamais, de près ou de loin, ni un objectif, ni un acte scientifique. Il est incorrect de laisser croire que l'un ou l'autre serait quelque chose qui est conforme à – et voulu par – la science.

Cependant, il y a effectivement un côté scientifique au travail de Taylor ; ne serait-ce que ses remarquables travaux sur l'adéquation entre outils et matières traitées, sur la coupe des métaux (plus de 25 ans de recherche) ou encore sur la fatigue des ouvriers[20]. Mais soulignons que ses découvertes et ses intentions ont été, comme il en témoignera lui-même en 1912, trop souvent mal comprises, mal interprétées et détournées, pour le plus grand bénéfice des industriels et des compagnies, et au détriment, malheureusement, du climat social et de la coopération dirigeants–dirigés. Cela a beaucoup contribué, rapporte Kakar (1970), à la grande amertume qui a caractérisé une bonne partie de la vie de Taylor. Car, et on n'insistera sans doute jamais assez là-dessus, Taylor répétait sans cesse qu'il désirait avec force et sincérité – et sans doute bonne foi – la paix, l'harmonie entre travailleurs et patrons et la prospérité conjointe. Cela nous amène à creuser davantage ce qu'était l'homme Taylor.

---

19. Taylor emploie lui-même ces termes dans son témoignage devant la commission parlementaire américaine, il parle de *science of shoveling* et de *science of bricklaying* (dans « Testimony before... », *Scientific Management*, 1947, p. 50 et 68).
20. Par exemple, Louis Dany Lafrance, un des plus fervents admirateurs et militants du taylorisme en France, après Henry Le Châtelier, parle de son étonnement admiratif lors de l'Exposition de 1900, devant une des trouvailles techniques de Taylor : la coupe de l'acier rapide (préface à l'édition Dunod 1957).

Le personnage Taylor

Frederick Taylor représentait la cinquième génération de sa famille à naître aux États-Unis, famille d'origine anglaise et quaker[21]. Son grand-père, Anthony, amassa une belle fortune par le commerce avec les Indes, et son père, Franklin, était avocat à Philadelphie. Bien que celui-ci exerçât peu cette profession, la famille destinait, naturellement, le jeune Frederick au métier d'homme de loi. Tout semblait bien aller jusqu'au jour où, au seuil de son entrée à Harvard, dont il avait très honorablement réussi les examens d'entrée, le jeune homme interrompit brusquement ses études pour des raisons, disait-il, de troubles graves de la vision. Il retourna chez ses parents, puis, pour des raisons fort peu claires, on le retrouve, en 1874, à l'âge de 18 ans, comme apprenti dans une usine qui appartenait à des amis de la famille. Il y restera quatre ans et y apprendra les métiers de modeleur et de mécanicien, malgré, disait-on dans son entourage, « son solide dégoût pour le travail manuel[22] ».

Puis attiré par la mécanique, Taylor entra dans une entreprise où d'autres amis de la famille figuraient parmi les propriétaires : la Midvale Steel Co. Là, il apprit encore davantage le travail de mécanicien et monta en grade jusqu'à devenir ingénieur en chef à l'âge de 28 ans, après avoir, entre-temps, pris des cours et réussi à obtenir un diplôme d'ingénieur-mécanicien au Stevens Institute. Il est le premier, après avoir quitté Midvale (en 1890), à exercer le tout nouveau métier d'ingénieur-conseil en organisation sous forme de profession indépendante. C'est à ce titre qu'il travailla pour la compagnie la plus célèbre dans ses écrits, la Bethlehem Steel.

Hormis peut-être son biographe officiel, Copley (1923), qui voulait sans doute en laisser une image d'homme respectable et sain, à peu près tous ceux qui ont écrit sur Taylor, y compris certains de ses amis d'enfance, comme Brige Harrison[23], s'accordent pour dire que c'était un personnage très curieux, paradoxal, ambigu et profondément pointilleux et calculateur jusqu'à être obsessionnel dans ses comportements[24]. Même jeune enfant, selon Harrison, il voulait obliger ses compagnons de jeux à définir des règles extrêmement strictes. Par exemple, mesurer « pied à pied et pouce à pouce le rectangle servant de terrain à leur jeu de rounders » (sorte de base-ball), ce qui révoltait ses jeunes amis et le rendait « bizarre » et « excentrique » à leurs yeux[25].

---

21. Il n'est pas indifférent de rappeler l'appartenance à cette secte protestante dont le nom signifie « trembleur » et désigne par extension ceux qui « tremblent devant la parole de Dieu » : la personnalité pointilleuse, méticuleuse et, comme on le verra, ambiguë et névrotique de Taylor y doit certainement une part.
22. Kakar (1970), p. 11.
23. Cité par Kakar (1970), p. 18.
24. La source la plus approfondie et la plus fouillée sur la personnalité de Taylor reste Kakar (1970) pour le lecteur intéressé à mieux comprendre ce qui est dit ici.
25. Kakar (1970), p. 18.

Plus tard, son comportement d'adulte, en particulier à l'usine, va continuer à prêter à sourire autour de lui. Il comptait et mesurait tout, il voulait toujours tout rendre plus « efficace » : il comptait ses pas, il mesurait la longueur du pas nécessitant le moins d'énergie pour couvrir la plus longue distance dans une promenade champêtre, il notait soigneusement, avant chaque bal, la liste des jeunes filles attirantes et non attirantes afin de répartir, de façon strictement égale, son temps entre elles toutes... Il avait aussi nombre de manies, dont celle de dormir en position assise, appuyé sur un empilement adéquat d'oreillers, afin d'éviter des cauchemars fréquents qu'il attribuait au fait de dormir allongé sur le dos, ce qui, quand il devait séjourner dans un hôtel, donnait lieu à des scènes et à des discussions plutôt burlesques[26].

On l'aura compris, Frederick Taylor était loin d'être un homme exempt de travers personnels. Le méticuleux travail psycho-historique de Kakar n'hésite pas à en faire un névrotique obsessionnel et même, épisodiquement, un assez profond mélancolique et un « déçu ». Tout cela pèsera évidemment de tout son poids dans l'œuvre de cet homme, œuvre qui a marqué, de façon extrêmement pénétrante, à peu près toute l'humanité du xxᵉ siècle, et tout particulièrement, bien sûr, consciemment ou non, l'univers de l'entreprise et du management.

Mais Taylor est aussi un homme paradoxal, ce qui va sans doute compter pour beaucoup dans les contradictions et les difficultés qu'ont connues et son œuvre et son application. Ainsi, on ne peut que rester perplexe devant, d'une part, sa féroce honnêteté et, comme dit Kakar, sa « droiture maladive » (attribuable sans doute à ses attaches de quaker et se traduisant par son extrême méticulosité et ses manies) et devant, d'autre part, les nombreuses accusations de tricherie et de falsification portées contre lui. Pour mieux ajuster ses « observations » à ses conclusions, il se serait livré à des exagérations dans les expériences de manutention à la Bethlehem Steel, à des modifications d'écrits ou de conférences, selon les auditoires et les circonstances, et une partie importante de son *Scientific Management* aurait été écrite par un certain Morris L. Cooke[27]... Mais revenons à l'œuvre de ce paradoxal personnage.

L'œuvre de Taylor

Il est presque certain, à la lecture de Taylor, que celui-ci connaissait, même s'il n'en fait jamais mention, les travaux de Smith et de Babbage. D'ailleurs,

---

26. Kakar (1970), p. 18 et 19.
27. Voir Boisvert (1985, p. 43) qui rapporte que certains chercheurs auraient prouvé ces choses. Voir également Lee (1980), p. 29 et suivantes où l'auteur n'hésite pas à parler de « fiction » et d'« observations fabriquées » à propos de Taylor. Voir aussi Wrege et Perroni (1974) ou encore Braverman (1976), Morgan (1986).

on pratiquait à l'époque, presque partout, la division des tâches et du travail. Une certaine « rationalisation empirique » du processus de production était largement répandue. C'est ce que précisent Urwick et Brech (1945) :

> Taylor n'a pas inventé quelque chose de totalement neuf, mais il a opéré la synthèse d'idées qui avaient germé et s'étaient renforcées en Grande-Bretagne et aux États-Unis pendant le XIXe siècle, et les a présentées en un tout cohérent et raisonné. Il a donné à une série d'initiatives et d'expériences disparates une philosophie et un titre[28].

Le titre, on le connaît, c'est *scientific management* (le terme *management* doit être rapproché de son sens américain, au moins de l'époque, qui était plutôt « organisation et direction des ateliers » que « gestion globale d'entreprise » ou « travail de hauts dirigeants », comme on le conçoit aujourd'hui[29]). Mais qu'en est-il de la « philosophie » taylorienne ? On l'a déjà dit, dans les grands axes, c'est une combinaison de Smith et de Babbage, dans le sens où Taylor a apporté, comme on va le voir, une contribution décisive aux principes de division technique du travail et de rentabilisation du moindre geste de l'ouvrier. Par ce qu'il appelle *scientific management*, communément désigné par « organisation scientifique du travail » ou « OST », il a apporté les méthodes et moyens pour transférer à la direction la détermination, par le menu détail, du travail de chaque ouvrier.

Comment Taylor en est-il arrivé là ? Essentiellement par, d'abord, ses convictions, rattachées à celles que partageaient les membres de sa classe d'origine depuis les XVIIIe et XIXe siècles[30], et où l'ouvrier représentait un être portant les stigmates de son milieu de naissance : fourberie, vice, pauvreté comme tare génétique, inintelligence, ignorance, paresse... Toutefois, Taylor se défend de mépriser les ouvriers ou de les « prendre pour des imbéciles »[31]. Et ensuite, par sa propre expérience d'ouvrier, qui couvre tous les échelons depuis le poste de simple manœuvre jusqu'à celui de chef de bureau des méthodes et qui, rappelons-le, s'est étendue sur près de dix années. Si sa formation et ses connaissances d'ingénieur étaient plutôt moyennes, sinon médiocres, sa connaissance de ce qui se passe dans l'atelier de production était certainement hors pair.

Dès son premier livre, *Shop Management*, publié pour la première fois en 1903, Taylor attaque par l'élément qu'il reprendra successivement dans

---

28. Cité par Braverman (1976), p. 80.
29. Montmollin apporte cette précision en note de bas de page (1984, p. 14), mais il me semble que la distinction qu'il fait entre sens anglo-saxon et sens français est aussi valable pour le vocable américain dans sa propre évolution.
30. Voir, entre autres, l'ouvrage de l'historien Neuville (1976) et notamment le chapitre intitulé « Le mépris de l'ouvrier », volume 1.
31. Voir Taylor (1957), p. 29 et 30, où une longue tirade est consacrée à la dénonciation des « gens qui pensent que les ouvriers sont avides et égoïstes », etc. Et pourtant, il n'hésite pas à comparer l'ouvrier Schmidt à un bœuf, et c'est au strict contrôle de tout ce que les ouvriers font qu'il va s'attarder avec acharnement ; ce ne sera pas la seule contradiction de Taylor.

ses écrits ultérieurs[32], c'est-à-dire ce qu'il considère comme la cause de pertes en efficacité, de non-rentabilité et qui empêche d'accroître la productivité : la « flânerie » des travailleurs. Taylor précise qu'elle est de deux sortes : en premier lieu, la « flânerie naturelle », résultant de ce qu'il dénomme expressément « l'instinct naturel » et « la tendance de tous les hommes » à la paresse, « à se la couler douce » ; et en second lieu, la « flânerie systématique », découlant de « l'examen » que les ouvriers font « sur la façon de défendre leurs intérêts » (c'est-à-dire produire moins pour le même salaire et s'aligner sur ceux qui en font le moins)[33].

C'est donc, déclare Taylor, un **état de guerre permanent entre patrons et ouvriers**, et ce qu'il désire, lui, c'est rétablir la paix en levant ce qu'il appelle un « malentendu » : la non-connaissance « objective, scientifique », aussi bien de la part de l'employeur que de l'employé, de ce qu'est « une journée loyale de travail ». C'est-à-dire la journée que le dirigeant est réellement en droit d'exiger et que le travailleur a l'obligation de fournir pour le salaire qu'on lui donne.

C'est là que notre ingénieux observateur met à profit son expérience parmi les ouvriers. Aussitôt nommé contremaître à la Midvale, il part en guerre contre la « flânerie systématique » de ses ex-compagnons de travail. Il veut obtenir d'eux une « journée loyale de travail », sachant, puisqu'il était un des leurs, comment ils s'y prenaient pour en faire bien moins que ce qu'ils auraient pu réellement faire. En tant que groupe, ils s'entendaient pour n'effectuer que des quotas journaliers très inférieurs à ce dont ils étaient capables. Taylor y voyait comme principales raisons la peur du chômage (en travaillant trop fort, ils risquent de diminuer le réservoir de travail disponible) et la peur de voir leur rémunération réelle baisser constamment puisque, dans le système de paye à l'heure ou de paye à la pièce, travailler toujours plus vite et en faire plus, c'est abaisser constamment le prix reçu par unité produite, donc le prix de son travail. Taylor parle lui-même de la naturelle méfiance que développent les ouvriers vis-à-vis de ceux qui établissent des « records qui entraîneraient une augmentation temporaire des salaires, mais qui obligeraient tous ceux qui viendraient après à travailler plus activement pour le même vieux salaire[34] ».

Autrement dit, les ouvriers se méfient parce que chaque nouveau record ne tarde pas, par la grâce des patrons, « au moins aussi avides et égoïstes que leurs employés[35] », à devenir tâche journalière « normale » obligatoire. C'est donc « l'état de guerre » sans cesse entretenu par ce que Taylor appelle « la lutte pour la valeur ajoutée », lutte acharnée et inéluctable entre

---

32. *Principles of Scientific Management* (1911) et *Hearings before Special Committee of the House of Representatives...* (1912). L'édition de Harper and Brothers (1947) regroupe les trois textes. Les passages et notions visés se retrouvent, notamment, dès la page 30.
33. Édition Dunod (1957), p. 9-13, ainsi que 29 et 30.
34. Taylor (1957), p. 15.
35. Taylor dit cela lui-même, quoique indirectement, p. 29 et 30.

employeurs et employés, les uns voulant transformer les surplus en profit maximum et les autres, en hausse ou en non-baisse de salaire[36].

Toujours est-il que Taylor considère comme logique, normal et prévisible que les ouvriers cherchent ainsi à défendre leurs « intérêts légitimes » lorsqu'ils voient, dit-il, « que le salaire aux pièces a été diminué deux ou trois fois parce qu'ils auront travaillé énergiquement et augmenté leur production[37] ». Il ne les en accuse pas moins de « tentative délibérée de tromper leur patron », tentative, pour lui, tout à fait malhonnête et inadmissible.

Mais encore plus grave, ajoute-t-il, cela est propre à ruiner le climat de « confiance mutuelle » qui devrait régner entre patrons et ouvriers, et conduit à une situation où tout « sentiment de travailler dans le même but cesse d'exister » et fait du même coup totalement disparaître les « bénéfices réciproques[38] ». Dès lors, Taylor ne vise plus qu'une chose : restaurer la paix et assurer la prospérité à tous en leur insufflant un nouvel « esprit » et en les forçant, science et raison à l'appui, à travailler la main dans la main, chacun respectueux de l'intérêt de l'autre, puisque les deux, en tout bon sens, convergent.

D'après son biographe et d'après Sudhir Kakar qui le décrit comme un homme meurtri par l'incompréhension et l'opposition ouvrière, syndicale mais aussi patronale[39] que rencontre son système (jusqu'à l'obliger à devoir « s'expliquer » devant une commission de la Chambre des représentants en 1912), il est bien plausible que Taylor était sincère et de bonne foi. Mais pour mieux le comprendre, il faut, me semble-t-il, le voir d'abord dans tout ce qui fait sa personnalité, et qui l'empêche de prendre la juste mesure de certaines contradictions, y compris les siennes, et ensuite dans ce qui transparaît à travers ses propos et ses envolées sans cesse répétés. Il nourrissait une sorte de foi inconditionnelle en un inéluctable triomphe de la science et de la raison qui devraient, par leurs seules logique et force de persuasion, convaincre employeurs et employés de transformer radicalement leur mentalité, et se mettre à œuvrer de concert comme de bons frères et sœurs.

Le moins qu'on puisse dire est qu'il suffisait de regarder autour de soi, à l'époque de Taylor, pour se rendre compte de l'ampleur du fossé qui séparait deux mondes que tout éloignait l'un de l'autre depuis la Révolution

---

36. Taylor (1957) discute de cette guerre de la valeur ajoutée, p. 54 et suivantes.
37. Taylor (1957), p. 16.
38. Taylor (1957), p. 16.
39. Sudhir Kakar donne tous les détails (chapitres 7 et 8) des péripéties douloureuses de la carrière de Taylor qui va de déception en déception et même de dépression en dépression depuis qu'il a quitté la Midvale en 1890, jusqu'à son « renvoi » de la Bethlehem Steel en mai 1901. Taylor s'étend longuement, dans plusieurs de ses lettres, sur les raisons de cette systématique incompréhension des gestionnaires, le conduisant à des échecs successifs, que ce soit à la Manufacturing Investment (1890-1893), à la Simonds Rolling (1893-1898) ou à la Bethlehem Steel (1898-1901) : l'opposition de ceux qu'il appelait les « financiers » et qui n'appréciaient pas ses façons d'exiger qu'on améliore l'outillage, qu'on paye plus, etc.

industrielle : le monde des patrons et des dirigeants d'un côté, et le monde des employés et des ouvriers de l'autre[40]. D'après Neuville (1976 et 1980) par exemple, une des idées dominantes dans les milieux des industriels, et même des intellectuels de la fin du XIXᵉ siècle, était que l'ouvrier n'est rien d'autre qu'une sorte de machine particulière dont il faut tirer le plus de rendement possible, tout en évitant de le « gâter » par des excès de salaire qui le rendraient excentrique, capricieux et indiscipliné[41].

Comment donc Taylor pouvait-il espérer établir cette paix dont il rêvait ? cette confiance mutuelle et cette générosité réciproque ? Nous y reviendrons, mais signalons tout de suite, et cela est très important, que Taylor n'a réellement systématisé et articulé sa pensée, notamment à propos de ce problème central de la coopération et de la compréhension entre ouvriers et patrons, qu'après des années de pratique qui lui ont valu surtout déceptions et dépressions. Il s'est mis à écrire tout cela de 1903 à 1912, durant une période que Kakar appelle « sa période de prophète ».

Après ses échecs auprès des industriels et les meurtrissures qu'il en subit, Taylor va enregistrer des succès, mais surtout auprès des académies et des associations d'ingénieurs. Il conduit alors une véritable croisade pour justifier ses croyances, ses visions et ses espoirs. On peut donc voir dans ses productions intellectuelles plus un effort de défense, même utopique, de ses travaux et de rationalisation de ses échecs, que de réflexion rationnelle sur des faits et des réalités. Cela expliquerait et rendrait plus crédible l'idée qu'il ait à plusieurs reprises « triché » dans ses rapports, ses descriptions... comme le rapportent les chercheurs que nous avons cités plus haut.

Le système et les principes de Taylor

Taylor nous explique toutefois, même si c'est bien après coup, comment s'y prendre pour changer les mentalités. Le point de départ, rappelons-le, en est le constat du fameux « malentendu » sur les quotas de production. Malentendu qui entraîne un cercle vicieux alimenté par le fait que patron et ouvrier sont, chacun à leur façon, persuadés que l'autre partie ne donne qu'une infime portion de ce qu'elle pourrait et devrait faire, en production d'un

---

40. Un bref coup d'œil à ce qu'était la condition ouvrière et les conditions de travail tout au long du XIXᵉ siècle montre très vite combien les obstacles qui attendaient Taylor étaient grands et combien sa vision et son ambition peuvent sembler naïves (Neuville 1976 et 1980, Tocqueville 1961, Braverman 1976).

41. Voir par exemple le texte tiré du *Cours d'économie politique* d'un certain M.G. de Molinari (Bruxelles, 1863, cité par Neuville, 1976, en 4ᵉ page de couverture). Un autre texte précisait que ces « classes vicieuses » ne pouvaient que dépenser en beuveries ou autres dépravations tout surplus d'argent, contrairement « aux classes supérieures ». Texte récompensé par l'Institut de France (sciences morales et politiques) et publié à Bruxelles en 1840 (cité par Neuville, 1980, en 4ᵉ page de couverture).

côté ou en salaire de l'autre. Il faut à tout prix lever ce regrettable malentendu, prétend Taylor, en trouvant le moyen de persuader les uns et les autres que leur intérêt respectif bien pensé est de collaborer et de s'entendre sans équivoque et « objectivement » sur ce qui peut et doit être produit, et sur ce qui peut et doit être payé. Ce moyen, ce sont les « principes de direction scientifique » : si c'est « la science » qui dit comment faire et que cela s'avère en plus conforme au bon sens et à une attitude raisonnable et honnête, pense Taylor, chacun n'aura plus qu'à se rallier, et avec empressement[42].

Taylor propose donc quatre principes de « direction scientifique[43] » :

1er principe

Les membres de la direction mettent au point la science de l'exécution de chaque élément du travail qui remplace les bonnes vieilles méthodes empiriques (p. 68).

Il s'agit ici de ce que plusieurs auteurs ont dénommé l'« appropriation réelle du travail par les dirigeants ». En effet, et Taylor le dit très clairement, on vise par là ni plus ni moins que le transfert de toutes les techniques de travail, du savoir-faire et des tours de main développés par les ouvriers dans l'accomplissement de leurs tâches, vers les membres de la direction qui ont désormais

> l'obligation de rassembler cette grande masse de connaissances traditionnelles, de l'enregistrer, de la classer et dans de nombreux cas, de la réduire finalement en lois et règles exprimées même par des formules mathématiques, et assumées volontairement par les directeurs scientifiques (p. 68).

Taylor s'explique longuement sur le fait qu'il est inadmissible pour la direction de continuer à ignorer ce que font réellement les employés dans l'exercice de leur tâche et, surtout, il s'indigne qu'elle ignore totalement comment ils font. C'est donc à une étude « scientifique » du moindre geste accompli par l'ouvrier, dans la moindre tâche, que Taylor invite. C'est ce qu'il fera à la Bethlehem Steel, où il scrutera dans le menu détail le très simple travail de manutention de gueuses de fonte[44]. Il arrivera ainsi à faire

---

42. La journée « loyale » de travail peut être, d'après Taylor, définie « scientifiquement » et devient donc aussi la « journée raisonnable » que le patron peut exiger.

43. L'énoncé de ces principes se trouve entre les pages 68 et 81 de l'édition Dunod, 1957. Pour une critique et une discussion serrée de ces principes, voir Braverman (1976), p. 77-107.

44. Je rappelle que « gueuse de fonte » signifie « lingot de fonte pesant 41 kg ». Braverman (1976, p. 94) raconte comment un certain Daniel Bell, traitant du taylorisme dans un ouvrage édité en 1960, prétend que Taylor aurait appris « à un Hollandais appelé Schmidt comment pelleter 48 tonnes de gueuses de fonte par jour au lieu de 12 tonnes »... Ce professeur Bell va même jusqu'à préciser « l'arc fait par le mouvement de la pelle, l'angle de pénétration dans le tas de gueuses, le poids de la pelletée », etc. C'est là un bel exemple, souligne Braverman, de ce que beaucoup de théoriciens du management croient pouvoir parler du travail « sans la plus petite connaissance de leur sujet ».

faire à un certain ouvrier Schmidt, volontiers présenté comme un être plutôt limité et stupide[45], un travail de manutention de 48 tonnes comparativement à 12 tonnes la journée[46]! Chaque geste, comment se déplacer, s'accroupir, se relever, quand s'arrêter, quand reprendre, tout était défini et dicté par Taylor. Selon lui, il devrait en être ainsi pour tous les travaux et métiers à l'usine : que la direction les étudie, les définisse et édicte ce qu'est une vraie et loyale journée de travail, pour ensuite l'imposer comme norme.

2e principe

Les dirigeants « choisissent d'une façon scientifique leurs ouvriers, ils les entraînent, ils les instruisent de façon à leur permettre d'atteindre leur plein développement alors que dans le passé chaque ouvrier choisissait un travail et s'entraînait lui-même du mieux qu'il le pouvait » (p. 69).

C'est là le principe de sélection scientifique des employés, le fameux et solide « l'homme qu'il faut à la place qu'il faut ». Après avoir déterminé et défini ce qui est à faire et comment le faire, geste par geste, il faut encore que la direction choisisse quel type de travail confier à quel type d'employé, en étudiant « systématiquement le caractère, la personnalité et l'activité de chaque ouvrier ».

3e principe

Les dirigeants « collaborent cordialement avec leurs ouvriers de façon à avoir la certitude que le travail s'exécute conformément aux principes de la science qui a été créée » (p. 69).

Ici Taylor parle de faire connaître aux ouvriers qui ont été « choisis et formés scientifiquement » la science du travail telle qu'elle a été créée, délimitée et arrêtée par les dirigeants. Ce principe conduit également à ce que la direction s'assure que le travail « scientifique » est effectivement respecté et mis en œuvre par les ouvriers. « Tout votre travail, dit Taylor aux dirigeants, sera inutile si quelqu'un ne fait pas appliquer la science par les ouvriers. » Sans aucun doute, la combinaison de ce principe et du dernier a entraîné la coupure, aujourd'hui traditionnelle dans l'industrie occidentale, entre ceux qui ont pour métier de penser, d'étudier, d'analyser et ceux qui ont pour métier d'exécuter ce que les premiers ont arrêté et décidé.

---

45. Dans l'édition Dunod de 1957, on trouvera, pages 88-90, le rapport de Taylor des discussions qu'il a eues avec cet ouvrier (appelé Dupont dans cette édition française) : il en ressort l'impression d'un dialogue avec une personne quasi débile.
46. Il aurait été en plus établi que, physiologiquement, presque aucun ouvrier normal n'aurait pu, sans épuisement, manipuler 48 tonnes de gueuses de fonte par jour au lieu des 12,7 tonnes habituelles (Braverman 1976, p. 95).

4e principe

« Le travail et la responsabilité du travail se divisent d'une façon presque égale entre les membres de la direction et les ouvriers. Les membres de la direction prennent en charge tout le travail pour lequel ils sont mieux qualifiés que leurs ouvriers alors que dans le passé tout le travail et la plus grande partie de la responsabilité impliquée par ce travail incombaient aux ouvriers » (p. 76).

Ce dernier principe de Taylor est certainement le plus ambigu. Lui-même reconnaît qu'il est « peut-être le plus difficile à comprendre ». Mais ses explications ne font qu'ajouter à la confusion, car il parle de « division presque égale du travail entre l'ouvrier et la direction », de travail qui s'accomplissait presque exclusivement par l'ouvrier et qui doit désormais « être divisé en deux parties », de ce que tout acte de l'ouvrier doit « être précédé et suivi par quelque acte accompli par quelqu'un se trouvant du côté de la direction ». Et il ajoute que c'est là coopération intime, personnelle entre les deux parties et « harmonie érigée en règle générale au lieu de la discorde[47] ». Il répète à maintes reprises, surtout dans sa déposition devant la Chambre des représentants, que son « système » oblige la direction aussi bien que l'ouvrier à faire chacun leur part de travail. Il se targue même d'obliger les dirigeants à réellement collaborer avec leurs employés et donc à voir leur tâche considérablement augmentée.

Par ailleurs, Taylor insiste formellement et régulièrement sur la nécessité du partage du gain supplémentaire réalisé grâce à son système car, pour lui, c'est à cette condition que patrons et ouvriers connaîtront ensemble la prospérité : si les ouvriers produisent plus, l'entreprise gagne plus ; en gagnant plus, l'entreprise peut payer de meilleurs salaires. Tout au long de ses textes[48], il essaie de montrer qu'il faut, sans hésitation, augmenter la rémunération et les possibilités de promotion de tous les ouvriers qui acceptent de travailler selon la « méthode scientifique ». Ce serait sans doute là un cinquième principe qu'on peut retrouver sous la plume de Taylor ainsi énoncé :

> [...] dans le système de direction scientifique, on enseigne aux ouvriers la façon d'exécuter un travail meilleur et d'un niveau plus élevé que celui qu'ils accomplissaient précédemment et on leur donne donc un travail d'un niveau plus élevé avec le salaire également plus élevé qui y correspond (p. 233).

De toute manière, même si cette question de salaire n'est pas explicitement présentée comme un des piliers du *scientific management*, à côté des quatre principes vus plus haut, on peut constater l'importance centrale que Taylor lui accorde, tant il y revient et insiste à de nombreuses reprises.

---

47. Tous les membres de phrases cités se trouvent aux pages 76 et 77.
48. Pages 228-243, par exemple.

D'ailleurs, dans les manuels de gestion, on présente presque systématiquement le taylorisme comme étant l'application de cinq principes[49] :

– la décomposition des tâches en éléments constitutifs ;
– l'analyse de ces éléments pour élaborer la meilleure méthode ;
– l'établissement de normes de rendement ;
– la sélection scientifique des ouvriers ;
– la rémunération en fonction du rendement.

Comme Taylor ne cessait de le répéter dans sa déposition, ces principes, aussi beaux, aussi raisonnables et aussi « scientifiques » fussent-ils, ne lui valurent que déceptions, amertume et luttes aussi bien contre les ouvriers que contre les managers, tant l'incompréhension était grande, surtout de la part des dirigeants, d'ailleurs, qui refusaient obstinément d'appliquer son système avec toutes les conséquences logiques qu'il comporte. Cela nous amène à parler des résultats obtenus par Taylor et de la façon dont les directions en ont usé.

Taylor face aux managers de son époque

Que ce soit à la Midvale ou à la Bethlehem Steel où il a conduit ses expériences les plus célèbres, Taylor est toujours arrivé à augmenter de façon spectaculaire les rendements tout en obtenant des augmentations de salaires substantielles pour les ouvriers. Ainsi, dans les ateliers de la Midvale, il réduisit le nombre d'employés pour le travail d'inspection de 120 à 35, il augmenta le taux de précision de 60 %, les salaires de 80 %. À la Bethlehem Steel, de loin l'expérience la plus connue et la plus citée, il réduisit les effectifs de manutention d'environ 600 employés à 150, augmenta le rendement par ouvrier selon un rapport moyen de 10 à 59, réduisit le coût moyen de manutention de 0,072 $ à 0,033 $ et fit augmenter les salaires des employés de 1,15 $ à 1,88 $ par jour. En fait, on voit bien ici, comme le montrent Marglin (1973) ou Braverman (1976), que toute cette question d'« efficacité » de l'usine industrielle n'a jamais été que celle de tirer toujours plus du facteur travail (ce que Taylor appelle lui-même « valeur ajoutée »).

Le management scientifique a donc permis d'analyser dans le menu détail le travail de l'ouvrier et d'arriver à la production maximale possible, dénommée « journée loyale »[50], par une combinaison donnée des trois éléments : matière traitée, outil, force de travail (les deux premiers étant déterminants puisqu'il faut « sélectionner » soigneusement le troisième)[51].

---

49. Par exemple, Bergeron (1983), p. 76 et 77.
50. On peut penser ici au travail de pelletage pour lequel Taylor a expérimenté diverses formes et tailles de pelles pour finir par obliger les ouvriers à non plus choisir et posséder chacun leur pelle mais à se servir de celle qu'on leur assigne selon le travail à faire.
51. Taylor (1957, p. 115 et 116) précise qu'il faut tester huit manœuvres pour en retenir un seul pour le transport de gueuses ! (On a déjà vu qu'un physiologiste allemand cité par Braverman avait établi que manipuler 48 tonnes de gueuses par jour, c'était épuisant pour un individu moyen.)

Que ce soit malgré lui ou non, Taylor a largement donné aux dirigeants des moyens, jusqu'alors insoupçonnés, de faire faire infiniment plus de travail de production par l'ouvrier ou l'employé de base, tout en en éliminant un bon nombre par la même occasion.

Il a trouvé, comme l'étudie en détail et le précise Braverman, le moyen aussi de déposséder le travailleur des rares petites choses dont il était encore plus ou moins le maître : l'organisation par équipes, le contrôle du processus de détail du travail et, parfois, du rythme ou du choix de l'outil. Cette dépossession s'est faite directement au profit des directions qui, ayant désormais « l'obligation » de connaître et d'étudier minutieusement le déroulement du travail de chacun, l'imposeront avec un grand luxe de précisions de sous-tâches, de gestes, de temps, d'outils, etc. En un mot, tout le savoir-faire traditionnel de l'ouvrier est transféré à la direction, qui le lui retourne sous forme d'ordres de travail et de fiches de postes fixant chaque opération jusqu'au plus petit détail.

Les conséquences de tout cela seront profondes, nombreuses et à long terme. La première conséquence, que Taylor ne manquera pas de vigoureusement commenter et dénoncer, est que les dirigeants ont profité de son système pour obtenir le maximum possible des ouvriers, sans pour autant améliorer leur sort, leur travail ou les payer mieux ou encore les former et les promouvoir. Or, si l'on en croit ses écrits, c'est cela qu'aurait désiré Taylor : profiter de l'étude scientifique du travail pour moins fatiguer l'ouvrier (par exemple, par l'élimination de la fatigue exagérée des biceps provoquée par une manipulation inadéquate des pelles), lui faire accomplir une journée « loyale et raisonnable » de labeur, mais aussi, après l'avoir ainsi sélectionné et formé, le payer plus et lui donner des chances quasi continues de promotion[52].

Les milieux du management, qu'ils soient praticiens ou théoriciens, ne font à peu près jamais état de ce genre d'exigences de Taylor. Ils ne mentionnent pas non plus qu'il préconisait la collaboration « étroite et amicale » avec les ouvriers, parce qu'il était convaincu que ceux-ci détiennent le meilleur savoir sur la façon de s'y prendre pour mieux travailler ; que cette collaboration doit être continue et générale, avec des efforts constants de recyclage et de recherche d'actualisation du potentiel le plus élevé de chaque employé[53].

Ainsi, on ne met traditionnellement en évidence que les résultats « miraculeux » obtenus à la Bethlehem Steel[54] ou, quoique plus rarement,

---

52. Taylor (1957, p. 237) va jusqu'à suggérer l'idée que les « vrais bons patrons » devraient même chercher dans d'autres compagnies que la leur les chances de promotions pour les ouvriers rendus plus habiles et plus qualifiés par l'organisation scientifique du travail !
53. Taylor (1957), p. 69, 75, 203, 236, 237.
54. Voir, par exemple, Bergeron (1983), p. 76, 77, ainsi qu'à peu près tout ouvrage didactique en management traditionnel.

à la Midvale, et on passe sous silence, presque systématiquement, les luttes pénibles et longues que Taylor avoue avoir dû mener, non pas seulement, comme on se plaît à le souligner, contre les ouvriers, mais aussi et souvent contre les gestionnaires, ses désillusions douloureuses après chaque expérience et, enfin, le fait qu'on a mis à la porte 400 à 450 ouvriers sur les 600 qui travaillaient comme manutentionnaires dans la cour de la Bethlehem Steel... On ne signale pas plus qu'il dénonçait régulièrement, avec grande amertume, l'égoïsme des patrons qui refusaient de payer les ouvriers formés à leur « juste valeur », ni le fait que (sans compter les économies effectuées sur les salaires des ouvriers renvoyés) la Bethlehem Steel a réalisé près de 800 % en gain de rendement pour ne donner que 60 % d'augmentation de salaires[55].

On peut même dire que le management traditionnel a conservé et reconduit du taylorisme les effets pervers et les déviations que Taylor n'a cessé de dénoncer avec vigueur à partir de 1901 : la division des travailleurs par l'appel à l'individualisme et aux records personnels, et la division entre concepteurs (cadres) et exécutants (ouvriers). À cette époque, Taylor rappelle avec insistance la nécessité de ne pas ruiner l'esprit d'équipe (entre ouvriers et aussi entre cadres et employés), de construire une « sincère et amicale collaboration », de consulter systématiquement et d'« écouter l'ouvrier », de lui donner droit et occasion de s'exprimer, de lui laisser, après étude de la norme scientifique, « le choix des outils et procédures » car c'est lui qui sait quoi faire, de « partager », une fois les frais couverts, les surplus avec les employés, et de « renoncer au pouvoir égoïste », arbitraire et dictatorial[56].

Le « système Taylor » a eu pour effet, au contraire, de donner aux managers un nouveau et redoutable moyen de contrôle sur l'ouvrier : individualiser, séparer, décomposer, chronométrer et enfin imposer un contenu de tâche où l'employé n'est plus rien d'autre qu'une réserve d'énergie interchangeable à volonté[57]. Or les visées affichées de Taylor étaient de transformer les travailleurs en « ouvriers de première catégorie », de les « aider à gagner un meilleur salaire », de trouver le « genre de travail qui convient à chacun », d'établir un climat de confiance réciproque où l'ouvrier « ne considérera plus ses patrons comme ses ennemis », etc. Un spécialiste comme M. de Montmollin (1984) exprime avec clarté ce que les dirigeants ont fait, et continuent de faire, des travaux de Taylor :

---

55. S. Kakar (1970) rapporte (p. 149) une lettre de Taylor au président de la Bethlehem, datée du 15 mars 1899, reprochant à ce dernier, en termes très directs, de refuser de payer des salaires suffisants aux ouvriers qui acceptent de jouer le jeu de l'organisation scientifique. Taylor y déclare, en conséquence, son pessimisme quant à la réussite des travaux et s'inquiète de ruiner sa propre réputation.
56. On trouvera des passages concernant chacun de ces éléments dans Taylor (1957), p. 16, 29, 33, 48, 58, 60-64, 69, 92-94, 126, 135, 230 et 306.
57. Ce qui sera parachevé avec, notamment, le fordisme et le travail à la chaîne.

La division du travail entre ceux qui savent et ceux qui savent moins produit et justifie une hiérarchie technique, où du haut vers le bas se répartit le savoir, et proportionnellement le pouvoir de contrôle. Tel est du moins le schéma de principe du taylorisme, toujours en vigueur aujourd'hui (p. 19).

Il convient cependant de soigneusement distinguer entre taylorisme, travail à la chaîne, fordisme, méthode des temps et mouvements, salaire à la pièce, choses que l'on confond trop souvent, même dans les livres[58]. Le travail à la chaîne n'a jamais été, ni de près ni de loin, le fait de Taylor. Certes, l'étude des gestes, le chronométrage, etc., sont des éléments qui y ont aidé, mais c'est Henry Ford qui, par la mécanisation et la standardisation des pièces, réussit la première chaîne de montage (pour la Ford modèle *T*) en imposant un élément tout à fait nouveau par rapport à Taylor : la cadence soutenue et la régulation du travail et de son intensité par la technologie. Entre 1908, année du lancement du modèle *T*, et 1913, le travail des ouvriers chez Ford était un travail de mécaniciens mobiles qui tournaient, par groupes, autour de chaque automobile à assembler. Mais en janvier 1914, on inaugura la chaîne ininterrompue où les ouvriers étaient désormais immobiles, à des postes fixes, réalisant des tâches simples et élémentaires[59].

Quant à la méthode des temps et mouvements qui va aboutir à contrôler dans le plus petit détail chaque menu geste de l'ouvrier tel que poser, soulever, saisir, regarder, ce sera particulièrement l'œuvre du couple Gilbreth – lui, spécialiste briqueteur et disciple de Taylor, et elle, première femme à obtenir un doctorat en psychologie aux États-Unis. Ils ont complété et raffiné l'étude des temps de Taylor en lui ajoutant celle des mouvements.

Enfin, le salaire à la pièce tout comme le système « initiative-incitation » (laisser l'ouvrier prendre l'initiative de produire plus ou l'y inciter en le récompensant) étaient des formes de rémunération que Taylor dénonçait énergiquement comme inadaptées, injustes et inefficaces. Ce qu'il préconisait, répétons-le, pour que l'honnêteté et la confiance règnent, c'est de définir conjointement et en collaboration avec le « bon » ouvrier ce qu'est « scientifiquement » une journée « loyale » de travail, l'établir comme norme et augmenter les salaires proportionnellement aux rendements obtenus à partir de cette norme. Car pour lui, tant qu'on ne s'est pas entendu sur ce qu'est « scientifiquement » une journée « raisonnable » à demander du côté des patrons et une journée « loyale » à donner du côté des ouvriers, il y aura toujours « flânerie systématique » chez les uns et tricherie chez les autres par la régulière transformation des taux à la pièce pour annuler tout

---

58. Bergeron (1983), par exemple, parle (p. 76) de Taylor comme ayant « développé le système de salaire aux pièces », ce dont Taylor se défend lui-même (1957, p. 53-54, entre autres).
59. Voir Braverman (1976), p. 124 et suivantes. Et souvenons-nous des « portions d'hommes » définies par Ford et ses ingénieurs pour occuper des postes hypersimplifiés et standardisés.

gain des employés réalisé à la suite d'une accélération de production. En fait, Taylor se plaignait du même phénomène maintenu par les dirigeants avec son propre système : chercher le record et non l'optimum, puis faire de ce record la norme minimale exigible, en payant les nouveaux au salaire en vigueur avant le record en question, et ainsi de suite[60].

Tout au long du texte de sa déposition à la Chambre des représentants, Taylor ne cesse de dénoncer cet état de choses et de répéter qu'il ne peut que comprendre les ouvriers et les syndicats qui défendent leurs « intérêts légitimes » face à des patrons n'ayant pas su tenir les engagements qu'implique l'organisation scientifique du travail. On l'y sent ulcéré et très atteint, d'autant plus que ni les employés ni les dirigeants ne lui sont favorables.

Pour ce qui est de l'hostilité des dirigeants (ceux que Taylor appelait ses ennemis « financiers »), voici un témoignage de Taylor lui-même : au cours d'une conversation, rapportée par son biographe Copley[61], il se serait plaint que les propriétaires et les dirigeants de la Bethlehem s'étaient vigoureusement opposés à lui, lui reprochant (à cause des mises à pied qu'il a entraînées) de vider Bethlehem-Sud de ses habitants. Cela ne leur convenait pas parce que, précise Taylor, ils possédaient aussi toutes les maisons et les boutiques de Bethlehem-Sud !

Partout où il passera, Taylor se plaindra de l'hostilité systématique des dirigeants, toujours préoccupés de gains financiers maximaux à court terme et de salaires minimaux, contre lesquels il devait se battre autant que contre les ouvriers. Pour ce qui est de ces derniers, il suffit de lire le compte rendu de son travail à la Midvale[62] pour mesurer l'ampleur du rapport d'opposition et même de haine qui prévalait entre ouvriers et dirigeants, rapport dont il paya très péniblement le prix[63].

Mais sans doute, ce qui l'ébranla le plus du côté des travailleurs, c'est la campagne d'opposition à son système, campagne qui a abouti, début 1911, à une résolution du Conseil exécutif de l'AFL (la fédération américaine du travail) dénonçant la transformation de l'ouvrier en machine à accélérer la production. Le lobbying des syndicats finit par obtenir du Congrès l'interdiction des méthodes de l'organisation scientifique dans les institutions et organisations publiques, et même, dès 1911, l'instauration du fameux comité spécial, avec pour mandat d'étudier le « système Taylor » et de faire des recommandations.

---

60. Notamment dans sa déposition devant la Chambre des représentants (voir Taylor 1957, p. 15, 28, 29, 53-56).
61. Cité par Kakar (1970), p. 148.
62. Taylor (1957), p. 92-105.
63. Taylor confie qu'on lui a conseillé de changer d'itinéraire pour rentrer chez lui s'il voulait éviter d'être agressé, que les ouvriers lui ont demandé, aussitôt nommé chef d'équipe, s'il « allait devenir un de ces salauds » de la direction...

À quoi assiste donc Taylor après tant d'années d'efforts et d'enthousiasme pour l'étude scientifique du travail? À un spectacle extrêmement désolant pour lui : l'égoïsme des dirigeants et des patrons qui s'exerçait plus que jamais, au nom de son système (ils le dénommaient, rapporte-t-il, « celui qui fait voler l'argent par les fenêtres[64] »), et la désapprobation et l'hostilité organisées et grandissantes des milieux des travailleurs. Rien d'étonnant alors à ce que, comme le dit Kakar, il se mette à consacrer, dès après 1901, l'essentiel de ses efforts à être le « prophète » et le défenseur de son système de rationalisation du travail. C'est, sa vie durant, à un Taylor désabusé et souvent dépressif que nous avons affaire. À l'exception de quelques années plus agréables, qui seront celles allant de 1903 à 1910, c'est-à-dire lorsqu'il se jette dans son rôle de prophète.

Taylor, chevalier défenseur de son système

Tout cela, on s'en doute, conduira Taylor à peut-être trop chercher à justifier, sinon à embellir et à glorifier son système. Ce qui a entraîné, comme on l'a vu, de très sérieuses présomptions de tricheries dans ses comptes rendus de travaux, et surtout, ce qui n'est pas moins grave, de nombreuses ambiguïtés et contradictions dans ses positions, ses visions, ses affirmations. On peut faire ressortir celles qui peuvent être de plus grande conséquence, encore aujourd'hui :

– Taylor parle à maintes reprises de sincère collaboration, de recherche de participation et de contribution de la part des ouvriers, de nécessité de demander leur avis, de se fier à leurs suggestions[65]. Par contre, si l'on en juge par ses propres rapports de ses expériences avec, par exemple, les employés de la Midvale ou de la Bethlehem Steel, il s'agit bien plus de diktats, de règles imposées et de luttes (comme il le dit lui-même) que de franche coopération.

– À bien des reprises, surtout dans sa déposition devant la Chambre des représentants, il parle de « ses amis ouvriers », de ses « bons amis » mécaniciens ou tourneurs à la Midvale, alors que tout le récit qu'il fait de sa relation avec eux, à partir du moment où il est nommé chef d'équipe, dénote l'hostilité, la coupure et même la haine.

– Il fustige les employeurs, qui refusent de payer suffisamment leurs « bons » ouvriers, mais lui-même préconise de ne pas donner « une augmentation supérieure à 60 % », car alors, dit-il, beaucoup d'ouvriers se mettraient à « travailler d'une façon irrégulière » et auraient tendance à devenir « extravagants et dissipés[66] ».

---

64. Kakar (1970), p. 126.
65. Taylor (1957), p. 68, 69, 71 et 72.
66. Taylor (1957), p. 133.

– Il revient avec insistance sur la nécessité de payer en fonction du rendement, et même, comme on l'a vu, il préconise, « s'il reste un bénéfice »
une fois « tous les frais payés », de le « diviser entre le personnel et
l'entreprise[67] ». Cependant, cela ne l'empêche pas de ne rien trouver à
redire lorsque, à la Bethlehem Steel, les ouvriers de manutention
n'obtiennent aucun partage, quand la compagnie réalise près de 800 %
de gains (rendement, baisse des coûts). À un membre de la Commission
de la Chambre qui lui demandait ce qu'il en était de ce principe de
division des bénéfices dans les entreprises où il avait offert ses services, il
répondra tout simplement qu'à sa connaissance aucun ouvrier n'avait
jamais remis en question le caractère juste et équitable de l'augmentation
de 30 % octroyée en « rémunération convenable de leur travail[68] ».

– À la même Bethlehem Steel, souvenons-nous, Taylor est à l'origine de
la mise à pied d'environ 450 ouvriers sur 600 après ses travaux de
rationalisation de la manutention ; il affirmait sans cesse que son souci
restait le bien du travailleur et qu'au contraire de ce qu'affirmaient les
syndicats son système ne devait d'aucune façon contribuer à diminuer
le bassin de travail disponible ou à augmenter le chômage. À une
question directe de la Commission à ce sujet, il trouvera une échappa-
toire en répondant que c'est sur le bien-être, la promotion et le surcroît
de qualification des 150 employés restants qu'il convient de l'interroger
et non sur les supposés malheurs des 450 mis à la porte[69].

– Sur plusieurs pages, aussi bien dans ses livres que dans sa déposition,
Taylor insiste sur les vertus de l'équipe de travail, sur la nécessité de
partout promouvoir l'esprit d'équipe et la collaboration, etc., alors que
l'essence même de son œuvre (ses rapports sur la Midvale et la Bethlehem Steel le démontrent sans équivoque) a été de briser la formation
traditionnelle des ouvriers en groupes et de diviser, en portant toute
son attention sur l'individu isolé, aussi bien le travail que les relations[70].

– Un autre leitmotiv de Taylor était la poursuite de « l'optimum », de la
réalisation sans fatigue et sans surmenage de la capacité potentielle
« raisonnable et loyale » de chaque ouvrier, alors que, nous l'avons vu,
son système de transport de gueuses, par exemple, conduit à l'épuisement de l'individu « normal ».

– En dépit de multiples exhortations à laisser l'ouvrier « choisir, suggérer,
donner son avis », etc., il impose des normes et des outils définis par
la direction. Il dit même textuellement, à Schmidt, que « l'ouvrier bien

---

67. Taylor (1957), p. 230.
68. Taylor (1957), p. 231.
69. Taylor (1957), p. 138 et 139.
70. L'« équipe », l'esprit collectif, la « démocratie » dans l'usine sont louangés, p. 247, 251, 260,
306, et la division, l'individualisation, la « supériorité du travail individuel » sont mises en
avant, p. 92, 124, 128, 129, 131-133.

apprécié » est celui qui « doit faire exactement ce qu'on lui demande du matin au soir[71] ».

–   Dans la même veine, il parle de sélection des meilleurs, des plus aptes à se qualifier sans cesse, bien qu'il n'hésite pas à comparer son ouvrier Schmidt (sélectionné parmi les 75 ouvriers manutentionnaires !) à un « bœuf », tellement il serait « peu intelligent et flegmatique[72] ». Taylor rapporte[73] d'ailleurs en détail le dialogue conduit avec le même Schmidt, qu'il montre, de par les questions et les réponses, comme un homme particulièrement stupide, quand, quelques lignes auparavant, il nous le présentait comme un ouvrier qui a acheté un terrain et qui construit lui-même sa maison[74] !

On pourrait multiplier ainsi les contradictions accumulées par Taylor. Celles retenues ici suffiront, je pense, à édifier le lecteur sur la difficulté qu'il y a à prendre à la lettre ou à trop simplifier les apports d'un personnage aussi ambigu, bien qu'il soit un des plus grands piliers de l'organisation industrielle et de la pensée managériale.

On peut dire que ses principes ont profondément influencé le monde entier, y compris l'URSS, en matière de rationalisation et de rentabilisation du travail. Il est le fondateur de ce que l'on a appelé la *one best way* (la meilleure façon de faire) définie « scientifiquement » par des études rationnelles et systématiques de la part de la direction. Il est aussi le père de la conception dite de l'*homo economicus*, c'est-à-dire une conception qui consiste à poser, comme hypothèse sur la nature humaine, la croyance simple que tout humain n'est mû et intéressé que par le désir de maximiser, rationnellement, ses gains matériels. C'est ce qui transparaît avec force dans chaque ligne du dialogue Taylor–Schmidt.

La grande crise de 1929 viendra ébranler les fondements de cette rationalité absolue où tout était supposé prévisible, contrôlable et planifiable, selon une voie et une seule, rationnellement et scientifiquement déterminée. Par cet effort de détermination de la meilleure façon de faire, Taylor transférait aux directions la moindre parcelle d'autonomie et de savoir-faire qui faisaient du travail de l'ouvrier quelque chose d'encore plus ou moins personnel. Il mit à la disposition des dirigeants un pouvoir de contrôle et de domination encore jamais égalé. L'ouvrier n'était désormais plus qu'un ensemble de muscles doté d'un cerveau réduit à l'état de système de régulation motrice lui permettant d'exécuter les séquences de gestes qu'on lui commande. D'ailleurs, dans une expérience de rationalisation du contrôle de billes d'acier, Taylor déclare sans détour que rendement et qualité dépendent de la « rapidité des réflexes conditionnés » des employés[75].

---

71. Taylor (1957), p. 89.
72. Taylor (1957), p. 114.
73. Taylor (1957), p. 88-90.
74. Taylor (1957), p. 87 et 88.
75. Taylor (1957), p. 159-161.

C'est là, à n'en pas douter, que réside l'explication des méfaits et des excès découlant du taylorisme : transformer, autant que faire se peut, tout travail d'ouvrier ou d'employé en un ensemble de réflexes conditionnés[76]. C'est l'ultime expression de la division technique du travail et de l'abrutissement du travailleur, déjà redoutés par Adam Smith. C'est, nous dit Braverman, lui-même ancien ouvrier, « l'étude du travail par et pour ceux qui le dirigent plutôt que par et pour ceux qui l'exécutent[77] ».

Jusque vers les débuts du XXᵉ siècle, les dirigeants se contentaient d'imposer une discipline générale et de fixer des quotas de production selon les rendements atteints par les ouvriers les plus zélés ; le processus de travail et la façon de faire leur échappaient complètement. C'est à cela que s'attaque en fait Taylor et non à l'étude d'un travail prétendu « scientifique » ; il ne s'agit pas de l'analyse du travail en général et en soi, mais de l'étude du travail en tant que meilleur instrument possible entre les mains des dirigeants en vue de rendre sa fonction économique toujours plus rentable. C'est ce que la pensée managériale retiendra le plus (et perfectionnera, comme avec le fordisme), donnant une philosophie organisationnelle « réduite à la poursuite de tous les moyens de rendre productif un ouvrier plus que jamais aliéné[78] ».

Avec S. Kakar (1970) et G. Morgan (1986), on peut très raisonnablement soutenir que, malgré ses protestations et ses énoncés de philosophie aux relents philanthropiques, Taylor ne fait que se muer en « prophète » et en apologiste d'un système qui ne lui a valu, en pratique, qu'échecs, hostilité et adversité. Pour Morgan, comme pour Braverman, il ne fait aucun doute qu'il s'agit d'un cas d'analité obsessionnelle et de comportement névrotique, où Taylor procède à une sorte d'extension du besoin compulsif (issu sans doute en partie de son enfance dans une famille de quakers puritains et coercitifs) de contrôler son propre corps au contrôle de l'organisation et du travail[79].

Si nous ajoutons à cela le fait établi que de sérieuses présomptions de tricherie pèsent sur lui, il devient nécessaire de ne prendre qu'avec extrême

---

76. Dans la méthode des temps et mouvements, l'unité de temps utilisée est le TMU (*Time and Motion Unit*) qui équivaut à 0,3696 seconde. Il existe toujours comme le rapporte Terkel (1976) de nombreux postes de travail dont l'ensemble des séquences ne dépasse pas 3 à 5 TMU ! J'en ai personnellement vu – et pratiqué – plusieurs dans l'industrie du brassage de bière où il fallait refaire les mêmes gestes (parfois un geste !) environ toutes les secondes ou secondes et demie ! Voir Aktouf (1986a).
77. Braverman (1976), p. 79. Ajoutons qu'en 1986, dans plusieurs secteurs, 87 % de la main-d'œuvre nord-américaine, grâce à cette parcellisation poussée, traite plus de complexité, dans l'utilisation des moyens de transports, pour se rendre à son travail que pour faire son travail ! (Morgan 1986)
78. Braverman (1976). Nous verrons plus tard ce que signifie cette importante notion d'aliénation et quelles en sont les conséquences. Mais on peut dire tout de suite que c'est une notion complexe qui renvoie à un long processus de dégradation de l'être humain par le fait de lui faire faire un travail de plus en plus abêtissant et dénué de sens (Arvon 1960, Friedmann 1946, 1950 et 1964, Calvez 1978).
79. Voir explication argumentée dans Morgan (1986), p. 204 et suivantes.

prudence la scientificité et l'applicabilité de ses principes d'organisation[80]. Ce qui importait le plus pour lui, sans doute, à partir du début des années 1890, c'était de réhabiliter à tout prix son système de gestion scientifique. Cela peut justifier une certaine suspicion quant à la véracité de ses explications et à la sincérité de ses appels à la coopération, à la cordiale entente ou à la recherche du bien-être de l'employé. Il n'en est pas moins remarquable de voir à quel point les milieux des affaires et les milieux des théories en administration vont ignorer tout cet aspect « humaniste » de Taylor. Souvent, les comptes rendus de manuels en gestion concernant Taylor ne sont que caricatures étroitement rentabilistes.

Pourtant, Taylor appelait à une transformation radicale des esprits et des mentalités. Voici ce qu'il dit[81] à propos de ce qu'est réellement son système :

> Il ne s'agit pas de paiement aux pièces, de paiement au boni, de paiement avec prime ; ce n'est pas une façon de se servir d'un chronomètre et de noter ce que l'ouvrier fait ; ce n'est ni l'étude des temps, ni celle des mouvements ; il n'est pas question non plus d'imprimer un gros livre de règles et de le donner à des hommes en leur disant : « voici le système, utilisez-le ». [...] Aucun de ces moyens ne constitue la direction scientifique [...] Je crois en ces moyens, mais je veux insister sur le fait que, pris en bloc ou séparément, ils ne constituent pas la direction scientifique.

Est-il utile de rappeler que tout ce que Taylor dit ne pas être le taylorisme est à peu près exactement ce que l'on a toujours présenté comme tel ?

Un peu plus loin, il précise[82] ce qu'est sa « philosophie » :

> **Dans son essence, le système de direction scientifique implique une révolution complète de l'état d'esprit des ouvriers**, une révolution complète en ce qui concerne la façon dont ils envisagent leurs devoirs vis-à-vis de leur travail, vis-à-vis de leurs employeurs. Le système implique également une révolution complète d'état d'esprit **chez ceux qui sont du côté de la direction** [...] **Et si cette révolution d'état d'esprit n'est pas complète des deux côtés, alors le système de direction scientifique n'existe pas.**

À voir ses expériences et ses déceptions successives, on peut comprendre que Taylor dresse un constat de non-révolution des états d'esprit. Or, comme il le dit lui-même, les directions ont toujours été très réticentes à le suivre dans ses propositions de changements dans les rôles des dirigeants (pour devenir de réels collaborateurs de l'ouvrier), ou encore de meilleur traitement des « ouvriers de première catégorie ». Il est alors facile de courir à l'échec, puisque ceux qui ont les moyens et le pouvoir de réaliser les

---

80. Voir Lee (1980), Wrege et Perroni (1974).
81. Taylor (1957), p. 53 et 54.
82. Taylor (1957), p. 54. Les caractères gras sont de l'auteur.

changements, les dirigeants, n'opèrent aucune « révolution de leur état d'esprit ».

En conclusion : Taylor transfiguré

Qu'on le veuille ou non, sincère ou pas, névrosé ou pas, Taylor n'en a pas moins apporté des moyens effectifs de rendre le travail à la fois moins pénible et plus rentable. Surtout, il a appelé à des changements et à la mise en place de pratiques de gestion et de relations dirigeants–dirigés, qui, s'ils avaient été suivis, compris et enseignés, auraient peut-être aujourd'hui évité bien des déboires à l'industrie occidentale. On peut en effet voir dans les écrits de Taylor plusieurs des « découvertes » actuelles véhiculées par des courants dits de « nouveau management » ou de « culture organisationnelle » ou encore dits de « qualité totale » :

- ses mises en garde contre la poursuite de la quantité au détriment de la qualité (par exemple, Taylor 1957, p. 160, 161) ;

- ses exhortations à la droiture et à l'honnêteté envers les employés ;

- ses appels à la cordiale collaboration, au travail en équipes, entre dirigeants et dirigés ;

- son insistance à chercher avec sincérité le bien-être de l'ouvrier ;

- ses appels au respect et à la considération envers les employés ;

- son conseil de partager les bénéfices, après paiement de tous les frais de l'entreprise.

Tout cela peut se résumer dans ce passage de la déposition devant la Chambre des représentants :

> Si vous voulez que votre affaire soit bénéficiaire, vous ne pouvez pas traiter les uns ou les autres injustement ou d'une façon égoïste. Vous devez supprimer les buts égoïstes et les actes injustes[83].

Comment a-t-il donc été possible de continuer, pendant de si nombreuses années, à pratiquer un système de gestion si peu proche de l'esprit que prétendait y mettre son initiateur ? La réponse tient d'abord en ce que le système de Taylor a été conçu, mis au point et généralisé pendant une période qui a été peut-être la plus favorable, de tous les temps modernes, à la croissance industrielle. Les empires coloniaux et les deux grandes guerres ont entraîné l'essor des industries occidentales et l'élargissement des marchés. Il a donc été possible, jusque vers le milieu des années 1970, de produire et de faire des profits malgré un gaspillage débridé des ressources mais aussi, et en particulier, du potentiel humain.

---

83. Taylor (1957), p. 230.

On redécouvre actuellement, par réaction, les vertus de l'éthique, de la confiance, de l'intimité, de l'honnêteté dans les organisations[84] ainsi que celles de la collaboration, du respect de la dignité de l'employé, du partage[85], alors que Taylor a eu le mérite d'en crier l'importance et d'en réclamer l'application il y a presque un siècle! Nous n'avons pas fini de payer pour l'avoir ignoré et nous avons accumulé des dysfonctions qui sont aujourd'hui autant de lourds handicaps (hormis les cas où, souvent à leur corps défendant, les dirigeants s'engagent dans des programmes dits de « qualité totale ») :

— L'interprétation littérale de la formule « l'homme qu'il faut à la place qu'il faut » et la spécialisation-sélection compulsive qui s'en est suivie ont donné naissance à l'entretien d'un bassin de main-d'œuvre dont n'est sollicitée que la plus réduite des contributions : exécuter sans penser.

— Le besoin de pouvoir et de contrôle des dirigeants a accru et le climat de méfiance et les multiplications des fonctions et des postes de surveillance et d'inspection (entraînant une hausse des coûts administratifs, donc une baisse de la productivité).

— La dichotomie conception–exécution a engendré une situation de partenaires qui ne se parlent pas, sinon dans l'affrontement, ou lors de la pénible négociation périodique des conventions collectives. Les syndicats ont adopté une position de défensive antagonisante qui ne peut être que renforcée par des directions, pour reprendre les termes de Taylor lui-même, toujours plus « égoïstes », s'arrogeant plus que la part du lion dans la « valeur ajoutée », plus « injustes », plus jalouses de leurs « chasses gardées » telles que l'information, l'orientation stratégique, l'usage des surplus, etc.

— Ces mêmes dichotomies et besoins de contrôle ont donné naissance à des configurations organisationnelles qui n'en finissent pas en niveaux hiérarchiques et en cloisons statutaires. Plus le besoin de contrôle et de maintien d'obéissance stricte est élevé, plus le taux d'encadrement est important.

— La conception, d'après l'image de Schmidt, d'un employé ou d'un ouvrier nécessairement et « naturellement » paresseux a grandement alimenté un comportement infantilisant, sinon dégradant, de la part des dirigeants[86], ainsi que le « mythe » central des managers : la croyance que les travailleurs ne peuvent et ne savent gérer et que, donc, seuls eux savent et peuvent[87].

---

84. C'est ce que défend, entre autres, dans son fameux système Z, W.G. Ouchi (1981).
85. Ce sont là les leitmotive de best-sellers comme *Le prix de l'excellence*, *La passion de l'excellence* (Peters et Waterman 1983, Peters et Austin 1985).
86. Tout le chapitre 13 de *La passion de l'excellence* (Peters et Austin 1985) est consacré à ces questions et reprend, en particulier, à plusieurs reprises le problème des règles de travail humiliantes et portant atteinte à la dignité des employés.
87. Voir Sievers (1986b) pour le développement détaillé de cette question.

Enfin, de manière un peu simple, on peut dire, pour résumer, que les milieux du management (praticiens et théoriciens) n'ont retenu de Taylor que ce qui aidait à faire grossir le gâteau, mais à peu près aucunement ce qui aurait permis de limiter les dégâts ou de partager plus équitablement ce gâteau, ce dont, on l'a vu, Taylor se rendait parfaitement compte déjà de son vivant.

LES IDÉES IMPORTANTES

SUR LE MARCHÉ

Le marché est défini, avec Adam Smith (1723-1790), comme le régulateur des échanges entre les individus. Il n'est réglé par aucune intervention de la part, par exemple, d'une autorité centrale, mais bien par la « main invisible » issue de l'affrontement des égoïsmes individuels. Cette poursuite de gains personnels serait bénéfique à l'intérêt général.

✗ Questions

1. Quelles sont les conditions nécessaires à la régulation de l'économie par la « main invisible », comme l'entend Smith ?
2. Quelle est l'époque qui a vu naître cet auteur ? Exposez brièvement ce contexte historique.
3. Quelle est la conception de la nature humaine qui sous-tend cette pensée ?

SUR LA PRODUCTION

La division du travail et des tâches

La division technique du travail est la décomposition des tâches en leurs éléments constitutifs. La division et la spécialisation du travail permettent également la création de richesse par l'optimisation des moyens de production. Smith en louange les avantages tels que l'accélération de la production, le gain de temps et l'augmentation des habiletés. Le travail, dans cette optique, devient une marchandise et une ressource à optimiser afin de produire davantage.

Charles Babbage (1792-1871) a pu voir dans la division du travail un moyen d'abaisser les coûts de production en achetant l'exacte quantité de travail nécessaire à chaque tâche. L'avantage est le prix moindre à payer pour une tâche simple requérant des aptitudes réduites. L'intérêt porte ici sur la réduction de la valeur économique de la marchandise qu'est le travail.

✗ *Questions*

1. Quelles sont les principales réserves formulées par Adam Smith au sujet de la division des tâches?

2. Quelles sont, encore actuellement, les conséquences sur la main-d'œuvre du principe de la division du travail?

3. Les idées élaborées par Charles Babbage contribuent-elles à enrichir la réflexion sur la productivité? Comment?

L'organisation scientifique du travail dans l'entreprise

Frederick W. Taylor (1856-1915) a mis au point des méthodes et des moyens pour une rationalisation, une «organisation scientifique» du travail (OST), la *one best way* qui permet l'augmentation optimale de la productivité et de la rentabilité pour l'entreprise. Avec Taylor, il revient à la direction de l'entreprise de décomposer et de déterminer les moindres procédures de travail pour chaque tâche afin d'établir des normes de rendement et de sélectionner judicieusement le type d'employé convenant à chaque tâche.

✗ *Questions*

1. Quels principes élaborés par Frederick W. Taylor sont généralement oubliés lorsque l'on se réfère à son œuvre?

2. Quelle est la division fondamentale nécessaire à un management scientifique?

3. Quelle conception du travailleur (et de l'être humain) sous-tend l'organisation scientifique du travail?

4. Quels constats ont poussé Frederick W. Taylor à élaborer ces principes d'organisation scientifique du travail?

CHAPITRE 2

De l'administration générale
à l'organisation bureaucratique idéale :
une administration normative ?

HENRI FAYOL ET MAX WEBER

Henri Fayol, ingénieur et grand chef d'entreprise, a été le pilier de la pensée administrative moderne basée sur la systématisation du travail de dirigeant, depuis la prévision jusqu'au contrôle en passant par la décision. Le management lui doit, jusqu'à aujourd'hui, à peu près tout ce qui constitue son contenu pratique et également presque tout ce qui en fait matière à enseignement.

Max Weber, sociologue et philosophe allemand, a, lui, quoique très indirectement, fourni au management un sérieux complément de bases rationnelles dont il avait besoin pour asseoir ses prétentions à s'appuyer sur des théories scientifiques. Peut-être mal compris, mais incontestablement utilisé à outrance, Max Weber est certainement l'exemple type du théoricien « importé » sans discernement dans la pensée managériale.

Comme nous l'avons fait pour les classiques précédents, nous allons interroger l'œuvre, l'apport et l'interprétation retenue par le management de chacun de ces deux théoriciens. Leur pensée est tout aussi classique que celle des précédents et touche un domaine tout aussi sinon plus important : le contenu du travail du dirigeant et la conception de l'organisation et de ce qui s'y passe.

HENRI FAYOL (1841-1925) : L'ORGANISATION ADMINISTRATIVE ET LA SYSTÉMATISATION DU TRAVAIL DU DIRIGEANT

À côté de Frederick Taylor, nous avons en Henri Fayol le second pilier fondamental de la pensée administrative traditionnelle. Ces deux personnages constituent le tandem de base dans tout manuel sur la gestion. Ils ont, autant l'un que l'autre, suscité maints écrits, maints commentaires, maintes controverses et aussi, hélas, maints abus d'interprétation et maintes simplifications.

Henri Fayol est connu surtout pour son ouvrage, le premier traitant de gestion globale de l'entreprise et de tâches des dirigeants, intitulé *Administration industrielle et générale*. Ce livre, publié pour la première fois en 1916, alors que Fayol avait déjà 75 ans, est un livre ne dépassant pas 150 pages, peu dense, écrit dans un langage simple et direct. Fayol y appelle essentiellement, par la logique du bon sens, à l'adhésion à un certain nombre de principes le plus souvent assis sur des vérités premières tenues pour indiscutables, et agrémentées des leçons tirées de sa propre et longue expérience d'ingénieur et de directeur général d'une importante entreprise française. Tout comme Taylor, il aura été le continuateur d'une pensée et de façons de faire qui prévalaient déjà çà et là en Europe et en France, mais il aura eu, lui aussi, l'indéniable génie de systématiser en idées claires, simples et intégrées ce que beaucoup, sans doute, pratiquaient de façon isolée et empirique.

Son livre avait un caractère unique à double titre : c'était la toute première ébauche d'une pensée englobant l'acte gestionnaire comme un processus à la fois varié et intégré, et c'était aussi la toute première fois qu'un haut dirigeant, de son calibre, prenait le temps de réfléchir sur son action et d'en faire une présentation articulée.

La Première Guerre mondiale a retardé d'au moins deux ans la publication de l'ouvrage de Fayol. Pendant ce temps, le taylorisme pénétrait déjà la France depuis le début des années 1910, et même, redoublait de popularité durant la guerre, par la fascination devant l'efficacité et la rapidité du génie militaire américain. Efficacité et rapidité attribuées sans discernement au « système de Taylor », à tel point que Georges Clemenceau, alors ministre de la Guerre, ordonna qu'on étudiât et qu'on appliquât, dans les usines sous son contrôle, l'organisation scientifique du travail à la Taylor[1]. Tout cela apporta quelque gêne à la parution et à la propagation du fayolisme. *Administration industrielle et générale* fut d'abord publié en 1916 dans le *Bulletin de la société de l'industrie minérale* et ne vit le jour sous forme de livre qu'en 1925 grâce aux frères Dunod, bien que la demande fût immédiate et très élevée, portant les exemplaires réimprimés à 15 000.

Le fayolisme n'en connaîtra pas moins un solide et assez rapide succès, quoique, pour le monde anglo-saxon, et bien que l'on parle d'une traduction anglaise en 1929[2], ce n'est qu'en 1944, avec Lyndall Urwick, colonel anglais, diplômé d'histoire d'Oxford, que Fayol fera son entrée véritable en milieux anglophones[3]. Aucune traduction complète du livre de Fayol

---

1.   George Jr. (1968), p. 107.
2.   Traduction de J.A. Coubrough de la compagnie Xylonite, nous dit Irwin Gray (1984), p. 100.
3.   Sous le titre *The Elements of Administration* (Urwick 1944).

n'atteindra cependant les États-Unis avant 1949, mais ce fut un succès presque immédiat et un rapide classique[4]. Voilà donc en raccourci et en guise d'introduction les grandes lignes du cheminement du deuxième plus important ouvrage de management de tous les temps. Reste à savoir comment cette œuvre a été accomplie. Commençons par voir l'homme Fayol et sa carrière.

Fayol, l'homme et l'ingénieur

De toutes les biographies, souvent courtes et rapides contrairement à ce dont on dispose pour Taylor, il ressort que Henri Fayol est né dans une famille de petite bourgeoisie, a fait des études sans accrocs, d'abord au lycée à Lyon, puis à l'École Nationale des Mines de Saint-Étienne, où il entre à l'âge de 17 ans et est le plus jeune de sa classe. Il en sort en 1860, à 19 ans, comme ingénieur des mines. Aussitôt il est embauché à ce titre par la société Boigues, Rambourg et Cie (devenue Commentry-Fourchambault ou Commambault après 1874) pour les mines de Commentry.

On dit très souvent et on a même parfois écrit que Fayol était officier de l'armée française. Or, bien qu'il eût annoncé dans son livre une quatrième partie portant le titre «Leçons de la guerre», et qui devait figurer dans un second volume qui n'a apparemment jamais vu le jour, il n'a fait partie d'aucun corps d'armée. Mais c'est un fait que les grandes écoles du genre de celle qu'il fréquenta formaient aussi bien des gestionnaires pour l'armée que pour la fonction publique ou les entreprises. Cette formation était largement calquée sur le modèle de la bureaucratie d'État, proche, à plus d'un titre, du modèle d'organisation de l'armée.

Fayol fera une longue et très fructueuse carrière à la Commambault. Après six années comme ingénieur minier, et de notables réussites dans la lutte contre les incendies souterrains, il fut nommé directeur des mines de Commentry. En 1872, on lui confia aussi la direction de deux autres mines : de charbon à Montvick et de fer à Berry. En 1888, à la suite de quatre années de difficultés financières de la Commambault, il est porté à la direction générale de l'entreprise, chargé de la mission d'effectuer le démantèlement de ses activités. Celle-ci était proche de la faillite, mais Fayol y réussit un redressement étonnant pour en faire une entreprise prospère et, même, un vaste complexe métallurgique qui rendra de fiers services durant la guerre 1914-1918. À sa retraite en 1918, à l'âge de 77 ans, il laissait une Commambault en excellente santé financière. C'est précisément à sa façon d'administrer qu'il attribue ce tour de force.

Il s'était écoulé 56 ans depuis sa rentrée comme jeune ingénieur des mines, et Fayol était un preneur de notes assidu[5]. Il n'est donc pas étonnant

---

4. Gray (1984), p. 100.
5. Voir Reid (1986).

qu'il nous ait laissé une réflexion et des principes extrêmement systéma-tiques et articulés.

La personnalité de Henri Fayol ne semble, contrairement à Taylor, présenter aucun relief particulier, si ce n'est celui de l'intelligence, de la clairvoyance et de la sagacité. Une description, bien que sur le tard, de son caractère le présente comme « très jeune d'esprit, sympathique, personne attirante et bon et souriant[6] ».

Tout comme Taylor cependant, Fayol était avant tout un homme de technique, un ingénieur. Il a effectué des travaux très reconnus en matière d'incendies souterrains, de combustion spontanée de la houille, de mouve-ments de terrains, d'étude géologique des couches de charbon, etc., avant d'être aussi reconnu, après 1916, comme « philosophe de l'administration », ce qui lui donnera sa véritable notoriété.

Sur le plan des idées et des croyances, il est continuateur d'une tradition européenne et française déjà assise en matière de conduite des affaires et des entreprises. Cette tradition, marquée par un certain dosage de pater-nalisme et d'autoritarisme, est déjà mise en forme et présentée dans les travaux de Frédéric Le Play vers le milieu du XIXe siècle. Lui aussi ingénieur des mines (et plus tard sénateur), il soutient que la conduite des rapports entre les hommes doit se faire sur la base d'une « autorité tempérée par l'amour ». On retrouve maints passages, dans *Administration industrielle et générale*, où Fayol parle d'équité, de bonté, de cœur, de justice, etc., à côté d'affirmations de nécessaire fermeté, de discipline, d'obéissance, d'ordre, de devoir. Fidèle à la tradition élitiste et hiérarchisante de la vieille Europe aristocratique, Fayol en allie tout naturellement l'autoritarisme et le senti-mentalisme paternaliste ; ce qui ne manquera pas de lui valoir certaines contradictions et affirmations pour le moins discutables.

Voyons pour l'instant ce qui a constitué son système d'administration générale et ses principes de gestion, ainsi que, pour mieux comprendre son œuvre, les mobiles et comportements qui l'y ont mené tout au long de sa carrière à la Commambault.

La pensée et les idées de Fayol

Le constat de départ de Fayol, établi dès les premières pages de son livre, est que l'on accordait jusque-là beaucoup trop d'importance à cinq des opérations effectuées dans le cadre de toute entreprise, par rapport à une sixième fonction qui s'en trouvait gravement négligée, et qui était la fonction administrative. Toute organisation, nous dit-il, donne à remplir six groupes d'opérations qui sont :

---

6.   Gray (1984), p. 101.

1. les opérations techniques (production, fabrication, transformation) ;
2. les opérations commerciales (achats, ventes, échanges) ;
3. les opérations financières (recherche et gérance des capitaux) ;
4. les opérations de sécurité (protection des biens et des personnes) ;
5. les opérations de comptabilité (inventaire, bilan, prix de revient, statistique) ;
6. les opérations administratives (prévoyance, organisation, commandement, coordination et contrôle).

Si les cinq premières opérations sont connues, et pour certaines d'entre elles, articulées, étudiées et enseignées, toujours selon Fayol, la sixième, elle, ne l'est que très peu et n'entre dans le cadre d'aucune des précédentes puisqu'elle les englobe et les concerne toutes ensemble. Elle tient la plus grande place dans le rôle des « grands chefs » et mérite donc d'être élaborée, détaillée, mieux connue, et même enseignée[7]. Pour lui, cette fonction administrative est chargée de « dresser le programme général d'action de l'entreprise, de constituer le corps social, de coordonner les efforts, d'harmoniser les actes[8] ».

« Administrer, précise Fayol, c'est prévoir, organiser, commander, coordonner et contrôler. » C'est là une petite phrase qui marquera le management d'un sceau indélébile jusqu'à aujourd'hui, tous les livres et manuels de gestion en traitent toujours ainsi, et ce, grâce notamment à Urwick (1944 et 1956) et à Koontz et O'Donnell (1955) que Boisvert présente comme des « disciples de Fayol » ayant à peu près définitivement assis la matière managériale pour le monde entier[9]. Le management en tant que discipline et en tant que champ de connaissance, c'est toujours et partout : Planifier, Organiser, Diriger, Contrôler. C'est-à-dire l'incontournable PODC, ossature obligée de n'importe quel cours de gestion, n'importe où dans le monde. Mais voyons ce que Fayol y met.

–   Par prévoir, il entend « scruter l'avenir et dresser le programme d'action ».

–   Par organiser, il entend « constituer le double organisme, matériel et social, de l'entreprise ».

–   Par commander, il entend « faire fonctionner le personnel ».

–   Par coordonner, il entend « relier, unir, harmoniser tous les actes et tous les efforts ».

–   Par contrôler, enfin, il entend « veiller à ce que tout se passe conformément aux règles établies et aux ordres donnés ».

---

7.   Fayol consacre un chapitre sur trois de la première partie à la « nécessité et possibilité » d'un enseignement administratif.
8.   Fayol (1979), p. 4 et 5.
9.   Boisvert (1980), p. 14, et (1985), p. 27 et 29.

Pour compléter le contenu de la fonction administrative, Fayol décrit, dans un chapitre entier, 14 principes à respecter quand on fait œuvre d'administrateur :

1.   Principe de division du travail

La division du travail, selon Fayol, est d'ordre naturel, et « plus un être est parfait », plus il est doté « d'organes chargés de fonctions différentes ». La division du travail a « pour but d'arriver à produire plus et mieux avec le même effort ».

2.   Principe d'autorité-responsabilité

« L'autorité, souligne Fayol, c'est le droit de commander et le pouvoir de se faire obéir. » Ce droit et ce pouvoir doivent cependant s'accompagner d'une nécessaire responsabilité, c'est-à-dire d'une « sanction » qui récompense ou pénalise l'exercice du pouvoir.

3.   Principe de discipline

Par discipline, il entend « l'obéissance, l'assiduité, l'activité, la tenue, les signes extérieurs de respect réalisés conformément aux conventions établies entre l'entreprise et ses agents ».

4.   Principe d'unité de commandement

Ici, Fayol parle de « règle » qui consiste en ce que, « pour une action quelconque, un agent ne doit recevoir des ordres que d'un seul chef ». Si cette règle est violée, prévient-il, « l'autorité est atteinte, la discipline compromise, l'ordre troublé, la stabilité menacée ».

5.   Principe d'unité de direction

« Ce principe, précise l'auteur, a pour expression : un seul chef et un seul programme pour un ensemble d'opérations visant le même but. » Il ne doit pas être confondu avec le principe d'unité de commandement, mais ce dernier ne peut exister sans lui.

6.   Principe de subordination de l'intérêt général

Il faut entendre par ce principe la nécessité que, « dans une entreprise, l'intérêt d'un agent, ou d'un groupe d'agents, » ne puisse en aucun cas « prévaloir contre l'intérêt de l'entreprise ».

7. Principe de rémunération du personnel

Ce principe consiste simplement à donner au personnel « le prix du service rendu ». La rémunération « doit être équitable », et « donner satisfaction », autant que faire se peut, « à la fois au personnel et à l'entreprise ».

Fayol s'étend assez longuement sur ce principe, passant en revue les différents modes de paiement qu'il connaissait : à la journée, à la tâche, à la pièce, avec primes et même avec participation aux bénéfices ou « subsides en nature » et « satisfactions honorifiques ». Il trouve à chacun de ces modes des avantages et des inconvénients, et finit par conclure : « peu importe, pourvu que l'agent soit satisfait[10] ».

8. Principe de centralisation

C'est, pour Fayol, « comme la division du travail », un « fait d'ordre naturel » car, précise-t-il, « dans tout organisme, animal ou social, les sensations convergent vers le cerveau ou la direction et du cerveau ou de la direction partent les ordres qui mettent en mouvement toutes les parties de l'organisme[11] ».

9. Principe de hiérarchie

Il s'agit de « la série de chefs qui va de l'autorité supérieure aux agents inférieurs ». C'est la voie par laquelle doivent passer, degré par degré, les communications venant de – ou adressées à – « l'autorité supérieure ». La hiérarchie est, pour Fayol, « imposée » par la nécessité d'avoir une « transmission assurée » et par le principe d'unité de commandement.

10. Principe d'ordre

Ici, Fayol fait un parallèle entre deux types d'ordres aussi nécessaires, selon lui, l'un que l'autre : « une place pour chaque chose et chaque chose à sa place » et « une place pour chaque personne et chaque personne à sa place ». Il appelle cela « l'ordre matériel » d'un côté et « l'ordre social » de l'autre. Cet ordre à deux volets aurait pour vertu principale « d'éviter les pertes de matières et les pertes de temps » et ferait que « chaque agent soit à la place qui lui a été assignée ».

---

10. Fayol (1979), p. 35.
11. Fayol (1979), p. 36.

11. Principe d'équité

Fayol explique qu'il faut distinguer l'équité de la justice qui n'est que « la réalisation des conventions établies » ; alors que l'équité permet d'aller au-delà de la lettre des textes et d'« interpréter ». L'équité est pour lui, en définitive, « la combinaison de la bienveillance avec la justice ».

12. Principe de stabilité du personnel

Partant du constat qu'il faut du temps pour qu'un agent s'initie à une tâche et soit apte à la remplir adéquatement, toute instabilité du personnel, d'après Fayol, ne peut qu'être néfaste et coûteuse. Autant que possible, il faudrait limiter « les changements de personnel à l'âge, la maladie, les retraites, la mort ».

13. Principe d'initiative

C'est « la possibilité de concevoir et d'exécuter ». Fayol met aussi sous la rubrique « initiative » la « liberté de proposer » et la « liberté d'exécuter ». Il considère que c'est « une grande force de l'entreprise » que d'avoir une situation où « l'initiative de tous » viendrait s'ajouter à celle des chefs et, au besoin, la suppléer.

14. Principe d'union du personnel

Ici, Fayol a fait appel au proverbe « l'union fait la force ». C'est « l'harmonie » entre les agents de l'entreprise qui ferait cette union. Trois moyens sont aptes à réaliser cette harmonie : respecter le principe d'unité de commandement, éviter de mal interpréter la devise « diviser pour régner » (il est bon de « diviser l'ennemi » mais pas « ses propres troupes ») et éviter d'abuser des communications écrites.

Nous aurons à revenir un peu plus loin sur certains de ces principes et sur la façon dont le management en a usé jusqu'ici. Nous reviendrons aussi, lors de l'étude plus détaillée du PODC, sur ce que Fayol met dans chacun des éléments de la « fonction administrative », auxquels il consacre près des deux tiers de son livre.

Pour le moment, comme nous l'avons fait pour Taylor, voyons ce qui s'est passé durant la carrière de Fayol, et qui pourrait relativiser, expliquer ou éclairer davantage ses apports à la pensée administrative.

La carrière et l'itinéraire de Fayol

Tout d'abord, sur le plan des idées et des convictions, n'oublions pas que Fayol est le produit d'une époque où la science positive et technicienne tient le devant de la scène et où la machine, la mécanique, le chemin de fer, etc., tendent à devenir des modèles d'organisation et de fonctionnement sur lesquels même le « corps social » pourrait et devrait s'aligner[12].

Souvenons-nous, ensuite, que Fayol est ingénieur. Autant il est admiratif devant l'efficacité militaire et industrielle allemande – efficacité qu'il attribue à la « puissance de son administration publique[13] » –, autant il semble, par les remarques dont il parsème son livre, peu fier de l'appareil public français. Le dénominateur commun de ses reproches est le viol systématique, par l'administration de l'État, de nombre des principes et prescriptions qu'il avance : compétence des chefs, équité, l'agent qu'il faut à la place qu'il faut, nominations par le mérite[14], etc.

Cela montre que Fayol était attaché à une sorte de rationalité absolue et à une logique de fonctionnement qui devaient être universelles et implacables dans leurs résultats. Tout comme dans les rouages mécaniques, il suffirait d'avoir les bonnes chaînes des causes et des effets pour obtenir les résultats voulus. Même si, par ailleurs, Fayol invoque souvent la variété des situations, le discernement, la mesure, il n'en reste pas moins, y compris dans ces cas, à la recherche de « la bonne chaîne causes–effets », c'est-à-dire de la mise en place de conditions assurant le respect, selon la situation, des principes et normes qu'il énonce.

À l'époque où il entreprend sa carrière, les ingénieurs ont un rôle confiné à la production et à la conduite technique des usines ; ils n'ont à peu près aucun droit au chapitre pour ce qui touche à la gestion. Ce sont les propriétaires et les administrateurs (hommes de loi, financiers, membres du conseil d'administration) qui, eux, ont « droit de gérance ». D'ailleurs, lorsqu'il est nommé directeur général, Fayol reçoit de son conseil d'administration un mandat strict et étroit : liquider l'entreprise, vite et proprement.

Dès lors, sa carrière se muera en un combat serré, pouce par pouce, pour grignoter des pouvoirs aux administrateurs. À son entrée en fonction, le conseil d'administration venait de réaffirmer sa mainmise sur le pouvoir exécutif « qui ne s'exerce que par délégation » du conseil. Fayol fut donc traité en technicien qui n'avait pas à s'occuper de la conduite générale interne, ni des orientations de l'entreprise[15]. Mais il ne l'entendait pas ainsi, et il se mit en besogne de distinguer sa fonction, de lui octroyer une personnalité et une autorité propres. Il commença par le faire physiquement en occupant, dès 1891, un bureau à part pour lui et ses collaborateurs.

---

12. Un passage d'un texte d'économiste de la fin du XIXᵉ siècle que cite Neuville (1976) fait état de l'homme comme « machine complexe » dont « il faut connaître les rouages ».
13. Reid (1986).
14. Ce qui a fait écrire à certains auteurs, dont Reid, que Fayol était pour une gestion de l'État sur le mode de la gestion de l'entreprise privée. C'est évidemment loin d'être aussi simple, à la lecture des différentes publications de Fayol. C'est même, au contraire, le modèle de l'État (en particulier allemand) qu'il semble vouloir transposer à l'entreprise.
15. Reid (1986), p. 84 et suivantes.

Mais c'est le spectaculaire redressement de l'entreprise qu'il réussit qui lui donnera, après quelques années, l'envergure suffisante pour affronter directement le conseil. Il le fit, et curieusement, comme pour Taylor, ce sont les questions financières, les financiers et leur conservatisme qu'il dut combattre d'abord et le plus, notamment pour les projets qu'il soumettait et pour les investissements qu'il demandait[16]. Il mena ainsi une âpre lutte pour faire admettre le principe d'approbation quasi automatique par le conseil du financement de tout projet que le directeur général appuie sans réserve. Il se battit aussi pour limiter l'ingérence du conseil d'administration dans les affaires courantes de l'entreprise, car pour lui, ce n'est pas parce qu'une personne est élue ou propriétaire qu'elle est forcément compétente. Il s'ingénia à promouvoir l'idée que la réussite d'une entreprise est avant tout fonction de sa capacité à se donner un bon « grand chef ».

Fayol semble avoir réussi à considérablement hausser et valoriser le rôle et le statut du directeur général. Car, rappelons-le, la conduite des entreprises jusque-là, c'était affaire de deux groupes de personnes : les ingénieurs d'un côté pour la fonction technique, et le conseil d'administration de l'autre pour la fonction financière. C'est le mérite de Fayol d'avoir sorti la fonction administrative de la conception traditionnelle, qui la considérait comme « allant de soi », et d'en avoir fait un ensemble intégré d'activités caractérisant le métier de dirigeant[17].

Ses efforts pour asseoir son rôle face à son conseil d'administration, ou pour, comme dit Reid, « l'apprivoiser », doivent avoir beaucoup contribué dans sa détermination à mettre au point une « doctrine consacrée » du métier d'administrateur. On a même pu affirmer que cela « doit être considéré comme un élément déterminant dans son élaboration d'une théorie d'administration des affaires », et qu'il « n'est pas surprenant que le directeur général soit devenu l'épicentre de la doctrine fayoliste », laquelle doctrine fournissait arguments et « justification pour le triomphe du directeur général »[18].

Par ailleurs, Fayol a eu comme prédécesseur, comme chef et aussi comme mentor un certain Stéphane Mony qui était influencé par Le Play et adepte du saint-simonisme[19]. C'était donc un continuateur de la tradition paternaliste la plus typique, celle qui peut aller jusqu'à faire assurer par l'entreprise tout ce qui concerne – et est nécessaire à – la vie des ouvriers et de leur famille : ce qu'on appelait les villages-usines, où boutiques,

---

16. Reid (1986), p. 86.
17. Reid (1986), p. 85-87.
18. Reid (1986), p. 87.
19. Saint-simonisme, de Claude Henri de Saint-Simon, philosophe et économiste français (fin du XVIIIᵉ, début du XIXᵉ siècle), qui donna naissance à une doctrine prônant le collectivisme, critiquant la propriété privée et dénonçant l'exploitation, au profit d'une sorte de planification socialisante teintée de charité chrétienne.

habitations, écoles faisaient partie de ce que procurait la compagnie[20]. Mais le plus intéressant ici, c'est que Mony était animé d'un esprit et d'une volonté de proximité avec les ouvriers, ce qui le conduisait à fréquemment discuter avec eux et à leur donner directement des ordres, devenant ainsi très populaire parmi eux.

On peut sans doute voir là l'une des origines, sinon l'explication de base, de l'énergique et parfois farouche défense par Fayol des principes d'unité de commandement et de hiérarchie. Il est d'ailleurs curieux de noter qu'il ne dénonce le viol de ces deux principes que dans le sens descendant, c'est-à-dire celui du chef contournant son subordonné. Il est étonnant de lire les mots qu'il utilise pour qualifier de tels comportements : « errements, maladie, dépérissement, ravages, mal redoutable, haine, source perpétuelle de conflits[21] ». De plus, ce sera là pratiquement le seul point d'achoppement dont Fayol estimera qu'il le sépare de façon irréconciliable d'avec Taylor, à qui il reproche de commettre l'hérésie d'admettre qu'on viole l'unité de commandement (par la création d'une deuxième autorité que représente, par exemple, le bureau des méthodes).

Tout cela donne un ton beaucoup plus particulier et personnel aux réflexions et théorisations de Fayol, et limite l'universalisme qu'on veut généralement y mettre. Cependant, que ce soit explicitement ou implicite-ment, tout le management ne fait en général que reconduire, en les consi-dérant comme universels et neutres, l'ensemble des composantes de la fonction administrative et certains des principes élaborés par Fayol. L'iné-vitable PODC est partout et toujours enseigné, accompagné des principes de commandement, de hiérarchie, de discipline, de division du travail et d'ordre[22], ainsi que de techniques et outils plus contemporains, plus « scientifiques », pouvant aider le gestionnaire à mieux planifier, mieux décider, mieux organiser.

Mais peut-être serait-il tout aussi intéressant de voir ce que le mana-gement n'a pas ou a peu retenu de Fayol.

L'usage fait de la pensée fayolienne

Tout d'abord, les principes que nous avons passés en revue ont souvent été tronqués, ou simplement énumérés pour mémoire. Il est en effet rarissime de voir décortiquer dans les manuels ou dans les programmes de gestion, à l'occasion de l'étude de Fayol, des principes tels que l'initiative, l'équité ou l'intérêt général avant l'intérêt particulier. Pourtant, Fayol n'indique nulle

---

20. On voit tout de suite les abus auxquels cela pouvait donner lieu : contrôler la vie sociale et les dépenses des ouvriers, justifier ses actes par les soins de l'Église du lieu, endetter l'ouvrier auprès des boutiques maison, jouer sur les salaires avec cet endettement.
21. Fayol (1979), p. 25 et 26.
22. Nous verrons un peu plus loin pourquoi ces principes-là et moins les autres.

part que certains de ses principes seraient plus négligeables que d'autres. On semble ne pas trop insister sur ces notions parce qu'elles ne concourent pas directement à augmenter la production tout en maintenant le travail dans une position de subordination et d'avilissement[23].

La conception de l'ouvrier limité et paresseux du type Schmidt ne peut que mal s'accommoder du principe d'initiative qui suppose, selon les propres termes de Fayol, à la fois la « capacité de concevoir et d'exécuter ». Rappelons aussi que Fayol faisait, à très juste titre, de cette capacité le plus puissant des facteurs de satisfaction et de motivation. Les seules notions managériales, avant la vogue de la « qualité totale », qui pourraient faire place à ce genre de principe sont celles de la participation et de l'enrichissement des tâches, mais on sait combien elles ont été peu répandues dans les pratiques, manuels et enseignements, combien elles ont été tardives, soumises à des impératifs de hausse à court terme de la productivité, et même parfois officiellement décriées[24]. Pourtant, Fayol dit textuellement que « le chef doit savoir faire quelques sacrifices d'amour-propre pour donner des satisfactions à ses subordonnés » à travers la liberté d'initiative (p. 44).

Quant aux principes de l'équité et de la subordination de l'intérêt particulier à l'intérêt général, ils sont tout simplement battus en brèche par l'éthique concrète du management le plus répandu, qui est de chercher tous les moyens permettant de payer le travail le moins possible et de satisfaire presque exclusivement le seul intérêt à court terme des dirigeants[25].

Par ailleurs, çà et là, au gré de ses explications et commentaires à propos de ses principes, Fayol donne, comme très importants, nombre de conseils et de recommandations dont, à ma connaissance, le management traditionnel n'a tiré à peu près aucun profit :

–   La fonction administrative n'est pas l'apanage des seuls administrateurs, chefs ou dirigeants[26]. Fayol dit expressément qu'elle est répartie sur l'ensemble du personnel mais qu'elle augmente avec le niveau hiérarchique. Ainsi, il estime à 5 % la portion de fonction administrative chez l'ouvrier, pour graduellement l'augmenter jusqu'à 50 % chez le directeur général (les 50 % restants se répartissent dans les fonctions techniques, etc., à raison de 10 % chacune).

–   Le poids principal du bon ou du mauvais fonctionnement d'une entreprise repose, et de loin, sur les chefs. C'est eux et non les employés,

---

23. Avilissant dans le sens de « rendre vil », c'est-à-dire « de moindre valeur ». Pour plus de détails sur cette question d'avilissement du travail à travers l'idéologie managériale, voir Mantoux (1959), Friedmann (1964), Terkel (1976), Braverman (1976), Aktouf (1985 et 1986c).

24. Voir par exemple Laurin (1973).

25. Voir par exemple Galbraith (1968) pour une analyse du fait que même les propriétaires-actionnaires sont spoliés au profit des technocrates dirigeants.

26. Contrairement à ce qui est avancé dans nombre de manuels en gestion, comme dans Boisvert (1980), p. 12.

insiste Fayol, qui doivent d'abord porter la responsabilité d'un mauvais moral, d'une mauvaise productivité, d'une mauvaise qualité... Ils sont « l'exemple » et doivent avoir une conduite irréprochable et de « très hautes qualités morales ».

– La division du travail et la spécialisation, si elles sont souhaitables, doivent pourtant être considérées aussi dans leurs aspects négatifs : elles ont des « limites que l'esprit de mesure » devrait « apprendre à ne pas franchir » (p. 21).

– Les employés et ouvriers doivent jouir d'une dose non négligeable d'autonomie. Ainsi, Reid[27] rappelle que Fayol a renversé la tendance à la division du travail dès qu'il a pris la direction de Commentry et qu'il a restitué à l'équipe d'ouvriers des responsabilités qu'on lui avait enlevées ; qu'il était pour leur organisation par « brigades libres », etc.

– Fayol appelle « régime détestable » le mode de fonctionnement strictement formel-écrit de l'entreprise, et préconise « d'interdire toutes les communications écrites » qui peuvent « être remplacées par les communications verbales » (p. 46).

– Il parle, et abondamment (sur près de cinq pages), du partage des bénéfices, y compris avec les employés et ouvriers. Même s'il ne le préconise finalement pas, il ne le rejette pas, alors que les manuels de management n'en parlent, pour l'écrasante majorité, tout simplement jamais. À la page 31, Fayol dit même que cela se faisait sous forme de « répartitions annuelles entre les ouvriers de quelques grandes entreprises ».

– Fayol fait aussi allusion, à l'occasion de cette question de partage des bénéfices, au fait que ce serait de là que sortirait « l'accord du capital et du travail » (p. 32). C'est dire qu'il reconnaissait, lui aussi, un antagonisme fondamental entre travailleurs et employeurs.

– Dans plusieurs passages, il insiste sur la dimension affective que revêt forcément le travail du dirigeant. Il pensait que, en donnant une touche sentimentale et émotionnelle à l'administration – dans la tradition parternaliste et saint-simonienne –, on pourrait ainsi tempérer les « effets potentiels d'éclatement de la division du travail[28] ».

– Lorsqu'il parle de la discipline, Fayol insiste : « c'est d'abord ce que font les chefs » (p. 23). Par là, il voulait dire, et il le précise, qu'il est inutile d'attendre de ses employés ce qu'on ne fait pas d'abord soi-même, avec rigueur et constance.

– Partout où il utilise un qualificatif pour désigner l'acte d'administration, il parle de « doctrine » et non de « science ». Et il répète à plusieurs

27. Contrairement à ce qui est avancé dans nombre de manuels en gestion, comme dans Boisvert (1980), p. 12.
28. Reid (1986), p. 89.

reprises, pratiquement à chaque discussion de ses principes, que tout ce qu'il avance doit être relativisé, non pris comme vérité universelle ou scientifique, adapté aux circonstances, aux situations, aux époques qui sont variables et changeantes (p. 19 et 23, entre autres).

—   Il affirme à maintes reprises que l'art principal sinon unique mis à contribution dans l'administration, c'est celui « d'agir sur les hommes » (p. 19). Or, et c'est regrettable, les programmes modernes de management ne font que peu de place à cette dimension[29].

—   Ce souci de l'humain revient avec force dans la partie consacrée aux rétributions en nature, aux récompenses et aux œuvres de bien-être. Fayol y parle de s'occuper de ses employés hors usine en plus de le faire dans l'usine : « logement, alimentation, instruction, éducation » en plus de toutes les « questions d'hygiène et de confort ».

—   Signalons, enfin, sans que ce tour d'horizon soit exhaustif, que Fayol parle de « culture générale » comme qualité cardinale de l'administrateur et du dirigeant, et il insiste à plusieurs reprises : p. 90, 94, 100, 102. Alors que, parallèlement, et de façon étonnamment prémonitoire, il « déplore la mathématisation » et l'excès des calculs dans la formation de ceux qui deviennent dirigeants (p. 101, 102, 104).

Nous avons là une bonne douzaine de points importants chez Fayol dont le management n'a à peu près pas tenu compte, quand il ne les a pas ignorés purement et simplement. Alors que, çà et là, maints auteurs prétendent aujourd'hui « découvrir » ces choses, faisant comme si on ne les avait pas (par souci de gains rapides et à court terme) délibérément occultées.

Avant de passer à une tentative de synthèse-conclusion sur ce qu'est le fayolisme, voyons ce qu'il partage avec le taylorisme et ce qu'il rejette de celui-ci.

Fayol face à Taylor

Fayol consacre plusieurs pages (80 à 86) à une discussion du système Taylor, dont il attaque vivement ce qu'il considère comme un déni inadmissible, une « violation flagrante » du principe d'unité de commandement. On a déjà vu combien ce principe lui tenait à cœur. Pour lui, Taylor commet un péché impardonnable en recommandant plusieurs autorités d'« experts » au-dessus de l'ouvrier, en même temps que l'abandon de « l'ancienne méthode qui consiste à passer par le chef d'équipe[30] ». Fayol lui reproche également

---

29.   Nous verrons, dans la partie consacrée à la gestion comme matière à enseignement, comment on a au contraire outrageusement technicisé les programmes. Fait dénoncé encore très récemment, rappelons-le, par une revue de grand tirage comme *Business Week* (19 juillet 1993).
30.   Taylor (1913), p. 64.

de marquer un injustifiable « dédain » envers le mode d'administration de type militaire.

Il y a d'autres points d'accord et de divergence que Fayol ne signale pas dans sa discussion du système Taylor. C'est Reid qui nous aide à les recenser, à partir de plusieurs sources et documents historiques différents.

Pour ce qui est des divergences, on peut d'abord retenir que Fayol ne partageait pas l'opinion de Taylor sur la nécessité de contrôle étroit du travail et du travailleur. Au contraire, il estimait que rien ne valait l'organisation libre « selon leur désir » des équipes d'ouvriers, et qu'il fallait leur laisser le choix de la méthode et de l'outillage. Il voyait même dans tout cela une salutaire « autosélection » des ouvriers et une source supplémentaire de bonne entente et d'émulation[31]. L'histoire a donné raison à Fayol. Il faut retenir aussi qu'il ne voyait pas que vertus dans la division et la spécialisation du travail, bases centrales, vantées et louangées, du *scientific management* de Taylor.

Pour le reste, on peut très certainement affirmer que Taylor et Fayol se complètent largement, l'un étudiant et organisant le travail depuis le poste de l'ouvrier ou du manœuvre jusqu'au directeur d'atelier, et l'autre faisant la même chose depuis le directeur général jusqu'à l'atelier. On peut toutefois noter que Fayol compensait la relative autonomie laissée à la base par la **prévoyance** – la planification stricte, générale, autoritaire et contrôlée.

Cette complémentarité Taylor–Fayol peut aussi se retrouver sous maints aspects : ils partagent, comme on l'a vu, le sentiment d'un « état de guerre » entre employés et employeurs, la notion de « l'homme qu'il faut à la place qu'il faut[32] », la nécessité de prendre sincèrement soin des employés, de ne pas être « égoïste » (tous deux utilisent le terme), de tenter de partager les fruits de l'entreprise avec eux, d'être généreux envers eux, de penser avant tout à l'intérêt général, etc. Ils partagent, enfin, le même genre de combat : ingénieurs-organisateurs contre administrateurs-financiers ; ces derniers se présentent presque toujours en contradicteurs réactionnaires, conservateurs, méfiants, peu enclins à consentir des améliorations aux conditions des employés, et soucieux de gains à court terme avant toute chose.

Fayol partage aussi avec Taylor un certain nombre de contradictions et d'incohérences dans ses propos et positions. Citons les plus flagrantes :

– Parallèlement à l'initiative, la « plus grande source de satisfaction » comme il dit, Fayol n'hésite pas à préconiser la planification et le contrôle les plus centralisés.

– Tout en consentant aux employés la « liberté » de « s'organiser selon leur désir », il préconise la fermeté et l'intransigeance quant au principe de discipline et d'obéissance.

---

31. Reid (1986), p. 79 et suivantes.
32. Fayol reprend même la formule en langue anglaise, p. 41.

– Animé d'une tradition paternaliste et saint-simonienne (peut-être ina-vouée), il prône de gérer avec « cœur », avec « bonté » mais n'hésite pas à conseiller de se débarrasser systématiquement des « incapables » au nom du « devoir ».

– Il vante les vertus de la communication directe, verbale, sans forma-lisme, mais défend avec vigueur les principes de hiérarchie et d'unité de commandement.

– Il préconise l'équité, l'union, la subordination de l'intérêt particulier à l'intérêt général... et affirme en même temps qu'il ne convient pas de payer les employés de façon « excessive », ou « dépassant la limite du raisonnable ».

– Il parle de participation aux bénéfices mais affirme aussitôt, de façon aussi injustifiée que péremptoire, que la part de l'ouvrier ne peut être qu'infinitésimale du fait que, prétend-il, sa contribution aux bénéfices de l'entreprise est presque nulle.

– Il s'inquiète, en traitant de cette question de la participation aux béné-fices, de rétablir « l'accord entre le travail et le capital » mais continue, tout au long du livre, à considérer l'entreprise comme un lieu de consensus généralisé.

– Il vante les considérables bienfaits de la capacité d'à la fois concevoir et exécuter un travail, mais tient farouchement aux principes de division du travail, de spécialisation et « d'ordre social » : une place pour chaque agent et chaque agent à sa place. (On imagine mal celui dont la place et fonction est d'exécuter se mettre à concevoir sans troubler « l'ordre ».)

Il y a, par ailleurs, plusieurs sérieuses réserves qu'on peut retenir quant aux fondements et arrière-plans théoriques des propositions et conclusions fayoliennes.

Quelques faiblesses théoriques

Tout d'abord, nous l'avons vu, Fayol en appelle plusieurs fois à la qualité « naturelle » de tel ou tel élément qu'il expose : division du travail, hiérarchie, ordre. Il parle même d'organes, de cerveau, d'organisme, et de leur « fonctionnement » pour appuyer ses arguments. C'est là un des grands points discutables de tout l'édifice fayolien : il est très marqué de biologisme et, surtout, du biologisme de son époque[33]. Pour la biologie d'aujourd'hui, il serait tout à fait incongru d'affirmer que « le cerveau commande » à des

---

33. Où dominait, par exemple, une figure comme Gustave Le Bon dont les travaux et théories (entre autres le fameux *La psychologie des foules*) étaient à connotation élitiste, mécaniste et même raciste.

« organes qui obéissent ». La référence « naturelle » à laquelle se rattachait Fayol pour asseoir sa vision est depuis longtemps totalement dépassée[34].

Outre le biologisme, Fayol s'appuyait volontiers sur le modèle de l'armée. Il suffit de lire la façon dont il reproche à Taylor de marquer du dédain envers le « type militaire d'organisation » pour comprendre que, même s'il ne le dit pas explicitement, c'est, pour lui, une référence importante et un exemple par l'ordre, la discipline, le respect strict de la hiérarchie, de l'unité de commandement, les « signes extérieurs de respect », etc.

Cependant, l'œuvre de Fayol prêtait à une interprétation et à une utilisation abusives, et c'est là peut-être son plus grand défaut. Elle se présentait comme une théorie à l'universalisme et au caractère scientifique presque indiscutables, alors qu'en vérité elle n'était rien d'autre qu'un cas, et qui plus est, un cas très particulier, à une époque bien précise.

La Commambault était en effet une entreprise d'un secteur (les mines et les fonderies) à l'époque en pleine expansion, surtout en contexte de guerre et de croissance du chemin de fer et de la métallurgie-sidérurgie en général. Comme le rappelle Reid, il était à la fois indiqué, aisé et indispensable d'avoir recours dans ce secteur à une planification serrée, scientifique et rigoureuse. C'est en effet à partir de l'industrie du charbon que Fayol a développé l'ensemble de sa vision planificatrice, ossature centrale de toute sa « doctrine administrative ».

Or cette industrie « se caractérisait, nous dit Reid, par une production continue et relativement constante et par le besoin d'amortir d'importants investissements de capitaux dans le temps ». L'expérience de Fayol portait sur une activité dont la planification était relativement « peu influencée par le marché » et dont « l'élément clé était, par conséquent, la production[35] ».

Comment donc un cas et un seul, et dans un secteur aussi spécifique, peut-il être quasi indéfiniment, de façon explicite ou non, pris comme base d'une élaboration de théorie et de principes ayant des prétentions universelles[36] ?

En conclusion : un Fayol édulcoré

On ne peut nier l'énorme dette que le management, même actuel, a envers Fayol. On peut même dire qu'à bien des reprises il fait preuve d'un remarquable modernisme – par exemple, par ses mises en garde contre l'excès de spécialisation et d'organisation du travail dans le détail, ses avertisse-

---

34. Voici la propre formulation de Fayol : « la centralisation est un fait d'ordre naturel [...] les sensations convergent vers le cerveau [...] et du cerveau [...] partent les ordres qui mettent en mouvement toutes les parties de l'organisme » (p. 36).
35. Reid (1986), p. 80 et 81.
36. Il aura fallu attendre Mintzberg et le choc du management japonais du milieu des années 1970 pour commencer à voir quelques relativisations de l'omniprésent modèle fayolien.

ments quant à la nature variée et changeante des situations, ses exhortations à motiver par l'initiative, à communiquer de façon directe, etc. Mais, comme cela s'est passé avec Taylor, les praticiens et théoriciens en gestion n'en ont retenu que ce qui cadrait avec l'idéologie de rentabilisme unilatéral à court terme.

Fayol est encore et toujours bien riche d'enseignements, ne serait-ce que lorsque l'on voit aujourd'hui combien il avait vu juste de plaider pour une « grande culture générale » du gestionnaire et pour une moindre « mathématisation » dans la formation de ceux qu'il voyait comme des administrateurs[37]. Et cela, même si Reid a parfaitement raison lorsqu'il écrit qu'à tout prendre l'ensemble du travail de Fayol n'a été qu'une expression, une représentation de « l'idéologie autovalorisante du directeur », de la même façon que l'œuvre de Taylor a été la défense et l'apologie du rôle de l'ingénieur[38]. Ni l'un ni l'autre n'ont été exempts – et par conséquent leurs idées – des intérêts de la classe et du corps professionnel dont ils étaient issus et qu'ils défendaient avec acharnement[39]. Comment donc s'étonner aujourd'hui du fossé qui sépare l'engagement, les objectifs et les « mentalités » des dirigeants par rapport à ceux des dirigés de la plupart des entreprises industrielles de l'Occident ? Un peu paradoxalement, c'est dans la pensée dense et complexe d'un Max Weber, appelé à la rescousse du management traditionnel, qu'on trouvera de belles pistes de réponses à cette question.

MAX WEBER (1864-1920) : L'APPEL AUX VERTUS DU MODÈLE RATIONNEL DE DOMINATION ET DE BUREAUCRATIE

Voici un auteur, Max Weber, sociologue et philosophe allemand, parmi les plus profonds du début de ce siècle, dont l'intégration à la pensée managériale dite classique m'a toujours passablement intrigué.

Précisons tout de suite qu'il ne s'agit pas de faire une présentation complète et, encore moins, une analyse de l'œuvre ou de la pensée de Weber. Il s'agit néanmoins, comme nous l'avons fait pour les auteurs étudiés jusqu'ici, de voir les raisons et circonstances de son association à la pensée managériale, ses apports originaux et les interprétations et usages qui en ont été faits en management. Ce sera cependant un travail autrement plus

---

37. C'est là l'essentiel du plaidoyer d'un article basé sur une vaste enquête de deux universités canadienne et américaine : « Ne tirez pas sur les MBA », *Revue Commerce*, octobre 1986, ainsi que de deux des dernières publications de Mintzberg lui-même : « Formons des managers, non des M.B.A. », *Harvard-L'Expansion*, 1989, et *Inside our Strange World of Organizations*, 1989.

38. Reid (1986), p. 92.

39. Souvenons-nous que Taylor précise dans son témoignage devant la Chambre des représentants que les dirigeants de la Midvale ne lui ont donné carte blanche que parce qu'ils avaient vu qu'il était non pas ouvrier comme les autres mais issu de la bourgeoisie comme eux-mêmes.

ardu car la pensée wébérienne est une pensée quasi encyclopédique, et de surcroît, une pensée qui s'attaque à une immense tâche, inachevée et en grande partie sous forme de fragments rassemblés après sa mort. C'est une œuvre qui ne visait rien moins qu'une sorte d'explication universelle du cheminement et des mécanismes de fonctionnement et d'évolution des sociétés humaines.

C'est une des pensées les plus puissantes et les plus fécondes aussi bien de la sociologie, de l'économie que de la philosophie. On ne tarit pas d'études, de colloques et de commentaires sur l'œuvre de Weber[40]. Des spécialistes des différentes sciences sociales s'échinent à essayer de comprendre, à débroussailler et à tenter d'utiliser les concepts et la méthode légués par Weber ; l'harmonie et la concorde sont loin d'être la règle parmi les intellectuels qui ont essayé et qui essayent encore de pénétrer l'univers wébérien[41]. Mais, comme pour nos autres auteurs, la littérature managériale ne paraît pas se faire grands soucis ni grands scrupules à s'en servir, quitte à outrageusement simplifier et « arrondir les angles ».

Avant de voir les grandes lignes de l'apport wébérien à la pensée intellectuelle du XXᵉ siècle, voyons d'abord quand et comment la théorie administrative a commencé à en faire état afin de mieux situer la façon dont on en a usé en management. Mais il faut ici prévenir le lecteur que, compte tenu de la profondeur, de la densité et de la complexité de la pensée wébérienne, il ne sera pas possible d'en traiter en termes simples. Même si la lecture doit en être ardue, considérant l'importance de la place que le management traditionnel prétend donner en son sein à Weber, il est indispensable d'en savoir et d'en comprendre un minimum. J'ai donc délibérément choisi de parler de Weber en des termes qui soient, autant que possible, fidèles à la nature de son œuvre.

Weber et son introduction en management

Il convient d'abord de savoir que les travaux de Weber n'ont été que très tardivement accessibles aux États-Unis et en France. Ainsi le premier texte publié de lui en Amérique est la traduction par T. Parsons, en 1930, de *L'éthique protestante et l'esprit du capitalisme*, puis ce fut *From M. Weber : Essays in Sociology* en 1946, et *Économie et société*, en trois tomes, entre 1947 et 1952. Pour ce qui est de la France, le premier travail de Weber qu'on peut y trouver, *Le savant et le politique*, a été traduit par J. Freund en 1959, puis il a fallu attendre 1971 pour voir une version française d'*Économie et société*, dont on attend toujours le second tome. Bien d'autres textes wébériens ont été traduits depuis, aussi bien en anglais qu'en français.

---

40. Par exemple, et seulement pour les plus célèbres : Parsons (1951 et 1955), Popper (1956), Sartre (1960), Bendix (1962), Aron (1967), Merleau-Ponty (1955), Freund (1966 et 1985).
41. Voir, entre autres, Hirschhorn (1988) et Raynaud (1987).

Mais ceux mentionnés ici représentent ce qui est, et de loin, le plus utilisé, ou visé, par la littérature managériale.

Ce n'est donc que bien tardivement, par rapport aux Taylor, Fayol et Babbage, que Weber fera son entrée dans le management. En fait, c'est surtout la sociologie des organisations qui se réfère le plus à la pensée wébérienne (Parsons 1951 et 1955, Simon et March 1958, Bendix 1962, Crozier 1963, Chanlat et Séguin 1983 et 1987). Mais de très nombreux manuels de management le situent parmi les quatre ou cinq piliers des fondements de la pensée administrative moderne, en compagnie, en particulier, de Fayol, et parfois de Taylor, ou des deux. On peut toutefois apporter ici une nuance : plutôt que *L'éthique protestante* ou *Le savant et le politique*, qui occupent beaucoup les sociologues des organisations, c'est surtout *Économie et société*, et même une toute petite partie de cet ouvrage, que l'on utilise en management. Une des indications, en dehors du contenu lui-même, en est que George, dans son *The History of Management Thought*, ne situe l'apport de Weber qu'à partir de 1947, année, précisément, de la traduction et parution du premier tome de ce texte. Mais voyons pour l'instant, en gros, les grandes dominantes de l'œuvre wébérienne.

L'œuvre de Weber : le fossé par rapport au management

Tout d'abord, précisons que Max Weber n'a pas, à proprement parler, laissé de disciples, ni d'école, ce qui rend flou et discutable l'adjectif « wébérien ». Il n'a laissé que matière à profonde réflexion, discussion et controverse. Ensuite, il faut reconnaître, avec tous ceux qui en ont abordé le travail, que c'est pour les non-initiés une pensée à peu près hermétique et une œuvre extrêmement difficile à lire, que ce soit dans le texte ou en traduction. Il faut déjà posséder une bonne culture philosophique, historique et sociologique pour tenter de s'attaquer à une telle lecture, que, rappelons-le, le caractère souvent fragmentaire et abrégé de l'œuvre rend encore plus ardue[42]. Parmi les spécialistes contemporains, Hirschhorn (1988) parle d'« exercice difficile même pour les germanistes », Raynaud (1987) d'une sociologie « héritière des grandes philosophies de l'Histoire du XIXe siècle », et Freund, l'un des « wébérianistes » les plus reconnus, d'« érudition encyclopédique ». C'est donc dire, en plus de la nécessité d'être assez sérieusement au fait des sujets dont traite Weber, que tenter d'en extraire et d'en user quelque partie que ce soit demande une grande prudence, et d'interminables précautions théoriques.

Un des auteurs en management qui citent Max Weber comme jalon de la période classique, Boisvert (1980), précise qu'il faut « tenir compte de la complexité et de la sophistication » de ses travaux, ce qui, ajoute-t-il,

---

42. Cela vaut en particulier pour *Économie et société*.

« complique singulièrement » et son interprétation et son utilisation. C'est, je le crois bien, le moins qu'on puisse en dire.

Freund (1985) nous présente Max Weber comme un savant dont on ne fait que découvrir les potentialités et qui influence de façon importante « l'évolution de la sociologie dans tous les pays ». C'est, selon lui, non seulement un des plus grands sociologues, mais aussi un remarquable juriste, un brillant économiste, un talentueux historien, un profond philosophe, un théoricien de la politique aigu, un fin méthodologiste, un éminent épistémologue, etc.

L'œuvre de Weber ? On peut dire, en prenant une certaine liberté mais sans trahir l'essentiel, qu'elle s'articule autour de trois grands axes[43]. Le premier est philosophique et se préoccupe de ce que Freund appelle « la détresse spirituelle qui est désormais le destin de l'homme » après le déclin de la force de l'éthique chrétienne qui a, pendant plus d'un millier d'années, servi d'ordre et de guide à l'Occident. Weber s'interroge sur le devenir de cette société en proie aux éclatements idéologiques et à la montée de l'individualisme et de la rationalité. Alors que, pour lui, le progrès, la créativité et l'innovation ne sont possibles que par des actes déviants et irrationnels. Ce qui marque les limites et les dangers de la rationalité croissante due aux capacités de calculs et au scientisme de notre siècle.

Le deuxième axe concerne une théorie des sciences humaines, plus précisément une étude des conditions scientifiques de la connaissance des faits humains et sociaux. Aucune science, pour Weber, n'est exempte de présuppositions, d'idées préconçues, de théories préétablies ou de valeurs ; aucune, en particulier dans le domaine de l'humain, n'est une connaissance qui épuise, à elle seule, le réel dans sa totalité. C'est à partir de là que Weber propose le recours à ses fameux « types idéaux » (que nous définirons plus loin), qui sont susceptibles de répondre à la difficulté particulière des sciences humaines de devoir à la fois rendre compte de phénomènes généraux et généralisables et de singularités spatiales ou temporelles.

Ces types idéaux sont des concepts abstraitement élaborés qui « ordonnent en un tableau homogène les caractéristiques essentielles d'un phénomène » qui peut être « la bureaucratie » ou « l'aristocratie », par exemple, et qui, comparé à un système bureaucratique ou aristocratique d'un lieu donné à une époque donnée, révèle en quoi ce système-là se singularise par rapport à d'autres époques ou à des lieux différents. Weber donne ainsi des voies de sortie pour faire face aux grandes difficultés liées au caractère multicausal des phénomènes humains et sociaux, et pour réduire le poids de l'intervention des valeurs du chercheur dans la « discrimination entre l'essentiel et l'accessoire ».

---

43. Freund (1985).

Enfin, le troisième axe, et de loin, sans doute, le plus important chez Weber, c'est l'axe sociologique. Comme le dit Freund, Max Weber est « le maître de la sociologie compréhensive », une sociologie qui cherche à comprendre la réalité sociale et non pas seulement à lui donner une explication causale échappant, en quelque sorte, à ceux qui vivent la réalité sociale en question. Il est nécessaire, pour Weber, de compléter l'explication causale par la compréhension, c'est-à-dire l'accès aux raisons et motifs qui font agir les personnes et l'interprétation, la pénétration des significations que ces personnes donnent à leurs actes. « Il n'est pas nécessaire d'être César pour comprendre César », écrit-il dans *Économie et société*.

Les principaux concepts wébériens

C'est, d'après Freund, à partir de cette méthode que Weber va élaborer sa célèbre étude sur les rapports entre l'éthique protestante (particulièrement le puritanisme postcalviniste et son affirmation que la réussite matérielle individuelle est un signe de prédestination et de la grâce divine) et l'esprit du capitalisme qui s'est développé et épanoui à partir de l'Europe du Nord, entre les XVIIe et XIXe siècles.

Pour compléter son tableau des catégories déterminant et expliquant les phénomènes sociaux, Weber élabore, à côté des types idéaux d'organisation, des modèles conceptuels des « activités sociales », des « éthiques » et de « domination ». C'est ainsi qu'il y a, d'après lui :

1. Quatre types d'activités sociales :

   - Rationnelle en finalité : activité tendant à se baser sur une compréhension adéquate des moyens-fins-conséquences.

   - Rationnelle en valeur : activité basée sur une croyance personnelle profonde, sans considération pour les chances de succès et les conséquences (du genre « noble cause »).

   - Affective : activité basée sur une poussée émotionnelle ou passionnelle.

   - Traditionnelle : activité basée sur l'habitude, sur « ce qui se fait », sur la simple obéissance à la coutume.

2. Deux types d'éthiques :

   - L'éthique de conviction : l'action est motivée et guidée par une conviction ou une idée placée au-dessus de tout, telle que révolution, honneur, foi, « le bien ».

   - L'éthique de responsabilité : l'action est au contraire motivée et guidée par un choix rationnel et judicieux, un discernement entre ce qui est réaliste ou pas, conforme ou non aux moyens accessibles, conduisant à des conséquences qu'on peut assumer ou pas...

3. Trois types, enfin, de domination :

    – Traditionnelle : le pouvoir est légitimé par le fait que ce sont les coutumes établies et acceptées, la tradition, qui désignent les personnes en position de domination.

    – Légale : le pouvoir en place est légitimé par la force de la loi, la réglementation rationnellement établie.

    – Charismatique : le pouvoir tient sa légitimité du rayonnement émanant de la personne elle-même, de l'allégeance et du dévouement qu'elle suscite grâce à sa valeur, ses dons, ses qualités... exceptionnels.

On ne peut achever ce rapide tour d'horizon de l'œuvre de Weber sans parler de ses vastes et magistraux travaux sur les religions (le bouddhisme, l'hindouisme, le judaïsme, le christianisme – il devait compléter par l'étude de l'islam mais n'en eut pas le temps), sur le droit et sur l'art.

Ce (très bref) tableau donne néanmoins une idée de l'ampleur, de la profondeur, de la diversité et de la complexité de la pensée de Max Weber. En quoi le pragmatisme et l'utilitarisme du management traditionnel, soucieux avant tout de façons de faire pour améliorer le contrôle quotidien et la rentabilité à court terme, peut-il trouver un interlocuteur convenable en un tel personnage ? Voyons, pour répondre à cette question, ce qu'en disent quelques manuels récents de management[44].

Comment Weber a été traité par le management

Signalons d'abord que, curieusement, George (1968) place Weber en compagnie de Likert et d'Argyris et apparemment sur le même plan. Il lui consacre exactement quatre lignes en tout et pour tout, et le signale comme ayant, avec Likert et Argyris, mis l'accent sur les aspects « psychologiques et psychosociologiques » dans les recherches « sur les relations humaines » et les théories des organisations, tout en y incorporant une vision de « système ouvert » (p. XVII).

M. Boisvert, qui effectue une sorte de récapitulation de l'usage de Weber par le management, reconnaît la complexité et la sophistication de la pensée wébérienne, mais lui attribue une indication, qu'il sous-entend claire et univoque, à la question « comment organiser ? » que Fayol a laissée sans réponse. Weber y répond, nous dit Boisvert, par sa formulation des caractéristiques de la bureaucratie et par la « description » du modèle de domination légale auquel cette bureaucratie correspond[45]. Le même auteur, dans

---

44. Lorsque je parle de management et de manuels de management, j'exclus, bien entendu, les domaines et les ouvrages couvrant la sociologie des organisations, qui, ordinairement, traitent plus largement de Max Weber.
45. Boisvert (1980), p. 45-48.

un ouvrage ultérieur (Boisvert, 1985) fait à peu près la même analyse et présentation de Weber.

Deux autres manuels récents (Bergeron 1983 et 1986) placent Weber dans l'école classique, en compagnie de Babbage, Taylor, Gantt, Gilbreth et Fayol. Il y est présenté comme un « sociologue allemand » qui a « proposé le concept de base de la structure bureaucratique », ainsi que celui de l'organisation envisagée sous un angle « descriptif et scientifique ». Puis, sans plus de précisions, cette présentation est suivie de l'énumération des « caractéristiques de la structure bureaucratique[46] ».

Dans tous les manuels de management consultés (une bonne dizaine, au hasard, en français et en anglais), c'est, à très peu de choses près, le même schéma qui revient : présentation de Weber comme partie intégrante de l'école classique – ou scientifique – des théories de la gestion ou de l'organisation, et énumération, en tout ou en partie, des composantes de ses types idéaux de domination légale et d'organisation bureaucratique :

– Wren (1979) consacre plusieurs passages à *L'éthique protestante et l'esprit du capitalisme*, se demandant si c'est le protestantisme qui a induit le capitalisme ou l'inverse... et trouvant finalement, dans le fameux « besoin d'accomplissement » de McClelland (1961), une confirmation de Weber parce que les protestants « produisent » des enfants ayant un besoin d'accomplissement plus élevé que les catholiques (p. 31). Il affirme également que « le concept wébérien du meilleur système administratif est remarquablement analogue à celui de Taylor » (!) et ajoute que Weber aurait élaboré et donné au management « les éléments de la bureaucratie idéale » (p. 251).

– Henri Mintzberg (1979) cite Weber dans plusieurs de ses chapitres, mais pour l'essentiel, il l'associe à Taylor (p. 10) pour la description formelle et « scientifique » de l'organisation et la répartition du travail, les règles et la formation spécialisée. Plus loin (p. 85) il se demande si le type idéal de Weber existe vraiment ou si on ne trouve pas plutôt plusieurs types particuliers. Plus loin encore (p. 315) il associe la « description » wébérienne de la bureaucratie à son propre modèle de « bureaucratie mécaniste ». Enfin (p. 361), il s'appuie sur le principe wébérien de « hiérarchie professionnelle » pour mieux asseoir sa propre description des « bureaucraties professionnelles ».

– Koontz, O'Donnell et Weihrich (1984), dont les principes et théories en management dominent la scène depuis leur fameux *Principles of Management*, réédité 8 fois et traduit en 16 langues, traitent de Weber en une demi-page sur près de 700, et le présentent comme un des pères, avec Émile Durkheim et Pareto, de la théorie de l'organisation et de « l'approche système » en management. Weber y a la paternité

---

46. Bergeron (1983), p. 78 et 79, et (1986), p. 158 et 159.

« d'analyses empiriques du clergé, du gouvernement, de l'organisation militaire, et... du business (!) ayant mené à la conviction que la hiérarchie, l'autorité et la bureaucratie (incluant règles claires, définition de tâches et discipline) constituent les fondations de toute organisation sociale[47] » (p. 39).

– Miller (ouvrage collectif, 1985) présente « le modèle bureaucratique » de Weber comme fruit de ses analyses socio-historiques. Il en tire, entre autres, l'enseignement que « l'ordre s'appuie non plus sur la tradition ou les dons charismatiques », mais que c'est plutôt les « conventions formelles et l'organisation bureaucratique du travail » qui le garantiraient... Weber aurait « déduit » de « l'observation historique des phénomènes sociaux » les « caractéristiques typiques de la forme d'organisation la plus efficace » (p. 353). Néanmoins, Miller est le seul, parmi tous les auteurs passés en revue, à signaler (p. 353) que « le rendement » de ces organisations est « souvent obtenu au détriment de la satisfaction des membres », et que Weber « était peu préoccupé directement par l'administration des entreprises » (p. 252).

À en juger par ces quelques examens de la littérature managériale, c'est visiblement l'éclectisme et l'hypersimplification qui dominent ! Cela veut dire, à mon sens, qu'on ne sait tout simplement pas où placer Weber et comment se servir de ses travaux. À la limite, il ne paraît être qu'une sorte d'alibi ou de caution à saveur intellectuelle et scientifique.

Mais en tout et pour tout, si on considère l'ampleur des travaux de Weber, il s'agit, pour l'essentiel de ce qui est repris le plus souvent, de 8 pages (223 à 231) constituant le sous-chapitre « La domination légale à direction administrative bureaucratique » sur les 650 pages que comprend le seul premier tome d'*Économie et société* ! Il est vrai cependant que, parfois, on ajoute quelques considérations à propos de *L'éthique protestante et l'esprit du capitalisme* (Boisvert 1985) ou sur les trois types de domination légitime[48].

Voyons l'essentiel de ce que contiennent ces illustres huit pages et dont le management prétend faire un si intéressant usage. D'abord, Weber y dresse le tableau du **type de domination légale** « **pur** » :

1. Basé sur le droit, rationnellement établi et faisant appel à la raison, à la loi, aux règles édictées et considérées comme logiques.

2. Ce droit est normalement « un cosmos de règles abstraites », règles « décidées intentionnellement ».

3. Le détenteur du pouvoir, lorsqu'il l'exerce, obéit à un « ordre impersonnel par lequel il oriente ses dispositions ».

---

47. Traduction libre.
48. Mais cela ne dépasse jamais quelques lignes et est réservé en général aux traités sur le leadership ou l'entrepreneurship.

4. Celui qui obéit, obéit en tant que membre du groupe ayant formulé ce droit et ces règles, et obéit au droit.

5. Les membres du groupe n'obéissent pas à la personne du détenteur du pouvoir, mais à des «règlements impersonnels». Ils ne sont donc tenus à l'obéissance que dans les limites rationnellement définies par ces règles.

Ensuite, il en donne les «catégories fondamentales»:

1. Compétence appuyée sur un domaine d'attributions et de devoirs objectivement délimité, sur des pouvoirs de commandement et sur une délimitation précise des «moyens de coercition et des hypothèses de leur application».

2. Principe de «hiérarchie administrative», c'est-à-dire de contrôle et de surveillance envers l'autorité constituée, et de droit d'appel ou de requête des subordonnés.

3. Principe de formation professionnelle pour l'application des règles, règles techniques et normes.

4. Principe de «séparation totale» entre direction et «moyens d'administration et d'acquisition».

5. Absence d'appropriation du poste par le titulaire.

Et, enfin, Weber décrit le **type idéal de la direction administrative** bureaucratique, qu'il présente comme le «type le plus pur» de domination légale, et composé de «fonctionnaires individuels» qui:

1. n'obéissent qu'aux devoirs objectifs de leur fonction;

2. sont intégrés au sein d'une hiérarchie fermement établie;

3. ont des compétences solidement établies;

4. sont employés en vertu d'un contrat, et donc sur la base d'une «sélection ouverte»;

5. sont nommés sur la base de qualifications attestées par examen ou diplôme;

6. sont payés sur la base d'une rémunération fixe en espèces, graduée selon le rang;

7. traitent leur fonction comme unique ou, en tout cas, principale;

8. sont appelés à suivre une carrière, selon l'ancienneté, ou selon les prestations, sur la base de jugement des supérieurs;

9. exercent leurs fonctions «totalement séparés» des moyens d'administration et sans appropriation;

10. sont soumis à une discipline «stricte et homogène» et à un contrôle.

Mis à part une description occasionnelle des deux autres types de domination et, parfois, quelques allusions à *L'éthique protestante*, pour présenter la façon dont Weber tient compte des aspects psychologiques et psychosociologiques en jeu dans les organisations, c'est là, à peu de choses près, tout l'usage qu'on fait en management de l'ensemble de son œuvre.

De plus, très peu de commentaires ou de nuances accompagnent généralement ces emprunts à Weber, comme si ces derniers se suffisaient à eux-mêmes et s'appliquaient directement à la pensée managériale. On agit, somme toute, comme si c'était la réponse toute faite au problème laissé en suspens par Taylor et Fayol : celui de savoir comment s'y prendre pour construire une organisation et, de surcroît, une organisation qui réponde de façon presque parfaite à l'impératif de rationalité dont s'est copieusement auréolée «l'école classique». C'est, on s'en rend bien compte, très peu rendre justice à l'œuvre de Max Weber, si ce n'est la déformer et même la dénaturer, par excès de rétrécissement et de partialité.

Il suffit, déjà, de lire attentivement les éléments du type de domination légale et d'administration bureaucratique pour s'apercevoir que l'organisation industrielle moderne, à laquelle se réfère la littérature managériale, est loin de remplir plusieurs des critères recensés comme fondamentaux par Weber. Mentionnons en particulier : la compétence des dirigeants reconnue sous forme de «sélection ouverte», par examen ou diplôme ; la séparation «totale» d'avec les moyens d'administration ou d'acquisition ; le «droit» d'appel et de recours des employés ; le contrôle du pouvoir personnel par les règles ; la discipline «homogène» applicable à tous ; la carrière à l'ancienneté ou au mérite ; les règles basées sur un droit rationnel et reflétant l'intentionnalité de tous.

Max Weber dira lui-même que les chefs d'entreprise, dans le régime occidental de propriété privée et d'association du pouvoir à la propriété, s'arrogent un «droit de fixer» unilatéralement le mode d'«usage des moyens de production», et donc d'imposer des normes et des règles qui n'ont que peu à voir avec le droit ou la rationalité impersonnelle.

La dimension critique de Weber

Weber apporte plusieurs critiques à la domination légale et à la bureaucratie. D'abord, et de façon indirecte, on peut voir cette critique dans son analyse de la rationalité et de la montée de la rationalisation dans la civilisation occidentale. Le passage de l'état communautaire à l'état social, bien que ce soit un «progrès» inévitable, ne va pas, en Occident, sans plusieurs aléas dus à certaines limites incontournables de la rationalité elle-même, comme le commente abondamment Weber. C'est là une critique dont, à ma connaissance, le management ne fait aucun état, alors même qu'il traite la rationalité du modèle wébérien comme source importante de sa propre prétention à la conformité au «rationnel» et au «scientifique».

Ainsi, Hirschhorn rappelle que la raison et la rationalité dont traite Max Weber «s'expriment dans la maîtrise technique», dans le «déploiement sans mesure du principe d'efficience» et, inévitablement, débouchent sur

« le règne de la puissance », sur « l'asservissement de l'homme à des organisations anonymes ». Reste alors « le seul rempart contre l'irrationalité du
procès de rationalisation » qui consiste en « un choix éthique, existentiel,
qui ne peut espérer trouver d'autres justifications qu'en lui-même[49] ».

C'est en effet là, peut-être, l'épicentre de la critique wébérienne de la
rationalité et de la domination légale et bureaucratique. Par ses excès
mêmes, cette évolution des sociétés occidentales vers une rationalité toujours plus grande finit par aboutir à l'irrationalité exprimée par l'anonymat,
la méconnaissance des systèmes, la perte de soi dans un univers massifié,
etc. Citons Max Weber[50] à ce propos :

L'intellectualisation et la rationalisation croissantes ne signifient donc
nullement une connaissance générale croissante des conditions dans
lesquelles nous vivons. Elles signifient bien plutôt que nous [...]
croyons [...] que nous pouvons maîtriser toute chose par la prévision.

Pour sa part, Freund[51] ajoute :

La rationalisation et l'intellectualisation croissantes ont cependant une
conséquence décisive, sur laquelle Weber insiste avec force : elles ont
désenchanté le monde. Avec les progrès de la science et de la technique,
l'homme a cessé de croire aux puissances magiques, aux esprits et aux
démons : il a perdu le sens prophétique et surtout celui du sacré. Le
réel est devenu morne, fade et utilitaire.

Et pour se sortir de cette impasse ou de cette « détresse spirituelle » où
l'a mené cette montée de la rationalité, l'homme se réfugie dans une
« intensification de l'irrationnel », qui se manifeste par toutes sortes de
nouveaux mysticismes, de sectes, de nouvelles communautés (hippies, etc.).
Dans bien des passages d'*Économie et société* (en particulier les chapitres
ou parties sur les catégories de l'économie capitaliste, la monnaie, le compte
capital et la communauté domestique), Weber présente l'accélération de la
rationalisation et de la « calculabilité » comme une série de brisures dans
la famille, dans la société traditionnelle et dans l'identité, comme une
exacerbation des luttes de pouvoirs, comme une sélection des possibilités
et des potentialités par l'argent[52]. Ce qui constitue autant de critiques à
l'égard du système capitaliste lui-même, comme le notent, entre autres,
Morgan (1986) et Capra (1983).

Pour lui, la société occidentale aura beau monter en rationalité, elle
devra, comme la société traditionnelle, faire appel à (et donc tolérer,
encourager, susciter) la déviance irrationnelle (intuition, révolution, non-
conformisme, etc.) pour survivre, innover et s'adapter. Elle devra aussi, pour
contrecarrer les excès de rigidité, de paralysie par les règles, par les techniques,

---

49. Hirschhorn (1988), p. 20.
50. Weber (1959), p. 78.
51. Freund (1966), p. 21.
52. Weber (1971), p. 70-90, 107-109, 133, 161, 379, 399, 406 et 407.

par les procédures, par la routine, faire appel à des dirigeants non pas de type légal mais bien plutôt de type charismatique ; ce qui est encore une forme d'intensification de l'irrationnel[53]. Or, ce sont là des choses que le management traditionnel ignore le plus souvent, cherchant, et dans la pratique et dans les écoles, à toujours être encore plus rationnel et plus instrumental.

En tout état de cause, comme le rappelle Freund, « Weber n'a jamais songé à faire de la rationalisation occidentale la base d'une conception du monde ». Il n'a fait que dresser le constat de la montée de cette rationalité, il ne l'a nullement valorisée, ni considérée comme un progrès ou une amélioration ou un état plus souhaitable qu'un autre. Il ne l'a jamais glorifiée ni recommandée, ni préconisée comme modèle à suivre pour organiser quoi que ce soit. Il y a même vu plutôt un facteur de « désenchantement », de recul du charme et de la poésie, un cheminement vers un monde qui devient l'œuvre artificielle de l'homme, monde qui, alors, se gouverne « à la manière dont on commande une machine[54] ». Et ce serait, ce que je partage, d'après Morgan (1986), l'adjectif « idéal » accolé au mot « type » qui aurait à lui seul pu induire tout cet usage inconsidéré de Weber par le management.

Voilà donc le sort que Weber réserve lui-même à la rationalité, à la domination légale, à l'entreprise occidentale et à l'administration bureaucratique, à qui il reproche en plus de faire s'exercer le travail « sans passion ni enthousiasme », de ne pouvoir exister qu'à condition de réaliser une « expropriation totale des travailleurs » quant aux « moyens d'administration et d'approvisionnement », alors que l'appropriation de ces derniers est indispensable pour le « zèle au travail » et l'intérêt à se dépenser sans compter[55].

Mais, nous l'avons déjà dit, ce dont Weber parle en matière de domination, de bureaucratie, d'organisation n'est que le « type idéal ». Voyons ce que cela veut dire plus précisément et quels en sont les rapports à la science, puisque les écrits sur le management semblent faire de l'apport de Weber une contribution à l'école « classique et scientifique », en même temps qu'une quasi-prescription ou, tout au moins, une description de la façon rationnelle de s'organiser.

Les types idéaux et leurs conséquences

Un type idéal, ainsi que l'a conçu Max Weber, est d'abord et surtout une contribution à l'épistémologie des sciences sociales par la méthode de

---

53. Freund (1985), Weber (1959). L'étonnante actualité de ces « présciences » de Weber est plus que largement confirmée par des analyses plus contemporaines comme celles de Bloom (1987), Finkelkraut (1991), Morin (1993)...
54. Freund (1966), p. 125-127.
55. Weber (1971), p. 134, 140, 156 et 157, Raynaud (1987), p. 136, 153-156.

compréhension–comparaison qu'il permet. Par ailleurs, ce n'est rien d'autre qu'une « construction intellectuelle », une « utopie » que l'on élabore « en accentuant par la pensée » des données et des faits du réel, « mais dont on ne rencontre jamais d'équivalent dans l'empirie[56] ». Pour Weber, les types idéaux (la domination légale et la bureaucratie sont des types idéaux) servent à « former des concepts singuliers », dont le rôle et l'usage sont de mener, par comparaison (entre type idéal et réalité particulière), à l'étude et à la compréhension de situations et de genres historiquement individualisés et « individualisables »[57].

On voit mal comment Max Weber peut être intégré à la prétendue école scientifique et à la pensée déterministe, fonctionnaliste-positiviste qui caractérise l'essentiel de la vision dominante en management. Tout au contraire, par sa conception de la « sociologie compréhensive », Weber se rapproche bien plus des théories de l'introspection, de la réintégration du subjectif et du sujet porteur de finalité et d'intentionnalité, que de celles de la promotion d'une « science » objective et extérieure à son objet d'étude. Pour lui, l'accès à une science sociale objective passe par la nécessité d'« exorciser l'illusion d'une science déductive » (ramenant le réel au concept théorique) qui devient alors une « science dogmatique » par la « réification de ses propres constructions[58] ». De plus, Weber ne voit aucune science sociale (ni même aucune science) capable de se prémunir contre l'incursion des valeurs et des présuppositions qui imprègnent les chercheurs[59].

Il convient donc de se demander comment et en quoi la littérature managériale peut espérer faire de ces types idéaux des modèles, ou des descriptions, ou des prescriptions d'organisation, ou, encore, un appui à ses prétentions « scientifiques ».

Avant de passer à une conclusion sur ce lien équivoque entre le management et Weber, voyons un dernier aspect important : l'affirmation systématique de l'opposition de ce dernier à Karl Marx et aux pensées socialistes[60].

Weber, Marx et critique du capitalisme industriel

En réalité, Weber a été un de ceux qui ont activement contribué à l'entrée de l'enseignement de Karl Marx à l'université, et son attitude envers lui

---

56. Raynaud (1987), p. 49-51, et Weber (1965), p. 190 et 191.
57. Raynaud (1987), p. 50, et Weber (1965), p. 191.
58. Raynaud (1987), p. 49. C'est là ce que Weber reproche essentiellement au marxisme, mais on a tort de croire que seule la méthode marxienne tombe sous cette rubrique chez lui. Nous y reviendrons.
59. Freund (1985), p. 172.
60. Kelly (1974), p. 67, et Boisvert (1985) vont jusqu'à écrire que Weber était « farouchement opposé à Marx » (p. 42).

était « à la fois bienveillante et critique[61] ». Il a même chaleureusement vanté « la puissance heuristique » des concepts et modèles construits par Marx[62].

Là où Weber trouvait matière à reproches à Marx, c'était à propos du primat donné au déterminisme économique. Et, comme il le faisait pour l'ensemble des « sciences sociales », il reprochait aux marxiens de confondre un type idéal conceptuellement construit (comme le concept de mode de production), et une « force agissante derrière les phénomènes réels » ou une « tendance » concrète attribuable à la réalité[63].

Par ailleurs, il convient de rappeler que son patriotisme allemand était heurté de front par les attaques marxistes contre le régime politique et social de l'Allemagne. Pour ce qui est des idées socialistes, Weber a lui-même déclaré que « seule l'épaisseur d'un cheveu » le séparait des promoteurs de ce genre d'idées[64].

De toute manière, il ne peut être que très hasardeux de prétendre voir en Weber un adepte, un défenseur ou un apologiste du système industriel et capitaliste. Comme le précise Freund, il ne fait que dresser un constat, « sans qu'il y ait lieu de se prononcer sur les mérites respectifs » de l'un ou de l'autre système[65]. On peut même voir, dans les propres textes de Max Weber, des prises de position qui sont loin d'être apologétiques et qui viennent s'ajouter à la critique de la montée de la rationalité déjà vue plus haut (les passages et termes entre guillemets sont de Weber) :

– La formation des prix « chiffrés en monnaie » n'est pas le résultat de la « main invisible » ni d'un « marché » neutre confrontant « objectivement » offre et demande... C'est « le résultat de luttes et de compromis », qui « découlent de la puissance respective des parties engagées ». Ce sont là des mécanismes « marqués par la lutte de l'homme contre l'homme », et « la monnaie est en premier lieu un moyen de combat », etc. (Weber 1971, p. 107).

– L'activité des entreprises économiques n'a pas pour but de satisfaire des désirs et des besoins sociaux... mais uniquement « les désirs solvables » (Weber 1971, p. 107).

– La propriété privée, « l'appropriation par un propriétaire », ne peut signifier que « l'expropriation des travailleurs de tous les moyens d'approvisionnement[66] non seulement en tant qu'individus mais dans leur totalité » (Weber 1971, p. 134).

---

61. Hirschhorn (1988), p. 10. On peut dire aussi que Weber avait la même attitude envers les théories et sciences non marxistes.
62. Dans une phrase célèbre et très souvent citée par les commentateurs et spécialistes de Max Weber (Weber 1965, p. 200).
63. Voir aussi Raynaud (1987), p. 26, 27-29, 32, 52 et 53, et Freund (1966), p. 133-138.
64. Hirschhorn (1988), p. 11.
65. Freund (1966), p. 136-138 en particulier.
66. Weber définit « moyens d'approvisionnement » par « production et transport d'utilités dont tous les moyens d'acquisition se trouvent à la disposition de l'agent économique » (1971, p. 76).

– La montée du système d'entreprises industrielles privées s'est faite sur la base de l'expansion « d'une direction individuelle orientée en fonction des marchés et réunissant entre ses mains tous les pouvoirs ; elle fut favorisée par le jeu des forces en présence ». C'est une situation marquée par « la préférence donnée à une gestion spéculative » qui « se conçoit sans égard pour le degré de rationalité technique de l'affaire » (Weber 1971, p. 141).

– « La spécialisation technique et la prédominance d'activités répétées et monotones (taylorisme) ne laissent guère d'autres stimulants que l'appât du gain [...] Bref, dans le système capitaliste, les deux principaux ressorts du zèle au travail sont les chances d'augmentation dans le régime du travail à la tâche et la peur du renvoi » (Weber 1971, p. 156).

– « [...] ces formes d'activité économique en tant que fondements d'une entreprise capitaliste détruisent de la manière la plus radicale l'identité qui existait à l'origine avec la communauté domestique » (Weber 1971, p. 406).

Il apparaît déjà, seulement au vu de ces quelques extraits épars, que toute inférence de prescription ou de justification de la forme d'évolution ou d'organisation de la société occidentale, industrielle, rationnelle et de « marché libre », par Max Weber, ne peut être qu'un parti pris peu fondé.

En conclusion : un Weber outrageusement tronqué

Que dire donc, en guise de conclusion, après ce tout petit tour de l'immense jardin wébérien ? D'abord, bien sûr, que son intégration à l'école « classique-scientifique » du management, ou à n'importe quelle autre école managériale d'ailleurs, n'est pratiquement que fantaisie.

On ne voit en effet, à la lumière de son œuvre, absolument pas quelle eau peut bien apporter un Max Weber au moulin de la recherche du rentabilisme et du profit. Ni ce qu'il peut procurer à cet univers de certitudes et de rationalité technico-économique qu'est le management. Comment cet univers-là peut-il s'accommoder des énormes précautions épistémologiques, des doutes, des nuances et des critiques sévères à l'endroit des sciences sociales, de la rationalité et de la société industrielle, même – et surtout – capitaliste, que formule Weber ? En les ignorant, tout simplement ?

L'œuvre de cet immense penseur est une œuvre fondamentale, philo-sophique, extrêmement complexe et profonde. Aucun concept wébérien ne peut être traité à la légère, pris à un seul niveau ou au premier degré, et encore moins considéré comme porteur d'un sens universel et univoque. Weber, homme d'une phénoménale érudition, ne visait rien de moins que l'interrogation et la compréhension des grandes contradictions qui jalon-nent le devenir de l'humanité tout entière : le conflit entre la rationalité et l'irrationalité, se télescopant et se renvoyant sans cesse l'une à l'autre ; le conflit, dans le passage de la communauté à la société (par la montée de la rationalité, précisément), entre la perte d'identité et les formes éclatées et totalement irrationnelles de reconstitution de cette identité (sectes, hippies, communautés de drogués, fanatismes) ; le conflit, dans le phénomène religieux, entre l'affirmation du principe de perfection et la nécessité d'expliquer la présence du mal ; le conflit entre l'évolution irrémédiable vers la rationalité planificatrice de la bureaucratie et l'inévitable recours à la contingence, à la déviance et au charisme pour évoluer et se sortir du piège de la sclérose ou de la tyrannie des appareils, etc.

Son interrogation est, de plus, universelle, planétaire, embrassant toutes les formes d'activité humaine. Le système de Max Weber tend à être, à la fois, une remise en question et un complément de Kant (la réconciliation idéaliste du concept et du fait expérimental, du rationalisme et de l'empirisme, mais dans une perspective « compréhensive »), de Hegel (« l'incarnation de la Raison Historique et son enracinement dans la signification des actes humains »), de Marx (adapter la qualité heuristique de ses catégories socio-historiques aux exigences épistémologiques des types idéaux), etc. On a même souvent écrit que Weber voulait être « le Karl Marx de la bourgeoisie ». Comment user d'un tel auteur et d'une telle pensée en management, sans dangereusement fausser et outrageusement simplifier, sinon dénaturer, et ses concepts et sa démarche ?

Voilà un auteur qui devrait, à cause de l'esprit avec lequel on y fait référence, et pour la bonne règle intellectuelle, ne pas figurer du tout dans la panoplie des constructeurs de la pensée managériale traditionnelle. Mais puisque, contrairement à la bonne logique, il y est, nous sommes contraints de l'étudier et de le comprendre un tant soit peu. Ce faisant, nous serions en mesure de mieux saisir les abus qui en sont faits, et de voir que sa contribution serait en effet grande, dans la doctrine administrative, mais bien plus comme source de prudence, de critique, d'interrogations de fond, que d'apologie et de confirmation du management traditionnel.

LES IDÉES IMPORTANTES

SUR L'ADMINISTRATION

L'organisation administrative

L'organisation du travail, largement étudiée par rapport au poste de l'ouvrier, l'a également été à partir du poste de chef d'entreprise avec Henri Fayol (1841-1925). Avec cet auteur, la fonction administrative est conçue comme un ensemble d'activités pouvant être systématisées et intégrées dans un processus administratif. Le rôle du chef d'entreprise devient déterminant dans cette perspective puisque c'est lui qui doit planifier, organiser, diriger et contrôler selon des principes précis et dérivés, pour une bonne part, de la réflexion sur les activités de ses pairs et de ses prédécesseurs.

✗ Questions

1. Quel est le mérite fondamental de Henri Fayol ?

2. De quels domaines d'activité et de quelles sources s'est inspiré Henri Fayol pour élaborer les principes d'une « bonne » administration ?

3. Quelles sont les prémisses importantes qu'il a posées et dont le management n'a pas tenu compte ?

SUR L'ENTREPRISE

La bureaucratie

La caractéristique fondamentale de l'entreprise conçue comme une bureaucratie est une structure de production du travail administratif efficace parce qu'elle est rationnelle, divisée et agencée en fonction de la structure et de la hiérarchie, de la spécialisation, des règles et procédures, de la rémunération avec salaire, du sens de la « carrière » et de l'absence de propriété personnelle des moyens de production. Un encadrement théorique des principes de gestion élaborés par Fayol a ainsi été extrait de l'œuvre de Max Weber (1864-1920).

✗ Questions

1. Quelles sont, *grosso modo*, les principales visées originelles de l'œuvre de Max Weber ?

2. Qu'est-ce que, dans le cadre wébérien, et dans ses grandes lignes, un type idéal ?

3. Pour quelles raisons essentielles Max Weber a-t-il été associé au management classique ? Cette « association » est-elle légitime ?

4. Expliquez ce qu'est le type pur de domination légale. En quoi ce type idéal peut-il être lié à la direction administrative ?

Bibliographie de la section I

AKTOUF, O. (1985) « À propos du management », *in* A. Chanlat et M. Dufour (dir.), *La rupture entre l'entreprise et les hommes*, Montréal-Paris, Québec/Amérique-Éditions d'Organisation, p. 363-398.

AKTOUF, O. (1986a) *Le travail industriel contre l'homme ?*, Alger, ENAL/OPU.

AKTOUF, O. (1986b) « Une vision interne des rapports de travail, le cas de deux brasseries », *Le travail humain*, vol. 49, n° 3, septembre, p. 238-248.

AKTOUF, O. (1986c) *Les sciences de la gestion et les ressources humaines, une analyse critique*, Alger, ENAL/OPU.

ARON, R. (1967) *Les étapes de la pensée sociologique*, Paris, Gallimard.

ARVON, H. (1960) *La philosophie du travail*, Paris, PUF.

BABBAGE, C. (1963) *On the Economy of Machinery and Manufacturers*, Londres, C. Knight.

BENDIX, R. (1962) *Max Weber, an Intellectual Portrait*, New York, Garden City, Anchor Books.

BERGERON, P.G. (1983) *La gestion moderne, théories et cas*, Chicoutimi, Gaëtan Morin Éditeur.

BERGERON, P.G. (1986) *La gestion dynamique, concepts, méthodes et applications*, Chicoutimi, Gaëtan Morin Éditeur.

BLOOM, A. (1987) *L'âme désarmée, essai sur le déclin de la culture générale*, Paris, Guérin.

BOISVERT, M. (1980) *Le manager et la gestion*, Montréal, Agence d'Arc.

BOISVERT, M. (1985) *L'organisation et la décision*, Montréal, Presses des HEC – Agence d'Arc.

BRAUDEL, F. (1980) *Civilisation matérielle, économie et capitalisme, les jeux de l'échange*, 3 volumes, Paris, Armand Colin.

BRAUDEL, F. (1985) *La dynamique du capitalisme*, Paris, Arthaud.

BRAVERMAN, H. (1976) *Travail et capitalisme monopoliste*, Paris, Maspero.

CALVEZ, J.-Y. (1978) *La pensée de Karl Marx*, Paris, Éditions du Seuil (Points).

CAPRA, F. (1983) *Le temps du changement. Science – Société – Nouvelle culture*, Paris, Le Rocher.

CHANLAT, A. et M. DUFOUR (dir.) [1985] *La rupture entre l'entreprise et les hommes*, Montréal-Paris, Québec/Amérique et Éditions d'Organisation.

CHANLAT, J.-F. et F. SÉGUIN (1983) *L'analyse des organisations, une anthologie sociologique*, Tome I, Montréal, Gaëtan Morin Éditeur.

CHANLAT, J.-F. et F. SÉGUIN (1987) *L'analyse des organisations, une anthologie sociologique*, Tome II, Montréal, Gaëtan Morin Éditeur.

COPLEY, F.B. (1923) *Frederick W. Taylor, Father of Scientific Management*, 2 volumes, New York, Harper & Brothers.

CROZIER, M. (1963) *Le phénomène bureaucratique*, Paris, Éditions du Seuil.

CROZIER, M. et E. FRIEDBERG (1977) *L'acteur et le système*, Paris, Éditions du Seuil.

FAYOL, H. (1979) *Administration industrielle et générale*, Paris, Dunod (première publication en 1916).

FINKELKRAUT, A. (1991) *Le mécontemporain*, Paris, Gallimard.

FORD, H. (1927) *Ma vie et mon œuvre*, Paris, Payot.

FREUND, J. (1966) *La sociologie de Max Weber*, Paris, PUF.

FREUND, J. (1985) « Weber (Max) », *Encyclopædia Universalis*, p. 1071-1073.

FRIEDMANN, G. (1946) *Problèmes humains du machinisme industriel*, Paris, Gallimard.

FRIEDMANN, G. (1950) *Où va le travail humain?*, Paris, Gallimard.

FRIEDMANN, G. (1964) *Le travail en miettes*, Paris, Gallimard (Idées).

GALBRAITH, J.K. (1961) *La crise économique de 1929*, Paris, Payot.

GALBRAITH, J.K. (1968) *Le nouvel État industriel*, Paris, Gallimard.

GALBRAITH, J.K. (1989) *L'économie en perspective*, Paris, Éditions du Seuil.

GANTT, H.L. (1921) *Travail, salaires et bénéfices*, Paris, Payot.

GANTT, H.L. (1961) *On Management. Guidelines for Today's Executive*, New York, American Management Association.

GEORGE, C.S. Jr. (1968) *The History of Management Thought*, Englewood Cliffs, New Jersey, Prentice-Hall.

GILBRETH, L. (1953) « The Psychology of Management », *in* W.R. Spriegel et C. Myers (dir.), *The Writings of the Gilbreths*, Homework.

GORZ, A. (1973) *Critique de la division du travail*, Paris, Éditions du Seuil (Points).

GRAY, I. (1984) *General and Industrial Management. Henri Fayol Revised*, New York, IEE Press.

HEILBRONER, R. (1971) *Les grands économistes*, Paris, Éditions du Seuil (Points).

HIRSCHHORN, M. (1988) *Max Weber et la sociologie française*, Paris, L'Harmattan (Logiques sociales).

KAKAR, S. (1970) *Frederick Taylor: A Study in Personality and Innovation*, Cambridge, Massachusetts, MIT Press.

KELLY, J. (1974) *Organization Behavior*, Homewood, Illinois, Richard D. Irwin Inc.

KOONTZ, H. et C. O'DONNELL (1955) *Principles of Management*, New York, McGraw-Hill, 1re édition.

KOONTZ, H., C. O'DONNELL et H. WEIHRICH (1984) *Management*, New York, McGraw-Hill (8e édition révisée de *Principles of Management*).

LAURIN, P. (1973) « Remise en question de la participation », *in Le management – textes et cas*, Montréal, McGraw-Hill, p. 407-417.

LEE, J.A. (1980) *The Gold and the Garbage in Management Theories and Prescriptions*, Athens, Ohio University Press.

MANTOUX, P. (1959) *La révolution industrielle au XVIIIe siècle*, Paris, Génin.

MARGLIN, S. (1973) « Origines et fonctions de la parcellisation des tâches », *in* A. Gorz (dir.), *Critique de la division du travail*, Paris, Éditions du Seuil (Points), p. 43-81.

McCLELLAND, D.C. (1961) *The Achieving Society*, Princeton, New Jersey, Van Norstrend.

MERLEAU-PONTY, M. (1955) *Les aventures de la dialectique*, Paris, Gallimard.

MILLER, R. (dir.) [1985] *La direction des entreprises, concepts et applications*, Montréal, McGraw-Hill.

MINTZBERG, H. (1979) *The Structuring of Organizations*, Englewood Cliffs, New Jersey, Prentice-Hall (en français: *Structure et dynamique des organisations*, Montréal, Agence d'Arc, 1982).

MONTMOLLIN, M. de (1984) « Actualité du taylorisme », *in* M. de Montmollin et O. Pastré, *Le taylorisme*, Paris, Éditions de la Découverte, p. 13-22.

MORGAN, G. (1986) *Images of Organization*, Beverly Hills, Sage Publications.

MORIN, E. (1993) *Terre-Patrie*, Paris, Éditions du Seuil.

NEUVILLE, J. (1976) *La condition ouvrière au XIXe siècle. L'ouvrier objet*, Tome 1, Paris, Éditions vie ouvrière.

NEUVILLE, J. (1980) *La condition ouvrière au XIXe siècle. L'ouvrier suspect*, Tome 2, Paris, Éditions vie ouvrière.

OUCHI, W.G. (1981) *Theory Z: How American Business Can Meet the Japanese Challenge*, Reading, Massachusetts, Addison-Wesley.

PARSONS, T. (1951) *The Social System*, New York, The Free Press.

PARSONS, T. (1955) *Éléments pour une sociologie de l'action*, Paris, Plon.

PETERS, T. et N. AUSTIN (1985) *La passion de l'excellence*, Paris, InterÉditions.

PETERS, T. et R. WATERMAN (1983) *Le prix de l'excellence*, Paris, InterÉditions.

POPPER, K. (1956) *Misères de l'historicisme*, Paris, Plon.

RAYNAUD, P. (1987) *Max Weber et les dilemmes de la raison moderne*, Paris, PUF (Recherches politiques).

REID, D. (1986) « Genèse du fayolisme », *Sociologie du travail*, n° 1, p. 75-93.

RIOUX, J.-P. (1971) *La Révolution industrielle*, Paris, Éditions du Seuil (Points).

ROSENBERG, N. (1965) « Adam Smith on the Division of Labor : Two Views or One ? », *Economica*, mai.

SARTRE, J.-P. (1960) *Critique de la raison dialectique*, Paris, Gallimard.

SIEVERS, B. (1986a) « Beyond the Surrogate of Motivation », *Organization Studies*, vol. 7, n° 4, p. 335-351.

SIEVERS, B. (1986b) « Participation as a Collusive Quarrel over Immortality », *Dragon, The SCOS Journal*, vol. 1, n° 1, p. 72-82.

SIMON, H.A. et J.G. MARCH (1958) *Organizations*, New York, John Wiley & Sons.

SMITH, A. (1976) *Recherche sur la nature et les causes de la richesse des nations*, Paris, Gallimard.

TAYLOR, F.W. (1911) *Shop Management*, New York, Harper & Brothers.

TAYLOR, F.W. (1913) *La direction des ateliers*, Paris, Dunod et Privat.

TAYLOR, F.W. (1947) *Scientific Management*, comprising Shop Management. *The Principles of Scientific Management* and the Testimony before the Special House Committee, New York, Harper & Brothers.

TAYLOR, F.W. (1957) *La direction scientifique des entreprises* (incluant le texte du témoignage devant la commission de la Chambre des représentants), Paris, Dunod.

TERKEL, S. (1976) *Gagner sa croûte*, Paris, Fayard.

TOCQUEVILLE, A. de (1961) *De la démocratie en Amérique*, Paris, Gallimard.

TOFFLER, A. (1980) *La troisième vague*, Paris, Denoël.

URWICK, L. (1944) *The Elements of Administration*, New York, Harper & Brothers.

URWICK, L. (1956) *The Golden Book of Management*, Londres, Newman Neame Limited.

URWICK, L. et E.F.L. BRECH (1945) *The Making of Scientific Management*, 3 volumes (1945, 1946 et 1948), Londres, Management Publications Trust.

VINCENT, J.M. (1973) *Fétichisme et société*, Paris, Anthropos.

WEBER, M. (1959) *Le savant et le politique*, Paris, Plon.

WEBER, M. (1964) *L'éthique protestante et l'esprit du capitalisme*, Paris, Plon.

WEBER, M. (1965) *Essais sur la théorie de la science*, Paris, Plon.

WEBER, M. (1971) *Économie et société*, Paris, Plon.

WEST, E.G. (1976) « Adam Smith and Alienation, Wealth Increases, Men Decay ? », *in* A.S. Wilson et T. Skinner (dir.), *The Market and the State. Essays in Honor of Adam Smith*, Oxford, Clarendon Press, p. 541-552.

WREGE, C.D. et A.G. PERRONI (1974) « Taylor's Pig-Tale : A Historical Analysis of Frederick W. Taylor's Pig-iron Experiments », *Academy of Management Journal*, mai, p. 6-27.

WREN, D.A. (1979) *The Evolution of Management Thought*, New York, John Wiley & Sons, 2ᵉ édition.

L'OSSATURE DU MANAGEMENT TRADITIONNEL : LE PODC

PLANIFIER, ORGANISER, DIRIGER ET CONTRÔLER

Nous l'avons déjà dit auparavant : la série d'activités établie et décrite par Henri Fayol en 1916, depuis la prévoyance jusqu'au contrôle en passant par la coordination, la direction et l'organisation, constitue concrètement la matière et l'articulation centrales du management traditionnel. Tous les programmes de gestion, dans toutes les écoles du monde, continuent à enseigner le travail du gestionnaire sous cette forme, y ajoutant çà et là les idées d'auteurs plus modernes qui apportent des compléments théoriques, de nouvelles techniques, des modifications de pratiques ou d'usages d'instruments, issus de recherches de terrain ou de développements technologiques. Ainsi, de nos jours, il n'est pas une portion de l'ensemble du processus managérial qui ne soit touchée par les apports de l'informatique, de la bureautique, de la robotique, de la micro-informatique, de « qualité totale »...

La présente section propose un tour d'horizon de l'ossature traditionnelle, du squelette pour ainsi dire, qui constitue la charpente porteuse la plus répandue, la plus partagée dans les programmes et les manuels. Il n'y a donc ici aucune prétention de mise à jour complète de chacun des éléments du processus, ni de revue exhaustive ou détaillée des écrits, écoles ou tendances, ni, encore moins, de discussion et de choix parmi les procédures et « recettes » proposées par les uns et les autres.

Il s'agit avant tout d'une présentation, d'une introduction à la matière fondamentale ; le lecteur de niveau plus avancé ou intéressé à aller plus loin pourra toujours se reporter aux très nombreux ouvrages spécialisés qui ne cessent de paraître à propos de l'un ou l'autre des éléments du processus de gestion.

Cependant, pour tout ce qui est essentiel, nous avons fait un effort systématique pour être actuel et présenter un texte sans lacune importante.

Nous avons aussi procédé à un non moins systématique questionnement des bases de chaque élément présenté, recensant les failles majeures des principes et des théories qui les sous-tendent, parfois à la lumière d'autres disciplines ou des sciences fondamentales.

Mintzberg (1984) rappelle avec justesse qu'on s'était d'abord servi, pour intituler le processus d'administration, d'un acronyme barbare dû à Gulick (1937), quoique inspiré par Fayol : le POPDCORB ! Cela voulait dire Planifier, Organiser, Personnel (se doter de), Diriger, Coordonner, Rapport (tenir son supérieur informé) et Budgeter. Le second « O », après le « C », n'est là que pour raison de phonétique. Comme on aura l'occasion de le voir, le management est saturé de ces acronymes destinés à fixer et à synthétiser, en un mot, une série de tâches, d'habitudes, de façons de diriger : depuis le PPBS (*Planning, Programming, Budgeting System*), jusqu'au KISS (*Keep it Simple, Stupid*), en passant par la DPO (direction par objectifs), la DPP (direction par projet), la DPPO (direction participative par objectifs), etc.

Pour simplifier les choses, parlons de PODC : planifier, organiser, diriger et contrôler, même si nous allons parler de deux niveaux de planification et de décision, ce qui introduit un autre « D » en plus de celui de la direction. Pour raison d'équilibre entre les chapitres, ces éléments du processus de gestion seront présentés deux à deux : les deux niveaux de planification d'abord, puis l'organisation et la décision et, enfin, la direction et le contrôle.

À dessein, l'ensemble de la matière du PODC sera présentée de la façon la plus simple et la plus directe possible. Il est inutile, dans le cadre des objectifs du présent livre, de regarder à la loupe des notions dont la nature, les modalités et les utilisations peuvent être et sont triviales. Il est déplorable qu'on nous les présente souvent de manière compliquée dans le but, avoué ou non, de leur conférer une apparence de profondeur et de scientificité[1].

---

1.   Il est évident que chaque élément du PODC peut faire l'objet de très importantes discussions théoriques, voire philosophiques, mais ce que je vise ici, c'est uniquement la façon d'en traiter dans le champ du management que j'ai appelé traditionnel.

CHAPITRE 3

La planification :
de la stratégie aux opérations

A. LA PLANIFICATION GÉNÉRALE ET STRATÉGIQUE, LES ALÉAS DU NIVEAU TRADITIONNEL DE FORMULATION

Premier jalon du fameux « cycle » fayolien de la gestion (prévoir, organiser, diriger, contrôler), le concept de planification représente ce que Henri Fayol appelait la prévoyance. Durant toute la première moitié de notre siècle et même jusqu'au début des années 1980, la planification – avec son compagnon obligé, la stratégie – a toujours été le maître mot, le noyau dur, l'arme presque absolue du « bon » et du « vrai » management. Or, de nombreuses entreprises, telles que Sony, Xerox, Texas Instruments et Cascades au Québec pour ne nommer que celles-là, ont été de fulgurantes réussites et ont soit lancé un produit à succès, soit réorienté leur développement et leur recherche, ou effectué leur croissance sans à peu près aucune sorte d'exercice officiel, rationnel et systématique de planification, d'études de marché ou de stratégie générale préparée, organisée et diffusée. Par ailleurs, de retentissants échecs tels que celui du modèle *Edsel* de Ford, à la fin des années 1950, ont pourtant été précédés d'un travail extrêmement serré et laborieux de planification « scientifique ».

Certains auteurs, dont Peters et Waterman (1983), soutiennent aujourd'hui que la culture d'entreprise a presque rendu obsolète la planification générale ou la stratégie élaborée en haut lieu puis diffusée pour application. Mentionnons aussi, sans entrer dans les détails, que les entreprises pourtant très performantes de l'Allemagne de l'Ouest, par exemple, ne semblent pas y avoir recours (Thanheiser 1979).

Est-ce donc à dire que règne la confusion ? Est-ce à dire qu'il ne vaut même plus la peine de parler de planification ? Bien entendu que non ! Mais il s'agit, comme pour tout outil, de bien se garder d'y voir une panacée ou un passage obligatoire et universel. L'usage de la planification et de ses principes peut s'avérer extrêmement utile et profitable, comme il peut s'avérer très nuisible et handicapant. Tout l'art du gestionnaire consistera précisément à déceler les moments et les situations où il faut en faire usage, de façon plus ou moins intensive. Il est donc loin d'être inutile de savoir en quoi consiste la planification. Comme pour tous les autres points du PODC, c'est en la connaissant au mieux qu'on en fera l'utilisation la plus adéquate, c'est-à-dire, en en connaissant aussi les limites, les insuffisances, les aspects critiquables et potentiellement nuisibles.

DÉFINITIONS ET GÉNÉRALITÉS

À l'origine du terme « planification », il y a le terme « plan » qui vient du latin *planus*. Il avait pour premier sens, vers le début du XVIe siècle, « sans aspérité ni inégalité » et renvoyait à la notion de surface plane. Le sens que l'on donne à ce terme avec un contenu renvoyant à l'acte de planifier n'apparaît que vers le XVIIe siècle. Il signifie alors « projet élaboré », comportant « une suite ordonnée d'opérations destinée à atteindre un but ».

Quant à « planification » et « planifier », ce sont des termes qui n'apparaissent dans l'usage français que vers le milieu du XXe siècle, respectivement vers 1947 et 1949, ce qui explique pourquoi Fayol parlait de « prévoir » et « prévoyance ».

Planification signifie « organisation selon un plan » ; c'est une activité qui « consiste à déterminer des objectifs précis et à mettre en œuvre les moyens propres à les atteindre ». Planifier prend donc le sens général d'« organiser selon un plan », mais on peut aussi lui donner les sens suivants :

— Prévoir, faire des projections, s'adonner à des spéculations plus ou moins informées et étayées à propos de ce qui constituera le futur plus ou moins proche, afin de pouvoir, par une analyse de faits passés (séries statistiques, par exemple) et de projections et de simulations, réaliser une certaine maîtrise de l'avenir et y conduire, selon ses souhaits, ses activités.

— Exercer un certain contrôle sur les incertitudes et les fluctuations du marché, en essayant de s'adapter à l'avance à ses besoins, à ses changements prévisibles, à ses différentes composantes, aussi bien en amont (fournisseurs, bailleurs de fonds, main-d'œuvre) qu'en aval (clients, usagers, environnement).

— Préparer des actions futures et en étudier aujourd'hui les tenants et les aboutissants, les ressources nécessaires, ainsi que les conséquences possibles et la manière plausible d'y faire face.

— Établir clairement et de la façon la plus exhaustive possible toute la série des conséquences à venir, découlant de décisions et de choix retenus aujourd'hui.

– Tracer à l'avance l'ensemble de la chaîne choix–moyens–fins qui conduira à la réalisation des buts fixés, dans les délais et avec les moyens et effets prévus.

D'une manière générale, planifier signifie choisir un cheminement pour ses activités à venir dans les prochains mois ou les prochaines années, faire un certain choix d'usage des moyens dont on dispose en fonction des données particulières sur notre environnement[1], qu'on aura pris soin de connaître et de cerner au plus près. Le travail de Porter (1979) reste un classique dans la façon de s'y prendre pour asseoir les bases d'une planification qui tient compte des informations indispensables à un bon départ.

LES NIVEAUX DE PLANIFICATION, LA PLANIFICATION STRATÉGIQUE

On distingue traditionnellement, quoique les avis ne soient pas toujours partagés, trois niveaux de planification qu'on dénomme, en allant du plus général, du plus global au plus spécifique, au plus local: stratégique, structurelle et opérationnelle. Nous verrons les deux derniers plus en détail dans la partie B de ce chapitre. Disons simplement qu'ils renvoient d'un côté à la structure, c'est-à-dire l'organisation, l'agencement des moyens, des personnes et des rôles, et d'un autre côté, à la préparation des activités concrètes, locales, quotidiennes: les opérations sur le terrain.

Pour l'instant, nous parlons de la planification générale, de celle qu'il est convenu d'appeler «stratégique». Le terme «stratégie» représente lui-même, classiquement, toute une partie du rôle et du travail des hautes directions des entreprises. Il convient donc, pour mieux cerner ce que veut dire «planification stratégique», de s'attarder quelque peu au vocable «stratégie».

On voit apparaître le mot dans la langue française vers les débuts du XIXe siècle. Il dérive du nom «stratège» qui le précède de près d'un siècle, lui-même venant du grec *strategos*. L'étymologie du mot est composée de *stratos* (armée) et *agein* (conduire). C'est donc à l'art militaire, d'abord, que s'attache ce mot. Il veut dire «produire des opérations de grande envergure». Dans la langue grecque, il désignait les chefs d'armée et s'appliquait à «l'art de faire évoluer une armée sur un théâtre d'opérations». On voit donc que c'est là un terme qui renvoie à une activité de grande portée aussi bien dans son étendue que dans son importance, sa globalité, son échelle temporelle, etc.

---

1.   On entend par «environnement» d'une entreprise un ensemble de paramètres tels que les fournisseurs, les matières premières, les lois, les clientèles, les concurrents, le marché de main-d'œuvre, etc., qui touchent directement ou indirectement son activité spécifique.

Dans le vocabulaire managérial, on désigne aujourd'hui par le mot « stratégie » l'ensemble des tâches que remplissent les membres de la haute direction et leurs conseillers, et qui aboutissent à définir et à arrêter les grandes orientations périodiques de l'entreprise et à y pourvoir quant aux structures et aux moyens. C'est le maintien, en quelque sorte permanent, d'une « vision de l'avenir » constamment réalimentée par les données sur l'environnement, aussi bien interne qu'externe.

La planification stratégique est donc cette partie de la planification qui doit fixer les orientations et les activités futures de l'entreprise. Elle intervient après que l'on a procédé à l'étude la plus approfondie possible des besoins de la clientèle à laquelle on s'adresse, des produits de la concurrence, de la technologie nécessaire, des ressources dont on dispose pour que l'entreprise spécifie et actualise son propre apport, sa compétence distinctive. Cette compétence distinctive permet à l'entreprise de définir précisément sa « mission » ; et la mission, à son tour, fournit à l'entreprise le cadre et l'esprit dans lesquels elle doit opérer ainsi que ses buts, ses rôles dans les différents marchés, etc.

Dans un article célèbre, le professeur Leavitt (1960) a essayé de montrer comment une carence grave dans la définition de leur mission (donc de la base de leur stratégie) a été à l'origine du déclin des compagnies de chemins de fer nord-américaines : elles auraient défini leur mission comme étant le développement du chemin de fer plutôt que le développement du transport. La seconde définition, plus large et plus souple, aurait permis des orientations sûrement plus diversifiées qui auraient laissé la porte ouverte à des activités d'hôtellerie, de camionnage, de navigation maritime et aérienne, de transport multimodal, bref, à tout ce qui touche au transport et à tout ce qui gravite autour de l'acte de transporter et le complète, au lieu de s'en tenir au rail, aux wagons et aux locomotives.

« La planification stratégique », c'est, nous dit B. Nadeau (1973), quelque chose qui doit « coller » à la mission de l'entreprise, et en permettre l'actualisation. Ce serait en ce sens une réponse à la question de savoir quelle est « la chose » spécifique que l'entreprise veut réaliser avec les ressources dont elle dispose. C'est trouver la meilleure adéquation possible – et en connaissance de cause – entre ce que l'on veut faire (le produit) et le marché (ce qui est demandé) afin d'obtenir le rendement le meilleur. On y définit, en résumé, « la » bonne activité à entreprendre, ainsi que, ce dont nous verrons les significations plus loin, les politiques générales, les objectifs globaux et les grandes lignes d'action.

Si nous tentons un effort de définition plus systématique et spécifique à la littérature managériale, nous voyons que les concepts de stratégie et de planification stratégique ne cessent d'évoluer et ne cessent d'être l'objet de controverse entre les auteurs. Ces deux concepts ont connu une énorme vogue après la Seconde Guerre mondiale, vogue due au développement spectaculaire des méthodes de collecte d'informations, de calcul, de traitement et de prévisions par les états-majors militaires, méthodes à peu près immédiatement transposées dans les milieux industriels. Cependant, un des théoriciens les plus classiques en la matière, Andrews (1965 et 1980), précise bien qu'il y a une bonne distance entre le concept de stratégie comme l'entendent les militaires et celui concernant les gestionnaires. Pour ces derniers, selon lui, le concept doit s'élargir et couvrir aussi bien le choix des buts et des objectifs que les plans pour les atteindre, et non pas seulement le positionnement de forces sur un champ de bataille (1965, p. 17).

Quelques grands jalons chronologiques peuvent nous indiquer, avant d'en voir plus loin certaines critiques et limites radicales, dans quel sens évolue la notion de stratégie :

- suite d'actions entreprises par une compagnie et décidées en fonction de circonstances particulières (Neuman et Morgenstern 1947) ;

- analyse de la situation actuelle en vue de la changer, au besoin, tout en tenant compte de ce que sont ou devraient être nos ressources (Drucker 1958) ;

- série de plans orientés vers l'avenir et qui servent à prévoir les changements et les actions à entreprendre pour mieux tirer profit des possibilités qui peuvent s'offrir dans le cadre de la mission de la firme (Newman et Logan 1965) ;

- règle de décision élaborée à partir de la combinaison produits–marchés, de la ligne de croissance et de la compétence distinctive (Ansoff 1971) ;

- détermination des buts à long terme, adoption des lignes d'action et affectation des ressources en vue de réaliser ses buts (Chandler 1972) ;

- plan global, intégré et élaboré en vue de s'assurer d'atteindre les objectifs de base de la compagnie (Glueck 1976) ;

- force de médiation entre l'entreprise et son milieu ; force s'exprimant sous forme de schémas intégrés de suites de décisions prises ou que l'on prend pour s'ajuster à l'environnement (Mintzberg 1979).

Depuis la fin des années 1970 et durant toute la décennie des années 1980, la stratégie, comme champ de recherche, d'enseignement et de pratique, n'a cessé de prendre de l'ampleur, bien que, comme on vient de le voir, l'accord soit loin d'être réalisé quant à la signification et au contenu d'un tel champ. Voyons-en brièvement quelques développements récents.

Au début des années 1970, Mintzberg (1973) proposait, à partir de regroupements des écrits en la matière, de distinguer trois modes ou trois types de stratégie. Dans le « mode entrepreneurial », un leader puissant prend des risques au nom de l'organisation ; dans le « mode adaptatif », l'organisation s'adapte, par petits pas successifs, aux changements dans un environnement difficile ; et dans le « mode planifié », l'organisation a recours à des analystes et à des analyses formelles explicites qui prévoient le futur.

Après Mintzberg, l'un des apports les plus importants est sans doute celui de Porter (1979 et 1987), qui élabore une sorte de méthode d'analyse sectorielle allant bien au-delà de la simple étude des positions et des projets de la concurrence. Une bonne stratégie, selon lui, doit aussi englober l'étude des clients, des fournisseurs, des produits substituts; c'est la connaissance la plus complète possible de l'état actuel de tous ces éléments et de leurs tendances respectives qui établira une stratégie réellement compétitive et adaptée.

Pour ce qui est des années 1980, signalons d'abord Allaire et Firsirotu (1984) qui voient dans la stratégie trois composantes: information, innovation, implantation. Ils proposent également de distinguer entre deux états de stratégie: la «stratégie formelle» et la «stratégie actualisée». La première est une «opération cognitive et conceptuelle» où s'effectue le processus d'analyses formelles des données, alors que la seconde est «définie par les actions et les décisions stratégiques prises et menées à terme». C'est alors, pour Allaire et Firsirotu, l'interaction entre les deux formes de stratégies qui permet une adaptation plus efficace.

Sous un angle différent, Hafsi (1985) propose de faire une distinction quant aux rôles des différents paliers de dirigeants. Le travail de formulation des stratégies se ferait essentiellement chez ceux qu'il appelle les «métamanagers», qui gèrent un ensemble de dirigeants, par opposition aux managers tout court, qui gèrent des opérations. La stratégie serait ainsi une sorte de «métagestion», c'est-à-dire une gestion qui se pratique «au-dessus» de la gestion de la production des biens ou des services qu'offre l'entreprise.

Enfin, dans un article récent, Allaire et Firsirotu (1988) proposent une étude de la «nature contractuelle» de la notion de planning stratégique. Les gestionnaires qui élaborent, définissent, proposent et exécutent les plans sont des «mandataires» qui s'engagent dans une «relation contractuelle» avec les membres du conseil d'administration. Les hauts dirigeants, qui approuvent ou surveillent l'avancement des plans sont, eux, des «mandants». Selon la nature et le stade d'évolution des organisations et de ce lien contractuel, on peut assister à différents modes de planification stratégique: dominée par le leader, dominée par la culture, dominée par les opérations, dominée par les chiffres, dominée par les cadres-conseils et, enfin, dominée par une image héroïque des cadres. Il n'y a donc pas, nous disent ces auteurs, une forme de stratégie ou une façon de faire de la stratégie qui seraient neutres et universelles.

C'est, répétons-le, un débat loin d'être terminé, et partout dans le monde se constituent et se développent des programmes, des écoles et des recherches de plus en plus nombreux et de plus en plus solides en matière de stratégie dans les organisations. Cependant, pour ce qui concerne notre présent propos, contentons-nous d'une description à la fois la plus élémentaire et la plus complète possible de ce qu'est un processus de planification stratégique.

Voyons-en donc le vocabulaire le plus répandu, puis les étapes les plus généralement admises.

LE VOCABULAIRE DE LA PLANIFICATION STRATÉGIQUE

La planification stratégique est sans doute, avec le marketing, le domaine du management où le vocabulaire est le plus proche de celui de l'« art » militaire. Ce sont en effet les domaines où l'on parle le plus de « mission », de « tactique », de « cible », d'« offensive », de « conquête ». Nous retiendrons ici l'essentiel parmi les notions qui constituent l'ossature de l'acte stratégique. C'est ainsi que, lorsqu'on planifie, on doit au moins parler :

- de **mission**. C'est la raison d'être de l'entreprise ; les activités pour lesquelles l'entreprise existe, elle, spécifiquement. C'est le produit ou le service particulier qu'elle offre en vue de satisfaire des besoins précis ;
- de **haute direction**. C'est ce que Mintzberg appelle le « sommet stratégique ». C'est le noyau dirigeant « au sommet » de l'entreprise, les propriétaires ou leurs représentants, les présidents et directeurs généraux, le conseil d'administration, le conseil de direction. C'est à ce niveau que l'on a toujours placé le rôle de penser et d'élaborer la mission, la stratégie et les orientations générales ;
- d'**environnement**. On le définit comme l'ensemble des faits, dispositions, circonstances, conditions et personnes qui touchent de près ou de loin, directement ou indirectement, les activités de l'entreprise, ou sont concernés par elles : clients, fournisseurs, marché de main-d'œuvre, banques, marché de la technologie, lois, systèmes écologiques. L'étude attentive de cet environnement constitue une bonne part de ce qu'on appelle aussi « étude de marché » ou « étude sectorielle ». Il arrive qu'on fasse une distinction entre « environnement externe » et « environnement interne » (état des ressources, relations interpersonnelles, structures, etc.) ;
- des **ressources**. On appelle « ressources » tous les éléments matériels, financiers, humains dont l'entreprise pourra faire usage pour atteindre ses objectifs. Les ressources doivent, elles aussi, faire l'objet d'une planification qui fera en sorte qu'à chaque tâche prévue correspondent les moyens nécessaires ;
- de **contrainte**. C'est une entrave, une sorte de gêne ou d'obligation qui impose ou peut imposer des limites plus ou moins strictes à l'action présente ou future. On peut parler ainsi de **contrainte fixe** (incontournable, incompressible ou inévitable), de **contrainte mobile** (qu'on peut modifier à l'intérieur de certaines limites), de **contrainte externe** (qui vient de l'environnement, d'une loi, d'un concurrent) et de **contrainte interne** (venant des ressources, de la technologie, de l'organisation dont on dispose) ;

- de **politique**. Il s'agit d'un énoncé de principes qui sert de guide de l'action. C'est en quelque sorte une spécification des intentions et de l'état d'esprit de la compagnie. Affirmer l'intention de recourir systématiquement aux promotions internes pour combler les postes libérés, par exemple, est une politique;

- de **procédure**. C'est, au contraire d'une politique (qui est un cadre général d'action), un cadre spécifique, une modalité d'action particulière, concrète. C'est une façon d'opérer dans le cours de la réalisation de tâches déterminées;

- d'**objectif**. C'est un résultat final, un but précis à atteindre. Il doit être concret et, autant que faire se peut, datable, quantifiable et mesurable. Les vœux et les souhaits du genre «être les premiers», «être les meilleurs», «faire le maximum» ne peuvent être, en ce sens, des objectifs;

- de **critère**. C'est une sorte d'étalon ou d'unité de mesure dont on se sert pour comparer et évaluer deux ou plusieurs objectifs. Ainsi, si mon objectif est l'achat d'une maison confortable, il me faut des critères pour «mesurer» et comparer différents degrés de confort: espace, hauteur des plafonds, luminosité, etc.;

- de **budget**. Pour réaliser toute activité, il faut des moyens et notamment des moyens financiers. Le budget est l'état prévisible des fonds dont on va se servir. Il sert à indiquer par anticipation les conditions de disponibilités et d'usages futurs de fonds.

LE PROCESSUS ET LES ÉTAPES DE LA PLANIFICATION STRATÉGIQUE

La planification stratégique est à considérer comme un processus continu où l'on doit sans cesse confronter les objectifs avec les résultats, et apporter continuellement les correctifs nécessaires. Il ne s'agit en aucune manière d'une activité isolée et cyclique que l'on reprendrait une fois par année, d'une sorte de moment particulier où il faudrait prévoir les déroulements annuels des opérations.

C'est, dit-on, un ajustement constant de trois grands pôles, les uns par rapport aux autres: celui des valeurs et des souhaits de la haute direction (représentant les propriétaires, les actionnaires, les membres, etc.), celui des ressources et celui de l'environnement (voir la figure 3-1).

Il faut donc surveiller et suivre étroitement toute évolution des composants de notre environnement et de nos ressources, les ajuster les uns aux autres, et ajuster les uns et les autres aux objectifs poursuivis. Les objectifs ne doivent pas être figés et inamovibles, mais, bien au contraire, toujours souples et susceptibles d'aménagements, en fonction de ce qui se passe dans l'état de nos ressources et dans les demandes et contraintes de

FIGURE 3-1
Les trois pôles traditionnels du plan stratégique

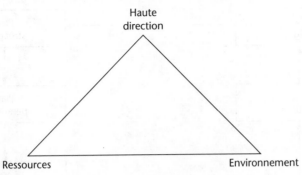

l'environnement. La General Motors a réussi à supplanter Ford du temps de Henry Ford I, parce que celui-ci refusait obstinément de réaliser autre chose que son fameux modèle *T* noir, malgré la nette évolution du goût et des besoins des consommateurs, et des modèles offerts par la concurrence.

Aussi la planification apparaît-elle, classiquement, comme un cycle où plusieurs étapes se succèdent et s'alimentent les unes les autres.

Dire qu'il s'agit d'un cycle, d'un processus continu (voir la figure 3-2), avec feed-back (information en retour, rétroaction), c'est dire qu'il est nécessaire de prévoir, dès le départ, les moyens et mécanismes qui vont permettre de générer cette information et d'en disposer. C'est là le rôle fondamental de ce qu'on appelle communément le contrôle, qui, pour être pleinement efficace, doit être pensé et mis en place en même temps que la planification. Il ne sert à rien de tracer les plus beaux plans du monde si on n'a pas prévu, concrètement, les outils et les manières de suivre ce qui se passe et de s'assurer que le tout se passe selon le plan initial. Nous verrons cela en détail au chapitre 5, lorsque nous traiterons du contrôle.

Voici, pour le strict essentiel, les étapes qu'il est recommandé de suivre pour réaliser une planification stratégique à peu près complète, selon l'acception traditionnelle:

1. Définition de la **mission**. C'est le cadre général qui doit donner tout son sens à ce que nous prévoyons faire dans les années à venir. C'est la raison d'être qui indique la direction dont il ne faudrait pas dévier (transport ou chemin de fer? véhicules automobiles ou modèle *T*?).

2. Définition et évaluation de l'**environnement**. C'est à la fois l'étude du secteur dans lequel on œuvre ou on compte œuvrer, l'étude du marché, de son potentiel, de ses tendances futures, de ses difficultés, l'étude des techniques et des compétences nécessaires pour y faire sa place ou la

FIGURE 3-2
Le processus intégré de planification stratégique

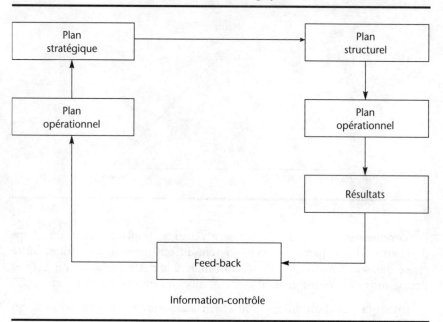

Information-contrôle

maintenir, l'étude des lois et règlements concernant les activités qu'on y conduira, l'étude de la concurrence, etc.

3.   Définition des **objectifs**. Non seulement les grands buts généraux mais aussi les buts concrets, partiels, successifs, par divisions, structures et sous-structures, doivent être clarifiés ; avec quantités, qualité, délais et horizon temporel (long terme, moyen terme et court terme), tout en gardant à l'esprit l'adéquation la plus étroite possible entre mission et environnement.

4.   Définition et évaluation des **ressources**. Il faut ici s'assurer que l'on dispose effectivement – et que l'on disposera en tout temps voulu – des moyens matériels, humains et financiers pour réaliser chaque phase du plan. Sinon, il convient de prévoir la façon de se les procurer.

5.   Définition et évaluation des **contraintes internes**. C'est ce qu'on appelle aussi « l'analyse de l'environnement interne ». Il s'agit de déterminer avec précision ce que l'état des ressources nous permet ou ne nous permet pas, jusqu'à quel point chacune des ressources est malléable, extensible, perfectible, etc.

6.   Définition et évaluation des **contraintes externes**. On doit savoir ce qui, à l'extérieur de l'entreprise, mais entrant dans son environnement,

est susceptible de faire obstacle à ses activités futures ou d'y créer des pressions gênantes.

7. Révision de la **cohérence** générale et de la **viabilité** du plan. Il faut ici s'assurer que l'ensemble des prévisions établies et des circonstances recensées ne comportent aucune contradiction ou insuffisance ou zone floue. Et que chaque phase est accompagnée d'un minimum de conditions de réalisation réalistes, et est à la fois la continuation logique de la précédente et la préparation de la suivante.

8. Enfin, l'établissement de **plans opérationnels**. C'est-à-dire traduire le tout, par structures et sous-structures en cause, en sous-objectifs et en programmes d'actions visant chaque sous-objectif. C'est répartir sur l'ensemble des forces de l'entreprise l'effort de réalisation du plan stratégique.

LES LIMITES ET LES CRITIQUES DE LA PLANIFICATION

D'une façon générale, on s'accorde pour reconnaître que planifier n'est pas la solution absolue à tous les problèmes futurs. La surplanification est aussi dangereuse que la sous-planification. Il convient de trouver un juste milieu où l'on prévoit suffisamment mais où, aussi, on laisse assez de marge pour réagir à l'imprévu, se réajuster en cas de soudaine inadéquation entre prévisions et environnement ou ressources. Mentionnons aussi qu'il faut soigneusement mesurer et connaître sa situation en tant qu'organisation: que peut nous apporter tel type de planification? a-t-on vraiment besoin d'un effort de stratégie sophistiquée?

Allaire et Firsirotu (1988) signalent que la planification stratégique mériterait bien la définition qu'en donne un humoriste: «se soucier de la meilleure méthode d'obtenir un résultat accidentel». Ils signalent aussi qu'un chercheur, Gray (1986), rapporte que 87% d'un échantillon de dirigeants «se sont déclarés déçus et mécontents de leurs systèmes de planification».

Les raisons de cet état de choses seront vues en détail un peu plus loin, mais on peut dire que, sur un plan général, c'est la nature même de la stratégie qui fait difficulté. Énoncé d'intentions et d'orientations prétendant infléchir le futur, la stratégie ne peut que fournir l'occasion de se frotter à l'incertain, à l'improbable, au fortuit, sinon à l'ignorance pure et simple. Souvenons-nous qu'un auteur aussi fondamental que Max Weber dénonce le fait de tenter désespérément de dépasser la paradoxale montée concomitante de l'ignorance et de la rationalité[2] par une recherche frénétique de la

---

2. Le citoyen des grands États-nations d'aujourd'hui est ainsi beaucoup plus ignorant des déterminismes de ce qui se passe autour de lui (ne serait-ce que parce qu'il est noyé d'informations de toutes sortes) que ne l'était le sujet d'une seigneurie féodale du Moyen Âge.

prévision, par l'illusion de la prévision[3]. On croit vaincre l'incertitude, ou l'ignorance, ou l'incapacité de traiter un trop grand nombre d'informations interdépendantes par une plus grande sophistication de l'analyse et des outils de prévision ou de prédiction.

D'autres auteurs à succès modernes seront bien plus sévères encore, comme Peters (1988) qui affirme, chiffres et exemples à l'appui, qu'il est pratiquement impossible de nos jours, et dans un grand nombre de domaines, de pouvoir prédire ou prévoir quoi que ce soit au-delà de quelques semaines ou, même, souvent, de quelques jours !

Souvenons-nous aussi que la pratique et l'impératif managérial de la planification générale et de la « prévoyance » sont issus des travaux de Fayol, qui, on le sait, avait exercé ses talents dans des circonstances et dans un secteur où il était non seulement indispensable de planifier, mais aussi et surtout très aisé de le faire[4].

Le premier et plus important obstacle pratique de taille est donc qu'on ne peut tout prévoir. Il y aura toujours quelque chose qui nous échappera. Ensuite, même si on fait un recensement des plus exhaustifs des variables en jeu, on ne peut toujours toutes les maîtriser. Sans compter qu'en minimisant l'imprévisible et le « déviant », le fait de planifier trop rigoureusement peut conduire à **l'élimination de possibilités de créativité**, aujourd'hui prônée comme variable managériale centrale.

Des auteurs tels que J.K. Galbraith (1968), T. Peters (1988), T. Peters et R. Waterman (1983), A. Chanlat (1984), B. Lussato et G. Messadié (1986) et même H. Mintzberg (1976), pour ne citer que ceux-là, ont apporté nombre de critiques à la mode de la planification stratégique et au règne des calculateurs-analystes-planificateurs, dont voici l'essentiel :

– À la limite, à force de planifier de façon de plus en plus complexe et de plus en plus à long terme, on finit par transformer ce qui reste du « marché libre » en un marché prévu et contrôlé (en matière de salaires, de goûts, de prix) par les géants qui peuvent se permettre de telles planifications.

– La planification découle d'une conception et d'une rationalité technico-économique où tout est transformé en « équivalent-dollar », le plus souvent sans égard aux aspects humains, sociaux et écologiques, ce dont nous commençons à peine à entrevoir sérieusement les coûts et les conséquences.

– C'est le règne du calcul, de l'instrumentalisme, de l'analyse, des gadgets et des logiciels au détriment de la réflexion et de l'intuition, ou, comme diraient Lussato et Mintzberg, au détriment du cerveau droit, siège de la synthèse, de la pensée globale et intuitive.

---

3.   Weber (1959), p. 78 et suivantes ; Freund (1966), p. 20 et suivantes.
4.   Voir pour plus de détails le chapitre 2 ou Reid (1986).

—   L'excès de planification stratégique, quand cette dernière devient rigide et contraignante, constitue aussi un sérieux obstacle à la souplesse et à la capacité d'adaptation aux circonstances changeantes.

—   Cette pratique peut conduire à la quasi-paralysie parce qu'elle contribue à ce que l'analyse et les gadgets de « gestion scientifique » l'emportent sur l'action.

—   Elle peut favoriser et renforcer le pouvoir des technocrates-analystes, qui ne font qu'aggraver la coupure entre modèles théoriques et réalité.

—   Elle peut favoriser, par la même occasion, la centralisation, la concentration et un état d'esprit paperassier et hypercontrôlant.

—   Ce peut être, enfin, dans un contexte mondial complexe et en constante mutation, un obstacle majeur à la démultiplication nécessaire des réponses innovatrices et de plus en plus en temps réel.

EN CONCLUSION

S'il est une leçon à retenir de tout ce qui précède, c'est sans doute qu'il est nécessaire de connaître son environnement, son marché, ses clients, ses concurrents, ses fournisseurs, ses forces et ses atouts. Tout cela pour savoir ce que l'on veut et ce que l'on peut faire avec des chances raisonnables de succès. Mais il ne faut pas que l'instrument devienne le maître! La planification retenue n'est qu'une façon possible de s'adapter et de réaliser ses objectifs; elle peut être constamment révisée et corrigée. Elle doit s'adapter aux situations, au réel, aux événements concrets, et non l'inverse. En un mot, il convient de ne jamais oublier que l'important est ce qui se passe concrètement sur le terrain, et non pas les modèles et plannings couchés sur papier. Partout, dans le plan, on doit retrouver le souci de la présence des faits réels et la façon d'en être informé et d'en tenir compte.

Gardons aussi à l'esprit que le travail de planification dite « scientifique » s'est développé et a pris de l'importance essentiellement lors de la Seconde Guerre mondiale, où on pouvait aisément appliquer des analyses rigoureuses et des outils de calcul et de recherche opérationnelle, pour « planifier » des fabrications, déplacements et répartitions de matériels et de troupes dans un contexte de contrôle maximal et de discipline militaire, ou quasi militaire, partout.

Il ne faut pas non plus perdre de vue qu'une des bases nécessaires à toute planification reste l'étude du passé (séries statistiques, données économiques et financières, comportements passés des consommateurs). En plus du danger d'attitudes passéistes que cette méthode peut induire, là où il y a nécessité d'innovation, là où il faut partir d'une situation sans séries de données sur le passé, le planificateur est à peu près complètement dépourvu. La planification, avec ses préalables, sa rationalité et ses outils, peut devenir un véritable obstacle là où l'imagination doit intervenir pour vraiment innover, lorsqu'elle est pratiquée avec un esprit exclusif et centralisateur, ce qui est très souvent le cas.

Enfin, le contexte de crise généralisée, attestée par les endettements et les déficits sans cesse croissants que nous connaissons depuis la fin des années 1970, invite à réfléchir sur les raisons profondes de la remontée actuelle de la mode de la stratégie et de la planification stratégique. Cette mode n'annoncerait-elle pas, devant l'incapacité grandissante de contrôle sur ce qui se passe, une nouvelle ère de centralisation? Centralisation qui, avec la complicité sans doute involontaire des chercheurs en la matière, va encore relancer certaines bases du management traditionnel les plus rétrogrades : la croyance que seules les hautes directions, avec de bons et solides « stratèges », sont en mesure de sortir les entreprises et les économies des mauvaises passes. C'est, je crois, la façon moderne de perpétuer le fossé entre ceux qui sont là pour penser, analyser, prévoir, etc., et ceux qui sont là pour exécuter ou « implanter » les stratégies élaborées en haut lieu. Face à des pratiques aujourd'hui performantes et différentes (comme au Japon et en Allemagne), ce serait un grand recul[5].

Il importe de savoir où l'on va, mais il convient de soigneusement éviter de laisser se répandre l'idée que la « stratégie » est chose exclusivement réservée à un personnel spécialisé et spécialement formé. S'il s'agit d'experts analystes, soit, mais leurs analyses doivent pouvoir nourrir – et se nourrir de – la réflexion de tous dans l'organisation, et non être seulement prétexte à ce que Mintzberg appelle « stratégies délibérées », édictées et imposées depuis le sommet. De plus en plus, c'est la notion de « stratégie émergente », du même Mintzberg, qui doit prévaloir : que chacun, là où il se trouve, soit admis à apporter son point de vue. La somme des points de vue constituera les bases de la stratégie qui aura le plus de chances d'avoir un maximum de « complices » actifs dans l'organisation et hors de celle-ci. Mais encore faut-il que chacun ait le désir et la volonté de donner son point de vue... C'est une autre histoire, dont nous reparlerons et qui nous expliquera pourquoi on peut aujourd'hui écrire que l'entreprise japonaise, où les rapports humains passent avant tous les « outils de management », est plus souple, et capable de réagir à peu près deux fois plus vite que son homologue occidentale.

***

---

5. Mécanisme d'ailleurs décrit et expliqué par Mintzberg (1979) : en contexte de crise, les organisations tendent à se centraliser et à concentrer les décisions, le pouvoir et le contrôle vers le sommet.

B. LA PLANIFICATION OPÉRATIONNELLE OU LA PRÉVISION DES STRUCTURES, DES MOYENS ET DES TÂCHES : JUSQU'OÙ PLANIFIER ?

DÉFINITIONS ET GÉNÉRALITÉS

La distinction établie entre les trois grands niveaux de planification – stratégique, structurelle et opérationnelle – n'est qu'une distinction théorique ou presque. En effet, en plus de l'effort de définition de la mission et des grandes orientations, ce qui doit être fait pour n'importe quelle sorte d'entreprise, de la PME à la multinationale, l'ensemble du travail de planification consiste également à prévoir tout ce qui devra être fait pour effectivement remplir la mission et respecter les orientations. En somme, le même travail de prévision s'effectue de façon de plus en plus spécifique et précise, jusqu'à définir les tâches journalières à réaliser, sur les lieux mêmes de production.

Passer de la planification stratégique à la planification opérationnelle, c'est aller du général au particulier, du long terme au court terme, du global au local.

La planification dite « stratégique », rappelons-le, répond à la grande question de savoir « quoi » faire et « pourquoi » (en fonction de quel besoin du marché, de quel créneau, de quelle compétence distinctive, de quelles conditions futures, etc.). Il est évident qu'on ne peut s'en tenir là ; alors on passe à la phase suivante, que certains auteurs appellent « structurelle » (Desjardins 1973, Nadeau 1973) ou encore « tactique » et qui, elle, doit répondre à la question de savoir avec quels moyens et selon quels agencements de ces moyens pourront être atteints les buts fixés. Enfin, la phase dite « opérationnelle » indiquera les opérations localisées, les façons concrètes d'opérer, tâche par tâche, au jour le jour.

LA PLANIFICATION COMME PRÉVISION DES STRUCTURES

Après voir répondu à la question concernant la raison d'être de l'entreprise, sa mission, ses grands objectifs, ses orientations... bref, après avoir délimité ce qui devra constituer sa stratégie, les dirigeants font face aux nécessités de prévoir la façon d'agencer et d'utiliser les moyens pour y arriver. Il s'agit alors non pas de prévoir des ressources, car on s'est acquitté de cette tâche lors de la définition de la mission et de l'élaboration de la stratégie, mais plutôt de prévoir la façon la plus satisfaisante de combiner les ressources, de les acquérir au moment opportun, de s'en servir au mieux de leur potentiel. Même si cela peut paraître un peu abstrait, cette phase de la planification s'apparente beaucoup à la tactique de l'art militaire.

Le terme « tactique » vient du grec *taktikê* qui signifie « art de ranger, de disposer ». Son sens français, avant le XVIIIᵉ siècle, concernait en particulier l'activité militaire : « art de combiner tous les moyens militaires (troupes, armements) au combat ». Ce n'est que vers la fin du XVIIIᵉ siècle qu'il prend un sens plus figuré : « ensemble des moyens coordonnés que l'on emploie pour parvenir à un résultat ». C'est, somme toute, l'ensemble des combinaisons locales des moyens dont dispose (et disposera) l'entreprise, combinaisons qui sont élaborées à l'intérieur des cadres, orientations et contraintes délimités par la stratégie.

La première grande combinaison à laquelle on procède pour la mise en marche de l'entreprise est celle des responsabilités, des rôles et des interrelations des personnes ou des groupes de personnes chargés de conduire l'exécution du plan. En ce sens, la planification structurelle ou tactique s'apparente d'assez près à la structuration ou à l'organisation de l'entreprise, puisqu'il s'agit de prévoir, même dans une firme déjà en exploitation et « structurée » depuis longtemps, ni plus ni moins que le mode organisationnel le plus adapté à la poursuite des nouveaux objectifs retenus. Une même structure organisationnelle ne peut en effet servir indéfiniment, rester identique à elle-même quand, par ailleurs, tout change constamment.

À ce niveau de planification, on essaiera d'abord de préciser qui sera chargé de quoi, et avec quels moyens ; qui sera responsable de quoi, dans les différentes grandes portions du plan ; qui dépendra de qui ; quels nouveaux arrangements doivent être effectués dans et entre les sous-structures plus spécifiquement touchées par les nouveaux plans, etc.

Tout comme le plan stratégique, le plan tactique doit tenir compte de multiples facteurs. Ces facteurs ne sont plus de l'ordre de l'étude de marché ou de l'analyse des besoins, mais de l'ordre de la cohérence et de l'adéquation entre les objectifs visés, le produit ou le service à fournir, la technologie qu'il requiert, les caractéristiques environnementales particulières. Nous verrons cela plus en détail au chapitre portant sur l'organisation, mais on peut déjà dire que H. Mintzberg (1982) nous a aidés à comprendre de façon systématique combien il est important de tenir compte, dans toute élaboration ou tout changement de structures, de ce qu'il appelle les « facteurs de contingence[6] » : l'âge de l'entreprise, sa taille, son environnement et sa technologie. Notre plan doit ainsi non seulement tenir compte de l'état actuel de ces éléments mais aussi de leur état prévisible au moment où on aura à concrétiser l'une ou l'autre des parties de nos prévisions.

La confrontation entre les objectifs et ces facteurs donnera aux dirigeants la façon la plus souhaitable de combiner leurs moyens : celle qui mènera le plus directement possible aux buts retenus tout en respectant les

---

6.   L'adjectif « contingent » signifie « arriver par hasard, être fortuit », être plus ou moins prévisible et contrôlable.

impératifs d'adaptation aux contextes aussi bien interne qu'externe de l'entreprise. C'est alors que l'on retiendra plus de centralisation ou de décentralisation, plus ou moins de délégation, de regroupements, d'éparpillements, d'étroitesse de contrôle et de suivi des opérations, etc. Tout cela, on le comprend bien, dépend directement de la nature des opérations à effectuer, des différents risques (financiers, techniques, juridiques, etc.) courus, de l'état des structures actuelles, de leur adéquation par rapport à ce que l'on veut ou peut faire. On pourra alors opter pour un mode organisationnel ou un autre, depuis la structure simple qui caractérise la petite entreprise de type familial jusqu'à l'«adhocratie» (du latin *ad hoc* qui veut dire «fait pour cela», qui représente la configuration qui correspond à des activités très sophistiquées ou conduites dans des environnements très mouvants ou très différenciés[7].

Ainsi, si l'on est installé dans une structure de type fonctionnel et que l'on planifie des opérations impliquant, par exemple, des risques ponctuels, des contraintes particulières de coûts et de délais, il faudra prévoir un mode organisationnel plus souple, de type projet ou matriciel, etc.[8]. Au fond, ce choix de structures, cet effort d'organisation constituent l'aspect «tactique» de la planification dans l'entreprise. Même si c'est pour reconduire l'organisation existante, cela doit se faire en connaissance de cause, en vertu d'un effort d'analyse qui montre qu'étant donné les circonstances, passées, actuelles et prévisibles, le choix le plus adapté reste la structure présente.

En somme, il s'agit de «traduire» le plan stratégique en agencement de personnes, d'unités et de moyens pouvant être affectés à la prise en main de telle ou telle partie du plan, tout en tenant compte de l'ensemble des facteurs pertinents correspondant aux situations que l'on connaît et que l'on va traverser.

À ce stade-ci, il convient également de définir les lieux et les modalités de suivi et de contrôle des sous-opérations significatives du plan; ce peut être sous la forme, par exemple, de simples réunions périodiques de mise au point et de coordination entre les principaux responsables.

LA PLANIFICATION COMME PRÉVISION DES TÂCHES

Ce serait là, en quelque sorte, le troisième et dernier palier du travail de planification: prévoir dans le détail localisé et quotidien ce qui devra être fait, par qui, et avec quelles ressources concrètes. C'est également et toujours un effort d'agencement de moyens et de personnes, mais avec encore plus de précision, à propos des opérations, des lieux, des procédures, des individus.

---

7.   On définira et comparera ces notions plus en détail au chapitre 4.
8.   Voir le chapitre 4.

C'est ce qu'on appelle la **planification opérationnelle**. Il y a là, encore une fois, une implicite référence à l'art militaire où l'on définit l'« opération » comme étant un « mouvement », des « manœuvres », des interventions coordonnées de troupes sur le terrain. Par « opérationnel », on entend les « aspects de la stratégie qui concernent particulièrement les combats ». Avec ces analogies, on comprend aisément que la planification opérationnelle s'applique à la prévision des façons dont on va user concrètement et très localement des ressources, à court terme : le travail dans son exécution journalière.

C'est aussi ce que l'on met sous le vocable « planning » (terme passé de l'anglais au français depuis la deuxième moitié du XXe siècle) qui signifie « plan de travail détaillé s'appliquant à des opérations qui concernent un ouvrage déterminé ». Entendons-nous pour dire qu'il s'agit d'un état prévisionnel d'actions concrètes et limitées, de leurs déroulements séquentiels, de leurs interdépendances et des moyens que chacune mettra en œuvre.

Élaborer une planification opérationnelle équivaut à tracer, au jour le jour, ce qui doit être fait dans chaque sous-structure intervenant dans le cadre de la réalisation des objectifs de l'entreprise, jusqu'au niveau, si c'est possible et nécessaire, du poste et de l'employé dans sa tâche particulière. Bien entendu, ce travail n'incombe pas à la haute direction, mais le souci de la transformation des plans en activités concrètes, de terrain, doit être présent dès l'élaboration des parties plus générales de la stratégie, sinon ce ne sont plus des objectifs que l'on trace mais des rêves. Pour en arriver à la mise au point d'un plan opérationnel, il convient de respecter les grandes étapes suivantes :

– Établir une **hiérarchie des objectifs** : du plus global au plus local, du plus général au plus spécifique, du plus long terme au plus court terme. De cette façon, on passe du niveau d'objectifs stratégiques à un niveau tactique et du tactique à l'opérationnel.

– Établir une **répartition des responsabilités**, depuis celles relatives aux supervisions générales de travaux de structures entières jusqu'aux niveaux des réalisations les plus délimitées.

– Localiser et déterminer la nature des **liens d'interdépendance** entre parties du plan, entre structures, entre sous-structures, entre tâches.

– Déterminer une **répartition des tâches** permettant d'aller depuis la supervision générale jusqu'à la procédure locale concrète.

– Déterminer la nature, la quantité et les conditions de disponibilité des **moyens nécessaires** à la réalisation de chacune des tâches et sous-tâches de l'ensemble du plan.

– Établir des **programmes de travail** pour chaque unité et sous-unité jusqu'au poste individuel.

Tout cela peut et doit se faire, bien entendu, pour chacun des trois niveaux de planification, mais tout particulièrement pour le troisième, qui touche à l'accomplissement matériel local des prévisions.

On doit s'attendre à trouver dans un plan opérationnel toutes les indications d'activités, de tâches impliquées par chaque activité, de dates, de lieux et de moyens matériels et financiers. Il existe plusieurs outils d'établissement et de visualisation des plans opérationnels, dont les principaux sont:

1. Le **tableau linéaire des responsabilités** ou TLR. Cela consiste, entre autres, à transcrire, au moyen de symboles, la nature de la responsabilité de chacun des intervenants dans une activité donnée ou dans un ensemble d'activités. Comme son nom l'indique, il s'agit d'un tableau, d'une matrice à double entrée, où l'on retrouve, à l'horizontale, les activités et, à la verticale, les responsabilités des structures ou des personnes en cause.

    Ce genre de diagramme a l'avantage de montrer qui fait quoi et en relation avec qui (Clelland et King 1975). On peut, d'un seul coup d'œil, lire en colonne toutes les tâches qu'une personne remplit (pour l'activité générale considérée) et en ligne les contributions des différents intervenants dans une activité particulière.

    Pour ce faire, on doit disposer de symboles (entre 5 et 12), comme ceux qu'indique par exemple la figure 3-3.

FIGURE 3-3
Exemple de symboles figurant des tâches

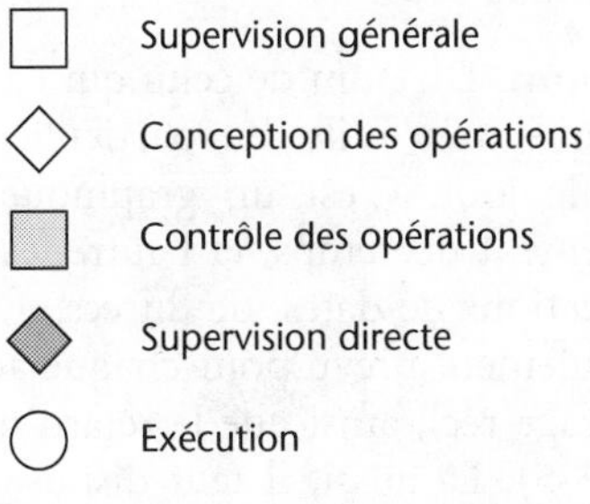

□   Supervision générale

◇   Conception des opérations

▨   Contrôle des opérations

◈   Supervision directe

○   Exécution

Exemple tiré de Clelland et King (1975).

Il faut également disposer de listes ordonnées des activités et tâches et de listes des structures et personnes intervenant dans chaque activité. Supposons qu'il s'agisse de construire un édifice, on aura un TLR semblable à celui de la figure 3-4. Ce que nous voyons là est un TLR extrêmement simplifié, mais c'en est là le principe de base.

FIGURE 3-4
Un exemple de TLR simple

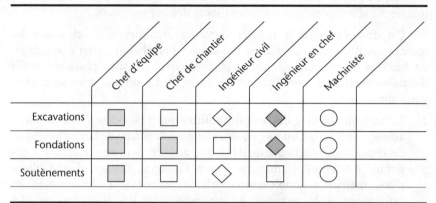

2. L'**organigramme technique**. En anglais *Work Breakdown System*, ou WBS. C'est, de façon générale, l'éclatement en ses différentes sous-parties d'une activité globale, jusqu'au « lot de travail » unitaire dont sera responsable chaque sous-structure ou chaque personne. En d'autres termes, on effectue une répartition descendante des responsabilités et du travail, d'activités en sous-activités et de tâches en sous-tâches jusqu'au plus bas de l'échelle. La construction de maisons ou d'édifices peut ainsi être « éclatée » en travaux de conception, d'architecture, d'études de génie civil, d'étude des sols, de terrassements, de fondations, de canalisations, de charpentes, etc., jusqu'à la finition, l'électricité, la boiserie, chaque partie de ces différents travaux étant confiée à des équipes ou des individus précis.

3. Le **diagramme de Gantt**. Du nom de celui qui l'a mis au point, il s'agit d'un simple graphique, très utile, en particulier pour les opérations courantes, au jour le jour. C'est un graphique sur deux axes, l'un représentant l'écoulement du temps, et l'autre les tâches à effectuer. Le croisement des indications de dates, de durées et de travaux donne, du même coup, le déroulement prévu pour chaque activité, son démarrage prévu et son démarrage réel, ainsi que le retard ou l'avance qu'on aura pris (voir la figure 3-5). Là aussi, il faut disposer des listes ordonnées des tâches à effectuer et des dates prévues du début et de la fin de chaque tâche.

On peut faire un diagramme de Gantt pour des tâches globales, pour un ensemble de tâches ou pour des tâches précises, locales et limitées. Si nous reprenons notre exemple de construction d'un édifice, le diagramme ressemblera à ceci :

En prévoyant une façon différente et « mobile » (couleurs, élastiques, collages amovibles, etc.) de visualiser les différentes activités, leur dérou-

FIGURE 3-5
Exemple de diagramme de Gantt

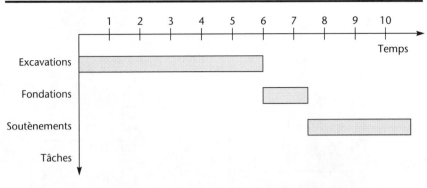

lement prévu et leur déroulement réel, on peut, chaque jour, se rendre compte de l'état d'avancement de chaque tâche et, ainsi, prendre ou faire prendre les mesures pour s'ajuster en conséquence. C'est aussi un excellent moyen de suivi et de contrôle, en plus d'être une façon simple et commode de savoir ce qui est à faire et quand.

4. Le **plan de charges**. C'est une sorte de diagramme de Gantt, mais au lieu d'y faire figurer les activités et le temps, on y combinera temps et ressources. Ce type de diagramme sert à indiquer les différentes et successives combinaisons entre ressources (personnel, finances, matériels, etc.) et temps pour les différentes et successives activités. On peut établir des plans de charges différents pour chaque type de ressources ou par groupe de ressources converties en valeur monétaire, selon les quantités et les variétés des ressources utilisées, ainsi que selon le nombre et la complexité des opérations. L'idéal est évidemment de faire en sorte qu'avec une combinaison donnée entre temps et ressources on en arrive à un niveau de dépenses le plus uniforme possible tout au long des travaux. Il existe des méthodes et techniques spécialisées pour cela, qui permettent de rendre la plus plane possible une courbe telle que celle de la figure 3-6.

5. Le **PERT** *(Program Evaluation and Review Technic)* et le **CPM** *(Critical Path Method)*. Ce sont des instruments de planification particulièrement utilisés en gestion de projets, mais qui peuvent être très utiles en usine, en chantier ou en atelier.

En langue française, on parle, indifféremment, pour l'un et l'autre, de **méthode du chemin critique**. (On utilise d'ailleurs couramment les abréviations anglaises PERT et CPM.) Le premier est généralement utilisé dans les situations où on planifie pour la première fois une activité, le second est plus utilisé pour les activités répétitives, c'est-

FIGURE 3-6
Exemple de diagramme de plan de charges

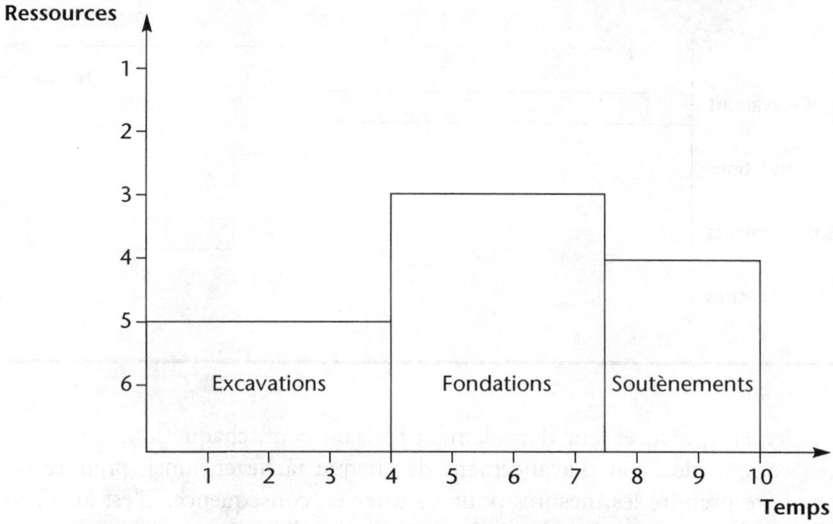

à-dire des activités pour lesquelles on connaît, en principe, les séquences et durées respectives sans grande marge d'erreur.

Le PERT et le CPM servent à visualiser la planification des activités, des temps, des coûts et des ressources (qu'on peut estimer pour chaque activité). Ils servent aussi à assurer le contrôle du déroulement des travaux et des dépenses engagées. Tous deux se basent sur deux éléments graphiques simples : le cercle (O) et la flèche (→). Le cercle représente toujours un événement et la flèche une activité. Dans le cercle (toujours début ou fin d'activités), on note en général, par convention, le numéro de l'événement, ainsi que les dates de fin et de début au plus tôt et au plus tard, comme l'illustre la figure 3-7.

Les activités en elles-mêmes sont généralement désignées par des lettres (voir la figure 3-8). Il faut, pour ce genre de diagramme, disposer :
– de la définition de chaque activité ;
– de la liste de toutes les activités dans l'ordre (à chaque activité doit être associée celle qui la précède immédiatement) ;
– de la durée prévisible de chaque activité (optimiste, pessimiste et probable) ;
– des débuts au plus tôt et au plus tard de chaque activité ;
– des fins au plus tôt et au plus tard de chaque activité.

Tous ces éléments serviront à construire le réseau de l'ensemble des activités avec les dates des débuts et des fins et leurs durées, ce qui permet de déterminer le chemin critique qui est, sur le diagramme, le chemin le plus long. Pour augmenter la rentabilité de l'ensemble, il

FIGURE 3-7
Éléments constitutifs d'un « événement » du PERT

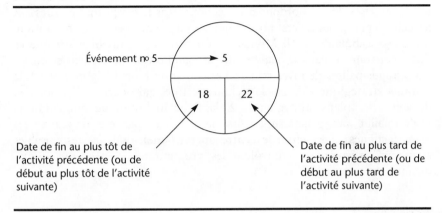

FIGURE 3-8
Exemple de combinaison activités/événements dans un diagramme PERT

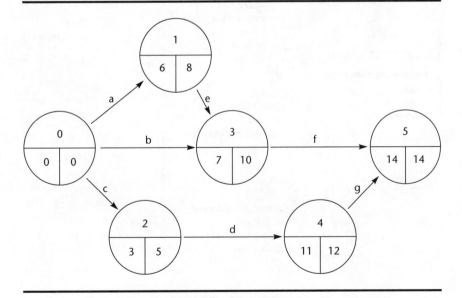

s'agit d'essayer de raccourcir ce chemin le plus long jusqu'à établir un cheminement optimal qui minimisera temps et coûts pour des résultats équivalents. Ici aussi il existe des méthodes, des techniques et des modes de calculs très spécialisés qui permettent l'élaboration de diagrammes précis pour les travaux les plus complexes.

Pour résumer, avant de passer à quelques remarques critiques, on peut dire que planifier les opérations, c'est traduire le plan « tactique » en actions locales précises. Et c'est ordonner ces actions dans le temps tout en dressant les états détaillés des divers moyens qui seront nécessaires à leur réalisation. Dans le vocabulaire de H. Mintzberg, on peut dire, sans bien sûr que ce soit aussi tranché dans la réalité, que la planification se répartit selon les trois grands paliers de niveaux dans l'organisation (voir la figure 3-9) : 1. le **sommet stratégique** aidé par la technostructure, qui s'occupe d'élaborer et de suivre les plans stratégiques ; 2. la **ligne hiérarchique** qui aurait la responsabilité, aux paliers supérieurs, de définir en partie et de réaliser les plans tactiques ; 3. et enfin le **centre opérationnel**, dont les responsables assument, exécutent et contrôlent les programmes d'opérations quotidiennes.

FIGURE 3-9
Répartition des trois niveaux de planification dans l'organisation

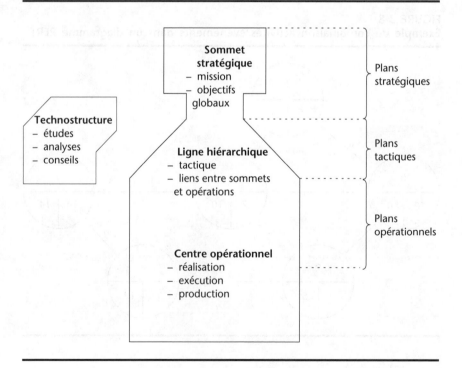

Bien entendu, les zones de responsabilité, d'élaboration et d'exécution des différents niveaux de planification ne sont pas aussi nettement délimitées ou séparées. C'est par simple commodité de présentation que nous séparons les choses ainsi. Dans les faits, non seulement il arrive, mais il est hautement souhaitable qu'il y ait des chevauchements entre les différents paliers contribuant aux différents plans, pour une plus grande concertation, pour un retour d'information plus utile, pour une meilleure compréhension des objectifs, pour une prise en main plus efficace des difficultés de terrain.

EN CONCLUSION: QUELQUES LIMITES ET PRÉCAUTIONS

Beaucoup plus que dans le cas de la planification stratégique, on peut être tenté, dans la planification opérationnelle, de céder à l'apparence de rationalité absolue et d'infaillibilité des instruments. C'est ainsi qu'un des penseurs en management les plus autorisés, H.A. Simon (1977), a été amené à parler de *programmed management* pour tout ce qui concerne les cadres intermédiaires et les exécutants. Il en parlait comme si toutes les activités qui s'effectuent au-dessous des niveaux de haute direction pouvaient être réalisées de façon quasi automatique, à la manière – presque – de robots. C'est là, bien sûr, une croyance exagérée dans le pouvoir de prévisibilité et d'adéquation à la réalité attribué aux outils de planification et de programmation. C'est ce que Ackoff (1967) appelle la foi en une sorte de «gestion presse-boutons» où il suffirait de presser successivement différents boutons pour que les activités se réalisent pratiquement d'elles-mêmes.

Trop de gestionnaires ont cédé à la facile tentation d'une gestion par les diagrammes et les ratios, gestion qui refuse de voir que s'adapter au réel et à son évolution concrète est bien plus efficace (même si c'est moins aisé) que de s'acharner à imposer, aux sous et au millimètre près, chaque portion du plan. Il faut d'autant plus se méfier de ce genre d'abus des instruments de planification que, comme l'a montré Mintzberg (1984), l'essentiel du travail du gestionnaire consiste à constamment s'adapter aux exigences variables et évolutives des situations.

À pratiquer une «gestion presse-boutons», on en arrive à ignorer les changements et les progrès, à être incapable de réagir à temps à toute modification importante dans l'environnement, à étouffer la créativité et l'initiative, à créer et à renforcer un esprit bureaucratique. Cette gestion pointilliste, favorisée par l'apparence scientifique des outils de planning, contribue à engendrer des ambiances où chacun ne cherche à faire que ce qui est strictement demandé. D'autant plus que le contrôle, ici plus détaillé, plus fréquent, plus systématique, peut très vite devenir une forme de harcèlement et souvent être vécu comme tel. Il serait plus efficace de ne prévoir des contrôles qu'aux points névralgiques, là où il peut y avoir des faiblesses et là où il importe de vérifier périodiquement les flux et les qualités. Autrement, on a vite fait de sombrer dans la surveillance suspicieuse qui implique la méfiance, qui, à son tour, implique une réaction d'hostilité à la méfiance, etc. (souvent, c'est là un des obstacles majeurs à l'implantation de la gestion dite de «qualité totale»).

La planification opérationnelle peut constituer une des facettes les plus tenaces du « modèle rationnel » (croire que l'on peut trouver la meilleure solution, la meilleure façon de faire, que l'on peut tout prévoir et calculer), énergiquement dénoncé par Peters (1988), Peters et Waterman (1983) ou encore par Chanlat (1984). On a cru, un certain temps, pouvoir dépasser ces difficultés en instaurant ce qu'on appelle la direction par objectifs, la DPO (Gélinier 1968 et 1979). Mais, là aussi, les gestionnaires de haut niveau ont exercé un pouvoir et un contrôle très restrictifs et ont fait de la DPO, presque partout, un outil de manipulation pour faire croire que des objectifs imposés étaient des objectifs consentis.

Par ailleurs, soulignons que les instruments utilisés en planification opérationnelle, tels que le PERT, le CPM, le plan de charges, se basent sur des modes de calculs qui présentent des faiblesses importantes. Entre autres, mentionnons : l'hypothèse d'indépendance des opérations ou des activités autrement que selon les séquences temporelles, la simple interpolation linéaire entre les contraintes (sur base de calcul de moyennes, par exemple), le fait que les relations de précédence sont le plus souvent étroitement dépendantes de circonstances concrètes futures encore inconnues. Autant de faiblesses qui contribuent à simplifier la réalité à un point tel qu'il peut y avoir des coupures radicales entre ce qui figure sur les plannings et ce qui se passe sur le terrain. C'est pourquoi maints auteurs appellent à concevoir le management, à tous les niveaux, comme une constante écoute et « relecture » de ce qui se passe d'une situation à l'autre et comme un constant effort d'adaptation aux évolutions de la réalité. Encore une fois, les plannings sont des instruments dont on doit se servir, non des maîtres qu'on doit servir.

Il existe, enfin, un dernier problème : la distance et les différences de perceptions entre ceux qui conçoivent ou formulent les plans et ceux qui sont chargés de les exécuter. Peters et Waterman (1983), qui se sont particulièrement penchés sur la question, appellent à considérer et à traiter l'ensemble des employés de l'entreprise non pas comme de simples ressources mais comme des sortes d'« ambassadeurs-partenaires » qui représenteraient, chacun, l'entreprise et répercuteraient vers celle-ci les suggestions, idées, souhaits et demandes venant de l'environnement, aussi bien interne qu'externe. La planification, y compris la planification stratégique, serait ainsi une œuvre que l'on doit souhaiter plus commune et mieux répartie à travers l'organisation, aussi bien dans sa formulation que dans son implantation. En ayant leur mot à dire et en étant écoutés tout au long du processus de planification, les employés pourront y adhérer de façon effective et l'enrichir. Tout planning doit donc contenir en lui suffisamment de souplesse pour permettre toutes les corrections et les adaptations nécessitées par la marche concrète des choses, à laquelle font face, en premier, les employés de la base. C'est un peu en ce sens qu'il convient de comprendre l'usage de la métaphore de l'hologramme de Morgan (1989) à propos de l'organisation et de son fonctionnement.

LES IDÉES IMPORTANTES

SUR LES ACTIVITÉS

La planification stratégique

L'exercice de planification stratégique relève traditionnellement de la haute direction de l'entreprise. Il constitue le noyau dur du travail d'administration puisqu'il consiste à définir de façon rationnelle et systématique les grandes orientations de l'entreprise, sa mission, ses objectifs et les moyens propres à leur réalisation. En ce sens, la planification stratégique est un processus continu de confrontation des objectifs fixés avec les résultats obtenus par le biais d'un mécanisme de feed-back ou, plus communément, de contrôle.

✗ Questions

1. Dans quel contexte se sont développés le vocabulaire et les applications de l'exercice de planification?

2. Quelles sont les principales limites d'une planification rigide et qui se voudrait exhaustive?

3. Quels sont les aspects généralement « calculés » et ceux qui se voient omis dans l'exercice de planification stratégique?

4. Quelle est la différence entre une stratégie « émergente » et une stratégie « délibérée »? Laquelle est préférable et pourquoi?

La planification structurelle et opérationnelle

L'exercice de planification opérationnelle consiste à traduire en des moyens (la structure, les ressources, les tâches) la mission et les objectifs de l'entreprise déterminés à l'étape précédente. Cette combinaison particulière de moyens que possède l'entreprise se fait à l'intérieur du cadre et des limites déterminés lors de l'analyse systématique de l'environnement externe et interne et des contraintes qui leur sont rattachées. Le mode organisationnel choisi (la combinaison particulière des sous-systèmes de l'entreprise impliquant différents rôles, responsabilités et interactions) peut être précisé selon des actions locales et quotidiennes à l'aide d'outils d'établissement de plans opérationnels.

✗ Questions

1. Quel est le principal piège à éviter dans l'utilisation de ces outils?

2. Quelles en sont les plus grandes limites?

3. En quoi le contrôle devient-il un corollaire nécessaire à la planification ?
4. En quoi le concept de stratégie émergente vient-il modifier l'exercice de la planification opérationnelle ?

CHAPITRE 4

Décision et organisation

A. LA DÉCISION : AUTOCRATIE, MANAGEMENT PROGRAMMÉ OU CHOIX CONCERTÉ ?

REMARQUES PRÉLIMINAIRES

On a l'habitude, dans les écrits traitant de la gestion, de dire que le gestionnaire est un décideur. Le domaine lié au travail du gestionnaire qui a suscité, et de loin, le plus de publications, de débats, de discussions et de théories, c'est sans contredit celui de la décision. Cela s'explique surtout parce qu'on y retrouve, de façon encore plus marquante, le fameux modèle de l'armée et du « cerveau qui commande » : comme le général en chef ou le « cerveau » de la biologie du début du siècle, le manager est censé être celui qui pense, qui prend la mesure des choses et qui « donne les ordres ».

On voit là tout le poids que peut prendre la décision, l'élément du processus de gestion considéré depuis toujours comme le plus important. Parce qu'elle est l'élément qui infléchit la vie des organisations, parce qu'elle est le moment où s'actualise la conception que l'on se fait de l'entreprise et de ses composantes. Car c'est à l'occasion de la prise de décision que se manifestent avec le plus de clarté la nature des rapports qui ont cours dans l'organisation, la façon dont on se représente les rôles et statuts, dont on considère l'employé et la portée de son apport à l'entreprise.

Suivant les niveaux et les postes auxquels on accorde la capacité et le droit de décider, on conditionne la manière d'élaborer la structure de l'organisation, son degré de centralisation, son mode de communication, donc son « climat » humain et social.

Il s'agit dès lors de bien comprendre que, encore plus que tout autre élément du processus de gestion, la décision ne peut être considérée comme une simple affaire de procédés ne soulevant que des problèmes techniques, c'est-à-dire de connaissance et d'usage d'outils propres à conduire à « la » meilleure action.

Par une sorte d'habitude installée depuis bientôt deux siècles, on associe celles et ceux qui ont pour fonction de penser à celles et ceux qui peuvent – et doivent – décider. On a systématisé cette habitude après Taylor, qui prônait, comme condition d'efficacité du travail, une nette division entre travail de pensée et de conception, d'une part, et travail d'exécution, d'autre part. On voit tout de suite les conséquences d'une telle attitude : un fossé se creuse entre dirigeants et dirigés, et, au sein de l'organisation, tous ceux qui exécutent sont évincés ou se retirent du champ de l'initiative et ne participent pas à l'effort de réflexion.

La décision a pris une grande importance parce qu'elle revêt ce caractère de prestige et de puissance conféré à la personne qui commande, mais aussi parce que c'est l'acte de gestion (ou l'acte en général) par lequel on s'engage, on se manifeste, on transforme son vouloir en action visible et concrète, entraînant des conséquences tout aussi visibles et concrètes. Il y a donc toute une gloire à tirer de la paternité de tels actes, surtout lorsqu'ils conduisent à une appréciation publique, une notoriété, une publicité média-tique, voire à une sorte de vedettariat, comme cela se fait de plus en plus de nos jours où beaucoup de gestionnaires sont traités dans les médias comme de véritables héros nationaux et internationaux. La tentation est souvent grande, quand on en a le pouvoir, de faire main basse sur tout ce qui contribue à reporter vers soi le crédit des décisions. La décision peut donc être un objet de convoitise et de luttes internes parfois intenses.

On peut aussi concevoir la décision comme une question d'information. Il faut générer l'information nécessaire à la formulation d'un problème, d'une hypothèse, d'un diagnostic. Il faut acheminer, enregistrer, conserver, trier cette information ; il faut enfin la transcrire, la collationner, la traiter, la transformer en actions à entreprendre et la communiquer.

La décision est enfin un problème de mobilisation d'un ensemble de personnes autour d'un acte à accomplir par la réalisation d'actes partiels, séparés et complémentaires. Cette mobilisation ne peut pas se faire – et se fait de moins en moins – par le simple commandement, par l'imposition unilatérale d'une volonté à d'autres volontés.

On peut donc déjà voir, dans ce préambule, que la décision soulève plusieurs problèmes d'ordres différents : l'ordre du mécanisme lui-même, de la rationalité, de la connaissance préalable qu'il suppose, de l'analyse des situations ; l'ordre des rapports avec les autres à des niveaux de conflits d'intérêts, de luttes pour le pouvoir ; l'ordre des capacités à traiter des données éparses et à les transformer en décision ; l'ordre de la transforma-tion de cette décision en actes acceptés et mobilisateurs pour d'autres ; l'ordre, enfin, de l'intervention de l'irrationnel : la part de l'intuition, des valeurs et des croyances.

Le choix est bien difficile quand on a pour objet de traiter de la décision. On pourrait écrire des centaines et des centaines de pages sur le sujet. On pourrait voir comment, depuis les temps les plus anciens, on a toujours pris des décisions et comment la nature et le processus de celles-ci ont évolué selon les époques, les idéologies, les systèmes sociaux (Sfez 1976 et 1984, Boisvert et Déry 1980). On pourrait aussi faire un large répertoire des façons dont on considère que les décisions devraient être prises (Taylor 1947, Fayol 1979, Simon 1977), ou des façons dont on interprète sur le plan comportemental différents modes décisionnels (Simon 1973 et 1976, Argyris 1973, Simon et March 1958). Il serait possible aussi d'élaborer un tableau général des modèles descriptifs qui disent comment se prennent les décisions, comment ont été prises des décisions dans telles ou telles circonstances et quelles **modélisations théoriques** on peut en tirer (Allison 1971, Jacquemin 1967, Cyert et March 1970, Mintzberg *et al.* 1976b). Enfin, on pourrait cataloguer les modes décisionnels selon les différentes facettes que revêt le processus de décision : politique, administratif, rationnel, intuitif, sociologique, etc. (Crozier et Friedberg 1977, Crozier 1983, Sfez 1976, Lindblom 1959 et 1979, Axelrod 1976).

Ce serait certainement un travail fort utile, mais pour ce qui nous concerne, dans le présent cadre d'initiation, nous nous contenterons d'examiner ce qu'on appelle « le processus de décision simple » et « rationnel », ses définitions, ses principes, ses variantes et les principaux éléments du débat qui l'entoure.

J'essaierai donc d'être simplificateur et synthétique dans un domaine où foisonnent les controverses, les théories et les disputes à propos des modes, des niveaux, des natures, des portées, des mécanismes, des outils, des gadgets, des modèles sophistiqués qui aident à la prise de décision. Il existe des manuels et des cours complets sur ces questions. Nous ferons cependant le tour des points sur lesquels presque tout le monde s'accorde en matière de décision, tout en faisant ressortir les zones d'ombre et les grandes interrogations qui se posent à son propos.

LA DÉCISION : DÉFINITIONS, PROCESSUS, ÉTAPES ET OUTILS

Définitions générales

Décider, c'est transformer une volonté en acte, c'est l'élément intermédiaire entre la pensée et l'action, c'est le moment du passage à l'acte proprement dit. Mais comme nous avons, à tout moment, une infinité d'actes possibles ou probables devant nous, décider revient alors à faire constamment des choix, à sélectionner, en toute circonstance donnée, un acte donné. La façon dont s'opère et s'actualise ce choix, c'est ce qu'on appelle le processus de décision.

Le terme « décider » provient du latin *decidere* qui veut dire « trancher ». De nombreuses nuances sont rattachées à ce vocable : trancher, choisir, déterminer, résoudre, arbitrer, juger, opter, se prononcer, etc. Quant au mot

« décideur », on pense qu'il est dérivé de l'anglais *decider* qui désigne « une personne physique ou morale ayant le pouvoir de décision ».

À la décision est donc irrémédiablement associée la notion de pouvoir. Est « décideur » la personne investie d'un pouvoir lui conférant le droit et les moyens de « trancher », d'opter et de faire suivre son option d'une acceptation, d'une obéissance de la part de ceux qui ont pour charge de concrétiser l'option retenue. Dans le monde de l'entreprise, par tradition, les propriétaires ou leurs représentants possèdent – de fait et de droit – le pouvoir de prendre des décisions. Ils sont même explicitement et officiellement chargés du rôle de décideurs, tandis que le reste de l'organisation, en particulier sur la ligne de production, est là pour « faire ce qui est décidé ».

La décision, c'est donc le processus par lequel on aboutit à un choix, mais un choix supposé éclairé, informé et motivé. Il s'agit d'effectuer un choix entre plusieurs façons possibles d'agir en vue d'atteindre un but, dans des conditions et des circonstances données. Ce processus implique toute une série d'actes partiels et séquentiels qui vont conduire le décideur depuis la prise de conscience de la nécessité d'effectuer un choix jusqu'à la sélection d'une solution parmi les solutions les plus adéquates, eu égard à la situation, en passant par la collecte et le traitement de toute l'information nécessaire.

Nous verrons un peu plus loin pour quelles raisons particulières, mais précisons tout de suite qu'il n'est pas question, lorsque l'on prend une décision, de chercher « la » meilleure solution, mais seulement la solution la plus satisfaisante, compte tenu des circonstances dans lesquelles on doit agir.

Ajoutons enfin que la décision, comme les autres actes qui constituent le travail du manager, n'est pas un acte isolé, une sorte de moment privilégié, où le décideur prendrait des décisions, pour ensuite passer à autre chose. C'est, bien au contraire, un processus continu, un cycle, où on devrait constamment revenir sur les choix arrêtés par des retours d'information et des contrôles successifs (voir la figure 4-1).

FIGURE 4-1
Le cycle décision–contrôle

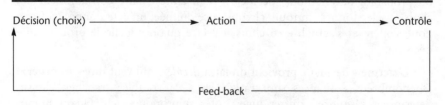

Il s'agit, en fin de compte, d'un processus qui consiste à être, en permanence, placé devant des choix, comme nous le montre Mintzberg (1984) dans sa description des activités variées et fragmentées des gestionnaires. Que ce soit pour les ressources, pour l'information, pour les communications, pour la représentation, ou pour ses rôles spécifiquement décisionnels, le manager est sans cesse amené à trancher, à opter, à arrêter, donc à choisir et à décider.

Les étapes du processus de décision simple

Il convient ici de préciser que nous allons traiter d'étapes de prise de décision dans un cadre dit « rationnel » et « simple ». C'est-à-dire dans un cadre qui suppose que l'ensemble des éléments dont on a besoin peut être connu et accessible, que le mode de traitement de ces éléments est, sur la base de l'analyse séquentielle, garant par lui-même de sa justesse et de sa logique, que les facteurs intuitifs, émotifs, idéologiques, etc., sont négligeables au point de pouvoir être totalement ignorés (Leroy 1973). Si l'on accepte ces prémisses – ce que l'on fait d'ailleurs le plus généralement –, le déroulement séquentiel d'un processus rationnel aboutissant à une décision devrait être le suivant :

– **Étape 1.** Prise de **conscience** de l'existence d'un problème, de la nécessité d'effectuer un choix, d'arbitrer, de corriger, de réorienter, de changer les choses ; localisation et identification du problème, de la difficulté ou du besoin nouveau.

– **Étape 2.** Précision de l'état des choses par une plus grande définition du problème, par l'élaboration d'un **diagnostic**. C'est à cette étape que l'on doit réunir un maximum d'informations sur les caractéristiques de la situation, sa genèse, les facteurs principaux y ayant conduit, aussi bien à l'intérieur qu'à l'extérieur de l'entreprise.

– **Étape 3.** Rappel, précision sinon détermination des **objectifs** généraux visés et des objectifs partiels à atteindre pour corriger ou améliorer la situation. Ces objectifs doivent, comme dans le cas de la planification, être aussi précis que possible et aussi « mesurables » que possible. Si les conditions s'y prêtent, les objectifs doivent également être hiérarchisés, distingués par ordre de priorité, allant du plus immédiat, du plus partiel, au plus global.

– **Étape 4.** Détermination des **critères**[1] qui vont servir à comparer options et possibilités, à en donner des « mesures » plus objectives et à rendre les buts à atteindre plus spécifiques, plus facilement quantifiables.

---

1. Revoir la définition de ce mot donnée à la section « Le vocabulaire de la planification stratégique » du chapitre 3.

– **Étape 5.** Identification, inventaire des **ressources** disponibles et de leur état. Étude de la capacité de ces ressources à mener à la réalisation des objectifs retenus. Étude des possibilités de se procurer des ressources supplémentaires, au besoin, etc.

– **Étape 6.** Recherche et identification des **contraintes** contournables et incontournables, intérieures et extérieures, financières et humaines, matérielles et légales.

– **Étape 7.** Recherche de **possibilités**, de solutions, d'options susceptibles, dans le cadre des objectifs, des ressources et des contraintes répertoriés, de conduire le plus près de l'état futur désiré. Il est important ici de recenser un maximum de solutions et d'options, de ne pas s'arrêter à la première possibilité qui semble envisageable, car en y réfléchissant davantage on pourra toujours trouver mieux. Comme nous le verrons plus loin, il existe des techniques qui permettent de ne pas laisser de côté des options qui pourraient être profitables.

– **Étape 8. Comparaison** et évaluation de toutes les solutions retenues comme envisageables en regard des objectifs, des ressources, des contraintes.

– **Étape 9. Sélection**, enfin, de la solution (ou de la combinaison de solutions) la plus apte à mener le plus directement et aux moindres coûts au résultat désiré.

On peut, pour rendre tout cela un peu plus concret, prendre un exemple qui illustrerait ce qu'est un processus de décision simple et rationnel:

– **Étape 1.** Supposons que mon «problème», ce soit l'exiguïté et le coût élevé en énergie de mon logement actuel.

– **Étape 2.** Il me faut d'abord déterminer avec plus de précision en quoi consistent exactement l'exiguïté et le coût en question: besoin d'une chambre supplémentaire? d'un bureau? d'une salle commune? d'espaces extérieurs? de plus de lumière? de plus d'isolation? de matériaux différents?

– **Étape 3.** Il me sera alors possible de mieux définir ce que je voudrais avoir comme type de logement, son agencement intérieur et extérieur, sa luminosité, son isolation.

– **Étape 4.** Puis je pourrai définir des critères qui me permettront d'évaluer les différentes formes d'agencement et d'économie d'énergie: dimensions des pièces, hauteur des plafonds, éclairage naturel, ensoleillement, coût annuel du chauffage, types de matériaux.

– **Étape 5.** Selon mes objectifs et les critères minimaux que je retiens, je peux évaluer les ressources qui me seront nécessaires: sommes d'argent, temps de recherche et de déplacement, temps de travail en éventuelles rénovations, etc., et comparer avec les ressources dont je dispose effectivement ou dont je pourrais disposer.

– **Étape 6.** Alors je peux combiner aux éventuelles contraintes de ressources (sommes que je ne peux dépasser, temps maximum dont je dispose) d'autres contraintes telles que la distance par rapport au lieu de travail, la proximité d'une école, le taux de taxes locales, etc., et faire le tri entre contraintes définitives, provisoires, amovibles, inamovibles, contournables.

– **Étape 7.** Tout ce travail préalable me permet de dresser la liste des options (solutions possibles) qui s'offrent à moi et qui me permettent d'atteindre, au plus près, mes objectifs, tout en tenant compte de mes ressources, de mes échéances, de mes contraintes, etc. Parmi ces options (qui se résumeront dans ce cas à des types de maisons, de quartiers) doivent aussi, pour qu'elles soient exhaustives, figurer celles de réaménager mon logement actuel, de louer, d'acheter du neuf, d'acheter plus vieux et de rénover, etc.

– **Étape 8.** Ma liste d'options et mes objectifs, critères, ressources, contraintes en main, je peux analyser et comparer les différentes possibilités réellement envisageables. Ici les critères et les contraintes vont m'être utiles pour ne retenir que les options qui vont le plus directement dans le sens de mes objectifs : le logement qui me donne le plus d'espace, de lumière et d'économie de chauffage, dans les limites de mes moyens et de mes contraintes incontournables.

– **Étape 9.** Enfin, je tranche en choisissant une option : la plus favorable parmi les plus envisageables, en l'état actuel des choses.

Bien entendu, comme lorsqu'il s'est agi de planifier, lorsqu'on arrête une décision, il convient de prévoir aussi les moyens et les conditions pour son actualisation, les moyens et les conditions pour le suivi et la vérification des réalisations, ainsi que les possibilités de corriger l'action et les différentes décisions partielles qu'il faudra prendre en cours de route. Si l'on combine la conception classique de la décision (par exemple, Leroy 1973) et les considérations de Mintzberg (1984) sur le mode réel de travail du manager, on peut voir que le processus de décision, comme il est conçu dans le présent cadre, s'inscrit dans une succession d'événements que Leroy dénomme « chaîne » de « moyens » et de « fins » : chaque décision conduit à un résultat qui devient le moyen nécessaire pour prendre une autre décision et arriver à une autre fin, et ainsi de suite.

Les différents types de décision

La plupart des auteurs, dont Mintzberg (1982), s'accordent pour classer les décisions en trois grands types, un peu de même nature que les types de planification que nous avons déjà vus : décision stratégique, décision administrative, décision courante ; et en deux types secondaires : décision programmée ou non programmée.

La décision stratégique

Il s'agit là de décisions arrêtées au sommet stratégique de l'organisation : elles touchent des actions globales, de grande portée, engageant les politiques et les orientations générales de l'entreprise, mettant en jeu plusieurs structures et fonctions à la fois, et visant les buts d'ensemble (par exemple, produits à lancer, choix des marchés, détermination des marges de profit).

La décision administrative

Cette décision est plus de l'ordre du moyen terme, de l'action d'une structure ou d'une fonction à la fois. Elle vise surtout à assurer la disponibilité des moyens et leur combinaison pour réaliser chacun des buts partiels conduisant à la réalisation des buts globaux de l'entreprise (par exemple, recrutement, promotions, achats, agencement des lieux de production). C'est le genre de décision prise par la hiérarchie intermédiaire.

La décision courante

Cette décision ne concerne que l'action très locale, quotidienne ou de portée temporaire très limitée. Elle ne vise que le court terme et la réalisation de buts opérationnels ; elle n'engage que des fonctions ou des postes individuels et non des structures (par exemple, modifier la composition d'une équipe d'ouvriers, changer l'ordre de visite aux clients, réparer ou remplacer une pièce de machinerie). Ce genre de décision est laissée à l'initiative de la hiérarchie de terrain, celle qui est la plus proche de l'exécution du travail.

La décision programmée

Selon la terminologie de Simon (1980 et 1983), il s'agit du genre de décision que l'on peut retrouver à tous les niveaux de l'organisation et qui consisterait à appliquer des procédures connues, répétitives et routinières. Par exemple, chaque matin, il faut prendre un certain nombre de décisions pour mettre en marche la production, ou répondre à la demande d'un client. Tant que des décisions impliquent des actes et des procédures habituels, connus, prévus, il s'agit de décisions dites « programmées » : les éléments, les étapes et les intervenants sont établis et codifiés d'avance et sans risque de changements importants. On peut facilement confier à un ordinateur ce genre de décision, puisqu'il s'agit de réponses prévues à des situations prévues et prévisibles.

La décision non programmée

Au contraire de la précédente, la décision non programmée implique l'imprévu, le non-codifié, l'inattendu, le nouveau, l'*ad hoc*. Un client qui demande un aménagement encore jamais réalisé du produit qu'il achète, un employé qui demande un type de congé ne figurant pas dans le règlement ou le taux de rebuts qui dépasse soudain la limite admise sont autant de situations qui appellent autre chose que le simple jeu habituel et automatique des procédures établies. Plus on monte dans l'échelle hiérarchique, plus les décisions non programmées sont susceptibles d'être nombreuses, sinon exclusives, dans le cadre du management traditionnel.

QUELQUES OUTILS D'AIDE À LA DÉCISION

Sans trop sortir du cadre de la décision rationnelle et simple, on peut utiliser certains instruments qui permettent de formaliser davantage les étapes de la prise de décision, notamment en y incluant des formes de quantification, des calculs de probabilités et diverses possibilités de comparaisons chiffrées.

L'arbre de décision

L'arbre de décision (Magee 1973) fait partie des techniques dites « des arborescences », techniques qui, comme le PERT ou le CPM, aident à figurer, sous forme de ramifications et de précédences (d'où la forme d'arbre avec des branches, des fourches), divers événements et opérations interdépendants. On utilise l'arbre de décision pour visualiser et comparer des combinaisons et des enchaînements décisions–événements–décisions. Il permet aussi de mieux tenir compte de l'incertitude face à ce qui peut arriver dans le futur, et de réfléchir sur l'influence que les événements hors de notre volonté ou inconnus dans le temps présent peuvent avoir sur les décisions ultérieures. On peut en faire un outil assez sophistiqué en incluant des probabilités associées à chacun des événements prévus, des montants de gains escomptés, selon que ces événements se réalisent ou non, etc. Mais, aux fins de notre propos, nous nous contentons d'en voir simplement le principe.

Il s'agit, en gros, de partir d'une décision initiale, par exemple, la solution ou l'option retenue après analyse d'une situation. On la fait suivre des événements qui peuvent, en toute logique, survenir en cours de route après cette première décision ; puis selon chacun des événements à survenir, on indique les décisions qui peuvent être prises, et ainsi de suite jusqu'à la conséquence ultime de ce que l'on désire entreprendre.

Un exemple simple, emprunté à Magee (1973), illustre aisément le mécanisme : supposons que l'on veuille inviter des amis à un barbecue dans le jardin. Il peut, ce jour-là, faire beau ou pleuvoir : on a donc à décider, en premier lieu, entre offrir ce barbecue à l'intérieur ou à l'extérieur. Chacune de ces décisions, selon qu'il fera beau ou pas, nous donnera un certain niveau de contentement ou de désagrément, nous donnera des regrets ou des satisfactions.

Par convention, on construit un arbre de décision selon des séquences associant des «nœuds de décision» (actes délibérés que l'on choisit de commettre) et des «nœuds d'événements» (circonstances indépendantes de notre volonté qui se produisent ou non selon les conditions prévalant après la décision), comme l'indique la figure 4-2.

FIGURE 4-2
Éléments de base d'un arbre de décision

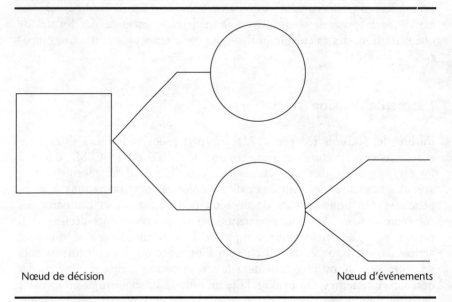

Nœud de décision   Nœud d'événements

En reprenant notre exemple, on pourrait construire un arbre de décision qui illustre chacune des décisions que l'on peut prendre quant à la façon d'offrir ce barbecue, les différents événements qui peuvent survenir (et agrémenter ou, au contraire, diminuer le plaisir associé à cette activité), les décisions subséquentes qu'on peut prendre selon qu'un événement ou un autre se produit, et ainsi de suite (voir la figure 4-3). En comparant les différentes «branches» de notre arbre, nous pourrons opter pour la décision qui porte en elle les plus grandes promesses de gains ou de plaisir. Répétons qu'avec l'aide de probabilités et de quantification des gains espérés, on peut effectuer des calculs précis par branche et ainsi disposer de bases de comparaison plus «objectives».

FIGURE 4-3
Exemple d'arbre de décision

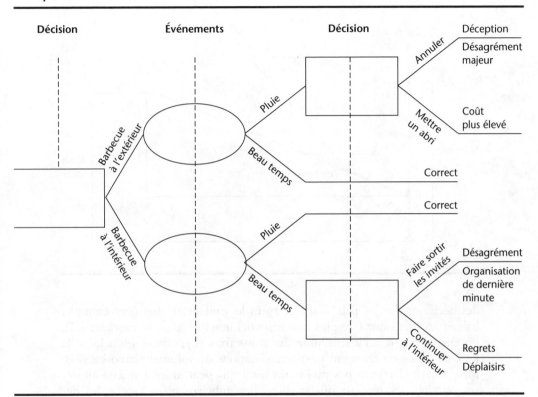

Le point mort[2]

Il s'agit là d'un outil de nature comptable, dont le principe repose sur la prise de décision concernant, par exemple, des volumes de biens ou de services à produire, des quantités à vendre pour, au moins, couvrir les coûts totaux que notre production ou notre effort de vente engendrent (Lanoix 1973). On peut exprimer graphiquement cette technique et visualiser le volume d'affaires minimal, c'est-à-dire celui à partir duquel on peut commencer à opérer avec profit (voir la figure 4-4). Le point X indique la quantité minimale de biens ou de services à produire et à vendre si on ne veut pas se retrouver en situation de pertes.

De nombreux reproches peuvent être adressés à la notion de point mort, notamment ses hypothèses implicites quant aux possibilités de modifier

2.   Cette notion est étudiée en détail dans les cours de comptabilité plus spécialisés. Il suffit ici d'en comprendre le principe général.

FIGURE 4-4
Le point mort

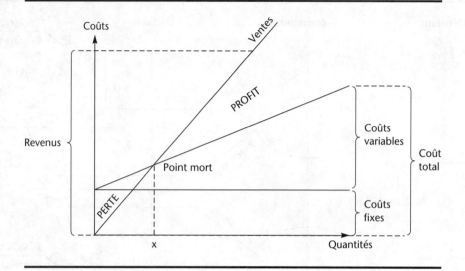

des décisions sur les prix avant et après le seuil déterminé (par exemple, baisser les prix pour être plus concurrentiel une fois le point mort atteint), ou encore quant à l'insensibilité des coûts fixes (hypothèse selon laquelle les coûts fixes ne changent pas) aux variations de volumes (Lanoix 1973). Mais il n'en demeure pas moins un outil qui peut aider à mieux ajuster ses activités, les répartir ou les diversifier judicieusement face à des demandes fluctuantes, saisonnières ou cycliques.

Les comparaisons d'utilité des options

Il s'agit là de techniques un peu plus subtiles, s'appuyant généralement sur des modèles mathématiques ou des calculs plus sophistiqués que dans le cas du point mort. Leur usage est censé aider, « rationnellement » et en contexte de plus grande incertitude, à trancher entre deux ou plusieurs options selon les résultats que chacune d'elles pourrait permettre (Clelland et King 1971, Benn et Mortimore 1976). Le principe en est de retenir, après comparaison « objective », celle qui, parmi les options possibles, maximise les gains, ou celle qui minimise les pertes, ou encore celle qui maximise le gain minimum, etc. Ces techniques portent des noms tels que **maximax**, **maximin**[3].

---

3.   Des ouvrages spécialisés traitent de ces méthodes. Encore une fois, il suffit ici d'en comprendre le principe.

Dans les cas où l'avenir est plus difficile à circonscrire, où l'incertitude est plus grande, on ne peut facilement déterminer l'option la plus « payante ». Le choix doit donc être plus subtil, notamment lorsqu'on veut maximiser son niveau de sécurité ou ne courir que des risques calculés. Les méthodes varient selon le degré d'incertitude rencontré :

1. Si l'on peut associer des probabilités aux différents événements susceptibles de se produire, on peut alors effectuer un calcul de « gains nets », en pondérant le résultat escompté par la probabilité associée à chaque événement, et retenir l'option qui donne le gain net espéré le plus élevé. C'est la **maximalisation** des gains.

2. Si l'on ne peut associer aucune probabilité réaliste aux événements futurs, on peut soit être « pessimiste » et recourir au **maximin** (choisir l'option dont le plus mauvais des résultats est meilleur que le plus mauvais résultat des autres options), soit être « optimiste » et retenir plutôt la méthode du **maximax** (choisir l'option dont le meilleur des résultats est meilleur que les résultats les plus favorables des autres options). On le voit bien, on commence à entrer ici dans le domaine du subjectif, des croyances, des valeurs qui fondent le fait de donner des probabilités à des événements futurs, d'être « pessimiste » ou « optimiste ».

Le *brainstorming*

Méthode dite aussi du « remue-méninges », cette technique est très utilisée en prise de décision pour générer des idées nouvelles et originales. C'est une façon d'être plus créatif et plus novateur dans la recherche de solutions ou d'options. Elle consiste, dans ses grandes lignes, à réunir un groupe de personnes autour de la question à débattre, puis, après avoir procédé à quelques minutes de relaxation et de « libération » des esprits, à leur demander d'exprimer tout ce qui leur passe par la tête, à propos du problème en discussion. Même les idées les plus fantaisistes et les plus farfelues doivent être soigneusement enregistrées. Cela étant justifié par la nécessité de « suspendre le jugement et la censure » des participants, de les libérer de leurs façons habituelles de traiter les problèmes. Pratiqué en groupe de 4 à 12 participants, le *brainstorming* est censé permettre de faire un tour très exhaustif (jusque sur le plan des associations inconscientes) de tout ce que l'on pourrait imaginer pour traiter un problème donné. Une fois que l'animateur (qui doit avoir la compétence nécessaire) a estimé que l'on a épuisé le processus de génération d'idées, on procède à des analyses, des regroupements, des tris, des éliminations, etc., puis l'on retient, parmi toutes les idées émises, celles qui peuvent apparaître comme susceptibles de mener à des options plus riches, plus originales, plus fructueuses. Quand on pratique cette méthode, on peut être très surpris de voir des idées initialement considérées comme totalement saugrenues s'avérer, après le processus de tri, des sources d'inspiration très fécondes et des bases d'actions très adaptées.

Un modèle de décision en équipe

Nous devons à Vroom (1973) une méthode assez astucieuse de prise de décision en contexte de gestion en équipes (gestion de projets, par exemple). C'est une méthode que doit appliquer la personne en position de responsabilité et pour qui, à cause de sa situation, il est important de pouvoir compter sur l'adhésion et la participation active des subordonnés ou des collaborateurs, dans le respect de leur expérience et de leur compétence.

En gros, cela consiste à soupeser chaque décision que l'on doit prendre en fonction :

– de l'importance de la décision (en retombées, en portée, en conséquences) ;
– de l'accessibilité de l'information nécessaire à la décision ;
– de la capacité de décider seul ;
– de la nécessité d'informer les membres ;
– de la nécessité ou de l'opportunité de les consulter ;
– de la nécessité de leur adhésion préalable ;
– du degré d'opposition susceptible d'être rencontré si on décide seul ;
– du temps dont on dispose avant de devoir arrêter une décision.

Selon les réponses apportées à ce questionnement systématique, la personne responsable pourra décider immédiatement et seule, se contenter de demander des informations et décider seule, informer les membres puis décider, les consulter avant décision, les associer à la réflexion avant décision, les faire participer jusque dans le choix final, selon la nature, la portée, les enjeux que présente chaque type de décision à prendre. Cette méthode apparaît comme un bon compromis entre l'autocratie absolue et la concertation tous azimuts. On ne consulte et se concerte que lorsque cela s'avère nécessaire, utile et approprié.

DÉBATS AUTOUR DE LA DÉCISION

Sans trop entrer dans les détails, nous signalerons tout de même l'essentiel de chacun des points qu'on peut considérer comme importants dans les débats les plus persistants autour du phénomène décisionnel.

On constate d'abord que l'on ne cesse de se renvoyer la balle d'une école à l'autre, se reprochant mutuellement d'être trop rationalistes et formalistes (Simon 1959 et 1977, Rapaport 1967, Fericelli 1978) ou au contraire trop behavioristes (Lindblom 1959 et 1979, Simon 1959 et 1980, Barnard

1950, Argyris 1973) ou encore trop politiques (Allison 1971, Crozier et Friedberg 1977, Salancik et Pfeffer 1974), ou même trop organisationnels (Thompson 1959, March et Olsen 1976, Weeks 1980), etc.

Cela montre à quel point la discussion peut être intense, variée et constamment réalimentée. Cependant, on peut dire que le domaine théorique de la prise de décision a été principalement marqué par la conception dite de l'*homo economicus*. C'est-à-dire de l'être humain rationnel, logique et qui agit en fonction d'une seule finalité : maximiser ses gains personnels à tout moment. Même J. Stuart Mill, l'un des fondateurs de la science économique, a déclaré « absurde » tout économiste qui songerait sérieusement que l'humanité se comporte ainsi[4].

Pourtant, il faut bien l'admettre, une énorme part de nos théories du management – et plus précisément de la décision – se base presque exclusivement sur une telle vision de l'humanité : un être humain en perpétuel état de « calcul » d'avantages et de coûts, avant d'entreprendre le moindre acte ou d'arrêter la moindre décision.

On a longtemps cru, notamment avec la belle époque de la croissance générale soutenue du début du siècle, que l'on pouvait à peu près tout prévoir et tout prédire, à condition d'appliquer la bonne façon de raisonner. On pouvait donc aussi, croyait-on, chercher et trouver « la » bonne solution (la *one best way* du taylorisme). C'est ce que l'on a appelé la rationalité absolue.

Mais devant l'échec inévitable d'une telle attitude, notamment illustré par la crise de 1929, on s'est mis à parler de rationalité limitée (Simon 1955 et 1978). Ce qui veut dire que la capacité de l'humain d'être rationnel de façon « pure » est tout à fait improbable : il est limité par son inévitable subjectivité, par l'impossibilité de disposer de toute l'information et de la traiter, l'impossibilité d'épuiser tous les scénarios imaginables. Plutôt donc que de rechercher « la » meilleure option, l'humain devrait – et ne pourrait que – chercher l'option la plus satisfaisante, dans des circonstances données. On passe donc de l'objectif de maximalisation à un objectif de simple satisfaction conjoncturelle. Dans leur chapitre intitulé « Pour une nouvelle théorie », Peters et Waterman (1983) mènent une attaque en règle contre le modèle rationnel de gestion et de décision qui domine encore la scène, dans le management nord-américain en particulier, modèle qui perpétue la croyance en la *one best way* et en la prévisibilité de toutes choses.

Beaucoup de discussions se tiennent aussi autour du rôle de l'intuition et de l'irrationnel dans la prise de décision. On affirme même parfois, comme Morita (1986), que le côté intuitif est cet élément clé qui établit la différence entre une décision qui entraîne des sauts qualitatifs importants et une décision qui perpétue le *statu quo*. Morita donne l'exemple de la

---

4. Voir Bellemare et Poulin-Simon (1986), p. 36, 37.

décision de lancer le Walkman par sa compagnie Sony, et qui était, d'après lui, une décision purement intuitive. Bien entendu, tout cela pose le problème de savoir ce qu'est une intuition, et en quoi consiste le processus intuitif. On peut montrer que, s'il s'agit d'un processus largement inconscient, il n'en est pas moins tributaire, pour être « efficace », d'une expérience et d'un savoir les plus variés et les plus riches possible.

Il nous faut également considérer que la décision se présente aussi comme un phénomène :

- qui implique des mécanismes politiques, des mécanismes de pouvoir et de luttes pour le pouvoir (Crozier et Friedberg 1977, Crozier 1983, Allison 1971, Jacquemin 1967) ;

- qui sous-entend l'intervention inconsciente de valeurs, de croyances, de « vérités premières » dogmatisées (Sfez 1976 et 1984, Daval 1981, Crozier 1983, Beyer 1981) ;

- où la formulation même du problème, sa structuration, constitue l'étape la plus déterminante et la plus susceptible de jouer un rôle de distorsion et de contamination dans le processus de prise de décision (Landry 1983, Audet *et al.* 1986, Sfez 1976) ;

- où le risque de confondre les symptômes et les problèmes est très grand. Cela pose bien sûr toute la question du rapport fonctionnalisme-radicalisme : pour conserver le *statu quo* et garder l'ordre des choses dans un état toujours favorable aux « décideurs », on s'abstient, bien souvent, d'aller à la racine des problèmes, à leurs origines et causes profondes. On préfère s'en tenir aux manifestations superficielles, donc très souvent aux symptômes (Chanlat et Séguin 1983 et 1987, Braverman 1976, Mouzelis 1967) ;

- où, enfin, l'on prétend faire jouer le plus grand rôle possible à la créativité, alors qu'en même temps on ne cesse de pratiquer et d'encourager la rapidité dans la décision et la spécialisation la plus poussée dans la formation et dans les rôles. Or, on le sait, Boisvert et Déry (1980) le confirment très explicitement, il n'y a de créativité réelle qu'en fonction des connaissances les plus diversifiées et les plus générales. Sans ce genre de connaissances, à peu près aucune créativité (ni « intuition » adaptée) n'est possible (Laborit 1970 et 1974, Chanlat et Dufour 1985, Passet 1983).

EN GUISE DE CONCLUSION

Comme on peut le voir, la prise de décision est, de l'ensemble des éléments du processus administratif, celui sans doute qui pose le plus de problèmes de définition, de compréhension et d'application. Pourtant, on s'accorde pour dire, dans la tradition, que c'est la base du travail du gestionnaire. De fait, il faut bien comprendre que la décision se situe au cœur du rapport de domination, de maintien de privilèges et de capacité d'infléchissement des activités de l'entreprise et du sort des différents protagonistes. La décision est un phénomène complexe parce qu'elle pose, en plus de problèmes de procédures et de techniques, de profonds problèmes d'enjeux au sein des organisations. C'est le noyau dur des luttes pour le pouvoir.

On sait depuis toujours que décider, c'est imposer une volonté, et donc courir le risque de voir cette volonté s'opposer à d'autres volontés. Et les volontés ne peuvent converger que si l'organisation devient un lieu de partage effectif de finalité, de sens, des initiatives, des buts, des risques et des gains possibles. Il faut à la fois associer les parties en présence, faire participer et décentraliser le plus possible, afin que chaque individu puisse s'automotiver par la possibilité de prendre en charge des actes qui lui sont propres, ou auxquels il prend part de façon active et autodéterminée. C'est cela le contenu de fond de ce qu'on appelle l'enrichissement des tâches (Herzberg 1972), ou encore les « cercles de qualité » (Morita 1986).

La question de la décision reste liée à une certaine conception militariste et dominatrice de l'organisation, en même temps qu'à une conception de toute puissance et d'omniscience des dirigeants, contrastant avec une vision infantilisante de l'ouvrier ou de l'employé « fait pour exécuter » (Argyris 1958, Sievers 1986). N'ayant pas son mot à dire, ni de décision à prendre, cet employé ou cet ouvrier du management traditionnel n'aura d'autre choix que de se conformer, strictement, à ce qui est exigé de lui, d'après sa « fiche de poste »... Ce qui, à la limite, peut ressembler à une sorte de grève du zèle érigée en système. Incidemment, travailler selon les prescriptions de la fiche de poste équivaut, pour les dirigeants japonais, à « travailler sans sa tête » (Servan Schreiber 1980). C'est aussi la façon dont on fait la grève au Japon.

***

B. DE L'ORGANISATION À L'AUTO-ORGANISATION

DÉFINITIONS GÉNÉRALES

Les façons de définir l'entreprise peuvent presque varier à l'infini, selon le point de vue que l'on adopte. On peut en effet en parler en tant que lieu de fabrication, lieu de transformation, lieu où l'on doit générer une valeur ajoutée, où l'on s'attache à satisfaire des besoins ou à fournir des services. Chacune de ces définitions correspond à une vision qui privilégie l'une ou l'autre des fonctions de l'entreprise : la production, les ventes, la comptabilité, etc.

Mais pour ce qui concerne l'entreprise **en tant qu'organisation**, il n'y a à peu près pas d'autre choix que de passer par l'approche systémique, dérivée de la théorie générale des systèmes (Bertalanffy 1973, Rosnay 1975,

Katz et Kahn 1978, Chanlat et Séguin 1983). Pour simplifier, disons qu'il s'agit d'une approche qui nous vient de deux sciences fondamentales : la physique et la biologie, sciences qui ont pour rôle de déchiffrer les propriétés et fonctionnements de « structures organisées », c'est-à-dire de « systèmes ». Un système implique l'existence d'un ensemble d'éléments formant un tout à travers des réseaux d'interactions et d'interdépendances. La théorie des systèmes s'impose de plus en plus, car l'étude selon la méthode analytique (isoler des éléments et les étudier séparément, les « analyser ») n'est pas capable de rendre compte de ce qui se passe dans un objet d'étude complexe, qui implique des relations multiples d'interdépendances (Morgan 1989).

Si l'on se tourne vers la biologie, on voit que celle-ci a pour rôle d'étudier surtout des organismes qui sont des ensembles d'organes reliés entre eux, en constantes interactions et interdépendances, et animés d'une finalité : la survie de l'organisme. Ainsi en est-il de l'organisation comme institution qui n'est rien d'autre qu'un ensemble d'éléments (humains et matériels) reliés entre eux, interagissant constamment, interdépendants les uns des autres, et ayant pour but de réaliser les objectifs retenus pour assurer la survie de l'institution et de ses membres.

Retenons donc ici qu'on ne peut comprendre, par l'analyse d'éléments séparés et isolés, ce qui est à considérer, par nature, comme une totalité, où chaque élément ne survit et ne prend son sens qu'en fonction des autres éléments et du tout. C'est cela la leçon centrale de l'approche systémique : on ne peut comprendre l'organisme humain comme entité intégrée en analysant séparément et isolément le foie, le rein, le pancréas, etc. Il faut, au contraire, à chaque niveau, retenir un tout comme système et étudier les éléments et leurs interactions à l'intérieur de ce tout : les différents tissus et cellules à l'intérieur du foie ou du rein (alors conçus comme « touts »), puis, foie, rein, pancréas, etc., dans leurs interactions à l'intérieur de l'organisme en entier (un « tout » plus large). Ainsi, on peut schématiser l'organisation comme étant un système composé de sous-systèmes (patrons, ouvriers, syndicats, différentes fonctions) et inséré dans un système plus vaste qui est l'environnement social, économique, écologique et technologique. À chacun de ces niveaux, jouent, bien entendu, de nombreuses interactions et interdépendances (voir la figure 4-5).

Avant de voir plus en détail ce que supposent et en quoi consistent, dans le domaine administratif, l'organisation et l'acte d'organiser, il nous faut d'abord délimiter avec plus de précision le sens du vocable lui-même.

« Organisme », « organisation », « organiser », « organisationnel » dérivent du mot « organe », qui provient du latin *organum* et qui signifie « instrument, outil, partie d'un tout, partie d'un corps vivant qui remplit une fonction utile à la vie ».

« Organiser » ne prend son sens de « doter d'une structure », d'une « constitution déterminée », d'un « mode de fonctionnement » que vers la

FIGURE 4-5
Une vue systémique de l'organisation

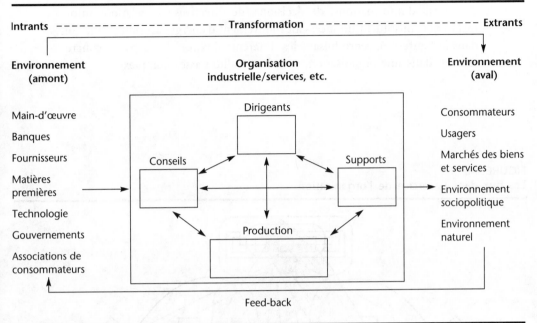

Intrants – Transformation – – – – – – – – – – – – – – – – – Extrants

Environnement (amont) — Organisation industrielle/services, etc. — Environnement (aval)

Main-d'œuvre
Banques
Fournisseurs
Matières premières
Technologie
Gouvernements
Associations de consommateurs

Dirigeants
Conseils
Supports
Production

Consommateurs
Usagers
Marchés des biens et services
Environnement sociopolitique
Environnement naturel

Feed-back

fin du XVIIIe siècle. Il prend aussi le sens d'«agencer», de «disposer» et d'«ordonner». Auparavant, et depuis le XIVe siècle, ce mot signifiait «rendre apte à la vie» (on voit ici la présence du sens dérivé d'«organe»). Mais on peut aussi bien dire que «organiser», dans le sens de «doter d'une structure», c'est en quelque sorte rendre viable, rendre effectivement «apte à la vie».

Par ailleurs, le mot «organisation» est presque contemporain du mot «organiser» dans son acception de «façon dont un ensemble est organisé, dont il est agencé pour son fonctionnement», ou d'«association qui se propose des buts déterminés».

En management, lorsqu'on parle de l'organisation, on parle d'un peu tout cela. On désigne du nom d'«organisation» l'ensemble interrelié et interdépendant des personnes, statuts, rôles et moyens réunis en vue de réaliser un ou plusieurs objectifs préétablis. On peut dire qu'il y a organisation dès qu'il y a réunion de deux personnes ou plus (une avocate et sa secrétaire, par exemple) et de moyens (finances, locaux, outils) en vue d'atteindre des buts poursuivis en commun.

Cependant, l'approche systémique nous apprend que, pour réaliser sa finalité, tout système vivant et ouvert a besoin d'utiliser de l'énergie et d'échanger énergie et matière avec son environnement. Mintzberg (1982), après de Rosnay (1975), parle de « flux » qui parcourent toute organisation pour lui permettre de « vivre ». Ces flux sont des sortes de courants continus de travail, d'informations, de décisions, de directives, de relations informelles qui constituent un incessant mouvement d'énergie. Comme on le voit dans la figure 4-6, reproduisant les différents flux, ce qui se passe, concrètement, dans une organisation, prend une allure assez complexe.

FIGURE 4-6
Les flux dans l'exercice de l'organisation

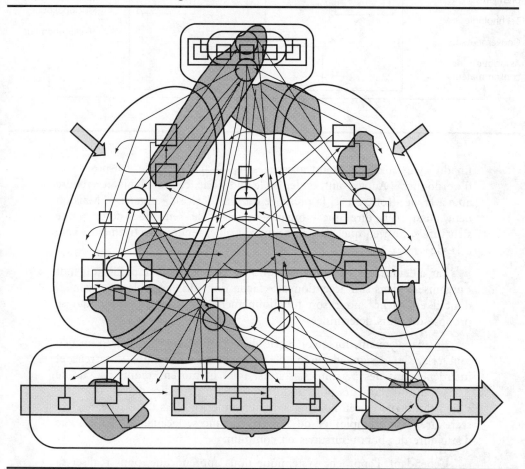

Tiré de : Mintzberg (1982) *Structure et dynamique des organisations*. Éditions d'Organisation et Agence d'Arc. Reproduit avec autorisation.

Dans cette représentation, nous voyons une superposition des différents flux qui parcourent l'organisation pour lui donner vie : les flux de relations formelles déterminées par les statuts et organigrammes, les flux de relations informelles naissant spontanément et officieusement entre personnes de différents niveaux et de différentes structures, les flux de travail habituel d'amont en aval dans les diverses unités, les flux de décisions ponctuelles dans et à travers les structures, les flux de relations au sein de comités informels de réalisation de tâches particulières (« constellations de travail » dans le langage de Mintzberg), les flux de relations avec l'environnement extérieur qui se répercutent dans la vie interne de l'organisation, etc.

Cette façon de représenter l'entreprise renvoie à un phénomène fondamental : la notion de « complexité ». Et cette complexité doit nous indiquer d'ores et déjà l'ampleur des difficultés qu'il y a à prétendre en contrôler, depuis un point particulier (la haute direction), le fonctionnement d'ensemble. C'est de là que des notions telles que le « bruit » et l'« auto-organisation », dont nous parlerons plus loin, prennent tout leur intérêt.

Pour résumer, disons qu'une organisation est un ensemble ordonné, agencé, composé d'éléments auxquels on assigne des places (des positions), des rôles (des fonctions à remplir) et qui sont en permanentes interrelations les uns avec les autres, sous différents aspects : hiérarchique, formel, informel, de comités de travail, de flux d'opérations courantes, de décisions ponctuelles, etc.

Desforges (1973) parle, pour toute organisation, d'aspects statiques (places, éléments, rôles, lieux) et d'aspects dynamiques (relations, informations, communications, feed-back, systèmes de gestion et de motivation). L'organisation est donc à la fois un agencement de personnes et de moyens, et le mode de fonctionnement qui lui donne vie.

LES PHASES ORGANISATIONNELLES ET L'ÉVOLUTION DES STRUCTURES

Par convention et pour la clarté de l'exposé, nous parlerons de « structure » lorsqu'il s'agira surtout de « forme », de « configuration », et d'« organisation » lorsqu'il sera, en plus, question de « façon de fonctionner ». Mais insistons : ce n'est là que convention car on ne fait en général à peu près pas de distinction, dans la littérature managériale, entre les termes « structure » et « organisation », presque considérés comme synonymes. On peut, bien entendu, faire référence à la même réalité tantôt comme « structure » et tantôt comme « organisation » ; c'est ainsi qu'on pourra aussi bien parler de « structure matricielle » que d'« organisation matricielle », etc.

Avec Mintzberg (1982), nous constatons qu'il y a une évolution des « configurations » organisationnelles qui peut conduire l'entreprise depuis une « structure simple » aux rouages et fonctionnements très rudimentaires, jusqu'à la « structure matricielle » ou « adhocratique », dont le fonctionnement peut être très complexe.

Cependant, on s'accorde pour résumer en trois grandes phases l'essentiel du cheminement que parcourt toute entreprise qui veut garantir sa survie sur le marché des biens et services concurrentiels (Toulouse 1979 et 1980, Chaussé et Chanlat 1980, Gasse 1982) :

1. Une phase dite de « pionnier » : création, lancement, exploitation d'une idée originale, d'un créneau particulier du marché. Une grande agitation et une grande euphorie dans la fièvre de la mise en place et du lancement caractérisent cette phase où dominent le « travail en famille » ou le patron-entrepreneur-homme-orchestre.

2. Une phase dite de « passage de l'entrepreneur au manager » où le patron fondateur accepte de déléguer, de confier des tâches de direction plus spécialisées à de plus experts que lui dans leurs domaines respectifs.

3. Une phase dite de « croisée des chemins » (Toulouse 1979) où l'on doit opter pour un type de devenir à long terme, définir sa mission définitive : demeurer PME, se cantonner dans ce qu'on sait faire et dans son marché actuel ou, au contraire, grandir, se diversifier, chercher d'autres produits ou d'autres marchés.

Si l'on prend le cas d'une entreprise qui choisit de poursuivre sa croissance jusqu'à devenir, par exemple, une multinationale, on aura, en règle générale, une évolution qui va du plus simple au plus complexe, c'est-à-dire de la petite entreprise gérée en famille à l'énorme groupe ramifié sur plusieurs continents.

Aussi, selon Mintzberg (1982), toutes les formes d'organisations peuvent se résumer en cinq grands types de configurations qui se distinguent selon les modes de supervision, d'ajustement et de coordination dans leur fonctionnement. Elles évoluent selon quatre facteurs de contingence qui amènent l'entreprise à modifier ses structures : l'âge (le vieillissement de l'entreprise), la taille (les effectifs, les dimensions de l'entreprise), l'environnement (les divers marchés concurrents et les partenaires de l'entreprise) et enfin la technologie (l'évolution des techniques de production). On aura alors, du plus élémentaire au plus élaboré dans les structures, les configurations suivantes[5] :

– la **structure simple** (PME familiale) ;

– la **bureaucratie mécaniste** (industrie de transformation répétitive avec travail à la chaîne) ;

– la **bureaucratie professionnelle** (administration publique ou entreprise de services telle que banques, hôpitaux, etc., où une bonne proportion du travail est effectuée par des « professionnels ») ;

---

5. Les détails des définitions et des descriptions sont dans Mintzberg (1982).

–   la **structure divisionnalisée** (entreprise éclatée en plusieurs « divisions » comme les grandes compagnies de construction d'automobiles) ;

–   la **structure adhocratique** ou l'« adhocratie » : ce sont des structures qui sont modifiables et adaptables selon les besoins et les contraintes liés à la tâche précise à accomplir. On rencontre ce genre de configuration dans les contextes de gestion par projet ou de conduite de travaux et de recherches inhabituels, complexes, comme à la NASA, chez Boeing, IBM.

Pour ce qui est des modes organisationnels, on peut, sans trop simplifier la réalité, se contenter de ne considérer que trois modes essentiels :

–   **L'organisation fonctionnelle**, basée sur le regroupement en différentes « fonctions » ; les ressources de l'entreprise y sont réparties selon leurs spécialités afin que chaque type d'activité profite au maximum de la réunion de gens qui font le même travail (voir la figure 4-7). C'est ainsi qu'on les répartit en « fonction finances », « fonction personnel », « fonction achats », « fonction marketing », etc. On peut, par extension, avoir des organisations fonctionnelles « par produits », « par marchés », « par activités » où les différentes fonctions de base se retrouvent réunies pour le service exclusif d'un produit, d'une région, d'un type de clientèle.

FIGURE 4-7
L'organisation fonctionnelle

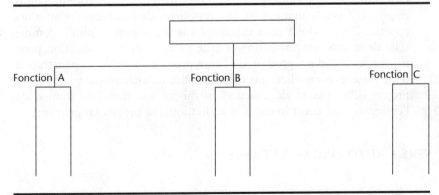

–   **L'organisation par projets.** C'est une forme d'organisation basée non plus sur le regroupement des ressources s'adonnant aux mêmes activités, ou œuvrant pour le même produit, ou pour le même marché, mais sur la disponibilité de ressources en vue de réaliser une tâche spécifique, ayant un début et une fin : un projet (voir la figure 4-8). Aussitôt qu'on

FIGURE 4-8
L'organisation par projets

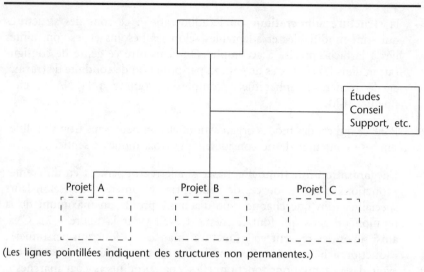

(Les lignes pointillées indiquent des structures non permanentes.)

change de projet, on change complètement les ressources et les rôles
pour les adapter au nouveau projet.

– L'**organisation matricielle** (nom élaboré à partir du terme « matrice »,
dans le sens de « table à double entrée »). Ici on combine organisation
fonctionnelle et produits, ou fonctions et marchés, ou encore fonctions
et projets (voir la figure 4-9). Les ressources de l'entreprise sont alors
appelées à répondre à deux exigences à la fois – parfois plus – comme
celle de la fonction marketing et celle de la fonction production pour
les spécificités d'un produit de l'entreprise, en vue de la pénétration
d'un marché particulier; ou comme celles de chacun parmi plusieurs
projets différents et de chacune parmi les fonctions de soutien de
l'entreprise qui contribuent à la réalisation des projets en question.

VERS L'AUTO-ORGANISATION?

Il est aujourd'hui des concepts très importants en sociologie des organisations, ainsi que dans les sciences qui s'occupent de systèmes, d'information,
de circulation de flux dans les systèmes (biologie, cybernétique, etc.) qui
ne peuvent plus laisser indifférents le gestionnaire ou l'étudiant en gestion.
Ce sont, en particulier, les notions d'ordre et de désordre, d'autonomie et
d'hétéronomie, et d'organisation et d'auto-organisation. Avant d'y revenir
un peu plus loin, considérons ce qui s'est passé et ce qui se passe à travers
l'acte d'organiser.

FIGURE 4-9
L'organisation matricielle

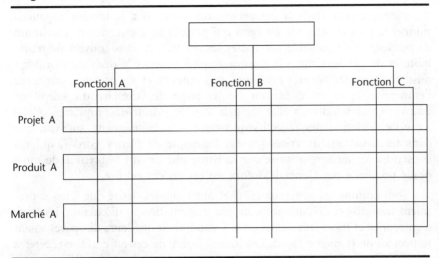

C'est d'abord et avant tout une recherche d'ordre, c'est-à-dire, étymo-logiquement, d'une « disposition harmonieuse des choses ». Ce serait donc du fait de juxtaposer plusieurs « dispositions harmonieuses », en regroupant les différentes composantes d'une entreprise, qu'on l'organise, qu'on en fait une organisation. Mais il y a deux sortes d'ordre : celui, naturel, ainsi qu'il se réalise par exemple dans la nature, dans les organismes vivants, et celui, artificiel, voulu par l'homme et appliqué à ses propres constructions.

Avec les modèles de la biologie du début du siècle, la fascination devant la machine triomphante et devant l'ordre parfait de l'armée rigoureusement stratifiée et disciplinée, on ne pouvait, au départ, concevoir d'autre ordre que celui qui découle de principes de rationalité absolue ou quasi absolue[6], d'élimination de toute perturbation, de toute intervention venant d'ailleurs que des concepteurs et des dirigeants. À ce dernier niveau, on retrouve encore l'idéologie des managers classiques dont nous avons déjà parlé : l'entreprise se réalise dans la façon dont ils veulent l'organisation, dans l'ordre désiré par eux (ordre qui, précisons-le, n'est pas forcément le plus performant ou le plus efficace au sens large).

Nous verrons en dernière partie que les principes scientifiques les mieux établis aujourd'hui plaident pour une tout autre nature de l'organisation ; ce n'est donc pas, pas plus que pour le taylorisme ou le fayolisme, « la

---

6.   Rationalité absolue : type de rationalité (de « raisonnement ») consistant à raisonner comme si l'on pouvait détenir « la » vérité, « la » meilleure solution, « la » meilleure façon de procéder.

science » qui impose ou qui suppose quelque forme organisationnelle que ce soit parmi toutes les formes connues et appliquées jusque-là.

Bien entendu, dans la perspective des dirigeants, le modèle organisationnel le plus avantageux est celui qui permet de conserver un maximum de pouvoir et de contrôle sur toutes les situations. Sous couvert de rentabilité et de productivité, on masque le plus souvent le désir de maintenir ou d'accroître ses propres privilèges, son autorité et sa mainmise sur toute l'entreprise. À ce sujet, Etzioni (1971) parle de l'exercice du « droit de pouvoir » qui semblerait aller de pair avec le « droit de propriété ». Cette sorte de déviation des objectifs ne trouve son dénouement, souvent, que dans les situations de crises graves ; l'exemple de Henry Ford I, qui n'a consenti à lâcher son emprise sur sa firme que devant la menace de mort posée pour elle par General Motors, en est un cas célèbre.

Tout comme les généraux en chef ont toujours désiré que leurs ordres soient transmis et exécutés sans aucune déformation ni discussion, les chefs d'entreprise et les cadres « classiques[7] » voudraient que leurs directives soient respectées de la même façon. D'ailleurs, Taylor ne cessait de faire répéter à son ouvrier modèle, Schmidt : « le bon ouvrier est celui qui ne discute pas, le bon ouvrier est celui qui fait ce qu'on lui dit sans aucune discussion ». Dans mes recherches récentes, presque partout, et quelle que soit l'entreprise, on m'a répété cette même conception du « bon ouvrier ».

On doit aujourd'hui admettre qu'il s'agit toujours de voir les choses en « systèmes », où tout est interrelié : notre conception de l'ordre et de l'organisation n'est pas indépendante de notre conception de l'employé, ni de notre conception des rapports qui vont présider à la réalisation des objectifs, à la formulation et à l'accomplissement de la stratégie.

Tout comme on croyait aux vertus de la rationalité et de la machine aux rouages infaillibles, on s'est mis à croire – et on continue de le faire – aux vertus des structures. Ce que certains auteurs appellent la « foi magique dans le modèle rationnel » et « la croyance aux structures miracles ». Comme s'il suffisait de changer de gadget ou de suivre la mode de certaines configurations pour, soudain, résoudre tous ses problèmes ou devenir plus efficace !

Il est pourtant des entreprises qui ne cessent de grossir et de se répandre à travers le monde et qui, comme Cascades, gardent toujours le même modèle de base, relativement simple, de relations et de stuctures[8]. C'est

---

7.   Dirigeants qui, répétons-le, sont encore très nombreux, et continuent à gérer l'entreprise de façon « classique », c'est-à-dire comme on le faisait au début du siècle sur la base des notions de hiérarchie, d'ordre, de discipline, de soumission quasi totale de l'employé.
8.   Cascades a même repris plusieurs entreprises appartenant à des multinationales américaines dont elle a simplifié les structures à partir d'une conception de l'organisation basée sur la collaboration avec les ouvriers et la confiance en eux (en modifiant les fonctions de contremaîtres, les postes de coordination-contrôle). Presque toutes ces entreprises sont passées de situations de faillite à des situations de profits.

donc dire qu'il n'y a souvent aucune nécessité, sinon les « crises » ou la volonté des dirigeants, de changer de structure, de « réorganiser », pour adopter le modèle le plus à la mode.

Une autre vision de l'évolution des structures ?

Dans la littérature managériale « classique », on a procédé pour l'évolution des structures organisationnelles de la même façon que pour l'histoire de l'entreprise. On a essayé de justifier le plus possible les faits accomplis et de transformer en nécessité ou en vérité scientifique ce qui n'était qu'œuvres de managers et de dirigeants animés d'abord de volonté de contrôle, de supervision étroite et de meilleure assise du pouvoir, face à l'évolution très rapide et à la complexification des marchés, des contextes, des techniques (les fameux « facteurs de contingence » de Mintzberg).

Aussi présente-t-on, dans la plupart des livres de gestion ou de théories de l'organisation, l'évolution des structures de l'entreprise comme une sorte d'évolution « naturelle », quasi indépendante du vouloir des intervenants, notamment des dirigeants, ou encore comme une évolution obéissant à quelque « loi » pseudo-scientifique comme celle des facteurs de contingence. Il existe heureusement des ouvrages montrant les choses plus en rapport avec les contextes, les époques, les acteurs et les intérêts des différents protagonistes (Crozier 1963, Mouzelis 1967, Etzioni 1971, Crozier et Friedberg 1977, Chanlat 1984, Chanlat et Séguin 1983 et 1987, Morgan 1989).

Si on tente une synthèse relativement simple, on verrait les structures évoluer surtout en fonction de moyens (organisationnels) à trouver pour conserver, le plus intacts possible, contrôle et pouvoir, dans des situations dont la complexité exige de plus en plus de délégation, de décentralisation, de distances entre les sièges sociaux et les lieux d'opération[9]. Tout semble se passer comme si, à chaque pas nécessitant un mouvement de décentralisation plus grande, la concession de plus de prérogatives à ceux qui sont sur le terrain, il fallait immédiatement trouver le moyen structurel de continuer à contrôler, comme auparavant, tout ce qui se passe. De là les innombrables comités, postes, positions et structures dits de coordination, de supervision, etc., qui viennent compliquer tout passage à la matricielle et gonfler de façon considérable les coûts indirects (Denis 1983, *Business Week* 1985 et 1986). Sinon comment expliquer qu'à produits identiques, qu'à marchés identiques on ait tant de différences « organisationnelles » (nombre de paliers hiérarchiques, de postes de contrôle, de coordination) entre Cascades et ses homologues plus traditionnels, ou encore entre les

---

9. Les descriptions et l'analyse que fait A. Chanlat (1984) de l'évolution des structures d'Hydro-Québec sont très instructives à ce sujet. On peut aussi se référer avec intérêt aux divers exemples que donnent Peters et Waterman (1983).

firmes de construction mécanique japonaises et américaines du début des années 1980 ?

Avant de songer à une structure ou à une réorganisation, il convient de se poser la question des véritables objectifs qu'on poursuit : être plus efficace ou conserver, sinon exercer encore plus, son pouvoir et son contrôle ? Loin de favoriser automatiquement la productivité ou la qualité, le contrôle produit même l'effet inverse quand il s'exerce dans un contexte «traditionnel» de méfiance et de surveillance-harcèlement vis-à-vis de l'employé (Peters et Austin 1985, Kélada 1987 et 1990).

On subit encore, comme on l'a vu et comme en ont témoigné les travaux de Taylor, les conséquences de ce qui s'est passé lors de la naissance de l'entreprise industrielle et de la mentalité qui s'est installée dans les relations en usine depuis le XVIIIᵉ siècle : un climat d'affrontements, de méfiance, d'hostilité, d'embrigadement étroit[10].

Il ne s'agit pas, bien sûr, de sombrer dans un manichéisme simpliste, où on aurait les méchants patrons d'un côté et les gentils ouvriers de l'autre. Mais on peut le voir dans l'histoire, et il faut bien le voir encore : les personnes qui prennent les décisions, qui ont l'initiative, qui peuvent changer les règles du jeu, qui imposent un ordre et décident d'une organisation, ou d'un système de contrôle, ce sont d'abord les dirigeants. La preuve la plus directe en serait, encore une fois, l'entreprise Cascades, où les dirigeants ont pris l'initiative de réaliser une forme d'organisation basée sur la proximité des statuts, l'ouverture, la confiance et le respect envers l'employé, la distance minimale, le partage, les paliers hiérarchiques réduits (Cuggia 1989, Aktouf 1991 et Aktouf et Chrétien 1987). Une autre indication nous en est donnée par Taylor lui-même, déclarant, on s'en souvient, devant la Commission parlementaire qui l'interrogeait, que si son système avait abouti à tant de désordres, c'était en bonne partie à cause du refus des managers de changer leur mentalité, notamment pour ce qui est de la collaboration et de la concertation avec l'ouvrier. Cette critique renvoie forcément à la question de conception de l'organisation, des statuts-rôles et des relations qu'impliquent certaines formes de structures plutôt que d'autres.

De la division technique du travail à la motivation par la tâche

La Révolution industrielle a surtout apporté une nouvelle façon d'organiser le travail et de le surveiller, mais elle a aussi apporté une division technique

---

10. Taylor parle abondamment de «luttes» avec les ouvriers des ateliers de Midvale et de la Bethlehem Steel. De très nombreux ouvrages le confirment depuis : Weil (1964), *Work in America* (1973 et 1983), Beynon (1973), Terkel (1976), Linhart (1978), Linhart (1991), Walraff (1986).

du travail. Sans insister sur les détails, disons que cette division technique du travail a été portée à son maximum par le taylorisme. Le but poursuivi était d'éclater les métiers en gestes simples pour, d'une part, mieux contrôler des ouvriers interchangeables, et d'autre part, payer moins. On a aussi procédé à l'émiettement du travail en gestes insignifiants (Friedmann 1946 et 1964, Gorz 1973, Cessieux 1976). Une somme minime de gestes élémentaires répétés à l'infini n'a aucun sens ; là se trouve, selon beaucoup d'auteurs, le cœur du problème de l'aliénation et de la démotivation (Friedmann 1964, Marcuse 1968, Sievers 1986a et 1986b, *Work in America* 1973).

Or, organiser, dans l'industrie et les institutions modernes, c'est subdiviser les tâches, ce qu'on appelle « spécialiser », et opérer ensuite des regroupements rationnels (rentables) parmi les travaux ainsi subdivisés. Ce qu'on appelle, depuis les fameux travaux de Lawrence et Lorsch (1973), la différenciation et l'intégration : spécialiser, diviser, séparer en activités, tâches, sous-tâches (différencier) ; et ensuite regrouper, pour mieux coordonner et contrôler, en équipes, sections, bureaux, départements (intégrer).

Mais on oublie que cette intégration n'est que formelle (officielle, voulue par les dirigeants, rationnelle, extérieure à la dynamique spontanée des groupes), et n'obéit pas aux mécanismes de déroulement du travail et de la vie sociale « naturels » des humains, mais à ceux de la conception productiviste de l'organisation. Aussi a-t-on toujours, d'un côté, l'**organisation formelle**, et, de l'autre, l'**organisation informelle** (réseaux de relations spontanées entre les employés qui répondent à des besoins de regroupements par affinités personnelles et qui font que le travail se fait plus facilement et mieux). De plus en plus, on reconnaît dans l'informel la forme de résistance ouvrière que Taylor (1947) a décrite de mille façons et qu'on s'est efforcé de nier depuis.

Masquer ou nier le réel pour le remplacer par des « théories » qui nous rassurent n'arrange rien : de façon générale, l'ouvrier le moins éduqué, le moins qualifié, le moins productif et le moins motivé est aujourd'hui, et en général, celui de l'industrie occidentale, même s'il est souvent le mieux payé (Vogel 1983 ; Lussato et Messadié 1986 ; Weitzman 1986 ; Deming 1987 ; Morgan 1989, qui indique que, dans plusieurs secteurs de l'économie nord-américaine, 87 % des employés de base doivent traiter plus de complexité dans l'acte qui consiste à se rendre à son lieu de travail que pour faire son travail ; Sprouse 1992).

Et la gestion de la motivation a rapport avec l'organisation : il y aura toujours une énorme différence entre celle qui essayera de sauvegarder un certain sens et un certain attrait au travail (non seulement monétaire mais aussi professionnel, affectif, personnel, social, collectif) et celle qui s'ingénie à les éliminer pour mieux superviser et contrôler. Nos organisations portent en elles notre vision de nous-mêmes, de nos ouvriers et employés, et de nos rapports réciproques, donc de la vie sociale de l'entreprise, et par extension, de la vie sociale plus générale. De la façon d'organiser l'entreprise s'ensuivront le cloisonnement et l'hostilité ou la coopération et la complicité.

EN CONCLUSION : ADOPTER L'AUTO-ORGANISATION ?

Si l'on suit les progrès des sciences qui s'occupent de systèmes organisés (physique ou chimie moléculaire, biologie, cybernétique, sciences de l'information), on se rend compte assez vite que notre conception de l'ordre, donc de l'organisation, conduit presque à éliminer systématiquement ce que les scientifiques appellent le « bruit[11] » et qu'ils considèrent comme indispensable à l'adaptation, à la fiabilité et à la survie des systèmes dans la nature.

Plus simplement, la biologie, la chimie et la physique ont remarqué que les organismes et les systèmes qui s'adaptent le mieux (qui survivent et évoluent en créant, en innovant pour être plus en harmonie avec l'environnement) sont les organismes et les systèmes qui admettent une certaine quantité de « bruit ». On retrouve à l'intérieur de ces systèmes créatifs une tolérance minimale à une certaine autonomie de leurs composants, qui peuvent en quelque sorte « s'exprimer » indépendamment des façons et voies dominantes « traditionnelles » du système. L'évolution des espèces n'est possible que grâce au « bruit » qu'introduisent de temps à autre les mutations génétiques à l'intérieur des cellules reproductrices.

Autrement dit, tout système, en particulier vivant, qui n'admet que des façons limitées, codées, prescrites, rigides de s'exprimer et de répondre à l'environnement est un système condamné à mourir à plus ou moins brève échéance. Au contraire, tout système qui admet dans son organisation des possibilités de comportements différents, plus autonomes, plus variés, plus « déviants », sera un système capable d'innovation, de créativité et d'adaptation.

Le « bruit » est à la base des cercles de qualité japonais, de leurs modes organisationnels qui favorisent, testent et appliquent un grand nombre de suggestions de leurs employés (Ouchi 1981, McMillan 1982, Peters et Waterman 1983). Ainsi la boucle est bouclée : plus de possibilités d'expression créent et supposent plus d'autonomie ; les deux augmentent l'intérêt au travail, ce qui donne des employés plus motivés. Ce résultat n'est possible que si l'organisation est conçue de façon non pas à mieux exercer le pouvoir et à mieux contrôler mais de façon à permettre l'intérêt et l'expression de chacun. On peut y parvenir en conférant aux employés un minimum

---

11. Cette notion de « bruit » sera revue en dernière partie. Disons ici simplement qu'il s'agit de la possibilité, pour un système donné, de laisser se réaliser des phénomènes aléatoires, semblables à des « parasites » non prévus, mais qui sont sources d'enrichissement du système par la « variété » qu'ils y introduisent (Von Bertalanffy 1973, de Rosnay 1975, Atlan 1972 et 1979, Prigogine et Stenghers 1979, Chanlat et Dufour 1985, Passet 1983 et 1987).

d'autonomie, un minimum de conditions où chacun sera auteur actif et non plus simple instrument passif à qui on dicte ses gestes.

De cette manière, chaque poste, chaque équipe, chaque département pourra générer les innovations adaptatrices nécessaires à une meilleure réalisation de ce dont il a la charge : trouver la réponse à un problème là où il se pose. C'est ce qu'on peut appeler tolérer un minimum de bruit, c'est ce qu'on peut appeler aussi des conditions d'auto-organisation ou de contexte favorable à une organisation holographique (Morgan 1989).

Une pareille transformation de nos modes de gestion fait appel à la motivation de chacun, notamment des ouvriers et des employés. Elle invite les dirigeants qui organisent à reconnaître le droit à l'erreur[12], à accorder le droit d'expression et à en garantir les conditions, à donner plus d'auto-nomie, à faire preuve de plus de confiance, d'intimité et d'honnêteté (Ouchi 1981), à se laisser interpeller (Sainsaulieu 1983, Sievers 1986a, Aktouf 1989a, 1989b et 1991).

LES IDÉES IMPORTANTES

SUR LES ACTIVITÉS

La décision

L'acte de gestion tout entier – stratégique, administratif ou courant – peut être traduit en fonction des processus d'information et de déci-sion. Le mode de décision choisi et le processus d'acheminement de ces décisions déterminent la structure de l'entreprise, son degré de centralisation, les modes de communication et donc le climat.

Le processus de décision centralisé

Dans le cadre du management traditionnel, le processus de décision est largement centralisé suivant les activités importantes. Comme ces dernières, le processus décisionnel est logique, séquentiel et continu puisqu'il implique, par le biais du contrôle, un retour aux choix effectués. Les décisions non programmées reviennent généralement au sommet stratégique, tandis que les décisions programmées se retrou-vent à la base qui doit les exécuter.

---

12. Souvenons-nous que ce droit à l'erreur est inscrit dans le système japonais, du fait de la responsabilisation du groupe et non de l'individu, et que l'importance de la représentation ouvrière en Allemagne et en Suède en fait une donnée du fonctionnement par concertation et codécision. De plus, il est courant de voir confondre « erreur » et « faute ».

✗ Questions

1. Quelle conception de l'être humain est véhiculée par la théorie classique de la prise de décision?

2. Quels sont les facteurs généralement négligés dans la formulation des étapes devant mener à des décisions satisfaisantes?

3. Face à la complexité de l'environnement, il est nécessaire de décentraliser le processus de décision. Quelles sont les diverses formes d'intégration qu'il est possible de mettre en place face à cette complexité?

4. Quelles pratiques viennent généralement alourdir un mode de fonctionnement décisionnel plus décentralisé?

Le processus de décision décentralisé

Il est possible de concevoir des organisations au sein desquelles le processus de décision serait véritablement décentralisé. En remettant en question le principe de différenciation et la mentalité de contrôle qui est son corollaire obligé depuis la naissance de l'entreprise industrielle, la solution de remplacement d'une autonomie réelle – des façons de faire non prescrites, moins rigides, plus variées – des composantes de l'entreprise devient envisageable.

✗ Questions

1. Quelles sont les conditions nécessaires à la mise en place d'une organisation caractérisée par des capacités d'auto-organisation?

2. Donnez des exemples d'entreprises qui ont adopté cette façon de fonctionner.

3. Quels sont les avantages d'une transformation des modes de gestion qui irait dans le sens d'une plus grande autonomie des employés?

CHAPITRE 5

De la direction au contrôle, une question de pouvoir

A. LA DIRECTION : DU LEADER AU HÉROS DE LA CULTURE D'ENTREPRISE

DÉFINITIONS ET GÉNÉRALITÉS

Aussi loin que quelque quatre siècles avant notre ère, on peut retrouver des considérations presque aussi modernes que celles du management actuel, sous la plume de Xénophon (Varron 1877), sur la façon de conduire les travaux et d'exercer un leadership favorable à la bonne production. Voici, textuellement, les conseils de Xénophon au maître de domaine qui veut recruter de la main-d'œuvre saisonnière (pour les vendanges, par exemple) et la faire travailler au mieux :

> Choisissez des sujets propres à la fatigue, au-dessus de vingt-deux ans [...] On juge de leurs aptitudes sur ce qu'ils faisaient chez leur précédent maître. Prenez, pour les diriger, des esclaves[1] qui ne soient ni insolents ni timides ; qui aient une teinture d'instruction, de bonnes manières, de la probité. [...] Cette position exige l'intelligence des travaux, car l'esclave n'est pas là seulement pour donner des ordres, il doit montrer ce qu'il sait faire afin que ses subordonnés comprennent que ce sont ses talents et son expérience qui le placent au-dessus d'eux [...] On fera bien de flatter leur amour-propre, en leur donnant de temps à autre quelques marques de considération. Il est bon également, quand un ouvrier se distingue, de le consulter sur la direction des ouvrages. Cette déférence le relève à ses propres yeux, en lui prouvant qu'on fait cas de lui, qu'on le compte pour quelque chose [...] c'est ainsi [...] qu'on leur inspire le bon vouloir, et l'affection...

---

1. Les esclaves de la Grèce antique étaient, semble-t-il, souvent associés à la direction des affaires du domaine : parfois, ils faisaient en quelque sorte partie de la famille du maître. Voir par exemple l'*Iliade* et l'*Odyssée* d'Homère, où on voit les esclaves partager beaucoup de la vie des maîtres.

Que de « psychologie industrielle » ne pourrait-on trouver dans cette lecture de Xénophon ! On doit même, honnêtement, reconnaître que ce texte est aussi moderne que l'essentiel des sciences du comportement organisationnel d'aujourd'hui, puisqu'il fait appel à des notions de leadership, de participation, de consultation, de communication, de respect de l'ouvrier, etc., qu'on tente aujourd'hui çà et là, comme autant d'expériences – pilotes, ou presque.

On le voit, la question et les théories du leadership et de la direction sont loin d'être de faramineuses découvertes du management du XXᵉ siècle. Et, lorsqu'on en fera le tour, on verra que Xénophon est bien plus sage que les tenants de plusieurs théories de l'art de diriger dont on abreuve presque inutilement, depuis plusieurs décennies, des générations de gestionnaires.

Le terme « direction » vient du latin *directio* et désigne l'action de conduire, de diriger. Le verbe « diriger » vient lui aussi du latin (*dirigere*) et signifie « conduire », « mener dans une certaine direction ». Par extension, ces vocables en sont arrivés à signifier aussi « commander », « orienter », « influencer ». Diriger consiste à pouvoir exercer sur les autres une influence qui leur fera prendre une orientation donnée, et leur fera réaliser, dans le cadre de cette orientation, un certain nombre d'activités en vue d'atteindre, collectivement, un résultat précis. Ou, de façon plus caricaturale, à obtenir que le travail soit fait par d'autres.

Telle est la tâche privilégiée du cadre, du gestionnaire, du manager. Mais, on s'en doute, l'exercice de la direction pose le problème des sources de l'influence des dirigeants, de sa légitimité, de son acceptation et des façons de l'exercer.

LA NATURE ET LES SOURCES DE L'ACTE DE DIRIGER

Synonyme de « commander », diriger peut aussi vouloir dire « influencer », « exercer une autorité », ou « exercer un pouvoir ». En vertu du pouvoir qu'il détient et qu'on lui a conféré, un individu A peut amener un individu B à accepter sa volonté ou infléchir la volonté de cet individu B dans un sens donné. Rappelons ici que, pour Etzioni (1971), la source de ce pouvoir ou de cette capacité d'influence vient de ce que les gestionnaires ont toujours associé au « droit de propriété » un « droit d'exercice de pouvoir », à peu près traditionnellement semblable au bon vouloir des rois et seigneurs du Moyen Âge. Mais, à regarder les faits historiques de plus près, on se rend compte que ce bon vouloir était loin d'être aussi répandu qu'on voudrait le faire croire[2]. Il s'accompagnait en tout cas toujours de « devoirs » que le

---

2.   Voir la comparaison saisissante que A. Berle (1937 et 1957 surtout) fait entre les deux types de pouvoir, celui des entreprises actuelles (notamment les grandes) et celui des seigneurs et rois féodaux, et où l'on voit un plus grand pouvoir absolu et arbitraire chez les premières.

seigneur avait l'obligation de remplir envers ses vassaux et serfs, dont ceux de se laisser interpeller et de répondre publiquement, de rendre justice, de protéger, de nourrir en cas de mauvaises récoltes ou de famine.

Le philosophe et sociologue allemand Max Weber (1971), on l'a vu, a, lui aussi, laissé une profonde analyse du phénomène autorité-pouvoir. Pour l'époque moderne et l'industrie, il l'associe au « droit de fixer le mode d'usage des moyens de production » qui accompagne le droit de propriété dès l'avènement de la fabrique du XVIIIe siècle. Le propriétaire industriel va en effet très tôt imposer une façon de travailler qu'on appellera « organisation » : celle qui fera travailler le plus fort et le plus longtemps sous l'ordre et la discipline désirés.

Les ancêtres de ceux qu'on appelle aujourd'hui les cadres ou les managers, contrairement à ce qu'on serait tenté de croire, ne sont pas les premiers propriétaires d'usine, ni encore moins les seigneurs (Schumpeter 1979, Neuville 1976), mais bien plutôt ces intermédiaires que les propriétaires mettaient entre eux et les travailleurs (d'où la hiérarchie industrielle) et qu'on a d'abord appelés « régisseurs », puis « contremaîtres », puis « chefs du personnel ». Ils étaient même, jusqu'au début du XXe siècle, armés, soit de véritables armes, soit de bâtons, de fouets ou de cravaches. Ils pouvaient aussi avoir des techniques très personnelles, telles que celle adoptée par un régisseur anglais de l'époque de la Révolution industrielle : laisser pousser très longs et très durs les ongles du pouce et de l'index, les aiguiser en pointe et s'en servir pour transpercer les oreilles de ceux, notamment les enfants, qui ne travaillaient pas assez vite (Mantoux 1959, Neuville 1976).

Là encore, il convient de ne pas béatement croire que l'évolution de la façon de diriger s'est faite à partir d'une sorte de philanthropie qui aurait soudain gagné les milieux industriels. Ce sont d'abord les nécessités de se conformer aux lois du travail (arrachées pouce par pouce après des années de luttes) qui, le plus souvent, ont fait évoluer les modes de « gestion des hommes » (Heilbroner 1971, Toffler 1980, Neuville 1976). C'est ainsi que les juristes, pour chercher les moyens de contourner les lois du travail[3], puis les anciens officiers de l'armée, capables de « discipliner » et de « mener » les hommes, puis les psychosociologues, personnes sachant comment infuencer, par la « psychologie », les travailleurs dans le sens désiré par les dirigeants, ont successivement fait leur apparition dans les directions d'entreprises.

Pour en revenir à la question des sources de l'autorité, personne n'a vraiment réussi à faire mieux que Max Weber (1971) en la matière. Pour lui, comme on l'a déjà vu, il y a trois grandes souches sur lesquelles peut pousser et s'installer l'autorité ou, comme il l'appelle, la « domination » :

---

3.   Le célèbre et richissime businessman américain J.P. Morgan avait coutume de dire qu'il embauchait des avocats pour qu'ils lui disent « comment » il pourrait faire ce qu'il avait envie de faire, et non pour qu'ils lui disent ce qu'il ne peut pas faire (Toffler 1980).

– Une source traditionnelle : la tradition a, de tout temps, désigné ceux ou celles qui doivent pouvoir exercer une autorité (les plus âgés, le sorcier, le chef sacré, le père, la mère, etc.).

– Une source légale : la loi, le statut officiel donne pouvoir d'autorité (le policier, le juge, le directeur, etc.).

– Une source, enfin, liée au « charisme », dite « charismatique » : une forme de pouvoir découlant d'une somme d'attributs personnels. Une sorte de magnétisme qui nous amène naturellement à suivre, à accepter l'autorité et à obéir (Napoléon, Hitler, René Lévesque, notamment, avaient beaucoup de charisme).

Dans la réalité, on assiste souvent à des combinaisons, à divers degrés, de ces sources fondamentales. Bien entendu, l'idéal est d'avoir, de façon savamment équilibrée, une certaine « dose » de chacune.

LES RÔLES STRUCTURELS DU DIRIGEANT

On appelle « rôles structurels » les façons dont le dirigeant exerce son travail de cadre, selon la position ou la fonction que lui confèrent les structures de l'entreprise à laquelle il appartient.

– **Rôle formel et rôle informel.** Il existe toute une littérature, qui remonte aux années 1930, sur ce qu'on a appelé le « leader formel » et le « leader informel ». Très brièvement, soulignons que le premier correspond à une position de leadership attribuable à une nomination officielle à un poste de direction. C'est la structure formelle (officielle, visible, légale) qui lui confère cette position et la possibilité d'exercer un pouvoir.

Le second, le leader informel, correspond pour ainsi dire à l'arrière-plan non visible, non officiel, de la structure : la partie informelle où les choix des collègues, et non la volonté de la haute direction, désignent la personne qui sera considérée comme leader. Cette personne se verra conférer par ses pairs un certain pouvoir d'influence, très souvent lié à la compétence ou à un rôle de facilitation des relations, de fluidification des rouages du travail, de rétablissement d'équilibre socio-émotif, d'appui affectif, etc. Tout comme le groupe informel ou l'organisation informelle, ce leader doit son existence – et est une réponse implicite – à certains besoins non satisfaits par la structure formelle : besoin de s'associer, de se confier, d'être écouté, conseillé, réconforté, etc. On peut souvent voir dans ce genre de leadership des bases liées à la tradition de certains groupes (quand on a affaire à des ethnies différentes ou à des « cultures de métiers », chacune se choisira son leader informel selon ses traditions) ou au charisme de la personne choisie.

– **Rôle fonctionnel et rôle hiérarchique.** C'est encore ici la structure qui, selon la position qu'elle confère à un individu cadre, lui associera : 1. soit un rôle dit fonctionnel ou d'autorité fonctionnelle (lié à la fonction, à la spécialité qu'exerce l'individu : comptabilité, finances, informatique, etc.) ; 2. soit un rôle dit hiérarchique ou d'autorité hiérarchique (lié au niveau, à la strate où l'on se situe dans la hiérarchie de l'entreprise, comme dans le cas d'un grade dans l'armée).

– **Rôle de conseil et rôle de commandement.** Encore souvent dénommées rôle *staff* et rôle *line*, ces positions renvoient à des types d'autorité qui sont, d'un côté, une autorité de consultation, liée à une fonction d'analyse, d'études et de conseil, et, d'un autre côté, une autorité liée à une fonction d'exercice de commandement, de relais dans une chaîne ordres–exécution. Évitons les nuances inutiles et disons que c'est de même nature que le rôle hiérarchique. Si l'on veut faire une analogie avec l'armée, les rôles conseils s'apparenteraient à ce que font les membres d'un état-major et les rôles de commandement à ce que font les officiers d'unités opérationnelles.

Bien entendu, il peut souvent arriver, entre ces différents rôles, des conflits liés à l'autorité et à la nature du travail de direction (voir la figure 5-1). Ce n'est pas le lieu, dans le cadre de ce texte, de détailler cela, mais disons que fonctionnels et hiérarchiques peuvent se heurter lorsque le « spécialiste » et le « chef » ne sont pas d'accord sur, par exemple, des procédures à instaurer au sein d'une unité dont le hiérarchique veut être le patron absolu ; le leader formel et le leader informel peuvent entrer en conflit si les normes formelles et informelles de production, de comportement, etc., ne vont pas dans le même sens ; et enfin, le conseiller de la haute direction et le directeur-patron d'une sous-structure peuvent diverger sur des orientations à prendre. Bien entendu, tous les rôles « officiels », soit conseil, hiérarchique ou fonctionnel, sont des rôles formels.

QUELQUES THÉORIES CLASSIQUES DU DIRIGEANT

Il ne s'agit pas de revenir ici, même succinctement, sur les nombreuses et prolifiques théories de la direction et du leadership : des manuels entiers et des cours spécialisés y sont consacrés. Nous proposons simplement un rapide tour d'horizon de l'essentiel. Précisons d'emblée qu'on n'a pas été, fondamentalement, plus loin que les inévitables travaux des Lewin, Lippit et White (1939), Bales (1958), Lewin (1964), Blake et Mouton (1969), McGregor (1971), Likert (1974). Tout juste pouvons-nous parler d'une récente différence d'approches, distinguant ce qu'il est convenu d'appeler des **approches normatives**, qui sont basées sur des prescriptions de comportement, des « normes » pour être « bons » leaders et des **approches descriptives**, qui décrivent ce qui se passe dans l'action de diriger en situation réelle plutôt que de prescrire à partir de situations théoriques ou expérimentales.

Les approches normatives ont dominé la scène jusque vers le milieu des années 1970. Seulement depuis Mintzberg (1973) l'approche descriptive

FIGURE 5-1
Les différents rôles «organisationnels» du dirigeant

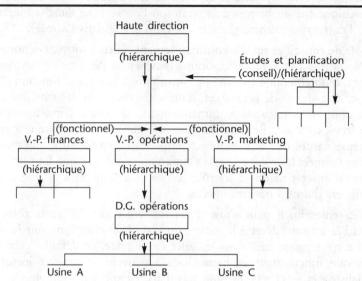

a-t-elle vraiment pris du poids dans la littérature managériale. Les théories du dirigeant se concentrent traditionnellement sur l'étude des traits de personnalité (les facteurs relevant de la personne même du dirigeant), l'étude des habiletés (les savoir-être et les savoir-faire que doit connaître et acquérir le dirigeant), l'étude des pôles sur lesquels est centré le dirigeant (sur l'accomplissement de la tâche ou sur le bien-être du groupe).

Les pistes concernant les traits de personnalité n'ont rien donné de convaincant et celles mettant l'accent sur les habiletés et les pôles ont, en gros, abouti à ce que le « bon » dirigeant devrait savoir trouver un heureux équilibre entre tout ce qui peut conduire à la réalisation la plus efficace de la tâche et tout ce qui peut entretenir le meilleur moral possible parmi les subordonnés et les employés. Ce « dosage » représentant, bien sûr, le climat de travail idéal, puisque efficacité et bon moral renvoient l'un à l'autre.

Tout naturellement, les chercheurs en management en sont venus à l'étude de styles liés aux deux pôles identifiés plus haut, dont ils ont retenu les deux principaux : le **socio-émotif** et le **centré sur la tâche**. On peut aussi parler de « rôles » socio-émotifs ou centrés sur la tâche. Ces rôles ou styles peuvent être remplis par des personnes différentes, par exemple par le leader formel pour la tâche et par le leader informel pour les aspects socio-émotifs. Mais, bien sûr, ce qu'on recherche, c'est que le leader formel, le dirigeant, puisse, à lui seul, remplir ces deux rôles. Ainsi il n'y aura pas de dichotomie, de disjonctions, entre accomplir la tâche et satisfaire les besoins socio-affectifs. Trouver, dans et par la réalisation efficace du travail, la satisfaction et le bien-être psychologique reste le souhait majeur du management et la base la plus solide d'une productivité soutenue.

C'est ainsi qu'on a traditionnellement cherché à cerner le profil du dirigeant idéal. Certaines descriptions énumérant les qualités du « bon » cadre (par exemple, celles rapportées dans Bergeron *et al.* 1979) sont de véritables portraits d'apollons doublés de *supermen*! Heureusement, on s'est assez vite rendu compte que cette voie menait à un cul-de-sac. On s'est alors penché sur les savoirs et les habiletés : ce sont les prescriptions de Fayol, Lewin, McGregor, Blake et Mouton, Likert, etc., puis sur les descriptions, notamment et particulièrement, de Mintzberg.

Les « prescripteurs » nous enseignent que le dirigeant ne doit pas oublier qu'il se fait une conception de ceux qu'il dirige, et donc, selon la façon dont il les conçoit, qu'il agira d'une manière ou d'une autre. S'il est adepte de la conception X (l'employé est paresseux, indigne de confiance, incapable de travailler seul), il agira en autocrate autoritaire ; s'il est adepte de la conception Y (l'employé est sérieux, mûr, digne de confiance), il agira en « démocrate » qui admet la discussion et la participation (McGregor 1971, Livingston 1988). Ces mêmes prescripteurs (en particulier Lewin 1964, Blake et Mouton 1969, Likert 1974) nous indiquent aussi comment le dirigeant doit se situer, dans son style de direction, à un point idéal de « démocratie » entre le laisser-faire total et l'autocratie, et à un point idéal de jonction entre les habiletés menant vers la réalisation du travail et celles assurant un climat serein et détendu parmi les employés.

Les « descripteurs », eux (surtout Mintzberg), nous montrent, à partir de ce qui se passe sur le terrain, ce que fait effectivement le dirigeant, dans différentes situations : ses habiletés principales consisteraient alors en sa capacité d'analyse et d'adaptation aux nombreuses et différentes situations concrètes, auxquelles il doit faire face quotidiennement. Ces situations, classées et regroupées, donnent lieu, comme on le verra, à l'énonciation d'une dizaine de rôles répartis comme suit : décisionnels, informationnels et interpersonnels.

En réalité, les auteurs et les chercheurs se détachent progressivement des théories traditionnelles qui tournaient sans cesse entre les traits, les habiletés et les pôles, pour reconnaître davantage, dans l'acte de diriger, les relations d'interdépendance, les influences réciproques entre supérieurs et subordonnés, les circonstances changeantes et différentes, et la nécessité d'adhésion de ceux qu'on veut diriger. Aussi en arrive-t-on aujourd'hui à parler de valeurs, de culture et de représentations symboliques, dont le dirigeant devrait être le moteur et auxquelles les employés devraient s'identifier pour se mobiliser dans le sens désiré par la firme. C'est toute la question de la « culture d'entreprise » et de la nouvelle espèce de dirigeants qu'on souhaite : le héros-mobilisateur-producteur-de-valeurs-et-de-symboles.

LE HÉROS DE LA CULTURE D'ENTREPRISE

Depuis, en particulier, les livres d'Ouchi (1981), de Deal et Kennedy (1982), et surtout le livre à succès de Peters et Waterman (1983), qui présente et décortique les entreprises gagnantes, on assiste à une véritable vogue du leader-héros. Celui-ci sera soit le « créateur visionnaire » de la firme autour duquel on va s'efforcer d'entretenir une « mythologie », soit le « champion », le « battant », le « gagneur » capable, tel Henri IV, de donner l'exemple et de faire suivre par tous son panache blanc au milieu des batailles.

Cette mode de la culture et du héros d'entreprise vient essentiellement de ce que, face à l'« excellence » d'autres modèles d'entreprise et de conduite du travail industriel, notamment japonais, le management classique se retrouvait démuni. En un mot, on s'est rendu compte que rien ne pouvait valoir, en matière de motivation, l'engagement volontaire, l'adhésion spontanément et pleinement consentie. On s'est alors mis à parler de « valeurs » (croyances profondes qui prédisposent à certaines façons d'agir), de « mythes » et de « symboles » (systèmes par lesquels ces croyances sont forgées et renforcées), et de « rites » et de « cérémonies » (activités sociales destinées à entretenir mythes, valeurs, etc.). On voudrait, je caricature à peine, forger de véritables « ethnies corporatives » à l'instar des ethnies que les anthropologues observent, et dont tous les membres sont unis, dans leur façon d'être et de se comporter, par une sorte d'« esprit commun ». On a même été jusqu'à parler, notamment aux États-Unis, de former des « sectes » de l'entreprise, avec prédicateurs et cérémonies rituelles à l'appui ! Parce que l'on a cru voir dans ce que font les firmes japonaises quelque chose qui ressemble à la formation de sectes : on voudrait ainsi faire comme la « secte Toyota » ou la « secte Honda »...

On voit bien que, dans ce contexte, le dirigeant traditionnel de type X ou Y, socio-émotif ou orienté vers la tâche, commence à ne plus faire le poids, puisqu'il lui faut, en plus, et surtout, être capable de générer, de renforcer et d'entretenir des valeurs, des mythes et des symboles à travers toute l'organisation. Tout comme les héros de la mythologie grecque, Hercule, Œdipe, Achille, Ulysse, les leaders nouvelle vague se doivent d'être à l'origine de mythes, porteurs de valeurs, lesquelles fondent des attitudes et des comportements qui s'actualisent et se renforcent dans des rites.

Nous reviendrons plus loin sur certains aspects centraux de cette dernière mode managériale ; mais j'en aborderai, pour le présent propos, un point fondamental. On croit créer des valeurs communes et une adhésion d'ensemble à partir de quelques histoires (baptisées « mythes ») concernant les patrons ou les propriétaires fondateurs, colportées et répétées à travers l'entreprise. Ces valeurs seraient renforcées par des « cérémonies » de propagande et de martèlement style « marketing » frisant parfois le « lavage de cerveau ». On se dit que, après tout, comme on fait chanter ou crier « Vive Toyota ! » aux ouvriers japonais, on pourrait aussi bien le faire ailleurs. Mais on oublie que, chez les Japonais, ces cérémonies ainsi que les cercles de qualité et d'autres façons de collaborer sont des pratiques sociales, des façons d'être ensemble et de vivre, et non des outils de direction, coupés du contexte de vie englobant, ou des formules magiques désincarnées et indépendantes de toute base matérielle telle qu'un partage plus équitable du fruit du labeur commun.

CONCLUSION ET PERSPECTIVES : QUEL DIRIGEANT ?

Il existe, bien sûr, toute une littérature sur la motivation du dirigeant lui-même. À peu près toutes les « théories » en la matière tournent autour de la notion de *self-esteem*, des relations et des interinfluences supérieurs–subordonnés, des jeux de pouvoir et de contre-pouvoir auxquels se livrent les dirigeants, de l'équilibre à trouver entre gratifier ses subordonnés, se gratifier et gratifier son organisation.

Mais dans tout cet amas de théories et de contre-théories, on ne trouve à peu près rien sur l'aspect le plus décrié de nos jours chez les dirigeants : leur manque de perspective et de vision générales (Delvin 1986, Lussato et Messadié 1986, Bloom 1987, et même Peters et Waterman 1983).

Les premiers théoriciens américains du leadership, dont en particulier le plus célèbre, K. Lewin (1964), étaient beaucoup plus animés du désir de démontrer combien l'idéologie démocrate-pluraliste était souhaitable et « efficace » (Lewin est un Allemand qui a fui le nazisme et qui avait à cœur de glorifier la démocratie à l'américaine). Dans les fameuses expériences de leadership sur les groupes d'enfants de Lewin *et al.* (1939), le groupe ayant un leader autocratique et non un « démocrate » a réellement été le plus efficace, contrairement à ce qu'on prétend très souvent (ce qui ne veut, bien sûr, pas dire que le leader souhaitable soit l'autocratique, mais que, dans le contexte et l'état d'esprit du management traditionnel, la réalisation de ces expériences ne pouvait donner lieu à l'efficacité par la pseudo-participation).

L'ensemble des écrits sur la propre motivation du dirigeant et sur les relations supérieurs–subordonnés démontre indirectement l'existence d'un fossé important entre organisations et membres des organisations. Car, invariablement (par exemple, Laurin 1973, Katz et Kahn 1978), on y voit une certaine antinomie fondamentale entre intérêts et objectifs corporatifs et intérêts et objectifs des individus. En gros, cela veut dire : comment se faire à la fois aimer de la direction et des subordonnés-employés ? Comment se faire aimer de ses subordonnés sans s'exposer à des manquements envers la direction ? Une illustration presque caricaturale de ce dilemme du dirigeant nous est fournie par Taylor qui, souvenons-nous, décrit sa relation avec ses anciens camarades mécaniciens comme une relation d'ennemis, aussitôt qu'il est passé contremaître, aux ateliers de la Midvale. Comme il le dit lui-même, dès qu'il est « passé de l'autre côté de la barrière », et que ses anciens « camarades » lui ont posé la question : « Vas-tu être, toi aussi, un de ces salauds de la direction ? »

L'important débat sur l'autorité imposée et sur l'autorité reconnue est, dans les écrits consacrés à la direction, presque systématiquement évité. En fait, pour qu'une autorité soit réellement acceptée et reconnue par adhésion, il faudrait qu'il y ait des conditions de transparence et d'équité ainsi que des rapports de travail très près du type informel et égalitaire. Au lieu de débattre les circonstances qui peuvent rendre une telle adhésion possible, on s'attache traditionnellement à discuter des nuances entre le fait d'être leader ou gestionnaire, centré sur l'individu ou sur la tâche, etc. Alors que l'adhésion est impossible sans partages – sources d'appropriation et de responsabilisation – et sans une certaine tolérance au « bruit », une certaine indiscipline, un certain désordre, dont nous avons vu les possibles conséquences positives dans la partie traitant de l'organisation. Or, un dirigeant classique ne saurait trop tolérer que des choses se fassent en marge de lui ou hors de son contrôle, et encore moins partager quoi que ce soit de ce qu'il considère comme ses privilèges et « droits » exclusifs : information, gestion, conception, pouvoir, profits.

En fait de « héros », c'est bien plus d'« antihéros » que l'entreprise a le plus besoin : des dirigeants capables d'avoir l'héroïsme de s'effacer derrière les employés, d'être humbles, « interpellables », susceptibles de se laisser remettre en question, proches de leurs employés et mêlés à eux, aussi soucieux d'eux et de la compagnie que de leur propre intérêt (Denis 1983, Sievers 1986b, Aktouf 1991 et 1992)[4].

Si on s'intéresse à une autre littérature que celle du management traditionnel sur la question, on peut voir que des Allemands et certains auteurs du Québec et de la France, entre autres, parlent aujourd'hui, à propos des théories du dirigeant et du leadership, de *perpetuation of immaturity* (en gros : perpétuation envers l'employé ou le subordonné d'un rapport et d'une conception de dépendance–infantilisation et de fantasmes de toute-puissance immature), ou encore de *maverick theories* (le leader conçu un peu comme le jeune taureau fougueux, le *maverick*, qui fait son chemin par la force de ses cornes comme le « battant », le *winner*)[5].

Enfin, on pourrait aussi s'interroger sur les mécanismes de maquillage et de transformation des réalités que provoquent beaucoup de dirigeants chez leurs collaborateurs (Ketz de Vries 1979, Ketz de Vries et Miller 1985). Ou encore sur le véritable rôle que joue la hiérarchie pyramidale et élitiste,

---

4.   Quand, par exemple, en 1983-1984, les dirigeants de General Motors s'octroient à eux-mêmes des primes avoisinant le million de dollars chacune, et qu'en même temps ils mettent à pied des milliers d'employés pour cause de « crise économique », comment peuvent-ils espérer provoquer l'adhésion ou être des « héros » aimés, admirés, etc. ? Par ailleurs, nous verrons que la compétence ainsi que l'intimité et l'humilité sont les « habiletés » cardinales qui font le « bon chef » japonais ou allemand, ou encore suédois.

5.   Voir par exemple Sievers (1986a et 1986b), Lapierre (1988), Ketz de Vries (1988).

que l'on considère presque comme sacrée dans nos organisations. Pour Marglin (1973), de la Harvard University, cette forme de hiérarchie, donc de dirigeants, n'est là que pour surveiller, dominer et accaparer le profit, et non pas pour assurer l'efficacité de l'entreprise. De fait, on peut être beaucoup moins hiérarchisé et bien plus efficace. Toyota au Japon, SAS en Suède et Cascades au Québec nous en offrent les plus convaincants exemples[6].

S'il y a une conclusion à tirer de tout cela, c'est que le gestionnaire-dirigeant d'aujourd'hui et de demain a beaucoup plus à gagner du côté des théories prônant la culture de collaboration, par la mise en place de conditions d'adhésion et d'appropriation, à travers l'ouverture, la disponibilité et la concertation, le partage et la générosité. Ce dirigeant devra avoir des comportements d'antihéros et de représentant-symbole sincère des intérêts de ses employés. C'est comme le dit Bernard Lemaire, P.-D.G. de Cascades, du « gros bon sens », à la portée de tous et profitable à tous.

***

B. LE CONTRÔLE : ENTRE SURVEILLANCE ET GESTION DE LA QUALITÉ

Le titre de cette deuxième partie du chapitre 5 est en lui-même un raccourci de toute la problématique que soulève ce dernier et un très important jalon de l'acte de gérer : le contrôle. Selon une tradition des plus tenaces, le contrôle a presque toujours été rattaché à une sorte de volonté, de la part de ceux qui supervisent une situation, d'éviter tout danger de glissement vers des circonstances où leur pouvoir et leur mainmise pourraient être remis en question. C'est dire que le contrôle a toujours été le corollaire obligé de l'ordre et de la discipline : que l'on songe par exemple au nombre de règles et de contrôles (pluriquotidiens) que l'on effectue dans les institutions où on exige des niveaux d'ordre et de discipline très élevés, telles que l'institution militaire.

Qui dit « contrôle » dit « règles » et « pratiques de surveillance » pour s'assurer du respect de ces règles. Aujourd'hui, la tendance la plus prometteuse semble être celle qui oriente la pratique du contrôle vers des situations propices à un minimum de règles et à un maximum d'autodiscipline, donc d'auto-organisation et d'autocontrôle. Voyons d'abord ce que signifie et implique, de façon classique, l'acte de contrôle dans le cadre du management traditionnel.

---

6. Il ne faut pas confondre, comme on le verra plus loin, société élitiste, hiérarchiste, ayant un profond « respect de l'autorité » et distanciation, coupure, voire mépris, entre dirigeants et dirigés. C'est là, il me semble, une source d'erreur d'interprétation, comme dans le traitement que fait Hofstede (1980) des cultures américaine et japonaise face au travail.

DÉFINITIONS ET GÉNÉRALITÉS

Le terme « contrôle » serait né, semble-t-il, de la combinaison de deux mots français : « contre » et « rôle », qui ont donné « contre-rôle ». On parlait, dans l'ancien usage de la langue française, de « tenir un contre-rôle » : enregistrer les transactions et les opérations de façon contradictoire, sur un autre registre, un autre « rôle », donc tenir deux registres différents où sont portées par ordre chronologique les transactions effectuées, pour pouvoir comparer, et s'assurer que les protagonistes en affaires ont bien consigné des faits qui se recoupent.

Le sens le plus fort du terme « contrôle » reste donc celui de « vérification », avec des connotations de « surveillance » et d'« inspection » très marquées. Cependant, et particulièrement en management, il s'y combine un sens dérivé du sens anglo-saxon du vocable : celui de « maîtriser », de « conduire en étroit suivi », de « garder sous sa supervision ». Un survol des différentes définitions contenues dans la littérature managériale nous montre, le plus souvent, un amalgame de ces deux grandes significations de base avec, plus récemment, une dimension supplémentaire de relation d'aide et de correction vis-à-vis des personnes soumises à un contrôle.

Avant d'en voir quelques définitions classiques, rappelons qu'il s'agit du processus selon lequel on pourra installer dans les structures les fameuses « électrodes » devant servir de points d'information, dont nous avons parlé dans la partie traitant de la planification et de l'organisation. Et, bien entendu, de processus qui va permettre l'usage effectif de ces points d'écoute pour recueillir, acheminer et exploiter l'information générée dans le but de suivre le déroulement des opérations, et, s'il y a lieu, pour apporter des corrections.

Une définition très générale du contrôle, qui nous intéresse en management, serait la suivante : toute activité qui consiste à suivre, à vérifier et à évaluer le degré de conformité des actions entreprises ou réalisées par rapport aux prévisions et aux programmes, en vue de combler les écarts et d'apporter les corrections nécessaires.

Mais contrôler, c'est aussi connaître en permanence ses forces et ses faiblesses ; c'est mettre au point un système par lequel on peut, formellement ou informellement, assurer la régulation[7] des activités des membres d'une organisation ; c'est également disposer des moyens de s'assurer que toutes les sous-unités de l'organisation agissent effectivement d'une façon coordonnée et synergique[8] ; c'est finalement canaliser les comportements vers la performance et pousser dans le sens de l'élimination des comportements antiperformants.

---

7.   Au sens de « fonctionnement correct ».
8.   Dont les efforts convergent et se complètent les uns les autres.

On voit tout de suite que le contrôle est loin de ressembler à un acte de simple vérification périodique, notamment et généralement en fin d'activités, destiné à dresser un constat et à sévir avant de reprendre ce qui a été raté. Les auteurs les plus progressistes en management nous le présentent plutôt comme une véritable « philosophie ». Sa définition et son usage doivent inclure une ouverture vers le processus de gestion tout entier : il doit être à la fois prévention, correction, incitation, canalisation des comportements et concertation.

LES NIVEAUX, LES TYPES ET LES FORMES DE CONTRÔLE

Les niveaux de contrôle

Comme pour ce qui concerne la planification, il existe plusieurs niveaux de contrôle, dont deux sont essentiels : le contrôle externe et le contrôle interne. Mais il faut aussi envisager différentes façons d'adapter le contrôle aux multiples « strates » de l'entreprise, que ces « strates » soient verticales (plusieurs niveaux d'autorité, de responsabilité, de portée des décisions) ou qu'elles soient horizontales (diverses activités, divers « produits »).

On parle de **contrôle externe** pour ce qui concerne la connaissance et le suivi de ce qui se passe dans l'environnement de l'entreprise : son marché, ses produits, sa technologie, ses concurrents. Il s'agit de surveiller l'évolution de tous les facteurs externes, qui touchent l'entreprise et ses activités, ainsi que, systématiquement, les effets de ces activités sur le milieu. Cette surveillance de l'environnement est de première importance pour assurer un ajustement continu du comportement de la firme relativement aux exigences de situations fluctuantes en ce qui a trait à la technologie, à la clientèle, etc. C'est aussi ce qu'on appelle l'écoute permanente du marché.

Le **contrôle interne**, c'est exactement la même chose, mais pour ce qui concerne l'ensemble des facteurs propres à l'entreprise, tout ce qui, au sein d'elle-même, lui permet d'assurer sa production et sa présence sur le marché. Assurer le contrôle des facteurs internes équivaut à vérifier que l'on a, de la façon la plus constante possible, la combinaison la plus adéquate possible entre les ressources, l'état des ressources et les façons de satisfaire la demande. Le contrôle interne veut être une sorte de diagnostic permanent, un inventaire quantitatif et qualitatif continu touchant tous les points névralgiques intervenant, directement ou indirectement, dans les flux qui assurent la production et la qualité du bien ou du service spécifique que l'entreprise met sur le marché.

Les différents outils de planification, en particulier opérationnelle, tels que PERT, CPM, les diagrammes de Gantt, peuvent être d'une très grande utilité pour ce niveau de contrôle. On y utilisera aussi de façon très profitable ce qu'on appelle les « tableaux de bord ». Comme l'analogie le suggère, il est question d'un genre d'outil qui s'apparente dans sa fonction au tableau de bord d'une automobile ou d'un avion. On opère une sélection, par service, par département, par section de quelques données significatives (ratios, chiffres indiquant les quantités produites, rejetées, retournées, les absences, les retards, les pannes) que l'on réunira et consultera à intervalles très réguliers.

Par ailleurs, il faut, bien entendu, que le contrôle s'exerce absolument partout dans l'entreprise, mais de façon adaptée à chaque genre d'activité et à chaque champ de responsabilité. Ainsi on se constituera une vision d'ensemble permanente et on sera en mesure de localiser les points précis qui sont à l'origine des inadéquations éventuelles constatées à un niveau ou à un autre. Il convient d'éviter de n'avoir un contrôle ou un contrôle beaucoup plus serré qu'aux seuls niveaux d'exécution et de production, ce qui est une faute très courante. De graves erreurs de conception ou de stratégie peuvent ainsi passer inaperçues pendant des mois ou peuvent se révéler fort coûteuses une fois la production lancée.

Les types de contrôle

Quant aux types de contrôle, il en existe aussi, en gros, deux : le **contrôle de prévention** ou **proactif** et le **contrôle d'alerte** ou **réactif**. On l'aura compris, le premier renvoie à un contrôle qui s'exerce avant que ne survienne la situation fâcheuse, de façon préventive. On n'attendra pas de se trouver face à un problème pour agir ; le contrôle proactif permet de prévoir, de voir venir une difficulté et de faire ce qu'il faut pour l'éviter ou la réduire. Ce type de contrôle s'effectue avec l'aide de toutes sortes d'outils, dont PERT, CPM, les tableaux de bord, qui rendent possible une analyse des tendances (retards prévisibles, conséquences sur les tâches suivantes, etc.) et une correction à l'avance. Bien sûr, les différentes façons d'assurer le maintien et la continuité des flux constituent, elles aussi, d'excellents moyens de suivi et de contrôle préventif au jour le jour.

Le second, le « contrôle réactif » ou d'alerte, s'oriente davantage vers la « guérison », une fois le constat d'une difficulté établi. C'est donc un contrôle qui ne permet que la réaction et qui appelle une correction pour rétablir les flux.

Pour illustrer cela de façon simple, on peut penser aux systèmes de contrôle dont tout un chacun a l'usage, par exemple, dans une automobile : le système de contrôle proactif et préventif consiste à lire des cadrans indiquant les niveaux de fluides, les tours par minute, les pressions, alors que le système de contrôle réactif consiste, comme son autre nom l'indique, à donner une alerte. Le voyant rouge indique qu'il y a un problème, et qu'il faut immédiatement confier son véhicule à un garage. Quand on en arrive là, c'est soit parce que la voiture est bien usée, soit parce que le contrôle de continuité a fait défaut, soit encore parce que l'on a négligé de suivre les prescriptions du contrôle préventif. Une fois sur deux, c'est la troisième raison qui prévaut.

Les formes de contrôle

Les différentes formes de contrôle peuvent se résumer à cinq ou six grandes catégories. Il y a d'abord ce qu'on pourrait appeler le **contrôle en temps réel** : ce genre de contrôle nécessite une quasi-instantanéité entre constat et réponse (lever le pied de l'accélérateur aussitôt que l'on a constaté un dépassement du maximum de tours par minute). Dans les contextes de gestion où les variables délais–coûts sont très sensibles, comme en gestion par projet ou par programme, la possibilité de réaction en temps réel est de première importance.

Il y a ensuite ce que l'on peut appeler le **contrôle en temps différé** : entre le constat et la correction, il peut s'écouler un certain délai sans dommage pour l'activité d'ensemble (on peut rouler jusqu'à la prochaine station pour rétablir la pression des pneus ou rajouter le demi-litre d'huile manquant). Dans les contextes de gestion où les variables délais–coûts sont moins sensibles, telles les fabrications en série, on peut se permettre des temps plus ou moins longs de transmission de l'information, ou d'analyses et d'études avant d'apporter une réponse à la situation problématique.

On peut, bien sûr, associer temps réel à contrôle d'alerte et temps différé à contrôle préventif, mais tous les contextes organisationnels ne le permettent pas aussi facilement, selon leur degré de centralisation ou de « bureaucratisation », le degré d'autonomie conféré aux membres, la liberté d'initiative locale, le degré d'appropriation de la part des membres, la proximité et la confiance marquées envers eux, l'étendue de l'aspect contraignant et paralysant des règles et procédures.

Il existe aussi ce que l'on dénomme **contrôle budgétaire**. Il s'en pratique plusieurs variantes (budgets variables, budget à base zéro, approche du point mort), mais, pour le présent propos, il nous suffit de savoir qu'il s'agit d'une forme de contrôle qui s'exerce à partir du suivi de l'usage des fonds alloués pour telle ou telle activité. On s'assure que les fonds sont d'abord effectivement disponibles et, ensuite, qu'ils sont bien utilisés aux fins prévues, dans les conditions prévues et avec les résultats prévus. Ce genre de contrôle implique la possibilité de traduire en expressions monétaires à peu près tout ce qui concourt à une activité donnée. Cela offre un bon complément de contrôle, mais quelle que soit l'importance qu'on lui donne, l'aspect financier ne doit en aucun cas constituer le noyau dur ou, encore moins, l'unique base de suivi et de correction des actions.

Une autre forme de contrôle est ce que l'on désigne, un peu pompeusement, par **contrôle de gestion** (ou encore audit) : un contrôle « intégré » mais qui, de façon générale, se résume à une sorte de contrôle comptable élargi dont les experts-comptables et les vérificateurs (internes ou externes) restent les agents privilégiés. Il s'agit, en bref, de mettre en place et d'utiliser les moyens de cerner, derrière les constats chiffrés, les manquements ou les erreurs imputables à la façon de gérer le département ou l'entreprise, etc., lorsque des écarts sont mis à jour. Ce genre de contrôle serait le plus susceptible de conduire à l'établissement d'un diagnostic permanent.

Mentionnons, enfin, une dernière forme de contrôle qu'on peut retenir parmi les formes générales et englobantes : le **contrôle de qualité**. On verra plus loin qu'on en fait de plus en plus – les exemples allemands et japonais aidant – non seulement la forme de contrôle à promouvoir, presque à l'exclusion de toutes les autres, mais aussi la forme de management et de production. En bref, il s'agit d'un contrôle qui vise à s'assurer qu'un niveau minimal de qualité (on dirait aussi d'« excellence ») est respecté par tous les intervenants que concerne le produit ou le service offert. Mais là aussi, nous verrons plus loin pourquoi, il est préférable de viser un « état d'esprit » ou « climat » de qualité, plutôt que de s'acharner à exercer un « contrôle » de la qualité (ce qu'on met d'ailleurs de plus en plus sous les vocables de « qualité totale »).

LES ÉTAPES, LES INSTRUMENTS ET LES OBJECTIFS DU CONTRÔLE

Les étapes du contrôle

Dès la préparation des plans, que ceux-ci soient stratégiques ou opérationnels, il convient de soigneusement prévoir ce que nous avons appelé les « électrodes » ou les points d'information (avec leurs mécanismes de fonctionnement, d'acheminement des données, de traitement) qui doivent, à chaque phase charnière du processus de production, nous tenir au courant des états d'avancement, des écarts, des changements. Ce serait là, véritablement, la toute première étape du contrôle. Ensuite, il est recommandé de respecter, dans les grandes lignes, le cheminement suivant :

– Confirmer, expliquer, accepter, comprendre et hiérarchiser les **objectifs**. Depuis les grandes divisions de l'entreprise jusqu'à l'atelier et au poste de travail, l'ensemble des objectifs doit être explicité, compris, réparti. On acceptera d'autant plus facilement des normes de réalisation et des moyens de contrôle qu'on aura été plus largement informé et qu'on aura participé.

– Définir et confirmer les **budgets**, les délais et les moyens que l'on met à la disposition de chacun pour réaliser les objectifs qu'on lui assigne : un contrôle appuyé sur des ressources clairement établies et négociées sera encore plus légitime.

- Définir et, si c'est possible, expliquer et négocier les **normes** et les **standards**[9], aussi bien en termes quantitatifs que qualitatifs. Les bases, les logiques et les méthodes d'établissement des normes et standards doivent, elles aussi, être claires, explicites et connues de la majorité des intervenants et, en particulier, des opérateurs les plus directement en cause.

- Définir et faire connaître (aussi bien dans leur mode d'usage que dans leur esprit) les **mécanismes** et les **outils** du contrôle que l'on se propose de mettre en application, à chaque niveau. Il doit en être de même pour les moyens et les modalités de constat, de mesure et d'acheminement des données enregistrées.

- **Diffuser** à tous et à tous les échelons, le plus d'informations et de détails possible sur les modes, moyens, normes, mesures rattachés au contrôle. Si le tout est, comme il se devrait, soumis à un processus de concertation–négociation, cette information circulera par elle-même, et chacun sera d'autant plus vigilant qu'il saura plus exactement comment et sur quoi on le juge.

On peut dire qu'il s'agit, jusque-là, d'étapes préparatoires ou préliminaires du contrôle lui-même. Elles sont aussi indispensables et aussi importantes que les étapes opératoires qui, elles, se présentent de la façon suivante :

- **Enregistrer**, après les avoir recueillies, les données, aussi bien préventives que de résultats, chiffrées ou non chiffrées. Il existe toute une panoplie d'états et de matrices spécialement conçus pour l'enregistrement des différentes sortes d'informations qu'un système de contrôle peut générer. Ce n'est pas le lieu de les développer ici, mais on peut parler d'états de travaux (diagramme de Gantt), d'états financiers (comptes d'exploitations par centres de frais), de tables des incidents critiques (où on tient un enregistrement quotidien des événements les plus significatifs, dits « critiques »), de tables des variances (écarts entre les prévus et les réalisés).

- **Comparer** les constats, qu'ils proviennent de l'enregistrement des résultats d'opérations ou des données du contrôle, d'alerte ou préventif, avec les normes, les standards, les prévisions, les marges admises, et dégager les **écarts** quantitatifs ou qualitatifs entre constats et attentes.

- **Analyser** les écarts, « tous les écarts », qu'ils soient favorables ou défavorables, et essayer de dégager et d'expliquer les raisons de ces écarts, en collaboration avec les opérateurs en cause. (Un dépassement des résultats prévus peut très bien, par exemple, s'expliquer par des facteurs complètement externes ou hors de notre propre influence ; il convient, alors, de ne pas trop s'endormir sur ses lauriers.)

---

9. On verra une brève définition de ces termes un peu plus loin.

- **Soumettre**, s'il y a lieu, les écarts et les raisons explicatives avancées pour **étude** aux services en cause : la planification, les finances, la recherche et développement, la qualité, le service à la clientèle, etc.

- **Exposer** ces écarts, raisons, explications aux opérateurs en cause, et les **discuter** avec eux.

- Enfin, **arrêter en commun** les mesures de correction à apporter dans les objectifs, les normes, les moyens ou dans la conception, l'exécution, etc., à tous les niveaux : stratégique, fonctionnel, opérationnel, externe, interne.

Les instruments du contrôle

On a déjà, çà et là dans le texte, parlé de ce que l'on peut appeler les instruments du contrôle. À titre de simple indication et de rappel, on peut retenir principalement :

- les programmes de travail (TLR, diagramme de Gantt, PERT, CPM) ;

- les états financiers prévisionnels (budgets) ;

- les tableaux de bord (chiffres et données les plus significatifs que l'on enregistre et vérifie au jour le jour) ;

- les normes et les standards (objectifs-cibles minimaux à atteindre pour les quantités, la qualité, par jour, par semaine, par mois, etc.) ;

- les systèmes de communication et d'information qui permettent de se concerter, de s'entendre, de consigner, d'acheminer, de réaliser les retours d'informations ;

- les matrices et tables d'incidents critiques, des écarts ;

- l'inspection périodique et systématique (surtout aux points les plus sensibles, les plus importants et les plus stratégiques du processus de production).

Il ne peut être question ni de choix exclusif de l'un ou de l'autre, ni d'adoption exhaustive de tous ces instruments. Selon la situation, ou mieux, selon les situations successives, on pourra choisir, combiner, éliminer un, deux ou plusieurs de ces instruments. Des modes de gestion, lorsqu'ils visent à mieux circonscrire les « frontières » et à mieux téléguider les différents flux d'informations et d'opérations, peuvent très bien être aussi des instruments de contrôle, souvent plus ou moins déguisés : la direction par les résultats (DPR), la direction par les objectifs (DPO), les cercles de qualité (dans leurs usages erronés) et même ce que l'on dénomme « qualité de vie au travail » (QVT) et « approche sociotechnique » (Davis et Cherns 1975, Davis et Taylor 1972, Boisvert 1980).

Les objectifs du contrôle

Même s'il est apparemment « évident » que les objectifs du contrôle sont de vérifier et de corriger, il n'est pas inutile de donner quelques précisions dont malheureusement trop peu de gestionnaires font leur bénéfice. Bien que le contrôle serve à vérifier et à suivre des activités pour corriger ce qui ne va pas, il doit aussi viser à aider ceux qui ont des difficultés, à renforcer ou à créer la mobilisation et l'adhésion-coopération tant souhaitées partout. Il peut aussi servir à encourager, à reconnaître et récompenser, à conseiller, discuter et se comprendre, à réajuster et réaménager pour le court terme, à réorienter pour le moyen terme, tout en dégageant les tendances et en tirant les leçons pour le long terme.

LES CONDITIONS DU CONTRÔLE

Comme plusieurs auteurs l'ont établi, le contrôle devrait, pour mieux atteindre les objectifs qu'on lui assigne, respecter les conditions minimales suivantes :

— Se montrer clairement, dans les modalités, les procédures et les conséquences, sous l'aspect d'une opération qui se coule naturellement dans les flux de réalisation des activités ; ce doit être une partie intégrante de la tâche que chaque opérateur remplirait en même temps qu'il s'acquitte de son travail.

— Servir d'occasion ou de prétexte, non pas pour accentuer la surveillance et parfois le harcèlement, mais bien plutôt au rapprochement, à la concertation et au dialogue. Le contrôle doit ainsi susciter la réflexion en commun sur ce qui ne va pas, plutôt que de présenter un caractère punitif. Il ne s'agit pas de trouver des coupables ni des boucs émissaires, mais de voir comment on peut, ensemble, améliorer et corriger ce que nous faisons.

— Être cohérent avec la philosophie de gestion de l'entreprise : on ne peut être tatillon au jour le jour quand on se prétend décentralisé, ni juger les actions courantes quand on s'affiche orienté vers les résultats finaux.

— Être en conformité avec les exigences imposées par les facteurs de contingence : on ne contrôle pas de la même façon éternellement ; tout comme les modes organisationnels et les modes de gestion, le contrôle doit suivre les changements et évolutions de taille, d'effectifs, d'environnement, de modes opératoires, de technologie, etc., que connaissent toutes les organisations.

— Correspondre aux différents genres d'activités et de responsabilités : on ne contrôle pas de la même manière une activité routinière et une activité pleine d'imprévus, une tâche d'exécution et une tâche de supervision, une tâche de conception et une tâche de coordination.

– Être adapté aux valeurs affichées et aux credos (certains diraient à la « culture ») de l'entreprise : quand on dit former une « famille » et être « ouverts », on n'instaure pas un contrôle de type policier, méfiant et coercitif.

– Être en cohérence avec les variables clés, avec les particularités distinctives qui renforcent la capacité compétitive de l'organisation. On contrôlera différemment selon que l'on est, pour maintenir sa compétitivité, axé sur l'innovation, sur le service, sur le suivi étroit des coûts, sur le produit, l'image ou la qualité spécifique. Le système de contrôle doit toujours aller dans le sens du renforcement des compétences distinctives de l'entreprise.

– Être, enfin, adapté, conforme aux modes de communication, à la nature de l'information, à la façon de la faire circuler qui ont cours dans l'organisation. Sans système d'information et de retour d'information, le contrôle est impensable, mais sans adéquation avec la façon dont est générée et acheminée concrètement cette information, le contrôle sera plus une source de pertes que de gains. Aussi peut-on souvent voir des sommes considérables dépensées en installations de systèmes de contrôles très sophistiqués, informatisés, hypergadgétisés, alors que les moyens et possibilités d'alimenter ces systèmes en données réellement et efficacement utilisables sont très faibles, peu fiables ou trop coûteux.

LES PROBLÈMES ET LES INSUFFISANCES DU CONTRÔLE TRADITIONNEL

Le contrôle, quels que soient les précautions et les « maquillages » que l'on prendra soin d'y mettre, sera toujours, peu ou prou, un élément comportant une connotation de méfiance, de surveillance plus ou moins bienveillante, de possibilité de coercition. C'est une des activités managériales qui comporte et véhicule de la façon la plus tenace la conception X de l'employé, décrite par McGregor (1960)[10].

Ensuite, plusieurs auteurs insistent sur le fait que le contrôle amène, par les normes et critères qu'il met en avant, non pas à essayer de se dépasser, de s'améliorer, mais plutôt à essayer de se conformer à ces normes, standards et critères : on aura tendance à agir dans le sens de l'accomplissement strict de ce sur quoi on est jugé. Les comportements au travail tendent à se couler dans le moule du système de contrôle. Toutefois, précisons bien que cela se passe plus dans les organisations de type classique qui n'admettent pas, ou admettent peu, de concertation et de participation.

---

10. Plus exactement « théorie X » : conception, rappelons-le, selon laquelle l'employé ou l'ouvrier est vu comme paresseux, ignorant, inintelligent, juste capable de faire ce qu'on lui impose en le surveillant.

Par ailleurs, bien des auteurs, dont Crozier (1963), Gouldner (1955), Merton (1952), insistent sur certains cercles vicieux dont le contrôle peut être l'élément nourricier, en particulier au sein des organisations à caractère bureaucratique. Plus il y a de règles et de critères de contrôle étroit, plus on fait appel à ces règles pour se protéger. À son tour, le constant appel aux règles conduit à la création d'autres règles pour éviter ou couvrir les inévitables zones grises. Il se développe aussi ce qu'on appelle « jouer les règles », ce qui peut s'apparenter à faire la grève du zèle.

Depuis le taylorisme, on maintient, sans trop se poser de questions, un mode de fonctionnement des entreprises qui conçoit comme naturel et souhaitable que la direction soit en mesure d'être au courant de tout et conserve le pouvoir d'assigner normes et gestes. Il s'ensuit un risque de confusion entre l'efficacité et le maintien du pouvoir par le contrôle : ce dernier concourt-il à améliorer la performance ou à renforcer la mainmise des dirigeants ? Les managers de la filature de Philadelphie qui ont supprimé les mesures instaurées par Mayo n'ont fait que réaffirmer leur pouvoir par le rétablissement du contrôle sur tout ce que faisaient les employés, bien que Mayo ait montré que c'était moins efficace[11].

Les coûts direct et indirect du contrôle peuvent souvent être plus élevés que les bénéfices qu'il procure. Par contre, le droit à l'erreur peut éviter bien des dépenses et stimuler bien des initiatives. Alors que le contrôle classique, basé en général sur le bannissement des erreurs et des comportements non standard (des auteurs récents, comme Paquin [1987], semblent contribuer à encore véhiculer cette conception alors que d'autres la proscrivent, comme Peters et Austin [1985] ou Peters [1988]), peut coûter très cher en grèves du zèle systématiques et en nombreux mécanismes de liaisons et postes intermédiaires de surveillance rendus indispensables. D'après Peters et Waterman (1983), il en coûte 60 % moins en effectifs par unité de production pour le contrôle de qualité dans l'industrie automobile japonaise qu'aux États-Unis ! Et selon *Business Week* (1986), les coûts de travail indirects, dont le *middle management* et son rôle de contrôle, représentent 45 % des coûts de production dans l'industrie manufacturière américaine.

Enfin, soulignons que le contrôle auquel on a recours en management classique s'accompagne de la croyance selon laquelle les employés et ouvriers sont les principales sources d'erreurs et de manquements. Au dire de celui qui a été à l'origine de la gestion de la qualité japonaise, W.E. Deming (1987), les directions seraient responsables de 94 % des défauts d'un produit et les travailleurs, seulement de 6 % ! Il va sans dire que la conception de l'ouvrier ou de l'employé « source de défauts » arrange les managers et

---

11. Exemple que nous verrons en détail dans le chapitre suivant. En bref, Elton Mayo avait rétabli la productivité et la stabilité par des mesures assurant un peu plus de liberté aux employés, ce que les cadres n'avaient pas apprécié et avaient réussi à supprimer dès son départ. Cela se passait en 1923 (Mayo 1924).

renforce leur conviction qu'il n'y a pas de mauvais chefs, mais seulement de mauvaises troupes.

EN CONCLUSION

Des exemples plus performants aidant, on s'est mis, depuis près d'une décennie, à admettre que la productivité, la qualité, la performance sont affaire de travailleurs qui aiment ce qu'ils font, qui adhèrent, qui sont intéressés (ce que Peters et Austin [1985] appellent le «sentiment de propriété[12]»), et non pas affaire de contrôles de plus en plus sophistiqués, bien au contraire.

Le contrôle s'intéresse désormais aux attitudes et à la qualité des relations aux autres et à son travail. De là à parler de «valeurs», le pas est vite franchi. Or, qui dit «valeurs» dit «culture»... Nous voilà donc ramenés à ce leitmotiv du management à la mode : former, au sein de l'entreprise, une culture de convergence et de complicité, c'est-à-dire un ensemble de personnes partageant les mêmes croyances, buts, espoirs, valeurs, symboles, etc. On garantirait ainsi, croit-on, le meilleur de tous les contrôles qui soient : l'autocontrôle par l'adhésion volontaire, l'intérêt à ce que l'on fait, l'attachement au produit, l'identification à l'organisation. La notion de «culture organisationnelle» apparaît donc comme une sorte de contrôle ultime (Rosen et Inzerilli 1983, Axtell-Ray 1986, Lebas et Weigenstein 1986).

En soi, l'idée n'est pas entièrement blâmable : arriver à ce que chaque personne, dans l'organisation, exerce son propre contrôle (et, donc, soit un peu son propre maître) constitue même un objectif louable. Mais ce qui l'est beaucoup moins, c'est de penser que cela peut se manipuler, artificiellement, de l'extérieur de l'individu, que cela peut être un outil ou une recette de management qu'on applique aux autres, pour leur «inculquer» un «système de guidage». Pour que l'autocontrôle soit, il doit d'abord naître en chaque individu, sinon il ne sera jamais.

Pour en arriver à cet autocontrôle, il convient de «changer radicalement», et à «commencer par le haut[13]». Et ce changement doit, entre autres et en particulier, passer du contrôle de la qualité à la «gestion de la qualité».

Se diriger vers ce type de contrôle repensé permettrait de se prémunir, selon l'expression de Peters et Austin (1985), contre les «effets pernicieux des règles mesquines». Car que de règles de contrôle et de surveillance dans les organisations sont vraiment mesquines, tant elles comportent de

---

12. Peters et Austin donnent l'exemple de Dana Corporation aux États-Unis où McPherson a opéré un redressement spectaculaire par, entre autres, la cession d'actions aux employés et le partage des profits.
13. Cela est la phrase textuelle de W.E. Deming (1987). (Voir aussi Patton 1982, McMillan 1982, Ingle 1982, Brown 1982, Tarrab 1982, Harbour 1986, Morita 1986, Kélada 1987.)

méfiance et de tracasseries à propos d'insignifiants détails! Elles sont même, souvent, de véritables marques de mépris envers l'employé.

Il faudrait penser, partout, et surtout en haut lieu, «qualité» et non plus coûts, compressions, pouvoir, domination, méfiance, etc. La gestion de la qualité, c'est, nous dit Kélada (1987 et 1990), une philosophie générale et une façon d'être de tous dans l'entreprise: ce n'est pas la responsabilité de spécialistes, ni de techniciens (qu'on va, nous précise-t-il, jusqu'à appeler des «qualiticiens»!).

Le contrôle devrait se fondre dans un état d'esprit généralisé à toute l'organisation, où tout un chacun veillera à la qualité de ce qu'il fait et non à la seule qualité du produit que l'ouvrier fabrique. Le contrôle devient alors une ambiance organisationnelle, où les dirigeants veilleraient aussi à la qualité des relations et à l'éclosion de ce que beaucoup aujourd'hui dénomment «le sentiment de propriété» (amener, par des faits concrets, chaque membre à se sentir partie prenante de l'entreprise et à agir en tant que tel). C'est également ce que les auteurs scandinaves de l'école suédoise (Berg et Witkin 1984, Alvesson 1986) appellent avoir des employés qui sont aussi des *stake-holders* qui partagent, avec les dirigeants, aussi bien les risques que les gains potentiels (Aktouf 1992).

LES IDÉES IMPORTANTES

SUR LES ACTIVITÉS

La direction

La tâche principale du dirigeant, dans le management traditionnel, consiste à exercer son pouvoir en vue de faire converger les activités des membres de l'entreprise vers la réalisation d'objectifs préalablement déterminés. L'autorité que le dirigeant impose aux membres se rattache aux rôles formels qu'il doit jouer à l'intérieur de la structure de l'entreprise. Un «bon» dirigeant possède des habiletés interpersonnelles en plus d'habiletés techniques, et son pouvoir d'influence peut aussi relever d'un choix de la part des membres de l'entreprise. Une fois que le dirigeant a reconnu que les besoins des membres doivent être comblés pour que ceux-ci adhèrent pleinement aux objectifs de l'entreprise, il peut prendre conscience de son rôle de «producteur de représentations symboliques». La culture de l'entreprise peut devenir un instrument de contrôle ou encore permettre un autocontrôle par l'adhésion volontaire des membres.

✗ *Questions*

1. Quels événements ont amené les chercheurs et les praticiens à se pencher sur le problème de la culture de l'entreprise?

2. Quelles conditions permettent au dirigeant d'avoir une autorité reconnue, acceptée par l'adhésion des membres?

3. Quelles sont les principales critiques adressées aujourd'hui aux dirigeants et aux théories du leadership et de la direction?

Le contrôle

L'activité de contrôle – prise dans le sens de la surveillance – est intimement liée à la conception des autres activités du processus administratif dans une perspective traditionnelle. Les points de contrôle externes et internes permettent de suivre le déroulement des opérations et d'en mesurer le degré de conformité par rapport aux prévisions ou aux objectifs fixés et de corriger et d'éliminer les actions déviantes. Le type de contrôle exercé est adapté aux responsabilités et activités qui caractérisent chaque niveau de l'entreprise. Les pratiques de surveillance et la nécessité de respecter les règles seront plus présentes lors de l'exécution des décisions programmées. Dans un contexte où les pratiques visent davantage l'auto-organisation, le processus de contrôle est intégré à la réalisation des activités et prend la forme d'un autocontrôle.

✗ *Questions*

1. Au-delà des impératifs de vérification ou de surveillance, quelles peuvent être les visées de l'activité de contrôle?

2. Quel est le type de contrôle privilégié par les entreprises allemandes ou japonaises?

3. Quels sont les coûts associés à un contrôle de type coercitif?

Bibliographie de la section II

La planification générale et stratégique

ALLAIRE, Y. et M. FIRSIROTU (1984) « La stratégie en deux temps, trois mouvements », *Gestion*, vol. 9, n° 2, avril, p. 13-20.

ALLAIRE, Y. et M. FIRSIROTU (1988) « La nature contractuelle de la planification stratégique », *Gestion*, vol. 13, n° 2, mai, p. 5-19.

ANDREWS, K. (1980) *The Concept of Corporate Strategy*, Homewood, Illinois, Richard D. Irwin Inc.

ANDREWS, K. et W.G. CHRISTENSEN (1965) *Business Policy, Texts and Cases*, Homewood, Illinois, Richard D. Irwin Inc.

ANSOFF, H.I. (1971) *Stratégie et développement de l'entreprise*, Paris, Éditions Hommes et Techniques.

ANSOFF, H.I. *et al.* (1976) *From Strategic Planning to Strategic Management*, Londres, John Wiley & Sons.

CHANDLER, A. (1972) *Stratégie et structure*, Paris, Éditions d'Organisation.

CHANLAT, A. (1984) *Gestion et culture d'entreprise, le cheminement d'Hydro-Québec*, Montréal, Québec/Amérique.

DRUCKER, P. (1958) *The Practice of Management*, New York, Harper & Brothers.

FAYOL, H. (1979) *Administration industrielle et générale*, Paris, Dunod (première publication en 1916).

FREUND, J. (1966) *La sociologie de Max Weber*, Paris, PUF.

GALBRAITH, J.K. (1968) *Le nouvel État industriel*, Paris, Gallimard.

GLUECK, W.F. (1976) *Business Policy : Strategy Formation and Management Action*, New York, McGraw-Hill.

GRAY, D.J. (1986) « Uses and Misuses of Strategic Planning », *Harvard Business Review*, vol. 64, n° 1, janvier-février, p. 89-97.

GULICK, L. et L.F. URWICK (1937) *Papers on the Science of Administration*, New York, Columbia University Press.

HAFSI, T. (1985) « Du management au métamanagement : les subtilités du concept de stratégie », *Gestion*, vol. 10, n° 1, février, p. 6-14.

LEAVITT, T. (1960) « Marketing Myopia », *Harvard Business Review*, vol. 38, n° 4, juillet-août, p. 4-18.

LUSSATO, B. et G. MESSADIÉ (1986) *Bouillon de culture*, Paris, Robert Laffont.

MINTZBERG, H. (1973) « Strategy Making in Three Modes », *California Management Review*, vol. XVI, n° 2, hiver, p. 44-53.

MINTZBERG, H. (1973) *The Nature of Managerial Work*, New York, Harper and Row (en français : *Le manager au quotidien*, Montréal, Agence d'Arc, 1984).

MINTZBERG, H. (1976) « Planning on the Left Side and Managing on the Right », *Harvard Business Review*, vol. 54, n° 2, juillet-août, p. 49-59.

MINTZBERG, H. (1979) *The Structuring of Organizations*, Englewood Cliffs, New Jersey, Prentice-Hall (en français : *Structure et dynamique des organisations*, Montréal, Agence d'Arc, 1982).

MINTZBERG, H. (1982) *Power and the Life Cycles of Organizations*, Montréal, Université McGill, Faculté de management.

MINTZBERG, H. (1984) *Le manager au quotidien*, Montréal, Agence d'Arc.

MORGAN, G. (1989) *Images de l'organisation*, Québec-Paris, PUL-ESKA.

NADEAU, B. (1973) « L'administrateur et le planning », *in* P. Laurin (dir.), *Le management – textes et cas*, Montréal, McGraw-Hill, p. 123-137.

NEUMAN, J. von et O. MORGENSTERN (1947) *Theory of Games and Economic Behavior*, Princeton, Princeton University Press.

NEWMAN, W.H. et J.P. LOGAN (1965) *Business Policies and Central Management*, Cincinnati, South-Western Pub. Co.

PETERS, T. (1988) *Le chaos management*, Paris, InterÉditions.

PETERS, T. et R. WATERMAN (1983) *Le prix de l'excellence*, Paris, InterÉditions.

PORTER, M.E. (1979) « Stratégie : analysez votre industrie », *Harvard-L'Expansion*, n° 13, été, p. 100-111.

PORTER, M.E. (1987) « The State of Strategic Thinking », *The Economist*, vol. 303, n° 7499, 23 mai, p. 17-24.

REID, D. (1986) « Genèse du fayolisme », *Sociologie du travail*, n° 1, p. 75-83.

THANHEISER, H. (1979) « Stratégie et planification allemandes », *Gestion*, vol. 4, n° 4, novembre, p. 79-84.

WEBER, M. (1959) *Le savant et le politique*, Paris, Plon.

La planification opérationnelle

ACKOFF, R.L. (1967) « Management Misinformation System », *Management Science*, vol. 14, n° 4, décembre, p. 147-157.

AKTOUF, O. (1986) *Le travail industriel contre l'homme ?*, Alger, ENAL/OPU.

AKTOUF, O. (1987) « Les rapports chefs de projets-directions générales : fonctionnement matriciel ou structure matricielle », *Revue PMO*, vol. 2, n° 2, avril, p. 36-40.

BEYNON, H. (1973) *Working for Ford*, Londres, Penguin Books.

CHANLAT, A. (1984) *Gestion et culture d'entreprise, le cheminement d'Hydro-Québec*, Montréal, Québec/Amérique.

CLELLAND, D.I. et W.R. KING (1975) *Systems Analysis and Project Management*, 2ᵉ édition, New York, McGraw-Hill.

DESJARDINS, M. (1973) « Le planning stratégique et structurel dans les PME », *in* P. Laurin (dir.), *Le management – textes et cas*, Montréal, McGraw-Hill, p. 141-161.

GÉLINIER, O. (1968) *La direction participative par objectifs*, Paris, Hommes et Techniques.

GÉLINIER, O. (1979) *Nouvelle direction de l'entreprise, personnaliste et compétitive*, Paris, Hommes et Techniques.

LATOUR, R. (1973) « Initiation à la méthode du chemin critique », *in* P. Laurin (dir.), *Le management – textes et cas*, Montréal, McGraw-Hill, p. 201-217.

LINHART, R. (1978) *L'établi*, Paris, Minuit.

MINTZBERG, H. (1973) *The Nature of Managerial Work*, New York, Harper and Row (en français : *Le manager au quotidien*, Montréal, Agence d'Arc, 1984).

MINTZBERG, H. (1979) *The Structuring of Organizations*, Englewood Cliffs, New Jersey, Prentice-Hall (en français : *Structure et dynamique des organisations*, Montréal, Agence d'Arc, 1982).

MINTZBERG, H. (1984) *Le manager au quotidien*, Montréal, Agence d'Arc.

NADEAU, B. (1973) « L'administrateur et le planning », *in* P. Laurin (dir.), *Le management – textes et cas*, Montréal, McGraw-Hill.

PETERS, T. (1988) *Le chaos management*, Paris, InterÉditions.

PETERS, T. et R. WATERMAN (1983) *Le prix de l'excellence*, Paris, InterÉditions.

PFEFFER, R. (1979) *Working for Capitalism*, New York, Columbia University Press.

SFEZ, L. (1976) *Critique de la décision*, Paris, Presses de la Fondation Nationale des Sciences Politiques.

SIMON, H.A. (1977) *The New Science of Management Decision*, Englewood Cliffs, New Jersey, Prentice-Hall, 3e édition.

TERKEL, S. (1976) *Gagner sa croûte*, Paris, Fayard.

La décision

AKTOUF, O. (1986) *Les sciences de la gestion et les ressources humaines, une analyse critique*, Alger, ENAL/OPU.

ALLISON, G.T. (1971) *The Essence of Decision*, Boston, Little, Brown and Co.

ARGYRIS, C. (1958) « The Organization : What Makes it Healthy ? », *Harvard Business Review*, vol. 36, n° 6, p. 107-116.

ARGYRIS, C. (1973) « Some Limits of Rational Man Organizational Theory », *Public Administration Review*, vol. 33, n° 3, mai, p. 253-268.

AUDET, M. *et al.* (1986) « Science et résolution de problèmes : liens, difficultés et voies de dépassement dans le champ des sciences de l'administration », *Philosophie des sciences sociales*, n° 16, p. 409-440.

AXELROD, R. (dir.) [1976] *Structure of Decision. The Cognitive Maps of Political Elites*, Princeton, Princeton University Press.

BARNARD, C. (1950) *The Functions of the Executive*, Cambridge, Massachusetts, Cambridge University Press.

BELLEMARE, D. et L. POULIN-SIMON (1986) *Le défi du plein emploi*, Montréal, Éditions Saint-Martin.

BENN, S.I. et G.W. MORTIMORE (1976) *Rationality and the Social Sciences*, Londres, RKP.

BEYER, J.B. (1981) « Ideologies, Values and Decision Making in Organizations », *in* P.C. Nystrom et W.H. Starbuck (dir.), *Handbook of Organizational Design*, vol. 2, Oxford, OUP, p. 166-202.

BOISVERT, M. et R. DÉRY (1980) *Le manager et la gestion*, Montréal, Agence d'Arc.

BRAVERMAN, H. (1976) *Travail et capitalisme monopoliste*, Paris, Maspero.

CHANLAT, A. et M. DUFOUR (dir.) [1985] *La rupture entre l'entreprise et les hommes*, Montréal-Paris, Québec/Amérique et Éditions d'Organisation.

CHANLAT, J.-F. et F. SÉGUIN (1983) *L'analyse des organisations, une anthologie sociologique*, Tome 1, Montréal, Gaëtan Morin Éditeur.

CHANLAT, J.-F. et F. SÉGUIN (1987) *L'analyse des organisations, une anthologie sociologique*, Tome 2, Montréal, Gaëtan Morin Éditeur.

CLELLAND, D.I. et W.R. KING (1971) *L'analyse des systèmes, technique avancée de management*, Paris, Entreprise Moderne d'Édition.

COHEN, M.D. *et al.* (1972) « A Garbage Can Model of Organizational Choice », *Administrative Science Quarterly*, vol. 17, n° 1, p. 1-25.

CROZIER, M. (1983) « La rationalité du décideur du point de vue du sociologue », *in* B. Roy, *La décision, ses disciplines, ses acteurs*, Lyon, Presses Universitaires de Lyon, p. 29-44.

CROZIER, M. et E. FRIEDBERG (1977) *L'acteur et le système*, Paris, Éditions du Seuil.

CYERT, R.M. et J.G. MARCH (1970) *Processus de décision dans l'entreprise*, Paris, Dunod.

DAVAL, R. (1981) *Logique de l'action individuelle*, Paris, PUF.

FAYOL, H. (1979) *Administration industrielle et générale*, Paris, Dunod (première publication en 1916).

FERICELLI, A.M. (1978) *Théorie statistique de la décision*, Paris, Economica.

HERZBERG, F. (1972) *Le travail et la nature de l'homme*, Paris, Entreprise Moderne d'Édition.

JACQUEMIN, A. (1967) *L'entreprise et son pouvoir de marché*, Québec, PUL.

LABORIT, H. (1970) *L'homme imaginant*, Paris, Union générale d'édition (10-18).

LABORIT, H. (1974) *La nouvelle grille*, Paris, Robert Laffont.

LANDRY, M. (1983) « Qu'est-ce qu'un problème ? », *INFOR*, n° 21, p. 31-45.

LANOIX, M. (1973) « La décision et l'analyse du point mort », *in* P. Laurin (dir.), *Le management – textes et cas*, Montréal, McGraw-Hill, p. 83-104.

LEROY, G. (1973) « L'administrateur et la décision », *in* P. Laurin (dir.), *Le management – textes et cas*, Montréal, McGraw-Hill, p. 25-48.

LINDBLOM, C.E. (1959) « The Science of Muddling Through », *Public Administration Review*, vol. 19, n° 2, printemps, p. 79-89.

LINDBLOM, C.E. (1979) « Still Muddling not yet Through », *Public Administration Review*, vol. 39, n° 1, p. 517-526.

MAGEE, J.F. (1973) « L'arbre de décision, outil de la décision », *in* P. Laurin (dir.), *Le management – textes et cas*, Montréal, McGraw-Hill, p. 52-74.

MARCH, J.G. et J.P. OLSEN (1976) *Ambiguity and Choice in Organizations*, Bergen, Universitetsforlaget.

MINTZBERG, H. (1973) *The Nature of Managerial Work*, New York, Harper and Row (en français : *Le manager au quotidien*, Montréal, Agence d'Arc, 1984).

MINTZBERG, H. (1976a) « Planning on the Left Side and Managing on the Right », *Harvard Business Review*, vol. 54, n° 2, juillet-août, p. 49-59.

MINTZBERG, H. *et al.* (1976b) « The Structure of Unstructured Decision Process », *Administration Science Quarterly*, vol. 2, n° 21, p. 246-275.

MINTZBERG, H. (1979) *The Structuring of Organizations*, Englewood Cliffs, New Jersey, Prentice-Hall.

MINTZBERG, H. (1982) *Structure et dynamique des organisations*, Montréal, Agence d'Arc.

MORITA, A. (1986) *Made in Japan*, Paris, Robert Laffont.

MOUZELIS, N.P. (1967) *Organization and Bureaucracy*, Chicago, Aldine Publishing Co.

NUGENT, P.S. (1981) « Intégrer le rationnel et l'intuitif pour mieux gérer », *Gestion*, vol. 6, n° 4, p. 30-44.

PASSET, R. (1983) *L'économique et le vivant*, Paris, Payot.

PETERS, T. et R. WATERMAN (1983) *Le prix de l'excellence*, Paris, InterÉditions.

RAPAPORT, A. (1967) *Combats, débats et enjeux*, Paris, Dunod.

SALANCIK, G.R. et J. PFEFFER (1974) « The Bases and Use of Power in Organizational Decision Making », *Administrative Science Quarterly*, vol. 19, n° 4, p. 453-473.

SERVAN SCHREIBER, J.J. (1980) *Le défi mondial*, Montréal, Presses Select.

SFEZ, L. (1976) *Critique de la décision*, Paris, Presses de la Fondation Nationale des Sciences Politiques.

SFEZ, L. (1984) *La décision*, Paris, PUF (Que sais-je ?), n° 2181.

SIEVERS, B. (1986) *Leadership as a Perpetuation of Immaturity, A New Perspective on Corporate Culture*, inédit, Bergischen Universität, Gesamtochschule, Wuppertal, RFA.

SIMON, H.A. (1955) « A Behavioral Model for Rational Choice », *Quarterly Journal of Economics*, n° 69, p. 99-118.

SIMON, H.A. (1959) « Theories of Decision Making in Economic and Behavioral Sciences », *American Economic Review*, vol. 49, n° 2, juin, p. 253-283.

SIMON, H.A. (1973) « Organizational Man : Rational and Self Actualizing », *Public Administration Review*, vol. 33, n° 3, mai-juin, p. 354-358.

SIMON, H.A. (1976) *Administrative Behaviour*, New York, McMillan, 3e édition.

SIMON, H.A. (1977) *The New Science of Management Decision*, New Jersey, Prentice-Hall, 3ᵉ édition.

SIMON, H.A. (1978) « Rationality as Process and as Product of Thought », *American Economic Review*, n° 68, p. 1-16.

SIMON, H.A. (1980) *Le nouveau management : la décision par les ordinateurs*, Paris, Economica.

SIMON, H.A. (1980) « Les processus de décision dans le domaine de la gestion », *in Le nouveau management : la décision par les ordinateurs*, Paris, Economica, p. 35-75.

SIMON, H.A. (1983) *Administration et processus de décision*, Paris, Economica.

SIMON, H.A. et J.G. MARCH (1958) *Organizations*, New York, John Wiley & Sons.

TAYLOR, F.W. (1947) *Scientific Management*, New York, Harper & Brothers.

THOMPSON, J.D. *et al.* (1959) *Comparative Studies in Administration*, Pittsburg, UPP.

VROOM, V.H. (1973) « A New Look at Managerial Decision Making », *Organizational Dynamics*, vol. 1, n° 4, printemps, p. 62-80.

WEEKS, D.R. (1980) « Organizations and Decision Making », *in* G. Salaman et K. Thompson (dir.), *Control and Ideology in Organizations*, Cambridge, MIT Press, p. 187-215.

L'organisation

AKTOUF, O. (1986a) *Le travail industriel contre l'homme ?*, Alger, ENAL/OPU.

AKTOUF, O. (1986b) *Les sciences de la gestion et les ressources humaines, une analyse critique*, Alger, ENAL/OPU.

AKTOUF, O. (1986c) « Une vision interne des rapports de travail, le cas de deux brasseries », *Le travail humain*, vol. 49, n° 3, septembre, p. 238-248.

AKTOUF, O. (1989a) « Le symbolisme et la culture d'entreprise : des abus conceptuels aux leçons du terrain », *in* J.-F. Chanlat (dir.) [1990], *L'individu dans l'organisation : les dimensions oubliées*, Québec-Paris, PUL-ESKA.

AKTOUF, O. (1989b) « L'interpellation de l'autorité et la transgression de tabous managériaux comme symboles de leadership puissant », document non publié, HEC, Montréal.

AKTOUF, O. (1991) « Adhésion et pouvoir partagé », *Gérer et comprendre – Annales des Mines*, Paris, juin, p. 44-57.

AKTOUF, O. et M. CHRÉTIEN (1987) « Le cas Cascades : comment se crée une culture d'entreprise », *Revue française de gestion*, nᵒˢ 65-66, novembre-décembre, p. 156-166.

ARCHIER, G. et H. SÉRIEYX (1984) *L'entreprise du troisième type*, Paris, Éditions du Seuil.

ATLAN, H. (1972) « Du bruit comme principe d'auto-organisation », *Communications*, n° 18, p. 21-36.

ATLAN, H. (1979) *Entre le cristal et la fumée*, Paris, Éditions du Seuil.

BARNARD, C. (1938) *The Functions of the Executive*, Cambridge, Harvard University Press.

BERTALANFFY, L. von (1973) *La théorie générale des systèmes*, Paris, Dunod.

BEYNON, H. (1973) *Working for Ford*, Londres, Penguin Books.

BUSINESS WEEK, « How G.M.'s Saturn Could Run Rings around Old-Style Car Makers », 28 janvier 1985, p. 660-662, et « High Tech to the Rescue », 16 juin 1986, p. 100-108.

CESSIEUX, R. (1976) *Recherche sur les processus de la division du travail*, Grenoble, IREP.

CHANLAT, A. (1984) *Gestion et culture d'entreprise, le cheminement d'Hydro-Québec*, Montréal, Québec/Amérique.

CHANLAT, A. et M. DUFOUR (dir.) [1985] *La rupture entre l'entreprise et les hommes*, Montréal-Paris, Québec/Amérique et Éditions d'Organisation.

CHANLAT, J.-F. et F. SÉGUIN (1983) *L'analyse des organisations, une anthologie sociologique*, Tome I, Montréal, Gaëtan Morin Éditeur.

CHANLAT, J.-F. et F. SÉGUIN (1987) *L'analyse des organisations, une anthologie sociologique,* Tome II, Montréal, Gaëtan Morin Éditeur.

CHAUSSÉ, R. et A. CHANLAT (1980) *PME: possibilités de développement,* inédit, HEC.

CLEGG, S.R. et D. DUNKERLEY (1980) *Organization, Class and Control,* Londres, Routledge.

COTTEREAU, A. (1980) *Le sublime,* Paris, Maspero.

CROZIER, M. (1963) *Le phénomène bureaucratique,* Paris, Éditions du Seuil.

CROZIER, M. et E. FRIEDBERG (1977) *L'acteur et le système,* Paris, Éditions du Seuil.

CUGGIA, G. (1989) *Cascades, le triomphe du respect,* Montréal, Québec/Amérique.

DEJOURS, C. (1980) *Le travail, usure mentale: essai de psychopathologie du travail,* Paris, Le Centurion.

DEMING, W.E. (1987) « Pourquoi sommes-nous si mauvais? », *Revue Commerce,* vol. 88, n° 10, octobre, p. 109-117.

DENIS, H. (1983) « Les défis de l'organisation matricielle », *L'ingénieur,* vol. 69, n° 358, novembre-décembre, p. 23-27.

DESFORGES, J.G. (1973) « L'administrateur et l'organisation », *in* P. Laurin (dir.), *Le management – textes et cas,* Montréal, McGraw-Hill, p. 283-307.

ETZIONI, A. (1971) *Les organisations modernes,* Bruxelles, Duculot (traduit de: *Modern Organizations,* Englewood Cliffs, New Jersey, Prentice-Hall, 1964).

FISCHER, F. et C. SIRIANNI (dir.) [1984] *Critical Studies in Organization and Bureaucracy,* Philadelphie, Temple University Press.

FRIEDMANN, G. (1946) *Problèmes humains du machinisme industriel,* Paris, Gallimard.

FRIEDMANN, G. (1964) *Le travail en miettes,* Paris, Gallimard (Idées).

GASSE, Y. (1982) « L'entrepreneur moderne, attributs et fonctions », *Gestion,* vol. 7, n° 4, novembre, p. 3-10.

GORZ, A. (1973) *Critique de la division du travail,* Paris, Éditions du Seuil (Points).

KATZ, D. et R. KAHN (1978) *The Social Psychology of Organizations,* New York, John Wiley & Sons, 2e édition.

KÉLADA, J. (1987) *La gestion intégrale de la qualité,* Dorval, Éditions Quafec, 2e édition.

KÉLADA, J. (1990) *Pour une qualité totale,* Dorval, Éditions Quafec.

LABORIT, H. (1974) *La nouvelle grille,* Paris, Robert Laffont.

LAWRENCE, P.R. et J.W. LORSCH (1973) *Adapter les structures de l'entreprise,* Paris, Éditions d'Organisation.

LINHART, D. (1991) *Le torticolis de l'autruche,* Paris, Éditions du Seuil.

LINHART, R. (1978) *L'établi,* Paris, Minuit.

LUKES, S. (1974) *Power: A Radical View,* Londres, McMillan.

LUSSATO, B. et G. MESSADIÉ (1986) *Bouillon de culture,* Paris, Robert Laffont.

MANTOUX, P. (1959) *La révolution industrielle au XVIIIe siècle,* Paris, Génin.

MARCUSE, H. (1968) *L'homme unidimensionnel, essai sur l'idéologie de la société industrielle avancée,* Paris, Éditions de Minuit.

MARGLIN, S. (1973) « Origines et fonctions de la parcellisation des tâches », *in* A. Gorz (dir.), *Critique de la division du travail,* Paris, Éditions du Seuil (Points), p. 43-81.

McMILLAN, C.J. (1982) « From Quality Control to Quality Management: Lessons from Japan », *The Business Quarterly,* vol. 47, n° 1, printemps, p. 31-40.

MINTZBERG, H. (1979) *The Structuring of Organizations,* Englewood Cliffs, New Jersey, Prentice-Hall (en français: *Structure et dynamique des organisations,* Montréal, Agence d'Arc, 1982).

MORGAN, G. (1989) *Images de l'organisation,* Québec-Paris, PUL-ESKA.

MOUZELIS, N.P. (1967) *Organization and Bureaucracy,* Chicago, Aldine Publishing Co.

OUCHI, W.G. (1981) *Theory Z: How American Business Can Meet the Japanese Challenge*, Reading, Massachusetts, Addison-Wesley.

PASSET, R. (1979) *L'économique et le vivant*, Paris, Payot.

PASSET, R. (1987) « Prévision à long terme et mutation des systèmes économiques », *Revue d'économie politique*, n° 5, septembre-octobre, p. 532-555.

PERROW, C. (1983) « La théorie des organisations dans une société d'organisation », *in* J.-F. Chanlat et F. Séguin, *L'analyse des organisations, une anthologie sociologique*, Tome I, Montréal, Gaëtan Morin Éditeur, p. 461-472.

PETERS, T. et N. AUSTIN (1985) *La passion de l'excellence*, Paris, InterÉditions.

PETERS, T. et R. WATERMAN (1983) *Le prix de l'excellence*, Paris, InterÉditions.

PFEFFER, R. (1979) *Working for Capitalism*, New York, Columbia University Press.

PRIGOGINE, I. et I. STENGHERS (1979) *La nouvelle alliance*, Paris, Gallimard.

ROSNAY, J. de (1975) *Le macroscope*, Paris, Éditions du Seuil (Points).

SAINSAULIEU, R. (1983) « La régulation culturelle des ensembles organisés », *L'année sociologique*, n° 33, p. 195-217.

SALAMAN, G. (1979) « The Determinants of Organizational Structure », *in Work Organization: Resistance and Control*, Londres, Longman, p. 81-100.

SIEVERS, B. (1986a) « Beyond the Surrogate of Motivation », *Organization Studies*, vol. 7, n° 4, p. 335-351.

SIEVERS, B. (1986b) « Participation as a Collusive Quarrel over Immortality », *Dragon, The SCOS Journal*, vol. 1, n° 1, janvier, p. 72-82.

SPROUSE, M. (1992) *Sabotage in the American Workplace*, San Francisco, Pressure Drop.

TAYLOR, F.W. (1947) « Testimony Before the Special House Committee », *in Scientific Management*, New York, Harper & Brothers.

TERKEL, S. (1976) *Gagner sa croûte*, Paris, Fayard.

TOFFLER, A. (1986) *S'adapter ou périr*, Paris, Denoël.

TOULOUSE, J.M. (1979) *L'entrepreneurship au Québec*, Montréal, Presses des HEC.

TOULOUSE, J.M. (1980) *Les réussites québécoises*, Ottawa, Agence d'Arc.

VOGEL, E. (1983) *Le Japon, médaille d'or*, Paris, Gallimard.

WALRAFF, G. (1986) *Tête de Turc*, Paris, La Découverte.

WEIL, S. (1964) *La condition ouvrière*, Paris, Gallimard (Idées).

WEITZMAN, M.L. (1986) *L'économie de partage, vaincre la stagflation*, Paris, L'Expansion–Hachette–J.C. Lattès.

WORK IN AMERICA (1973 et 1983) « Report of a Special Task Force to the Secretary of Health, Education and Welfare », W.E. Upjohn Institute for Employment Research, Cambridge, Massachusetts, MIT Press.

La direction

AKTOUF, O. (1991) « Adhésion et pouvoir partagé », *Gérer et comprendre – Annales des Mines*, Paris, juin, p. 44-57.

AKTOUF, O. (1992) « Theories of Organizations and Management in the 1990's : Towards a Critical Radical-Humanism ? », *Academy of Management Review*, vol. 17, n° 3, juillet, p. 407-431.

AKTOUF, O. et M. CHRÉTIEN (1987) « Le cas Cascades : comment se crée une culture d'entreprise », *Revue française de gestion*, n°s 65-66, novembre-décembre, p. 156-166.

ATLAN, H. (1979) *Entre le cristal et la fumée*, Paris, Éditions du Seuil.

BALES, R.F. (1958) « Task Roles and Social Roles in Problem Solving Groups », *Reading in Social Psychology*, New York, Holt, Rinehart and Winston, p. 437-447.

BERGERON, J.-L. *et al.* (1979) *Les aspects humains de l'organisation,* Montréal, Gaëtan Morin Éditeur.

BERLE, A. (1957) *Le capital américain et la conscience du roi : le néocapitalisme aux États-Unis,* Paris, Armand Colin.

BERLE, A. et G.C. MEANS (1937) *The Modern Corporation and Private Property,* New York, McMillan.

BLAKE, R. et J. MOUTON (1969) *Building a Dynamic Corporation through Grid Organization Development,* Reading, Massachusetts, Addison-Wesley.

BLOOM, A. (1987) *L'âme désarmée, essai sur le déclin de la culture générale,* Paris, Guérin.

BOSCHE, M. (1984) « Corporate culture : la culture sans histoire », *Revue française de gestion,* n°s 47-48, septembre-octobre, p. 29-39.

CARLISLE, H.M. (1973) « L'organisation fonctionnelle est-elle périmée ? », *in* P. Laurin (dir.), *Le management – textes et cas,* Montréal, McGraw-Hill.

CHANLAT, A. (1984) *Gestion et culture d'entreprise, le cheminement d'Hydro-Québec,* Montréal, Québec/Amérique.

DEAL, T.E. et A.A. KENNEDY (1982) *Corporate Culture : The Rites and Rituals of Corporate Life,* Reading, Massachusetts, Addison-Wesley.

DELVIN, E. (1986) « Ne tirez pas sur les M.B.A. », *Revue Commerce,* vol. 88, n° 10, octobre, p. 168-180.

DENIS, H. (1983) « Les défis de l'organisation matricielle », *L'ingénieur,* vol. 69, n° 358, novembre-décembre, p. 23-27.

ETZIONI, A. (1971) *Les organisations modernes,* Bruxelles, Duculot (traduit de : *Modern Organizations,* Englewood Cliffs, New Jersey, Prentice-Hall, 1964).

FAYOL, H. (1979) *Administration industrielle et générale,* Paris, Dunod (première publication en 1916).

GIASSON, F. et P. LAURIN (1973) « Les concepts de staff et line et d'autorité fonctionnelle », *in* P. Laurin (dir.), *Le management – textes et cas,* Montréal, McGraw-Hill, p. 314-320.

HEILBRONER, R. (1971) *Les grands économistes,* Paris, Éditions du Seuil (Points).

HOFSTEDE, G. (1980) *Culture's Consequences : International Differences in Work-Related Values,* Beverly Hills, Sage Publications.

KATZ, D. et R. KAHN (1978) *The Social Psychology of Organizations,* New York, John Wiley & Sons, 2e édition.

KETS DE VRIES, M. (1979) « Comment rendre fous vos subordonnés », *Harvard-L'Expansion,* n° 15, hiver 79-80, p. 51-59.

KETS DE VRIES, M. (1988) « Narcissisme et leadership : une perspective de relations d'objet », *Gestion,* vol. 13, n° 4, p. 41-50.

KETS DE VRIES, M. et D. MILLER (1985) *L'entreprise névrosée,* Paris, McGraw-Hill.

KILMAN, R.H. *et al.* (1985) *Gaining Control of the Corporate Culture,* San Francisco, Jossey-Bass.

LAFERRIÈRE, P. (1973) « Le formel et l'informel dans l'organisation », *in* P. Laurin (dir.), *Le management – textes et cas,* Montréal, McGraw-Hill, p. 451-466.

LAPIERRE, L. (1988) « Puissance, leadership et gestion », *Gestion,* vol. 13, n° 2, mai, p. 39-69.

LAURIN, P. (1973) « L'administrateur et l'élément humain, *in Le management – textes et cas,* Montréal, McGraw-Hill, p. 489-502.

LEWIN, K. (1964) *Psychologie dynamique,* Paris, PUF.

LEWIN, K., LIPPIT, R. et R.K. WHITE (1939) « Patterns of Aggressive Behavior », *Journal of Social Psychology,* vol. 10, n° 2, mai, p. 271-300.

LIKERT, R. (1974) *Le gouvernement participatif de l'entreprise,* Paris, Gauthier-Villars.

LIVINGSTON, J.S. (1988) « Pygmalion in Management », *Harvard Business Review,* septembre-octobre, p. 121-130.

LUSSATO, B. et G. MESSADIÉ (1986) *Bouillon de culture,* Paris, Robert Laffont.

MANTOUX, P. (1959) *La révolution industrielle au XVIIIᵉ siècle*, Paris, Génin.

MARGLIN, S. (1973) « Origines et fonctions de la parcellisation des tâches », *in* A. Gorz (dir.), *Critique de la division du travail*, Paris, Éditions du Seuil (Points), p. 43-81.

MAYO, F. (1933) *The Human Problems of an Industrial Civilisation*, New York, McMillan.

McGREGOR, D. (1971) *La dimension humaine de l'entreprise*, Gauthier-Villars (McGraw-Hill, 1960).

MINTZBERG, H. (1973) *The Nature of Managerial Work*, New York, Harper and Row (en français : *Le manager au quotidien*, Montréal, Agence d'Arc, 1984).

MORGAN, G. (1989) *Images de l'organisation*, Québec-Paris, PUL-ESKA.

NEUVILLE, J. (1976) *La condition ouvrière au XIXᵉ siècle*, 2 tomes, Paris, Éditions vie ouvrière.

OUCHI, W.G. (1981) *Theory Z : How American Business Can Meet the Japanese Challenge*, Reading, Massachusetts, Addison-Wesley.

PAGÈS, M. (dir.) [1984] *L'emprise de l'organisation*, Paris, PUF (Économie en liberté).

PETERS, T. et R. WATERMAN (1983) *Le prix de l'excellence*, Paris, InterÉditions.

SAINSAULIEU, R. (1983) « La régulation culturelle des ensembles organisés », *L'année socio-logique*, nᵒ 33, p. 195-217.

SCHUMPETER, J. (1979) *Capitalisme, socialisme et démocratie*, Paris, Payot.

SIEVERS, B. (1986a) *Leadership as a Perpetuation of Immaturity, A New Perspective on Corporate Culture*, inédit, Bergischen Universität, Gesamtochschule, Wuppertal, RFA.

SIEVERS, B. (1986b) « Participation as a Collusive Quarrel over Immortality », *Dragon, the SCOS Journal*, vol. 1, nᵒ 1, janvier, p. 72-82.

SKINNER, B.F. (1972) *Par-delà la liberté et la dignité*, Paris, Robert Laffont.

TAYLOR, F.W. (1947) *Scientific Management*, New York, Harper & Brothers.

THEVENET, M. (1986) *Audit de la culture d'entreprise*, Paris, Éditions d'Organisation.

TOFFLER, A. (1980) *La troisième vague*, Paris, Denoël.

VARRON, M.T. (1877) *De l'agriculture*, Livre I, Paris, Nisard, 2 volumes (cité par Godelier, M., *Rationalité et irrationalité en économie*, Paris, Maspero, 1966, p. 48-49).

WEBER, M. (1971) *Économie et société*, Paris, Plon.

Le contrôle

ACKOFF, R.L. (1967) « Management Misinformation System », *Management Science*, vol. 14, nᵒ 4, décembre, p. 147-157.

AKTOUF, O. (1986) *Le travail industriel contre l'homme ?*, Alger, ENAL/OPU.

AKTOUF, O. (1992) « Theories of Organizations and Management in the 1990's : Towards a Critical Radical-Humanism ? », *Academy of Management Review*, vol. 17, nᵒ 3, juillet, p. 407-431.

AKTOUF, O. et M. CHRÉTIEN (1987) « Le cas Cascades : comment se crée une culture d'entreprise », *Revue française de gestion*, nᵒˢ 65-66, novembre-décembre, p. 156-166.

ALVESSON, M. (1986) « On the Idea of Organizational Culture », *Dragon, the SCOS Journal*, nᵒ 7, décembre, p. 92-123.

ARCHIER, G. et H. SÉRIEYX (1984) *L'entreprise du troisième type*, Paris, Éditions du Seuil.

ARCHIER, G. et H. SÉRIEYX (1986) *Pilotes du troisième type*, Paris, Éditions du Seuil.

ARGYRIS, C. (1973) « Some Limits of Rational Man Organizational Theory », *Public Admin-istration Review*, vol. 33, nᵒ 3, mai, p. 253-268.

AXTELL-RAY, C. (1986) « Corporate Culture, the Last Frontier of Control ? », *Journal of Management Studies*, vol. 23, nᵒ 3, mai, p. 287-297.

BERG, P.O. et R. WITKIN (1984) « Organization Symbolling : Toward a Theory of Action in Organizations », document non publié, University of Lund, Suède.

BOISVERT, M. (1980) *L'approche sociotechnique*, Montréal, Agence d'Arc.

BROWN, D.S. (1982) « The Changing Role of the Manager », *Supervisory Management*, vol. 27, n° 7, juillet, p. 13-20.

BUSINESS WEEK (1986) « High Tech to the Rescue », 16 juin, p. 100-108.

CHANLAT, J.-F. (1973) « Coûts, décision et contrôle », *in* P. Laurin. (dir.), *Le management – textes et cas*, Montréal, McGraw-Hill, p. 648-658.

CHARBONNEAU, R. (1973) « Le contrôle budgétaire », *in* P. Laurin (dir.), *Le management – textes et cas*, Montréal, McGraw-Hill, p. 671-692.

CHAUSSÉ, R. (1973) « Le contrôle et l'évaluation des cadres dans l'entreprise », *in* P. Laurin (dir.), *Le management – textes et cas*, Montréal, McGraw-Hill, p. 724-735.

CROZIER, M. (1963) *Le phénomène bureaucratique*, Paris, Éditions du Seuil.

DAVIS, L.E. et A.R. CHERNS (1975) *The Quality of Working Life*, New York, The Free Press, 2 volumes.

DAVIS, L.E. et J. TAYLOR (1972) *Design of Jobs : Selected Readings*, Middlessex, Penguin Books.

DEMING, W.E. (1987) « Pourquoi sommes-nous si mauvais ? », *Revue Commerce*, vol. 88, n° 10, octobre, p. 109-117.

GOULDNER, A.W. (1955) *Patterns of Industrial Bureaucracy*, Londres, Penguin Books.

GUINDON, M. (1980) « La vérification de gestion », *Gestion*, vol. 5, n° 2, p. 73-81.

HARBOUR, J. (1986) « Managing for Quality : Is New-Tech Really the Answer ? », *Automotive Industries*, 19 juillet, p. 10.

INGLE, S. (1982) « How to Avoid Quality Circle Failure in Your Company », *Training and Development Journal*, juin, p. 54-59.

KÉLADA, J. (1987) *La gestion intégrale de la qualité*, Dorval, Éditions Quafec, 2e édition.

KÉLADA, J. (1990) *Pour une qualité totale*, Dorval, Éditions Quafec.

LANGLOIS, M. (1973) « L'administrateur et le contrôle », *in* P. Laurin (dir.), *Le management – textes et cas*, Montréal, McGraw-Hill, p. 605-629.

LAROCHE, C. (1985) « Le contrôle interne », *Gestion*, vol. 10, n° 2, p. 30-36.

LEBAS, M. et J. WEIGENSTEIN (1986) « Management Control : The Role of Rules, Markets and Culture », *Journal of Management Studies*, vol. 23, n° 3, mai, p. 259-272.

MAYO, E. (1924) « Revery and Industrial Fatigue », *Personnel Journal*, vol. III, n° 28, décembre, p. 273-292.

McGREGOR, D. (1960) *The Human Side of Enterprise*, New York, McGraw-Hill.

McMILLAN, C.J. (1982) « From Quality Control to Quality Management : Lessons from Japan », *The Business Quarterly*, vol. 47, n° 1, printemps, p. 31-40.

MERTON, R.K. (1952) *Reader in Bureaucracy*, Glencoe, Illinois, The Free Press.

MORITA, A. (1986) *Made in Japan*, Paris, Robert Laffont.

PAQUIN, B. (1987) *L'organisation du travail*, Montréal, Agence d'Arc.

PATTON, J.A. (1982) « Managers and Productivity... No One to Blame but Themselves », *Management Review*, vol. 71, n° 10, octobre, p. 13-18.

PETERS, T. (1987) « There Are no Excellent Companies », *Fortune*, vol. 115, n° 9, 27 avril, p. 341-352.

PETERS, T. (1988) *Le chaos management*, Paris, InterÉditions.

PETERS, T. et N. AUSTIN (1985) *La passion de l'excellence*, Paris, InterÉditions.

PETERS, T. et R. WATERMAN (1983) *Le prix de l'excellence*, Paris, InterÉditions.

ROSEN, M. et G. INZERILLI (1983) « Culture and Organizational Control », *Journal of Business Research*, 11 septembre, p. 281-292.

TARRAB, G. (1982) « Les cercles de qualité : progrès social et rentabilité sont-ils conciliables ? », *Revue Commerce*, novembre, p. 108-112.

LES REMISES EN CAUSE RITUELLES DES DYSFONCTIONNEMENTS DU MANAGEMENT TRADITIONNEL : DE ELTON MAYO À HENRY MINTZBERG[1]

J'aimerais, dans cette troisième section, amener le lecteur à compléter le tour d'horizon de ce qui constitue aujourd'hui l'essentiel de la littérature managériale, en passant en revue les principaux auteurs du domaine, qu'on a considérés comme de grands réformateurs, sinon comme des agents de renouveau radical.

La grande dominante du classicisme initial en management avait pour pivot l'organisation scientifique du travail (OST), le taylorisme et, au second plan, le fayolisme. Beaucoup d'auteurs (Bergeron 1983 en particulier) vont faire de ce second grand volet des théories administratives que constituent les travaux de Elton Mayo une école à part, dite « néo-classique ». Beaucoup vont aussi jusqu'à y voir une forme de remise en question de l'organisation scientifique du travail.

Personnellement, et je tâcherai de m'en expliquer, je considère qu'il n'y a aucune raison de faire de l'école issue des expériences de Elton Mayo et du mouvement dit des « relations humaines » (et plus tard des « sciences du comportement organisationnel ») un courant différent ou, encore moins, à l'encontre de l'ensemble du management classique que nous venons de voir dans les chapitres précédents. En fait, il s'est vite avéré qu'il manquait au management de la tradition OST–Fayol–Weber un très important et indispensable complément qui touche à la dynamique sociale et humaine de l'entreprise. Comment amener les employés à être plus productifs, autrement que par des salaires qui se révèlent de moins en moins motivants avec le temps et qu'on refuse de « pousser trop loin » ? Comment arriver à créer un attachement des employés à l'entreprise et à ses buts ? Quel doit

---

1. Certaines parties de la présente section reprennent la matière de certains chapitres d'un ouvrage déjà publié par l'auteur ou s'en inspirent : *Les sciences de la gestion et les ressources humaines, une analyse critique*, Alger, ENAL/OPU, 1986 (avec autorisation).

être, alors, le comportement du chef? Peut-on commander, dans l'entre-prise, comme on le fait dans l'armée? Quelle influence le groupe peut-il avoir sur le comportement au travail?

Ni le taylorisme, ni le fayolisme n'apportent de réponses à ces questions, sinon par des prescriptions aussi générales que péremptoires du genre: «travailler en équipe», dans un «esprit de collaboration», avec «équité», avec «bonté», «en donnant l'exemple», etc.

Elton Mayo et son équipe marqueront, à partir du milieu des années 1930, une façon de considérer le travail industriel et les relations dans les entreprises qui donnera naissance à une énorme branche du management moderne: les «sciences du comportement organisationnel». Cette branche prétendra donner au gestionnaire, en plus des méthodes d'organisation rationnelle du travail et de direction administrative, des façons de faire pour créer et entretenir un climat social le plus propice possible à la performance et à la productivité accrues de chacun.

Deux autres branches, en gros, vont achever de donner au management son ossature actuelle: à partir de la fin des années 1940 et des années 1950, une branche dite «scientifique moderne», inaugurée par l'école «de la prise de décision» avec les travaux de Simon et poursuivie par, entre autres, l'école des systèmes d'information de gestion (*Management Information Systems*); puis une branche beaucoup plus récente, considérée comme prag-matique et réaliste, dite école «descriptive», lancée par les recherches de Mintzberg au début des années 1970.

Toutes ces branches et écoles ne constituent, comme nous allons le voir, que différentes tentatives pour relancer le management classique, tout en prétendant le renouveler. Elles lui donneront soit de nouveaux points d'appui, soit un nouveau vocabulaire, soit encore de nouveaux outils, à la mesure des développements des techniques statistiques et informatiques, par exemple.

Néanmoins, sous le couvert du renouvellement, du réformisme ou de la remise en question (presque tous les auteurs modernes en management ont publié des textes considérés comme très critiques, sinon révolutionnai-res), l'ensemble de ces travaux n'a apporté que des changements de surface, et a été, par manque de radicalisme, une pure et simple continuité de l'approche initiale. Cependant, comme cela a été le cas pour Taylor, Fayol et Weber, il ne manquera pas ici non plus d'abus d'interprétation, ni de partis pris, ni de contradictions dans les apports et dans la façon dont on tiendra compte des apports de chacun.

CHAPITRE 6

De Elton Mayo aux sciences du comportement organisationnel

A. LES TRAVAUX DE MAYO ET LE LANCEMENT DU MOUVEMENT DES RELATIONS HUMAINES

ELTON MAYO (1880-1949) ET LE FACTEUR HUMAIN

Pour caricaturer, je dirais que c'est au milieu des années 1930 seulement qu'on s'est rendu compte qu'il y avait de « l'humain » dans l'entreprise. On a d'ailleurs littéralement parlé de « la découverte du facteur humain ». Ce qui montre combien la vision liée au modèle de la machine dont nous parlions plus haut était importante et profonde.

Nous devons à un certain J.A.C. Brown (1954) une série de témoignages et de descriptions de ce qui se passait dans le monde industriel américain entre les années 1920 et 1940, c'est-à-dire de ce qui a ouvert la voie à la psychosociologie d'entreprise. Brown nous dit d'abord qu'on assiste à une sorte de mal-être qui se généralise dans les firmes, « un abattement moral », une morosité croissante, une sorte de « déprime ouvrière » générale.

Taylor et les taylloristes croyaient qu'en dispensant l'ouvrier de penser, en évacuant l'usage de son cerveau au profit de ses seuls muscles et réflexes, on allait lui permettre de « se livrer à des rêveries » qu'on supposait d'avance agréables, « optimistes » et bienfaisantes pour le moral. Mais, constatent Brown (1954) et Mayo (1924), les ouvriers se livraient plutôt à des « rêveries pessimistes ». Ces rêveries se traduisaient par un malaise qui a conduit à des taux d'absentéisme et de rotation de plus en plus élevés, et à une productivité de plus en plus basse, malgré des conditions de travail, des salaires, des avantages sociaux en amélioration à peu près partout en Amérique. Mayo va consacrer plus de dix années à l'étude de ce problème, aussi grave qu'inattendu.

Elton Mayo est natif d'Australie et fut formé d'abord en philosophie et en médecine avant de faire partie de la faculté d'administration de Harvard, en 1926. En 1923, il commence à s'intéresser à des questions de rotation des employés et de baisse de productivité. Plus tard, on l'invite à se joindre à l'équipe de chercheurs qui travaillait sur les problèmes de productivité de l'usine de Hawthorne de la Western Electric. C'est là que fut faite la découverte du fameux «facteur humain» : on se rendit compte que les éléments d'ordre affectif et émotionnel étaient aussi importants pour le zèle et la productivité que les incitations matérielles. L'être humain ne peut être traité comme une machine à besoins et une mécanique rationnelle guidée par le seul appât du gain. Il a besoin de se sentir engagé, sollicité, considéré dans ce qu'il fait, ce qu'on a appelé l'«effet Hawthorne».

Désormais, le management était obligé, pour la productivité, de tenir compte des aspects socio-émotifs dans les groupes de travail. Cette nouvelle attitude a donné naissance à toute une littérature managériale inédite, traitant des différents aspects du comportement organisationnel.

Mais, plutôt que d'y voir, comme essayaient de l'expliquer Mayo et son équipe (composée aussi de psychiatres et d'anthropologues), un appel à un plus grand respect et à un plus grand souci de la personne de l'employé et de ses problèmes, les managers, aidés en cela par les continuateurs de Mayo, n'ont mis en avant que «recettes» et manipulations pour faire passer plus en douceur l'OST et les côtés, devenus difficilement supportables, du management classique.

Mayo et ses coéquipiers, aussi bien dans leurs études que dans leurs conclusions, ont touché des points extrêmement justes et importants, mais des déviations ont tôt fait de déformer leurs travaux pour conduire à délaisser l'employé et ses vrais problèmes au profit de «théories» construites sur lui à partir de laboratoires ou d'hypothèses.

La devise taylorienne était désormais inversée : l'efficacité et les gains qu'elle entraîne ne provoquent pas, à eux seuls, la satisfaction, mais c'est plutôt la satisfaction qui devient un préalable à l'efficacité. Il faut d'abord chercher à avoir des employés «psychologiquement satisfaits», le rendement suivra et sera, alors, durable, sinon il déclinera vite. On y arrivera par les sentiments, la vie de groupe, le «système informel», l'affectif. Voilà, en raccourci, le noyau dur de la contribution de Mayo au management. Voyons tout cela de plus près, dans l'optique de la construction de la doctrine managériale générale.

LES TRAVAUX À L'USINE DE HAWTHORNE

Généralement, on attribue à l'école des relations humaines, et aux expériences menées à l'usine de Hawthorne de la Western Electric en particulier, les premières préoccupations concernant l'homme au travail. De même, on y situe le point de départ de l'usage de ce genre de connaissances pour tenter d'améliorer le travail, le rendement et le sort du travailleur. W.H. Whyte qualifiait, dans *The Organization Man*, la doctrine des relations humaines d'«enveloppe sucrée contenant une vieille potion». Whyte ne croyait peut-être pas si bien dire, car cette « potion » remonterait à quelque quatre siècles avant notre ère. On trouve, en effet, déjà chez Xénophon, on s'en souvient, des éléments concernant le choix des chefs, le style de direction, la motivation, la stimulation, l'attachement, l'estime de soi, la communication et même la consultation-participation !

La pyramide des besoins de Maslow, nous dit Lee (1980), n'est qu'un modèle plus dynamique d'une hiérarchie des besoins déjà établie par Aristote, environ trois siècles avant notre ère. Au début du XIXe siècle, il y eut aussi des hommes de meilleur bon sens que la majorité des industriels de l'époque, tel Robert Owen, qui fonda la toute première entreprise des temps modernes soucieuse de ses « ressources humaines » et de leur bien-être physique et moral. Dans un texte cité par Lee, Owen s'étonne que les chefs d'entreprise soient si préoccupés de leurs machines, de l'état des lieux, des outils, etc., et si peu de leurs employés, au point où ces derniers deviennent tellement misérables et dégradés qu'ils ne produisent que bien en deçà de leurs capacités. En traitant humainement et généreusement ses ouvriers, il fut l'un des industriels les plus prospères, connu dans toute l'Europe et visité de partout[1].

S. Chase (1941), un des rapporteurs de l'expérience Hawthorne et de ce qu'on a appelé « la grande illumination », parle textuellement du fait d'avoir « donné aux ouvriers le sentiment de leur importance » comme le facteur explicatif fondamental de l'augmentation de la productivité. Cela est aussi expressément mis en avant dans le passage de Xénophon que nous avons cité antérieurement.

Le problème du manque de productivité ou son remède demeure le même à travers les âges : amener l'ouvrier (l'esclave, chez Xénophon) à s'attacher à son entreprise et à aimer ses chefs (ses maîtres, pour Xénophon) par, entre autres, de bonnes paroles et de la considération bien dosées, mais aussi, ce qu'on refuse souvent d'admettre, un minimum de générosité, d'équité et de partages.

Mais revenons aux travaux de Hawthorne. Il ne s'agit pas de faire une description ou un compte rendu linéaire de ces travaux (cela est l'objet d'ouvrages plus spécialisés), mais simplement de voir, dans leurs fondements, les éléments qui vont en constituer la philosophie future, et influencer le travail du gestionnaire et ses conceptions.

Tout d'abord, il faut signaler que les travaux de l'équipe de Mayo constituent la référence et la source classiques de tout ce qui fonde la

---

1. Lee (1980), p. 41. Nous reviendrons plus tard sur le cas Owen (voir aussi Heilbroner 1971), rarissime, sinon unique, exemple de « gestion humaine » à l'époque de la Révolution industrielle. Les milieux des affaires, peu enclins à en faire autant (bien que ce fût là une façon, comme le fait Cascades aujourd'hui, d'être beaucoup plus rentable et plus productif), finirent par l'amener à s'exiler et à presque se ruiner avant qu'il devienne l'un des initiateurs des mouvements syndicaux anglais !

psychologie ou la psychosociologie industrielle ; il n'est pas un ouvrage ou un manuel traitant de ces questions qui ne se base sur les expériences qui ont eu lieu à Hawthorne.

À partir des années 1920, avec l'expansion des machines et de l'organisation du travail à la Taylor et à la Ford, s'est répandu dans les entreprises américaines un phénomène, baptisé par certains du nom de « spleen industriel[2] », qui consistait, comme on l'a vu avec Brown, en un « engourdissement » des ouvriers, qui ressentaient une sorte d'abattement moral et de perte d'intérêt pour le travail. L'analyse du phénomène est assez simple : il découle de l'asservissement à la machine et à la chaîne, aux temps et aux mouvements, aux normes et aux consignes des bureaux des méthodes. Les différents auteurs de l'époque, dont Mayo (1924), y ont très justement vu les effets de la monotonie, de la fatigue et de ce que ce dernier a qualifié de « rêveries pessimistes ».

Cette orientation de la recherche vers les problèmes d'ennui et de fatigue a prévalu dès la toute première intervention de Mayo dans une usine de textile. Cette expérience, que l'on ne cite pas souvent, semble pourtant préfigurer ce qui va se passer quelques années plus tard à Hawthorne. Elle eut lieu en 1923 lorsque Mayo fut appelé à Philadelphie pour résoudre un grave problème de rotation du personnel et d'absentéisme. Après diverses expériences, incluant notamment des pauses et un **système de prime effectif**, Mayo obtint des résultats spectaculairement positifs. Dans l'interprétation qu'il en donna immédiatement (1924), il mit en cause la monotonie, le peu de fierté que les ouvriers retiraient de leur travail et, surtout, la fatigue.

Mayo conseilla, entre autres, de courtes siestes durant les pauses et une **certaine liberté d'organisation**. À la fin de ses travaux, les membres de la direction dénoncèrent énergiquement ce « chouchoutage » des ouvriers, et jetèrent par terre, « au nom de la science », tout ce qu'avait réussi Mayo. Mais le plus intéressant est que les deux tiers des employés qui n'étaient pas touchés par l'expérience avaient réussi les mêmes performances que le tiers soumis à l'expérimentation. Cela était parfaitement incompréhensible pour Mayo, bien que plus tard, dans *The Social Problems of an Industrial Civilization* (1945), il avançât des explications proches de celles qui suivirent la « grande illumination » de Hawthorne, tout en exagérant peut-être un peu le rôle de « bon patron » que joua le colonel-directeur de l'usine en question.

Ces premiers travaux ont certainement influencé l'esprit avec lequel il a abordé les problèmes de l'usine de Hawthorne. À partir de ses propres déclarations, nous sommes fondés de penser que son entrée ne s'y est pas

---

2. Le terme *spleen* veut dire en anglais « mélancolie » et « absence de joie de vivre » ; il a été introduit dans la langue française à l'ère du romantisme triste et languissant du XIXᵉ siècle (Baudelaire, Vigny, etc.).

faite avec des présupposés aussi purement mécanistes et tayloriens qu'on le prétend généralement. En quelque sorte, il devait s'attendre, par suite de son expérience de Philadelphie, à obtenir à la Western Electric les résultats qui ont donné lieu à l'«illumination» hawthornienne : l'ensemble des ouvriers non soumis à l'expérimentation, et ce sans aucun changement, ont augmenté et maintenu à un haut niveau leur productivité.

Si nous reprenons la chronologie des événements, nous voyons que des travaux sur les raisons de la baisse de productivité ont été menés à Hawthorne de 1924 à 1928 sans résultat particulier. En avril 1928 on y appelle Mayo, «pour une analyse des résultats obtenus et une mise au point de la poursuite de l'expérience» d'amélioration des conditions et façons de travailler. L'expérience fondamentale de Mayo, celle de l'atelier d'assemblage (petits groupes où on expérimente des formes de liberté dans la façon de travailler ou de leadership bienveillant), eut lieu de façon systématisée du 25 avril 1927 au 26 juin 1929. Quatre mois après son entrée, soit le 3 juillet 1928, Mayo préconisa un retour aux conditions initiales de travail, ce qui voulait dire supprimer toutes les «améliorations» apportées jusque-là par le plan d'expérience.

À ma connaissance, aussi bien chez Mayo que chez Roethlisberger et Dickson (1939), nous ne voyons pas de justification claire et vraiment satisfaisante de ce genre d'opération, sinon «pour voir» ce que cela pouvait bien donner. Toujours est-il que le maintien du haut niveau de productivité pendant trois mois, malgré la suppression de tous les éléments d'expérimentation, qui étaient censés être responsables des progrès de productivité observés, sembla causer une grande surprise. En particulier chez Mayo, qui avait déjà eu l'occasion de constater un semblable «mystère» et d'y réfléchir depuis 1923. On peut toutefois faire ressortir l'essentiel des découvertes à Hawthorne qui ont suivi cette «illumination» : le seul fait de montrer, concrètement, par les expériences et par la présence des expérimentateurs, que l'on s'intéresse à eux et à leur sort, a provoqué chez les ouvriers un regain de motivation et d'intérêt à leur travail. De là sortiront tous les éléments de base de la psychologie industrielle ainsi que le caractère social de la situation de travail et son importance.

De cette constatation vont découler les grandes questions qu'auront à étudier les sciences du comportement organisationnel :

— le groupe comme unité analytique et non seulement l'individu ;

— le problème de l'interface organisation formelle et organisation informelle comme une des clés de l'harmonie dans l'entreprise ;

— la nécessité de réexaminer la motivation et la satisfaction au travail, notamment l'inversion du rapport efficacité–satisfaction, à la lumière des phénomènes de groupe ;

— le contremaître ou, d'une façon générale, le leader et son style comme donnée centrale dans le moral et l'efficience des groupes ;

– enfin, le « sentiment » qui représente, selon les propres paroles de Roeth-lisberger, la « logique » des ouvriers face à celle de l'entreprise, qui est l'efficacité.

Ces éléments constituent, encore de nos jours, l'essentiel de la table des matières de tout ouvrage traitant du comportement organisationnel. On peut dire que Mayo et son équipe ont, dès cette phase de leurs travaux, mis en évidence l'aspect systémique et complexe de la question de l'homme en situation de travail industriel.

LES PRINCIPAUX CONTINUATEURS DE ELTON MAYO

On ne saurait être complet et exhaustif à propos des continuateurs de Mayo, tant cet aspect de la théorie du management a été fécond et productif. Je me contenterai donc de signaler et de commenter brièvement les grands courants et les travaux qui font ou qui ont fait « école », depuis ceux de Hawthorne.

Il est possible de replacer l'édification et l'évolution du courant à travers cinq auteurs fondamentaux, qui sont, dans une perspective chronologique : Kurt Lewin, Abraham H. Maslow, Chris Argyris, Rensis Likert et Douglas McGregor.

– **Kurt Lewin** a effectué, dès 1938, à l'Université de l'Iowa, avec Lippit et White les célèbres expériences de modes d'exercice de l'autorité dans des groupes de jeu d'enfants. Féru de démocratie et utilisant toutes ses éner-gies pour en faire plus qu'un simple mot, il donnera au comportement organisationnel non seulement des bases majeures d'étude du leadership, mais aussi presque tous les fondements de la psychologie dynamique, de la dynamique des groupes et du changement à travers la prise de décision en concertation collective. Il s'est fait connaître en ce sens surtout par sa célèbre expérience de changements d'habitudes alimentaires chez les ménagères américaines. Une mention spéciale devrait être faite égale-ment de sa théorie du « champ psychologique » qui introduit la dimen-sion de l'interinfluence individu–milieu et qui servira grandement, notamment dans les travaux sur les groupes et sur les liens entre dévelop-pements individuels et organisationnels (1935, 1947 et 1958).

– **Abraham H. Maslow**, lui, aura apporté une contribution quasi impé-rissable aux théories de la motivation, tant le modèle de hiérarchie, de complémentarité et de combinaison des cinq besoins fondamentaux qui fut tiré de ses travaux est un exemple de clarté, de simplicité et de cohérence. Dès 1943, il donne à la psychologie industrielle l'un de ses piliers centraux : *Motivation and Personality*. Quoique tronqué et abu-sivement simplifié[3], Maslow continue de figurer dans toutes les études

---

3. On ne fait, à ma connaissance, aucun cas, par exemple, de l'importance que Maslow accorde à une sorte de « sixième besoin » qu'il qualifie de « spirituel » et dont les effets joueraient sur l'ensemble des autres besoins.

psychologiques concernant la motivation au travail et dans tous les programmes de gestion. La très grande majorité des auteurs ultérieurs se référeront à lui ou s'appuieront sur une des dimensions de sa théorie pour développer le champ de l'étude de la motivation.

– **Chris Argyris** (1967) et Rensis Likert (1961) influenceront la pensée managériale dès la fin des années 1940. Nous devons à Argyris l'impulsion ou la réanimation, après les Barnard et les Selznick, de l'étude de l'interaction personnalité–organisation. Il apporte un complément important aux travaux de Allport (1924, 1933), qui comptent parmi les plus grands approfondissements de l'étude de la personnalité, en posant le problème de l'actualisation et de l'adaptation de l'individu relativement aux exigences organisationnelles. Argyris dénonce les nombreux aspects de ces « exigences organisationnelles » (rationalité économique, etc.) qui portent atteinte à l'épanouissement réel de la personne. On le citera beaucoup, mais on ne fera pas, en management, grand cas de son incessant combat pour, comme il le dit, un « modèle d'homme organisationnel » plus humain.

– **Rensis Likert**, pour sa part, a proposé une théorie de l'intégration des groupes et des cadres dans une hiérarchie de type « pyramides en intersections » où le leader joue avant tout un rôle de « liaison » entre les membres de l'organisation, à l'intérieur de laquelle il doit chercher à assurer la cohésion, l'entraide et la solidarité. Ce sera tout un courant s'intéressant au « moral » des groupes et utilisant des concepts tels que ceux de « relations de soutien », de « supervision bienveillante » et de « groupes à hautes performances ».

– **Douglas McGregor** (1960), enfin, aura apporté au comportement organisationnel ce qui lui manquait le plus : une vision synthétique précisant l'esprit de la démarche générale post-OST. Il entame le défrichement du cœur du problème : de quel « être humain » parlons-nous en management ? Quoique l'on puisse avoir certaines réserves à son propos (nous y reviendrons plus loin), on peut dire que McGregor aura grandement contribué aux courants prônant plus de participation et d'esprit de concertation de la part des managers. Son influence se retrouvera dans de nombreux travaux sur le leadership, influence que continueront, entre autres, Blake et Mouton (1964).

LE MANAGEMENT, ELTON MAYO ET LES RELATIONS HUMAINES

Il y eut évidemment, dès le départ, une complicité étroite entre l'équipe Mayo et le management. C'est sur l'appel pressant des managers que les expériences de Hawthorne eurent lieu et, au cours des années 1940, les patrons des plus grosses firmes américaines affirmaient leur confiance et leur foi en cette nouvelle approche, comme l'ont fait par exemple les présidents de Ford et d'International Harvester.

Cependant, bien que le mouvement des relations humaines ait joué pleinement en faveur des intérêts du management, il semble que celui-ci s'en soit tout de même méfié et, parfois, trouvé sérieusement ébranlé dans ses préjugés, ses volontés et ses pratiques.

Nous prendrons, pour illustrer cet état de choses, deux exemples avant de voir les portées et conséquences plus générales des expériences conduites à Hawthorne. Le premier exemple est fourni par E. Mayo (1945) et par J.A.C. Brown (1954), dans leurs rapports de l'expérience de la filature de Philadelphie, en 1923 : après le départ de Mayo, les cadres ont décidé que les pauses devaient être « gagnées », et qu'il était inadmissible de « gâter les ouvriers sur le dos du consommateur ». Les dirigeants avaient en fait grand-peur de perdre la totale maîtrise de la situation en laissant une marge de liberté quelconque aux ouvriers, qui décidaient entre eux, par exemple, selon les conseils de Mayo, des pauses et des arrêts des machines pour faire de courtes siestes. (Alors même que, rappelons-le, ces mesures avaient contribué à apporter une spectaculaire solution aux problèmes que vivait la firme.)

Le deuxième exemple concerne la vaste campagne de consultation et d'entrevues entreprise à Hawthorne après les premiers résultats importants. Dans l'esprit des chercheurs de l'équipe Mayo, celle-ci devait être un effort sincère de rapprochement avec les employés et une recherche de solution à leurs problèmes, tels qu'ils les ressentaient, dans une perspective synthétique « vie–travail ». En cherchant à entendre tous les ouvriers et à savoir ce qu'ils pensaient eux-mêmes de leur situation, en leur donnant plein droit et carte blanche pour s'exprimer, on imposait certainement un recul à la direction, qui n'admettait jusque-là que la soumission inconditionnelle. C'est sans doute pour ces raisons que la campagne fut interrompue assez brutalement, en 1930, bien qu'on ait plutôt évoqué la crise économique.

Un certain nombre des conclusions et des conséquences des travaux de Hawthorne ne pouvaient être ainsi acceptées par le management qu'au prix de sérieuses délimitations. La plus importante pouvant s'exprimer ainsi : jusqu'où aller dans la consultation, dans l'abandon du contrôle des pauses, dans la liberté d'agencer les séquences de travail sans risquer sa propre remise en cause en tant que pôle dominant d'un rapport qui est par tradition un rapport de subordination et de soumission ?

Il n'est peut-être pas superflu de rappeler que les relations humaines n'ont jamais prétendu effacer ni remplacer l'OST. Le management ne l'aurait certainement pas admis. Il n'est donc pas étonnant de voir le management s'ériger lui-même en sérieux facteur limitatif par rapport à ce qu'essayait d'apporter Mayo et qui aurait réduit le pouvoir, les privilèges et le droit de contrôle dont jouissaient les dirigeants.

Le formalisme et la rationalité des principes de management de l'époque impliquent la conservation de la philosophie traditionnelle par, notamment :

– le maintien d'un haut degré de spécialisation, de parcellisation et de mécanicisme dans les procédures de travail et les liaisons ;

– le maintien de la préséance des processus de production définis en eux-mêmes d'abord (l'homme étant adaptable *a posteriori* et, en tout état de cause, à leur service) ;

– la prédominance des systèmes technologiques, comptables et de collecte d'information.

Tout cela implique presque automatiquement le maintien du rapport de domination et la recherche du *statu quo*, et l'adhésion, en apparence, à des changements. D'une façon générale, la philosophie managériale classique, avec ses traditions rationalistes et hiérarchisantes, a largement contribué à limiter l'influence du mouvement des relations humaines dans l'entreprise. Car l'être humain et son émotivité sont encore sources de distorsions et de modifications des règles du jeu, dont le souci de rentabilité n'a que faire, à moins qu'on ne l'y contraigne.

La nature humaine, « sentimentale » et « irrationnelle », redécouverte à Hawthorne devra, bon gré mal gré, se « couler » dans le moule rationnel et économique de l'organisation industrielle et n'y avoir droit de cité que si la productivité s'en trouve améliorée.

Le « rationalisme » et l'« économisme », ces piliers de la première heure du management traditionnel, ont contribué, en quelque sorte, à inverser les visées originelles du mouvement des relations humaines. Le mouvement a été dénommé « humanisation » du travail et de l'industrie, mais on a plutôt assisté à une **industrialisation de l'humain**. Comme nous le rappelle très judicieusement M. Godelier (1966) : « Si le travailleur ne veut pas de lui-même devenir rationnel ou "raisonnable", la science offrirait une partie des moyens pour l'amener malgré lui à ce résultat (p. 67). »

UNE DISCUSSION DES TRAVAUX DE MAYO ET DES RELATIONS HUMAINES

En premier lieu, on peut considérer, après Friedmann (1946) notamment, que les théories élaborées sur la base des expérimentations de Hawthorne sont parties d'une situation isolée, quasi *in vitro*, pour aboutir à un système prétendant intégrer des variables résumant l'ensemble de ce qui se passe dans différentes situations industrielles.

En second lieu, les expérimentateurs ont renvoyé, après un certain temps, et après plusieurs menaces et réprimandes officielles, les opératrices A1 et A2 de l'atelier d'assemblage, parce qu'elles « parlaient trop » (Mayo 1933, Roethlisberger et Dickson 1939, Carey 1967). Cet incident a sûrement eu une influence sur les résultats constatés par la suite avec le groupe. Pourtant, les analyses et les théorisations ultérieures ont totalement négligé cette péripétie, largement passée sous silence par ailleurs[4].

En troisième lieu, lors du déclenchement de la fameuse douzième période d'expérimentation dans l'atelier d'assemblage (qui donna lieu à l'« illumination »), les chercheurs avaient promis de revenir aux avantages accordés précédemment, avant de supprimer les mesures expérimentales, **considérées comme des faveurs**. Cette promesse a sûrement eu des retombées sur le maintien du niveau de rendement, les ouvriers croyant ainsi mériter le retour aux faveurs. Or la théorisation autour de la « grande illumination » n'en fait pas grand cas, elle met plutôt en avant des explications du genre « identification à l'entreprise » ou du genre « passage d'une horde anonyme à une bande de copains aidant l'entreprise à résoudre ses problèmes »[5].

Enfin, pour mieux comprendre la nature et l'ampleur de la distance entre l'esprit original du mouvement des relations humaines et ce que le management en a fait, on peut passer en revue, rapidement, certains éléments parmi les plus importants mis au jour et exploités après Hawthorne : le groupe, la communication, le leadership, l'identification et la participation. Encore une fois, il sera inévitable de constater un fossé entre le contenu de ces éléments, chez les auteurs originaux, et l'usage qui en est fait par leurs successeurs et le management.

Le groupe

Dans la construction théorique, le groupe informel était identifié comme une entité sociologique fonctionnant selon une dynamique socio-affective et des objectifs propres, parallèles à ceux de l'organisation. Dans la visée pratique, on s'est attaché très vite à déceler les facteurs d'attraction entre les personnes pour canaliser le fonctionnement des groupes dans le sens des intérêts des dirigeants de l'entreprise, conçus comme prioritaires et comme englobant les intérêts de toutes les parties en présence. Ainsi, une application dérivée de cette théorie des groupes, la sociométrie (Moreno 1954), est une technique d'influence des membres par l'intérieur, qui permet de mettre au jour les attraits respectifs, les personnes centrales et les réseaux de constitution de l'informel. Ce qui permet aussi, entre autres, de confirmer les « bons » leaders et d'écarter les « mauvais » (« bons » ou « mauvais » dans le sens des dirigeants).

---

4.   Lee (1980) rapporte comment ces opératrices ont été « rappelées à l'ordre » pour « améliorer leur rendement », puis interdites de parole alors que dans les textes, on parle d'« amicale collaboration », p. 50-57. Hormis les rapports originaux, presque aucun ouvrage spécialisé n'en fait mention dans l'exposé des travaux de Hawthorne (sauf Lee).

5.   E. Mayo et S. Chase donnent abondamment ce genre d'explications.

La communication de haut en bas

La philosophie de la communication dans le sens dirigeants–ouvriers était censée satisfaire les besoins d'information des employés et amener ceux-ci à une connaissance optimale des activités de l'entreprise dans une optique de transparence et de franche participation. Or, ce qu'on en a fait et retenu représente plutôt une sorte de pratique de propagande au service des organisations. En effet, depuis le « dépliant à l'embauche » qui insiste sur la communauté ouvrier–entreprise jusqu'au journal de l'usine, en passant par les diverses brochures, affiches, conférences, tout n'est qu'apologie de l'organisation et de ses bienfaits[6].

La communication de bas en haut

La communication dans le sens employés–dirigeants devait concrétiser la prise en considération des préoccupations des travailleurs et stimuler leur initiative. Mais, en fait, elle a plutôt revêtu l'aspect d'une opération de surveillance et de quasi-espionnage des employés ; les multiples enquêtes, sondages, tests, causeries, consultations ont été autant de méthodes de connaissance indirecte des attitudes et des opinions non exprimées. Il s'est agi alors surtout de déceler indirectement et insidieusement le degré de loyauté, d'agressivité ou d'hostilité des employés envers leur compagnie, et d'essayer d'y apporter des correctifs en devançant leurs réactions ou en neutralisant les éventuels meneurs. D'après un certain R. Jungk (cité par Bogomolova, 1974), un chef de service du personnel d'une grande usine de Detroit aurait déclaré à propos de ces pratiques :

> C'est moi qui ai fait venir ces messieurs ingénieurs d'âmes [...] J'espérais faire quelque chose d'utile. Et qu'est-ce que cela a donné ? Un espionnage colossal, un jeu déraisonné aux enquêtes et à la statistique, des tests par douzaines [...] le droit d'avoir une opinion personnelle, une vie privée, n'est pas respecté... (p. 155).

Le leadership

Nous touchons là à un problème très proche de celui des groupes. La visée première était une recherche de détente et d'assouplissement dans la raideur des rapports imposés par l'OST. Dans les applications, on a plutôt exercé une influence directe ou indirecte sur la vie sociale des équipes de travail en vue d'obtenir les comportements désirés. Et le mieux, a-t-on pensé, est

---

6. C. Argyris montre dans « The Individual and Organizational Structure », *in Readings in Human Relations*, comment le contenu de la presse d'usine représente, à 82 %, les intérêts des dirigeants.

de passer par le leader informel, la personne centrale des groupes, qui doit être identifiée et utilisée.

On ne peut être plus clair que K. Lewin lui-même (1947) lorsqu'il laisse entendre qu'il est plus aisé de modifier le comportement des membres d'un groupe que celui des individus isolés et que, pour ce faire, un bon raccourci consiste à changer le comportement des « chefs » ou « meneurs naturels », donc à le leur « suggérer » habilement pour qu'ils le suggèrent à leur tour aux membres de leurs groupes.

L'identification à l'entreprise

Pour les théoriciens de Hawthorne, il était question d'opérer un rapproche-ment entre dirigeants et dirigés, en faisant en sorte que le lieu de travail soit un lieu agréable à vivre, un lieu où l'employé puisse satisfaire d'autres attentes en plus des attentes salariales. Cela a amené toutes sortes de doctrines et de pratiques destinées à combler, sur le plan purement psychologique, la sépa-ration socio-économique de fait entre direction et employés. On se mit alors aux réunions familiales, aux cérémonies de récompense des « anciens » et des « loyaux », aux « clubs d'employés », etc., dans le but de créer une dépendance affective vis-à-vis de l'entreprise. On y croyait et on croyait pouvoir y arriver, car la syndicalisation était conçue à l'époque, et l'est encore souvent, comme le résultat d'un attrait socio ou psycho-affectif plus fort, dans certaines cir-constances, que celui exercé par l'entreprise. (Notons qu'il y a actuellement, avec la mode du « management culturel », un retour à ces pratiques de re-cherche de dépendance affective des employés.)

La participation

Dans l'esprit initial du mouvement des ressources humaines, la participation n'était certes pas une forme de cogestion, mais certainement et au minimum un mécanisme plus ou moins systématique de consultation, même sur des aspects assez anodins de la vie de l'entreprise, entre direction et employés. Cet appel à la consultation est vite devenu une pratique de manipulation destinée à faire mieux accepter des changements, des restrictions ou des mesures qui auraient été impopulaires sans « participation ». D'ailleurs, un auteur central en management comme D. McGregor (1960) en a parlé, voyant ce qu'on en faisait, comme d'un moyen de « duperie », et l'a qualifiée d'« illusion » et de « farce »[7].

EN CONCLUSION : UN PSYCHOLOGISME ABUSIF

L'équipe de recherche à Hawthorne visait une connaissance plus intime de l'employé et de ses attentes pour lui assurer un meilleur moral, lui-même

---

7.   On pourrait, sur les mêmes bases, mieux comprendre les très nombreux échecs actuels d'instauration de la gestion dite de « qualité totale » dans les entreprises occidentales.

nécessaire à un rendement accru. Mais la volonté de faire le maximum de profit à un minimum de coûts, qui a toujours marqué la pratique managériale traditionnelle, a entraîné une série de mesures manipulatrices qui ont transformé les résultats originels du mouvement des relations humaines en autant de « recettes ». On a trop vite transfiguré en « outils de gestion » ce qui devait être une prise de conscience de la nécessité d'un rapprochement avec l'employé, lequel avait (et a toujours, souvent) grandement besoin de se sentir mieux considéré.

Ces raisons contribuent sans doute à expliquer le peu de réussite opérationnelle du mouvement, comme nous pouvons le constater dans l'industrie jusqu'à présent.

Il ne faut cependant pas perdre de vue que les travaux de Elton Mayo, ainsi que l'ensemble du mouvement des relations humaines, vont faire en sorte qu'un problème essentiellement de pouvoir, de rapports de forces, de domination économique et d'exploitation, comme le précise Morgan (1989), va être occulté et « scientifiquement » transporté sur un terrain presque exclusivement psychologique et socio-affectif[8]. Ce qui, on s'en doute, n'a pu, et ne peut toujours, qu'arranger les dirigeants. Mais on ne résout les problèmes ni en les occultant, ni en les déplaçant. Les résultats que connaissent des systèmes qui n'enseignent ni n'appliquent ce genre de pratiques, comme en Allemagne ou au Japon, témoignent, s'il en est besoin, de leur faible capacité opérationnelle réelle[9]. (D'ailleurs, nombre d'écoles de gestion en Amérique du Nord, dont les HEC à Montréal, complètent – ou remplacent – ce genre de matières par des cours de sciences humaines fondamentales, de psychologie générale, de sociologie des organisations, d'éthique et de philosophie d'action dans les affaires, etc.)

***

B. L'APRÈS-ELTON MAYO, LES SCIENCES DU COMPORTEMENT ORGANISATIONNEL : L'INVENTION DE L'HOMME DES ORGANISATIONS ?

QUELQUES PRISES DE POSITION GÉNÉRALES

À l'automne 1980, le professeur Barry M. Staw de l'université Berkeley de Californie effectuait une tournée de conférences aux États-Unis et au

---

8.   Friedmann (1946), Gorz (1973), Braverman (1976).
9.   Thanheiser (1979), Peters et Waterman (1983), Morita (1986).

Canada dont le thème principal était la « stagnation » et, même, le « recul » des théories et des recherches dans le domaine du comportement organisationnel.

Déjà, dans un ouvrage (publié avec un autre professeur, Salancik), paru en 1977, Staw se montrait assez inquiet à ce propos, puisqu'on peut y lire que son souci essentiel et celui de ses collègues, c'est « le rétrécissement et la pauvreté » des nouveaux éléments et concepts dans le champ du comportement organisationnel.

D'un coup d'œil sur ce qui se publie constamment dans le domaine, on remarque, paradoxalement, que le nombre de publications, d'articles ou d'ouvrages témoigne de tout sauf d'une crise de la quantité. Il suffit, par exemple, de jeter un regard dans le *Business Periodical Index* pour voir que la rubrique « Organizational Behavior » tient depuis 1970, bon an mal an, ses deux pages de références : à peu près 60 titres, en moyenne, pour les seuls articles de revues.

Mais Salancik précise, il est vrai, dès la première page, que cette indigence vient des contenus traditionnellement développés. Il ajoute même, un peu plus loin, que le gros de la littérature du domaine est encore basé sur des idées et des notions tirées de la psychologie et de la sociologie de dix et vingt ans antérieurs aux années 1970 !

D'autres courants et d'autres auteurs apportent depuis quelques années des réserves encore plus profondes. Ainsi, la dénonciation du caractère idéologique et la non-remise en cause des présupposés de base du management classique, les insuffisances méthodologiques figurent également parmi les thèmes les plus fréquemment abordés dans les reproches faits aux sciences du comportement en organisation.

La réserve à caractère idéologique a été la première et la plus prolifique, avec, notamment, les écrits de Mills (1955), Bendix (1949), Touraine (1952). Elle connaît un regain avec des travaux tels que ceux de Braverman (1976), Burawoy (1979a et 1979b), Sievers (1986a, 1986b et 1986c), Morgan (1983 et 1989), et même Mintzberg (1989a) ou Aubert et de Gaulejac (1992).

On retrouve également une ligne de reproches moins idéologique et moins fondamentale, qu'on pourrait qualifier de « critique opératoire », comme celle de C. Argyris. Celui-ci montre comment, dans la conception psychologique de l'humain avancée en management, l'employé est traité d'abord en enfant immature et, ensuite, en entité transparente et contrôlable (Argyris 1958 et 1973b). Argyris s'élève en outre contre l'éviction de « l'homme s'auto-actualisant » (*self-actualizing-man*) qu'il ne voyait que trop absent des sciences des organisations[10].

---

10. Notamment, dans une polémique avec H.A. Simon sous forme d'une série d'articles dans la *Public Administration Review* de mai à août 1973.

Aussi surprenant que cela puisse paraître, F. Herzberg, l'un de ceux qui ont contribué le plus au champ des sciences du comportement dans l'entreprise, estime tout simplement, vers la fin de sa carrière, que ce champ n'est pas à la mesure de ses prétentions : il reste, selon lui, prisonnier du mythe de la « gestion scientifique » des conduites humaines, il se répète, il est dépassé et, enfin, il manque totalement sa mission qui est de donner une formation « humaniste » au manager[11].

D'autres auteurs, tels que A. Carey (1967), J.A. Lee (1980), A. Kaplan (1964) et G. Devereux (1980) adressent, eux, de très sérieux reproches méthodologiques et épistémologiques à la science du comportement dans le management. Ils s'inquiètent notamment de faiblesses sur le plan des expérimentations, de dissimulation ou d'omission de faits et d'actes qui auraient pu changer bien des conclusions, de surestimation des possibilités de formulations valides de lois ou de théories, de négligence grave de l'interaction observateur–observé et d'évacuation abusive de la subjectivité. Plusieurs de ces éléments ont été d'inévitables sources de distorsions extrêmement importantes quant aux résultats avancés.

Cependant, les indices d'échec et de remise en question les plus indiscutables proviennent de l'évolution même dans les milieux de travail industriel. En général, les conflits sociaux au sein de l'entreprise ne connaissent ni répit ni recul ; ils semblent au contraire s'aggraver avec les effets de la « crise » des années 1980-1990.

En outre, le niveau d'éducation de l'« ouvrier moyen » s'améliorant d'année en année, le seuil de tolérance à la manipulation s'abaisse rapidement[12]. Comme le souligne Thanheiser (1979) et comme le laissent entendre Staw et Salancik (1977), les employés commencent à trouver « vieillot » et « naïf » le mode de gestion du style « relations humaines ».

Enfin, le champ disciplinaire du comportement organisationnel, depuis quelque trente ans, ne fait que se reproduire, simulant l'évolution sous couvert de différentes « approches » : « systémique », « situationnelle », « expérientielle », « managériale »[13]. Il n'y a rien de nouveau, en fait, sinon l'ajout çà et là de quelques chapitres traitant des modes du moment : cercles de qualité, stress, culture d'entreprise, depuis Mayo et ses quatre ou cinq principaux continuateurs[14].

---

11. Articles et interviews publiés dans *Industry Week*, septembre-octobre 1980.
12. Le rôle des médias, ne serait-ce que de la télévision, est primordial dans ce processus d'éducation générale. Cela explique sans doute l'échec assez rapide de l'enrichissement du travail, des cercles de qualité (*Le Monde* du 13 novembre 1979, Ferrandon et Jammes 1978, Patton 1982, Tarrab 1982).
13. Voir Knudson (1978), Lau (1979), Stuart-Kotze (1980) ainsi que les innombrables *textbooks* parus après 1950 et que Herzberg dénonce comme d'inutiles répétitions.
14. Voir par exemple Dunette (1976), Bergeron *et al.* (1979), Abravanel et Benabou (1986).

LES FACTEURS EXTERNES DU DÉCLIN DES SCIENCES DU COMPORTEMENT ORGANISATIONNEL

Il n'est pas question de séparer arbitrairement les facteurs explicatifs du relatif recul des sciences du comportement organisationnel en facteurs « externes » et « internes », en niant l'interaction nécessaire qui s'établit entre eux. Pour les besoins de l'analyse, je propose de séparer les apports d'éléments indépendants de la démarche de ces sciences en elles-mêmes de ce qui y est directement rattaché.

Ce déclin se traduit, en gros, par une double impasse, que la plupart des auteurs reconnaissent actuellement : une impasse théorique et épistémologique, et une impasse opérationnelle, c'est-à-dire observable dans la vie concrète des entreprises. Il s'agit, dans la première, non seulement de l'incapacité de générer des lois et des ensembles théoriques qui résistent à l'épreuve scientifique[15], mais aussi de l'influence néfaste des innombrables hypothèses et postulats que construisent ou retiennent *a priori* les auteurs avant d'élaborer une théorie[16]. Et, dans la seconde, il s'agit de l'échec sur le terrain : très peu d'entreprises sont aujourd'hui épargnées par les problèmes de satisfaction, de motivation, de productivité, malgré l'arsenal de « recettes » et d'outils, à l'usage des managers, accumulé en la matière depuis plus de cinquante ans.

En outre, ni les dirigeants, ni, surtout, les travailleurs ne se laissent plus abuser par le côté manipulateur que comprend la plupart des contenus de programmes d'action qu'on leur propose en ce domaine[17]. Pour expliquer synthétiquement, sous l'angle des facteurs externes, cette double impasse, on pourrait retenir cinq facteurs fondamentaux, allant du contexte de la naissance du mouvement des relations humaines jusqu'à l'incapacité actuelle à résoudre le problème de la motivation et de la capacité effective à mobiliser les hommes.

---

15. Voir entre autres Carey (1967), Friedmann (1946), Kaplan (1964), Kuhn (1972), Devereux (1980).

16. Nous expliciterons tout cela plus loin, mais disons ici qu'il s'agit surtout d'hypothèses sur la « nature humaine », sur la finalité des actes humains, sur le rôle de l'entreprise, des dirigeants, de la société. La plupart du temps d'ailleurs conçus comme allant de soi, sans autres explications.

17. Voir par exemple Thanheiser (1979) ou Sievers (1986a, 1986b et 1986c) qui font état de ce que, en Allemagne, il serait impensable que les dirigeants croient à de telles théories, et encore plus impensable que les employés soient assez naïfs pour se laisser manipuler (p. 81 et 84).

Le contexte de la naissance et de l'établissement des relations humaines

Il s'agit de la période, 1925-1945, et du lieu, les États-Unis, où le courant initial a vu le jour, mais aussi de l'état et des orientations doctrinales, idéologiques et théoriques dans les différentes sciences de l'époque.

Sur le plan doctrinal, le champ du comportement organisationnel va d'abord profiter, tout en les déformant, du courant personnaliste qui se répand en philosophie vers les années 1930-1940, du courant culturaliste en sociologie et en anthropologie[18] et du courant psychosociologique naissant[19] qui redonnent à la personne et à l'étude des groupes un intérêt assez considérable.

C'est là le cadre général de l'apparition du mouvement et du « consensus scientifique » autour de lui, que vont alimenter les différentes disciplines en cause, chacune à sa façon :

- La psychologie d'abord, avec l'expansion de l'expérimentation et de la pratique des tests, va voir d'un très bon œil les « laboratoires » et les expérimentations de Hawthorne. Avec la consolidation de la psychologie industrielle et du behaviorisme[20], on adopte sans difficulté le schéma SOR[21] comme modèle explicatif du comportement et de l'interaction employé–entreprise ou individu–milieu.

- La sociologie, ensuite, va apporter son appui grâce au développement du courant dit « du consensus », face aux dangers potentiels que représente pour les économies libérales l'autre courant sociologique, dit « du conflit », de tradition plus marxienne. La vocation « paix sociale » du mouvement des relations humaines et du comportement organisationnel va trouver là un terrain très accueillant[22].

- Le fonctionnalisme managérial[23] qui se généralise, et qui, avec ses notions de « fonctions » et de « dysfonctions », va, lui, se reconnaître

---

18. Jankélévitch (*Traité des vertus*, 1939), Mounier (*Qu'est-ce que le personnalisme ?*, 1946) Lévy-Bruhl (*Les fonctions mentales dans les sociétés inférieures*, 1922), Malinowski (*Les argonautes du Pacifique Sud*, 1922).

19. McDougall (*The Group Mind : A Sketch of the Principles of Collective Psychology*, 1920), Lewin (*A Dynamic Theory of Personality*, 1935), Durkheim (*Le suicide*, 1897).

20. Myers (*Industrial Psychology*, 1925), Muensterberg (*Psychology and Industrial Efficiency*, 1913), Skinner (*The Behavior of Organisms*, 1938), Watson (*Behaviorism*, 1931).

21. Stimulus-Organisme-Réponse, schéma selon lequel le comportement de l'individu peut se réduire à une façon de répondre aux stimuli extérieurs ; ce qu'on peut isoler, observer, énoncer sous forme de lois et généraliser, pour pouvoir prédire, ou devancer ou provoquer, etc., les actions des employés (Skinner 1953, Skinner et Fertser 1957).

22. Durkheim (*De la division du travail social*, 1893), Gurvitch (*La vocation actuelle de la sociologie*, 1950).

23. Courant fonctionnaliste issu entre autres de Malinowski (1922), Radcliffe-Brown (1969) et Durkheim (1893 et 1897), mais largement déformé par l'usage qui en est fait en management où les notions de fonction et de fonctionnalisme sont réduites à « utilité » et « utilitarisme » (Séguin et Chanlat 1983, Séguin 1988).

dans les troubles psychosociologiques de l'entreprise et leurs remèdes, qu'essaient de mettre au jour et de systématiser les théoriciens des relations humaines. D'ailleurs, la théorie générale du management de l'époque[24] va aussi apporter sa contribution à la réalisation de ce consensus par la remise en question de la « rationalité absolue » par suite de la crise de 1929 et de l'introduction des mécanismes de communication-information-consultation dans la gestion et dans la prise de décision.

Il ne faut pas oublier toutefois de signaler le climat général de guerre froide qui régnait, à l'époque, devant la montée des régimes communistes. La recherche de la paix sociale et la défense contre les idées marxistes-socialistes étaient alors partout bienvenues en Occident, notamment aux États-Unis. C'étaient là deux moteurs importants dans le cheminement des idées issues des travaux de Mayo, dans leur facilité d'acceptation et dans la mobilisation des volontés pour les propager. Le mouvement des relations humaines s'inscrit donc en droite ligne dans cette dynamique générale du monde industrialisé de l'époque.

Ce visa d'acceptation « scientifique » et idéologique, peut-être un peu trop rapide et conjoncturel, constitue le premier facteur externe ayant favorisé l'essor et l'expansion des sciences du comportement en organisation.

Le rapport entre psychologie industrielle et management

Dès la toute première intervention de Mayo à l'usine de textile de Philadelphie, nous voyons déjà, souvenons-nous, une certaine défiance se dessiner de la part des managers face à cette nouvelle façon de traiter les employés. Elton Mayo a certes apporté une voie de sortie à l'industrie américaine qui voyait le marasme gagner le travail, mais il a aussi suscité une réelle méfiance. La volonté de contrôle total qui animait les praticiens du management aussi bien que le service à ceux qui commandent et payent les travaux des chercheurs ou consultants en gestion (c'est là une condition du droit de cité dans l'entreprise) ont tôt fait de transfigurer, de récupérer et d'instrumentaliser les conclusions tirées des expérimentations initiales. Ce qui a donné lieu à des dizaines de manuels de « recettes », de *how to*, allant dans le sens des désirs des dirigeants, faciles de compréhension et, croyait-on, d'application.

Par ailleurs, l'esprit du management traditionnel ne pouvait risquer de voir ses fondements mis en échec par une approche sentimentalo-humaniste qui viendrait saper les principes de l'OST. Dès lors, le mouvement va se décentrer pour passer du « facteur humain », en tant que tel, au **service aux dirigeants à travers le facteur humain**. Nous touchons là au second élément

---

24. Follet (*Dynamic Administration*, 1942), Barnard (*The Functions of the Executive*, 1950).

important dans le déclin opérationnel de la science du comportement organisationnel: cette dernière va finir par perdre de vue l'humain, derrière un épais rideau de présupposés et de préjugés davantage destinés à rendre service à ceux qui détiennent le pouvoir qu'à résoudre les problèmes que vit l'employé dans son travail et qui le rendent moins productif.

La vocation « trêve dans la lutte entre intérêts divergents »

Le mode d'utilisation des sciences du comportement par l'entreprise et les managers va être, n'hésitons pas à le dire, bien souvent un mode manipulateur, intéressé et partial, même si beaucoup de dirigeants pouvaient agir en toute bonne foi. Manipulateur par la sélectivité qu'il va montrer dans le choix des théories, théoriciens et applications, ne retenant et n'encourageant que des « recettes »; intéressé par la nécessaire et quasi immédiate augmentation de rentabilité qui doit accompagner toute nouvelle mesure; et partial par l'inévitable recherche du *statu quo* en matière de privilèges et de pouvoir. Le management va donc en faire usage comme d'un moyen de réalisation de trêves dans la lutte des intérêts au sein de l'industrie[25].

Rien, en effet, quant au fond, n'est changé dans le modèle OST des rapports au travail. La subordination de l'humain à la mise en harmonie préalable (d'origine taylorienne) de la matière première et de l'outil reste intacte. Or, le cœur du problème des rapports au travail se trouve dans la tâche, son contenu, sa signification, son degré d'autonomie (ce que cherchera à faire admettre plus tard F. Herzberg). Mais on connaît l'échec de la vogue de l'« enrichissement du travail », tout comme l'échec des cercles de qualité ou des équipes semi-autonomes, à cause de l'absence de cadre général et d'état d'esprit adéquats. Et aussi à cause de la logique ultime de ce genre de mesures que sont l'auto-organisation et une relative autogestion. Ce dont, bien sûr, aucun management classique ne voulait, ni ne veut encore, souvent, aujourd'hui.

La crise du management

Un quatrième élément extérieur qui pourrait contribuer à expliquer cette impasse serait l'état actuel de crise du management lui-même en tant que doctrine, en tant que contenu « scientifique » et en tant que pratique. Depuis Simon (1946), March et Olsen (1976), jusqu'à Sayles (1970), Herzberg

---

25. Souvenons-nous qu'on trouve dans l'ouvrage de F. Taylor et dans son témoignage auprès de la commission sénatoriale des passages qui font explicitement état de la « haine » et de l'« hostilité » entre ouvriers d'un côté, dirigeants et patrons de l'autre, qui sont d'après lui systématiquement « en guerre » pour la « valeur ajoutée ».

(1980a et b) et même Mintzberg (1971 et 1989a)[26], plus récemment Aubert et de Gaulejac (1992) et Sérieyx (1993), on se rend compte que le management n'est pas exactement en accord avec la réalité à laquelle il prétend s'appliquer. On prend conscience que, dans l'entreprise, les choses ne fonctionnent pas tout à fait comme on le prétend dans les livres et dans les programmes de gestion.

Les sciences du comportement organisationnel ayant depuis longtemps été érigées au rang de partie intégrante du corps doctrinal du management, elles ne peuvent échapper à la crise qui affecte ce dont elles ne sont qu'une composante. En quelque sorte, le management les a emportées dans son sillon volontariste, d'où la réalité a été progressivement exclue au profit de formalisations, de postulats, de croyances et de modélisations abstraites. Comme tout système à grande composante idéologique, le management est condamné à mener de front l'explication-justification et la légitimation. Souvent, l'autojustification l'emporte au détriment de la concordance réelle et opérationnelle avec le terrain.

L'évolution du niveau d'éducation et de conscience des employés et des étudiants en gestion

La doctrine managériale et des relations humaines continue à dispenser, encore et toujours, des enseignements tirés des conclusions des travaux de Hawthorne et des premiers continuateurs de Mayo. Nous voyons rééditer sans cesse des manuels répétitifs, alors même que ce qu'ils reproduisent est désuet (voir, entre autres, la critique sévère de l'école de Harvard, faite à ce propos par *Business Week* du 15 juillet 1993). Cette obsolescence est double : d'abord sur le plan universitaire, où les sciences humaines fondamentales n'ont cessé de progresser et où une clientèle, qui même si, par ailleurs, elle n'est pas très encouragée à lire, n'est plus tout à fait satisfaite de ce qu'elle apprend parce qu'elle voit sans cesse des magazines, documents télévisés, débats et films qui lui apportent des points de vue antinomiques, plus avancés et souvent plus cohérents. Sur le plan de l'entreprise, ensuite, où tous les protagonistes sont désormais conscients que les doctrines du comportement organisationnel, même les plus avancées, ne sont que des moyens pour, comme le dit Braverman (1976), « lubrifier » les engrenages de la « machinerie humaine » à l'usine. De plus, l'amélioration du niveau d'éducation et de conscience des travailleurs, favorisée par les médias et l'action syndicale et politique, fait qu'ils comprennent mieux l'irréductibilité traditionnelle des intérêts en jeu, et les mobiles foncièrement manipulateurs

---

26. Remarquons que nous retrouvons ici cinq des plus grands théoriciens du management. Nous verrons plus en détail, dans la prochaine partie, cette « crise » du management, et d'autres auteurs importants qui en dévoilent plusieurs aspects différents.

derrière la plupart des interventions basées sur les sciences du comportement organisationnel.

LES FACTEURS INTERNES DE L'IMPASSE DES SCIENCES DU COMPORTEMENT ORGANISATIONNEL

À la lecture des reproches adressés aux sciences du comportement organisationnel par des auteurs tels que Staw et Salancik (1977) ainsi qu'Argyris (1973a, 1973b, 1973c), et à la lumière de mes propres expériences et recherches, il me semble pouvoir retenir, parmi les causes d'impasse de la psychosociologie industrielle du management, trois grands facteurs internes (provenant de la propre élaboration et évolution du champ des relations humaines). Ces facteurs tiendraient au fait d'avoir étudié l'entreprise comme s'il s'agissait d'un univers isolé du reste de la société, d'avoir traité la dimension affective dans les relations interpersonnelles sous un angle conservateur et mécaniste, et d'avoir échafaudé des théories qui voulaient être tellement simplificatrices, abordables et utilisables, qu'elles en sont finalement simplistes et peu opérationnelles.

L'entreprise comme monde fini et isolé de la société

Depuis les toutes premières critiques, notamment celles de G. Friedmann (1946), il est bien établi que l'une des faiblesses majeures des théories des relations humaines, dès leur naissance, a été de considérer l'entreprise comme un vase clos. Or, toutes les voies explorées depuis, que ce soit dans les « lignées skinnérienne, léwinienne », ou dans les courants issus de Maslow, Likert, McGregor ou Argyris, n'ont toujours pas résolu ce problème. L'entreprise reste, pour ainsi dire, non située sociologiquement, implicitement considérée comme un lieu « neutre » inséré dans un milieu aussi neutre.

En effet, l'entreprise y est toujours considérée comme un réseau de « forces centripètes » dont il s'agit de renforcer la convergence. Il n'est à peu près jamais question de « forces centrifuges » telles que la conscience d'intérêts divergents, l'appartenance à des syndicats élargis, ou la dynamique de groupes sociopolitiquement opposés[27]. Une belle façon de « psychologiser » les problèmes et d'en éviter les aspects sociopolitiques ! Mais les problèmes ne disparaissent pas pour autant, et le vide sociologique dans lequel est placée l'entreprise reste l'un des grands manques dont souffre toujours la science du comportement organisationnel. Il est de bon ton, depuis

---

27. Qu'on le nie ou qu'on l'ignore, l'ouvrier et le P.-D.G. (ou le patron-propriétaire) ne peuvent être considérés comme animés des mêmes consciences, représentations, aspirations et, surtout, intérêts. C'est là l'opposition sociopolitique qui persistera tant que bas salaires signifient « coûts abaissés » et plus gros profits.

quelques années, d'introduire partout les notions de «système» et d'«environnement». Pourtant, à l'exception de quelques auteurs tels que T. Parsons (1964) et C. Perrow (1972), qui ont effectivement construit une analyse intégrant le milieu et les interinfluences organisation–milieu, très peu, en management, ont vraiment réintroduit la discussion sociologique dans l'étude de l'entreprise.

En fait, avec la vogue sociotechnique, écologique et systémique, l'«environnement» devient une sorte de «variable rituelle» qu'il suffit de nommer. Nombre d'auteurs et de théories parlent avec abondance d'environnement sans vraiment l'intégrer dans l'analyse. Le rapprochement que fait Herzberg (1980a et b) entre la société de termites et l'univers analysé par les sciences du comportement organisationnel prend ici tout son sens : la notion d'«environnement» reste une notion vague, non définie de façon opérationnelle et aussi creuse de signification que celle de «structure» dont Radcliffe-Brown (1969) dénonçait l'usage exagérément répandu et fantaisiste.

Les sciences du comportement organisationnel ne parlent d'environnement que pour l'évacuer aussitôt et se concentrer sur les traditionnels problèmes de tâche, de motivation, de leadership et de dynamique de groupe, conçus et compris comme relevant d'une problématique et d'une dynamique exclusivement internes à l'entreprise. C'est au sein de l'entreprise isolée et fermée et au sein de l'individu, lui aussi non situé sociologiquement, que l'on recherche les variables de comportement et les moyens de contrôle de ces variables[28].

Le problème du vide affectif

Il est habituel de dire que les travaux de Mayo et les conclusions des expériences à Hawthorne ont réintroduit «contre l'OST» le facteur humain et la dimension affective. Il suffit de reprendre les termes mêmes utilisés par Mayo (1933) ou par Roethlisberger et Dickson (1939) qui assimilent «affectif» à «irrationnel», pour voir que le modèle OST reste le cadre de référence par rapport auquel on définit les concepts du «facteur humain». Cette logique dite «du sentiment» est d'ailleurs clairement identifiée comme «opposée» à la logique «de l'entreprise», et ce qui est recherché, ce sont les moyens de les faire coïncider. On devinera aisément qu'on cherchera tout sauf des voies de transformation ou de manipulation de la «logique de l'entreprise», conçue comme «naturellement» supérieure et souhaitable pour tous.

---

28. Si, à Hawthorne, on avait «situé sociologiquement» les ouvriers, pour la plupart issus de la banlieue de l'Est de Chicago, milieux de gens assez démunis et d'immigrés récents, la compréhension des phénomènes décrits alors aurait sans doute pris une autre dimension.

Pourtant, on assiste, à ce moment-là, à l'expansion de la psychanalyse qui interdit de réduire l'affectivité à quelques sentiments dits d'«appartenance», d'«affiliation», de «sécurité» ou d'«estime». On possédait des modèles et des concepts psychologiques qui pouvaient permettre bien plus que cela. Pour cette raison, on peut parler de «vide affectif» car même si elle n'est pas ignorée, l'affectivité est introduite de façon biaisée. On ne s'intéresse pas aux mécanismes profonds et fondamentaux des faits humains subjectifs, à leur nature et spécificité, mais plutôt à la possibilité de les rendre visibles, prévisibles et, donc, contrôlables. Les éléments affectifs ne sont pris que comme «clés» de comportement qu'on cherche à influencer ou à diriger à volonté, selon les besoins et désirs des dirigeants et non selon les impératifs de leur nature propre.

Cet état de choses se comprend aisément quand on connaît l'influence des travaux de Skinner et du courant behavioriste sur les sciences du comportement organisationnel. Le monde de sentiments mis au jour à Hawthorne s'en trouve réduit à des études de réalisation possible d'un plus ou moins habile conditionnement opérant. Ainsi faut-il interpréter les diverses campagnes de mesures paternalistes préconisées par les successeurs de Mayo et où il s'agit, au fond, de manœuvrer de façon à provoquer l'attachement moral à l'organisation[29]. Le fait affectif n'est pas du tout pris comme une donnée humaine importante en soi, digne de respect et d'attention, mais comme un moyen de rendre plus agréable, à moindres frais, une vie en entreprise qui devient, objectivement, de plus en plus coûteuse à subir. On ne cherche pas à modifier la situation, mais à en modifier la perception. Il est clair que, dans ces conditions, tout le monde ne peut être dupe tout le temps.

Un vice-président d'une grande compagnie de l'époque exprime fort bien l'esprit dans lequel sont prises les applications des conclusions du mouvement des relations humaines et du comportement organisationnel, lorsqu'il déclare:

> La sociologie a montré que les hommes semblent produire mieux s'ils sont heureux. Mais si l'expérience prouvait qu'ils produisent encore mieux s'ils sont furieux, nous nous arrangerions pour qu'ils le soient en permanence[30].

Le problème des constructions pseudo-scientifiques

À l'instar d'à peu près toutes les matières enseignées en management, la science du comportement veut avant tout être un instrument facile d'accès

---

29. Mesures paternalistes du genre réunion des familles aux fêtes, création de clubs de l'entreprise, diffusion de dépliants ou de journaux d'entreprise vantant ses bienfaits et ses mérites, ce qui montre que le courant dit de la «culture d'entreprise» n'a rien apporté de bien nouveau...
30. Cité par Bogomolova (1974), p. 85.

et de compréhension, et surtout opérationnel, c'est-à-dire susceptible d'être converti en actions concrètes. La démarche a toujours consisté à emprunter les schémas les plus simples et les plus directement utilisables aux différentes disciplines établies, pour donner une apparence « scientifique » aux sciences du comportement à l'usage des managers.

La période de continuation et de maturation qui a suivi les expériences de Hawthorne a fait appel, dans son processus de construction, à plusieurs sciences pour éclairer sous des angles « complémentaires » l'étude de l'humain dans les organisations. On peut dénombrer au moins cinq disciplines différentes ainsi utilisées :

–   la psychologie pour tout ce qui concerne l'individu, la motivation, les attitudes, les aptitudes, le leadership, la personnalité ;

–   la sociologie et la psychosociologie pour tout ce qui touche aux groupes, aux communications, au pouvoir, au « moral », aux systèmes d'influences, d'appartenance ;

–   la biologie pour tout ce qui a trait au « confort« au travail, aux nuisances, à la sécurité, à la fatigue et à tout ce qui implique des investigations physiologiques et psychophysiologiques ;

–   les mathématiques et la statistique dans les tests, les pronostics, les validations, les modélisations ;

–   la psychanalyse, enfin, dans les domaines, entre autres, de la compréhension du leadership, des retraits du travail, des comportements agressifs, des comportements du consommateur, du « déviant ».

Notons ici qu'on a toujours eu recours à ces diverses sciences dans une optique de **service au management** et non en tant que sciences autonomes prises dans leur système explicatif propre. Seuls les aspects pertinents à la démarche « service aux dirigeants » ont été retenus, quitte à rendre l'éclairage très partiel ou même partial. Il s'agit alors de juxtapositions de points de vue qui n'amènent aucune perspective unitaire. Cette approche tombe dans des travers relevés et explicités par plusieurs critiques scientifiques, dont en particulier Mitroff (1978).

L'analyse multidisciplinaire a été en effet indûment appliquée à une réalité dont le contenu et les problèmes étaient encore mal connus et ont toujours été mal définis et peu structurés. Car il s'agit d'une réalité qui se situe aux frontières de plusieurs sciences et démarches très différentes. Leur amalgame ne confère pas à l'objet étudié une unité de signification scientifiquement acceptable.

Le multiéclairage ainsi conçu n'apporte aucune continuité entre le biologique, le psychanalytique, le psychologique et le sociologique. Ce n'en est qu'une juxtaposition superficielle, car jamais on ne va au fond d'aucune de ces sciences, ni du problème de la légitimité des liens qu'on peut faire de l'une à l'autre.

On a par ailleurs trop mis l'accent sur les modélisations et la méthode, en vue de conserver une apparence scientifique qu'on a confondue avec une apparence « quantitative ». On a masqué la vraie nature du problème en privilégiant la méthode au détriment d'une réelle ou meilleure connaissance de ce qu'on étudiait. Ainsi, l'humain et le social ont été délaissés, dans ce qu'ils sont en eux-mêmes, au profit d'une image de l'homme et du groupe comme « objets » quantifiables et comme « outils » de production (Kaplan 1964, Herzberg 1980a, b et c, Devereux 1980).

La pluridisciplinarité dont essaie de s'auréoler la science du comportement n'est qu'un facteur de confusion supplémentaire, car au moment d'être intégrée à un corps de connaissances à l'usage des managers, elle donne une image d'être humain « débité » en autant de « tranches » qu'il y a d'approches ou de disciplines en jeu.

Par ailleurs, dès que certains concepts et notions sont empruntés à une discipline, ils le sont une fois pour toutes : Staw et Salancik (1977) constatent des vieillissements, on l'a déjà dit, de concepts de plus de vingt ans. Tout comme on reconduit la biologie de Gustave Le Bon dans certains principes de management, on conserve des notions complètement dépassées en comportement organisationnel, même si, pendant ce temps, les sciences dont on a extrait les concepts ont, elles, considérablement évolué. Il en est ainsi, par exemple, des modèles de communication ou de leadership, qui continuent d'ignorer les apports fondamentaux (et souvent opposés) de la linguistique (Benveniste 1973 et 1980), de la sociolinguistique (Bateson *et al.* 1981, Watzlawick *et al.* 1979) ou de la psychanalyse[31].

On peut aussi caractériser, d'une façon globale, chacune des grandes **pseudo-théories** apparues dans le domaine à l'aide de termes qui peuvent friser la caricature, mais qui ont l'avantage d'« imager » et donc d'éviter d'inutiles et longues explications sur les raisons des faiblesses ou du manque de fondements de chacune d'elles. Je prends ici les prototypes en la matière :

– Tout d'abord, on trouve, majoritaires au sein de ces théories, ce que j'appellerais les **théories-graphes**. Selon les auteurs (Maslow, Blake et Mouton, Likert, Argyris), elles peuvent aller depuis le simple « profil » jusqu'à la « matrice » à double entrée, en passant par des pyramides ou des axes orthogonaux[32]. D'ailleurs, la plupart des auteurs ayant fait date dans le domaine ont eu recours à un graphe ou à un autre pour

---

31. Tout ce que je dis là vaut pour les sciences du comportement organisationnel associées au management traditionnel ; il y a, heureusement, aujourd'hui, de nombreux chercheurs et enseignants qui essaient de changer les choses en ce domaine. Mais, comme en management, ils sont la minorité. On peut citer parmi eux : Laurent Lapierre (1988), Manfred Kets de Vries (1979, 1985), Burkart Sievers (1986a, b et c), Alain Chanlat (1984), Jean-François Chanlat *et al.* (1990), Séguin et Chanlat (1983, 1987), Christophe Dejours (1980, 1985), etc.

32. Je fais référence à ce qui est le plus communément retenu chez chacun des auteurs. Il serait fastidieux d'énumérer chaque fois ce à quoi je me réfère avec exactitude, ce sont des travaux suffisamment connus pour que cela ne soit pas indispensable.

« visualiser » leur pensée, et c'est ce que l'on en conserve en général. Or, un graphe, un axe ou une matrice n'ont jamais constitué une théorie. On commet là un abus de langage. Ce genre de travaux est une illustration typique de ce que Capra (1983) désigne par « réductionnisme » ou Morgan (1983 et 1989) par ignorance de la « complexité » et des « boucles d'interdépendances » dans les faits organisationnels.

— Viennent ensuite les **théories-check-lists**, qui consistent en une énumération de « types » ou de « catégories » élaborés par différents auteurs et englobés dans une tentative de synthèse ou créés de toutes pièces à partir d'enquêtes ou d'observations. Cela donne des « théories » du genre de celles de Flowers et Hugues (1973) de Harvard où l'on va du type d'employé « tribal » à l'« existentiel » en passant par le « sociocentrique » avec, pour chacune de ces « personnalités », le mode d'emploi concernant ses intérêts particuliers, sa tâche préférée, le genre de motivation le plus opérant, etc.

— Nous pouvons voir aussi, à peu près dans la même veine, des **théories-questionnaires** qui avancent, en guise d'éclaireurs, les inévitables qui ? quand ? comment ? où ? combien ? (remarquons que le pourquoi ? et le pour qui ? sont plutôt rares). Ce genre de théories a le grand avantage d'être direct et d'offrir des réponses concrètes. Des exemples peuvent être trouvés dans les modèles de planification des besoins de formation, ou du changement, ou du développement individuel, ou encore et surtout, dans les modèles de communication : qui s'adresse à qui ? comment ? par quel canal ? en vue de quoi ?

— On peut trouver également des **théories-anecdotes** ou **théories-fables**, typiques de l'esprit simple et pratique dont aime à s'entourer la littérature en management. Il s'agit de sortes de récits qui s'érigent volontiers en vérités expérimentales à partir d'anecdotes vécues, imaginées ou inspirées de la réalité. Cela consiste à raconter une histoire ou un événement habilement montés, puis à en dégager une espèce de morale utilisant quelques « concepts clés ». Le tout n'est ni plus ni moins que candidat au statut de théorie et à la généralisation scientifique. Les tenants les plus en vue de ces « théories » sont E. Berne (1971) et ses continuateurs en « analyse transactionnelle » et, plus récemment, S. Culbert (1974 et 1980) en « développement individuel et organisationnel ».

— Un autre type de développement ayant les mêmes prétentions est ce que l'on pourrait désigner par **théories-œdèmes**. Il s'agit de ces sortes d'enflures démesurées que connaissent certaines notions particulières du comportement organisationnel. L'exemple le plus flagrant serait celui de la notion d'« estime de soi » (*self-esteem*) : parti de la pointe de la pyramide de Maslow (comme elle a été retenue en management), ce vocable a été érigé en système explicatif quasi universel de la dynamique de la personnalité (leadership, satisfaction intrinsèque), de la motivation, du style de commandement, du style de gestion, de l'aptitude à la direction, à l'«entrepreneurship». On peut aussi songer à la démesure qu'a connue la notion de «besoin d'accomplissement» de McClelland (1953), jusqu'à prétendre transformer des nations et des cultures entières[33], ou comme on l'a vu dans le chapitre sur Weber, servir de «confirmation» aux liens étroits entre éthique protestante et esprit du capitalisme.

– On peut trouver également des **théories-dichotomies** ou **théories-ratios**. Elles consistent à opposer, associer, comparer ou mettre en fraction deux variables ou concepts et, ainsi, à échafauder une théorie. Les exemples ne manquent pas : le X/Y de McGregor (1960), la satisfaction–non-satisfaction de Herzberg (1972), les contributions–rétributions de Adams (1963 et 1964), les contributionis–incitations de Simon et March (1958). On prétend ainsi comprendre, influencer et même modifier le comportement humain.

– Il existe, par ailleurs, des théories qui se contentent d'un seul terme, que je désigne par **théories-adjectifs**. Ici, ce sont des foisonnements autour de simples qualificatifs tels que *gamesman, linking-pin-man, self-actualizing-man, decision-making-man, high supportive group-leader*[34].

EN CONCLUSION : CONCEPTS VIEILLIS ET MANIPULATION INOPÉRANTE

Ce tour d'horizon, volontairement rapide et concentré sur l'essentiel des apports du mouvement dit des relations humaines et du comportement organisationnel, ne doit en aucun cas laisser le lecteur sur l'impression que tout ce qui y est présenté est à rejeter. Cette phase d'évolution du management a été décisive en un temps et des circonstances qui en ont permis un usage utile et positif. Comme nous avons procédé pour Smith, Taylor, Fayol et Weber, nous tâcherons de bien mesurer les contributions apportées, de jauger les progrès qu'elles ont permis – donc, de bien les connaître –, et de discerner en quoi certains aspects sont encore tout à fait utiles et utilisables, en quoi certains autres sont dépassés et en quoi d'autres portent en eux des germes de changements et d'évolution, aussi décisifs sinon plus prometteurs.

Rien de plus normal, en somme, que d'étudier et d'assimiler les différentes théories, pour être à même de mieux en saisir les points faibles et

---

33. Des programmes basés sur cette théorie ont été implantés en Inde pour la «doter en managers ayant un besoin d'accomplissement élevé», et ont failli l'être en Tunisie et ailleurs en Asie.
34. Nous retrouvons cela, notamment, dans les travaux de Simon et March (1958), Argyris (1967), Maccoby (1976), Cyert et Cohen (1965).

les abus, d'ajuster les attitudes et les pratiques managériales en conséquence, et, aussi, en fonction de ce qui se passe aujourd'hui.

Nous nous pencherons plus tard sur le contexte et les défis du management d'aujourd'hui et de demain, mais on peut déjà tracer les contours d'une réflexion plus poussée sur les raisons de survie et de succès des sciences du comportement organisationnel, ainsi que sur les conditions les plus apparentes de leur propre dépassement.

Grâce à leur vocation « paix sociale », les sciences du comportement organisationnel ont réussi, presque indépendamment de la valeur intrinsèque de la démarche d'ensemble. Parce que ni leurs fondements, ni leurs conclusions, ni leurs prescriptions ne sont susceptibles d'être remises en question dans un management où elles sont, quelles qu'elles soient, les bienvenues pour le sortir de l'impasse de l'OST, déjà ressentie dans les années 1930.

Les concepts et les élaborations théoriques y ont toujours été d'un accès rapide et facile. N'importe qui, avec un peu de sens commun, peut comprendre en quelques heures l'essentiel des schémas explicatifs du comportement dans les organisations ainsi présentés. Le simplisme devient même presque une qualité prisée : les élaborations un tant soit peu complexes ou sophistiquées sont quasi systématiquement rejetées parce qu'elles relèveraient de la « philosophie » ou de « débats d'intellectuels ». La démarche et ses conclusions les plus diverses restent ainsi intimement inscrites dans le volontarisme managérial qui lui octroie son droit de cité et de survie.

Par ailleurs, la science du comportement organisationnel qui, à ses origines, devait apporter une solution au problème du « spleen industriel » n'a pu contribuer à résoudre celui de l'ouvrier moderne en général qui continue de se poser partout, en fonction de la motivation et de la productivité.

L'ensemble des mesures et pratiques préconisées et adoptées par le management n'ont été que transformations de surface destinées à faire passer la dureté et le manque d'intérêt des conditions de travail préexistantes. Les problèmes sociaux et humains de l'entreprise ne se posent plus aujourd'hui dans les mêmes termes : le monde industrialisé s'est élargi, de nouveaux et redoutables concurrents apparaissent (le Japon, Singapour, Hong-Kong, la Corée du Sud), le marché est mondialisé et plus ouvert, les employés peuvent mieux connaître ce qui se passe ailleurs et comparer, etc.

Il n'y a pour ainsi dire, dans les théories du comportement organisationnel, plus rien de nouveau concernant l'employé et l'ouvrier, depuis la belle époque des Maslow, Herzberg, Lewin, Likert et Blake et Mouton[35].

---

35. À très peu d'exceptions près, c'est là encore la matière des manuels et des cours qui sont donnés dans le domaine, comme si, dans l'intervalle de vingt à trente ans et parfois plus, les choses en étaient restées au même stade.

Par contre, un relatif intérêt se présente encore (surtout en ce qui concerne les courants dits de la motivation intrinsèque ou de l'enrichissement-autonomie du travail) sur le plan de la courroie de transmission, des cadres intermédiaires qui peuvent encore trouver quelque satisfaction dans le contenu de leurs tâches en y exerçant un certain libre arbitre.

Les réponses que l'on essaie d'apporter de nos jours à cette situation ne sont, à tout prendre, que des aménagements superficiels, toujours et invariablement, des modalités d'acceptation des impératifs de l'entreprise maximaliste, et que des « maquillages » appliqués à une réalité inchangée pour le travailleur, si ce n'est en ce qui concerne un gain très relatif en confort au travail et en possibilité de consommation[36]. Comme le disent si bien Ferrandon et Jammes, tant qu'il s'agit d'expériences isolées ou ne menaçant pas le *statu quo*, le monde industriel est toujours prêt à jouer le jeu. Mais il ne faut surtout pas que cela comporte le moindre risque de perdre le contrôle sur le travail ou sur les taux et les destinations des surplus.

Cet extrait de la conclusion de *Work in America* (1973) est un véritable réquisitoire, plus que jamais d'actualité, élaboré par des chercheurs américains, en même temps qu'un évident constat d'insuffisance adressé aux sciences du comportement organisationnel :

> Albert Camus avait écrit : « Sans le travail, toute la vie est gâtée, mais quand le travail est sans âme, alors la vie s'étouffe et se meurt ». Notre analyse du travail en Amérique nous conduit aux mêmes conclusions : parce que le travail occupe une place centrale dans la vie de tant d'Américains, aussi bien l'absence d'emploi que le travail dénué de signification sont en train de créer une situation de plus en plus intolérable. Les coûts humains de cet état de choses se manifestent par l'aliénation du travailleur, par l'alcoolisme, par la toxicomanie et par bien d'autres symptômes de santé mentale déficiente[37].

LES IDÉES IMPORTANTES

SUR LES PERSONNES

Les membres de l'entreprise

L'entreprise a longtemps été envisagée d'un point de vue mécanique et le mérite revient à Elton Mayo d'avoir mis au jour sa dimension

---

36. Encore que depuis les années 1960, l'impôt et l'inflation dépouillent les salariés de montants régulièrement supérieurs aux augmentations qu'ils obtiennent : ainsi les familles les plus démunies aux États-Unis (10 % des familles) ont perdu 10 % de leur revenu réel durant les huit années des mandats de Ronald Reagan, pourtant réputées années de « croissance ».
37. Traduction libre.

humaine. Alors que la logique qui guide le fonctionnement de l'entreprise est économique et rationnelle, celle qui guide ses membres relève
du domaine de l'affectivité et des sentiments. Le travail du gestionnaire
se voit ainsi modifié, puisqu'il doit tenir compte d'une organisation
informelle qui possède sa dynamique et ses objectifs propres, lesquels
peuvent entraver ou faciliter la poursuite des objectifs de l'organisation
formelle. Certains mécanismes devant permettre de prendre en considération les groupes informels peuvent être mis en place de façon
à assurer la participation, l'identification et l'attachement de ces groupes à l'entreprise.

✗ Questions

1. Dans quel contexte de travail Elton Mayo a-t-il entrepris ses
   expérimentations ?
2. Quels facteurs ont limité la portée des travaux de Elton Mayo ?
3. Quelle est la contribution importante du mouvement des relations
   humaines ?

Les sciences du comportement organisationnel

L'étude du comportement organisationnel depuis les travaux de Elton
Mayo a donné lieu à un foisonnement d'écrits caractérisés aujourd'hui
par leur pauvreté et leur désuétude. L'objet de cette discipline se
restreint aux problèmes liés à la dynamique de groupe, au leadership,
à la motivation et aux tâches au sein de l'entreprise considérée comme
un système fermé. C'est à partir d'une perspective mécaniste, de
concepts empruntés à diverses disciplines et de schémas simples que
se fait l'étude de la dimension affective dans l'entreprise.

✗ Questions

1. Quelles sont les principales réserves formulées face au corpus de
   théories et de recherches dans le domaine du comportement
   organisationnel ?
2. Ce corpus peut-il être qualifié de scientifique ? Pourquoi ?
3. Donnez les raisons de l'échec de la vague de l'enrichissement des
   tâches, des équipes de travail semi-autonomes ou encore des cercles
   de qualité.

CHAPITRE 7

Le management dit scientifique et le réformisme actuel: de Herbert Simon à Henry Mintzberg

A. HERBERT SIMON ET L'ÉCOLE DE LA PRISE DE DÉCISION : RETOUR AUX PREMIERS CLASSIQUES?

GÉNÉRALITÉS ET CONTEXTE DE NAISSANCE

Après la toute première vague de gestion scientifique imaginée et lancée par Frederick Taylor, et à la suite du mouvement des relations humaines qui a fait quelque peu reculer l'idéal managérial comme « science » exacte, on voit réapparaître une sorte de nouvel élan scientiste à l'approche des années 1950. Une sorte de retour de pendule, après des « égarements » plus ou moins utiles à travers les méandres compliqués de l'univers des sentiments et de l'« irrationnel » – comme disaient les chercheurs de Hawthorne –, qui président aux comportements et aux relations des humains. On a pu ainsi dire (Miller 1985) que Herbert Simon marquait le lancement d'un courant « néo-rationaliste », réintroduisant, somme toute, la croyance en la possible conduite « rationnelle et scientifique » des organisations.

Prix Nobel de science économique en 1978 pour sa contribution à l'analyse des processus de décision, Simon constitue un des jalons les plus décisifs dans la formation de la pensée managériale moderne.

Ce n'est pas un hasard si ce genre de travaux se construit et se consolide autour des années 1950 et 1960. Les retombées de la Seconde Guerre mondiale y sont pour beaucoup du fait des considérables recherches et progrès réalisés à travers les efforts d'amélioration des capacités militaires de prévision, de planification, de transport, d'analyse des actions ennemies, etc. Un vigoureux regain d'esprit scientifique se fait jour, non seulement dans les états-majors des armées où le calcul et la programmation minutieuse alimentent toutes les opérations, mais aussi dans les entreprises industrielles. Celles-ci font désormais face à un environnement en pleine ébullition, à un marché soudain mondialisé par les spectaculaires avancées dans les communications et les transports, à une technologie en mutation radicale et à une internationalisation des affaires qui introduisent de nouvelles structures, de nouvelles procédures et, surtout, de nouveaux outils de gestion. Parmi ces derniers, on note particulièrement le renforcement des méthodes quantitatives telles que le calcul statistique ou la recherche opérationnelle. Ces méthodes s'accompagnent de leurs cortèges d'hypothèses et d'interminables séries de données pour l'étude du passé et des tendances, avec leur terrain d'application privilégié : la planification. Jamais l'analyse, le calcul et la planification n'auront été aussi présents dans le management que dans le contexte d'après-guerre[1].

L'usage de l'ordinateur se répand et une toute nouvelle forme d'administration apparaît : la gestion par projet ou par programme. Presque simultanément, la US Navy et la compagnie Du Pont de Nemours lancent cette façon de gérer qui va consister à combiner la distinction entre opérations courantes et nouveaux développements – appelés « projets » ou « programmes » – avec un usage intensif des outils d'aide à la prévision et à la planification, dont l'ordinateur et, inventés pour cela comme on l'a déjà vu, le PERT et le CPM[2]. Chaque projet ou programme peut ainsi faire l'objet d'une attention spéciale et exclusive en étant confié à une personne ou à une équipe responsable, dont la charge sera essentiellement de planifier au plus serré chaque composante nécessaire à son accomplissement, et d'en suivre rigoureusement la réalisation dans le respect le plus strict du plan préétabli.

L'ŒUVRE ET L'APPORT DE SIMON

Herbert Simon se montre très tôt un fervent adepte de l'usage de l'ordinateur et un partisan de l'extension de ses capacités à tous les aspects de la gestion. Cela se sentira particulièrement dans son *The New Science of Management Decision*, publié en 1960, et dans ses travaux postérieurs portant sur ce qu'il est convenu d'appeler l'« intelligence artificielle », et sur les processus de résolution de problèmes assistée par ordinateur.

Dès 1946, Simon se montre aussi un critique sévère de la pensée managériale qui a cours autour de lui. Dans un article au titre très provocateur, « The Proverbs of Administration », il attaque très durement ce qu'il

---

1.   C'est dans un tel contexte, mais quelque dix années après la fin de la guerre, que les hauts dirigeants de Ford ont très soigneusement planifié le modèle *Edsel*, qui fut un échec total, notamment parce qu'on avait un peu trop repris des tendances issues de l'analyse de faits passés, contrairement à la *Mustang*, qui, tout aussi planifiée, sera un très gros succès quelques années plus tard.
2.   Voir le chapitre 3.

considère comme une sorte de recueil de proverbes dénués de sens pratique, de réalisme et de rationalité. Notamment, il fustige, comme croyances quasi irrationnelles, la foi en certains « principes » solidement ancrés dans la mentalité managériale, comme :

- Le principe de **spécialisation**, qui ne serait qu'un banal lieu commun renvoyant au fait, physiquement inévitable, que deux personnes ne peuvent jamais faire la même chose au même moment. Ce ne peut donc en aucun cas être une caractéristique de gestion plus efficace.

- Le principe d'**unité de commandement**, qui renvoie au fait, également inévitable, qu'une même personne ne peut obéir à deux ordres contradictoires. Sans compter que ce principe se heurte à celui de la spécialisation puisqu'il implique, alors, la polyvalence aussi bien de ceux qui décident ou donnent des ordres que de ceux qui obéissent.

- Le principe de limitation de l'**étendue du contrôle**, qui veut que l'on maintienne à un nombre minimal les subordonnés répondant à un même chef, peut être non seulement en contradiction avec celui de spécialisation (réduire le nombre de subordonnés, c'est augmenter la polyvalence), mais aussi tout à fait dysfonctionnel si la taille de l'organisation et la nature de la tâche (par exemple, standardisée et plus ou moins répétitive) permettent ou nécessitent un plus grand nombre de personnes sous un même responsable.

Simon s'en prend à d'autres principes tels que ceux d'organisation fonctionnelle par produit, par marché ou par clientèle, qui peuvent être des bases d'organisation en concurrence les unes avec les autres, obligeant parfois à sacrifier les unes pour les autres. Il conclut en disant que, même si le management est un « art », aucun art ne saurait « se fonder sur des proverbes ». Il se montre donc, avant la parution de ses contributions les plus importantes à la littérature managériale (1947, 1958 et 1960), sinon comme un révolutionnaire ou un critique, du moins comme un réformateur radical.

Dès 1947, dans son premier livre majeur, *Administrative Behavior*, et quelques années plus tard dans *Organizations* (écrit avec J.G. March), Simon montre les distances qu'il compte prendre avec l'ensemble des théories qui l'ont précédé.

Il accusera, notamment dans le deuxième livre, les « classiques » Taylor, Fayol (et celui qui a répandu les idées de ce dernier en milieu anglophone, Lyndall Urwick) d'être les promoteurs d'une vision purement mécanique de l'organisation et de ce qui s'y passe. Il parle alors de « modèle de la machine », de « modèle physiologique », d'« approche d'ingénieur » où l'employé est considéré comme un « instrument inerte » et « exécute passivement » des tâches qu'on lui assigne.

Par rapport aux tenants du mouvement des relations humaines, il se démarque par la volonté de ne pas traiter de façon isolée et exclusivement des personnes, des phénomènes de groupe ou des employés « comme un donné », en délaissant les structures. Bien au contraire, il tente une intégration synthétique des personnes et des structures qui sont, dans toute organisation, inséparables.

Les théories précédentes sont également critiquées parce qu'elles ne donnent pas une vision adéquate, ni satisfaisante, des processus de comportement, ignorant, nous dit Simon, à travers des schémas de motivation souvent simples, la complexité des déterminants de l'action humaine, ainsi que l'influence des conflits intra-organisationnels.

Dans *Administrative Behavior*, Simon déclare devoir beaucoup aux positions de Chester Barnard (1938) qui rompt assez profondément avec les théories du management jusque-là dominantes. Pour l'essentiel, Simon partage ce qu'avançait Barnard à propos de la position implicite des classiques pour qui, d'emblée, il semblait aller de soi que, partout, les employés soient dociles et prêts à obéir à une autorité acceptée d'avance, et à œuvrer à la réalisation d'objectifs tout aussi acceptés. Alors que, approuve Simon, l'existence même de l'organisation et de ses activités n'est possible que s'il y a volonté convergente des partenaires, dirigeants et employés. Il faut donc, pour être efficace et satisfaire les membres de l'organisation, mettre en place des conditions telles que la mobilisation de la volonté de chacun pour réaliser les objectifs de l'entreprise puisse résulter d'un processus de choix actif de la part des personnes. Les membres d'une organisation ne doivent plus être considérés comme des soldats qui obéissent et se soumettent, mais **comme des partenaires qui font des choix**, en particulier celui de coopérer efficacement avec les dirigeants dans le sens des objectifs tracés par ces derniers.

Simon va partir de cette position de base pour mettre au centre du processus de comportement coopératif – ou non – de l'employé un élément qu'il considère comme pivot : la décision. D'où l'appellation du courant inauguré par lui : l'école de la prise de décision.

Sans trop entrer dans les détails, disons que cette école va relancer la pensée administrative vers de nouvelles conceptions où l'organisation devient plus spécifiquement un lieu où coexistent, se croisent et s'entre-croisent des processus constants de reconnaissance de problèmes, de recherche de solutions, de choix et de décisions. Il faut donc, d'après Simon, pour comprendre les phénomènes organisationnels, en étudier les mécanismes de génération-structuration des problèmes et, aussi et surtout, les mécanismes d'aboutissement à des choix individuels.

Apparaît alors un concept central pour l'école de la prise de décision : la **rationalité limitée**. C'est, en termes simples, un concept selon lequel aucun individu ne peut avoir toute la connaissance des éléments d'ensemble d'une situation, ni la connaissance de toutes les conséquences des actes qu'il pourrait entreprendre, ni celle de toutes les options possibles. Le choix ou la décision se font donc dans un contexte et dans le cadre d'un processus qui relèvent souvent beaucoup plus des façons « habituelles » de « fonctionner » que d'analyses exhaustives et rationnelles : ce choix ne peut être **la meilleure** décision, mais seulement **la plus satisfaisante**, dans les circonstances, parmi plusieurs options possibles.

Dans sa deuxième grande contribution, *Organizations*, Simon apporte, avec March, une nouvelle lumière, à partir des positions exposées plus haut, sur le comportement des personnes dans les organisations. Cette nouvelle lumière combine, de façon intégrée, les déterminants psychologiques, structurels et économiques. Mais le noyau dur de l'approche reste la recherche de la **compréhension des processus de choix** : la clé de la dynamique des organisations, pour Simon. La motivation devient donc un mécanisme de recherche active d'une voie parmi plusieurs possibles, et l'intérêt pour le dirigeant est de savoir comment l'employé peut être amené à diriger son choix vers une conduite coopérative et positive.

C'est, nous disent Simon et March, un mécanisme qui met en jeu les incitations offertes par l'organisation et la façon dont ces incitations sont considérées, conjoncturellement, par l'employé, dans le cadre de ses aspirations personnelles. Comparées aux objectifs organisationnels, ces aspirations peuvent conduire à une convergence ou à une divergence ; les incitations offertes peuvent aller ou non dans le sens des objectifs personnels. L'équilibre dynamique entre les aspirations-incitations et les objectifs fonde les choix des individus.

En bref, **la décision de coopérer ou non représente la motivation**, et cette décision résulte d'un processus de recherche de la satisfaction de ses propres aspirations à travers les possibilités et les incitations offertes par l'organisation.

L'apport de Herbert Simon à la pensée managériale moderne paraît ainsi tout à fait remarquable puisqu'il aura donné une impulsion nouvelle à l'approche psychologique par l'étude des déterminants des comportements de choix et de prise de décision. Il a contribué à la relance de l'approche scientifique par l'énorme importance que prendront, après ses travaux, les recherches sur les systèmes d'information, le traitement de l'information en gestion et les outils d'aide à la décision.

Sa troisième contribution centrale relève justement de ce dernier domaine : *The New Science of Management Decision*, publié en 1960 et réédité trois fois depuis. On peut dire que Simon y synthétise sa pensée concernant la gestion et l'organisation. La troisième édition, parue en 1977[3], revue, corrigée et mise à jour, sera, parce qu'elle présente l'état le plus récent de la réflexion et des positions de Herbert Simon, une base privilégiée pour en discuter l'aspect « remise en cause rituelle » du management classique.

---

3.   Traduite et publiée en français aux éditions Economica en 1980, sous le titre *Le nouveau management : la décision par les ordinateurs.*

Comme on le verra, dans les grandes lignes, Simon ne fait que reconduire, sous un autre visage et avec un autre vocabulaire, l'essentiel de ce
qui caractérisait la philosophie de base de l'école dite classique la plus
traditionnelle. C'est, comme dans le cas de Elton Mayo et de ses continuateurs, bien plus un renforcement et un renouvellement de la gestion rationnelle, hiérarchisée, mécaniste, qu'un dépassement ou une remise en
question. Simon n'a fait qu'apporter sa part d'oxygène à un management
qui commençait à souffrir des contradictions issues du courant de Mayo
qui, comme le dit Mouzelis (1967), voulait **révolutionner le management
sans révolution**. Malgré ses acerbes critiques dans « The Proverbs of
Administration », Simon ne fait que reproduire, à sa manière, des prescriptions dont l'esprit et la finalité demeurent fondamentalement les mêmes.

UNE DISCUSSION DE L'APPORT DE SIMON

Tout d'abord, et en très bref, son école prétend dépasser la doctrine de la
rationalité absolue (*one best way*) mais conserve intact l'essentiel de ses
présupposés de base :

– la décision comme élément fondamental, comme étape clé ;

– la conception de toute action comme combinaison rationnelle de
  moyens et de fins, de causalité linéaire ;

– la préséance de la rationalité, même « limitée » ;

– la conception formaliste hiérarchisée de l'organisation ;

– la conception mécaniste, enfin, du travail, dont la division et la standardisation sont nécessaires à l'établissement d'un système rationnel
  d'information.

Comme le dit très justement G. Gvichiani (1972), à propos des théories
de Simon : « Les organisations y sont appréhendées comme des systèmes
dans lesquels les gens font figure de mécanismes prenant des décisions
(p. 443). »

En effet, d'étape qu'elle était dans le management classique préexistant,
la décision devient la fin et le centre de tout. Sa genèse est alimentée par
le vaste **réseau d'informations** qu'est dorénavant l'entreprise et par les
modèles qui serviront à faire les choix.

L'individu n'est à peu près plus qu'un maillon d'une chaîne dont la
fonction est de véhiculer les informations vers les sommets qui vont traiter,
choisir et décider. La rationalité décisionnelle préside désormais au fonctionnement de l'entreprise et on voit poindre les corrélations nécessaires :
formalisation, centralisation, hiérarchie, spécialisation. Autant d'éléments
qui entrent dans le processus ancestral et continu de domination et de
contrôle du travail.

Évidemment, en élaborant le corps conceptuel de sa doctrine, Simon ne se pose pas la question de savoir ce que signifie, sociologiquement parlant, une « décision satisfaisante ». Cela ne peut pas être totalement neutre et satisfaisant pour tous ; comme si l'entreprise était éternellement un lieu de consensus et de convergence des intérêts entre décideurs et non-décideurs.

Or, comme le montrent M. Crozier et E. Friedberg (1977), il ne s'agit dans tous les cas que de « rationalités en action » étroitement insérées dans des sous-cultures et influencées par elles, qui sont à la fois produits et générateurs de pratiques et d'habitudes de structuration des problèmes, c'est-à-dire de modes de prise de décision, également. L'analyse de G.T. Allison (1971) montre comment s'affrontent certaines de ces rationalités en action lors des processus de décisions majeures au sein de l'administration centrale à Washington : chaque groupe aurait une rationalité « dominante » selon les intérêts représentés et les circonstances, et les acteurs sont emprisonnés dans des logiques qui échappent à leur contrôle et déterminent, sans eux, les orientations des décisions prises[4].

Dans un mode de structuration de l'entreprise où prévaut le processus de décision, il ne faut que peu d'imagination pour voir se réaliser la parabole du « cerveau » de Fayol. En effet, étant donné que ce n'est pas l'information qui fait défaut mais les capacités et les habiletés pour la filtrer et la traiter, l'ensemble du système « chaîne d'information–décision » fonctionnera comme un vaste réseau collecteur et préparateur de données, pour les faire converger vers un centre de traitement et de décision : le **cerveau de l'entreprise** ou la **haute direction**.

Les « systèmes d'information », cœur du management scientifique d'aujourd'hui, constituent la « trame nerveuse » de l'entreprise avec un système périphérique de collecte et d'acheminement, et un système central de mémoire et de traitement. L'organisation est ici nécessairement considérée comme une entité formelle, rationnelle, hiérarchisée et cloisonnée. Le formalisme se rattache à la conception de base d'une « logique informationnelle » à laquelle doit se conformer la structure : les flux, les canaux, les émetteurs, les récepteurs, les mémoires, etc., qui imposent un ordre, des séquences, des types particuliers d'interactions. La rationalité ou plutôt la néo-rationalité (à la Simon) et la hiérarchisation découlent directement de la philosophie décisionnelle qui sous-entend des façons et des moyens d'analyses rationnelles et des lieux et statuts de décideurs, nécessairement, au-dessus des producteurs.

---

4. C'est ce que Allison (1971) semble montrer comme étant l'influence d'une sorte de logique des différents appareils administratifs (Pentagone, CIA, Maison-Blanche, etc.) qui finit par imposer aux décideurs des manières de concevoir les problèmes et de les traiter. Cela rejoint un peu la thèse défendue par Crozier et Friedberg (1977) et par Sfez (1976).

Quant au cloisonnement, il est une conséquence inévitable du processus lui-même, car que ce soit chez Simon (1960) ou plus encore chez Blumenthal (1969), Anthony (1965) ou Forrester (1961), on voit clairement affirmée la nécessité de sérier et de séparer les tâches, les séquences et les sous-tâches pour les constituer en « unités informationnelles » susceptibles d'être coulées dans les différentes parties du système d'information de gestion (*Management Information System*). Il faut distinguer des niveaux et tracer des frontières entre les tâches, les activités et les rôles pour pouvoir appliquer la logique informationnelle et la logique analytique qui ont besoin de découper ainsi ce qui se passe en entreprise pour rendre opérationnels leurs propres instruments d'analyse et algorithmes.

La domination et le contrôle du travail sont assurés par la conformation de l'ensemble de l'entreprise aux présupposés et hypothèses du modèle : travail mécanique, sécable, isolable, et gestion assurée par un complexe techniques–machines–opérateurs–décideurs.

Tous les éléments de domination permis par le taylorisme et le fayolisme se trouvent réunis sous l'aspect d'outils, de modèles et de calculs sophistiqués, de cloisonnements et de hiérarchisations stricts et, enfin, d'une nouvelle dichotomie : spécialistes des systèmes d'information et décideurs d'une part, et générateurs, véhicules ou collecteurs d'information de l'autre.

Encore plus que cela, Simon prétend étendre l'autorité et la faculté de commandement aux « experts-de-la-décision » plutôt que de laisser ces derniers jouer un vague rôle d'« état-major ». Le vieux rêve, découlant de *La République* de Platon, enfin réalisé : ceux qui détiennent la « vérité » et ceux qui détiennent la force et l'autorité étroitement alliés pour mieux dominer[5].

Quant à la supposée coupure avec les classiques tayloriens et fayoliens, Simon y donne lui-même un incontestable démenti lorsqu'il écrit (1980, p. 125) que si on lui demandait de choisir deux notions pour « résumer le changement » que sa philosophie introduirait dans le management, il proposerait celles de « rationalisation » et de « spécialisation » ! N'est-ce pas là l'essentiel du mythe classique de l'efficacité organisationnelle qui revient sous la forme de l'ordinateur et de la blouse blanche de ses servants ?

Sous un autre angle, un des premiers éléments qui ont rapproché l'école décisionnelle et les systèmes d'information de gestion reste indubitablement la partie liée avec la comptabilité analytique. Les informations qu'il importe en effet de contrôler, de suivre au dernier détail près, sont les informations comptables et, parmi elles, celles qui permettent l'analyse et la détermination des coûts, pour mieux les réduire.

Prendre les « bonnes décisions » en management classique, c'est mieux gérer et faire plus de profit ; or mieux décider, c'est être informé de façon si possible parfaite et disposer d'instruments qui traitent cette information.

---

5.   Voir Simon (1977), p. 23.

Grâce à cette allure scientifique et rentabiliste, l'école de la prise de décision a pu se tailler une place dans le management. Son succès très important auprès du monde des affaires s'est appuyé sur une croyance redoublée dans les vertus de la science et des techniques pour améliorer, presque à elles seules, la performance économique. À tel point que Ackoff (1967) parle du développement d'une véritable mythologie, à l'égard des systèmes et de la technologie de l'information, qui ouvre la voie à la croyance en une **gestion presse-boutons**, et en une connaissance totale et quasi parfaite de tout. Cette connaissance, censée élargir indéfiniment les horizons de décision, procurerait, croyait-on, à la fois un pouvoir démulti-plié, un contrôle infaillible et une rentabilité accrue.

L'argument principal reste évidemment la rapidité de l'accès à l'infor-mation et, donc, la rapidité proportionnelle de la décision et de la réaction. Mais il y a aussi la prétendue considérable économie de coûts, nombreux et variés, liés aux systèmes classiques de bureaux, de dossiers, de fichiers et d'employés administratifs. À une plus grande rentabilité par un meilleur contrôle des données comptables et des coûts viendrait s'ajouter un gain supplémentaire, consécutif à l'automatisation de la production (et d'une bonne partie de la gestion). Cette automatisation rendrait les opérations plus accessibles à la gestion par les systèmes d'information et les confor-merait aux langages et aux circuits de la structure informationnelle. Dès lors, nous dit Simon (1980, p. 17, 18), à moins que la loi des avantages comparés ne préconise le contraire, dans certains secteurs particuliers, le nombre d'employés requis dans la transformation sera en baisse constante ; à tout le moins, précise-t-il, en baisse « par unité de produit ou par unité d'équipement en capital », en baisse du nombre d'employés considérée, bien sûr, comme un bienfait.

Comme pour encore mieux séduire les éventuels réticents, Simon pré-cise que le couple ordinateur–système d'information représente une force de travail inépuisable en énergie et en régularité, et une infatigable force de gestion qui n'a aucune prétention à « partager les fruits » des activités de l'entreprise[6]. Peut-on concevoir rationalisme et formalisme poussés plus loin que ce rêve d'éliminer l'humain et de le remplacer dans son travail par des machines désormais intelligentes, téléguidées, autocontrôlées et inlassables ?

Le contrôle du travail, qui était un élément clé, souvenons-nous, du taylorisme et de l'OST, va se retrouver en position tout aussi centrale par le besoin du suivi étroit des éléments comptables, qui reste le but avoué et le premier point de pénétration des systèmes d'information dans l'entre-prise. Le poste, le service, l'atelier sont désormais des « comptes budgétaires », des « centres de frais » qui doivent être surveillés afin de ne

---

6.   Simon (1980), p. 2.

pas absorber plus qu'ils ne produisent. On voit aisément les conséquences sur les politiques d'embauche, de conservation ou de suppression des postes, de licenciement, de compression du personnel et d'information à la direction des moindres faits et gestes de chacun. Si, avec les relations humaines, le renseignement à la direction était chose indirecte et plus ou moins camouflée sous diverses pratiques paternalistes, ici il devient une fonction à plein titre avec fichiers informatisés et autres pointeuses électroniques.

On peut aussi voir, dans la centralisation inévitable des flux d'information et des décisions, un facteur supplémentaire de contrôle par la haute direction qui ne céderait en rien à Taylor lui-même. La prise de décision centralisée était déjà pour Selznick (1957) une des conditions de la bonne coordination et de l'élimination des conflits entre sous-groupes dans l'entreprise. L'école de la prise de décision va désormais porter, avec Simon, ce souhait au niveau de nécessité structurale : l'ordre informationnel ne peut pas ne pas impliquer regroupement et centralisation, du fait que les « unités de traitement stratégiques » l'imposent. Et, d'autre part, les décisions qui ne sont pas de routine doivent être prises à partir d'un point de vue qui embrasse un ensemble au complet, un service, un département, une division, donc à l'échelon des cadres[7]. Même si, dans *Organizations*, on peut lire qu'il est toujours possible de subdiviser en sous-systèmes les différents genres d'activités ou de niveaux de responsabilités (ce qui, par hypothèse, implique une forme ou une autre de décentralisation[8]).

En bref, on ne saurait prétendre que la mise en place d'un système d'information, dans un cadre managérial classique, n'implique pas hiérarchie, concentration et centralisation. Simon le dit d'ailleurs en affirmant que, dans tous les cas, les organisations « conserveront une forme hiérarchique » selon les normes habituelles de la départementalisation, avec trois niveaux de décisions : un niveau de routines de production physique, un niveau de décisions programmées pour distribuer les moyens et les régulariser, et un niveau supérieur de décisions non programmées[9].

Voilà un langage qui garantit au moins le *statu quo* en matière de management traditionnel, et donc de subordination et de contrôle. Lorsque Simon parle, en outre, d'une « nouvelle psychologie » du traitement de l'information et du devenir de l'être humain dans les organisations, il semble constater à regret que, « jusqu'à ces dernières années », prendre des décisions était une activité strictement humaine, impliquant des processus « œuvrant à l'intérieur de la tête de l'homme » et une « communication symbolique entre humains »[10].

---

7. Voir Simon (1976), p. 280 et suivantes.
8. Voir Simon et March (1958), p. 18 et suivantes.
9. Voir Simon (1980), p. 125-127.
10. Voir Simon (1973a), p. 270.

Contrôler ce qui se passe à l'intérieur d'une tête qui pense pour s'en débarrasser, c'est là le triomphe du règne de la rationalité la plus mécaniste, la plus prévisible et la plus totale.

On voit donc comment cette école, à l'instar du management classique le plus traditionnel, va fournir de nouveaux arguments de dévalorisation du travail subalterne et «inférieur», en le dépouillant de la capacité de décision, puisqu'il est ou programmé, ou routinier. De l'aveu même de Simon, la décision digne de ce nom, la «non programmée», aura tendance à ne se retrouver que de plus en plus haut dans la hiérarchie, puisque même le niveau intermédiaire est susceptible d'automatisation, du fait qu'il relève de décisions programmées ou programmables. La valeur, économique et intrinsèque, du travail de non-décision ne pourra qu'être en baisse proportionnelle à la survalorisation de celui des décideurs.

EN CONCLUSION : L'IMPASSE RATIONALISANTE

Il est indéniable que Herbert Simon et l'école de la prise de décision ont fait faire au management des progrès considérables par l'introduction d'une nouvelle compréhension des déterminants des comportements dans les organisations, d'une bien plus profonde connaissance des mécanismes de décision et, aussi, de nouveaux instruments d'analyse et de gestion par l'expansion des systèmes d'information.

Du point de vue du comportement des employés et des gestionnaires, on retiendra qu'être motivé, que coopérer ou participer est une question de décision de la part de chaque personne. Nous verrons plus loin comment cela représente un problème central dans la toute récente vogue de la «culture d'entreprise», et comment, donc, Simon et son école sont encore, au moins sous cet angle, actuels et pertinents.

Cependant, bien que ce soit là un effort extrêmement judicieux de réintégration du caractère complexe et multidimensionnel des conduites, des choix et des décisions dans les entreprises, il n'en demeure pas moins fortement entaché d'un néo-rationalisme qui, au fond, reproduit un modèle d'humain tout aussi rationnel et mécanique que l'*homo economicus* de Taylor. Simon fait de chacun un organisme soumis à la décision ou une machine à décider, plus ou moins actif ou passif selon le niveau, et qui semble vivre hors de tout conflit social, à moins de n'être simplement engagé, à titre individuel, dans des processus de choix destinés, tout comme dans le rationalisme le plus classique, à maximiser ses gains.

À vrai dire, on trouve dans le système de Simon, et c'est en cela qu'il n'apporte lui aussi qu'une remise en cause rituelle, les mêmes présupposés qu'on trouvait chez ses prédécesseurs : l'organisation comme lieu de consensus, comme lieu plus ou moins fermé aux influences et contradictions externes, comme terrain de prédilection de l'être humain rationnel. Mais, surtout, on trouve la conception implicite de l'employé exécutant et inintelligent, derrière la coupure distinguant entre décisions « routinières/automatiques » à la base, décisions « programmées » aux échelons intermédiaires et décisions « non programmées », créatrices et intelligentes, au sommet.

Deux auteurs en management, parmi les plus reconnus, ont adressé à Simon des reproches très directs en ce sens : d'abord Lyndall Urwick qui lui dira, en 1965, qu'il est fort mal placé pour critiquer les « classiques » en les accusant de prôner un modèle mécanique de l'homme, lui qui est tellement fasciné par l'ordinateur et qui étend à la vie de l'organisation le modèle de l'ordinateur[11]. Ensuite, Chris Argyris qui engage avec lui, en 1973, une polémique acerbe dans la revue *Public Administration Review* à propos de l'hyperrationalisme de son modèle d'humains ; Argyris va jusqu'à l'accuser d'évacuer purement et simplement l'humanité des organisations, en les transformant en froides machines à calculer et à décider[12].

Ce ne sont sûrement pas là des reproches exagérés, et, à la limite, on peut affirmer, on en comprendra toute la portée plus tard, que Simon et son école n'ont absolument pas tiré toutes les conséquences de l'idée que **coopérer ou participer est une décision volontaire de la part de chacun**, idée qui aurait pu être bien plus féconde. Cette idée aurait dû en effet amener à poser la question plus fondamentale de tenter de comprendre quelles seraient les raisons – et les conditions propices à l'apparition de ces raisons – qui feraient que l'employé décide de coopérer ou de ne pas coopérer. Ensuite, à vouloir rationaliser et faire pénétrer partout la mécanique du traitement de l'information[13], Simon et ses partisans s'avèrent complètement à contre-courant. Aujourd'hui, d'après des exemples qui se révèlent plus performants, tels que ceux que nous allons étudier (Allemagne, Suède, Japon), on reconnaît au contraire la nécessité que chacun, là où il se trouve, même au plus bas de l'échelle, puisse penser, réfléchir, participer, être créatif et prendre des décisions les moins « programmées » possible.

***

B. HENRY MINTZBERG OU L'ÈRE DU RÉFORMISME PRAGMATIQUE

C'est à partir du milieu des années 1970 que Henry Mintzberg commence à devenir, dans la littérature managériale, celui par qui le renouveau arrive.

---

11. Voir Urwick (1965), p. 15, 16.
12. Voir Argyris (1973b et 1973c).
13. Dans *The New Science of Management Decision* revu et corrigé, Simon va jusqu'à entrevoir le « dirigeant automatisé » (*automated executive*) qui devra suivre l'« ouvrier automatisé » (*automated worker*) considéré comme déjà acquis et « normal » (p. 22, 23 de l'édition anglaise de 1977).

Il est de loin l'auteur en management le plus cité, le plus repris et peut-être aussi le plus enseigné de nos jours. Il fait figure de réformateur majeur, sinon de révolutionnaire, qui aurait marqué une renaissance presque radicale de la gestion et de ses théories. Il faut dire que Mintzberg a suscité et suscite toujours la controverse et que, dès ses premiers écrits, il lui arrivait d'être pris à partie, critiqué ou conspué par ceux-là mêmes qui, à présent, le portent aux nues et voient en lui le salut de la pensée managériale. Et ses détracteurs pouvaient être aussi bien des enseignants et des chercheurs en gestion que des praticiens, des dirigeants et des cadres.

Professeur et chercheur à la faculté d'administration de l'université McGill de Montréal, Henry Mintzberg publia en 1973 le premier livre qui allait le faire connaître à travers le monde : *The Nature of Managerial Work*[14]. Ce livre, édité et réédité depuis, était issu des travaux de sa thèse de doctorat au Massachusetts Institute of Technology, soutenue en 1968 à la Sloan School of Management. Thèse riche et originale à plus d'un titre[15], partie de l'idée commune d'un professeur du MIT et d'un haut dirigeant d'entreprise : étudier le travail de ce dernier. Mais elle se transforma en observation et en description systématique du travail de cinq directeurs généraux, dont on ne sait rien de plus, sinon qu'ils seraient « efficaces » et qu'ils furent soumis à la présence constante de Mintzberg, durant une semaine chacun, à chaque minute de leur travail.

Henry Mintzberg adopta une méthode à peu près inutilisée dans les recherches en gestion : l'observation directe et structurée. Sans qu'on entre dans les détails, mais il est important de le savoir, il s'est agi, pour le chercheur, de suivre pas à pas chacun des directeurs généraux quelle que soit l'activité effectuée, et de noter soigneusement le moindre acte accompli, tout en le chronométrant et en l'enregistrant dans le cadre d'une grille qui servira plus tard à opérer des regroupements, des comparaisons, des calculs, etc. Le titre de la thèse est en lui-même très significatif : *Le manager au travail : détermination de ses activités, de ses rôles et de ses programmes par observation structurée.*

Cette observation méticuleuse et le travail de bénédictin qu'il a fallu déployer pour en dépouiller les résultats ont valu à Mintzberg d'être baptisé chef de file d'une nouvelle école en management : l'école dite « descriptive » par distinction et par opposition envers les écoles dites « prescriptives » ou « normatives » précédant ses travaux. En effet, dans la pensée issue des Taylor, Fayol, Urwick et Simon, on s'évertuait à « prescrire » et à édicter des « normes » pour montrer ce que « doit » ou « devrait » faire le gestionnaire.

---

14. Mintzberg raconte, dans l'avant-propos de ce livre, comment des chaînes de radio lui ont proposé, au début de sa carrière d'auteur connu, de faire des entrevues où il montrerait la façon dont il « a réglé leurs comptes aux managers ».

15. Traduite et publiée en français en 1984, sous le titre *Le manager au quotidien*, une coédition Agence d'Arc et Éditions d'Organisation.

Avec Mintzberg, il n'est plus question de ce que l'on doit ou devrait faire, mais de ce que « fait », concrètement et réellement, durant sa journée, un manager. Et les découvertes de Mintzberg et ses déductions apparurent comme une véritable révolution. Nous y reviendrons. Voyons pour l'instant en quoi consiste le contenu de ses travaux.

LA CONTRIBUTION DE MINTZBERG AU MANAGEMENT

Henry Mintzberg raconte que, jeune enfant, il ne cessait de s'interroger sur ce que pouvait bien être le travail de dirigeant, parce qu'il voyait son père, alors patron d'une petite entreprise, assis toute la journée ou presque, signer des lettres de temps en temps et faire des choses qui n'avaient rien de systématique ni de clair, comme pouvait l'être le travail des machinistes ou des dactylographes. Il avoue que c'était là pour lui une énigme et que sa curiosité est demeurée inassouvie jusqu'à ce que ses études le conduisent à enfin regarder de près et à analyser ce qu'un patron peut bien faire de ses journées.

Dès 1975, Mintzberg publie un article au titre retentissant, dans la prestigieuse *Harvard Business Review* : « The Manager's Job : The Folklore and Fact ». Tout comme pour Herbert Simon en 1946, on peut dire que Mintzberg commence sa carrière de théoricien de la gestion par une assez violente critique du management : là où Simon parlait de « proverbes », lui parle de « folklore », à trente ans de distance. Et ce folklore, pour lui, n'est autre que le sempiternel PODC ! Durant ses cinq semaines d'observation assidue du travail quotidien de cinq grands dirigeants, il n'a tout simplement jamais vu quoi que ce soit qui se rapproche de l'image traditionnelle du manager occupé à réfléchir, à analyser, à planifier, à organiser, à coordonner, etc.

Mintzberg a fait part des nombreux témoignages de gestionnaires qui se sont reconnus dans ses descriptions et qui se sont sentis réhabilités parce qu'ils croyaient être les seuls à travailler de cette façon pendant que les « vrais » managers, les « efficaces », eux, arrivaient à s'organiser pour planifier, analyser, coordonner, etc. Cela nous amène aux « faits » que Mintzberg oppose à ce « folklore ». Pour l'essentiel, voici ce que ses observations lui ont montré de ce qui se passe sur le terrain :

– Le travail du gestionnaire n'est pas ordonné, continu et séquentiel, ni uniforme, ni homogène. Il est, bien au contraire, fragmenté, irrégulier, haché, extrêmement changeant et variable. Ce travail est aussi marqué par la brièveté : à peine le manager a-t-il fini une activité qu'il lui faut sauter à autre chose, et ainsi de suite sans arrêt.

– Le travail quotidien du dirigeant n'est pas une série d'actions issues de son initiative, de sa volonté transformée en décisions, après examen des situations. C'est bien plutôt une série ininterrompue de réactions à toutes sortes de sollicitations qui viennent du milieu environnant, soit externe, soit interne.

–   Le dirigeant passe plus des deux tiers de son temps en communication verbale, sous forme de discussions en face à face, de réunions, de coups de téléphone, etc.

–   Le dirigeant revient plusieurs fois, pour de courtes périodes, sur les mêmes questions ; il est loin de correspondre à l'idée traditionnelle d'être celui qui traite un problème à la fois, dans l'ordre et la sérénité.

–   Le dirigeant est une sorte de point focal, d'interface ou de point de convergence entre plusieurs séries d'intervenants dans la vie de l'organisation : l'environnement externe, l'environnement interne, les collaborateurs, les partenaires, les supérieurs, les subordonnés, les pairs, etc. Il doit constamment assurer, réaliser ou faciliter les interactions entre toutes ces catégories d'intervenants pour permettre le fonctionnement de l'entreprise.

Les rôles du gestionnaire

En gros et synthétiquement, les observations de Mintzberg lui ont montré que son directeur devait : établir de nombreux contacts, très variés et très fréquents, avec toutes sortes de personnes (pouvoirs publics, clients, fournisseurs, supérieurs, subordonnés, collègues, etc.) ; rechercher, canaliser, traiter et trier une grande quantité d'information provenant de ces contacts, ce qui lui permettra de mieux comprendre, juger et répartir les données dont il dispose pour faciliter le travail de ses collaborateurs ; et enfin, arrêter des orientations ou des actions à prendre, explorer des possibilités, distribuer des moyens de réalisation de tâches, etc.

Mintzberg a formulé, à partir de ses observations, ce qui va très rapidement assurer sa notoriété : les 3 séries de rôles principaux, subdivisés en 10 rôles secondaires, que le gestionnaire passe son temps à assumer. C'est ainsi que, nous dit-il, le manager remplit des rôles interpersonnels, des rôles informationnels et des rôles décisionnels.

1.   Les **rôles interpersonnels** regroupent des rôles secondaires :

– de **symbole**
Le gestionnaire représente l'organisation dans toutes sortes de cérémonies, vis-à-vis des sollicitations externes, relevant de son statut de dirigeant et relatives à l'image de l'entreprise.

– de **leader**
Le manager est celui qui motive ses troupes, qui les guide, qui galvanise ses collaborateurs, qui donne l'exemple.

– d'**agent de liaison**
Il crée et entretient des réseaux d'informateurs, participe à des conseils d'administration d'autres compagnies, est membre de différents

clubs, assure la continuité et le développement de relations nécessaires au meilleur fonctionnement de l'entreprise.

2.   Les **rôles informationnels** se subdivisent en rôles :

   – d'**observateur**
   Le gestionnaire recherche et reçoit toute information pertinente à la
   conduite de l'entreprise, à la meilleure connaissance de son environnement ou de l'impact de ses activités.

   – de **diffuseur**
   Il diffuse, à l'intérieur de l'organisation, les éléments pertinents de
   l'information reçue, s'assure que la bonne information va au bon
   destinataire, provoque les actes nécessaires à la meilleure exploitation
   des données qu'il a en main.

   – de **porte-parole**
   Il représente, sur le plan de l'information, son organisation, ses
   collaborateurs et ses subordonnés vis-à-vis de l'extérieur, du conseil
   d'administration, de la compagnie mère, s'il y a lieu.

3.   Les **rôles décisionnels** consistent, eux, en des rôles :

   – d'**entrepreneur**
   Le gestionnaire est à l'affût, dans l'entreprise et hors de l'entreprise,
   des occasions d'expansion, d'amélioration et de lancement de projets
   nouveaux.

   – de **régulateur**
   Il fait face à toute situation nouvelle, s'assure, chaque fois où c'est
   nécessaire, que des correctifs sont apportés et vérifie si les réactions
   aux situations de crise ou de perturbations sont appropriées.

   – de **répartiteur de ressources**
   Il veille à ce que chacun dispose, au moment voulu, des moyens
   nécessaires pour réaliser sa part d'activité dans l'organisation. Dans
   la partie d'organisation qu'il dirige, il délivre les autorisations requises et approuve les programmes de travail.

   – de **négociateur**
   Il prend part à toutes sortes de discussions devant engager son
   institution, la représenter, notamment vis-à-vis des partenaires et
   interlocuteurs externes.

Nous venons de voir, de façon très schématique, l'essentiel de la contribution de Henry Mintzberg à la connaissance du travail du gestionnaire
moderne. Mais on ne rendrait pas justice à Mintzberg si on passait sous
silence ses travaux (largement) complémentaires, qui font autant autorité,
sur les structures et les organisations, sur les mécanismes de pouvoir à
l'intérieur et à l'extérieur des organisations, sur les méthodes de recherche
et d'enseignement en gestion, sur la politique d'entreprise, sur la planification et sur la stratégie.

Le cadre d'action du gestionnaire

Pour ce qui concerne le manager et ses activités spécifiques, l'apport complémentaire le plus important de Mintzberg est celui qui décrit, analyse et dynamise le cadre d'action du gestionnaire : l'organisation, sa structuration, sa dynamique, son évolution, ses transformations, ses éléments constitutifs, ses flux internes, ses mécanismes de vie et d'interactions, etc. Il s'agit de la deuxième publication fondamentale de Mintzberg, *The Structuring of Organizations*, parue en 1979[16], une synthèse majeure, en même temps qu'une présentation originale de la constitution et de la vie des entreprises. On y trouve à peu près tout ce que la littérature du management et de la sociologie des organisations a produit comme résultats jusqu'à la fin des années 1970, et qui donne en même temps plus de bases et plus de sens au travail du dirigeant qu'a observé Mintzberg.

Ce deuxième ouvrage peut être subdivisé en cinq grandes formes de contributions qui traitent, respectivement : des **éléments de base** composant les organisations ; des **flux** qui les parcourent pour les dynamiser et leur donner vie ; des mécanismes qui président aux **interactions** et à la coordination des efforts ; des facteurs de contingence et enfin des différentes **formes d'organisations** les plus typiques ainsi que des principaux agents inducteurs de **changements** et d'évolution qui agissent aussi bien à l'intérieur qu'à l'extérieur de l'entreprise. Avant d'en tirer quelques conséquences regardant le travail du manager, voyons tout cela d'un peu plus près.

1.   Les éléments de base d'une organisation

Ce sont les cinq sortes de tâches que remplissent les cinq groupes de membres d'une entreprise qui constituent autant de sous-parties fondamentales de toute organisation :

— le **sommet stratégique**, où se trouvent les hauts dirigeants qui définissent la mission, les orientations et les stratégies de l'entreprise ;

— la **ligne hiérarchique**, qui constitue la courroie de transmission entre le sommet et les bases opérationnelles ;

— le **centre opérationnel**, qui constitue le lieu de production du bien ou du service qui, eux, constituent la raison d'être de l'entreprise ;

— l'**appui logistique** (soutien direct tel que transport, restauration, recrutement, informatique) ;

— la **technostructure** (soutien d'analystes et d'experts qui étudient les moyens d'améliorer les activités, les projets nouveaux, l'évaluation de l'environnement, qui aident à prévoir et à planifier).

---

16. Traduite en français et publiée en 1982, sous le titre *Structure et dynamique des organisations*, Montréal et Paris, Agence d'Arc et Éditions d'Organisation.

Les deux derniers éléments regroupent les tâches de soutien direct et indirect aux activités de l'entreprise.

2.   Les flux organisationnels

Ce sont les flux qui constituent, comme leur nom l'indique, les circulations de différentes sortes de **courants** à travers l'entreprise, et qui, comme la circulation des flux sanguin ou nerveux dans un organisme, donnent son dynamisme et sa vie à l'organisation. Mintzberg distingue :

– les **flux d'autorité formelle** (la chaîne des relations de supérieurs à subordonnés qui forme l'organigramme officiel de l'entreprise) ;

– les **flux d'activités régulées** (les activités programmées et prévues dans les procédures et opérations assurant la production du bien ou service que l'entreprise fournit) ;

– les **flux de communication informelle** (l'ensemble des relations spontanées, non officiellement prévues ou codifiées, qui ont cours à travers l'organisation et qui contribuent à en faciliter la vie sociale et la performance) ;

– les **flux de constellations de travail** (sortes de comités informels, mouvants et spontanés qui naissent çà et là dans l'entreprise et qui sont destinés à faciliter l'achèvement de tâches spécifiques, momentanées, concernant des membres de deux ou plusieurs structures différentes) ;

– les **flux de décisions** *ad hoc* (les décisions qui ne sont prises qu'à l'occasion de problèmes ou de difficultés particulières, d'où l'appellation *ad hoc* pour bien spécifier qu'il s'agit de décisions en vue de trouver réponse au problème spécifique posé ; ce type de décision, donc, n'entre pas dans le cadre des politiques et procédures habituelles).

3.   Les mécanismes d'ajustement et de couplage

Mintzberg appelle « mécanismes d'ajustement » et « mécanismes de couplage » les façons de faire qui visent à coordonner les différentes activités et structures, à mettre un certain ordre à l'intérieur de celles-ci et entre elles pour créer la convergence et la synergie nécessaires entre les efforts. Les premiers renvoient à tout ce qui touche à la coordination proprement dite et peuvent revêtir cinq formes différentes, de la plus simple à la plus complexe :

– **L'ajustement mutuel**
Les opérateurs sont assez peu nombreux pour ajuster leurs activités respectives par contacts directs, de gré à gré.

– La **supervision directe**
Comme dans l'armée, un chef surveille et suit, directement, les activités de plusieurs personnes.

– La **standardisation des procédés**
La manière de travailler est standardisée et imposée à l'ensemble des opérateurs d'une activité donnée comme le travail à la chaîne.

– La **standardisation des résultats**
Ce ne sont pas les façons de travailler, mais les produits et les services qui sont uniformisés, spécifiés, par le détail, dans leurs composants et caractéristiques. Le contrôle peut donc se faire à distance, comme dans le cas précédent.

– La **standardisation des qualifications**
L'uniformisation des façons de faire est ici transposée dans la combinaison connaissances–habiletés détenue par les opérateurs. C'est le cas des techniciens, des professions libérales, qui, de par leur formation, portent en eux la standardisation de leur travail.

Le second type de mécanismes, les « mécanismes de couplage », renvoie plutôt aux différents genres d'interdépendances qu'on peut trouver entre les divers opérateurs dans une entreprise. Mintzberg en distingue trois :

– Le **couplage communautaire**
Les interdépendances sont réalisées sur la base de l'usage de moyens communs, avec une relative indépendance entre les tâches et les groupes de tâches. C'est le cas d'un hôpital, d'une université ou d'un atelier d'artisans, où, à partir de ressources et de supports communs, les diverses équipes, les divers professionnels ou les divers artisans font leur travail spécifique sans forcément avoir besoin du travail des autres.

– Le **couplage séquentiel**
Comme son nom l'indique, il s'agit d'une interdépendance en séquences, où le travail des uns représente la « matière première » des autres. C'est, par exemple, le principe du travail à la chaîne.

– Le **couplage réciproque**
Il est question ici du genre d'activités où il y a réciprocité dans les interdépendances, c'est-à-dire où on a besoin, mutuellement, d'utiliser le travail de l'autre pour faire le sien. C'est le cas, par exemple, des équipes de blocs chirurgicaux, des instituts de recherche, où des équipes d'experts travaillent sur différents aspects du même projet.

4. Les facteurs de contingence

Après les éléments de base, les flux et les mécanismes de coordination et d'interdépendance, Mintzberg distingue quatre autres facteurs qui agissent sur la conformation et l'évolution des organisations et qu'il appelle les « facteurs de contingence ». Le terme « contingence », on s'en souvient, veut dire quelque chose qui peut changer, qui arrive par hasard, qui est fortuit, hors de la volonté des personnes. Ces facteurs sont donc des agents qui provoquent des modifications et des évolutions dans les organisations et

qui surviennent et changent eux-mêmes, échappant à l'action du gestionnaire. Mintzberg les présente comme suit:

– **L'âge** et la **taille**
Toute organisation, en prenant de l'âge ou en augmentant de taille,
devient plus formalisée, plus envahie de procédures et de règles qui la
bureaucratisent et qui accentuent les spécialisations et les cloisonnements.

– Le **système technique**
Selon que le système technique induit un type de production de masse
(à la chaîne), par prototype (projets) ou en continu (processus automatisé comme dans une raffinerie), et selon qu'il implique une technologie simple ou sophistiquée, l'organisation est, plus ou moins,
bureaucratique, centralisée, surchargée en personnel d'expertise technique ou de soutien fonctionnel.

– **L'environnement**
C'est-à-dire l'ensemble du milieu externe qui est constitué par les marchés, les fournisseurs, les clients, les concurrents de l'entreprise. Cet
environnement peut être:

  – **stable**: les choses y changent peu ou très lentement, et les changements y sont connus et prévisibles;

  – **dynamique**: les choses y changent rapidement et de façon moins
  connue et moins prévisible;

  – **simple**: les connaissances, les habiletés et les techniques pour produire sont bien maîtrisées, routinières, d'évolution contrôlable;

  – **complexe**: ces mêmes connaissances, habiletés et techniques sont peu
  maîtrisées, de pointe, évolutives;

  – **paisible**: la clientèle est fidèle, le marché en progression et le créneau
  assuré;

  – **hostile**: il faut se battre sans arrêt pour la clientèle, affronter une
  concurrence sauvage;

  – **à marché intégré**: l'entreprise offre un seul produit, pratiquement
  non substituable, à une clientèle quasi captive, comme une mine qui
  vend tout son minerai à une fonderie;

  – **à marchés diversifiés**: l'entreprise s'adresse à plusieurs genres de
  clientèle, de différents goûts, elle occupe des créneaux spécifiques et
  fait des affaires dans différentes régions du monde.

– Le **pouvoir**
Il s'exprime par le lieu à partir duquel s'exerce le contrôle ainsi que
par l'intensité nécessaire ou désirée dans le contrôle. Ce contrôle peut être
très intense et:

  – **externe**: les entreprises étatiques en sont un exemple; ce type de
  contrôle pousse à la formalisation et à la concentration;

– **interne**: on le trouve dans les entreprises où le patron est le fondateur; il pousse plus à la centralisation excessive ou à la succession de «modes» organisationnelles imposées par les dirigeants qui veulent se mettre au goût du jour.

5.   Les configurations organisationnelles

Le dernier aspect de la contribution de Mintzberg que je présente ici est constitué par la typologie des organisations qu'il propose. Mintzberg désigne les différentes formes structurales que peuvent prendre les organisations par le terme «configuration». Il en distingue cinq, de la plus élémentaire des entreprises à la plus élaborée: la «structure simple», la «bureaucratie mécaniste», la «bureaucratie professionnelle», l'«adhocratie» et la «structure divisionnalisée».

Le passage de l'une à l'autre dépend du secteur d'activité de l'entreprise et de la combinaison des différents facteurs de contingence concernant ce secteur d'activité particulier. Selon donc son âge, sa taille, son environnement et le mode d'exercice du pouvoir, l'organisation adoptera une certaine façon de distribuer les tâches, de contrôler le travail, de constituer chacun des éléments de base, de réaliser ajustements et couplages, etc.

La **structure simple** (PME, entreprise familiale) est généralement une entreprise de petite taille, relativement jeune, marquée par l'ajustement mutuel ou la supervision directe. Le pouvoir y est centralisé et concentré au sommet stratégique, elle peut agir aisément dans un environnement dynamique, quoique simple.

La **bureaucratie mécaniste** (production de masse, travail à la chaîne) est plus âgée, au sens propre ou dans celui d'ancienneté de l'activité, et plus grosse. Elle fonctionne par standardisation des procédés. L'élément le plus important est la technostructure qui analyse, planifie et élabore les procédures de travail. Elle est centralisée et se conçoit avec un environnement stable et simple.

La **bureaucratie professionnelle** (produit ou service mettant en jeu des «professionnels»: hôpitaux, universités, institutions de la fonction publique) est également âgée (dans le même sens que plus haut) et de grande taille, mais elle base son fonctionnement sur la standardisation des qualifications (professionnels formés au préalable et portant en eux les façons de faire). Elle est plus décentralisée, et une bonne partie du pouvoir est entre les mains des professionnels qui en constituent le centre opérationnel. Elle se meut dans un environnement stable, mais généralement complexe.

L'**adhocratie** (terme formé à partir de *ad hoc* qui veut dire «pour la circonstance»: cabinet-conseil, firme de consultants, équipes de projets) est, elle, toujours renouvelée, de petite taille (sinon éclatée en équipes par programme, par projet). Elle fonctionne en ajustement mutuel; elle est décentralisée; le support logistique en constitue l'élément le plus permanent et le plus important, et elle est adaptée à un environnement plutôt dynamique et complexe.

Enfin, la **structure divisionnalisée** (très grosses firmes éclatées en divisions comme les entreprises de fabrication automobile, aéronautiques, alimentaires) est basée sur la standardisation des résultats. L'élément le plus important en est la ligne hiérarchique ; les tâches stratégiques sont centralisées tandis que les tâches opérationnelles y sont décentralisées. Ses moyens et ses structures de recherche et de développement lui permettent de suivre l'évolution de l'environnement, même s'il devient complexe et dynamique ou hostile.

C'était là, dans ses grandes lignes, l'essentiel de l'apport de Henry Mintzberg, qui, comme nous l'avons dit, a eu un grand retentissement dans le monde de la gestion. Penchons-nous à présent sur ce retentissement et ses raisons principales.

LES CONSÉQUENCES DES APPORTS DE MINTZBERG

La première grande conséquence de la contribution de Mintzberg aux théories du management réside dans ce que l'on pourrait sans doute dénommer un néo-pragmatisme. La pensée managériale moderne a été, depuis ses débuts, une pensée pragmatique, dans le sens où ce qui compte le plus, ce n'est pas d'analyser, ni de réfléchir, ni de mieux comprendre, mais d'arriver aux résultats qu'on s'est fixés comme buts. Mintzberg est arrivé au moment où, comme on le verra dans la prochaine partie, de nombreux théoriciens, praticiens et chercheurs commençaient à trouver que le management s'éloignait dangereusement du terrain des opérations et s'enfermait dans des théorisations creuses et circulaires[17].

Avec le primat qu'il donne à l'observation et à la description, Mintzberg réintroduit le concret, le pragmatisme et la pensée utilitariste, qui ne s'encombrent plus de principes, de normes, de jugements, de prescriptions ou d'idéaux. Le management est implicitement considéré comme un ensemble de façons de faire qui conduisent à la réussite de l'entreprise ; il suffit donc, pour savoir « comment réussir », d'observer ce que font de grands dirigeants qui réussissent et s'en inspirer, sinon le copier. Ce pragmatisme inflige, on s'en doute, un recul considérable à toute pensée intellectualisante ou radicaliste : il n'y a rien à élaborer ou à expliquer à partir de visions plus philosophiques, sociopolitiques ou autres, il n'y a pas de « pourquoi » ni « pour qui » à se demander, il n'y a pas de présupposés à remettre en cause. Il n'y a qu'une chose à faire : bien s'imprégner de ce que font les dirigeants à succès et tenter d'en faire autant.

---

17. Sayles (1970), Staw et Salancik (1977), Perrow (1979), Herzberg (1980a et 1980b).

La deuxième conséquence importante concerne le statut même du management. Mintzberg répète à plusieurs reprises que ce n'est pas une science, que le travail du dirigeant n'a rien de scientifique, qu'il consiste en habiletés, en grande partie innées, qu'il faudra d'abord reconnaître, ensuite cultiver et développer. C'est sans doute cet aspect de son travail qui lui a attiré les foudres de nombreuses personnes du domaine, soit parce que ces personnes se croyaient savantes du fait de pratiquer ou d'enseigner une science, que serait la gestion, soit parce qu'elles voyaient disparaître un énorme facteur de prestige de la profession.

Une troisième grande conséquence concerne, bien entendu, la nature éminemment polyvalente et contingente du travail du gestionnaire et des situations qui caractérisent son milieu d'action, l'organisation. D'un bout à l'autre de *The Nature of Managerial Work* et de *The Structuring of Organizations*, Mintzberg montre comment l'essentiel du métier de gestionnaire, que ce soit en ce qui concerne les tâches du quotidien ou l'adaptation de l'organisation aux différents facteurs internes et externes qui en influencent le fonctionnement, n'est que situations changeantes, combinaisons nouvelles et réactions au cas par cas. Bien qu'il ne faille pas y voir – Mintzberg ne le dit jamais – la fin ou l'inexistence du PODC, il y est fortement montré que si le manager planifie, organise, dirige et contrôle, il le fait d'une façon singulièrement plus éclatée, moins systématique et moins « scientifique » qu'on l'a toujours prétendu.

La conséquence suivante touchera au délicat problème de l'enseignement de la gestion[18] : comment peut-on enseigner une activité si fragmentée et si peu propice à la systématisation scientifique ? Que dire d'un métier si peu saisissable pour une logique pédagogique claire ? Nous en reparlerons plus loin, mais disons que, dans une très large mesure, on s'est contenté, dans les écoles de gestion, de faire éplucher par le menu détail les dix rôles et les cinq configurations organisationnelles.

Mintzberg a également eu une influence non négligeable sur les méthodes de recherche en management. Disons simplement qu'il a inauguré une sorte de rupture par rapport au modèle de recherche dominant, qui cherchait à imiter l'exactitude et l'objectivité de sciences consacrées et fondamentales, comme la physique ou la biologie, grâce à l'application de techniques expérimentales, de calculs, de traitements par ordinateur, etc. Mintzberg a montré qu'on pouvait faire de la recherche aussi riche sinon plus riche, et plus appropriée à l'objet étudié, en observant et en enregistrant, sur peu de cas, mais en profondeur, ce qui se passe et la façon dont cela se passe[19]. Même à l'heure actuelle, beaucoup restent persuadés qu'il

---

18. Wren (1979) ne retient pratiquement de Mintzberg, dans son ouvrage sur l'évolution de la pensée managériale, que cette conséquence touchant l'enseignement et les programmes de gestion.

19. Voir Mintzberg (1979a).

n'y a de vraie recherche et de vrai travail scientifique que si l'on observe le plus grand nombre de cas possible afin que les résultats soient significatifs du point de vue statistique...

On peut dire, de façon aujourd'hui incontestable, que, depuis l'expérience de Mintzberg, de très nombreux chercheurs en gestion à travers le monde ont utilisé avec succès le même genre de méthode que lui.

Par ailleurs, Mintzberg réintroduit, il me semble, un élément qu'on a perdu de vue depuis Henri Fayol : l'importance de la communication en général et de la communication directe, verbale, en particulier. On s'en souvient, Fayol proscrivait systématiquement l'écrit et le formel quand ils pouvaient être remplacés par le dialogue direct. Rien, depuis 1916, n'a été fait de façon déterminante dans la littérature managériale pour appuyer, confirmer ou même tester cette affirmation. À ma connaissance, il a fallu attendre Mintzberg pour vraiment poser directement la parole et les faits de parole comme une des clés de voûte du travail du gestionnaire, qui, selon les résultats du chercheur, passe près de 70 % de son temps en activités verbales[20].

En corollaire, Mintzberg sensibilise à la question, délicate, des relations interpersonnelles, et la met presque au cœur du travail du gestionnaire, car même s'il en fait un des trois groupes de rôles, elle n'en est pas moins omniprésente dans tous les autres rôles. Le gestionnaire apparaît là vraiment au centre de ce qui constitue ou devrait constituer son habileté majeure : moduler et canaliser des comportements de personne à personne, à travers la modulation de son propre comportement avec les autres. C'est ce que recouvrent les rôles de leader, de figure de proue, de symbole, de porte-parole, de distributeur d'information.

Henry Mintzberg a apporté au management, juste à temps, ce qu'il fallait pour réalimenter sa traditionnelle orientation pragmatique. Il a mis le doigt sur des éléments capitaux aussi bien dans le travail propre du dirigeant que dans la dynamique des organisations, tout en aidant à tisser les liens indispensables entre les deux. Pensons ici aux phénomènes de variété et de fragmentation, de communication, de relations avec les personnes, de contingences, de configurations.

Cependant, il y a bien des aspects peu clairs ou discutables dans les apports de Mintzberg, et surtout, bien des éléments de ce que j'appelle une **remise en cause rituelle**.

---

20. Nous montrerons plus tard comment les activités de parole doivent aujourd'hui être prises en grande considération dans la compréhension de la vie des organisations. Voir A. Chanlat (1984 et 1990), Girin (1984), Aktouf (1986b et 1989a) pour une idée sur la place et l'importance des phénomènes de langage dans la gestion.

UNE DISCUSSION DES TRAVAUX DE MINTZBERG

Il est indéniable que la contribution de Henry Mintzberg témoigne d'une très grande culture managériale. Elle apparaît comme une monumentale synthèse agrémentée de riches résultats obtenus par l'auteur lui-même, résultats qui apportent un éclairage à la fois renouvelé, multidimensionnel, concret et en profondeur. Jamais, en effet, la littérature en management n'a pu aller aussi loin dans le détail et dans la multiplicité de points d'analyse à propos du travail du manager.

Il est tout aussi indéniable que Mintzberg pose, ou repose, de très judicieuses questions quant au management, sa nature réelle, ses manifestations, ses contenus, son enseignement. Mais, à l'instar de beaucoup d'autres, il se montre très vite un **ritualiste** de plus : un chercheur qui dénonce sans vraiment remettre en question, qui critique sans aller au bout de ses critiques, qui, sous des apparences de contestations radicales, ne fait que, sans doute à son insu, renforcer la tradition, peut-être la plus orthodoxe.

On peut facilement, je crois, classer Mintzberg parmi le genre d'auteurs en management que Alvin Toffler dénomme, dans *S'adapter ou périr* (1986), les « cumulatistes » : ceux qui, à tout prendre, ne font que perpétuer, « cumuler », ajouter des éléments supplémentaires au noyau central, gardé intact, de la tradition. Cependant, et il faudra en attendre l'impact, Mintzberg prend des positions de critique presque radical vis-à-vis du management – notamment comme il est enseigné – dans certains de ses derniers écrits (1989a et 1989b).

Tout d'abord, il faut bien noter que Mintzberg s'inscrit dès le départ dans un courant contestataire du management – ce dont il ne se cache pas d'ailleurs – qui avait pris naissance plusieurs années avant lui : Simon (1946), Burns (1954), Guest (1956), Jasinski (1956), Stewart (1963), Wrapp (1967), Sayles (1970). Peu ou prou, directement ou indirectement, chacun de ces auteurs, et bien d'autres aussi, sans aucun doute, posait le problème de la légende et des réalités quant au travail du gestionnaire. Et la grande majorité admettait que l'image du dirigeant qui s'adonne systématiquement et « scientifiquement » au PODC est très loin de correspondre à ce qui se passe dans la réalité.

Ensuite, répétons-le, Mintzberg est certainement arrivé au bon moment avec ce genre de questionnement, à un moment où on avait besoin de renforcer le pragmatisme du management et de trouver des voies de réponses aux signes annonciateurs du fléchissement de l'efficacité de l'entreprise nord-américaine après la croissance et la réussite ininterrompue des années 1950 et 1960[21]. De plus, et là réside une grande partie du mérite de

---

21. Rappelons que Peters et Austin (1985) et Peters (1988) montrent, en particulier dans les chapitres introductifs, comment on a confondu le succès dû aux pratiques managériales et la réussite quasi automatique durant le boom économique d'après-guerre qui a nettement favorisé l'Occident et plus particulièrement les États-Unis.

Mintzberg, il a peut-être été le seul à brillamment systématiser le caractère aléatoire et touffu du travail du gestionnaire en une série de rôles articulés, élaborés et expliqués.

Il n'en demeure pas moins que l'on peut adresser de nombreuses et importantes critiques à Mintzberg. La première est évidemment le fait qu'il démystifie le travail du manager, tout en le mystifiant à nouveau : il n'est donc qu'un pseudo-contestataire de plus. Rien de fondamental ni de réellement radical, dans ce qu'est et ce que fait le gestionnaire, n'est vraiment touché ni avancé : il est toujours le grand maître à bord, le monopole de la pensée, de la décision, de la stratégie, des orientations. C'est le renforcement pur et simple du « mythe » du manager omnipotent et omniscient que dénoncent bien des auteurs et même des praticiens aujourd'hui[22].

Mintzberg est aussi mystificateur que ceux qu'il dénonce parce qu'il présente le manager comme une sorte de personne surdouée, hyperdynamique, extra-lucide qui effectue, presque simultanément, de très nombreuses tâches largement au-dessus des capacités du commun des mortels. Il emploie textuellement, et à bien des reprises, dans *The Nature of Managerial Work* des termes ou des commentaires du genre : « mystérieux », « complexe », « héros », « héroïsme », « difficulté », « submergés », « travail excessif », « conscients de leur valeur », « à la fois le compositeur et le chef d'orchestre », « haute tension », « dévorés par un travail des plus exigeants », « centre nerveux », « expertise considérable », « point focal », « expert qui gère des experts ». Tous ces qualificatifs et toutes ces descriptions ne peuvent que contribuer à maintenir intacte la mythologie du manager de la plus pure tradition, sans compter les appellations que Mintzberg utilise pour désigner les différents rôles : « leader », « meneur », « pilote », « symbole », « figure de proue », « entrepreneur », etc., qui sont plus qu'évocatrices.

Ce point de vue est non seulement des plus conformes à la tradition la plus orthodoxe du management classique, mais, il est, en plus, rétrograde et dangereux, à une époque où il faut, au contraire, revoir tous ces clichés dans le sens d'un rapprochement vers la base et d'une recherche d'authentique collaboration avec l'ensemble des employés. Ce qui implique (Peters et Waterman 1983, Archier et Sérieyx 1984, Sérieyx 1989 et 1993, Cuggia 1989) que le manager doit descendre de son piédestal et qu'enfin le petit employé doit être, lui aussi, admis à penser et à aider à gérer. C'est là la condition largement reconnue aujourd'hui pour que l'entreprise soit performante, productive, créative !

---

22. Un chercheur et consultant de renom comme Sievers (1986b) dénonce le mythe du manager qui se croit seul apte à gérer, au contraire de l'employé, et un praticien célèbre comme Bernard Lemaire, P.-D.G. de Cascades, affirme que son succès est dû justement au fait d'avoir soigneusement évité et démenti le « mythe du patron qui sait tout, infaillible, puissant », etc. (Cuggia 1989 et Aktouf 1989b et 1991).

Dans le même ordre d'idées, Mintzberg **ignore totalement la présence de l'ouvrier et de l'employé** (sinon, bien sûr, comme une sorte d'entité passive à gérer, à guider, à motiver, etc.). Tout se passe comme si le haut manager et ses collaborateurs immédiats se suffisaient à eux-mêmes et suffisaient à la bonne marche de l'organisation. À ce propos, des dirigeants européens formés dans des écoles américaines comme Harvard, interrogés en 1985 par l'hebdomadaire *L'Express* sur les défauts majeurs qu'ils auraient observés dans le cours de leur formation de deuxième ou de troisième cycle en administration, mentionnaient avec insistance le fait que, sur deux années d'études intensives, le mot « ouvrier » n'était à peu près jamais prononcé ! Comme s'il n'existait pas. On ne peut pas dire que Mintzberg ait su éviter ce défaut, et, de toute façon, cela rejoint le « mythe » du gestionnaire dont nous parlions plus haut.

Tout comme on l'a vu chez Fayol, le classique des classiques, Mintzberg fait, lui aussi et à sa façon, une grandiloquente apologie du métier du dirigeant. Il prétend – et jusqu'à un certain point y arrive – réintégrer un certain souci de la complexité et de la multidimensionalité dans le travail du gestionnaire. Mais le tout ramené à ses justes dimensions, il ne reste à peu près qu'une série de 10 rôles, au fond fort simples à assimiler, et une taxonomie des organisations qui peut n'être, somme toute, qu'un néo-nominalisme. En quoi cela avance-t-il en effet la compréhension de la vie et de l'avenir des organisations que de s'évertuer, après des dizaines et des dizaines de pages ardues, à mettre des noms sur les « configurations », fruits de conjonctions de contingences et autres « paramètres de conception » ? Tout ce travail est évidemment loin d'être inutile, mais il semble qu'on s'arrête en chemin, car classifier et taxonomiser n'est ni mieux connaître, ni comprendre. D'ailleurs, un nouvel arrivant dans les best-sellers en management, Gareth Morgan (1989), classe ces travaux dans le cadre de la conception, plutôt rétrograde, de l'organisation vue comme un organisme. Cette vision serait tributaire d'une pensée encore « biologiste » qui croit voir différentes « espèces » de firmes dans différents environnements...

Dans la même lignée, et pour toucher des points de méthode, cela ressemble non seulement à du nominalisme, mais aussi à une ancienne pratique scientifique classificatrice qui consiste à trouver à chaque objet un « tiroir » où le classer, comme le faisaient la zoologie et la biologie du XIXe siècle. Et puis, à l'instar des dirigeants de Mintzberg, comprendra-t-on mieux ce que font les médecins en les observant et en les décrivant ? La gestion se ferait donc sans savoirs préalables qui donnent un sens à ce qu'on fait ? Est-ce seulement l'art de faire de l'argent ?

Voilà encore un point à propos duquel les travaux de Mintzberg me paraissent discutables : enlever la prétention scientifique au management, soit, mais le présenter et en faire l'apologie, comme l'apanage d'un **détenteur d'habiletés grandement innées** et comme une pratique qui semble pouvoir se passer d'autres savoirs et apprentissages que le renforcement des habiletés qu'impliquent les 10 rôles, c'est faire du gestionnaire d'aujourd'hui une personne sans culture et donc sans réelles capacités de jugement et de discernement[23].

La tentation est donc grande de suivre Mintzberg sur ce sentier où le gestionnaire n'a pas besoin de sciences ni de connaissances rigoureuses et approfondies. Le danger est d'autant plus présent lorsque Mintzberg affirme, dans le chapitre concernant l'impact de la science sur le travail du cadre (1984, p. 147 et suivantes), qu'une « science de la gestion » est encore à faire (tous les efforts d'élaboration d'outils scientifiques de management étant jusqu'ici vains, du fait qu'on n'avait, dit-il, encore « rien compris au travail de gestionnaire ») et qu'il faut d'abord « déterminer les programmes que les managers utilisent ». Cet énoncé ressemble beaucoup à ce que préconisait déjà Simon dans *The New Science of Management Decision* ; de plus, il suppose que « ce que font les managers » est presque, par nature, juste, bon, souhaitable, indiscutable et scientifique. Cette « science » de Mintzberg consisterait, selon ses propres mots, à **extraire de la tête des dirigeants la façon dont ils fonctionnent** sous forme de programmes rendant compte des mécanismes mentaux impliqués par chacun des rôles, puis à « programmer », pour ainsi dire, les futurs apprentis managers, à l'aide des « habiletés » élaborées didactiquement à partir de ces mêmes programmes.

Cependant, Mintzberg admet aussi que tout devient très complexe et que les sciences et les modélisations que comprennent les tâches d'analyse, de planification, etc., ne rendent pas grand service, par excès de simplification. Par ailleurs, il revendique pour le dirigeant des modèles ou des simulations, préparés par les analystes, à la fois, précise-t-il, « simples et puissants », comme s'il pouvait y avoir des analyses simples pour des situations que tous s'accordent pour reconnaître de plus en plus complexes ! Et comme si un dirigeant, par la seule puissance de son intuition et de ses habiletés, pouvait réintroduire la complexité des déterminants et des conséquences des situations réelles complexes (situations qu'on lui synthétise sous une forme « simple ») pour prendre des décisions sages et éclairées ! Est-ce possible sans connaissances de base, aussi rigoureuses et fondamentales que riches, approfondies et variées ? Sans une culture générale solide pouvant permettre ce genre de compréhension globale et intégrée ?

Au fond, Mintzberg lève le voile sur un aspect extrêmement important et effectivement peu élaboré qu'implique l'univers du gestionnaire : la variété, l'hétérogénéité, la complexité et le caractère particulièrement contingent et non structuré de la réalité organisationnelle. Mais il relâche le voile aussitôt soulevé, car suivre un tel constat jusque dans ses ultimes

---

23. Voir Fayol (1979) qui, déjà, appelait à une nécessaire « grande culture générale » du dirigeant, et aussi, Lussato et Messadié (1986) qui montrent comment, notamment en gestion, cela est une condition indispensable pour le discernement, la réflexion et le jugement.

conséquences, c'est plus que jamais plaider pour une capacité décuplée du manager quant à des « grilles de lecture » que son savoir ou sa formation devraient intégrer, et **non pas en appeler à développer des habiletés et des techniques pour remplir des rôles**. D'ailleurs, cette question de « capacité de lecture » multidisciplinaire constitue l'un des pivots des positions que défend un auteur de plus en plus considéré comme Morgan (1989).

Comprendre, juger, décider suppose qu'on est capable, mieux que ses subordonnés, de « lire » les situations. Or, pour « lire des situations », il faut posséder des savoirs construits sur l'acquisition de connaissances rigoureuses et sur l'expérience réfléchie, qui fournissent les « clés de lecture »[24]. Les dirigeants le pourront-ils en devenant, comme le dit Mintzberg, « experts dans la superficialité[25] » ?

Sous un autre angle, Mintzberg, avec raison, réintroduit et réhabilite l'importance cruciale de la parole et de la communication directe. Mais, comme pour la complexité, il n'en tire nullement les conséquences qui s'imposent, dont la moindre serait de faire appel aux sciences du langage et de la communication entre les personnes, pour tenter de mieux comprendre ce qui se passe. Pourquoi le dirigeant parle-t-il tant ? Que dit-il ? Cela a-t-il même sens pour tous ? Ne confisque-t-il pas la parole ? Qu'est-ce que cela entraîne pour les autres personnes ? Que sait-il des conséquences, du rôle, de l'influence, des troubles, etc., de la parole ? Toutes ces questions sont loin d'être sans effets sur la nature et la portée du travail du manager.

Sur plus de vingt pages[26], Mintzberg nous décrit les dirigeants comme des gens qui n'ont pas une minute pour réfléchir, qui sont démentiellement hyperactifs, qui ne lisent pas et qui n'écrivent pas, ou vraiment très peu[27]. Par ailleurs, il nous les dépeint comme étant ceux qui « injectent » les valeurs et les nouvelles idées[28] aux membres de l'organisation. D'où sortent donc ces valeurs et ces nouvelles idées si ce n'est de la réflexion, de la lecture, de l'écriture, de la « discussion abstraite », du bagage intellectuel nécessaire pour étoffer l'expérience ?

Il y aurait encore bien long à écrire et à commenter sur Mintzberg, mais nous en avons vu l'essentiel. Son apport à la pensée managériale semble encore loin d'être à son aboutissement et, répétons-le, comme tous les auteurs importants du domaine, sa pensée prête à controverse et porte autant de renforcements de l'orthodoxie que de germes de son dépassement.

---

24. Nous reviendrons plus en détail sur cette question importante lorsque nous traiterons du manager d'aujourd'hui et de demain, mais le lecteur intéressé à mieux comprendre ce point peut se référer à Laborit (1974 et 1987), Lussato et Messadié (1986), Lussato (1986), Morgan (1983 et 1989).
25. Mintzberg (1984), p. 48.
26. Mintzberg (1984), p. 40-65 environ.
27. Mintzberg précise qu'ils « aiment l'action » et « n'aiment » donc pas lire, écrire ni même « participer à des discussions abstraites », p. 48, 49.
28. Mintzberg (1984), p. 62.

EN CONCLUSION : UNE NOUVELLE MYTHOLOGIE

Henry Mintzberg se présente lui-même et est souvent présenté comme un révolutionnaire de la pensée managériale[29], mais, somme toute et si l'on s'en tient à ses travaux les plus en vue, il ne fait que **remplacer un mythe par un autre : celui du PODC scientifique par celui du manager génétiquement surdoué, hyperactif et omniscient.**

Bien qu'il ait eu le mérite de réintroduire le souci de la complexité et de la multidimensionalité dans la connaissance du travail de gestionnaire, Mintzberg n'en reste pas moins un apologiste du dirigeant traditionnel. Il reconduit en fait, sans les remettre en question, plusieurs des principes du management le plus orthodoxe : la séparation des tâches de conception-gestion de celles d'exécution, la division du travail, la spécialisation, la hiérarchisation, les privilèges, le pouvoir, etc. À tel point que, selon toute vraisemblance, le seul aspect sous lequel il a pu apparaître critique, et qui a irrité l'*establishment* des écoles de gestion et des directions d'entreprises, c'est sa dénonciation du caractère soi-disant scientifique du travail du manager ou du management.

Tout comme les Peters, les Waterman, etc., même s'il touche à des problèmes réels et parfois profonds ou fondamentaux, Mintzberg glisse immédiatement vers un traitement superficiel ou étroitement utilitariste des questions qu'il soulève. C'est le cas de l'importance de la parole, de la complexité, des relations interpersonnelles ou encore des méfaits de la division du travail et de l'aliénation qu'il mentionne pourtant à plusieurs reprises dans *Structure et dynamique des organisations*[30]. Mintzberg va même jusqu'à se passer de donner la moindre définition complète de l'aliénation, concept parmi les plus importants, s'il en est, dans les conséquences sociales et humaines du travail en situation industrielle.

En bref, on peut dire que Mintzberg est arrivé au bon moment pour redonner souffle au management qui se « dépragmatisait » dangereusement et pour combler un vide doctrinal qui créait l'érosion des théories traditionnelles et exacerbait leur inadéquation grandissante. Le tout sans vraiment quitter la tour d'ivoire dans laquelle on a toujours enfermé les managers et sans se soucier de ce qui se passe chez le travailleur de base, aujourd'hui de plus en plus reconnu, à côté du dirigeant, comme incontestable clé du succès ou de l'échec de l'entreprise (Peters et Austin 1985, Peters 1988, Archier et Sérieyx 1984, Gondrand 1989, Martineau 1989, Sérieyx 1993, etc.).

---

29. Peters et Waterman (1983) le présentent, quoique brièvement, comme un grand rénovateur dans *Le prix de l'excellence*, et d'autres comme Boisvert (1980) vont même jusqu'à rapprocher ses travaux de ce qu'auraient apporté Max Planck et Einstein à la révolution quantique en physique (p. 18) !
30. Traduction de *The Structuring of Organizations*, publiée en 1982 par Agence d'Arc.

LES IDÉES IMPORTANTES

SUR LES ACTIVITÉS

La décision

Avec Herbert Simon, le processus de décision devient le centre des activités de l'entreprise et un processus d'intégration des membres à la structure. Chaque membre de l'organisation est décideur et possède des préférences, des aspirations personnelles. Chacun peut choisir de coopérer ou non dans le sens des objectifs de l'entreprise en fonction des incitations mises à sa disposition. Puisque les membres de l'organisation se caractérisent aussi par leur rationalité limitée, c'est par le biais des mécanismes structurels qu'il devient possible de gagner en rationalité sur le plan de l'ensemble de l'entreprise. Cette dernière est alors conçue comme un vaste système d'informations coordonné par un centre de traitement qui fragmente et standardise le processus de décision.

✗ *Questions*

1. Quel est l'apport fondamental de l'œuvre de Herbert Simon ?
2. Quels sont les présupposés essentiels du modèle de la prise de décision qui s'apparentent à ceux du management classique ?
3. Quelle conception de l'être humain sous-tend cette approche ?
4. Expliquez comment ce modèle permet de concevoir une organisation dépourvue de personnes.

Le processus administratif

Les activités administratives ont longtemps été conceptualisées sous forme de processus d'analyse rationnel, séquentiel, ordonné et pratiquement universel. À partir d'une étude descriptive du travail du dirigeant, Henry Mintzberg montre au contraire que ce travail est fragmenté, variable, inconstant et que, loin de s'apparenter au travail d'un analyste, il se fait la plupart du temps au fil de multiples communications verbales. La variété et la complexité des contextes d'action du dirigeant sont évoquées par une typologie de configurations organisationnelles qui sont le fruit de dynamiques particulières. Les rôles que tient le dirigeant se rattachent à sa position d'interface entre l'entreprise et son environnement, de facilitateur des interactions entre les différents agents.

✗ Questions

1. Sous quels aspects Henry Mintzberg se montre-t-il réformateur des théories classiques?

2. En quoi Henry Mintzberg contribue-t-il à perpétuer certains principes et présupposés relevant de l'approche traditionnelle du management?

3. Quelles conceptions de l'employé et du dirigeant sous-tendent les travaux de Henry Mintzberg?

CHAPITRE 8

La critique générale adressée
au management classique
et son état de crise actuel

A. LE MANAGEMENT : CHRONIQUE D'UN ÉTAT
DE CRISE ANNONCÉ

Devant l'ambivalence de son discours et le caractère éphémère de ses modes, la pensée classique managériale cherche à combler un fossé qu'elle a elle-même souvent contribué à créer et à agrandir, celui entre ses théories et les faits de tous les jours dans la conduite des entreprises. Si l'organisation scientifique du travail et les relations humaines ont donné pendant des décennies des façons d'organiser et de rentabiliser le travail, aujourd'hui les recettes et les solutions toutes faites se succèdent à un rythme saccadé.

Depuis la fin des années 1960, on a vu se bousculer les uns après les autres toute une série d'outils de gestion et de modes organisationnelles miracles : l'organisation par projets, la direction participative, la direction participative par objectifs, l'organisation matricielle, l'élargissement des tâches, l'enrichissement des tâches, l'approche sociotechnique, l'approche qualité de la vie au travail, les équipes semi-autonomes, la socialisation de la chaîne, les cercles de qualité, les projets d'entreprise, la gestion de la qualité totale, la gestion par les symboles, la gestion par la culture d'entreprise, le *concurrent engineering*, la gestion en réseaux, etc. Jamais l'univers managérial n'a été aussi chargé de techniques et de gadgets, jamais ils n'auront été aussi éphémères.

Et les solutions de surface qui s'évertuent à sauvegarder le *statu quo* dans les organisations ne sont plus de mise. Le temps des « cumulatistes », pour reprendre la formule de Alvin Toffler (1986), ceux qui essaient de perpétuer l'ordre managérial ancestral en « accumulant » des solutions toujours inspirées des mêmes conceptions, est dépassé. Car, il faut bien se rendre à l'évidence, si dans le passé le management occidental, notamment dans les pays anglo-saxons, a été par certains aspects utile et efficace, il apparaît aujourd'hui impuissant à apporter des solutions à des organisations en crise dans un monde en mutation. Une réflexion sur ses limites et son renouvellement s'avère nécessaire.

Il faut à présent essayer de répondre à la question de savoir pourquoi les entreprises nord-américaines, où règne sans partage le management le plus sophistiqué, le plus doté de chercheurs, d'écoles, d'universités et de moyens, sont devenues si peu performantes face à celles de pays comme le Japon ou l'Allemagne. Nous allons tenter d'apporter quelques éléments de réponse à travers ce que l'on peut désigner par «critique interne» et «critique externe», c'est-à-dire ce que l'on reproche au management traditionnel aussi bien dans ses propres rangs que de l'extérieur. Ensuite, c'est à travers les éléments du constat de la crise actuelle, dont on fait état un peu partout, et de ses raisons les plus plausibles, que nous identifierons quelques voies de dépassement en nous référant tout particulièrement aux fondements de «modèles» pour l'instant de plus en plus performants (germanique et nippon).

LA CRITIQUE INTERNE DU MANAGEMENT

Depuis des années, de nombreuses et parfois très profondes critiques sont adressées au management, à ses théoriciens et à ses praticiens, depuis le cœur même des milieux managériaux. Mais, presque toujours, ces critiques ont été soit interprétées de façon à n'être que «rituelles», soit utilisées de façon à donner des pseudo-changements ou des pseudo-dépassements de ce qui est dénoncé ou remis en question.

Avant de préciser, parmi les critiques les plus récentes, celles qui font état d'une évidente situation de crise, nous allons recenser ce qui a été reproché à la pensée managériale classique par ses critiques souvent les plus sévères : ses fondateurs, ses zélateurs ou ses théoriciens de base.

Dès les balbutiements de ce qui allait devenir la science économique, Adam Smith adressait, entre autres, deux très sévères avertissements à la nouvelle classe des maîtres de l'industrie, qui se sont avérés, plus de deux siècles plus tard, encore tout à fait valides : le premier concernait les dégâts que devaient causer la spécialisation et la division du travail, ce que Smith a appelé «abêtissement des masses», et le second visait l'incapacité des gens d'affaires et des industriels de devenir les nouveaux maîtres de la société, du fait de leurs préoccupations mercantiles maximalistes et à court terme.

Plus tard, John Stuart Mill va exprimer ce que Heilbroner (1971) appellera le plus grand «mais» de l'histoire de la science économique : s'il y a des lois objectives et scientifiques qui régissent la production des biens et services, il ne s'en trouve aucune qui décide de la façon dont nous distribuons les richesses produites. Ce que nous faisons des profits et le taux de profit lui-même relèvent, nous dit Mill, d'une décision d'ordre social ou sociopolitique, car les lois de l'économie n'ont strictement rien à voir avec la répartition des fruits que l'activité économique génère. La seule loi, selon lui, qui peut préciser ce qu'il faut faire des richesses accumulées est celle qu'édictent les couches dominantes de la société[1].

Plusieurs auteurs à succès dénoncent aujourd'hui, bien amèrement, le fait que le monde industrialisé a su produire beaucoup mais a fort mal réparti...

Ce sont là des choses que Taylor et Fayol avaient d'ailleurs dénoncées en accusant les propriétaires ou les dirigeants d'entreprises d'**égoïsme** dans leur gestion, dans le sens où ils s'évertuent à en prendre toujours le plus possible et à payer le moins possible[2]. La pensée managériale classique a toujours, et jusqu'à présent, évacué, combattu et refusé ce genre d'idées ou de principes.

Dans ses travaux *The Theory of the Leisure Class* et *The Theory of Business Enterprise*, l'économiste américain Thorstein Veblen[3] sera encore plus sévère et qualifiera la société des gens d'affaires animés du seul souci de spéculer de société ayant un comportement de **prédateurs**. Des affairistes qui, dit-il, se conduisent comme les tribus et les seigneurs guerriers du Moyen Âge, pratiquant une nouvelle forme de razzia, accaparant – par la force s'il le faut – les richesses et ne laissant aux employés que le minimum pour survivre et produire d'autres richesses. Le technicien, l'artisan ou l'ingénieur et l'inventeur sont, au dire de Veblen, des agents effectifs de progrès et d'avancement dans la production des biens pour la société, mais pas l'homme d'affaires spéculateur (ce qui est une des questions défendues très récemment par A. Chanlat, dans un article cinglant intitulé « La société malade de ses gestionnaires »[4]). Car ce dernier, le spéculateur maximaliste, est là pour faire de l'argent, et, à cette fin, il peut aussi bien organiser la pénurie que le règne de la mauvaise qualité ou du gaspillage. Le Club de Rome et bien d'autres organisations mondiales qui militent pour un développement durable n'en disent pas moins, même si c'est sous une autre forme, et dénoncent la persistance des mêmes phénomènes. Par ailleurs, qu'est-ce que le management traditionnel pratiqué dans son sens le plus étroit, sinon l'art et la manière de faire fructifier **au maximum** un capital[5], la « science » du *how to make money*?

Joseph Schumpeter, économiste autrichien émigré aux États-Unis en 1935, professeur à Harvard après avoir été ministre des Finances en Autriche,

---

1.   Voir Heilbroner (1971), p. 114-122.
2.   Nous verrons d'ailleurs que Mill est d'une grande actualité sur ce point, puisque l'entreprise performante et productive d'aujourd'hui et de demain est celle qui sait réaliser un certain nombre de partages, dont celui des profits.
3.   Voir, pour un résumé des idées de Veblen, Heilbroner (1971), p. 205-232.
4.   *Interface, Revue de l'ACFAS*, vol. 14, n° 6, novembre-décembre 1993. Il suffit par ailleurs de constater le nombre de scandales et de faillites spectaculaires provoqués par ce genre d'hommes d'affaires aujourd'hui (des spéculateurs de grande envergure comme les Maxwell et autres).
5.   Ce qui est condamné, ce n'est pas le fait de « faire de l'argent », mais celui d'en faire égoïstement et à n'importe quel prix, aveuglément.

a marqué la pensée économique et sociologique par une œuvre riche et originale. Il a été celui qui a, à côté de Max Weber, réintroduit le souci des dimensions psychologique et psychosociologique dans les phénomènes économiques, notamment en étant le premier à voir la place centrale qu'occupe l'entrepreneur dans l'évolution socio-économique moderne. Mais, et cela le rapproche de Veblen, il ne voyait pas cet entrepreneur (dans le sens de pionnier, créateur dynamique, inventeur et aventurier chevaleresque) se transformer en prosaïque spéculateur, en « faiseur d'argent » acharné. Il le jugeait plutôt incapable, et là il se rapproche de Smith, de porter l'auréole et le charisme qui entouraient et légitimaient les « dirigeants » de la société au temps de la chevalerie. L'entrepreneur ne peut donc que dévaloriser le rôle qu'il joue par son comportement individualiste matérialiste et ainsi provoquer désenchantement et démobilisation sociale autour de lui[6]. Schumpeter disait que la transformation de l'entrepreneur en gestionnaire allait faire de lui un personnage terne, un bureaucrate engoncé et froid, surtout avec la tendance au gigantisme et à la concentration en entreprises de tailles énormes. Et ce personnage ne peut prétendre être le prototype du leader de la société, ni celui qui est le mieux armé et le mieux intentionné pour en penser l'ordre et l'avenir[7]. Schumpeter allait même, et il se rapprochait par là encore plus de Veblen, jusqu'à qualifier le profit de « rançon », et séparer l'acte de produire en deux actes distincts : la production pour le consommateur et la production pour le profit. La seconde étant là surtout pour, dit-il, « extorquer un surplus ». Selon lui, l'entreprise et la façon dont elle est gérée participent à la vie économique et à la croissance uniquement par un incessant processus de « destruction créatrice » en vue d'entretenir sans cesse une demande. Ce processus consiste à « faire vieillir » (détruire) constamment des produits pour en proposer d'autres et faire plus d'argent. C'est donc un processus de fuite en avant qui encourage le gigantisme (pour être capable de toujours créer et de battre les concurrents), le gaspillage et les tendances monopolistiques, sans parler de la dégradation générale de l'environnement et de la qualité de la vie.

C'était là quelques critiques fondamentales et – ô combien – prémonitoires, formulées par des penseurs incontournables et, somme toute, fondateurs des bases de l'univers managérial proprement dit. Voyons à présent, dans une présentation chronologique, ce que pensent des auteurs beaucoup plus proches de la gestion, de sa pratique, de son élaboration et de son enseignement, et considérés dans le cadre du management classique lui-même comme des appuis, sinon des piliers, de la pensée classique la plus orthodoxe.

---

6.   Rappelons ici que, pour Weber également, le souci matérialiste des affaires était contraire au charisme et à l'attachement charismatique.

7.   Alors que la tradition managériale ne retient Schumpeter que comme un apologiste de la fonction d'entrepreneur, prise dans son sens le plus banal.

En premier viendrait Herbert A. Simon, l'un des précurseurs en matière de critique interne, avec son article provocateur « The Proverbs of Administration » publié en 1946, où il fait ressortir la faiblesse de contenu et les contradictions qu'entraînent des « principes » érigés en véritables dogmes, tels que ceux de « spécialisation », de « limites d'étendue de contrôle » ou d'« unité de commandement ».

Puis, Charles E. Lindblom, professeur à l'université Yale, apporta en 1959 une autre critique de fond. Au moins aussi provocateur que Simon, il intitule son article « The Science of Muddling Through », où il s'interroge sur le processus de prise de décision en management, qui n'est pour lui qu'un ensemble de « trucs » que chaque manager élabore empiriquement pour « se débrouiller », pour se tirer d'affaire. Lindblom essaie de montrer comment l'image du décideur scientifique, systématique et rationnel est peu fondée et comment, au contraire, le preneur de décisions doit composer avec son intuition, ses jugements de valeur, ses valeurs personnelles, etc., et se fier à l'expérience passée pour extrapoler vers le futur les actes ayant eu lieu à d'autres moments et dans d'autres circonstances. L'auteur plaide ensuite pour qu'on reconnaisse qu'une espèce d'empirisme intuitif et tâtonnant guide le plus souvent l'action des managers. Est-il besoin de rappeler que Mintzberg lui donnera plus qu'amplement raison, près de quinze ans plus tard ?

C'est dans un article portant le titre « Good Managers don't Make Policy Decisions » que C. Edward Wrapp, professeur à l'université de Chicago, reprend, en 1967, à peu près le même thème que Charles E. Lindblom : le manager, en particulier celui de la haute direction, n'agit pas du tout en planificateur rationnel systématique ; il n'est qu'opportuniste, souvent inattendu, irréfléchi et... improvisateur. Professeur à la Harvard Business School pendant de nombreuses années, consultant et membre de conseils d'administration ou de directions générales, puis directeur du Executive Program de la Chicago Graduate School of Business, Wrapp a été traité d'hérétique du management. Il n'en a pas moins une expérience et un cheminement de carrière qui lui ont permis, à ses propres dires, d'observer directement que **le manager agit concrètement de façon telle qu'il contredit presque tous les principes des enseignements des écoles de gestion**. Ainsi Wrapp affirme-t-il que rien n'est plus loin de la réalité du manager que le fait :

– de posséder une connaissance complète de ce qui se passe dans son organisation ;

– d'occuper sa journée à élaborer des politiques et à formuler des objectifs ;

– d'avoir comme activité principale la conception de plans à long terme ;

– de méditer sur le rôle de son organisation dans la société.

Wrapp nous révèle ensuite que le manager développe cinq « habiletés » qui n'existent dans aucun manuel, dont les trois premières sont le non-respect des canaux et des voies hiérarchiques, l'entretien des sources occultes d'information et... la manipulation ! Les deux dernières peuvent apparaître encore plus surprenantes : « jouer le jeu du pouvoir » et « cultiver l'art d'être imprécis » !

Quelques années plus tard, en 1970, ce fut de l'université Columbia que le professeur Leonard Sayles se demandait ce qui arrivait au management, de plus en plus incapable, selon lui, de rendre correctement compte de la réalité de l'entreprise ou d'y être appliqué. C'est dans son article « Whatever Happened to Management ? », publié par la revue *Business Horizons*, qu'il pose le problème sans détour : l'entreprise et ce qui s'y passe réellement sont devenus d'un intérêt secondaire pour le management (Sayles utilise la métaphore de « l'enfant du second lit »). Pour lui, les écoles, les chercheurs, les enseignants et les étudiants en gestion sont devenus infiniment plus préoccupés par les techniques – surtout quantitatives, comptables, financières, etc. –, toutes aussi sophistiquées et abstraites les unes que les autres, que par les réalités. Il soulève le paradoxe des activités de management proprement dites (habiletés de direction, etc.) en plein déclin, alors que le champ théorique de la gestion atteint des sommets jamais égalés. Sayles se désole de constater que les futurs gestionnaires consacrent, dans les écoles, une proportion de leur temps toujours plus grande à des « sujets techniques » et à un invraisemblable « bourgeonnement » de « spécialisations fonctionnelles ». Il déplore le manque inexcusable et extrêmement dommageable de recherches et de travaux de terrain. Il explique ainsi cet état de choses : les professeurs et chercheurs sont peu enclins à s'intéresser au terrain concret du management car ils y gagnent trop peu, compte tenu des difficultés rencontrées, de la complexité du travail sur un sujet mal connu et mal défini, de l'énormité du temps à y consacrer, et ainsi de suite. En un mot, cela serait très difficile, et trop peu payant. La seconde explication qu'il donne tient à ce que le « marché des dirigeants » est toujours prêt à acheter « tous les dogmes » que les professeurs et écoles de gestion « accumulent » ; d'autant plus que, précise-t-il, « les habiletés, fort simples », requises pour participer activement à des enseignements basés sur les simulations, ou les études de cas, sont « énormément populaires ». Et Sayles conclut : « les honoraires sont élevés et assurés pour le professeur, une fois qu'il a maîtrisé sa petite routine particulière[8] ».

À titre de remède possible, Sayles propose **de réhabiliter et de généraliser la méthode et l'attitude cliniques** chez les enseignants et chercheurs en gestion. Il préconise une méthode et une attitude qui consistent à « coller » systématiquement à ce qui se passe sur le terrain. En d'autres mots, il faut parler du management et de la vie de l'entreprise tels qu'ils se passent, là où cela se passe, et non tels que les décrivent des théories ou des techniques qui s'attachent à renforcer la spécialisation fonctionnelle et

---

8.   Traduction libre, p. 33.

les analyses abstraites sophistiquées. Pour finir, Sayles recommande de ne jamais cesser de modifier les théories managériales, aussi belles soient-elles, par la confrontation systématique avec la réalité du terrain.

Henry Mintzberg apportera de l'eau au moulin de Sayles environ une année plus tard, avec son article « Managerial Work : Analysis from Observation », paru dans la revue *Management Science*. Il y attaque de front le problème de la recherche en gestion, trop soucieuse de « scientisme » et de « validité théorique » et pas assez de réalisme et d'utilité concrète.

Partant du principe qu'une « science » de la gestion a pour objet de comprendre le processus de travail du gestionnaire, Mintzberg constate que, en 1971, **cette compréhension est, au mieux, superficielle**. Pour lui, la raison en est qu'il y a en fait fort peu de science, sinon pas de science du tout, dans le travail du manager ; par conséquent, celui qui prétend être un « scientifique » du management ne peut à peu près rien pour le manager, car il a toujours été incapable de comprendre un travail qu'il n'a jamais décrit de façon adéquate. Comme solution à ce problème, Mintzberg suggère qu'on revienne de toute urgence au terrain et qu'on prenne ses distances envers l'éternel « planifier-organiser-décider-diriger » qui ne veut plus rien dire tant le travail réel du gestionnaire en est éloigné. Notre manque de compréhension de ce travail du gestionnaire est, d'après lui, le plus grand frein au progrès d'une « science » de la gestion. Mintzberg invite en définitive à un retour à l'observation directe, comme le faisaient Taylor et Mayo, et à une reconstruction, quasiment *ex nihilo*, du savoir managérial.

Entre mai et septembre 1973, l'un des bâtisseurs les plus connus de la pensée managériale, C. Argyris, de la Harvard Business School, publie coup sur coup trois articles, un dans *Administrative Science Quarterly* et deux dans *Public Administration Review*.

Tout au long de l'article intitulé « Personality and Organization Theory Revisited », Argyris effectue une revue serrée et systématique de la littérature et des recherches les plus marquantes depuis 1963. Sur dix années – parmi les plus prolifiques en management –, l'auteur découvre qu'il manque ce qu'il nomme un « modèle d'homme ». Argyris soulève ici un point fondamental : la théorie de la personnalité en management et la théorie managériale en général traitent d'un être humain flou et fluctuant selon les écoles ou les visions. Il appelle à un effort de définition préalable de l'humain, dont le management prétend rendre compte dans ses théorisations par ailleurs répétitives et cycliques. C'est à une sorte de métathéorie délimitant, une fois pour toutes, **le fait humain** dont on parle en management qu'invite Argyris.

Dans les deux autres articles, « Some Limits of Rational Man Organizational Theory » et « Organization Man : Rational or Self Actualizing ? », Argyris complète son point de vue en s'attaquant en particulier au modèle (implicite le plus souvent) de l'homme rationnel véhiculé par exemple par les théories de H.A. Simon ou d'autres auteurs aussi importants que J.G. March ou encore G.T. Allison. Encore là, Argyris relève la fâcheuse tendance au *statu quo* et l'absence de renouvellement, depuis Taylor, quant au type d'homme implicitement visé dans les théorisations sur l'organisation. Car même si on prétend, de mille façons, « adapter » ou « dépasser » l'OST, cette dernière est, selon Argyris, une sorte de « morale » qui tient lieu de conception de l'être humain en management, morale qui conduit les chercheurs, explicitement ou non, à reconduire et à appuyer le *statu quo*. On ne doit pas seulement se préoccuper, ajoute-t-il, de rendre les organisations plus efficaces, on doit **aussi se demander pour qui les organisations sont mises sur pied** et jusqu'à quel point elles peuvent être humanisées et demeurer encore efficaces. Puis Argyris rappelle qu'il a maintes fois dénoncé énergiquement le caractère manipulateur et la volonté de contrôle psychologique des personnes, affichés par le courant des relations humaines, avant d'en appeler, plusieurs années avant que cela devienne une mode, à la recherche des façons d'améliorer la qualité de la vie dans les organisations, plutôt que des moyens de mieux la couler dans la rationalité organisationnelle tayloro-fordiste.

Voilà un reproche fondamental qui pèsera de tout son poids, plus d'une décennie après, sur le management occidental : faute d'avoir su intégrer l'humain au travail et aux situations de travail, faute donc d'avoir donné un sens au travail, il creuse lui-même et agrandit le fossé entre lui et des « ressources humaines » engagées et productives.

La même année, 1973, vit paraître un autre article vitriolique dans la *Harvard Business Review* contre les sciences du management avancées par les spécialistes (à la suite de Simon) des systèmes d'information de gestion. Cet article, qui est de C.J. Grayson, doyen de la School of Business Admin-istration de l'université Southern Methodist, s'intitule « Management Science and Business Practice ». L'auteur y constate que les « scientistes du management » et les managers opèrent au cœur de cultures différentes et coupées l'une de l'autre. Il précise que chacune de ces « cultures » a ses propres langages, ses propres objectifs et ses propres méthodes, à un point tel que toute coopération effective et même toute communication, entre les deux, est réduite à presque rien. L'argument central qu'il développe concerne la fâcheuse et habituelle pratique des spécialistes de la science du manage-ment de « simplifier les hypothèses », c'est-à-dire de « tellement dépouiller les problèmes de ce qui fait leur réalité » que la « carcasse » restante et la « solution » appropriée n'ont plus qu'une infime attache avec la donnée réelle que le gestionnaire doit prendre en main. Grayson constate qu'ainsi on en arrive à des résolutions techniquement fort belles et élégantes, mais parfaitement inutiles. Car, pour lui, contrairement à ce que semblent croire les théoriciens et les « scientifiques » du management, les managers prennent et mettent en œuvre leurs décisions largement à partir de grossières pra-tiques empiriques, de façons de faire élaborées sur le tas et d'intuitions.

En 1974, J.R. Hinrichs, cadre supérieur chez IBM, fait paraître un livre intitulé *Motivation Crisis, Winding down and Turning off*. Il y affirme crûment que **la notion de motivation et la montagne de littérature et de recettes qu'elle a suscitée ne sont que des coquilles vides.** Il ajoute que nous en sommes arrivés aux limites de la tolérance des employés face à toutes nos modes de design et de redesign des postes. Cela ne donne plus rien et cela ne résout pas la question de fond : les emplois sont ressentis comme de plus en plus oppressants, insignifiants et déshumanisants. Puis il conclut par un appel dans le sens de la qualité de vie au travail (QVT), afin de se soucier d'abord d'enraciner le travail dans la qualité de la vie tout court. Voilà une des critiques les plus fondamentales rencontrées jusqu'ici, et elle vient d'un homme de terrain, d'un haut responsable d'une compagnie aussi prestigieuse qu'IBM[9].

On pourrait allonger encore la liste des reproches et critiques adressés depuis presque toujours au management, et souvent par la voix de ses plus prestigieux édificateurs. Mais ces reproches et critiques effleurent à peine l'univers managérial traditionnel qui continue à se reproduire, toujours identique à lui-même, se contentant de changer çà et là de mode, de vocabulaire ou d'outils. Même si tous ces auteurs sont enseignés dans les écoles de gestion et souvent présentés parmi les plus importants en la matière, on ne s'attache guère à leurs mises en garde, à leurs remises en question, et la recherche du *statu quo* prévaut.

Dans ce panorama indicatif de la critique interne en management traditionnel, l'apport de Mintzberg est également significatif. En effet, dans un article publié en 1976 dans la *Harvard Business Review* et portant le titre « Planning on the Left Side and Managing on the Right », il part du constat, effectué en biologie, selon lequel chacun des deux hémisphères cérébraux serait « spécialisé » : le gauche dans les activités du langage, de l'analyse, du raisonnement et de la logique ; le droit dans l'émotion, l'intuition et la synthèse. À partir de là, il s'attaque à la tradition, tout à fait injustifiée selon lui, qui prétend faire du manager une sorte de champion de l'hémisphère gauche qui passerait son temps à analyser, comparer, calculer, raisonner, planifier, prévoir, alors qu'il est avant tout une personne d'action. Il ajoute que cette personne d'action, dans le cadre de son travail, est très loin de pouvoir transcrire ou exprimer tout ce qu'elle fait en langages logiques, en quantités ou en propositions formelles. Cela est, selon lui, d'autant plus pernicieux que la majorité des théoriciens du management laissent croire que la rationalité, les calculs, les analyses, etc., constituent la voie obligée de l'efficacité.

Enfin, comme Grayson et Lindblom, Mintzberg fait appel à une diminution de l'importance des outils et techniques fonctionnels d'analyse, de planification, de simulation, etc., et à une réhabilitation de l'intuition comme une des habiletés cardinales du manager.

---

9. Sprouse, l'auteur, en 1992, de *Sabotage in the American Workplace*, donnera, hélas ! près de vingt ans plus tard, amplement raison à Hinrichs.

LA CRITIQUE EXTERNE DU MANAGEMENT

Avant de présenter quelques écrits représentatifs de la critique externe, notons qu'il existe une très longue tradition de remise en question du management venant de milieux universitaires autres, notamment dans le champ de la sociologie du travail, et particulièrement, en Europe.

On peut en effet recenser des travaux d'une grande portée critique depuis déjà les années 1930 ! Les dégâts de ce qu'on a appelé le « capitalisme sauvage », de la division du travail et du régime inhumain et dégradant de l'usine d'alors furent dénoncés à maintes reprises. Ainsi, l'analyse plus systématique de ce qui se passe dans l'entreprise, de ce qui est fait pour gérer le travail et le travailleur, dans l'optique de la sociologie du travail, sera lancée en 1964 par les travaux de Simone Weil. Ce fut là ce qu'on considère comme la première grande enquête « participante » en milieu industriel[10]. C'est, encore aujourd'hui, une référence et un témoignage poignant de ce qu'étaient les conditions faites aux ouvriers et ouvrières, traités en véritables bêtes de somme et souvent avec cruauté. La critique de Weil jette une lumière crue sur le comportement de la majorité des patrons et gestionnaires de l'époque qui croyaient, presque, détenir un droit de vie et de mort sur les travailleurs. Puis il y a eu, dans la même veine, Friedmann (1935, 1946 et 1950), Bendix (1949) et Touraine (1952) qui représentent un peu les chefs de file et les précurseurs d'une remise en question systématique et articulée, à l'égard notamment des insuffisances, des ambiguïtés et des approximations souvent inacceptables de la sociologie et de la psychosociologie industrielles nord-américaines. Ces auteurs, malgré d'assez importantes nuances de l'un à l'autre, s'entendent sur un point central : le management a toujours traité l'usine ou l'entreprise comme un lieu de consensus général, de convergence des intérêts, de communion dans les aspirations et les objectifs... Comme si elle représentait un univers à part, coupé des mouvements et des contradictions sociopolitiques et socio-économiques qui font la dynamique de la société qui l'entoure. En fait, les sociologues et psychosociologues de l'industrie ont brossé un tableau de la vie de l'entreprise tout à fait idyllique, inscrit dans la vision fonctionnaliste et dans l'idéologie patronale, où il n'y a de conflits que dans les ajustements de perceptions, ou dans des problèmes de déviances d'individus isolés et mésadaptés, ou encore dans la méconnaissance des mécanismes psychologiques de l'attachement que l'on peut créer chez les employés. Les leçons de ce qui se passe aujourd'hui à travers le monde nous montrent que c'est sans doute là le noyau dur du marasme managérial que nous connaissons[11].

---

10. Simone Weil était professeure agrégée de philosophie. Elle a passé environ deux années en usine (secteur des textiles) où elle s'était fait embaucher comme ouvrière.
11. Voir notamment Sprouse (1992), Aktouf (1992).

Un peu dans le même esprit, mais avec une connotation plus générale et plus philosophique, on peut citer les travaux de Whyte (1956) et de Marcuse (1968) qui mettent à nu des pathologies organisationnelles profondément aliénantes qui se répercutent sur la vie sociale globale elle-même : l'inféodation à l'organisation et la réduction de tout ce qui fait la vie active des personnes à la seule dimension des exigences du travail industriel et du conformisme à l'institution. L'ampleur des pressions exercées, l'âpreté de la compétition ainsi que les sacrifices et les multiples preuves d'attachement, quasi exclusifs et inconditionnels, que demande l'idéologie organisationnelle aux personnes en font des êtres hyperanxieux qui abdiquent tout, jusqu'à eux-mêmes, et qui adoptent des pratiques de poursuite de la réussite matérielle à n'importe quel prix[12]. W.H. Whyte s'attaque avec véhémence et indignation à la pratique des tests et de la sélection, notamment sur la base de l'étude de la personnalité des candidats. Il dénonce d'abord la pratique des tests comme non scientifique, et il la dénonce ensuite comme étant une façon de mesurer le conformisme et la loyauté idéologiques virtuels des candidats. Il soutient que c'est une **façon d'éliminer les personnes réellement créatrices et innovatrices** pour n'assurer d'avenir qu'à celles qui conviennent au maintien du *statu quo* dans les organisations et à la perpétuation du système[13].

On a aussi adressé des critiques plus spécifiques au mode de vie organisationnel que crée le management lui-même et qu'ont induit certaines de ses théories, ou leur interprétation, comme les théories de Taylor ou de Mayo. Les écrits de Mouzelis (1967), de Gorz (1973, 1983, 1988), de Braverman (1976) attaquent de front l'ordre social créé par l'entreprise, impropre à l'expression et à la réalisation de soi. Ils s'en prennent également à l'appauvrissement psychologique et intellectuel imposé par une division du travail et une « organisation scientifique » de plus en plus pointues, et poussant à des « surspécialisations » de détail plus aliénantes que jamais. Dans le même ordre d'idées, les pratiques de relations humaines, les manipulations des sentiments et la recherche de la création d'un attachement moral à l'entreprise sont dénoncées comme étant des facteurs de facilitation artificielle de l'acceptation de l'OST. Les théories et outils de gestion inspirés des « sciences » du comportement organisationnel sont démentis dans leur soi-disant souci de répondre aux problèmes générés par le taylorisme et le fordisme et sont mis au défi d'être logiques avec eux-mêmes jusqu'au bout : laisser effectivement s'exprimer, de son point de vue, l'employé ; pratiquer une participation ouverte et transparente ; se préoccuper réellement du sort du travailleur, etc. Ainsi, discutant du mouvement des relations humaines, Mouzelis déclare textuellement qu'une « participation à large échelle » entraînerait forcément une « transformation radicale des institutions

---

12. Tout cela très largement confirmé par Pagès (1979), Aubert et De Gaulejac (1991).
13. Voir les confirmations plus récentes de Villette (1988), Linhart (1991) et Sprouse (1992).

politiques et économiques» de la société américaine. Puis, constatant l'inconséquence du management dans l'application des principes de l'école des relations humaines, il en conclut : «ils veulent révolutionner l'organisation sans révolution, sans toucher à ses fondements sociaux[14]».

Toujours au début des années 1970, parurent deux ouvrages, parmi les rarissimes du domaine en provenance des pays d'Europe de l'Est, d'analyse critique du management occidental. Le premier est de Germain Gvichiani (1972) et le second, de Nina Bogomolova (1974). Bien entendu, l'analyse est très largement idéologique et donc assez biaisée. Il n'en demeure pas moins que le fond de la critique rejoint amplement celle formulée par les auteurs cités auparavant : les théories de l'organisation et du management ne sont que des instruments permettant de trouver les moyens de faire faire plus, tout en gardant le pouvoir et en payant moins ; la personne est ignorée (sinon comme « ressource » ou comme « consommateur ») ; les gains de production sont réalisés au détriment de l'intégrité physique et mentale des opérateurs qui sont traités comme des objets, des outils à utiliser au maximum, ou des *inputs* à rentabiliser. Selon ces auteurs, l'école des relations humaines considère les ouvriers comme étant assez naïfs, sinon assez niais, pour ne pas se rendre compte de la manipulation dont ils sont l'objet, et de la distance qu'il y a entre, d'une part, les discours paternalistes et fraternisants et, d'autre part, les actes le plus souvent égoïstes des directions. C'est là une critique que nous retrouverons sous la plume d'Argyris (1958) et de Sievers (1986) qui reprochent à la même école des relations humaines, notamment avec les théories du leadership, d'infantiliser l'employé et de lui prêter bien moins de capacités qu'il n'en a.

Un autre genre de critique, quoique moins directe, est contenue dans certains travaux de sociologues et d'économistes tels que Pierre Bourdieu et Jean-Claude Passeron (1970), Charles Bettelheim (1976) ou Renaud Sainsaulieu (1977). L'entreprise et la façon dont elle est gérée y sont vues sous le jour de la contribution à la pérennité d'un ordre social et d'une forme de domination sociale donnés, à la reproduction des systèmes de classes et de rôles sociaux dans une distribution de privilèges, et sous l'aspect d'institutions qui inhibent les processus d'identification au travail par l'empêchement de la formation d'acteurs et de modes d'expression autres que ceux souhaités par l'organisation. Apportant un point de vue plus socio-économique, Bettelheim constate la nécessaire «double séparation» qui accompagne l'édification et la vie de l'entreprise industrielle occidentale traditionnelle. Séparation interne, d'une part, qui fait s'affronter régulièrement patrons et travailleurs, dirigeants et dirigés, dont les intérêts sont, objectivement, divergents (ce que, souvenons-nous, Taylor appelait «la guerre pour la valeur ajoutée») ; et séparation externe, d'autre part, qui fait s'affronter et s'entre-détruire les entreprises pour la conquête des marchés.

---

14. Mouzelis (1967), p. 110. Traduction libre.

Nous verrons que ces critiques sont d'une grande importance et plus que jamais d'actualité à l'heure où les entreprises les plus performantes sont celles qui réduisent les systèmes de privilèges et les signes d'inégalités, celles qui s'ouvrent à l'expression authentique de tous leurs acteurs et celles qui pratiquent des formes de partage, à l'intérieur, et de maillage (collaboration avec les autres entreprises), à l'extérieur.

Avant de présenter les critiques externes les plus significatives, signalons les reproches au management traditionnel qu'on ne peut manquer de lire dans les divers rapports présentés au Club de Rome. Il s'en est publié une bonne douzaine depuis 1968, et en particulier ceux de Meadows (1972) et de Pestel (1988). Tous mettent en accusation la façon dont on a géré la planète depuis l'ère industrielle. On revient constamment sur le gaspillage et le pillage inconsidéré des ressources (y compris humaines), le développement maximaliste, la détérioration de la qualité de l'environnement, la croyance quasi magique en une croissance infinie et l'accumulation égocentrique de richesses dans certaines parties du globe, directement au détriment d'autres parties qui, elles, connaissent un appauvrissement majeur. C'est là le genre de discours que les milieux du management, des affaires et de l'industrie ont longtemps rejeté. Car, on le voit bien, c'est à des dogmes profonds de la pensée managériale qu'il s'attaque : le mirage de la possibilité infinie de croître et d'accumuler, le principe de la poursuite incessante du maximum, l'illusion de l'existence de ressources inépuisables, la foi en des solutions miracles à tous les problèmes, aussi graves soient-ils, etc.

Dans son ouvrage intitulé *L'état de la planète*, Lester J. Brown (1993) nous rapporte les termes du mémoire publié en 1992 par l'Académie nationale des sciences des États-Unis et la Société royale de Londres :

> Si les prévisions actuelles de la croissance démographique se vérifient, et si les diverses formes de l'activité humaine sur la planète restent inchangées, il se peut que la science et la technologie ne parviennent pas à éviter soit la dégradation irréversible de l'environnement, soit la persistance de la pauvreté dans la plus grande partie du monde.[15]

On constate évidemment que l'optimisme technologique qui a imprégné une grande partie du XXe siècle est totalement battu en brèche et reflète l'inquiétude grandissante qu'éprouvent la communauté scientifique et l'opinion publique, d'une manière générale, devant l'avenir. La forte participation des organisations non gouvernementales à la Conférence des Nations Unies sur l'environnement et le développement à Rio de Janeiro en 1992 démontre la préoccupation de plus en plus grande devant les problèmes de croissance débridée et son corollaire, la dégradation de l'environnement. N'a-t-on pas d'ailleurs, à cette occasion, dénoncé les **chimères** d'une course aux agrégats trompeurs des **comptes économiques nationaux centrés sur**

---

15. Lester J. Brown (1993), p. 1.

le produit national brut et la **quasi-absence d'une comptabilité biologique** qui tienne compte de la **dépréciation du capital naturel** ? Tant que nous ne disposerons pas d'un système d'évaluation du degré de dépréciation et des pertes du capital naturel, nous ne pourrons pas mesurer de façon précise le progrès ou le déclin. Pour l'instant, les dirigeants des États sont contraints de se fier au PNB qui surestime le progrès.

La rapidité de la croissance démographique, la dégradation de l'environnement et l'aggravation de la pauvreté sont nettement visibles dans de nombreux pays, comme l'indique le *Rapport sur le développement dans le monde* de la Banque mondiale (1992). Et les années 1990 semblent marquées par une diffusion de la dégradation de l'environnement et des pressions démographiques qui se substituent au progrès et qui sont certainement liées à plusieurs **décennies d'industrialisation forcenée**.

Plusieurs études récentes démontrent que la multiplication par cinq du volume de l'économie mondiale depuis l'après-guerre ainsi que le doublement (largement dépassé) de la population bouleversent la capacité d'accueil des systèmes biologiques de la planète et dépassent les possibilités d'absorption des déchets.

Ainsi, dans le domaine de la sylviculture, le tableau du patrimoine mondial est très alarmant. Les mutilations des forêts par les polluants atmosphériques causent des dégâts irréparables ; cela, sans compter les conditions de l'exploitation forestière où les coupes dépassent largement les capacités de régénération. Dans le domaine de la pêche, toutes les zones océaniques du monde sont surexploitées. « Les réserves de thon bleu de l'Atlantique, où les prises sont massives, ont diminué de 94 %, taux véritablement stupéfiant. Il faudra des années et des années pour que les espèces de ce type se rétablissent, même si la pêche stoppe totalement[16]. » Brown (1993) fait état des effets dévastateurs de la pollution en Russie. À partir de données récentes en provenance de ce pays, il apparaît que la croissance économique de l'ex-Union soviétique s'est établie largement aux dépens de la santé des citoyens (« 11 % des nourrissons russes souffrent de malformation à la naissance [...] l'espérance de vie des Russes est en train de baisser[17] »).

L'étude de la croissance économique mondiale par décennie depuis le milieu du XXe siècle révèle par ailleurs l'émergence d'une tendance inquiétante (voir le tableau 8-1). La croissance économique mondiale a devancé la croissance démographique de plus de 3 % pendant les années 1950 et 1960, ce qui a permis d'améliorer d'une certaine façon les niveaux de vie des populations, encore que cela soit particulièrement discutable. Dès les années 1970, la différence a progressivement diminué. Par suite de la récession mondiale, le

---

16. Brown (1993), p. 9.
17. Brown (1993), p. 12.

TABLEAU 8-1
La croissance économique mondiale par décennie, 1950-1992

Décennie	Croissance annuelle de l'économie mondiale (en %)	Croissance annuelle par habitant (en %)
1950-1960	4,9	+ 3,1
1960-1970	5,2	+ 3,2
1970-1980	3,4	+ 1,6
1980-1990	2,9	+ 1,1
1990-1992	**0,6**	**− 1,1**

Source : Brown (1993), p. 22.

revenu par habitant a également diminué d'environ 2 % entre 1990 et 1992. Mais on aura conscience que l'appauvrissement accéléré et draconien des populations du Tiers-Monde est sans commune mesure avec la chute des revenus, certes inquiétante, de la grande majorité des populations des pays industrialisés.

N'est-il pas temps de définir une nouvelle dimension de la croissance qui reflète les réalités de l'environnement et une meilleure répartition des fruits du développement ? On juge les individus et les nations à la façon dont ils réagissent aux grands problèmes de leur époque. Dans notre cas, l'accroissement de la pauvreté et les préoccupations environnementales sont des défis de premier plan. « Si nous ne parvenons pas à transformer une économie qui se détruit elle-même, la nôtre, en une économie viable du point de vue de l'environnement, les générations futures seront écrasées par sa dégradation et la désintégration sociale[18]. »

Les données du tableau 8-2 indiquent qu'à partir des années 1980 nous sommes entrés dans une période de croissance lente et même de régression dans la production de certaines familles de produits alimentaires. Alors que les besoins en protéines ne cessent de croître, on observe une diminution sensible des surfaces cultivées en céréales.

Voyons à présent ce que la critique externe a apporté de plus représentatif.

En 1979 parut un livre que nombre d'organes de presse et nombre d'observateurs autorisés accueillirent comme une contribution majeure au développement d'une vision systémique et interdisciplinaire des problèmes de la société, de l'économie et du vivant. Sous le titre *L'économique et le vivant*, l'auteur, René Passet, se livre à un difficile et complexe, quoique brillant et profond, exercice de compréhension de ce qui intègre l'homme, ses activités économiques et son environnement. Se basant sur les lois des

---

18. Brown (1993), p. 31.

TABLEAU 8-2
L'augmentation de la production des principales denrées alimentaires et de l'utilisation des ressources agricoles, 1950-1992

Produit/ressource	Période de croissance rapide		Période de croissance lente	
	Années	Taux annuel (en %)	Années	Taux annuel (en %)
Principales denrées alimentaires				
Production de céréales	1950-1984	+ 2,9	1984-1992	+ 0,7
Production de soja	1950-1980	+ 5,1	1980-1992	+ 2,2
Production de viande	1950-1986	+ 3,4	1986-1992	+ 2,0
Prises mondiales de poisson	1950-1988	+ 4,0	1988-1992	− 0,8
Principales ressources agricoles				
Superficie cultivée/céréales	1950-1981	+ 0,7	1981-1992	− 0,5
Superficie irriguée	1950-1978	+ 2,8	1978-1992	+ 1,2
Utilisation d'engrais	1950-1984	+ 6,7	1984-1992	+ 0,7

Source : Brown (1993), p. 14.

systèmes complexes (échanges d'énergie, transformation de l'énergie, processus de régulation et d'usage de l'information), l'auteur essaie de démontrer que c'est une erreur grave que de séparer les activités économiques de ce qui se passe, sur les plans social, politique et biologique, dans le milieu qui sert de support et de cadre à ces activités. **L'économie**, la recherche de l'accumulation de biens et de richesses, **ne doit plus être une fin en soi.** Toute activité économique doit, au contraire, pour ne pas courir à sa propre perte, **s'inscrire dans un ordre et une finalité sociaux et écologiques** qui préservent des grands déséquilibres et des ruptures. On constate, à l'inverse, dans la vision économique une « vision tronquée », qui n'accorde de valeur qu'aux choses rares et n'en accorde aucune ou presque à celles considérées comme étant infiniment renouvelables ou inépuisables : la nature et les humains. On entre alors en contradiction avec les processus de renouvellement ou de « gestion » efficace de ces facteurs, relevant du « vivant » et obéissant à des lois et des conditions extrêmement délicates et précises d'équilibre et de reproduction.

On peut dire que René Passet va au cœur du problème de la pensée managériale traditionnelle à laquelle il reproche son inscription, consciente ou non, dans la vision économiste la plus conservatrice qui soit, celle d'une foi aveugle en un inéluctable progrès par l'augmentation des richesses, et surtout d'une déconnexion de tout ce qui est d'ordre social, biologique, politique ou écologique. Comme si l'activité de production et d'accumulation des richesses était complètement séparée, sans liens de dépendances ni d'interdépendances d'aucune sorte, du sociopolitique ou de l'écologique. Ce n'est pas pour rien que Passet parle de « gestion différente », car la gestion est au cœur même de ce qui entretient et alimente ces croyances et ces pratiques : elle est l'incarnation de l'acte de production indéfinie des richesses. C'est donc au management et aux managers à changer de mentalité, au premier chef, et à se résoudre à subordonner les actes de nature économique à des finalités de nature socio-écologique, qui, seules, pourront prémunir l'être humain et son environnement contre des atteintes irréversibles.

En 1979 paraissait aux Presses Universitaires de France un livre collectif sous la direction de Max Pagès, au titre très évocateur : *L'emprise de l'organisation*. Cet ouvrage va susciter une série d'écrits qui analysent les organisations comme lieux de manipulation de la subjectivité des personnes. Cette critique s'inscrit tout à fait dans la continuité de celles de Whyte et de Marcuse, car elle montre comment l'organisation fait fonctionner toute une série de mécanismes destinés à approfondir l'attachement et l'identification à l'entreprise, et qui, de fait, ne font qu'aggraver les processus d'aliénation. Pagès et ses collaborateurs étudient les branches françaises d'une grande multinationale américaine. Ils y découvrent comment ce type d'organisation moderne développe des moyens de manipulation et de conditionnement en douceur, et à distance. Par des mécanismes intégrés à leurs politiques de gestion, ces organisations assurent leur domination et la diffusion de leur idéologie. Ces mécanismes de diffusion s'appuient, entre autres, sur de multiples gratifications auxquelles l'individu s'attache. Il finit par les défendre par différents moyens, **dont l'adhésion, qui est le « complément » de la domination, et la confusion de son idéal personnel avec l'idéal organisationnel**. C'est ce que les auteurs appellent « exercer une influence sur les structures inconscientes de la personnalité des employés ». Ils appellent cela aussi de la « violence douce » qui s'exprime sous forme de « religion d'entreprise », que chacun doit intérioriser et pratiquer pour continuer à faire partie de l'organisation et accéder aux gratifications qu'elle offre. Le management est ici attaqué dans ce qu'il a de plus glorieux et de plus sophistiqué aujourd'hui : la multinationale et la création de « cultures d'entreprises », véritables « religions », définies au sommet de la hiérarchie et proposées aux personnes pour leur tenir lieu de croyances, de valeurs, de symboles et de représentations mentales devant guider leurs comportements.

Comme en écho à l'ouvrage de Pagès et ses collaborateurs, fut publié en 1980, sous la plume d'un médecin du travail, psychiatre et psychanalyste, Christophe Dejours, un livre qui ajoutait une branche dans l'étude du travail et de l'entreprise : la psychopathologie du travail. Le titre en est tout aussi évocateur : *Le travail, usure mentale*, et le contenu en est tout aussi radical et profond. Dejours s'attaque à une nuisance très peu prise en considération dans les organisations jusqu'à aujourd'hui : la nuisance mentale. Il s'agit des tensions, angoisses, charges psychiques et autres processus conduisant à une dégradation souvent grave de l'équilibre et de l'intégrité mentale des individus. Ainsi on a pu mettre en évidence des mécanismes qui, à côté des plaisirs que l'on peut éprouver dans l'exercice de certaines tâches, provoquent de nombreuses formes de souffrances psychiques aux conséquences parfois très graves. Ces souffrances peuvent être à l'origine de comportements risqués qui entraînent des conséquences telles que les accidents, dommageables et pour l'individu et pour l'organisation. Celle-ci, par ses règlements, ses consignes, ses fiches de poste, ses normes, ses directives de détail et ses moyens de surveillance et de contrôle étroits, souvent dégradants et humiliants, induit chez les personnes des réactions de défense inévitables. Et ces réactions sont d'abord et souvent d'ordre psychique, comme ce que Dejours appelle les « idéologies défensives ». Les idéologies défensives consistent par exemple à élaborer des mécanismes de négation du danger, des « tricheries » par rapport aux consignes et règles ou des aménagements de zones d'actes personnels (donc à prendre des risques possibles). Tout cela pour éviter de sombrer dans l'aliénation complète, pour se prouver qu'on est encore un être capable de décision personnelle, d'actes qui soient l'expression de soi et non une simple obéissance au système de l'organisation.

Dejours touche ici, sous un angle différent, au problème que soulevaient Whyte, Marcuse ou Pagès : le respect de la personne du travailleur, et même du professionnel ou du cadre. La question qui revient est donc toujours celle de l'aliénation, de la non-considération de la personne comme personne, c'est-à-dire comme **sujet** capable d'avoir ses propres désirs et de poser ses propres gestes, plutôt que comme **objet** (ou « ressource ») à qui on fait faire des choses. Être **sujet**, c'est avoir des comportements qui sont l'expression de ses propres désirs, ce que, précisément, l'organisation et le management classiques, par leur idéologie de domination et de contrôle, ont toujours empêché. Cela a un prix, et c'est là un élément crucial de la problématique du management d'aujourd'hui et de demain, en butte à une incapacité chronique à « mobiliser » les employés, et donc acculé à utiliser des moyens (rationalisations, compressions, etc.) qui augmentent la frustration, l'angoisse et le stress (sans parler du chômage et de la pauvreté).

En 1980, un professeur, chercheur et consultant dans plusieurs pays d'Europe et aux États-Unis, Geert Hofstede, publiait un livre après une vaste recherche qui a porté sur les filiales d'une multinationale américaine dans 40 pays industrialisés. Sa recherche portait sur les conséquences culturelles de l'organisation industrielle dans les valeurs reliées au travail. Il en déduisit des conséquences très importantes en matière de valeur universelle des principes et théories du management. Celui-ci étant nord-américain surtout et alimenté de théories élaborées le plus souvent aux États-Unis depuis près d'un siècle, Hofstede part du postulat qu'il ne peut s'appliquer ailleurs qu'aux États-Unis sans créer l'affrontement de valeurs et de présupposés forcément différents. C'est ce que les résultats de son analyse (qui comprenait les trois piliers du management traditionnel : la motivation, le leadership et l'organisation) ont donné. À différents pays, même occidentaux, différentes façons de concevoir l'organisation, sa place, son rôle, etc., et différentes façons de concevoir l'autorité, les rapports supérieurs–subordonnés, le leadership, la vie de groupe, la place de l'individu, etc. Avec exemples, facteurs et critères à l'appui, Hofstede montre comment plusieurs théories parmi les plus centrales dans la pensée managériale classique, depuis Taylor jusqu'à Likert ou McGregor, en passant par Maslow et McClelland, ne s'appliquent pas à d'autres contextes que celui des États-Unis.

Bien que Hofstede n'aille pas très loin, sur le plan sociologique ou sociopolitique, dans les conséquences de son important constat, il n'en demeure pas moins que c'est là une autre affirmation du **caractère hautement idéologique du management traditionnel**. En complétant Hofstede par Whyte, on peut voir que le management n'est, à tout prendre, que l'expression des valeurs, des aspirations, des croyances, en un mot de l'idéologie, d'une partie de ce qui constitue la socio-culture américaine : le monde des affaires et ce qui gravite autour, y compris les écoles de gestion.

En 1984 fut publié un essai qui gagna très vite succès et notoriété, intitulé *L'entreprise du troisième type*. Il s'agit, sous maints aspects, d'une critique sévère de l'entreprise et du management classiques. Les auteurs, consultants en gestion, Georges Archier et Hervé Sérieyx, s'interrogent sur plusieurs contradictions fondamentales du management et de l'entreprise, particulièrement sur les coupures internes et externes. Ils accusent sans détour le taylorisme et son cortège de hiérarchie, de méfiance, de distance, de contrôle, de surveillance ; ils dénoncent ce qu'ils appellent « l'image de l'entreprise-faiseuse de profits » ; ils s'insurgent contre les méthodes « à huiler les rouages du taylorisme grippé » : les relations humaines, les techniques de leadership, les techniques de marketing à l'usage des employés, etc. Pour eux, la vraie solution consiste à **faire table rase de tout cela**, pour tirer les leçons d'exemples des plus prometteurs, qui nous sont, affirment-ils, fournis en particulier par l'entreprise japonaise.

Un autre livre, sous la direction d'Alain Chanlat et de Maurice Dufour, paru en 1985, *La rupture entre l'entreprise et les hommes*, réunit les travaux de plusieurs représentants de l'ensemble des sciences du vivant et de l'humain. L'anthropologie, la biologie, la linguistique, la psychanalyse, la sociologie et même la philosophie y sont invitées à exprimer leur point de vue sur la gestion, les pratiques en gestion et leurs propres rapports avec la gestion. Toutes les disciplines dressent le même constat : non seulement le management est loin de tenir compte de ce qu'elles savent et enseignent sur la nature, l'humain, le social, le vivant, mais il est le plus souvent très en retard ou carrément en opposition ou en contradiction avec leurs acquis fondamentaux. L'entreprise étant un système vivant, humain et social, et l'activité économique étant une activité qui relève des sciences sociales, nous sommes en présence d'une incohérence qui fait que ni l'entreprise, ni le management, ni leur façon de considérer l'économique ne respectent ce que les sciences fondamentales de ces domaines tiennent pour incontournable, ni ne se soucient de s'y conformer. Il en résulte alors des violences et des souffrances dont pâtissent aussi bien les hommes et la société que les animaux et la nature.

En 1986 parut aussi en Suède un ouvrage intitulé *Renversons la pyramide!* Écrit par un praticien des affaires, Jan Carlzon, président-directeur général de la compagnie aérienne suédoise, SAS, ce livre montrait le redressement spectaculaire de la compagnie. L'auteur y explique comment, pour réussir aujourd'hui, une entreprise doit délaisser la plupart des principes du management classique, décentraliser au maximum, libérer les intelligences et les initiatives de tous... En bref, « renverser » la pyramide et donner « le pouvoir de décision à la base », en supprimant « la division hiérarchique du travail ». Carlzon y confirme les conclusions de Hofstede : c'est dans les filiales et les succursales situées aux États-Unis qu'il fut le plus difficile de « renverser la pyramide », de changer les mentalités de hiérarchie, de privilèges réservés, de luttes de pouvoir, de compressions et de mépris vis-à-vis de la base.

Un autre rude coup au management classique a été porté en 1986 par la parution en Allemagne des travaux d'un consultant, professeur et chercheur en psychosociologie des organisations, Burkart Sievers. Cet auteur s'attaque à ce qu'il appelle le « mythe managérial », qu'il définit comme étant la croyance, fausse et non fondée, que seuls les propriétaires ou leurs représentants désignés, les managers, sont capables de gérer, à l'exclusion des travailleurs qui, postule-t-on, ne savent ni ne peuvent gérer. Puis, il s'attache à démystifier les théories prônant la prétendue participation, parce que cette dernière implique forcément une « révolution » dans le système. Pour lui, comme le disait déjà Mouzelis, cette révolution est nécessaire si on veut réellement que l'employé participe (Sievers 1986a). Ensuite, il dénonce dans un article caustique (1986b) les théories de la motivation et le concept même de motivation qu'il considère comme étant inutiles si les employés avaient la moindre raison de vouloir, de désirer par eux-mêmes faire ce qu'ils ont à faire. **Avoir recours au concept de motivation, c'est admettre que les employés n'éprouvent, naturellement, aucune envie de faire ce qu'on leur demande dans l'entreprise.** Dans d'autres travaux, il décortique la notion de leadership et les théories du leadership, et les notions de manipulation, de perpétuation d'un rapport infantilisant vis-à-vis des subordonnés et des employés, et de fantasmes de toute-puissance de la part des dirigeants.

En 1987 paraissait en France un ouvrage collectif dont le titre ne s'embarrasse d'aucun détour : *Organisation et management en question(s)*. Des enseignants et des chercheurs en gestion et en sociologie des organisations de l'université Paris IX–Dauphine s'interrogent sur la capacité du management à effectivement créer ou favoriser un minimum de cohésion interne indispensable au fonctionnement et à la pérennité des organisations.

Pour l'heure, on y constate surtout des formes d'« organisations répétitives », employant des personnes rendues « incapables d'accéder à leurs désirs ». On y pose la nécessité, pour les directions d'entreprises, de faire face à « un renouvellement qui implique une mutation ». Il faut désormais, dans la conduite des organisations, « raisonner autrement » et s'accorder avec les bouleversements qui transforment les situations « de façon structurale ». Faire de la communication autre chose que « de la propagande » et favoriser « l'émergence d'acteurs neufs » (c'est-à-dire d'employés ayant le pouvoir et le vouloir de s'exprimer et d'interpeller) sont parmi les conditions de cet ajustement aux bouleversements actuels. L'ouvrage traite de l'ensemble de la tradition en théories des organisations et en management sous divers aspects : l'organisation et la personnalité, l'organisation comme espace social, le management entre discours et pratiques, la technocratisation des sciences de l'homme, etc. Un peu comme *La rupture entre l'entreprise et les hommes*, ce livre invite à une lecture de la réalité organisationnelle et managériale sous l'éclairage de concepts et de connaissances plus propres aux sciences sociales et humaines. C'est encore là un constat d'éloignement de l'entreprise et du management traditionnels par rapport aux savoirs établis et aux concepts des sciences fondamentales.

C'est sous le titre *L'homme qui croyait au management* que fut publié en 1988, en France, un ouvrage au ton pamphlétaire, écrit par un sociologue et consultant, Michel Villette. L'auteur s'y interroge sur les bases de l'engouement actuel, aussi soudain qu'intense, que connaît le modèle de l'entreprise et du management à l'américaine, dont on veut doter même les institutions publiques et les gouvernements. Lui aussi constate **l'impérialisme du marketing** dont les techniques et l'esprit (foncièrement volontaristes et manipulateurs) pénètrent toutes les sphères de la vie des organisations. Son ouvrage est construit à partir de sa propre expérience dans une grande firme d'ingénieurs-conseils. Villette passe en revue et analyse toutes les étapes de son cheminement, chacune correspondant à un aspect ou à un autre du processus managérial : recrutement, initiation, évaluation, formation, réorganisation, vérification, gestion des conflits, etc. À l'aide de l'analyse, également, de sa propre carrière dans la firme comme consultant, l'auteur en arrive à un constat final de fossé presque radical entre les actes et les discours, entre les réalités et les formules de communion, de partages d'objectifs, qu'élaborent les directions par la grâce des modes managériales. Il parle de « goût amer des contes de fées auxquels on ne peut croire ». Pour lui, les techniques de management sont avant tout des outils pour « empêcher les individus et les petits groupes d'inventer des formes d'organisation concurrentes ». Il constate, au fond, **la fâcheuse tendance du management à étouffer les créativités et les diversités**, « sa nature essentiellement contraignante et réductrice », et surtout le coût, du point de vue de l'abdication de soi, de sa personnalité, de ses valeurs personnelles, de ses pensées profondes, pour se plier aux exigences du management. On retrouve ici à la fois Whyte, Marcuse et Pagès : l'emprise de l'organisation sur les êtres, l'aliénation par l'inféodation, la confusion entre efficacité, pouvoir et application de dogmes managériaux servant bien plus à dominer et à contrôler qu'à avancer et innover.

La revue française *Autrement*, bien connue pour ses dossiers de fond extrêmement documentés, a publié en septembre 1988 un numéro spécial consacré à l'entreprise et au management, intitulé fort éloquemment *Le culte de l'entreprise*. Riche et éclectique, ce dossier s'articule autour d'une question centrale : le piédestal sur lequel les sociétés occidentales actuelles ont placé l'entreprise et le manager est-il mérité ou justifié ? Il explique comment on en est arrivé à une telle idolâtrie de l'entreprise et des patrons, et essaie de voir dans quelle mesure ces derniers peuvent relever les défis qui leur sont lancés. Car il est inquiétant de constater que l'entreprise, le management et les managers sont désormais investis du rôle de modeler, d'infléchir et d'assurer, sur presque tous les plans, y compris le plan moral, l'avenir de nos sociétés. Enfin, comme le « culte » et l'« idolâtrie » amènent le règne de l'irrationnel et de l'excessif, il est grand temps de songer à refréner les excès et de ne plus croire aveuglément à des vertus managériales promues au rang de panacées présentées comme aussi souhaitables qu'infaillibles.

Enfin, et pour clore ces critiques externes, il serait utile de commenter une formule amusante que reproduit le quotidien *Le Monde*[19] dans un article au titre clair et significatif : « Il n'y a pas d'entreprises heureuses sans salariés heureux ». Le journal utilise la formule du « *zapping* managérial » à propos de la frénésie des dirigeants d'entreprises de changer, précise-t-il, « tous les six mois » de gadget managérial « pour mieux masquer l'écart entre leur discours et la réalité ». C'est là, certainement, une façon des plus saisissantes de caractériser l'essentiel de la critique formulée à l'égard de la pensée managériale dominante : trop gadgétisée, trop superficielle, trop friande de modes qui garantissent le *statu quo* et trop clivée dans ses discours et ses actes.

Pour conclure, on peut noter la différence très visible qu'il y a entre les critiques internes et les critiques externes : autant les secondes ont un caractère généralement radical et touchent toujours des questions de fondements, de racines, de jeux d'intérêts et de manipulation, autant les premières sont, pour la plupart, superficielles, techniques, portant sur des modalités ou des procédures de surface, déplorant seulement, comme Mintzberg, la méconnaissance de la vraie nature du management traditionnel. Celui-ci est d'ailleurs considéré comme une donnée qu'il faut seulement chercher à bien comprendre auprès de ceux dont les désirs doivent être pris pour humainement salutaires, sacrés et intouchables : les propriétaires et dirigeants.

***

---

19. *Le Monde* du 13 octobre 1988, p. 37.

B. LE MANAGEMENT EN CRISE : LES CONSTATS RÉCENTS ET LES VOIES PRÉCONISÉES

Après un état des principales critiques internes et externes adressées au management, tentons un bilan de la situation actuelle. Où en est-on après tant d'années et tant de reproches ? Voit-on enfin, dans les milieux producteurs et utilisateurs de savoirs managériaux, des signes de mouvements autres que « ritualistes », des signes de renouveau qui ne soient pas que maquillage du *statu quo* ? Surtout lorsque l'un des piliers actuels du domaine tel que Mintzberg écrit : « Society has become unmanageable as a result of management » (1989b, p. 335) ?

Si l'on se penche sur ce qui s'est publié, dans le domaine, ces dernières années, en Amérique du Nord, apparaît très nettement l'expression d'un **désarroi grandissant** face à ce qui peut constituer une sorte de crise en trois dimensions :

– Une première dimension résiderait dans la prise de conscience, progressive pour certains et soudaine pour d'autres, de l'effondrement de secteurs industriels entiers et de **retards considérables de qualité et de productivité**, particulièrement aux États-Unis, face à l'essor et au dynamisme de l'industrie japonaise ou allemande (de l'automobile, de l'électronique, de l'informatique, des instruments de précision)[20].

– Une deuxième dimension peut apparaître derrière le constat du caractère endémique sinon incessant des conflits sociaux, des **affrontements entre travailleurs et employeurs**, dans les entreprises.

– Une troisième dimension se présenterait sous l'aspect de **désillusions intellectuelles et théoriques** face à la pauvreté, à la répétition, à la faiblesse et à la circularité tautologique des systèmes explicatifs ou prescriptifs construits traditionnellement par le management.

Rappelons pour commencer qu'en 1977 sortait un livre édité par des professeurs de comportement organisationnel des universités Northwestern et de l'Illinois, où étaient clairement dénoncés l'indigence conceptuelle, le simplisme et l'obsolescence théorique des écrits du domaine[21]. On y déplore aussi énergiquement que tout ce qui est enseigné dans ce champ est répétitif, à un point tel, selon les auteurs, que l'on utilise encore des idées, tirées de la sociologie ou de la psychologie, vieilles de dix et vingt ans. Pour les besoins de leur livre, les auteurs ont délibérément cherché des professeurs non seulement « brillants », mais aussi « découragés » face à cet état des choses.

---

20. Sautter (1987) parle d'un « protectionnisme hypocrite » exercé par les États occidentaux à l'égard du Japon, un peu avec sa propre complicité, qui, seul, aurait évité à leur économie ce qu'il appelle un « véritable massacre ».

21. Staw et Salancik (1977).

Toujours en 1977, dans son numéro de février, la revue *Interface* publiait un article signé du professeur Shapero de l'université du Texas à Austin : « What Management Says and What Managers Do ». C'est, encore une fois, le thème qui préfigure le succès des travaux de Mintzberg qui est mis en avant ici. Selon l'enquête de Shapero effectuée auprès de centaines de gestionnaires, seulement de 5 % à 10 % des gestionnaires prétendent travailler « scientifiquement », ou selon les principes du PODC. Et même, ajoute-t-il, ces 5 % à 10 % finissent par admettre qu'ils ont menti en prétendant cela ! L'auteur incrimine alors, à son tour, les contenus irréalistes et hypertechnicisés, à l'usage de « fonctionnels uniquement préoccupés de calculs et de graphes », des enseignements que dispensent les écoles de gestion.

Dans un article au titre choc : « Le dirigeant idéal : incohérent et opportuniste », deux professeurs de la Harvard Business School, Skinner et Sasser, posaient une fois de plus, à la fin de l'année 1977, ce problème de la distance entre la préparation dans les écoles et les exigences du terrain. Après l'observation de plus de 30 dirigeants, ils conclurent que la formation en management ne les avait pas préparés à assumer une « habileté » cardinale dans leur rôle : discerner et différencier les situations. Cette formation favorise plutôt un état d'esprit de « constance » et de reconduction de « styles de gestion » uniformes, ce qui donne des managers qui gèrent par « clichés répétés ». Ceux qui réussissent sont justement ceux qui arrivent à « oublier » ce qu'ils ont appris et qui gèrent de façon inconstante, irrégulière, apparemment incohérente et qui ne correspond pas à un « style » donné. Ils développeraient, par eux-mêmes, et contre l'apprentissage suivi, des capacités de discernement et de perception des différences qui font la particularité de chaque situation[22]. Ce sont donc des personnes capables de résister à cette sorte de réflexe induit par des programmes et des méthodes pédagogiques qui font appel à l'analyse de situations passées, où on recherche la ressemblance, la référence au déjà vu, au connu, à la jurisprudence.

Un constat d'insuffisance un peu plus grave sera dressé une année plus tard, en octobre 1978, lorsque parut un article dû à un certain Thomas S. Isaac, professeur de management à l'université West Virginia. Attaquant le fait que le management ne fait aucune place à l'intuition, à son étude, à sa compréhension, à sa prise en considération, ce professeur en profite pour dénoncer avec vigueur la tendance à la simplification, à la banalisation, que protègent et induisent la plupart des formations en gestion. À force de simplifier et de « prédigérer » les phénomènes, pour éviter d'en attaquer la vraie nature complexe, on finit par enseigner des trivialités, même si c'est sous le couvert de théories et de modélisations parfois compliquées, très abstraites et très raffinées. Isaac en profite aussi pour rappeler que beaucoup

---

22. Ce point est de toute première importance car, précisément, la formation de managers capables de tels discernements et différenciations passe par la culture générale (Lussato 1986).

de « grands classiques » tels que Barnard (1950) du côté des théoriciens, ou Sloan (1963) du côté des praticiens, ont pourtant fermement attiré l'attention sur l'importance cruciale de l'équilibre entre rationalité et intuition. Il signale avec indignation que sur 24 textes parus entre 1976 et 1977 à propos du « haut management », à peine 3 citent l'intuition comme facteur à considérer, sans plus, alors qu'aucun des autres n'en fait même mention. C'est que, suivant Isaac, l'intuition se prête très mal au scientisme dont aime à s'entourer le management, et il attire l'attention, après Mintzberg, sur le danger qu'il y a à continuer à privilégier le développement unilatéral des capacités de l'hémisphère gauche du cerveau.

Reprenant le thème cher à Argyris du statut de la personne dans la pensée managériale, deux chercheurs, Stolorow et Atwood, publient en 1979 un livre dans lequel ils s'attaquent plus particulièrement à la question de la personnalité, pétrifiée, chosifiée, galvaudée et appauvrie dans la littérature habituelle. Pour eux, seules la réintroduction d'une vision plus proche de la psychanalyse et de l'étude de cas en profondeur (dans le sens psychanalytique du terme « cas »), la réhabilitation de la subjectivité et de l'univers de significations subjectives de la personne et la compréhension de cet univers peuvent amener à une prise en considération plus correcte de l'individu. Ils insistent de plus sur le fait que les théoriciens du management ne voient, eux-mêmes, ce dont ils parlent qu'à travers le filtre restrictif de leurs croyances, de leurs préjugés et de leur subjectivité.

Dans son article « An Emerging Strategy for "Direct" Research » consacré au problème de la conduite de la recherche et de la construction des savoirs en management, Henry Mintzberg reprend en 1979 une argumentation semblable à celle de Stolorow et Atwood, dans laquelle il s'inquiète de ce que la recherche en gestion soit trop faussement « objective », trop formaliste, trop rigoriste. C'est, selon lui, une façon de **contourner la vraie nature des problèmes étudiés**. Mintzberg recommande de prendre une distance par rapport aux méthodes des sciences dites exactes, que les chercheurs en administration s'évertuent à imiter. Alors que, pour lui, l'organisation et l'humain dans l'organisation se prêtent plutôt à des méthodes plus qualitatives, plus simplement descriptives et plus interactives. Observer directement ce qui se passe sur le terrain, en rendre compte fidèlement, même au risque de faire appel à la subjectivité du chercheur, est bien plus bénéfique pour la compréhension du management que les intenses efforts de rigueur statistique. Connaître et comprendre la gestion, c'est, d'après lui, passer le plus de temps possible sur le terrain, et être capable de rassembler, directement du terrain, les informations et les descriptions les plus riches possible et non pas les plus propres au traitement par un modèle mathématique ou statistique. Cette objection de Mintzberg est extrêmement lourde de conséquences, car elle pose la question de l'élaboration de la connaissance managériale, donc du contenu de la matière et de ce qu'on en enseigne.

En mai 1979, dans une conférence traitant de « la théorie de l'organisation dans un univers d'organisations », un des théoriciens du domaine les plus reconnus, Charles Perrow, renforce la position adoptée par Mintzberg. Perrow montre en effet, entre autres, comment ce qu'il appelle « nos théories dominantes » en matière d'organisation font partie d'une **vision qui arrange les élites et les classes dirigeantes.** Il précise que cette vision est construite sur une image de l'univers des organisations qui n'a jamais, concrètement, existé. Car c'est une image élaborée à partir de préjugés, de présupposés, de valeurs et d'idées préconçues qui reflètent beaucoup plus – même avec des recherches à l'aide d'outils « scientifiques » sophistiqués – **ce qu'on voudrait que les organisations et le management soient, plutôt que ce qu'ils sont en réalité.**

Complétant indirectement ces points de vue, Chris Argyris s'en prend, en 1980, dans un article portant sur les limites de la méthode des cas, à la façon dont on enseigne la gestion dans les écoles de gestion. L'auteur dénonce d'abord le fait que l'enseignement par les cas pratiqué dans les programmes de gestion (par exemple, à la Harvard Business School) laisse dans l'ombre, ou tient pour acquis et indiscutables, les valeurs et les présupposés implicites dans les politiques de gestion en cours. Ensuite, il met en accusation la tendance de la méthode des cas à systématiquement inhiber ce qu'il appelle le *double-loop learning.* Cet apprentissage à « double boucle » étant, d'après lui, le seul genre d'apprentissage qui permettrait de réels progrès, puisqu'il implique la remise en question des préjugés et des présupposés implicites. Autrement dit, il encourage à la lucidité, à l'esprit critique et incite donc à aller vers d'authentiques possibilités de renouvellement, d'innovation et de progrès. Malheureusement, plaide Argyris, les cours par **les cas renforcent plutôt le *single-loop learning*,** l'apprentissage par « boucle simple », qui n'est que la reconduction, sans interrogation, ni réflexion, ni même prise de conscience, des présupposés contenus dans les visions et les façons d'agir traditionnelles des gestionnaires. Cet état de fait entraîne, d'après les propos d'Argyris, une sorte de **conditionnement** des managers et des organisations **à agir et réagir de façon stéréotypée**, alors qu'ils devraient apprendre à évaluer, à discerner et à interroger, sur la base du développement de capacités personnelles de remise en question. Car, pour lui, avancer, c'est être capable de remettre en question les présupposés, les politiques, les buts implicites, etc.

Ce constat a une portée très importante et bien plus radicale qu'il n'y paraît, car il ouvre la voie à une complète remise en question de ce qui a traditionnellement fait le succès des écoles de gestion : leur prétention au pragmatisme et au réalisme à travers l'enseignement par la méthode des cas.

Une autre très sévère mise en accusation parut la même année sous la plume d'un professeur en gestion de l'université de l'Ohio, James A. Lee. Iconoclaste dès le titre, *The Gold and the Garbage in Management Theories and Prescriptions*, ce livre pose avec force **la question de la valeur et de la**

validité des théories et des « vérités » les plus traditionnellement indiscutées **de la pensée managériale**. Il commence par souligner la difficulté, et cela est très révélateur, qu'il y a, dans le champ du management, d'être critique du contenu des manuels ou d'en examiner le bien-fondé, sans immédiatement passer pour un nihiliste, un détracteur, un démotivateur ou un empêcheur de danser en rond.

Lee reconnaît, après Perrow, que les manuels de management ne sont, dans leur écrasante majorité, qu'apologies, apparences scientifiques et prescriptions péremptoires. Il y voit beaucoup plus une façon de donner satisfaction aux attentes d'un public qu'on traite comme s'il venait chercher des recettes et des vérités-dogmes que de dispenser l'enseignement d'un savoir élaboré et soupesé en bonne et due forme. Lee fait une revue serrée de chacune des grandes théories qui constituent l'ossature du management traditionnel : de Taylor à Vroom en passant par Herzberg, McClelland, McGregor et Mayo. Aucune de ces théories n'est exempte de lacunes parfois graves et, dans tous les cas, suffisantes pour en relativiser très sérieusement la valeur scientifique, le contenu, la portée et l'application. L'auteur reproche à chacun de ces « classiques » d'avoir carrément triché dans leurs comptes rendus, ou d'avoir poussé trop loin leurs interprétations, ou d'avoir modifié leurs données, analyses et conclusions selon les circonstances, les destinataires ou les auditoires, ou encore d'avoir caché ou minimisé des péripéties très importantes qui ont eu lieu au cours de leurs recherches...

En bref, le diagnostic de Lee est un rude coup pour tous ceux qu'il dénomme les « évangélistes » de la pensée managériale, et qui, d'après lui, occupent le devant de la scène partout dans le champ de la gestion et de son enseignement. Ce sont des « évangélistes » parce qu'**ils ne se soucient, à peu de chose près, que de reproduire, perpétuer et défendre la bonne parole managériale**, sans trop se poser de questions, depuis une bonne cinquantaine d'années et plus. James A. Lee complète son long appel à la lucidité et à la rigueur intellectuelle par la dénonciation de ce qu'il désigne comme des **mythes du management** et qui doivent être, selon lui, à tout prix reconnus et discutés, si l'on veut que la gestion devienne une activité professionnelle digne de ce nom. Ainsi, la théorie de l'organisation, la gestion du changement, la motivation au travail, la gestion « scientifique », les systèmes d'information de gestion, la communication, etc., seraient des domaines autour desquels on entretient toute une mythologie d'exactitude des savoirs, d'efficacité des outils et d'infaillible rationalité. On devrait cesser, selon Lee, de faire passer les théories successives élaborées dans ces domaines pour des panacées indispensables[23].

Un des ténors du management parmi ceux que discute Lee, Frederick Herzberg, signe deux articles et accorde un entretien tout à fait étonnant

---

23. Lee (1980), p. 463 et suivantes en particulier.

parus dans la revue *Industry Week*, à l'automne 1980. Traitant des rapports entre l'enseignement des «humanités», c'est-à-dire d'une certaine culture générale, et du management, Herzberg n'hésite pas à prétendre que **les humanités sont des matières très indiquées pour aider à la pratique managériale**. Il en profite pour mettre en accusation le trop grand privilège consenti traditionnellement à la pensée économique à court terme. Il dénonce le peu d'attention apporté à la qualité des relations et aux conditions pouvant permettre l'amour du produit par les producteurs. Il fustige le type de formation des managers qui en fait des spécialistes, des techniciens de la finance et du marketing, aux «horizons courts», et, ce qui est plus grave, des «tacticiens» qui «prennent des décisions stratégiques». Il déplore la formation de gestionnaires qui ne sont pas d'abord armés d'une solide éducation générale. Il s'insurge contre la mode scientiste et mathématisante dans la recherche et dans les théories du comportement qui pousse beaucoup de managers à ne plus voir les employés qu'en «fonction de mécanismes stimulus-réponse». Il s'en prend avec énergie au fait qu'on mette ainsi dans la tête des gestionnaires l'**image d'organisations fonctionnant comme des termitières**. Il accuse les écoles et universités d'avoir encouragé et perpétué la médiocrité par la loi du *publish or perish*, loi qui pousse à la quantité plutôt qu'à la qualité, et qui fait obstacle à la pensée réellement féconde et à la véritable innovation. Il se désole devant l'inflation galopante de diplômes, de titres, de statuts, etc., généreusement distribués par les écoles de gestion et les entreprises[24]. Cela produit, selon lui, des «professionnels de la contrefaçon» qui agissent dans des domaines qui dépassent leurs capacités, et qui unissent leurs forces pour perpétuer la médiocrité. Voilà un autre verdict dur, venant pourtant d'un des piliers de la pensée managériale traditionnelle. Herzberg le conclut par un plaidoyer pour une éthique basée sur la connaissance des humanités, ce qui, d'après lui, est loin d'un «vernis» de connaissances éclectiques, mais fournit bel et bien des arcs-boutants à la pensée, à la réflexion et au jugement, dont les chercheurs et les praticiens en gestion auraient un besoin des plus urgents.

Depuis les années 1980, on assiste à une véritable floraison d'ouvrages dénigrant le mode de gestion traditionnel nord-américain et constatant son état de crise face à celui, de plus en plus redoutable d'efficacité, ayant cours au Japon ou en Allemagne.

Parmi les premiers livres de ce nouveau style, on peut citer ceux de Pascale et Athos (1981) et de William G. Ouchi (1981). Les premiers dressent, par contraste avec le management classique, l'«art» du management à la japonaise; le second tente une synthèse de ce qui fait la force des Japonais, d'un côté, et donc la faiblesse des Américains, de l'autre. Le

---

24. Herzberg cite comme exemple, avec ironie, l'existence d'un doctorat (Ph.D.) en «management du changement», délivré par une «université majeure» et soutenu par des subventions de l'État (1980c, p. 63).

sous-titre de son livre trace déjà le programme : *How American Business Can Meet the Japanese Challenge.* Ouchi s'attaque à la philosophie de base qui sous-tend l'état d'esprit managérial classique. Il avance que le management à la japonaise repose sur trois piliers déterminants, qui font cruellement défaut au management traditionnel en Occident : la confiance, l'honnêteté et l'intimité. Les entreprises et les managers doivent apprendre à établir un climat de confiance et de complicité, et non de surveillance et de harcèlement. Ils doivent apprendre à être transparents, francs, ouverts, donc honnêtes, envers leurs employés, ils doivent ne rien cacher à ces derniers, les informer, les associer, les récompenser à la mesure de leur réelle contribution, reconnaître leurs mérites, etc. Ils doivent, enfin, savoir réaliser des conditions propices à une certaine intimité, dans le sens d'une proximité-complicité-bienveillance envers les employés.

En 1982, Peters et Waterman, deux consultants de grande envergure, appartenant à l'un des plus importants cabinets de management-conseil du monde, publient *In Search of Excellence.* Ils y font un procès impitoyable de la gestion classique. Ils diagnostiquent un état de crise dont il faut se sortir au plus vite : les seules entreprises capables d'excellence sont celles qui mettent au rancart toutes les vieilles théories rationnelles, les instruments du parfait manager omnipotent, les outils et les gadgets ancestraux, les théories de la motivation et celles des « bonnes » structures.

Ces entreprises sont celles, en un mot (c'est ce que reprennent les auteurs sous la figure de leurs sept « clés » : valeurs partagées, structure, systèmes, stratégie, style, savoir-faire et personnel), qui appliquent les ingrédients de ce que Pascale et Athos ont appelé l'art du management japonais. Suivant leur analyse, on passera toujours à côté de l'excellence et de la performance si l'on continue à appliquer les principes, même « aménagés », du management traditionnel, si l'on continue à croire aux vertus de sa rationalité, de ses instruments et de ses « bonnes » théories. Il s'agit donc d'être iconoclaste, de ne pas hésiter à abattre les idoles. Même si la plupart des firmes américaines recensées par Peters et Waterman comme « excellentes » ont, depuis, connu de grandes difficultés, cela n'enlève en rien le bien-fondé des questions et problèmes qu'ils posent.

La même année 1982 vit paraître un article, passé presque inaperçu, dû à McMillan, professeur de stratégie et de politique générale de gestion à l'université York. Il s'agit encore d'un appel à tirer les **leçons du Japon** – c'est d'ailleurs le sous-titre de l'article –, qui montre comment les managers occidentaux devraient, plutôt que de s'évertuer à « contrôler » la qualité, se demander comment ils peuvent en arriver à une gestion qui soit, elle, de qualité. Et là, McMillan reprend les mêmes leitmotive, en gros, que Ouchi et Peters et Waterman : l'écoute du client, la confiance, l'informel, l'ouverture, l'expérimentation et le droit à l'erreur. Pour bien accentuer le contraste, il invite à comprendre pourquoi, par exemple, il y a un inspecteur pour 7 employés à la General Motors alors qu'il y en a un pour 30 chez

Toyota; pourquoi il y a aux États-Unis 20 fois plus d'avocats *per capita* qu'au Japon, 7 fois plus de comptables et 5 fois moins d'ingénieurs; pourquoi à la General Motors on ne reçoit, en moyenne, que 0,84 suggestion par employé par an et qu'on en adopte 23 %, alors que chez Toyota on reçoit 18 suggestions par employé et on en adopte près de 90 % chaque année... McMillan **incrimine sans hésitation le mode de gestion et les mentalités des managers qui créent la distance**, le non-dialogue, le non-engagement, la méfiance et l'esprit de castes aux privilèges réservés et aux pouvoirs intouchables. C'est, selon lui, « dans nos mentalités » de toujours faire porter la faute aux employés, de croire que si seulement ils obéissaient exactement aux ordres savants et éclairés des chefs, tout irait pour le mieux. Il ajoute que c'est là une vision amusante, mais **qu'en vérité nos employés sont handicapés et muselés par le système managérial** traditionnel, qui étouffe en eux tout désir d'aider à améliorer les choses.

En octobre 1982, c'est le premier vice-président de la Austin Consulting Company, J.A. Patton, qui secoue énergiquement le monde managérial. Il considère qu'il n'y a **personne d'autre à blâmer du recul de l'économie que les managers**. Il se demande s'il est correct ou fair-play de s'asseoir sur ses actifs en baisse ou sur ses affaires en régression et de blâmer les travailleurs, les syndicats ou les gouvernements de ce qui nous arrive. Plusieurs années avant Toffler, Patton invite à une sérieuse autocritique et à un profond et lucide « regard dans un miroir grossissant ».

On le voit bien, le tournant des années 1980 a été particulièrement fertile en interrogations et en remises en question qui n'ont cessé de prendre de l'ampleur jusqu'aux années 1990. C'est, bien entendu, la **crise**, installée dès la fin des années 1970, qui a poussé à ces soudaines et déchirantes introspections dans les milieux des affaires.

En 1985, Thomas Peters revient avec un deuxième livre de reproches et d'avertissements. Cosigné avec Nancy Austin, ce livre, *La passion de l'excellence*, part de la nécessité de se rendre à l'évidence qu'**on a**, pendant des décennies, **confondu la réussite due aux principes et prescriptions du management et la réussite due à la conjoncture d'après-guerre** particulièrement favorable aux États-Unis. Le plan Marshall et l'extraordinaire croissance des années 1950 et 1960 sont les principaux responsables, d'après eux, du succès du management. Il suffisait d'ouvrir boutique pour réussir. Il est donc inutile de continuer à mener des combats d'arrière-garde et de défendre l'indéfendable: le management classique a fait son temps, il faut passer à autre chose. Et cette autre chose, c'est plus de participation, de décentralisation, de libertés, de partages et de proximité-complicité dans les entreprises. L'un des trois grands secrets que les auteurs préconisent, c'est, en plus de « chérir le client » et d'« innover sans cesse », de savoir **créer des conditions telles que les employés se sentent aussi « propriétaires » de l'entreprise**.

En 1987, un homme peu connu, sinon de quelques spécialistes de la gestion de la qualité, W. Edward Deming, est soudain précipité sous les feux de la rampe. C'est l'homme qui a « vendu » aux Japonais, en 1949, l'idée de la gestion de la qualité, idée dont, à l'époque, les milieux managériaux américains ne voulaient pas ! Il existe au Japon un prix portant son nom, jugé prestigieux, décerné aux entreprises qui se distinguent dans le domaine de la qualité. Deming a été un conférencier vedette, très demandé partout dans le monde. Il est considéré comme le gourou incontesté de la philosophie « gestion de la qualité ». Lors d'une tournée de conférences en automne 1987, dont a fait état la *Revue Commerce*[25], il défendit les idées suivantes :

– oublier le management enseigné et appris classiquement ;

– exporter, si l'on veut rendre service aux autres, tout, sauf le management traditionnel « made in U.S.A. » ;

– chercher à gérer et travailler et faire **travailler plus intelligemment et non plus fort** ;

– oublier les quotas, les objectifs imposés, les slogans creux ;

– supprimer les inspecteurs, la surveillance, le harcèlement ;

– cesser d'être si préoccupés du court terme et du profit maximum, essayer d'être des « marathoniens comme les Japonais », au lieu de s'exténuer à être des « sprinters », quand la « course économique » est d'évidence une « course de fond ».

En 1988, Peters publie *Le chaos management*. Il précise qu'il aurait voulu utiliser plutôt le terme « révolution » dans son titre, mais y a renoncé parce que c'est un mot « qui met les gens d'affaires mal à l'aise ». Pourtant, ajoute-t-il aussitôt, c'est bel et bien de « révolution » qu'il faut parler de nos jours, tant **le management a besoin de se modifier radicalement**. Peters y plaide pour des idées et des propositions effectivement révolutionnaires par rapport au management traditionnel : lier les salaires, les performances et les bénéfices, lier le sort des employés à celui de l'entreprise, **rendre l'emploi plus sûr en le garantissant**, partager les profits, faire des employés la première préoccupation, céder le pouvoir en décentralisant à tous les niveaux, faire participer « tout le monde à tout », laisser agir des équipes autonomes, donner la possibilité à chacun d'être écouté, éliminer les procédures tatillonnes, donner de l'autonomie aux gens de terrain, supprimer les « réglementations de travail humiliantes », réduire les paliers hiérarchiques à cinq et moins, éliminer les contremaîtres, réduire de 75 % les postes d'encadrement administratif et de surveillance, changer profondément de mentalité pour **considérer qu'ouvriers, syndicats, clients sont partenaires**, et les traiter comme tels...

---

25. *Revue Commerce*, octobre 1987, p. 166-180.

Au début de l'année 1989, Henry Mintzberg nous revient avec un article incendiaire intitulé «Formons des managers, non des M.B.A.»! Il y dit clairement et sans aucun détour qu'il se méfie de plus en plus de l'enseignement de la gestion comme il est pratiqué, que ce soit au premier ou au deuxième cycle, parce que cet enseignement «traditionnel», non consécutif à une expérience significative, n'est bon «ni pour l'économie, ni pour la société». Ceux qui suivent ces études, d'après lui, **n'y vont pas tant par amour de la gestion que par amour de l'argent**. Mintzberg critique aussi bien la sélection que la formation, trop abstraite et trop technique, les liens entre cette formation et les capacités à gérer que l'étouffement de la synthèse et de l'intuition par l'excès de formalisme analytique. Nous pouvons, en plus de Mintzberg, voir que plusieurs auteurs, comme Lussato, Chanlat et Dufour, Wrapp ou Peters, considèrent aussi qu'une ouverture vers le développement de l'esprit, du jugement, de l'intuition et des capacités de synthèse s'impose de plus en plus. C'est là le chemin de l'adaptation et de l'innovation. Reste à en discuter les fondements et les modalités, ce sur quoi tous ne sont pas d'accord.

Dans *Au-delà du capitalisme*, Peter Drucker (1993a) décrit cette fin de siècle comme une époque charnière au même titre, dit-il, que celle qui suivit l'invention de l'imprimerie en 1455 ou la généralisation de la machine à vapeur à la fin du XIXᵉ siècle. Les pays industrialisés arriveraient à une troisième révolution postindustrielle après les énormes gains de productivité accumulés jusqu'après la Seconde Guerre mondiale. Après être passés par une société dans laquelle l'organisation, «machine à rendre le savoir productif», occupe une place déterminante, nous entrons dans une société du savoir, dominée par les activités de service, où la productivité des travailleurs non manuels devient préoccupante. Drucker nous rappelle que «la **valeur** est créée désormais par la **productivité** et par l'**innovation**, qui sont toutes les deux des **applications du savoir au travail**». Ce cheminement conduirait vers une nouvelle typologie de distribution des emplois dans laquelle coexisteraient les «travailleurs du savoir», mieux formés, plus mobiles et mieux rémunérés, et les «travailleurs du service», sous-éduqués et sous-rémunérés.

Dans une autre perspective, Robert Reich démontre, dans *L'économie mondialisée*, l'importance grandissante des «services de manipulation des symboles[26]» qui représentent 20 % des emplois aux États-Unis, deux fois plus que les métiers de production, comme ceux de l'agriculture ou ceux occupés par les salariés de l'industrie. Par exemple, le nombre de juristes américains a triplé en moins de vingt ans, dit-il, alors que l'ensemble de la population n'a progressé que de 20 % ; de même, les emplois associés à la spéculation boursière à Wall Street ont doublé pendant la décennie 1980, passant de 180 000 à 300 000. Cette économie des services s'accompagne

---

26. Il s'agit des avocats, ingénieurs, informaticiens, consultants, etc.

elle aussi d'une division du travail à l'échelle mondiale[27] et, **la création de la richesse étant à venir, ceux-ci se concentreront là où les compétences nécessaires seront disponibles.** Reich baptise les activités génératrices de nouvelles voies de développement « courtage stratégique ». Il s'agit bien là d'un nouveau partage des rôles et d'une modification profonde des modes de pensée traditionnelle liés à la concurrence et au traitement de l'employé comme une « ressource-coût » dont il faut minimiser les frais (donc la formation) et dont il faut maximiser la rentabilité financière (confondue avec la productivité).

J. Barraux[28] constate que le système de production au Japon a révolutionné le management. Ainsi, les méthodes de « juste-à-temps », le système « *kanban* », « l'autoactivation de la production » (ou *jidoka*) conçus et mis en œuvre par Ohno, l'ingénieur de Toyota, sont basés sur le principe du transfert de l'intelligence « mécanique » aux machines pour mieux libérer l'intelligence « créatrice » des hommes. À partir de là, les adeptes du « penser à l'envers », de « l'organisation renversée », ont commencé à combattre les idées reçues nées du fordisme et du taylorisme. Pour Ohno, la finalité était de mettre en place un système capable de prendre en charge une grande diversité de produits avec des fabrications en petites séries, car il s'agissait essentiellement, pour le gestionnaire, **non pas d'imposer l'offre, mais de rechercher la demande et de la gérer.** Cela implique évidemment une organisation souple qui n'enferme pas les hommes et les équipements dans des spécialisations étroites. Ces caractéristiques sont, pour Barraux, la flexibilité, le travail de groupe, le rejet du diktat des machines, la polyvalence et surtout l'attention aux signes du marché.

Dans l'ouvrage[29] de présentation de la conférence internationale *À la recherche de l'organisation de demain*, Schmid[30] (1993) nous décrit le nouveau visage de l'entreprise et des règles concurrentielles à venir. L'internationalisation de l'économie, dit-il, est due depuis les années 1950 à une croissance rapide du commerce mondial par rapport à la production intérieure de chaque pays. Puis, dans les années 1960, la délocalisation des centres de production a amené les multinationales à se rapprocher de certains marchés ou facteurs de production peu chers. Mais la décennie

---

27. Selon Reich (1993), quand un Américain achète une Pontiac d'une valeur de 20 000 $ à General Motors, seulement 800 $ vont aux stratèges de Detroit, à leurs avocats, leurs banquiers et leurs publicitaires. Tout le reste sert à payer les opérations de montage en Corée du Sud, les composants japonais ou chinois, les designers allemands, les études de marketing anglaises et le traitement des données réalisé à la Barbade. Et l'auteur nous rappelle que « les actifs principaux de chaque nation seront les compétences et la perspicacité de ses concitoyens ».
28. « Le nouveau capitalisme », *in L'Expansion*, 15 avril–5 mai 1993, p. 28, et « Le nouvel art de produire (Connaissez-vous Taiichi Ohno ? C'est l'homme qui a terrassé Taylor) », *in L'Expansion*, 18 février–3 mars 1993, p. 26.
29. Groupe Innovation (1993), *À la recherche de l'organisation de demain*, ouvrage de présentation de la conférence internationale organisée du 4 au 6 avril au Palais des congrès de Montréal.
30. Groupe Innovation (1993), p. 47-52.

1980 est marquée par une croissance sans pareil du flux des « invisibles » ; les mouvements de propriété intellectuelle (droits, licences, brevets, investissements financiers) ont devancé le commerce des marchandises.

On assiste donc, selon Schmid :

– à la libéralisation accrue du commerce mondial et simultanément au renforcement de puissants blocs régionaux ;

– à une prédominance des opérations de gestion et de direction ainsi qu'à l'accroissement des transferts de connaissances qui sont plus rapides que la circulation des biens ;

– à un développement des mouvements de capitaux, les investisseurs cherchant à retirer des profits des activités d'entreprises étrangères sans avoir à prendre les risques d'une délocalisation de leur propre installation de production à l'étranger ;

– à une plus grande fluidité de la migration des compétences et de la main-d'œuvre en général, ce qui contribue à augmenter la demande de produits et services internationaux.

Sur leur propre marché, les entreprises sont contraintes de rechercher une plus grande efficacité et de **mettre en œuvre de nouvelles formes d'organisation** pour contrebalancer la concurrence technologique des firmes étrangères qui deviennent leurs concurrents directs sur leur propre terrain. Pour Schmid[31], l'intégration de toutes ces contraintes implique la formation d'un nouveau type d'employé polyvalent, flexible, particulièrement instruit et capable de s'adapter à une dynamique permanente de changement. Dans cette mouvance de rationalisation et de réorganisation permanente des entreprises, la « sécurité » et la stabilité d'emploi deviennent un leurre notamment pour les cols blancs mais aussi pour les autres catégories de personnel. Le **sentiment d'appartenance à l'entreprise est dilué**, d'autant que de nombreuses tâches de professionnels sont de plus en plus confiées à des employés à temps partiel ou à des consultants externes.

Les nouvelles technologies de l'information et de la communication ont induit de faibles gains de productivité pour le personnel de bureau malgré de profonds changements dans les structures des organisations. Le contexte concurrentiel a donc changé et la place majeure de la technologie de pointe dans les gains de productivité nécessite la **mise à jour de la formation des ressources humaines**.

W. Bennis[32] nous rappelle aussi dans « Vision et leadership » que l'image du leader dans l'organisation a profondément évolué depuis les années 1960. Il retient cinq caractéristiques majeures :

---

31. Groupe Innovation (1993), p. 47-52.
32. Groupe Innovation (1993), p. 67-72.

- savoir gérer l'attention (capacité d'attirer autrui parce que l'on a une vision à communiquer et que l'on sait transmettre un forte capacité d'engagement et de mobilisation) ;

- savoir gérer le sens (le leader doit rendre ses idées tangibles et réelles – donc acceptables – aux yeux des autres pour obtenir leur soutien) ;

- gérer la confiance (il s'agit là de la fiabilité du leader soutenue par la constance dans la démarche et les engagements qu'il prend) ;

- savoir se gérer soi-même (connaître ses forces et ses faiblesses et savoir tirer des leçons, avec humilité, de ses échecs pour les mettre à profit) ;

- donner du pouvoir aux employés (un bon leadership dynamise le travail et **donne du pouvoir au personnel**, ce qui se traduit par une habilitation collective ; l'employé qui détient du pouvoir trouve que ce qu'il fait a du sens et de l'importance ; tout comme les leaders, les employés cherchent à se former, à améliorer leur compétence et à tirer des leçons de leurs échecs ; le **leader reconnu et accepté par tous** stimule le personnel dont il orchestre les activités **comme une personne-ressource**, car son attraction dynamise les employés et les motive plus que le système récompenses–punitions).

La crise actuelle structurelle se distingue dans le sens où sa résolution nécessite que l'on change complètement de paradigmes. Face à la mondialisation et à la complexité des systèmes organisationnels, les fondements de la gestion traditionnelle sont battus en brèche et requièrent des réponses nouvelles et innovatrices. Le Groupe Innovation[33] rapporte que certains théoriciens du management s'entendent pour considérer que les organisations pourraient évoluer en fonction d'une douzaine de caractéristiques communes (voir le tableau 8-3).

On se rend bien compte qu'il s'agira surtout d'être plus imaginatif, de « décloisonner les esprits[34] » et d'accepter une remise en cause permanente des façons de faire. Une mobilisation autour de valeurs clairement identifiées et réellement partagées s'avère indispensable. Le développement organisationnel stratégique appuyé sur la connivence et le partenariat devient donc une priorité, tout comme le deviennent la cohérence et l'engagement des dirigeants à mobiliser leurs équipes par la mise en place d'un environnement favorable à la performance. Warren Bennis estime que « **trop d'entreprises souffrent d'un excès de gestion** et d'une carence de leadership[35] ». De plus, une vision du devenir de l'organisation reste soustendue par la capacité de prévision de ses dirigeants. Et le Club de Rome, devant l'urgence des problèmes actuels, notait très justement que « **le monde**

---

33. Salvet (Groupe Innovation) [1993], p. 2.
34. Salvet (Groupe Innovation) [1993], p. 3.
35. Salvet (Groupe Innovation) [1993], p. 4.

TABLEAU 8-3
L'organisation de demain[36]

Caractéristique	Modèle actuel	Prototype du XXIe siècle
Organisation	Hiérarchique	En réseau
Structure	Autosuffisante	Interdépendante
Attentes des employés	Sécurité	Croissance personnelle
Leadership	Autocratique	Partagé
Main-d'œuvre	Homogène	Culturellement diverse
Organisation du travail	Individuel	En équipe
Marché	Intérieur	Global
Avantage	Coût	Rapidité
Focalisation	Profit	Client
Ressources	Capital	Information
Autorité	Conseil d'administration	Partenariat
Qualité	Ce qui est abordable	Aucun compromis

Source : Adapté de *Business Week* (1992), numéro spécial *Reinventing America* par le Groupe Innovation.

nouveau demande des leaders ayant un profil nouveau[37] ». Développer des capacités d'innover, de s'adapter, renforcer les aptitudes à la flexibilité et au changement rapide, voilà autant de caractéristiques déterminantes pour les entreprises.

Dans son ouvrage *Le Big-Bang des organisations*, Sérieyx (1993) considère que nos organisations ont été conçues pour gérer de la permanence dans un monde où la stabilité serait la règle et le changement, l'exception.

> [Or, dit-il,] le changement est devenu la règle et la stabilité, l'exception [...]. La révolution de l'information, la mondialisation des économies, la multiplication des faits déstabilisateurs de certitudes, l'effondrement des grandes idéologies, l'avènement de cette société « CNN » qui nous transforme en un immense village planétaire : autant de chocs qui ont transformé les données du jeu et rendu brusquement inadéquates les organisations d'hier [...]. Il est devenu notoire que nos structures d'organisation actuelles servent à gérer la continuité et la permanence alors qu'à chaque instant, l'environnement, en totale mutation, nous interpelle et se métamorphose. C'est pour cela que le *statu quo* est désormais inadmissible [...]. Les organisations, conçues pour un autre ordre, patinent, dérapent sur cette nouvelle réalité inverse de ce pourquoi on les avait imaginées : entreprises pyramidales incapables de vivre en réseaux ; administrations passives et poussives, incapables de transformer des agents en acteurs, collectivités territoriales vivant encore à l'heure de leurs clochers quand la concurrence des villes et des régions est devenue mondiale ; syndicats décrépits qui, en continuant à défendre les avantages acquis, précipitent un peu plus chaque jour leur déclin ; partis politiques

---

36. Salvet (Groupe Innovation) [1993], p. 3.
37. Salvet (Groupe Innovation) [1993], p. 4.

au charme désuet qui n'en finissent plus d'être en retard sur l'événement et sur les évolutions sociologiques; systèmes éducatifs gigantesques et coûteux qui s'épuisent à fabriquer de plus en plus de têtes mal pleines, de moins en moins préparées à affronter l'incertitude du temps[38].

Presque tous les auteurs présentés par Salvet (1993) constatent en effet que **l'organisation pyramidale, fondée sur le contrôle hiérarchique, est devenue obsolète**. Le temps est donc venu de modifier les façons de faire dans les organisations et de repenser leurs gestions. Nous entrons dans une nouvelle démarche dans laquelle la notion de responsabilité individuelle et collective fait contrepoids à la logique de l'obéissance passive, d'où l'importance de renforcer le capital confiance dans l'organisation. « Les organisations d'hier sont notre prison mentale : elles nous empêchent de voir que nous pouvons produire autrement, administrer autrement [...], alors que le monde de demain l'exige et que les changements d'aujourd'hui le permettent[39]. »

Depuis quelques années, nous sommes entrés de plain-pied dans un bouleversement majeur de nos référents habituels et nous faisons le constat d'une totale imprédictibilité des choses et des événements. Cela paraît encore plus complexe à gérer que lorsque les grands équilibres géopolitiques dominaient la scène internationale. « Le monde change tellement vite qu'il est devenu impossible d'appréhender quoi que ce soit sans se tromper [...] Aucun leader ne peut plus bâtir son entreprise sur des prévisions montrant à quoi ressemblera au XXIe siècle l'industrie dans laquelle il évoluera[40]. » Les gestionnaires ne peuvent plus miser sur des rentes de situations étant donné que l'accélération de la mondialisation des marchés et la concurrence mettent en péril les notions classiques de stabilité et de permanence des intérêts des organisations. Les mutations et les bouleversements atteignent non seulement l'environnement des organisations mais également les fondements de l'économie capitaliste. J. Attali (1990) et M. Albert (1991) posent remarquablement le problème des antagonismes du capitalisme porteur de logiques différentes au sein de l'économie libérale.

L'organisation nouvelle ne peut naître que si **d'autres manières de penser et d'agir** sont prises en considération, nous dit Salvet dans sa synthèse sur le changement paradigmatique[41], car la complexité et l'imprédictibilité des événements obligent les dirigeants à faire appel à des références qui se détournent de la pensée mécaniste mais qui se nourrissent du monde du vivant.

Edgar Morin, Albert Jacquard, Hubert Reeves, les pères de la pensée complexe, nous invitent d'ailleurs à nous démarquer de la pensée scientifique

---

38. Groupe Innovation (1993), *À la recherche de l'organisation de demain*, p. 140-142.
39. Sérieyx (1993), p. 15.
40. Salvet (Groupe Innovation) [1993], p. 24.
41. Salvet (Groupe Innovation) [1993], p. 39-57.

rationnelle qui, elle, sépare et exclut sans rechercher les interrelations. Ce nouveau courant de pensée du management s'inspire de plusieurs principes fondamentaux, notamment l'autonomie de l'organisation, sa cohérence, son ouverture au monde extérieur, la dynamique de sa contradiction et sa récursivité. La notion d'autonomie exige principalement que l'on considère **les partenaires de l'organisation comme étant créatifs et dotés d'une intelligence à même d'enrichir l'organisation**. Plus de considération et d'initiative, moins de contrôle inutile sont les préalables à l'auto-organisation.

Dans «La stratégie VIP», Art McNeil et Jim Clenner estiment que **l'omniprésence du contrôle s'apparente à «un symptôme de démence managériale**[42]**»**. La cohérence et le bon sens sont également essentiels au développement interne de l'organisation. Il faut donc à tout prix redonner du sens au travail et faire en sorte que les membres de l'organisation ne vivent pas en situation de rupture, voire d'aliénation.

Comment évoluer dans un monde où la complexité est grandissante sans favoriser l'ouverture, les alliances stratégiques avec d'autres partenaires et les maillages technologiques? L'organisation ne pourra progresser et perdurer que si elle a une propension à générer des réseaux fertiles, internes et externes, et à être à l'écoute de son environnement par une veille concurrentielle crédible.

La notion de contradiction, chère aux théoriciens de la pensée complexe, va donc certainement alimenter les organisations par des paradoxes et antinomies porteurs d'enrichissement. À l'interne, la principale contradiction pourrait être celle de la délégation de pouvoirs. D'ores et déjà, les structures complexes se dotent de nouvelles formes d'organisation (gestion par projet, gestion matricielle et transversale, notions de plateau, etc.) qui, malgré les contradictions qu'elles font naître, se superposent aux formes traditionnelles d'organisation.

C'est pour cela que de nombreux théoriciens considèrent qu'il est probable que **les organisations génératrices de valeur ajoutée seront celles qui auront la capacité de gérer les contradictions et d'en tirer profit**, donc de cesser de les occulter, de les masquer ou de les ignorer! Salvet nous rappelle aussi que l'enchaînement des causes et des effets à toute action interagit sans cesse. Il y a là une volonté affirmée de tenir compte de l'enrichissement permanent afin qu'il soit plus efficace, plus productif et plus responsable. Ceux et celles qui, aujourd'hui, ont dans nos organisations un rôle dominant doivent prendre conscience que leur toute-puissance n'est pas éternelle, et que l'instabilité grandissante de l'environnement des organisations est en contradiction avec la centralisation des décisions et les monopoles stratégico-décisionnels au sommet de la pyramide hiérarchique.

---

42. Conférence *À la recherche de l'organisation de demain*, avril 1993, Montréal.

Ces bouleversements indispensables à la survie des organisations ont pour but de mobiliser de manière volontaire toutes les intelligences dans l'entreprise. Salvet prône aussi un leadership nouveau intégrant la qualité morale, l'éthique, l'honnêteté, l'intégrité et la réputation.

John Saunders[43] nous donne une orientation intéressante pour guider les adaptations d'un management renouvelé aux grands changements stratégiques. Il nous propose de nous inspirer des « cinq F » :

— *focus* : il s'agit de privilégier la **satisfaction des employés, corollaire indispensable à la satisfaction du client** ;

— *fast* : l'innovation constante est une condition essentielle pour se maintenir sur un marché en changement permanent ;

— *flexible* : les organisations ne pourront survivre qu'en s'adaptant aux changements ; elles devront donc développer des aptitudes à muer selon les signes perceptibles dans l'environnement, captés et répercutés ou traités par tous et chacun ;

— *flatten* : la rupture de la chaîne hiérarchique, son tassement, et le développement d'échanges horizontaux sont autant de nécessités pour promouvoir les initiatives de tout le personnel de l'organisation ;

— *fun* : le **plaisir de travailler dans l'organisation** et le goût du travail bien fait sont des valeurs à promouvoir.

[L'éthique, ajoute-t-il,] est une dimension à ne pas évacuer mais plutôt à renforcer chez tous les acteurs de l'organisation dans laquelle les dirigeants, personnes-ressources, devront être des catalyseurs capables d'aider leurs équipes à croire en ce qu'elles font et à donner du sens à leur travail. L'apprentissage de l'écoute et le renforcement d'une « communion » interne entre les membres de l'organisation s'avèrent importants. L'enthousiasme des dirigeants, leur capacité à respecter et à mobiliser le personnel, cela permet de **faire des organisations des lieux où l'on prend plaisir à être et à donner**. Faute d'un engagement personnel des dirigeants, on ne pourra pas rompre avec la servitude du *statu quo*. **Mieux traiter l'environnement, nos employés et nos partenaires** moins nantis, c'est assurer moins de gaspillage et plus de productivité, c'est assurer des possibilités d'échanges effectifs [...], c'est donc, au bout du compte, assurer un meilleur avenir pour tous, à commencer par soi-même[44].

Orgogozo (1991) nous rappelle qu'il faut passer d'une conception de l'organisation vécue comme un espace de rapport de forces entre dirigeants et dirigés à une conception nouvelle définissant l'organisation comme un ensemble d'éléments en interaction orienté vers un but : la satisfaction de l'employé et du client. Un **problème majeur** apparaît dans les organisations **lorsque les dirigeants sont persuadés qu'ils sont les seuls à posséder**

---

43. Salvet (Groupe Innovation) [1993], p. 101.
44. Salvet (Groupe Innovation) [1993], p. 105.

« **l'intelligence du système** » et qu'ils considèrent avoir pour devoir de lui donner un sens. Une telle situation amène le personnel intermédiaire à se soumettre aux ordres de son supérieur et à s'abstenir d'avoir un jugement personnel sur les décisions venant d'en haut. Le décloisonnement des structures devient nécessité.

Le dépassement du taylorisme et du paradigme fonctionnel passe par une compréhension réelle des effets qu'il a produits dans l'esprit des employés. Car on ne peut espérer développer l'engagement et la responsabilité tout en tronquant ou en falsifiant l'information.

Dans *Le management clandestin*, M. Moullet (1992) nous invite à comprendre les zones d'ombre, les faces cachées de l'organisation, là où s'élaborent les **réponses des salariés à la complexité de leur environnement**. Chaque acteur de l'organisation tisse un certain nombre de micro-négociations et de transactions afin de structurer son environnement par des coalitions, alliances non officielles qui lui permettent de réduire l'incertitude. Au-delà d'une analyse des structures informelles, Moullet montre la cohérence et la logique de cet ensemble de relations non officielles qui ont leurs propres règles. Il invite à mieux **comprendre et accepter ces rationalités contradictoires** sans se laisser figer par un modèle.

Le Mouël, dans *Critique de l'efficacité*, considère aussi que, depuis 1980, le milieu managérial est devenu autoréférent. Les notions d'excellence, de communication, de motivation, de participation, de mobilisation, de qualité fonctionnent comme autant de fétiches accrédités par les médias, le projet d'entreprise, etc. Et par ailleurs, comment parler d'éthique **lorsque l'exclusion fait partie intégrante de l'efficacité**, comme l'a conçue le management classique, lorsque l'économie devient autonome par rapport au social, lorsque l'entreprise devient autonome par rapport à la société globale ? Quels sont les fondements de la logique de l'efficacité maximaliste et à courte vue, et comment y résister ?

Dans *Les saturniens*, Messine (1987) relate une expérience majeure pilotée par le président d'une importante compagnie américaine, General Motors, qui décide de lancer le projet *Saturn* fondé sur quatre défis :

- Un pari commercial : il s'agit de vendre des automobiles compactes d'aussi bonne qualité que les japonaises... au Japon !

- Un pari technologique fondé sur l'utilisation des méthodes les plus performantes.

- Un pari organisationnel basé essentiellement sur l'utilisation efficace de la sous-traitance, la flexibilité du travail, la polyvalence des salariés, le décloisonnement des tâches et des fonctions, la libre circulation de l'information, le travail d'équipe et la responsabilisation de tous les employés.

Nous sommes là, en fait, devant l'**antithèse du taylorisme** dont l'industrie automobile américaine était imprégnée depuis des décennies, et le projet *Saturn* devait bien avoir pour objet de rompre avec l'approche classique du taylorisme, avec la déqualification et l'abrutissement des travailleurs dans la chaîne de production. General Motors voulait, dans ce projet, expérimenter une **organisation en îlots de productions autonomes**, selon une conception modulaire, chaque module ayant la charge de la réalisation d'un sous-ensemble du véhicule. Une telle organisation (de type «plateau») devait permettre aux ouvriers une certaine polyvalence, des tâches moins répétitives, une maîtrise plus complète du processus de fabrication incluant une plus grande autonomie dans l'organisation de leur travail et une productivité améliorée.

– Un pari consistant à promouvoir un **nouveau «pacte social»** entre l'entreprise et les employés avec, dans la ligne de mire, une tendance à une certaine forme de **cogestion**, à l'**emploi à vie** et à une nouvelle forme de **participation aux bénéfices**.

Bien qu'elle soit assez rare en Amérique du Nord, cette expérience semble particulièrement prometteuse et démontre qu'en fait ce sont bien les dirigeants qui détiennent une part importante des solutions au dépassement de la crise managériale actuelle, mais, paradoxalement, par une grosse diminution de leur omnipotence et de leur omniprésence, au profit des employés de tous rangs.

Tom Peters (1993), dans son dernier best-seller *L'entreprise libérée*, estime que l'imprévisibilité permanente, l'effet de mode, la dynamique du changement «au quotidien», la mondialisation des marchés, la complexité des organisations, tout cela aboutit à une nouvelle vision du management et des relations du travail. La prééminence de l'immatériel sur les autres produits marchands, l'extraordinaire fluidité du marché des «connaissances» et la très forte valorisation de «l'invisible» sont autant de facteurs qui transforment radicalement nos organisations : la possibilité d'exercer un management axé sur l'imposition et le contrôle s'amenuise sans cesse et devient un grave handicap.

Et pour reprendre l'expression d'Isabelle Orgogozo (1991), l'évolution des techniques et les gains de productivité sont tels que «cela conduit au développement d'une nouvelle matière première – l'information – dont le traitement et la transformation rendent inévitable une **évolution très profonde des relations de pouvoir** entre les hommes ; il s'agit aussi de ne plus se limiter à une sorte de *lifting* de nos approches habituelles».

LES INSUFFISANCES MAJEURES DU MANAGEMENT CLASSIQUE ET LES VOIES DE RENOUVELLEMENT

La variété, le ton et la qualité des personnes qui dressent ces constats de crise du management témoignent de la gravité et de l'ampleur du problème, mais aussi de l'entêtement et de l'aveuglement de tous ceux, hélas très nombreux, qui ne veulent pas voir cette crise ou même en entendre parler.

Élaborons maintenant une synthèse des éléments sur lesquels porte le constat de crise dressé par tant de personnes différentes et les résultats auxquels le management traditionnel semble avoir conduit. Le tableau général qu'on peut dégager touche à peu près tous les aspects et toutes les facettes du management :

– le contenu des théories, modèles et outils, même « classiques » ;
– la pertinence de ces théories, modèles et outils ;
– leur enseignement ;
– la valeur et la validité des méthodes de recherche ;
– la valeur et la validité des savoirs construits ;
– le fossé entre enseignements et réalité ;
– l'inadéquation des principes ancestraux, sans cesse répétés ;
– la fuite dans le formalisme et les techniques ;
– la répétition et le renforcement de vieilles croyances ;
– l'état peu encourageant des rapports humains ;
– l'incapacité à réellement « motiver » ;
– l'obsolescence des concepts et des théories ;
– l'incapacité à identifier et à suivre les changements de fond ;
– l'incapacité à se remettre en question, à s'autocritiquer ;
– l'inadéquation des MBA classiques.

Puisque nous traitons du management traditionnel, qui est, comme on l'a vu, largement nord-américain, il est normal que nous nous penchions sur l'analyse d'un certain nombre d'indicateurs de résultats et de performances de l'économie et des entreprises américaines, pour en découvrir l'état de santé. Un livre paru en 1987, *L'industrie américaine, fin de siècle*, écrit par deux économistes, Bertrand Bellon et Jorge Niosi, établit une sorte de bilan commenté de l'industrie actuelle des États-Unis. Après avoir passé en revue aussi bien les analystes optimistes que pessimistes, les deux auteurs en arrivent au constat d'un déclin marqué et tendanciel des performances industrielles américaines. Ils observent que le nœud de ce déclin réside dans l'affaissement de la productivité industrielle ; ils accusent les entreprises de ne pas savoir produire des automobiles légères, fiables et moins gourmandes, de ne pas savoir produire de l'acier sinon avec des protections et des subventions, de ne pas savoir rattraper le retard en informatique autrement que par des programmes deux fois plus coûteux que ceux des pays concurrents, etc.[45]. Si ce ne sont pas là des problèmes de gestion, on voit mal de quelle nature ils pourraient être.

---

45. Ballon et Niosi (1987), p. 225 et suivantes.

On peut aussi jeter un regard sur le bilan des années de renforcement de ce type de gestion aux États-Unis sous le régime du « reaganisme », qu'on présente très souvent comme étant celui de la réussite et de l'opulence[46] :

– le revenu réel des couches les plus pauvres (1 famille sur 10) a baissé de 10 % ;

– le revenu réel des couches les plus aisées (également 1 famille sur 10) a augmenté de 27 % ;

– le revenu réel des couches les plus riches (1 % de la population) a augmenté de **72 %** ;

– en tout, 35 millions de personnes vivent sous le seuil de pauvreté, et plus de 60 millions sont dans le besoin.

Voilà ce qui a pu faire dire à un auteur tel que Sautter (1987) et à de nombreux observateurs spécialisés que la croissance des États-Unis pendant la décennie 1980 a été **une aggravation des injustices sociales et une « croissance à crédit »**, et non pas une croissance bâtie sur les capacités gestionnaires ou la productivité des entreprises.

Pour Michel Albert (1991), il ne fait aucun doute que le développement reaganien des années 1980 aux États-Unis et dans les pays anglo-saxons est celui d'une **« économie casino »**, profondément **« dualiste »**, où la « ségrégation de fait, l'apartheid économique en vigueur produit une société définitivement et cruellement à deux vitesses ».

L'auteur nous rappelle, à titre d'exemple, que la population carcérale a doublé aux États-Unis ces dix dernières années, « dépassant maintenant de 30 % le taux record de l'Afrique du Sud (4,26 pour 1000 contre 3,33 pour 1000)[47] », que des pans entiers du patrimoine américain sont rachetés par les Japonais et qu'un désarroi profond touche les individus « englués dans toutes sortes de terreurs, de l'insécurité à la drogue, au chômage, au surendettement et à la haine raciale[48] ». En ce qui concerne le revenu, celui des Américains les plus défavorisés aurait diminué de 10 % en 10 ans[49]. De plus, Albert qualifie les États-Unis de « **véritable Tiers-Monde plein de riches** où la notion de **justice sociale** serait **considérée comme subversive, quasi indécente**, le seul substitut acceptable étant la "lutte contre la pauvreté par les moyens de la charité"[50] ».

---

46. Bilan publié par divers médias, en décembre 1988–janvier 1989, dont le quotidien montréalais *La Presse* dans son édition du 29 janvier 1989. Il est à signaler qu'aujourd'hui moins de 1 % des historiens américains estiment que Reagan a été un « bon président » ! Alors même qu'on continue, çà et là, de préconiser ce qui a fait la base de sa politique économique : le néo-conservatisme.
47. Albert (1991), p. 49.
48. Albert (1991), p. 52.
49. Albert (1991), p. 53.
50. Albert (1991), p. 57.

Selon des chiffres officiels du Congressional Budget Office publiés en 1989, le fossé entre Américains riches et pauvres s'est à ce point élargi pendant la décennie 1980 que les 2,5 millions de riches ont perçu en 1990 pratiquement la même masse nette de revenus que les 100 millions de personnes qui se trouvent au bas de l'échelle[51] !

Le paysage industriel des États-Unis est en profonde mutation. Que reste-t-il des grands pôles sidérurgiques et métallurgiques de la région du Nord-Est, que deviennent les filières de l'automobile, de la mécanique, de l'aéronautique, etc.? Ces secteurs et bien d'autres accumulent, année après année depuis 1990, des pertes considérables. Et comment ne pas s'interroger sur les problèmes de qualité de la production et de maîtrise du savoir-faire lorsque l'on sait que dans l'industrie automobile «le taux de pièces défectueuses des usines américaines est désormais 100 fois plus élevé qu'au Japon[52]».

Parmi les raisons invoquées pour expliquer le recul industriel des États-Unis après plusieurs années d'ultra-libéralisme, on peut se référer au célèbre rapport rédigé en 1990 par le MIT[53] dont nous retiendrons, entre autres, que «les méthodes de management américain qui étaient reconnues et enviées ne sont plus – et de loin – les meilleures. De plus en plus, les Japonais et les Européens[54] surpassent les Américains dans ce domaine. Et ces derniers en sont parfois réduits à copier des méthodes mises au point ailleurs: production à flux tendus, cercles de qualité, etc.[55]».

Par ailleurs, aux États-Unis, la spéculation boursière, l'attrait d'opérations financières à haut risque et l'obsession de la rentabilité à court terme ont contribué à faire en sorte que **le marché financier exerce «une véritable tutelle sur l'économie en général et les entreprises en particulier**[56]», et les actionnaires à la recherche de dividendes et de plus-values se préoccupent très peu des entreprises dans lesquelles ils investissent. Près de 60 % de la capitalisation boursière à Wall Street appartient aux régimes de retraite des employés des compagnies américaines. En 1992, ces caisses de retraite possédaient déjà «la moitié du capital en actions des grandes entreprises, et une part presque aussi grande de leurs obligations[57]».

[Et, chose surprenante,] les investisseurs institutionnels américains cherchent avant tout à optimiser le rendement à court terme de leur portefeuille [...]. Cette **obsession du résultat à court terme** les incite parfois – en cas d'OPA (offre publique d'achat) – à la «trahison» pure et simple, comme on disait autrefois. Nombre d'entre eux, en effet, gèrent les retraites des employés des grandes sociétés. Lorsque l'une

---

51. Albert (1991), p. 55.
52. Albert (1991), p. 66.
53. M. Dertouzos, R. Lester et R. Solow (1990).
54. Principalement les Allemands et les Scandinaves.
55. Albert (1991), p. 68.
56. Albert (1991), p. 86.
57. Drucker (1993a), p. 14.

d'elles est attaquée, ils ont tout intérêt à se mettre du côté de l'attaquant pour réaliser des plus-values. Avec de tels actionnaires et de telles stratégies, on est loin de l'entreprise conçue comme une communauté d'intérêts, réunissant les actionnaires, les salariés et la direction. L'entreprise n'est plus qu'une machine à cash-flow, ballottée par les vagues du marché et menacée par les imprévisibles tempêtes de la spéculation boursière[58].

Dans une critique acerbe, Akio Morita, P.-D.G. de Sony, estime que les Américains font de l'argent avec les fusions et acquisitions mais ne savent pas produire de nouveaux objets. Alors, dit-il, « que nous planifions sur dix ans, ils ne s'intéressent qu'aux profits à faire dans les dix prochaines minutes. À ce rythme, l'économie américaine est devenue une économie fantôme[59]. »

Comment ne pas évoquer aussi le vertigineux déficit de la balance des paiements des États-Unis, pays qui était le plus grand créancier du monde voilà quinze ans et qui est aujourd'hui le plus grand débiteur !

Héros ambigus de duels boursiers titanesques, **les dirigeants sont devenus également, pour les médias et l'opinion, des demi-dieux affranchis des contraintes terrestres,** maniant les milliards, manipulant les actifs et les métiers, se jouant des frontières et des États. Comment certains n'auraient-ils pas cédé à la mégalomanie ? Et comment n'auraient-ils pas infléchi progressivement leurs méthodes de gestion pour mieux correspondre à l'image d'eux-mêmes que leur renvoyaient les médias[60] ?

Toute cette logique, propre à l'entreprise anglo-saxonne qui s'inscrit dans une démarche ultra-libérale, contribue à émousser l'esprit d'entreprise, car les entrepreneurs sont de plus en plus hésitants à prendre des risques industriels. Quel paradoxe !

Il est aujourd'hui évident, on s'en est rendu compte, qu'il n'est plus question de croire, ou de faire croire, que le management traditionnel, même complété par les efforts de réformisme ou de remises en question de modalités, peut encore être considéré comme la voie royale pour la bonne marche des entreprises. Le management traditionnel est en état de crise. Il ne s'agit pas, bien sûr, de mettre toute la pensée managériale, en bloc, sur le banc des accusés. La philosophie, les principes et les outils de gestion traditionnels comportent bien des aspects positifs qui sont encore indiqués et utiles. Mais nul ne pourrait, sans parti pris de nature quasi idéologique, soutenir qu'on peut continuer d'avancer tout en se dispensant d'un **questionnement radical sur l'état de beaucoup de choses dans le management** actuel. En général, les dirigeants et les gens d'affaires sont conscients du malaise présent. On constate qu'ils s'intéressent à d'autres économies, d'autres modèles, d'autres systèmes plus performants dont les

---

58. Albert (1991), p. 89.
59. Cité par Albert (1991), p. 93.
60. Albert (1991), p. 86.

indicateurs globaux de réussite les préoccupent bien plus que les raisons profondes, concrètes et pratiques ayant assuré leur succès. C'est ainsi qu'on cite régulièrement le Japon ou l'Allemagne, en se contentant de signaler le niveau de PNB atteint, le degré de productivité réalisé ou le taux de croissance réussi.

En général aussi, les discours du management traditionnel tendent à rechercher des coupables pour la moins bonne réussite de l'économie. Viennent le plus souvent au premier plan les travailleurs et les syndicats, puis les pays étrangers (qui subventionnent, qui protègent), puis les gouvernements (qui ne laissent pas faire le marché, qui imposent des réglementations et des «irritants» gênant l'envol des entrepreneurs, qui maintiennent des taux d'intérêt et la monnaie trop élevés ou trop bas, etc.), mais **on ne mettra à peu près jamais en cause les gestionnaires ou la gestion**. Pourtant, les dirigeants et les managers prennent bel et bien les décisions qui nous conduisent à tel ou tel état donné et ce sont eux qui se sont investis de cette responsabilité[61].

Bellon et Niosi (1987) avancent trois séries de raisons du déclin de l'industrie américaine. Une première série serait constituée par l'«émergence» d'une économie mondiale «multipolaire», c'est-à-dire l'arrivée d'au moins une dizaine de pays nouveaux dans le clan des pays industrialisés. La deuxième série de raisons relèverait du poids que fait peser sur l'économie américaine son «hégémonie militaire», grugeant une grosse part des dépenses publiques. La troisième série, enfin, dépendrait de «l'inadéquation du rôle du gouvernement fédéral en matière de politique industrielle», c'est-à-dire de l'**absence, à cause de la vague de libéralisme conservateur, de «stratégies industrielles nationales cohérentes»**. Cette absence de cohérence – au nom du libéralisme économique – se paie par un gaspillage multiforme et incontrôlable[62].

Malgré le caractère très pénétrant de l'étude que Bellon et Niosi effectuent, cette dernière reste, et c'est sans doute leur objectif, une analyse sur le plan des indicateurs économiques, sans questionnement d'autres facteurs plus proches du terrain ou de l'action concrète de l'entreprise. Derrière ces indicateurs et ces déterminants de la performance de l'économie globale, il y a des décisions et des actes de personnes qui influencent le cheminement de la production des biens et des services. Que ces personnes soient du secteur public ou du secteur privé, il reste que ce sont des gestionnaires, des dirigeants, des cadres. Et ce sont les conséquences de leurs décisions qui nous intéressent ici.

---

61. Voir les arguments que développe à ce sujet Alain Chanlat (1993) à propos de «l'Occident malade de ses dirigeants».
62. Bellon et Niosi (1987), p. 42 et suivantes.

SYNTHÈSE ET CONCLUSION:
UNE CRISE PLUS STRUCTURELLE QUE CONJONCTURELLE?

En synthétisant les différentes critiques internes et externes, on peut répertorier un certain nombre de causes directement déterminantes de l'essoufflement de la pensée managériale traditionnelle elle-même. Il y a tout
d'abord ce que l'on peut désigner par l'a-scientisme extrêmement courant
dans les écoles et dans les pratiques de gestion[63]. Il ne s'agit pas de dire
que les écoles de gestion ou les managers ferment leurs portes aux sciences,
mais plutôt qu'ils n'en laissent pénétrer que certaines, qui les arrangent et
qui les aident à mieux aller vers leurs buts à court terme. Ou encore, ils
prennent seulement des «portions» de sciences, filtrées de façon qu'elles
ne posent aucun obstacle à leurs desseins. C'est ainsi que plusieurs sciences
n'ont aucune place, comme les sciences de la nature et de la vie en général,
alors que les autres – la psychologie, la sociologie, l'économie, les mathématiques – ne sont intégrées que tronquées, amputées, sinon dénaturées.
On retient seulement ce qui cadre avec l'idéologie maximaliste et qui a la
faveur des milieux des affaires.

Au besoin, on peut même fabriquer de nouvelles disciplines partielles
qui se réclament des disciplines générales et qui prétendent au statut de
science. Il en est ainsi de la «psychologie industrielle», de la «sociologie
industrielle», de l'économie de l'entreprise. Ces «néo-sciences» traitent
d'un être humain et d'actes humains considérés comme étant spécifiques de
l'entreprise et détachés du reste de la vie, qu'elle soit psychique, sociale ou
économique. Tout se passe comme s'il y avait, par exemple, une psychologie
pour l'être humain en tant que tel et une autre, différente, isolée de la
première, valable seulement pour l'être humain en usine. Quoi d'étonnant,
alors, à ce que les théories du management soient régulièrement perçues
comme ne fonctionnant pas, ou très peu, ou comme étant des abstractions
coupées du réel, sans correspondance avec ce dont elles parlent?

Le corollaire immédiat de cet a-scientisme est bien sûr l'absence d'intellectualisme, voire l'anti-intellectualisme, comme plusieurs le constatent[64].
Aussi bien dans les écoles de gestion que dans les états-majors des entreprises, on parvient à un rejet quasi viscéral de tout ce qui peut ressembler
à la discussion de principes, à l'interrogation conceptuelle ou à ce qu'on
désigne avec dédain comme étant de la «philosophie». La réflexion est
remplacée par l'analyse ou le calcul, ou encore par l'utilisation d'instruments
ou d'outils tout faits tels que les modélisations, les algorithmes ou les
logiciels. D'ailleurs, le qualificatif «philosophe» et le verbe «philosopher»
sont, dans les milieux de la gestion, considérés comme synonymes de

---

63. Le même constat est fait par, entre autres, Chanlat (1984), Chanlat et Dufour (1985), Galambaud (1988), Séguin (1988).
64. Argyris (1980), Herzberg (1980a, 1980b et 1980c), Peters et Waterman (1982), Chanlat (1984),
Lussato (1986), Galambaud (1988).

« vaseux », « inutile », « flou » et « inintéressant », sinon « gauchisant », « nocif » ou « subversif ». La réflexion est évacuée au nom de l'analyse et de l'action. On fait comme si agir et réfléchir étaient antinomiques. Cette attitude ouvre la porte toute grande aux préjugés généralement associés au métier de gestionnaire : rapidité, esprit de décision instantané et vitesse de traitement de l'information hors du commun. Et ces croyances, devenues valeurs cardinales du « bon » gestionnaire, sont, on l'a vu, renforcées, théorisées et propagées par des travaux du genre de ceux de Mintzberg. On croit donc toujours qu'il est plus efficace de se dispenser de « philosopher », de se passer de prendre le temps de réfléchir, puisque de toute manière, la « nature » même du travail de manager ne s'y prête pas. Or, Mintzberg (1976) lui-même, lorsqu'il traite du rapport entre le management et les fonctions des hémisphères gauche et droit, en appelle à une réintégration des fonctions de l'hémisphère droit. Alors même que, et Lussato (1986) nous explique pourquoi, l'hémisphère droit ne peut être réintégré, stimulé et mis à contribution que s'il est soumis à des activités d'ordre esthétique, global, synthétique, telles les expériences artistiques, poétiques et... philosophiques !

Cela nous amène au troisième manquement du management traditionnel, qui est relié aux deux premiers. Il s'agit de l'évitement et, souvent, du rejet systématique de tout effort de culture générale. Certaines gens d'affaires très en vue ont, en ce sens, maintes fois déclaré qu'il fallait tout simplement supprimer les programmes de formation qui ne conduisent pas l'individu à répondre aux besoins de l'entreprise (et donc, selon eux, à se procurer un emploi). De tels arguments visent à faire disparaître la formation générale et les connaissances fondamentales sous prétexte qu'elles conduisent au chômage. Malheureusement, on compromet du même coup les sources de richesse et de variété des savoirs nécessaires à la créativité, à l'originalité, à l'adaptation, etc., toutes qualités indispensables aussi bien à l'employé qu'au gestionnaire réellement efficaces. Et ces qualités, on ne peut les acquérir, sauf dans des cas rarissimes, que par les sciences, l'expérience réfléchie, la réflexion et la culture générale ; ce que Herzberg appelle les « humanités ».

Le management traditionnel s'est toujours refusé, sauf chez certains critiques, à aborder des questionnements ayant un caractère plus profond, ou pouvant représenter une menace au *statu quo*. Tout esprit interrogateur, inquiet, prudent ou sceptique est immédiatement assimilé à un esprit de « perdant », de « pessimiste » ou d'« anti-entrepreneur », voire de « gauchiste ». Cette grande méfiance pose évidemment un obstacle supplémentaire à la pénétration de la réflexion et des savoirs plus fondamentaux et plus variés dans le monde de la gestion. L'idée que le manager doit « croire au système, croire à l'entreprise », se comporter en « entrepreneur » et en « gagneur » exclut généralement jusqu'à l'idée de s'interroger, et, bien sûr, encore plus si cette interrogation porte sur les fondements, les finalités, la légitimité des objectifs poursuivis, ou des pratiques en usage. S'interroger sur le bien-fondé ou sur la finalité est devenu synonyme de couardise, de perte de temps, de paralysie. Or, qu'est-ce que réfléchir, faire preuve de sagesse et de jugement sain, sinon s'interroger en particulier sur les fondements, les présupposés et les fins, ainsi que le préconisent Argyris et Herzberg eux-mêmes?

Le management traditionnel est marqué par les différences, parfois très grandes, entre ce que disent ou ce que préconisent les théoriciens de la gestion et ce qui en est retenu, enseigné, appliqué et intégré. On peut aller de l'omission ou du renforcement sélectifs jusqu'à la déformation, consciente ou non, des apports des auteurs auxquels on fait appel. Comme cela s'est produit pour les théoriciens de base, ceux-là mêmes qui ont construit l'ossature de la pensée administrative classique: Smith, Taylor, Mayo et Weber. Cette pratique s'inscrit, bien entendu, dans les traditionnelles attitudes et volontés de service aux propriétaires et aux dirigeants, perçus comme étant la représentation privilégiée, sinon exclusive, de l'entreprise.

En gestion, l'enseignement et la recherche ont eu pour fonction de répondre systématiquement aux souhaits des gens d'affaires. On explique ce fait en grande partie par une foi irrationnelle dans le bien-fondé de ces souhaits. Et, aussi, largement par le désir – sinon par la nécessité –, bien humain et légitime selon beaucoup, de plaire aux milieux des affaires et de leur vendre (dans tous les sens) leurs « théories ». Milieux qui, bien sûr, « achèteront » d'abord ce qui va dans le sens de leur volonté et de leur pensée. Mais être au service de l'entreprise ainsi conçue, ce n'est pas être au service de l'ensemble de ses composantes, ni de l'ensemble des bénéficiaires et partenaires (consommateurs, environnement, etc.), et, encore moins, de la science!

Bien souvent, et c'est là une autre raison profonde du déclin managérial, la science et la pensée scientifique sont remplacées par nombre de pseudo-sciences (comme en témoignent Staw et Salancik, Stolorow et Atwood, A. Chanlat, A. Chanlat et Dufour, Séguin). Ces pseudo-sciences sont présentées comme apportant le discours de la vérité et de la rigueur, et sont considérées comme devant remplir un rôle d'accès à des principes indiscutables et universels (ce à quoi les différentes sciences, même fondamentales, ne prétendent nullement[65]).

Elles ont donc la prétention de conduire à des modèles d'actions non seulement légitimes, mais particulièrement fondés et souhaitables parce qu'ils sont « voulus » par des « sciences ». Les cas typiques de pseudo-sciences peuvent être représentés par ce qu'on désigne, abusivement, dans les écoles de gestion, sous des expressions introduites par le mot « sciences », qui ne recouvrent en fait que des techniques[66].

---

65. On entend par là ce que disent les sciences fondamentales, hors de tout contexte instrumental et utilitariste, sinon celui de la communauté scientifique qui produit la connaissance momentanément la plus acceptée.
66. L'appellation « sciences du comportement », par exemple, est abusive (Evans-Pritchard 1969, entre autres), car en matière de comportement humain ou social, on ne peut avoir affaire à des « sciences » entendues dans leur sens classique, du fait qu'on n'a pas affaire à des « lois » et des « causes », mais à des « choix », des « sentiments », des « raisons », etc. L'homme et le groupe social ne sont ni des « organismes » ni des « objets » inertes.

Par ailleurs, ces sciences partielles, tronquées, ou pseudo-sciences, sont surchargées et biaisées par le poids de la vision technico-économique ou technico-financière qui représente le filtre et le point de vue obligés dans toute théorie relative à l'entreprise. Cette vision agit comme un prisme déformant qui ramène toutes les questions concernant la vie et la dynamique de l'entreprise à une affaire de rentabilité et d'efficacité financières. On en arrive alors à comprendre et à traiter l'ensemble des phénomènes en jeu uniquement dans le cadre d'une pensée bâtie sur des critères techniques ou économiques. Aussi, même des éléments qui, tels l'écologique, le social et l'humain, échappent par nature aux raisonnements technicistes et rentabilistes y sont intégrés de force. Quitte à en faire, et on ne s'en prive pas, de simples *inputs* ou « facteurs » ou « ressources » **traités, quand ils le sont, uniquement d'une façon comptable**.

La primauté donnée à la rationalité technico-économique déshumanise l'entreprise et conduit à l'appauvrissement de ce qui peut, précisément, en faire une véritable institution de progrès et de créativité : les systèmes humains et sociaux. Sans compter l'ampleur des violences physiques et symboliques qu'on fait subir aux groupes, aux personnes, à la nature et à l'environnement, quand seules les finalités financières comptent. Ce type de gestion se paye, et de plus en plus, en démobilisation des employés, en retards d'innovations, en baisses de productivité, en gaspillages et en destructions écologiques[67].

Lors des moments de crise économique ou de difficultés, au lieu de se pencher sur ses propres errements, le management traditionnel cherche invariablement l'élément extérieur à lui-même qu'il faut faire changer, évoluer, se transformer, progresser : les employés, les syndicats, un gadget managérial ou les règles du gouvernement. Cette fuite systématique devant sa propre remise en question, comme le signale Morgan (1989), empêche tout réel progrès, car, sans remise en question, il n'y a de progrès que de surface, voire pas de progrès du tout. C'est ainsi qu'il existe une multitude de recettes, d'outils managériaux et de spécialistes voués à la modification, chez les employés, de la perception, des valeurs, de la culture, de la mentalité, des attitudes, etc. N'importe qui peut, par contraste, remarquer l'extrême rareté des recettes, des outils et des spécialistes voués à la modification des mêmes éléments chez les dirigeants, conçus d'avance comme éternellement bien-pensants, motivés et mobilisés, correctement acculturés et toujours agissant dans le sens du bien général.

En corollaire, il y a la très néfaste tendance à continuer à traiter les employés comme des organismes passifs à qui il faut tout inculquer, chez qui

---

67. Voir, sur ces questions, en particulier J.-F. Chanlat (1983), J.-F. Chanlat et Séguin (1983), Capra (1983), A. Chanlat (1984), A. Chanlat et Dufour (1985), mais aussi Peters et Waterman (1982), Rifkin (1980 et 1989), Passet (1979). On a d'ailleurs juste à songer à l'appellation courante « ressources humaines »...

il faut créer les bons réflexes, qu'il faut « savoir faire fonctionner et rentabiliser ». On en fait, pour reprendre l'expression de Herzberg, soit des « termites » laborieux, hyperspécialisés et silencieux, soit, et c'est la vogue actuelle, des réceptacles creux où on peut, presque à volonté, injecter valeurs, symboles et cultures.

Jamais une telle conception des employés ne conduira à une situation où chacun se sentira partie prenante et effectivement invité à agir comme si le sort de l'entreprise était sien. Le passage du « termite obéissant et programmé » au « termite suiveur de symboles » est en partie attribuable au *single-loop learning* et à l'absence de *double-loop learning*, dont parlait Argyris. La conception que l'on se fait de l'employé n'a à peu près pas évolué depuis Taylor parce qu'on ne remet pas en question les fondements et les présupposés des « théories » qu'on a construites à son propos.

Il y a aussi, bien sûr, la conception complémentaire : celle que l'on se fait du dirigeant. Or (on peut en voir la preuve évidente dans les travaux, par exemple, de Mintzberg), depuis Fayol et jusqu'à nos jours, on ne trouve à peu près rien d'autre dans la pensée traditionnelle que glorification, sinon autoglorification, du dirigeant, du gestionnaire et de son travail. Même si on critique de plus en plus les MBA.

Les reproches des auteurs, que nous avons passés en revue, ne sont qu'une goutte d'eau dans l'océan des écrits à dominante apologétique. Tout se passe comme si on abreuvait perpétuellement la pensée managériale traditionnelle d'autojustifications et d'absolutions ; comme si on devait privilégier le maintien du pouvoir et du contrôle des dirigeants, même si c'est au détriment de l'efficacité et de l'économie globale.

Les différentes théories qui se sont succédé jusqu'à Mintzberg ont toujours favorisé et mis en avant des prescriptions et des façons d'être qui garantissent d'abord le statut et l'autorité des dirigeants, dont on doit trouver la « marque » partout dans l'organisation. Cela entraîne une fâcheuse confusion entre les procédures de maintien du contrôle et du pouvoir et les procédures d'amélioration du travail et de l'efficacité. En premier lieu parce que l'attitude de base qui prévaut dans l'industrie occidentale en général est une attitude de méfiance et de suspicion envers l'employé. Et, en second lieu, comme le dit avec grande justesse Perrow (1979), dans le système de travail salarié où l'employé est considéré et se considère comme un facteur de production non intéressé au sort de l'entreprise, le seul moyen d'obtenir un minimum de productivité reste le contrôle et la coercition. Tant et aussi longtemps qu'on n'aura pas absolument besoin de l'engagement volontaire et de l'adhésion de chaque employé pour hausser de façon substantielle ce minimum de productivité, on continuera à se soucier davantage des moyens de maintien et de renforcement du pouvoir et du contrôle[68].

---

68. Marglin (1973) explique que c'est là la véritable et l'unique vocation de la hiérarchie de l'usine occidentale qui n'a aucun rôle dans l'efficacité, mais a un grand rôle dans l'assise du pouvoir pour mieux s'emparer des surplus.

L'attachement, inscrit dans les cultures et la civilisation occidentales, à une hiérarchie nombreuse, contrôleuse et tatillonne[69] conduit à cet autre manquement important, dont nous avons déjà dit quelques mots : l'intolérance, en même temps que l'inhibition face à l'initiative réelle. Celle-ci n'est autre que le pouvoir d'expression libre, le droit à l'erreur, l'auto-organisation et le « bruit ». Souvenons-nous que, pour Carlzon (1986), le droit à l'erreur pour tous et la redistribution du pouvoir jusqu'au bas de l'échelle ont été les clés du redressement et du succès de SAS. Souvenons-nous aussi qu'il s'est plaint d'avoir trouvé, sur ces points précis, le plus de résistance à ses plans en Amérique du Nord, c'est-à-dire là où le management traditionnel est le mieux installé. N'oublions pas non plus les comparaisons très significatives que McMillan faisait entre les États-Unis et le Japon : respectivement 0,84 et 18 suggestions par ouvrier par an, soit un rapport de 1 pour 20 ; et de 15 à 17 paliers hiérarchiques aux États-Unis, contre 5 à 7 au Japon. Ces chiffres appuient la thèse de Marglin dont nous parlions plus haut[70] et en disent long sur les conséquences de principes tels que la « conception au sommet » et l'« exécution à la base », « l'homme qu'il faut à la place qu'il faut », la spécialisation. À la limite, comme le disent Marglin (1973) et Braverman (1976), la subdivision des tâches et l'hyperspécialisation semblent procéder du principe « diviser pour régner », afin de mieux asseoir l'autorité des dirigeants bien avant que d'augmenter l'efficacité.

Une autre confusion tout aussi dommageable que la précédente consiste à prendre des manières d'être, des manières de vivre ou des pratiques sociales pour des outils de management et à s'en servir comme autant d'instruments de manipulation ou de recettes de téléguidage des comportements. C'est le cas, ou cela a été le cas, puisque cette mode est presque totalement passée à présent, des fameux « cercles de qualité » pris isolément, qu'on a cru pouvoir « emprunter » aux Japonais pour les « implanter » un peu partout dans les entreprises. Les échecs ne se comptent plus, car on a tout simplement oublié que le cercle de qualité est un mode de vie plutôt contraignant ou plus ou moins paternaliste (dans le bon sens du terme), inscrit dans le mode de vie de l'entreprise japonaise et dans l'esprit de la société japonaise. Ce n'est que de façon secondaire qu'il joue le rôle d'outil de gestion. Il implique un état d'esprit ainsi qu'une façon de vivre les relations sociales dans l'entreprise auxquels ne peut se substituer l'aspect « instrument ». On peut en dire tout autant de la direction par objectifs, de la participation, etc.

On peut associer cette course à l'outil de gestion à une autre attitude managériale rétrograde maintes fois décriée : l'orientation systématique vers le court terme. Le gain rapide et maximal reste, encore aujourd'hui, le

---

69. Voir Dumont (1970 et 1979).
70. Ces chiffres concernent particulièrement l'industrie automobile : General Motors et Ford par rapport à Toyota, au début des années 1980.

moteur de la dynamique des entreprises occidentales en général. On voit immédiatement les conséquences qu'une telle attitude entraîne nécessairement, que ce soit dans les relations avec les employés, ou dans la façon de traiter les clients, ou encore dans la façon de se comporter vis-à-vis de l'environnement. On fera tout pour que les salaires demeurent les plus bas possible, pour réduire le plus possible le nombre d'employés, pour que les clients payent le plus possible un produit qui aura coûté le moins possible. De même, on fera tout pour ignorer, cacher, reporter, nier tout dommage créé dans le milieu... Et cela, s'il le faut, au détriment de la qualité, de la santé morale et physique des employés, de la satisfaction réelle des clients et de la nature! De Adam Smith (1976) ou de Thorstein Veblen (1912) à Thomas Peters (1982 [avec R. Waterman] et 1988), ou Dumont (1988) en passant par Toffler (1980 et 1986) ou Galbraith (1968, 1989 et 1992), on n'a à peu près jamais cessé d'attirer l'attention sur les conséquences néfastes, qu'il faudra tôt ou tard regarder en face, d'une telle attitude[71].

Heilbroner (1971) ou Galbraith (1961) donnent de nombreux et étonnants exemples de comportements illustrant les aspects parfois dramatiques et les retombées souvent graves de cette attitude. C'est d'abord, on s'en doute, une attitude qui entraîne le refus du changement – donc d'un éventuel progrès – tant qu'on réalise des bénéfices. Ensuite, c'est une attitude qui stimule beaucoup plus le développement d'habiletés de spéculation que le véritable entrepreneurship.

Une autre attitude généralisée dans la pensée managériale classique (Chanlat 1984 et 1985 [avec Dufour], Morgan 1989) est le refus presque viscéral de la complexité. Au nom de l'action et de la définition péremptoire du manager comme homme d'action, on rejette tout ce qui n'est pas simple, ou simplifié à l'extrême. Et les milieux de la recherche et de l'enseignement en gestion jouent ce jeu: des théories et des outils « simples » ont bien plus de chances de succès et de vente que des théories et des outils compliqués. C'est ainsi que nombre de professeurs et de gens d'affaires retiennent pour devises les fameux « pourquoi faire compliqué quand on peut faire simple » et « KISS » (*Keep It Simple, Stupid*). On fait comme si l'énorme complexification survenue dans tous les domaines ces dernières décennies ne touchait pas le management. **Mais on ne peut impunément traiter les choses complexes comme si elles étaient simples.** On doit rattacher cette attitude à l'antiscientisme et à l'anti-intellectualisme dont on a déjà parlé, et cela peut se voir dès qu'on aborde une « théorie » quelconque du management classique, notamment en ce qui concerne le respect de l'humain, du social ou du sociopolitique, pour vérifier la force des préjugés, les stéréotypes et le

---

71. Les auteurs qui comparent les systèmes occidental et oriental (surtout japonais) insistent invariablement sur l'importance cardinale de la différence de mentalités sur ce point précis: l'orientation à long terme, la patience devant l'attente de gains différés, plus présentes en Extrême-Orient, donnent de bien meilleurs résultats, des produits meilleurs et plus fiables, et une assise plus solide à l'industrie.

simplisme conceptuel[72]. L'argument massue, sans cesse répété, y compris, on l'a vu, par Mintzberg, est que le manager a besoin d'idées, de synthèses, d'analyses **brèves**, banalisées pour être claires, rapides à comprendre afin qu'il puisse « agir vite ». Cela implique donc de toujours « faire le plus simple ».

On en arrive ainsi, même dans les écoles, à rejeter, ou plus simplement à ignorer, tout ce qui n'est pas, comme le dit Toffler (1986), « cumulatiste ». C'est-à-dire tout ce qui n'est pas continuation, par touches superficielles, de la pensée la plus traditionnelle, « accumulant » les choses dans la même direction et avec le même esprit. Il est rarissime de voir, sauf dans certains cours de doctorat, donné en lecture, voire seulement cité, l'un quelconque des très nombreux écrits critiques, même lorsqu'ils proviennent de ténors du management. Cela est souvent justifié par le fait, dit-on, que l'étudiant – particulièrement celui de MBA – a besoin d'habiletés, de principes d'action et d'idées claires et univoques, et non de contradictions ou de « débats intellectuels ». Comme si un diplôme dit « professionnel » dispense de la nécessité de mieux comprendre ce qu'on fait, au profit d'un *how-to* généralisé. Et comprendre, c'est connaître les contradictions et se donner les moyens de les dépasser, non les ignorer. Beaucoup enfin continuent, dans nos domaines, à confondre la « condamnation à la réussite » des années de croissance soutenue des décennies passées avec les qualités éternelles du management classique. Et cela se traduit par une sorte de foi irrationnelle en « la science », en un « progrès technologique » universellement bienfaiteur[73], en « la capacité des hommes à trouver les solutions », en des « structures » ou des « gadgets » magiques qui sauveront toujours à temps le gestionnaire, la société, la nature, l'économie[74], etc.

Que dire de tout cela, sinon qu'il est plus que temps de cesser de pratiquer la politique de l'autruche ; il faut regarder avec sérénité et lucidité ce que nous faisons, ce que nous enseignons, ce que nous pensons, face à ce que font d'autres et qui semble mieux réussir. Ces autres se dénomment non seulement Allemagne, Japon, Suède ou Autriche, mais aussi, et en puissance, Corée du Sud, Taiwan, Singapour, Hong-Kong, Espagne. Au-delà des spécificités culturelles, sociopolitiques et ethniques, qu'y a-t-il d'« humainement » commun à ces pays et à leurs façons de produire ? Ne peut-on tirer leçon d'eux ? Si nous en parlons, c'est que, dans un marché mondial sans mesures protectionnistes, leurs produits déclasseraient rapidement les produits d'Amérique du Nord. Ce dont nous allons nous rendre

---

72. En dehors des ouvrages de Chanlat (1984), Chanlat et Dufour (1985), souvenons-nous des graves critiques en ce sens portées par Herzberg (1980), Staw et Salancik (1977), Stolorow et Atwood (1979), Lee (1980), etc.
73. Cela à l'heure où les plus grands scientifiques de notre siècle, dont Hubert Reeves et Albert Jacquard, nous répètent sans relâche, après Einstein, que « la science se retourne contre nous », parce que nous la mettons trop au service du gain et de la puissance.
74. Chanlat (1984), Galambaud (1988), *Autrement* (1988), Galbraith (1992), etc.

compte, c'est que ces modèles nous renvoient à la nécessité de revenir sur l'industrie et sur la construction sociale de la vague industrielle de l'Occident. C'est à partir de ce retour sur les éléments de fond que l'on pourra entrevoir les contours de la mentalité managériale et du management de demain. Mais nous nous apercevrons aussi qu'il y a plusieurs entreprises dont le succès est très marqué, un peu partout, en Occident, qui appliquent déjà des principes témoignant d'un tout autre management que celui que nous avons qualifié de « traditionnel ».

LES IDÉES IMPORTANTES

SUR L'IDÉOLOGIE

Certains facteurs conjoncturels – notamment la montée de la concurrence mondiale – ont favorisé l'émergence d'une réflexion critique à l'égard des pratiques de management nord-américaines. Cette réflexion a permis un constat de crise au niveau structurel et la recherche de solutions de rechange fondées sur la délégation, la confiance, les valeurs partagées et l'orientation à long terme.

La critique interne

Un nombre grandissant d'auteurs et de praticiens qui réfléchissent à la pratique du management, aux diverses approches théoriques et à l'enseignement du management formulent des critiques très sévères. Les premiers penseurs en économie politique avaient déjà reconnu les dangers de l'aliénation par rapport à la division du travail, l'absence de préoccupations morales dans les lois économiques et certains comportements de gens d'affaires obsédés par les gains rapides. Les penseurs contemporains s'attachent davantage à critiquer la scientificité du corpus théorique en management, le fossé entre la théorie et la pratique, la dimension idéologique liée à ce champ et les conséquences des pratiques sur les membres de l'organisation.

✗ Questions

1. Expliquez pourquoi le management relève davantage de l'idéologie que de la science.
2. Quelles sont les conséquences concrètes et actuelles des pratiques classiques de management ?
3. Face aux principales critiques formulées par les auteurs et les praticiens, quelles orientations faut-il préconiser quant à la formation et à la pratique ?

La critique externe

De nombreux auteurs, à l'extérieur du champ managérial, constatent également les conséquences néfastes liées à certaines pratiques et à certains principes du management classique. Les thèmes de la division du travail et de l'aliénation sont repris avec leurs effets sur les employés et sur la société industrielle. Le modèle industriel et les croyances dont il est porteur ont des incidences concrètes sur le fonctionnement et la santé de l'économie mondiale. Les pratiques de contrôle et de domination sont propres à ce modèle, car d'autres économies ont adopté des modes de fonctionnement différents.

✗ Questions

1. Quels sont les principaux principes ou pratiques qui sont à la source de l'inefficacité du modèle traditionnel?

2. Le modèle de gestion nord-américain pourrait-il être universel? Pourquoi?

3. Quelles sont les différences fondamentales entre la critique externe et la critique interne du management?

Bibliographie de la section III

ABRAVANEL, H. et C. BENABOU (dir.) [1986] *Le comportement des individus et des groupes dans l'organisation*, Chicoutimi, Gaëtan Morin Éditeur.

ACKOFF, R.L. (1967) « Management Misinformation System », *Management Science*, vol. 14, n° 4, décembre, p. 147-157.

ADAMS, J.S. (1963) « Toward an Understanding of Iniquity », *Journal of Abnormal and Social Psychology*, n° 67, p. 422-436.

ADAMS, J.S. (1964) « Effects of Wage Iniquities on Work Quality », *Journal of Abnormal and Social Psychology*, n° 69, p. 19-25.

AKTOUF, O. (1985) « À propos du management », *in* A. Chanlat et M. Dufour (dir.), *La rupture entre l'entreprise et les hommes*, Montréal-Paris, Québec/Amérique-Éditions d'organisation, p. 363-388.

AKTOUF, O. (1986a) *Les sciences de la gestion et les ressources humaines, une analyse critique*, Alger, ENAL/OPU.

AKTOUF, O. (1986b) « La parole dans la vie de l'entreprise : faits et méfaits », *Gestion*, vol. 11, n° 4, novembre, p. 31-37.

AKTOUF, O. (1989a) « Parole, travail et productivité. Une étude de cas et une perspective comparée », document non publié, Montréal, HEC.

AKTOUF, O. (1989b) « L'interpellation de l'autorité et la transgression des tabous managériaux comme symboles de leadership puissant », inédit, Montréal, HEC.

AKTOUF, O. (1990) *Management et théories des organisations des années 90 : vers un radical-humanisme critique ?*, inédit, Montréal, HEC.

AKTOUF, O. (1991) « Adhésion et pouvoir partagé : le cas Cascades », *Gérer et comprendre – Annales des Mines*, Paris, n° 23, juin, p. 44-57.

AKTOUF, O. (1992) « Theories of Organizations and Management in the 1990's : Towards a Critical Radical-Humanism ? », *Academy of Management Review*, vol. 17, n° 3, juillet, p. 407-431.

AKTOUF, O. (1993) *Le management de l'excellence : de la déification du dirigeant à la dépersonnification de l'employé (ou « les dégâts du dilemme du Roi Lear dans les organisations »)*, communication présentée au colloque international « Sociologie de l'excellence : formation et déformation des ressources humaines », Paris, Sorbonne, 20-23 juillet.

AKTOUF, O. et M. CHRÉTIEN (1987) « Le cas Cascades : comment se crée une culture organisationnelle », *Revue française de gestion*, n°s 65-66, novembre-décembre, p. 156-166.

ALBERT, M. (1991) *Capitalisme contre capitalisme*, Paris, Éditions du Seuil.

ALLISON, G.T. (1971) *The Essence of Decision*, Boston, Little, Brown and Co.

ALLPORT, F.H. (1924) *Social Psychology*, Boston, Houghton Mifflin Co.

ALLPORT, F.H. (1933) *Institutional Behavior*, Chapel Hill, University of North Carolina Press.

ANTHONY, R.N. (1965) *Planning and Control Systems : A Framework for Analysis*, Boston, Harvard University Press.

ARCHIER, G. et H. SÉRIEYX (1984) *L'entreprise du troisième type*, Paris, Éditions du Seuil.

ARGYLE, M. (1953) « The Assembly Relay Test Room in Retrospect », *Occupational Psychology*, vol. 7, p. 103-110.

ARGYRIS, C. (1958) « The Organization : What Makes it Healthy ? », *Harvard Business Review*, vol. 36, n° 6, p. 107-116.

ARGYRIS, C. (1967) *Executive Leadership : An Appraisal for Manager in Action*, Handem, Connecticut, Archon Books.

ARGYRIS, C. (1973a) « Personality and Organization Theory Revisited », *Administrative Science Quarterly*, vol. 18, n° 2, juin, p. 141-168.

ARGYRIS, C. (1973b) « Some Limits of Rational Man Organizational Theory », *Public Administration Review*, vol. 33, n° 3, mai, p. 253-268.

ARGYRIS, C. (1973c) « Organization Man : Rational or Self Actualizing ? », *Public Administration Review*, vol. 33, n° 4, juillet-août, p. 346-354.

ARGYRIS, C. (1980) « Some Limitations of the Case Method : Experiences in a Management Development Program », *Academy of Management Review*, vol. 5, n° 2, avril, p. 291-299.

ATTALI, J. (1990) *Lignes d'horizon*, Paris, Fayard.

AUBERT, N. et V. de GAULEJAC (1992) *Le coût de l'excellence*, Paris, Éditions du Seuil.

AUBREY, B. (1993) « Repensons le travail du cadre », *Harvard-L'Expansion*, Paris, été.

AUTREMENT (1988) *Le culte de l'entreprise*, n° 100 (numéro spécial), septembre.

BANQUE MONDIALE (1992) *Rapport sur le développement dans le monde*, Washington, D.C.

BARNARD, C. (1938) *The Functions of the Executive*, Cambridge, Harvard University Press.

BARNARD, C. (1950) *The Functions of the Executive*, Cambridge, Massachusetts, Cambridge University Press.

BATESON, G. *et al.* (1981) *La nouvelle communication*, Paris, Éditions du Seuil (Points).

BÉDARD, R. et A. CHANLAT (1993) « Être patron aujourd'hui », *Revue Notre-Dame*, n° 6, juin.

BELLON, B. et J. NIOSI (1987) *L'industrie américaine, fin du siècle*, Montréal, Boréal.

BENDIX, R. (1949) « The Perspectives of Elton Mayo », *Review of Economics and Statistics*, vol. 31, n° 4, novembre, p. 312-321.

BENNIS, W. et B. NANUS (1985) *Diriger : les secrets des meilleurs leaders* (traduction française de *Leaders : The Strategies for Taking Charge*), Paris, InterÉditions.

BENVENISTE, É. (1973) *Problèmes de linguistique générale I*, Paris, Gallimard.

BENVENISTE, É. (1980) *Problèmes de linguistique générale II*, Paris, Gallimard.

BERGERON, J.-L. *et al.* (1979) *Les aspects humains de l'organisation*, Montréal, Gaëtan Morin Éditeur.

BERGERON, P.-G. (1983) *La gestion moderne, théories et cas*, Chicoutimi, Gaëtan Morin Éditeur.

BERGERON, P.-G. (1986) *La gestion dynamique, concepts, méthodes et applications*, Chicoutimi, Gaëtan Morin Éditeur.

BERNE, E. (1971) *Analyse transactionnelle et psychothérapie*, Paris, Payot.

BETTELHEIM, C. (1976) *Calcul économique et forme de propriété*, Paris, Maspero.

BLAKE, R. et J. MOUTON (1964) *The Managerial Grid ; Key Orientations for Achieving Production through People*, Houston, Gulf Pub. Co.

BLANKEVOORT, P.J. (1984) « Effects of Communication and Organization », *International Journal of Project Management*, vol. 2, n° 3, août.

BLOOM, A. (1987) *L'âme désarmée, essai sur le déclin de la culture générale*, Paris, Guérin.

BLUMENTHAL, S.C. (1969) *Management Information Systems ; A Framework for Planning and Development*, Englewood Cliffs, New Jersey, Prentice-Hall.

BOGOMOLOVA, N. (1974) *La théorie des relations humaines, instrument idéologique des monopoles*, Moscou, Éditions du Progrès.

BOISVERT, M. et R. DÉRY (1980) *Le manager et la gestion*, Montréal, Agence d'Arc.

BOURDIEU, P. et J.-C. PASSERON (1970) *La reproduction : éléments pour une théorie du système d'enseignement*, Paris, Éditions de Minuit.

BOURGOIN, H. (1984) *L'Afrique malade du management*, Paris, Jean Picollec.

BOYER, R. et J.-P. DURAND (1993) *L'après-fordisme*, Paris, Syrox.

BRAVERMAN, H. (1976) *Travail et capitalisme monopoliste*, Paris, Maspero.

BROWN, D.S. (1982) « The Changing Role of the Manager », *Supervisory Management*, vol. 27, n° 7, juillet, p. 13-20.

BROWN, J.A.C. (1954) *The Social Psychology of Industry: Human Relations in the Factory*, Harmondsworth, Middlessex, Penguin Books.

BROWN, L.J. (dir.) [1993] *L'état de la planète*, Paris, Economica.

BURAWOY, M. (1979a) « Toward a Marxist Theory of the Labor Process: Braverman and Beyond », *Politics and Society*, vol. 8, n°s 3-4, p. 247-312.

BURAWOY, M. (1979b) *Manufacturing Consent*, Chicago, Chicago University Press.

BURNS, T. (1954) « The Direction of Activity and Communication in a Departmental Executive Group », *Human Relations*, vol. VII, n° 1, p. 73-97.

CAPRA, F. (1983) *Le temps du changement. Science – Société – Nouvelle culture*, Paris, Le Rocher.

CAREY, A. (1967) « The Hawthorne Studies: A Radical Criticism », *American Sociological Review*, vol. 32, n° 3, juin, p. 403-416.

CARLZON, J. (1986) *Renversons la pyramide!*, Paris, InterÉditions.

CHANLAT, A. (1984) *Gestion et culture d'entreprise, le cheminement d'Hydro-Québec*, Montréal, Québec/Amérique.

CHANLAT, A. (1990) « La gestion, une affaire de parole », *in* J.-F. Chanlat (dir.), *L'individu dans l'organisation: les dimensions oubliées*, Québec-Paris, PUL-Eska.

CHANLAT, A. (1992) *L'administration municipale à la croisée des chemins*, CETAI, École des hautes études commerciales, Montréal, septembre.

CHANLAT, A. (1993) « La société malade de ses gestionnaires », *Interface*, vol. 14, n° 6, novembre-décembre, Montréal, ACFAS.

CHANLAT, A. et R. BÉDARD (1989) « La gestion, une affaire de parole », *in* J.-F. Chanlat (dir.) [1990], *L'individu dans l'organisation: les dimensions oubliées*, Québec-Paris, PUL-ESKA.

CHANLAT, A. et M. DUFOUR (dir.) [1985] *La rupture entre l'entreprise et les hommes*, Montréal et Paris, Québec/Amérique et Éditions d'Organisation.

CHANLAT, J.-F. (1983) « Usure différentielle au travail, classes sociales et santé: un aperçu des études épidémiologiques contemporaines », *in* A. Cottereau, « L'usure au travail », *Le mouvement social*, Éditions ouvrières, n° 124, juillet-septembre, p. 153-169.

CHANLAT, J.-F. (dir.) [1990] *L'individu dans l'organisation: les dimensions oubliées*, Québec-Paris, PUL-ESKA.

CHANLAT, J.-F. et F. SÉGUIN (1983) *L'analyse des organisations, une anthologie sociologique*, Tome I, Montréal, Gaëtan Morin Éditeur.

CHANLAT, J.-F. et F. SÉGUIN (1987) *L'analyse des organisations, une anthologie sociologique*, Tome II, Montréal, Gaëtan Morin Éditeur.

CHARTIER, L. et H. SÉRIEYX (1992) Rapport de mission *Face à face du Pacifique II*, du 6 au 21 décembre 1991, Montréal, Groupe CFC.

CHASE, S. (1941) « What Makes Workers Like to Work? », *Reader's Digest*, février, p. 15-20.

CLEGG, S.R. et D. DUNKERLEY (1977) *Critical Issues in Organizations*, Londres, Routledge and Kegan Paul.

COLLECTIF SCIENCES HUMAINES PARIS IX – DAUPHINE (1987) *Organisations et management en question(s)*, Paris, L'Harmattan (Logiques sociales).

CORIAT, B. (1993) *Penser à l'envers*, Paris, Christian Bourgois éditeur.

CROZIER, M. (1989) *L'entreprise à l'écoute*, Paris, InterÉditions.

CROZIER, M. et E. FRIEDBERG (1977) *L'acteur et le système*, Paris, Éditions du Seuil.

CUGGIA, G. (1989) *Cascades, le triomphe du respect*, Montréal, Québec/Amérique.

CULBERT, S. (1974) *The Invisible War: Pursuing Self Interests at Work*, New York, Wiley and Sons.

CULBERT, S. (1980) *The Organizational Trap and How to Get Out of It*, New York, Basic Books.

PREMIÈRE PARTIE LE MANAGEMENT TRADITIONNEL...

CYERT, C. et K.J. COHEN (1965) *Theory of the Firm*, Englewood Cliffs, New Jersey, Prentice-Hall.

DEJOURS, C. (1980) *Le travail, usure mentale: essai de psychopathologie du travail*, Paris, Le Centurion.

DEJOURS, C. *et al.* (1985) *Psychopathologie du travail*, Paris, Entreprise Moderne d'Édition.

DERTOUZOS, M., R. LESTER et R. SOLOW (1990), *Made in America*, New York-Paris, MIT Press et InterÉditions.

DELVIN, E. (1986) « Ne tirez pas sur les M.B.A. », *Revue Commerce*, vol. 88, n° 10, octobre, p. 168-180.

DEMING, W.E. (1987) « Pourquoi sommes-nous si mauvais? », *Revue Commerce*, vol. 88, n° 10, octobre, p. 109-117.

DERY, R. (1990) « La multidisciplinarité des sciences de l'organisation », *in L'organisation, un objet multidisciplinaire*, compte rendu du 12ᵉ Congrès international de sociologie, ISA, Madrid, 9 au 13 juillet.

DERY, R. (1992) « Enjeux et controverses épistémologiques dans le champ des sciences de l'administration », Revue canadienne des sciences de l'administration, vol. 1.

DEVEREUX, G. (1970) *Essais d'ethnopsychiatrie générale*, Paris, Gallimard.

DEVEREUX, G. (1980) *Ethnopsychanalyse complémentariste*, Paris, Gallimard.

D'IRRIBANE, P. (1989) *La logique de l'honneur*, Paris, Éditions du Seuil.

DRUCKER, P. (1993a) *Au-delà du capitalisme*, Paris, Dunod.

DRUCKER, P. (1993b) *Je vous donne rendez-vous demain*, Paris, Maxima et Laurent du Mesnil Éditeur.

DRUCKER, P. (1993c) « La fin de l'autorité hiérarchique », *in Harvard-L'Expansion*, Paris, été.

DRUCKER, P. (1993d) « Le "big bang" des organisations », *in Harvard-L'Expansion*, Paris, été.

DUMONT, L. (1970) *Homo æqualis*, Paris, Éditions de Minuit.

DUMONT, L. (1979) *Homo hierarchicus: le système des castes et ses implications*, Paris, Éditions de Minuit.

DUMONT, R. (1988) *Un monde intolérable. Le libéralisme en question*, Paris, Éditions du Seuil.

DUNETTE, M.D. (1976) *Handbook on Industrial and Organizational Psychology*, Chicago, Rand McNally.

DURKHEIM, É. (1893) *De la division du travail social*, Paris, F. Alcan (réédité aux PUF en 1968 – 8ᵉ édition).

DURKHEIM, É. (1897) *Le suicide: étude de sociologie*, Paris, F. Alcan.

ÉCOLE POLYTECHNIQUE ET CNRS (1989) *Actes du séminaire: Contradictions et dynamique des organisations*, Cahiers du Centre de Recherche en Gestion, n° 5, Paris.

EVANS-PRITCHARD, E.E. (1969) *Anthropologie sociale*, Paris, Payot.

FAYOL, H. (1979) *Administration industrielle et générale*, Paris, Dunod (première publication en 1916).

FERRANDON, M.C. et R. JAMMES (1978) *La division du travail*, Paris, Hatier.

FEUILHADE DE CHAUVIN, T. de (1991) *Éthique et pouvoir dans l'entreprise*, Paris, ESF éditeur.

FLEMING, J.E. (1968) « Étude d'une décision d'entreprise », *Synopsis*, juillet-août, p. 39-47.

FLOWERS, V.S. et G.L. HUGUES (1973) « Why Employees Stay? », *Harvard Business Review*, vol. 51, n° 2, juillet-août, p. 49-61.

FOLLET, M.P. (1942) *Dynamic Administration: The Collected Papers of M.P. Follet*, *in* H.C. Metcalf et L. Urwick (dir.), New York, Harper and Row.

FORRESTER, J.W. (1961) *Industrial Dynamics*, Cambridge, Massachusetts, MIT Press.

FORRESTER, J.W. (1971) « Counterintuitive Behavior of Social Systems », *Technology Review*, vol. 73, n° 3, janvier, p. 53-68.

FORTUNE (1993) « Managing the Chaos », New York Time inc., Time Life Building, Rockefeller Center, avril.

FRANKE, R.H. et J.D. KAUL (1978) « The Hawthorne Experiments : First Statistical Interpretation », *American Sociological Review*, vol. 43, n° 5, octobre, p. 623-643.

FRIEDMANN, G. (1935) « Frederick Winslow Taylor : l'optimisme d'un ingénieur », *Annales d'histoire économique et sociale*, n° VII, p. 584-602.

FRIEDMANN, G. (1946) *Problèmes humains du machinisme industriel*, Paris, Gallimard.

FRIEDMANN, G. (1950) *Où va le travail humain ?*, Paris, Gallimard.

FRIEDRICH, O. (1981) « Business School Solutions May Be Part of the US Problem », *Time Magazine*, 4 mai, p. 52-59.

GALAMBAUD, B. (1988) *L'initiative contrôlée ou le nouvel art du manager*, Paris, Entreprise Moderne d'Édition.

GALBRAITH, J.K. (1961) *La crise économique de 1929*, Paris, Payot.

GALBRAITH, J.K. (1968) *Le nouvel État industriel*, Paris, Gallimard.

GALBRAITH, J.K. (1989) *L'économie en perspective*, Paris, Éditions du Seuil.

GALBRAITH, J.K. (1992) *La république des satisfaits*, Paris, Éditions du Seuil.

GARVIN, D. (1993) « Construire une organisation intelligente », *Harvard-L'Expansion*, Paris, été.

GASPARINI, G. (1990) « Temps et travail en Occident », *in* J.-F. Chanlat (dir.), *L'individu dans l'organisation : les dimensions oubliées*, Québec-Paris, PUL-ESKA, p. 199-214.

GIRIN, J. (1981) « Quel paradigme pour la recherche en gestion ? », *Économies et sociétés*, série « Sciences et gestion », n° 2, p. 1871-1889.

GIRIN, J. (1984) « Langages en actes et organisations », *Économies et sociétés*, série S-6, n° 3, p. 1559-1591.

GOLDSMITH, J. (1993) *Le piège*, Paris, Éditions du Seuil (Points).

GODELIER, M. (1966) *Rationalité et irrationalité en économie*, Paris, Maspero.

GONDRAND, F. (1989) *Quand les hommes font la différence*, Paris, Éditions d'Organisation.

GORZ, A. (1973) *Critique de la division du travail*, Paris, Éditions du Seuil (Points).

GORZ, A. (1983) *Les chemins du paradis : l'agonie du capital*, Paris, Galilée.

GORZ, A. (1988) *Métamorphoses du travail, quête du sens : critique de la raison économique*, Paris, Galilée.

GRAYSON, C.J. (1973) « Management Science and Business Practice », *Harvard Business Review*, juillet-août, p. 41-48.

GUÉHENNO, J.-M. (1993) *La fin de la démocratie*, Paris, Flammarion.

GUEST, R.H. (1956) « Of Time and the Foreman », *Personnel*, vol. 32, n° 6, p. 478-486.

GURVITCH, G. (1950) *La vocation actuelle de la sociologie*, Paris, PUF (republié en 1969 comme second tome à *La vocation actuelle de la sociologie : vers la sociologie différentielle*, édité par PUF en 1963. L'édition de 1969 portait en sous-titre : *Antécédents et perspectives*).

GVICHIANI, G. (1972) *Théories des organisations*, Moscou, Éditions du Progrès.

HANDY, C. (1989) *The Age of Unreason*, Londres, Basic Books Limited.

HAYEK, F. (1993) *La présomption fatale*, Paris, Presses Universitaires de France.

HEILBRONER, R. (1971) *Les grands économistes*, Paris, Éditions du Seuil (Points).

HERZBERG, F. (1972) *Le travail et la nature de l'homme*, Paris, Entreprise Moderne d'Édition.

HERZBERG, F. (1980a) « Herzberg, The Humanist Takes on Scientific Management », entretien accordé à la revue *Industry Week*, vol. 206, n° 6, 15 septembre, p. 45-50.

HERZBERG, F. (1980b) « Humanities : Practical Management Education », *Industry Week*, vol. 206, n° 7, 29 septembre, p. 69-72.

HERZBERG, F. (1980c) « Maximizing Work and Minimizing Labour », *Industry Week*, vol. 207, n° 1, 13 octobre, p. 61-64.

HINRICHS, J.R. (1974) *Motivation Crisis, Winding down and Turning off*, New York, Amacom.

HOFSTEDE, G. (1980a) *Culture's Consequences: International Differences in Work-Related Values*, Beverly Hills, Sage Publications.

HOFSTEDE, G. (1980b) « Motivation, Leadership, and Organization: Do American Theories Apply Abroad? », *Organizational Dynamics*, été, p. 42-63.

HOGUE, J.-P. (1980) *L'homme et l'organisation*, Montréal, Éditions Commerce, Beauchemin.

ISAAC, T.S. (1978) « Intuition: An Ignored Dimension of Management », *Academy of Management Review*, vol. 3, n° 4, octobre, p. 917-921.

JACOUD, R. et M. METSCH (1991) *Diriger autrement, les cinq réflexes du leader*, Paris, Éditions d'Organisation.

JANKÉLÉVITCH, V. (1939) *Traité des vertus*, Paris, F. Alcan.

JASINSKI, F.J. (1956) « Foreman Relationships outside the Work Group », *Personnel*, vol. 33, n° 2, septembre, p. 130-136.

KANTER, R. (1992) *L'entreprise en éveil*, Paris, InterÉditions.

KAPLAN, A. (1964) *The Conduct of Inquiry: Methodology for Behavioral Science*, San Francisco, Chandler Pub.

KENNEDY, C. (1993) *Guide to the Management Gurus. Shortcuts to the Ideas of Leading Management Thinkers* (traduction française sous le titre *Toutes les théories du management*), Paris, Maxima.

KETS de VRIES, M. (1979) « Comment rendre fous vos subordonnés », *Harvard-L'Expansion*, n° 15, hiver 1979-1980, p. 51-59.

KETS de VRIES, M. et D. MILLER (1985) *L'entreprise névrosée*, Paris, McGraw-Hill.

KING, A. et B. SCHNEIDER (1991) *Question de survie*, Club de Rome, Paris, Calmann-Lévy.

KNUDSON, H.R. (1978) *Organizational Behavior: A Management Approach*, Cambridge, Winthrop Publishers Press.

KUHN, T.S. (1972) *La structure des révolutions scientifiques*, Paris, Flammarion.

LABORIT, H. (1974) *La nouvelle grille*, Paris, Robert Laffont.

LABORIT, H. (1987) *Dieu ne joue pas aux dés*, Paris, Éditions de l'Homme.

LANDIER, H. (1989) *L'entreprise polycellulaire*, Paris, Entreprise Moderne d'Édition.

LAPIERRE, L. (1988) « Puissance, leadership et gestion », *Gestion*, vol. 13, n° 2, mai, p. 39-69.

LAU, J.B. (1979) *Behavior in Organizations: An Experiential Approach*, Homewood, Illinois, Richard D. Irwin Inc.

LAUFER, R. et C. PARADEISE (1982) *Le Prince bureaucrate, Machiavel au pays du marketing*, Paris, Flammarion.

LEE, J.A. (1980) *The Gold and the Garbage in Management Theories and Prescriptions*, Athens, Ohio, Ohio University Press.

LE MOUËL, J. (1992) *Critique de l'efficacité*, Paris, Éditions du Seuil.

LEVITT, T. (1991) *Réflexions sur le management*, Paris, Dunod.

LÉVY-BRUHL, L. (1922) *Les fonctions mentales dans les sociétés inférieures*, Paris, F. Alcan.

LEWIN, K. (1935) *A Dynamic Theory of Personality*, New York, McGraw-Hill.

LEWIN, K. (1947) « Frontiers in Group Dynamics », *Human Relations*, vol. 1, n° 1, juin, p. 143-157.

LEWIN, K. (1958) « Group Decision and Social Change », *in* E. Maccoby, *Readings in Social Psychology*, New York, Holt.

LIKERT, R. (1961) *New Patterns of Management*, New York, McGraw-Hill.

LINDBLOM, C.E. (1959) « The Science of Muddling Through », *Public Administration Review*, vol. 19, n° 2, printemps, p. 79-89.

LINHART, D. (1991) *Le torticolis de l'autruche – l'éternelle modernisation des entreprises françaises*, Paris, Éditions du Seuil.

LINHART, R. (1978) *L'établi*, Paris, Minuit.

LUSSATO, B. (1986) « Complot contre la culture », *L'Express international*, n° 1848, 12 décembre, p. 48-56.

LUSSATO, B. et G. MESSADIÉ (1986) *Bouillon de culture*, Paris, Robert Laffont.

MACCOBY, M. (1976) *The Gamesman: The New Corporate Leaders*, New York, Simon and Schuster.

MALINOWSKI, B. (1922) *Les argonautes du Pacifique Sud*, Londres, G. Routledge.

MARCH, J.G. et J.P. OLSEN (1976) *Ambiguity and Choice in Organizations*, Bergen, Universitetsforlaget.

MARCUSE, H. (1968) *L'homme unidimensionnel, essai sur l'idéologie de la société industrielle avancée*, Paris, Éditions de Minuit.

MARGLIN, S. (1973) « Origines et fonctions de la parcellisation des tâches », *in* A. Gorz (dir.), *Critique de la division du travail*, Paris, Éditions du Seuil (Points), p. 43-81.

MARGLIN, S. (1974) « What Do Bosses Do? The Origins and Functions of Hierarchy in Capitalist Production », *Mimeo, Review of Radical Political Change*, vol. 6, n° 2, p. 53-69.

MARTINEAU, J. (1989) *Le réveil de l'intelligence*, Paris, Éditions d'Organisation.

MASLOW, A. (1943) *Motivation and Personality*, New York, Harper and Row.

MAYO, E. (1924) « Revery and Industrial Fatigue », *Personnel Journal*, vol. III, n° 28, décembre, p. 273-292.

MAYO, E. (1933) *The Human Problems of an Industrial Civilization*, New York, Macmillan.

MAYO, E. (1945) *The Social Problems of an Industrial Civilization*, Boston, Harvard University Press.

McCLELLAND, D.C. (1953) *The Achieving Motive*, New York, Appleton-Century Crofts.

McDOUGALL, W. (1920) *The Group Mind: A Sketch of the Principles of Collective Psychology*, New York, Putman's Sons.

McGREGOR, D. (1960) *The Human Side of Enterprise*, New York, McGraw-Hill.

McMILLAN, C.J. (1982) « From Quality Control to Quality Management: Lessons from Japan », *The Business Quarterly*, vol. 47, n° 1, printemps, p. 31-40.

MEADOWS, D.L. (1972) *Halte à la croissance? Rapport au Club de Rome*, Paris, Fayard.

MESSINE, P. (1987) *Les saturniens*, Paris, Éditions La Découverte.

MILLER, R. (dir.) [1985] *La direction des entreprises, concepts et applications*, Montréal, McGraw-Hill.

MILLS, C.W. (1955) « Note sur l'idéologie des relations humaines », *La revue socialiste*, n° 84, février, p. 28-37.

MINTZBERG, H. (1971) « Managerial Work: Analysis from Observation », *Management Science*, vol. 18, n° 2, octobre, p. 97-111.

MINTZBERG, H. (1973) *The Nature of Managerial Work*, New York, Harper and Row (en français: *Le manager au quotidien*, Montréal, Agence d'Arc, 1984).

MINTZBERG, H. (1975) « The Manager's Job: The Folklore and Fact », *Harvard Business Review*, vol. 53, n° 4, p. 49-61.

MINTZBERG, H. (1976) « Planning on the Left Side and Managing on the Right », *Harvard Business Review*, vol. 54, n° 2, juillet-août, p. 49-59.

MINTZBERG, H. (1979a) « An Emerging Strategy for "Direct" Research », *Administrative Science Quarterly*, vol. 24, n° 4, décembre, p. 582-589.

MINTZBERG, H. (1979b) *The Structuring of Organizations*, Englewood Cliffs, New Jersey, Prentice-Hall (en français: *Structure et dynamique des organisations*, Montréal et Paris, Agence d'Arc et Éditions d'Organisation, 1982).

MINTZBERG, H. (1984) *Le manager au quotidien*, Montréal, Agence d'Arc.

MINTZBERG, H. (1989a) « Formons des managers, non des M.B.A. », *Harvard-L'Expansion*, n° 51, hiver 1988-1989, p. 84-92.

MINTZBERG, H. (1989b) *On Management. Inside our Strange World of Organizations*, New York, The Free Press.

MITROFF, I.I. (1978) *Methodological Approaches to Social Sciences*, San Francisco, Jossey-Bass.

MORENO, J.L. (1954) *Fondements de la sociométrie*, Paris, PUF.

MORGAN, G. (1983) *Beyond Method,* Londres, Sage Publications.

MORGAN, G. (1989) *Images de l'organisation*, Québec-Paris, PUL-ESKA.

MORIN, E. (1993) *Terre-Patrie*, Paris, Éditions du Seuil.

MORITA, A. (1986) *Made in Japan*, Paris, Robert Laffont.

MOULLET, M. (1992) *Le management clandestin*, Paris, InterÉditions.

MOUNIER, E. (1946) *Qu'est-ce que le personnalisme?*, Paris, Éditions du Seuil.

MOUZELIS, N.P. (1967) *Organization and Bureaucracy*, Chicago, Aldine Publishing Co.

MUENSTERBERG, H. (1913) *Psychology and Industrial Efficiency*, Boston, Houghton, Mifflin and Co.

MYERS, C.S. (1925) *Industrial Psychology*, New York, People's Institute.

NAULLOEAU, G. et C. MENDOZA (1993) « Le grand désarroi des chefs de service », *Harvard-L'Expansion*, Paris, été.

ORGOGOZO, I. (1988) *Les paradoxes de la communication : à l'écoute des différences*, Paris, Éditions d'Organisation.

ORGOGOZO, I. (1991) *Les paradoxes du management – des châteaux forts aux cloisons mobiles*, Paris, Éditions d'Organisation.

OUCHI, W.G. (1981) *Theory Z : How American Business Can Meet the Japanese Challenge*, Reading, Massachusetts, Addison-Wesley.

PAGÈS, M. (dir.) [1984] *L'emprise de l'organisation*, 3ᵉ édition, Paris, PUF (Économie en liberté).

PARSONS, H.M. (1974) « What Happened at Hawthorne? », *Science*, vol. 183, mars, p. 922-933.

PARSONS, T. (1964) *Social Structure and Personality*, New York, Free Press of Glencoe.

PASCALE, R.T. (1992) *Les risques de l'excellence*, Paris, InterÉditions.

PASCALE, R.T. et A.G. ATHOS (1981) *The Art of Japanese Management*, New York, Simon and Schuster.

PASSET, R. (1983) *L'économique et le vivant*, Paris, Payot.

PATTON, J.A. (1982) « Managers and Productivity... No one to Blame but Themselves », *Management Review*, vol. 71, n° 10, octobre, p. 13-18.

PAUCHANT, T.C. et I. MITROFF (1992) *Transforming the Crisis – Prone Organization – Preventing Individual, Organizational and Environmental Tragedies*, San Francisco, Jossey-Bass.

PERROW, C. (1972) *Complex Organizations : A Critical Essay*, Glenview Illinois, Scott, Foresman and Foresman.

PERROW, C. (1979) « Organizational Theory in a Society of Organizations », *Actes du colloque international L'administration publique : perspectives d'avenir*, Québec, mai.

PESTEL, E. (1988) *L'homme et la croissance*, Rapport au Club de Rome, Paris, Economica.

PETERS, T. (1988) *Le chaos management*, Paris, InterÉditions.

PETERS, T. (1993) *L'entreprise libérée / Liberation Management*, Paris, Dunod.

PETERS, T. et N. AUSTIN (1985) *La passion de l'excellence*, Paris, InterÉditions.

PETERS, T. et R. WATERMAN (1982) *In Search of Excellence*, New York, Harper and Row.

PETERS, T. et R. WATERMAN (1983) *Le prix de l'excellence*, Paris, InterÉditions.

PITCHER, P. (1993) « L'article, l'artisan et le technocrate », *Revue Gestion*, mai.

PORTER, M.E. (1993) *L'avantage concurrentiel des nations*, Paris, InterÉditions.

RADCLIFFE-BROWN, A.R. (1969) *Structure et fonction dans la société primitive*, Paris, Éditions de Minuit.

REICH, R. (1993) *L'économie mondialisée*, Paris, Dunod.

RIFKIN, J. (1980) *Entropy, A New World View*, New York, Bentam Books.

RIFKIN, J. (1989) *Entropy, A New World View*, New York, Bentam Books (édition révisée).

ROETHLISBERGER, F. et W. DICKSON (1939) *Management and the Worker*, Cambridge, Massachusetts, Harvard University Press.

SAINSAULIEU, R. (1977) *L'identité au travail*, Paris, P.F.N.S.P.

SALVET, J.-M. (1993) *Vers l'organisation du XXIe siècle*, Groupe Innovation, Sainte-Foy, Presses de l'Université du Québec.

SAUL, J. (1993) *Les bâtards de Voltaire : la dictature de la raison en Occident*, Paris, Payot.

SAUTTER, C. (1987) *Les dents du géant, le Japon à la conquête du monde*, Paris, Olivier Orban.

SAYLES, L. (1970) « Whatever Happened to Management ? », *Business Horizons*, vol. 13, n° 2, avril, p. 25-35.

SCHUMPETER, J. (1979) *Capitalisme, socialisme et démocratie*, Paris, Payot.

SÉGUIN, F. (1988) *Les organisations ou deux ou trois choses que je sais d'elles*, rapport de recherche, n° 88-02, Montréal, HEC, mars.

SÉGUIN, F. et J.-F. CHANLAT (1983) *L'analyse des organisations*, Tome I, Chicoutimi, Gaëtan Morin Éditeur.

SÉGUIN, F. et J.-F. CHANLAT (1987) *L'analyse des organisations*, Tome II, Chicoutimi, Gaëtan Morin Éditeur.

SELZNICK, P. (1957) *Leadership in Administration, A Sociological Interpretation*, Evanston, Illinois, Row Peterson.

SEMLER, R. (1993) *À contre-courant*, Paris, Dunod.

SÉRIEYX, H. (1989) *Le zéro mépris*, Paris, InterÉditions.

SÉRIEYX, H. (1993) *Le Big-Bang des organisations*, Paris, InterÉditions.

SFEZ, L. (1976) *Critique de la décision*, Paris, PFNSP.

SHAPERO, A. (1977) « What Management Says and What Managers Do », *Interface*, vol. 7, n° 2, février, p. 106-108.

SIEVERS, B. (1986a) « Beyond the Surrogate of Motivation », *Organization Studies*, vol. 7, n° 4, p. 335-351.

SIEVERS, B. (1986b) « Participation as a Collusive Quarrel over Immortality », *Dragon, the SCOS Journal*, vol. 1, n° 1, janvier, p. 72-82.

SIEVERS, B. (1986c) *Leadership as a Perpetuation of Immaturity, A New Perspective on Corporate Culture*, inédit, Wuppertal, Allemagne, Bergischen Universität, Gesamtochschule.

SIMON, H.A. (1946) « The Proverbs of Administration », *Public Administration Review*, vol. VI, n° 1, février, p. 53-68.

SIMON, H.A. (1947) *Administrative Behavior*, New York, John Wiley & Sons.

SIMON, H.A. (1960) *The New Science of Management Decision*, New York, Harper and Row.

SIMON, H.A. (1973a) « Applying Information Technology to Organization Design », *Public Administration Review*, vol. 33, n° 3, mai-juin, p. 268-279.

SIMON, H.A. (1973b) « Organizational Man : Rational and Self Actualizing », *Public Administration Review*, vol. 33, n° 3, mai-juin, p. 354-358.

SIMON, H.A. (1976) *Administrative Behaviour*, New York, Mcmillan, 3e édition.

SIMON, H.A. (1977) *The New Science of Management Decision*, Englewood Cliffs, New Jersey, Prentice-Hall, 3e édition.

SIMON, H.A. (1980) *Le nouveau management : la décision par les ordinateurs*, Paris, Economica.

SIMON, H.A. et J.G. MARCH (1958) *Organizations*, New York, John Wiley & Sons.

SKINNER, B.F. (1938) *The Behavior of Organisms: An Experimental Analysis*, New York, Appleton-Century Crofts, 3ᵉ édition.

SKINNER, B.F. (1953) *Science and Human Behavior*, New York, Macmillan.

SKINNER, B.F. et C.B. FERTSER (1957) *Schedules of Reinforcement*, New York, Appleton-Century Crofts.

SKINNER, W. et N.E. SASSER (1977) « Le dirigeant idéal : incohérent et opportuniste », *Harvard-L'Expansion*, n° 18, automne 1980, p. 76-85 (paru dans la *Harvard Business Review*, en novembre-décembre 1977, sous le titre « Managers with Impact : Versatile and Inconsistent », p. 140-148).

SLOAN, A.P. (1963) *My Years at General Motors*, New York, Doubleday.

SMITH, A. (1976) *Recherche sur la nature et les causes de la richesse des nations*, Paris, Gallimard.

SPROUSE, M. (1992) *Sabotage in the American Workplace*, San Francisco, Pressure Drop.

STAW, B.M. et G.R. SALANCIK (1977) *New Directions in Organizational Behavior*, Chicago, St. Clair Press.

STEWART, R. (1963) *The Reality of Management*, New York, Heinemann.

STOLOROW, D. et F. ATWOOD (1979) *Faces in a Cloud, Subjectivity in Personality Theory*, New York, Janson Aranson.

STUART-KOTZE, R. (1980) *Introduction to Organizational Behavior : A Situational Approach*, Reston, Virginie, Reston Pub. Co.

STUART MILL, J. (1864) *L'utilitarisme* (nouvelle traduction), Toulouse, Privat.

TARRAB, G. (1982) « Les cercles de qualité : progrès social et rentabilité sont-ils conciliables ? », *Revue Commerce*, novembre, p. 108-112.

THANHEISER, H. (1979) « Stratégie et planification allemandes », *Gestion*, vol. 4, n° 4, novembre, p. 79-84.

THURLEY, K. et H. WIRDENIUS (1991) *Vers un management multiculturel en Europe*, Paris, Éditions d'Organisation.

TOFFLER, A. (1980) *La troisième vague*, Paris, Denoël.

TOFFLER, A. (1986) *S'adapter ou périr*, Paris, Denoël.

TOFFLER, A. (1991) *Les nouveaux pouvoirs*, Paris, Fayard.

TOURAINE, A. (1952) « Ambiguïté de la sociologie industrielle américaine », *Cahiers internationaux de sociologie*, vol. 7, n° 12, p. 49-72.

URWICK, L. (1965) « Have we Lost our Way in the Jungle of Management Theory ? », *Personnel*, vol. 42, n° 3, mai-juin, p. 12-23.

VARRON, M.T. (1877) *De l'agriculture*, livre I, Paris, Nisard, 2 volumes (cité par M. Godelier, *Rationalité et irrationalité en économie*, Paris, Maspero, 1966, p. 48-49).

VEBLEN, T. (1912) *The Theory of the Leisure Class; an Economic Study of Institutions*, New York, Macmillan.

VEBLEN, T. (1932) *The Theory of Business Enterprise*, New York, C. Scribner's Sons.

VEBLEN, T. (1970) *La théorie de la classe de loisir*, Paris, Gallimard.

VILLETTE, M. (1988) *L'homme qui croyait au management*, Paris, Éditions du Seuil.

WATERMAN, R. (1990) *Les champions du renouveau*, Paris, InterÉditions.

WATSON, J.B. (1931) *Behaviorism*, Londres, Paul Kegan, 2ᵉ édition.

WATZLAWICK, P. *et al.* (1979) *Une logique de la communication*, Paris, Éditions du Seuil (Points).

WEIL, S. (1964) *La condition ouvrière*, Paris, Gallimard (Idées).

WHITE, R. et R. LIPPIT (1960) *Autocracy and Democracy : An Experimental Inquiry*, New York, Harper and Row.

WHYTE, W.H. (1956) *The Organization Man*, New York, Simon and Schuster (traduit et publié en français en 1959: *L'homme de l'organisation*, Paris, Plon).

WORLD BANK (1992) *World Development Report 1992*, Topic: Development and the Environment, Washington, D.C., World Bank Publications.

WORK IN AMERICA (1973 et 1983) « Report of a Special Task Force to the Secretary of Health, Education and Welfare », W.E. Upjohn Institute for Employment Research, Cambridge, Massachusetts, MIT Press.

WRAPP, C.E. (1967) « Good Managers don't Make Policy Decisions », *Harvard Business Review*, vol. 45, n° 2, septembre-octobre, p. 91-100.

WREN, D.A. (1979) *The Evolution of Management Thought*, New York, John Wiley & Sons, 2e édition.

ÉTUDE DE QUELQUES MODÈLES PERFORMANTS : LE JAPON, LA CORÉE DU SUD, L'ALLEMAGNE ET LA SUÈDE[*]

---

[*] Des auteurs occidentaux aussi réputés que J.K. Galbraith (*Voyage dans le temps économique*, 1997) ou H. Mintzberg («Du capitalisme et de l'État» *Commerce*, juin 1997) affirment que le Japon, l'Allemagne et les pays scandinaves «sont ceux qui s'en sortent le mieux, malgré tout», et que ce sont des exemples à regarder de près.

LE JAPON ET LA CORÉE DU SUD*

L'une des principales forces du Japon est l'admirable gestion de son économie qui s'appuie sur un système de relations État–industrie unique au monde. Nous expliquons ici pourquoi, au-delà des mythes et des folklores, le Japon illustre bien l'adage «il n'y a de richesse que d'hommes» et pourquoi, aux yeux des dirigeants japonais, le personnel entre davantage en ligne de compte que les détenteurs du capital.

Alors qu'il y a moins de trente ans la Corée du Sud était un pays ayant un faible niveau de développement, elle a atteint aujourd'hui un rayonnement mondial et rivalise avec les grandes puissances industrielles. Elle occupe une place enviée dans le commerce international et ses grandes entreprises, les conglomérats ou *zaebol*, se classent dans le peloton de tête des plus importantes sociétés mondiales.

Nous tenterons d'expliquer les particularités du management de la Corée du Sud et les caractéristiques du «miracle» sud-coréen en exposant notamment le rôle central des pouvoirs publics qui ont profondément modelé l'espace économique et social du pays et en nous référant aux spécificités historiques, socioculturelles, économiques et politiques.

---

*   Il n'a échappé à personne que la région du Sud-Est asiatique a subi de sérieux contrecoups régionaux ces dernières années, et particulièrement en 1998. Cependant, il convient de soigneusement noter que les crises successives, depuis la Corée du Sud et la Thaïlande jusqu'au Japon (et plus récemment, la Russie) ont de nombreuses causes exogènes (venant d'attaques spéculatives extérieures, et ne remettant nullement en question le «modèle» japonais – pas plus que la crise de 1929 n'a condamné le «modèle» américain). Mais par-dessus tout, il s'agit de **cesser de confondre «turbulences monétaires et financières» avec état de santé d'une économie**... À ce chapitre, les infrastructures et capacités installées, la qualité de vie et de l'environnement, la solidarité sociale, le niveau de qualification et de sophistification technologique des forces productives, etc., garantissent une capacité de résistance et de relance hors du commun pour les économies de la région (il n'est qu'à voir comment la Corée a su dominer une crise qui annonçait un désastre total). Pour moi donc, en cette fin d'année 1998, **il n'est nullement question, au vu de crises conjoncturelles, de condamner le mode de production «germano-nippon», bien au contraire.**

CHAPITRE 9

Le management à la japonaise : au-delà des mythes et des folklores

Bien des controverses, des polémiques et des incompréhensions alimentent les écrits sur le Japon. Il y a déjà plusieurs décennies que l'on débat, inquiet, fasciné ou agacé, à propos du miracle japonais. Il s'est publié des centaines, sinon des milliers d'écrits sur l'essor étonnant de l'économie japonaise, presque dans toutes les langues : articles, numéros spéciaux de revues prestigieuses, livres, essais et études historiques ou socio-économiques... Bref, le Japon ne laisse personne indifférent. Avec l'élévation soutenue de ses taux de croissance et de productivité (voir le tableau 9-1), à laquelle il faut ajouter la place qu'il a prise comme puissance financière (le yen fait figure de monnaie de référence avec le dollar et le mark), le Japon est un pays et une économie qui interrogent l'ensemble du monde industrialisé.

Du fait de son espace agricole extrêmement réduit[1] et de l'absence de ressources naturelles ou énergétiques, le Japon importe à peu près tout ce qu'il lui faut pour produire, depuis le minerai jusqu'à l'énergie : 99,8 % de son pétrole, 100 % de son aluminium, 66 % de son bois[2], nous dit Kélada (1986). Mais, comme le précise si justement le quotidien montréalais *Le Devoir* (16 janvier 1990), « le Japon importe tout sauf la main-d'œuvre ».

La puissance industrielle japonaise est considérable. Elle représente près du quart de celle de l'ensemble des pays de l'OCDE, si l'on y ajoute les entreprises japonaises ayant leurs activités à l'étranger.

Voilà un pays qui a développé un génie de la productivité et de la qualité qui laisse songeur. Il est clair que les Japonais ont su s'organiser et organiser leur façon de produire de telle manière qu'ils arrivent à obtenir

---

1. Principalement à cause du relief montagneux, à peine un dixième du territoire japonais est mis en valeur par l'agriculture. L'exploitation des sols est très intensive et, en moyenne, chaque kilomètre carré de terre arable est cultivé par 154 agriculteurs, contre 101 en Inde, 16 en Italie et un seul aux États-Unis (Pitte 1991).
2. Bien qu'elle soit riche et diversifiée, la forêt japonaise est peu exploitée. Pour des raisons culturelles et économiques, le Japon fait largement appel aux ressources forestières du Sud-Est asiatique (Indonésie, Philippines, Malaisie).

TABLEAU 9-1
Une appréciation de la performance économique du Japon

Accroissement du volume du PIB (moyenne annuelle 1986-1995)	3,0 %
Accroissement du volume de la formation brute de capital fixe, FBCF (moyenne annuelle 1986-1995)	4,2 %
Accroissement de la productivité (moyenne annuelle 1986-1995)	1,9 %

Source : OCDE (1996), *Études économiques : Le Japon*, p. 242.

infiniment mieux et plus du facteur travail. Mais, au-delà de leur capacité de « forcer » ainsi le facteur travail, ce qui incite à la réflexion, c'est la capacité des Japonais non seulement à maintenir la productivité, mais aussi à l'améliorer constamment, que ce soit en ce qui a trait aux rendements purs, à la qualité ou encore à la créativité et à l'innovation. Depuis plus d'une décennie, plusieurs études, analyses, dossiers et livres paraissent sur le Japon et les énigmes qu'il pose, tant sa réussite est spectaculaire et sa menace pour l'Occident grandissante[3].

Avant d'aller plus loin, rappelons que nous ne cherchons pas chez les Japonais les moyens de pousser encore plus loin les limites de ce que l'on peut « tirer » du travail. Il s'agit surtout de voir s'il n'y aurait pas, là ou ailleurs, une voie pour travailler plus intelligemment. Et si l'intelligence n'exclut pas la productivité, alors pourquoi pas ?

Le Japon a été souvent présenté comme un compétiteur plus ou moins déloyal dans un contexte de libre concurrence alors que, par exemple, Dominique Nora montre dans son excellent livre, *L'étreinte du samouraï ou le défi japonais* (1991), que le Japon ne « triche » pas, mais « joue » autrement. En effet, certains analystes réduisent l'explication de la réussite de ce pays au fait que les entreprises nippones travaillent de concert avec les institutions politiques et que le marché intérieur reste relativement inaccessible aux étrangers[4]. L'image d'un Japon longtemps qualifié de « servile

---

3.   Voir Vogel (1983), Bellon et Niosi (1987), *L'Express* (1987), Sautter (1987), Peters (1988), *Le Point*, 18-24 décembre 1989, Leclerc (décembre 1989), *Le Devoir*, 16, 17, 18 et 19 janvier 1990, Albert (1991), Birat (1991), Donnet (1991), *Le Monde diplomatique – Manière de voir* (1991), Nora (1991), Pitte (1991), *Le Monde – Dossiers et documents* (janvier 1992) ; *Business Week*, 15 juillet 1993, où l'on fait le procès des écoles de gestion nord-américaines qui, entre autres, « persistent à ignorer les pratiques à succès du management japonais, allemand ».

4.   Mais, selon une enquête effectuée en juin 1991 par la Chambre de commerce américaine, les échecs des sociétés étrangères au Japon s'expliquent surtout par leur politique de gestion à courte vue, le peu d'efforts qu'elles font pour adapter leurs produits au marché japonais et leur inconscience du haut niveau de qualité exigée (Fair Trade Commission).

imitateur est une erreur qui n'est pas innocente puisqu'elle donne bonne conscience aux acteurs économiques occidentaux. En réalité, les Japonais ont beaucoup emprunté – à la Chine, à la Corée, à l'Occident –, mais ils ont beaucoup transformé et adapté, à leur usage et à leur espace, les idées et les techniques qu'ils importaient[5]. »

Notre réflexion ne vise pas à « idéaliser » la réussite du Japon (nous verrons que les coûts sociaux, psychologiques et humains payés par la société sont, somme toute, assez élevés), pas plus que n'importe quel autre pays, mais à quoi cela sert-il de se réfugier derrière les erreurs des autres pour ignorer leur avance ou leurs points forts? Il est utile de connaître les erreurs et les facteurs de souffrance que les autres n'ont pu éviter si l'on veut tenter de s'en prémunir soi-même. Cependant, ce que les Japonais réussissent mieux que nous doit aussi être connu et reconnu, non pas pour être calqué sans discernement, mais pour être compris dans ses fondements humains et, dans la mesure du possible, intégré. Il ne s'agit donc pas de montrer comment on peut aller plus loin et plus vite que les Japonais ou les autres. Pour reprendre une belle formule de Albert Jacquard, ce n'est pas la vitesse qui est la vraie valeur à considérer, mais bel et bien la direction. Et sur ce point, l'Orient et l'Extrême-Orient où le Japon occupe une place de choix sont, selon l'expression de Deming (1987), des « marathoniens » et non des « *sprinters* » (et ils ont raison car la « course » est une course de fond). D'ailleurs, comme on le verra, le « modèle » japonais et d'autres modèles performants (ceux de l'Allemagne, de la Suède, l'expérience sud-coréenne) nous renvoient à des considérations socio-historiques et socio-politiques bien plus fondamentales qu'on n'a jamais songé à l'imaginer en management. Mais revenons à ce que le modèle japonais a à nous dire de plus significatif.

QUELQUES FAITS ET CHIFFRES

Depuis 1986, le PNB *per capita* (le produit national brut par habitant) du Japon dépasse celui des États-Unis et, malgré le fait que la population japonaise soit environ deux fois moins nombreuse que la population américaine, le PNB global du Japon a atteint 60 % de celui des États-Unis en 1990. On prévoit même qu'il pourrait l'égaler dès 1993-1994 et le dépasser avant 2040[6] (voir les tableaux 9-2 et 9-3).

De plus, depuis 1986, le Japon a connu une cinquième année consécutive de croissance, baptisée le « *heisi boom*[7] », alors que les autres pays industrialisés entraient les uns après les autres en récession. Toutefois, à partir du quatrième trimestre de 1991, l'expansion de l'économie japonaise

5.   Pitte (1991), chapitre 2, p. 15.
6.   *L'état du monde 1992*, p. 95.
7.   *Le Monde – Dossiers et documents*, janvier 1992.

TABLEAU 9-2
Les principaux agrégats économiques

	1992	1993	1994	1995
PIB global (en milliards de dollars)	3 700	4 198	4 651,1	4 960,7
PIC *per capita* (en dollars)	29 800	33 640	37 300	39 600
Variation du volume du PIB (en pourcentage)	+1,3	−0,2	+0,6	+0,3
Inflation (en pourcentage)	1,5	1,3	0,7	−0,1
Chômage (en pourcentage)	2,4	2,5	2,9	3,1

Source : Atlaseco (1997), p. 114.

TABLEAU 9-3
Les données comparatives États-Unis–Japon

	1992		1993		1994		1995	
	États-Unis	Japon	États-Unis	Japon	États-Unis	Japon	États-Unis	Japon
PIB (en milliards de dollars)	5 866,6	3 700	6 245,2	4 198	6 638,2	4 651,1	6 982	4 960,7
PIB par habitant (en dollars)	23 000	29 800	24 235	33 640	25 500	37 300	26 540	39 600
Variation du PIB (en pourcentage)	+2,1	+1,3	+3	−0,2	+3,9	+0,6	+3,3	+0,3

Source : Tableau reconstitué à partir des données d'Atlaseco (1997).

s'est interrompue et le ralentissement de la demande intérieure allié au recul de la production industrielle ont provoqué une contraction du produit intérieur brut[8].

Soulignons aussi que, dans un monde souffrant d'un manque de liquidités et d'une épargne insuffisante, le Japon est depuis quelques années le premier créancier de la planète en détenant 33 % des actifs des principales banques[9].

Jusqu'en 1991, vu la très légère augmentation de la population en âge de travailler[10], les taux d'activité de la main-d'œuvre se sont accrus. Suivant la tendance amorcée depuis 1988, le nombre d'heures ouvrées par an et par travailleur a continué à diminuer. Cette diminution découle notamment de la mise en œuvre des principes fixés dans le cadre de la législation du travail dont le but est de ramener progressivement le temps de travail

---

8. OCDE (1992), *Études économiques : Le Japon*, p. 9.
9. *Le Monde diplomatique*, mai 1991.
10. La population active progresse d'environ 2 % par an. En octobre 1991, elle représentait 52,4 % de la population totale.

hebdomadaire à 40 heures (c'est-à-dire 1800 heures par an contre 2008 durant l'exercice 1991).

Quant à l'inflation, elle est parfaitement maîtrisée car elle excède à peine 3 % et le taux de chômage, exceptionnellement bas, oscille autour de 2 % (jusqu'à 1991 inclusivement).

Rappelons aussi que plus de 124 millions de Japonais « s'entassent[11] » sur 377 000 kilomètres carrés comparativement aux Américains, par exemple, qui sont 230 millions répartis sur un territoire de près de 9 500 000 kilomètres carrés ! Plus des trois quarts (77 %) de la superficie du Japon sont occupés par des montagnes et 18 % par des villes, ce qui fait que, en rongeant les montagnes, on arrive à consacrer de 5 % à 10 % du territoire à l'agriculture et au milieu rural.

Depuis sa défaite en 1945 face aux États-Unis, le Japon s'est voué à son développement économique. Il a tout misé sur les seules ressources dont il dispose : les capacités, le sens collectif et la discipline de ses habitants. Sur une longue période, son taux de croissance moyen depuis l'après-guerre se situe à 5,2 %, comparativement à 3,5 % en Amérique du Nord. Autre caractéristique surprenante, entre 1981 et 1990, le taux d'accroissement de la productivité industrielle de la main-d'œuvre japonaise a connu une hausse annuelle moyenne de 3,9 %, tandis que les États-Unis sont loin derrière avec 0,7 %[12].

En achetant et en copiant les brevets et les technologies tous azimuts, les Japonais sont passés maîtres dans l'industrie de la transformation et dans le développement des produits, dans l'art, en fait, de créer de la valeur ajoutée, à partir de matières, de ressources et d'idées importées. Alors qu'il y a moins de vingt ans le Japon avait l'image d'un pays producteur de « camelote », de produits de piètre qualité (les montres japonaises se vendaient au kilo), le voilà parvenu, avec pour seul concurrent sérieux l'Allemagne, au sommet de la qualité et de la fiabilité, dans presque tous les domaines.

De 1967 à 1983, les firmes japonaises ont doublé leur part du commerce mondial en produits de haute technologie : de 8 % à 16 %, alors que les États-Unis ont reculé de 26 % à 21 % et l'Europe de 46 % à 37 %[13]. En 1990, par exemple, 50 % du marché mondial de l'électronique grand public et de l'informatique était contrôlé par le Japon[14]. Les conglomérats japonais et le tissu d'entreprises qui les soutiennent ont pris une avance considérable (une révolution d'avance, disent beaucoup de spécialistes) dans plusieurs secteurs où les Occidentaux pensaient être indélogeables (voir le tableau 9-4). En « copieurs » intelligents, les Nippons ont su combiner leurs propres idées avec celles des autres, et ainsi arriver à mieux faire.

---

11. Plus des trois cinquièmes (63,2 %) de la population vivent dans des régions ayant une très forte densité sur 5 % de la superficie du pays (OCDE [1992] *Études économiques : Le Japon*).
12. Étude du Centre japonais de la productivité, publiée en mai 1990.
13. Sautter (1987), p. 4-8.
14. *Le Monde diplomatique*, mai 1991.

TABLEAU 9-4
La part du marché mondial des principaux pays industrialisés

	Automobiles		Acier (en milliers de tonnes métriques)		Électricité nucléaire (en milliers de kW•h)	
	1990	1995	1990	1995	1990	1995
Japon	26,86	20,7	14,33	13,6	9,0	12,7
Allemagne	12,58	11,9	5,7	5,6	7,6	6,8
États-Unis	16,4	17,21	11,5	12,5	30,3	31,2
France	8,9	8,3	2,5	2,4	15,7	16,7
Royaume-Uni	3,5	4,2	2,3	2,3	3,3	–
Italie	5,0	3,9	3,3	3,7	–	–

Source : Tableau reconstitué à partir des données de SEDES (1997).

En 1992, un tiers des voitures immatriculées aux États-Unis provenaient du Japon (0,4 % des véhicules en circulation au Japon étaient d'origine américaine[15]) et, dès 1991, la Honda Accord y était la voiture la plus vendue[16]. En plus d'exporter plus de 2 millions d'automobiles vers les États-Unis, le Japon y fabriquait plus d'un million d'unités, sur place, dès 1988, sans compter toutes celles déjà produites sous les bannières Ford (Probe, Laser, Festiva), General Motors (Sprint, Spectrum, Nova) et Chrysler (Colt, Dodge, Diamond Stars). À partir des États-Unis, Honda est « le premier exportateur automobile américain », ce qui lui permet de contourner le problème de la surévaluation du yen qui freine les exportations (produire en Amérique du Nord lui revient moins cher) et celui du contingentement des exportations vers l'Europe (les voitures ne pourront plus être cataloguées « *made in Japan* »).

Par ailleurs, la productivité japonaise dans la construction automobile est reconnue, par les milieux spécialisés américains eux-mêmes, comme étant supérieure de 25 % à celle des autres constructeurs[17]. Et, signe des temps, des concessionnaires Chrysler affichent sur leurs devantures « Mitsubishi » en plus gros que « Chrysler » ! Quant à Ford, elle laisse savoir que le moteur de la dernière Taurus est un Yamaha ! Tandis que peu de gens savent que la technologie de l'avion de combat américain le F-117 dit « furtif » est japonais.

Nous reviendrons plus loin sur l'implantation des firmes automobiles japonaises aux États-Unis et leur partenariat avec leurs homologues américaines, car ces réussites viennent discréditer les arguments de ceux qui n'expliquent la productivité japonaise que par la docilité extrême des travailleurs nippons.

---

15. *L'état du monde 1993.*
16. *Le Monde diplomatique*, mai 1991.
17. *Le Point*, n° 829, 8 août 1988, p. 51-54.

Le secteur automobile américain n'est pas le seul visé par les investissements japonais. En 1990, le montant des investissements japonais aux États-Unis a atteint la somme colossale de 47 milliards de dollars. Des pans entiers de l'industrie américaine sont désormais contrôlés par le capital nippon[18]: le Rockefeller Center de New York, les films de la Columbia, les disques de CBS, une partie de Walt Disney, d'immenses ranches du Wyoming ainsi que des parties de parcs nationaux américains sont devenus propriété japonaise.

En 1986, le commerce extérieur japonais a atteint un excédent record vis-à-vis des États-Unis de près de 58,5 milliards de dollars, soit la moitié du déficit commercial américain. Depuis 1987, son surplus commercial global a dépassé les 100 milliards de dollars, même si, répétons-le, 90 % des ressources primaires du Japon sont importées, qu'il s'agisse des matières premières ou énergétiques. En 1991, malgré la chute du dollar de près de 50 %, cette différence[19] de 58,5 milliards[20] ne s'est pas atténuée et les exportations japonaises vers les États-Unis ont atteint 91,6 milliards de dollars, ce qui est une performance surprenante si l'on tient compte de la contraction du marché intérieur américain.

Cependant, cela est également une faiblesse pour le Japon, car sa dépendance envers le marché américain est trop grande.

Cette réussite ne s'est pas faite sans douleur. Le prix que paye la société japonaise est en effet assez élevé. Voyons quelques aspects de cette question.

UN CERTAIN PRIX À PAYER

Un enfant japonais va à l'école primaire environ 70 jours de plus par an qu'un enfant occidental. Étudier à l'université peut représenter plus du quart du revenu d'une famille moyenne par an.

La semaine de travail normale était encore récemment de 55 heures pour 7 jours de vacances par an. Mais en 1991, ce nombre d'heures n'était plus que de 44 et cette tendance à la baisse s'est poursuivie en 1992[21].

Le surmenage, les suicides, le « technostress », comme dit Sautter, font des dégâts dans toutes les couches de la société et dans toutes les tranches d'âge[22].

---

18. Voir sur la question l'ouvrage de Michel Albert, *Capitalisme contre capitalisme*, et celui de Dominique Nora, *L'étreinte du samouraï ou le défi japonais.*
19. Nora (1991), p. 14.
20. OCDE (1993) *Études économiques 1992-1993: Le Japon.*
21. OCDE (1992) *Études économiques 1991-1992: Le Japon.*
22. Quoique le taux de suicide au Japon (17,7 par 100 000 habitants) soit inférieur à celui de la Suède (19,5), qui est au neuvième rang mondial, équivalent à celui du Québec (17,6 en 1986) et proche de celui de la France (17,2) [Sources: Faramond 1988 et *Réseau*, décembre 1989]. Et n'oublions pas que le suicide y est une sorte de rituel (*hara-kiri*) intégré dans un complexe de significations culturelles millénaires, qu'il serait hasardeux de comparer imprudemment à l'Occident (Pinguet 1984).

Le journal québécois *Les Affaires* rapporte (mars 1989) qu'il n'y a pas de place dans la vie du Japonais pour autre chose que le travail : ni vacances, ni loisirs, sinon l'alcool. Seuls, y lit-on, 15 % des Japonais se disent heureux[23]... On sait aussi que le coût de la vie est élevé, que le logement, avec si peu d'espace disponible, est un casse-tête quasi insoluble, que les transports peuvent être cauchemardesques, que les jeunes sont de moins en moins intéressés à mener une vie d'un tel labeur (*Le Point*, 18-24 décembre 1989 ; *Le Devoir*, 18 janvier 1990). De plus, la population vieillit : en 2010, on comptera 4 retraités pour 10 personnes actives (à l'instar de l'Allemagne et de la France, nous dit Sautter).

On croirait parfois, à lire certains comptes rendus ou sondages sur la vie des Japonais, que c'est un peuple qui vit en enfer et qu'il ne reste qu'une chose à faire : aller secourir au plus vite ces malheureux. Il faut cependant, en toutes choses, mesure, modération et, surtout, jugement en connaissance de cause[24]. D'abord, n'oublions pas que si les Japonais ne représentaient pas une menace grave pour nos économies, sinon pour notre survie, nous n'en aurions sans doute jamais tant parlé. Ensuite, selon quels critères peut-on juger de leur bonheur ? On entend souvent dire que les Japonais sont hyperdisciplinés, qu'ils fonctionnent sur un mode militaire, qu'ils sont soumis à l'autorité et ne la contestent jamais, qu'ils appliquent strictement les règles... Certes, pour un esprit attaché à l'individualisme et aux valeurs occidentales, l'organisation sociale japonaise peut sembler déconcertante et très pénible à supporter. Mais elle soulève aussi beaucoup de questions fondamentales : le prix à payer pour la liberté individuelle n'est-il pas trop lourd au regard de la violence sociale diverse (chômage, multiplication des sans-abri, inégalités criantes[25], élargissement de l'écart entre les plus riches et les plus pauvres, désintégration de la famille, perte du sens de la solidarité communautaire) ? L'autorité doit-elle être systématiquement contestée ? Et si cette autorité-là convenait aux Japonais et les arrangeait ? Ou alors, faudrait-il, comme on le reproche, à juste titre, aux marxistes dogmatiques, décréter à leur place qu'ils sont aliénés ? Une autorité reconnue et considérée comme bienveillante, généreuse, bref comme un bienfait[26], n'est-elle pas concevable ? Et puis, comment concilier cela avec le légendaire « esprit d'équipe » des Japonais ? Avec les cercles de qualité où la liberté d'expression et d'adhésion est la condition de base ? Avec, enfin, les multiples formes de participation et de décentralisation qu'on reconnaît aux firmes nippones, et que le même article des *Affaires* souligne ?

---

23. *Les Affaires*, semaine du 18 mars 1989, dossier sur le Japon, p. 30-32.
24. *Les Affaires*, semaine du 18 mars 1989, dossier sur le Japon, p. 30-32.
25. Albert (1991), Nora (1991). Vogel (1983), par exemple, rapporte que la pyramide des revenus au Japon est de 1 à 4 ou 5 environ, alors qu'elle dépasse souvent nettement 1 à 10 ou 20 en Occident.
26. On verra que cela est le cas aussi dans certaines entreprises occidentales, comme Cascades au Québec.

On ne peut que s'associer pleinement à Sautter (1987) lorsqu'il écrit que le cas du Japon suscite lassitude et réactions épidermiques, au point où l'on peut rencontrer des visions carrément méprisantes, voire racistes, ou, le plus souvent, folkloriques. Les premières traiteront les Nippons d'« anormaux », d'« animaux économiques », de « fourmis », de « bêtes à usines » qui ne savent pas vivre, ou qui ne vivent que pour le système, qui les broie comme une chair à pâté. Les secondes voient en eux des gens à part, une sorte de curiosité ethnologique, enfantée non pas par l'exotisme du primitif, mais par l'anormale efficacité du producteur : le Japon fait ce qu'il fait parce qu'il est peuplé de Japonais. En plus d'être tautologique, cette interprétation est basée sur une réelle forme de mépris.

Cependant, l'interprétation la plus courante consiste à monter en épingle les à-côtés pervers du système, les coûts sociaux et autres prix à payer. Il est vrai que l'on ne saurait ignorer cela et qu'il faut prendre sérieusement garde à ces coûts, mais, comme le disait un homme d'affaires québécois de retour du Japon en mars 1989, « on peut très bien essayer de développer la compétitivité de façon aussi efficace, tout en maintenant la qualité de vie nord-américaine[27] ».

C'est exactement là notre propos et notre objectif : que ce soit les Japonais, les Allemands, les Suédois ou les Sud-Coréens, souhaitons qu'ils se rendent compte des malheurs qui les frappent et, si nous pouvons les aider, faisons-le. Mais en attendant, essayons de comprendre ce qu'ils font le mieux, adaptons-le et évitons-en, autant que possible, les aspects néfastes.

UN PEU D'HISTOIRE ET DE SOCIOLOGIE

Pour appréhender le Japon d'aujourd'hui et sa façon de produire, il faut comprendre ce qu'il était hier et ce qu'a été son évolution.

La civilisation Yayoi (IIIe siècle avant J.-C. – IIIe siècle après J.-C.) de la deuxième culture néolithique est considérée comme la fondatrice du Japon historique et actuel. Le royaume Yamato lui succéda du IIIe siècle après J.-C. à 710. C'est probablement à cette époque qu'est édifié, à Ise, le temple shintoïste qui est le cœur de la japonité. De leur conquête du royaume coréen de Silla à la fin du IVe siècle, les armées des Yamato importèrent[28] des éléments des civilisations chinoise et coréenne comme l'écriture[29], le

---

27. *Les Affaires*, semaine du 18 mars 1989, p. 32.
28. « Tout au long de leur histoire, les Japonais ont beaucoup appris des contacts avec les autres peuples. Ceci expliquerait chez eux cette passion d'apprendre et de comprendre, tout comme cette incapacité à parler d'eux-mêmes, car ils ne se sont jamais expatriés dans le but de transmettre un message de civilisation » (Pitte 1991).
29. La langue japonaise s'écrit à partir du *kanji* (idéogrammes chinois) et du *kana* (caractères simplifiés phonétiques spécifiquement japonais).

bouddhisme[30], la sériciculture, le tissage (Pitte 1991). Puis, les dynasties Nara (710-794) et Heian (794-1192) favorisèrent le développement de la culture chinoise en raison du prestige immense de cette civilisation.

À cette période, soutenus par l'empereur, les guerriers, ou *samouraïs,* commencent à prendre une grande importance. Sur le plan religieux, bon nombre d'entre eux adoptent la doctrine de la secte bouddhiste Zen pour sa simplicité et son dépouillement.

Entre 1192 et 1603, le Japon nous apparaît comme une société de type féodal gouvernée par des *shoguns,* alors que l'empereur ne conserve qu'un pouvoir symbolique et les fonctions de chef de la religion shintoïste.

Fait marquant, au XVᵉ siècle, le confucianisme venu de Chine et de Corée s'implante durablement au Japon, soutenu par le pouvoir central qui voit dans cette philosophie une école d'ascétisme, de morale et de rigueur sociale particulièrement bénéfique. Les paysans (85 % de la population), qui représentent l'essentiel de la société roturière, sont gagnés aux idéaux confucéens, particulièrement le désintéressement, la passion du service communautaire et le goût du savoir sous toutes ses formes.

Dès 1543, des marins portugais développent le commerce des armes à feu avec les guerriers de la région de Kyūshū. Puis, à l'arrivée d'un missionnaire jésuite espagnol, saint François-Xavier, un petit nombre de Japonais se convertissent au christianisme. À cette période, les Hollandais, prêchant la Réforme, tentent d'ouvrir un comptoir commercial, mais sans réel succès.

Entre 1603 et 1867, le *shogun* Tokugawa Ieyasu et ses successeurs réorganisent la société japonaise selon un mode très strict régissant les devoirs de chacun, à la manière confucéenne. Ils instituent le système du *sankin-kotaï*[31], pour constituer un État fort, stable et éviter tout risque de sédition.

À partir de 1639, le « shogunat » renforce l'interdiction de séjour de tout étranger à l'exception d'une petite colonie de Hollandais protestants et de Chinois non chrétiens cantonnés sous surveillance dans l'île de Dejima située dans le port de Nagasaki. Cette fermeture quasi totale du Japon et ces 250 ans de paix intérieure vont permettre à la culture japonaise de se conforter dans ses acquis et dans l'idée qu'elle n'est semblable à nulle autre (Pitte 1991).

Le Japon s'est aussi affermi dans sa volonté de fermeture à l'Occident en tenant compte « des enseignements de la conquête étrangère pendant l'âge d'or de l'impérialisme colonial occidental, et notamment de la mise à sac de l'Inde[32] ». N'est-ce pas aussi l'ex-ambassadeur de Grande-Bretagne

---

30. Mais le bouddhisme prit réellement de l'extension au Japon dès 538, à partir du moment où il fut imposé comme religion officielle, sans pour autant supprimer le shintoïsme (religion très peu dogmatique), fondement du pouvoir impérial.
31. Organisation centralisée du pouvoir politique et de l'administration du royaume.
32. Clairmonte, cité par Pitte (1991), p. 34.

Herbert Spencer (1835-1901) qui déconseilla au baron Kaneko, l'un des stratèges de l'industrialisation du Japon, « d'ouvrir l'empire tout entier aux étrangers et aux capitaux étrangers[33] » ?

C'est en 1853 et 1854 que le *commodore* américain Perry, à la tête d'une escadre de quatre navires puissamment armés, exige la signature d'un traité de commerce avec le Japon. Dès 1858, divers traités commerciaux sont signés avec les États-Unis, la Russie, la Hollande, l'Angleterre et la France. Les commerçants sont plutôt favorables aux bouleversements qui s'annoncent, mais l'aristocratie s'y oppose. Dans le milieu de la cour impériale et parmi les *samouraïs*, l'opposition au shogunat s'organise et cela aboutit à la prise de contrôle direct du gouvernement par l'empereur.

Appelée ère Meiji (1868-1912), cette nouvelle période est caractérisée par des réformes politiques et économiques de grande envergure entreprises par l'empereur Mutsu-Hito[34]. Le Japon connaît ainsi un énorme essor économique et une ouverture sans pareille aux sciences et technologies occidentales. Une nouvelle constitution d'inspiration allemande est promulguée par l'empereur, des « chargés de mission » sont envoyés un peu partout dans les pays occidentaux pour s'informer et rapporter une masse considérable d'informations, l'enseignement se généralise (calqué sur le système allemand), les infrastructures et le potentiel militaire se développent rapidement.

Doté d'une puissante armée, le Japon se lance dans une guerre victorieuse contre la Russie à cause de l'action de ce pays en Corée. À la mort de Meiji, l'empereur Taishô, peu enclin aux affaires politiques, gouverne de 1912 à 1926. Le Japon, qui est considéré comme une grande puissance, entre dans le camp des Alliés lors de la Première Guerre mondiale.

Hiro-Hito (dénommé Shōwa, depuis sa mort en 1989) accède au trône en 1926. Le poids des militaires sur le pouvoir politique est alors considérable et, malgré quelques timides tentatives sur lesquelles subsistent de nombreuses controverses, l'empereur ne peut entraver cette évolution. La domination japonaise s'étend ainsi sur le continent (la Corée est déjà annexée depuis 1910); en 1931, la Mandchourie est occupée et, en 1937, c'est le tour d'une grande partie de la Chine du Nord. Utilisant les croyances shintoïstes (surtout le culte impérial), les militaires galvanisent la population. Allié à l'Allemagne nazie et à l'Italie fasciste en 1940, comme l'y prédisposait son militarisme exacerbé, le Japon entreprend les hostilités contre les États-Unis en 1941 en détruisant une partie de la flotte américaine de Pearl Harbor. En 1945, après la destruction totale de Hiroshima et de Nagasaki par des bombes atomiques, le Japon capitule face aux États-Unis. Le pays est en ruine et il a perdu son immense empire colonial (source

---

33. Clairmonte, cité par Pitte (1991), p. 34.
34. L'empereur Mutsu-Hito fut appelé Meiji après sa mort, du nom de l'ère qui a commencé le jour de son accession au trône.

vitale de matières premières et de produits énergétiques) qui allait de Sakhaline à l'Indonésie.

Grâce au plan Marshall et malgré les années difficiles de la reconstruction, le Japon retrouve progressivement sa place dans le concert des nations avec un large soutien américain. Cela est couronné en 1964 par la tenue des Jeux olympiques de Tōkyō. Pour un certain nombre de visiteurs étrangers, l'effort accompli est une surprise qui laisse prévoir l'ascension du Japon au rang des grandes puissances.

De façon très schématique, on peut donc dire que c'est l'intégration industrialisation–tradition qui fait la base du Japon que nous avons sous les yeux : « Il semble épouser l'avenir sans divorcer du passé[35]. » C'est l'une des rares contrées du monde à être restée très longtemps fermée à toute influence extérieure, notamment occidentale, et à n'avoir jamais connu au cours de son histoire de véritables invasions, l'occupation américaine consécutive à la défaite ne pouvant être considérée comme telle. Son caractère insulaire en fait déjà naturellement un pays fermé, et les conditions de vie, combinées avec l'influence du confucianisme, avec la « culture de la rizière », avec l'esprit du *samouraï* et du shintoïsme, en font un pays ayant des traditions de solidarité, de soutien mutuel, de préséance du collectif sur l'individu et de cohésion très profondément enracinées.

Un élément extrêmement important à comprendre de prime abord est le fait que l'industrialisation du Japon s'est effectuée sur la base d'une sorte d'effort national concerté – surtout après 1945 –, avec un appui direct et actif de l'État, mais aussi et surtout, qu'elle ne s'est pas, comme en Occident, édifiée sur les ruines de l'ordre socio-économique précédent[36]. Le Japon, ou plus exactement les industriels et gens d'affaires japonais, n'a pas eu besoin de détruire le système préexistant pour mieux asseoir son pouvoir. L'industrialisation s'est, pour ainsi dire, faite en douceur et l'essentiel de la tradition et des valeurs de la socio-culture ancestrale a été sauvegardé et utilisé comme moule d'intégration de la civilisation industrielle.

Toutefois, le processus ne s'est pas déroulé sans conflits. Après une période relativement semblable à celle que connaissait l'Occident, on note au début du XXᵉ siècle des grèves massives, notamment dans le secteur minier et dans celui de la métallurgie. De plus, à cette époque, la fidélité à l'entreprise n'existait pas et la mobilité était extrême. Avant la Seconde Guerre mondiale, les principes du salaire basé sur l'ancienneté et de l'emploi à vie, sur lesquels nous reviendrons plus loin, étaient déjà en vigueur, mais

---

35. Maury (1986), p. 23.
36. Nous en verrons les détails plus tard, mais il faut savoir que ce qu'on a appelé la Révolution industrielle en Occident a été l'installation du nouvel ordre par la destruction, même physique, de tout ce qui représentait l'ordre préexistant : l'aristocratie, le système rural traditionnel et tout ce qui allait avec, notamment, l'esprit de communauté (Stuart Mill 1864, Weber 1971, Mantoux 1959, Braverman 1976, Schumpeter 1979, Braudel 1980 et 1985).

ils n'étaient pas considérés comme une norme. C'était plutôt le fruit de l'idéologie paternaliste (le patriarche à la tête d'une organisation avait une grande autorité, et devait en retour non pas l'exercer pour ses intérêts personnels, mais, au contraire, voir à l'intérêt de tous les membres), et donc un code moral.

Paradoxalement, c'est après la défaite de 1945 que les Américains ont institutionnalisé le syndicalisme au Japon. Les principes du salaire basé sur l'ancienneté et de l'emploi à vie, pratiques coutumières qui régissaient la relation d'emploi d'avant-guerre, la gestion conjointe de l'amélioration de la productivité et d'un juste partage des dividendes[37] furent alors formalisés. Cette formalisation ne se fit pas sans conséquence, car l'autorité du patriarche qu'entraînait l'idéologie paternaliste fut du même coup remise en question et les « devoirs » de ce dernier lui sont depuis imposés par la loi.

La différence avec l'Occident est, sur ce point, tout à fait déterminante : l'opposition – et donc les pertes d'énergies, les dégâts et la violence – entre l'ancien système et le nouveau y fut nettement réduite, et ses effets ne se firent sentir que progressivement. L'industriel japonais n'a pas eu besoin de recourir à la force, à l'exploitation de la misère des paysans et à la coercition pour construire le tissu industriel.

Le processus de modernisation[38] de la société japonaise s'est déroulé différemment de celui de la modernisation des sociétés occidentales. En effet, en Occident, c'est le système socioculturel qui a d'abord été modernisé (la révolution familiale, la Réforme et la Renaissance), ensuite le système politique (la révolution démocratique), puis enfin le système économique (la Révolution industrielle). Au Japon, par contre, c'est le système économique qui fut le premier modernisé. Notons qu'au début de l'ère moderne le code civil Meiji a, paradoxalement, institutionnalisé le système prémoderne : la « famille-institution », caractéristique du *ié* où l'entreprise est régie à l'image de la famille avec une puissante hiérarchie. Plus récemment, pendant les années de l'entre-deux-guerres, ce système a été renforcé quand le gouvernement militaire agissait en collaboration avec les conglomérats familiaux. En 1947, après la Seconde Guerre mondiale, cela fut aboli[39]. C'est sur cette base que les principaux conglomérats d'entreprises, les *zaibatsu* puis les *keiretsu*[40], ont pris naissance[41].

---

37. Ujihara (1991).
38. Modernité que l'on peut résumer comme le passage des valeurs de la parenté à celles du marché ; les premières se basent sur le particularisme, les secondes sur l'universalité.
39. C'est le gouvernement Meiji qui, pour permettre la mise en place d'industries modernes, fonda des entreprises publiques et favorisa la naissance d'entrepreneurs modernes (*seisho*) ayant des relations privilégiées avec lui.
40. Précisément, les *zaibatsu* ont été démantelées après la guerre, mais elles ont réapparu sous forme de groupes industriels aux contours plus flous, les *keiretsu*.
41. Tominaga (1991).

C'est donc sans heurt et presque naturellement que les éléments de base de la culture la plus traditionnelle, aux racines féodales, communautaires et rurales, se sont modulés selon ceux de l'ordre industriel. Et ces éléments permettent de mieux comprendre le comportement, si déroutant pour un esprit occidental, des patrons, des ouvriers et des syndicats japonais. Ainsi, le caractère volcanique[42] de la terre nippone, déjà, à lui seul (combiné avec la nécessaire cohésion-solidarité des groupes que comporte la « culture » du riz), implique toute une tradition de soutien mutuel, de lutte commune et d'adaptation constante à un milieu extrêmement instable.

Le peuple japonais est une entité socioculturelle extrêmement homogène avec une langue unique et des coutumes uniformes. Le confucianisme a pénétré cette socio-culture depuis le VIIᵉ siècle en lui apportant notamment les valeurs cardinales qu'on lui connaît aujourd'hui. Ainsi, le respect des valeurs suivantes est une obligation pour tout Japonais : la loyauté, l'épargne, la fidélité, le travail, le profit légitime et valorisant (s'il est poursuivi dans un esprit mutuel), la condamnation de l'usage d'autrui en vue d'objectifs égoïstes (que ce soit le commerce ou l'emploi). Ces valeurs s'expriment donc de nos jours par la place centrale accordée au groupe et à l'esprit de groupe que l'on observe dans les entreprises.

La cohésion, l'homogénéité sociale et le sens du consensus reposant sur les principes du confucianisme sont des caractéristiques incontournables du « modèle » japonais.

De plus, « les Japonais considèrent l'affirmation de soi comme immorale et le sacrifice de soi comme la voie raisonnable à suivre tout au long de la vie[43] ». Parler de soi, de ses états d'âme, reste profondément choquant au Japon et passe pour impudique. Traditionnellement, il ne s'agit pas d'affirmer sa personnalité, mais plutôt de trouver des points d'accord avec ses interlocuteurs. De nombreux auteurs (Pitte 1991, Korea 1987) expliquent cette attitude par l'isolement passé du Japon et l'imprégnation de la morale confucéenne.

> Lorsqu'une population nombreuse et homogène est vouée à se partager quatre petites îles, il est tout à fait naturel qu'elle mette l'accent sur les moyens d'éviter l'affrontement, de rechercher l'entente. C'est ce phénomène qui a poussé les Japonais à adopter certaines habitudes de langage,

---

42. À la charnière de trois plaques (Eurasie, Philippines et Pacifique), le Japon est l'un des pays du monde les plus menacés par les secousses telluriques (en 1987, le pays a subi 741 tremblements de terre assez forts pour être ressentis, soit une moyenne de deux par jour), les typhons, les éruptions volcaniques et autres risques naturels. Plus qu'ailleurs, c'est aussi au Japon que l'on a mis au point les techniques et les moyens de prévention pour éviter les effets les plus meurtriers des désastres.
Cette sensation de précarité de la vie, renforcée par une dévotion sans borne à la nature (due, entre autres, aux origines animistes du shintoïsme, la plus ancienne religion du Japon, qui qualifie de « kami » – divinité – tout ce qui entoure l'homme et sacralise les forces de la nature), conduirait les Japonais à privilégier les notions de solidarité et d'entraide.
43. Behr (1989).

notamment celles qui consistent à s'en remettre à l'opinion d'autrui et à modérer ses propos de manière à ne pas blesser ses interlocuteurs[44].

Le conformisme, l'obéissance à des règles très strictes, la nécessité de rester à sa place dans la société et de ne pas paraître usurpateur sont autant de traits saillants qui caractérisent l'effacement de l'individu. Mais cela n'exclut pas un très grand sens de la responsabilité individuelle[45].

Au sein de l'entreprise japonaise, le sentiment quasi familial d'appartenance à une communauté fonde l'*amae*, désir de solidarité et de protection. Le *iemoto*, qui exprime le leadership du chef, renferme par ailleurs une nuance d'affectivité familiale. Selon le sociologue Marcel Bolle de Bal:

> L'*amae* et le *iemoto* se complètent et s'équilibrent mutuellement: conjonction d'un principe féminin – l'amour, le sentiment, l'émotion, le groupe – et d'un principe masculin – l'autorité, la hiérarchie, la production, l'individu –, étroitement unis dans la construction quotidienne d'une organisation durable[46].

Les principes régissant la vie des entreprises japonaises ne sont que la traduction de particularités culturelles qui s'expriment par l'emploi à vie, la rémunération selon l'ancienneté, le système communautaire de motivation, etc. Le sentiment communautaire d'appartenance à l'entreprise, l'*affectio societatis*, est aussi fort dans le modèle rhénan ou japonais qu'il est devenu faible dans le modèle anglo-saxon[47].

Il est vrai que l'on assiste de plus en plus à l'éclosion d'une certaine forme d'individualisme[48] et l'État japonais, qui avait toujours tenu un rôle dominant dans la vie du pays et exercé une grande influence sur les individus, perd relativement de son prestige.

La cohésion du système japonais qui contribue à perpétuer le consensus social a toujours été inspirée du caractère égalitaire de la société même si l'on constate depuis quelques années des perturbations chez tous les groupes sociaux. La société japonaise est en effet engagée dans une course à la consommation qui bouleverse ses habitudes, bouscule ses traditions et remet en question ses valeurs.

Les nouveaux riches Japonais sont désormais l'équivalent de ce qu'étaient les bourgeois anglais de la fin du 19ème siècle ou de ces Américains

---

44. Kinosita Korea cité par J.R. Pitte (1991), p. 36.
45. Pour ne pas «perdre la face», le président-directeur général de la banque Sumitomo, l'une des plus importantes du Japon, a démissionné car le directeur d'une de ses succursales avait été arrêté pour avoir persuadé des clients de financer un groupe de spéculateurs boursiers douteux (Pitte 1991).
46. Marcel Bolle de Bal (*in Revue française de gestion*, février 1988) cité par Michel Albert (1991), p. 133.
47. Albert (1991), p. 133.
48. On est encore très loin de la mystique de l'ego qui a cours dans les pays occidentaux et l'attachement des Japonais aux différents groupes qui constituent la société est encore très fort (Pitte 1991).

flambeurs des années cinquante-soixante qui jouaient des millions de dollars dans les casinos de la Côte d'Azur... Or, c'est un fait que cette majorité silencieuse est de moins en moins disposée à accepter le mode de vie traditionnelle fait de travail, d'épargne et de dévouement civique[49].

De nombreux phénomènes commencent à avoir des conséquences sur la jeunesse en particulier, chez qui « le snobisme et la priorité spontanément accordée aux produits de luxe étrangers remettent en cause le fameux nationalisme économique qui était le meilleur garant de l'excédent commercial[50] ». Les habitudes d'épargne des ménages sont elles-mêmes perturbées (le taux d'épargne rapporté au revenu disponible brut est tombé à 16 % en 1989, contre 24 % en 1970[51]).

Malgré l'émergence de ces nouvelles tendances, l'attachement aux groupes sociaux[52] cohérents, hiérarchisés, unis par des intérêts et liens multiples (professionnels, intellectuels et sentimentaux) reste élevé. La hiérarchie elle-même n'est pas considérée comme un poids ou un handicap, car les compétences de chacun avec tous sont utilisées au maximum et personne n'est confiné dans un rôle déterminé et intangible.

L'organisation sociale actuelle du Japon est donc tributaire de cet état d'esprit hérité de Confucius et de l'ancienne vie rurale que l'on trouve dans la symbolique du *ié*. L'individu est d'abord un membre d'un groupe qui agit au service du groupe, et ce depuis la famille jusqu'à la nation, en passant par le quartier et l'entreprise. La réciproque est également vraie : le groupe a le devoir de se préoccuper de chaque individu[53].

À cette structure communautaire de base se greffe une omniprésence puissante de l'autorité et de la hiérarchie. Celles-ci, comme dans la famille ou dans le clan familial, sont évidemment conçues et vécues comme paternalistes, bienveillantes, protectrices, désirant et poursuivant, en toutes circonstances, le bien de chacun et de tous. Voilà certainement la raison pour laquelle l'autorité, qui est si bien acceptée, mobilise et crée dans les entreprises un esprit de coopération, une intimité en tout, et des comportements de solidarité, de soutien et de partage[54].

La famille, centre du *ié*, correspond à la structure élémentaire de la vie sociale et d'apprentissage de l'*uchi*. Malgré les contraintes de la modernité[55],

---

49. Michel Albert (1991, p. 196) fait notamment référence au résultat d'un sondage paru dans le quotidien *Asahi Shimbun*, qui estime qu'une proportion importante de Japonais n'a pas une vie aisée.
50. Albert (1991), p. 196.
51. Mais cette dysfonction serait liée au découragement face à l'épargne pour le logement compte tenu de la spéculation foncière et de la crise de l'habitat.
52. La notion d'« *uchi* » qui exprime l'idée d'intérieur, de solidarité, d'intimité, de cohésion interne, rend bien compte de cette organisation verticale de la société.
53. Pour des éléments d'histoire et de culture du Japon, consulter, entre autres, Bernier (1988), Chang (1980), Courdy (1979), Dawson (1915), Nora (1991), Redding et Wong (1986), Sabouret (1988), Sautter (1987), Vogel (1983).
54. Inohara (1991), Pitte (1991), Ouchi (1981), Vogel (1983). (On peut comprendre que dans de telles conditions on ne soit pas poussé à combattre l'autorité à tout prix.)

l'attachement à la cellule familiale reste remarquablement fort. Bien que les pères soient physiquement peu présents, leur autorité morale est très affirmée.

Par ailleurs, le mot désignant le travail en japonais signifie littéralement « rendre son voisin heureux » ; on sait, par contraste, que l'étymologie du mot « travail » en langue française renvoie aux termes latins *tripaliare* et *tripalium,* qui signifient « souffrir », « faire souffrir » et « instrument de torture ».

Il convient aussi de savoir ce que signifient la mort et le suicide dans la culture nippone[56]. Au risque de schématiser l'explication, on peut dire qu'il y a une différence essentielle entre la conception du suicide en Occident et au Japon. Relié à l'extrême importance de ne pas perdre la face et à l'obligation d'être sincère – surtout avec soi-même – jusqu'au bout, c'est un code social, presque une coutume, renforcé par l'esprit *samouraï,* selon lequel l'acte du suicide est une ultime porte de sortie honorable. Yukio Mishima, un des plus grands écrivains japonais de ce siècle, disait que le suicide, dans sa culture, est une solution valorisée, un ultime acte de victoire, et non un acte de défaite ou de profond désespoir. L'œuvre de Mishima est d'ailleurs particulièrement éloquente sur ce que signifie se donner la mort en pays nippon. Il a lui-même mis fin à ses jours, publiquement, par *seppuku* (*hara-kiri*) en 1970. Symboliquement, le *seppuku* est censé dévoiler aux yeux de tous le siège anatomique même de la sincérité (quelque part dans la région du plexus solaire). On met ainsi à nu le lieu où l'on a mobilisé sa volonté et sa sincérité dans la poursuite inflexible de ce qu'on voulait atteindre. C'est dans un tel contexte que les kamikazes deviennent concevables[57].

Que pouvons-nous donc dire d'aussi assuré quand nous parlons des suicides japonais, ou de l'évolution du taux de suicide au Japon ?

Les considérations qui précèdent nous amènent aux notions de « concurrence », de « compétition » et d'« accomplissement »[58].

Disons simplement que, compte tenu de tout ce que nous avons vu précédemment sur les éléments de la socio-culture du Japonais, celui-ci est naturellement conduit à ne pas agir en tant qu'individu, ni en tant qu'individualiste, à quelque niveau qu'il se trouve[59]. Même s'il paraît être un âpre

---

55. Nous faisons ici référence à la longueur des horaires de travail et du temps de transport, à l'importance du travail féminin (sans oublier toutefois que les jeunes enfants sont généralement élevés par leurs mères), à la relative exiguïté des logements modernes qui rend contraignante la cohabitation de deux ou trois générations sous le même toit.
56. Pinguet (1984).
57. Mishima (1971 et 1985), Pinguet (1984).
58. Sautter (1987), Vogel (1983), Morita (1986), Courdy (1979).
59. Souvenons-nous du président d'un grand groupe industriel japonais qui répondait à Peter Ustinov, lors de la série télévisée *Le défi mondial,* qu'il pourrait, s'il le voulait, acheter une « supervilla » et une Rolls-Royce, mais qu'il ne le faisait pas parce que cela ferait un mauvais effet sur les employés.

lutteur, le Japonais agit d'abord dans le sens de la compétition avec soi-même : se dépasser, constamment, comme individu, comme personne, comme équipe, comme entreprise, comme nation... Cela est très différent de s'acharner à « dépasser l'autre », car on peut très bien se croire fort quand on n'a fait qu'affaiblir l'autre.

Le long terme, le temps, la patience, le gain différé, l'esprit « marathonien » sont également inscrits dans la mentalité japonaise. Une difficulté n'est pas un obstacle à abattre au plus vite, mais un élément faisant partie du cours des choses qu'il faut prendre le temps de contourner convenablement, sans dégâts, ni gâchis.

De même, il est inscrit dans la mentalité japonaise de se montrer méticuleux et soigné jusqu'à l'obsession. La millénaire tradition de la miniature, du petit, depuis le *bonsaï* jusqu'au baladeur, imposée par l'extrême resserrement de l'espace disponible, fait que l'esprit d'application et de qualité est presque une seconde nature[60].

Par ailleurs, on sait que l'ensemble des Japonais, quelle que soit leur condition sociale, s'éduquent et se cultivent toute leur vie durant. Ils lisent beaucoup et considérablement plus que les Occidentaux (voir l'encadré plus loin), ils alimentent sans cesse leur culture générale et y sont aidés par une politique de formation dans les entreprises qui, comme le dit Lussato, est une éducation et non une formation spécialisée de chacun. Celle-ci, qui dure toute la vie de l'employé à l'entreprise, porte sur l'acquisition et la mise à jour de connaissances générales, incluant les arts[61].

L'ÉDUCATION ET LE RECRUTEMENT

En matière d'éducation et de formation professionnelle, le Japon, tout comme l'Allemagne ou les pays scandinaves, s'efforce de promouvoir les ressources humaines dans le cadre d'une politique de gestion prévisionnelle des carrières qui vise à assurer l'harmonie sociale et l'efficacité économique.

La formation scolaire joue un grand rôle dans la pérennisation de la culture japonaise et donc dans le système économique. L'enseignement public est standardisé à travers tout le pays ; les Japonais ont de ce fait les mêmes références et constituent une population homogène.

L'école est une institution qui jouit d'un prestige considérable et pour laquelle les parents dépensent des sommes importantes. Les établissements scolaires se caractérisent par une grande hiérarchisation et les familles ont pour idéal de faire entrer leurs enfants dans les meilleurs d'entre eux.

---

60. Peters (1988, p. 25 et suivantes) fait ressortir ainsi le contraste entre le faire grand des Américains et le faire mieux des Japonais.
61. Sabouret (1988) qualifie les Japonais de « peuple de lecteurs ». Voir aussi Vogel (1983), Lussato et Messadié (1986), *L'Express* (1987), *Le Devoir*, 16 janvier 1990, Pitte (1991), Albert (1991).

> ### La lecture et la presse
>
> Les Japonais sont aussi numéro un au monde pour ce qui est de la consommation de livres, magazines et journaux. Plus de 4 milliards et demi d'exemplaires de périodiques de tous ordres sont publiés chaque année au Japon. La lecture (livres, magazines, bandes dessinées ou journaux) est pratiquée partout et à tous les moments de la journée. On lit souvent debout, dans le métro, en autobus, dans les magasins. À tel point que « lire debout » est passé dans le vocabulaire usuel : *tachiyomi*. Quant à la presse quotidienne, elle est à la mesure du gigantisme japonais. Les 124 quotidiens japonais ont un tirage de 70 millions d'exemplaires, ce qui est un autre record inégalé dans le monde. Les principaux quotidiens japonais sont aussi parmi les plus importants de la planète : le *Yomiuri Shimbun*, classé premier, tire chaque jour à 14 millions d'exemplaires en deux éditions (9,7 millions le matin et 4,8 millions le soir). L'*Asahi Shimbun* est brillant second avec 8 millions de numéros le matin et 5 millions le soir, mais garde la première place pour ce qui est du prestige. Le tirage du *Keizai Shimbun*, le quotidien de l'économie, 4 millions d'exemplaires, est supérieur à ceux du *Financial Times* et du *Wall Street Journal* réunis.

Source : Donnet (1991), p. 88-89.

Le système éducatif japonais fonctionne avec une bonne concertation entre les élèves, les parents et leurs futurs employeurs.

L'enseignement primaire permet aux jeunes enfants le difficile apprentissage de ce que Pitte (1991) appelle la « japonité » et qui passe par la maîtrise progressive de l'écriture, de la discipline sociale et de l'esthétique. Depuis quelques années, l'importance accordée à la mémorisation dans l'enseignement est remise en cause au profit de réformes accordant plus d'importance à la créativité. Certains pensent que le fait de porter l'accent sur la faculté de la mémoire a nui à l'exercice du raisonnement hypothético-déductif ou au maniement des idées et du langage, limitant et écartant ainsi nombre de personnalités fortes et potentiellement créatives. Notons toutefois que, lors de tests mathématiques auxquels furent soumis en 1983 des élèves du secondaire du monde entier, ce sont les Japonais qui eurent les meilleurs résultats. Leurs scores étaient même deux fois supérieurs à ceux des enfants américains[62]. Et quand ils passent des tests d'intelligence, la plupart des adolescents occidentaux réalisent en moyenne un score de 100, alors que les jeunes Japonais obtiennent en moyenne un score de 117.

Préparant au système universitaire, les établissements secondaires sont également classés selon leur prestige. Ainsi, l'on ne peut intégrer une grande

---

62. *The Economist*, 21 avril 1990, p. 19.

université sans être passé par un lycée de haut niveau. Afin d'aider leurs enfants à se préparer à l'examen d'entrée à l'université, les parents les inscrivent à des cours du soir intensifs (*juku*[63]) dans des établissements spécialisés.

Au Japon, les vacances scolaires d'été dépassent à peine un mois, et au total, à la fin de leurs études secondaires, les Japonais ont suivi en moyenne un an de plus de cours que les élèves américains[64]. En tout, 94 % des enfants poursuivent leur éducation dans un établissement secondaire : c'est la proportion la plus élevée du monde. Les différences entre les résultats scolaires sont considérées comme le fruit du travail et sont donc perçues comme légitimes. Ce système très exigeant donne aux jeunes l'habitude du travail intensif et leur permet d'accepter une sélection qui les suivra jusque dans leur vie professionnelle. Mais, chose remarquable, les difficiles épreuves que subissent les jeunes adolescents sont compensées par l'attention bienveillante des adultes. Comme le rappelle si justement Pitte (1991) :

> Contrairement à une tenace idée reçue, les suicides d'adolescents ne sont pas plus nombreux au Japon qu'en France. Cependant, un certain nombre de Japonais, d'intellectuels et de journalistes en particulier, contestent ce système auquel ils reprochent de former des bêtes à concours et non des esprits créatifs. Comme tout système éducatif, il a ses faiblesses, ses excès, ses absurdités, mais il est sans doute abusif de lui reprocher de tuer la créativité. Le peuple japonais n'est pas constitué de robots, loin de là.

Le Japon compte un nombre impressionnant d'universités (477 universités à cycle long, de 4 ans et plus), dont un bon nombre sont de taille moyenne et spécialisées. Les universités les plus prestigieuses sont celles de Tōkyō (secteur public), Waseda et Keio (secteur privé).

L'un des traits originaux du système universitaire est d'être pluridisciplinaire et généralement peu spécialisé. Les études en lettres et sciences humaines sont appréciées puisqu'elles attirent 50 % des étudiants. L'enseignement donne à l'étudiant des ressources intellectuelles qui nourrissent sa culture générale, quel que soit le domaine de sa spécialisation.

Le système éducatif (public et privé) est payant, mais l'accès à un généreux système de bourses et de prêts est couramment utilisé. Les entreprises japonaises accordent également de l'aide aux enfants méritants de leur personnel.

Quant à la politique d'emploi à vie, si elle permet un climat serein à l'intérieur des entreprises, elle génère aussi dans la vie professionnelle des Japonais des points de non-retour, et l'on imagine facilement le stress que doit vivre le jeune diplômé au moment de son entrée sur le marché du travail, sachant que son emploi dépend de ses résultats scolaires passés.

---

63. *Le Devoir*, 25 février 1992.
64. Donnet (1991), p. 88.

L'éducation au Japon:
l'apprentissage de la compétition et du groupe

Dès l'âge de 2 ans, l'enfant est pris dans un système éducatif et social déjà fort sophistiqué. Les activités obligatoires dépassent très largement les heures de cours. Les mères sont associées à ces nombreuses manifestations artistiques, culturelles et sportives au cours desquelles l'enfant n'existe que par sa relation au groupe.
À partir de 4 ans, l'enfant reçoit un uniforme et apprend à diviser sa journée en 5 parties réparties sur 6 jours par semaine:
– 7 heures de cours traditionnels
– 1 heure d'activité de groupe (sport, théâtre, musique, chant)
– 2 heures de *Juku*, cours privé permettant de suivre ou d'anticiper le cursus normal
– 1 heure de répétition à domicile, par la mère ou un répétiteur professionnel
– 1 heure de travail individuel correspondant aux devoirs
La plus grande partie du cursus japonais est tournée vers l'assimilation de connaissances, donnant ainsi à la plupart des étudiants une mémoire nettement au-dessus de la moyenne occidentale et une grande curiosité des faits et des événements significatifs.

Source: Centre de prospective et d'études du ministère français de la Recherche et de la Technologie, avril 1986, p. 13 et 14.

Pour le recrutement des nouveaux diplômés, les écoles jouent un rôle capital. En effet, longtemps avant l'obtention du diplôme, les étudiants, avec l'aide de leur école, recherchent activement auprès des entreprises des possibilités d'emplois; de leur côté, ces dernières recherchent les meilleurs candidats directement dans les universités.

Les étudiants évaluent les grandes entreprises selon leur atmosphère générale ou la culture d'entreprise, la philosophie de management, le niveau technologique et les activités internationales. Il est à noter que les meilleurs d'entre eux dans les différentes filières universitaires choisissent d'aller à la fonction publique, considérée, contrairement à l'Amérique du Nord, comme étant plus valorisante que l'entreprise privée (sans doute à cause de l'importance qu'accorde la socio-culture japonaise au service public, à la valorisation de soi par le service aux autres, à la collectivité).

Aussi, la compétition pour accéder aux grandes entreprises est particulièrement vive, ce qui oblige les entreprises plus petites et moins prestigieuses à se tourner vers les diplômés n'ayant pas vu leur premier choix agréé.

Un des faits marquants du processus de sélection consiste dans le fait que le nouveau diplômé n'est pas au courant des termes de l'embauche et en particulier du salaire et des avantages sociaux. Ce dernier se fie à la renommée de l'entreprise et s'attend à recevoir un salaire concurrentiel. L'entreprise n'embauche pas non plus pour un poste donné et elle a géné-

---

Le choix des entreprises, et non du travail

N'ayant encore aucune expérience professionnelle, les nouveaux diplômés ne recherchent pas un emploi spécifique, mais plutôt un employeur, une entreprise, de préférence agréable, grande, stable et en croissance. On désigne familièrement cette attitude par l'expression *shû-sha* (découvrir une entreprise), par opposition à l'expression traditionnelle *shû-shoku* (trouver un emploi ou, littéralement, un « job »).

Source : Inohara (1991), p. 21.

ralement une politique de recrutement qui vise à tenir aussi bas que possible la moyenne d'âge de l'entreprise, considérée comme garant de son dynamisme. Cette moyenne est d'ailleurs présentée dans les états financiers.

Il n'existe, on le sait, aucune école de gestion qui forme des gestionnaires au Japon (sinon étrangères et discréditées parce qu'il est mal vu des Japonais de ne pas être capable de réussir avec son diplôme de base). Les entreprises privilégient donc toujours la formation qu'elles donnent elles-mêmes à leurs employés et à leurs cadres.

Les entreprises recrutent leurs cadres selon les critères des connaissances générales, du potentiel intellectuel et de la capacité de jugement donnés par les universités (et non selon un profil « professionnel » étroit), selon aussi les capacités de rassemblement et d'intégration. Le futur cadre suivra un stage durant toute une année pour apprendre à connaître l'entreprise et pour préparer sa future place (les délimitations de prérogatives, de titres, de descriptions de postes sont nettement plus souples et plus élastiques qu'en Occident). Il aura aussi un « parrain » qui le guidera et le conseillera, et une formation continue[65]... L'entreprise est en plus offerte à tous comme lieu de vie sociale et de célébration, largement financé par l'employeur. On célèbre aussi bien les nouveaux employés, collectivement, que la fidélité ou l'exploit d'un individu. Les locaux et les moyens, y compris de transport, de l'entreprise sont à la disposition de chacun, qui s'y sent chez lui. Les symboles de la firme sont puissamment unificateurs et ils sont adoptés et arborés par tous : les logos, les devises, les uniformes, les chants, etc.

Michel Albert[66] fait une comparaison intéressante entre les réponses apportées par les « modèles » anglo-saxon et germano-nippon quant au rôle de l'entreprise en matière d'éducation et de formation professionnelle.

La réponse anglo-saxonne, nous dit-il, est : le moins possible. Pour deux raisons : c'est un coût immédiat pour un rendement à long terme.

---

65. On voit tout de suite ce que cela implique quant à l'intégration, la stabilité, la connaissance de l'entreprise. La politique d'emploi à vie permet en effet d'agir en investisseur vis-à-vis des employés (Saso 1981, Iwatar 1982, Courdy 1979, Pitte 1991, Inohara 1991).
66. Albert (1991), p. 19.

Or, quand on n'a plus le temps de travailler à long terme, il faut maximiser les profits tout de suite. D'autre part, c'est un investissement trop incertain compte tenu de l'instabilité de la main-d'œuvre et cette instabilité elle-même traduit le bon fonctionnement du marché du travail. Réponse exactement opposée du côté germano-nippon, où l'on s'efforce au contraire de promouvoir officiellement tous les employés dans le cadre d'une politique de gestion prévisionnelle des carrières qui vise à assurer, dans la mesure du possible, l'harmonie sociale et l'efficacité économique... À partir de ce problème concret, il est permis d'extrapoler dans plusieurs directions : la tradition anglo-saxonne assigne à l'entreprise une fonction précise et spécifique qui consiste à faire du profit ; la tradition d'Europe continentale[67] et du Japon lui attribue une fonction élargie qui va de la création d'emplois à la compétitivité internationale.

Avant de rentrer dans le détail du management à la japonaise, regardons d'un point de vue économique comment fonctionne l'industrie japonaise.

L'ÉCONOMIE

Il faut se souvenir et prendre toute la mesure de l'humiliation ressentie par le Japon après la défaite de 1945. Compte tenu des spécificités de la culture japonaise, on peut imaginer l'effort qui a été consenti en vue de mobiliser toute la population pour la reconstruction du pays. Les résultats de cette mobilisation se voient dans le taux de croissance soutenu depuis, dans les exportations et dans le PNB, par exemple.

Ce que nous savons sur l'éducation, l'effort personnel d'éducation, l'importance du groupe et de la compétition-dépassement de soi nous aide à comprendre pourquoi cette économie est une économie de « maillage », où les recherches effectuées par une entreprise profitent à toutes les autres[68]. On comprend aussi comment les entreprises ont pu, « en chœur », s'aligner, des années durant, sur les directions et orientations définies sous l'impulsion du puissant MITI[69]. On voit comment elles ont pu facilement copier et dépasser l'ensemble, ou presque, des technologies occidentales.

---

67. L'auteur se réfère entre autres à l'Allemagne et à la Suède.
68. Sautter (1987), Archier et Sérieyx (1984), *L'Express* (1987), *Le Point*, 18-20 décembre 1989, Albert (1991), Nora (1991), etc.
69. Ministry of International Trade and Industry ou ministère du Commerce international et de l'Industrie. C'est le ministère le plus important du gouvernement japonais, qualifié de chef d'orchestre ou encore de chef d'état-major de l'industrie japonaise (*L'Express* 1987), qui dose subtilement planification et encouragement au commerce libre. C'est là que se font les études de l'avenir industriel du pays, lesquelles donnent sans cesse des recommandations aux entreprises. C'est, avec près de 2600 ingénieurs et chercheurs, un véritable et gigantesque laboratoire de recherche. Ses cadres de plus de 55 ans sont d'office parachutés dans les états-majors des géants industriels... Faire carrière au MITI est considéré au Japon comme l'une des plus brillantes réussites.

L'État japonais s'est toujours résolument et fermement engagé dans l'économie par le truchement du MITI, qui veille à dynamiser les secteurs prometteurs, mais aussi par l'intermédiaire des subventions, des garanties bancaires (l'État garantit les emprunts des entreprises), des différents autres ministères qui peuvent intervenir directement, en vue du bénéfice à long terme du pays. Le MITI et les autres ministères peuvent « obliger » des entreprises à se regrouper (ce qui a été le cas du secteur de l'informatique, par exemple, pour combattre IBM) et à coopérer pour mieux faire s'épanouir un secteur considéré comme étant vital ou urgent. L'interventionnisme de l'État n'est pas considéré, contrairement à ce qui se passe dans plusieurs pays occidentaux, comme l'ennemi juré de l'entreprise. Les milieux d'affaires traitent l'État en allié, puisqu'il représente – c'est son devoir et son rôle – l'intérêt suprême à long terme de la nation, et non des intérêts particuliers conjoncturels. Ils le perçoivent comme leur associé dans l'aventure du développement : il affecte les ressources, définit les priorités, canalise les importations, stimule les exportations, assure une certaine redistribution et une certaine justice sociale.

Il ne faut pas non plus penser que le Japon fonctionne comme une économie de type planifié où les fonctionnaires dirigent le pays. Comme le rapporte l'OCDE[70], bien que le soutien de la puissance publique à l'industrie soit souvent considéré comme le moteur de la croissance extraordinaire du Japon, c'est paradoxalement l'intensité de la concurrence interne qui en a constitué l'ingrédient essentiel.

On trouve au Japon une sorte de polarisation de l'économie où un certain nombre d'entreprises sont en pleine expansion dans des secteurs de pointe, tandis que des secteurs moins avancés (le bois, le textile) regroupent des entreprises où les conditions de travail, salaires, avantages sociaux et subventions sont moins avantageux. Il y prévaut aussi une sorte de hiérarchie des entreprises où l'on va des super-géants aux PME qui servent, dans leur grande majorité, de réservoirs de sous-traitance pour les plus grandes. Ces dernières sont des conglomérats ou *keiretsu* (Toyota, Yamaha, Fuji, Mitsubishi, etc.) qui peuvent comprendre un grand nombre d'entreprises ou de marques différentes œuvrant dans des secteurs de pointe. Le taux de concentration industrielle reste néanmoins plutôt inférieur à la moyenne des pays industrialisés. Les groupes industriels peuvent prendre plusieurs formes : groupement d'entreprises de différents secteurs autour d'une banque ou d'une maison de commerce, groupement formé d'une entreprise industrielle indépendante et de ses filiales ou groupement de distributeurs formé à la suite de la décision d'un fabricant d'organiser son réseau de distribution.

---

70. OCDE (1992) *Études économiques : Le Japon.*

Les différents types de *keiretsu*

La plupart des groupes intégrés verticalement se trouvent dans le secteur de l'industrie manufacturière (*sangyô keiretsu* ou groupement industriel), où l'on voit une grande entreprise de production réunir ses fournisseurs autour d'elle. Lorsqu'une entreprise est très grande et qu'elle fabrique d'importants volumes de produits différents, il y a généralement deux ou trois niveaux de fournisseurs, chacun apportant des pièces ou certains services au niveau supérieur, lequel approvisionne en dernier lieu l'entreprise de production. Afin de s'assurer des fournitures en quantités stables, dans la qualité désirée et à des prix raisonnables, la grande entreprise de production tend à procurer à ses fournisseurs, qui sont anxieux de maintenir des relations continues et confiantes, une assistance financière, technique et de gestion. Celle-ci est basée plus sur une confiance et une compréhension mutuelles implicites que sur un contrat explicite et une participation au capital. La grande entreprise de production, qui a pour objectif ultime d'abaisser ses coûts de production tout en maintenant les normes techniques requises pour ses produits, tend à exercer un contrôle considérable sur les opérations de ses fournisseurs. Pour une entreprise de production, l'idéal, pour autant qu'il soit réalisable, est de n'effectuer qu'un travail d'assemblage final de haute qualité avec des pièces et des services à bas prix fournis par des sous-traitants réguliers.

Les groupes horizontaux typiques sont ceux dont le noyau est constitué par une grande banque ou une société commerciale (on les appelle *kinyû keiretsu*, groupement financier). Ils sont horizontaux en ce sens que les entreprises membres sont toutes indépendantes, mais elles coopèrent les unes avec les autres dans leur intérêt mutuel, par exemple pour un nouveau projet de développement. Dans le cas de Mitsubishi, par exemple, Mitsui, Sumitomo et Fuyo (Fuji Bank), une banque communale, une banque commerciale, une compagnie d'assurances, une entreprise générale de commerce et un petit nombre d'entreprises manufacturières constituent le noyau du groupe. Au sein des groupes industriels, les relations entre les entreprises varient d'une situation à l'autre. Généralement, elles sont semi-familiales et à long terme ; la grande entreprise est souvent appelée *oyagaisha* (l'entreprise mère) et les petites sont appelées *kogaisha* (entreprises filles). Du point de vue de la gestion du personnel, les relations comprennent des transferts de personnel pour une période limitée ou en permanence, à des fins de supervision, d'assistance technique et de formation, voire comme mesure de « dégraissage ». Ces transferts de personnel à une entreprise alliée se nomment *shukko* (prêts de personnel)[71].

Au Japon, la prise de contrôle offensive d'une entreprise n'existe pas et le rachat par une entreprise de ses propres actions est interdit. Il n'est

---

71. Inohara (1991), p. 20-21.

donc pas possible pour une entreprise de rattraper un retard technologique par l'acquisition d'une autre entreprise. La seule façon pour une entreprise de rester compétitive consiste à investir massivement dans la recherche et le développement. Aussi, le volume des investissements en recherche et en développement a crû plus rapidement que le PNB au cours des années 1980, tandis que le nombre des brevets a doublé. Ces investissements se concentrent en général dans des domaines voisins, caractérisés par des économies de gamme, en particulier par le biais des informations, de la technologie et du savoir-faire. L'intensité technologique a supprimé les barrières entre les branches d'activité, si bien que des entreprises qui appartenaient autrefois à des secteurs différents sont devenues concurrentes (ce processus est appelé « gyousaika »). De surcroît, la prise en charge de la recherche et du développement est réalisée à 98 % par les entreprises, tandis qu'aux États-Unis 34 % des dépenses en R et D sont assumées par l'État[72].

D'un point de vue économique, l'une des caractéristiques des entreprises japonaises est leur mode de financement à travers des pratiques de participations croisées entre les entreprises et les institutions financières qui détiennent respectivement 25 % et 45 % de leur capital (aux États-Unis, 0,3 % du capital des entreprises est détenu par les banques). La prise de participation se réalise avec des partenaires amicaux par l'imbrication des équipes dirigeantes et par l'échange de personnel à presque tous les niveaux. Une entreprise peut ainsi établir des réseaux de relation complets avec ses divers partenaires, notamment les sous-traitants, les banques et les sociétés de commerce (voir en annexe le tableau 9-21 sur la structure de l'actionnariat des entreprises japonaises et les comparaisons internationales avec les États-Unis, l'Allemagne et le Royaume-Uni).

Cette façon de procéder permet aux petits actionnaires d'être protégés par les grandes banques qui assurent un contrôle et voient à l'intérêt de tous. Au Japon, les actionnaires ont un droit de regard beaucoup plus important que leurs homologues américains : **ils peuvent exercer leur droit de vote en ce qui concerne notamment la rémunération des dirigeants et le montant des dividendes**. Ce droit de regard leur permet aussi d'obtenir les informations nécessaires à une bonne évaluation financière, ce qui limite la spéculation à court terme, car les indicateurs tels les profits ou les dividendes n'ont pas autant d'importance qu'aux États-Unis (voir le tableau 9-5).

Les experts s'accordent pour dire que la stabilité des principaux actionnaires dans une organisation est un facteur de sécurité et d'apaisement pour les gestionnaires. « Au Japon [...] le capitalisme reste marqué par des traits

72. OCDE (1991) *Études économiques 1990-1991 : Le Japon.*

TABLEAU 9-5
Les objectifs de gestion dans les entreprises japonaises et américaines (indices comparatifs)

Objectifs de gestion	Indices comparatifs	
	États-Unis	Japon
Rendement de l'investissement	2,43	1,24
Élévation du cours des actions	1,14	0,02
Augmentation de la part du marché	0,73	1,43
Amélioration du portefeuille de produits	0,50	0,68
Rationalisation de la production et de la distribution	0,46	0,71
Élévation du ratio de fonds propres	0,38	0,59
Élévation de la proportion de produits nouveaux	0,21	1,06
Amélioration de l'image de la société	0,05	0,09
Amélioration des conditions de travail	0,04	0,09

Source: OCDE (1992) *Études économiques: Le Japon*, p. 83.

féodaux qui lui sont propres. Mais les dirigeants n'y vivent pas [...] sous la menace constante d'une restructuration imposée de l'extérieur[73]. »

Les grands facteurs qui influencent l'image des entreprises japonaises sont leur statut légal, leurs parts du marché, leur admission à la Bourse des valeurs mobilières et leur philosophie de management. Ces facteurs sont beaucoup plus significatifs que leur cotation boursière et leur rentabilité. En retour, l'image de l'entreprise influence son accessibilité au financement externe et à des ressources humaines au potentiel élevé[74]. Dans ce cadre, les administrateurs ont un horizon de planification beaucoup plus long, la priorité étant accordée aux plus-values, sur la base de niveaux élevés de recherche et de développement.

Avec derrière eux le MITI, les *keiretsu* visent sans relâche l'exportation, et, aujourd'hui, toujours sous l'impulsion de l'État, ces conglomérats cherchent à produire à l'extérieur, à se « multinationaliser ». Principalement dans la zone Asie-Pacifique, mais aussi aux États-Unis et en Europe, les entreprises japonaises accélèrent depuis quelques années leur délocalisation et leur mondialisation. Soulignons le fait que cette « multinationalisation » ne s'accompagne pas d'un appauvrissement des pays « hôtes », comme cela est souvent le cas de l'Occident vis-à-vis du Tiers-Monde, mais, au contraire, d'une montée de marchés et d'économies en croissance qu'on dénomme les « dragons » (Corée du Sud, Malaisie, Thaïlande, etc.).

---

73. Albert (1991), p. 129.
74. Inohara (1991).

L'ENTREPRISE ET LES SYNDICATS[75]

L'entreprise japonaise se positionne avec détermination face à l'avenir. Elle diffère totalement de l'entreprise américaine, qui est pilotée à vue pour garantir des profits trimestriels substantiels sur les marchés financiers. Birat (1991) estime que l'entreprise japonaise élabore une vision de l'avenir qui s'appuie sur divers leviers:

– une démarche prospective à long terme, par laquelle l'entreprise se projette dans le futur sur plus de dix ans;

– un réflexe «innovation», actif dans tout le personnel, qui conduit à se préparer à cet avenir en réagissant rapidement à l'environnement et à ses défis;

– la reconnaissance du rôle fondamental de la technique dans les métiers de base de l'entreprise (et donc la nécessité d'innover en permanence sur ce plan);

– une structure de *staff and line* qui donne aux cadres le temps d'exercer leur métier technique et d'innover;

– la description complète et détaillée des méthodes de qualité totale pour permettre au personnel de production de s'associer à cette démarche du progrès permanent, dans le quotidien et à plus long terme.

Les entreprises géantes garantissent l'emploi à vie, et elles s'approprient de 30 % à 40 % des emplois[76]. La population active restante est évidemment sujette à une moins bonne sécurité d'emploi, mais il faut savoir que les 60 % à 70 % restants, au service des PME, regroupent l'essentiel de la population active féminine[77]. Ce détail est de première importance car, dans la culture japonaise, la femme doit, à un certain âge, fonder un foyer et consacrer plusieurs années à la famille et, surtout, aux enfants. C'est dans cette main-d'œuvre féminine, culturellement destinée à interrompre son emploi, que se trouve le gros du chômage tampon qui permet aux grandes

---

75. Moins de 28 % des salariés qualifiés sont syndiqués; il s'agit dans la plupart des cas de salariés de grandes entreprises et de ceux du secteur public. Aussi les relations sociales au Japon ne sont-elles guère influencées par le syndicalisme, si l'on excepte l'engagement des salariés dans «l'offensive salariale de printemps» (*shunto*). En revanche, la consultation conjointe, formelle et informelle entre la direction et le syndicat (*roshi-kyogi-sei*), les activités de petits groupes (*sho-shudan-katsudo*) et autres moyens de communication semblent fonctionner comme des substituts efficaces. Dans les entreprises syndiquées, ces moyens agissent comme des sous-structures de la négociation collective. Aujourd'hui, aucune entreprise ne domine le syndicat, bien que la forme d'organisation de celui-ci soit interne (*kigyo-nai kumiai*) et ne soit faite que pour le personnel régulier (voir Inohara 1991, p. 246 et suivantes).

76. Ce qui devrait singulièrement relativiser le préjugé, largement répandu en Occident, voulant que la garantie ou la sécurité de l'emploi (et on prend souvent pour exemple la caricature du fonctionnaire désœuvré et paresseux) soit un facteur de démotivation et de démobilisation. Nous verrons qu'il y a bien des arguments pour soutenir le contraire.

77. Sautter (1987).

firmes, comptant une majorité d'employés masculins, de maintenir des emplois à vie[78].

Avant d'aborder ce qui se passe dans l'entreprise, ce qu'est le management à la japonaise, penchons-nous sur le syndicalisme[79] japonais, si particulier et étonnant, qui marche main dans la main avec l'employeur et dont les dirigeants peuvent aussi être des cadres supérieurs de la firme! Dans le dossier déjà cité du journal *Les Affaires*, un chef d'entreprise québécois rapporte les propos d'homologues japonais qui se disent étonnés de la capacité des dirigeants nord-américains à fonctionner avec des syndicats si revendicateurs et si contrariants.

Si les employeurs japonais se montrent, à juste titre, inquiets ou étonnés devant un syndicalisme revendicateur et batailleur, c'est qu'ils ont réussi, eux, à instituer un syndicalisme coopératif et complice. Pourquoi et comment cela s'est-il fait? Voilà les questions qu'il faut (se) poser, et qui peuvent effectivement nous aider. Pourquoi ne pas simplement considérer que chacun a le syndicalisme qu'il mérite, puisque, partout, l'entreprise a précédé le syndicat dans l'histoire? L'exemple du résultat de la négociation sur la rémunération selon l'ancienneté illustre bien la volonté commune de coopération entre les syndicats et les patrons. Les premiers voulaient un système de rémunération basé sur les besoins de l'employé, où, par exemple, un père de famille nombreuse devait gagner plus qu'un célibataire. Les seconds, comme l'enseigne la micro-économie, voulaient lier la rémunération à la compétence. Rémunérer selon l'ancienneté fut un compromis acceptable pour les deux parties, car généralement les besoins et les compétences croissent avec l'âge.

Souvenons-nous que l'industrialisation du Japon s'est faite en douceur, sans dresser radicalement, comme cela s'est fait en Occident, les milieux des affaires contre l'aristocratie, contre la tradition et contre le travailleur[80].

Le syndicalisme japonais n'est pas le fruit de luttes engendrées par d'irréductibles conflits de travail, mais il a été, pour ainsi dire, politiquement encouragé, sinon imposé, sous l'occupation américaine. Cela a donné un singulier paradoxe : les dirigeants des entreprises ont organisé le mouvement

---

78. Avec le prix élevé du beurre et du steak, le grand nombre de *workaholics*, l'exiguïté des logements, la soumission et le suicide, le rôle de chômage tampon attribué au secteur des PME est l'un des éléments traditionnellement présentés parmi les revers graves du miracle japonais. Nous ne prétendons pas qu'il soit moins grave de mettre au chômage des femmes (quoique l'effet du travail féminin sur la famille soit à discuter), mais il convient de situer les choses à leur plus juste place. Si cela permet une répartition plus équitable des revenus sur l'ensemble des familles, pourquoi s'en priver, puisque la culture japonaise s'en accommode?

79. Voir à l'annexe 9-3 le tableau 9-17 portant sur l'évolution du taux de syndicalisation au Japon entre 1970 et 1991.

80. Il ne sert plus à personne de continuer à occulter l'histoire et à refuser un passé mille fois éprouvé. Il suffit de lire Taylor dans le texte pour se rendre compte de l'ampleur de l'antagonisme employeurs–travailleurs, encore au XXe siècle, en Occident.

ouvrier ! Comme le rapporte Vogel[81], par suite des ordres des occupants alliés, dès la fin de la guerre, de développer rapidement le syndicalisme, les dirigeants japonais se sont mis à y envoyer leurs employés zélés et même des cadres. Mais ils se sont vite aperçus que le syndicalisme coopté ne menait pas loin.

Encore une fois, la tradition régla le problème : la loyauté, l'intérêt général, le devoir de protection, la poursuite du profit mutuellement bénéfique ont fait que les employeurs ont sincèrement cherché à comprendre les problèmes des employés en se rapprochant des syndicats et en œuvrant pour la satisfaction effective de la main-d'œuvre. Ces syndicats sont en grande majorité des syndicats de firmes et de groupes, et ils mobilisent, il est vrai, leurs troupes dans le sens de l'accroissement des bénéfices. Il n'est pas rare que les firmes, les syndicats et l'État se consultent[82], se concertent pour arrêter de grandes orientations et des décisions d'intérêt général. Souvent aussi, les syndicats proposent, de leur propre chef, des réductions de salaires quand les résultats de la firme sont en baisse, ou quand la compétitivité est menacée[83] !

Il en est ainsi pour plusieurs raisons que nous allons voir à propos du management japonais, mais aussi parce que l'entreprise est ressentie par chacun comme un lieu où l'on veille à son bien-être et comme un réel lieu d'identification, de fierté et d'appartenance, puisque les intérêts des uns sont considérés comme étant ceux des autres. Pour les travailleurs japonais, le lieu de travail est de façon idéale l'endroit où, en termes industriels, ils naissent, se développent et meurent. Une telle vision est renforcée par la reconnaissance et l'évaluation qu'ils obtiennent socialement, sur la base du rang occupé par l'entreprise. La survie et le développement de l'individu dépendent de la survie et du développement de l'entreprise. Nécessairement, les travailleurs s'identifient avec l'entreprise dans laquelle ils travaillent et s'efforcent de rendre leur travail (et le lieu où ils l'exercent) le plus sûr possible. L'entreprise est une partie de leur vie, égale en importance à leur vie personnelle[84]. Vogel explique cela par le fait que, comparativement à l'Occident, et aux États-Unis en particulier, l'écart des revenus entre dirigeants et employés est très réduit. Il précise qu'une différence moindre de salaires entre gestionnaires et ouvriers d'un certain âge aide à conforter l'ouvrier dans son identification avec la firme. L'employé de 23 ans diplômé de la prestigieuse université de Tōkyō touchera près de trois fois moins qu'un ouvrier de 45 ans[85] !

Avant de voir le style de gestion de l'entreprise nippone et les nombreuses autres raisons qui donnent une telle main-d'œuvre et un tel syndicat, voici un fait rapporté par Sautter et qui montre, contrairement aux

---

81. Vogel (1983), p. 180 et suivantes.
82. Cela est à rapprocher des systèmes qui prévalent en Allemagne et en Suède notamment.
83. Iwatar (1982). Mais il faut savoir aussi que ce sont les patrons et les dirigeants qui donnent le plus souvent l'exemple en commençant à abaisser leur propre rémunération.
84. Inohara (1991).
85. Vogel (1983), p. 183 ; Sabouret (1988), p. 90.

préjugés très répandus, que le syndicalisme japonais n'est pas qu'une docile poupée entre les mains du patronat. Un patron voulait transmettre la direction de son entreprise à son fils. Le syndicat s'y est opposé parce qu'il jugeait le fils incompétent, donc susceptible de mettre en danger et l'entreprise et l'emploi. Sautter raconte que le syndicat obtint gain de cause et que le fils ne succéda pas à son père[86].

LA GESTION ET LES RAPPORTS DE TRAVAIL

Comme le rappellent avec justesse Albert (1991), Pitte (1991), Vogel (1983) et le dossier de l'hebdomadaire *L'Express* (1987), il est courant qu'on commette l'erreur de se livrer à une interprétation « folkloriste » de la vie économique japonaise. Parce que cela les arrange, beaucoup croient que la nature et le fonctionnement de l'entreprise japonaise relèvent de quelque trait de « race » ou de « culture ». « Race » chez qui une mystique du travail, du patron et de l'autorité, aussi étrange qu'exotique, ferait de tout individu une bête enragée de la production, à la limite de l'imbécile hyperlaborieux et heureux[87].

En fait, l'enjeu est de comprendre, au-delà des visions agacées ou folkloristes, pourquoi l'entreprise japonaise dispose effectivement d'une des mains-d'œuvre les plus qualifiées, les plus dynamiques, les plus engagées, les plus loyales et les plus productives du globe.

Nous avons déjà vu, et c'est là le premier point important, que l'entreprise nippone est toujours prête à attendre des profits différés. Le long terme est à la source de l'industrie japonaise. Cette vision explique que l'entreprise n'est pas une machine à générer des profits, mais une institution dont l'objectif est d'abord de faire mieux (si c'est mieux, cela se vendra tout seul), ensuite de soutenir, conjointement avec ses concurrentes, l'essor du Japon et, enfin, de satisfaire loyalement les membres, à commencer par l'employé de base. Soucieuse au premier chef du bien-être de tous ses employés, y compris sur le plan physique[88], l'entreprise représente une institution à la fois protectrice et stimulante[89]. On tient pour acquis, selon Ouchi (1981) et Inohara (1991), que le rendement et la qualité dépendent

---

86. Sautter (1987), p. 29.
87. Dans un dossier de l'hebdomadaire *Le Point* (n° 829 du 8 août 1988), il est presque insidieusement suggéré que la réussite des entreprises japonaises qui s'installent aux États-Unis est due au fait qu'elles recrutent une main-d'œuvre non syndiquée et, surtout, une main-d'œuvre qui accepte d'être payée moins et de travailler plus... Si tel est le cas, il n'y a que deux explications : il s'agit d'une main-d'œuvre moins qualifiée (mais elle réussit mieux !) ou alors d'une main-d'œuvre aussi docile, peu combative et *workaholic* que les Japonais... Et que Honda et Toyota savent trouver sur le sol américain même !
88. L'Allemagne (une des meilleures économies d'Occident) et la Suède sont les seuls pays qui suivent de près le Japon, loin devant les autres, en ce qui concerne les programmes de santé et de bonne forme physique sur le lieu de travail.
89. Morita (1986), p. 33.

étroitement des sentiments des travailleurs envers leur organisation et leurs employeurs.

Birat (1991) rapporte que « passer douze heures par jour dans son bureau, au service jaloux et exclusif de son entreprise, est une chose tout à fait naturelle pour un Japonais qui manifeste le plaisir qu'il tire de son travail ». Ce goût du travail semble entretenu par la qualité des relations professionnelles et par un ensemble de règles qui ont pour effet de susciter une sorte de mobilisation permanente. Et ce n'est pas l'ambition au sens occidental qui peut guider les travailleurs japonais ; les motivations plus profondes doivent être cherchées ailleurs : elles sont dans le plaisir évident de travailler dans un milieu amical où l'on est écouté personnellement, dans la confiance mise en chacun pour qu'il assure de véritables responsabilités, dans la fierté d'appartenir à son entreprise.

« Cette motivation donne l'impression d'un mouvement continuel et s'accompagne d'une remise en cause perpétuelle de ce que l'on fait et de la façon de le faire[90]. » Au Japon, personne ne considère jamais qu'« il a réussi », qu'« il est arrivé », chacun est occupé en permanence à introduire un progrès dans son univers professionnel. C'est même l'une de ses missions majeures.

Pour Birat toujours, après un an d'immersion totale dans la société Akita (nom fictif), dit-il, « je n'ai jamais assisté à la moindre altercation. Qui plus est, j'ai pris part à de nombreuses réunions de travail – sans doute les plus efficaces de ma carrière – au cours desquelles toute forme de prise de pouvoir était absente, laissant le champ libre au sujet abordé dans sa totalité. »

En matière de prise de décision, chacun, de la base au sommet de la hiérarchie, a son mot à dire.

Ainsi, il est étonnant de constater que les scénarios de croissance, qui sont de la responsabilité des dirigeants, circulent de société en société et sont commentés au cours de nombreux contacts informels que les responsables entretiennent entre eux et avec leurs collègues du MITI. « Le responsable est donc souvent davantage le porte-parole de son groupe que son leader autocratique ou son inspirateur charismatique. Les deux règles de base sont pour lui la courtoisie et l'écoute[91]. »

Au Japon, le pouvoir est assez diffus et appartient à tous. La prise de décision est souvent imprégnée de cohérence et de bon sens ; elle est élaborée sur le **principe de l'adhésion et du consensus**. À l'instar de l'Allemagne, l'entité cohérente que constitue l'entreprise japonaise trouve sa place dans son sens inné du consensus (le *nemawashi*).

Il est utile aussi de savoir que l'entreprise japonaise s'est largement servie, à l'intérieur de ces cadres, des principes de management nés et

90. Birat (1991), p. 59 et 60.
91. Birat (1991), p. 69.

articulés aux États-Unis. Ainsi en est-il du taylorisme, du fordisme, de la DPO, etc. Et surtout, elle s'est servie de quelque chose dont les industries américaines ne voulaient pas, dans les années 1940 : le cycle de gestion de la qualité dénommé PDCA (*plan, do, check, action*) et mis au point par un Américain, W.E. Deming! C'est là le point de départ et le catalyseur du fonctionnement des cercles de qualité[92].

Par ailleurs, contrairement à des clichés très répandus et faussement sécurisants, la tradition féodale n'a qu'une faible part dans le système de l'emploi à vie, de protection et de sécurité des revenus. Ces avantages ont été consentis au fur et à mesure, avec l'industrialisation du pays et les états successifs de pénurie de la main-d'œuvre et de plein emploi[93].

L'entreprise forme ainsi une sorte de communauté où tous les aspects de la vie du travailleur, depuis le logement jusqu'à l'éducation des enfants, en passant par la bonne forme physique, le transport et les loisirs, sont pris en considération, sinon en charge[94]. La firme japonaise, suivant Morita (1986), c'est autant l'affaire des propriétaires que des employés. Inohara (1991), Lussato et Messadié (1986) et Ouchi (1981) expliquent comment les promotions se font sur la base de l'ancienneté mais aussi de l'éducation générale, des capacités à mener des relations de qualité, à communiquer et à établir un climat de soutien mutuel... En bref, à accorder autant d'importance au travailleur qu'au produit.

Bien que Hofstede (1980a) ait vu dans le Japon l'une des cultures les plus masculines et les plus inégalitaires-hiérarchiques parmi la quarantaine de nations étudiées, tous les témoignages, même occidentaux comme ceux de Vogel (1983) ou Courdy (1979), ou encore de Peters et Waterman (1983), nous montrent des entreprises japonaises fort différentes. Elles sont dotées de la moitié moins de niveaux hiérarchiques qu'aux États-Unis et de 10 fois moins d'encadrement administratif. Du directeur général au commis, on y travaille autour de la même immense table, il n'y a presque pas de bureaux fermés, tous les niveaux se parlent avec simplicité, les conditions de confort sont souvent identiques pour tous (le climatiseur, entre autres), les hauts dirigeants s'habillent comme les employés, en portant, par exemple, l'uniforme de la firme[95].

---

92. Sabouret (1988), p. 265 ; Crocker, Charney, Leung Chiu (1991), p. 13-28 ; Ealey (1990).
93. Courdy (1979). Le Japon n'a pas recouru, comme les milieux d'affaires de la plupart des pays occidentaux, à l'importation de main-d'œuvre extérieure pour contribuer au développement et, en même temps, juguler le plein emploi et sa pression à la hausse sur les salaires et sur les conditions de travail.
94. Tazezwa et Whitehill (1981).
95. Hofstede classe les États-Unis parmi les cultures à faible distance de pouvoir, c'est-à-dire beaucoup moins formalistes et moins hiérarchiques que le Japon. Mais ce ne sont là que de fausses apparences : tout en étant plus attachés au respect de l'autorité, les Japonais n'en sont pas moins très proches (on a vu que Carlzon [1986], P.-D.G. suédois de SAS, a fait le même constat).

Toutes les couches, toutes les coalitions de l'entreprise sont mobilisées pour sa constante amélioration, parce que, pour tout un chacun, et le comportement de ses dirigeants le prouve, l'entreprise est l'émanation de l'intérêt de tous, et suprêmement, du Japon. Aussi l'arme absolue de la réussite économique aujourd'hui, l'information, est partout dans la firme japonaise cueillie, étudiée, canalisée, exploitée par tous, du plus petit employé au P.-D.G. L'information circule dans l'entreprise avec efficacité et rapidité, et le Japonais, très pragmatique, privilégie les contacts directs et personnalisés. De plus, la fonction communication est décentralisée dans l'entreprise qui conserve une grande cohérence interne. La communication fuse dans toutes les directions, de façon non seulement verticale, mais aussi horizontale par différents moyens, tels que le *shanai-ho* (le journal de l'entreprise), les *keiji-ban* (les panneaux d'affichage) et les réunions formelles et informelles d'unités, incluant les *chorei* (les sessions du matin). Tous les membres de l'entreprise se préoccupent de la productivité et des ventes de l'entreprise. La primauté accordée à l'information se répercute sur le produit, sur la qualité, sur la satisfaction du client, sur l'innovation, etc. Le temps de réponse des firmes japonaises envers un *nouveau* besoin est de 50 % inférieur à celui des concurrentes occidentales[96]! Si chaque membre de l'entreprise, quand celle-ci en compte des dizaines de milliers, se sent « chez lui », intéressé et écouté au point de rechercher activement, de transmettre et de faire exploiter immédiatement la moindre information utile, on imagine la rapidité et la force colossale que cela représente.

On coopère non seulement d'un service à l'autre, d'un employé à l'autre (au lieu de se concurrencer pour « monter » plus vite que l'autre), mais aussi d'une entreprise à l'autre. Cette coopération, nous disent Inohara, Vogel et Sautter, est absolument déroutante pour un esprit occidental. On a su, au Japon, être à la fois concurrents et alliés, avec un grand respect mutuel, un partage (par le biais du MITI, par exemple) des innovations et des informations et le souci de la réussite japonaise avant la réussite individuelle de l'entrepreneur ou de la firme. À tous les niveaux, dans les compagnies nippones, on peut se livrer à une lutte féroce et en même temps coopérer[97].

Précisons ici que si les conglomérats (*keiretsu*) garantissent l'emploi à tous les employés durant toute leur vie active, y compris en période de crise, jusqu'à la retraite, cette tradition n'est pas institutionnalisée. Inohara (1991) nous rappelle même que, paradoxalement, il est interdit par la loi d'établir un contrat de travail ayant une durée illimitée. Le personnel

---

96. Albert (1991), Tazezwa et Whitehill (1981) et Sautter (1987) pour qui « les Japonais agissent lentement mais réagissent très vite ».
97. Iwatar (1982), Morita (1986), Vogel (1983), Sautter (1987). Ce dernier utilise la formule « concurrentes proches, mais alliées éloignées ». Cela exprime le fait qu'il y a compétition dans le respect des intérêts de tous (du Japon) et collaboration quand cet intérêt le nécessite. Voir aussi Inohara (1991), Pitte (1991), Albert (1991), *L'Expansion*, 16-29 avril 1992.

régulier, en règle générale, n'a pas de contrat de travail écrit. **L'embauche repose sur une confiance mutuelle durable et le respect inconditionnel de la parole donnée.** Les retraités (en général à 55 ans) continuent à être actifs dans l'entreprise, car on les considère comme une ressource importante en ce qui concerne les connaissances, l'expérience et la sagesse.

La mobilité et la rotation sont presque réduites à zéro, ce qui favorise l'investissement à long terme, et surtout l'établissement de relations sociales d'une stabilité, d'une proximité («intimité», dira Ouchi) et d'une qualité telles que tout le monde est le complice actif de tous[98]. Par exemple, si un robot est un concurrent à combattre pour un employé occidental (car il menace son emploi), il est un allié pour son homologue japonais (parce qu'il n'est pas introduit «contre» lui, mais «avec» lui), qui y verra plutôt l'occasion d'améliorer ses conditions de travail. On comprend alors mieux pourquoi les Japonais sont passés maîtres dans l'art des procédés de fabrication, puisque les employés et les robots sont partout «collaborateurs-complémentaires» et non «ennemis» (voir le tableau 9-6).

TABLEAU 9-6
Les robots industriels en activité à la fin de 1986

Japon	116 000
États-Unis	25 000
Allemagne	12 400
France	5 270
Italie	5 000
Royaume-Uni	3 683

Source: Keizai Koho Center (1989), p. 27.

La rémunération[99] progresse avec l'ancienneté, le salaire mensuel ne représente qu'une partie de celle-ci, une grosse portion (jusqu'à 35%) provenant des primes semestrielles (juin et décembre). Ces primes sont reliées aux performances de l'entreprise, mais pas au sens de prime de rendement, car elles peuvent être distribuées même avec des résultats financiers peu brillants ou un endettement élevé. En contrepartie, les employés sont toujours prêts à voir leur salaire baisser, ou différé, dans le cas d'une situation précaire. Mis au chômage, le salarié touche, pour une période variable de six mois à un an, de 60% à 80% de son dernier salaire, s'il a cotisé plus de six mois. En plus des traditionnels protections et soutiens de la famille, les Japonais disposent de ceux de leur entreprise (*keiretsu*) et aussi de l'État, avec une assurance-maladie nationale, des allocations fami-

---

98. Vogel (1983), Saso (1981), Inohara (1991).
99. Voir à l'annexe 9-3 le tableau 9-16 sur l'évolution des salaires.

liales, etc. **L'entreprise peut dépasser de 72 % le montant obligatoire des charges sociales**[100] !

La délégation et la responsabilisation dans les équipes quasi autonomes est la règle, ainsi que l'encouragement aux permutations, à la polyvalence, à l'apprentissage de tâches variées, tout au long de la carrière. Le droit à l'erreur, en vertu de la notion de responsabilisation des groupes et non des personnes, permet de ne presque jamais avoir à punir, à humilier, à rétrograder ou à renvoyer un individu (l'importance culturelle vitale de ne jamais perdre la face implique d'éviter à tout prix d'humilier ou d'abaisser qui que ce soit).

La transparence de l'information, la facilité des contacts, le rétrécissement de la hiérarchie, éléments dont nous avons parlé, sont de puissants facilitateurs de la communication. Les employés et ouvriers définissent conjointement avec les dirigeants les tâches et les objectifs, ils sont consultés pour tout ce qui concerne les techniques de production et l'organisation du travail. Cela est tout aussi valable dans les bureaux. On évite au maximum la parcellisation et la spécialisation étroite, on pousse à la variété et à la capacité de faire face à la complexification autant qu'on peut et partout où on le peut[101]. De plus, l'un des principaux rôles de tout « chef » est de veiller à encourager et rassurer tous les employés, dans un souci permanent d'éviter que quiconque soit en état de frustration.

Le manager et le supérieur sont choisis en fonction de leur aptitude à composer avec cette grande quantité d'échanges avec les collaborateurs et les employés, à l'encourager, à la faciliter et aussi à promouvoir l'esprit d'équipe et l'initiative, et bien évidemment, ils sont choisis parmi les employés de l'entreprise. Leur sens d'appartenance au groupe, l'absence de visées personnelles sont leurs qualités centrales, à côté de leur acceptation comme leader par la collectivité, et de la confiance qu'ils inspirent à leurs employés. Le gestionnaire japonais, nous dit Ouchi, suscite constamment une remise en question de lui-même et de ce que fait l'entreprise, pour stimuler la créativité et le changement. Tout cela doit évidemment être mis en contraste avec les qualités généralement requises pour être cadre en Occident, et surtout avec la manière dont celui-ci mène sa carrière : de façon à hausser constamment, d'abord, sa propre valeur marchande. C'est donc plus l'ambition individuelle et l'autosatisfaction qui dominent chez ce dernier, que l'esprit de groupe et la constante autocritique[102]. On trouve ici la même légitimité que celle qu'on a constatée dans la formation scolaire.

---

100. Sabouret (1988), p. 90-91.
101. Vogel (1983), Iwatar (1982), Morita (1986), Inohara (1991). On peut imaginer ce que tout cela implique quant à la lutte contre la routine, l'ennui, la dévalorisation, l'aliénation et quant à l'adhésion-coopération, à la formation, à l'enrichissement personnel. Voir aussi Kélada (1986 et 1990) pour un exposé détaillé de la collaboration et de l'orientation « qualité » dans la gestion de la production ouvrière au Japon, ainsi que Crocker, Charney, Leung Chiu (1991).
102. Allaire et Firsirotu (1989), Inohara (1991).

En effet, le supérieur hiérarchique n'est pas « parachuté » de l'extérieur, mais il a été choisi sur des critères de bon « fonctionnement » avec les autres; il sera donc naturellement accepté de tous[103]. D'autre part, les critères de sélection ne sont pas la responsabilité d'une seule personne, car rappelons que l'employé circule dans l'entreprise, il a donc été évalué par de nombreux supérieurs, et même si l'un d'eux, pour des raisons partiales, a été tenté de mal le juger, c'est ce dernier qui sera mal évalué à son tour, par son propre supérieur, puisqu'il aura fait la démonstration de son incapacité à s'entendre avec un employé dont les mérites sont reconnus. Ainsi, le dirigeant a, avec cette légitimité, toutes les chances de voir son autorité plus naturellement acceptée.

Quand on parle d'autorité, on ne parle pas de dirigisme; le supérieur a plutôt un rôle d'animateur, il n'est pas là pour recueillir de l'information et prendre une décision, mais plutôt pour orchestrer le débat, jusqu'à ce qu'un consensus émerge. La prise de décision, en harmonie avec tout le reste, se fait sur la base du groupe, du consensus et du compromis. Tous les membres prennent part au processus décisionnel, depuis la recherche d'information jusqu'au choix d'options. La firme s'arrange pour être informée par ses membres et, à son tour, elle les informe par divers mécanismes sur tout ce qui se passe à l'intérieur et à l'extérieur, sur les projets, les orientations, les axes de recherche et de développement, etc. Une telle pratique paraît lourde et consommatrice de temps, mais soulignons de nouveau que le temps de réponse des entreprises japonaises est inégalé. Le temps « perdu » dans ce processus sera largement compensé par la rapidité d'exécution[104].

Concrètement, les décisions peuvent être prises à la suite d'une proposition du groupe de base, avec les discussions, corrections et approbations nécessaires des différents paliers du bas vers le haut. Si la proposition émane des dirigeants, les paliers successifs, vers le bas, examinent, discutent et corrigent jusqu'au consensus, et retour vers le haut. Chacun est assuré d'être entendu même s'il n'est pas d'accord avec la direction. Ce genre de processus appelé « *ringi* » (confirmation-autorisation) permet d'assurer l'adhésion-compréhension, de recueillir un maximum d'idées et de ne pas faire porter tout le poids ou tout le mérite d'une décision sur une personne. Est-il besoin de comparer les chances de réussite de la mise en application d'une décision dans les deux cas suivants:

– Une décision prise par une seule personne, venue récemment d'on ne sait où, qui prétend détenir seule l'information pertinente et le bien-fondé de la décision.

---

103. La démarche est absolument identique dans les entreprises allemandes.
104. *Japon inc.* Film documentaire. Là encore, on note une grande similitude avec la démarche consensuelle de concertation pour la prise de décision au sein de l'entreprise allemande, même si l'économie sociale de marché et la cogestion du « modèle » rhénan sont inconnus au Japon.

- Une décision prise d'une façon collégiale par tous les intéressés, sous la bienveillante autorité et l'arbitrage-encouragement d'un supérieur dont les compétences sont reconnues.

Bien sûr, il ne convient pas d'idéaliser cette façon de procéder et de prétendre qu'elle est aussi systématique et démocratique qu'on vient de le dire. Souvent, le *ringi* se limite à un certain nombre d'échelons hiérarchiques plus directement en cause. Souvent aussi, on fait entériner des décisions dont l'essentiel est déjà arrêté. Mais l'exercice n'en existe pas moins et n'en joue pas moins le rôle souhaité par les firmes : que chacun mette, autant que possible, son grain de sel et soit un agent d'initiative, plutôt que, contrairement à ce qu'on affirme, un agent toujours consentant et soumis[105].

Du *ringi* aux plus que fameux cercles de qualité, il n'y a qu'un pas. Au vu de tout ce qui précède, on comprendra bien qu'il s'agit non pas d'un gadget managérial, mais d'une véritable façon d'être en harmonie avec l'ensemble de l'entreprise et la société japonaise. Les cercles de qualité sont des groupes informels de 5 à 10 employés qui se réunissent volontairement, une ou deux fois par mois en général, pendant ou après les heures de travail, avec le chef d'équipe pour discuter de l'état des choses dans leur travail : rebuts, défectuosités, insuffisances, etc., et rechercher des causes et des solutions possibles[106] (voir le tableau 9-7). Un secrétariat pour les activités de ces petits groupes est établi au niveau de l'entreprise, de manière à leur porter assistance et à coordonner leurs activités. On y trouve une ou deux personnes à plein temps et d'autres personnes mutées temporairement par différentes divisions. Actuellement, il existe deux grandes associations chargées de promouvoir les activités de ces groupes qui visent plusieurs objectifs complémentaires.

Pourtant, alors que cette façon de procéder pourrait convenir à tout être humain, certains qualifient encore les Japonais d'« animaux économiques » ; d'autres, par contre, soulignent l'incapacité des travailleurs occidentaux à se comporter comme des individus responsables.

D'une certaine manière, nous devons ici remercier les Japonais, car nous aurions peut-être eu besoin de quelques décennies pour démonter cette logique, si ces derniers, par leur implantation aux États-Unis, n'étaient venus nous y sensibiliser et nous faire la démonstration de son efficacité.

Nous prendrons pour exemple le cas de NUMMI (New United Motors Manufacturing Inc.), qui est une association, née en 1984, entre General

---

105. Odaka (1975), Courdy (1979), Ouchi (1981), Tazezwa et Whitehill (1981), Morgan (1989), Inohara (1991).

106. On sait tout l'intérêt que l'Occident a porté aux cercles de qualité, entre la fin des années 1970 et le milieu des années 1980. Aujourd'hui, on n'en parle même plus comme « outils de management » isolés, car évidemment, hors de leur contexte général, ils sont inapplicables. Même si le principe est né aux États-Unis, l'état d'esprit qui lui convient s'est bien plus trouvé au Japon.

TABLEAU 9-7
Les objectifs des cercles de qualité par ordre d'importance

- Amélioration du moral et de la qualité de la vie au travail
- Amélioration du climat général de l'entreprise
- Amélioration de la qualité du produit ou service
- Amélioration de la fiabilité
- Amélioration de la capacité des salariés et de la formation
- Amélioration des relations humaines au travail
- Amélioration du système et des méthodes de travail
- Amélioration de la productivité
- Réduction des coûts
- Amélioration des performances de l'entreprise
- Sécurité et prévention des accidents

Source: Inohara (1991), p. 149.

Motors et Toyota. NUMMI n'est rien d'autre que la réouverture par Toyota de l'usine GM de Fremont près de San Francisco. Rappelons que GM avait fermé cette usine en raison d'irréductibles conflits sociaux, et que Toyota a réembauché 80 % du personnel en acceptant le syndicat (et non le moindre puisqu'il s'agit de UAW, reconnu pour sa puissance). Le tableau 9-8 compare la performance de cette usine, condamnée par GM, avec celle de Framingham, toujours gérée par elle.

TABLEAU 9-8
Une comparaison de la performance de NUMMI avec celle de GM

	NUMMI	GM
Temps de fabrication d'un véhicule	20 heures	28 heures
Absentéisme non excusé	2 %	9 %
Prix de la qualité des voitures sur le marché américain	Chevrolet Nova : 2^e	Meilleure GM : 16^e

Mais comme l'écrit Dominique Nora[107]:

Les managers ne jouissent pas des mêmes privilèges matériels que dans les usines américaines. Ouvriers et cadres se garent sur le même parking, portent le même uniforme de travail, déjeunent à la même cantine. Avant de prendre des décisions majeures, les cadres sont censés consulter les travailleurs concernés. Ces derniers sont multispécialisés, ce qui permet davantage de flexibilité dans leur affectation. Ils changent régulièrement de tâches. La nomenclature des travaux, ainsi que les droits d'ancienneté, ont été considérablement réduits: NUMMI ne

107. Nora (1991), p. 108-109.

distingue que 4 catégories de postes, au lieu de 183 dans une usine américaine typique.

L'exportation culturelle a trouvé une limite à la seule traditionnelle gymnastique matinale des employés qui a dû être abandonnée...

Par ailleurs, Akio Morita, le fondateur de Sony, précise :

> Le remplacement d'un PDG ne peut pas provoquer de changement drastique. Le patron d'une entreprise japonaise n'est pas Superman, comme aux États-Unis. Il a un poids dominant sur certaines questions, mais il représente d'abord un symbole, un emblème. Cela fait partie de la philosophie orientale[108].

Le syndicat, comme par hasard, est à NUMMI coopératif et joue un rôle d'intermédiaire, plutôt que de régisseur de plaintes formelles. La crédibilité de Toyota s'est affirmée en 1988 quand, malgré une baisse de 30 % des ventes des Chevrolet Nova, aucune mise à pied n'a été effectuée, ce qui a, bien entendu, considérablement contribué à gagner la confiance des employés.

Dans le domaine de la production et du savoir-faire, Michel Albert dresse un tableau dramatique de la régression des États-Unis par rapport au Japon. Par exemple, « le taux de pièces défectueuses des usines américaines est désormais cent fois plus élevé qu'au Japon. Et les constructeurs américains se trouvent, de plus en plus, obligés de conclure des alliances avec les Japonais ou les Européens afin d'importer leur savoir-faire[109]. »

Il nous rappelle également ceci :

> Ne disposant pas d'une épargne intérieure suffisante pour financer ses investissements, elle [l'Amérique] est obligée d'emprunter chaque année environ 150 milliards de dollars (3 % du PIB), notamment aux Japonais et aux Allemands dont les excédents financiers sont à la mesure de son propre endettement. Cruelle revanche de l'Histoire que celle des vaincus de la dernière guerre, les fourmis allemande et japonaise volant au secours de la cigale américaine. Et humiliante dépendance : à chaque nouvelle adjudication de titres d'État, le Trésor américain doit attendre le bon vouloir des souscripteurs japonais[110].

CONCLUSION

Commençons par citer un des spécialistes les plus autorisés, grand observateur du phénomène nippon, Pitte :

> Le Japon est surprenant par son histoire à la fois si fermée et, en même temps, si ouverte sur les idées étrangères, adoptées sans effet de mode,

---

108. Morita (1986), p. 96.
109. Albert (1991), p. 66.
110. Albert (1991), p. 71.

après mûre réflexion et toujours au terme d'un effort d'adaptation. Ce qui était vrai il y a quinze siècles l'est encore aujourd'hui, et prétendre que le Japon est de plus en plus occidentalisé est la simple projection d'un fantasme typiquement européen ou nord-américain. Il en résulte, comme on l'a vu, une culture sûre d'elle-même au point de frôler la mégalomanie. Et comme celle-ci s'accompagne très généralement d'une modestie individuelle très réelle, l'observateur étranger est dérouté [...] Le Japon illustre l'adage de Jean Bodin selon lequel « **il n'y a de richesse que d'hommes** ». En effet, celui-ci n'est vrai que si les hommes ont à la fois le sens de l'action et un sens à donner à leur vie intérieure et sociale. Les deux conditions sont depuis longtemps réunies par le Japon[111].

Tout n'est pas rose au Japon, bien sûr, et même souvent, loin s'en faut, comme à peu près n'importe où dans le monde aujourd'hui. Mais cela doit-il excuser ou fonder une attitude de fermeture ou de rejet par rapport à ce qui s'y passe ?

Par exemple, sur le plan foncier, depuis une vingtaine d'années la valeur du patrimoine a augmenté dans des proportions exceptionnelles (plus de 1000 % !) et représente environ quatre fois le PIB du pays.

Cette spéculation foncière[112] s'est notamment accélérée au cours des années 1980 dans les grands centres urbains. Le Japon n'a jamais connu ce genre de phénomène aberrant aux conséquences fâcheuses et Pitte (1991) avance plusieurs explications à ce problème :

– la rareté de l'espace, particulièrement dans les centres urbains ;

– la conservation de la terre par les propriétaires fonciers qui bénéficient d'une fiscalité très avantageuse alors que les plus-values sont lourdement taxées ;

– l'excès de liquidités en attente d'investissement et les facilités d'obtention de prêts bancaires en vue d'acquisitions foncières ;

– l'inconscience de certains partis politiques qui ont participé à des opérations spéculatives pour le financement de campagnes électorales.

Cette situation risque d'engendrer de sérieux problèmes pouvant, à terme, fragiliser l'homogénéité sociale. De plus, des intermédiaires douteux et occultes tirent de nombreux avantages de cette situation.

Pour remédier à cette situation, les autorités japonaises mettent en place une réforme de la fiscalité foncière et élaborent une planification urbaine assortie de règles juridiques plus contraignantes pour le spéculateur. Par ailleurs, la création de nouveaux pôles de croissance (à la périphérie de Tōkyō ou gagnés sur la mer) est d'ores et déjà envisagée.

---

111. Pitte (1991), p. 125.
112. Dans certains quartiers des mégalopoles japonaises, le prix du mètre carré de terrain est 100 fois supérieur à celui de la construction d'un mètre carré de bureau. Par ailleurs, le foncier représente 99 % du coût de la construction d'une autoroute urbaine (Pitte 1991).

Bien entendu, la culture est en train de changer, l'occidentalisation des mœurs, pas toujours bien vue, avance à grands pas, l'individualisme pointe et les jeunes s'accommodent de moins en moins du sacrifice, réel, qui est demandé à chaque Japonais. Les bienfaits et les avantages liés au travail ne sont, à toutes fins utiles, que l'œuvre des grandes entreprises publiques ou privées, la promotion se fait de plus en plus attendre pour les jeunes cadres et les femmes, et les travailleurs temporaires et ceux des PME compensent (par un vaste système de travail partagé) l'emploi à vie des *keiretsu*.

Le Japon fut occupé par les Alliés de 1945 à 1952. Dès le début de l'occupation, le pays s'est orienté vers une économie à forte valeur ajoutée orientée vers l'exportation. Il faut rappeler que les États-Unis ont fourni, pour s'en faire un allié stratégique, une aide multiforme au Japon, particulièrement à l'époque de la « guerre froide ».

Comme par le passé, le Japon a continué à investir des ressources considérables dans l'éducation pour former la main-d'œuvre spécialisée nécessaire à sa croissance économique. La planification à long terme a toujours été l'un des facteurs clés du développement du Japon moderne.

Les coûts de la main-d'œuvre n'ont, semble-t-il, pas joué un rôle déterminant dans la réussite du pays.

Autrefois, le Japon protégeait fortement son marché intérieur pour se donner le temps de développer des produits compétitifs. Mais peu de barrières subsistent sous la pression des milieux d'affaires occidentaux, tandis que, contrairement aux préjugés courants, c'est l'Occident, et surtout les États-Unis, qui se montrent de plus en plus protectionnistes. Il faut signaler que le marché japonais est particulièrement concurrentiel. Les firmes japonaises qui s'aventurent à l'étranger ne délaissent jamais le marché intérieur ; certaines firmes s'installent d'abord à l'étranger pour s'aguerrir contre la concurrence intérieure.

Gardons-nous bien, cependant, de ne pas nuancer et de ne pas soigneusement prendre la mesure de chaque chose, dans son contexte. Si nous faisons cela, nous nous rendrons compte qu'il y a bien des « secrets », à la portée de tout être humain, que nous pouvons copier des Japonais, comme eux ont imité l'Occident depuis la fin du XIXe siècle.

> L'une des forces maîtresses du Japon est l'admirable gestion de son économie qui s'appuie sur un système de relations État–industrie unique au monde, parfois qualifié négativement de « Japan-Inc. » et de « complexe bureaucratique industriel ». Il existe au Japon une bureaucratie extrêmement qualifiée, très orientée affaires, qui entretient des relations complexes avec la grande industrie et opère dans l'environnement stable du Parti démocratique libéral[113].

---

113. Gow (1990), p. 18.

L'entreprise japonaise a un caractère très spécifique. «Le capital y est au service des hommes et non l'inverse[114].» L'entreprise-communauté, dirigée selon le modèle familial traditionnel, a souvent servi à expliquer la réussite du Japon. **Pour les dirigeants japonais, le personnel entre davantage en ligne de compte que les détenteurs du capital.** En effet, malgré le statut que leur donne la loi, ceux-ci sont tout juste considérés comme des «prêteurs d'argent».

La continuité de l'entreprise, plus que la recherche du profit à court terme, constitue la véritable force motrice de ces grandes organisations. Gow précise : «les employés permanents sont considérés comme des membres plutôt que comme des salariés[115]». Même s'il s'agit là d'une représentation idéale, le recrutement et le développement d'une force de travail homogène restent au Japon un atout majeur. Il faut toutefois rester prudent face au terme «modèle familial», dont l'interprétation varie avec le contexte. Il peut s'agir d'une structure hiérarchique autoritaire (mais mutuellement solidaire) dans la tradition des *samouraïs* ou d'une structure interdépendante du type paysan.

La tendance au regroupement se retrouve dans le système des relations interentreprises. Ce sont en effet les grands regroupements d'entreprises plutôt que les grandes firmes isolées qui caractérisent la structure industrielle japonaise. Aux grands groupes familiaux d'avant-guerre (*zaibatsu*) ont succédé les gigantesques regroupements horizontaux (*kigyo shudan*) ou verticaux (*keiretsu*) dont la compétitivité mondiale est indéniable. La complexité de ces réseaux et des connexions qui les relient est déroutante à bien des égards.

Au Japon, les salariés réclament davantage de bien-être et l'objectif du récent *shunto* (l'offensive syndicale de printemps) était justement la réduction des horaires de travail. Le Japonais travaille un peu plus de 2000 heures par an (contre 1900 pour l'Américain et 1600 pour l'Allemand) et le plan gouvernemental prévoit une réduction de 200 heures dans un délai de deux ans. **Les chefs d'entreprises occidentaux se préoccupent d'abord des actionnaires, quitte à négliger l'avenir ; les patrons japonais agissent inversement.**

Déjà, il y a près de dix ans, dans sa préface au livre de Vogel, Jean-Jacques Servan Schreiber demandait de bien réfléchir à l'incroyable performance japonaise mesurée selon la progression du PNB. Une mission européenne dépêchée en 1979 pour faire un rapport sur le phénomène Japon masquera son angoisse, nous dit Servan Schreiber, derrière des formules du genre «alcooliques du travail» ou «logements-cages à lapins».

L'Occident, s'inquiètent Servan Schreiber et Vogel, a suffisamment cultivé de clichés à propos du Japon pour se rassurer sur sa supériorité.

---

114. Gow (1990), p. 18.
115. Gow (1990), p. 19.

Ils précisent aussi, rejoints en cela par Sautter, Courdy et bien d'autres, que les Japonais n'ont rien fait pour démentir ces clichés. Ces derniers auraient même, par leur tendance « naturelle » à se déprécier et à s'auto-critiquer, et peut-être aussi par un certain machiavélisme, contribué à accentuer les tares et les failles, à monter en épingle les revers et les dangers, à renforcer les préjugés et les stéréotypes négatifs que le reste du monde s'est forgés à leur égard afin de continuer à se rassurer. Cela ne peut qu'arranger le Japon, puisque l'heure du changement en Occident en est ainsi toujours reculée.

Servan Schreiber a parfaitement raison de constater que les Japonais n'ont fait que valoriser sans cesse le gisement unique et inépuisable qu'ils ont découvert : la ressource humaine. Et cette ressource-là, ils n'en ont pas le monopole ! Comment ont-ils su si bien la mobiliser reste la seule question sur laquelle nous devons nous interroger. Maintenant, nous connaissons les éléments de leur réussite :

— un État conçu et agissant comme arbitre suprême entre l'intérêt général et l'intérêt des entreprises (un peu comme en Suède et en Allemagne) ;

— l'ouverture et la transparence ;

— le bien-être des employés (attribution de plus de 67 % d'avantages sociaux et de protection de plus que ne l'exige la loi) ;

— l'engagement et l'écoute ;

— la primauté de l'intérêt général ;

— le sort lié des dirigeants, de l'entreprise et des employés et la proximité de ceux-ci ;

— une redistribution des revenus plus équitable ;

— la santé et le bien-être physique des employés sur le lieu de travail ;

— la sécurité d'emploi (un taux de chômage des plus bas et l'emploi à vie) ;

— l'absence de privilèges exclusifs des dirigeants ;

— la main-d'œuvre considérée comme un investissement ;

— la formation à vie et la primauté de la formation générale ;

— la rémunération de tous reliée aux profits ;

— l'effacement du chef devant le groupe ;

— des patrons qui donnent l'exemple du sacrifice en baissant leurs revenus les premiers, lors du ralentissement des affaires.

On sait que même la robotisation s'est faite au Japon non pas contre les ouvriers mais avec eux, dans un contexte de pénurie de la main-d'œuvre qualifiée. Mais, comme le précise Servan Schreiber, la leçon sans doute la plus importante, et de très loin, est cet attachement à lire, à se cultiver, à apprendre toute sa vie durant, et même dans l'entreprise (et pas uniquement sur son métier ou sa profession) dont fait preuve le Nippon. C'est là que résident les fondements solides du comportement intelligent et créatif de tous[116].

En toute logique et en accord avec ce qu'en disent de nombreux observateurs compétents et autorisés, c'est là que doivent être recherchées les principales raisons de la supériorité du système de production japonais. C'est pourquoi je ne pense pas que l'on puisse partager des analyses qui tentent de sous-estimer ces facteurs au profit de facteurs plus exogènes tels que le coût du capital, les subventions déguisées ou le *dumping* indirect. Ces analyses, au demeurant fondées et méritoires, tendent malheureusement à minimiser dans l'esprit des lecteurs la primordiale importance des facteurs cités précédemment et qui, eux, semblent vraiment faire la différence. Cela ne peut que considérablement réduire les résultats qu'on pourrait escompter à partir de stratégies dites « radicalement différentes » (Allaire et Firsirotu 1989). La question centrale, et de très loin, demeure la qualité et la productivité du travail chez les Japonais.

Car enfin, sur les plans managérial, social et humain, **rien n'empêche qui que ce soit sur la planète de faire comme les Japonais.** N'importe quelle entreprise peut différer les profits, réinvestir sans cesse, donner l'emploi à vie, partager, réduire la différence entre les salaires, former à vie, informer ses employés de ce qu'elle fait, les associer aux décisions, se soucier de leur sort, se contenter de marges plus basses et renoncer à des privilèges exclusifs, souvent exorbitants, etc., et il ne s'agit là ni d'exotisme ni de « valeurs spécifiques », mais simplement de volonté, de la part, d'abord, des dirigeants.

À ces conditions, nos employés seront aussi intéressés que ceux du Japon à faire avancer l'entreprise[117]. Or, cette démarche est sans doute considérée partout comme étant trop coûteuse pour ceux qui détiennent les pouvoirs et les privilèges. Pourtant, les Japonais réussissent à le faire à l'extérieur et avec des ouvriers américains ou européens (Kawasaki, Mitsubishi, Sony, Toyota, Honda, Sumitomo, Akaï, etc.)[118]; **ce n'est donc pas une question de race ou de culture** (point sur lequel je suis tout à fait d'accord – mais sans, loin de là, avancer les mêmes explications et encore moins les mêmes voies d'action – avec Allaire et Firsirotu, 1989), mais bel et bien d'état d'esprit, de manière d'être et de philosophie gestionnaire. D'autres que les Japonais, encore hélas trop rares, le font aussi, pratiquant également

---

116. Vogel (1983), *L'Express* (1987).
117. Nous l'avons déjà dit, il ne s'agit pas de foncer encore plus vite dans le sens de la production et dans la course au profit et à la puissance. Tout cela, on l'aura compris, devra se faire dans le cadre d'un travail plus intelligent, c'est-à-dire plus profitable à tous et plus respectueux d'un développement durable.
118. Voir *Le Point*, 18 décembre 1989, *L'Express* (1987), Morita (1986), Peters et Waterman (1983), Vogel (1983). Même si beaucoup s'échinent à trouver, çà et là, des signes de faiblesses, des brèches, des insuccès dans les expériences japonaises à l'extérieur, cela n'enlève rien aux faits dominants et ne fait pas plus avancer la cause du management traditionnel (voir, par exemple, « Les Japonais plus forts que jamais », *Le Monde*, sélection hebdomadaire, 16 août 1989).

les partages et le souci du travailleur : Dana Corporation, Herman-Miller et, d'une certaine façon, IBM aux États-Unis, Shermag, Temisko, Tembec, Cascades au Québec et en Europe. Sans abdiquer ni leur culture ni leur qualité de vie, bien au contraire.

Voici, pour mieux fixer les idées et mieux réfléchir, le tableau 9-9, qui établit une comparaison, sur un certain nombre d'indicateurs clés, entre le système américain traditionnel et le système japonais :

TABLEAU 9-9
Une comparaison entre le système américain traditionnel et le système japonais

	États-Unis	Japon
Taux d'encadrement (administration-contrôle/producteurs)	1 pour 15	1 pour 150
Inspecteurs/ouvriers (GM et Toyota)	1 pour 7	1 pour 30
Suggestions/ouvrier/an (GM et Toyota)	0,8	18,0
Suggestions essayées par ouvrier/an (GM et Toyota)	18 %	90 %
Comptables *per capita*	7 fois plus	
Ingénieurs *per capita*		5 fois plus
Avocats *per capita*	20 fois plus	
Paliers hiérarchiques (firmes automobiles)	de 15 à 17 environ	de 5 à 7 environ
Effectifs du contrôle de la qualité par unité produite	3 fois moins	
Pyramide des revenus moyens	de 1 à 9 et plus	de 1 à 4 ou 5
Croissance annuelle du taux de productivité industrielle 1950-1985	2,5 %	8,4 %

Sources : Peters et Waterman (1983), McMillan (1982).

ANNEXE 9-1
LES GRANDES INSTITUTIONS POLITIQUES
ET ÉCONOMIQUES

TABLEAU 9-10
La composition du Parlement (août 1996)

	Chambre des représentants	Sénat
Parti libéral démocrate	206	109
Parti de la nouvelle-frontière	169	–
Heisekai	–	68
Parti démocratique social	63	36
Sakigake	23	3
Divers	50	36
Total	511	252
Dernières élections	Juillet 1993	Juillet 1995

Source: OCDE (1996), *Études économiques : Le Japon*, p. VIII.

La nouvelle constitution japonaise, largement influencée par les principes de la démocratie américaine, a été promulguée le 3 novembre 1946. L'empereur est le symbole de l'État et de l'unité du peuple, mais il ne peut prendre aucune décision politique et ne fait qu'appliquer celles qui sont prises par le Sénat et par le Gouvernement. Il demeure toutefois le chef de la religion shintoïste. L'attachement des Japonais au système impérial ne s'est pas atténué au cours des années, comme l'indique la grande homogénéité des résultats d'un sondage[1] effectué à Tōkyō lors du décès de l'empereur Hiro-Hito le 7 janvier 1989 (voir le tableau 9-11).

TABLEAU 9-11
Que pensez-vous du système impérial? (réponses en pourcentage)

	Février 1986	Janvier 1989
Il doit rester inchangé	72,4	82,0
Il doit être renforcé	3,9	8,7
Il doit être aboli	5,6	5,1
Indifférents	14,7	1,7
Sans réponse	3,5	2,5

Le pouvoir est structuré autour des institutions démocratiques suivantes:
– la Diète (le pouvoir législatif), composée de la Chambre des représentants et de la Chambre des conseillers;

---

1.   Sondage paru dans le journal *Yomiuri Shimbun*, le 10 janvier 1989.

– le cabinet du premier ministre (le pouvoir exécutif) dont le gouvernement est composé exclusivement de civils;

– la Cour suprême (le pouvoir judiciaire).

Le devant de la scène politique est occupé par le Parti libéral démocrate (PLD), de tendance conservatrice modérée, qui est au pouvoir quasiment sans interruption depuis 1948.

En général, les Japonais s'intéressent peu au débat politique[2] et ils sont portés à faire confiance au parti qui assure la prospérité économique. De nombreux scandales ont éclaboussé le parti au pouvoir depuis l'affaire de corruption dans laquelle était impliqué le premier ministre Tanaka en 1972. Mais le PLD a conservé la majorité absolue des sièges et ses leaders ont été réélus.

Le Parti socialiste japonais, présidé par Mme Doï[3], très populaire auprès de l'électorat féminin, est présent sur la scène politique et certains de ses membres sont également mêlés à des affaires occultes.

Traditionnellement, les rapports entre les dirigeants politiques et les acteurs économiques ont toujours été étroits et complexes. Cela remonte probablement à l'époque Meiji, et plus récemment aux années de l'entre-deux-guerres, quand le gouvernement militaire agissait en collaboration avec les conglomérats familiaux (*les zaibatsu*).

L'État conserve une influence sur les grandes entreprises privées, auxquelles il accorde un certain nombre de faveurs. Il joue un rôle d'orientation dans les grands secteurs de l'économie du pays par l'entremise du MITI (Ministry of International Trade and Industry). Très complexe et difficilement saisissable pour des Occidentaux, le système de relations État–entreprises est soutenu par un nombre réduit de hauts fonctionnaires et de politiciens. Le MITI est un super-ministère qui a les attributions suivantes : le commerce extérieur et le développement international, la planification, la recherche, la protection de l'environnement, l'aménagement du territoire, l'industrie, la distribution et l'artisanat. Cette grande organisation s'efforce de créer ou de susciter un environnement favorable aux affaires, tout en observant dans ses politiques industrielles un grand principe, celui du respect de l'économie de marché dans le cadre du bien-être de tous. Avec de multiples représentations dans le monde entier, le MITI met à la disposition des entreprises un volume considérable d'informations.

---

2. Comparativement aux traditions des autres pays occidentaux.
3. Mme Doï a démissionné en 1993.

ANNEXE 9-2
LES ACTEURS ÉCONOMIQUES

L'organisation patronale japonaise regroupe l'ensemble des fédérations des organisations économiques dénommé Keizai dantai rengotai. Le Keidaren (en abrégé) constitue un puissant partenaire auprès du MITI et des leaders politiques lors de multiples concertations.

Cette organisation regroupe plusieurs centaines de dirigeants des plus grands conglomérats (*zaibatsu*). Ces grandes entreprises familiales, fortement concentrées, ont été le fer de lance de la politique expansionniste japonaise (comme les *Krupp* soutenus par l'État allemand). Pitte (1991, p. 61) rappelle ceci:

> Ces grandes entreprises étaient organisées sous la forme de holding, c'est-à-dire que les différentes sociétés les constituant étaient liées entre elles par des prises de participation structurées hiérarchiquement en fonction de la taille de la société, seules les plus grandes possédant une partie du capital des plus petites. Tous les dirigeants étaient membres de la famille du propriétaire.

Totalement démantelés par l'administration militaire américaine après 1945, les *zaibatsu* ont fait place aux *keiretsu*. Seize d'entre eux dominent aujourd'hui l'économie du pays. Mitsubishi, le plus important, regroupe 160 compagnies liées entre elles par des participations mutuelles et croisées (exactement comme le système allemand). L'ensemble de ces conglomérats dispose de maisons de commerce très performantes sur le marché intérieur et l'import-export, de banques, de compagnies d'assurances, etc. Leurs activités sont variées et diversifiées dans le monde entier. (Signalons, fait non négligeable, et encore un point de rapprochement avec l'Allemagne et la Suède, que l'impôt sur les revenus des entreprises est en moyenne deux fois supérieur à celui des pays de l'OCDE[4]!)

Les petites et moyennes entreprises sont particulièrement nombreuses; elles représentent 95 % du total des établissements privés du secteur non primaire. Leur nombre (près de 7 millions) augmente d'année en année. Elles emploient 80 % de la population active occupée dans les activités industrielles et manufacturières. On observe que leur dynamisme et leur faculté de s'adapter rapidement leur ont permis d'obtenir des résultats très encourageants. Ces PME sont souvent présentées comme une sorte d'«amortisseur» des problèmes liés à l'évolution des marchés des grandes entreprises avec lesquelles elles collaborent intensément. La majorité d'entre elles agit en sous-traitance pour les conglomérats qui leur confient la fabrication de produits, pièces détachées et équipements industriels, sans jamais viser à en prendre le contrôle ou à les affaiblir pour mieux les «acquérir» comme cela se fait souvent en Occident. Les grandes entreprises s'appuient

---

4.   Voir à l'annexe 9-3 le tableau 9-22.

de plus en plus sur leurs sous-traitants à mesure que les structures industrielles se développent et que les valeurs ajoutées augmentent.

La production des industries de fabrication de machines (mécanique,
machines électriques, matériel de transport et machines de précision)
où le nombre des sous-traitants est particulièrement important, s'est
élevée à 103 783,5 milliards de yens en 1986, soit 40,9 % de la production totale des industries manufacturières. La valeur des exportations a été en 1986 de 75 % du total des exportations japonaises[5].

Nakamura, cité par Takahashi (1990), observe que les sous-traitants de
haut niveau possèdent des capacités techniques supérieures à celles des
services de production des entreprises, créant dans leur domaine de véritables industries de transformation spécialisées :

– Certaines entreprises acquièrent de nouvelles machines, qui permettent
  une production en grande série, ou s'équipent pour la production d'une
  large gamme de produits en petite quantité.

– Elles acquièrent des connaissances technologiques approfondies en
  automatisme et en informatique.

– Elles possèdent des capacités de conception qui leur permettent de
  reproduire des produits dont seule l'idée générale et les fonctions leur
  ont été communiquées, sans spécifications particulières.

– Elles améliorent les processus de contrôle de la production et apportent
  des perfectionnements à leurs équipements pour une utilisation plus
  efficace dans leur spécialité.

– Elles obtiennent une productivité élevée.

---

5. Sur le développement des petites et moyennes entreprises et leur financement au Japon,
   consulter l'étude de Noriyuki Takahashi (1990), directeur du service économique de People's
   Finance Corporation Tokyo.

ANNEXE 9-3
TABLEAUX ET DONNÉES STATISTIQUES
SUR LE JAPON

TABLEAU 9-1
Une appréciation de la performance économique du Japon

Accroissement du volume du PIB (moyenne annuelle 1986-1995)	3,0 %
Accroissement du volume de la formation brute du capital fixe, FBCF (moyenne annuelle 1986-1995)	4,2 %
Accroissement de la productivité (moyenne annuelle 1986-1995)	1,9 %

Source: OCDE (1996), *Études économiques. Le Japon*, p. 242.

Les trois paramètres mesurent l'accroissement moyen annuel en volume du PIB et de l'investissement ainsi que la productivité de la main-d'œuvre dans l'industrie. Les remarquables résultats obtenus par le Japon au cours de la décennie 1980 classent le pays en tête des pays industrialisés.

TABLEAU 9-2
Les principaux agrégats économiques

	1992	1993	1994	1995
PIB global (en milliards de dollars)	3 700	4 198	4 651,1	4 960,7
PIC *per capita* (en dollars)	29 800	33 640	37 300	39 600
Variation du volume du PIB (en pourcentage)	+ 1,3	− 0,2	+ 0,6	+ 0,3
Inflation (en pourcentage)	1,5	1,3	0,7	− 0,1
Chômage (en pourcentage)	2,4	2,5	2,9	3,1

Source: Atlaseco (1997), p. 114.

Dans son classement des pays selon le PNB (/PIB) global, Atlaseco (1993) situe le Japon au deuxième rang, derrière les États-Unis et devant l'Allemagne. Par contre, en ce qui concerne le classement du PNB (/PIB) par habitant, le Japon se situe au huitième rang mondial, devançant les États-Unis, qui sont au quatorzième rang.

TABLEAU 9-3
Les données comparatives États-Unis–Japon

	1992		1993		1994		1995	
	États-Unis	Japon	États-Unis	Japon	États-Unis	Japon	États-Unis	Japon
PIB (en milliards de dollars)	5 866,6	3 700	6 245,2	4 198	6 638,2	4 651,1	6 982	4 960,7
PIB par habitant (en dollars)	23 000	29 800	24 235	33 640	25 500	37 300	26 540	39 600
Variation du PIB (en pourcentage)	+2,1	+1,3	+3	−0,2	+3,9	+0,6	+3,3	+0,3

Source : Tableau reconstitué à partir des données d'Atlaseco (1997).

Les données comparatives pour la période 1988-1991 indiquent clairement que si le Japon maintient ses résultats économiques, son PIB rejoindra
celui des États-Unis d'ici 1995.

TABLEAU 9-4
La part du marché mondial des principaux pays industrialisés

	Automobiles		Acier (en milliers de tonnes métriques)		Électricité nucléaire (en milliers de kW·h)	
	1990	1995	1990	1995	1990	1995
Japon	26,86	20,7	14,33	13,6	9,0	12,7
Allemagne	12,58	11,9	5,7	5,6	7,6	6,8
États-Unis	16,4	17,21	11,5	12,5	30,3	31,2
France	8,9	8,3	2,5	2,4	15,7	16,7
Royaume-Uni	3,5	4,2	2,3	2,3	3,3	–
Italie	5,0	3,9	3,3	3,7	–	–

Source : Tableau reconstitué à partir des données de SEDES (1997).

Dans les secteurs de l'automobile et de l'informatique, les États-Unis
ne cessent de perdre des parts du marché à l'échelle mondiale au profit du
Japon. Dans le secteur des machines-outils, l'Allemagne et le Japon détiennent près de 50 % du marché mondial.

TABLEAU 9-5
**Les objectifs de gestion dans les entreprises japonaises et américaines
(indices comparatifs)**

Objectifs de gestion	Indices comparatifs	
	États-Unis	Japon
Rendement de l'investissement	2,43	1,24
Élévation du cours des actions	1,14	0,02
Augmentation de la part du marché	0,73	1,43
Amélioration du portefeuille de produits	0,50	0,68
Rationalisation de la production et de la distribution	0,46	0,71
Élévation du ratio de fonds propres	0,38	0,59
Élévation de la proportion de produits nouveaux	0,21	1,06
Amélioration de l'image de la société	0,05	0,09
Amélioration des conditions de travail	0,04	0,09

Source : OCDE (1992), *Études économiques : Le Japon*, p. 83.

TABLEAU 9-12
Données générales

Population	125,2 millions d'habitants
Superficie	372 313 km²
Densité	336 habitants/km²
Pourcentage des terres cultivées	13 %
Accroissement annuel moyen de la population	+0,37 %

TABLEAU 9-13
L'évolution de quelques indicateurs statistiques

	M[a]	1991	1992	1993	1994	1995
A. Pourcentage de variation par rapport à l'année précédente						
PIB	3,0	4,0	1,1	0,1	0,5	0,9
Production industrielle	1,9	1,8	−6,1	−4,5	0,8	3,5
Emploi	1,1	1,9	1,1	0,2	0,1	0,1
Salaires	4,6	7,8	3,5	2,3	1,9	1,6
Productivité (PIB/emploi)	1,9	2,0	0,0	−0,1	0,4	0,8
Coûts unitaires de main-d'œuvre	1,6	3,7	2,4	2,2	1,4	0,7
B. Rapport en pourcentage						
Pourcentage de FBCF/PIB	30,0	31,6	30,8	30,1	29,7	29,7
Pourcentage de la balance extérieure/PIB	2,2	1,8	2,4	2,3	2,1	1,5
Pourcentage de la rémunération/PIB	54,4	54,1	54,5	55,3	56,0	56,7
Pourcentage des impôts directs/revenu des ménages	8,1	9,3	8,9	8,2	7,6	6,4
Pourcentage de l'épargne/PIB	13,3	13,2	13,1	13,4	12,8	13,4
Taux de chômage	2,5	2,1	2,2	2,5	2,9	3,2

[a] Moyenne annuelle pour la période 1986-1995.

Source: OCDE (1996), *Études économiques: Le Japon*, p. 242.

TABLEAU 9-14
La répartition de la population active au Japon

Secteurs d'activité économique	Pourcentage de la population active	Pourcentage du PIB
Agriculture	7,2	3,5
Mines	1,0	0,5
Industries	33,1	39,6
Services	58,7	56,0

TABLEAU 9-15
L'évolution du marché du travail au Japon (en pourcentage de croissance)

	1995 (en millions de personnes)	1994	1995	1995 premier semestre	1995 deuxième semestre	1996 (premier trimestre)
Population active totale	66,7	0,5	0,3	0,2	0,5	0,5
Emploi	64,6	0,0	0,1	0,0	0,2	0,1
Salariés	52,6	0,7	0,5	0,3	0,8	1,2
Travailleurs indépendants et travailleurs familiaux	11,8	− 2,4	− 1,8	− 1,3	− 2,2	− 4,5
Emploi par branche						
Secteur privé	62,4	− 0,2	0,2	− 0,1	0,1	0,3
Agriculture et sylviculture	3,4	− 1,4	− 1,4	− 0,6	− 2,1	− 5,1
Industries manufacturières	14,6	− 2,2	− 2,7	− 2,7	− 2,6	− 1,0
Construction	6,6	2,3	1,2	1,1	1,5	0,3
Services	37,2	0,7	1,2	0,8	1,5	1,3
Secteur public	2,2	2,9	1,4	2,8	0,5	− 4,0
Taux de chômage (en porcentage)	2,1	2,9	3,2	3,0	3,3	3,4
Tranche d'âge de 20 à 24 ans	0,4	5,0	5,7	5,7	5,7	6,5
Tranche d'âge de 25 à 59 ans	1,3	2,3	2,6	2,5	2,6	2,7
Tranche d'âge de 60 à 64 ans	0,2	5,3	5,7	5,8	5,4	6,5
Pour mémoire						
Taux d'activité	–	63,6	63,5	63,5	63,4	63,4
Offres/demandes d'emploi	–	0,64	0,63	0,64	0,62	0,68

Source : OCDE (1996), *Études économiques : Le Japon*, p. 26.

Notons ici que le taux d'accroissement annuel de l'emploi est stable.

TABLEAU 9-16
L'évolution des salaires* au Japon (en pourcentage de variation)

Augmentation des salaires à l'issue des négociations de printemps			A. Gains en espèces prévus	B. Heures supplé-mentaires	C. Primes, etc.	D. Total des gains en espèces (A+ B+ C)	Total des gains en termes réels	Salaire total par per-sonne
			Composition des gains en 1991					
		En yens	252 272	26 671	102 844	384 787		
		En %	66,3	6,9	26,7	100,0		
1986	4,53		3,2	− 0,5	2,2	2,7	2,3	3,0
1987	3,56		2,0	2,4	1,5	1,9	2,2	2,7
1988	4,43		2,8	10,5	3,7	3,5	3,0	3,2
1989	5,17		3,0	4,5	6,9	4,2	1,9	3,9
1990	5,94		3,8	4,6	7,3	4,7	1,5	4,4
1991	5,65		4,2	− 2,0	3,8	3,6	0,3	4,0
1992	4,95		3,7	− 8,0	2,0	2,4	0,4	2,9

* Moyenne mensuelle par travailleur dans les entreprises employant plus de 30 salariés permanents.
Source : OCDE (1992), *Études économiques: Le Japon.*

TABLEAU 9-17
Le taux de syndicalisation au Japon

	1980	1991	1992	1993	1995
Taux de syndicalisation (en %)	30,8	24,5	24,4	24,2	23,8
– Secteur privé	24,7	21,4	21,3	21,3	20,8
– Secteur public	74,5	52,4	53,0	62,9	62,2
Temps de travail annuel par salarié (en heures)	2 108	2 016	1 972	1 913	1 909

Source : Données assemblées à partir de l'OCDE (1994 et 1996), *Études économiques: Le Japon.*

La balance commerciale et la balance des paiements du Japon sont très largement excédentaires comme on peut le voir au tableau 9.18.

TABLEAU 9-18
Le commerce extérieur du Japon (en milliards de dollars)

	1992	1993	1994	1995
Exportations de marchandises	+ 330,87	+ 351,31	+ 387,00	+ 430
Importations de marchandises	− 198,47	− 209,74	− 235,00	− 292
Balance commerciale	+ 179,87	+ 141,57	+ 152,00	+ 138
Exportations de services	+ 48,31	+ 51,51	+ 60,52	–
Importations de services	− 89,73	− 92,77	− 110,06	–
Balance des services	− 41,42	− 41,26	− 49,54	–
Balance des paiements	+ 117,64	+ 131,51	+ 129,24	+ 112

Source: Atlaseco (1997), p. 114.

TABLEAU 9-19
L'évolution de la balance commerciale du Japon (en millions de dollars)

	1992	1993	1994	1995
Exportations	332 207	352 272	384 907	427 996
Importations	207 665	213 017	240 800	296 765
Balance	124 542	139 255	144 107	131 231

Source: OCDE (1996), *Études économiques: Le Japon*, p. 160.

TABLEAU 9-20
La structure des exportations japonaises vers les États-Unis et l'Union européenne (en pourcentage et en millions de dollars)

	Taux annuel de variation			Montant		
	1993	1994	1995	1993	1994	1995
Exportations vers les États-Unis	10,0	11,5	2,8	105 405	117 560	120 859
Exportations vers l'Union européenne	− 10,4	2,5	14,8	59 715	61 206	70 291

Source: OCDE (1996), *Études économiques: Le Japon*, p. 254.

D'une manière générale, les exportations japonaises sont très dépendantes du marché américain. Vu la contraction de la demande sur le marché intérieur des États-Unis, le taux des exportations vers ce pays connaît une nette régression. On observe néanmoins une légère augmentation des exportations en volume.

TABLEAU 9-21
La structure de l'actionnariat des entreprises japonaises:
une comparaison internationale (en pourcentage)

A. Composition sectorielle	Japon (exercice 1994)
Secteur financier	
Banques	26
Sociétés d'assurance	16
Fonds de placement	0
Caisses de retraite	0
Fonds communs de placement	0
Autres institutions financières	2
Secteur non financier	
Entreprises non financières	24
Autorités publiques	1
Particuliers	24
Étrangers	7
Autres	0
Total	100

B. Comparaisons internationales	États-Unis (1994)	Allemagne (1993)	Royaume-Uni (1993)
Sociétés non financières	0	39	2
Banques	3	14	1
Particuliers	48	17	18
Autres institutions financières	42	15	61
État	0	4	1
Autres	7	11	17

Source: OCDE (1996), *Études économiques: Le Japon*, p. 170.

TABLEAU 9-22
L'impôt sur les bénéfices des sociétés, données comparatives Japon–OCDE
(en pourcentage)

	Japon				Moyenne pour les pays de l'OCDE			
	1991	1992	1993	1994	1991	1992	1993	1994
Recettes fiscales provenant de l'impôt sur les bénéfices des sociétés	6,2	5	4,3	4,1	3	2,6	2,8	2,9

Source: OCDE (1996), *Statistiques des recettes publiques, 1965-1995*.

Les prélèvements fiscaux sur les revenus des sociétés sont au Japon 2,5 fois plus élevés que la moyenne des pays de l'OCDE.

TABLEAU 9-23
Les objectifs de gestion dans les entreprises américaines et japonaises

Objectifs de gestion	États-Unis	Japon
Rendement de l'investissement	2,43	1,24
Élévation du cours des actions	1,14	0,02
Parts du marché	0,73	1,43
Amélioration du portefeuille de produits	0,50	0,68
Rationalisation de la production et de la distribution	0,46	0,71
Élévation du ratio de fonds propres	0,38	0,59
Élévation de la proportion de produits nouveaux	0,21	1,06
Amélioration de l'image des sociétés	0,05	0,09
Amélioration des conditions de travail	0,04	0,09

Source : OCDE (1992) *Études économiques : Le Japon*, p. 83.

TABLEAU 9-24
Les raisons qui fondent des relations commerciales de longue durée au Japon (en pourcentage)

	Produits manufacturiers	Biens d'équipement
Offre stable	88,4	44,0
Bas prix	50,0	53,8
Bonne qualité	73,3	82,4
Livraison rapide	7,0	18,7
Termes et conditions de paiement favorables	4,7	9,9
Flexibilité	5,8	13,2
Intégration horizontale	2,3	2,2
Intégration verticale	5,8	3,3
Produits mis au point conjointement	5,8	2,2
Importateur-acheteur de nos produits	4,7	3,3
Confiance dans la relation commerciale de	47,7	46,2
longue durée	1,2	5,5
Pas d'autre source	1,2	4,4
Autres		

Source : OCDE (1992) *Études économiques : Le Japon*, p. 89.

TABLEAU 9-25
Les dépenses de recherche et de développement

A. Motifs de dépenses au Japon et aux États-Unis (en pourcentage)

Branches d'activités/pays	R et D	Commer-cialisation	Production	Clientèle
TOTAL				
Japon	47	18	15	15
États-Unis	58	21	9	9
Produits chimiques				
Japon	49	23	15	3
États-Unis	45	25	14	8
Machines électriques				
Japon	47	21	5	27
États-Unis	90	7	1	1
Mécanique générale				
Japon	44	22	11	20
États-Unis	56	21	4	18
Automobiles, mécanique, métaux				
Japon	48	8	26	13
États-Unis	51	25	12	11

B. Répartition de R et D par secteur
(en pourcentage du total des dépenses de R et D)

	Secteur des entreprises		Secteur public, enseignement supérieur et organismes privés à but non lucratif	
	1981	1994	1981	1994
Japon	1,4	1,9	0,9	1,0
États-Unis	1,7	1,8	0,7	0,7
Allemagne	1,7	1,5	0,7	0,8
Royaume-Uni	1,5	1,4	0,9	0,8
Suède	1,5	2,3	0,8	1,0
France	1,2	1,5	0,8	0,9

Source: OCDE (1997), « Principaux indicateurs de la science et de la technologie, et bases de données STIU ».

TABLEAU 9-26
Les dépenses de recherche et de développement et des comparaisons avec le monde (en pourcentage du PIB)

	Dépenses totales			
	1975	1985	1990	1994
Japon	2,0	2,8	3,0	2,8
États-Unis	2,3	2,9	2,8	2,5
Allemagne	2,2	2,7	2,8	2,3
Royaume-Uni	2,2	2,3	2,2	2,2
Suède	1,8	2,9	2,9	3,3
France	1,8	2,3	2,4	2,4

Source : OCDE (1997), « Principaux indicateurs de la science et de la technologie, et bases de données STIU ».

En pourcentage du PIB, les dépenses de R et D (largement financées par le secteur privé) sont plus importantes au Japon que dans les autres pays de l'OCDE.

Contrairement à bon nombre de préjugés, c'est bien plus en Occident (pas loin du double pour les États-Unis) que les entreprises sont « subventionnées » par l'État, pour ce qui est, par exemple, de la R et D.

TABLEAU 9-27
Les dépenses de recherche et de développement des grandes entreprises japonaises

Rang	Montant (en milliards de yens)
1. Hitachi	247,6
2. Toyota Motor	240,0
3. NEC	230,0
4. Matsushita Electric	220,0
5. Nissan Motor	170,0
6. Fujitsu	150,0
7. Honda Motor	120,0
8. Mitsubishi Electric	106,0
9. Mazda	80,0
10. Mitsubishi Heavy Ind.	79,0
11. Sharp	60,0
12. Nippondenso	58,5

Source : *Nikkei Kaisha Joho*, numéro du printemps 1986, cité par Pitte (1991), p. 144.

LES IDÉES IMPORTANTES

LE JAPON

La société

Le trait distinctif qui explique la vigueur de l'économie japonaise est la relation particulière existant entre l'État et l'industrie. L'économie du Japon est une économie de maillage caractérisée par une concentration industrielle très faible. L'industrialisation de ce pays s'est effectuée sans rupture avec les valeurs de la culture ancestrale et la tradition propres à cette nation. C'est dans les facteurs historiques qu'il faut rechercher l'explication du sens collectif, de la discipline, du dévouement, de la créativité et de la capacité de travail et d'innovation de la main-d'œuvre japonaise, et surtout de la place prépondérante qui est accordée à celle-ci.

✗ Questions

1. Quelles caractéristiques du management sont à la source de la performance économique du Japon?

2. Quels facteurs historiques expliquent la cohésion, le sens de la responsabilité et l'effacement de l'individu au profit de la communauté?

3. Quels facteurs pourraient perturber le fonctionnement particulier sur lequel repose l'économie japonaise? À quels coûts le «système» nippon se maintient-il?

L'entreprise

Les activités de l'entreprise japonaise sont guidées par un souci de l'intérêt général, de loyauté envers le personnel et du devoir de protection de la main-d'œuvre. Des politiques claires d'emploi à vie, d'éducation générale et de formation professionnelle et un mode de fonctionnement caractérisé par la transparence de l'information et un minimum de paliers hiérarchiques assurent une prise de décision sur la base du consensus et de l'adhésion. Ce mode de coopération se trouve aussi dans les relations avec le syndicat, et les préoccupations de rentabilité s'inscrivent dans une perspective à long terme de gains mutuels. L'entreprise est ainsi un lieu où l'on constate un fort sentiment d'appartenance et d'identification.

✗ *Questions*

1. Quelle conception de l'employé sous-tend ce mode de fonction-nement ?
2. Qu'en est-il des principes de spécialisation et de parcellisation du travail ?
3. Quel est le rôle du dirigeant dans le cadre d'activité de l'organisa-tion japonaise ?

CHAPITRE 10

La Corée du Sud :
une variante du « miracle »
sud-est-asiatique[1]

INTRODUCTION

Avec une superficie de 98 484 kilomètres carrés, dont la plus grande partie est montagneuse (23 % seulement du sol est cultivable), et une population de 43 400 000 habitants, la Corée du Sud possède, depuis les années 1970, une économie ayant une forte croissance et ses remarquables performances nous interpellent.

Traditionnellement agricole et ne disposant que de très faibles ressources naturelles (la production de houille est la plus importante : 22 millions de tonnes par an), le pays s'est profondément transformé par une industrialisation à outrance. Soixante-dix pour cent de la population se concentre dans les centres urbains et la densité moyenne est très élevée (437 habitants par kilomètre carré).

La mégalopole de Séoul, où vivent 15 300 000 personnes, regroupe à elle seule 43 % des installations industrielles du pays. Elle est le siège de 45 % des universités et de 40 % des établissements hospitaliers. Soixante pour cent du parc automobile (environ 1 500 000 véhicules) se trouve dans la capitale. Séoul fournit 35 % du produit national brut sud-coréen et 60 % des recettes fiscales du pays.

À l'instar de ses voisins de l'Asie du Sud-Est (Singapour, Taiwan et Hong-Kong) que l'on qualifie de « nouveaux pays industriels » (NPI), la Corée du Sud est un pôle de développement qui, en moins de trois décennies, s'est hissé à un niveau de rayonnement mondial.

Entre 1962 et 1991, le produit national brut *per capita* (PNB/habitant) est passé de 67 $ à 6260 $ (voir le tableau 10-1) et la croissance annuelle

---

1. L'auteur tient à exprimer sa gratitude au professeur J. Chung pour les nombreux apports et commentaires qui ont enrichi et précisé ce chapitre.

TABLEAU 10-1
La croissance du PNB et du PNB *per capita* en Corée du Sud

	1992	1993	1994	1995
PNB global (en milliards de dollars)	310	340	366,48	421,10
PNB *per capita* (en dollars)	7 120	7 750	8 220	9 400

Source : Atlaseco (1992-1993).

a atteint 21 % de 1987 à 1991. Aujourd'hui, la Corée du Sud se place au trentième rang mondial pour le PNB *per capita* (*Le Courrier de la Corée*, Séoul, 30 janvier 1993).

De 1980 à 1990, la croissance moyenne du produit intérieur brut (PIB) a dépassé 9,7 % par année. Pour la même période, l'inflation moyenne a été de 5,1 %, mais ce taux est à la hausse depuis 1989 : 5,7 % en 1989, 8,6 % en 1990 et 9,7 % en 1991.

Le taux de chômage est relativement faible et l'on observe une tendance à la baisse : 2,8 % en 1989, 2,4 % en 1990 et 2,3 % en 1991 (voir le tableau 10-2).

TABLEAU 10-2
La croissance du PIB, le taux d'inflation et le taux de chômage en Corée du Sud (en pourcentage)

	1992	1993	1994	1995
Croissance du PIB	4,7	5,3	8,4	9,0
Taux d'inflation	6,2	4,8	6,2	4,5
Taux de chômage	2,2	2,7	2,5	2,0

Source : Atlaseco (1997), p. 64.

Dans le cadre du Septième Plan (1992-1996), le gouvernement du nouveau président, Kim Yung-Sam, élu en décembre 1992, s'est fixé plusieurs objectifs, entre autres :

– le renforcement du processus démocratique ;

– la réduction du taux d'inflation à moins de 8 % et celle du taux de chômage à 2 % par année ;

– la stabilisation de la hausse des prix à la consommation (7 % en 1992) ;

– la réduction du déficit de la balance commerciale (4,9 milliards de dollars en 1992) ;

– l'orientation des investissements vers des industries à capitaux élevés pour compenser la perte de l'avantage comparatif de la main-d'œuvre.

Pour sa part, la dette extérieure a presque doublé entre 1980 et 1991, passant de 29,4 milliards de dollars à 55 milliards. Elle représente 14,5 % du PNB.

La Corée du Sud occupe une place enviée dans le commerce international et ses grandes entreprises, les conglomérats ou *zaebol*, se classent dans le peloton de tête des plus importantes sociétés mondiales. On ne peut rester indifférent devant de telles performances obtenues en si peu de temps.

Dans un passé récent, de nombreux clichés et stéréotypes défavorables, véhiculés en Occident, ont entouré les produits *made in Korea*, mais, maintenant, cette étiquette est le signe d'un bon rapport qualité–prix. Cependant, des politiques de contingentement et des mesures protectionnistes freinent l'accès de ces produits aux marchés nord-américain ou européen de façon moins importante.

Nous tenterons d'analyser les mécanismes qui ont permis, en moins de trente ans, à un pays ayant un faible niveau de développement de rivaliser avec les grandes puissances industrielles occidentales. Nous tirerons quelques enseignements de la gestion des entreprises.

QUELQUES ÉLÉMENTS D'HISTOIRE

Tout au long de son histoire médiévale, la Corée du Sud a été profondément marquée par l'influence culturelle chinoise. Au VIIe siècle, les sociétés tribales de la péninsule coréenne se regroupèrent pour constituer trois royaumes: Koguryo (37 av. J.-C.–668), Paekche (18 av. J.-C.–660) et Silla (57 av. J.-C.–935). Le royaume Silla instaura une monarchie absolue qui domina et unifia progressivement les autres royaumes. D'autres lui succédèrent: Parhae (669-928), Shila (618-935), Koryo (918-1392) puis Chosen Lee (1392-1910).

Le royaume Chosen Lee, qui adopta le confucianisme comme religion officielle, fut fondé par le général Yi. Celui-ci bénéficia du soutien de la très puissante dynastie Ming qui régna en Chine à la même époque, de 1644 à 1911. Cette période fut marquée par de nombreux conflits intérieurs et extérieurs, puis par un grand isolement aux XVIIIe et XIXe siècles, ce qui valut à la Corée du Sud le nom de «Royaume ermite».

L'année 1910 fut celle de l'annexion et de l'occupation par le Japon dont le peuple de Corée du Sud garde jusqu'à aujourd'hui des traces profondes. Dès 1945, lors de la reddition du Japon, les troupes américaines s'installent en Corée du Sud pour établir un bastion anticommuniste. Dans leur zone d'influence allant jusqu'au 38e parallèle, ils nomment, le 15 août 1948, Singman Rhee au poste de premier président de la république de Corée du Sud.

Le 9 septembre de la même année, dans la partie nord de la péninsule sous influence soviétique, un gouvernement marxiste est mis en place à Pyong-Yang avec, à sa tête, Kim Il-Song.

Le 25 juin 1950, une guerre éclate entre les deux régimes, et ce n'est que le 27 juillet 1953 qu'un cessez-le-feu est conclu. Il aboutit à la création d'une zone démilitarisée qui sépare désormais les deux Corées au 38e parallèle, sans espoir, pour l'instant, de réunification.

De multiples tragédies ont marqué l'histoire de la Corée du Sud. Plusieurs auteurs (Chung 1993, Teissier du Cros 1990) font l'hypothèse que, pour résister aux humiliations de la domination coloniale et aux déportations, le peuple sud-coréen s'est forgé un puissant sentiment patriotique. Les nombreuses tentatives visant à gommer son identité et sa culture ont eu pour effet de renforcer la personnalité sud-coréenne. De ce fait, le patriotisme sud-coréen aurait été un ferment efficace dans la lutte pour le développement.

Ces quelques éléments d'histoire permettent de mieux comprendre et situer les enjeux et défis du développement de la Corée du Sud contemporaine.

LA RELIGION ET LA SOCIÉTÉ

Longtemps sous l'influence culturelle de la puissante dynastie chinoise des Ming, la Corée du Sud a accordé une place privilégiée au confucianisme, comme philosophie dominante, à l'époque du général Yi Song Gye de la dynastie Chosen Lee, vers 1392. Les origines du confucianisme en Corée du Sud remontent tout de même à 200 ans avant Jésus-Christ.

Confucius (555-479 av. J.-C.), savant et humaniste chinois, estimait que c'est

[lorsque] et seulement lorsque l'affection naturelle qui règne à l'intérieur des familles a dépassé tout à fait librement l'horizon familial, pour s'étendre aussi bien aux membres extra-familiaux qu'aux étrangers les plus complets, que la nature humaine atteint la perfection et que l'ordre social peut être maintenu convenablement[2].

La doctrine du confucianisme met l'accent sur la pratique du *Jen* (humanité, bonté, générosité, charité) qui va de l'individu à la famille, à l'État et à l'humanité progressivement. Le *Jen* a de multiples similitudes avec le *Ying* qui caractérise le shintoïsme pratiqué au Japon. (Religion de la famille impériale, le shintoïsme est né de plusieurs adaptations et métaphores dont les sources, le confucianisme et le taoïsme, furent introduites au Japon à peu près à la même époque. D'ailleurs, comme le précise

---

2.   Cité par Michio Morishima (1987), p. 18.

Morishima[3], « les mutations des canons du taoïsme en shintoïsme et l'évolution [nationaliste] du confucianisme japonais ont favorisé le développement du Japon moderne contemporain ».)

L'école confucéenne enseigne plusieurs vertus cardinales : *hsiao* (la piété filiale), *ti* (l'affection entre frères), *tchong* (la loyauté), *sin* (la fidélité), *li* (le rite), *yi* (l'équité), *lien* (l'intégrité) et *tchi* (le sens de l'honneur). Le confucianisme attache une importance de premier ordre au savoir et aux études (notamment en rendant accessible l'enseignement au plus grand nombre) et minimise l'importance des armes, de la guerre et de la violence.

Le bouddhisme, dont les origines dans le pays remontent à 300 ans avant Jésus-Christ, est également une religion très présente en Corée du Sud car elle est pratiquée par 46,9 % de la population. Cette religion prêche la méditation et la compassion. Ses caractéristiques essentielles sont la recherche du salut de l'âme par la renonciation au désir temporel, le désir d'entrer au *nirvana* et d'éviter le cycle de la réincarnation, l'importance de la générosité et de la miséricorde ainsi que la recherche de la paix.

Le taoïsme et le chamanisme ont peu d'adeptes en Corée du Sud.

Bien que les jésuites installés à Pékin aient favorisé dès le XVIIIe siècle l'envoi de prédicateurs en Corée du Sud, le christianisme fut proscrit et réprimé jusque vers la fin du XIXe siècle. Par contre, la religion chrétienne enregistre une nette progression depuis quelques années. Teissier du Cros (1990) traite de manière détaillée des particularités et des conditions d'introduction du protestantisme et du catholicisme en Corée du Sud. En 1832, nous dit-il, un missionnaire de l'Église protestante de Hollande fit un premier séjour très discret sur la côte occidentale de la Corée du Sud. En 1885, l'Église presbytérienne des États-Unis s'installa à Séoul en s'associant à une institution bénévole américaine, l'hôpital Royal. Elle fut suivie plus tard par l'Église méthodiste.

Le confucianisme et le bouddhisme ont très fortement marqué, des siècles durant, l'esprit et les mœurs du peuple coréen et ont imprégné et façonné son mode de vie en prônant un code de conduite et de morale très précis et très observé. Blanc[4] voit deux caractéristiques centrales dans ce code

> [qui est] profondément orienté vers une gestion sociale ; loin de prôner le retrait du monde, l'illusion du monde réel, il recommande de rechercher, de construire un équilibre social. Le prince doit procurer au peuple les biens matériels et assurer son éducation. En outre, la société est ordonnée, hiérarchisée. Les relations sociales sont dominées par l'idéal, l'image des relations père/fils, seigneur/subordonné qui sont

---

3.   Morishima (1987), p. 38.
4.   Blanc (1989).

basées sur l'affection, l'autorité, la protection d'une part, l'obéissance et la déférence d'autre part.

À différents degrés, la société sud-coréenne contemporaine est très imprégnée par le *ye*. Sur le plan individuel, le *ye* s'apparente à une éthique personnelle, mais il revêt une dimension qui le situe bien au-dessus des règles de la bienséance. Sur le plan de la société, il se retrouve dans le *p'ungsok*, un ensemble de coutumes et d'influences du système d'éducation.

Le *ye* est aussi considéré comme une discipline, une règle d'obéissance et de respect des ancêtres, de la hiérarchie des classes sociales. Le *ye* permet ainsi à chacun de reconnaître et d'accepter sa place dans la société, de distinguer dans la vie sa position par rapport à autrui.

> Si vous gouvernez le peuple par des lois, si vous maintenez l'ordre dans ses rangs par des châtiments, il s'enfuira loin de vous et perdra le respect de lui-même. Si vous le gouvernez par la force morale, si vous maintenez l'ordre dans ses rangs par les rites (caractéristiques du *Ye*), il gardera le respect de soi et il viendra vers vous de lui-même[5].

Chacun apprend à connaître les limites de son audience, de son influence, et se comporte en conséquence. En s'intégrant à la société, les jeunes trouvent des repères sécurisants. Les effets de ce système social communautaire et le poids des cultures et traditions ont, d'une certaine façon, modelé les comportements sociaux.

La morale confucéenne affirme que l'inégalité des hommes n'est pas naturelle et qu'en fait ils sont égaux par leurs capacités et leurs dons individuels. Elle reconnaît néanmoins une différence dans les degrés de moralité et de conscience.

Les traditions ancestrales ont enseigné aux Coréens à saisir l'harmonie, à dominer leurs instincts, leurs pulsions, et à refouler les forces de leur personnalité individuelle. Il en résulterait même, selon Paek Sang-Chang cité par Teissier du Cros, une disposition à la tristesse par un faisceau de sentiments et d'états émotifs où se mêlent regret, remords et désir de revanche. Ce « malaise psychologique », le *han*, lié à l'accumulation au cours des siècles de privations, de désirs réprimés, engendrerait, une fois libéré, des forces psychiques considérables. Le *han* se serait amplifié pendant l'occupation japonaise et « la population coréenne, normalement passive et fataliste, a commencé à résister ». Le dramatique démembrement de la Corée et la guerre fratricide entre la Corée du Sud et la Corée du Nord ont également modifié le *han* et ont fait naître dans la population « des sentiments ambivalents de haine et d'amour[6] ».

Le *taeguk* renvoie à un certain ordre du monde et de la société où la personne – ou l'individu – est secondaire par rapport au collectif. Ainsi,

---

5. Paroles de Confucius citées par Teissier du Cros (1990).
6. Paek Sang-Chang, cité par Teissier du Cros (1990).

l'individu s'efface devant la collectivité (la famille, l'école, l'entreprise) ; il veille à entretenir des relations harmonieuses et équilibrées. D'ailleurs, il est surprenant de constater que le mot *kaein*, qui signifie « personne » ou « individu », a une connotation péjorative. Il désigne un être isolé qui ne s'associe pas aux autres. Nous remarquons aussi que le mot « responsabilité », *ch'aegim*, ne singularise pas l'auteur d'un acte séparément de la hiérarchie ou du groupe. En fait, la responsabilité est perçue comme un engagement collectif.

Imprégnés de leurs référents culturels et fortement attachés aux valeurs familiales, les Sud-Coréens privilégient les prouesses de l'esprit, récompensées, valorisées, et considèrent par exemple les faits d'armes comme des prouesses de second ordre. Se servir de la force était et reste l'affaire des ignorants.

Teissier du Cros (1990) rappelle que le sentiment d'appartenance à une ethnie (les Hans, de tradition matriarcale), à une langue, une culture et une histoire a forgé l'identité sud-coréenne.

Sur un autre plan, le fonctionnement de la société sud-coréenne est marqué par le poids des liens de parenté et de camaraderie, souvent érigés en règle, parfois au détriment d'une certaine compétition. Le pouvoir d'une multitude de groupes de pression (liés à des jalousies régionalistes), voire de clans, prend de temps à autre des dimensions envahissantes et hégémoniques. Mais Teissier du Cros considère que c'est un moindre mal :

> Du moins, dit-il, l'université, l'entreprise y gagnent-elles en cohésion, en bonne entente et finalement en efficacité, d'autant que les critères de compétence et d'expérience s'y imposent progressivement, alors que le gain obtenu en Occident, grâce à une sélection plus objective, est souvent annulé faute de vues communes, de coordination, d'esprit d'équipe.

Il est vrai également qu'à Séoul et dans les grandes villes on rencontre de plus en plus de familles nucléaires et les solidarités claniques traditionnelles ont tendance à se fixer sur d'autres foyers de cohésion (comme les associations, les clubs d'anciens élèves).

- Les liens familiaux deviennent moins déterminants, sauf sur le plan de la propriété de l'entreprise. La famille reste une référence importante davantage symbolique que pratique ;
- Les réseaux (anciens élèves, originaires de la même localité, camarades de service militaire) jouent un rôle croissant dans les affaires et tendent à se substituer aux liens familiaux (Cazal 1991).

Cela paraît différent du Japon où les cohésions naissent et sont entretenues à l'intérieur et autour de l'entreprise. Mais ces éléments n'entament pas le fait que la société sud-coréenne est hiérarchisée tout en étant solidaire et « l'autorité » y est considérée comme étant « paternelle », bienveillante et « conférée » du fait des obligations du *ye*. « Ce qui a pu servir le développement des entreprises, c'est davantage la loyauté, le respect de l'autorité, le conformisme » (Cazal 1991).

L'ENSEIGNEMENT ET LE SYSTÈME DE FORMATION PROFESSIONNELLE

Le système d'enseignement en Corée du Sud est très sélectif. La fin de l'enseignement secondaire est la période la plus redoutée par les élèves et leur famille car on y prépare l'examen d'accès à l'université. C'est un moment capital pour le jeune étant donné que son classement au concours d'entrée va décider du choix de l'université et de sa carrière. Le taux de scolarisation au cycle secondaire est comparable à celui des pays développés occidentaux.

Au secondaire, l'enseignement met l'accent sur les sciences sociales et scientifiques, alors que les employeurs recherchent des diplômés ayant un acquis professionnel plus technique et technologique.

Au niveau supérieur, les inscriptions ont plus que triplé ces vingt dernières années, entraînant une augmentation des dépenses publiques consacrées à l'éducation (de 3,7 % du PNB en 1980 à 5,2 % en 1988). La Corée du Sud compte actuellement plus de 100 universités.

Les milieux d'affaires estiment que la formation actuelle ne répond pas correctement aux besoins de main-d'œuvre de l'économie. Cependant, malgré les critiques adressées au système d'enseignement et le fait que les parents s'intéressent surtout à l'obtention du diplôme, signe de promotion sociale, on a pu répondre aux besoins d'une trentaine d'années d'industrialisation effrénée.

N'oublions pas qu'à partir de 1970 la Corée du Sud est passée d'une situation d'excédent de main-d'œuvre peu qualifiée à une situation de relative pénurie. Les conséquences de ce plein emploi ont été, d'une part, l'augmentation rapide des taux de salaires réels pour ce type de main-d'œuvre et, d'autre part, la diminution de plus en plus marquée de l'intérêt des investisseurs étrangers pour les activités utilisant beaucoup de main-d'œuvre.

À ce phénomène s'est ajouté celui d'une forte concurrence de la demande d'emplois qualifiés. Il s'en est suivi une mobilité de la main-d'œuvre facilement transférable et débauchable d'une entreprise à l'autre.

Salomé et Charmes (1988) évaluent à 5 % le taux moyen mensuel de mobilité de la main-d'œuvre au début des années 1980 et ils estiment que ce taux a fortement baissé à la fin de la décennie (à titre de comparaison, ce taux est de 2 % au Japon et de 4 % aux États-Unis). Dans le domaine de la formation en général, les statistiques récentes de l'UNESCO montrent que de plus en plus d'étudiants suivent un enseignement scientifique et technique à l'université mais, dans l'ensemble, les entreprises ont atténué le déséquilibre entre l'offre et la demande de main-d'œuvre qualifiée en assurant des programmes de formation en cours d'emploi.

En 1974, une loi spéciale sur la formation professionnelle obligeait les entreprises de plus de 500 employés à former elles-mêmes au moins 15 % de leur main-d'œuvre:

> Pendant les premiers plans quinquennaux, la stratégie d'industrialisation par la promotion des exportations ne nécessitait pas une main-d'œuvre très qualifiée et avait accoutumé les employeurs à se reposer entièrement sur les institutions publiques d'enseignement pour satisfaire leurs besoins. Les employeurs semblent avoir considéré cette loi comme un abandon par l'État d'une de ses fonctions essentielles (Salomé et Charmes 1988, p. 49).

Depuis 1976, la loi fondamentale sur la formation professionnelle a été renforcée, obligeant les entreprises de plus de 300 personnes à dispenser une formation de base à la main-d'œuvre permanente. Ces mesures se sont étendues dès 1985 aux entreprises sud-coréennes exerçant leurs activités à l'étranger. L'une des dispositions de cette loi prévoit, en outre, que si l'entreprise forme un nombre de personnes inférieur au quota fixé annuellement par le ministère du Travail, elle doit verser à l'État une taxe compensatoire.

Selon les conclusions d'une étude menée auprès d'un large échantillon d'entreprises sud-coréennes, Salomé et Charmes (1988) estiment qu'entre 1967 et 1984 la formation en entreprise a produit plus de 59 % de la main-d'œuvre qualifiée; 29 % de la main-d'œuvre qualifiée a été prise en charge par les institutions publiques et seulement 11,7 % par les organisations habilitées (le milieu associatif, le secteur privé de formation à but lucratif). Ils observent, de plus, qu'une désaffection relative a été le fait des entreprises de taille réduite (voir le tableau 10-3). Peu nombreuses ont été les autres entreprises qui se sont déchargées de leur tâche de formation sur des structures externes, mais le nombre de celles qui ont préféré payer la taxe gouvernementale a augmenté.

À titre d'exemple, le *zaebol* Samsung consacre annuellement un budget de 20 millions de dollars pour la formation professionnelle et l'apprentissage. Au fronton de son centre de formation, on peut lire une inscription en chinois: « L'Homme d'abord ». Ses six centres pédagogiques accueillent en moyenne 75 000 travailleurs chaque année; la formation donnée est multidisciplinaire et une place prépondérante est accordée à l'enseignement de l'anglais et du japonais.

Les formateurs diffusent une philosophie dont les principes s'inspirent des valeurs suivantes:

- la créativité (l'esprit pionnier, la recherche de l'innovation);
- la moralité (la sincérité, la bonne conduite);
- le leadership (les qualités du chef, de celui qui donne l'exemple);

TABLEAU 10-3
La formation professionnelle en Corée du Sud (1977-1983)

Année	Formation interne		Formation interentreprise			Formation externe		Total	Taxe acquittée	
	Nombre de centres	Nombre de stagiaires	Nombre d'entre-prises	Nombre de centres	Nombre de stagiaires	Nombre d'entre-prises	Nombre de stagiaires	Effectifs formés	Nombre d'entre-prises	Équiva-lent de stagiaires
1977	536	49 146	105	22	7 757	32	1 836	58 739	410	11 190
1978	514	44 830	206	39	26 771	54	1 437	73 038	543	16 485
1979	544	70 998	145	31	18 470	34	1 524	90 992	652	28 806
1980	447	47 565	188	25	12 708	34	5 940	66 213	679	17 625
1981	361	34 909	118	27	12 846	6	651	48 406	785	19 988
1982	241	17 155	258	42	12 482	8	494	30 131	689	10 810
1983	140	19 983	231	32	10 147	11	830	30 960	803	6 144
1984	159	13 215	104	23	7 247	3	302	20 764	997	8 554

Source :   B. Salomé et J. Charmes (1988) *La formation en cours d'emploi : cinq expériences asiatiques*, Paris, OCDE, Études du Centre de développement.

– l'intégrité (la conscience professionnelle, la recherche de l'excellence) ;

– la coopération (le respect et l'assistance mutuels).

Une journée débute le matin à 5 h 30. Elle est entourée d'un important rituel : l'hymne national, le chant de l'entreprise et une période de *jogging* précèdent en effet l'enseignement proprement dit.

D'une manière générale, en Corée du Sud, les parents attachent une priorité absolue à la formation de leurs enfants. Cette caractéristique se retrouve d'ailleurs au Japon et dans plusieurs autres pays d'Asie. L'acquisition des connaissances est perçue comme un élément de promotion sociale et de prestige. Pour cela, les étudiants recherchent les universités de renom à Séoul ou à l'étranger. Teissier du Cros (1990) estime que, chaque année, plus de 500 étudiants sud-coréens poursuivent des études de deuxième cycle aux États-Unis et passent leur doctorat dans des universités comme l'université Harvard et le Massachusetts Institute of Technology.

L'arrivée sur le marché du travail des jeunes diplômés pose de plus en plus de problèmes aux pouvoirs publics. Alors qu'en 1980, 57,7 % d'entre eux trouvaient immédiatement un emploi en sortant de l'université, en 1986 ce taux a chuté à 38,3 %. En 1990, trois étudiants sur quatre ne dénichaient pas immédiatement un emploi.

Par ailleurs, le coût des études est élevé et il y a peu de bourses distribuées par les pouvoirs publics aux étudiants nécessiteux ; certains s'orientent alors vers l'académie militaire ou l'école normale, où les études sont gratuites.

Le Japon et les États-Unis offrent un nombre important de bourses aux étudiants sud-coréens méritants pour qu'ils poursuivent leurs études à l'étranger et 25 000 jeunes ont bénéficié de cette aide au cours des dernières années.

L'ÉCONOMIE ET L'ENTREPRISE

Ce n'est qu'à partir des années 1980 que les résultats spectaculaires de l'économie sud-coréenne ont inquiété les Occidentaux. Les Jeux olympiques de Séoul, en 1988, ont servi de catalyseur en propulsant la réussite sud-coréenne sur la scène internationale.

En 1930, la colonisation japonaise avait développé un embryon d'industrie légère, totalement intégré au réseau économique japonais (Blanc 1989). Mais après la guerre civile qui avait opposé la république du Nord et la Corée du Sud, la majorité des infrastructures et la machinerie installée par les Japonais étaient inutilisables. Sortie ruinée et affaiblie, la Corée du Sud a pu survivre en partie grâce à l'aide alimentaire et financière américaine.

En 1962, à la veille du premier plan quinquennal, le pays était très pauvre. L'agriculture avait souffert de la destruction massive des digues et des rizières et il y avait un important mouvement de retour de Coréens qui s'étaient expatriés ou qui avaient fui la guerre civile. Les matières premières et la main-d'œuvre qualifiée faisaient défaut.

Par contre, la Corée du Sud disposait d'une main-d'œuvre abondante, disciplinée, accoutumée à un bas niveau de vie, expérimentée dans les activités agricoles, ou ayant servi dans l'industrie japonaise pendant l'occupation.

Sans épargne nationale mobilisable, avec un marché intérieur extrêmement réduit à cause de la pauvreté et sans accès à ses marchés traditionnels (la Chine et le Japon), le pays se trouvait très démuni lors du lancement du premier plan quinquennal. L'armée, composée de 650 000 hommes en état d'alerte permanent (à cause des tensions avec la Corée du Nord), mobilisait les rares ressources disponibles.

Entre 1946 et 1960, la Corée du Sud a reçu une aide américaine dépassant les trois milliards de dollars, destinée principalement à soutenir l'armée, à financer les importations de surplus de blé américain et à acquérir des matières premières.

De 1953 à 1962, la croissance du PNB en termes réels a été de 4,1 % par année, puis son évolution a été exceptionnelle: 9,0 % entre 1962 et 1985, 12,5 % en 1986 et 12,0 % en 1987.

La croissance de la production industrielle a dépassé 20 % chaque année entre 1967 et 1976. Durant la période qui comprend les quatre plans quinquennaux, de 1961 à 1981, les exportations sud-coréennes ont été multipliées par 500 (en dollars constants). Déjà en 1976, la part des biens manufacturés représentait 92 % des exportations.

Le premier plan quinquennal (1962-1967) a donné la priorité aux «industries blanches»: la farine, le sucre et le coton. Le secteur de la construction, les petites usines textiles et d'autres activités de production semi-artisanales ont absorbé dès le début une main-d'œuvre à bon marché.

La brutale reprise en main du pays par l'armée avec, à sa tête, le général Parck en 1962 a constitué un coup d'accélérateur au processus de développement. L'une des mesures les plus significatives a été l'instauration d'une structure centralisée de planification, l'Economic Planning Board, chargée de définir les priorités et de superviser l'affectation des ressources. Ce superministère a établi des politiques de substitution aux importations et de développement des industries de base, ce qui n'est pas sans rappeler le fameux et puissant MITI (ministère de l'Industrie et du Commerce international japonais).

Pour sortir de la situation de dépendance vis-à-vis de l'aide extérieure et générer les devises nécessaires au développement, le Gouvernement s'est orienté par la suite, radicalement, vers les activités d'exportation auxquelles il a donné la priorité absolue.

Pour maximiser l'avantage comparatif des coûts très bas de la main-d'œuvre, l'exportation des produits textiles a été substituée en premier à celle des biens primaires. Leur part du PNB est passée de 2,4 % en 1962 à 38,3 % en 1987.

Cependant, la structure des exportations a profondément changé (voir le tableau 10-4): la part des biens manufacturés a augmenté de 129,6 % entre 1980 (6252 milliards de dollars) et 1990 (14 357 milliards de dollars); celle de l'électronique et de l'industrie lourde (la machinerie, les transports) a augmenté de 618,5 % entre 1980 (3,555 milliards) et 1990 (25,444 milliards).

TABLEAU 10-4
Les exportations et les importations sud-coréennes en 1985 et en 1989, et de 1992 à 1995

	1985	1989	1992	1993	1994	1995
Exportations (en milliards de dollars)	26,4	61,4	75,17	80,95	93,68	123,0
Importations (en milliards de dollars)	26,5	56,8	77,32	79,09	96,82	132,8

Source: Atlaseco (1997), p. 65.

Au cours du deuxième plan quinquennal (1967-1971), le Gouvernement a engagé une politique industrielle de promotion de l'industrie lourde et de «remontée des filières technologiques» en créant des pôles industriels. Citons ceux des industries pétrochimiques pour la production de biens intermédiaires, de fibres synthétiques destinées au secteur textile, ainsi que ceux des industries métallurgiques et sidérurgiques.

En 1970, ces activités représentaient 42,5 % de la valeur ajoutée industrielle. Le deuxième plan a été aussi celui des infrastructures lourdes (le réseau autoroutier, le rail, les zones aéroportuaires, les cimenteries, les raffineries, les barrages) et de l'accélération de l'industrialisation.

Le deuxième plan marque également la concrétisation d'une entente de coopération entre la junte militaire et le Japon dans le domaine du transfert de technologie (mise en œuvre des accords de 1965 entre Tōkyō et Séoul).

Limités au début à des activités de montage à partir d'éléments importés, les produits de la branche électronique, déclarés « priorités d'exportation », se sont particulièrement développés et diversifiés pendant cette période. Au cours des années 1980, la fabrication et l'exportation de composantes et de produits électroniques rivalisaient déjà avec celles des géants mondiaux de cette industrie.

Ce plan a aussi été celui de l'implantation des parcs industriels spécialisés : Ulsan, Yeochom, Koumi, Masan (sidérurgie, machinerie, pétrochimie, etc.).

Le troisième plan quinquennal (1971-1976) a renforcé la priorité accordée aux industries lourdes. La construction navale, par exemple, devient un fleuron de l'économie. Ce secteur se développe et s'adapte aux changements de la conjoncture mondiale. En quelques années, les capacités de construction sont doublées et, à partir de 1987, la Corée du Sud disputera au Japon le deuxième rang mondial.

Le secteur de la construction automobile, intégré à 90 %, subit une très forte croissance. En 1970, la capacité de production était de 300 000 véhicules ; en 1987, elle était de 700 000.

Le gouvernement sud-coréen a mis en place un comité interministériel spécialisé pour la promotion des industries stratégiques d'exportation. Le secteur d'exportation voit ses performances augmenter considérablement grâce à des activités de construction et de génie au Moyen-Orient, notamment dans les pays du golfe Persique.

Les parcs industriels de machinerie, de composants électroniques et de pièces d'automobiles se consolident pendant cette période avec le soutien actif du Japon, qui alloue à la Corée du Sud d'importantes aides gouvernementales.

Entre 1962 et 1992, les entreprises japonaises ont d'ailleurs investi en Corée du Sud 8,1 milliards de dollars, ce qui correspond à 48,2 % de l'ensemble des investissements étrangers.

Globalement, au cours des trois premiers plans quinquennaux entre 1962 et 1976, la croissance économique a été de 10 % par année en moyenne et celle des exportations, de 42 % par année. Nous présentons dans le tableau 10-5 la structure de la production manufacturière.

Avant de clore cette partie sur les étapes de l'industrialisation (le passage d'une industrie de substitution des importations à une industrie de

TABLEAU 10-5
La structure du PIB de la Corée du Sud par secteur (en pourcentage du PIB)

Secteur	1991	1992	1993	1994	1995
Agriculture, pêches et forêts	8,0	8,1	7,4	7,0	6,6
Mines	0,5	0,4	0,4	0,4	0,3
Manufactures	29,1	29,1	28,9	29,7	30,3
Construction	12,2	11,5	11,8	11,5	11,6
Électricité, carburant, eau	2,1	2,2	2,3	2,4	2,5
Hôtellerie-restauration, commerce de détail et de gros	12,8	12,8	12,6	12,7	12,6
Transport et communications	6,8	7,1	7,3	7,6	8,0
Finances et services d'affaires	15,4	16,2	17,2	17,6	17,3
Services gouvernementaux	6,9	6,8	6,6	6,3	5,8
Total (incluant divers)	100	100	100	100	100

Source : The Economist (1997), p. 41.

promotion des exportations) et les prouesses du décollage de l'économie sud-coréenne, essayons d'évaluer quelques facteurs de ce succès.

Tout d'abord, la disponibilité d'une main-d'œuvre abondante comportant des coûts salariaux faibles est une donnée incontournable, de même que l'importance des femmes ouvrières de l'électronique et du textile qui n'est surtout pas à négliger. Mais il faut signaler qu'au cours des années 1980 les fortes augmentations du salaire horaire dans l'industrie (accroissement moyen de 20 % par année) ont modifié la nature de la compétitivité sud-coréenne.

De plus, sur le plan des relations du travail, ce n'est que récemment que l'exercice du droit syndical s'est assoupli avec la levée des restrictions qui étaient imposées.

Malgré l'élargissement des libertés individuelles et bien que le droit de grève existe officiellement depuis la réforme constitutionnelle, dans les faits, le déclenchement d'une grève est soumis à des préalables réglementaires complexes qui lui enlèvent toute son efficacité. Par ailleurs, le taux de syndicalisation est assez faible : 20,3 % des travailleurs étaient syndiqués en 1963 et 21,7 % en 1991.

Un autre élément du succès économique de la Corée du Sud est sans conteste le dynamisme et la puissance des *zaebol*. Ceux-ci sont l'équivalent de *holding* ou *trust* financiers que contrôlent les groupes familiaux propriétaires par l'intermédiaire d'entreprises liées par des réseaux de participation croisée. Ces conglomérats, qui agissent dans une multitude de secteurs d'activités et dominent l'économie sud-coréenne, ont été les grands bénéficiaires des mesures d'encouragement et d'aide gouvernementale en inscrivant leurs activités dans les secteurs prioritaires.

Toutes les politiques économiques (l'implantation, la localisation industrielle, les conditions d'accès au crédit, la fiscalité, la tarification douanière) leur ont accordé, il est vrai, la préférence aux dépens des petites et moyennes entreprises. Sur le plan financier, par exemple, des crédits importants ont été octroyés aux industries d'exportation gérées par ces conglomérats (taux de change et intérêts bonifiés).

Si leur gigantisme leur a permis de rivaliser avec les plus grandes sociétés mondiales (et cela est toujours d'actualité), les *zaebol* font l'objet de critiques de la part des acteurs sociaux. On leur reproche d'avoir monopolisé les crédits en empêchant le développement des petites et moyennes entreprises, fragilisant ainsi le tissu économique. Mais nous y reviendrons plus en détail.

De son côté, le succès de la politique de développement rural a permis d'atteindre une autosuffisance en riz et en produits alimentaires. À l'inverse de nombreux pays d'Amérique latine ou d'Afrique, engagés dans des efforts de développement, l'agriculture n'a pas été marginalisée. Bien au contraire, en Corée du Sud, une symbolique particulière est rattachée au monde agricole qui a toujours été l'objet d'attentions dans les programmes de développement. Le riz a le premier rôle et, chaque année, bien que la mécanisation soit poussée, les opérations de repiquage regroupent un grand nombre de volontaires venus en renfort : des parents, des étudiants, des soldats, des fonctionnaires.

Dès les années 1950, les pouvoirs publics avaient engagé une réforme foncière de grande envergure dont le principe était la distribution des terres à ceux qui la travaillent. La taille moyenne des parcelles a été limitée à un hectare.

Les coûts de production des produits agricoles sont assez élevés et la balance agricole est déficitaire depuis quelques années (son solde était de − 6,66 milliards de dollars, soit 2,8 % du PNB, en 1990).

La part de la population active dans le secteur de l'agriculture diminue progressivement (42,3 % en 1977, contre 22,0 % en 1991). Ce phénomène est compensé par des gains de productivité. Les surfaces cultivées en riz couvrent 56 % des terres arables et le rendement des rizières est l'un des plus élevés du monde : 6463 kilos à l'hectare en 1991, la moyenne mondiale étant de 3581 kilos à l'hectare.

LE MANAGEMENT

La forte concentration économique des entreprises est l'une des caractéristiques des milieux d'affaires sud-coréens. Les *zaebol* ont un poids considérable, et peut-être même démesuré, dans le potentiel économique du pays.

Sans être directement le fruit du libre jeu de l'offre et de la demande (du moins au début du processus de décollage économique de la Corée du Sud), ces conglomérats ont été délibérément choisis par l'État pour constituer un noyau performant capable d'affronter les marchés mondiaux tout en bénéficiant de programmes spéciaux d'assistance et d'encouragement.

L'État – rarement entrepreneur – a presque toujours eu le rôle déterminant d'orienter, de suggérer, d'inciter ou de décourager, et de fixer les priorités dans le cadre des plans successifs, en

> [indiquant] aux chefs d'entreprises ce qu'il fallait faire et ce dont il fallait se garder [...]. Ce rôle paternel des pouvoirs publics, qui dérange les économies des écoles libérales et qui, il est vrai, va en s'estompant, est le reflet du système ancien et des traditions[7].

À l'image du Japon de l'après-guerre (situation d'un pays à l'état de ruine poussé à un élan réparateur), dans une économie où prévalait la morale confucéenne, qui se préoccupait sans cesse du bien de la nation et où les grandes entreprises étaient dirigées par des hommes d'affaires dévoués à l'État, ce type de développement était assurément possible (Morishima 1987).

Producteurs, assembleurs, négociants internationaux ou armateurs, les *zaebol* interviennent dans de multiples sphères de l'activité économique et ont une dimension internationale. Soutenus par leurs réseaux d'information dans le monde entier et par leurs propres maisons de commerce, ils rivalisent avec les géants mondiaux de l'industrie sur certains marchés réputés captifs. Pendant les années 1980, plus de la moitié des exportations sud-coréennes ont été le fait d'une dizaine de ces conglomérats.

Jusqu'en 1988, la politique gouvernementale – pragmatique mais aussi très partiale – n'avait délibérément favorisé que ce type d'entreprises avec la levée des restrictions à l'importation, l'accès direct au crédit, l'octroi de subventions à l'exportation et les dégrèvements fiscaux.

Mais les autres partenaires sociaux ont jusque-là considéré la politique fiscale comme une source d'injustice sociale. L'impôt sur l'immobilier, sur les revenus de la spéculation boursière ou sur la fortune en général était dérisoire par rapport à la stricte imposition sur les salaires à laquelle étaient assujettis 40 % des salariés.

D'une certaine manière, également, les alliances entre politiciens, technocrates et familles propriétaires des *zaebol* ont favorisé les réseaux d'allégeance et une certaine forme de corruption. Cela, néanmoins, ne semble pas avoir nui aux performances économiques de la Corée du Sud ou à l'amélioration très nette du niveau de vie de la population ainsi qu'à l'augmentation des classes moyennes disposant d'un pouvoir d'achat élevé.

Depuis août 1988, l'opposition parlementaire, devenue majoritaire au sein de l'Assemblée nationale à Séoul, a dénoncé plusieurs lacunes et malversations et a amené le Gouvernement à modifier divers aspects de sa politique (la révision de la fiscalité, la limitation de la grande propriété foncière spéculative, l'introduction de mesures de justice sociale, le soutien en faveur

---

7.   Teissier du Cros (1990), p. 232.

des défavorisés, la détermination d'un revenu minimum obligatoire, la création d'un régime de retraite et d'un régime d'assurance-maladie, etc.).

Au cours de leur expansion, les *zaebol* ont accumulé des flux financiers considérables. Cela leur a permis d'engager de nouveaux investissements en Corée du Sud et dans le monde. À la fin de 1990, les investissements sud-coréens à l'étranger, localisés surtout en Asie et aux États-Unis, étaient évalués à 2,5 milliards de dollars ; en 1986, ils ne représentaient que 157 millions de dollars.

La manne financière a permis d'augmenter les salaires (les coûts salariaux ont doublé entre 1987 et 1990) et aussi d'acquérir des biens mobiliers et immobiliers. Cette situation a généré une spéculation foncière, suivie d'une hausse importante des prix de l'immobilier.

En 1990, 54 % de la production industrielle et 70 % des exportations du pays étaient assurés par les 10 plus importants *zaebol*. Ils se classent dans le groupe des plus grandes entreprises du monde (10 sont classées dans le groupe des 100 premières).

Comparativement aux *zaebol*, les petites et moyennes entreprises, très nombreuses, réalisaient de 37 % à 40 % de la production nationale en 1987. Bon nombre d'entre elles sont des affaires familiales qui se sont développées progressivement, certaines avec la collaboration des *zaebol* dont elles deviennent des ramifications. Elles gravitent autour des gros pôles industriels décentralisés ou s'installent dans des zones d'activité au cœur et à la périphérie des grands centres urbains. Elles sont de plus en plus souvent dirigées par de jeunes chefs d'entreprise très qualifiés, diplômés, qui succèdent à la génération de leurs parents.

Ces petites et moyennes entreprises sont, à 98 %, des entreprises manufacturières dont plus de la moitié sont directement intégrées aux *zaebol*. Ces PME, qui ont un statut de « sous-assembliers » ou de producteurs, ont de ce fait, pour la plupart, des relations quasi exclusives, complexes et multidimensionnelles avec leur *zaebol*.

Ce schéma de relations entre le *zaebol* et ses sous-traitants a de multiples analogies avec l'exemple du Japon que Masayoshi Ikeda[8] présente dans son article sur les « Trajectoires d'évolution de la sous-traitance japonaise ». En effet, comme au Japon, une grande proportion des petites et moyennes entreprises sud-coréennes, qui emploient de 100 à 200 personnes, sont équipées de machines spécifiques entièrement adaptées à l'usinage, au montage d'une gamme déterminée de pièces pour un seul client final.

De la même façon que les *zaibatsu*, les *zaebol* organisent des associations de sous-traitants (de 50 à 100 entreprises membres) de premier niveau avec

---

8.   Ikeda (1991), p. 135-147.

lesquelles ils ont un contrat direct. Ce système facilite les échanges d'information et favorise le partenariat dans la recherche de solutions communes.

Par ailleurs, la systématisation des méthodes d'amélioration continue de la performance des systèmes de production (*kanban*, *just-in-time*) a eu pour effet de renforcer la coordination et l'articulation entre l'entreprise dirigeante, le *zaebol*, et ses sous-traitants, les petites et moyennes entreprises.

Il faut observer que les petites et moyennes entreprises sud-coréennes évoluent, sur le plan technologique principalement, grâce à la révision systématique de leurs connaissances en tirant profit du savoir-faire des représentants de l'entreprise principale (ce personnel technique, fréquemment détaché dans les chaînes de production ou d'assemblage du sous-traitant, est d'ailleurs directement responsable des performances à atteindre).

Compte tenu de la réduction du cycle de vie des produits sur les marchés mondiaux, les *zaebol* ont modifié les régimes de production de masse en les transformant en une production plus diversifiée de moyennes séries. Cela a contribué à raffermir les relations avec la sous-traitance.

Les grandes entreprises ont des formes d'organisation qui paraissent fortement hiérarchisées. Les décisions sont en général prises au sommet de manière unilatérale et imposées aux cadres intermédiaires (Chung 1993). Ici, il faut cependant comprendre le contexte culturel d'un système hérité du confucianisme où l'autorité supérieure n'est pas ressentie comme étant oppressive, mais comme étant légitime et «alliée». Toutefois, le système japonais du *nemawashi*, où les décisions émanent d'une sorte de consensus, est inconnu en Corée du Sud.

Les mécanismes décisionnels sont assez complexes et l'état-major de direction est lui-même fortement structuré :

– le président du groupe : *hoejang* ;
– le vice-président du groupe : *buhoejang* ;
– le président d'une société dans le conglomérat : *sajang* ;
– le vice-président du conglomérat : *busajang* ;
– le directeur général : *jonnemou* ;
– le directeur : *sangmou* ;
– le directeur-cadre : *isa*.

Les *zaebol* sont la propriété de familles très proches des *lobbies* politiques et financiers. Pour stabiliser et renforcer les relations, il est fréquent que les parties organisent des mariages (Chung 1993). L'existence de ces réseaux d'alliances est considérée, par plusieurs auteurs, comme la réapparition de certaines formes d'obligations claniques (Morishima, Chung, Teissier du Cros), voire, par analogie avec le Japon, d'«obligations féodales» des descendants des familles seigneuriales.

Le plus souvent, les membres des familles dirigent et contrôlent directement l'entreprise. Lorsque celle-ci est de taille moyenne, les propriétaires participent à la gestion et assurent eux-mêmes le management quotidien. C'est le cas de la société Hanzing dont les membres de la famille propriétaire sont les dirigeants des sociétés du groupe ; il s'agit là d'un contrôle direct.

Si le groupe a une taille plus importante, la famille propriétaire intervient par un contrôle indirect. Ce contrôle s'opère grâce à une structure centrale équivalente à l'état-major d'un *holding*. Les postes clés (la direction générale et la direction de la planification) sont réservés, en général, aux membres de la famille et à leurs alliés. Mais les autres centres de décision sont partiellement accessibles aux cadres supérieurs venus principalement de la haute administration publique, de l'armée ou des universités de prestige comme Seoul National, Yonsei, Koryo ou Sogang.

L'un des plus importants *zaebol*, le groupe Daewoo, est organisé de cette façon. La direction des systèmes de gestion et des capitaux est concentrée dans une société intermédiaire – Daewoo Shirup Ltd. – qui coordonne et supervise une multitude d'autres entreprises membres du conglomérat.

Une troisième forme de contrôle indirect des propriétaires s'opère dans le cas d'organisations aux ramifications complexes. Les membres de la famille propriétaire du *zaebol* se retrouvent en général dans deux centres de décision distincts. L'un est constitué par une société centrale, dont la structure est équivalente à celle du *holding* dont nous avons déjà parlé, et l'autre a des pouvoirs tout aussi importants, mais il agit surtout d'après un plan philanthropique et s'identifie à une fondation à but non lucratif. Ces deux structures sont complémentaires et interviennent directement dans la gestion de la multitude d'entreprises qu'elles supervisent.

Dans une récente étude portant sur 41 *zaebol* parmi les plus importants, Chung (1993) pose le problème du manque d'intégration entre les fonctions de production et de planification. Il constate un isolement entre les centres de planification stratégique et les centres de production qui, selon lui, prennent peu d'initiatives et sont peu créatifs. Un autre aspect de l'étude a porté sur la propriété du capital dans chacun des *zaebol*. La part du capital sous le contrôle d'une seule famille est élevée, atteignant 33 % en moyenne, comme dans le cas de Goldstar (20,6 %), Daewoo (41,8 %), Samsung (33,8 %), Hyundai (41,9 %) et Hanjin (36,3 %).

En matière de recrutement des cadres, les *zaebol* privilégient certaines sources. Pour la période s'étendant de 1962 à 1978, les sources de recrutement les plus souvent citées ont été :

1. La fonction publique	23,0 %
2. Le secteur financier	12,5 %
3. Le secteur public	9,9 %
4. Le secteur politique	8,0 %
5. Les médias	7,4 %

6. Les universités	5,8 %
7. L'armée	5,2 %
8. Autres	28,2 %
Total	100,0 %

Cette politique d'embauche très élitiste crée une discrimination salariale, d'une part entre les diplômés issus d'universités différentes, d'autre part entre la haute direction et les cadres intermédiaires.

Notons aussi le degré de mobilité du personnel qui, à l'opposé du Japon, est assez élevé en Corée du Sud.

D'autres enquêtes, effectuées par Jackson (1990), présentent quelques forces et faiblesses de l'entreprise sud-coréenne. Il recense en particulier les points forts suivants :

— une main-d'œuvre lettrée et très bien formée (par l'État et l'entreprise) ;

— la persévérance au travail et le sens de l'effort ;

— l'aptitude à saisir les occasions d'affaires ;

— un certain goût du risque allié à un sens remarqué du leadership (l'auteur cite le cas de la société sud-coréenne Samsung qui a décidé de pénétrer le marché des semi-conducteurs avec sa propre « puce », juste avant la pire récession du secteur de l'électronique en 1984 ; l'entreprise a injecté 150 milliards de dollars en 18 mois et est aujourd'hui un leader incontesté sur le marché mondial) ;

— la solidité financière des *zaebol* : de très gros mouvements de l'encaisse ont pu être générés par des activités porteuses, finançant ainsi les pertes d'autres divisions du groupe, y compris celles de petites et moyennes entreprises associées en sous-traitance.

Jackson précise aussi les points faibles qui suivent :

— la rigidité des systèmes de gestion ;

— la lenteur dans la prise de décision ;

— la longueur des journées de travail (en moyenne 12 heures, et même parfois au-delà) ;

— la trop grande diversité des activités : les *zaebol* se lancent dans toutes sortes d'activités sans toujours se soucier de leur bien-fondé ; l'auteur voit là une vanité exacerbée des fondateurs (« Ils veulent être partout ») et peut-être la nécessité de réduire les risques que le Gouvernement gèle l'accès à de nouveaux secteurs.

Il faut observer que la plupart des entreprises assurent une formation interne à leur personnel. Il s'agit d'une formation professionnelle à prédominance technique, de même que d'un enseignement général incluant les langues et la culture générale. Cette formation interne, perçue comme un investissement à long terme, sert à améliorer les qualifications et favorise le renforcement de l'esprit d'équipe et l'aptitude à la sociabilité. Elle représente une voie privilégiée pour le développement de carrière et la promotion.

Le système de rémunération et les modes d'intéressement comme complément du salaire sont à peu près les mêmes dans les divers conglomérats du pays. Depuis une dizaine d'années, les salaires ont fortement augmenté sous la pression des associations professionnelles et syndicales, mais l'échelle des salaires et la pyramide des revenus restent très déséquilibrées. Sur ce point, il est difficile de comparer la situation qui existe en Corée du Sud avec les traditions de réelle harmonie et d'équité que l'on observe au Japon, en Allemagne ou en Suède.

Chung (1993) fait remarquer que les cadres supérieurs sud-coréens ont des salaires disproportionnés, sans compter toute une gamme d'avantages en nature. Leur lien, souvent direct (parents ou alliés), avec les propriétaires de l'entreprise et leur statut antérieur (membre de la haute fonction publique, de la finance, de l'armée) favorisent l'obtention de multiples faveurs. Ces hauts revenus ont permis de nombreux placements fonciers spéculatifs et ont généré une consommation effrénée de produits de luxe, importés pour la plupart.

Quant aux profits mirobolants accumulés par les *zaebol*, ils ont largement été réinvestis dans les pays de la région de l'Asie du Pacifique (notamment dans les pays de l'ASEAN) et en Corée du Sud. Ils ont également alimenté la spéculation foncière, à Séoul particulièrement, et la spéculation sur le marché boursier.

Mais cela n'enlève rien au fait que les travailleurs soient soutenus et « protégés » de manière quasi paternelle par l'entreprise qui les emploie. Les employés bénéficient, en plus du salaire, de primes mensuelles et annuelles directement en rapport avec leurs performances individuelles et celles de leur groupe. Les stimulants financiers s'accompagnent de diverses formes d'aide comme l'aide au logement (émission télévisée *Géopolis*, 1993), l'octroi de prêts, la distribution de bourses d'études pour les enfants (méritants) du personnel.

Sur le plan social, l'entreprise est également présente au sein d'organisations à caractère philanthropique et son soutien aux œuvres du personnel est loin d'être négligeable.

Pendant longtemps, les gouvernements qui se sont succédé en Corée du Sud ont maintenu le pays sous surveillance, avec un régime de restriction des libertés individuelles. Le mouvement syndical était donc interdit et le droit de grève n'existait pas. Mais au cours des années 1980, il y a eu un retour progressif aux libertés démocratiques.

LA RECHERCHE ET LE DÉVELOPPEMENT : UNE POLITIQUE SOUTENUE D'INNOVATION

Pendant les années 1980, face à la récession du marché mondial, aux contrecoups de la crise pétrolière et à la montée des protectionnismes, le gouvernement sud-coréen a décidé de promouvoir la recherche et d'encourager les gains de productivité.

Dans le domaine de la recherche fondamentale et expérimentale, les *zaebol* ont concentré leurs efforts sur un certain nombre de secteurs bien définis, comme l'électronique, l'automobile, la chimie et l'industrie lourde. Ainsi, les investissements en R et D programmés en 1993 étaient très ambitieux. Samsung a annoncé un investissement record de 3800 milliards de wons (1 $ US égale 791,10 W), soit une augmentation de 8 % par rapport à 1992 ; Hyundai, un investissement de 2600 milliards de wons, soit une augmentation de 28,1 % par rapport à 1992, et Daewoo s'est dotée d'un budget spécial de 1950 milliards de wons (*Le Courrier de la Corée*, 30 janvier 1993).

De son côté, l'État soutient les activités de recherche. Pendant la durée du cinquième plan quinquennal (1982-1986), la contribution financière pour le secteur prioritaire de l'électronique a été évaluée à 186 millions de dollars (Lorot et Schwob 1986). Chung (1993) évalue à 3 % du PNB le montant global des investissements en R et D pour l'année 1990 avec un personnel scientifique potentiel de 58 000 personnes. Les prévisions à l'horizon 2000 situent ce taux à 5 % du PNB pour 150 000 scientifiques affectés à ce secteur.

Les programmes de coopération scientifique et technologique inscrits dans les nouvelles orientations en matière de R et D porteront sur des domaines aussi variés que l'industrie aérospatiale, le génie maritime, les biotechnologies, la chimie, l'informatique, les énergies nouvelles, les matériaux nouveaux, les technologies du bien-être, etc.

À l'évidence, ces données effacent certaines idées reçues qui ont eu cours il y a encore quelques années et qui, par ignorance peut-être, attribuent à certains produits sud-coréens une valeur de pacotille. Comme le signalent si justement Lorot et Schwob (1986) : « Sait-on que la Corée du Sud est le troisième producteur mondial, après les États-Unis et le Japon, des puces d'ordinateurs les plus performantes ? »

CONCLUSION

La réussite du décollage économique et du processus d'industrialisation en Corée du Sud pourrait s'expliquer par l'importance initiale de la base agricole du pays (Maurer et Regnier 1989), le rôle primordial de l'État et les attitudes des populations confucianistes à l'égard du travail, de la solidarité sociale, de l'éducation et de l'acquisition des connaissances.

Les petites paysanneries micro-parcellaires, qui avaient une tradition séculaire de la maîtrise hydraulique et de l'agriculture intensive qui lui est liée, ont véhiculé les valeurs et les traditions rurales de la vieille civilisation asiatique de la riziculture.

Omniprésente, l'administration publique a été la grande organisatrice du gigantesque effort de développement et d'industrialisation en Corée du Sud. Ses priorités d'action se sont portées sur la modernisation de l'agriculture traditionnelle et la diversification économique du milieu rural. L'une des premières mesures de l'après-guerre a d'ailleurs été la réforme agraire.

Maurer et Regnier (1989) résument ainsi l'enclenchement du processus : soutenue par l'État, la petite paysannerie familiale, autosuffisante, relativement homogène, diversifie ses activités économiques dans le domaine de l'artisanat et des petites industries rurales, du transport, du commerce. Accroissant sa mobilité géographique et sociale grâce à l'accès à l'éducation et à la formation professionnelle mise en place par l'administration, elle rejoint progressivement le secteur industriel moderne.

Les difficiles conditions d'accession à l'indépendance de la Corée du Sud et les épisodes violents de son histoire pourraient expliquer partiellement l'existence d'un État puissant et dirigiste comme garantie de la stabilité politique et sociale. Chargé d'organiser et de « forcer » au besoin un processus de modernisation et de changement social de grande ampleur, l'État centralisé et autoritaire, s'appuyant sur l'armée, la haute fonction publique et certains milieux d'affaires, a défini les priorités, affecté les ressources et abouti à un développement économique pour le plus grand nombre.

Nos propos se limitent ici à constater les effets de politiques interventionnistes sur un pays passé, en trente ans, d'un état de sous-développement à une situation de relative prospérité pour la population, sans pour autant cautionner les terribles excès de la « période des généraux ». Mais la Corée du Sud diffère totalement de nombre de régimes autoritaires semblables dans le monde où la dictature va de pair avec la misère.

Par ailleurs, le chemin de la « démocratie politique », c'est aussi « la démocratie du ventre » et la Corée du Sud, malgré des accidents de parcours certes regrettables, paraît suivre une voie que bien des pays « en phase d'industrialisation » lui envient.

On constate ainsi que le remarquable développement de la Corée du Sud n'est nullement le résultat d'un laisser-faire complet. Le dirigisme économique s'est accompagné d'un recours sélectif à certaines forces du marché. Empreint de pragmatisme, le gouvernement sud-coréen, et notamment le tout-puissant ministère de la Planification (dont le titulaire a rang de vice-premier ministre), a privilégié des choix flexibles, selon des objectifs prioritaires, et a adapté ses stratégies aux étapes du développement industriel. De ce fait, l'« ordre » social n'a pas servi à libérer de manière débridée les forces du marché mais à mobiliser l'épargne des ménages, à canaliser l'investissement étranger et à soutenir un puissant secteur industriel.

Les pouvoirs publics ont modelé profondément l'espace économique et social de la Corée du Sud, et rien ne serait plus abusif que de mettre les succès enregistrés en matière de développement au crédit d'un libéralisme pur et dur, aussi avancé fût-il.

De plus en plus soumise à des pressions monétaires et protectionnistes de la part des États-Unis et de l'Europe, la Corée du Sud (comme le Japon et les autres nouveaux pays industrialisés) a amorcé depuis 1988 un redéploiement de ses activités en les recentrant sur la sphère Asie du Pacifique.

De récentes estimations du Fonds monétaire international prédisaient que le taux de croissance de la Corée du Sud se maintiendrait, malgré la récession, aux alentours de 6,8 % en 1993, alors qu'au niveau mondial il ne saurait dépasser 2,3 %.

La réduction des augmentations salariales, l'accroissement des investissements et des efforts d'exportation ont déjà permis une réduction du déficit commercial de 9,65 milliards de dollars en 1991 à 4,92 milliards en 1992. La production à l'étranger des entreprises sud-coréennes, favorisées par diverses politiques de délocalisation de l'investissement, s'est également améliorée, passant de 2,26 milliards en 1991 à plus de 3 milliards en 1992.

ANNEXE 10-1
LA PART DE LA CORÉE DU SUD DANS LE COMMERCE MONDIAL EN 1994

Exportations

Pays	Valeur (en milliards de dollars)	En pourcentage
États-Unis	512	12,6
Allemagne	422	10,4
Japon	397	9,8
France	236	5,8
Royaume-Uni	205	5,0
Italie	189	4,7
Canada	166	4,1
Hong-Kong	152	3,7
Pays-Bas	149	3,5
Belgique–Luxembourg	131	3,2
Chine	121	3,0
Singapour	96	2,4
Corée du Sud	96	2,4
Taiwan	93	2,3
Espagne	73	1,8
Suisse	70	1,7
Mexique	60	1,5
Suède	60	1,5
Malaisie	59	1,5
Russie	48	1,2
TOTAL	3 335	82,1
MONDE	4 060	100

Importations

Pays	Valeur (en milliards de dollars)	En pourcentage
États-Unis	689	16,4
Allemagne	376	9,0
Japon	275	6,5
France	229	5,5
Royaume-Uni	227	5,5
Italie	166	4,0
Hong-Kong	163	3,9
Canada	156	3,7
Pays-Bas	140	3,3
Belgique–Luxembourg	125	3,0
Chine	116	2,8
Singapour	102	2,4
Corée du Sud	102	2,4
Espagne	93	2,2
Taiwan	85	2,0
Mexique	80	1,9
Suisse	68	1,6
Malaisie	59	1,4
Suède	51	1,2
Russie	36	0,9
TOTAL	3 338	79,6
MONDE	4 196	100

Source : *The World Competitiveness Report Yearbook* (1995).

ANNEXE 10-2
LE CLASSEMENT DES PRINCIPAUX *ZAEBOL* SELON LE CHIFFRE D'AFFAIRES ET LE BÉNÉFICE, L'EMPLOI ET LE NOMBRE DE SOCIÉTÉS QUI LES COMPOSENT (EN 1990)

Société	Chiffre d'affaires (en milliards de dollars)	Bénéfice (en milliards de dollars)	Emploi	Nombre de sociétés
Samsung	35,6	0,348	180 000	31
Hyundai	31,8	0,445	167 000	43
Lucky-Goldstar	22,8	0,308	100 000	46
Daewoo	15,8	0,217	102 000	25
Sunkyong	10,6	0,090	30 000	13
Sanyong	7,2	0,160	20 000	16

Source : Chung (1993).

LES IDÉES IMPORTANTES

SUR LA CORÉE DU SUD

La société

La Corée du Sud est une société fortement hiérarchisée, dont le tissu social est composé par des valeurs communautaires et une grande solidarité. Toute forme d'autorité s'accompagne d'un rôle paternaliste et bienveillant et d'obligations liées à cette position. Ces traits caractérisent les interventions de l'État qui possède un rôle central sur les plans social et économique. Ce rôle particulier est le fruit du développement historique et de la tradition sud-coréens. L'enseignement et la formation sont des dimensions clés du développement de cette société.

✗ Questions

1. Quels facteurs historiques ont favorisé le développement soutenu de l'économie sud-coréenne ?
2. Quelle est l'orientation particulière donnée aux programmes de formation ?
3. Pour quelles raisons l'État est-il considéré comme un acteur clé dans cette économie ?

L'entreprise

Il existe une forte concentration économique des entreprises en Corée du Sud. Les grandes entreprises, qui sont aussi très hiérarchisées, reposent sur des mécanismes décisionnels complexes, les décisions importantes étant concentrées au sommet. La main-d'œuvre, disciplinée et abondante, reçoit un solide apprentissage et une bonne formation conformément aux lois en vigueur. Ce sont les programmes de coopération scientifique, de partenariat entre les petites, moyennes et grosses entreprises ainsi que les réseaux d'alliances entre les domaines politique, financier et organisationnel qui forment la trame des activités économiques en Corée du Sud.

✗ Questions

1. Quelles sont les forces et les faiblesses de l'entreprise sud-coréenne ?
2. Quelles sont les principales différences entre le mode de fonctionnement des entreprises sud-coréennes et japonaises ?
3. Quel est le rôle des syndicats dans l'économie de la Corée du Sud ?

Bibliographie de la section I

ALBERT, M. (1991) *Capitalisme contre capitalisme*, Paris, Éditions du Seuil.

ALLAIRE, Y. et M. FIRSIROTU (1989) « Les racines de l'innovation. Le système japonais et l'expérience américaine », *Gérer et comprendre*, n° 17, décembre, p. 62-72.

ARCHIER, G. et H. SÉRIEYX (1984) *L'entreprise du troisième type*, Paris, Éditions du Seuil.

ATLASECO, *Atlas économique mondial*, années 1990, 1991, 1992, 1993, Paris, Éditions du Sérail.

ATLASECO, *Atlas économique mondial*, année 1997, Paris, Éditions O.C.

BEHR, E. (1989) *Hiro-Hito*, Paris, Robert Laffont.

BELLON, B. et J. NIOSI (1987) *L'industrie américaine, fin du siècle*, Montréal, Boréal.

BERNIER, B. (1988) *Capitalisme, société et culture au Japon : aux origines de l'industrialisation*, Montréal, Presses de l'Université de Montréal.

BIRAT, J.-P. (1991) *Réussir en affaires avec les Japonais* (« Comprendre la mentalité japonaise, l'entreprise japonaise et ses rites »), Paris, Éditions du Moniteur.

BLANC, M. (1989) « La Corée du Sud », *in La nouvelle Asie industrielle : enjeux, stratégies et perspectives*, Paris, PUF, publication de l'Institut universitaire des hautes études internationales de Genève.

BOSCHE, M. (1987) « Corée-France : au-delà du langage international des affaires », *Revue française de gestion*, n° 64, septembre-octobre, p. 83-90.

BOSCHE, M. (1991) « Stéréotypes culturels d'hommes d'affaires : deux visions de la Corée », *Intercultures*, n° 12, p. 57-68.

BRAUDEL, F. (1980) *Civilisation matérielle, économie et capitalisme, les jeux de l'échange*, Paris, Armand Colin, 3 tomes.

BRAUDEL, F. (1985) *La dynamique du capitalisme*, Paris, Arthaud.

BRAVERMAN, H. (1976) *Travail et capitalisme monopoliste*, Paris, Maspero.

CARLZON, J. (1986) *Renversons la pyramide !*, Paris, InterÉditions.

CAZAL, D. (1990) « Corée : recrutement et affinités », *Ressources humaines*, n° 21.

CAZAL, D. (1991) « Communautarisme en Corée et au Japon : le réseau et l'arbre », *Intercultures*, n° 13, avril, p. 87-96.

CAZAL, D. (1992) « Visage, communication interculturelle et éthique : l'exemple de la Corée », *Intercultures*, n° 17, avril.

CAZAL, D. (1993) *Stéréotypes interculturels : une approche constructiviste appliquée à la Corée*, Marseille, Groupe EIA.

CAZAL, D. (1994) « Éthique et management interculturel : le cas du confucianisme d'entreprise », *in* M. Bosche, *Le management interculturel s'apprend-il ?*, Paris, Nathan.

CENTRE DE PROSPECTIVE ET D'ÉTUDES (CPE) [1986] *L'acquisition de technologies étrangères par le Japon*, numéro hors série, avril, Paris, ministère de la Recherche et de la Technologie.

CHANG, C.Y. (1980) *Confucianism : A Modern Interpretation*, The HWA Kang Press.

CHAPONNIÈRE, J.-R. (1982) « La république de Corée : un nouveau pays industriel », *Notes et études documentaires*, Paris, La Documentation française, n°s 4667-4668.

CHOURAK, M. (1990) « La Corée du Sud à la conquête de l'URSS et de l'Europe Centrale », *Le Courrier des pays de l'Est*, Paris, La Documentation française, *Notes et études documentaires*, n° 347.

CHUNG, J. (1993) Conférence sur la « Démystification du miracle économique coréen », Montréal, Centre d'études de l'Asie de l'Est, Université de Montréal, 18 février.

CHUNG, J. et S. BUCKLEY (1993) *Séminaire : facteurs économiques et négociations en Corée*, Montréal, Fondation Asie Pacifique du Canada, 4 mars.

CHUNG, S.W. (1978) «Administration et développement : le cas Sud-Coréen», *Revue française d'administration publique*, nᵒ 7, juillet-septembre.

CLAIRMONTE, F. et J. CAVANAGH (1986) «Comment le tiers-monde finance les pays riches», *Le Monde diplomatique*, septembre, p. 14.

COURDY, J.-C. (1979) *Les Japonais, la vie de tous les jours dans l'empire du Soleil Levant*, Paris, Belfond.

COURRIER DE LA CORÉE (LE), publications des années 1990 à 1993.

CROCKER, O., C. CHARNEY et J. LEUNG CHIU (1991) *Guide pratique des cercles de qualité : l'expérience des États-Unis et du Japon au service des entreprises françaises*, Paris, Eyrolles.

DAWSON, M.M. (1915) *The Ethics of Confucius*, New York, G.P. Puman's Sons.

DEMING, W.E. (1987) «Pourquoi sommes-nous si mauvais ?», *Revue Commerce*, vol. 88, nᵒ 10, octobre, p. 109-117.

DEVOIR (LE) [1990], numéros des 16, 17, 18 et 19 janvier.

DONNET, P.A. (1991) *Le Japon achète le monde*, Paris, Éditions du Seuil.

EALEY, L. (1990) *Les méthodes taguchi dans l'industrie occidentale : accroître la qualité en diminuant les coûts*, Paris, Éditions d'Organisation.

ECONOMIST (THE) [1997], *Country Profile : South Korea, 1996-1997*.

ECONOMIST INTELLIGENCE UNIT (THE), *World Outlook 1992, South Korea*.

ÉTAT DU MONDE (L') 1990, 1991, 1992, 1993, Montréal-Paris, Boréal-La Découverte.

ÉTIEMBLE (1966) *Confucius*, Paris, Gallimard.

EXPRESS (L') [1987] «Spécial Japon : les maîtres du monde», nᵒ 1899, du 27 novembre au 3 décembre.

FAR EASTERN ECONOMIC REVIEW, Annuaire Asia Yearbook 1991, Hong-Kong.

FARAMOND, G. de (1988) «Les pièges du consensus», *Ressources humaines*, nᵒ 10, janvier, p. 30-32.

FOUCOUNAU, D. (1991) «Corée, État divisé», *Relations internationales et stratégiques*, Paris, IRIS/Stock, nᵒ 1.

GÉOPOLIS, émission télévisée consacrée à la Corée du Sud, Paris, France 2, septembre 1993.

GIRAUD, P.N. et M. GODET (1987) *Radioscopie du Japon*, Paris, Economica.

GOW, Y. (1990) «Systèmes d'enseignement, formation et perfectionnement dans l'entreprise : le Japon», *in* C. Handy, C. Gordon, Y. Gow et C. Randlesome, *Formation : managers*, Paris, Eyrolles.

HAMILTON, C. (1986) *Capitalist Industrialization in Korea*, Londres, Westview Press, Praeger.

HEALEY, D. (1991) *Les exportations japonaises de capitaux et le développement économique de l'Asie*, Paris, OCDE, Études du Centre de développement.

HOFSTEDE, G. (1980a) *Culture's Consequences : International Differences in Work-Related Values*, Beverley Hills, Sage Publications.

HOFSTEDE, G. (1980b) «Motivation, Leadership, and Organization : Do American Theories Apply Abroad ?», *Organizational Dynamics*, été, p. 42-63.

HOLEINDRE, R. (1983) *L'Asie en marche (Japon, Corée du Sud, Taiwan, Hong-Kong, Singapour)*, Paris, Robert Laffont.

IKEDA, M. (1991) «Trajectoires d'évolution de la sous-traitance japonaise», *Sociologie du travail*, nᵒ 1/91, Dunod.

IMANO, K. et S. DAVIS (1991) «La recherche-développement et la formation des chercheurs et ingénieurs au Japon», *Sociologie du travail*, nᵒ 1/91, Paris, Dunod.

INAGAMI, T. (1991) «Tendances récentes du système japonais de relations industrielles : néo-corporatisme et nouvelle identité syndicale», *Sociologie du travail*, nᵒ 1/91, Paris, Dunod.

INOHARA, H. (1991) *Ressources humaines dans les entreprises japonaises*, Paris, Eyrolles.

INSTITUT DE RECHERCHE ÉCONOMIQUE ET DE PLANIFICATION DU DÉVELOP-PEMENT (1987) *La république de Corée: concurrent ou nouveau partenaire?*, Grenoble, Cahiers IREP-D, n° 11.

ITO, I. (1991) « Les mouvements du personnel comme vecteurs des transferts de technologie et de la compétitivité des entreprises japonaises », *Sociologie du travail*, n° 1/91, Paris, Dunod.

IWATAR, R. (1982) *Japanese-Style Management*, Tōkyō, Asian Productivity Organization.

JACKSON, T. (1990) Articles sur la Corée du Sud dans *The Economist*, 18 août 1990, publiés par *Problèmes économiques*, n° 2215, 6 mars 1991.

KEIZAI KOHO CENTER (1989) *Japan 1989, An International Comparison*, Tokyo.

KÉLADA, J. (1986) « Le phénomène japonais: historique et évolution », *in* J. Nollet, J. Kélada et M.O. Diorio, *La gestion des opérations et de la production*, Chicoutimi, Gaëtan Morin Éditeur, p. 692-698.

KÉLADA, J. (1990) *Pour une qualité totale*, Dorval, Éditions Quafec.

KIM DONG KI (1988) « Corée: management et éthique professionnelle », *Harvard-L'Expansion*, n° 50, automne, p. 110-115.

KITAMURA, K. (1991) « L'avenir de l'enseignement supérieur au Japon », *Sociologie du travail*, n° 1/91, Paris, Dunod.

KOIKE, K. (1991) « Le développement professionnel des "cols blancs" diplômés d'université », *Sociologie du travail*, n° 1/91, Paris, Dunod.

KOREA, K. (1987) *in Cahiers du Japon*, n° 31, p. 69.

LECLERC, Y. (1989) « Le méritocratisme pragmatique: vers une nouvelle politique salariale au Japon », *Gérer et comprendre, Annales des mines*, septembre.

LOROT, P. et T. SCHWOB (1986) *Singapour, Taiwan, Hong-Kong, Corée du Sud: les nouveaux conquérants*, Paris, Hatier.

LUSSATO, B. et G. MESSADIÉ (1986) *Bouillon de culture*, Paris, Robert Laffont.

MAHON, J.-E. (1992) « Stratégies d'industrialisation: une comparaison entre l'Amérique latine et l'Asie du Sud-Est », *The Journal of Development Studies*, Londres, *Problèmes économiques*, n° 2299, 11 novembre 1992.

MANTOUX, P. (1959) *La révolution industrielle au XVIIIᵉ siècle*, Paris, Génin.

MAURER, J.-L. et P. REGNIER (1989) *La nouvelle Asie industrielle: enjeux, stratégies et perspectives*, Paris, PUF, publication de l'Institut universitaire de hautes études internationales de Genève.

MAURY, R. (1986) *Marianne à l'heure japonaise*, Paris, Plon.

McMillan, C.J. (1982) « From Quality Control to Quality Management: Lessons from Japan », *The Business Quarterly*, vol. 47, n° 1, printemps, p. 31-40.

MISHIMA, Y. (1971) *Confessions d'un masque*, Paris, Gallimard.

MISHIMA, Y. (1985) *La mort en été*, Paris, Gallimard.

MONDE DIPLOMATIQUE (LE) – MANIÈRE DE VOIR (1991) « Allemagne Japon, les deux titans », n° 12.

MONDE (LE) – DOSSIERS ET DOCUMENTS (1992), janvier.

MONITEUR DU COMMERCE INTERNATIONAL (MOCI), articles sur la Corée:
(1991) « Corée du Sud: stabiliser l'économie », n° 1058, 4 janvier, p. 71.
(1992) n° 1041, 7 septembre.
(1992) n° 1009, 27 janvier.
(1993) numéro spécial, n° 1058, 4 janvier, p. 68-69.

MOO KI BAI et CHANG NAM KIM (1985) *Industrial Development and Structural Changes in the Labour Market: The Case of Korea*, Institute of Development Economics, JRP Series, n° 46, mars.

MORGAN, G. (1989) *Image de l'organisation*, Québec-Paris, PUL-ESKA.

MORISHIMA, M. (1987) *Capitalisme et confucianisme – technologie occidentale et éthique japonaise*, Paris, Flammarion.

MORITA, A. (1986) *Made in Japan*, Paris, Robert Laffont.

NITTA, M. (1991) « Diversification industrielle et stratégie de gestion des ressources humaines dans l'industrie japonaise du textile synthétique », *Sociologie du travail*, n° 1/91, Paris, Dunod.

NORA, D. (1991) *L'étreinte du samouraï ou le défi japonais*, Paris, Calmann-Lévy.

OCDE (1990) *Études économiques 1989-1990 : Le Japon.*

OCDE (1991) *Études économiques 1990-1991 : Le Japon.*

OCDE (1992) *Études économiques 1991-1992 : Le Japon.*

OCDE (1993) *Études économiques 1992-1993 : Le Japon.*

OCDE (1994) *Études économiques 1993-1994 : Le Japon.*

OCDE (1996) *Études économiques 1996 : Le Japon.*

OCDE (1996) *Statistiques des recettes publiques, 1965-1995.*

OCDE (1997) *Études économiques 1997 : La France.*

ODAKA, K. (1975) *Towards Industrial Democracy*, Cambridge, Harvard University Press.

OKUDA, K. (1991) « L'ouvrier qualifié à l'ère de la mécatronique : bricoleur et artisan », *Sociologie du travail*, n° 1/91, Paris, Dunod.

ORGANISATION DES NATIONS UNIES POUR LE DÉVELOPPEMENT INDUSTRIEL (O.N.U.D.I.) [1988] *The Republic of Korea*, Vienne, Industrial Development Review Series, PPD 29, 30 mars.

OUCHI, W.G. (1981) *Theorie Z : How American Business can Meet the Japanese Challenge*, Reading, Massachusetts, Addison-Wesley.

PETERS, T. (1988) *Le chaos management*, Paris, InterÉditions.

PETERS, T. et R. WATERMAN (1983) *Le prix de l'excellence*, Paris, InterÉditions.

PINGUET, M. (1984) *La mort volontaire au Japon*, Paris, Gallimard.

PITTE, J.-R. (1991) *Le Japon, mémentos de géographie*, Paris, Sirey.

POINT (LE) [1989] n° de la semaine du 18 au 24 décembre.

PROBLÈMES ÉCONOMIQUES (1991) « Forces et déséquilibres de l'économie coréenne », Paris, La Documentation Française, 6 mars.

REDDING, G. et X.Y. WONG (1986) « The Psychology of Chinese Organisation Behaviour », *in* M.H. Bond (dir.), *The Psychology of the Chinese People*, Oxford, Oxford University Press, p. 265-296.

REVET, R. (1989) « Un regard sur la Corée », *Le Courrier de l'ACAT*, n° 97.

REVUE FINANCES & DÉVELOPPEMENT (1990) « La croissance du marché financier coréen », vol. 27-28.

REVUE FRANÇAISE DE GESTION (1987) « Activité internationale et processus décisionnel : le cas sud-coréen », n° 61, janvier-février.

SABOURET, J.-F. (dir.) [1988] *L'État du Japon*, Paris, Éditions La Découverte.

SALOMÉ, B. et J. CHARMES (1988) *La formation en cours d'emploi : cinq expériences asiatiques*, Paris, OCDE, Études du Centre de développement.

SASO, M. (1981) *Japanese Industry*, Londres, EIU.

SAUTTER, C. (1987) *Les dents du géant, le Japon à la conquête du monde*, Paris, Olivier Orban.

SCHUMPETER, J. (1979) *Capitalisme, socialisme et démocratie*, Paris, Payot.

SEDES (1997) *Images économiques du monde, 1996-1997*, Paris.

SHIN, Y.K. (1988) *Contrôle et stratégie d'expansion internationale des firmes d'un NPI, le cas de la Corée du Sud*, Toulouse, thèse de 3ᵉ cycle.

STUART MILL, J. (1864) *L'utilitarisme*, Toulouse, Privat.

STUART MILL, J. (1887) *Mes mémoires. Histoire de ma vie et de mes idées*, Paris, Gérus Baillière.

STUART MILL, J. (1889) *Principes de l'économie politique*, Paris, Guillaumin.

TAKAHASHI, N. (1990) *Les petites et moyennes entreprises et leur financement au Japon*, Tōkyō, People's Finance Corporation.

TAZEZWA, S. et A. WHITEHILL (1981) *Work Ways: Japan and America*, Tōkyō, The Japan Institute of Labor.

TEISSIER du CROS, R. (1990) *Les Coréens*, Paris, L'Harmattan.

TOMINAGA, K. (1991) « Les expériences historiques du Japon pour une théorie de la modernisation des sociétés non occidentales », *Sociologie du travail*, no 1/91, Paris, Dunod.

UJIHARA, S. (1991) « Essai sur la transformation historique des pratiques d'emploi et des relations professionnelles au Japon », *Sociologie du travail*, no 1/91, Paris, Dunod.

VANDERMEERSCH, L. (1986) *Le nouveau monde sinisé*, Paris, PUF (Perspectives internationales).

VOGEL, E. (1983) *Le Japon, médaille d'or*, Paris, Gallimard.

WEBER, M. (1971) *Économie et société*, Paris, Plon.

L'ALLEMAGNE ET LA SUÈDE

Dans cette partie, nous nous intéressons d'abord aux fondements de la réussite du management allemand dont la concertation et la cogestion constituent de véritables moteurs.

De plus, la compréhension du « modède » allemand, dans lequel « le spéculateur ne prend pas le dessus sur l'entrepreneur industriel », nous amène à faire l'analyse des principes fondamentaux de l'économie sociale du marché.

Relevant d'une « troisième voie » de développement économique et social, le « modèle » suédois, qui prône la justice et la concertation entre les partenaires sociaux, se situe entre le libéralisme et l'économie planifiée. Il a été et reste, malgré les turbulences qui le secouent, porteur d'une amélioration durable, de l'égalité et de la paix sociale.

Nous présenterons les spécificités du management suédois qui, malgré la crise qui touche son environnement, constitue un exemple particulier de concertation et de réussite des relations sociales.

CHAPITRE 11

L'Allemagne : concertation et cogestion, les moteurs d'une forme de réussite

INTRODUCTION

L'Allemagne[1] fait partie du peloton de tête sur le plan de la réussite et de la performance économique[2] des nations (voir les tableaux 11.1 à 11.5). Mais aussi et surtout, plus traditionnellement, sur le plan de l'équilibre social, de la relative satisfaction de tous les agents et partenaires dans le processus économique.

TABLEAU 11-1
Quelques paramètres économiques (rétrospective)

Allemagne	1981	1991	1994	1995
Population (en millions d'habitants)	60,7	81	81,54	81,82
Balance commerciale (en milliards de dollars)	17,4	24,5	56,18	74
Importations (en milliards de dollars)	29,9	383,1	348,42	447
Exportations (en milliards de dollars)	34,2	391,9	404,6	521
Produit national brut (en milliards de dollars)	173,5	1 554	2 042	2 420
PNB *per capita* (en dollars)	2 860	24 038	25 100	29 580
Taux d'inflation	3,4	4,2	3	1,8
Taux de chômage de l'ex-RFA	0,6	4,4	8,2	8,3
Solde de l'administration publique (en pourcentage du PIB)	0,4	– 3,2	– 3,1	– 3,5
Dette de l'administration publique (en pourcentage du PIB)	18,4	42	50,2	58

Sources : The Economist (1997), *Country Profile : Germany, 1996-1997*; Atlaseco (1997), « L'Allemagne ».

---

1. Nous faisons ici référence à l'Allemagne réunifiée.
2. Bellemare et Poulin-Simon (1986), Barou et Keizer (1984), *Le Devoir*, 6 septembre 1989.

TABLEAU 11-2
Éléments d'appréciation de la puissance industrielle allemande

Production	1995		
	Allemagne	États-Unis	Japon
Population (en millions d'habitants)	81,8	263	125,2
Charbon (en milliers de tonnes)	58 800	849 000	
Gaz naturel (en milliards de mètres cubes)	19,1	530	
Lignite (en milliers de tonnes)	200 000	72 000	
Production d'énergie primaire (en millions de TEP)	142	1 666	91,2
Consommation d'énergie (en millions de TEP)	335	2 073	461
Production d'électricité (en milliards de kW•h)	532	3 575	983
dont nucléaire	154	706	288
dont hydraulique	24,3	350	89,8
Production industrielle (1985 = 100)	115	128,1	118,6

Source : Atlaseco (1997).

TABLEAU 11-3
Les indicateurs de croissance

		1992	1993	1994
Taux de croissance du PIB nominal (en pourcentage de variation par rapport à l'année précédente)	**Allemagne**	**2,2**	**– 1,2**	**2,9**
	États-Unis	2,5	3,4	4,1
	Japon	1,1	– 0,2	0,5
	Canada	0,8	2,3	4,6
	Suède	– 1,4	– 2,2	2,6
Taux de croissance de la formation brute de capital fixe (FBCF) [en pourcentage de variation par rapport à l'année précédente]	**Allemagne**	**3,5**	**– 5,6**	**4,3**
	États-Unis	5,8	11,9	12,3
	Japon	– 1,1	– 1,8	– 2,4
	Canada	– 1,5	0,6	7,2
	Suède	– 10,8	– 17,2	– 0,2
Taux de croissance des exportations (en pourcentage de variation par rapport à l'année précédente)	**Allemagne**	**2,0**	**– 1,6**	**10,2**
	États-Unis	7,1	3,5	10,1
	Japon	1,5	– 1,6	1,7
	Canada	8,5	11,1	10,2
	Suède	1,4	8,7	17,6
Taux de croissance des importations (en pourcentage de variation par rapport à l'année précédente)	**Allemagne**	**2,3**	**– 6,4**	**6,0**
	États-Unis	9,6	10,6	13,5
	Japon	– 0,4	4,2	13,4
	Canada	8,2	11,0	13,6
	Suède	0,0	2,0	13,7

Source : OCDE (1996).

TABLEAU 11-4
A. Les caractéristiques de l'entreprise allemande
et de son environnement

Paramètres	Caractéristiques
Contexte	– Importance de l'État: gouvernement local fort – Syndicalisation: de 40 % à 50 % de la population active
Structure industrielle	– Taille des entreprises: plusieurs de taille moyenne – Principaux secteurs: mécanique, chimie, industries de l'environnement
Qualifications et structures hiérarchiques	– Qualifications: selon le diplôme professionnel obtenu – Emploi préféré: ouvrier qualifié (*Fasharbeiter*) – Avancement: après l'obtention du diplôme de qualification – Hiérarchie des salaires: très faibles écarts, pas de clivage
Relations professionnelles	– Syndicat: réformiste, cogestion, non corporatiste ou strictement contestataire – Négociations: par branche – Modalités: consensus, participation, affrontement exceptionnel – Législation du travail: forte, négociée avec les partenaires sociaux – Modèle éducatif: professionnel – Relations État–entreprises: locales au niveau du *Land* – Détermination des contenus de formation: fédérale et locale – Relations écoles–entreprises: l'école est dans l'entreprise – Reconnaissance des diplômes: par l'entreprise et par l'État – Hiérarchie des diplômes: relativement forte

B. Appréciations

1.	Les entreprises sont nettement plus importantes que les entreprises européennes quant au chiffre d'affaires et à l'effectif.
2.	Elles sont restées familiales.
3.	Elles pratiquent une direction collégiale.
4.	Elles sont spécialisées dans un métier, voire un créneau.
5.	Elles sont souvent sous-traitantes de grosses entreprises.
6.	Elles sont mondiales et exportent la majeure partie de leur production.
7.	Elles sont d'origine artisanale.
8.	Elles sont très modernisées.
9.	Elles pratiquent toutes les méthodes de consensus et de formation et sont beaucoup plus souples que les grosses entreprises face à la conjoncture et à l'évolution commerciale et technologique.
10.	Elles sont localisées hors des grands centres urbains et sont surtout présentes dans le Sud de l'Allemagne.

Source: Tableau reconstitué d'après Bommensath (1991).

TABLEAU 11-5
Données générales
**A. L'évolution du PIB de l'Allemagne (en milliards de dollars)
et de la population (en milliers d'habitants)**

	1992	1993	1994	1995
PIB	1 982	2 038	2 042	2 420
Population	80 974	81 338	81 539	81 817

Source: Atlaseco (1997); The Economist (1997), *Country Profile: Germany, 1996-1997.*

**B. Le taux de croissance du PIB réel (variation en pourcentage d'année
en année)**

	1988	1989	1990	1991	1992	1993	1994
Allemagne	3,7	3,5	3,2	2,8	2,2	− 1,2	2,9
À titre de comparaison : L'ensemble des pays membres de l'OCDE							
	4,2	3,3	2,4	0,9	1,7	1,3	2,9

Source: OCDE (1996), p. 50.

C. Le taux de chômage (pourcentage de la population active totale)*

	1984-1992	1993	1994	1995	1996
Allemagne	7,0	8,9	9,6	9,2	8,7
À titre de comparaison : L'ensemble des pays membres de l'OCDE					
	7,2	8,0	8,1	7,8	7,6

* Les données se rapportent à la RFA jusqu'en 1992. À partir de 1993, elles se rapportent
à l'Allemagne réunifiée.
Source: OCDE (1995), p. 6.

**D. Indice des prix à la consommation (variation en pourcentage
d'année en année)***

	1988	1989	1990	1991	1992	1993
Allemagne	1,3	2,8	2,7	3,5	4,0	4,1
À titre de comparaison : L'ensemble des pays membres de l'OCDE						
	8,6	6,3	6,8	6,1	4,8	4,2

* Les données se rapportent à la RFA.
Source: OCDE (1996), p. 91.

E. Le taux d'inflation global

	1992	1993	1994	1995
Allemagne	4,0	4,1	3,0	1,8
À titre de comparaison :				
États-Unis	3,0	3,0	2,6	2,8
Japon	1,5	1,3	0,7	−0,1

Source: Atlaseco (1997).

F. Autres paramètres (variation par rapport à la période précédente)[*]

	1981-1991	1992	1993	1994	1995	1996
Taux de variation des prix[a] (coût de la vie)	(1991) 3,5	4,0	4,2	3,0	1,7	−
Taux de variation des salaires	(1991) 6,0	5,7	5,4	3,6	−	−
Rémunération par salarié	3,8	10,3	4,3	3,7	3,9	4,7
Coûts unitaires de main-d'œuvre	1,6	5,9	3,5	−0,7	0,6	2,2

[*] Les données se rapportent à la RFA jusqu'en 1991. À partir de 1992, elles se rapportent à l'Allemagne réunifiée.
[a] Uniquement pour la RFA.
Sources: The Economist (1997), *Country Profile: Germany, 1996-1997*; OCDE (1995), p. 8; ONU (1996).

G. Le pourcentage de variation de la productivité dans le secteur des entreprises (taux annuel par période)

	Productivité totale des facteurs			Productivité du travail			Productivité du capital		
	1980 à 1985	1986 à 1990	1986 à 1993	1980 à 1985	1986 à 1990	1986 à 1993	1980 à 1985	1986 à 1990	1986 à 1993
Allemagne	0,4	1,6	1,0	1,3	2,1	1,6	−1,6	0,8	−0,1
À titre de comparaison :									
États-Unis	0,1	0,3	0,6	0,7	0,5	0,9	−1,2	0,0	−0,1
Japon	1,4	1,8	0,8	2,8	3,1	2,2	−1,7	−1,1	−2,1
Pays de l'OCDE	0,7	1,1	0,8	1,6	1,6	1,5	−1,3	−0,1	−0,7

Source: OCDE (1996), «La stratégie de l'OCDE pour l'emploi», p. 48.

H. Une comparaison de l'évolution de la balance commerciale (en milliards de dollars) de l'Allemagne, des États-Unis, du Japon et des pays développés ayant une économie de marché (moyenne des pays)

	Allemagne	États-Unis	Japon	Pays ayant une économie de marché
1988	79,8	− 127,0	95,0	− 85,9
1989	77,8	− 115,9	76,9	− 111,2
1990	71,6	− 108,1	63,6	− 119,6
1991	21,5	− 73,6	103,3	− 91,5
1192	27	− 96,1	132,4	− 57,8
1993	41	− 132,6	141,57	− 6,9
1994	50	− 166,1	145,9	
1995	66	− 174,5		

Source : The Economist (1997), *Country Profile : Germany, 1996-1997*; (1997), *Country Profile : USA, 1996-1997*; (1996), *Country Profile : Japan, 1995-1996*; ONU (1995).

Il n'échappe aujourd'hui à personne que nombre de produits allemands, d'une excellente qualité et d'une grande fiabilité, se répandent dans le monde : les machines-outils, les automobiles, les produits chimiques, les équipements liés aux industries de l'environnement, les appareils de précision, les produits de l'électronique, les appareils médicaux, etc.

Ainsi, l'Allemagne est restée le premier pays exportateur du monde en 1990, année de la réunification[3] marquée pourtant par le lancement d'un gigantesque effort de reconstruction et de transferts financiers vers sa partie orientale (130 milliards de Deutsche Marks [DM], soit 9 % du produit

---

3. Le processus de la réunification de l'Allemagne s'est fait selon la chronologie suivante : 9 novembre 1989, ouverture de la frontière entre la République fédérale et la République démocratique allemande ; 18 mars 1990, l'Allemagne démocratique, en votant massivement pour le CDU (le parti du chancelier Helmut Kohl), plébiscite la réunification ; 1er juillet 1990, union économique et monétaire entre la RDA et la RFA ; 3 octobre 1990, réunification des deux États allemands ; 2 décembre 1990, élections législatives dans l'Allemagne réunifiée, les premières depuis 1932, où le CDU, le parti au pouvoir du chancelier Kohl, remporte 319 sièges sur 663 au Bundestag ; 20 juin 1991, Berlin redevient la capitale de l'Allemagne réunifiée. Le gouvernement et le Bundestag sont donc transférés de Bonn à Berlin.

intérieur brut [PIB] allemand, ont été affectés aux cinq *Lander*[4] orientaux constituant le territoire de l'ex-RDA).

En 1990, les exportations allemandes ont atteint 421 milliards de dollars, ce qui correspond à 12,1 % du flux mondial des exportations (les États-Unis étant au deuxième rang mondial pour les exportations avec 11,3 % et le Japon au troisième rang avec 8,3 %).

En 1991 également, alors que l'effort national de soutien aux cinq *Lander* de la partie orientale s'accentue (les transferts financiers totalisent, cette année-là, 165 milliards de marks, soit 11 % du PIB), les produits allemands dominent les exportations mondiales (la valeur des exportations allemandes atteint 391,9 milliards de dollars, soit 29,6 % du PIB).

Tout en faisant face aux défis considérables posés par la réunification et malgré une récession internationale durable qui freine la croissance mondiale, l'Allemagne s'est classée devant le Japon et les États-Unis pour ce qui est du produit national brut (PNB) *per capita* en 1990, et juste après le Japon, mais devant les États-Unis, en 1991 (voir la section Quelques faits et chiffres).

Tout le monde connaît aussi la solide position du mark qui compte parmi les trois plus fortes monnaies dans les transactions internationales avec le dollar américain et le yen. Le mark, considéré comme un des instruments du « miracle » allemand, est aujourd'hui une monnaie de référence incontestée. Il représente, avec le yen japonais, 20 % des réserves mondiales des banques centrales des États. La valeur cumulée des réserves en marks correspond, à elle seule, à plus d'un tiers des réserves mondiales en dollars.

Comment ce pays, ruiné, anéanti et amputé au lendemain de la Seconde Guerre mondiale, en est-il arrivé là ? Quelle gestion pratique-t-il pour avoir des entreprises aussi performantes et aussi productives ? Comment, malgré les défis politiques et socio-économiques de la réunification, a-t-il pu maintenir l'efficacité et la compétitivité de ses entreprises ?

---

4. *Land* : région administrative dotée de très larges pouvoirs. Chaque *Land* a son Parlement élu et ses propres institutions gouvernementales. À l'exception des douanes et de la poste, l'administration fédérale n'existe pas dans les régions. Doté d'une compétence très large dans le domaine de la culture et de l'enseignement, le *Land* légifère et fixe les programmes tout en respectant les principes d'harmonisation qui s'exercent dans le cadre fédéral, mais sans prédominance de la capitale nationale (Berlin). La réglementation qui touche la formation professionnelle dans les entreprises est, quant à elle, du domaine fédéral.
L'Allemagne réunifiée compte 16 *Lander* (8 pour l'ex-RFA, 5 pour l'ex-RDA et 3 métropoles ayant le même statut, Berlin, Hambourg et Brême).

L'ÉCONOMIE SOCIALE DE MARCHÉ, BASE DU « MODÈLE » ALLEMAND

L'analyse des performances économiques de l'Allemagne nous renvoie à un certain nombre de caractéristiques propres au « modèle rhénan », ou « capitalisme rhénan, dans lequel l'économie de marché, la propriété privée et la libre entreprise sont la règle » (Albert 1991). Il est toutefois important de constater que, par son mode de régulation et sa vision de l'organisation socio-économique, le « modèle » allemand rejette le culte de l'immédiat dans lequel « le spéculateur prend le dessus sur l'entrepreneur industriel et où les gains faciles sapent les richesses collectives de l'investissement à long terme » (Jean Padioleau, cité par Michel Albert, 1991).

Encadré par les pouvoirs publics, « concurrencé par d'autres valeurs sociales que celles de l'argent », le système économique, créateur de richesses, ne risque pas de devenir « destructeur de valeurs sociales à long terme » (Albert 1991).

Les multiples spécificités du modèle allemand, qui sont en interrelations et en interactions dans une dynamique systémique (qui augmente la flexibilité et l'adaptabilité du système dans son ensemble), se retrouvent dans les principes fondamentaux de l'économie sociale de marché, ou *Soziale Marktwirtschaft*, dont Michel Albert relève deux postulats :

– Le dynamisme de l'économie doit reposer sur le marché auquel doit être assurée la plus grande liberté de fonctionnement, ce qui vise au premier chef les prix et les salaires.

– Le fonctionnement du marché ne peut à lui seul régir l'ensemble de la vie sociale. Il doit être équilibré par une même exigence sociale posée *a priori*, et dont l'État est le garant.

Cela ne signifie pas que l'État allemand soit excessivement interventionniste. Dans les faits, il se limite volontairement à un rôle de régulateur[5] et d'arbitre, ce qui ne l'empêche pas de consulter en permanence les acteurs sociaux afin de dégager avec eux une vision stratégique des enjeux et défis à relever. De plus, la doctrine de la *Soziale Marktwirtschaft* crée pour l'État de véritables « devoirs d'intervention ». Ceux-ci sont particulièrement apparents dans deux cas précis.

Premièrement, le contrôle des conditions d'une concurrence saine (entre les acteurs économiques), qui a pour effet d'exclure les ententes abusives et les monopoles de situation tout en apportant une aide indirecte, surtout sous forme d'avantages fiscaux et de subventions (voir le tableau 11-6), au niveau du *Mittelstand* (tissu économique régional comprenant un nombre important de petites et moyennes entreprises traditionnellement

---

5.   En veillant, par exemple, à égaliser les ressources des *Lander* afin d'éviter des écarts de revenu par habitant de plus de 5 % par rapport à la moyenne nationale (Albert 1991).

TABLEAU 11-6
L'aide directe et les subventions fiscales accordées
par les pouvoirs publics

	1970	1980	1985	1990	1991	1992
Montant total (en milliards de DM)	31,4	60,8	70,0	80,1	98,9	–
En pourcentage du PNB	4,6	4,1	3,8	3,3	3,5	1,2

Source : OCDE (1992) *Études économiques* : L'Allemagne.

exportatrices). L'aide, qui permet un aménagement équilibré du territoire en développant les infrastructures dans les *Lander* les moins favorisés, sert également à stimuler la compétitivité et le potentiel économique. Avec la réunification, le montant des subventions a augmenté. Dans les *Lander* orientaux, les principaux bénéficiaires sont les manufactures industrielles, l'agriculture et le secteur du logement social.

Globalement, entre 1970 et 1992, le total de l'aide directe et des allégements fiscaux a plus que triplé, mais le rapport au PNB était en régression.

Deuxièmement, l'intervention de l'État est active sur les questions à caractère social, où, à titre conjoncturel, « les subventions aux chantiers navals et aux mines aident à humaniser le rythme des adaptations » (Albert 1991) et de la reconversion des filières industrielles (secteurs à intégration technologique verticale).

Sur le plan social, le modèle rhénan offre à ses citoyens, comme au Japon ou dans les pays scandinaves, un degré de sécurité appréciable contre les risques de maladie, de chômage, de déséquilibres divers d'ordre socioéconomique. Les inégalités sociales y sont réduites et de nombreux programmes d'aide aux défavorisés corrigent les exclusions les plus criantes. L'attitude collective vis-à-vis de la pauvreté est significative de l'idée qu'ont les Allemands de la responsabilité commune et du sens de la solidarité. Tout d'abord, la loi fédérale sur l'aide sociale garantit aux plus démunis un revenu minimum. « Au terme de cette loi, la collectivité doit assurer à ceux qui n'en ont pas les moyens, le logement, la nourriture, les soins et les besoins de consommation essentiels » (Albert 1991). De plus, les inégalités sont combattues et sont considérées comme une source d'injustice.

Rappelons ici que, à la différence de bon nombre de pays industrialisés, la fonction spéculative est marginale par rapport à l'entrepreneurship industriel et la recherche de gains à court terme ne se fait pas au détriment de l'investissement à long terme. Le modèle allemand est, en effet, sous-tendu par une certaine forme de régulation sociale qui assure sa stabilité et son efficacité.

Fort de sa tradition de dialogue avec les intervenants socio-économiques, le modèle économique allemand favorise à tous les niveaux les réflexions conjointes pour déterminer des objectifs communs et tendre, de ce fait, vers un consensus.

Pour Hager et Noelke (1986), il y aurait dans la société allemande « une tendance à éviter les questions qui pourraient diviser et mettre en question le consensus ». Michel Albert (1991) observe qu'une tendance identique, et au moins aussi forte, est perceptible dans la société japonaise :

> Il est vrai que ces deux champions de l'économie mondiale, tous deux vaincus de la dernière guerre, ont en commun la même conscience aiguë de leur propre *vulnérabilité*. Dans l'un et l'autre pays, la démocratie politique et le bien-être économique sont trop récents pour ne pas être fragiles, d'où la facilité avec laquelle s'impose une discipline sociale spécifique qui est l'un des traits du modèle rhénan.

La concertation et la recherche constante d'un consensus entre les pouvoirs publics et les partenaires sociaux représentent donc des traits saillants, incontournables, de la réalité allemande. Les grands choix d'orientation font ainsi l'objet de consultations étendues et de larges campagnes d'information entre tous les acteurs. Parmi ces derniers, citons les associations patronales d'employeurs (la BDI, pour les grosses entreprises industrielles, et la DIHT, pour les petites et moyennes entreprises), les *Hausbank* (des banques à vocation multiple liées par tradition à la vie de l'entreprise), les syndicats (qui font corps autour d'une puissante organisation comptant plus de huit millions d'adhérents[6] et qui sont associés à la direction de l'entreprise par le biais de la loi sur la cogestion), le gouvernement fédéral, les gouvernements territoriaux ou provinciaux rattachés aux *Lander*, les universités et les centres de recherche intimement liés aux entreprises.

Chaque fois que cela est nécessaire, des structures *ad hoc* de concertation sont mises en place ou activées. Les décisions stratégiques de portée fédérale ou régionale naissent ainsi d'une concertation à la base. Il existe d'ailleurs, auprès des ministères qui sont directement en rapport avec la sphère économique, des structures permanentes et informelles qui favorisent les contacts réguliers avec les dirigeants d'entreprises et avec les corporations professionnelles.

Ce sont ces cadres de rencontre qui stimulent l'émergence de synergies et contribuent à la définition de stratégies concertées.

« Les conseils d'entreprise et les autres cadres de concertation entre employeurs et employés – que nous présenterons plus loin – constituent une source remarquable de consensus qui aide les entreprises allemandes à

---

6.   L'Allemagne compte le plus grand nombre de travailleurs syndiqués du monde.

s'adapter au changement » (Kathleen Thelen, politicologue à l'université Princeton, citée par K. Wevert et C. Allen 1992).

Les syndicats, de leur côté, épaulent l'effort d'adaptation des entreprises aux nouveaux modes de la concurrence mondiale et aux tensions que celle-ci génère.

Dans son analyse comparative sur divers pôles industriels dans le monde, Gary Herrigel, de l'université de Chicago, a étudié le cas du *Land* du Bade-Wurtemberg qui est le siège de la machine-outil allemande. C'est également l'un des centres industriels les plus prospères de l'Allemagne, qui compte un nombre élevé de petites et moyennes entreprises. Ce *Land* a attiré de puissants consortiums, tels que Daimler-Benz et Bosche, qui ont tissé des liens très étroits avec le réseau de petites et moyennes entreprises locales. L'environnement favorable à la compétitivité des entreprises s'est renforcé, dans ce cas, grâce à la coopération entre les pouvoirs publics et les milieux d'affaires, notamment par le développement de l'introduction d'innovations technologiques aux métiers traditionnels de transformation des métaux et par l'encouragement à l'échelle du *Land* à la mise à jour et au renforcement des programmes d'enseignement technico-professionnel.

Il ne s'agit pas pour les différents niveaux de gouvernement d'intervenir sur un marché qui reste ouvert et où la concurrence est forte et stimulée. Il s'agit plutôt de façonner un environnement économique favorable, mis en œuvre sur le terrain par les institutions paritaires du *Land*.

Cette coordination « quasi institutionnelle » des acteurs économiques locaux et des partenaires sociaux apparaît aussi comme un fondement de l'économie sociale de marché.

L'ENVIRONNEMENT DE L'ENTREPRISE

Très favorable à l'entrepreneurship, l'environnement sociopolitique accorde à l'entreprise une place centrale et lui confère une grande légitimité. D'ailleurs, largement préférée à l'administration, l'entreprise attire spontanément les ressources humaines. Elle est perçue comme un cadre stable et sécuritaire qui est en même temps ouvert au défi et à la compétition.

Les consommateurs, quant à eux, perçoivent positivement les entreprises : ils n'hésitent pas à privilégier l'achat de produits nationaux, d'autant que la qualité des produits et l'efficacité du service après-vente comblent les goûts de la clientèle, par ailleurs très exigeante.

Dans ce contexte, la compétitivité du tissu industriel allemand a pu prendre tout son essor. Mais, comme le précisent Wevert et Allen (1992), elle reste une énigme pour bon nombre de managers nord-américains ou européens.

En effet, en Allemagne, les coûts de la main-d'œuvre sont particulièrement élevés[7], les congés payés sont de deux à trois fois plus importants qu'aux États-Unis et les syndicats sont particulièrement actifs et interviennent à tous les niveaux de l'entreprise. Mieux payés, les salariés travaillent moins que leurs homologues nord-américains, japonais ou européens (à l'exception de ceux des pays scandinaves). La durée annuelle de travail est de 1633 heures en moyenne dans l'industrie manufacturière (environ 1800 heures pour les pays de l'OCDE) et, dans la métallurgie, la semaine de 36 heures de travail est systématiquement appliquée en attendant les 35 heures prévues en 1995.

Malgré ses coûts salariaux élevés, l'Allemagne continue de maintenir de gros excédents avec l'étranger et les produits allemands dominent incontestablement le commerce mondial.

L'INDUSTRIE ALLEMANDE

L'environnement économique est aussi caractérisé par l'omniprésence du secteur industriel dans lequel l'Allemagne puise toute sa puissance (voir les tableaux 11-7 et 11-8).

TABLEAU 11-7
La structure de la production et les indicateurs de performance: la structure de la production (à prix constants) en pourcentage du PIB

	1988	1989	1990	1991	1992
Agriculture et pêche	1,8	1,7	1,8	1,6	1,6
Énergie et mines	3,5	3,5	3,3	3,2	3,2
Industries manufacturières	30,3	30,2	30,0	29,7	28,9
Construction	4,9	4,9	4,8	4,8	5,0
Services	43,6	44,0	44,8	45,9	46,6
Sous-total	84,1	84,4	84,8	85,3	85,3
Administration	11,0	10,6	10,3	10,1	10,1

Source : OCDE (1993), p. 162.

---

7. Les rémunérations des travailleurs allemands sont parmi les plus élevées du monde, « 33 marks de l'heure (en moyenne) contre 25 aux États-Unis et au Japon », et « les plus homogènes, au sens où les écarts de salaires sont beaucoup plus faibles qu'ailleurs – en Amérique du Nord par exemple » (Albert 1991).

Tableau 11-8
La performance économique : le taux de croissance de la productivité

	1988	1989	1990	1991	1992
Agriculture et pêche	12,0	6,6	11,9	− 5,3	5,7
Énergie et mines	0,8	6,5	1,5	2,1	1,9
Industries manufacturières	3,3	1,7	1,6	1,0	0,4
Construction	2,2	2,7	− 1,4	0,9	6,3
Services	n.d.	n.d.	n.d.	n.d.	n.d.
Sous-total	3,5	2,3	2,1	1,3	0,9
Administration	0,6	− 0,4	1,0	1,2	1,1

Source : OCDE (1993), p. 162.

La maîtrise technologique, la qualité de la production et la perfection dans le travail sont les traits saillants du secteur industriel. L'Allemagne est souvent décrite comme « une société de producteurs » dont la culture industrielle a le goût de la performance.

Les secteurs de la mécanique, de la machine-outil et des biens d'équipement représentent les fleurons de cette industrie. Ces secteurs qualifiés de traditionnels sont toutefois très avancés sur le plan technologique. Les secteurs de pointe sont pour leur part particulièrement performants. Citons en particulier les biotechnologies (5 sociétés allemandes figurent parmi les 12 premiers groupes mondiaux de ce secteur) et les industries de l'environnement (l'Allemagne est le premier exportateur mondial de matériel et de stations de protection de l'environnement ; de plus, les entreprises allemandes sont propriétaires de 29 % des brevets internationaux de ce secteur et 6 sociétés sont classées parmi les 12 premiers groupes mondiaux).

Les petites et moyennes entreprises sont l'ossature du tissu industriel et le fer de lance des exportations. Ces PME, qui sont membres d'associations professionnelles puissantes et actives, s'avèrent redoutables sur les marchés étrangers, jouant un rôle stratégique sans commune mesure avec les *lobbies* d'entreprises nord-américains qui ont « une approche plus défensive et réactive pour contrer les interventions gouvernementales ou tenter d'obtenir des privilèges » (Wevert et Allen 1992).

Très spécialisées et maîtrisant à la perfection leur production (notamment en intégrant de la haute technologie dans les secteurs traditionnels dans lesquels elles exercent leurs activités), les petites et moyennes entreprises interviennent en général sur le marché mondial et dans des zones géographiques très diversifiées. Elles réalisent ainsi la plus grosse part de l'excédent commercial allemand.

Ces petites et moyennes entreprises ont également la réputation de mettre leurs clients au cœur de leurs préoccupations en étant présentes sur le terrain, à l'écoute de l'utilisateur final. Une récente étude (Hermann Simon 1992) portant sur un groupe de 39 PME allemandes (chacune étant le leader mondial dans sa spécialité) nous indique que globalement la démarche d'internationalisation a débuté dès 1950 et, pour certaines, avant la Deuxième Guerre mondiale. Ces entreprises disposent d'une dizaine de filiales à l'étranger, toutes effectivement actives, opérationnelles, dotées d'un personnel (expatrié et local) très stable. Selon Simon (1992), « on ne connaît nulle part ailleurs de PME qui aient d'aussi importants réseaux commerciaux à l'étranger ». En s'engageant à long terme, en réalisant des investissements directs à l'étranger, les PME allemandes gagnent la confiance de leur clientèle qui, de surcroît, fait des affaires avec un personnel qui s'engage en restant en fonction durant de longues périodes (les directeurs de filiales des PME étudiées sont en fonction à l'étranger depuis plus de dix ans).

À l'échelle des *Lander*, les PME sont souvent implantées à l'écart des grands centres industriels ou urbains, dans de petites agglomérations. Leurs propriétaires, les fondateurs ou leurs familles, sont généralement originaires de ces localités.

Employant de 2500 à 3000 personnes, la PME allemande type réalise un chiffre d'affaires moyen annuel de 500 millions de marks (taux de croissance annuel de 15 %). Particulièrement performantes sur le plan international, ces entreprises possèdent 25 % du marché mondial sur lequel elles interviennent et 30 % du marché de la Communauté économique européenne.

Par ailleurs, elles sont rarement cotées en Bourse malgré leurs bonnes performances. Cela pourrait s'expliquer par le fait que l'entreprise se préoccupe davantage de la place des personnes, de la prééminence du métier et des produits, envisagés à long terme, que des objectifs de rentabilité immédiate et de profit à court terme. Bommensath (1991) considère que, d'une manière générale, les comportements de l'entreprise et l'environnement dans lequel elle évolue démontrent « une peur des prouesses financières et surtout monétaires », car l'intérêt se porte essentiellement sur une économie réelle, concrète et durable. De plus, l'entreprise « est protégée par sa banque et peut donc s'abstraire dans le court terme des pressions financières, sans avoir besoin d'être rivée à son cours de bourse et aux commentaires des analystes ».

Le Nouvel Économiste (8 juin 1990) traite également de la priorité donnée au manager par rapport au financier dans l'entreprise allemande, contrairement à l'entreprise anglo-saxonne qui est obnubilée par la croissance externe et le goût de la spéculation boursière. On ne peut non plus ignorer le rôle social et collectif de l'entreprise allemande (participation effective des syndicats à la gestion, formation de la main-d'œuvre pour le bassin d'emploi dans lequel elle se situe, prise en charge des objectifs écologiques nationaux), qui privilégie la place des personnes dans l'organisation.

LE SYSTÈME D'ENSEIGNEMENT ET DE FORMATION PROFESSIONNELLE

Dès la fin du XIXᵉ siècle, la puissance économique allemande, déjà très ouverte à l'exportation, était soutenue par un système d'enseignement universitaire et de formation professionnelle tourné vers l'entreprise.

La spécificité de l'enseignement et de la formation professionnelle conduit de nombreux spécialistes à considérer qu'elle serait, pour une bonne part, à l'origine de la compétitivité des entreprises allemandes. La formation colle en effet à la réalité des besoins des entreprises et répond à ceux-ci.

L'enseignement n'est pas élitiste, il favorise l'apprentissage du savoir et du savoir-faire directement utilisables dans la vie professionnelle. Il offre de multiples passerelles entre écoles et entreprises. Ainsi, la formation supérieure courte d'ingénieurs d'application est particulièrement développée et encouragée. Elle est liée au système dual de formation et d'emploi.

En effet, à l'issue de l'enseignement secondaire, la voie qui attire le plus de jeunes est la formation professionnelle par alternance, appelée « système dual ». En moyenne, 72 % des jeunes sortant du cycle scolaire général rejoignent ce type d'enseignement. La partie théorique (enseignement général et technique) de la formation professionnelle dispensée à l'école publique est de compétence régionale (un programme-cadre fédéral permet d'harmoniser les enseignements).

Dans l'entreprise, la formation théorique et pratique est régie par un contrat entre l'employeur et le jeune apprenti. Les entreprises ont l'obligation de supporter le coût de la formation qu'elles dispensent. Son contrôle dépend de l'État fédéral qui fixe les règles d'organisation de la formation selon les termes de la loi de 1969 sur la formation professionnelle.

Des commissions mixtes dans chaque *Land* participent avec les entreprises à la définition du contenu des programmes. Plus de 10 millions de jeunes sont chaque année en formation dans ce système (en 1990, ils étaient 12,6 millions).

L'importance accordée à l'enrichissement et à la valorisation des ressources humaines est remarquable.

Soixante pour cent de la population active occupée dans le secteur industriel possède un brevet dual. Les diplômés de l'enseignement supérieur représentent environ 10 % de cette population. Quatre-vingt-dix pour cent des ouvriers qualifiés allemands ont un titre professionnel et sont diplômés.

L'insertion dans l'emploi est assez précoce, en particulier dans les activités de production. Cette situation est favorisée par la politique de recrutement et la formation dans l'entreprise. L'accès à la qualification est un préalable incontournable pour amorcer la vie active. Il y a donc une interdépendance entre la formation professionnelle, la qualification et la classification du poste de travail. Ce fait est très apparent dans les conventions collectives.

Ce système d'apprentissage a permis de réduire le taux de chômage chez les jeunes de moins de 25 ans et a encouragé la création de nombreux emplois (création de 612 000 emplois pour les jeunes en 1989).

Depuis longtemps, les pouvoirs publics et les entreprises se préoccupent conjointement de l'amélioration continue de la qualification professionnelle des travailleurs.

Dans le passé, l'apprentissage et le compagnonnage étaient assurés par le corps des artisans. L'industrie trouvait ainsi, parmi les apprentis, les premiers ouvriers qualifiés dont elle avait besoin. En ce qui concerne les industries ayant des techniques spécifiques, elles ont traditionnellement fondé leurs propres écoles.

La séparation nette entre les enseignements général et professionnel a permis à l'enseignement alterné de s'épanouir grâce à la collaboration entre l'État et les branches industrielles. La diffusion des technologies s'est trouvée facilitée notamment par les ateliers-écoles dotés d'un équipement très performant, par le monitorat sur le lieu de travail qui développe l'esprit d'équipe, par le sens des responsabilités qui cimente le collectif de travail et, enfin, par les vertus pédagogiques de l'alternance.

Il est remarquable d'observer que les deux tiers des jeunes Allemands entreprennent une formation dans ce double système.

La formation pratique dure de deux à trois jours et demi par semaine. Le reste du temps (un jour et demi ou deux), les écoles professionnelles régionales dispensent la théorie et la culture générale.

Malgré son efficience reconnue, certains partenaires sociaux reprochent parfois à ce système d'offrir une formation théorique insuffisante aux apprentis, ce qui pourrait être un frein à l'assimilation de nouvelles technologies de pointe.

Par ailleurs, ce système aurait une orientation excessive vers la production. En effet, la majorité des apprentis sont formés dans une monoprofession (*Monoberuf*) répertoriée dans un groupe de professions agréées.

Au cours des années 1980, de grandes améliorations ont été apportées par les écoles professionnelles dans les *Lander* qui étendent les programmes d'éducation générale et développent les filières. Il y a ainsi une grande diversité de formations possibles, de façon continue, en cours du soir ou dans les universités populaires.

Précisons que l'accès au système éducatif est gratuit, y compris dans le cycle supérieur. Les élèves en apprentissage dans les écoles d'entreprises sont payés et ont toute liberté de travailler ailleurs à la fin de leur formation.

LE SYSTÈME BANCAIRE

Une autre caractéristique du modèle allemand met en valeur la nature des relations entre l'entreprise et sa banque, la *Hausbank* (banque maison).

D'une manière générale, la banque a un poids important dans le capital de l'entreprise qu'elle soutient et à laquelle elle donne de grandes facilités de financement. La *Hausbank* est, en fait, l'interlocuteur financier privilégié et quasi exclusif de l'entreprise. Les entreprises allemandes se refinancent rarement sur le marché des obligations, préférant emprunter à leur banquier qui les conseille dans le cadre d'une coopération durable. Par la taille des portefeuilles de valeurs mobilières qu'elles détiennent, les banques sont ainsi les premiers investisseurs du pays.

Le rôle des banques est renforcé par l'exercice des procurations attachées aux actions détenues par leurs déposants. Nombreux sont les actionnaires des petites et moyennes entreprises à caractère familial qui confient leur droit de vote à la banque, qui détient ainsi les titres en dépôt. Ce type de relation évite les offres publiques d'achat (OPA) intempestives, inamicales sur les entreprises et donne une grande stabilité aux équipes de direction.

La nature des relations entre les banques et les entreprises représente un point d'intérêt dans la compréhension du modèle allemand. Ces relations sont essentielles et expliquent, pour une part, la performance des entreprises. Le système bancaire a un rôle dominant dans le marché financier allemand où la capitalisation boursière a un poids très atténué. Les principales institutions bancaires, la Deutsche Bank et la Commerzbank, jouent un rôle prépondérant.

Les lieux de décision bancaire sont très décentralisés et les succursales locales, puissantes malgré leur relatif conservatisme, disposent d'une large autonomie. Bien qu'elles soient membres à part entière du *Beirat*, ou conseil d'entreprise, les banques ne cherchent pas à prendre le contrôle des entreprises qu'elles financent, assistent et conseillent et qui sont, pour bon nombre d'entre elles, des propriétés familiales.

Initialement sous la compétence des *Lander*, les banques allemandes ont été soumises, à partir de 1957, à la réglementation de la banque centrale, la Deutsche Bundesbank.

La loi bancaire de 1961 a consacré le principe de la «banque universelle» sous la supervision de l'Office fédéral de surveillance du crédit.

À la différence de l'Amérique du Nord ou d'autres pays européens, le système financier de l'Allemagne est dominé par les banques et l'efficacité de l'entremise bancaire réduit la fonction du marché boursier dans la satisfaction des besoins de financement des entreprises.

D'une manière générale, les marchés financiers sont peu actifs, limités et les places boursières ne bénéficient pas d'un grand prestige. La Bourse présente donc peu d'attrait et son caractère spéculatif est rarement apprécié.

On remarque d'ailleurs que d'importantes entreprises ne sont pas cotées en Bourse.

La *Hausbank* exerce une influence considérable au sein des conseils d'administration des entreprises par la propriété directe d'une partie du capital ou par l'exercice du droit de vote des actionnaires qui leur confient les procurations de représentation.

Par ce biais, la Deutsche Bank détient un nombre important de voix chez Daimler-Benz, ce qui lui assure la minorité de blocage au conseil. À l'inverse, les grands groupes industriels, dans le cadre de participations croisées, siègent souvent au conseil de surveillance des banques dont ils sont les principaux actionnaires, même si leurs participations unitaires dépassent rarement 5 %. C'est le cas de Daimler-Benz à la Deutsche Bank. Ces participations croisées créent un véritable tissu de relations et de communautés d'intérêts.

Des liens multiples et subtils unissent ainsi les entreprises par des participations réciproques et croisées aux conseils de surveillance des entreprises (que nous définissons plus loin).

LES SYNDICATS

Traditionnellement, les organisations syndicales allemandes ont une attitude favorable aux mutations technologiques. Dans ses travaux concernant les stratégies syndicales et négociations collectives sur les nouvelles technologies en Allemagne entre 1967 et 1991, Udo Rehfeldt (1987) nous rappelle que « le mouvement syndical puise ses racines dans les conceptions "matérialistes", productivistes et évolutionnistes des fondateurs de la social-démocratie allemande ».

Le soutien du mouvement syndical au processus de modernisation continue et de rationalisation justifiée ne garantit pas seulement une productivité accrue (récupérable sous forme d'augmentations de salaires), il permet aussi la revendication d'un droit de regard croissant, aussi bien sur le plan des entreprises que sur celui de l'économie nationale. Même la puissante fédération des métallurgistes allemands, IG Metal, noyau dur et avant-gardiste du mouvement syndical, n'a pas abandonné (malgré les effets de la crise économique mondiale) l'objectif stratégique de compromis social et de consensus. Elle a adapté ses actions à l'évolution des conditions économiques, sociales et politiques de l'Allemagne réunifiée.

Se conformant strictement aux dispositions réglementaires sur l'activité syndicale et la cogestion, le syndicat agit à l'échelle de la branche et du *Land* pour négocier les conditions générales de salaires et de travail dans le cadre d'une concertation collective.

À l'échelle de l'entreprise, la représentation syndicale est distincte juridiquement du conseil d'entreprise. Ce conseil, qui est constitué de représentants élus des salariés, dispose d'une série de droits d'information, de consultation et de participation.

LA RECHERCHE ET LE DÉVELOPPEMENT

Le fort potentiel de recherche et développement (voir le tableau 11-9) de l'industrie et le nombre de brevets et de droits de propriété déposés pour enregistrement constituent également une caractéristique majeure du système allemand.

TABLEAU 11-9
Les indicateurs de recherche et développement (évolution à prix courants)

	1981	1982	1983	1984	1985	1986	1987	1988	1989	1990
Dépenses totales de R et D en pourcentage du PIB	2,4	2,5	2,5	2,5	2,7	2,9	2,9	2,8	2,9	2,8
R et D dans l'industrie en pourcentage du PIB manufacturier	5,0	–	5,3	–	5,8	–	6,2	–	–	–
R et D financés par l'État en pourcentage du total	40,7	40,8	38,8	37,9	36,7	35,3	34,7	34,2	34,1	34,1

Source: OCDE (1992) *Études économiques: L'Allemagne*, p. 136.

En effet, la recherche et le développement privés, financés par les entreprises, représentaient, en 1991, 1,78 % du PNB (par comparaison, ce taux était de 1,95 % du PNB au Japon, de 1,38 % du PNB aux États-Unis et de 0,99 % du PNB en moyenne pour les pays de la Communauté économique européenne). Le tableau 11-10 présente quelques caractéristiques de l'environnement de l'entreprise.

QUELQUES FAITS ET CHIFFRES

L'*Atlas économique mondial* (Atlaseco 1993) classe l'Allemagne réunifiée au septième rang mondial en ce qui concerne le produit national brut *per capita* en 1991 (voir les tableaux 11-11 et 11-12). Avec 24 130 $ par habitant, l'Allemagne se situe devant le Japon (au huitième rang mondial, avec 23 340 $) et distance largement les États-Unis (au quinzième rang, avec 21 530 $).

Première puissance économique européenne, l'Allemagne est au troisième rang mondial en ce qui a trait au produit national brut, après les États-Unis et le Japon.

TABLEAU 11-10
Quelques caractéristiques de l'environnement de l'entreprise

1. L'entreprise a été codifiée comme une institution. Sa place et ses rapports avec l'État et les syndicats sont bien définis dans le cadre de l'économie sociale de marché mise en place au début des années 1950.

2. Toute intervention directe de l'État dans la gestion est exclue (liberté des prix, etc.), ce qui n'empêche pas les actions communes. Le rôle des autorités est essentiellement de maintenir un cadre concurrentiel et monétaire rigoureux. Le mark, qui est soustrait aux aléas politiques (stricte indépendance de la banque centrale), ainsi que la concurrence internationale exercent une forte pression pour renforcer la compétitivité.

3. Des mécanismes sociaux précis sont prévus pour assurer dans tous les cas le consensus aux différents niveaux. Citons le système de cogestion (*Mitbestimmung*, le personnel participant à égalité avec le capital au conseil de surveillance). Les syndicats (huit millions de syndiqués) riches et actifs acceptent les règles du jeu.

4. Les rapports entre les entreprises et l'enseignement ont toujours été très étroits, dans l'optique commune d'une application efficace des connaissances scientifiques. Ils se traduisent par des partenariats de formation, et plus particulièrement dans un système dual d'apprentissage traditionnel qui touche près de deux tiers des jeunes.

5. La recherche est organisée de manière systématique, assurant une liaison entre les entreprises et d'autres partenaires.

6. Les banques «universelles» jouent un rôle bien plus grand que la Bourse. Elles interviennent dans toutes les entreprises, elles les soutiennent et leur permettent une gestion plus stable privilégiant le long terme.

7. Les charges fiscales et sociales sont élevées, mais les règles de fixation des provisions, des réserves (régimes de retraite, etc.) et des amortissements sont libérables, favorisant le financement de l'entreprise.

8. La protection de l'environnement, qui a une importance considérable, est étroitement prise en considération par l'entreprise dans ses objectifs.

9. La démographie déclinante handicape les entreprises, à la fois face à leur recrutement et à leurs marchés.

Source : Bommensath (1991).

TABLEAU 11-11
Les paramètres économiques de l'Allemagne

	1992	1993	1994	1995
PNB global (en milliards de dollars)	1 982	2 038	2 042	2 420
PNB par habitant (en dollars)	24 440	25 100	25 100	29 580
Taux d'inflation (en pourcentage)	4,0	4,1	3,0	1,8
Taux de chômage (en pourcentage)	7,6	8,9	9,6	9,3

Source : Atlaseco (1997).

TABLEAU 11-12
Le produit national brut de l'Allemagne, des États-Unis et du Japon
(en milliards de dollars)

	1992	1993	1994	1995
Allemagne	1 982,0	2 038,0	2 042,0	2 420,0
États-Unis	5 866,6	6 245,4	6 638,2	6 982,0
Japon	3 700,0	4 198,0	4 651,1	4 960,7

Source : Atlaseco (1997).

Entre 1950 et 1985, la croissance du taux de productivité industrielle de l'Allemagne s'est maintenue autour de 5,5 % par année, juste derrière celle du Japon et bien avant celle des États-Unis. Mais à partir de la fin des années 1980, ce taux a décliné dans le secteur manufacturier (en 1989, il était de 2,3 % ; en 1990, de 1,7 % ; en 1991, de 0,9 %).

Le taux de chômage a oscillé entre 4,3 % et 4,9 % de la population active totale dans la partie occidentale *(Statistisches Bundesant*, publié par l'OCDE [1992] *Études économiques)*.

L'Allemagne est également le premier pays exportateur du monde et sa balance commerciale est fortement excédentaire (en 1990, son solde était de 71,9 milliards de dollars). Trente pour cent de la production est exportée.

Peuplée de 81 millions d'habitants répartis sur un territoire de 356 900 km² (227 habitant/km²), l'Allemagne réunifiée représente les deux tiers de la population japonaise pour une superficie presque équivalente (le Japon a une superficie de 372 313 km²), le relief est toutefois infiniment moins montagneux.

Quatre-vingt-cinq pour cent des Allemands vivent dans les villes ; 40,4 % des personnes actives sont employées dans l'industrie et seulement 6,4 % dans l'agriculture, mais cela suffit presque à assurer l'autosuffisance pour tout ce qui est essentiel.

Sur le plan démographique, un problème crucial se pose à l'Allemagne. L'indice de fécondité (1,5) ne permet plus le renouvellement de la population sans le recours à l'immigration. À la fin des années 1980, le taux net d'accroissement de la population était négatif, soit de − 0,1 % (le taux de natalité était de 11,1/1000).

De très riches bassins de houille ont donné à l'Allemagne aussi bien ses ressources énergétiques que de nombreux dérivés pour l'industrie chimique[8].

---

8.   Réalville (1987), Keizer (1981), Ménudier (1986).

QUELQUES ÉLÉMENTS D'HISTOIRE ET DE CULTURE

Revenons plus précisément à la partie occidentale de l'Allemagne. L'ex-République fédérale d'Allemagne est née en 1949, après la fin du procès de Nuremberg, marquant la liquidation du nazisme. La situation était évidemment catastrophique : destruction presque totale, monnaie dévaluée, inflation galopante, amputation de la zone d'occupation soviétique, etc. Le redressement du pays n'en fut que plus spectaculaire : dès 1952, la production industrielle dépassait le niveau de 1936. L'aide financière américaine, l'afflux de main-d'œuvre (réfugiés des pays de l'Est et immigrés), l'abondance de la houille, le développement international, l'expansion de grandes sociétés comme Mercedes, Volkswagen et BASF mirent rapidement l'Allemagne sur la voie d'une économie prospère. La légendaire discipline et l'ardeur au travail des Allemands firent le reste.

À mi-chemin entre l'Europe de l'Ouest et l'Europe de l'Est, le peuple allemand a toujours été à la charnière des bouleversements qui ont périodiquement secoué le continent. Il a donc connu tous les régimes, toutes les religions, toutes les révolutions et toutes les idéologies qui ont marqué l'histoire de l'Europe.

Un fait culturel particulier va cependant toucher plus en profondeur ce peuple : la Réforme, au XVIe siècle. La Réforme, qui sera à l'origine du grand schisme dans la chrétienté et du vaste mouvement protestant, aura pour point de départ une désillusion accumulée, le mouvement humaniste de la Renaissance et trois personnages du début du XVIe siècle. La désillusion accumulée est celle que les populations chrétiennes n'ont cessé de voir grandir depuis les débuts du Moyen Âge à propos des contradictions, des abus et de la corruption dont faisaient preuve bien des membres de la hiérarchie de l'Église, jusqu'à certains papes. Le mouvement humaniste de la Renaissance est ce vaste mouvement artistique, scientifique, littéraire et philosophique qui remit au goût du jour la pensée et les travaux de l'Antiquité, ce qui favorisa notamment, sur le plan religieux, un regain d'intérêt pour les écritures bibliques. Les trois personnages marquants du début du XVIe siècle, enfin, sont le pape Léon X, l'archevêque de Mayence, Albert de Brandebourg, et un moine augustin allemand, Martin Luther.

Pour se procurer les fonds nécessaires à l'achèvement de la basilique Saint-Pierre, le pape Léon X eut l'idée de promulguer, en 1515, une indulgence (remise de tous les péchés) en faveur de tous ceux qui donneraient de l'argent pour la basilique. L'archevêque de Mayence, chargé de la prédication de cette indulgence dans une bonne partie de l'Allemagne, en profita pour se livrer à un détournement des dons afin de régler ses propres dettes. Le moine Luther, outré de toute cette affaire, de la prétention à effacer les péchés avec de l'argent et du zèle malsain avec lequel certains membres du clergé se livraient à la prédication pour extorquer des fonds à des auditoires naïfs et bernés, lança un cri de véhémente protestation, sous forme de 95 thèses, dans lesquelles il dénonça le principe des indulgences.

Luther en profita pour exposer ses idées sur les pouvoirs de l'Église, sur la foi, sur les réelles conditions de rémission des péchés, sur le retour aux écritures originelles (il traduira entièrement la Bible en allemand). Il ne pensait certainement pas rompre avec l'Église, mais la condamnation de ses thèses par Léon X et les polémiques qui s'ensuivirent entraînèrent son excommunication. Ainsi naquit une doctrine qui allait s'enraciner solide-ment en Allemagne et dans les pays scandinaves.

Le plus intéressant pour nous dans cette doctrine, c'est la notion de *Beruf* (vocation, appel, destinée) que chacun, selon Luther, doit accomplir, dans la foi et dans le respect de la voie que Dieu a tracée pour lui. Seul l'accomplissement pieux et honnête, dans l'approfondissement personnel de la foi, peut sauver l'âme ; ce ne seront ni les Églises, ni les dons, ni les œuvres d'argent. D'ailleurs, l'expression allemande *Arbeit als Beruf* (le travail comme vocation) est tout à fait édifiante.

C'est là le fondement des travaux, plus tard, de Max Weber, sur les liens entre l'éthique protestante et l'essor du capitalisme. À travers cette notion de *Beruf*, le protestantisme luthérien va accorder une grande valeur au travail, à la réussite et à la fructification des résultats du travail. Et ce, d'autant plus que la réussite dans la voie ou la vocation tracée par Dieu serait un signe de grâce. À en croire Weber, entre autres, il y a cependant une différence qu'il faut connaître entre luthéranisme et calvinisme[9]. Ce dernier entraîne, essentiellement dans sa variante dite « puritanisme » anglo-américain, une attitude beaucoup plus individualiste, voire égoïste, en vertu de la survalorisation de la réussite – l'enrichissement – sur terre et de la quasi-légitimation de la course au profit personnel, en plus de l'acceptation officielle de l'intérêt et de l'usure[10], notamment.

Voilà de quoi éclairer bien des comportements : ce n'est pas gratuite-ment, ni par hasard, que des formes d'organisation du travail et de gestion telles que celles que nous allons aborder ont vu le jour dans des pays comme l'Allemagne et la Suède, et non aux États-Unis ou en Angleterre.

Détournant aussi bien de l'individualisme que de la poursuite de la jouissance immédiate et de la maximalisation, tout en valorisant le sérieux et le travail, le luthéranisme est une doctrine qui, sans peut-être jouer le

---

9. De Calvin, théologien français qui joignit la Réforme en 1533. Sa doctrine, le calvinisme, se répandit surtout en Suisse, aux Pays-Bas, en Angleterre et aux États-Unis. Et c'est son « adaptation » aux idéologies capitaliste et industrielle de ces deux derniers pays qui servit de base à l'analyse de Weber.

10. Avec, bien sûr, des nuances du genre « quand il y a risque couru », ou « quand il y a manque à gagner », ou encore, « quand l'emprunt a des fins lucratives ». On le sait, l'usure et l'intérêt étaient proscrits par l'Église, sous peine d'excommunication. Nous reviendrons dans la dernière partie sur cette importante question, et nous verrons comment les éthiques en œuvre dans une société peuvent se refléter dans la gestion.

rôle prédominant que lui accorde Weber, a certainement contribué à fonder nombre de valeurs, d'attitudes et de comportements des Allemands et des Scandinaves d'aujourd'hui.

Tout comme dans le cas du Japon, il ne faut pas mésestimer le poids de l'humiliation de la défaite et ses effets sur la fierté nationale qui avaient conduit l'Allemagne, quelques décennies auparavant, au rang de première puissance. Mais il ne faut pas non plus sombrer dans une forme de folklorisme faisant des Allemands des bêtes de travail, courant après leur *Beruf.*

Nous pouvons observer de nombreux points communs entre divers modèles comme celui du Japon ou celui issu de l'expérience sud-coréenne ou encore ceux des Allemands et des Scandinaves. L'un de ces points communs est que ces cultures valorisent le travail (dans le sens de l'honorabilité et de l'utilité aux autres en même temps qu'à soi, et non dans le sens d'un individualisme forcené, exploiteur d'esclaves toujours consentants, dont on a souvent faussement l'image), l'utilité et le service réciproque, en même temps que la beauté de ce qui est fait collectivement. Ce genre de culture a donc toutes les chances, si les individus qui sont au pouvoir respectent ces valeurs, de conduire à des formes d'organisations et à des institutions propices à l'adhésion et à l'épanouissement de tous et chacun. Il n'est sans doute pas inutile de rappeler ici qu'un peu à l'instar du japonais le mot allemand pour désigner le travail (*Arbeit*) dérive de la racine sanscrite *rabh*, qui signifie quelque chose comme se livrer à une activité valorisante, avec vigueur et enthousiasme. La langue germanique possède d'ailleurs un mot désignant le travail et signifiant à peu près la même chose que *rabh* : *Tatigkeit.*

Une longue tradition humaniste et libérale va donc fonder l'ossature des institutions allemandes et, en particulier, ce que nous aborderons plus en détail un peu plus loin, la cogestion. Les différents agents socio-économiques pensent non seulement en fonction de la rentabilité financière, mais aussi, sinon plus, en fonction du bien-être de tous, de la sécurité d'emploi, du plein emploi, de l'humanisation du travail, du droit à une information authentique, de la protection de l'environnement, de la dignité de l'être humain, de la paix sociale et de l'entraide[11].

Comment cela se traduit-il sur le plan de l'activité économique et de la marche de l'entreprise ?

---

11. Keizer (1981), Engelen-Kefer (1976), Ménudier (1986). Ce qu'a fait, par exemple, et c'est un cas unique en Occident, un Günter Walraff (1986), qui s'est transformé en ouvrier turc pour observer de l'intérieur et dénoncer les abus, trafics, viols de la loi, destructions du milieu, complicités avec le pouvoir, etc., auxquels se livrent plusieurs grosses industries en Allemagne, est significatif de tout cela.

LES PARAMÈTRES DU CADRE ÉCONOMIQUE ALLEMAND

Nous avons vu précédemment les principaux indicateurs qui caractérisent l'économie de l'Allemagne d'aujourd'hui. Mais il est un élément de première importance qu'il faudrait faire ressortir avant d'aller plus loin : lorsque l'on parle de performances économiques et lorsque l'on prend, après les économistes, les exemples du Japon, de l'Allemagne et de la Suède, ce n'est pas uniquement sur la base d'exploits économiques purs mais, avant tout, sur la base de ces performances combinées avec une situation où la violence sociale est aussi réduite que possible. Et la réduction de la violence sociale se mesure par la capacité que se donne une société pour prendre soin de tous ses membres : depuis la lutte contre le chômage jusqu'aux installations récréatives et sportives dans l'entreprise, en passant par les programmes de réduction des maux sociaux, l'éducation et la formation, ou encore l'aide aux démunis. On sait qu'au Japon le *ié* pourvoit grandement à ces besoins, tandis que les entreprises donnent souvent beaucoup plus que ne le prévoit la loi en matière de protection sociale, et que les politiques sociales de l'Europe en général, et de l'Allemagne et de la Scandinavie en particulier, sont, de loin, les plus développées du monde.

Car il existe aussi un cycle vertueux, une boucle de réciprocité, qui fait qu'une société en bonne santé donne de meilleurs résultats économiques. Si ces résultats sont équitablement répartis pour le bien de tous, il sera d'autant plus facile de mobiliser les travailleurs ou de leur demander des sacrifices, le cas échéant. Tôt ou tard, l'accaparement par une minorité des fruits de la production économique, aussi florissante soit-elle, finit par faire s'effondrer l'ensemble de l'appareil social et matériel. Car on perd, alors, la capacité de pouvoir réellement compter sur la seule ressource illimitée et créatrice : les humains. Aussi géniaux soient-ils, les quelques milliers de chefs et de managers n'atteindront jamais une infime proportion de la capacité des cerveaux de dizaines de millions de femmes et d'hommes effectivement mobilisés pour le bien commun de l'entreprise (*Le Devoir économique* d'octobre 1989 rapporte comment il y a, grâce aux cercles de qualité, 15 millions de « cerveaux actifs » dans l'entreprise au Japon, contre 4 millions aux États-Unis). La performance économique, sans retombées justes, équitables et bienveillantes pour tous, n'est qu'un feu de paille qui ne peut mobiliser l'ensemble des forces dont elle a besoin.

C'est pourquoi, pour comprendre l'état de l'économie allemande, il faut en connaître le système sociopolitique, car les deux sont intimement liés.

LES NÉGOCIATIONS ET LES RELATIONS DU TRAVAIL

Les rapports patronat–ouvriers ont presque toujours été inscrits dans un contexte de recherche de la paix sociale et de la démocratie industrielle.

Avant 1914, on pratiquait déjà en Allemagne un système d'assurance-maladie et de retraite très en avance sur ceux des autres pays. Et, pourrait-on dire, presque depuis toujours, le civisme, la responsabilité sociale et la justice sociale sont les fondements des attitudes et des comportements de tous les groupes d'acteurs socio-économiques : le gouvernement, les syndicats et le patronat[12].

Le principe de négociations collectives entre organisations syndicales et patronales a été établi pour la première fois en Allemagne dans la Constitution de la République de Weimar en 1919. Après 1945, un consensus social et politique a maintenu le principe constitutionnel suivant lequel les salaires et la plupart des autres conventions d'emploi doivent être déterminés par voie de négociations collectives entre les partenaires sociaux.

Il n'y a pas de salaire minimum légal fixé par l'État. Par ailleurs, les dispositions réglementaires qui déterminent les modalités d'application des conventions collectives visent même les entreprises qui ne participent pas aux négociations.

Les travailleurs non syndiqués sont également protégés par les conventions visant leur entreprise si l'employeur est membre de l'organisation qui a négocié les accords. D'importantes dispositions juridiques concernant la cogestion (*Mitbestimmung*) et les restrictions à la liberté de licenciement renforcent la position des travailleurs dans l'entreprise. Même si des conflits apparaissent dans les relations du travail, ils sont régis et réglés par le biais des accords-cadres entre les employeurs et les employés.

Les travailleurs, qui sont pleinement responsabilisés par le système de cogestion, sont représentés dans l'entreprise au conseil de surveillance (*Aufsichtsrat*).

La loi sur la cogestion s'applique à toutes les entreprises ayant plus de 2000 employés. La représentation syndicale est égalitaire dans le conseil d'entreprise (*Betriebsrat*). Ce conseil mixte est élu par les travailleurs et décide, conjointement avec la direction, des conditions de travail et de ce qui touche aux relations professionnelles.

Les acteurs syndicaux se retrouvent dans une puissante organisation, la DGB (Deutscher Gewerkschafsbund), qui est très écoutée par le patronat et les pouvoirs publics.

Ainsi, la Confédération des associations d'employeurs, la BDA, se consacre aux problèmes de responsabilité sociale du patronat, tandis que la Fédération de l'industrie, la BDI, se penche davantage sur les questions économiques. Les concertations systématiques entre le gouvernement, les syndicats et le patronat ont évité à l'Allemagne de connaître des grèves vraiment sérieuses et lourdes de conséquences.

---

12. Bellemare et Poulin-Simon (1986), Réalville (1987), Engelen-Kefer (1976), Thimm (1980).

Les syndicats, de plus en plus socialistes ou sociaux-démocrates, sont considérés comme des partenaires de fait et de droit, aussi bien à l'échelle de l'État qu'à celle de l'entreprise (50 % des députés au Parlement sont des syndicalistes)[13]. Les syndicats sont puissants par leur nombre et leur rôle, mais aussi par les fonds qu'ils mobilisent: la DGB (Confédération des syndicats) possède la quatrième banque de l'Allemagne réunifiée et est, proportionnellement à ses membres, parmi les plus riches du monde[14].

Tout cela donne quelque chose qui est spécifique de l'Allemagne: une démocratie industrielle où le système de cogestion, que nous allons voir, est le résultat direct de la collaboration entre le patronat et les syndicats, une idée aussi vieille que le mouvement ouvrier lui-même en Allemagne. Cette collaboration résulte en partie du renoncement à la notion marxiste de lutte des classes. Elle est aussi attribuable au désir des dirigeants de corriger un des trois vices primordiaux du système que Marx avait recensés ; ils ont accepté de diminuer le pouvoir qu'ils détenaient face aux salariés, pouvoir basé sur la faiblesse économique de ces derniers[15].

L'idée de cogestion trouve ses racines dans celle de la dignité de l'humain et de son travail, quel qu'il soit, et dans le droit au libre épanouissement de tous. En restreignant le pouvoir de ceux qui possèdent les leviers de l'économie, les employeurs, on va vers un équilibre propice à une plus grande justice sociale, puisque les différents partenaires sociaux doivent alors tenir compte les uns des autres, se concerter et négocier. La cogestion est donc un système qui oblige l'entreprise à se soucier davantage des facteurs humains, sociaux et même écologiques, dans ses décisions et ses modèles d'investissements. De plus, elle favorise, par la collaboration qu'elle crée, la maîtrise de l'évolution technologique et la compétitivité, tout en permettant de viser le plein emploi et la sécurité d'emploi, ainsi qu'une répartition plus équitable des résultats[16].

LE MANAGEMENT DE L'ENTREPRISE ALLEMANDE

Les entreprises sont en général dirigées par des scientifiques, ingénieurs et technologues qui sont passés, pour la plupart, par le terrain de la production. Il est rare de trouver à la tête de ces entreprises des dirigeants ayant uniquement une formation de gestionnaire ou d'administrateur. La légitimité du dirigeant s'acquiert dans un système où la carrière se construit par apprentissages successifs des métiers de l'entreprise. Dans une enquête du

13. Keizer (1981), Ménudier (1986).
14. Thimm (1980). Précisons que l'affiliation syndicale n'est pas obligatoire en Allemagne.
15. Galbraith (1989).
16. Il faut signaler que les entreprises allemandes ont tendance à ne verser des dividendes que dans les limites de ce qui est nécessaire à la bonne tenue des actions sur le marché: on peut ainsi accorder plus d'avantages matériels aux travailleurs quand les rendements sont bons (Thimm 1980, Delay 1976, Adams et Rummel 1984).

CNRS (Centre national de la recherche scientifique français) sur le parcours des chefs d'entreprise (citée par *L'Expansion*, 9-22 janvier 1992), Michel Bauer et Bénédicte Bertin-Mourot estiment qu'au moins deux tiers des patrons allemands sont formés par leur propre entreprise. Ils y gravissent les échelons et possèdent une vaste expérience multiforme. Ils bénéficient, il est vrai, d'une grande stabilité d'emploi et l'on peut parler, comme dans le cas du Japon, d'emploi à vie. Compte tenu des problèmes posés par la réunification, cette situation doit être relativisée, en particulier en ce qui concerne les *Lander* orientaux. Mais la précarité de l'emploi et la forte hausse du chômage dans les *Lander* orientaux sont dues, pour une grande part, aux privatisations massives des entreprises publiques de l'ex-RDA. Il faut noter ici que les opérations de restructuration et de privatisation des entreprises se trouvant sur le territoire des cinq *Lander* orientaux (ex-RDA) sont assurées par la Treuhandanstalt. Il s'agit d'une organisation gouvernementale ayant, entre autres, pour mandat de vendre le patrimoine et les actifs des entreprises publiques de l'ex-RDA. En 1992, soit deux ans après la réunification allemande, 5800 entreprises sur 10 000 avaient déjà trouvé acquéreur. La plupart d'entre elles ont été achetées par des sociétés situées en Allemagne occidentale.

Dans une interview accordée au *Figaro-Magazine*, le vice-président du groupe Volkswagen, G. Gœudevert, nous donne sa vision du management dans les entreprises allemandes : « Je considère, dit-il, que la mission d'un industriel [et d'un gestionnaire] va au-delà de son bilan chiffré et de ses perspectives de carrière [...] Organiser, ce n'est pas mettre de l'ordre, c'est donner de la vie. » Il est vrai qu'en Allemagne on rejette l'image de l'homme universel, omniscient et infaillible, et cela se traduit par le fait que « l'entreprise allemande se présente davantage comme un échiquier sur lequel est dispersé le pouvoir » (dossier spécial Allemagne, *Moniteur du commerce international*, MOCI, nº 1026 du 25 mai 1992).

Soixante-cinq pour cent des patrons allemands sont issus des entreprises qu'ils dirigent. Gœudevert fait d'ailleurs le pari que le « capitalisme rhénan », tout comme le capitalisme nippon, mélange de consensus, d'équilibre social et de vue à long terme, continuera de démontrer sa supériorité.

Le groupe Volkswagen a lancé, à l'initiative de son comité directeur, plusieurs actions particulières. Tout d'abord, le projet de création d'un campus international qui fait une adaptation scolaire du système dual de formation. On y prévoit un recyclage des professeurs tous les deux ans par des séjours opérationnels de six mois dans une entreprise. Le projet comporte deux chaires spécialisées d'enseignement : l'une réservée à l'enseignement du syndicalisme, de la codétermination et du consensus, l'autre destinée au recyclage des cadres sans travail ou « fraîchement remerciés ». On admettra aisément que de telles initiatives sont assez rares, voire inexistantes, dans bon nombre de pays développés.

Le système de promotion interne dans l'entreprise est directement lié à la formation. Axée sur un métier, la formation est conçue comme la préparation à une succession de responsabilités pratiques. Et le prestige individuel s'acquiert au fil des résultats. « C'est la valorisation des compétences acquises et un parcours professionnel réussi qui conditionnent l'accès aux responsabilités managériales les plus élevées, jamais le diplôme exclusivement » (René Lasserre, secrétaire général du CIRAC, Centre d'information et de recherche sur l'Allemagne contemporaine).

Mais voyons à présent ce qu'est cette cogestion et comment l'entreprise allemande est gérée dans un tel cadre.

La constitution allemande comporte une affirmation qui représente déjà, à elle seule, non seulement l'état d'esprit dans lequel doit se concevoir la gestion, mais aussi un sérieux garde-fou contre les abus de la liberté d'entreprise et du laisser-faire. La constitution dit en effet, textuellement : la propriété crée des obligations et doit aussi servir au bien-être général[17]. L'État intervient alors de droit et veille à assurer la poursuite de ce principe par l'instauration (concertée) de politiques industrielle, de l'emploi et de la monnaie.

La notion même de cogestion remonterait au XIXe siècle quand, en 1848, on créa le premier conseil d'entreprise, une structure qui faisait participer les ouvriers à la gestion. Mais, dès 1920, la loi rendait obligatoire l'installation de tels comités dans toute entreprise de 20 employés et plus.

Avec la montée du nazisme et la Seconde Guerre mondiale, ces lois disparurent, mais aussitôt la guerre terminée, le Gouvernement invita syndicats et patronat à élaborer ensemble un projet sur le mode d'organisation et de gestion de l'entreprise. Il en résulta en 1952 une loi préconisant la cogestion par l'intermédiaire d'un conseil d'entreprise, d'un conseil de surveillance et d'une assemblée générale des actionnaires. Les entreprises de plus de cinq employés (sauf la sidérurgie et les mines pour lesquelles une loi spéciale de 1951 prévoyait la constitution de conseils de surveillance paritaires) doivent, depuis, se plier à la pratique de la codécision assurée par le conseil d'entreprise.

En 1972, une autre loi a instauré une commission paritaire (composée à part égale de représentants des ouvriers et de la direction) qui se penche sur les politiques à long terme de l'entreprise. Depuis 1976, la législation a généralisé ce système à tout secteur regroupant 2000 employés et plus[18]. Il serait fastidieux d'examiner en détail toutes les structures et facettes de ce mode de gestion. Mais voyons-en les principes et les grandes lignes.

---

17. Thimm (1980). Il convient d'ajouter que cette notion de « propriété-obligations » contraste singulièrement avec celle de « propriété-droits » ayant cours en Occident. En Allemagne, cette notion va jusqu'à s'appliquer, par exemple, à l'obligation de partage, de location ou de cession de logement ou d'espace habitable à des citoyens sans logis...
18. Thimm (1980), Delay (1976), Adams et Rummel (1984).

On peut avancer une définition complète et satisfaisante de la cogestion. Disons, avec Thimm (1980), que la notion englobe les différentes possibilités et formes de gestion en commun : la codécision, la codétermination, la coopération, la codirection, etc., même si le terme allemand utilisé pour la désigner comporte plutôt la signification de codécision. L'essentiel du rôle qu'on lui prête consiste à concrétiser la démocratie industrielle et à rapprocher le plus possible capital et travail (les syndicats ont de tout temps exigé d'en faire, partout, une cogestion entièrement paritaire, et à tous les niveaux).

L'organe principal de la cogestion paraît être le **conseil d'entreprise**, élu pour deux ans par l'ensemble des salariés âgés de plus de 18 ans. Il est composé uniquement de salariés. Ouvriers et cadres y sont représentés de façon proportionnelle. Il se réunit une fois par mois et peut inviter le chef de l'entreprise à participer à ses délibérations. Le conseil a accès à toutes les informations, il propose des améliorations (quant aux locaux, à la santé, au confort, aux méthodes, etc.), il veille au respect de la convention, à l'intérêt des travailleurs, il « codécide » sur les questions de mouvements du personnel, de licenciement, de recrutement, de formation, d'évaluation, de rémunération. Il peut s'opposer à toute décision patronale jugée contraire à la convention ou basée sur des motifs personnels, à tout licenciement dont il n'a pas été dûment informé. En cas de litige, le tribunal du travail est saisi. Les membres du conseil d'entreprise ont le droit d'être libérés pour leurs activités et peuvent suivre des cours susceptibles de les aider à mieux jouer leur rôle dans le conseil.

La commission économique (paritaire), en se penchant sur les politiques à long terme, examine les rapports mensuels sur la production, les ventes, les états économiques (informations qui sont d'ailleurs, tous les trois mois, données à l'ensemble du personnel). Le chef d'entreprise doit consulter cette commission sur toutes les actions pouvant toucher le personnel (les acquisitions, les fusions, les fermetures)[19].

Le **conseil de surveillance**, composé pour le tiers de salariés et pour les deux tiers d'actionnaires, se réunit quatre fois par an. Il nomme le comité directeur, suit ses actions et veille au respect des aspects sociaux dans les décisions arrêtées par l'entreprise.

Le **comité directeur**, ou directoire, est composé, lui, de trois membres et comprend obligatoirement un directeur du personnel. L'assemblée générale des actionnaires élit les membres du conseil de surveillance et se penche, à l'occasion, sur les doléances du conseil d'entreprise et sur les problèmes qu'il rencontre. Les amendements apportés à la législation au cours des années 1980 donnent une plus grande marge de manœuvre aux travailleurs. Ils ont ainsi le droit d'être renseignés, d'être entendus, de discuter la façon

---

19. Delay (1976), Thimm (1980).

dont on les utilise dans l'entreprise, le mode de calcul de leur salaire, d'évaluation, de promotion, etc. Chaque employé peut consulter à volonté les dossiers le concernant et s'en servir pour réclamer des modifications, au besoin[20].

L'employé reçoit, en plus de son salaire, quatre semaines de congé payées, des primes, des assurances, des services de sport et de loisirs, et même de garderie et de logement. L'employeur cotise pour moitié à l'assurance-chômage. Un chômeur reçoit non seulement ses allocations de chômage, mais aussi une aide sociale, une aide pour le loyer et un remboursement pour tout programme de recyclage ou d'étude qu'il entreprend. On peut entrevoir ici l'importance de la répartition plus équitable de la richesse nationale en Allemagne.

Selon les observateurs, la cogestion a apporté un climat des plus coopératifs, des communications ouvertes dans tous les sens, un sentiment de justice et d'impartialité et une autorité bien plus reliée à la compétence qu'à la position hiérarchique ou à la détention du capital[21].

CONCLUSION

Nous signalerons, en guise de conclusion, que des changements profonds sont apparus en Allemagne depuis l'avènement du dernier régime, sous la direction de Helmut Kohl. Celui-ci, président du parti CDU (chrétiens-démocrates), a accédé au pouvoir en 1982, après l'éclatement de la coalition SPD (sociaux-démocrates)-FDP (libéraux)[22]. Plus proches des idées de droite et du milieu des affaires, le CDU et son président devenu chancelier (chef du gouvernement allemand) ont imprimé à l'Allemagne un virage dans ses politiques économiques et industrielles. C'est ainsi que les milieux d'affaires (qui ont soutenu Kohl et son parti) et la direction de la banque centrale allemande, acquise aux idées néo-conservatrices et monétaristes, ont influencé les politiques gouvernementales en matière de lutte contre le déficit budgétaire, de programmes sociaux et d'emploi[23].

---

20. Dans son article sur la planification stratégique en RFA, Thanheiser (1979) explique dans le détail comment se font concertations et discussions, de comité paritaire en comité paritaire, depuis l'atelier ou l'unité de production, à la base, jusqu'au comité directeur, au sommet de la hiérarchie.
21. Thimm (1980), Adams et Rummel (1984), Delay (1976).
22. Nous présentons ci-après la composition du Parlement fédéral issu des dernières élections:

Union chrétienne-démocrate (CDU)	268 sièges
Parti social-démocrate (SPD)	239 sièges
Parti libéral démocratique (FDP)	79 sièges
Union chrétienne socialiste (CSU)	51 sièges
PDS	17 sièges
Verts	8 sièges

Les prochaines élections générales au Parlement auront lieu à l'automne 1994.
23. Voir, pour les détails et les données factuelles, Bellemare et Poulin-Simon (1986, p. 395-412) ainsi que la série *Études économiques* de l'OCDE, années 1990 à 1993.

L'étude sur l'économie mondiale élaborée par les experts des Nations Unies (1992) nous rappelle ceci :

[Au début des années 1990,] trois des sept grands pays industrialisés – le Canada, les États-Unis et le Royaume-Uni – étaient entrés en récession tandis que la production augmentait en flèche [pour répondre aux besoins colossaux de la réunification] dans la partie occidentale de l'Allemagne et au Japon. Mais, fin 1991, l'Allemagne et le Japon entraient en récession et ailleurs, la reprise était précaire et fragile.

Depuis que le processus de réunification a débuté, en 1990, l'intégration progressive des *Lander* occidentaux et orientaux a nécessité des transferts financiers considérables (250 milliards de dollars) pour soutenir la perte de revenu des travailleurs de l'ex-RDA (effondrement brutal de l'économie des *Lander* orientaux) et engager les programmes de reconstruction, en infrastructures notamment.

En plus d'un appel à l'épargne nationale, le gouvernement allemand a dû lancer un impôt de solidarité et augmenter la pression fiscale. Les incertitudes liées au coût de la réunification font que l'Allemagne, après avoir été un important exportateur de capitaux, est devenue un importateur net (OCDE 1993).

Mais les pressions inflationnistes (l'augmentation nette des prix à la consommation), l'accroissement de la dette publique, le renforcement de la vigueur du mark allemand et son corollaire, la relative baisse de compétitivité des exportations allemandes, posent de plus en plus de problèmes au gouvernement du chancelier Kohl.

Dans ce contexte de morosité, l'ensemble des secteurs traditionnellement les plus performants sont en contraction et, en mai 1993, le taux de chômage atteignait 7,2 %, sans compter le nombre de travailleurs à temps partiel. Les perspectives semblent des plus pessimistes puisque l'OCDE prévoyait pour l'ensemble de l'Allemagne un taux de chômage de 9,7 % en 1993 et de 10,9 % en 1994.

La présence au pouvoir du parti de Helmut Kohl a entraîné une sorte de recul dans le système socio-économique traditionnel et dans l'ampleur du régime social-démocrate bien avant la réunification. À tel point que, précisent Bellemare et Poulin-Simon, plusieurs structures de discussion, de concertation et de participation à l'échelle nationale se sont vidées de leurs membres représentant les travailleurs. Ceux-ci se sont progressivement retirés pour protester contre le fait que le Gouvernement se laissait de plus en plus ouvertement influencer par les milieux patronaux et par les idées néo-conservatrices.

Ayant choisi d'abandonner la poursuite du plein emploi au profit de l'assainissement budgétaire, le gouvernement allemand a permis le fait que le nombre de personnes en chômage grimpe à vive allure[24], dès le début

---

24. Bellemare et Poulin-Simon (1986), p. 395.

des années 1980[25]. Inspirées des idées selon lesquelles l'assainissement de l'économie passe par le désengagement de l'État et la stimulation des milieux des affaires privées, ces mesures ont entraîné des relèvements des primes d'assurance-chômage et d'assurance-maladie, des frais médicaux et des cotisations à la sécurité sociale; des réductions des subventions en faveur de l'épargne des ménages et des investissements publics; des compressions des dépenses sociales, des allocations de chômage.

Selon *Der Spiegel* (1993):

> Il y a trois ans encore, lors de la réunification, l'Allemagne était sûre d'elle, fière de son industrie performante, de sa compétence louée dans le monde entier, choisie pour être la force d'entraînement d'une Europe attractive, celle de l'avant-Maastricht. Las, les Allemands avaient tout faux! Le pays est aujourd'hui menacé d'une crise grave. Son économie est en perte de vitesse, avec un chômage masqué considérable. C'est que dix ans de prospérité ont ramolli patrons et salariés au point que l'écart de la productivité de l'économie par rapport à celle de ses concurrents ne cesse de se creuser. Ainsi, 60 % de l'économie est mise en danger par la concurrence, quant aux coûts, à la qualité et à l'innovation, en Asie, aux États-Unis et en Europe orientale.

Avec, depuis le début des années 1980, une politique économique beaucoup moins axée sur l'emploi (sinon contraire à un objectif de soutien à l'emploi)[26], l'Allemagne a vu la structure principale chargée de juguler le chômage, l'Institut fédéral de l'emploi, perdre grandement de son poids. Par ailleurs, le Comité de l'action concertée (comité national de participation), qui assurait l'influence des associations syndicales sur la politique macro-économique, a cessé de fonctionner en 1977, par suite du retrait de la Confédération des syndicats face à la tentative du patronat de faire déclarer inconstitutionnelle la loi de 1976 sur la codétermination.

En bref, et sans mésestimer les effets de la réunification (les migrations massives d'Allemands venus des *Lander* orientaux) et de la crise du commerce mondial, on peut, avec Bellemare et Poulin-Simon, penser que si le chômage prend aujourd'hui une telle ampleur en Allemagne, c'est principalement en raison de la rupture du système de participation des partenaires sociaux et du choix de l'orientation de la politique économique. En abandonnant le système de participation à l'échelle nationale, l'Allemagne a renoncé à la poursuite du plein emploi[27].

---

25. Politique commencée, il est vrai, dès 1976 par crainte de la croissance du déficit. Mais des mesures franchement apparentées aux doctrines néo-conservatrices n'apparaissent qu'à partir de 1983 (Bellemare et Poulin-Simon 1986, p. 399, 400).
26. Bellemare et Poulin-Simon (1986).
27. Bellemare et Poulin-Simon (1986), p. 410.

LES IDÉES IMPORTANTES

SUR L'ALLEMAGNE

La société

L'Allemagne possède une longue tradition de dialogue et de communication entre ses différents acteurs socio-économiques. Puisque la recherche du consensus, de l'entente sur les objectifs à atteindre est à la base des échanges entre les différents partenaires dans le processus économique, cette nation se caractérise par une forte imbrication des domaines économique et social. Sur le plan économique, le secteur industriel joue un rôle prépondérant. Les petites et moyennes entreprises assurent largement le volet de l'exportation et les banques occupent une place prédominante dans le système financier.

✗ Questions

1. Quels facteurs historiques ont favorisé l'émergence de ce modèle particulier ?
2. Quelles sont les similitudes entre le modèle allemand et, d'une part, le modèle japonais et, d'autre part, le modèle suédois sur le plan social ?
3. Quel est le rôle de l'État dans la sphère des activités économiques ?

L'entreprise

La logique de la concertation et de la cogestion anime aussi les activités de l'entreprise qui intègre des objectifs de protection de l'environnement à l'échelle de la nation, un engagement dans la formation de la main-d'œuvre et des relations de partenariat avec sa banque et le syndicat. Les objectifs de rentabilité à court terme cèdent la place aux objectifs de qualité du produit, de bonnes conditions de travail et de satisfaction des clients. Les employés, qui sont bien payés et travaillent moins qu'ailleurs, voient dans l'entreprise un milieu de travail sécuritaire, stable et stimulant.

✗ Questions

1. Quel type d'apprentissage favorise le système d'enseignement universitaire et de formation professionnelle ?
2. Quel est le principal avantage des pratiques de collaboration entre l'entreprise et son établissement financier ?
3. Sur quoi est construite la légitimité du dirigeant dans l'entreprise ?

CHAPITRE 12

Les fondements du modèle suédois : la « troisième voie » ?

INTRODUCTION

Relevant d'une « troisième voie » de développement économique et social, le « modèle » suédois, qui prône la justice et la concertation entre les partenaires sociaux, se situe entre le libéralisme et l'économie planifiée. Il a été et reste, malgré les turbulences qui l'affectent, porteur d'amélioration durable, d'égalité et de paix sociale.

Les économistes Gosta Rehn et Rudolf Meidner ont été, dès 1948, les principaux instigateurs de la formulation du modèle suédois. Les fondements de ce modèle qui soutiennent les politiques de concertation procèdent « d'une critique de la politique économique d'inspiration keynésienne en vigueur en Suède comme dans d'autres pays occidentaux pendant les années de guerre et la première décennie de l'après-guerre[1] ».

Dans leur livre intitulé *Le défi du plein emploi*, Bellemare et Poulin-Simon placent la Suède au rang des pays qui ont le mieux réussi à dynamiser leur économie, tout en atteignant des objectifs de bien-être de leur société, notamment en matière d'emploi, qui est parmi les plus élevés[2].

Voilà un petit pays, particulièrement sous l'angle de la population, qui étonne par ses percées technologiques, industrielles et même managériales. Sur ce dernier point, il suffirait de citer les effets mondiaux qu'a entraînés, au début des années 1970, le réaménagement par Volvo de ses usines de production de Kalmar ; il s'en est suivi tout un mouvement dénommé « socialisation de la chaîne de travail », ou encore « organisation par groupes », ou « équipes semi-autonomes ». On peut aussi rappeler l'expérience, plus récente, de Jan Carlzon avec la compagnie aérienne scandinave

---

1. Gill (1989), p. 14.
2. Excepté pour l'Allemagne, jusqu'au début des années 1980 ; pour plus de détails, voir l'annexe et les dossiers consacrés à l'efficacité managériale suédoise dans la revue *Ressources humaines*, n° 10, janvier 1988, ainsi que le quotidien *La Presse*, 8 janvier et 5 août 1989.

SAS, qui fut l'une des premières, des plus complètes et des plus efficaces expériences de démocratisation de l'entreprise ou, pour utiliser des termes à la mode, d'instauration d'une culture d'entreprise de convergence et de collaboration.

Plusieurs grands groupes industriels suédois sont passés au rang de multinationales très prospères un peu partout dans le monde : Volvo, ASEA, IKEA, SAS, SKF et bien d'autres.

La Suède a, à sa façon, et à l'instar du Japon et de l'Allemagne, construit une forme très réussie de coopération sociale où les différents partenaires, soit le Gouvernement, les syndicats et le patronat, négocient et collaborent. Ce pays illustre aussi éloquemment le fait que l'intervention de l'État et la régulation des activités de production de richesses ainsi que de redistribution sous l'égide de l'État sont loin d'être un danger mortel pour la prospérité, bien au contraire.

QUELQUES FAITS ET CHIFFRES

La Suède est l'un des pays qui ont pratiqué la politique dite de l'État-Providence et son économie est parmi celles qui se sont le mieux adaptées, jusqu'à la fin des années 1980, aux différentes crises qui ont déchiré la plupart des économies industrialisées, avec un taux de croissance soutenu (2 % par année pour la période 1980-1991) et un taux de chômage des plus bas (2,5 % en moyenne durant cette période).

Avec un territoire de 450 000 km², la Suède compte près de 8,6 millions d'habitants, dont plus de la moitié est active (4,6 millions de personnes actives en 1990)[3]. La majorité est concentrée dans le sud du pays, fortement urbanisé[4].

La forêt couvre 50 % des terres suédoises, ce qui permet de développer une solide industrie des produits du bois, et l'agriculture comble presque tous les besoins alimentaires du pays. Des ressources naturelles, notamment minérales (d'importants gisements à haute teneur en fer), et des percées constantes dans les technologies avancées ont permis à la Suède d'asseoir et de maintenir une performance industrielle soutenue. Jusqu'à la fin de la décennie 1980, son taux de production par habitant a été l'un des plus élevés parmi les pays de l'OCDE.

Pour faire face aux crises et aux chocs pétroliers successifs, durant les décennies 1970 et 1980, la Suède, particulièrement vulnérable comme tous les petits pays, a eu recours à la discipline sociale que son régime lui permettait de solliciter. Les différents acteurs économiques ont consenti des efforts afin de sauvegarder le sort commun : les consommateurs en écono-

---

3.   OCDE (1992) *Études économiques : La Suède.*
4.   Au total, 84 % de la population vit en milieu urbain.

misant, les travailleurs en soutenant leur taux de production et les patrons en gelant les mises à pied[5].

Jusqu'en 1991, la politique suédoise a été résolument interventionniste, même durant les périodes de gouvernement plus « bourgeois » (comme entre 1976 et 1982) et le plein emploi en a été le centre de gravité avec des mesures énergiques de canalisation de la main-d'œuvre, de formation, de recyclage, d'aide au déplacement ; une politique d'équité dans les revenus, les salaires et les avantages sociaux (qui « suivent » le travailleur où qu'il aille, sans perte ni changements dommageables, au lieu d'être rattachés à un employeur) ; une politique de développement régional ferme, de protection de la nature, de contrôle des prix, etc., et surtout une **politique de limitation de l'accroissement des fortunes privées par le biais de la fiscalité.**

Ces mesures ont permis à la fois d'établir une réelle justice sociale dans la redistribution des richesses et de financer d'importants services aux citoyens en matière de santé, d'éducation, de retraite, de chômage, de sport, de culture, etc.[6]

QUELQUES ÉLÉMENTS SOCIOCULTURELS

Il faut dire d'emblée que le régime suédois, un peu à la manière des régimes japonais et allemand, a illustré une forme de social-démocratie, sinon de socialisme. Au-delà des différentes connotations péjoratives, voire catastrophistes, traditionnellement rattachées à ces termes dans l'Occident libéral, il faut y voir une volonté de réalisation d'un équilibre et d'une équité sur le plan social dans le respect de la dignité de la personne.

Le premier facteur en jeu est le travail. Conçu non pas comme un privilège, une faveur ou un simple moyen de vie ou de survie, **le travail est considéré comme un droit fondamental du citoyen et comme un facteur de respect de sa dignité d'humain** (ce qui rejoint la notion luthérienne de *Beruf*). Conséquemment, la société suédoise a pendant longtemps été marquée par l'inscription du plein emploi comme objectif central du pouvoir, de tout pouvoir, même conservateur.

C'est l'un des peuples – y compris son patronat – qui paient les taxes les plus élevées du monde, mais c'est l'un des pays les mieux nantis quant aux services publics et aux programmes sociaux (bien mieux nanti que le Canada, où le niveau de taxation est pourtant élevé, notamment pour les particuliers).

La cohésion sociale, la quasi-unanimité d'opinion et la conscience de la nécessité de faire des efforts mutuels pour réaliser la plus grande justice

---

5. Skandinaviska Enkilda Banken (1983), Ardant (1976), Feigelson (1986), Jones (1977).
6. Feigelson (1986).

sociale constituent, malgré les fissures et les dérapages de ces dernières années, de puissantes données socioculturelles de la Suède.

Ne perdons pas de vue que, avec l'Allemagne, la Suède est le pays qui a le plus subi – et intégré – le luthéranisme, à qui, selon le mot de Max Weber, l'individualisme induit par le courant puritain (très répandu, entre autres, aux États-Unis) dérivé du calvinisme fait horreur. C'est, là aussi, une donnée socioculturelle déterminante[7].

Depuis des décennies, les protagonistes et partenaires dans la production des richesses en Suède se sont livrés régulièrement à un authentique travail de concertation. Leurs intérêts respectifs trouvaient leur satisfaction dans la poursuite, arbitrée par l'État, du bien-être global.

Cette organisation, qui n'est évidemment pas sans rappeler le Japon, permet de dire que les Suédois ont pu accepter momentanément de faire des efforts et des sacrifices, parce qu'ils ont confiance qu'une fois rétablie la richesse sera redistribuée équitablement. Tout le monde joue le jeu parce que tout le monde y trouve son profit. Selon la conception de base, sans la redistribution équitable des richesses, la collaboration entre le travail et le capital ne fonctionnerait pas.

Ainsi, les grands programmes sociaux n'ont pas été perçus comme des obstacles à la productivité des entreprises, mais, au contraire, comme autant de moyens de consolider celle-ci[8]. Il y a là, on s'en aperçoit bien, une différence fondamentale avec les attitudes et idées répandues dans les milieux dirigeants nord-américains.

Dès l'arrivée au pouvoir, en 1932, du Parti social-démocrate, les syndicats ouvriers très combatifs et bien organisés ont accru leur mobilisation.

> [Mais] à la mobilisation et à l'action revendicative, qui font ressortir les divergences d'intérêts entre capital et travail et posent de fait la question de la direction de la société sur des bases autres que celle du profit, vont se substituer les perspectives de concertation, la recherche des moyens de gérer en commun une économie de marché dont on veut garantir la permanence[9].

Cette orientation, selon l'expression de Per-Albin Hanssos, premier ministre social-démocrate de la Suède de 1932 à 1945, est celle de la *folkhem*, ou « maison de tout le peuple », libérée des conflits et de l'injustice sociale[10].

---

7. Ne perdons pas de vue, non plus, et nous aborderons ce point un peu plus loin, que l'éthique chrétienne en général et l'éthique catholique en particulier (sans parler de celle du confucianisme et de celle de l'islam) rejettent la poursuite de buts individualistes, l'usure, le profit à des fins égoïstes, etc., la question importante restant le respect de ces valeurs par les couches qui détiennent le pouvoir.

8. Extraits de Milner et Versailles (1986), articles II et III. Voir aussi Faramond (1976), Jalbert (1985), le dossier de la revue *Ressources humaines* (1988).

9. Gill (1989), p. 43.

10. Gill (1989), p. 42.

Le mouvement ouvrier ne revendique donc pas la propriété collective des moyens de production, il s'attelle plutôt à rechercher un partage équilibré des intérêts avec le patronat. Cependant, vers les années 1970, une tendance à la socialisation, fortement soutenue par le gouvernement du premier ministre social-démocrate Olof Palme, est apparue ; en conséquence, deux séries de lois renforçant la participation des travailleurs à l'institution et à la gestion de « fonds salariaux d'investissement[11] » ont été promulguées à cette époque.

En 1938, des accords-cadres historiques ont été conclus entre la Confédération des employeurs, la SAF (Svenska Arbetgivarforeningen), et la Confédération suédoise des syndicats, la LO (Landsorganisationen i Sverige), à Saltsjobaden. Cette entente concrétisera un consensus général entre le patronat et le monde syndical pendant plusieurs décennies.

À partir des années 1960, des modifications ont été apportées au cadre global de l'accord, mais les principes régissant l'esprit de solidarité salariale, de responsabilité sociale des syndicats et de plein emploi ont été développés et soutenus.

Dans l'esprit des théoriciens du modèle suédois (Rehn et Meidner), l'égalité et l'équité des salaires – un salaire égal pour un travail égal – étaient considérées comme importantes pour la stabilité des prix et le plein emploi ; « une élaboration centralisée de la politique salariale était donc nécessaire si on voulait éviter que des négociations non contrôlées, secteur par secteur, n'alimentent continuellement la spirale prix–salaires[12]. »

Rehn et Meidner voyaient également la **nécessité de maintenir les profits patronaux suffisamment bas** (grâce à une fiscalité conséquente) pour limiter les revendications salariales des syndicats à des seuils non susceptibles d'entraîner des tensions inflationnistes.

Dans les années 1950, le modèle suédois « est axé sur la construction de l'État-Providence, le développement de politiques fiscales redistributives, de politiques sociales et familiales, de politiques du logement et du travail, de politiques salariales et de régimes de retraite[13] ».

Gill, un des spécialistes de la Suède les plus reconnus, considère que les premières fissures dans le consensus social sont apparues après l'introduction des mesures de rationalisation dans l'industrie et la fermeture d'usines dues au ralentissement de l'économie mondiale et aux conditions défavorables en Europe. De plus, la tendance à la forte concentration de l'industrie suédoise (l'une des plus élevées du monde occidental ; une vingtaine de groupes industriels relevant de grandes familles ou d'institutions

---

11. L'objectif de ces fonds est de permettre, à terme, une participation collective des travailleurs à la propriété des entreprises.
12. Gill (1989), p. 46.
13. Gill (1989), p. 49.

contrôlent des entreprises employant quelque 600 000 travailleurs[14]) accentue cette tendance. Le gigantesque *holding* de la famille Wallenberg contrôlait en 1987 un empire de 50 milliards de dollars employant 476 000 travailleurs... Parmi les entreprises de ce groupe, une vingtaine comptaient pour le tiers du PNB de la Suède en 1987 et pour 44 % de la valeur totale des entreprises inscrites à la Bourse de Stockholm[15].

Pour **soutenir les politiques de plein emploi**, la Suède a compensé les pertes importantes d'emplois industriels (attribuables à la rationalisation et aux compressions dans le secteur privé) par la **création de nombreux postes de travail dans le secteur public** (ce secteur absorbe plus de 50 %[16] de la population active, particulièrement les femmes).

C'est également à partir des années 1950 que se renforcèrent les bases du système social et économique de la Suède : solidarité et équité dans les revenus (les patrons et le mouvement syndical, particulièrement uni, s'entendent sur un partage satisfaisant des surplus entre salaires et profits), négociation constante (la Confédération générale du travail et les autres regroupements ouvriers négocient, avec l'État comme arbitre, face à la Fédération suédoise des employeurs, **jusqu'aux taux de profits et leur destination**), et enfin, politique d'aide à la flexibilité et à l'adaptation du travail (le Gouvernement, les patrons et les syndicats coopèrent pour soutenir avec souplesse et générosité les efforts d'adaptation de la main-d'œuvre à l'évolution technologique, à l'essor des différentes régions[17]).

Les négociations collectives sont renouvelées tous les deux ans, et une fois la convention signée, il est interdit de faire grève. Dans le cas d'un litige important, l'État intervient. Mais il faut savoir que le cadre, l'esprit et même souvent la lettre de ces négociations-conventions sont prédéterminés de façon centralisée par l'entremise de discussions menées dans des associations à l'échelle nationale et régionale.

La Direction nationale du travail (AMS) avec ses agences de districts et de régions, composée pour près de la moitié des membres par le syndicat, s'occupe de la gestion des programmes liés au marché du travail et à la mobilité de l'emploi.

Les Suédois sont, aussi, des gens qui se forment beaucoup et qui lisent beaucoup. Ainsi, ce sont les premiers lecteurs de quotidiens dans le monde (Ardant 1976). Les classes de base de la société sont les plus instruites de toute l'Europe.

---

14. Gill (1989), p. 53.
15. Gill (1989), p. 53.
16. L'administration fédérale américaine n'emploie que 3 millions de personnes sur une population active totale de 117,4 millions (OCDE [1992] *Études économiques : La Suède*, p. 171).
17. Par exemple, durant les stages de recyclage, les stagiaires perçoivent un salaire... Et avec 6 % des dépenses publiques (3 % du PNB), la Suède a un des taux les plus élevés du monde consacrés à la politique de la main-d'œuvre : création d'emplois, formation et mobilité, chômage (*Le Devoir*, 4 novembre 1986).

La qualité d'être et la qualité de la vie sont des préoccupations très concrètes[18], et la législation a prévu des lois et des commissions très actives dans ce domaine (le bruit dans les entreprises, la nuisance aux personnes et au milieu, l'incitation à l'utilisation de combustibles solides, l'abandon total de l'énergie nucléaire d'ici 2010).

Comme nous le rappelle si justement Milner, «le système suédois est un tout dont la caractéristique fondamentale est la social-démocratie. [...] Nous ne pouvons pas maintenir notre façon de vivre et améliorer le sort des plus faibles de notre société à moins de changer nous aussi avec lui[19].»

Mais l'obligation pour la Suède de ne plus rester isolée de la Communauté économique européenne l'incite à se mouler aux contraintes fiscales et monétaires que cela impose et à modifier en conséquence ses politiques.

Après la Seconde Guerre mondiale, le pays avait connu une croissance rapide. En concertation avec le milieu des affaires, le mouvement ouvrier et le Gouvernement, des décisions politiques ont été prises pour redistribuer équitablement les fruits de la croissance, notamment par la mise en place de programmes sociaux, de formation et d'éducation de la main-d'œuvre. C'est sur la base de politiques de plein emploi et de l'amélioration de la qualité de la vie en général que s'est construite une industrie manufacturière exportatrice performante. Mais, depuis le début des années 1990, les résultats économiques témoignent d'une situation de crise.

Les différentes solutions pour contrecarrer la chute des exportations (la dévaluation de la couronne, entre autres) n'ont pas abouti et l'inflation a alors atteint des niveaux jusque-là inconnus.

Dans le passé, les compromis qui permettaient à la fois l'efficacité et l'équité étaient possibles grâce à une croissance suffisante et à la concertation permanente entre les acteurs sociaux. Or, l'actuelle coalition «bourgeoise» au pouvoir semble avoir abandonné l'objectif du plein emploi, et des réajustements importants dans la politique salariale, les services sociaux et la politique fiscale sont mis en œuvre pour favoriser la relance et inscrire la Suède dans la «norme» européenne.

Face à la mondialisation des marchés et à l'internationalisation rapide des grands groupes suédois, les milieux patronaux, encouragés par les groupes politiques conservateurs et par la politique monétariste, ont tendance

---

18. Spar (1984), Glayman (1978), Levinson (1976), Jalbert (1985). On prétend souvent que les Suédois sont alcooliques, qu'ils se suicident plus que la moyenne. Or, ils boivent beaucoup moins que les Français, par exemple (4,9 litres – ramenés à un taux de 100 % d'alcool – par année, contre 13,5), et sont au vingt-neuvième rang mondial pour cela. Quant aux suicides, les Suédois sont au neuvième rang mondial, à peu près au même niveau que le Québec, et loin derrière la Hongrie, par exemple (19,5 contre 43,2 pour 100 000 habitants) (Faramond 1988).

19. Milner (1993), p. 85-88.

à se détourner de la concertation, d'autant qu'en Europe s'ouvrent de nouveaux marchés de capitaux et de travailleurs.

Avec 38,2 % des voix, les « sociaux-démocrates » ont enregistré aux élections législatives du 15 septembre 1991 leur plus mauvais résultat depuis 1928 au profit des conservateurs (22,0 %, soit + 3,7 % par rapport à 1988) et au profit des chrétiens-démocrates (+ 7,2 % contre 2,9 % lors du vote antérieur).

Le leader conservateur Carl Bildt a formé son gouvernement avec les quatre partis bourgeois traditionnels, dont les libéraux et les centristes. Ces derniers groupes ont d'ailleurs subi une baisse significative de leur score électoral (ils sont passés respectivement de 12,1 % à 9,1 % et de 11,3 % à 8,4 %). La coalition, minoritaire et très fragmentée, dépend en fait de l'arbitrage des chrétiens-démocrates.

Les formations politiques réunies autour du nouveau chef du gouvernement, Carl Bildt, s'appuyant principalement sur le Parti du peuple, le Parti du centre et le Parti social-chrétien-démocrate, ont dû, il est vrai, faire face en 1992 à des difficultés majeures. Bien que la coalition conservatrice ait pu conclure un accord fragile avec les sociaux-démocrates et sauvegarder la solidarité gouvernementale, elle a été forcée de modifier son ambition de réformer la Suède en profondeur. De plus, le débat européen continue de diviser très nettement l'opinion publique quant à l'adhésion du pays à la CEE.

La coalition actuelle a présenté au Riksdag (le Parlement) un budget prévoyant une relance de la croissance en 1993 avec l'objectif de juguler l'inflation[20]. Elle envisageait aussi de soutenir la relance par l'investissement (et non par la consommation), de stimuler les entreprises au moyen de programmes d'allégements fiscaux, de lancer de grands travaux d'infrastructure et de réaliser des compressions budgétaires dans le service public.

Depuis 1991, le Gouvernement formé autour des conservateurs a du mal à maintenir la cohésion de sa coalition et donne aux marchés internationaux l'impression d'être incapable de mettre en œuvre sa politique. (Il ne faut pas oublier que, en 1992, 4,1 % de la population active était sans emploi, ce qui était considéré comme étant très grave compte tenu des taux très bas de sans-emploi auxquels était habituée la Suède.)

En 1992 eut lieu également une fuite importante de capitaux qui ébranla la Bourse de Stockholm (chute de 40 %, le 24 août). Cette situation était due au risque de dévaluation et à la passivité du Gouvernement qui ne voulait pas se substituer à la banque centrale chargée de défendre le cours de la couronne suédoise. Cela a généré une forte hausse des taux d'intérêt

---

20. Les sociaux-démocrates, opposés depuis toujours aux restrictions sur les transferts sociaux, proposèrent, vu la conjoncture difficile, une hausse des impôts, une meilleure distribution des programmes sociaux et des économies dans le fonctionnement de l'administration.

(les plus élevés depuis 1920). Devant la gravité de la situation, plusieurs parlementaires de la coalition proposèrent un Rassemblement national avec l'opposition (les sociaux-démocrates).

Les tensions sur les marchés financiers et la hausse vertigineuse du taux directeur de la banque centrale (+ 500 %) amenèrent le Gouvernement a prendre des mesures exceptionnelles. Le 20 septembre 1992, C. Bildt (le chef du Gouvernement) et I. Carlsson (le chef de l'opposition social-démocrate) s'entendirent pour adopter des mesures jusqu'alors impensables:

– une réduction de 2 % du montant de la retraite;

– l'accroissement de l'âge de la retraite à partir de 1994;

– l'introduction d'une franchise de remboursement à la charge de l'assuré social (l'imposition d'un ticket modérateur);

– une réduction des allocations de logement, de celles destinées aux régimes du travail;

– de fortes compressions dans le budget de la défense;

– une réduction très sensible de l'aide au Tiers-Monde;

– une augmentation des taxes sur le tabac;

– l'abandon du projet de réduction de 30 % à 25 % de l'impôt sur le capital et de la progression des salaires (le gel de la majoration de 2 % prévue annuellement).

Pour soulager les entreprises, le Gouvernement décida aussi l'allégement des charges patronales. Mais, au sein du Gouvernement, les centristes et d'autres tendances modérées de la coalition sont sensibles au fait que les mesures anticrise doivent également toucher les favorisés comme le réclament les sociaux-démocrates.

Le nouveau Gouvernement mit donc en œuvre, en 1992-1993, une nouvelle politique économique, fortement libérale, possédant les caractéristiques suivantes:

– le démantèlement graduel des régimes salariaux gérés par les syndicats;

– l'encouragement de l'épargne privée et des mesures de libéralisation en faveur des investissements étrangers;

– des mesures de privatisation de plusieurs entreprises publiques;

– une réduction de la pression fiscale au moyen d'une diminution de la taxe sur la valeur ajoutée (TVA) et le projet d'annulation de l'impôt sur la fortune dès 1994;

– une diminution des subventions aux municipalités et au secteur industriel, en particulier, ainsi qu'une compression importante des dépenses publiques;

– une réduction des programmes d'assurance-maladie et une restriction des congés parentaux;

– la promulgation de mesures draconiennes contre l'absentéisme dans l'administration.

La Suède fait partie des pays de l'OCDE qui ont vu très vite leurs résultats économiques se dégrader en raison des tensions engendrées par une crise mondiale durable. Le constat, en 1991, était significatif : le déclin du PIB de 1,5 %, la stagnation de la consommation privée (+ 0,3 %), la chute des investissements (– 9,5 %), la réduction de la production industrielle (– 5,5 %), la hausse du chômage et de l'inflation, la compression des salaires (– 4,8 %), l'augmentation très forte des faillites (+ 71,0 %).

Dans ce contexte de morosité et de stagnation économique, la Suède a déposé sa candidature à la CEE le 1ᵉʳ juillet 1991, et, d'ores et déjà, elle a jeté les bases d'une Communauté des pays de la Baltique (les Pays Baltes, la Russie et la Pologne).

Voulant s'aligner sur l'Europe, la Suède procède sous la pression des milieux financiers à une adaptation de ses politiques sociales et fiscales aux règles communautaires.

Avec la perspective d'une entrée dans l'espace économique européen, les bases de la neutralité internationale de la Suède sont également ébranlées, même si le pays demeure en dehors des alliances militaires. Mais se posera inévitablement pour lui le problème d'une participation complète à l'intégration européenne des politiques de sécurité et de défense commune.

LA RECHERCHE ET LE DÉVELOPPEMENT

La Suède est l'un des pays industrialisés où l'investissement dans la recherche et le développement est le plus élevé[21] : 273 dollars par habitant en 1985. Depuis les années 1970, l'État s'est efforcé d'encourager l'industrie à accroître ses dépenses de recherche et de développement par un régime d'incitations fiscales. Ce régime autorisait les entreprises à déduire de leurs bénéfices avant impôt une partie de leurs coûts de R et D.

D'autres dispositions visant à renforcer les qualifications du personnel de recherche furent prises, notamment les « fonds de modernisation » destinés au financement des programmes de formation.

Les petites et moyennes entreprises, ayant une vocation technique, qui avaient besoin d'acquérir des compétences scientifiques et technologiques supplémentaires et des technologies nouvelles, bénéficient depuis 1984 d'un programme spécial soutenu par la « loi de modernisation et de croissance industrielle ».

---

21. La Suède consacrait, en 1985, 2,7 % de son PIB aux activités de recherche et de développement. Pour plus d'informations, consulter OCDE (1987) *Politiques nationales de la science et de la technologie en Suède.*

Le Riksdag a également recommandé des priorités dans la planification des activités de R et D en privilégiant les domaines suivants[22] :

– le bien-être social, la santé et l'éducation ;

– le développement technique et scientifique ;

– le respect de l'environnement ;

– l'amélioration des activités du service public ;

– le secteur alimentaire.

Dans le domaine de l'industrie, plusieurs volets stratégiques ont été ciblés. Citons, parmi eux, les technologies de l'information, la biotechnologie, la technologie des matériaux, les technologies de la santé et de l'hygiène publique, les technologies de l'énergie et les technologies des industries de la foresterie (le bois, les pâtes et papiers).

La majeure partie de la recherche et du développement est financée par le secteur privé[23]. La R et D industrielle[24] est menée dans les secteurs de la fabrication du matériel électrique et électronique (22 %), dans le secteur des transports (23 %), dans l'industrie des machines et de l'équipement (11 %), dans l'industrie pharmaceutique (7 %).

En matière de diffusion des techniques de l'information, il ressort que la Suède est l'un des pays du monde où le secteur industriel a adopté le plus rapidement les robots et les techniques de conception et de fabrication assistées par ordinateur. Dans le secteur manufacturier, le nombre de robots par 10 000 travailleurs est passé de 1,3 en 1974 à 29,9 en 1981. Les chiffres correspondants sont respectivement de 1,9 et 13,9 pour le Japon et de 0,8 et 4,0 pour les États-Unis.

Le secteur manufacturier a vu, entre 1975 et 1984, son taux d'équipement et de machines passer de 68 % à 80 %. La Suède est ainsi l'un des pays qui ont accepté le plus facilement les robots et la production assistée par ordinateur[25].

L'ÉCONOMIE ET L'ENTREPRISE

Le développement de la Suède est assez récent puisque, jusqu'au milieu du XIXe siècle, il y régnait une grande pauvreté. À partir de 1870, la croissance devint manifeste, fondée sur les industries de la foresterie (les pâtes et papiers, les industries du bois) et sur la métallurgie[26]. Jusqu'à la Seconde Guerre mondiale, la croissance a été plus rapide en Suède que dans les

---

22. OCDE (1987), p. 16.
23. « En 1983, les dépenses suédoises de R et D industrielle, mesurées par rapport au PIB, ont dépassé les dépenses sectorielles correspondantes du Japon » (OCDE 1987, p. 27).
24. « Les activités d'ingénierie absorbent les deux tiers des activités de R et D » (OCDE 1987, p. 27).
25. Levinson (1976), Glayman (1978).
26. Sur le plan énergétique, la Suède est très dépendante de l'étranger.

autres pays industrialisés de l'Europe et elle a bien résisté à la grande dépression des années 1930. Le développement a été principalement industriel, mais l'agriculture a connu aussi une évolution importante.

Le secteur primaire est basé en ce moment sur les activités issues des produits de la forêt. L'actuelle coalition du centre droit a retiré toute forme de subvention au secteur primaire. Mais, selon l'OCDE, l'agriculture suédoise reste soutenue par des « équivalents de subventions à la production à hauteur de 59 % de la valeur ajoutée » (49 % pour la Communauté économique européenne et 30 % pour les États-Unis).

La Suède est l'un des pays les plus industrialisés du monde. On y trouve deux grandes familles d'industries : celles qui sont principalement orientées vers l'exportation et celles plus spécialisées sur le marché intérieur.

Les industries de la foresterie sont compétitives à l'échelle mondiale. Elles représentent 4,5 % du PNB du pays et 18,0 % des exportations.

Le patrimoine forestier recouvre 57 % des terres du pays. Il se compose surtout de conifères à fibres longues comme l'épicéa, le pin, le bouleau et d'autres essences à feuillage caduc. Une politique forestière efficace de protection, d'exploitation et de renouvellement des espèces, appliquée depuis les années 1970, donne des résultats très encourageants. Le fonds forestier s'accroît annuellement de 85 000 000 m³. L'introduction de nouvelles méthodes de coupe et d'exploitation qui respectent l'écosystème forestier et l'application stricte de normes environnementales ont permis à la Suède d'atteindre des résultats reconnus sur le plan international. Dans le domaine des industries des pâtes et papiers, la Suède est l'un des plus grands fabricants de machines et d'équipement utilisés par cette industrie. Le papier suédois, produit d'une manière particulièrement respectueuse de l'environnement, est très apprécié sur les marchés mondiaux.

Les industries transformatrices des métaux sont parmi les plus importantes. La politique des firmes suédoises a consisté à se spécialiser dans des produits hautement techniques pour lesquels elles disposent d'une situation avantageuse et parfois même d'une véritable suprématie sur le marché mondial en raison de leur savoir-faire, de la qualité des méthodes et de la main-d'œuvre. L'excellente qualité des produits suédois compense leur coût élevé, lié principalement au prix du travail. Les industries mécaniques, électriques et électrotechniques (matériel lourd et produits grand public, construction automobile avec Volvo et SaaB), la construction navale, les télécommunications, les industries des pâtes et papiers et, dans une moindre mesure, la chimie se sont beaucoup développées. D'autres spécialités suédoises peuvent être citées : l'industrie des roulements dominée par le leader mondial SKF, le matériel téléphonique et de radiocommunication Ericson, les écrémeuses et l'équipement spécialisé pour l'agro-industrie, de même que les industries de l'environnement.

La pénétration du capital étranger est relativement modérée à cause de la grande concentration de l'industrie suédoise. Le degré de concentration est renforcé par les liens qui existent entre les entreprises (de taille mondiale) et les principales banques commerciales privées, les compagnies d'assurances, les *holdings*. Il existe aussi de puissants ensembles industriels et financiers, dont le plus célèbre est Wallenberg organisé autour de la Stockholm Enskilda Bank, ou ceux unissant la Stockholm Enskilda Bank à la Skandinaviska Banken.

Actuellement, l'industrie suédoise est caractérisée par l'existence de grands groupes multinationaux (Volvo, Electrolux, Asea, Ericson) dans une conjoncture de chute relative de l'activité industrielle. En 1991, la puissance industrielle de la Suède représentait 0,76 % de celle des pays de l'OCDE, tandis que le PNB suédois en constituait 1,40 %[27].

Les entreprises suédoises ont toujours eu tendance à délocaliser leurs activités vers les pays à bas salaires et vers ceux dans lesquels la pression fiscale est moins élevée qu'en Suède.

Malgré la traditionnelle opposition au nucléaire de son opinion publique, la Suède[28] est le premier pays du monde pour la production d'énergie électrique d'origine nucléaire par habitant.

Ces dernières décennies, la Suède a dû évidemment faire face à un ensemble de chocs et de problèmes qui ont secoué les autres économies dans le monde : la crise de l'énergie, l'inflation, le chômage, la bureaucratie, etc. Comme tout pays de petite dimension, la Suède dépend pour une grosse part du commerce international. Les capacités de coopération et de mobilisation concertée de ses différents agents socio-économiques n'en sont que plus louables de lui avoir permis de s'en sortir bien mieux que beaucoup d'autres pays.

Par ailleurs, c'est faute d'un marché intérieur d'envergure et de ressources naturelles et énergétiques suffisantes que la Suède s'est résolument tournée vers le développement des capacités techniques et des connaissances, pour mieux faire fructifier des investissements intensifs et améliorer les performances de l'exportation.

Mais revenons aux acteurs sociaux avant de nous intéresser au management de l'entreprise suédoise. Environ 90 % des ouvriers du secteur privé se trouvent dans la plus grande association syndicale, la Confédération générale du travail (LO), qui réunit près de deux millions de membres. Avec le deuxième syndicat, l'Organisation centrale des employés salariés (TCO), qui regroupe les travailleurs du secteur public (environ 1,1 million de membres), la LO constitue l'un des protagonistes du processus de négociation centralisée (avec le patronat et l'État) qui donne naissance aux grandes orientations et aux politiques nationales de l'emploi, de la formation, de la stratégie industrielle, notamment. **Les syndicats participent ainsi**

---

27. Atlaseco (1993), p. 261.
28. La Suède a interrompu ses investissements dans les centrales nucléaires jusqu'à l'an 2000.

de façon directe et officielle au jeu de la politique économique et de la politique tout court, puisqu'ils sont consultés de droit sur des questions telles que la taxation, les réformes sociales, la formation et l'éducation ainsi que les principes de relations du travail[29].

Le système de l'entreprise suédoise est, par la loi, inscrit dans un vaste cadre de démocratie industrielle. Celui-ci devint une force solidement dynamisée dès le tournant des années 1970. Avec la montée de l'industrialisation, s'intensifia la lutte contre l'avènement d'un citoyen moyen, anonyme, instrument salarié ou marchandise échangeable entre les entreprises qui en achètent le travail. On commença donc à se rapprocher de l'employé et de ses problèmes. Il s'ensuivit une **série de lois sur la qualité de la vie au travail au sens large :** le bien-être et la satisfaction aussi bien matériels que psychiques. Bien que l'arrivée d'un régime conservateur ait quelque peu gelé le mouvement, entre 1976 et 1982, plusieurs lois fondamentales purent voir le jour.

Ainsi, une loi passée en 1973 **garantit la sécurité d'emploi ; sauf motif sérieux et grave dûment prouvé, nul ne peut licencier un employé.** Même en cas de contraintes économiques, l'employeur est tenu d'essayer d'abord de recaser, de muter dans d'autres postes ou d'autres usines les employés touchés.

Une deuxième loi garantit la sécurité et l'intégrité physique du travailleur, et assure sa protection en matière d'accidents du travail ou de maladies professionnelles. Toute entreprise de plus de 5 employés doit avoir au moins un délégué syndical affecté aux questions de santé et de sécurité. Lorsqu'elle compte plus de 50 employés, l'entreprise doit former des comités paritaires pour étudier et arrêter les mesures adéquates en la matière ; et, chose quasi impensable pour beaucoup, **20 % des profits doivent être réservés pour les besoins des nouveaux projets ou pour les aménagements visant l'amélioration des conditions de travail**[30].

On voit très bien quel genre de philosophie organisationnelle vont faire naître de telles lois. Mais d'autres facteurs influencent cette philosophie. Ainsi, tout ce qui peut relever de la poursuite d'une qualité de la vie au travail appréciée par les employés est systématiquement encouragé et renforcé, avec l'appui de l'État. C'est pourquoi les pratiques dites QVT (qualité de vie au travail) sont opérantes et connaissent du succès en Suède.

Par ailleurs, les différents partenaires sont soucieux de réduire le stress, l'angoisse et les tensions dans les milieux de travail. En fait, ils sont soucieux d'éliminer des pratiques, largement utilisées ailleurs, visant à entretenir un prétendu esprit compétitif : les employeurs suédois rassurent constamment les salariés sur leur poste, leur carrière, leur potentiel, leur avancement,

---

29. Levinson (1976), Glayman (1978).
30. Faramond (1976 et 1988), Glayman (1978).

leurs conditions matérielles, etc. C'est la recherche du sentiment de sécurité et de la solidarité comme base de la motivation qui est partout mise en avant[31].

Ainsi, les systèmes de salaire horaire ou à la pièce furent abandonnés dès le début des années 1970, à cause de la tension et de l'iniquité qu'ils pouvaient générer. Depuis, on a pratiqué de plus en plus une politique de salaires fixes, augmentés de primes à la production atteignant de 20 % à 30 % du salaire de base. La prime est par ailleurs attribuée d'une façon équitable, par groupe ou équipe de travail. Mais qu'en est-il de tout cela sur le plan plus spécifiquement managérial ?

LE MANAGEMENT DE L'ENTREPRISE SUÉDOISE

La première caractéristique du mode de gestion de l'entreprise suédoise est qu'il ne peut pas s'exercer dans un rapport de distance et de pure subordination entre employeurs et employés[32]. Comme le précisent Ardant (1976), Faramond (1988) et Gras (1988), l'esprit de solidarité qui s'est installé fait que les formalismes, les procédures bureaucratisantes et leur cortège de pratiques de l'inertie sont presque totalement absents. Les paliers hiérarchiques sont également réduits, ainsi que les tensions et les cloisonnements d'un service à l'autre. Au contraire, il règne presque partout une détente, un climat propice aux échanges et aux dialogues sans langue de bois ni faux-fuyants et un respect mutuel.

En 1976, tout juste avant l'arrivée au pouvoir des conservateurs, fut passée une loi déterminante dans le style du management suédois, loi qui donnait le droit aux syndicats de désigner deux des leurs comme représentants au conseil d'administration de toute société par actions comptant plus de 25 salariés ! Ces représentants ont les mêmes droits que les autres membres du conseil d'administration, sauf en ce qui a trait aux négociations relatives aux conventions collectives. **Cela oblige l'entreprise à faire connaître aux travailleurs, et à partager et discuter avec eux, ses plans de développement, ses projets, ses orientations.**

En 1977 entra en vigueur la loi sur la participation aux décisions, qui oblige l'entreprise à négocier avec les syndicats tout changement majeur dans ses orientations, ses installations ou ses activités. L'entreprise est tenue de mettre à la disposition des représentants des travailleurs toute l'information

---

31. Faramond (1976).
32. Voir les articles de A. Gras (1988) et de A. Lévy (1988), qui montrent comment la gestion à la suédoise est une philosophie de vie caractérisée, entre autres, par l'absence de barrières hiérarchiques et de cloisonnements, l'abolition de tout piédestal et du formalisme ainsi que des pratiques bureaucratiques. La priorité est accordée à la qualité de la vie de tous, à l'esprit d'équipe, à l'absence de privilèges, au respect mutuel, à l'information pour tous. Les managers doivent avoir prouvé leur compétence, leur capacité à rester humbles, faciles d'accès, à accepter la remise en question. Tout cela rappelle un peu le Japon et l'Allemagne.

voulue afin que la défense des intérêts des employés soit assurée le plus adéquatement possible. Le syndicat a aussi, en vertu de cette loi, un droit de veto dans certains cas tels que les projets de sous-traitance[33]. Cette gestion participative s'installe progressivement et au rythme de l'assimilation par les acteurs en place. Il ne viendrait à l'idée de personne en Suède d'en imposer les modalités ou les pratiques du jour au lendemain. Tout se fait selon les attitudes et les besoins ressentis, avec des ajustements successifs, au fur et à mesure de l'évolution des rapports entre les employeurs et les employés.

Il est, dans ce cadre, hors de question de s'adonner à une pseudo-concertation, par exemple en organisant des réunions de pseudo-participation destinées à faire avaliser des décisions prises d'avance[34]. On craint, à très juste titre, d'en arriver à susciter des sentiments encore plus négatifs qu'avant l'instauration du système participatif. Les employeurs essayent de rendre ce processus le plus transparent et le plus naturel possible, tout en mesurant à sa juste valeur la possibilité de mobiliser ainsi la volonté, l'intérêt, l'intelligence et l'imagination de tous, jusqu'au bas de l'échelle. L'écoute de chacun, corollaire obligé de toute gestion participative, est inscrite dans les modalités d'application des lois de codécision.

La coopération est à son meilleur si on sait aller chercher toutes les énergies, toutes les connaissances et tous les talents que recèlent en eux les travailleurs[35]. Des comités et groupes paritaires sont formés dans les entreprises partout où il y a matière à décision et à changement. Les discussions sont animées par la personne responsable du problème débattu (le contremaître, le chef d'atelier, etc.) et peuvent être élargies par l'ajout de personnes-ressources externes. Plus couramment, employés et cadres peuvent se réunir tous les matins, ou hebdomadairement, ou mensuellement[36], pour décider ensemble du plan de travail de la journée. Le même genre de réunions se tiennent à l'occasion de l'élaboration des budgets, ou de nouveaux cycles de production, ou encore de l'examen de nouveaux projets, qu'ils soient d'ordre technique ou administratif.

Ainsi, chez Volvo ou SaaB, il existe depuis plus de dix ans un système d'équipes semi-autonomes qui permet aux ouvriers de s'auto-organiser et de se responsabiliser pour tout ce qui touche la production d'une phase complète de montage. On ne trouve plus d'ouvriers enchaînés à la monotonie, ou utilisés comme appendices passifs de robots. À l'instar du Japon, tout, ou presque, se fait avec leur aide, leur avis et leur complicité. Les tâches de contrôle (du rendement, de la qualité) sont laissées entre les mains de l'équipe, qui est responsable du résultat final (encore un point commun avec le Japon). **Il n'y a pas, en Suède, de chef ou de supérieur formel ; un**

---

33. Glayman (1978).
34. Levinson (1976).
35. Harrison (1976), Jones (1977), Faramond (1988), Lévy (1988).
36. Faramond (1976), Jones (1977).

des membres de l'équipe assure un rôle de coordonnateur ou d'instructeur, formant les jeunes et aidant à corriger les erreurs. Cet instructeur est **désigné à cette responsabilité après consultation avec le syndicat.** Mais, comme pour les exemples précédents, il ne faut pas croire que les équipes semi-autonomes peuvent « fonctionner » sans tout ce qui rend possible le contexte de leur naissance et de leur succès.

Le management de l'entreprise suédoise a élaboré des modes de gestion et d'organisation du travail qui ne se sont pas construits aux dépens des salariés. Bien au contraire, la démarche visait à développer les qualifications du personnel en le rendant maître de technologies nouvelles.

Pour « humaniser » le travail, la compagnie « Saab-Scania a été l'une des premières de l'industrie automobile à supprimer la chaîne de montage à cadence automatique en installant dans son usine de Södertälje une boucle de montage des moteurs[37] » et « l'usine de Volvo de Kalmar a été la première au monde à ne plus utiliser la chaîne à cadence automatique pour le montage final[38] ». Utilisant des techniques nouvelles et des méthodes de manutention plus adaptées, les équipes réduites et relativement autonomes effectuent le montage des véhicules à leur propre rythme.

Pendant la décennie 1970, le contexte global dans lequel évoluait l'entreprise a été mis à rude épreuve à cause des difficultés économiques du pays. Même si les services publics étaient nombreux et même si la qualité de la vie était l'une des meilleures des pays de l'OCDE, le poids du système fiscal a réduit considérablement le revenu disponible. Ce qu'il est désormais convenu d'appeler la crise suédoise des années 1970 s'articule autour de cinq faits majeurs :

1. Une tendance à la désindustrialisation, d'où une chute de la production industrielle dans le produit national brut. Pour protéger l'emploi, l'État a dû prendre en charge les pertes de plusieurs branches touchées par pure nécessité et non par souci de nationalisation.

2. Une croissance trop forte de la consommation du secteur public (les dépenses des collectivités locales en matière de bien-être social, d'éducation, etc.).

3. Un déficit public connaissant une croissance rapide ; pour financer ce déficit, l'État a fait appel à la taxation indirecte parce que le poids fiscal et parafiscal qui pesait sur les Suédois était considérable et que, par ailleurs, en raison de la dépression, le rendement des impôts avait tendance à stagner.

4. Comme dans la plupart des pays de l'OCDE, l'inflation a connu en Suède, au cours des années 1970, une hausse importante.

---

37. Auguren, Edgeren et SAF (1981), p. 10.
38. Auguren, Edgeren et SAF (1981), p. 10.

5.   La Suède est un pays très dépendant du commerce extérieur. Ses exportations sont tributaires d'un groupe réduit de secteurs d'activité (la métallurgie, l'industrie des pâtes et papiers, la mécanique). Des déficits de la balance commerciale se sont ajoutés à ceux de la balance des paiements et au service de la dette.

CONCLUSION

Après avoir, plus longtemps que la plupart des pays de l'OCDE, maintenu le plein emploi comme objectif prioritaire de sa politique économique,

la Suède a maintenant rejoint les rangs de ceux qui considèrent le rétablissement de la stabilité des prix comme une condition *sine qua non* pour assurer une croissance soutenable en situation de plein emploi. S'il est vrai que cette modification de l'action gouvernementale avait déjà commencé un peu avant l'élection générale de septembre 1991, c'est au nouveau gouvernement (coalition des partis «bourgeois») qu'il a appartenu de mettre en œuvre un certain nombre de réformes fondamentales de la politique structurelle et de la politique micro-économique[39].

Mais avant d'être une politique ou une forme spécifique d'action et de protection sociale, le modèle suédois est une construction symbolique, un discours idéologique dont la force de légitimation tient à sa justification démocratique.

Dans cette représentation, le développement de l'État-Providence se confond avec l'idée de démocratie en permettant de lier croissance économique et justice sociale. Les agents porteurs de cet État-Providence deviennent agents de progrès et de justice sociale[40].

La thèse d'un déclin de l'État-Providence par l'«assaut de forces conservatrices» reste peu probable en raison du corporatisme des modes de résolution des conflits et de prise de décision ainsi que de la nécessité d'un système fort de sécurité sociale pour faire face aux fluctuations et aux incertitudes de l'économie internationale. L'enjeu continuera d'être, pour le Gouvernement, de positionner l'économie suédoise dans la division internationale du travail. Comme ce positionnement passe par des contraintes ayant trait au niveau de vie, les impératifs économiques risquent de tracer, pour les années à venir, des limites au projet égalitaire[41].

Depuis 1991, la Suède offre l'image d'une société plus instable, troublée par la poussée du libéralisme, le recul de la social-démocratie et des valeurs contestataires (la gauche, les Verts).

Quoi qu'il en soit, nous partageons pleinement les propos de Barthélémy pour qui « il serait abusif de proclamer la fin du modèle suédois [...] parce que le système de relations sociales qui en est le fondement, n'a pas été atteint[42] ».

---

39.   OCDE (1992), p. 105.
40.   Groulx (1990), p. 93.
41.   Groulx (1990), p. 123.
42.   Barthélémy (1993), p. 467.

ANNEXE 12-1
TABLEAUX ET DONNÉES STATISTIQUES SUR LA SUÈDE

TABLEAU 12-1
Les données socio-économiques

Indicateurs	Année	Valeur
Superficie (en milliers de km²)		449,96
Population (en millions)	1985	8,7
Population urbaine (en pourcentage)	1990	84
Densité au km² (habitants au km²)	1990	19
Croissance annuelle de la population (en pourcentage)	1985-1991	0,6
Population active totale (en millions)	1990	4,54
Répartition de la population active (en pourcentage): – Agriculture – Industrie – Services	1990	3,3 29,1 67,5
Taux de chômage (en pourcentage de la population active)	1992	5,3
Taux d'inflation (en pourcentage)	1992	1,8
Hausse des prix à la consommation (en pourcentage)	1992	2,3
PIB (en milliards de dollars)	1992	241,2
Croissance annuelle moyenne du PIB sur la période	1980-1991	2,0
Croissance nette du PIB pour l'année	1992	– 1,7
PIB par habitant (en dollars)	1992	27 724
Dépenses de l'État (en pourcentage du PIB): – Éducation – Défense – Recherche et développement	1990 1992 1989	7,8 2,6 2,8
Taux de scolarisation dans le second degré (en pourcentage)	1990	91
Production d'énergie (en millions de TEC)	1990	17,36
Consommation d'énergie (en millions de TEC)	1990	39,39
Exportations de marchandises (en milliards de dollars)	1992	56,04
Importations de marchandises (en milliards de dollars)	1992	49,74
Solde commercial (en milliards de dollars)	1992	6,30
Principaux pays fournisseurs (en pourcentage des importations)	1992	CEE 55,5 Scandinavie 14,7 Pays en voie de développement 13,2
Principaux pays clients (en pourcentage des exportations)	1992	CEE 55,8 Scandinavie 21,0 Pays en voie de développement 13,5

Source: À partir de OCDE (1993) *Perspectives OCDE,* juin; OCDE (1992) *Commerce extérieur 1992* et *Chiffres du monde* (1992).

La Suède se classe au quatrième rang mondial pour le PIB par habitant (Atlaseco 1993). Malgré sa hausse spectaculaire depuis 1992, le taux de chômage reste très au-dessous de celui de la plupart des pays de l'OCDE. En ce qui concerne son commerce extérieur, la Suède est très dépendante des pays de la Communauté économique européenne. Cela renforce les craintes d'une opinion publique particulièrement divisée quant à la perspective d'une adhésion prochaine à la CEE qui pousserait inéluctablement la Suède à se conformer à la norme libérale européenne.

Par ailleurs, on constate que les budgets de l'éducation ainsi que de la recherche et du développement restent traditionnellement les plus importants dans les dépenses de l'État (ils représentent respectivement 7,8 % et 2,8 % du PIB).

TABLEAU 12-2
La répartition de la population active par secteur

	En pourcentage de la population active	En pourcentage du PNB
Agriculture	4,2	2,6
Mines	0,5	0,5
Industries	29,8	29,5
Services	65,5	67,9

Source : Atlaseco (1990) *Atlas économique mondial.*

On remarquera ici le poids prépondérant du secteur des services quant à l'emploi (65,5 % de la population active) et à la contribution du PNB du pays (67,9 %).

TABLEAU 12-3
Les importations de biens et de services (croissance annuelle)

	1988	1989	1990	1991
Importations de biens	4,7	7,0	0,6	− 6,7
– Énergie	− 1,2	3,7	4,8	− 4,5
– Machines et matériel de transport	11,1	12,8	− 4,0	− 8,7
– Voitures	–	− 3,6	− 29,2	− 22,0
– Autres produits finis	2,0	12,8	5,4	− 4,5
Importation de services	5,4	7,8	6,2	− 7,7
Ensemble des biens et services	4,7	7,1	1,5	− 6,9

Source : OCDE (1992) *Études économiques 1991-1992 : La Suède*, p. 27.

Les restrictions budgétaires draconiennes ont un effet direct sur les importations. Amorcée en 1990, la tendance à la contraction s'est confirmée en 1991, puisque tous les secteurs de biens et services ont enregistré un recul des importations.

TABLEAU 12-4
Les exportations de biens et de services (en pourcentage de variation par rapport à la période précédente)

	1988	1989	1990	1991
Exportations de biens	2,6	2,9	0,0	− 2,2
− Produits manufacturiers	4,3	1,7	0,6	− 2,9
Exportations de services autres que les revenus	5,0	3,4	9,6	− 4,9
Exportations totales	**3,0**	**3,0**	**1,5**	**−2,7**

Source: OCDE (1992) *Études économiques 1991-1992: La Suède*, p. 23.

L'ensemble des secteurs d'exportation de biens et de services montrent un recul. Comme l'indique ce tableau, c'est la décroissance des marchés traditionnels d'exportation qui est la principale cause de cette situation.

TABLEAU 12-5
La composition par produit et la ventilation des exportations (en pourcentage de variation)

	1989		1990		1991	
	Croissance des marchés	Exportations	Croissance des marchés	Exportations	Croissance des marchés	Exportations
A. Ventilation géographique						
Total	7,1	3,8	15,8	11,5	0,1	− 2,9
− Allemagne	8,0	8,8	28,8	21,9	11,9	5,9
− Royaume-Uni	5,5	3,6	12,1	0,6	− 6,3	− 10,5
− États-Unis	6,7	− 2,1	4,3	2,9	− 1,5	− 9,1
− Norvège	0,7	− 8,9	13,0	13,2	− 3,2	− 1,7
− Finlande	11,7	10,4	9,5	8,5	− 19,4	− 19,0
− Danemark	2,6	− 0,2	18,5	14,1	2,3	0,8
B. Structure						
Total	7,1	3,8	15,8	11,5	0,1	− 2,9
− Pâtes et papiers	16,7	9,3	1,7	− 4,7	− 18,6	− 19,9
− Papiers	− 1,0	− 1,2	18,0	15,2	1,4	0,7
− Produits sidérurgiques	5,4	7,5	7,8	0,7	− 5,9	− 5,6
− Véhicules	− 0,9	− 3,8	− 3,0	5,3	− 3,4	− 0,8
− Machines et équipement	10,6	6,0	16,2	15,1	− 3,4	− 5,4

Source: OCDE (1992) *Études économiques 1991-1992: La Suède*, p. 24.

À partir de 1990, les exportations connaissent une quasi-stagnation, mais en 1991, elles présentaient une diminution très nette. Cette situation est due à la récession qui touche les marchés d'exportation traditionnels de la Suède. Dans la partie B du tableau, on observe que c'est justement parmi les produits les plus compétitifs (les pâtes et papiers) que la décroissance des marchés d'exportation est la plus forte.

TABLEAU 12-6
Les paramètres de la performance économique

	1984	1985	1986	1987	1988	1989	1990	1991
Investissements-FBCF (en pourcentage du PIB)	18,0	18,9	18,6	19,5	20,2	21,9	21,5	20,2
Balance extérieure (en pourcentage du PIB)	3,8	1,8	1,3	0,2	− 0,4	−1,9	−1,6	0,0
Rémunération, salaire (en pourcentage du PIB)	58,4	58,4	58,5	58,7	58,8	59,6	61,2	60,2
Impôts directs (en pourcentage du revenu)	20,5	20,2	20,6	21,1	21,4	22,3	21,7	19,0
Chômage (en pourcentage de la population active)	2,6	2,4	2,2	1,9	1,6	1,4	1,5	2,7

Source : OCDE (1992) *Études économiques 1991-1992 : La Suède*, p. 131.

Comparativement à la plupart des pays de l'OCDE, la Suède a, du moins jusqu'en 1991, maintenu un niveau élevé de formation brute de capital fixe en pourcentage du PIB. On note également la part importante des impôts directs sur le revenu.

TABLEAU 12-7
Les partis politiques au Parlement après les élections du 15 septembre 1991*
A.

Parti	Président du parti	Nombre de sièges
S: Sverigen Socialdemokratiska Arbetare – Parti social-démocrate	Ingvar Carlsson	138
M: Moderata Samlingspartiet – Parti du rassemblement des modérés (conservateurs)	Carl Bildt	80
Fp: Folkpartiet Liberalema – Parti du peuple (libéraux du centre droite)	Bengt Wertesberg	33
C: Centerpartiet – Parti du centre	Olof Johansson	31
Kds: Kristdemokratiska Samtrallspartiet – Parti social-chrétien-démocrate	Alf Svensson	26
Nyd: Ny Demovrati – Nouvelle démocratie (extrême droite)	Ian Wachtmeister	25
V: Vausterpartiet Kommunisterna – Parti de la gauche (anciennement Parti communiste)	Lars Wemer (a démissionné en janvier 1993; nouveau chef, Mme Gudrun Schyman)	16

Source: Orengo (1993).

B.

	1973		1976		1979		1982	
	Sièges	En pour-centage	Sièges	En pour-centage	Sièges	En pour-centage	Sièges	En pour-centage
Sociaux-démocrates	19	5,3	17	4,7	20	5,6	20	5,6
Conservateurs	156	43,6	152	42,7	154	43,2	166	45,9
Libéraux	34	9,4	39	11,1	32	10,6	21	5,9
Centristes	90	25,1	86	21,1	64	18,1	56	15,5
Communistes	51	14,3	55	15,6	73	20,3	86	23,6
Divers	0	2,7	0	1,9	0	2,2	0	3,5

* Le gouvernement de la coalition des «partis bourgeois» a été formé par Carl Bildt le 4 octobre 1991.
Source: Orengo (1989, 1990, 1991, 1992, 1993).

Nous observons dans ce tableau que le Parti social-démocrate détient le plus grand nombre de sièges, mais les autres partis minoritaires ont formé une coalition «bourgeoise» en s'alliant même aux parlementaires d'extrême droite.

TABLEAU 12-8
La répartition des électeurs par parti politique (en pourcentage)

Année	S	M	Fp	C	Kds	V	D
1932	41,7	23,1	12,2	14,1	–	8,3	–
1940	53,8	18,0	12,0	12,0	–	4,2	–
1948	46,1	12,3	22,8	12,4	–	6,3	–
1956	44,6	17,1	23,8	9,4	–	5,0	–
1958	46,2	19,5	18,2	12,7	–	3,2	–
1964	47,3	13,7	17,0	13,2	–	5,2	3,6
1968	50,1	12,9	14,3	15,7	–	3,0	4,1
1970	45,3	11,5	16,2	19,9	1,8	4,8	0,5
1973	43,6	14,3	9,4	25,1	1,8	5,3	0,5
1976	42,7	15,6	11,1	24,1	1,4	4,8	0,4
1979	43,2	20,3	10,6	18,1	1,4	5,6	0,8
1982	45,6	23,6	5,9	15,5	1,9	5,6	3,8
1985	44,7	21,3	14,2	10,0	2,4	5,4	2,0
1988	43,2	18,3	12,2	11,3	2,9	5,8	6,2
1991	37,6	21,9	9,1	8,5	7,1	4,5	11,3[a]

[a] Démocratie nouvelle (extrême droite): 6,7 %; Verts (écologistes): 3,4 %.
S   : Parti social-démocrate
M   : Parti du rassemblement des modérés (conservateurs)
Fp   : Parti du peuple (libéraux du centre droite)
C   : Parti du centre
Kds : Parti social-chrétien-démocrate
V   : Parti de la gauche (communistes)
D   : Divers (extrême droite et écologistes)

Tous les grands partis traditionnels de gauche comme de droite (sociaux-démocrates, conservateurs, libéraux) ont enregistré un recul aux élections de 1991.

TABLEAU 12-9
Le modèle des politiques sociales

	Socio-démocrate ou socio-étatique	Néo-libéral	Socio-communautaire
1. Services publics	Universels et étatiques (services sociaux et transferts)	Filet de secours et sélectifs (minimum)	Universels et publics non gouvernementaux, réseaux d'associations volontaires
2. Bénéficiaires	Usagers et citoyens (droit social)	Consommateurs	Coproducteurs et droit social
3. Qualité des services	Professionnels et accessibles	Libres choix et efficaces	Déprofessionnalisés et autogérés ou cogérés
4. Éthique	Service	Profit	Entraide
5. Interprétation des politiques sociales	Institutionnalisation des besoins sociaux	Analyse économique de la bureaucratie	Institués-instituants: appareil État-réseaux sociaux
6. État	État interventionniste	État de droit	État social
7. Économie	Économie publique (biens publics et besoins socialement reconnus)	Économie privée (demande)	Économie sociale (besoins sociaux)
8. Valeurs	Égalité et progrès	Liberté de choix et individualisme	Solidarité et participation
9. Rationalité	Rationalité juridique et politique	Rationalité utilitaire et économique	Rationalité sociale et écologique
10. Démocratie	Représentative	Marché électoral	Participation/directe/sociale
11. Égalité	Égalité des chances et des résultats	Égalité juridique et civique	Égalité dans la différence (équité)
12. Bien-être	Par l'État	Par le marché	Par la communauté et la société: réseaux sociaux
13. Justice	Distributive	Productive	Communicative
14. Effets pervers	Centralisme, étatisme	Commercialisme	Localisme, ethnocentrisme

Source: Groulx (1990), p. 108-109.

TABLEAU 12-10
L'évolution de l'offre de main-d'œuvre et du chômage (en pourcentage d'accroissement par rapport à l'année précédente)

	1988	1989	1990	1991
Population actuelle (croissance annuelle)	1,1	1,3	1,1	– 0,5
Chômage total	1,6	1,4	1,5	2,7
– De 16 à 25 ans	3,3	3,0	3,5	6,1
– De 25 à 55 ans	1,2	1,0	1,1	2,1
– De 55 à 64 ans	1,6	1,2	1,4	2,0

Source: OCDE (1992) *Études économiques 1991-1992: La Suède*, p. 30.

La population vieillit et son accroissement annuel moyen est négatif depuis 1991. On observe que les jeunes sont les plus touchés par le chômage, mais de multiples programmes de stages, de formation professionnelle et de réinsertion dans la vie active sont offerts par le Gouvernement.

TABLEAU 12-11
Les mesures spéciales en faveur du marché du travail
(en pourcentage du total)

	1984	1985	1986	1987	1988	1989	1990	1991
Création d'emplois	70,5	65,0	58,2	51,3	41,9	31,1	28,9	31,2
– Travaux publics	31,1	23,3	20,9	21,3	18,9	16,4	13,8	11,8
– Aide au recrutement	15,9	11,7	11,0	7,5	6,8	4,9	3,4	5,4
Formation sur le marché du travail	28,0	32,0	37,4	45,0	54,1	62,3	63,8	61,3
Autres	1,5	3,0	4,4	3,7	4,0	6,6	10,3	21,5
Pour mémoire: Total (en pourcentage de la population active) Total (en milliers)	3,1	2,4	2,1	1,8	1,7	1,4	1,3	2,0
Programme pour	132	103	91	80	74	61	58	93
handicapés (en milliers)	68	72	79	82	84	86	88	86

Source: OCDE (1992) *Études économiques 1991-1992: La Suède*, p. 55.

Entre 1986 et 1991, les programmes de formation pour les demandeurs d'emplois ont plus que doublé. Par contre, entre 1984 et 1991, le nombre d'emplois créés annuellement a été réduit de moitié.

TABLEAU 12-12
Le taux de chômage: comparaison internationale (moyennes annuelles en pourcentage)

	1964-1967	1968-1973	1974-1979	1980-1984	1985-1990
Suède	1,6	2,2	1,9	2,9	2,0
États-Unis	4,2	4,6	6,7	8,2	6,0
Japon	1,2	1,2	1,9	2,4	2,5
Allemagne	0,6	1,0	3,2	5,6	6,1
France	1,7	2,6	4,5	10,0	9,9
Royaume-Uni	2,5	3,3	5,0	10,3	9,2
Italie	5,1	5,7	6,6	8,4	10,5
Canada	3,9	5,4	7,2	9,8	8,7
Autriche	2,0	1,4	–	2,9	3,4
Belgique	2,0	2,5	6,3	11,3	9,8
Danemark	1,6	1,0	–	9,3	8,5
Finlande	1,8	2,6	4,4	5,1	4,4
Pays-Bas	0,8	1,5	4,9	9,7	9,2
Norvège	1,7	1,7	1,8	2,5	3,3
Espagne	2,4	2,8	5,2	15,4	19,0

Source: OCDE (1992) *Études économiques 1991-1992: La Suède*, p. 60.

Sur une longue période, la Suède est, avec l'Allemagne, le Japon et les autres pays scandinaves, l'un des pays dont le taux de chômage est le plus bas.

TABLEAU 12-13
L'évolution de l'impôt et du taux d'imposition

	1987	1988	1989	1990	1991
Impôts (en pourcentage du PIB):					
Impôts indirects	17,3	16,4	16,8	17,8	–
Impôts directs	23,9	24,3	25,3	23,6	–
Impôts sur le capital, redevances obligatoires	7,4	7,3	7,7	7,7	–
Cotisations de sécurité sociale	13,8	14,1	14,8	15,3	–
Total	62,4	62,0	64,6	64,4	–
Taux d'imposition (en pourcentage net):					
Impôt national sur le revenu					
– Taux marginal supérieur	47,0	45,0	42,0	35,0	20,0
– Taux marginal inférieur	4,5	5,0	5,0	3,0	0,0
Impôt local sur le revenu	30,4	30,6	30,8	31,2	31,2
Impôt sur le revenu du capital[a]	n.d.	n.d.	n.d.	n.d.	30,0
Cotisations de sécurité sociale	37,1	37,1	37,5	39,0	37,3
Taxe sur la valeur ajoutée	23,5	23,5	23,5	23,5/25,0	25,0
Impôt sur les sociétés	52,0	52,0	52,0	40,0	30,0
Impôt sur la fortune	1,5/3,0	1,5/3,0	1,5/3,0	1,5/3,0	1,5/3,0

[a] Avant 1991, le revenu du capital était ajouté au revenu du travail dans les déclarations d'impôts.
Source: OCDE (1992) *Études économiques 1991-1992: La Suède*, p. 146.

Comme on le constate dans ce tableau, les prélèvements fiscaux représentent un pourcentage important du PIB. La Suède a toujours utilisé la fiscalité pour offrir à la population des services sociaux de qualité et répartir équitablement les fruits de la croissance.

LES IDÉES IMPORTANTES

SUR LA SUÈDE

La société

Dans le cas de la Suède, la dimension sociale englobe et régit le fonctionnement de toutes les sphères d'activité. La recherche du bien-être commun et de la justice sociale est un agent puissant de cohésion des différents acteurs économiques comme le Gouvernement, les syndicats et le patronat. Ayant adopté l'objectif du plein emploi, l'État a longtemps été le régulateur et le redistributeur des richesses. Il existe en Suède toute une législation sur la qualité de la vie au travail et un souci de formation de la main-d'œuvre et d'investissement dans la recherche et le développement.

✗ Questions

1. Quelles sont les bases du système social et économique de la Suède?
2. Quelle est la réaction des milieux patronaux face au phénomène de la mondialisation?
3. Quels mécanismes assurent à la Suède un développement durable?

L'entreprise

L'entreprise suédoise est reconnue pour sa capacité d'innovation et ses produits de grande qualité. Les multinationales dominent l'industrie suédoise avec leurs pratiques de délocalisation face aux coûts élevés de la main-d'œuvre. Au sein des entreprises – dont les pratiques sont régies par la législation sur la qualité de la vie au travail et l'amélioration des conditions de travail et de sécurité d'emploi –, on observe une réduction maximum de la bureaucratie. Ayant reconnu les connaissances et les capacités des travailleurs, l'entreprise peut fonctionner sur la base d'équipes de travail qui procèdent par autocontrôle, dans un climat de transparence de l'information, de dialogue et de respect.

✗ Questions

1. Précisez le domaine d'engagement des syndicats.
2. Quel «style de leadership» assure au dirigeant suédois la motivation des employés?
3. Comparez les activités de l'entreprise suédoise avec celles de l'entreprise japonaise.

ANNEXE À LA DEUXIÈME PARTIE

Voici quelques données qui permettent de comparer les performances de divers pays industrialisés face au Japon, à l'Allemagne et à la Suède:

À la lecture des indicateurs retenus dans les tableaux qui suivent, on se rendra compte de la position plutôt désavantageuse qu'occupent les États-Unis et le Canada. Au contraire, le Japon, l'Allemagne et la Suède se trouvent plus souvent dans une position favorable. Cela peut être considéré comme un signe clair de l'efficience et de la qualité des systèmes de gestion qui ont cours dans chacun de ces pays. C'est donc dire qu'il est urgent que les choses changent – et en toute logique dans le sens des pays qui présentent les indices les plus favorables – au Canada et aux États-Unis, qui sont le berceau du management traditionnel le plus vivace.

TABLEAU 1
**Les indicateurs économiques de différents pays industrialisés
(année de référence: 1990)**

	PIB aux prix et aux taux de change courants	PIB *per capita* aux prix et aux taux de change courants	PIB aux prix courants	PIB *per capita* aux prix courants	Croissance annuelle moyenne en volume du PIB sur 5 ans	Taux de chômage	Solde budgétaire (indicateur)
	Unité: milliards $ US	Unité: $ US	Unité: milliards $ US	Unité: $ US	En pourcentage	En pourcentage	En pourcentage
Japon	2 940,4	23 801	2 179,9	17 645	4,6	2,1^a	10,1 (PNB^a)
États-Unis	5 392,2	21 449	5 392,2	21 449	3,0	6,6^a	− 4,7 (PIB^a)
Allemagne	1 488,2	23 536	1 151,6	18 212	3,1	6,3^b	−1,9 (PNB^a)
Suède	228,1	26 652	144,6	16 896	2,1	2,7^a	−1,5 (PIB^a)
Norvège	105,7	24 924	68	16 033	1,6	5,2	− 0,4 (PIB^a)
Autriche	157,4	20 391	127,4	16 513	3,1	5,4	−2,1 (PIB)
Canada	570,1	21 418	510,5	19 179	3,0	10,3^a	− 6,1 (PIB^a)

TABLEAU 1
Les indicateurs économiques de différents pays industrialisés
(année de référence : 1990) *[suite]*

	PIB aux prix et aux taux de change courants	PIB *per capita* aux prix et aux taux de change courants	PIB aux prix courants	PIB *per capita* aux prix courants	Croissance annuelle moyenne en volume du PIB sur 5 ans	Taux de chômage	Solde budgétaire (indicateur)
	Unité : milliards $ US	Unité : $ US	Unité : milliards $ US	Unité : $ US	En pourcentage	En pourcentage	En pourcentage
Royaume-Uni	975,1	16 985	911,8	15 882	3,2	8,1[a]	−6,5 (PIB[a])
France	1 190,8	21 105	980,4	17 376	2,9	8,9	−1,9 (PIB)
Finlande	137,3	27 527	82,2	16 487	3,4	3,5	1,3 (PIB)

[a] Année 1991.
[b] Concerne l'ex-RFA.
Source : OCDE (1993) *Études économiques, Statistiques de base et comparaisons internationales (août 1992)*, Atlaseco.

TABLEAU 2
La balance commerciale et les variations des salaires et des prix pour divers
pays industrialisés et le Japon, l'Allemagne et la Suède (1985-1989)
[en pourcentage]

	Japon	États-Unis	Allemagne	Suède	Norvège	Autriche	Canada	Royaume-Uni
Balance commerciale : accroissement annuel moyen sur 5 ans	−2,4[a]	+5,7	+0,7	−0,3[a]	−0,7[a]	+0,5	−1,0	−2,6
Salaires	3,7	2,6	4,2	8,2	8,7	5,0	4,3	8,5
Prix	1,3	4,0	1,4	6,2	6,2	2,2	4,5	5,9

[a] Le taux d'accroissement annuel moyen (calculé sur une période de cinq ans) du solde entre les exportations et les importations est ici négatif bien que les balances commerciales soient largement excédentaires. Le signe − indique simplement que, pour la période de 1985 à 1989, le taux d'accroissement annuel moyen des exportations a été plus faible que celui des importations.
Source : OCDE (1992) *Études économiques 1991-1992.*

TABLEAU 3
Le produit intérieur brut *per capita* **: classement des divers pays industrialisés par rapport au Japon, à l'Allemagne et à la Suède (année de référence : 1990)**

	PIB *per capita* aux prix et aux taux de change courants Unité : $ US
1. Suisse	33 085
2. Finlande	27 527
3. Suède	26 652
4. Danemark	25 150
5. Norvège	24 924
6. Japon	23 801
7. Allemagne	23 536
8. Islande	22 907
9. Luxembourg	22 895
10. États-Unis	21 449
11. Canada	21 418

Source : OCDE (1992) *Études économiques 1991-1992, comparaisons internationales* (août).

TABLEAU 4
Les soldes budgétaires de divers pays industrialisés et du Japon, de l'Allemagne et de la Suède (année 1991) [en pourcentage]

1. Japon	10,1 (PNB)
2. Finlande	1,3 (PIB)
3. Norvège	− 0,4 (PIB)
4. Suède	− 1,5 (PIB)
5. Autriche	− 2,1 (PIB)
6. Allemagne	− 4,5 (PIB)
7. États-Unis	− 4,7 (PIB)
8. Canada	− 6,1 (PIB)
9. Royaume-Uni	− 6,5 (PIB)

Source : OCDE (1993) *Études économiques. Statistiques de base et comparaisons internationales (août 1992).*

TABLEAU 5
L'évolution de la balance commerciale de deux pays industrialisés et du Japon, de l'Allemagne et de la Suède (1985-1989) [en pourcentage]

	Accroissement annuel moyen de la balance commerciale sur 5 ans
1. États-Unis	+ 5,7
2. Allemagne (RFA)	+ 0,7
3. Autriche	+ 0,5
4. Suède	− 0,3
5. Norvège	− 0,7
6. Canada	− 1,0
7. Japon	− 2,4
8. Royaume-Uni	− 2,6

Source : OCDE (1992) *Études économiques 1991-1992* (août).

FIGURE 1
Les taux de chômage moyens annuels pour divers pays industrialisés (en pourcentage)

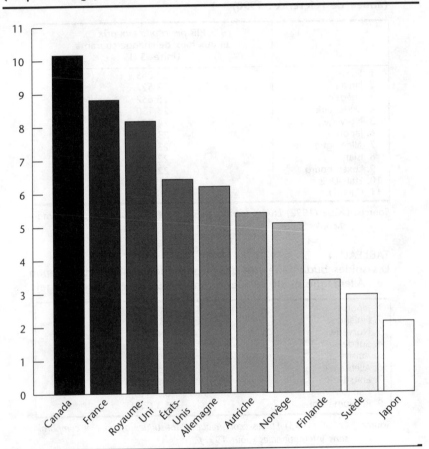

Source : OCDE (1992) *Études économiques 1991-1992* (août).

FIGURE 2
L'accroissement annuel moyen de la balance commerciale de divers pays industrialisés et du Japon, de l'Allemagne et de la Suède (1985-1989) [en pourcentage]

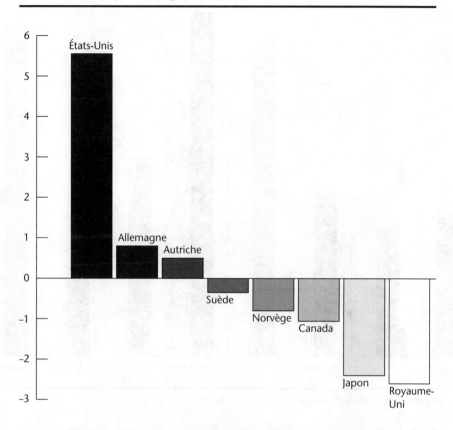

Source : OCDE (1992) *Études économiques 1991-1992* (août).

FIGURE 3
L'augmentation des salaires et des prix pour divers pays industrialisés (1985-1989) [en pourcentage]

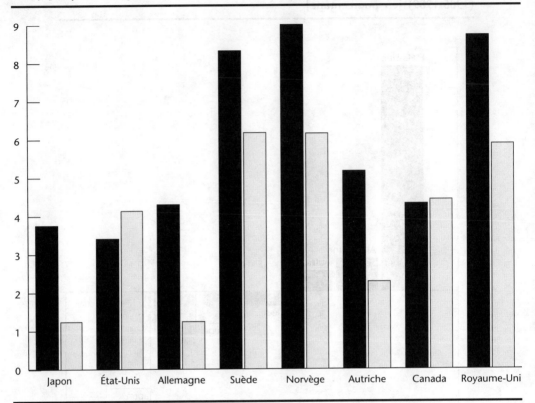

Source : OCDE (1992) *Études économiques 1991-1992* (août).

Bibliographie de la section II

ADAMS, R. et C. RUMMEL (1984) « Worker Participation in Management in West Germany », *International Labor Review*, vol. 123, p. 615-630.

ALBERT, M. (1991) *Capitalisme contre capitalisme*, Paris, Éditions du Seuil.

ARDANT, G. (1976) *La révolution suédoise*, Paris, Robert Laffont.

ARDANT, G. et H. SÉRIEYX (1984) *La révolution suédoise*, Paris, Robert Laffont.

ATLASECO, *Atlas économique mondial*, année 1993, Paris, Éditions du Sérail.

ATLASECO, *Atlas économique mondial*, année 1997, Paris, Éditions O.C.

ATTALI, J. (1990) *Lignes d'horizon*, Paris, Fayard.

AUGUREN, S., J. EDGEREN et SAF (1981) *Des usines différentes*, Stockholm, SAF (Confédération des employeurs suédois) [Études et recherches].

BAROU Y. et B. KEIZER (1984) *Les grandes économies*, Paris, Éditions du Seuil (Points).

BARTHÉLÉMY, M. (1993) *in L'État du monde*, Montréal, Boréal, p. 467.

BAUER, M. et B. BERTIN-MOUROT (1992) « Études sur le parcours professionnel de chefs d'entreprises en Allemagne et en France », CNRS, résultats publiés dans l'enquête de N. Villard, *in L'Expansion*, 9-22 janvier.

BELLEMARE, D. et L. POULIN-SIMON (1986) *Le défi du plein emploi*, Montréal, Éditions Saint-Martin.

BLONDAL, S. et T. EGEBO (1992) « Coup de projecteur sur la Suède », *L'Observateur de l'OCDE*, nᵒ 177, août-septembre, p. 33-34.

BOMMENSATH, M. (1987) *Manager l'intelligence de votre entreprise*, Paris, Éditions d'Organisation.

BOMMENSATH, M. (1991) *Secrets de réussite de l'entreprise allemande : la synergie possible*, Paris, Éditions d'Organisation.

BOURNOIS, F. et M. PETIT (1992) « La gestion des ressources humaines en Allemagne », *Revue Personnel*, nᵒ 331, mars-avril.

BREITMEIER, W. (1987) « L'employeur et l'éducateur », *Revue française de gestion*, novembre-décembre.

BRISOU, S., T. GLOBOCAR, V. LAINÉ et H. MÉDUNIER (1990) *Les deux Allemagne 1984-1989*, Paris, La Documentation Française, *Notes et études documentaires*.

BROUSSOLE, D. (1990) « Le modèle suédois dans les années 80 et la tertiarisation de l'économie », *Problèmes économiques*, nᵒ 2205, 28 décembre, p. 11-18.

BRUHNES, B. (1989) « Syndicats ouvriers et organisations patronales en Europe, trois modèles de culture sociale », *Projet*, mai-juin.

BULLETIN DE LA COMMISSION BANCAIRE, nᵒ 6, avril 1992, « Le système bancaire allemand », publié par *Problèmes économiques*, nᵒ 2293, 30 septembre 1992.

CAMPINOS-DUBERNET, M. et J.-M. GRANDO (1989) « Formation professionnelle ouvrière : 3 modèles européens », *Formation-Emploi*, nᵒ 22, avril-juin.

CAPDEVIELLE, P., F. HERAN et P. POLITANSKI (1992) « Le rôle de la formation professionnelle dans la diffusion des technologies en Europe (Le cas allemand) », *Revue d'économie industrielle*, 1ᵉʳ trimestre, publié par *Problèmes économiques*, nᵒ 2294, 7 octobre 1992.

CARLANDER, I. (1992) « La Suède à la recherche d'un autre "modèle" », *Le Monde diplomatique*, nᵒ 461, août, p. 22-23.

CARREY-BÉLANGER, É. (1987) « Une étude comparative des systèmes de bien-être social avec référence particulière à l'organisation des services sociaux : Finlande, Suède, Québec », *Synthèse critique 39*, Québec, Université Laval, Les Publications du Québec.

CARROUÉ, L. (1991) « Nouvelles alliances germano-nippones », *Le Monde diplomatique, Manière de voir*, nᵒ 12, mai.

CFCE (1989) *Suède (Un marché)*, nᵒ 18, Direction de l'information, Paris, Centre français du commerce extérieur.

CHOME, G. (1985) « La formation professionnelle en RFA », *Travaux et documents du CIRAC* (Centre d'information et de recherche sur l'Allemagne contemporaine), Paris, décembre.

COCHARD, P.-D. (1992) « Goeudevert : le bolide franco-allemand », interview du vice-président de Volkswagen, *Figaro-Magazine*, 16 mai.

COOPER, R.M. (1982) *La recherche d'un consensus : l'expérience de cinq pays*, Paris, OCDE.

CORIAT, B. (1992) « Dans le cercle vertueux de la qualité du travail », *Le Monde diplomatique, Manière de voir*, n° 12, mai.

COURRIER INTERNATIONAL (LE) (1993) « Tableau noir d'une Allemagne en panne », extrait de *Der Spiegel*, Hambourg, n° 133, 19-26 mai, p. 9-11.

DELAY, P. (1976) *Techniques de participation et vie dans l'entreprise*, Lausanne, HÉC Lausanne.

DEMOTES-MÉNARD, M. (1989) *L'économie allemande*, Paris, Éditions La Découverte.

DER SPIGEL (1993) « Tableau noir d'une Allemagne en panne », article publié dans l'hebdomadaire *Courrier international*, n° 133, 19 au 26 mai, p. 9-11.

DEVOIR (LE) [1989] « L'Allemagne fédérale connaît un boom économique sans équivalent en 20 ans », 6 septembre.

DROZ, J. (1991) *Histoire de l'Allemagne*, Paris, Presses Universitaires de France.

DUPEUX, L. (1989) *Histoire culturelle de l'Allemagne*, Paris, Presses Universitaires de France.

DUSSAULT, F. (1982) *Les modèles scandinaves et la détermination des ententes salariales des industries manufacturières canadiennes*, Montréal, Université de Montréal, Département des sciences économiques et Centre de recherche en développement économique.

ÉCONOMIE ET PROSPECTIVE INTERNATIONALE (1990) « Une économie allemande : points de vue, analyses, perspectives », Paris, La Documentation française, *Notes et études documentaires*, n° 43, 3ᵉ trimestre.

ECONOMIST (THE) [1996], *Country Profile : Japan, 1995-1996*.

ECONOMIST (THE) [1997], *Country Profile : Germany, 1996-1997*.

ECONOMIST (THE) [1997], *Country Profile : USA, 1996-1997*.

ENGELEN-KEFER, U. (1976) « L'humanisation du travail en République fédérale allemande : une approche axée sur les travailleurs », *Revue Internationale du Travail*, mars-avril, p. 245-260.

ÉTAT DU MONDE (L'), annuaire économique et géopolitique mondial, éditions 1991, 1992, 1993 et 1994, Paris et Montréal, Éditions La Découverte-Boréal.

FARAMOND, G. de (1976) *La Suède et la qualité de la vie*, Paris, Le Centurion.

FARAMOND, G. de (1988) « Les pièges du consensus », *Ressources humaines*, n° 10, janvier, p. 30-32.

FEIGELSON, K. (1986) « La Suède : crise et prospérité de l'État social », *Projet* n° 198, mars-avril, p. 92-102.

FIGARO (LE) [1990] « Dossier sur la réunification allemande », 1ᵉʳ octobre.

FRITZSCH-BOURNADEL, R. (1987) *L'Allemagne, un enjeu pour l'Europe*, Bruxelles, Éditions Complexe.

GALBRAITH, J.K. (1989) *L'économie en perspective*, Paris, Éditions du Seuil.

GERSTENBERGER, W. (1992) « La compétitivité de l'industrie allemande dans le domaine des technologies de pointe », *Ifo-Schnelldienst*, mai 1992, publié par *Problèmes économiques*, n° 2316, 10 mars 1993.

GHERARDI, S. (1991) « Allemagne : pivot de l'espace européen », extrait de « Europe : l'heure allemande », *Dynasteurs, le mensuel des Échos*, décembre 1991, publié par *Problèmes économiques*, n° 2259, 22 janvier 1992.

GILL, L. (1989) *Les limites du partenariat : les expériences social-démocrates de gestion économique en Suède, en Allemagne, en Autriche et en Norvège*, Montréal, Boréal.

GLAYMAN, C. (1978) *Suède : la réforme permanente*, Paris, Stock.

GLAYMAN, C. et G. de FARAMOND (dir.) [1977] *Suède : la réforme permanente*, Paris, Stock.

GRAS, A. (1988) « Pourquoi les Suédois sont-ils si forts en affaires ? Culture nationale et business international », *Ressources humaines*, n° 10, janvier, p. 26-28.

GROULX, L.-H. (1990) *Où va le modèle suédois ?*, Montréal et Paris, Presses de l'Université de Montréal-Éditions L'Harmattan.

HAGER, W. et M. NOELKE (1986) *La RFA, ses idéaux, ses intérêts et ses inhibitions*, rapport au président de la Communauté économique européenne, European Research Associates.

HALL, E. et M.-R. HALL (1990) *Guide du comportement dans les affaires internationales: Allemagne-États-Unis-France*, Paris, Éditions du Seuil.

HARRISON, R. (1976) *Work Participation in Western Europe*, Londres, Central House.

IRIBARNE, P. d' (1989) *La logique de l'honneur: gestion des entreprises et traditions nationales*, Paris, Éditions du Seuil.

JALBERT, P. (1985) « La Suède et l'adaptation à la crise », *Interventions économiques*, n°s 14-15, printemps, p. 92-108.

JONES, H. (1977) *Planning and Productivity in Sweden*, Londres, Croom Helm.

KEIZER, B. (1979) *Le modèle économique allemand: mythes et réalités*, Paris, La Documentation Française, *Notes et études documentaires*.

KEIZER, B. (1981) *La RFA: le modèle dans l'impasse*, Paris, Hatier.

LEVINSON, C. (1976) *La démocratie industrielle*, Paris, Éditions du Seuil.

LÉVY, A. (1988) « Un management à la suédoise ou... une autre manière de vivre », *Ressources humaines*, n° 10, janvier, p. 28-30.

LIZÉE, M. (1992) *Même le soleil a des tâches*, Montréal, FTQ.

MÉNUDIER, H. (1986) « La RFA en 1985 », *Notes et études documentaires*, n° 4813, p. 37-60.

MÉTIVIER, E. et A. DUFOUR (1989) *Les cahiers de l'Europe: la république fédérale d'Allemagne*, Paris, Pierre Dubois et Éditions d'Organisation.

MILNER, H. (1993) « La concertation à la suédoise », *Relations*, n° 589, avril, p. 85-88.

MILNER, H. et G. VERSAILLES (1986) « Le modèle suédois », articles I à IV, Montréal, *Le Devoir*, 3, 4, 5 et 6 novembre.

MINC, A. (1989) *La grande illusion*, Paris, Grasset.

MINC, A. (1990) *L'argent fou*, Paris, Grasset.

MONDE (LE) – ENQUÊTES [1979] *Vingt ans de réussite allemande*, Paris, Economica.

OCDE (1987) *Politiques nationales de la science et de la technologie en Suède*, Paris, Publications de l'OCDE.

OCDE (1989) *Études économiques 1988-1989: La Suède*.

OCDE (1991) *Études économiques 1990-1991: La Suède*.

OCDE (1992) *Études économiques 1991-1992: L'Allemagne*.

OCDE (1992) *Études économiques 1991-1992: La Suède*.

OCDE (1992) *Perspectives économiques*, Paris.

OCDE (1993) *Études économiques 1992-1993: L'Allemagne*.

OCDE (1995) *Perspectives de l'emploi*, juillet.

OCDE (1996) *Statistiques rétrospectives, 1960-1994*.

OIT (Organisation internationale du travail) [1973] *La participation des organisations d'employeurs et de travailleurs à la planification économique et sociale*, Genève.

ONU, Département du développement économique et social (1992) *Étude sur l'économie mondiale*, New York.

ONU (1995) *Manuel des statistiques du commerce international et du développement*, 1994, CNUCED.

ONU (1996) *Commission économique pour l'Europe: Études sur la situation économique de l'Europe en 1994-1995*.

ORENGO, P. (1989) « La Suède en 1988: sous le double signe de la morale et de l'écologie », *in* A. Grosset (dir.), *Les pays d'Europe occidentale, Notes et études documentaires*, Paris, La Documentation Française.

ORENGO, P. (1990) « La Suède en 1989: la refonte du système fiscal », *in* A. Grosset (dir.), *Les pays d'Europe occidentale, Notes et études documentaires*, Paris, La Documentation Française.

ORENGO, P. (1991) «La Suède en 1990 : vers l'adhésion à la CEE», *in* A. Grosset (dir.), *Les pays d'Europe occidentale, Notes et études documentaires*, Paris, La Documentation Française.

ORENGO, P. (1992) «La Suède en 1991 : la fin d'un modèle ?», *in* A. Grosset (dir.), *Les pays d'Europe occidentale, Notes et études documentaires*, Paris, La Documentation Française.

ORENGO, P. (1993) «La Suède de 1992 : une année mouvementée», *in* A. Grosset (dir.), *Les pays d'Europe occidentale, Notes et études documentaires*, n° 4975-4976 du 13 octobre, Paris, La Documentation Française.

PALMIER, J.-M. (1991) «Aux sources de la nation allemande», *Le Monde diplomatique, Manière de voir*, n° 12, mai.

PAQUIN, B. (1990), *Monographie sur l'usine Volvo à Kalmar*, rapport de recherche n° 90-04 sous la direction de M.-C. Malo, avril, Montréal, École des hautes études commerciales.

PARIBAS (extrait du bulletin *Conjoncture*) «Les pays nordiques en marche vers une intégration européenne», *Problèmes économiques*, n° 2284, 16 juillet 1992, p. 5-8.

Rapport mensuel de la Deutsche Bundesbank d'avril 1992 (1993) «L'épargne des ménages allemands depuis 20 ans», *Problèmes économiques*, n° 2316, 10 mars.

Rapport mensuel de la Deutsche Bundesbank de juillet 1992 (1992) «Impact économique de la réunification allemande sur les échanges avec ses partenaires européens», *Problèmes économiques*, n° 2305, 23 décembre.

RÉALVILLE, C. (1987) «Allemagne de l'Ouest : les défis du miracle économique de l'après-guerre», *L'histoire*, n° 105, novembre, p. 91-93.

REBOUL, A. et P. ESLIMBAUM. (1988) «Recherche industrielle : les secrets de la réussite allemande», *Problèmes économiques*, n° 2098.

REHFELDT, U. (1987) *Stratégie syndicale et négociations sur les nouvelles technologies en RFA*, Paris, Cahier du GIPMI.

REHFELDT, U. (1988) «Les racines du consensus : stratégies et rationalisation entre 1910 et 1933», *Gérer et comprendre – Annales des mines*, juin.

REHFELDT, U. (1991) «Stratégies syndicales et négociations collectives : 1967-1991», *Gérer et comprendre – Annales des mines*, décembre.

RÉMY, A. (1988) «Les stratégies japonaise et allemande dans les secteurs en crise : le cas de la sidérurgie», *Problèmes économiques*, n° 2095.

RUDWIG, S. (1993) «Allemagne : la facture de l'unification», *L'état du monde*, Paris-Montréal, Éditions La Découverte-Boréal.

SCHWEIKERT, K. (1989) «Le système dual de formation professionnelle en RFA», mai-juin.

SIMON, H. (1992) «Les PME allemandes, championnes du monde», *L'Expansion*, n° 65, été.

SKANDINAVISKA ENKILDA BANKEN (1983) «Some Data about Sweden», Stockholm.

SPAR, C. (1984) «Suède : l'envers de la médaille», *L'Actualité*, vol. 9, n° 2, février, p. 65-66.

STATISTISK ARSBOK' (1993) *Statistical Yearbook of Sweden*, Stockholm.

TANGUY, B. et A. KIEFFER (1982) «L'école et l'entreprise : l'expérience des deux Allemagne», Paris, La Documentation Française, *Notes et études documentaires*.

THANHEISER, H. (1979) «Stratégie et planification allemandes», *Gestion*, vol. 4, n° 4, novembre, p. 79-84.

THIMM, A. (1980) *The False Promise of Codetermination*, Cambridge, Massachusetts, Lexington-Books.

THURLEY, K. (1991) *Vers un management multiculturel en Europe*, Paris, Éditions d'Organisation.

URBAN, S. et E.-M. LIPP (1988) *L'Allemagne : une économie gagnante ?*, Paris, Hatier.

VILLARD, N. (1992) «Le parcours des 200 premiers patrons français et allemands», enquête du CNRS et Herdrick & Struggles, *L'Expansion*, 9 au 22 janvier.

WALRAFF, G. (1986) *Tête de Turc*, Paris, La Découverte.

WEVERT, K. et C. ALLEN (1992) «Les entreprises allemandes à l'épreuve», *Harvard-L'Expansion*, n° 67, hiver.

VERS UN NOUVEAU MANAGEMENT ET D'AUTRES VALEURS EN GESTION

Un passé à connaître et à assumer, des préjugés et des « vérités premières » à dépasser

On l'aura compris, aller vers les propositions d'un renouvellement de la pensée managériale traditionnelle n'est ni simple ni univoque. Une telle démarche implique bien des dimensions, différentes et variées, auxquelles il faut simultanément s'intéresser.

La leçon principale, cependant, que nous laisse l'ensemble de ce qui a précédé est que le management ne peut plus se concevoir comme une collection de techniques et de recettes. Il devient alors important, sinon urgent, d'opérer certaines ruptures avec beaucoup d'éléments du passé. La première et sûrement la plus cardinale, la rupture des ruptures, pour ainsi dire, concerne un changement fondamental de mentalité. Aussi bien en ce qui a trait aux dirigeants qu'en ce qui touche les structures syndicales traditionnelles. Les premiers doivent admettre la nécessité d'associer davantage l'ensemble des travailleurs, et d'en faire de véritables partenaires, et non plus des « ressources » ou des « machines » de production. C'est là une condition désormais incontournable d'un retour ou d'un regain de la productivité et de la performance et même, pour le futur, de la survie des entreprises. Telle est aussi la leçon essentielle des modèles considérés comme figurant dans le peloton de tête de l'efficacité, selon les observateurs autorisés dont nous avons longuement traité dans les chapitres précédents.

Les seconds, les syndicats, doivent, devant des tentatives patronales réelles et sincères d'association avec les travailleurs, ne plus continuer à se comporter selon une logique défensive qui était légitime face au management traditionnel. Ils doivent plutôt adopter, face à un management changeant, une stratégie allant plus dans le sens du partenariat. En un mot, les syndicats ne doivent pas céder à une sorte de déviation des objectifs imposée par la logique des appareils cherchant à défendre à tout prix une institution, un *membership*, au détriment de l'intérêt bien pensé des membres et de tous. Il s'agit, pour eux aussi, d'une question de survie.

Que l'on me comprenne bien : la suppression des syndicats n'est souhaitable pour personne. Ils sont nécessaires à l'équilibre du fonctionnement démocratique d'une société pluraliste. Le point de vue des travailleurs doit être représenté, articulé, véhiculé, exprimé. Il est l'une des forces dynamiques indispensables dans le partenariat et la concertation qui aident à réaliser des socio-économies de l'optimum et la redistribution équitable des richesses produites[1].

Il incombe toutefois aux managers de faire le premier pas, car ce sont eux qui détiennent l'initiative de la décision, les leviers d'action et, donc, le pouvoir de lancer le changement. Nous verrons un peu plus loin, avec l'exemple, entre autres, de la compagnie Cascades, qu'on peut y arriver, pour la plus grande satisfaction de tous, et que des syndicats, même farouchement partisans de la lutte des classes, peuvent changer et coopérer, à condition qu'on les respecte et qu'on soit sincèrement préoccupé du bien-être du travailleur.

Le manager d'aujourd'hui et de demain ne peut plus ignorer, par ailleurs, la grande responsabilité dont il est investi envers ses semblables. Il ne peut plus fermer les yeux sur la dimension éthique de ses activités, et sur l'importance de sa manière d'être avec les autres, ainsi que dans son milieu naturel. Il ne peut plus se comporter, pour reprendre le terme de Frédéric Bach (le célèbre auteur du film d'animation basé sur le texte de Jean Giono, *L'homme qui plantait des arbres*), comme une sorte de chef de file de comportements généralisés de rapaces envers la planète.

Il peut sembler que j'en mets beaucoup sur le dos des seuls gestionnaires et dirigeants[2], mais ne détiennent-ils pas les plus grands pouvoirs, et ne disposent-ils pas de puissances techniques, informationnelles et décisionnelles au spectre et au champ infiniment élargis ? Combien de bévues de la part de millions de citoyens ordinaires faudrait-il pour équivaloir à un Bhopâl, un Tchernobyl, un Sandoz ou un *Exxon Valdez* ? Je ne peux joindre ma voix à ceux qui n'ont de cesse d'affirmer que les retombées négatives sur la qualité de la vie et de l'environnement dépendent, à part égale, du comportement de chacun. Bien sûr, chaque personne, où qu'elle soit, doit apporter sa contribution au bien-être de tous. Mais qu'est-ce que cela représente devant les colossales capacités polluantes de la moindre usine ? ou de la moindre ferme du règne de l'industrie agrochimique ? L'éthique du gestionnaire d'aujourd'hui et de demain doit se préoccuper du sort et de l'épanouissement de la société et de la nature, ainsi que des personnes, toutes les personnes, constituant l'entreprise et la société. On a bien raison,

---

1.   Souvenons-nous que Bellemare et Poulin-Simon (1986) et plusieurs autres auteurs attribuent à l'affaiblissement du comité national d'action concertée le déséquilibre observé entre 1979 et 1986 dans le système allemand (notamment la soudaine montée du chômage).

2.   Je rappelle que l'expression « gestionnaires et dirigeants » désigne aussi bien les chefs d'entreprise que les hauts fonctionnaires, les commis de l'État, les politiciens, les chefs syndicaux, etc.

en ce sens, de dire aujourd'hui – comme titrait le journal *Le Monde* du 5 octobre 1988 – qu'on en est à « la redécouverte du capital humain ». Après l'ère de la machine et de la technologie, nous voici arrivés à l'ère de la « ressource » humaine. Nous y reviendrons.

Sur la base de ce double mouvement éthique se construira, et commence déjà à se construire, je pense, la façon de gérer plus « intelligemment » dont je parlais en introduction. Ce *nouveau type de gestion* repose aussi, pour moi, sur l'intelligence, dans la deuxième acception du terme, pleine et entière, rigoureuse et scientifique – et non partisane ou idéologique – de ce qui se passe dans l'entreprise et hors de l'entreprise.

Compte tenu de la place que les gestionnaires occupent, et aspirent de plus en plus à occuper, un peu partout dans les rouages de la vie de populations de plus en plus larges à travers le monde, il est impératif qu'ils sachent, plus que n'importe qui, comment les choses humaines, sociales, économiques et écologiques fonctionnent, et vers quoi elles sont dirigées.

Commençons, pour tracer les contours de la gestion de demain, par ce que l'on a toujours, de mille manières différentes, occulté dans le management traditionnel : le passé, l'évolution et le contexte de la naissance de l'ancêtre direct de l'entreprise industrielle d'aujourd'hui. Passé qui peut nous faire comprendre bien des choses à propos des organisations actuelles.

LE XVIIIe SIÈCLE, L'APPARITION DE L'ENTREPRISE, LES FAITS D'ALORS ET LES CONSÉQUENCES D'AUJOURD'HUI

La contradiction interne

Comme le dit Fernand Braudel (1980), le consensus et la bonne entente sont encore loin de régner parmi les historiens, y compris britanniques, en ce qui concerne les facteurs de préparation et d'émergence de la Révolution industrielle et de l'usine moderne. Il faut savoir que là aussi le terrain est miné par les idéologies, et que beaucoup d'analystes tentent de faire dire aux faits juste ce qu'il faut pour renforcer ou légitimer leur vision[3].

Il y aurait, bien sûr, des centaines de pages à écrire pour tenter de comprendre ce qui s'est passé aux XVIIIe et XIXe siècles. Pour le présent propos, contentons-nous de résumer l'essentiel – qui touche surtout à une meilleure compréhension de ce qui influence le gestionnaire et son travail –, tiré de quelques références qui font largement autorité en la matière et qui ont l'avantage de s'appuyer systématiquement sur des faits dûment documentés[4].

---

3.   Souvenons-nous, par exemple, de ces livres d'histoire du travail ou de management qui tentent de présenter l'atelier de silex préhistorique presque comme une production à la chaîne, ou « l'organisation » Moïse comme une entreprise avec organigramme et descriptions de postes.

4.   Braverman (1976), Braudel (1980 et 1985), Gorz (1973 et 1988), Mantoux (1959), Neuville (1976 et 1980), Rioux (1971), etc.

Signalons d'abord que, contrairement au cas du Japon, l'installation de la classe des industriels en Occident s'est faite par la destruction du système sociopolitique préexistant : le féodalisme et l'aristocratie. L'industrialisation naissante brisera les derniers restes de communauté et de solidarité coutumières légués par le Moyen Âge[5]. Mais ce qui intéresse plus particulièrement et plus directement le gestionnaire dans la Révolution industrielle, c'est ce que l'on peut appeler la contradiction interne de l'entreprise. Contradiction que l'on n'a toujours pas résolue, sinon, sous certains angles, comme on va le voir, dans certaines entreprises et dans certaines économies[6].

Il convient avant tout de lever certaines fausses vérités et certaines ambiguïtés, longtemps entretenues, à propos de la genèse de la Révolution industrielle. Un peu simplement et communément, on retient trois facteurs explicatifs : les entrepreneurs, la science et la technique. Or, lors de l'analyse historique, on se rend compte qu'en guise d'entrepreneurs, dont le prototype est sir Richard Arkwright, nous n'avons pas, comme le veut la tradition, que des artisans ou des maîtres artisans, devenus industriels, grâce à leur « génie », leur savoir-faire et leurs « techniques ». Ce genre d'artisans en étaient certes, mais ils étaient loin de former la majorité comme on veut bien le croire. Les nouveaux industriels et patrons des XVIIIe et XIXe siècles étaient plutôt des marchands, drapiers surtout, qui avaient amassé assez d'argent en abaissant constamment le salaire payé aux tisserands, pour réunir en un seul lieu plusieurs dizaines de travailleurs. Leurs habiletés les plus particulières étaient de discipliner et de contrôler le travail comme jamais on ne l'avait fait auparavant[7].

Quant aux sciences et aux techniques, dont l'image typique invoquée est la machine à vapeur, il suffira, je pense, de préciser que cette dernière n'a vu le jour que très tard, bien après que l'industrie textile fût déjà installée et opulente. Il a fallu des années à James Watt pour la développer, sous contrat, avec un industriel déjà établi et fortuné : John Roebuck. D'ailleurs, les théories de la physique de l'époque ne permettaient aucune application susceptible d'aboutir à la conception d'un système, du type de la machine à vapeur, donnant un rendement efficace[8]. On sait aussi, par exemple, que les commerçants, devenus progressivement industriels, se sont arrangés pour obtenir non seulement des monopoles de façonnage et de distribution, mais aussi des interdictions de transformer l'outillage ! Ce sont également eux qui sont à l'origine de l'impopularité et de l'exil imposé à William Lee, l'inventeur, à la fin du XVIe siècle déjà, d'une machine à tricoter les bas (*stocking frame*). Tant qu'on pouvait faire de l'argent à profusion avec une

---

5. Voir Weber (1971), Schumpeter (1979), Galbraith (1968) et Mantoux (1959), entre autres.
6. Cette contradiction interne est également assez largement étudiée par Bettelheim (1976), sous l'appellation de « séparation interne ».
7. Voir Braudel (1980), Mantoux (1959), Marglin (1973) ou Braverman (1976).
8. Voir en particulier, sur ce point, Braverman (1976), p. 135 et suivantes, et Marglin (1973), p. 85 et suivantes.

main-d'œuvre nombreuse et largement sous-payée (Braudel 1985), on ne voulait tout simplement ni des sciences, ni des techniques.

Quels facteurs ont donc été le plus directement à l'origine de la Révolution industrielle ?

D'abord, la révolution agricole qui eut lieu entre les XVIIe et XVIIIe siècles, ensuite des lois sur les clôtures des champs et, enfin, la capacité de réunir sous un même toit des dizaines de travailleurs non artisans et très peu payés, ou même pas payés du tout.

La révolution agricole vient de la Hollande où l'on développe des techniques de très hauts rendements pour rentabiliser des terres durement gagnées et protégées contre l'envahissement des eaux et de la mer : les polders. Ces techniques vont profiter à la production céréalière et, exportées en Angleterre, vont donner là aussi des surplus considérables. Les suppléments de revenus ainsi réalisés vont trouver un débouché surtout dans la consommation de produits textiles, ce qui a pour effet de pousser à la hausse la production de drap, de toile et de tissu.

La pratique des enclosures, commencée dès le XVIIe siècle (et, nous dit Rioux[9], entérinée et accélérée par plus de 5000 actes du Parlement), va permettre de remembrer les terres des propriétaires et, en particulier, de les entourer de clôtures (ainsi que les « communes », terres paroissiales exploitées par de petits paysans libres) pour qu'on y élève le mouton à une plus grande échelle, la laine étant de plus en plus demandée. Cela a nécessité des lois, car il fallait libérer les propriétaires des obligations du droit coutumier qui imposait, entre autres, l'attachement du serf à la terre. Afin de pouvoir élever le mouton ou seulement remembrer les terrains pour cultiver le blé selon les nouvelles techniques plus rentables, il fallait chasser une bonne partie des paysans encore établis sur les terres seigneuriales. Ici aussi on a légiféré. Mais cela a renforcé l'exode rural et l'afflux de masses de serfs et de petits paysans ayant perdu emploi et terre, et ne possédant aucun autre métier. Le tissage était alors le secteur en expansion, la main-d'œuvre excédentaire y trouvait un débouché tout tracé.

Il s'ensuivit plusieurs conséquences très importantes. Les plus déterminantes furent la baisse dramatique des revenus des tisserands, à cause de l'excédent de main-d'œuvre affluant dans le travail de tissage, et la possibilité pour le marchand-drapier, après leur ruine, de réunir de nombreux tisserands dans un même lieu, les métiers à tisser et les matières premières étant aussi désormais sa propriété. Ce lieu sera le véritable ancêtre de l'entreprise moderne. Il se distingue radicalement des ateliers et échoppes, même de taille respectable, des artisans : la main-d'œuvre y est de plus en plus sans qualification, la hiérarchie y est pyramidale et non rotative (l'apprenti pouvait devenir un jour maître ouvrier et patron de l'échoppe),

---

9.   Rioux (1971), p. 30 et suivantes.

le temps et le rythme de travail y sont imposés et contrôlés. C'est par la force qu'on y engouffrait, selon Mantoux, pauvres, orphelins, femmes, etc. Souvent la prison ou l'hospice fournissaient la main-d'œuvre, qui recevait des salaires de famine ou un gîte et une pitance misérables.

Les fortunes réalisées furent aussi énormes que rapides, pendant que les masses d'ouvriers miséreux se multipliaient. Ce rapport inverse entre industriels qui s'enrichissent considérablement et travailleurs qui s'appauvrissent ou restent pauvres, aussi considérablement, n'était pas sans inquiéter les penseurs de l'époque, en particulier les économistes. Ainsi, explique Galbraith (1989), chaque école, excepté l'école marxiste, a trouvé sa façon d'éluder le problème. Les classiques faisaient de la pauvreté une sorte de tare ou de vice dus à la propension effrénée à procréer chez les « couches inférieures » de la société. Tandis que les néo-conservateurs se targuaient d'être des « scientifiques » préoccupés de faits et de mesures, avec pour seul souci d'expliquer et de prédire les faits, sans, ce qui serait « non scientifique », se préoccuper de qui accapare quoi et au détriment de qui.

Mais, pour le gestionnaire, ce point est de toute première importance car la poursuite, abusivement légitimée au nom de la « main invisible » de Adam Smith, de l'égoïsme individuel, a largement profité aux industriels qui détenaient d'entrée de jeu le pouvoir. Un pouvoir sans partage jusque vers la dernière moitié du XIXᵉ siècle. Leur intérêt égoïste, justement compris, les a conduits à tenter « naturellement » de payer le moins possible pour un travail le plus profitable possible. Autrement dit, un salaire minimal pour un travail maximal. Là réside le nœud de ce que l'on peut appeler la « contradiction interne » : l'employeur s'acharne à désirer le profit le plus élevé en abaissant au maximum ses coûts, dont les salaires, alors que l'employé, lui, s'acharne à avoir le salaire le plus élevé possible. Taylor s'est attaqué nommément à cette contradiction en faisant état d'une « guerre pour la valeur ajoutée » entre patrons et employés. Ni lui ni ses successeurs n'ont réussi à trouver les moyens de vraiment la dépasser. Malheureusement, dans l'immense majorité des cas, nous en sommes encore prisonniers. Comment alors oser affirmer que travailleurs et employeurs sont animés des mêmes désirs, unis, convergents dans leurs objectifs et dans leurs intérêts, participant à un avenir commun... ? Même des auteurs importants en gestion comme Perrow ou Katz et Kahn[10] relèvent le caractère abusif de telles affirmations, pourtant si souvent répétées et martelées dans les livres et les cours de management.

Il n'y avait pas, bien entendu, parmi les industriels de l'époque, que des affameurs. L'exemple de Robert Owen, industriel philanthrope du XIXᵉ siècle, est, bien que très rare, un cas, sinon de suppression, du moins de grande atténuation de cette contradiction interne[11].

---

10. Katz et Kahn (1978), chapitres 1 et 2, Perrow (1979).
11. Rappelons que le très intéressant cas Owen est rapporté en détail dans Heilbroner (1971), p. 102 et suivantes.

Il ne faut pas non plus croire que la vie et le travail des artisans et des paysans d'avant l'usine n'étaient qu'agréments et gratifications. L'usine a été pour beaucoup une amélioration relative de leur sort, mais beaucoup aussi, beaucoup trop, y connurent la misère, la réclusion et l'aliénation. Des enfants, parfois âgés de quatre ans à peine, étaient attachés au métier à tisser ou à la machine ; le mépris écrasant des dirigeants et possédants ainsi que les sévices corporels et les outrages sexuels étaient courants, la maladie et l'extrême pauvreté étaient plutôt la règle que l'exception[12].

Un aspect plus grave et plus pernicieux de la contradiction interne réside dans les conséquences du désir de payer toujours moins le travail : la subdivision, la spécialisation et l'aliénation.

Tout d'abord, il ne faut pas confondre, ce qu'on fait souvent, intentionnellement ou non, division sociale et division technique du travail. La première est normale, naturelle, universelle : elle consiste en une répartition de corps de métiers différents dans toute société : chasseurs, cueilleurs, agriculteurs, forgerons, boulangers, etc. La seconde est artificielle, récente, propre au monde industriel : par l'éclatement du travail ou du métier en sous-tâches suffisamment insignifiantes, on verse à l'employé un salaire réduit au minimum, tout en en retirant un maximum de production. C'est ce qu'a érigé en « principe », comme on l'a vu, un Charles Babbage.

La division du travail n'est évidemment pas sans conséquences sur l'acte de travail ni sans retombées sur le travailleur. S'ensuivent une série de manifestations qu'on peut désigner globalement par le terme « aliénation[13] », qui signifie « coupure », « séparation », « étrangeté », « rapport d'étrangeté à soi ». Ce terme renvoie au fait qu'en subdivisant le travail à l'infini on lui a fait perdre tout sens et tout intérêt pour celui qui l'exécute, on a amené l'être humain à être « étranger à lui-même ».

Jean-Yves Calvez (1978), dans son chapitre consacré au « travail aliéné », nous explique les fondements d'une telle coupure et d'un tel « rapport d'étrangeté ». Il identifie, reprenant l'analyse de Karl Marx, quatre coupures déterminantes, opérées dès le passage du travail traditionnel artisanal et communautaire au travail de type industriel. *Grosso modo*, il s'agit des coupures opérées entre le travailleur et le produit, entre le travailleur et l'acte de travail, entre le travailleur et la nature et, enfin, entre le travailleur et le possédant-employeur[14].

La première coupure a consisté, avec la séparation progressive des campagnes et des villes, à enlever au producteur, à l'artisan, le produit de son travail ; celui-ci est accaparé par le marchand qui s'occupe de le commercialiser en lieu et place de celui qui l'a fabriqué. Le plus bel exemple

---

12. Voir Mantoux (1959) ou Neuville (1976 et 1980), ou encore l'œuvre d'Émile Zola, *Germinal* en particulier.
13. Voir Arvon (1960), Calvez (1978), Perroux (1970).
14. Voir également Marglin (1973).

nous est fourni par les marchands-drapiers, qui se sont érigés en intermédiaires incontournables entre le tisserand et le marché.

La deuxième coupure s'est produite lorsque, après avoir réuni des travailleurs sans qualifications précises (des paysans chassés des terres ou des tisserands ruinés) dans un lieu unique de production, on leur a imposé une façon de faire et d'utiliser des outils de production qui ne leur appartenait plus[15]. C'est la coupure la plus importante car elle a entraîné la perte de sens du travail. L'acte ainsi accompli n'est pas l'acte de celui qui le réalise. Il est « étranger » à lui, il lui est dicté par un ordre extérieur à ses goûts et à ses désirs propres[16].

La troisième coupure, la coupure avec la nature, concerne elle, grossièrement, l'ordre totalement artificiel de production auquel le travailleur était soumis. Ordre « artificiel » du fait qu'il ne respecte pas les lois de la biologie par exemple (fatigue, cycles de veille et de sommeil, morphologie, saisons, rythme personnel, etc.), mais plutôt des « lois » dictées par les exigences, non naturelles, d'une production maximale. Notons qu'on peut voir là, déjà, une préoccupation d'ordre environnemental, dont on ne tiendra malheureusement pas compte dans l'évolution ultérieure des « sciences » économiques.

La dernière coupure est celle qui séparait le producteur du possesseur, le travailleur du propriétaire, par l'opposition foncière de leurs intérêts. Mais comme on l'a précisé plus haut, la coupure sans doute la plus grave de conséquences et la plus fondamentale reste celle qui a été opérée entre le producteur et son acte. Ne pas maîtriser ce qu'on fait, ne pas savoir dans quel but, ni pourquoi, ni pour qui on fait ce qu'on fait est profondément dénué d'intérêt et « démotivant ». La culture industrielle occidentale a eu la particularité de générer cet acte de travail devenu singulièrement démobilisateur et destructeur de sens, aussi bien sur le plan humain que sur le plan social[17]. Comment peut-on alors attendre du travailleur qu'il soit intéressé, responsable (au sens de l'engagement de soi), inventif à un poste où ce qui est à faire lui est étranger, puisque cela n'émane ni de lui, ni de ses désirs, en aucune façon ?

L'aliénation de l'employé est d'autant plus dommageable que la culture industrielle ne reconnaît et ne valorise de plus en plus qu'un type d'humain, celui qui produit. Cet humain est aujourd'hui la proie de la science économique la plus chrématistique (poursuite de la richesse égoïste, dans les termes d'Aristote) qui ait jamais existé, avec le règne des doctrines libertariennes et néo-conservatrices. La vie même ne prend plus de sens que par

---

15. Ce que Max Weber, par exemple, appelle le « droit » que s'arroge le propriétaire de fixer « le mode d'usage des moyens de production ».
16. Ce sera là précisément le rôle officiel et « scientifique » du bureau des méthodes, généralisé après les travaux de Taylor.
17. Voir Seeman (1967), Sievers (1986a).

l'acte dit de « création de valeur économique[18] ». Or, l'acte de production est un acte dicté par la logique de la croissance économique et non par celle du bien-être de la communauté ou de la personne en tant que membre de la communauté. L'acte de production est alors un acte extérieur à la communauté et à l'individu, puisque les deux aussi bien se perdent dans l'atomisation des égoïsmes individuels et dans l'abstraction de l'accumulation et de la croissance dont les retombées ne profitent, de plus en plus, qu'à une minorité[19].

L'expression courante au Québec « je surveille la job » (au lieu de « je fais la job ») exprime bien l'aliénation au travail, en même temps que les conséquences aggravantes de la mécanisation et de la robotisation. Nous avons bel et bien affaire à un acte étranger à celui qui l'accomplit. De plus, cet acte a été voulu et imposé par des concepteurs dont l'état d'esprit relève de l'ordre de l'ingénieur et de l'économiste : celui de la machine et de la rentabilité financière. Au centre de cet univers d'argent et de choses, l'être humain se trouve à son tour chosifié, il devient instrument au milieu des instruments, réplique parfaite de l'ouvrier Schmidt de Taylor, stupide et omniconsentant, une « ressource », comme on dit si bien !

L'être humain est la créature imaginante et capable de libre arbitre par excellence. Or, il doit précisément sa spécificité aux énormes capacités de son système nerveux central. Si les notions de sens, d'engagement et de liberté peuvent prendre une signification pour l'humain, c'est d'abord par là : son imaginaire, ses capacités associatives et génériques, son libre arbitre. Peut-on impunément en faire abstraction ? Le non-respect de ces dimensions conduit à une déchéance bien connue et multiforme : alcoolisme, stress, absentéisme, inhibition de l'action, risques liés aux « idéologies défensives de métiers[20] ».

Dans une culture qui survalorise le « gagneur », le « battant », le champion, le leader, qui est celui qui réussit, c'est là une contradiction, un déchirement aux répercussions profondes.

Faire quelque chose qui n'est pas « son » acte n'est pas naturel pour l'être humain. Puis, comme le rappelait déjà Hegel, et comme l'ont repris avec insistance les philosophes existentialistes, comment l'homme peut-il être, si ce n'est par ses actes ? Et l'acte humain par excellence, on le sait, c'est l'acte de travail. L'être humain y exprime sa nature de façonneur, de « créateur », de son milieu (parce que la nature de son travail est de

---

18. En fait, selon les lois de la physique, nous le verrons, nous ne créons rien, nous ne faisons que « détruire » de l'énergie (Georgescu-Roegen 1971, Rifkin 1980 et 1989, Capra 1983).
19. Le bilan des huit années de gestion libertarienne sous Reagan, rappelons-le, a fait qu'aux États-Unis les 1 % les plus riches ont vu leur revenu augmenter de 72 %, tandis que les plus pauvres (10 % des familles) ont connu une baisse de leur revenu réel de 10 %.
20. Voir Dejours (1980 et 1985). Notion qui renvoie à des mécanismes de défense que développent les travailleurs face au travail aliénant et qui peuvent, par exemple, consister en des formes de négation du danger, et donc de comportements à haut risque.

« fabriquer » de l'information qui transforme en objets inédits les matériaux bruts). Cela suppose non pas l'acte aliéné, mais l'acte libre, sans lequel la responsabilité et l'engagement ne se conçoivent pas. Comment une personne pourrait-elle être tenue responsable de la rentabilité et des conséquences d'un acte qui n'a jamais été, même partiellement, le sien ?

En même temps, la pulsion de liberté, de libre arbitre, est là, incontournable et puissante. Elle pousse alors à occuper le seul espace encore disponible pour s'exprimer : celui des zones grises, celui des gestes que l'impératif de rentabilité peut encore tolérer, celui des événements non prévus ou non probabilisables... Souvent, c'est là l'espace du risque, donc des accidents, des rebuts, des ratages, etc., tous facteurs de baisse de la qualité et de la productivité.

La culture industrielle traditionnelle est aussi une culture de la « double contrainte[21] », dans le sens où elle porte en elle l'aliénation et, en même temps, survalorise l'autonomie ; elle implique la dépendance et louange la liberté ; elle entraîne l'infantilisation de l'employé (Argyris 1958) et met en avant la responsabilité et la maturité ; elle impose l'exécution et prône haut l'initiative et la créativité, clame fort la démocratie et le droit d'expression tout en obligeant à l'obéissance stricte et au silence dans l'entreprise...

De la double contrainte à l'inhibition de l'action, il n'y a qu'un pas. On connaît l'effet paralysant de telles situations et les exutoires les plus courants qui s'ensuivent. Laborit (1979) en a suffisamment fait la démonstration : il a montré comment cette situation, aggravée par l'impossibilité de réaction d'un travailleur volontairement maintenu dans un état de plus basses capacités possibles[22], provoque une foule de souffrances et de somatisations. Comment s'en sortir ? Par l'action, nous dit Laborit. Mais une action qui soit, bien sûr, « son » acte à soi. Le système nerveux central de l'être humain est fait pour agir, non pour être inhibé.

Cependant, il faut aussi compter avec les nombreuses formes de violence symbolique que les divers paliers hiérarchiques déversent les uns sur les autres pour compenser leurs propres doubles contraintes : violence par un exercice pathologique de la communication, par le refus de donner la parole, par l'abus d'autorité, par les pratiques de contrôle et les règles

---

21. Concept introduit par G. Bateson (voir Bateson *et al.* 1981), qui renvoie au fait de donner simultanément un message et son contraire, une incitation et son opposé, sans possibilité d'y échapper, conduisant les sujets qui la subissent à des troubles du psychisme et du comportement pouvant être graves.

22. On le verra, la notion d'« homme qu'il faut à la place qu'il faut », la hiérarchie stricte et l'hyperspécialisation pour payer toujours moins ont fait que l'ouvrier occidental est très démuni quand il s'agit d'être créatif ou innovateur. On peut aussi songer aux « portions d'hommes » que Henry Ford I et ses ingénieurs ont prévues pour la Ford *T* afin de ne les payer que des « portions des salaires » (Toffler 1980)... De plus, Morgan (1989) rapporte que 87 % des employés de base de secteurs entiers de l'industrie américaine traitent, sur les plans neurophysiologique et intellectuel, plus de complexité pour se transporter à leur lieu de travail que pour faire leur travail !

dégradantes[23], etc. Le dernier échelon ne peut que la déverser sur lui-même ou sur le poste de travail. C'est alors que se produisent sans doute les actes dits irresponsables.

La culture industrielle est aussi la culture du travail isolé, solitaire, dénué de sens[24]. Par la compétition interne et par la croyance que la productivité est meilleure si les employés sont silencieux, crispés à leur poste et aussi désunis que possible, on en arrive à faire que ceux qui veulent « monter » ne parlent pas à leurs collègues, même hors du travail[25]. Quel sens humain et social peut avoir un tel travail? Comment peut-il conduire à la coopération ou à une prise en main de l'acte comme sien? au simple désir de cette prise en main? Henry Bourgoin (1984), sociologue africain, nous apprend que, pour l'homme de son continent, il y a deux sortes de travail: celui des Blancs, qui n'a pas de sens, qui se fait coupé de ses semblables et qui n'a jamais de fin; et celui de la tradition, qui a un sens (saisons, besoins précis, temps de la chasse ou de la cueillette), qui ne se fait jamais seul, qui a un début et une fin, qui donne toujours lieu à des cérémonies collectives.

Le plus étonnant, je crois, c'est qu'un travail industriel comportant de telles caractéristiques n'ait pas causé des dégâts autrement plus graves que ceux que nous connaissons. Nous avons, tout compte fait, affaire à une main-d'œuvre infiniment souple et responsable qui a su s'adapter et trouver le chemin d'une rentabilité toujours croissante, malgré des conditions si peu propices à l'épanouissement du propre de l'humain, créature qui vit de sens et qui est productrice de sens.

Le système nerveux de l'être humain, d'une complexité inouïe, est fait pour les situations riches et variées, non pour la monotonie infinie. Non pour développer la docilité et la vitesse de production pour la grande satisfaction d'un management obsédé par le profit à court terme.

Les entreprises japonaises, Semco (Semler 1993) et Cascades, par exemple, ont montré la nécessité d'un ouvrier aux connaissances et capacités plus larges, ainsi que de cadres de travail propices à l'expression libre de chacun... Alors, l'acte est également plus libre; la responsabilité n'est pas défensive, elle est projection créatrice de son propre engagement; les rebuts sont minimes; la qualité est plus grande; les accidents sont plus rares. Il y a longtemps qu'un bon moral et la satisfaction au travail sont reconnus comme des facteurs d'une meilleure productivité et d'une moindre « accidentabilité ».

André Gide avait raison d'écrire que « la joie au travail est un signe de son appropriation ». L'appropriation est une condition du sentiment de

---

23. Chanlat (1984), Peters et Austin (1985), Aktouf (1986b), Peters (1988).
24. Sievers (1986a et 1986b).
25. Voir Linhart (1978), Aktouf (1986a et 1986b), où il est montré pourquoi et comment l'idée et la volonté de « faire carrière » poussent à de tels comportements.

liberté, qui est, à son tour, une condition de la responsabilité et de l'engagement de soi.

Nous voici ainsi au terme d'un des héritages du passé de l'entreprise industrielle que le gestionnaire d'aujourd'hui se doit de reconnaître et d'assumer. Son premier défi consiste à trouver des solutions adéquates à cette première contradiction, plutôt que de s'évertuer à en nier l'existence comme le fait si souvent le management traditionnel. La désaliénation et l'avènement de travailleurs réellement complices et créatifs en dépendent.

On a pu se passer de cette participation des employés jusqu'ici, car l'Occident était à peu près seul sur la scène industrielle. Tant qu'on pouvait rester « gagnant » avec une main-d'œuvre parcellisée et standardisée, on s'en est contenté. On s'est aussi arrangé pour perpétuer le rapport de pouvoir favorable aux dirigeants prévalant au XVIII siècle (sur la base de surplus constants de main-d'œuvre, notamment) par les colonisations, par l'importation de la force de travail, par l'immigration, etc. Mais aujourd'hui, la participation créatrice de chacun, à tous les niveaux, est indispensable pour rester en scène. Il faut donc changer radicalement de stratégie (et non tenter aussi vainement qu'obstinément de « révolutionner » les modalités de maintien du *statu quo*), et en adopter une qui ne se contente plus de faire obéir, mais qui incite à avoir le désir de participer, de penser et d'imaginer constamment pour mieux faire, pour faire plus intelligemment. Cela ne s'impose pas et ne se commande pas ; et un travail dépourvu de sens et aliénant n'a pas beaucoup de chances de stimuler le désir ou l'imagination...

Mais avant d'aborder les voies et les moyens de dépassement de la contradiction interne, voyons l'autre contradiction, qui, elle, est externe à l'entreprise.

La contradiction externe

Pour comprendre les fondements de cette seconde contradiction, il faut retourner, encore une fois, à la notion centrale de « poursuite des égoïsmes individuels » de Adam Smith. Souvenons-nous qu'en vertu de cette notion, érigée par la suite en principe de vie, chacun peut contribuer au bien-être de tous en cherchant à satisfaire au maximun son propre égoïsme personnel. Or, précisément, la contradiction externe s'enracine dans la poursuite de l'égoïsme individuel et du maximum.

On ne remet pas en question cette attitude et cette croyance (hissées au rang de « valeur ») sans risquer de passer pour un gauchiste ou un défaitiste. L'idéologie dominante laisse croire, en effet, que la poursuite de la croissance et du maximum de gains est chose possible, souhaitable et éminemment bénéfique pour tous. À tel point que, pour la vaste majorité des publics, lancer une entreprise ou une affaire ne se conçoit pas sans la volonté de toujours grossir. D'ailleurs, ce genre d'attitude est solidement étayé par l'idée de concurrence : si on ne grossit pas le plus possible pour être le plus fort possible, on finira par « se faire manger » par les concurrents qui, eux, ne manqueront pas de grossir, etc.

Si cette façon de penser a été un puissant moteur dans l'accélération de la croissance économique de nombreux pays tout au long des XIXᵉ et XXᵉ siècles, elle ne va toutefois pas sans conséquences graves aujourd'hui. Selon les lois scientifiques qui nous aident à comprendre le fonctionnement de l'univers, surtout la théorie générale des systèmes et les principes de la thermodynamique[26], ce comportement des agents économiques, dont les managers, est radicalement en contradiction avec les principes qui gouvernent la nature et la vie[27].

De façon brève et schématique, disons que la théorie des systèmes nous enseigne, notamment, l'interdépendance inévitable entre tous les éléments et facteurs qui constituent l'univers, et l'équilibre par l'homéostasie, ou la boucle de rétroaction négative[28]. Les lois de la thermodynamique, elles, montrent que la quantité d'énergie disponible dans l'univers est constante et qu'elle ne se transforme, à l'échelle humaine, que dans un sens : de l'énergie utile à l'énergie inutile[29]. Il n'y a ni création ni destruction d'énergie, mais transformation de l'état d'énergie disponible à une quantité équivalente d'énergie non disponible.

Or, le principe de la croissance indéfinie (du revenu individuel, du profit de l'entreprise, du PNB) implique une boucle de rétroaction positive[30], et la croyance en une réserve indéfinie ou inépuisable de ressources et d'énergie. Il implique de plus une sorte d'absence d'interdépendances, un peu comme si tout le monde pouvait s'enrichir indéfiniment et indépendamment de ce qui arrive aux autres (individus, groupes ou nations) et à l'environnement. Cela n'est évidemment pas possible. La rétroaction positive accélère la propre destruction du système qui en est le siège. Tout dans l'univers, et *a fortiori* sur notre planète, est interdépendant : personne ne peut accomplir un acte local qui n'ait de répercussions globales.

Par conséquent, personne ne peut s'enrichir un peu plus dans une partie de la planète sans que ce soit au détriment de quelqu'un d'autre

---

26. Voir Bertalanffy (1973), Katz et Kahn (1978), Rosnay (1975), Rifkin (1980), Capra (1983).
27. Le lecteur intéressé à comprendre en détail les mécanismes qui sont en jeu dans cette contradiction avec la nature et la vie peut se reporter à Rifkin (1980 et 1989), Georgescu-Roegen (1971), Guitton (1975).
28. Rétroaction négative : qui contrecarre le mouvement initial et le force à toujours respecter un état d'équilibre. Une application intéressante de cette notion au monde de la gestion et des organisations est élaborée dans Morgan (1989), notamment dans les chapitres 4 et 8.
29. Voir Rosnay (1975) pour les notions de « système » et de « boucle de rétroaction », et Rifkin (1980) pour la question de la transformation de l'énergie. En deux mots : l'énergie (notamment fossile) ne se renouvelle qu'à l'échelle géologique (sur des milliers d'années), tandis que nous l'usons à l'échelle humaine (sur des dizaines d'années). Toutes nos activités, économiques surtout, sont autant de façons d'user l'énergie disponible sans qu'elle se renouvelle.
30. Boucle d'action en retour ou de réaction consistant à renforcer positivement le sens initial d'un mouvement. Dans le cas qui nous concerne, le mouvement initial de toujours faire plus est constamment renforcé dans le sens ascendant. Cela conduit à l'épuisement du système.

ailleurs, ou, du moins, de la nature. Nous le voyons dans l'appauvrissement constant des pays du Tiers-Monde, et même, comme l'illustre le bilan des deux mandats de Reagan aux États-Unis, dans l'appauvrissement des couches les plus basses de la société des pays industrialisés[31]. Entendons-nous : la croissance indéfinie, autrement dit la possibilité de toujours grossir, est impossible, à cause du caractère fini des ressources naturelles et de l'énergie disponible. Comme le dit Rifkin, même l'usage de l'énergie solaire, si nous arrivions à la « domestiquer » convenablement, n'est concevable que si nous faisons l'effort de maintenir l'atmosphère en un état tel que cette énergie puisse toujours nous parvenir en « qualité utilisable », d'une part, et ne pas nous être de plus en plus dommageable, d'autre part. Or, chacun connaît les dégâts déjà causés à l'atmosphère par les chlorofluorocarbures et par les oxydes de carbone... Par ailleurs, si chaque entreprise, à travers le monde, avait payé pour la pollution et la dégradation du milieu provoquées par ses activités, les profits réalisés seraient bien plus minces, et la « croissance » serait bien plus réduite.

Nous prenons conscience, encore une fois, de l'inévitable interdépendance des phénomènes : croître et réaliser de plus gros profits se fait au prix d'une plus grande dégradation de la nature et de la qualité de la vie. Éviter cette dégradation aurait été possible grâce à une croissance, non pas « maximale », mais « optimale », équilibrée, c'est-à-dire respectant le rythme de renouvellement des ressources et de l'énergie et, surtout, les conditions de « bonne santé » des humains et de la nature[32].

Comme l'affirme et le démontre Rifkin, une grave confusion fait que les agents économiques et les entreprises continuent à agir comme si la croissance indéfinie était possible : la confusion entre l'efficacité économique et l'efficacité dans l'utilisation de l'énergie. On parle de création économique ou de création de valeur... alors qu'en fait, physiquement, nous ne faisons, dans toute activité économique, que « détruire » de l'énergie utile[33]. Or, comme l'énergie n'est pas renouvelable à notre échelle, nous abaissons constamment et de façon accélérée la quantité d'énergie globale utilisable et disponible. Cela se traduit par l'aggravation de la pollution, l'augmentation du chômage à travers le monde, l'accélération de l'inflation (du simple fait, entre autres, que l'énergie est de plus en plus coûteuse à obtenir et à utiliser).

Par ailleurs et sous un angle différent, la croyance au maximalisme et à la croissance indéfinie transforme des agents économiques, notamment

---

31. Rifkin (1980 et 1989) démonte les mécanismes mis en jeu dans ces phénomènes d'interdépendances systémiques et leurs effets, en particulier dans un pays dit « avancé » comme les États-Unis.
32. Les différents rapports au Club de Rome (surtout Meadows 1972 et Pestel 1988) établissent que la croissance aurait dû être considérablement ralentie depuis les années 1960, sous peine de catastrophe planétaire majeure au tournant du siècle prochain.
33. Tout « travail » est une utilisation, donc une dégradation d'une certaine quantité d'énergie.

les entreprises, en ennemis irréductibles qui « doivent » se battre. Cette lutte entraîne, comme le notent par exemple Bellon et Niosi (1987), pour l'économie américaine de ces dix dernières années, un état de duplications et de gaspillage extrêmement dommageables sur le plan global. Cette mentalité est aussi due à la croyance en ce que Galbraith (1989), Bellemarre et Poulin-Simon (1986) et bien d'autres appellent le « mythe » ou la « magie » du « marché libre » et de la « libre concurrence ». Pour le bien du « marché » et pour en respecter les « lois », il faut impitoyablement se battre les uns contre les autres, quitte à être des dizaines à faire séparément des recherches sur les mêmes choses, à développer les mêmes produits ou à réinventer vingt fois la roue. Sur le plan d'une économie globale, cela est évidemment un handicap absurde et coûteux, surtout à long terme.

On sait aujourd'hui que pendant que les entreprises occidentales se faisaient la guerre et cultivaient la hantise du marketing, de la R et D (recherche et développement de produits à obsolescence rapide pour faire plus d'argent et toujours devancer les concurrents[34]), de l'espionnage et du secret, celles du Japon (surtout), sous la houlette du MITI, pratiquaient la collaboration et l'échange de découvertes ou de procédés d'amélioration de la production (Kélada 1986, Sautter 1987). C'est ce qu'on désigna sous le terme « politique de maillage », et à quoi appellent Archier et Sérieyx (1984) pour créer une synergie industrielle et une masse critique de collaboration permettant de réduire les duplications et le gaspillage dus au fait que chaque entreprise travaille « contre » l'autre. Ainsi, on peut réellement stimuler la créativité et l'innovation à l'échelle d'une économie tout entière[35].

Ne perdons pas de vue non plus que la notion de croissance indéfinie à tout prix conduit à l'émergence de géants monopolistiques ou oligopolistiques. On sait que la concentration a depuis longtemps tué, sauf dans l'esprit des gens qui y tiennent comme à une religion, toute réelle concurrence et tout réel libre jeu du marché[36]. Il a fallu créer des lois antitrust aux États-Unis pour essayer, sans grand succès, de limiter le pouvoir colossal que représentent les géants industriels[37]. D'ailleurs, ce phénomène est fort bien illustré par les résultats, par exemple, des déréglementations et des privatisations en matière de transports et de tarifs aériens. Ces déréglementations, devant entraîner services améliorés et bas prix, grâce aux vertus de la « libre concurrence », ont, après quelques années, abouti à l'abandon ou

---

34. Voir à ce sujet l'excellent chapitre portant sur la « destruction créatrice » dans Schumpeter (1979).

35. On a bien vu que les nations dont les économies donnent les signes les plus clairs de bonne santé, et dont les produits sont les plus appréciés à travers le monde, sont celles qui pratiquent, à l'intérieur de l'entreprise, des formes de partage et, à l'extérieur, des formes de maillage (Japon, Allemagne et Suède, par exemple).

36. On peut songer, par exemple, au prix de l'essence à la pompe qui augmente régulièrement, malgré des baisses très importantes du pétrole brut durant les dix dernières années : la demi-douzaine de géants du pétrole font semblant d'être en concurrence.

37. Voir détails et chiffres dans Galbraith (1968 et 1989) et Morgan (1989, chap. 9), entre autres.

à la réduction des lignes économiquement non rentables, au détriment des populations telles que celles qui étaient desservies par Québecair au Canada. Cela a aussi abouti à une augmentation des prix et à la diminution de la qualité des services. Mais le plus pernicieux des résultats est la prise de contrôle des plus faibles par les plus forts. Le mécanisme en est simple : dans un contexte de déréglementation, seules les compagnies ayant les « reins suffisamment solides » peuvent résister assez longtemps à une guerre des services et des prix. Le consommateur y a certes à gagner, mais à court terme[38] : le temps que les compagnies les plus vulnérables se fassent évincer, au bout de leur résistance.

Voilà donc, très sommairement, les principales facettes de la seconde contradiction dont nous parlions. C'est un peu ce que Bettelheim (1976) appelait la « séparation externe » : séparation entre agents économiques se battant pour l'accaparement des fruits d'un marché. **Il faut bien comprendre, cependant, que le principe de la concurrence n'est pas mis en cause.** Bien au contraire, si on laissait ce principe jouer vraiment et librement, dans un réel esprit de fair-play, comme le supposait Smith, les « bas prix » régneraient et la satisfaction aussi, car à qualité égale, toute marchandise se vendrait quasiment à son coût... Mais cela est une autre histoire[39].

Retenons que c'est l'aspect profondément dysfonctionnel de la course au maximum, sous prétexte de concurrence, qui est en cause, et qui conduit à des situations oligopolistiques (aujourd'hui à l'échelle mondiale), à un gaspillage dramatique des « ressources » humaines, naturelles et de l'énergie, et à une dégradation souvent irrémédiable du milieu naturel. Comme le dit Albert Jacquard, affaiblir son semblable ou la nature, c'est affaiblir son espèce et, en fin de compte, s'affaiblir soi-même.

Telle est malheureusement la loi de la croissance indéfinie : se renforcer, grossir indéfiniment ne peut se faire qu'au prix de l'affaiblissement du milieu ou des autres. Que ces autres soient les concurrents, les pays non développés ou les couches les plus démunies de l'Occident, ou les chômeurs ou les assistés sociaux, au bout du compte, l'espèce tout entière devra en payer le prix. Cela est inévitable du simple fait que nous ne pouvons, tous, grossir et augmenter de façon équivalente nos niveaux de vie. C'est le principe des vases communicants qui joue : tout ce qui est « gain » pour les uns a forcément son équivalent « perte » pour les autres. Rifkin montre

---

38. Il est ainsi très courant actuellement, après la disparition des petites compagnies ou des plus faibles (par exemple, Eastern ou Wardair), de se voir mettre en attente, transféré, reporté, etc., alors que l'on a un billet, même au plein tarif, dûment payé et une place dûment réservée. Cela à cause de la survente systématique, sur tous les vols. De quelle « qualité des services » peut-on encore parler ?

39. En effet, c'est là une discussion qui implique que l'on saisisse convenablement de quoi on parle lorsqu'on parle de « coût », notamment en ce qui a trait à l'énergie globale, à la « juste » rémunération des facteurs, aux effets des externalités, aux délais de renouvellement des ressources, etc.

comment, à cause de son style de vie, depuis la fin des années 1970, chaque Américain, en moyenne, dégrade l'équivalent énergétique de plus de 200 000 calories par jour, quand il en faut (norme de l'Occident « développé ») 2000 pour vivre normalement! La planète ne supporterait pas deux Amériques!

Meadows (1972), du MIT, et Pestel (1988), du Club de Rome, montrent comment il est impossible de continuer à « croître » économiquement comme nous le faisons, car cela voudrait dire, hypothèse des plus conservatrices, que la quantité de richesses disponibles et de « biens économiques » devrait être multipliée par 500 d'ici l'an 2100! Cela est évidemment impensable, sinon dans des conditions invivables pour la majeure partie de la planète[40]. D'ailleurs, dans sa préface au livre de Pestel, Alexandre King compare ce qu'il appelle la « croissance exponentielle indifférenciée » (autre façon de dire croissance indéfinie) au seul phénomène qui lui est équivalent dans la nature : le cancer! C'est-à-dire la prolifération désordonnée, incontrôlée et débridée, dans tous les sens, de cellules qui n'ont, semble-t-il, d'autre finalité que de se reproduire indéfiniment, jusqu'à la mort du système qui les abrite.

À cela, le Club de Rome oppose, non pas la croissance zéro comme on l'affirme souvent, mais la notion de « croissance différenciée et qualitative ». Autrement dit, une péréquation, à l'échelle mondiale, de la croissance, supposant la poursuite d'un état d'équilibre et de « rattrapage » progressif par les plus démunis. Solution qui suppose un changement des mentalités d'un bout à l'autre de la planète, un changement bien plus radical que celui souhaité par Taylor.

C'étaient là, avec les contradictions interne et externe, les premiers grands éléments tirés de l'histoire et des lois de la nature, que le gestionnaire a désormais l'obligation de connaître un tant soit peu. Nous verrons plus loin comment c'est en trouvant des solutions, entre autres, à ces deux contradictions que le manager de demain sera le mieux en mesure de gérer plus « intelligemment ». (Le mot « intelligence » étant aussi pris dans son sens de « connaissance » des choses, de leurs principes et de leurs dynamiques.)

Mais il existe bien d'autres domaines qu'il faudra aussi mieux connaître, et dont il faudra dépasser les omniprésentes interprétations idéologiques. Voici, dans ce qui suit, quelques exemples de domaines très importants où règnent les préjugés et les approximations les plus abusives.

---

40. Pestel (1988), p. 4.

LES ABUS DE LANGAGE ET D'ANALOGIES DANS LA PENSÉE MANAGÉRIALE CLASSIQUE

De la convergence des intérêts au monde animal « en concurrence »

Ce que j'appelle abus de langage et d'analogies dans le discours et la mentalité du management traditionnel concerne tout un lot de préjugés et d'idées reçues que l'on véhicule, et parfois sous le couvert de sciences, pour justifier et légitimer les actes des gestionnaires et de l'entreprise.

Tout d'abord, avec Katz et Kahn (1978), Séguin et Chanlat (1983), Séguin (1988), Perrow (1979) et bien d'autres, je voudrais attirer énergiquement l'attention sur le premier grand abus et peut-être le plus pernicieux : celui de prétendre, *a priori*, que les intérêts des protagonistes dans l'entreprise sont identiques et que leurs objectifs sont – ou doivent être, sauf pour des cas « pathologiques » – partagés et convergents. C'est là une façon de nier et de fuir la réalité, car cette croyance, on l'a vu, est tout à fait contraire aux vérités historiques dûment documentées et étayées. Il suffirait de se souvenir des propos et réflexions de Taylor qui parlait d'« ennemis », de « guerre », de « gestion égoïste », pour s'en convaincre. Et cet abus est d'autant plus dangereux qu'il est sournois, implicite, partie prenante de la « bonne façon » de penser et de parler que seuls des esprits « pessimistes », « sceptiques » ou « gauchisants » peuvent remettre en cause.

Si l'on part de ce préjugé, il devient très difficile de comprendre la qualité des choses, transfigurées par ce qui devient un véritable « filtre idéologique ». Les connaissances, les prescriptions, les outils de management, les perceptions et les attitudes en seront toujours profondément marqués.

Il ne suffit pas non plus d'établir que les intérêts sont divergents et se contenter du constat, comme d'une fatalité. Il s'agit, en fait, de reconnaître simplement une réalité pour ce qu'elle est et non de la remplacer par une autre qui nous plaît ou qui nous convient mieux. Ce constat devrait conduire à une attitude d'ouverture active et de recherche systématique d'une compréhension des phénomènes en jeu. Pourquoi est-ce ainsi ? Pourquoi les intérêts et les objectifs sont-ils bien plus souvent divergents que convergents ? À partir de la réponse à ce pourquoi, comment, effectivement, transformer la situation ? Comment, alors, faire de ces rapports dirigeants–employés historiquement et fondamentalement figés et opposés des rapports d'harmonie et de collaboration ?

Le deuxième préjugé, quoique indirect et peu évident, mais tout aussi dommageable, sur lequel je voudrais attirer l'attention, est l'un des plus « scientifiquement » soutenus. C'est un préjugé véhiculé par les notions de « création économique » ou de « création de valeur ». Ce qui est en cause ici, et nous l'avons déjà abordé lors de l'exposé de la contradiction externe, c'est l'idée de « création ». Lorsque les gestionnaires comprendront, avec toutes les conséquences que cela suppose, que, du point de vue de la physique et des lois gouvernant l'univers, il n'y a strictement aucune création, mais au contraire destruction (transformation en équivalent inutile) de l'énergie disponible, alors ils comprendront aussi que l'attitude maximaliste est une façon d'user plus vite et les « ressources » humaines, et les ressources naturelles, et leur milieu environnant[41].

Le plein emploi et la volonté affichée, aussi bien par les milieux politiques que par les employeurs, de poursuivre des objectifs de plein emploi en « créant » toujours davantage, est un autre préjugé, ou pire, une croyance irrationnelle sinon une tromperie, qui mine les possibilités de bonne entente et de franche collaboration dans l'entreprise. On l'a déjà vu, là où prévaut une réelle poursuite du plein emploi, on ne trouve surtout pas l'idéologie du laisser-faire et de la non-intervention de l'État[42]. Le Japon avec le MITI, la Suède avec sa collaboration, à tous les niveaux, des agents économiques, et la RFA puis l'Allemagne (du moins jusqu'à Helmut Kohl) avec la codétermination en sont de bons exemples. Dans un contexte de laisser-faire, l'intérêt bien pensé de l'entreprise se trouve en fait très éloigné du plein emploi[43]. Car le plein emploi signifie l'incapacité de maintenir les salaires le plus bas possible, donc des profits moindres. D'ailleurs, les importations, parfois massives et forcées, de main-d'œuvre des pays du Tiers-Monde lors des colonisations et certaines politiques d'immigration (par exemple, celle de la Suisse[44]) ont été et sont autant de façons de contribuer à juguler le « danger » du plein emploi. Cela évite effectivement de voir les revendications salariales monter trop haut. Et quand on se sent déjà, comme de nos jours, bien privilégié d'avoir un emploi, on n'en revendiquera que moins[45].

L'entreprise peut bien sûr y gagner à court terme, mais il ne faut jamais oublier – et le Japon est là pour le montrer – qu'une main-d'œuvre qui se sent en sécurité, bien traitée et protégée, est une main-d'œuvre qui est infiniment plus engagée, plus intéressée à ce qu'elle fait et, en fin de compte, infiniment plus productive[46]. Et contrairement à ce qu'affirment les écono-

---

41. Le lecteur qui désirerait avoir plus de détails et d'explications peut se référer désormais à une très abondante variété de publications traitant de toutes les formes de gaspillage et de dégâts irréversibles dus à l'activité industrielle débridée.
42. Voir Bellemare et Poulin-Simon (1986), *Le Devoir* (26 janvier 1993).
43. Il est d'ailleurs « admis » qu'un taux de chômage tournant autour des 5 % est souhaitable pour le maintien d'une économie « saine » et à l'abri des dangers d'inflation ou de surchauffe (il existe même des manuels d'économie qui « préconisent » 8 % !).
44. Politique qui consiste à n'accorder des permis de séjour aux étrangers que strictement en fonction des contrats de travail.
45. Souvenons-nous du cynisme de ce membre du patronat qui affirmait que rien ne valait une bonne « récession » pour revigorer la « motivation » des employés.
46. Le professeur Makoto Ohtsu de l'université Nanzan à Nagoya, en tournée à Montréal la semaine du 1er mai 1989, a expliqué comment, lorsque les revenus des entreprises japonaises baissent, ce sont d'abord les patrons et dirigeants qui abaissent leurs salaires et diminuent leurs avantages, avant que, sur une base volontaire, ne suivent les syndicats et les ouvriers.

mistes néo-conservateurs, des taux de chômage avoisinant les 2 % et 3 % ne semblent pas avoir, loin de là, nui à des économies telles que celles des pays visant, par leurs politiques industrielles, le plein emploi[47]. On voit donc bien que, pour atteindre une situation où la main-d'œuvre soit une main-d'œuvre de collaboration, d'initiative et de productivité, il faut que les travailleurs soient rassurés sur leur sort. Pour cela, il faut une certaine garantie du travail et une réelle volonté de plein emploi, lesquelles ne sont concevables qu'avec l'intervention d'un arbitre suprême au-dessus des « égoïsmes », comme dirait Smith, des uns et des autres : l'État.

Il est un autre ordre d'abus, largement utilisés dans le domaine managérial traditionnel, qui consistent à en appeler, souvent même dans les livres, à des analogies dont les fondements sont prétendus hautement scientifiques. C'est ainsi qu'on met à contribution, le plus fréquemment, la biologie, l'éthologie ou la psychologie animale. On attribuera par exemple à Darwin la légitimation du fait que les uns s'enrichissent (grossissent) et que les autres s'appauvrissent ou « disparaissent ». On évoquera la sélection naturelle, en ajoutant : « le plus fort survit, le plus fort gagne », « c'est la loi de la nature ». Or, le darwinisme et les lois d'évolution des espèces sont très loin d'être une question de loi du plus fort. S'il en était ainsi, il n'y aurait aujourd'hui sur terre que des mammouths ou des dinosaures ! Et ensuite, même si cela était, il ne faut pas confondre individu et espèce : la sélection et l'évolution « naturelles » concernent le devenir, les mutations et l'adaptation des espèces à la nature environnante, et non pas la réussite sociale ou matérielle d'une personne ou d'une entreprise. Par ailleurs, si les loups n'avaient pas élaboré des rites d'apaisement évitant que les plus forts n'éliminent ou n'affaiblissent trop les plus faibles, il n'y aurait plus de loups depuis longtemps. C'est en tant qu'espèce et non en tant qu'individus poursuivant des buts personnels égoïstes que les loups et les autres espèces ont survécu[48].

Toujours selon la même inspiration, on dira que le plus gros mange le plus petit, que le gros poisson mange le petit, etc. Cela pour justifier la croissance, l'exploitation égoïste, la domination, conçues, elles aussi, comme « naturelles ». Mais, sauf cas particuliers ou aberrants[49], jamais, dans la nature, l'alimentation ou l'agression destructrice ne se fait au détriment de sa propre espèce ; on n'a encore jamais vu, dans des conditions normales, une grosse baleine manger une petite baleine, ou une grosse sardine en manger une petite. Il n'en existerait plus ! Et puis, même si les animaux

---

47. Voir Galbraith (1989), Bellemare et Poulin-Simon (1986).
48. Nous verrons un peu plus loin la fonction de chef et de chef de meute, chez les loups, qui est d'être surtout au service du groupe et de l'espèce.
49. Par exemple, dans des circonstances isolées et selon certaines conjonctures, un lion mâle peut tuer des lionceaux, ou des gorilles peuvent pratiquer le cannibalisme. La mante religieuse dévore le mâle lors de la copulation, les rats trop nombreux s'agressent entre eux. Mais cela est loin d'être la règle.

s'entredévoraient allégrement, s'entretuaient gratuitement, dans et entre les espèces, ou laissaient mourir impitoyablement leurs plus faibles, cela justifie-t-il ou excuse-t-il que nous, les «animaux doués de raison», nous le fassions?

Dans son dernier livre, Galbraith (1989) montre comment cette pensée évolutionniste, ce «darwinisme social», est venu à temps (avec un Spencer [1878, 1882 et 1940] et avec ceux que Galbraith appelle «ses prophètes», comme W.G. Summer [1914], par exemple) pour donner bonne conscience à la classe d'affairistes montante, et la dispenser de se poser des problèmes moraux face à l'insupportable misère imposée aux classes les plus démunies. Ce genre d'idées, abusivement empruntées à Darwin et interprétées à partir de ses travaux, a commencé à se répandre dès la seconde moitié du XIXe siècle. Avec le regain du conservatisme et des «lois» du laisser-faire économique, elles reviennent avec force de nos jours. On a même, nous dit Galbraith, trouvé le moyen, comme le pasteur Henry Ward Beecher, de conjuguer darwinisme, spencerisme et message biblique, pour affirmer, au tournant du siècle dernier, des choses du genre: «Dieu a conçu le grand pour qu'il soit grand, et le petit pour qu'il soit petit[50].» Et Galbraith[51] explique:

> [...] en montrant que les riches étaient les produits de la sélection naturelle du processus darwinien, Herbert Spencer avait soulagé les heureux élus de tout sentiment de culpabilité et leur avait fait comprendre qu'ils incarnaient, en fait, leur propre supériorité biologique.

Si, sur le plan de l'orgueil aristocratique, de l'amour-propre et des croyances religieuses, les théories de Darwin déplaisaient souverainement aux classes dominantes, sur le plan socio-économique elles semblent au contraire les avoir singulièrement favorisées et séduites. C'était, comme le dit Galbraith, une sorte d'absolution scientifique et morale apportée à ceux «qui déploient des efforts assidus» pour améliorer leur situation et s'enrichir, et qui donc «ne doivent absolument aucune aide aux individus inadaptés sur le plan racial ou mental que la société s'efforce d'écarter ou d'éliminer[52]».

Il faut être bien naïf ou bien aveuglé par l'idéologie pour encore croire à la fable de l'égalité des chances, quand on sait que fréquenter l'école et le collège privés vous prépare beaucoup mieux à grimper l'échelle sociale, ou que, même dans les grandes villes d'Amérique du Nord, les enfants de quartiers pauvres vont en classe le ventre vide, ou se nourrissent de façon telle qu'ils ne disposent pas de l'énergie requise pour fournir les efforts nécessaires aux exigences des normes d'excellence. Sans compter les conditions, purement physiques, d'espace à la maison, de lieux calmes et adéquats

---

50. Galbraith (1989), p. 207.
51. Galbraith (1989), p. 207.
52. Galbraith (1989), p. 208.

pour le travail intellectuel, de disponibilité de livres, d'ouvrages de référence, de personnes-ressources dans la famille.

Mais le mythe de «l'égalité des conditions et des chances» arrange encore beaucoup de monde. Comme le rappelle Galbraith, nous vivons encore sur le fait que «Spencer et ses prophètes ont élaboré le plaidoyer le plus sophistiqué en faveur des riches et puissants au cours des années qui suivirent la guerre de Sécession[53]». Le darwinisme social, en étant accueilli et reconduit avec enthousiasme par les milieux dominants, dans toutes les sphères de la vie sociale, y compris l'entreprise, ne peut que retarder encore davantage l'avènement d'une mentalité managériale plus propice à la collaboration et à la mobilisation d'employés convaincus et complices.

Mais les abus analogiques issus de la biologie ne s'arrêtent pas là. Que de fois n'a-t-on vu dire et écrire que l'entreprise est une ruche, ou une fourmilière, un lieu où tous les membres doivent s'affairer frénétiquement et docilement à réaliser leur part, spécialisée et presque immuable, du travail commun? Le prototype de l'employé idéal étant alors la fourmi, l'abeille ou le termite: hyperspécialisé, silencieux et laborieux. Heureusement pour notre espèce qu'il n'en est pas du tout ainsi! Car ce serait alors le totalitarisme le plus sauvage. Il n'en est pas ainsi tout simplement parce que la comparaison ou l'analogie est scientifiquement intenable: l'organisme qui vit, survit, «travaille» et s'adapte, c'est la ruche ou la fourmilière tout entière, et non une abeille ou une fourmi isolée. On a démontré, expérimentalement, que ce n'est qu'à partir de la réunion de plusieurs dizaines, sinon de centaines, que fourmis ou abeilles peuvent survivre. Donc, si comparaison il doit y avoir, c'est beaucoup plus entre une personne et une ruche qu'entre une personne et une abeille. D'ailleurs, nous avons affaire là à des niveaux d'organisation de la vie tellement différents et éloignés que tout rapprochement ne peut être que saugrenu.

J'ai également vu et entendu maintes autres comparaisons du genre «l'ours accumule» ou «l'écureuil accumule»: par conséquent, «il est naturel» et «dans l'ordre de la nature» de se mettre à «accumuler», à s'enrichir et à poursuivre des gains maximaux, égoïstes et personnels... Mais, en admettant qu'on puisse recourir à ce genre de rapprochement, comment peut-on ne pas tenir compte du fait qu'on n'a encore jamais vu un ours ou un écureuil accumuler «au maximum» (ils le font pour un hiver à la fois) et, surtout, du fait qu'on ne les a encore jamais vus engranger ou s'engraisser en faisant travailler d'autres ours ou d'autres écureuils?

Il est une autre notion à laquelle on fait très largement appel pour soutenir l'arrière-plan idéologique du management traditionnel, la notion de «territoire» chez les animaux. On s'en servira aussi bien en comportement qu'en économie de l'entreprise, ou en marketing... Il est alors ques-

---

53. Galbraith (1989), p. 209.

tion de « territoire » personnel à défendre, de « territoires » commerciaux à conquérir ou à agrandir, de « territoire » d'influence où étaler son autorité, etc. Évidemment, on ne se gêne absolument pas pour appuyer les raisonnements et prises de position sur des références prétendument irréfutables au comportement des animaux, donc à « la nature ».

Or, un biologiste, Paul Hopkins (1985), parmi les spécialistes les plus en vue de ces questions, analysant les liens entre gestion et biologie, nous montre combien les errements sont grands et les conséquences fâcheuses lorsqu'on se livre à de telles spéculations. Il montre qu'on ne sait de la notion de « territoire » animal que ce qu'on en a « observé », d'abord dans des situations particulières telles que les moments de reproduction, et ensuite sur des mâles exclusivement, et à propos de quelques espèces seulement.

Hopkins montre aussi comment nous sommes particulièrement anthropocentristes dans nos interprétations et comment nous ne savons même pas ce que signifie réellement se battre ou s'agresser, dans de telles situations, chez les animaux. Et surtout, il montre comment nous ne savons quel sens donner au fait que, même dans des « espèces à territoires », il est de nombreux cas sans territoire et qu'entre deux phases « agressives » les individus « coopèrent » tranquillement[54]. Il y a donc très loin de la coupe aux lèvres quant à tenter, avec la moindre chance de sérieux, de rapprocher « territoire » animal et « propriété » humaine, ou, encore, de justifier ou de légitimer nos propres façons d'agir pour « défendre » nos « territoires », et présenter cela comme « naturel » ou comme étant « dans la nature ».

D'ailleurs, d'un point de vue purement sémantique, il faut savoir qu'il s'est opéré une sorte de glissement dans les termes à partir de la notion primitive introduite par les zoologistes et premiers éthologues de l'école autrichienne, Konrad Lorenz et Karl von Frisch, ou encore par des psychologues ayant traité parmi les premiers dans ce siècle du comportement animal, Wolfgang Köhler ou Nikolaas Tinbergen. La notion en question se lit, en langue allemande, *Umwelt* et signifie quelque chose comme « monde propre », ou « environnement propre » de l'animal. Elle renvoie au fait que chaque espèce animale utilise, dans un espace donné, un certain nombre d'éléments particuliers nécessaires à sa vie et à sa survie.

Même si, parmi les pionniers de ces notions, on a pu utiliser aussi le mot « territoire », il faut bien comprendre que cela n'a strictement rien à voir avec la propriété. D'abord, c'est une notion qui n'implique aucun droit ni privilège, sinon la nécessité de « reconquérir » inlassablement « l'espace vital », dès qu'un intrus est ressenti comme une menace à la survie (c'est-à-dire comme une charge supplémentaire, écologiquement insupportable pour « l'environnement propre » à l'espèce, à l'intérieur de l'espace dispo-

---

54. Hopkins (1985), p. 80 et suivantes.

nible). Ensuite, le territoire n'implique aucune sorte de pouvoir, ou de droit d'agir selon son bon vouloir : tout se fait dans le strict respect des lois de la nature et de la survie des autres espèces et des congénères. Pas plus qu'il n'implique quelque succession que ce soit, ni, encore moins, la fermeture physique (par des clôtures, par exemple) de l'espace considéré comme tel. Et, par-dessus tout, on n'a, à ma connaissance, encore jamais vu un animal, quel qu'il soit, tenter d'agrandir son territoire par instinct de croissance ! Comme on prétend le faire, « naturellement », pour la propriété. Tout cela se joue, chez les animaux, d'après ce qu'on en sait aujourd'hui, strictement sur le plan de l'équilibre de la nature et de la pérennité de l'espèce. La recherche de la puissance, l'accumulation égoïste ou la croissance pour la croissance n'ont rien à y voir[55].

Paul Hopkins (1985) nous met encore très sérieusement en garde contre la tentation de transposer hâtivement, de comparer et, encore plus, de prendre comme base de justification les prétendues connaissances établies sur le monde animal et son comportement. Depuis les notions de défense, d'agression, de territoire, de compétition, etc., jusqu'à celles de sélection et de hiérarchie, il montre comment les savoirs sont imprécis, contestés et contestables, et donc les rapprochements faux et dangereux. Pour clore et éclairer un peu plus cette brève incursion dans les problèmes d'analogie avec la nature et le monde animal, voici quelques extraits, édifiants, du texte de Hopkins :

> La volonté et le fait de contrôler autant que possible toute la chaîne de production et de vente [...] font que la « compétition » ne rentre pas dans ce système comme facteur « naturel et biologique » assurant l'innovation. Au contraire, il semble que le système résiste de son mieux à l'obligation de faire face au hasard et à l'incertitude d'une « sélection naturelle » (p. 82).

> En réalité, le territoire n'est qu'une manifestation particulière de l'attachement à une zone, attachement qu'on a surtout défini en termes de combats entre individus [...] Définition d'autant plus restreinte et suspecte [...] qu'elle se limite surtout aux mâles de certaines espèces considérées pendant une période restreinte, soit celle de la reproduction (p. 110).

> Il n'est pas du tout évident que l'on puisse affirmer que le « statut » hiérarchique et le « degré de dominance » sont en liaison directe [...] Il s'avère qu'on est toujours loin de savoir ce qu'impliquent les combats chez les animaux, et on ne sait toujours pas si ce sont bien des combats qu'on observe chez eux (p. 111).

---

55. Voir, pour plus d'informations et détails sur ces analogies et abus d'analogies avec le monde animal, entre autres, Hopkins (1977a, 1977b, 1985), Thinès (1966), Fromm (1975), Cody (1987), Wime-Edwards (1962), Syme (1974), Geag (1977), Wilson (1975).

Enfin, j'aimerais faire miennes ces exhortations de Hopkins qui résument l'essentiel de ce sur quoi je voulais faire réfléchir le futur gestionnaire en matière de rapprochements avec la vie naturelle et animale :

> [Il s'agit] d'essayer plutôt de comprendre comment le groupe dépend de l'individu et, inversement, comment l'individu dépend du groupe. C'est ce problème qui préoccupe et continuera de préoccuper la biologie. Si la gestion veut s'inspirer de la biologie, elle devra en tenir compte (p. 114).

> Notre idée du conflit et de la concurrence chez l'animal porte donc toutes les traces [...] d'un désir profond de retrouver chez l'animal la justification de comportements humains difficiles à justifier (p. 116).

Certaines « vérités premières »

Après les abus que l'on commet en faisant inconsidérément appel à ce qui se passe dans le monde animal, il est d'autres abus, peut-être encore plus insidieux, et sûrement plus dommageables, que j'appellerais abus de « vérités premières » présentées comme d'indiscutables bases de la pensée et du raisonnement. Plusieurs auteurs, en particulier Lucien Sfez (1976), ont déjà traité du rôle joué par de telles notions-vérités premières, par exemple dans les processus de décision. Il est important de se pencher sur le problème que pose l'usage de ces notions.

Précisons d'abord qu'elles jouent un rôle qui fausse au départ les façons de penser et de conduire un raisonnement, puisque les prémisses sont prises pour indiscutables alors même qu'elles sont très discutables, et à plus d'un titre. Il est ainsi des mots, des notions, des concepts dits de base, renvoyant à certaines pratiques, institutions ou manières d'être, que l'on essaye de faire passer pour « naturelles », « allant de soi » et comme autant d'incontestables piliers de la pensée, ou autant d'attributs de la société, si ce n'est de la « nature humaine ». Parmi ces termes ou ces concepts, figurent en bonne place les notions de propriété, de productivité, de recherche du plaisir et de chef. On les traite comme s'il n'y avait qu'une bonne, universelle et définitive façon de les concevoir. Voyons cela de plus près.

On traite presque la notion de propriété privée, à la base de la légitimation de la détention du pouvoir et de l'exercice de la domination, comme s'il s'agissait d'un instinct. Il n'est d'ailleurs pas rare qu'on associe les termes « instinct » et « propriété », surtout lorsqu'on en profite pour appeler à la rescousse le « territoire » des animaux. Le biologiste Henri Laborit (1987) le déclare sans détour :

> Il n'y a pas d'instinct de propriété, il y a seulement l'apprentissage par un système nerveux de l'agrément qui peut résulter de l'emploi ou de l'indispensabilité de garder à sa disposition des objets et des êtres gratifiants. Il n'y a pas non plus d'instinct de défense du territoire

[…]. Ces comportements ne sont donc pas innés mais résultent de l'apprentissage du plaisir (p. 121).

Sans qu'il soit besoin d'aller plus avant dans cette discussion sur la différence entre l'inné instinctif et l'apprentissage, on peut s'appuyer sur quelques faits socio-historiques édifiants. Ainsi, Heilbroner (1971) rappelle que la notion de propriété, notamment de la terre, telle que la connaît l'Occident aujourd'hui, non seulement lui est propre, mais n'est apparue qu'au XVe siècle ! Car avant le XVe siècle, la terre ne se vendait ni ne s'achetait. Elle ne pouvait être que transmise par succession, par mariage ou conquise par la guerre. Un baron ou un duc n'était pas plus propriétaire de ses terres que n'est propriétaire de la Californie le gouverneur de cet État. Ailleurs sur le globe, en Afrique, en Asie, en Orient, de larges contrées vivent encore sous des régimes de propriété tribale, ou clanique, qui sont des formes de « possession » collective des terres. La propriété privée et individuelle leur est aussi inconnue qu'elle l'est pour les peuplades autochtones d'Amérique du Nord, chez qui la seule idée de « posséder », en tant que personne, des pâturages, des collines, des bois ou des ruisseaux, est totalement saugrenue. La propriété individuelle privée et le cortège de « droits » et de privilèges qui vont avec elle ne sont ni « naturels », ni « instinctifs », ni « universels », ni « aussi vieux que le temps ». Quant à la référence au territoire animal, si souvent brandie à la défense du caractère « naturel » des attributs et privilèges de la propriété, nous avons vu combien elle était fallacieuse et non fondée.

La deuxième grande vérité dont on se sert d'une façon semblable à la notion de propriété, et qui, souvent, « va avec elle », est celle concernant les « droits » du détenteur de pouvoir, du « chef ». Ainsi, la fonction de chef est invariablement présentée, sous le couvert de celle de « leader », d'entrepreneur ou tout simplement de manager, comme étant associée à la propriété et aux « droits naturels » qu'elle confère. C'est alors que le vocable « chef » est immanquablement accompagné d'un cortège d'attributs présentés comme autant de postulats inébranlables. Et étant donné que la propriété a été décrétée héréditaire, on fait comme si ces attributs l'étaient tout autant, et l'enfant du chef est automatiquement investi des mêmes qualités de « leadership » que son géniteur. Voilà déjà un très sérieux problème qu'on pourrait discuter pendant des centaines de pages. Mais voyons ce que sont les attributs traditionnellement accolés à la fonction de chef.

Ce sont le pouvoir, les privilèges réservés, le « droit » de se servir le premier, de donner des ordres, de se faire obéir, de décider, et ainsi de suite. Là aussi, on n'hésite pas à faire appel au monde animal où il y aurait « hiérarchie », « domination » et privilèges réservés, comme s'alimenter ou copuler en priorité… Les choses étant ainsi pour « éliminer » les plus faibles, entretenir en bonne santé les plus forts, qui sont les reproducteurs « choisis par la nature »… On présente généralement tout cela comme une sorte de lutte à mort que se livrent les mâles des différentes espèces ; lutte qui aboutit après une âpre et perpétuelle « concurrence » à la « sélection » du plus fort. Est-il besoin de rappeler combien, en particulier en management, est populaire l'idée que nos maîtres d'industries s'arrogent des droits, des pouvoirs et des privilèges tout compte fait semblables à ceux des chefs animaux ? Il m'a même été donné d'entendre, de la bouche d'une étudiante de deuxième cycle en gestion, que la reine des fourmis, des abeilles ou des termites est bien là pour « diriger » et « coordonner » ce qui se passe dans la ruche, la fourmilière ou la termitière ! Il est difficile de dire combien une telle affirmation est absurde et témoigne d'une totale méconnaissance, et même, bien plus grave, d'une totale déformation de la vie des animaux. Aucune reine d'abeilles ni de fourmis n'a jamais rien dirigé ni contrôlé, ni coordonné. Elle se contente de remplir sa part de « travail » nécessaire à la survie de l'espèce : se faire féconder, porter et pondre les œufs.

Qu'à cela ne tienne ! On n'en démordra pas et on invoquera immanquablement les loups, les lions ou les gorilles pour exprimer le sentiment que le chef et ses attributs existent bel et bien dans la nature. Mais d'abord, comme le rappelle Hopkins (1985), la biologie elle-même est encore loin de savoir quel sens mettre dans les mots « statut », « hiérarchie », « domination » quand on parle des animaux. Ensuite, la force d'un loup, fût-il le chef, n'est rien sans celle de la meute et, réciproquement, celle de la meute n'est rien sans la force de chacune de ses louves et de chacun de ses loups. Que fait-on alors, et Hopkins a parfaitement raison de poser la question, de la nécessaire coopération et solidarité entre les membres d'une meute ou d'une horde ? Pourquoi n'y voit-on que compétition ?

Venons-en aux inévitables attributs et privilèges du chef. Sait-on qu'on a déjà vu des meutes de loups dirigées par des louves ? Physiquement plus menue que le mâle, la louve ne peut en aucun cas être « la plus forte » du groupe. Sait-on que la principale fonction du chef est d'être apte à guider le groupe de façon qu'il assure au mieux sa survie ? Sait-on que lorsqu'il y a menace (des chasseurs, par exemple), le chef de meute se comporte de façon à attirer à lui les agresseurs, mettant délibérément sa vie en danger (la fin est d'ailleurs souvent tragique pour lui) jusqu'à ce que la troupe soit hors de portée ? A-t-on vu beaucoup de nos chefs et dirigeants se porter aux avant-postes des sacrifices à consentir lorsque la collectivité, ou seulement leur propre affaire, a été en danger ? Il convient d'admettre que si l'on fait appel à l'analogie avec les animaux, il faut aller jusqu'au bout de l'analogie, et non retenir d'eux, ou pire, ne leur prêter que ce qui nous arrange.

Par ailleurs, à ma connaissance, on n'a jamais vu un chef loup ou un chef lion emporter et conserver, pour « accumuler », la proie après s'être rassasié le premier. Il la laisse aux autres qui se rassasient à leur tour. Et enfin, la fonction de chef n'est, chez les animaux, ni permanente, ni héréditaire. Aussitôt que sa capacité à assurer optimalement la survie du groupe est affaiblie, le chef est remplacé, et ce par un mécanisme qui met en jeu et fait participer l'ensemble des membres. Où sont, dans ces conditions, les droits et privilèges attachés au statut du chef dans le règne animal ? Comment les légitimer ?

Il n'est évidemment pas question de faire du monde des animaux un monde idyllique, mais seulement de montrer que, quoi qu'il s'y passe, nous n'avons pas à nous en réclamer. Puisque nous sommes, nous, répétons-le, « doués de raison », et surtout parce qu'il est très hasardeux de s'y référer quand on ne sait tout simplement pas de quoi on parle.

Même chez les humains, il est des civilisations, des cultures et des regroupements nombreux et variés où les fonctions et attributs du chef ne sont pas du tout équivalents. Ainsi, déjà, les chefs et seigneurs de l'Antiquité et du Moyen Âge avaient, à côté de privilèges certains, des devoirs et obligations dont s'embarrassent très peu de chefs modernes : conserver, quoi qu'il advienne, ses esclaves ou serfs sur ses terres, leur assurer protection, les nourrir, leur ouvrir les réserves du château en cas de disette, etc. Bien sûr, la vie de l'ouvrier, surtout occidental, est de très loin plus confortable que celle du serf. Mais ce n'est pas cette distance-là qu'il convient de mesurer, c'est plutôt celle qui séparait le serf de son maître à l'époque, par rapport à celle qui sépare l'ouvrier d'aujourd'hui de son P.-D.G., quand on sait que certains dirigeants d'entreprise gagnent des « salaires » de plusieurs dizaines de millions de dollars par an[56].

On sait aussi que, dans de très nombreuses peuplades dites primitives, le chef n'a aucun pouvoir, sinon celui de persuasion, ne donne d'ordres à personne, tient sa case et ses biens ouverts et à la disposition de tous, n'est reconnu chef que par la grâce de ses habiletés oratoires et de sa capacité à concilier ou à réconcilier les protagonistes en cas de rivalités. Et souvent, il n'est pas le plus riche, ni celui qui reçoit le plus. Que fait-on alors de ce genre de chefs ? Il s'agit pourtant d'êtres humains !

Les notions de productivité, de recherche du maximum, de poursuite âpre et systématique du gain sont également présentées comme un attribut « naturel » et humain fondamental. Or, on sait que la plupart des sociétés non industrialisées sont marquées par un rapport avec la production de biens matériels qui en fait un élément très secondaire de la vie. Ainsi, les indigènes du Kalahari ne consacrent, nous dit Eiblesfeldt (1979), que l'équivalent de deux heures par jour à des activités que nous qualifierions de « travail ». Et Devereux (1970) nous rappelle que le travail du genre de celui de l'humanité industrielle, qu'il dénomme « hyperactivité quotidienne soutenue », n'a d'équivalent ni dans l'histoire ancienne, ni chez les « primitifs ».

---

56. Rappelons qu'à la fin des années 1980, parmi les plus hauts salaires payés à un dirigeant de firme américaine, certains se situent entre 50 et 80 millions de dollars américains ! Cela sans compter les primes et avantages gratuits divers accompagnant la fonction.

Clastres (1974) raconte comment on a essayé d'introduire la hache en acier chez des indigènes «bûcherons» d'Amérique du Sud, avec l'idée que ceux qui auraient les premiers ce genre de hache (la leur était en bois dur ou en pierre et coupait donc très lentement) se mettraient à «accumuler» pour acquérir puissance et richesse, ravis de devenir si «productifs». Ce qui se passa laissa les observateurs pantois : nul ne chercha à couper encore plus de bois, ni à accumuler. On coupa la même quantité qu'auparavant en beaucoup moins de temps. On en profita seulement pour augmenter le temps consacré à des activités ludiques ou aux cérémonies sociales! Il faut donc admettre que les attitudes de rentabilité et de maximalisation ne sont pas si «naturelles» qu'on veut bien le croire.

À bout d'arguments, on brandira, ce qu'on n'a pas manqué de faire avec force, le fait qu'il suffit d'observer les enfants, «innocents» s'il en est, qui presque dès la naissance veulent avoir toujours plus, de tout : bonbons, gâteaux, jouets[57], et le reste. L'«instinct» d'accaparement individuel est là, ainsi que la «lutte», la «domination», etc., quitte à faire pleurer et souffrir ses petits camarades. Et on ajoutera qu'il s'agit d'une preuve supplémentaire de ce que le désir d'accaparer, de vouloir le maximum pour soi est instinctif et naturel. Mais, ce faisant, on oublie que ni le gestionnaire, ni le propriétaire, ni l'entreprise ne sont de petits enfants capricieux et inconscients. Et on oublie que la psychologie, en général, et la psychanalyse, en particulier, ont montré que les capacités de compréhension et d'adaptation à l'environnement et à ses contraintes suivaient une évolution selon des «stades» successifs et passaient notamment par ce qu'il est convenu d'appeler «principe de plaisir». Principe selon lequel l'enfant ne réalise pas, avant un certain âge, qu'il y a des limites à la satisfaction de ses désirs et à la poursuite du plaisir. Lorsqu'il le réalise, il a alors atteint un stade où il apprend à composer avec la réalité et à différer, limiter ou refréner ses désirs et leur satisfaction. C'est ce qu'on appelle le «principe de réalité».

Lorsqu'on m'oppose que les gens d'affaires et les dirigeants agissent selon cet «instinct», tout comme les enfants, je n'hésite pas à demander si on se rend compte qu'on est en train de dire que les personnes qui portent les plus grandes responsabilités dans nos sociétés sont des personnes qui n'auraient donc pas, sur le plan de la maturité psychique, atteint le stade du principe de réalité! Ce qui serait singulièrement grave! Heilbroner, rappelons-le, raconte qu'un des plus grands *businessmen* de notre siècle, J.-P. Morgan, a laissé une phrase célèbre, dénotant malheureusement une attitude relevant bien plus du sentiment de toute-puissance et du principe de plaisir que de celui de réalité : «Je ne veux pas d'un juriste pour me dire ce que je ne peux pas faire! Je le paye pour me dire comment faire ce que je veux faire[58].»

---

57. Genre d'argument que j'ai entendu maintes fois dans le milieu d'écoles de gestion et d'affaires.
58. Heilbroner (1971), p. 199.

Prétendre que ce genre de choses est «naturel» ou «inscrit dans l'instinct», en invoquant des caprices d'enfants ou de prétendus exemples chez les animaux, c'est non seulement oublier que le principe de plaisir est un signe d'immaturité, mais aussi ne faire aucun cas de ce qu'est l'être humain, «seule créature», dit l'éminent biologiste Albert Jacquard, «dont la nature est de combattre sa propre nature». Conséquemment, même si le principe de plaisir et la jouissance-accumulation maximale étaient inscrits dans notre nature, notre spécificité, comme êtres humains, est d'être capables de les combattre. C'est ce qui fonde la culture et la morale, autres spécificités des humains.

LES IDÉES IMPORTANTES

SUR LA SOCIÉTÉ

En adoptant une perspective historique afin de mieux comprendre le contexte de naissance de l'entreprise industrielle, il devient possible de mesurer les conséquences de cette évolution particulière sur les façons de faire actuelles, de réfléchir au changement de contexte et aux solutions de rechange possibles et même nécessaires. Durant la Révolution industrielle, il s'est en effet opéré des ruptures fondamentales sur les plans social et économique, plus précisément dans l'acte de travail. Ces coupures ont été légitimées ensuite par des systèmes de pensée largement idéologiques.

✗ Questions

1. Quelles sont les coupures fondamentales qu'a entraînées la Révolution industrielle et quelles sont leurs conséquences sur l'acte de travail?
2. Quelle est la finalité dominante de l'idéologie managériale qui s'en est suivie?
3. Quels sont les changements requis pour remédier aux conséquences néfastes de cette logique particulière?
4. À quel groupe revient-il de prendre l'initiative de lancer ces changements? Pourquoi?

SUR L'ENTREPRISE

Cette évolution particulière a donné lieu à une entreprise régie par la logique du gain rapide et maximal. L'efficacité de l'entreprise est assurée par la séparation entre l'exécution et le contrôle serré du travail. Cette façon de faire n'est pas sans conséquences morales et physiques sur la main-d'œuvre, sur la qualité de la production et sur la productivité de l'entreprise. Elle provoque aussi de vives oppositions entre les milieux patronaux et syndicaux.

✗ Questions

1. La communauté d'intérêts entre travailleurs et patrons est-elle réellement envisageable dans un tel mode de fonctionnement? Pourquoi?

2. Discutez ce système d'organisation par rapport aux capacités de l'être humain.

3. Quelle direction doivent prendre les changements à effectuer?

Les bases et les orientations
d'une pensée managériale renouvelée

Nous avons passé en revue les fondements historiques et la dynamique de l'entreprise d'un point de vue autre que purement économique. Nous avons identifié les préjugés, les « vérités premières » et les idées reçues qui dominent la pensée managériale traditionnelle. Nous avons établi que le gestionnaire d'aujourd'hui et de demain doit s'ouvrir à différentes voies qui semblent déjà se dessiner, mais qui rencontrent encore résistance et combats d'arrière-garde. C'est à l'explication de ces voies que nous consacrerons ce chapitre.

Depuis la division du travail et ses conséquences en ce qui a trait à l'aliénation, jusqu'à la notion de culture d'entreprise, en passant par l'importance de la parole en milieu de travail, nous tenterons d'éclairer, dans un premier temps, l'essentiel des « nouvelles façons » de parler de la gestion.

Dans un deuxième temps, nous nous intéresserons plus particulièrement au cas d'une entreprise très prospère, innovatrice et prometteuse : la compagnie papetière multinationale québécoise Cascades. Nous essayerons de comprendre en quoi le style de gestion de cette compagnie est porteur de l'essentiel de ce qui semble devoir faire le management de demain. (Il existe d'autres exemples apparus récemment sur le continent américain et qui sont très semblables, et aussi novateurs, tels que Johnsonville Saussage dans le Midwest américain, Semco au Brésil ou Metchem à Montréal.)

Enfin, dans un troisième temps, nous nous attacherons à explorer les grands axes d'un management renouvelé aussi bien en ce qui concerne les pratiques dans les organisations qu'en ce qui touche les théories et l'enseignement dans les écoles de gestion.

DE L'ALIÉNATION À LA RÉHABILITATION DU SUJET-ACTEUR DANS UNE «CULTURE» PARTAGÉE

Il s'agit ici, fondamentalement, de la question du dépassement des situations que nous avons identifiées comme constituant les bases de la contradiction interne de l'entreprise. Nous avions commencé à en parler lorsque nous traitions des idées et des apports de Adam Smith, notamment en matière de division du travail et de ses conséquences autres que strictement économiques.

Il convient de bien comprendre d'abord, quitte à nous répéter, qu'on a toujours entretenu, et qu'on continue de le faire, une inadmissible confusion entre division sociale et division technique du travail.

La division technique du travail a consisté à faire éclater les tâches et les métiers en autant de sous-tâches ou de gestes élémentaires simples, pour faire produire plus en moins de temps, et aussi et surtout, pour payer moins[1] un travail de plus en plus déqualifié[2]. Bien entendu, on y a énormément gagné en quantité et en vitesse de production. On y a aussi beaucoup gagné en spécialisation et en accroissement spectaculaire des richesses. Mais il faut se souvenir qu'un Adam Smith lui-même a formulé de très sévères avertissements quant aux dangers d'abêtissement accéléré de la masse de la main-d'œuvre, occupée à des travaux aussi étroits que la fabrication d'un dix-huitième d'épingle, déjà au XVIIIe siècle!

Or, nous le savons à présent, non seulement on n'a tenu aucun compte de cet avertissement de Smith, mais on a été infiniment plus loin dans la parcellisation systématique des tâches. Taylor avec la rationalisation du travail, le couple Gilbreth avec l'étude des temps et mouvements, Henry Ford I avec la chaîne de montage ont fait en sorte que le travail industriel n'a jamais cessé de s'émietter davantage, jusqu'à devenir, dans de très nombreux cas, un simple réflexe médullaire, ne nécessitant même plus, comme on en a déjà parlé, l'intervention du cerveau de l'opérateur.

Nous avons connu et connaissons encore le règne de «l'homme qu'il faut à la place qu'il faut» et l'apologie, sans discernement, des «vertus» de la division technique du travail[3]. Et, dans ce sens, on n'a pas vraiment fait mieux que Smith lorsqu'il voyait ses trois fameux avantages à la division du travail: gain de temps, spécialisation et augmentation d'habileté et, enfin,

---

1. Souvenons-nous du principe de Babbage. Voir aussi à ce propos Friedmann (1950), Gorz (1973 et 1989), Mantoux (1959), Cessieux (1976). C'est ce qui est à l'origine des fameux 87 % d'employés de base qui traitent, aux États-Unis, moins de complexité pour faire leur travail que pour se rendre à leur lieu de travail!
2. Qu'on se rappelle la subdivision en plusieurs milliers de tâches du montage de la Ford *T*, y compris pour des personnes infirmes.
3. Vertus vantées notamment – toujours avec certaines réserves – par Smith (1976), Durkheim (1893), Taylor (1947). Pour une critique systématique et argumentée, voir West (1975), Gorz (1973), Cessieux (1976), Braverman (1976), Marglin (1973 et 1974).

stimulation de la propension à innover. Il est facile, avec Marglin (1973) et Rifkin (1980), entre autres, de montrer que le « gain de temps » ne se justifie vraiment que dans les cas où il y a des changements très fréquents de tâches, d'outillage, de produits. Mais si le travailleur passe un temps considérable pour chaque type de tâche que nécessite un produit donné, alors le temps « perdu » à changer d'outillage devient très négligeable[4]. On peut aussi montrer que ce « gain » est souvent annulé par la dégradation supplémentaire d'énergie nécessaire pour « faire plus vite »[5].

Ensuite, on peut facilement voir qu'en fait d'augmentation d'habileté accompagnant la surspécialisation il n'y a qu'habiletés de détails, que perfectionnement de gestes insignifiants, et encore !

Enfin, en guise de stimulation des prédispositions à l'innovation, quel genre d'innovations peut-on attendre d'une main-d'œuvre dont la formation est de plus en plus étroite et la tâche de plus en plus réduite ? C'est précisément ce à quoi le mouvement de l'élargissement-enrichissement des tâches avait tenté d'apporter une solution (sans succès, car on croyait pouvoir supprimer une monotonie en la remplaçant par plusieurs accolées les unes aux autres). Comme nous le verrons plus loin, la créativité et l'innovation sont directement fonction de la variété et de la richesse des connaissances et des travaux à accomplir[6].

Attardons-nous un instant sur le résultat le plus marquant de cette apologie de la division du travail : « l'homme qu'il faut à la place qu'il faut ». Formule rendue populaire, semble-t-il, par Taylor, qui fut reprise et largement approuvée par l'ensemble de la pensée managériale classique. Les conséquences de l'adoption d'une telle formule, si elles furent bénéfiques pour l'accroissement de la production économique jusqu'à la fin des années 1960, sont, depuis le tournant des années 1970, plutôt dommageables, sinon catastrophiques. Il suffit de réfléchir un petit moment à cette notion pour vite se rendre compte de l'ampleur du carcan qu'elle impose à l'employé, de quelque niveau qu'il soit.

Appliquer le principe de « l'homme qu'il faut à la place qu'il faut », c'est circonscrire systématiquement et strictement les capacités de la personne à ce qu'exige le poste occupé[7]. Et cette exigence est requise, on le

---

4. Marglin (1973).
5. Rifkin (1980), Georgescu-Roegen (1971), Guitton (1975).
6. Comme le souligne Marglin (1973), la spécialisation et l'inventivité d'un chirurgien qui met au point de nouvelles techniques d'interventions, ou d'un musicien qui améliore l'usage d'un instrument, n'ont absolument rien à voir avec celles de l'ouvrier de l'industrie qui n'a aucun équivalent de la vaste et longue formation générale en médecine et en musique dont bénéficient d'abord le chirurgien et le musicien.
7. On sait (Braverman 1976, Terkel 1976, Linhart 1978) qu'il a longtemps existé et qu'il existe, encore aujourd'hui, dans les secteurs non robotisés, des postes n'excédant pas l'équivalent de 5 TMU (*Time and Motion Unit* : 0,3696 seconde !), c'est-à-dire des postes (y compris dans le secteur des services, tel que les banques et les commerces de détail) où on refait exactement la même chose toutes les 1,84 seconde !

sait fort bien, uniquement pour faire faire plus, plus vite, d'une part, et rendre l'opérateur universellement interchangeable pour payer moins, d'autre part. Cela a développé en Occident les « sciences » de la rationalisation et de l'organisation du travail et de la tâche que l'on a portées à des sommets, nulle part égalés, de minutie et de génie du détail. On a, parallèlement, développé la « science » de la sélection méticuleuse de l'employé type pour la tâche type, ni plus ni moins. Si, encore une fois, cela a été une excellente façon de faire fonctionner et de rentabiliser les usines, durant des dizaines d'années, et d'accélérer considérablement la croissance économique, cela pose aujourd'hui un handicap majeur. Car maintenant, la compétition se joue sur les plans de la qualité, de la créativité de chacun, de la durabilité, de la productivité, de l'élimination de toute forme de gaspillage. Comme on s'en doute, ces nouvelles exigences impliquent des capacités et des attitudes qui feraient que chaque personne, chaque intelligence, toutes les intelligences de l'entreprise soient mobilisées, comme le souhaitent maints auteurs à succès d'aujourd'hui, notamment Archier et Sérieyx (1984), Crozier (1989), Sérieyx (1990), Waterman (1990) et Hammer et Champy (1993).

Comment espérer du strict « homme qu'il faut à la place qu'il faut » (à qui on a toujours demandé d'exécuter, sans plus) des capacités et une attitude propices à l'inventivité, à l'initiative, à l'imagination, à l'engagement créateur dans ce qu'il fait ? Puisque, précisément, on a dépensé beaucoup d'argent et d'énergie à le « sélectionner » pour qu'il ne soit pas plus que ne le requiert le poste... Si on veut rivaliser avec les Japonais, les Allemands et les Suédois, chez qui, on l'a vu, la formation générale continue et la polyvalence sont presque la règle, c'est bien plus que « l'homme qu'il faut... » qu'on aurait dû viser. Au contraire de la tradition, nous devons rechercher non pas des exécutants consentants et dociles, mais des personnes aux capacités et connaissances toujours plus larges que ne le demande le poste à occuper. Ainsi seront possibles l'initiative et la « mobilisation de l'intelligence ». Et cela implique, bien sûr, ce dont nous parlerons un peu plus loin, une révision profonde de nos façons d'organiser et de conduire les entreprises. Mais il faut bien admettre, pour l'instant, que le management classique a entraîné une immense déperdition d'énergie créatrice et un énorme gaspillage du potentiel humain.

Ces considérations ne sont pas sans rappeler ce que nous avons vu lorsque nous traitions de l'organisation : la notion de « bruit » comme facteur d'adaptation et de plus grande fiabilité. L'intervention tolérée de phénomènes aléatoires dans un système donné en fait un système plus adaptable et plus susceptible de survie qu'un système qui n'a pas cette tolérance. Ce dernier se caractérisera par la rigidité et l'uniformité dans ses réponses aux variations de l'environnement[8], il ne pourra qu'être inadapté

---

8.   Voir Rosnay (1975), Atlan (1972, 1979 et 1985), Passet (1979).

et disparaître à plus ou moins court terme. C'est ce qui s'est passé pour les organismes vivants qui n'ont pas, peut-être parce qu'ils ne le pouvaient pas, développé à temps d'autres façons de répondre aux changements de l'environnement (mammouths, dinosaures, etc.). L'être humain, lui, du fait des capacités uniques de son cerveau à générer constamment des « informations », donc des façons nouvelles de s'adapter – de répondre – adéquatement aux variations des conditions du milieu, a su se faire à tous les environnements, y compris ceux de l'espace et des fonds des mers.

Si on peut s'exprimer ainsi, et pour simplifier à l'extrême, on peut dire que les mammouths et les dinosaures ont été des organismes, ou des systèmes, dont la capacité à générer des réponses « nouvelles » était épuisée, face à de profonds changements climatiques de la Terre, alors que l'être humain peut vivre dans n'importe quel climat. Ce dernier est ainsi parce qu'il est un « système » qui possède une grande souplesse dans ses façons de répondre aux conditions différentes et changeantes, en « inventant », grâce aux capacités combinatoires de son cerveau, de manière constante, de l'information inédite. Tolérer un certain niveau de « bruit » dans un système veut dire qu'on a plus d'une façon possible de trouver réponse aux sollicitations variables du milieu, ou plus que des façons habituelles, répétitives et standard.

On voit donc bien comment des pratiques telles que les descriptions de postes, la sélection rigoureuse, « l'homme qu'il faut à la place qu'il faut », le contrôle étroit, la stricte discipline sont autant de pratiques qui peuvent vite devenir sclérosantes et étouffer toute réelle initiative, imagination ou créativité. Si nous reprenons les exemples de GM et de Toyota[9], nous voyons, au moins pour les années 1970 et la première moitié des années 1980, que la compagnie Toyota est un « système » qui tolère infiniment plus de « bruit » que GM. Si on ajoute à cela les pratiques japonaises de décisions collégiales ascendantes et descendantes et des cercles de qualité, on comprend pourquoi cette firme japonaise connaît une meilleure performance que ses équivalents nord-américains. Mais tolérer ou, même, susciter et encourager le « bruit », ce n'est pas forcément l'obtenir, et encore moins en faire quelque chose de spontané et de volontaire de la part des employés.

Ce virage suppose plusieurs conditions préalables à remplir, et d'abord du côté du management et des managers. La première de toutes est la suppression, dans la mesure du possible totale, des conditions faisant du travail industriel un travail « aliéné ». Il y a, nous l'avons vu, une très longue tradition, en philosophie et en sociologie du travail, de reconnaissance et d'étude de l'aliénation au travail[10]. Cette séparation-étrangeté de l'humain avec lui-même est due au fait que la tâche est devenue si parcellisée et

---

9. Voir Peters et Waterman (1983) et McMillan (1982), entre autres.
10. Voir Arvon (1960), Friedmann et Naville (1969), Jaccard (1960 et 1966), Perroux (1970), Seeman (1967), Calvez (1978), Dejours (1980).

tellement « rationalisée » et spécialisée que l'opérateur n'est plus qu'un inter-médiaire, un quasi-outil, entre les mains de ceux qui définissent le travail et les matières à travailler. C'est là le cœur de l'acte de réification de l'être humain, devenu objet de production à « utiliser au maximum »[11].

Le travail « aliéné » ne contribue qu'au désengagement et au refuge passif dans l'état d'« objet » : l'employé attend qu'on l'« utilise » (comme le laisse entendre la désastreuse appellation de « ressource humaine ») ou qu'on lui dise quoi faire. Sans compter, comme le rappellent Sievers (1986a et 1986b), Sérieyx (1989) et Peters (1988), le mépris et les pratiques dégradantes (règles mesquines, surveillance, condescendance) qui accompagnent généralement les situations industrielles traditionnelles[12]. La première tâche du gestionnaire de demain sera de mettre fin à cette situation : désaliéner, redonner un sens au travail et une place de sujet-acteur pensant et agissant à l'employé, quel que soit son rang. Ce dernier profitera alors, nous y reviendrons, d'une possibilité de « réappropriation » de la situation de travail.

Joseph Kélada (1986) montre comment la **recherche de sens du travail** caractérise le mode de conduite et de gestion des opérations de production au Japon. Les cadres, les ingénieurs et les ouvriers y travaillent de concert, ils se consultent et se respectent. Leurs salaires, leurs privilèges et leurs statuts ne sont pas très éloignés ni très différenciés. Un ouvrier a le pouvoir d'arrêter la chaîne de production s'il le juge nécessaire. Il est formé durant toute sa carrière et effectue des stages dans tous les services de la compagnie pour tout savoir et tout comprendre. Il est polyvalent, responsabilisé et invité à intervenir constamment, à améliorer les conditions et à suggérer des améliorations. Il est toujours écouté et, en retour, informé de tout. Tout cela, note à plusieurs reprises Kélada, est souvent à l'inverse de ce qui se passe dans l'entreprise occidentale, nord-américaine en particulier. Et tout cela représente, il est important de le souligner, les conditions centrales d'un travail moins aliéné.

Redonner vie et sens au travail, faire en sorte qu'il signifie autre chose que simplement survivre ou « perdre sa vie à la gagner », voilà le premier grand objectif à réaliser.

Désaliéner, c'est faire en sorte que chaque acte accompli au travail soit, autant que possible, l'expression de la volonté et du désir de celui qui l'effectue. Il doit permettre aussi une conscience-connaissance claire et complète de ce qu'on fait et de la raison pour laquelle on le fait. Il faut adopter des façons d'agir et d'être, dans l'entreprise, qui feraient que chacun, où

---

11. Voir sur ces questions de perte de sens et de réification, entre autres, Friedmann (1950), Sievers (1986a et 1986b), Gorz (1989), et sur celles de la « raison » dévoyée et instrumentale-matérialiste, Saul (1993), Taylor (1992).

12. En guise de témoignages sur cet état de choses, voir, entre autres, Linhart (1978), Beynon (1973), Terkel (1976), Aktouf (1986a).

qu'il se trouve, ait accès à l'information, à la connaissance globale, « participe » à tout ce qui crée la dynamique de l'entreprise en plus de ce qui le concerne. L'employé passera alors d'un statut d'objet-outil de production passif, silencieux et obéissant, à un statut de sujet-acteur actif.

Mais la participation nécessite des conditions et une ouverture que seuls les dirigeants peuvent réaliser ; dans des compagnies où tout s'est déroulé de la façon contraire, des dizaines d'années durant, cela ne se fera pas du jour au lendemain, ni facilement, ni sans incompréhensions. Il s'agit en vérité d'un processus souvent long et laborieux, qu'on doit considérer comme une sorte d'investissement à moyen ou à long terme.

Depuis *Le prix de l'excellence*, est né en Occident un courant qui, s'il respecte un certain nombre de principes essentiels, pourra conduire à un tel résultat : le courant dit de la « culture d'entreprise[13] ». Conçu à partir de ce que l'on a pu observer chez les Japonais, ce courant propose à l'entreprise occidentale de se transformer en un lieu de complicité agissante où chaque employé se sentira comme un « ambassadeur » de sa compagnie. Mais on a encore commis l'erreur de croire que cela peut prendre l'allure d'outils de management au moyen desquels il est possible de construire une « gestion symbolique » ou une « gestion culturelle » de l'entreprise. Encore une fois, on voulait révolutionner sans faire de révolution. On voulait et on croyait pouvoir manipuler, après les perceptions, le symbolisme et la subjectivité[14].

Pour en arriver à une situation de partage sur le plan des valeurs, des symboles, des croyances, bref, à une situation où régnerait une « culture » de partage des objectifs, de convergence, de solidarité et de complicité active, il faut bien plus que d'habiles cérémonies, des beaux parleurs et des répétitions rituelles de credos et de valeurs laborieusement choisis par les hauts dirigeants. Il faut, et ce sont les disciplines spécialisées dans l'étude de la culture qui nous l'enseignent, d'abord et inévitablement, des conditions concrètes de partage, de transparence et de solidarité-complicité dans la vie quotidienne de travail. Et cela, nuls autres que les dirigeants et les managers ne peuvent l'instaurer, ou prendre les décisions et les dispositions favorables à son instauration. Les attitudes, comportements, croyances, symboles et autres éléments de « culture » correspondants ne viendront qu'après, se greffant, se construisant et se consolidant autour de faits et d'actes matériels « communautaires », quotidiennement vécus.

---

13. Voir Peters et Waterman (1983), Deal et Kennedy (1982), Lemaître (1984). (À titre de prise de conscience du phénomène, bien que, évidemment, je ne partage en rien les « recettes » et les déviations utilitaristes et manipulatrices qui sont avancées par ces auteurs.)

14. Pour une analyse de ces « erreurs » et des conditions possibles d'aboutissement à une « culture » de convergence et de complicité dans l'entreprise, voir A. Chanlat (1984), Sainsaulieu (1983), J.-F. Chanlat (1990), Aktouf (1988a, 1988b et 1989a), Amadieu (1989).

Ces conditions seront propices aussi pour créer un contexte d'échange et de dialogue, de discussion et de concertation qui ne soient pas de pure forme ou stérilement téléguidés. On commence à peine à se rendre vraiment compte de l'importance de la parole et des phénomènes de parole en milieu de travail. Très longtemps, et encore souvent, interdite et proscrite, parce qu'elle était associée à la perte de temps et à l'indiscipline, la parole devient aujourd'hui un sujet de préoccupation de premier plan. Car c'est par elle que l'on s'exprime, que l'on se pose comme sujet, comme acteur discutant, interpellant et donnant « son » point de vue. C'est par elle que l'on pourra se concerter, consulter, se comprendre et cheminer ensemble. Partout en Occident on s'est mis, ces dernières années, à rechercher la concertation et le dialogue permanents avec les employés. On a tout essayé, depuis les cercles de qualité jusqu'aux « groupes d'expression » instaurés par la loi, comme en France, depuis le début des années 1980[15].

Toutefois, on se heurte à un obstacle de taille et assez difficile à surmonter : le bon vouloir des employés ! Peut-on obliger des personnes à s'exprimer et à dialoguer ? Bien sûr que non. Mais, encore une fois, on peut créer des conditions concrètes telles que chaque employé soit disposé et ait conscience d'un intérêt, aussi bien matériel que moral, à parler, à dire ce qu'il pense, à se dire[16]. Étant donné que n'importe qui peut dire n'importe quoi à tout moment, et surtout si on l'y « oblige » directement ou indirectement, il faut des raisons valables (pour celui qui parle, et de son point de vue, et dans le sens de son intérêt) de se dire sincèrement, de faire acte authentique de prise de parole, de prise de position. Il faut de plus que cette parole trouve un espace où s'exercer et une écoute symétrique, attentive et complice, et non condescendante, supérieure et dominatrice. Et par-dessus tout, cette écoute doit être rapidement suivie d'effets concrets, sinon d'explications claires, honnêtes et convaincantes.

C'est, on s'en doute, l'éternel, et extrêmement important, problème de la communication dans les organisations qui est posé. Le terme même « communication » porte, étymologiquement, le sens de « mettre en commun », de partager. Or, on peut facilement montrer que la communication organisationnelle telle qu'elle est conduite, théorisée et traditionnellement enseignée vise bien plus le contrôle et la domination des situations et des employés que la « mise en commun ». On peut même montrer qu'elle se fait bien plus sur des modes de cassure et d'annulation, que de cons-

---

15. Loi dite « Auroux », qui impose l'instauration de « groupes d'expression » devant favoriser les échanges et le dialogue, sur le lieu de travail, entre dirigeants et employés. (Rappelons que le « cercle de qualité », utilisé comme instrument de management, ne peut donner que des échecs.)

16. Il existe déjà bien des travaux et des publications qui explorent ces problèmes sous l'angle de la linguistique et en dehors des cadres manipulatoires habituels en management : Chanlat (1984 et 1990), Girin (1982), Sainsaulieu (1983), Vacquin (1986), Aktouf (1986b et 1989b). Voir aussi les actes du premier colloque international en la matière, *Travail et pratiques langagières*, Paris, CRG-École Polytechnique, 24-26 avril 1989.

truction de réels processus de communication. Car il y règne de nombreux mécanismes bien plus propices aux maladies qu'à la santé des échanges, notamment verbaux : annulation, collusion, complémentarité et métacomplémentarité, double contrainte, refus de symétrie, réponse tangentielle, surcodage, etc.

Très brièvement, voici ce que signifient ces phénomènes[17] :

–   L'**annulation** : la hiérarchie a systématiquement recours aux divers procédés d'annulation de la communication : changement brusque de sujet, contradictions, incohérences, phrases inachevées, obscurité du style, etc.

–   La **collusion** : autoduperie mutuelle par occultation, tricheries, demivérités (par exemple, des contremaîtres qui se disent « obligés de raconter des mensonges » parce qu'ils sont tenus de faire à la direction au moins deux rapports d'infraction par jour).

–   La **complémentarité** et la **métacomplémentarité** : façon de conduire la communication sur un mode qui fait sentir à l'un des interlocuteurs qu'il est en relation de dépendance ou d'infériorité.

–   La **double contrainte** : recevoir un message et son contraire, une sollicitation et son inverse sans possibilité de s'en sortir (comme ces contremaîtres invités à suivre un séminaire de formation sur les relations humaines et qui « savent très bien » que la direction « ne veut pas des mous » comme contremaîtres, ni des « chouchouteurs d'ouvriers »).

–   Le **refus de symétrie** : de même que le refus d'engagement, le rejet, etc., sont aussi des pratiques quotidiennes permettant, par des recours à la relation d'autorité, d'éviter le dialogue et le « vrai » feed-back.

–   La **réponse tangentielle** : réponse invalidant la communication de l'interlocuteur ou la fuyant délibérément, par toutes sortes de moyens dont disposent ceux qui sont en position d'autorité (comme couper court à un entretien, parler d'autre chose, s'en aller, garder le silence).

–   Le **surcodage** : manière de communiquer par « code », par signes verbaux et non verbaux, par mouvement des yeux, etc., pour ne pas être compris de la hiérarchie (comme le font les prisonniers ou les soldats dans les casernes).

Selon les spécialistes de ces problèmes, c'est avant tout la volonté d'instrumentaliser, de manipuler, d'orienter et de dominer les relations de communication qui fait qu'on finit par aboutir à de tels troubles. Se mettre sur un réel pied d'égalité avec l'interlocuteur est une condition de base pour une communication réussie. Mais lorsqu'on est en position de pouvoir, on cherche bien plus à contrôler qu'à communiquer. Or, ce qui se passe

---

17.   Il serait long et fastidieux d'expliquer en détail chacun de ces phénomènes. Il suffit de savoir que ce sont des phénomènes qui surviennent surtout en situation de domination et de relations de pouvoir, et qu'ils sont autant de déviations gravement pathogènes de la communication : Bateson *et al.* (1981), Chanlat (1984 et 1990), Aktouf (1986b et 1989b).

concrètement sur les plans du terrain, du produit, du client, de la machine, c'est l'employé de base qui le sait, plus que tout autre. Sans sa contribution, sans sa collaboration, sans l'information précieuse qu'il peut fournir en vertu de sa position privilégiée, l'entreprise tournera vite à la routine, à la passivité, à l'esprit d'obéissance attentiste. On peut, bien sûr, avoir à sa disposition et utiliser toute une panoplie de recettes et de gadgets – qui ont fait la fortune et le succès du management traditionnel – destinés à mieux asseoir son propre contrôle et son pouvoir sur l'ensemble de l'organisation. Il existe mille instruments pour « tenir en main » et « discipliner » ses employés, ou encore, ce qui est plus à la mode, pour leur « vendre » (au sens le plus trivialement marketing du terme) des « valeurs » et des « symboles ».

Le manager de demain devra faire un choix clair et net : veut-il « tenir », « contrôler », « manipuler » ses employés ou en faire des agents actifs, engagés et complices ? Les deux chemins sont antinomiques, il faut en être conscient. Et on sait parfaitement aujourd'hui lequel conduit à la performance et à l'efficacité, en même temps qu'à la satisfaction des membres de l'organisation et du client. Un maître mot peut conduire à une telle situation, mot déjà maintes fois répété par la tradition de la sociologie du travail et, de façon surprenante, par des auteurs américains à succès tels que Peters (1985 et 1988), Perrow (1979) ou Weitzman (1986). Ce mot, c'est « appropriation ». L'« appropriation », c'est tout simplement le fait de se sentir comme un peu « propriétaire » de l'entreprise et de ce qui s'y passe. Et ce sentiment ne se décrète ni ne s'inculque artificiellement, il se vit ! Il incombe donc à ceux qui détiennent les leviers de décision, donc le pouvoir de changer les éléments qui font la vie concrète de l'entreprise, de faire en sorte que chacun puisse s'y sentir chez lui, et aussi engagé que si elle était à lui.

Par la transparence, l'honnêteté, la générosité, le sens du bien commun, le partage de tout ce qui peut être partagé (depuis les actions jusqu'aux outils, en passant par les décisions, les profits, les produits de l'entreprise, les véhicules, les locaux, les privilèges, le confort), on peut arriver à créer une telle situation et un tel sentiment. C'est ce qu'ont réussi les dirigeants-propriétaires de la compagnie Cascades au Québec, de Semco au Brésil ou de Johnsonville Saussage aux États-Unis. Voyons ce qui caractérise le management de Cascades, et en quoi on peut penser qu'il est porteur des attributs essentiels de la gestion de demain.

UN EXEMPLE DE VISION PARTAGÉE ET DE COMPLICITÉ ENTRE DIRIGEANTS ET EMPLOYÉS

Cascades constitue une compagnie, aujourd'hui multinationale prospère, qui a connu une croissance fulgurante en quelques années entre 1978 et 1985. Lancée de zéro au début des années 1960, elle dépasse aujourd'hui le milliard de dollars de chiffre d'affaires et compte plus de 8000 employés et plus de 65 filiales sur trois continents (toutes gérées sur le même mode). Spécialisée dans les pâtes et papiers, elle connaît une grande réussite notamment par l'achat et la relance de faillites dans ce domaine. Cette compagnie se distingue par un style de gestion très particulier dont de nombreux journaux ont parlé : maintien de petites usines, décentralisation maximale, gestion très peu paperassière, liberté et autonomie aux employés qui sont très peu encadrés, confiance généralisée, réduction maximale des postes de contrôle, de chefs et de surveillants, partages étendus (profits, informations, décisions, outillage, locaux) et proximité-complicité constante entre les dirigeants (propriétaires ou cadres) et les employés par une solide et réelle politique des portes ouvertes et par la présence assidue aux multiples cérémonies à caractère festif et informel.

Nous arrivons là au seul cas, parmi tous ceux que j'ai étudiés depuis plus de dix ans, où l'on peut parler de l'existence d'une « communauté de vision » généralisée, d'une situation que souhaitent les tenants de la « bonne culture d'entreprise », cohérente et à peu près monolithique, en particulier dans ses usines de l'Est du Québec. Car c'est dans l'Est du Québec, dans un village de cette région qu'est née l'entreprise, c'est là que vivent les patrons fondateurs, et c'est là que son « identité » semble la plus vivace et la mieux installée : dans la demi-douzaine d'usines localisées autour du siège social. J'ai donné ailleurs les détails des résultats obtenus[18], je ne ferai ici que citer les éléments les plus frappants. Ces éléments montrent à l'évidence qu'il s'agit d'une entreprise qui ne ressemble à peu près à rien de ce qui se pratique le plus couramment en management (sauf exceptions récentes, comme Johnsonville et Semco) :

- un ensemble de rites d'initiation soigneusement observés et appliqués à tous les « jeunes » par leurs pairs plus anciens ;

- un « héros-fondateur », considéré comme tel, encore vivant, et connu de tous pour son extrême simplicité et sa générosité ;

- de nombreuses anecdotes confirmant la « mythologie » des héros-fondateurs et dirigeants ;

- de nombreuses cérémonies collectives, assidûment suivies par l'écrasante majorité ;

- des valeurs installées et mûries avec le temps et les actes concrets, largement diffusées et rattachées aux héros (et surtout ni écrites, ni martelées, ni claironnées), aucun discours « culture d'entreprise », ni « famille unie » (sinon dans la bouche des employés) ;

18. Aktouf et Chrétien (1987), Aktouf (1991).

– de nombreux faits, tangibles, de proximité et de partage :
  • il n'y a aucune fiche de poste, ni description de poste ; que des ajustements mutuels de personne à personne ;
  • il n'existe aucun titre ou presque ;
  • les dirigeants ne cessent de répéter qu'ils « ne seraient rien sans les ouvriers » ;
  • les employés sont investis du pouvoir de « s'organiser » ;
  • chacun est associé aux décisions qui le concernent et en est « responsable » ;
  • le droit à l'erreur et la « liberté de s'essayer » sont garantis ;
  • il existe trois ou quatre échelons hiérarchiques, de l'employé aux hauts dirigeants ;
  • la confiance et le dialogue prévalent ;
  • le président en personne a son bureau et son téléphone ouverts à tous ;
  • la parole, l'écoute et le contact directs sont généralisés ;
  • il est courant et accepté de contourner la hiérarchie ;
  • une partie substantielle des profits est partagée (avant amortissements et impôts) avec tous, en plus de très bons salaires ;
  • toutes les informations, même celles qui sont traditionnellement considérées comme confidentielles, sont affichées : ventes, profits, commandes ;
  • les outils, matériels, véhicules et produits de l'entreprise sont gratuitement à la disposition de tous pour leurs besoins personnels ;
  • les achats d'actions par les employés sont financés sans intérêt par l'entreprise (jusqu'à deux ans) ;
  • on s'applique à faire suivre d'actes concrets toute demande légitime et tout engagement pris envers les employés, à ne licencier personne, « quitte à renoncer aux profits » (mots du président lui-même).

En bref, chez Cascades, on est frappé du fait que tout le monde connaît et répète l'histoire de la création et du développement de la compagnie par son président, que tout le monde connaît ce dernier, connaît son père (du moins les plus anciens) et ses frères vice-présidents, que tout le monde connaît ses actes exceptionnels de générosité, de modestie, de simplicité, ainsi que ceux, dans une moindre mesure cependant, de ses deux frères. Tout le monde désigne par son prénom chacun des dirigeants ; ce sont des personnes et non des entités mystérieuses et invisibles (ils mettent eux-mêmes un point d'honneur à « être comme tout le monde »). Les cérémonies, auxquelles s'associent toujours le président ou ses frères, ne sont nullement ressenties comme des corvées ; au contraire, on y revit à fond toutes les légendes et anecdotes colportées à propos des patrons (un ouvrier de base peut interpeller au micro un des frères vice-présidents et lui demander de « moins se prendre pour un boss »). On y réitère avec force la proximité avec le héros-créateur (ou ses frères représentants), on y concrétise de diverses manières l'affirmation du président où il dit se considérer comme « un homme ordinaire », comme chacun de ses employés.

Est-il utile de préciser que cette entreprise connaît un degré de motivation des employés aussi constant qu'élevé, un climat de travail exemplaire, une productivité croissante et soutenue, un succès financier phénoménal? Bref, le rêve des tenants de la « bonne et forte culture d'entreprise » !

Quelques réserves s'imposent ici cependant : loin de moi l'idée d'idéaliser indûment cette entreprise. Toute médaille a son revers, et celui de Cascades est multiple : la croissance trop rapide, la cristallisation autour de la personne du président, la distanciation inévitable avec l'expansion et la multinationalisation, l'écran grandissant d'un *middle-management* plus technocrate, plus sensible au pouvoir, le caractère paternaliste-féodal du style qui, déjà, en agace plus d'un dans la compagnie, etc. Et quoique cette compagnie permette un certain « dépassement » de quelques conditions aliénantes[19], on est encore loin, tant s'en faut, de la prise en main de l'acte de gestion par le travailleur. Mais c'est là, par le temps qui court, un exemple de comportement de dirigeants qui ont su, « par gros bon sens » comme dit le président, réaliser des conditions de partage et de convivialité au travail telles que le travailleur s'y engage volontairement et s'y sent comme partie prenante, et non comme un simple outil doté de muscles, ou comme un objet passif, susceptible de manipulation, naïf et crédule.

Pour mieux comprendre tout cela et pénétrer le mode de gestion pratiqué dans cette entreprise où, répétons-le, la productivité et la performance sont étonnantes[20], donnons la parole à son président-directeur général et à un de ses frères, vice-président[21] :

– « Je ne veux pas de descriptions de postes ni de titres : personne n'aura d'autorité par le titre. »

– « Il faut que les employés s'aperçoivent que le patron est comme eux ; qu'il a des défauts, des faiblesses, des problèmes, etc. ; ils l'accepteront plus facilement. »

– « Il ne faut pas de mythe du patron... Il faut dire aux employés qu'on ne sait pas tout. »

– « Ma philosophie, c'est la franchise et l'honnêteté. »

– « Il ne faut pas raconter de mensonges aux employés : il faut dix ans pour gagner leur confiance et quelques minutes pour la perdre, peut-être à jamais. »

– « Je dis mes profits et ce que j'en fais. Les employés voient que cela (investissements, etc.) protège les emplois et tout n'en va que mieux. »

– « L'employé est un humain, on a les mêmes problèmes, exigences et aspirations. »

---

19. Aktouf et Chrétien (1987), Aktouf (1991).
20. Pour ces questions de productivité et de performance, voir Aktouf (1988b), en particulier les annexes, ainsi que Chayriguès et Aktouf (1994).
21. Entrevues réalisées à l'automne 1985 et réactualisées à l'automne 1990.

– « On partage le travail et les profits ; j'ai, et mes frères aussi, travaillé sur tous les postes, et même là où les ouvriers ne voulaient pas aller (parce que c'était très salissant ou pénible). Quand on parle, on n'en est que plus crédible aux yeux des employés[22]. »

– « Il faut que les travailleurs prennent des décisions, c'est ça l'intérêt à ce qu'on fait. »

– « Dès les débuts, quand j'étais content des profits, je le disais à tous et je partageais, je continue. »

– « Le "bon employé" est celui qui parle et qui parle franchement. »

– « Les ouvriers doivent tout savoir. Un ouvrier qui sait a moins de pourquoi dans la tête... C'est pour cela qu'on dit tout. »

– « Communiquer, c'est dire tout ce qui se passe, c'est être franc et direct. »

– « Ce qui fait la confiance, c'est qu'on leur dise tout. »

– « Ils m'appellent chez moi, mon numéro n'est pas confidentiel, ils me font savoir des choses, même le week-end. »

– « Il ne faut pas dire des choses et en faire d'autres. »

– « C'est les employés qui ont bâti l'entreprise... Ils travaillent tellement dur ! »

– « Les employés sont fiers de voir "leur" Cascades réussir. »

– « Il faut créer une camaraderie avec les employés [...] des souvenirs à partager avec eux [...] créer des liens d'amitié entre nous. »

– « Danser toute la nuit avec les ouvriers et leurs familles, et être tous au travail le matin, c'est mieux que les plus grands discours. »

– « Je suis un "partageux", j'aime partager, j'ai toujours été ainsi, je ne suis pas égoïste... »

– « Il y a le partage de profits, mais ça va avec tout le reste : c'est un tout, il ne suffit pas de partager juste le profit... »

Dans un souci de symétrie, donnons également la parole aux employés, à propos de leurs dirigeants[23] :

– « Ce sont des patrons à qui on peut parler. »

– « Avec eux, on est gâtés, choyés. »

– « Ce sont des gens bien compréhensifs. »

---

22. Rappelons que les frères propriétaires ont commencé à partir de rien, dans les années 1950, avec leur père, ex-ouvrier et syndicaliste, et ont été habitués à « travailler comme tout le monde » dès l'achat du tout premier « vieux moulin » de pâtes et papiers.

23. Propos extraits au hasard d'une quinzaine d'entrevues tirées parmi une centaine réalisées jusqu'ici, à l'usine de Kingsey Falls.

– « Le président (désigné par son prénom, Bernard) nous écoute, ça lui fait même plaisir. »

– « Ils sont toujours prêts à partager avec nous. »

– « Bernard n'a pas peur de parler avec un pauvre petit gars comme moi. »

– « Bernard est égal à moi. »

– « On peut demander, poser des questions : ils vont écouter et ils vont répondre. »

– « Ici, chez Cascades, tu ne reçois pas d'ordres ! »

– « Ils concertent les employés sur n'importe quelle décision ; c'est leur point fort. »

– « C'est des gens qui se comportent comme du monde ordinaire, pareil comme toi puis moi. »

– « Bernard dit bonjour à tous, il se souvient de toi et de ton nom... C'est un gars parlant, il aime ça te parler. »

– « Bernard, il peut me demander n'importe quoi, n'importe quand, je le ferai ! »

– « Ils ne vont jamais te demander quelque chose qu'ils ne feraient pas eux-mêmes. »

– « On s'aide tous, boss ou pas ! »

– « Ils ont beaucoup de plaisir à voir les gars heureux. »

– « C'est vraiment comme dans une famille ! »

– « Ce sont des gens à part, comme patrons : Bernard, je dirais, n'est peut-être pas un saint, mais il est bien proche ! »

– « Même si je vous dis des choses qui ne vont pas très bien, n'allez pas en profiter pour écrire du mal sur eux ou sur la compagnie. »

– « Ils aiment aider les employés. »

– « Ils veulent que les gens réagissent, qu'ils se sentent chez eux dans la compagnie ! »

– « La compagnie, c'est à nous tous ! »

– « C'est pour toi que tu travailles... »

Tous ces propos peuvent laisser songeur, tant ils sont peu répandus dans le monde du travail industriel d'aujourd'hui. Mais, ayant mené cette recherche sous forme d'observation participante et d'interviews en profondeur sur le site, je peux témoigner d'une très exacte correspondance entre ce qui est dit, ce qui est pratiqué et ce qui est vécu, au moins dans les usines du village natal de la compagnie à Kingsey Falls.

Cascades se présente comme un lieu où le droit et l'exercice de la parole consentis et souhaités par les dirigeants sont effectivement utilisés et même revendiqués par tous comme mode de fonctionnement indispensable. Sur le plan théorique, nous voyons là une parole qui joue son rôle de « communication » dans le sens de « mise en commun » : nous la voyons remplir sa « fonction phatique » : participer à l'entretien du « nous » sans qu'elle soit instrumentale ou utilitaire[24] ; nous la voyons permettre la mise en scène de l'instance « je » du travailleur qui s'adresse de son propre chef et de son propre désir à un supérieur, qui est un « tu » identifiable comme personne et en face à face, même s'il s'agit d'un patron-propriétaire[25]. Nous voyons aussi, et par conséquent, cette parole constituer chacun comme acteur, comme sujet « interpellant » l'ordre et l'autorité en place[26].

Ce sont là plusieurs différences fondamentales par rapport à la gestion classique qui font que la parole octroyée va effectivement être assumée. Mais l'élément le plus essentiel de cette prise de parole, de cet exercice de la parole, me semble être la convergence de toute une série de facteurs qui y sont favorables : un comportement d'ouverture de la part des dirigeants, les partages, la convivialité vécue, l'entreprise offerte en lieu d'appropriation. Comme le disait un des frères-propriétaires-dirigeants : « Ça va avec tout le reste : il ne suffit pas juste de faire participer ou de partager juste les profits, c'est un tout. » On peut dire, dans la même veine, après Marcel Mauss (1968), que l'entreprise est un « fait social total » et que, si l'on y veut l'initiative, la collaboration, le dialogue complice et la parole active, il faut que cette parole puisse, sur la base de faits quotidiens et tangibles, dire la proximité, la complicité et la convergence d'intérêts qu'il y a, alors, avantage à défendre ensemble. En d'autres termes, il ne suffit pas de souhaiter ni même d'octroyer ou d'ordonner le dialogue et l'expression. La prise de parole est un acte que les travailleurs n'assumeront que si le contexte en fait un acte qui devient leur propre désir[27]. Selon moi, la remarquable réussite du redressement de la productivité dans les entreprises en banqueroute rachetées par Cascades tient à un double rétablissement de la relation d'appropriation : par rapport au travail, à l'usine et ce qu'elle fait, et par rapport à la prise de parole.

Cet exemple nous montre comment la mise en pratique d'un mode managérial totalement hétérodoxe et en totale rupture avec le modèle managérial classique peut être porteuse de réels facteurs de dépassement des contradictions fondamentales inhérentes à la situation industrielle. On aura

---

24. Voir, pour cette notion, Malinowski (1923).
25. On sait, après les travaux de Benveniste (1973), comment cela est la condition constitutive du dialogue et de l'identité de la personne en tant que personne, et donc en tant qu'être humain sujet-acteur et non « ressource ».
26. On peut voir, dans les cérémonies collectives, des ouvriers interpeller les patrons-propriétaires et leur adresser des reproches que ceux-ci notent ou commentent sur-le-champ.
27. Après le « je » et le « tu » de Benveniste et l'acteur interpellant de Sainsaulieu, nous voici encore à la condition fondamentale : la reconnaissance et l'octroi au travailleur du statut de personne, de sujet à travers la possibilité d'exprimer ses désirs dans ses comportements, car, comme l'établit la psychopathologie du travail par exemple (Dejours 1980 et 1985), un acte qui tient sa source du désir propre de la personne est un des actes constitutifs de soi comme sujet.

compris que la politique de partages multiformes, et en particulier du profit, contribue grandement à résorber les effets néfastes de ce que nous avons appelé la « contradiction interne », tout en faisant en sorte que chacun se sente, à son niveau et à sa façon, « propriétaire » et personnellement partie prenante de l'entreprise et de ce qui s'y passe. Imagine-t-on ce que l'on y gagne en économies de surveillance, de contrôle, de règlements, de suspicion, et en surplus de satisfaction, de plaisir au travail et, donc, de productivité et de qualité ?

Pour ce qui est de la contradiction externe, la compagnie Cascades est connue pour sa disponibilité à toujours partager et expliquer à toute autre compagnie les « secrets » de sa réussite. La question de l'environnement est aussi un point de plus en plus présent chez ses dirigeants, qui se soucient aussi bien des aspects socio-communautaires (comme à Kingsey Falls, où ils sont engagés dans divers aspects de la vie municipale : la construction d'une école, d'un gymnase) qu'écologiques (comme l'idée de remplacer le procédé de blanchiment du papier à base de chlore par d'autres procédés plus coûteux mais moins dommageables pour le milieu naturel).

Ce que nous voyons chez les dirigeants de Cascades, c'est en somme un peu ce que font les Japonais, les Allemands ou les Suédois, mais à la façon Cascades. Comme dénominateurs communs, citons les partages, le souci de l'employé, l'appropriation, le dialogue, la gestion concertée, la sécurité d'emploi[28], l'autonomie et l'auto-organisation, la proximité et l'intimité dirigeants–employés, la simplicité et la quasi-absence de tout système de privilèges réservés, la transparence et l'information ouverte.

Cascades constitue donc, au fond, un « modèle » managérial très particulier et quasi unique, surtout en Amérique du Nord, et un « modèle » humain pour ainsi dire universel. Là où les détenteurs du pouvoir consentent à descendre de leur tour d'ivoire, à se rapprocher de l'employé et de son intelligence[29], à partager et à dialoguer sur un pied d'égalité, à se faire des partenaires et des agents d'une plus grande justice sociale, etc., il y a complicité, solidarité, collaboration, participation et, plus volontiers, partage des objectifs.

D'ailleurs, cela peut parfaitement s'expliquer sur le plan théorique : les Lemaire correspondent presque trait pour trait à ce que recouvre, sur le plan symbolique et mythologique, la notion de héros, par leur façon de transgresser les plus grands « tabous » du management classique, comme l'exclusivité de l'information, du profit, de la propriété, du statut, des

---

28. J'aimerais rappeler que Bernard Lemaire répète à qui veut l'entendre que Cascades évitera toujours comme la peste de mettre quiconque à la porte, « même en cas de pertes ».
29. Ce que Peters et Austin (1985) appellent le « MBWA » (*management by wandering around*) : gérer en se promenant parmi ses employés, et en réfléchissant et discutant avec eux en ce qui concerne ce qu'il y a à faire et la façon de mieux le faire. (Mais, bien sûr, dans un contexte de partage total, comme chez Cascades, et non, ce qui ne serait que pure manipulation, dans un contexte de droits et privilèges réservés, ce que Peters ne mentionne pas.)

privilèges[30], et ainsi de suite. Et, sous un autre angle, comme en font état des Perrow (1979) et des Weitzman (1986), tant que l'employé est en situation de simple salariat, il faudra toujours recourir à la surveillance, au contrôle, à la coercition, voire à certaines formes de violence, au moins symboliques, sinon physiques[31], pour obtenir un minimum de productivité.

Car le fait d'être simplement salarié, et traité comme tel, n'incite pas à agir autrement qu'en « ressource », en « loueur de force de travail » qui attend qu'on lui indique quoi faire pour le faire. Que les choses aillent mieux dans l'entreprise ou non, cela ne change rien pour lui. Il sait qu'on se débarrassera de lui dès les premiers signes de ralentissement des affaires, il aura donc constamment un œil et un pied en dehors de l'entreprise, prêt à sauter sur le premier emploi plus payant. Comment peut-on penser qu'il puisse en être autrement? Voudrait-on, pour reprendre une expression de Bernard Galambaud[32], que les employés soient des saints, tout pétris d'altruisme et d'esprit de sacrifice, prêts à la plus grande loyauté et aux plus gros efforts, quand ils savent que leur employeur peut les licencier – et il existe mille et une possibilités pour cela, syndiqués ou non – dès la moindre menace qui pèse sur les niveaux de profits?

On sait que les Suédois et les Allemands passent leur temps à rassurer leur main-d'œuvre sur son sort et que le Japon pratique, plus que quiconque, la sécurité d'emploi; et on vient de voir que Cascades s'efforce d'en faire autant. Est-il alors étonnant de voir ses employés si fidèles, si empressés, si attachés, si préoccupés par l'entreprise et son sort? L'économiste du Massachusetts Institute of Technology Martin Weitzman (1986) le déclare clairement: il faut, pour réellement sortir de la crise et remettre l'économie sur les rails d'un avenir plus serein, lier les rémunérations de tous (y compris les dirigeants) aux résultats de l'entreprise. C'est parce que le salaire de tous sera ainsi variable (lié aux profits) que l'emploi pourra être fixe. Mais il faut aussi, comme le font les Japonais, accepter des marges de profit plus réduites et des rentabilités différées plusieurs années durant. Est-on prêt à cela?

Les exemples japonais, sud-coréen, allemand, suédois et de Cascades montrent à quel point s'acharner, en particulier, à réduire les emplois et à transformer ce qu'il en reste en travail à temps partiel est, à terme, bien plus nocif que bénéfique. Car quel travailleur à temps partiel irait mobiliser son intelligence et ses énergies pour penser à la façon d'améliorer ce qu'il fait? S'il le peut, il fera encore bien moins qu'on ne lui en demande,

---

30. Dans toutes les mythologies, les héros sont « surnaturels », du fait qu'ils se rendent capables de transgresser des tabous, ce que les simples mortels ne peuvent pas faire. Voir Aktouf (1989c et 1991) pour l'analyse du cas Cascades en ce sens.
31. Whyte (1956), Marcuse (1968), Linhart (1978), Pagès *et al.* (1979), Chanlat (1984), Aktouf (1986a), Walraff (1986).
32. Lors d'une conférence à l'École des HEC, à Montréal, le 15 mars 1988. Voir aussi son livre (1988), ainsi que Kervern (1989).

sûrement pas plus! Kélada, Peters, Archier et Sérieyx et bien d'autres le répètent à l'envi: le succès du Japon repose sur la qualité. Et la qualité, c'est l'acceptation de profits différés et plus bas et la solidarité avec ses employés. La qualité, c'est surtout des employés qui n'ont d'autres soucis à leur travail que de penser à la façon de mieux faire, et cela parce que le sort de l'entreprise et le leur sont réellement liés, pas parce qu'on les manipule à l'aide de quelque mystérieux gadget managérial. « Le secret de notre réussite, s'évertue à dire et à redire Bernard Lemaire, c'est simple: la reconnaissance, la proximité et le partage envers nos employés! »

Il convient cependant, et nous n'insisterons jamais assez là-dessus, de bien comprendre qu'il n'est nullement question de philanthropie pieuse, de faveurs à accorder, de gestes de bonté ou de cadeaux aux employés; il est bel et bien question de la survie de l'entreprise! Survivre demain, c'est être capable de mobiliser au bénéfice de l'organisation toutes les intelligences, tous les cerveaux et toutes les énergies, tout en ménageant au maximum le milieu environnant. C'est être capable de faire en sorte que chacun y agisse comme pour lui-même et adopte une attitude d'amélioration constante, dans la sérénité et, si cela est possible, l'enthousiasme. Et cela, seul un climat d'appropriation, de sécurité d'emploi, de partage effectif du sort, en bien comme en mal, peut le procurer.

QUEL MANAGEMENT ET QUEL MANAGER POUR L'ENTREPRISE DE DEMAIN?

Le management: art? science? ensemble de techniques?

Avant d'aller plus en profondeur dans la question du management de demain, il convient de s'interroger quelque peu sur la fameuse querelle: le management est-il une science? est-il un art? est-il un ensemble de techniques?

J'ai traité ailleurs plus en détail de cette question (Aktouf 1984a). Il s'agit d'abord de se rappeler qu'il n'y a aucune tradition de gestion systématisée avant l'ingénieur français Henri Fayol, auteur du premier traité d'administration essayant de rassembler et d'énoncer les idées et principes des grands chefs d'industries. Fayol a aussi été le premier à parler de la « possibilité d'enseigner la gestion ». Cependant, il ne parle à peu près pas de « science », mais bien plus expressément de « doctrine ». Ce terme désigne « l'ensemble de notions qu'on affirme être vraies, destinées à fournir une interprétation des faits et à orienter et diriger l'action des hommes ». Que viendrait faire ici la science?

À tort, on l'a vu, on associe historiquement la science à la Révolution industrielle et, à tort toujours, on associe la science à la naissance de la gestion et à sa consolidation, surtout avec l'appellation abusive « organisation scientifique du travail ». La science n'a été sollicitée qu'à titre de pourvoyeuse de méthodes – notamment de calculs, de standardisations, de chronométrages, de relevés systématiques – pour produire plus et plus vite. Tout comme la « science » politique, la gestion emprunte aux différentes sciences ce qui la sert le mieux dans ses buts : augmenter rendements et profits. Il n'y a, bien sûr, rien que du légitime dans une telle démarche, mais ce qui l'est moins, c'est l'abus de langage vite atteint lorsqu'on confère au management le statut de « science » ou lorsqu'on lui attribue un caractère « scientifique ».

Un auteur précurseur en matière de définitions de la gestion (Jolly 1933) a lui, très justement, déjà déclaré qu'on avait tort « d'appeler science ce qui n'est que technique pour faire plus ».

Pour résoudre le problème, on a alors, dans les écoles, parlé de « science et art », de « logique et intuition », de « connaissances et habiletés », etc. Mais c'est plus une façon de fuir la question que de la résoudre. Une sorte de nouveau nominalisme (mettre des noms sur des phénomènes et croire ainsi les connaître ou les comprendre) semble avoir dominé la scène dans la définition de la nature du savoir managérial.

Comme dans toute activité humaine, il entre effectivement dans celle qui consiste à gérer des parts de connaissances scientifiques, des parts d'expérience, de techniques, de sens de l'esthétique, de sens de l'intuition, etc., mais c'est une tâche bien ardue que d'essayer de déterminer l'importance relative de chacun de ces différents éléments constitutifs.

La gestion est, sans conteste, une pratique, une action concrète continue, et le gestionnaire est une personne d'action, d'abord et avant tout, comme l'établit Mintzberg (1984). Est-ce à dire que n'existe plus la nécessité d'une science, mais uniquement d'« habiletés » ? Non ! car celui qui possède plus de « science » ou d'expérience réfléchie sera forcément plus « habile ». Nous y reviendrons. Mais on peut dire, en raccourci, et en guise de position préliminaire, que le gestionnaire serait quelqu'un qui se base (idéalement) sur un maximum de savoirs (scientifiques ou tirés de l'expérience réfléchie) pour mieux asseoir sa perception des situations et mieux fonder les intuitions qui le guideront vers un exercice le plus adapté possible de son activité. Donc, il s'agit plus d'une forme de sagesse que d'un ensemble de techniques. Cette sagesse consiste non seulement à planifier, organiser, diriger et contrôler, mais aussi à veiller à répondre aux mille sollicitations ponctuelles et difficultés de son organisation et de son milieu. En fait, à répondre aux exigences des rôles qu'il doit remplir quotidiennement vis-à-vis de ses collaborateurs, de ses employés, de ses fournisseurs, de ses clients, de la société, de la nature : représenter, informer, comprendre, synthétiser, communiquer, orienter, distribuer des ressources, etc.

La gestion comme problème de « climat »
et de qualité des relations

Déjà, plusieurs auteurs parmi les premiers en management, comme M.P. Follet (1942) ou C. Barnard (1950), insistaient sur le rôle qu'ils considéraient comme étant cardinal chez le gestionnaire : celui d'être capable de susciter l'adhésion, de favoriser la collaboration et la coopération. Très tôt s'est donc posée la question de savoir comment y arriver.

Dès les années 1930, souvenons-nous, des chercheurs et théoriciens comme Elton Mayo (1933, 1945) posaient le problème de ce qu'ils ont appelé le « facteur humain » et le « système social » dans l'entreprise comme centres de gravité de la gestion et des problèmes de productivité. Mais, malheureusement, dans un souci devenu obsessionnel de conquérir le statut de « science exacte », les chercheurs, ainsi que les méthodes d'analyse et les programmes de formation, ont dévié vers l'acquisition de techniques, d'outils et de principes basés presque exclusivement sur les calculs et les chiffres. La gestion est devenue une question de mesures, de statistiques, de standardisation, de possession de techniques toutes prétendues plus « scientifiques » les unes que les autres. Ce que Mintzberg lui-même dénonce aujourd'hui avec vigueur comme sources d'inefficacité et de comportements non éthiques dans les organisations actuelles (Mintzberg 1990).

Bien sûr, il n'y a rien de condamnable, bien au contraire, dans le souci de se forger des techniques et des outils ayant une prétention scientifique pour agir, mais cela devient inopérant et même dangereux, lorsque les outils ne sont pas adaptés à ce qui est traité ou porteurs de leur propre finalité, c'est-à-dire lorsqu'ils sont de plus en plus détachés de la réalité et de la nature de l'objet, avant tout social et humain, auquel ils s'appliquent (Kaplan 1964, Peters et Waterman 1983).

Il n'est alors pas surprenant de voir paraître, en 1988, plus de cinquante ans après les travaux de Elton Mayo, les mêmes appels au « retour à l'humain » repris par la presse à grand tirage : le journal *Le Monde* titrait, le 5 octobre 1988, « La redécouverte du capital humain » et, rappelons-le, *Le Monde diplomatique* consacrait (numéro de février 1988) tout un dossier à ce qu'il appelle « la faute gestionnaire » ou « quand l'économie oublie sa finalité humaine ». Et c'est dans la même veine qu'il faut comprendre l'arrivée d'un monumental réquisitoire contre l'économisme, le management et leur pseudo-« rationalité », comme *Les bâtards de Voltaire* de J.R. Saul (1993).

Les sciences dites exactes, ainsi que leurs émules, les sciences économiques, financières, etc., ont trop été considérées comme neutres et « objectivement fondées ». Elles ont donc acquis le statut de matières les plus importantes dans tout ce que le gestionnaire doit savoir, appliquer et maîtriser... Et ce, à un point tel que la partie sociale et humaine de la vie de l'entreprise a été considérée soit comme allant d'elle-même, soit comme étant réductible aux raisonnements comptables, soit comme «techniquement» gérable. Souvenons-nous que Herzberg (1980) finit par constater, en bout de carrière: «*We cannot manage people scientifically!*»

Les visions «mécaniste» (voir toutes les choses selon les principes newtoniens de la mécanique, de la machine, y compris l'organisation et l'humain) et «économiste» (considérer à peu près tout comme étant régi par une loi de la maximalisation des gains ou par une «nature humaine» rationnelle, calculant, dans tous actes, ses pertes et ses gains) ont considérablement nui et continuent de nuire à nos façons de gérer, et à la performance de nos entreprises.

À partir de ces constats et des exemples de plus en plus nombreux de réussites basées sur un climat relationnel et social conduisant à la coopération avec l'ensemble des employés, on voit que la gestion est de moins en moins affaire de savoirs spécialisés et de plus en plus affaire de principes et d'habiletés propres à favoriser une certaine qualité d'être ensemble et l'effort collectif.

Le travail du gestionnaire est désormais presque inconcevable en fonction exclusivement de calculs, de techniques, d'outils ou de recettes. C'est plus que jamais une pratique sociale, une capacité à faire vivre ensemble en harmonie et en coopération tous les acteurs au sein de l'entreprise. Les éléments techniques et économiques qui peuvent être gérés techniquement et scientifiquement sont secondaires – certes importants, mais secondaires – par rapport à cette habileté fondamentale du gestionnaire qui ne peut plus être celui, aujourd'hui bien dépassé, des années 1950: comptable en chef et père Fouettard général ou, pour reprendre l'expression de Hammer et Champy (1993), «dictateur bienveillant».

Le gestionnaire de demain sera celui qui sait comprendre avant d'agir, qui sait utiliser sa réflexion et son jugement, appuyés sur des connaissances et des expériences intériorisées, riches et variées, plutôt que sur des «instruments» tout faits. Et surtout, ce sera celui qui sait susciter l'intérêt et capitaliser sur les «ressources» les plus adaptatives, les plus innovatrices, les plus créatrices et les plus enrichissantes qui soient: les employés.

À propos des notions d'innovation et de créativité

Il est une mode qui, toujours plus haut et toujours plus fort, affirme, colporte et répète l'optimisme, la confiance dans les capacités de l'humain et, surtout, dans celles de la technologie et de la science... S'il n'est en effet pas très constructif de sombrer dans un pessimisme paralysant, il n'est pas non plus très avisé de se complaire dans une béate croyance en une sorte de magie des sciences, des techniques ou du «marché», investis du rôle de trouver une solution à nos problèmes, quels qu'ils soient. Est-il nécessaire de rappeler, par suite du constat des dégâts irréversibles et désormais incontrôlables causés à la nature, après les Hopkins, les Jacquard, les Meadows, les Saul, que cela est le rêve du technocrate qui veut rester aveugle à ce qui se passe autour de lui et à ce qui ne cadre pas avec ses objectifs d'accroissement indéfini de la puissance et des profits? Et que, déjà, les techniques et la science se retournent contre nous, parce que le sens de leur développement n'est souvent plus ni naturel, ni humain? Tout cela concerne à plus d'un titre le gestionnaire, qui ne peut plus ignorer les retombées autres que financières de ses activités.

Une des pièces maîtresses, brandie par certains milieux comme solution à presque tous les maux, est la robotisation. On veut oublier qu'elle coûte bien plus qu'on ne le pensait et qu'elle pose autant de problèmes qu'elle en résout[33]. En particulier, la robotisation adoptée en vue d'éliminer la main-d'œuvre directe (contrairement au Japon, par exemple, qui, rappelons-le, s'est robotisé dans un contexte de pénurie de main-d'œuvre qualifiée, et en collaboration avec les ouvriers) ne peut qu'exclure, en même temps que les personnes, les capacités d'usage intelligent des moyens de production et des robots eux-mêmes.

De plus en plus de spécialistes, d'observateurs et d'auteurs modernes en gestion clament que l'avenir ne peut être vu uniquement dans l'introduction des robots. Aussi ingénieux soient-ils, ces derniers ne remplaceront jamais les capacités du cerveau humain quant à la compréhension et à la réaction à des situations spécifiques et variables. La présence de l'être humain est tout à fait irremplaçable, dès qu'il s'agit de la moindre capacité d'adaptation ou de réaction à l'imprévu, ou d'imagination.

La clé du succès du Japon et de plusieurs «excellentes» entreprises américaines, d'après Kélada (1986) et Peters (1988), réside pour beaucoup dans une mentalité et des «valeurs» de qualité et d'innovation. Le premier nous apprend que ce n'est qu'après avoir obtenu un haut niveau de qualité, impliquant l'initiative et la contribution, en particulier, de l'ouvrier, que la direction de l'entreprise va se préoccuper de coûts, de volumes ou de point mort, contrairement à l'entreprise occidentale. Le second, lui, nous signale, par exemple, que Dana Corporation, compagnie américaine qui a connu un redressement spectaculaire, pratique une évaluation et un système de récompenses basés sur l'inventivité des employés.

Mais, en définitive, qu'est-ce qu'être inventif et créatif? Car, on s'en doute bien, la «qualité» ne va pas sans un esprit inventif et innovateur, constamment aux aguets, à tous les niveaux. Pour certains, ce peut être une sorte de don, comme un extraordinaire sixième sens. Mais cela est rarissime, et par exemple dans le monde des sciences, il s'en produit environ un cas tous les siècles: Einstein, Newton, Léonard de Vinci. Pour le commun des mortels, il faut chercher l'explication et la source de la créativité ailleurs.

---

33. Voir Brandt et Treece (1986), Harbour (1986), Deming (1987), Whiteside et Brandt (1985), Sprouse (1993), pour quelques indications sur les retombées, enjeux, coûts, etc., de la robotisation en Occident.

La biologie et la neurophysiologie peuvent nous donner une bonne partie de cette explication[34] : l'être humain est la seule créature dotée, au sein de son système nerveux central, d'un système dit «associatif». Ce système, grâce à des cellules nerveuses spécialisées dans les associations-combinaisons entre éléments «stockés» dans le cerveau, permet la pensée créatrice. Les combinaisons ainsi effectuées constituent une sorte de nouvelle information générée par le cerveau humain. Ce qui nous donne la capacité d'invention et de créativité.

Cependant, pour qu'un individu soit plus créatif qu'un autre, hormis les cas de dons exceptionnels, il n'y a qu'une condition possible : que le nombre d'éléments à combiner soit plus grand et que ces éléments soient plus riches et plus variés. Autrement dit, un système associatif ne peut «associer» que ce dont il dispose dans la tête (la mémoire) de chacun de nous. La créativité et l'intuition ne sont pas, comme hélas beaucoup de préjugés – et de vendeurs de séminaires – le laissent croire, une question de génération spontanée. Une tête plus ou moins vide de connaissances et d'expériences réfléchies n'associera et ne créera que peu de choses. Il n'y aura possibilité d'associations et d'imagination créatrice que s'il y a un minimum de variété et de richesse dans les éléments accumulés et mis à la disposition du système associatif pour qu'il remplisse son office. C'est-à-dire un certain degré de variété et de richesse dans les connaissances et dans les expériences acquises. Notre système-mémoire doit donc être constamment «alimenté» en connaissances pour pouvoir mener à la moindre capacité créatrice. Et ces connaissances doivent constituer une sorte de culture générale permanente. Plus on connaîtra de choses diverses (par l'étude, par la lecture ou par l'expérience réfléchie), plus on sera capable d'associations variées, originales et, donc, plus adaptées, plus créatrices.

Souvenons-nous que Fayol faisait, expressément, de la **culture générale** une des qualités centrales du gestionnaire. Rappelons-nous que Lussato et Messadié (1986) et Mintzberg (1976) ont respectivement montré comment l'éducation générale permanente était l'une des bases des forces des managers japonais et comment la réintégration des fonctions de l'hémisphère droit du cerveau (par la culture générale, les arts, les humanités, etc.) était une condition fondamentale pour une gestion plus adaptée et plus innovatrice. Nous avons vu aussi que Herzberg (1980) en appelait à une bonne éducation générale et à une formation aux humanités systématique dans la préparation des gestionnaires. Nous savons également que les employés suédois, allemands et japonais sont plus éduqués en moyenne que les Occidentaux, à poste égal, et qu'ils se cultivent, lisent et sont formés (par l'entreprise) beaucoup plus (par exemple, l'effort de formation des employés dans la firme allemande est sept fois supérieur à celui de la firme canadienne, et, pour ce qui est des heures de formation par employé, en

---

34. Laborit (1974, 1979 et 1985), McLean (1992).

moyenne, par an, le Japon et l'Allemagne dispensent, dans les entreprises, 140 heures, contre 2 heures en Amérique du Nord!). Il n'est donc pas très étonnant qu'ils soient plus à même de générer des idées et des solutions plus originales et plus variées. C'est, dirait-on, une question mathématique : plus sa formation sera générale, variée, continue, plus chacun aura de chances d'être créatif. Et plus il aura de possibilités de s'exprimer, de s'engager, de participer, d'être écouté, plus il aura de chances d'être aussi créatif au niveau de l'organisation tout entière, en «combinaison» avec les autres.

La loi de la combinatoire nous apprend que les capacités de combinaisons (d'associations) augmentent vertigineusement dès qu'on augmente un tant soit peu le nombre d'éléments à combiner[35]. C'est sans aucun doute la fonction que remplit notre mémoire, et c'est la base aussi, sans doute, des comportements plus créatifs et plus intelligents. Ces considérations nous amènent à nous interroger très sérieusement sur la fâcheuse attitude négative développée ces dernières décennies à l'égard de la mémorisation et du «par cœur[36]». Elles nous ramènent également à la fameuse notion de «bruit» : la richesse et la variété qui assurent et favorisent l'aléatoire et l'intuitif chez l'individu correspondent à la richesse et à la variété qu'introduisent des dizaines, des centaines ou des milliers d'individus qui peuvent **et veulent** s'exprimer à leur guise au sein d'une organisation.

C'est précisément l'apanage de l'être humain d'ajouter à la transmission biologique des capacités stockées génétiquement par l'espèce (l'hérédité) la transmission culturelle des connaissances et des expériences accumulées le long des siècles. C'est le rôle de l'éducation et de son auxiliaire indispensable, la mémoire, d'assurer la possibilité d'en profiter.

Le gestionnaire d'aujourd'hui et de demain, s'il veut gérer avec intelligence, être créatif, innovateur, imaginatif, comme on le répète sur tous les tons, ne peut plus continuer à ignorer les lois mêmes qui président à

---

35. Un des fondements de la combinatoire est basé sur la fonction factorielle «$f(n) = n!$» («$n!$» se lit «factorielle de n»). Si on s'amuse à faire des calculs, on peut s'apercevoir qu'en passant, par exemple, simplement de 5 éléments (5!) à 10 (10!), on arrive à un nombre de combinaisons plusieurs dizaines de milliers de fois supérieur! À titre d'illustration, 5! = 120, tandis que 10! = 3 628 800. Cela peut illustrer combien la variété et la quantité d'éléments à la base sont importantes dans la possibilité de génération de combinaisons nouvelles (combinaisons qui alimentent un système de «tirage» à vue – et non probabiliste – et qui n'ont nul besoin d'être convergentes pour être plus efficaces, pas plus qu'elles ne sont une menace à des «mouvements browniens», puisque l'ensemble en question – comité, cercle de qualité, etc. – se limite au traitement d'un thème ou d'un problème précis à la fois).

36. À titre d'exemple, le jeune Japonais qui se destine à une université cotée étudie dans deux écoles primaires à la fois (une supplémentaire que payent les parents) dès l'âge de huit ans, y compris le samedi, et subit, tous les dimanches matin, des examens basés presque exclusivement sur la mémorisation (Courdy 1979, Sautter 1987). Et le taux de suicide des jeunes, en ces années 1990, est bien plus élevé au Québec, aux États-Unis et en Angleterre qu'au Japon, contrairement à ce que bien des préjugés laissent croire! (Voir Courdy 1992, *L'État du monde* 1990 à 1994.)

l'intelligence, à la créativité et à l'innovation[37] : des connaissances rigoureuses, larges, fondamentales, variées. C'est-à-dire une solide culture générale, qui peut être, rappelons-le, scolaire ou construite sur l'expérience réfléchie, et l'association du plus grand nombre de « têtes » admises, elles aussi, à penser et à parler.

Et, il faut bien le comprendre, la culture générale n'exclut absolument pas la spécialisation ou la professionnalisation. C'est plutôt même, à la base, la spécialité ou l'expertise professionnelle, mais solidement appuyée sur une mise de sens générale et sur une mise en perspective, qui donne un relief et une signification plus complète aux décisions et aux actes de gestion, ainsi qu'aux savoirs qui sont mis à contribution par la gestion.

Plus que jamais, et plus que tout autre, le gestionnaire est dans l'obligation de connaître, de penser, de soupeser et d'évaluer les multiples facettes et conséquences de ses actes, ainsi que les nécessaires interdépendances qui régissent le fonctionnement de toutes choses dans l'univers. Il ne peut plus, en particulier, ignorer les lois des systèmes et traiter la complexité à l'aide de méthodes et de solutions triviales[38]. Cette complexité fonde la formule qu'on doit à René Dumont, spécialiste des questions alimentaires mondiales, et qu'on entend de plus en plus : « penser globalement et agir localement ». Car, en effet, toute action, aussi localisée soit-elle, a des répercussions sur de multiples éléments interdépendants. Un résultat d'absence de réflexion globale, c'est, par exemple, la mort des baleines blanches du golfe du Saint-Laurent (et tôt ou tard, l'atteinte de l'homme qui est au bout de la chaîne alimentaire, laquelle commence ou passe nécessairement par l'eau), à cause des multiples effets conjugués d'actes de gestion isolés ou locaux. Que ce soit la gestion de fermes, d'usines, de municipalités ou de bases militaires.

Voyons à présent ce que ces changements nécessaires impliquent sur le plan du travail du manager et sur celui de l'élaboration des activités d'administration.

LA PRATIQUE ET LES SAVOIRS EN GESTION : QUELLES « HABILETÉS » ET QUELS PROGRAMMES DANS LES ÉCOLES ?

Avant de voir plus directement ce que l'on peut indiquer en matière de renouvellement didactique du management, il serait certainement utile d'opérer un bref retour sur les raisons principales qui font que ce que nous avons appelé crise managériale met tant de temps à se résorber. Cette « crise » existe et perdure, essentiellement, conformément à ce que nous en avons vu, parce que les managers et les écoles de gestion ont :

---

37. Il s'entend bien que je parle ici de créativité et d'innovation au sens très large : depuis le produit jusqu'aux services, en passant par la qualité, ou les idées de nouveaux créneaux à explorer, ou de « stratégie » à adopter.
38. Bertalanffy (1973), Rosnay (1975), Atlan (1972 et 1985), Morgan (1989).

- ignoré la dimension historique qui montre en quoi le passé porte et nourrit le présent et l'avenir ;

- ignoré par conséquent ce que nous avons vu comme étant un obstacle majeur à la cohérence et à l'harmonie dans l'entreprise : la contradiction interne[39] ;

- ignoré l'apport des sciences fondamentales, à tout le moins y ont eu recours de façon partiale et partielle ;

- ignoré les facteurs alimentant ce que nous avons identifié comme la contradiction externe : l'impossibilité physique et les dangers considérables (dégradation accélérée de l'énergie disponible et de la nature, entre autres) de la croissance maximale ou indéfinie ;

- servi trop longtemps, même à l'encontre des sciences et du bon sens, les désirs des milieux d'affaires et des industriels ;

- choisi leurs théoriciens et leurs prévisionnistes selon le sens de ces désirs (en ne tenant aucun compte, par exemple, des divers rapports du Club de Rome) ;

- ignoré, au profit de la logique technico-comptable, les dimensions humaines et sociales profondes, dans l'entreprise et à l'extérieur de l'entreprise ;

- donné trop facilement et trop systématiquement une voix prépondérante à ceux que Toffler appelle les « cumulatistes » : ceux qui prétendent révolutionner les choses sans faire de révolution.

Comme cela a été le cas à propos du Japon, on s'est ingénié à se trouver toutes sortes de faux-fuyants pour se rassurer et conserver le *statu quo*. Le journal *Les Affaires* du 6 mai 1989 parle d'un « nouveau management » qui peut paraître « complètement flyé » (fou), en citant les thèmes traités par les cabinets de consultants animant la « semaine du cadre d'entreprise du mois de mai 1989 » :

- éliminer les organigrammes ;

- faire sauter les titres ;

- remplacer l'autorité par la crédibilité ;

- prêcher par l'exemple et non par les ordres ;

- ne plus se croire au-dessus des lois parce qu'on est patron ;

- informer ses employés de tout ce qu'on fait ;

- accorder ses actes avec ses paroles et en rendre compte ;

---

39. Signe d'un début de reconnaissance de cela, le journal *Les Affaires* (6 mai 1989) consacre un dossier au thème de « La semaine du cadre d'entreprise » du Centre des dirigeants d'entreprise de Montréal (8-12 mai 1989) : la **cohérence**. Les éléments cités comme matière à débat pour « les gestionnaires qui seront encore en poste en l'an 2000 » touchent directement au noyau de la contradiction interne.

–   abandonner les credos et les slogans bidon ;

–   faire participer les employés non seulement aux bénéfices, mais aussi aux décisions ;

–   lier l'amélioration de la production à l'amélioration des conditions de travail ;

–   admettre la nécessité de court-circuiter la hiérarchie si on veut être « participatif » ;

–   cesser de recruter des cadres pour leur seule expertise technique ;

–   ne plus chercher uniquement des subalternes qui pensent comme soi ;

–   donner aux subalternes et aux employés le « goût » de travailler pour soi ;

–   ne plus réunir les hauts dirigeants en Floride ou changer sa voiture, quand on dit aux employés qu'on est en récession.

Tout cela rappelle bien des choses dont nous avons déjà traité, et en particulier ce que nous avons vu à propos de la compagnie Cascades. Il est inutile de préciser que je souscris pleinement à une telle plate-forme fixant les « habiletés » du manager de l'an 2000. Mais on voit bien que c'est là tout un défi et tout un programme ! On revient, quatre-vingts ans après, à l'exhortation de Frederick Taylor : changer les mentalités ! Ou, plus précisément, **changer, d'abord, la mentalité des dirigeants**. Car, on l'a vu avec Cascades, les changements chez les employés en sont tributaires et n'en sont, souvent, que la conséquence.

Le management renouvelé dans l'entreprise

Synthétiser en quelques paragraphes tout ce que nous avons vu et discuté à propos des voies de renouvellement du management, et en faire une sorte de « capsule » indicative de ce qui devrait se passer sur le terrain de la gestion, dans le quotidien du gestionnaire, est loin d'être chose facile. Néanmoins, en partant des expérimentations et des différentes façons d'administrer qui semblent çà et là donner de bons résultats, et en puisant chez les observateurs, les chercheurs et les praticiens les plus autorisés ou les plus écoutés, on peut dresser un tableau des principaux éléments qui ne devraient plus ou qui, au contraire, devraient de plus en plus figurer dans la tâche du manager.

Henry Mintzberg montre la voie qui semble la plus évocatrice, bien qu'indirectement, de ce qui sera la base des « habiletés » requises. Que dit-il, en effet, lorsqu'il révèle que le travail du gestionnaire est extrêmement varié, fragmenté, à la fois spécifique et multivalent, et s'exerce sur des situations totalement non structurées, non reproductibles, multidimensionnelles[40], sinon qu'il y a là complexité, et donc nécessité de développer des capacités *ad hoc*? On peut résumer l'essentiel de ces capacités en une seule : la capacité de « lire » des situations, d'effectuer des synthèses, des combinaisons, des associations, afin de comprendre ce qui se passe et d'enclencher un processus de réactions adaptées, intelligentes (Morgan 1989). C'est ce que signifie remplir simultanément la dizaine de rôles informationnels, décisionnels et interpersonnels que recense Mintzberg.

Et plus les choses vont vite, plus la planète devient un village global, plus la situation se complexifie. Or, nous l'avons vu, l'« habileté » qui permettrait d'y faire face le plus adéquatement est celle qui touche aux aptitudes à générer des combinaisons originales, aussi bien pour comprendre que pour agir et, surtout, pour **comprendre avant d'agir**. On ne peut y parvenir sans l'aide d'une culture générale basée sur des savoirs pluridisciplinaires et fondamentaux, ce que préconise aussi un gestionnaire de grand prestige comme Lee Iaccoca (1985). Le dossier du journal *Les Affaires* dont nous parlions plus haut n'en dit pas moins lorsqu'il affirme : « L'entreprise doit apprendre à se développer selon plusieurs logiques et non plus une seule. » Ou lorsqu'il constate que les cadres ne sont malheureusement pas « embauchés pour leurs qualités de gestionnaires mais pour leur expertise technique »… Alors même qu'on a toujours pris la gestion pour un ensemble de techniques (le constant et omniprésent *how to*), et les diplômés en gestion pour des experts-techniciens, détenteurs d'outils plus « scientifiques » les uns que les autres.

Il est clair aujourd'hui, après tout ce que nous avons vu, que si le gestionnaire doit viser une compétence cardinale, ce serait celle d'être capable de **générer un climat et des conditions tels qu'ils suscitent adhésion et mobilisation**, auprès de tous. C'est ce que visent les promoteurs et les adeptes de la récente mode de la culture organisationnelle.

Les ruptures

Le but des adeptes de la culture d'entreprise et de la « qualité totale » est très louable, mais pour l'atteindre on ne peut faire l'économie de changements profonds dans les rapports de travail, ni d'un nécessaire ancrage dans des conditions matérielles porteuses de « preuves » de solidarité et de communion d'intérêts. La plupart de ces changements profonds, si on tente une synthèse des plus récentes contributions, consisteraient en une sorte de double mouvement simultané de ruptures et d'ouvertures. Commençons par les ruptures. Celles-ci consisteraient à se résoudre à abandonner :

– la quasi-exclusivité accordée au modèle rationnel, dominant le management traditionnel et charriant la croyance magique en une rationalité

---

40. C'est là la matière de son livre *Le manager au quotidien*.

presque absolue qui guide, rend prévisibles et fonde les comportements et les circonstances[41] ;

– l'usage systématique d'instruments basés sur le calcul, l'analyse chiffrée, qui mène à tout transformer en variables mesurables ;

– la croyance, grâce à ces instruments, en la possibilité de prédictions, de prévisions, d'actions sur les circonstances, qui seraient presque infaillibles (puisqu'elles seraient « scientifiques ») ;

– la croyance, comme corollaire, en sa propre omnipotence et omniscience, en tant que manager ;

– la croyance, symétrique, que les employés et ouvriers sont limités, incapables de gérer leur travail, incapables de décisions ou d'initiatives sensées ;

– la conviction qu'il faut maintenir le plus de distance possible vis-à-vis des employés pour mieux les contrôler et les « tenir en main » ;

– la conviction qu'il faut tout planifier et s'assurer, par la surveillance et le contrôle les plus étroits, que les plans se réalisent ;

– la conviction que deux grandes spécialités doivent diviser l'entreprise en deux catégories de personnes : celles qui pensent et conçoivent d'un côté, et celles qui obéissent et exécutent de l'autre ;

– la croyance qu'il est « normal » de ne pas partager les informations, les profits, les décisions avec ses employés, que cela ne les regarde pas ;

– la croyance qu'il est tout aussi « normal » de se réserver des privilèges exclusifs : luxe des bureaux, salaires, primes et dividendes hors de proportion[42] ;

– la conviction que seuls les dirigeants possèdent les connaissances et les capacités pour savoir et décider ce qui est à faire, ce qu'il faudrait faire, comment le faire ;

– la croyance que tout système de participation, de concertation, de codécision équivaut à des risques de pertes de temps, d'infinies discussions, de bavardages stériles ;

– la croyance parallèle que l'on peut, avec succès, se contenter d'une pseudo-participation, faire semblant d'associer les employés à la détermination d'objectifs ou aux décisions ;

---

41. Peters et Waterman (1983), Peters (1988), Chanlat (1984), Chanlat et Dufour (1985), Villette (1988), Lussato et Messadié (1986), Toffler (1986), Mintzberg (1989 et 1990), Morgan (1989), Saul (1993).

42. Rappelons que, régulièrement, la presse nord-américaine fait état des plus gros salaires payés à des dirigeants d'entreprise : entre 50 et 80 millions de dollars US ! Et qu'en 1983-1984 les hauts dirigeants de GM s'octroyaient à eux-mêmes des primes avoisinant le million de dollars, tandis qu'ils mettaient à pied les ouvriers par usines entières... pour raison de « crise ».

–   la conviction, plus ou moins consciente, que l'employé est une personne crédule, naïve, toujours consentante et incapable de se rendre compte du caractère manipulateur de la plupart des façons dont on le gère ou dont on cherche à le motiver[43] ;

–   la croyance que, quel que soit le travail à effectuer, il suffit de jouer sur les dispositions psychologiques de l'individu (les perceptions, les valeurs, les symboles) pour en faire une activité stimulante et intéressante ;

–   la croyance que la poursuite du maximum (profits, rendements, efforts) est non seulement « légitime », mais « naturelle » et n'a pas de conséquences sur les personnes et l'environnement ;

–   la conviction que le profit à court terme est la meilleure mesure de l'efficacité (calculer les profits par trimestre) ;

–   la croyance que l'ordre, la discipline et le contrôle exercés par les dirigeants (qu'on confond volontiers avec l'organisation et l'efficacité) sont les plus sûrs moyens d'être rentables.

C'est, on s'en rend bien compte, à peu près l'ensemble de la tradition managériale occidentale la plus ancrée dans les mentalités qu'il faut remettre en question.

Les ouvertures

Quant aux ouvertures vers lesquelles le gestionnaire aura à se tourner de plus en plus, elles représentent, bien évidemment, pour la plupart d'entre elles, simplement le contraire des éléments de rupture que nous venons de voir. Il faudra ainsi s'ouvrir davantage à :

–   une gestion de bon sens et de « logiques diverses » dont il faut être capable de réaliser la synthèse ;

–   une gestion qui mobilise et associe un maximum de personnes dans l'entreprise ;

–   une gestion de proximité, de solidarité, de plus grande équité (y compris matérielle) avec tous les employés ;

–   une gestion de « partages » et de mises en commun de l'information, de la réflexion, des décisions, des privilèges, des gratifications, des profits ;

–   une attitude de rejet des dogmes : ordre, discipline, obéissance, prévision, contrôle, poursuite du maximum à court terme et à tout prix ;

---

43. Voir une analyse très fouillée de cette question dans Sievers (1986a et 1986b).

–   une attitude de sensibilité aux savoirs plus fondamentaux et moins instrumentaux : comprendre avant d'agir, agir localement tout en étant capable de réfléchir globalement ;

–   une attitude de sensibilité envers la qualité de la vie et le bien-être des personnes, ainsi qu'envers la qualité de l'environnement ;

–   une attitude de plus grande humilité, de prudence et de recours à toutes les intelligences disponibles, y compris et en particulier celles des employés de base, pour mieux faire face à la complexité ;

–   une reconnaissance sans équivoque de l'existence des contradictions interne et externe, et une volonté de traiter les problèmes qu'elles posent pour ce qu'ils sont : une divergence fondamentale des intérêts et les méfaits d'une maximalisation à outrance ;

–   une recherche de réintégration du sens au travail industriel, de dépassement de l'aliénation ;

–   une recherche d'autonomie relative pour chacun dans l'entreprise et non pas seulement pour les cadres et dirigeants ;

–   une poursuite de la polyvalence des employés et d'un réel enrichissement de leurs tâches : donner vie aux notions de « bruit » et d'« auto-organisation » ;

–   enfin, une gestion basée sur la confiance et le dialogue, même si elle implique que les dirigeants descendent de leur tour d'ivoire pour discuter sur un pied d'égalité avec leurs employés (une des raisons, selon Kélada [1986], de la qualité et de l'efficacité de la façon de produire des Japonais).

Mais tout cela pourrait demeurer stérile et totalement inopérant, si l'on ne réalise d'abord une condition fondamentale, celle que l'exemple de Cascades illustre sans équivoque : donner le plus possible de ce qui constitue l'entreprise en appropriation aux employés. Par la transparence, l'équité, la proximité et les partages, par le lien effectif entre le sort de l'organisation et le sort de tous ses membres[44]. Mais encore faut-il que la façon dont sont formés les futurs gestionnaires soit en conformité avec tout cela...

Le management renouvelé dans les écoles de gestion

Le prototype de la formation au management, le MBA (*master of business administration*), est, on l'a vu, depuis plusieurs années déjà, objet de très sévères critiques et remises en question[45]. Les reproches qui sont faits à ces

---

44. Et je ne répéterai jamais assez qu'**il s'agit de la survie de l'entreprise** et non de sensiblerie, de cadeaux ou de faveurs aux employés.

45. Friedrich (1981), Delvin (1986), Peters et Waterman (1983), Villette (1988), Deming (1987), Herzberg (1980), Sayles (1970), Mintzberg (1989 et 1990), Etzioni (1989), Saul (1993).

hauts diplômés en management rejoignent, dans une écrasante majorité, l'essentiel de ce que nous avons débattu ou avancé jusqu'ici. En résumé, on avance que les titulaires de MBA :

– manquent d'une perspective générale ;

– ont des connaissances trop techniques et étroites ;

– manquent de sensibilité humaine ;

– analysent et calculent à l'excès ;

– manquent de réelles capacités de réflexion (analyser et calculer n'est ni penser ni réfléchir) ;

– sont inutilement hyperactifs ;

– sont souvent imbus de leur supériorité ;

– sont trop enclins à croire qu'ils savent tout ;

– sont maladroits, sinon nuisibles, dans leurs façons de communiquer et de conduire leurs relations interpersonnelles ;

– manquent du sens de l'histoire ;

– témoignent d'une grande insensibilité aux valeurs sociales et humaines ;

– sont trop préoccupés du court terme et de leur seule carrière.

Peters et Waterman (1983) effectuent une attaque en règle, durant tout un chapitre, à l'encontre de la façon dont sont éduqués et formés les détenteurs de ce prestigieux diplôme. Ils citent à ce propos un professeur de l'université de Chicago, Edward Wrapp, auteur réputé, qui aurait déclaré : « Nous avons créé un monstre […] les écoles de gestion ont, plus que toute autre chose, assuré le succès de l'invasion japonaise et ouest-allemande sur le marché américain (p. 55). »

Cette affirmation remonte au début des années 1980. C'est dire qu'il devient urgent, au seuil des années 2000, de s'interroger sérieusement sur ce qui s'enseigne dans les écoles de gestion. Remarquons toutefois qu'il ne s'agit pas de rejeter ou de nier tous les réels progrès qui ont été permis et accomplis grâce à la formation dispensée par ces écoles, mais d'en faire un bilan lucide et sans complaisance.

Il s'agit néanmoins de comprendre qu'aucune solution ni façon de faire ne peuvent être éternellement reconductibles, ni simplement réaménagées en surface, quand tout change en profondeur. Ainsi, la plupart des outils mis au point en management trouveront toujours à être utiles et efficaces. Mais à condition qu'ils s'adaptent à leur temps et qu'ils servent un état d'esprit différent (plus participatif, moins maximaliste, plus orienté vers la qualité des environnements, du faire et de l'être), et qu'ils ne remplacent pas les savoirs plus larges ou la réflexion. Ces outils sont faits, répétons-le, pour qu'on s'en serve et non pour être servis.

Alain Chanlat (1984), dans un chapitre consacré à la « remise en cause de la formation en gestion », s'interroge :

> La formation en gestion prédispose-t-elle ceux qui l'ont reçue à trouver des solutions aux genres de problèmes et de difficultés que rencontrent les entreprises ? Les prépare-t-elle à comprendre ce monde complexe et à agir de façon plus éclairée (p. 225) ?

L'une des premières réponses qu'il apporte, rejoignant en cela Perrow (1979) et Séguin (1988), est que le contenu des formations en gestion est bien plus idéologique que « scientifique », contrairement à ce qu'on prétend. Ne serait-ce que par un usage abusif et extensible du vocable « sciences », qui est accolé à nombre de matières qui n'ont en fait aucun fondement scientifique.

Chanlat dénonce aussi vigoureusement l'« anti-intellectualisme » qu'affichent en général les écoles de gestion à travers les méthodes pédagogiques privilégiées et utilisées abusivement (cas, exercices). Ce qui d'ailleurs, selon lui, et en accord avec Argyris (1980), rencontre la complicité active des étudiants qui, en majorité (surtout les candidats au MBA venant du monde des affaires), « demandent un enseignement fait de "recettes toutes faites", plutôt que d'outils de réflexion » (p. 227).

Plus que jamais, l'école de management devrait remplir son rôle d'institution universitaire. C'est-à-dire être avant tout un forum intellectuel, un lieu de réflexion pour mieux donner un sens à l'action, et un lieu de débat autant sur ce qui va que sur ce qui ne va pas[46].

Dans son introduction à *La rupture entre l'entreprise et les hommes*[47], Alain Chanlat attirait l'attention, en 1985, sur le fait que les disciplines de la gestion étaient « enfermées » dans une « perspective technique et limitée » et n'aidaient pas ni ne préparaient les gestionnaires « à comprendre ce qui se passe ». En 1989 et en 1990, Henry Mintzberg[48] nous arrive avec le même constat. « J'ai vu, dit-il, l'enseignement de ces écoles devenir plus analytique au lieu du contraire. » Et, s'inquiétant de ce que les professeurs de finance, de comportement et de stratégie se déguisent de plus en plus en enseignants de « modèles mathématiques inappropriés » ou en « mangeurs de chiffres », il en appelle à... « une modification radicale du corps enseignant et des programmes » ! Et il précise que ces changements doivent intervenir même dans les écoles de gestion les plus renommées (*Business Week* du 15 juillet

---

46. Par exemple, les iniquités sociales, les dégâts du maximalisme, les dégradations multiples du milieu, les dégâts des rapports Nord-Sud actuels, les vices du modèle économique dominant (modèle dénoncé aujourd'hui, rappelons-le, non seulement par le Club de Rome, mais aussi aux États-Unis par plusieurs groupes de personnalités prestigieuses – dont des prix Nobel – du management et des sciences économiques, tels que H. Simon, A. Solow, A. Chandler et A. Etzioni), les raisons profondes de la démotivation et de la stagnation de la productivité...
47. Chanlat et Dufour (1985), p. 19.
48. « Formons des managers, non des MBA ! » (1989) et « La gestion n'est pas qu'une question de chiffres » (1990).

1993 se demande même s'il ne convient pas de fermer des écoles comme Harvard !).

Les jugements et les mots que Mintzberg prononce contre les écoles de gestion et leurs programmes actuels sont très durs. Il n'hésite pas à parler de superficialité, de fuite en avant ou dans l'abstrait (y compris dans les choix les plus populaires parmi les options du MBA : finance, stratégie, marketing, système d'information) pour éviter la complexité tourbillonnante de la réalité concrète. Le rôle négatif joué par ce qu'il appelle l'« **exploitation** » **de la méthode des cas** lui semble aussi dangereux que le **refuge dans les abstractions** mathématiques et les calculs : on se croit trop vite « expert » et capable, à la lecture de quelques pages, de décider sur des choses dont la complexité et les conséquences sont très au-dessus de tout ce qu'on a pu lire ou débattre en classe[49].

Bien que je ne partage pas tout ce que cet article préconise et indique comme voies de sortie, je ne peux que me joindre à Mintzberg lorsqu'il réclame une expérience un peu plus sérieuse du terrain (ateliers de production, relations avec la clientèle, contacts avec les employés, connaissance concrète des organisations) avant qu'on ne s'engage dans des études de techniques abstraites[50]. Mintzberg fustige, à ce propos, ceux qui se lancent sur « la voie express » de la gestion, MBA en poche, sans avoir jamais « retroussé les manches » ou « vu un client » ou un atelier de production, autrement que dans des séries statistiques ou sous forme de « variables » désincarnées dans une étude de cas. On ne peut manquer de faire ici un rapprochement avec le mode de gestion et la philosophie des dirigeants de Cascades qui affirment ne jamais demander à un employé de faire quelque chose qu'ils ne sauraient faire eux-mêmes[51].

Par ailleurs, Mintzberg réclame des écoles de gestion « plus d'ouverture sur le monde tel qu'il est et non tel qu'il devrait être » (ce qui est la thèse centrale défendue par Saul [1993]), ainsi qu'un enseignement qui fasse « connaître aux managers le fonctionnement de l'univers dans lequel ils évoluent ». Il demande aussi, comme en écho à A. Chanlat et à G. Morgan, la revalorisation du rôle des savoirs théoriques et de l'importance de connaître différentes théories, afin de développer « les aptitudes à la formalisation et à la conceptualisation ». Et de pouvoir « confronter » ces théories

---

49. J'écrivais à peu près la même chose à propos de la méthode des cas en 1984 (Aktouf 1984b).
50. Mintzberg souhaite aussi, ce qui est fort logique, que les enseignants aient le même genre d'expérience. (Est-il nécessaire de gloser ici sur l'avantage que tirent les entreprises allemandes du fait qu'un de leurs P.-D.G. sur trois ou quatre a commencé comme ouvrier dans son entreprise ?)
51. Bernard Lemaire, président du groupe Cascades, est bien connu pour son habitude de « se retrousser les manches » et de travailler directement sur les machines lorsqu'il est en tournée dans ses usines pour en comprendre les problèmes. Précisons encore une fois que les Lemaire ont tous travaillé des années dans les plus bas postes de production.

avec ses propres « théories implicites »... C'est, là aussi, une façon d'exhorter à moins d'« anti-intellectualisme ».

Mais, autre signe des temps, l'ensemble de son plaidoyer n'est pas sans rappeler la façon dont sont formés les gestionnaires au Japon et en Allemagne[52] : un solide bagage de connaissances générales, théoriques et conceptuelles donné par l'université, puis une formation (toujours accompagnée d'une mise à jour des connaissances générales) à la gestion, à la profession, dans l'entreprise. Aucune entreprise allemande ni japonaise ne s'attend à ce que ses cadres lui arrivent, fût-ce de la plus prestigieuse école de gestion, tout formés et tout prêts à fonctionner[53].

Dans une récente tournée de conférences, le professeur Ohtsu, de l'université Nanzan de Nagoya[54], confirmait comment la tradition de la formation au Japon était proche du système allemand et comment l'entreprise forme elle-même ses agents après qu'ils ont reçu un enseignement théorique et « appris à penser par eux-mêmes » à l'université. Et cela, même si les pratiques plus récentes tendent à un rapprochement avec le mode américain par l'apparition de filières plus spécialisées en gestion.

Voilà donc bien des réflexions, des reproches et des pistes qui devraient guider les enseignements en gestion vers un renouvellement adapté et cohérent. Reprenons tout cela et extrayons une synthèse de ce que l'école de gestion devrait viser :

– Intégrer l'expérience concrète comme base aussi importante, sinon principale, de la formation, avec ou après des connaissances générales solides[55].

– Intégrer l'enseignement de savoirs plus larges et plus rigoureux que les seuls « techniques » et outils de spécialistes.

– Redonner leur place à l'effort intellectuel et à la culture générale, bases, on l'a vu, de la créativité et de l'innovation.

– Intégrer la nécessité de systèmes participatifs, de transparence, de collaboration à deux sens et s'assurer que les étudiants en comprennent les raisons profondes.

– Enseigner les raisons et les avantages d'une gestion basée sur la confiance, la générosité et les partages.

– Réduire l'importance et la séduction facile des enseignements spécialisés et technicisés, au profit de savoirs plus propices à mieux connaître le fonctionnement de l'univers.

---

52. Voir, entre autres, Courdy (1979), Sautter (1987), Breitmeier (1987), Ohtsu (1989).
53. Il faut savoir en plus que le système de formation japonais est traditionnellement inspiré du modèle allemand.
54. École des HEC de Montréal, semaine du 1er mai 1989.
55. Ce qui fera de la « ressource » humaine un investissement et changera probablement l'attitude traditionnelle des entreprises.

- Remplacer les idéologies par les sciences, par les fondements scientifiques actuellement acceptés comme les moins inexacts, même s'ils contredisent (comme la biologie ou la physique) beaucoup de pratiques et de souhaits managériaux traditionnels.

- Réduire l'exploitation abusive[56] de la méthode des cas, au profit d'outils de réflexion et de compréhension plus « intellectuels » mais aussi plus propices au développement des « habiletés » cardinales du gestionnaire de demain : rigueur, mise de sens, jugement, intelligence globale des choses.

- Réduire les aspects « boîte à outils » et « recettes toutes faites » dans les cours de gestion (que la tradition a eu tendance à développer par la recherche systématique du *how to*).

- Mettre ce *how to* en perspective par l'exploration de réponses à un plus grand nombre de « pourquoi » et de « pour qui ».

- Réduire les enseignements à caractère manipulateur (manipuler les croyances, les perceptions, les comportements) au profit de l'acquisition d'habiletés de démonstration, d'argumentation, de persuasion, pour convaincre et mobiliser, plutôt que pour duper ou faire obéir. Ce qui améliorera aussi les capacités d'expression orales et écrites.

- Réduire l'envahissement de ce que j'appelle la « mathématisation de la pensée » qui fait que les enseignements donnés dans les écoles de gestion se battent pour être plus quantitatifs les uns que les autres, pour paraître plus « scientifiques ».

- Intégrer le souci de l'éthique dans les actes de gestion, le souci des conséquences directes et indirectes des activités de l'entreprise sur les personnes, sur la société, sur la nature.

- Enseigner, enfin, pourquoi et comment une gestion basée sur les partages et l'ouverture est propice à une plus grande collaboration, à une plus grande synergie et donc à une plus grande efficacité.

Ce ne sont là que certaines pistes indicatives générales, mais sans doute, le chemin obligé, déjà urgent, de la refonte des idées dominantes en management. Car, si l'on s'y arrête un instant, n'est-il pas significatif que les indications « oubliées » de Taylor (collaborer, diviser les bénéfices, payer mieux, avoir le souci de ses ouvriers), de Fayol (gérer par l'exemple, gérer avec bonté, avec cœur, avoir du bon sens et de la culture, dialoguer directement) et de Mayo (écouter les employés, les consulter, se soucier des problèmes qu'ils vivent « de leur point de vue », laisser s'exprimer l'informel, donner un minimum d'auto-organisation) soient appliquées, à peu près à la lettre, chez Cascades, Semco ou Johnsonville, ainsi que dans les systèmes suédois, allemand, sud-coréen et japonais ?

---

56. Dans le sens de ce qu'en disent, entre autres, Argyris (1980), Peters et Waterman (1983), Mintzberg (1989).

LES IDÉES IMPORTANTES

SUR L'ENTREPRISE

Il existe peu d'exemples d'entreprises en Amérique du Nord qui ont su remplacer le mode de fonctionnement centralisé par une façon de faire reposant sur l'auto-organisation des parties. L'entreprise Cascades matérialise certaines solutions de rechange discutées. Son fonctionnement ne repose pas sur une rupture entre les dimensions sociale et économique ; il s'apparente plutôt à un système de responsabilités partagées. La « culture » de l'entreprise est construite sur des relations de partage, de respect et elle amène une productivité élevée.

✗ Questions

1. Est-il possible d'envisager cette forme de changement à court terme dans les entreprises ayant un fonctionnement traditionnel ? Pourquoi ?

2. Quelle conception de l'employé sous-tend ce mode d'organisation ?

3. De quelle façon le fonctionnement de l'entreprise Cascades suscite-t-il un fort esprit d'équipe ?

SUR LA DIRECTION

Contrairement au modèle traditionnel d'organisation construit sur la logique du contrôle du travail, la logique de l'autocontrôle doit reposer sur un leadership caractérisé par le partage, le droit à l'erreur et la confiance. La culture ou le climat des relations entre dirigeants et travailleurs peut alors donner un sens aux activités organisationnelles, devenir le ciment normatif de l'entreprise. Cette façon de faire permet et encourage les processus de coopération, d'innovation et de créativité dans un contexte de satisfaction plus générale.

✗ Questions

1. Que devient le rôle primordial du dirigeant dans un contexte de ce genre ?

2. Quelle est la condition fondamentale d'un management renouvelé sur le plan de l'entreprise ?

3. Quelle approche faudrait-il favoriser quant à la formation des futurs dirigeants ?

CHAPITRE 15

Concepts et pratiques
d'un management renouvelé

En guise de chapitre de clôture, je propose une brève incursion dans ce que pourrait être, et parfois est déjà, la pratique d'un management qu'on pourrait qualifier de « renouvelé » ou « en voie de renouvellement », autrement que sur un plan strictement « rituel », au sens où nous l'avons vu précédemment.

Si nous voulons tirer des leçons utiles de la mise au point que nous avons effectuée tout au long de ce livre, il convient de nous interroger, sur au moins quatre dimensions fondamentales, quant au présent et à l'avenir de l'entreprise et du management. Ces quatre dimensions, qui seront traitées sous l'angle de la compréhension globale plus que sous celui des « recettes », comme le veut l'esprit général du livre, constituent la matière de prédilection des auteurs contemporains dans ce domaine :

– le management et le changement « radical » ;

– le management par l'excellence et la qualité totale ;

– la gestion par projets et le management « transversal », « en réseaux », etc. ;

– le « facteur humain » et son traitement comme source ultime de productivité.

***

A. LE CHANGEMENT : EN SURFACE
OU EN PROFONDEUR ?

Jamais, en ce qui concerne le management actuel, la célèbre exhortation de Machiavel n'aura été d'une telle pertinence : « Si tu veux éviter la révolution, fais-la ! » Mais, hélas ! même chez ceux qui la reprennent à leur compte et qui n'hésitent pas, comme on l'a vu à plusieurs reprises, à utiliser le terme « révolution », il y a une tendance tenace à en galvauder le sens et à l'appliquer à des démarches qui relèvent bien plus de combats d'arrière-garde que d'attitudes réellement imprégnées d'une volonté de ruptures et de reconstructions.

De ma propre expérience du terrain et du large constat d'échecs répétés que l'on peut observer dans les incessants « plans de rationalisation » et de compressions de personnel qui jalonnent le début des années 1990, je suis arrivé à déduire que, en fait de « révolution », ce que l'on cherche réellement à « révolutionner », ce sont les modalités de maintien du *statu quo* !

Autrement dit, ce qui est fondamentalement recherché, c'est les moyens de conserver, tels quels, le système et ses pivots : les taux de profits et leur usage, les taux de rendement du capital, les niveaux de revenus des dirigeants, les privilèges et les « droits » de ces derniers, des propriétaires, des actionnaires, des *holdings*, et ainsi de suite. Changer réellement et, encore plus, « radicalement », c'est tout sauf faire la révolution des moyens de laisser intacts l'ordre établi et sa répartition traditionnelle du pouvoir et des richesses.

En somme, il apparaît aujourd'hui inévitable d'effectuer au moins quatre renversements majeurs dans les manières traditionnelles de concevoir et de traiter les affaires : dans le rapport entre l'actionnaire et le client et entre l'actionnaire et l'employé, dans celui entre la légalité des transactions et la satisfaction réciproque retirée des transactions, enfin, dans la relation entre les outils de management et les types de problèmes à traiter (ne plus confondre complexité avec difficultés techniques) que nous analyserons sous l'angle du rapport entre ces mêmes outils de gestion et les aspects tangibles ou intangibles de la vie organisationnelle.

L'INVERSION DU RAPPORT ENTRE L'ACTIONNAIRE ET LE CLIENT ET ENTRE L'ACTIONNAIRE ET L'EMPLOYÉ

Il est une très vieille « coutume » dans l'univers des affaires qui consiste à tenter de satisfaire au maximum le propriétaire ou l'actionnaire. Une phrase du célèbre économiste de l'école de Chicago, Milton Friedman (1962), a fait passer à la postérité managériale l'idée qu'il serait « subversif » de chercher, quand on est chef d'entreprise, « autre chose que la rétribution maximale des actionnaires ». Bien entendu, cela implique – encore et toujours – la poursuite du profit maximal à court terme. Mais, il convient forcément de l'admettre, cela ne peut se faire qu'au détriment d'autres agents économiques qui, eux, supportent les conséquences du maximalisme visé dans la rétribution des détenteurs du capital. Ces agents sont, très directement, le client et l'employé. Le premier doit accepter d'en avoir moins pour son argent (en qualité, en durabilité) et le second, d'en avoir moins pour son travail (ce dont témoignent les dramatiques compressions auxquelles on assiste et qui font que ceux qui restent doivent en faire de plus en plus pour le même salaire).

Un actionnaire satisfait au maximum et à court terme finira immanquablement par entraîner l'insatisfaction du client et de l'employé, ce qui conduit à un inexorable cercle vicieux : compressions, baisse de la demande, nouvelles compressions, stress et surmenage, hausse des coûts sociaux, baisse du revenu global, baisse de la consommation, etc. Alors que, si l'on fait passer le client et l'employé – autrement que par de simples paroles – avant l'actionnaire, c'est plutôt un cercle vertueux que l'on observera : un employé rassuré, satisfait et plus serein fera mieux son travail, avec plus de plaisir, moins d'erreurs et de gaspillages, donc moins de coûts et une plus grande qualité pour le client. À la fin, l'actionnaire trouvera sa satisfaction dans les gains qui sont **le résultat de la satisfaction préalable de l'employé et du client.** En bref, à long terme, satisfaire le propriétaire ou l'actionnaire, c'est d'abord satisfaire le client et le travailleur ; l'inverse (satisfaire le client et le travailleur après l'actionnaire) est non seulement bien plus incertain, mais fondamentalement contradictoire (*a fortiori* quand on vise une « rétribution maximale » des actions)[1]. Par ailleurs, on sait comment cette « logique » conduit, par le comportement auquel les banques occidentales sont incitées, à l'écrasante majorité des faillites enregistrées chaque année[2]. C'est là, pour conclure, une des retombées les plus pernicieuses de ce que nous avons noté, au début du livre avec Charles Babbage (1963), comme l'un des grands vices à la base du système managérial du XXe siècle : avoir **confondu la rentabilité financière du travail avec la productivité du travail.** Cela nous amène au deuxième « renversement » de perspective : faire passer la satisfaction réciproque des acteurs dans la transaction avant la « légalité » des transactions comme préalable à la réalisation du premier renversement.

L'INVERSION DU RAPPORT ENTRE LA LÉGALITÉ DES TRANSACTIONS ET LA SATISFACTION RÉCIPROQUE

Dans un ouvrage très fouillé sur la question, Iribarne (1992) montre comment deux logiques différentes sont en œuvre dans ce qui caractérise les relations du travail aux États-Unis, d'une part, et en France, d'autre part. Il parle de « logique du contrat » pour les uns et de « logique de l'honneur » pour les autres. Il n'est pas dans mes intentions d'aller plus avant dans l'étude de ce qu'impliquent les conclusions de cette recherche ; je me contenterai de montrer qu'il est plus d'une « logique » à l'œuvre dans les relations constituées autour du travail industriel et d'en tirer quelques conséquences importantes pour ce qui est de la nature fondamentale des « transactions » en management et de leurs retombées.

---

1. On a déjà vu comment, en Allemagne par exemple, les actions ne sont rétribuées que pour le maintien de la valeur de l'entreprise à un niveau raisonnable, et surtout pas « au maximum ».
2. Se référer, par contraste, au rapport entre les banques et les entreprises au Japon, en Corée du Sud et en Scandinavie.

Qui dit « logique du contrat » dit, bien sûr, « logique du droit », du « conforme au droit », « légalité », sinon légalisme. Or, nous savons que c'est aux États-Unis qu'ont été élaborés la doctrine managériale moderne ainsi que tous ses dérivés théoriques et prescriptifs. On peut donc, sans grand risque d'erreur, avancer qu'à peu près toute transaction qui a lieu à l'occasion d'une activité managériale, quelle qu'elle soit, se fera d'abord sur un mode tel qu'il garantit le respect de la légalité. Tout, ou presque, peut ainsi être objet de contrat où les parties contractantes doivent se conformer à un objectif qui prédomine : le respect des clauses du contrat. On sait jusqu'où ce genre d'attitude peut mener, par exemple jusqu'à la « grève du zèle », illustration courante du comportement excessif qu'on peut rattacher à ce légalisme.

Il n'est pas question, ici, de mener une discussion de philosophie du droit comparé, mais de tenter d'aller au fond de ce qui, dans les « transactions managériales » courantes, fait obstacle à un véritable esprit de collaboration dans un climat de confiance sereine. (Il est, je crois, inutile de revenir, à ce stade, sur les raisons qui font que « collaboration » et « confiance sereine » sont les pivots incontournables de la productivité accrue, de l'amélioration constante de la qualité.)

Le fait est que l'on peut être parfaitement respectueux de la légalité d'une transaction tout en ayant des acteurs, dans cette transaction, qui soient parfaitement insatisfaits ! Or, ce qui fait la qualité, la longévité ou l'intérêt de toute transaction, c'est le degré de satisfaction des agents qui sont en interaction. Force est de constater que rien n'existe, dans tout caractère officiel de toute transaction conduite sous l'égide du management occidental traditionnel, qui soit destiné à prendre en considération les niveaux de satisfaction des différentes parties. (D'où, par exemple, le fait bien connu qui consiste à « lire entre les lignes », à « déchiffrer » les clauses écrites en caractères minuscules, à « décoder » les clauses d'exclusion dans tout contrat, en particulier de garantie d'un produit ou d'un service.)

La pérennité et la réussite de l'entreprise d'aujourd'hui, on ne le sait désormais que trop, sont directement fonction de la fidélisation de ses employés et de ses clients. Or, cette fidélisation ne peut se faire ni à coups de symboles, de valeurs et de credos abstraits, ni à coups de publicité lénifiante qu'on ressasse[3]. Elle n'est possible que si l'employé et le client ont des raisons concrètes d'être fidèles. Autrement dit, si préalablement à tout ils ont, **de leur point de vue**, effectivement **vécu des expériences, si possible jamais démenties, gratifiantes et satisfaisantes.**

---

3. Comme cette invraisemblable campagne publicitaire menée par GM à l'hiver 1993-1994, qui vantait les qualités du modèle Saturn tout en insistant lourdement sur le fait que, pour la première fois, chez le « concessionnaire Saturn », le client s'est « senti respecté » ! Cela en dit long sur l'estime dans laquelle on tenait jusque-là ce client...

Dès lors, les vieilles notions considérant qu'une transaction est « bonne » si elle maximise ses propres gains sont un obstacle majeur à toute fidélisation, puisqu'il s'agit là d'un jeu dont la somme est nulle, ou « gagnant-perdant ». « Faire une bonne affaire » ne peut plus, dorénavant, être synonyme de « spolier » le partenaire de transaction : « tirer plus » du travail en le payant moins (individuellement ou collectivement), ou « tirer plus » du consommateur en lui en donnant moins pour son argent. Ce qui a été et reste, convenons-en, la base implicite de l'esprit dans lequel on forme les futurs gestionnaires, habitués à traiter l'employé comme un coût-*input* et le client comme une occasion de faire un surplus (à maximiser !) lors de la vente d'un produit ou d'un service.

C'est, plus que jamais, dans un esprit de jeu dont la somme n'est pas nulle qu'il faut mener nos interactions d'affaires, c'est-à-dire de jeu « gagnant-gagnant ».

Mais cela ne peut rester sur le seul plan de la profession de foi ou de l'affirmation de principes, comme c'est bien souvent le cas. Toute relation du type employeur–employé ou vendeur–client ne devrait plus se concevoir autrement qu'en fonction de la recherche d'une **satisfaction réciproque permanente**. Et cela implique que tout se négocie, que tout se discute, jusqu'à ce qu'il y ait entente. Le rapport de forces n'est plus de mise lorsqu'il s'agit d'emporter l'adhésion, de créer un sentiment de satisfaction et de confiance chez l'autre. Comme le dit si bien Khalil Gibran dans *Le prophète*, « les lois ne sont que l'ombre des puissants »... Demandons-nous très sérieusement si, bien souvent, la « légalité » d'une transaction et l'« intérêt » des puissants (les employeurs, les oligopoles) ne se recoupent pas : jusqu'à quel point un employé ou un consommateur peut-il « négocier » les termes de « contrats » systématiquement préparés d'avance et interchangeables ? Cela n'empêche pas de continuer à parler, par exemple, de ce qui n'est aujourd'hui qu'une belle fiction juridique aux États-Unis, de *goodwill* dans les relations contractuelles. Il est cependant bien plus compliqué qu'il n'y paraît à première vue de faire passer au second plan le souci de la légalité des transactions au profit de la satisfaction des agents, de quelque côté qu'ils se trouvent. Cela requiert un minimum de transparence, de franchise, de renoncement à tout un « héritage » traditionnel de « secrets », de « droits » ou de privilèges rattachés au statut de ceux qui disposent du pouvoir. Chacun – l'employeur, l'employé, le client, le fournisseur, le sous-traitant, l'actionnaire – doit désormais trouver son compte. Il est plus que temps de réaliser que nul ne peut indéfiniment et impunément maximiser ses gains si cela se traduit par la minimisation d'autres gains. Ce qui finira tôt ou tard par se retourner contre ceux qui croient maximiser des gains (par l'inflation, le chômage, l'appauvrissement, la pollution ou la récession).

Ce n'est pas le lieu, ici, de détailler cet aspect du deuxième renversement, mais disons avec force que, plus que jamais, le management et les managers ont à se soucier d'équité, de transparence et de redistribution (rappelons que c'est là l'un des « secrets » des modèles de management jusque-là plus performants que sont les modèles allemand, scandinave ou nippon ou les modèles des entreprises Cascades et Semco). Ce secret trouve sa source en grande partie dans les éléments du troisième renversement que nous abordons à présent et qui a pour dénominateur commun l'articulation autour du caractère éminemment complexe de toute activité touchant à la transformation, aux ensembles humains et aux échanges.

L'INVERSION DU RAPPORT ENTRE LE TRAITEMENT DU TANGIBLE ET CELUI DE L'INTANGIBLE

Ce que je propose de désigner ici par « tangible » d'un côté et « intangible » de l'autre, c'est l'ensemble de ce qui, dans une organisation, en constitue les aspects concrets, matériels ou palpables par rapport aux aspects plus immatériels, plus abstraits ou moins palpables.

Le lecteur aura, je pense, d'emblée compris qu'il s'agit d'une autre façon de traiter d'un phénomène que tous les auteurs contemporains en la matière avancent comme caractéristique essentielle des temps modernes : la **complexité**. Parler de l'intangible, c'est parler du complexe. Cependant, ce que je désire développer dans le présent propos, c'est simplement et à peu près uniquement le fait qu'en management nous avons acquis la coutume d'élaborer, d'enseigner et d'utiliser des instruments et des « outils de gestion » visant presque exclusivement à rendre compte des aspects matériels et concrets de la vie organisationnelle. C'est bien évidemment le cas de l'écrasante majorité des matières abordées dans les écoles de gestion, depuis la comptabilité jusqu'à la micro-économie, en passant par la recherche opérationnelle et les systèmes d'information. Mais c'est aussi, hélas ! le cas même des domaines touchant plus directement les aspects humains et sociaux, tels que la « gestion des ressources humaines » ou le « marketing », où l'on s'efforce de « réifier » l'être humain pour en faire un objet de « sciences » (comme dans les « sciences du comportement organisationnel ») avec tous les caractères de répétitivité, de prévisibilité, d'objectivité ou de mesure que cela suppose.

À transformer ainsi en « objet gérable à l'aide d'instruments du tangible » ce qui est par essence intangible, on a cru qu'on pourrait contourner les immenses difficultés que comportent la compréhension et, encore plus, la « gestion » des comportements humains, depuis la « motivation au travail » jusqu'au « comportement du consommateur ».

Pour reprendre une belle formule de Sérieyx (1989), on a fait comme si on pouvait « gérer » le complexe avec les outils mêmes qui servent à gérer le « compliqué ». En effet, les finances, la comptabilité, les stocks, les transports, la production, l'affectation des ressources, les machines, etc., représentent des domaines qu'il peut être extraordinairement compliqué de traiter. Mais avec des spécialistes et de bonnes techniques, on peut venir à bout de leurs difficultés (notamment par l'analyse minutieuse, par le calcul, par l'ordinateur). Cependant, passer du compliqué au complexe, ou du tangible à l'intangible (la motivation, l'adhésion, la qualité, l'intérêt, le plaisir au travail, la loyauté, la synergie, la créativité) ne consiste pas à changer de « degré » ou de « niveau » dans le traitement de phénomènes de nature semblable ; cela consiste plutôt à **changer de nature de phénomènes traités**. Le complexe-intangible ne peut (à l'inverse du compliqué-tangible) se prêter à l'analyse, à la dissection, aux calculs sophistiqués. Il s'agit du je-ne-sais-quoi impalpable qui fait que la vie dans une organisation est plus belle que dans une autre, plus conviviale, moins frustrante, moins stressante, plus créatrice, etc. Ce je-ne-sais-quoi peut s'appréhender, se comprendre et se partager, à défaut d'être calculé ou mesuré : c'est le climat dans lequel règnent la sérénité, le sentiment d'équité, la confiance, le désir-plaisir de faire ce que l'on fait ensemble. C'est ce qu'on s'est efforcé de créer de toutes pièces avec la mode de la « culture d'entreprise ». On en sait à présent les échecs cuisants, et il convient, il est même vital, de ne plus se tromper de priorité, sinon d'urgence ; **les aspects humains et intangibles de la gestion des organisations sont, et de très loin, bien plus déterminants, quant aux facteurs de succès actuels, que les aspects matériels et tangibles.**

Ces derniers restent, bien sûr, tout à fait importants, mais **ils sont le nécessaire non suffisant**. La performance, le non-gaspillage et la qualité permanente exigent des contextes où chacun, de quelque rang qu'il soit, sera soigneusement maintenu dans un **état de sérénité et de non-frustration**. C'est le seul et unique état propice à l'éclosion du désir de toujours bien faire et de **bien faire ensemble**. Nous y reviendrons, mais insistons sur ceci : il n'y a aucun « outil » de management pour « mobiliser » cet intangible dans le sens de la productivité et de la qualité. Tout outil, quel qu'il soit, est subordonné à une alchimie complexe qui relève de la **qualité d'être ensemble** dans une organisation. Cela ne se gère pas, ni ne se décrète, ni ne s'impose. C'est en ce sens qu'on ne répétera jamais assez que le manager d'aujourd'hui et de demain est non pas le « machiniste en chef » de la « mécanique-organisation », le « gardien des comptes et des règles » ou le « maître unilatéral de la vision et de la stratégie », mais le subtil et fin « catalyseur » d'ambiance et de façons de se traiter les uns les autres dans l'entreprise. C'est là la tâche primordiale dans l'organisation à la veille du XXIe siècle. Pour tout le reste, il existe des spécialistes, des super-techniciens, des super-machinistes capables de résoudre les problèmes les plus compliqués. Ce qui importe le plus, c'est le climat, l'état d'esprit, les expériences passées, les contextes humain, subjectif et affectif dans lesquels ces problèmes sont traités, plutôt que le traitement des problèmes en soi, aussi ardus soient-ils.

Avant de passer à quelques remarques et réflexions à propos de certaines conséquences fondamentales de la récente et tenace vogue dite de « valorisation du capital humain », j'aimerais soumettre au lecteur mes commentaires quant à certains préjugés, non moins tenaces, à propos du changement dans les organisations.

Tout d'abord, il est extrêmement courant de parler de « résistance au changement », et non moins courant de situer cette « résistance » plutôt à l'échelon des dirigés, des employés, des syndicats, etc. Or, il suffit d'une réflexion un tant soit peu impartiale pour se rendre compte que le premier pas dans tout changement doit être fait par ceux qui le proclament. Si cela veut dire quelque chose, c'est bel et bien qu'il appartient aux dirigeants à montrer, les premiers, en quoi leur volonté de changement se manifeste dans le quotidien et dans leurs propres situations, activités, prérogatives et responsabilités. Les dirigés et les syndicats ne se comportent qu'**en réaction**, le plus souvent, à ce que disent et font (ou ne font pas) les dirigeants. Il est donc fallacieux de situer la « résistance » au changement *a priori* chez ceux qui ont le moins à perdre : les employés. Bien au contraire – et des auteurs comme Morgan[4] ou des patrons-exemples comme Semler[5] sont là pour en faire la preuve –, les résistances les plus farouches se trouvent (souvent inconsciemment) davantage aux plus hauts niveaux des organisations qu'aux plus bas. C'est le règne, en général, du « Changeons ! Allez-y ! » où ceux qui préconisent les changements sont prêts à voir tout changer, sauf eux-mêmes et ce qui les touche directement. C'est là sans aucun doute le frein le plus réel au changement.

Il est, ensuite, tout aussi courant de constater que le changement est considéré comme une espèce de péripétie occasionnelle, à laquelle doivent faire face les chefs qui, dans leur grand savoir, doivent « prévoir », « édicter », « expliquer », « planifier » et « faire appliquer » les modifications nécessaires pour devancer et non subir le changement. C'est là une vision « démiurgique » tenace du rôle des dirigeants. Le changement n'est pas plus objet d'une planification que d'une stratégie conçues pour être implantées, à travers des programmes et des objectifs imposés. Comment, en effet, ce qui change peut-il être planifié ? On ne peut planifier que le prévisible et, à la limite, les modalités et politiques pour intégrer le changement comme élément de fonctionnement accompagnant l'ensemble des activités de l'organisation. C'est donc autant, sinon plus, **de la base que du sommet que doit émerger, par flux continus, le changement** (ce que nous avons appelé dans des chapitres précédents le « bruit » et le « captage-traitement des signaux faibles » locaux). Les « lieux » de changement sont, ni plus ni moins, la totalité de l'organisation et de ses composantes comme « système ». Quoi de plus absurde que d'observer systématiquement qu'on fait (dit, enseigne et écrit) comme si le seul et éternel lieu de changement était la base, ses habitudes, ses valeurs, sa motivation, ses croyances, ses façons de faire, son degré de mobilisation ? La plus grande source de résistance viendrait plutôt des conséquences de ce genre d'attitude : la base est constamment traitée en objet, dotée d'un rôle toujours passif, soumise (invo-

---

4.   Morgan (1989), notamment le chapitre « En explorant la caverne de Platon ».
5.   Semler (1993).

lontairement) au mépris et à la culpabilisation, et on veut, néanmoins, qu'elle soit une complice zélée! Ce dont on la culpabilise aussi de ne pas être... « Se changer d'abord soi-même » ne doit plus être réservé aux rangs « inférieurs », ni constituer un slogan vide. **Les employés ont au moins autant de changements à exiger de leurs dirigeants que l'inverse**. La survie de toute organisation commande désormais de ne plus échapper à cette situation.

Il est, enfin, un constat aisé à faire, dès l'instant où l'on s'intéresse à ce qui se passe sur le terrain dans tout processus de changement : tant que les indications de changement ne seront ni comprises, ni acceptées par la base, il n'y aura que des luttes, de l'inertie, des boucs émissaires et des pertes d'énergie. Personne ne résiste au changement pour le plaisir de le faire, et, contrairement à ce que beaucoup affirment, il n'est pas plus naturel d'avoir peur du changement qu'il ne l'est de l'imposer. Ce qui fait peur, c'est l'incompréhension, c'est le manque de sens, de finalité claire, de transparence, de confiance. Toute direction qui désire le changement ne peut qu'être elle-même aux premières lignes et rendre autant de comptes à la base que celle-ci lui en demande[6].

★★★

B. DU MANAGEMENT DE L'EXCELLENCE À LA « QUALITÉ TOTALE » : FAÇONS D'ÊTRE ENSEMBLE OU OUTILS DE GESTION ?

Nous voici, avec la vogue du « management de l'excellence » et de la « qualité totale », ramenés encore une fois à des principes dont la toute première expression est, et peu de gens le savent, nord-américaine. En effet, si l'on exclut une phrase célèbre de Colbert exhortant, déjà au XVIIe siècle, les producteurs français à fabriquer des produits « de qualité », afin de mieux asseoir la réputation des marchandises de France, on trouve peut-être la plus ancienne exhortation de ce genre chez... Frederick Taylor! C'est de nouveau dans sa déposition devant la Commission du Congrès américain qu'il affirme, prémonitoire, que les industriels américains doivent se soucier autant sinon plus de la « qualité » de ce qu'ils produisent et du « bonheur » de leurs employés que de la rentabilité financière.

C'est ensuite un certain Walter H. Deming qui reprendra le flambeau vers le milieu des années 1940[7]. Son célèbre programme de « contrôle

---

6. C'est ce que j'appellerais, après Perrow (1979), Semler (1993) et Saul (1993), la « confiscation » industrielle (en particulier) et organisationnelle (en général) de la démocratie : la base est en effet, dans les sociétés occidentales industrialisées, censée avoir son mot à dire à peu près sur tout et partout, sauf dans l'entreprise où les droits et pouvoirs des dirigeants sont presque aussi absolus que ceux des rois d'anciens régimes (Berle 1957).

7. Voir Scherkenbach (1988).

statistique de la qualité » n'a alors intéressé personne aux États-Unis, et c'est, comme on le sait, au Japon qu'il a trouvé preneur.

On peut donc constater que les industriels et les managers américains redécouvrent, après qu'elles ont fait leurs preuves ailleurs, des idées dont eux-mêmes ne voulaient pas – bien qu'ils en fussent les précurseurs – en raison simplement de la poursuite de la rentabilité financière maximale et à court terme. C'est dans le sillage de la popularité grandissante de la notion de « culture d'entreprise » que le « management de l'excellence » et la « qualité totale » ont envahi aujourd'hui les théories et les prescriptions managériales les plus en vogue. Cependant, on le sait, on n'arrête pas de dresser les constats d'échec et de faire l'autopsie de valeureux – et souvent très coûteux – programmes d'excellence et de gestion par la qualité totale[8]. C'est aux raisons profondes de cet échec et aux voies de sortie encore possibles que je voudrais consacrer l'essentiel de la présente réflexion.

Nous avons déjà vu que la venue de l'entreprise industrielle a été marquée, dès sa naissance au XVIIIe siècle, par une « contradiction interne » ancestrale qui ne cesse de miner les relations au sein des organisations et autour de la question de la production-répartition des richesses. On a, en fait, commodément éludé ce problème en associant *de facto* les droits et le pouvoir à la propriété ou à ses représentants. Et on a, depuis lors, confondu la santé d'une économie, le progrès d'une nation, le bien-être matériel, la satisfaction des besoins d'une population avec l'enrichissement et la satis-faction des désirs des propriétaires et des dirigeants d'entreprises (d'où une formule telle que « ce qui est bon pour General Motors est bon pour les États-Unis »). Cependant, **une telle façon d'escamoter l'incontournable opposition entre capital et travail ne peut perdurer que dans un contexte de croissance indéfinie ou quasi indéfinie**. C'est ce qui s'est produit durant ce qu'il est convenu d'appeler aujourd'hui « les trente glorieuses » : les décen-nies de l'après-guerre immédiat, avec le plan Marshall, l'expansion des multinationales.

Malgré plus d'un demi-siècle d'affirmations contraires dans la littérature managériale, il n'y a jamais eu de « convergence » d'intérêts et d'objectifs entre employés et employeurs dans l'ensemble de l'Occident (sauf, sans doute, dans l'ex-RFA et en Scandinavie, pour les motifs que l'on sait). Et cela pour la simple raison, répétons-le, que le capital fructifiant grâce aux profits – lesquels sont d'autant plus élevés que les coûts sont bas –, le salaire, et donc le salarié, se trouve à être l'ennemi du capital puisque, comme coût, il est l'ennemi du profit !

Par ailleurs, **la croissance indéfinie étant inconcevable**, il faudra bien, à un moment ou à un autre, se résigner à poser la question du bien-fondé

---

8.   Voir, entre autres, Aubert et de Gaulejac (1992), Linhart (1991), Sprouse (1992), Crozier et Sérieyx (1994).

du mode de répartition de richesses devenues de plus en plus difficiles à « produire », dans une économie mondiale que près de deux siècles de course en avant ont essoufflée.

Il m'apparaît que c'est là que les managements « par l'excellence » et certaines applications tronquées de la « qualité totale » ont cru pouvoir, par une sorte de fuite dans les symboles et dans les mots, résoudre le cœur de cette contradiction qui a, certes, son volet « symbolique » – dont nous allons parler –, mais qui est avant tout d'ordre concret, matériel, vécu.

Une des conséquences majeures de cette contradiction s'exprime à travers l'exercice du pouvoir dans les organisations. Rattaché à la propriété et à ses représentants, le pouvoir s'exerce sur un mode, bien sûr, unilatéral de même que, surtout, sur un mode qui ne peut être, dès lors, qu'autoritariste et conflictuel. D'où les éternels affrontements, luttes (dites « de classes » ou non), relations tendues entre les syndicats (dits « revendicateurs ») et le patronat, dont on ne cesse, un peu partout, de constater les méfaits, autant sur le climat humain et social dans les entreprises et autour d'elles que sur la qualité des produits et services, leurs coûts, la satisfaction de consommateurs qui se tournent de plus en plus vers les produits venus du Sud-Est asiatique. Cette situation, en plus de créer constamment des frictions – donc d'incessantes pertes d'énergie – est marquée par des relations de subordination et de mépris vis-à-vis d'une main-d'œuvre que l'on voudrait soudain complice et enthousiaste parce qu'on lui parle d'excellence, de héros et de qualité[9]. Il faut, une bonne fois, admettre que les rapports de travail sont et restent, dans le management traditionnel, des rapports de forces, où les uns imposent (*a fortiori* dans un contexte de récession et de « panique » généralisée) et les autres subissent, ces derniers étant de plus, en proie à la tenaillante angoisse de se voir « coupés » par la grâce de « rationalisations » qui se succèdent, multiples et implacables. Le « système », comme le disait Schumpeter, est devenu le pire ennemi de lui-même. Le capital et le capitalisme sont en train de devenir, en effet, les victimes de leur propre succès, de leur propre capacité à éliminer leurs contre-pouvoirs[10]. La « destruction » semble de plus en plus l'emporter sur la « création » dans la célèbre « destruction créatrice » dans laquelle Schumpeter voyait la base du rentabilisme industriel moderne. N'ayant à peu près plus d'adversaires devant lui (ni à l'Est, ni dans les régimes politiques, ni dans les syndicats), le capital se saborde à l'aide de sa propre force qui lui permet de perpétuer une suicidaire attitude maximaliste où producteurs, consommateurs et fournisseurs (en particulier le Tiers-Monde) sont progressivement et inéluctablement transformés en chômeurs, sans-abri, misé-

---

9. Voir entre autres, Villette et Breton (1989), où l'on affirme expressément que de gros cabinets de consultants internationaux en la matière n'hésitent pas à proclamer que « la qualité est un problème d'attitude et de comportement du personnel ».
10. Voir Schumpeter (1942), Albert (1991), Cotta (1992), Heilbroner (1994).

reux aussi improductifs qu'insolvables, pour sauvegarder des marges de profits qui ne cessent de s'amenuiser. Nous y reviendrons. Mais pour l'instant, constatons que la main-d'œuvre de l'excellence et de la qualité est plutôt sacrifiée que « valorisée », traitée constamment – ne serait-ce que du fait de la logique comptable – comme un réservoir privilégié de régulation des coûts et des taux de profits.

Je n'en parlerai que très succinctement ici, mais il convient de bien voir que l'entreprise dite postmoderne, postfordiste « reengineerée[11] », de la qualité, en réseaux, bref, l'entreprise héritière de celle de l'excellence – et affublée de qualificatifs aussi variés dans leurs formes qu'identiques dans leur vocation – n'est en fait que l'expression diverse du désarroi devant les conséquences, aujourd'hui désastreuses, d'un seul et même phénomène : l'être humain traité en coût et en « ressource ». Et c'est là quelque chose qui ne peut changer que par une modification radicale des rôles et des rapports au travail, à commencer par le mode de traitement comptable du « facteur » travail. Cette question mérite une analyse autrement plus fouillée que celle que je peux entreprendre ici, mais contentons-nous d'en explorer les deux manifestations déjà signalées : les rapports de forces et les relations (inconscientes, encore une fois) de mépris.

Il va de soi que toute personne réduite à l'état de « ressource » (c'est-à-dire d'objet « gérable » et « utilisable ») et traitée comme telle ne peut être autre chose qu'une personne chosifiée, aliénée, pour mieux se couler dans l'organisation d'un travail devenu « travail mort » (puisque le libre arbitre, le choix, l'initiative qui peuvent émaner d'une « personne » sont éliminés à la base par l'effort même d'organisation qui est destiné avant tout à faciliter l'exercice du contrôle par ceux qui en ont le « droit » et le « pouvoir »). C'est là l'expression du « mépris managérial fondamental » dont parlent, bien que ce soit dans des registres très différents, mais non moins significatifs, des auteurs aussi différents que Sievers (1986a et 1986b), Peters et Austin (1985), Sérieyx (1989). Il faut bien, en effet, se résigner à constater que l'expression « ressource humaine » ou, pire, « gestion des ressources humaines », est en soi un non-sens et une violence faite à l'humain dans ce qu'il a de plus caractéristique : son statut de « sujet », doté de libre arbitre, et « programmé » pour traiter le complexe, pour inventer (fabriquer de l'information), bref pour s'engager dans un travail vivant, collectif et évolutif, et non pour être le serviteur d'un processus figé, exécutant des gestes préétablis, répétitifs, isolés, étroitement prescrits, planifiés et contrôlés. Ce n'est pas pour rien que le robot peut – mieux que l'être humain ! – s'acquitter de ce genre de « travail » destiné à des « ressources ».

Voyons quelques conséquences managériales de cet état de fait.

---

11. Du dernier *best-seller* en date, venant de gourous du management outre-Atlantique : Hammer et Champy (1993), *Le reengineering*.

Il est d'abord clair, et de plus en plus, que l'humain n'est pas fait pour être la « ressource » de son semblable. Tout au plus est-il fait pour en être le **partenaire, conscient et consentant.** Or, c'est bien là ce que recherche, dans un ahurissant paradoxe, le management dit « de l'excellence », de même que tous ses dérivés, jusqu'au « reengineering » et à la « qualité totale » utilisée comme « outil de gestion » imposé. La question qui se pose alors est comment une « ressource » peut-elle être transformée en « partenaire » responsabilisé, intéressé ? Il va de soi qu'une ressource, c'est-à-dire un « objet utilisable », aura la caractéristique essentielle de tout objet passif : opposer sa force d'inertie à tout effort de manipulation venant de l'extérieur. Quoi d'étonnant, par conséquent, à ce que la « gestion des ressources humaines » devienne une sorte de tâche héroïque indéfiniment consacrée à vaincre l'inertie de multitudes d'objets-ressources, habités, depuis une certaine lecture de Taylor, de « flânerie », de paresse, sinon de bêtise pure et simple ?

Peut-on traiter de la même façon un « objet-ressource » et un « partenaire collaborateur » complice dans la productivité, la qualité et l'inventivité permanentes ? Autrement dit, un management dont la philosophie reste marquée par l'idée sous-jacente de trouver les moyens de vaincre l'inertie de « ressources » peut-il établir un climat d'entente cordiale entre « partenaires » ? À défaut de changer rapidement et radicalement de management, il faudrait commencer par changer de vocabulaire et cesser de parler de « ressources humaines ». Non seulement le genre de rapports suscités par l'usage d'une telle formule est-il fondamentalement contraire aux objectifs visés par les managements postfordistes, mais il est de plus une aberration sémantique qui fait insulte à l'*homo sapiens* : les termes « ressource » et « humain » sont, sur les plans linguistique, biologique, scientifique, philosophique et ontologique, totalement incompatibles[12]. Une ressource ne peut être humaine que si, forcément, l'on déshumanise l'humain… et on sait le prix qu'il faut, alors, en payer.

Mais revenons à une notion que nous avons mentionnée à plusieurs reprises sans en voir toutes les conséquences : la notion de « mépris ». Rappelons que ce mépris est inscrit dans toute relation managériale traditionnelle. L'organigramme et la hiérarchie pyramidale en sont le fondement ancestral : ils désignent ceux qui savent, ceux qui peuvent et ceux qui doivent « gérer », par opposition à ceux qui ne le savent pas, ne le peuvent pas. Même avec la meilleure volonté du monde, il ne peut s'installer, dans ces conditions, entre les deux catégories de personnes, qu'une relation méprisants–méprisés, puisque ceux qui « ne savent pas et ne peuvent pas » sont d'emblée, et de fait, infériorisés et infantilisés. Sans cette infériorisation, sans cette infantilisation, le rôle

---

12. Cela fera l'objet d'un prochain travail plus approfondi, mais je propose de remplacer « gestion des ressources humaines » par gestion des « services au personnel » ou, d'une manière plus significative de ce que l'on veut de l'entreprise postfordiste, par « services à l'intergestion des partenaires ».

de ceux qui « savent, peuvent et doivent » n'aurait aucun sens, ni aucune justification, en dernière analyse[13]. Il y a là un problème très profond qui mine à la base toute tentative, y compris de très bonne foi, pour transformer la vie organisationnelle en un esprit d'excellence, de coopération, de qualité totale.

Avec des travaux comme ceux de Miller (1992), Morgan (1989), Mitroff et Pauchant (1990), Pauchant *et al.* (1994) parmi bien d'autres (Pagès *et al.* 1979, Aubert et de Gaulejac 1992), on peut entrevoir l'ampleur d'un handicap managérial dont la nature ne pouvait qu'échapper radicalement aux traditionnelles approches fonctionnalistes et behavioristes. C'est en tentant de pénétrer les phénomènes liés aux mécanismes intrapsychiques mis en jeu dans les relations organisationnelles que l'on peut commencer à appréhender la nature plus profonde des obstacles qui se dressent sur le chemin du partenariat dans l'entreprise. Bien sûr, et nous avons suffisamment insisté là-dessus, les phénomènes d'ordre symbolique ou intrapsychique ne doivent en aucun cas faire oublier l'enjeu fondamental qui reste, lui, foncièrement matériel : l'organisation comme lieu d'appropriation (pour tous) concret, vécu, quotidien d'abord, avant de l'être sur le plan psychologique, symbolique ou immatériel[14]. Cela clarifié, allons plus avant dans nos investigations de ce qui se passe sur le plan intrapsychique dans la situation de domination-pouvoir dans laquelle se trouve, de toute tradition, le manager occidental courant[15].

N'oublions pas, en effet, que le management « anglo-saxon », largement dominant durant les deux premiers tiers du XXe siècle, est né, matériellement, en Angleterre, pour s'épanouir sur les plans doctrinal et théorique aux États-Unis. Il y a là des principes fondateurs loin d'être négligeables pour la question qui nous préoccupe, car le manager est l'héritier (ainsi que les traités et théories du management) de tout ce qui a animé (et justifié dans son action) le « capitaine d'industrie » anglo-américain des XVIIIe et XIXe siècles. Pour être bref, disons qu'il s'agit d'un mélange astucieux et très opportun d'éléments du puritanisme calviniste, de la « main invisible » smithienne, du darwinisme et du spencerisme. L'adoption du *prayer book* tenant lieu d'assise dogmatique pour l'anglicanisme fera, on le sait, le nid calviniste de la future « éthique protestante » dont traitera Weber (1964). C'est l'amalgame très accommodant vocation-prédestination-réussite individuelle, où l'on reçoit – individuellement – des signes concrets de sa réussite-élection-prédestination, par le fait de connaître le succès dans sa « vocation sur terre ». C'est l'acte de naissance de l'individualisme comme « valeur », alors que c'était jusque-là plutôt un quasi-péché, sinon un péché !

---

13. Voir à ce propos l'excellente analyse du professeur de Harvard, Stephen Marglin (1973).
14. Cascades, Semco (Semler 1993), Johnsonville Saussage (Stayer 1990) en sont des exemples éloquents.
15. Ce ne sera ici, bien sûr, qu'une ébauche d'analyse, une indication de pistes où ne manqueront ni les approximations, ni les « sauts épistémologiques » insuffisamment étayés. Mais je prends le risque, ne serait-ce que pour en faire un sujet de débat.

(Ce qu'il est – ou presque – dans le confucianisme, ainsi que, plus ou moins clairement, dans le luthéranisme et le catholicisme.) Or non seulement cet individualisme n'est plus ni un défaut ni un péché, mais il va connaître une justification, un renforcement et même une glorification à travers la sédimentation idéologique successive d'éléments spécifiques triés à partir de Calvin, de Smith, de Darwin et de Spencer. Le premier apporte l'élection divine révélée par la réussite (s'enrichir) ; le deuxième, la « main invisible » comme absolution quasi divine à toutes les injustices, les inégalités, les misères et les iniquités ; le troisième, l'idée bien séduisante de « sélection naturelle » comme complément de l'« élection » par Dieu ; enfin, le quatrième, la conviction de contribuer (lorsqu'on est élu et sélectionné) à l'avancement des sociétés les plus évoluées.

Il y a déjà là de quoi alimenter les montagnes de théories hagiographiques et glorifiantes du « leadership » et de l'« entrepreneurship »… Une bonne partie, sinon la totalité de la littérature managériale traditionnelle, est constituée de véritables cultes de l'« individu exceptionnel », du « héros » (étymologiquement demi-dieu !) créateur, bâtisseur d'organisations en tout genre (aujourd'hui « starisé » par tous les médias, après les *business schools*). Cette littérature comporte aussi de quoi fonder durablement et profondément l'idée que l'humanité est dotée de quelques individus d'exception qui portent en eux (de façon quasi innée) le phénomène « entrepreneurial », c'est-à-dire le privilège d'être, d'incarner par « don », en microcosme, l'ensemble des attributs qui font l'organisation et son fonctionnement. Attributs qui s'extériorisent et se matérialisent par la « création », puis le « lancement », puis la « gestion » de l'entreprise. C'est là le mythe managérial fondamental qui fait du manager un démiurge créateur-organisateur (un dieu) qui, seul, sait et peut gérer… Cette héroïfication-déification du manager est loin d'être une simple figure de style, et encore moins une exagération. Songeons un instant à l'expression – si chère à la mentalité entrepreneuriale – de *self-made-man*[16] ! Quoi de plus déifiant, en effet, que la « création de soi-même », ajoutée à la « création » d'une entreprise, d'emplois, de richesses ? J'invite, à ce propos, à la lecture, dans *Le Courrier international* (1993), d'un article du *Wall Street Journal*, où il est question de faire revivre Henry V dans Iaccoca à la tête de Chrysler ; Agamemnon dans James Duth de Beatrice Food ; Carl von Clausewitz en Michael Quinian à la direction de McDonald's ; Cordelia, la fille (héroïque) du roi Lear en Christie Hefner à la tête de *Playboy* ; Ulysse en Kenneth Olsen de Digital Equipment ! C'est au Hartwick College que l'on propose ces parallèles si incongrus – et si révélateurs – sous forme d'études de cas soumises (avec conférenciers et animateurs patentés) aux universités et entreprises à travers tout le territoire américain ! L'article révèle aussi que des écoles comme Harvard et Stanford envisagent d'emboîter le pas en faisant « entrer les classiques dans les cours de management ». Tout cela n'en est, le

---

16. Ce qui a très peu à voir avec l'expression française « autodidacte », car le *self-made-man* renvoie, jusqu'à preuve du contraire, à l'aspect quasi exclusivement matériel : devenir riche, c'est se créer soi-même !

lecteur en conviendra, pas moins significatif quant à la profonde et tenace héroïfication-déification des dirigeants, en particulier dans les milieux de naissance et d'épanouissement du management : les États-Unis. Il est d'autres fondements à cette déification, dont nous nous contenterons ici d'énumérer l'essentiel.

Tout d'abord, il ne m'apparaît pas totalement incongru d'affirmer l'identification-incarnation du dirigeant (surtout propriétaire) dans « son » organisation, celle-ci étant une immanence immortelle puisqu'elle trans-cende ses membres. (D'ailleurs, tous les livres de management reprennent à profusion la fameuse formule de Fayol où le dirigeant serait le « cerveau » de l'« organisme social » qu'est l'entreprise, pendant que les employés en seraient les « membres », les « organes ».) Ainsi (Sievers 1986b) les managers se confèrent-ils la transcendance et l'immortalité à travers leur identification à l'organisation et à l'autorité qui a le savoir et le pouvoir de la gérer, car l'organisation et l'autorité omnipotente de gestion dépassent toutes deux la simple condition de l'humain-mortel qui « est géré ». On trouve donc une construction fantasmatique de toute-puissance et d'immortalité dans le caractère à la fois immortel et démiurgique de l'inséparable dualité orga-nisation-gestion. Mais, on le sait, il n'y a pas d'identification sans projection ; le dirigeant ne peut « être l'organisation » et le « manager qui gère » que s'il y en a d'autres qui, eux, se voient d'emblée refuser d'être l'organisation et d'être aptes à (se) gérer. Il s'agit bien entendu des « subalternes » et, en particulier, des employés, réduits – pour se laisser organiser et gérer – à l'état d'objets passifs, dociles et interchangeables. Et cela va jusqu'à en faire des sortes de vides culturels ambulants, dénués de (bonnes) valeurs et croyances, puisque, dans le management de l'excellence et de la qualité postfordiste, on répète *ad nauseam* que le dirigeant-leader est là pour – entre autres tâches principales – construire, changer, remodeler, inculquer des symboles, des croyances, des valeurs et des cultures, en plus, bien sûr, d'organiser et de gérer.

Tout se passe donc ainsi : à l'omnipotence-immortalité du leader doi-vent correspondre une chosification nécessaire, **un vide existentiel, un non-être ou une non-personne du côté de l'employé**. Ce dernier abdique temps et usage du temps (donc toute réelle « modalité d'être » par rapport à l'organisation) au profit de celui qui organise et gère. C'est abdiquer son libre arbitre de sujet et, par extension, son destin à travers le mode d'être générique propre à l'humain : le travail (en ce qu'il est acte créateur et autocréateur entre tous, puisqu'il est façonneur de son milieu et de soi). Et le fantasme de toute-puissance démiurgique et autodéifiante n'en sera que plus grand chez le dirigeant puisque le voilà investi (après tout ce dont il s'est doté par Calvin, Smith et Darwin interposés), par le biais du mana-gement de l'excellence, d'**un rôle encore plus grandiose, celui de créateur du « sacré » et du « spirituel-intangible »** dans l'entreprise : les procédés de la « qualité », les mythes, symboles, croyances, valeurs, cultures, credos, visions, stratégies, etc.

Mais disséquons un peu plus les phénomènes en jeu chez la personne du dirigeant : l'identification à l'organisation va forcément se faire sur un mode (osons le dire sans référence obligatoire à quelque « école », ou querelle psychanalytique particulière) où l'« **objet** » **organisation sera** « **intériorisé** » **comme** « **bon objet** », ou objet autant que possible **systématiquement gratifiant**. Sinon, à quoi bon être chef ? Et se gratifier par organisation interposée, c'est générer et entretenir toute la panoplie des faits, gestes et signes qui assurent une réification, une vie « réelle » au fantasme de toute-puissance, c'est-à-dire tout ce qui fait que l'on est concrètement celui qui « planifie, organise, décide, contrôle ». L'organisation, du point de vue de son chef, ne saurait se comporter en objet frustrant ou désillusionnant (même s'il ne s'agit en fait que d'une subdivision de l'organisation : une filiale, un département ou un service). On voit sans difficulté se profiler les dangers et dysfonctionnements qui accompagnent un tel processus : les collusions, les clivages, les formations réactionnelles, les transfigurations du réel, les censures et autocensures, la recherche systématique de boucs émissaires. Le « chef » tolérera de moins en moins que « son » organisation se comporte autrement que **conformément à ses** « **visions** » **et désirs** ; il faudra alors combattre tout ce qui peut contrarier ou décevoir et même, bientôt, tout ce qui ne glorifie pas la direction. On connaît le déroulement du mécanisme : depuis le renforcement de la mégalomanie des dirigeants jusqu'au délire et à la folie collective et à l'autodestruction méticuleuse. Et les exemples abondent, depuis les Napoléon et les Hitler, jusqu'aux Hoover et Geenen ou autres Ford I et Howard Hughes (Kets de Vries et Miller 1985, Miller 1992, Mitroff et Pauchant 1990). C'est aussi un peu dans ce sens que Morgan (1989) avance les raisons de l'aveuglement des constructeurs automobiles américains devant la « menace » japonaise, pendant de si nombreuses années : leurs « organisations » auraient cessé d'être gratifiantes si elles les avaient mis devant l'évidence inacceptable qu'ils produisaient des voitures de plus en plus dépassées et de moins en moins appréciées du public. Si on ajoute au tableau l'« **analité** » **incontestable** (Morgan 1989, chapitre V) **qui accompagne le mode d'être organisationnel** (et, forcément, la personnalité de la majorité des individus qui en deviennent les dirigeants), on en arrive à découvrir une curieuse et inquiétante dimension supplémentaire (cachée) de la nature du travail de la majorité des managers-organisateurs : ils ont à concrétiser, dans le quotidien, une relation avec les autres basée quasi exclusivement sur le mode du donner-recevoir, compter, discipliner, planifier, contrôler, classifier, surveiller, ordonner, dominer, standardiser, archiver, conserver. (Quand on prend connaissance des symptômes du caractère anal-obsessionnel décrits en particulier par Abraham [1970], on est frappé par la ressemblance – sinon la concordance totale – desdits symptômes avec ce que bien des manuels de management avancent comme étant les traits de personnalité du leader !) Depuis l'autosuffisance, l'obsession de l'ordre et du temps, du chiffre, du contrôle, de l'écrit, de la prévisibilité, de la domination, etc., jusqu'à l'autoritarisme en passant par la possessivité compulsive, à peu près tout y est! Mais qu'y a-t-il d'étonnant à cela quand on sait que l'un des pères fondateurs du management dont nous parlons, Frederick Taylor, était un beau cas de névrose anale obsessionnelle (Kakar 1970)? Tout cela serait, à la limite, amusant s'il ne s'agissait de mécanismes qui occasionnent des souffrances, des dégâts considérables et la destruction d'organisations entières (sinon, souvent, de secteurs industriels au complet, de régions entières, d'économies ou de communautés [Pauchant et Mitroff 1992]).

Le tableau finit par être, convenons-en, plutôt sombre : fantasmagorie démiurgique, omnipotence et immortalité, expérience du statut du dirigeant sur le mode du principe du plaisir et du statut de l'organisation comme objet gratifiant, analité obsessionnelle, collusions et réels transfigurés, rationalisations collectives autorenforcées (le fameux *group-think* sur lequel insiste tant Janis [1972]). Mais c'est là, hélas! convenons-en aussi (avec les Berle [1957], Sievers [1986b], Ketz de Vries [1979], Miller [1992], Morgan [1986], etc.), le prix qu'il a fallu payer pour avoir laissé s'épanouir cet « univers d'organisations » qu'est devenu l'Occident industrialisé. Véritables terreaux du pouvoir absolu, ces organisations ont enfanté des demi-dieux que tout « héros » dans le « système » contribue à glorifier et à déifier encore davantage (voir la revue *Autrement* [1988], consacrée au « culte de l'entreprise »). Le résultat en est que nous aboutissons strictement à **l'inverse de la douce harmonie que les chantres de l'entreprise « de l'excellence » proclament** et souhaitent avec frénésie.

Partout, dans les pays « avancés », le PIB *per capita*, la productivité et la production augmentent (grâce aux nouvelles technologies) tandis que le chômage et la paupérisation frappent toujours plus les travailleurs et les cadres intermédiaires. L'**employé comme coût variable** (dont l'usage varie selon les quantités produites et les résultats financiers) est toujours la condition nécessaire du maintien des **dirigeants comme coût fixe** (non seulement ceux-ci ne sont pas pris en considération dans les frais de production, contrairement aux employés dits de « main-d'œuvre directe » – ce qui a pour avantage de maintenir leur position et leurs privilèges quoi qu'il arrive –, mais ils sont plus que royalement traités avec des « salaires » qui, aux États-Unis, culminent à 80 millions de dollars, et tournent autour des 50 millions pour les P.-D.G. des firmes les plus « prestigieuses » [*Le Monde*, 7 mai 1991]). Et, bien sûr, tout représentant de l'*establishment* américain interrogé sur ce point répondra invariablement que ces « grands leaders » sont des « talents », des « génies », des « stars », des « *number one* » qu'il convient de rémunérer à la hauteur de ce qu'ils sont (quoique assez timidement, certains médias américains commencent à s'en émouvoir, par exemple « Executive Pay, Compensation at the Top is out of Control », *Business Week*, 30 mars 1992, p. 52-58).

Plus le dirigeant est ainsi porté aux nues – symboliquement et matériellement –, plus l'employé est ravalé au rang d'*input*, de « facteur de production », c'est-à-dire d'objet taillable à merci (un P.-D.G. ne peut, en période de récession chronique, toucher à lui seul un salaire de 80 millions de dollars que s'il alimente chaque année le bassin du travail d'un contingent toujours plus grand de chômeurs). Voilà une belle contradiction que le management de l'excellence cherche – en vain – à résoudre depuis plus d'une décennie par une pirouette pseudo-humaniste qui ferait du travailleur, d'un côté, le (nécessaire) objet-faire-valoir du leader-champion-héros-légende-vivante et, de l'autre, le complice zélé et enthousiaste de la qualité totale et de l'entreprise « excellente », où il est prié de faire comme s'il n'était pas traité comme un *input* (« ressource humaine ») qui ne peut en aucun cas être admis à l'Olympe des « décideurs », puisque c'est précisément son statut de coût taillable-interchangeable qui fonde les attributs et l'existence des membres de l'Olympe en question. C'est donc non seulement un simple « mortel », presque infra-humain (puisqu'il est dénué de vision, de conception, de réflexion, d'idées, de savoir, de décision, de [bonne] culture, de valeurs, de credos), mais de plus une non-personne, une non-existence puisqu'**en tant que coût-ressource il est forcément objet de gestion**, non autonome et passif, sinon inerte. C'est même lui, dans ces temps de disette économique, qui est le plus « névralgique » de tous les « objets » de gestion : le manager sera d'autant plus « héroïque » qu'il « rationalisera », qu'il « réduira les dépenses », qu'il « dégraissera », qu'il « prendra des décisions difficiles », qu'il « fera produire » plus « par moins de ressources ». Lesquelles ressources sont en même temps conviées à « participer », à contribuer à la « qualité totale », à se mobiliser. C'est là une situation, du point de vue existentiel, encore plus insoutenable que celle de l'employé-réserve d'énergie muette qu'on se contentait, jusque-là, dans le tayloro-fordisme, de faire obéir. Sachant que le **statut de sujet**, de l'humain en tant que personne, **passe par l'instance « je »** qui est admise à dire et à se dire en tant que « je », il n'est pas très ardu de faire le **constat de la chosification constante** dont est victime l'employé puisque, jusque-là, la tradition industrielle la plus tenace ne lui réserve en réalité que l'obligation de se taire et d'obéir (l'ouvrier de la production de masse) ou de jouer à être consentant dans une pseudo-participation (rappelons que, selon Morgan [1989], 87 % des employés de base de secteurs entiers de l'industrie et des services américains traitent plus de complexités pour se rendre de leur domicile à leur travail que pour faire leur travail !), ou de faire semblant de croire que l'écho de « façons de dire » produites hors et au-dessus de lui est son propre discours. C'est non seulement être aliéné, mais **jouer à ignorer qu'on est aliéné** ! Le fait est que la déification-omnipotence des dirigeants-héros a besoin, pour se perpétuer, de **maintenir en état de dépendance-infantilisation** des armées d'« impotents », de non-sujets, qui renvoient – par leur « impotence » même – tous les problèmes, décisions et questions ardues (stratégiques, critiques non programmées, névralgiques) vers le « haut ». C'est seulement ainsi que les membres de ce « haut » peuvent se servir de l'organisation comme point d'appui pour leur état permanent de « héros » hyperoccupés, débordés, bref, **pour leur état de non-lucidité** (il suffit de lire la description que fait Mintzberg [1984] de ces «personnes hors du commun», qui se précipitent de problème en problème, de rôle en rôle, de décision en décision, de tâche en tâche, de téléphone en interphone, de bureau en atelier, de réunion en réunion, pour voir que les managers dont il est question sont en état permanent d'«agitation brownienne», de non-lucidité, de non-recul par rapport à quoi que ce soit[17]. J'utilise sciemment le terme «non-lucidité», car le mot forgé par la langue anglaise, *workaholism*, dit très pertinemment qu'il s'agit d'un processus proche de celui de l'usage d'une drogue (et donc de l'office de fuite de soi que remplissent toutes les drogues). En outre, il est bien commode de voir se matérialiser (se «réifier», dirait Sievers), par dossiers empilés interposés, parapheurs entassés, attachés-cases encombrés, téléphones engorgés, réunions multipliées, les **signes de son omnipotence**, de son statut de héros et de démiurge. Tout cela aide singulièrement à nier ou à sublimer l'angoisse existentielle, lot de tout être humain, fût-il le plus «grand» des chefs.

Et voilà le noyau dur du handicap fondamental dont nous parlions plus haut : le manager de l'excellence n'est une **suprapersonne** (héros, demi-dieu, immortel, etc.) que si les autres membres de l'organisation, en particulier les employés de base, sont des **non-personnes**. Comme la victime fait le tortionnaire ou le colonisé le colonisateur, **la non-personne fait la suprapersonne**. Le discours de l'excellence prétend, bien sûr, faire de tous des suprapersonnes. C'est là un discours qui ne semble gêné ni par l'ahurissante naïveté dont il fait preuve, ni par les contradictions que tous les faits apportent à ses lénifiantes affirmations (les différences colossales de salaires et de privilèges, les licenciements massifs, le travail précaire, les compressions tous azimuts). Mais, pour faire face à sa propre angoisse existentielle, l'employé de base n'a pas le choix, pour ainsi dire, de **contribuer à sa propre réification** en se comportant – et en appelant à être traité – en objet. C'est la seule issue à son angoisse puisque l'autre issue, celle d'être admis à l'Olympe des sujets, lui est interdite. Le refuge dans le statut d'objet est, dans ces circonstances, une planche de salut. C'est ce que m'ont exprimé maints ouvriers après que je leur eus demandé s'ils désiraient être promus, devenir des chefs : «non» parce qu'«on veut dormir la nuit», parce qu'«on ne veut pas vivre avec les nerfs à vif», parce qu'«on refuse de faire le sale boulot à la place des grands chefs», parce qu'«après le travail on veut relaxer». C'est ce qu'ils ont aussi signifié à Danielle Linhart (1991) quand certains – pourtant dans un contexte de «gestion par équipes» – lui ont confié : «Nous, on est là pour travailler, pas pour gérer. C'est **eux** qui gèrent» (p. 174)[18].

---

17. Voir Mitroff et Pauchant (1990) où il est question, en écho à ce que je dis ici, de «*busyness*» en lieu et place de «*business*».
18. Voir aussi Sprouse (1992) pour des anecdotes extrêmement édifiantes à ce sujet, dans tous les secteurs d'activité de la société industrielle.

Il n'y a pas de place, dans l'écrasante majorité des cas, à la base de la pyramide organisationnelle, pour des personnes qui seraient traitées et admises à agir en tant que personnes.

Il est assez significatif de constater, colloque après colloque, que, dès que l'on aborde la question du changement sous un angle un tant soit peu radical, l'on entend s'élever des voix aussi péremptoires que sceptiques, criant à l'utopie, au rêve, au génocide culturel ourdi par l'envahissement rampant du « modèle japonais ». En fait, plus que jamais, l'entreprise et le management de l'excellence **veulent révolutionner sans faire de révolution. La fuite dans le rituel et le symbolique** que propose l'idéologie de l'excellence est en fait le refus de voir le problème de la productivité pour ce qu'il est réellement : un fossé matériel gigantesque, et qui ne cesse de se creuser, entre dirigeants et dirigés[19].

Quand on sait que dans les « modèles rivaux » (allemand, nippon) on forme en permanence, dans l'entreprise, tous les employés et qu'on consacre à cette formation en moyenne 140 heures par an par employé (contre 2 heures pour les États-Unis !) ; quand on sait que 1 P.-D.G. sur 4 dans l'ex-RFA a commencé sa carrière comme ouvrier[20] ; quand on sait qu'il ne se pratique aucune nomination par népotisme (familial ou politique) au Japon ; quand on sait qu'un ouvrier japonais de 45 ans et père de 3 enfants peut toucher **trois fois le salaire d'un jeune cadre célibataire** (même *major* des plus grandes universités !), on peut aisément mesurer la véritable nature et l'ampleur du fossé qui sépare le management de type américain et celui de type germano-nippon. Pourquoi alors s'acharner sur le symbolico-culturel, sur l'attachement chimérique à l'organisation par la recherche, aussi magique que désincarnée, d'une fusion idéale du moi idéal organisationnel (Pagès *et al.* 1979) ? Soyons clairs : il ne s'est jamais agi d'autre chose que de **sauvegarder à tout prix le** *statu quo*, soit changer les attitudes et les comportements des employés sans rien changer à l'ordre établi, au mode de production et, surtout, au mode de redistribution des richesses produites.

L'employé doit continuer à être traité en *input* et en coût ; la seule différence, c'est qu'il se mette, avec la qualité totale[21] et l'excellence, **à se** « **fouetter** » **lui-même** en tant qu'outil de production et **à se réduire lui-même en tant que coût financier.** Le management de l'excellence se refuse obstinément à échanger le coût contre l'investissement pour ce qui touche l'employé, et à commencer, non pas à le « rationaliser » et à le « couper », mais à le former, le valoriser, le bonifier, ce qui est tout à fait contraire, bien sûr, à la logique du profit maximal à court terme.

---

19. Par exemple, en dehors de l'article de *Business Week* cité plus haut, le magazine *Fortune* du 4 décembre 1989 appelle cela « *the motivational gap* », en montrant comment, aux États-Unis, les revenus des managers ont augmenté d'environ 200 % pendant les vingt dernières années, alors que ceux des employés n'ont augmenté que de 20 % à 50 %.
20. Consulter à ce sujet l'excellente étude menée par Bauer et Bertin-Mourot (1993).
21. Bien sûr, j'exclus ici les rares directions et entreprises qui font de la « qualité totale », notamment, autre chose qu'un « gadget » managérial de plus ou un outil de manipulation.

C'est de plus en plus à une main-d'œuvre angoissée, frustrée, souffrante, sous-formée et sujette à d'incessants doubles discours que nous avons affaire. Car elle sait, cette main-d'œuvre, que, grâce aux nouvelles techniques, on produit toujours plus en ayant moins besoin d'elle (voir le dossier sur le partage du travail, *Le Monde diplomatique*, mars 1993). Mais, là où le bât blesse, c'est qu'en elle seule réside la capacité d'innovation et de perfectionnement permanents (le fameux «Kaizen»), base essentielle de l'amélioration du rapport «qualité–performance–prix» et, conséquemment, du succès et de la survie de toute entreprise d'aujourd'hui. Il devient alors incontournable de songer réellement à faire de chaque employé un complice-partenaire-responsable-engagé-intéressé. Mais il y a à cela des conditions que le management de l'excellence ne peut voir, car elles sont trop menaçantes pour le *statu quo*: les dirigeants, aussi «haut» soient-ils, sont désormais, s'ils veulent l'adhésion de leur personnel et la pérennité de leur organisation, condamnés à la transparence, à l'exemple, aux partages, à l'interpellation, à l'équité, à l'éthique, au sens du bien commun, à la possibilité d'un appel permanent. C'est sur le plan de la **transformation de statuts et d'identités** que cela se jouera le plus durement; c'est l'inévitable condition du traitement de l'employé comme personne et non plus comme objet. Et il n'y a pas plusieurs chemins pour cela; accepter de descendre, **symboliquement et matériellement**, de son piédestal de suprapersonne qui «gère» les autres constitue le premier pas. Le deuxième consiste à correspondre aux véritables attributs que la mythologie accorde au héros: transgresser, pour le compte de ses semblables et au risque (symbolique) de sa vie, des tabous que les simples mortels ne peuvent transgresser; être, dans les faits, au service de la société et de ses employés. Plus que jamais, **l'entreprise doit être une aventure collective dont les chefs ont autant, sinon plus, de devoirs que de droits**, et en particulier le devoir d'être garants de la justice, de l'équité et de la sécurité, dans un cadre où la place de chacun est assurée, «avec» et non plus «contre» celle de l'autre. Autrement dit, l'enjeu est de passer d'un univers organisationnel où dominent l'analité obsessionnelle, l'égoïsme, l'élitisme, le fantasme de l'omnipotence démiurgique, l'ordre, le contrôle, etc., à un tout autre univers où dominent l'oralité (les cercles de qualité ne sont que des espaces de parole multipliés), le souci de l'autre, la réciprocité et la symétrie des rapports, l'interpellation, le «bruit». C'est, je crois, à cela que l'on peut **résumer les fondements communs de systèmes de gestion plus performants** (allemand, nippon, scandinave, québécois – Cascades, Desjardins –, américain – Johnsonville –, brésilien – Semco).

Le management de la qualité et de l'excellence a tout intérêt à cesser de «vedettiser» les surhommes-dirigeants pour favoriser une **appropriation collective** des organisations par un vaste partage où tous auraient accès aux attributs du statut de sujet agissant: penser, se dire, réfléchir, décider, gérer, exercer son libre arbitre et sa parole. Tout cela **ne peut être le fait d'une cohabitation entre surhommes et infra-humains**. Dé-déifier le dirigeant et re-personnifier l'employé, **dans le cadre de finalités et de stratégies négo-**

ciées, **comprises et acceptées, qui s'appuient sur une action quotidienne libérée, décentralisée et auto-organisée,** voilà la tâche urgente. Le partage équitable, ouvert et transparent des actes de gestion et des résultats de l'effort commun, voilà la condition indiscutable.

Les fameux concepts de « propriété-obligation » et de cogestion du modèle allemand, et les *wâ, ringi, ié* et *amae* du modèle nippon ne sont rien d'autre, au fond, que des façons de juguler les tentations de comportements démiurgiques et omnipotents, tout en faisant de l'entreprise un lieu de solidarité, d'autorité acceptée, accessible et bienveillante, soucieuse d'établir une **équité autant matérielle qu'existentielle.** C'est ce qui explique en grande partie le succès et l'originalité de façons de gérer naissantes hors du Japon et de l'Allemagne (comme Cascades, Semco ou Johnsonville).

En ce qui concerne les écoles de gestion, par ailleurs, il serait temps que l'on mette fin au culte et à la glorification du dirigeant (entrepreneur, leader, etc.) présenté comme un **individu** d'exception et omnipotent. Si les attributs, qualités, dons ou droits du dirigeant sont rabâchés *ad nauseam*, ses défauts, ses excentricités et **ses devoirs, surtout,** le sont trop rarement.

Or, ce n'est qu'ainsi que nos organisations feront, à l'instar des États, et à leur tour, leur **passage du « monarchisme » au « républicanisme »**; tout comme la cité, l'entreprise doit devenir, dans le quotidien, pour ses membres, une « chose publique ».

***

C. DE LA GESTION DE PROJETS AU « *REENGINEERING* TRANSVERSAL » ET AUX « RÉSEAUX » : TAYLORISATION HORIZONTALE OU ENTREPRISE HUMANISÉE ?

J'aimerais, pour continuer ce chapitre sur les concepts et pratiques d'un management renouvelé, passer en revue, en gros, les façons de faire en management qui sont aujourd'hui en expansion à l'échelle de la planète. Je propose que l'on analyse ce qu'il y a de plus caractéristique dans chacun des modes managériaux les plus en vogue avant d'examiner quelques exemples de « renouvellement » réussi, pour en tirer des conclusions plus réalistes et applicables, je crois, partout où il y a suffisamment de personnes de bonne volonté et effectivement soucieuses de faire des choses « ensemble ».

Nous commencerons par la gestion de projets (ou par projets), car c'est, de toute évidence, le canevas dont on a dérivé des modes de structuration et de gestion dits « matriciels », « transversaux » ou encore « en réseaux ».

Précisons que nous n'abordons la gestion de projets, ici, que sous les aspects managérial et socio-humain, et pas du tout sous l'aspect technico-économique (il existe une quantité considérable d'écrits sur les techniques d'évaluation, d'étude, de programmation, de calcul de la rentabilité des projets que je laisse aux innombrables spécialistes). Avant d'aller plus avant dans certaines considérations de « culture-comportement », « rôle des leaders », facteurs concrets et éprouvés de transformation d'entreprises en aventures humaines communes, déblayons le terrain à l'aide de quelques indispensables définitions de base.

LA GESTION DE PROJETS, DE LA DÉFINITION À LA MISE EN PLATEAUX

Définition du projet

Un projet, c'est un but à réaliser, par la combinaison de ressources de natures et d'origines variées, à l'intérieur de contraintes qui ont trait aux spécifications techniques, aux coûts et aux délais, ces contraintes étant caractérisées par la faiblesse des marges d'erreur, de liberté ou de dépassements tolérées.

Pour aller à l'essentiel, on admet généralement qu'il y a nécessité de mettre en place une gestion de projet, ou une équipe de projet, quand les critères suivants sont réunis :

- L'opération est **nouvelle, inhabituelle**, complexe, elle n'est pas appelée à se répéter ; bref, elle ne fait pas partie des activités courantes, des opérations « normales » qui se répètent ou se succèdent.

- L'opération implique, pour sa réalisation, la combinaison (séquentielle et simultanée) des efforts de **plusieurs départements**, structures ou sous-structures disséminés dans l'entreprise et hors de l'entreprise.

- L'opération implique un **risque** suffisamment important (défi technique, financier) pour pouvoir constituer une menace sérieuse quant à la réputation, à l'image, à l'avenir de l'entreprise ou d'une partie de celle-ci.

- L'opération, enfin, comporte des **contraintes strictes de délais**, où l'on peut préciser clairement le moment de son début et le moment de sa fin.

Le projet et les structures

Il convient de bien comprendre (ce que nous détaillerons un peu plus loin) que la gestion de projets ne peut se réaliser dans n'importe quelle configuration structurelle. De même qu'on a besoin d'analyser les critères de définition pour décider si l'opération mérite d'être confiée à une équipe *ad hoc*, de même on a besoin de choisir une structure pour la conduite d'un ou de plusieurs projets. En peu de mots, disons qu'il n'est pas toujours nécessaire de se lancer dans les complications d'une structure matricielle généralisée. Si, en effet, l'essentiel ou la partie la plus significative (techniquement, quantitativement) du projet ne concerne qu'un département, il serait bien plus logique de confier l'opération au département en question.

Cependant, il convient aussi de ne jamais perdre de vue que, dans toute introduction de projet ou tout autre mode de gestion qui implique la représentation concomitante de **deux points de vue et plus** (le produit, le marché, la région, le programme), s'inscrivent des conflits et des négociations tous azimuts. C'est, pour ainsi dire, l'inévitable vautour du Prométhée matriciel[22].

Par conséquent, si le projet qui doit être lancé (à plus forte raison s'il y en a plusieurs) implique, sans poids relatif particulièrement élevé, plus d'un département, plus d'une structure ou sous-structure, il est alors non seulement recommandé mais inévitable de passer à une forme de management qui ne peut plus être basée sur les regroupements habituels par fonctions[23]. C'est alors que l'on aborde le management « matriciel » ou, pour employer un terme plus usité de nos jours, « transversal ». On verra cela plus en détail un peu plus loin, mais un minimum de précautions s'imposent quant à la façon de choisir les personnes responsables du projet, le chef de projet, ses collaborateurs, ses vis-à-vis, ses prérogatives, les structures d'arbitrage et de résolution de conflits, etc. Car, répétons-le, il n'est nullement nécessaire de le proclamer officiellement, mais l'entrée dans le « fonctionnement » transversal[24] et matriciel se fait automatiquement dès l'introduction d'un projet, d'un programme, d'une gestion de produit ou de marché qui vient s'ajouter à la « configuration verticale » de l'habituelle départementalisation par fonctions ou métiers. Dès lors, on le conçoit bien, les choses ne peuvent être laissées à elles-mêmes, car très vite il s'avérera que les « frictions » dans ces contacts d'un type nouveau risquent de mobiliser des énergies telles qu'elles peuvent handicaper très sérieusement et le projet et les activités plus habituelles. Il est donc indispensable de clarifier à l'avance un ensemble de règles du jeu qui délimitent les prérogatives fixes de chaque protagoniste, les prérogatives évolutives, les lieux et les modes de négociation, de règlement de litiges, d'arbitrage, etc. Qu'il y ait, dans

---

22. Voir le chapitre 4 consacré à l'organisation et aux structures.
23. Voir le chapitre 4 sur l'organisation.
24. Fonctionnement qui fait sortir, pour ainsi dire, les relations interpersonnelles de l'organisation de leurs habituelles « frontières » hiérarchiques, fonctionnelles, départementales, pour les faire éclater par de multiples « passerelles » trans-structurelles qui ajoutent aux rapports traditionnels verticaux de nouveaux rapports, plus directs, horizontaux et diagonaux. Ce mode de fonctionnement est nécessaire au bon déroulement de tout projet, qui ne saurait souffrir les délais et autres respects de voies hiérarchiques et fonctionnelles pour avancer. Il lui faut, au contraire, une souplesse, une capacité de contacts et d'actions en temps réel dont s'accommode souvent très mal « l'esprit pyramidal » conçu pour la centralisation, le contrôle, l'ordre, le prévu-prévisible, le non-bruit et le temps différé.

un tel contexte, des frictions, des conflits et le besoin de négociations quasi permanentes est tout à fait normal ; ce qui est anormal et préjudiciable, c'est de ne pas tenir compte de ces choses et de ne pas prévoir les clarifications, les délégations, les décentralisations, les structures de négociation, de résolution de conflits, avant le démarrage même du projet.

Quelques principes élémentaires peuvent permettre d'éviter certains écueils majeurs quand on aborde la gestion de projets (ou la gestion « transversale » qui sera de plus en plus le lot des entreprises) :

— Il faut désigner clairement un responsable (sorte de « P.-D.G. ») du projet qui agira dès les débuts de celui-ci.

— Ce responsable doit être plus « généraliste » que spécialiste, plus gestionnaire que technicien (on y reviendra un peu plus loin).

— Il doit être doté de pouvoirs et de prérogatives officiellement discutés, acceptés et consignés.

— Il est, notamment, pleinement responsable de tout ce qui relève du « quoi ? » et du « quand ? » ; son vis-à-vis de métier ou de fonction, quant à lui, est pleinement responsable de tout ce qui relève du « qui ? » et du « comment ? » (tous les autres types de « questions » imaginables étant **négociables**). Il convient, bien sûr, de considérer cela comme une convention, un *modus vivendi*, qui doit admettre bien des exceptions, des compromis, des chevauchements, imposés par le déroulement du projet, l'évolution de son contexte et de ses phases. Cette convention a l'immense avantage de réduire les effets négatifs d'un des « vautours » les plus pernicieux du Prométhée matriciel : la **dualité des chefs**, de l'autorité, de l'évaluation, du contrôle, des carrières des agents de projets. On peut mieux composer avec cette inévitable dualité en faisant d'un élément conflictuel une occasion de complémentarité et d'action conjointe. Ainsi, un agent de projet sera évalué par son responsable de fonction ou de métier sur le respect ou la maîtrise des règles de l'art dans sa façon de contribuer au projet, tandis que le chef de projet, lui, le jugera sur la conformité de ses actes avec les besoins du projet et sur sa capacité à composer avec les contraintes de coûts, de délais et de qualité.

— Dans un contexte de multiprojets ou de multiproduits, il est nécessaire de prêter attention aux risques d'une domination ou d'une préséance nocives de certains projets sur d'autres. C'est là aussi une source très courante de pertes d'énergie et de coûts socio-humains très dommageables pour l'ensemble des projets. Il faut donc :

    — Prêter attention au « poids » relatif des chefs de projets, quant à leur personnalité, à leur expérience, à leur réputation, etc., et veiller à répartir équitablement les pouvoirs, les ressources, etc.

    — Distinguer soigneusement et hiérarchiser les **projets vitaux** (dont dépend à court terme la survie même de l'entreprise), les **projets**

intermédiaires (dont l'entreprise a besoin pour compléter sa gamme de produits et services à court terme et à moyen terme) et, enfin, les **projets stratégiques** (grâce auxquels l'entreprise sera encore présente dans son marché, par sa capacité à innover, à prévoir la demande à long terme). Il y a souvent un danger, ici, de sacrifier les deux derniers types de projets au profit du premier type, alors que l'entreprise a autant besoin des trois types (mais, bien entendu, avec un système de priorités – qui ne doit pas se transformer en exclusivisme – pour tout projet considéré comme étant vital).

– Mettre en place, selon le nombre et l'importance des projets, une ou plusieurs structures de conciliation et d'arbitrage (et non d'autorité unilatérale) entre les projets, entre les projets et les fonctions, entre les projets et les métiers, entre les projets et les détenteurs de ressources. Ces structures peuvent être simplement des comités périodiques (ou selon la demande) dont les membres seraient dotés d'une qualité essentielle : **être légitimes** (en ce qui a trait à l'expérience, à la connaissance du milieu et des produits, à la capacité d'influence, à l'autorité morale, à l'impartialité) du point de vue des personnes auprès de qui elles devront remplir leur office.

LA COMMUNICATION, LES INTERFACES, LE CHEF DE PROJET ET LA NOTION DE « PLATEAU »

Plateau et ingénierie simultanée

Bien entendu, le titre de cette sous-section renvoie à une matière qui pourrait, à elle seule, faire l'objet d'un ouvrage entier. Mais répétons que le but n'est, ici, que de sensibiliser le lecteur aux dimensions les plus fondamentales et les plus névralgiques de la gestion de projets, dans un contexte où le recours à un tel mode de gestion devient de plus en plus incontournable si l'on veut être en mesure de faire face à la complexité grandissante des environnements des organisations.

Commençons par les notions de « plateau » et d'« ingénierie simultanée[25] ». Là encore, il convient d'aller à l'essentiel et au plus simple : derrière ces deux notions, qu'on pourrait nuancer à l'infini, se trouve un souci fondamental, celui de faire en sorte que les différents spécialistes engagés dans un projet puissent avoir des interactions maximales qui tiennent compte, en temps réel et direct, de leurs spécificités, règles, contraintes et besoins réciproques. Pour y arriver et ainsi **maximiser la synergie** dans les équipes du projet et entre elles, on s'est mis à intégrer, dès les premières ébauches et études, non seulement les agents de projets et les métiers et

---

25. Notion dérivée de l'anglais « *concurrent-engineering* ».

fonctions, mais aussi les fournisseurs, les sous-traitants, les clients, les opérateurs, etc. Ainsi, tous les points de vue sont exprimés, **pris en considération et traités simultanément**, dès le départ.

Quant à la notion de « **plateau** », disons simplement qu'elle renvoie à la façon concrète de mettre **sur le même plan, pour un temps donné, des personnes appartenant à des structures différentes** et éloignées les unes des autres, dont le principal lien est leur participation au même projet. Le plateau est un **lieu physique** où l'on réunit, au fur et à mesure que le projet avance, autour d'un noyau permanent, tous les agents intervenant dans chacune des phases du projet, jusqu'à l'acheteur, aux fournisseurs, aux clients, etc. Il y a, bien sûr, des critères et des précautions à respecter, dont l'essentiel revient, en dernière analyse, au fait que l'ensemble des acteurs – directs et indirects – soient, sinon en état d'accord total, du moins **en état de consensus**, résultant de négociations et de compromis qui tiennent compte du point de vue de chacun. Même le lieu physique du plateau, qu'il s'agisse de son aménagement, de la distribution de l'espace, etc., doit faire l'objet de consensus. **Un plateau est un espace de parole**, de convivialité et de collaboration cordiale, où il suffit de se retourner pour voir où en est le travail commun, pour demander un avis, soumettre une idée ou obtenir une information, puisque tous les protagonistes qui entretiennent des relations intensives, à chaque moment important du projet, sont sur place. Le plateau n'est donc pas une « sous-pyramide » provisoire, constituée de dirigeants et de dirigés, d'experts et d'exécutants. Au contraire, tout son intérêt réside dans le fait que chacun puisse s'y exprimer et **traiter toute question en temps réel** et dans une relation de face à face, quels que soient son statut, sa spécialité, son ancienneté, etc.

Le plateau comporte un certain nombre de difficultés dont il convient d'être averti ; l'expérience montre que quelques précautions peuvent grandement faciliter les choses :

– Se constituer en plateau, cela se fait sur des bases soigneusement étudiées si l'on veut **éviter deux extrêmes très répandus : le micro-groupe insignifiant et la tour de Babel.** Il n'existe pas de recette infaillible pour cela, mais (et l'expérience s'est avérée concluante) on peut tirer avantageusement un projet du TLR[26]. En effet, en visualisant sur la matrice du TLR les agents et les raisons d'interactions par activités, phases ou structures, on peut aisément délimiter des zones d'interactions intensives et périodiques (des sortes de « nuages de points ») qui se détachent d'une phase à une autre. Il est alors à peu près certain que ce sont là des indications de plateaux à constituer.

– Se constituer en plateau, cela implique une tout autre façon de vivre, de travailler que celle qu'on trouve habituellement dans les organisa-

---

26. Tableau linéaire des responsabilités. Pour plus de détails, voir les chapitres 3 et 4 sur les outils de planification.

tions fonctionnelles traditionnelles. On doit **l'apprendre, y être préparé et s'y préparer. Le premier pas consiste à clarifier et à régler toutes les questions litigieuses** pouvant exister entre les futurs membres du plateau. Une session de deux ou trois jours de parole libre, de confrontations de points de vue et de compromis en vue d'une meilleure connaissance les uns des autres est un préalable que l'expérience indique comme étant très constructif et catalytique. **Se parler, dans nos organisations de spécialistes isolés, cela s'apprend !** Et c'est la base primordiale de toute équipe et de tout « esprit d'équipe »[27].

– Se constituer en plateau (en projet en général), cela est **à la fois gratifiant et anxiogène.** Gratifiant parce qu'on y vit une expérience professionnelle et humaine peu courante, mais aussi anxiogène, car **il n'est pas toujours aisé de s'ajuster à la vie et à l'ambiance du travail collectif**, à la promiscuité, aux changements d'humeur, d'une part, et il est, d'autre part, toujours angoissant de songer à la « **fin de l'aventure** », quand il faudra, très souvent, « revenir Gros-Jean comme devant ». Pour réduire au minimum les risques du premier facteur anxiogène (ou perturbateur), l'expérience montre que **rien ne vaut la présence d'un ou de quelques membres capables de prendre en charge la vie socio-émotive** du groupe : des personnes enthousiastes, communicatives, jouissant de l'estime et du respect des collègues, capables de se faire écouter et de se faire admettre par tous. De telles personnes sont des atouts au sein des équipes comme des plateaux et doivent, en principe, être parmi les agents qui assurent une présence permanente dans le projet (membres de l'équipe de collaborateurs directs du chef de projet, assumant par exemple une fonction d'« architecte » de l'ensemble).

Pour ce qui est du second facteur d'anxiété, il n'y a rien de mieux que **la transparence et la plus grande clarté dès le départ** : Comment sera-t-on évalué ? Par qui ? À quel titre fait-on partie du plateau ? Pour quelle durée ? Avec quelles chances de pouvoir contribuer aux plateaux suivants ? Selon quels critères, quelles conditions ? Que deviendra-t-on après ? Il ne s'agit nullement, bien sûr, de promettre monts et merveilles, ni de donner une information que personne ne possède encore, mais, à tout le moins, il s'agit, dans un contexte aussi marqué par l'incertitude que celui des projets, de **rassurer aussitôt que possible**, et sur un maximum de points.

Enfin, avant de passer à un des aspects sans doute les moins traités dans les ouvrages spécialisés, c'est-à-dire le contexte culturel et comportemental dans lequel agit le chef de projet, j'aimerais attirer l'attention sur un **problème souvent négligé** dans la gestion de projets et en plateaux, la **question des interfaces**[28]. Par interface, il faut entendre les points de

---

27. La construction du TLR peut représenter un excellent exercice de clarification des rôles, relations, attentes, etc., donc de prévention de conflits et d'apprentissage du « fonctionnement en réseaux ».

28. Voir Morris (1979).

rencontre et les surfaces de chevauchement entre les phases, les équipes, les spécialités, les partenaires, les plateaux ou les structures, tout au long du déroulement d'un projet. Il convient alors de bien distinguer les interfaces sur lesquelles il faudra faire porter le plus gros des énergies. On distingue, sommairement, des interfaces **internes** (dans l'organisation : entre les structures, les fonctions, les métiers), des interfaces **externes** (à l'extérieur de l'organisation : avec le client, le banquier, le fournisseur, les autorités publiques), des interfaces **statiques** (entre le projet et le financier, entre le projet et l'acheteur, entre le projet et l'ensemble des ressources internes) et, enfin, des interfaces **dynamiques** (dont les protagonistes et les contenus évoluent ou échappent à la main-mise de l'organisation (entre le projet et les sous-traitants, entre le projet et les experts externes, entre le projet et les autorités publiques, entre le projet et le client). La grande question à résoudre ici est celle des interfaces qu'il est le plus facile de prendre en main : les interfaces internes et les interfaces statiques. On peut en effet, et on doit, pour **permettre aux énergies de se consacrer aux interfaces délicates**, changeantes, névralgiques, faire le plus gros **effort de définitions préalables**, pour lever tous les irritants qui peuvent empoisonner la vie d'un projet. Ainsi, tout ce qui est de l'ordre des prérogatives, des champs d'action, des décisions, des procédés de mise en application concernant l'ensemble des protagonistes internes (les chefs de projets, les plateaux, les fonctions, les métiers, les acheteurs, les fournisseurs de ressources, le recrutement, les paiements, la communication et l'information, les sous-traitants internes, les « clients » internes) doit être l'objet de **clarifications officielles** et de **procédés les plus simples, les plus limpides, les plus directs et les plus rapides possible**. Combien de projets et de plateaux s'enlisent dans d'épuisantes querelles autour d'interfaces internes floues !

Projet, culture d'entreprise et chef de projet

Il y a très longtemps, répétons-le, que, dans le champ managérial, on parle, directement ou non, de symboles et de culture comme éléments importants dans la compréhension de la dynamique des groupes humains. Mais ce n'est qu'avec le « Système Z » de Ouchi et surtout avec le *best-seller In Search of Excellence* que, dans les années 1980, on s'est tout à coup mis à considérer que rien n'était plus important, ou presque, pour une entreprise que d'avoir une « bonne » culture[29]. Les performances de l'entreprise japonaise et le net recul du modèle managérial occidental[30] durant ces années, n'y sont certes pas pour rien.

Mais le mythe des vertus de la « gestion scientifique » est tenace : en 1977, Simon a réédité une version « mise à jour » de son *The New Science*

---

29. Ouchi (1981) et Peters et Waterman (1982).
30. Peters et Austin (1985) ainsi que, et en particulier en ce qui concerne les contre-performances du management à l'américaine, Peters (1988).

of Management Decision, et jusqu'au milieu des années 1980 on a vu un champ particulier prendre le devant de la scène, celui du MIS (*management information systems*). C'est l'arrivée conquérante de la « gestion presse-boutons » à grands coups d'ordinateurs, de logiciels et d'algorithmes sophistiqués[31]...

Cependant, on a prêté très peu d'attention à l'avertissement d'un des plus grands théoriciens de la conduite des humains dans l'entreprise, Frederick Herzberg lui-même : « *We cannot manage people scientifically*[32]. » On y a prêté encore bien moins d'attention dans le domaine de la gestion de projets ; le *scientific management* y est inscrit encore plus profondément car, par tradition, ce sont des ingénieurs qui, après avoir « piloté » la phase de préparation d'un projet, en prennent la direction. Cela a toujours été surtout une affaire d'ingénieurs et d'économistes, dominée par la logique technico-financière.

De plus, comme les contraintes de délais, de coûts et de spécifications techniques y sont les facteurs les plus « lourds », on aura tôt fait d'insérer dans la gestion de projets le modèle « calcul-presse-boutons » comme étant le modèle incontournable et suffisant. Même les cours parfois nommés de « gestion » ou d'« administration » des projets ne sont en gros que calculs, analyses économiques et financières, simulations comptables, approvisionnements, tenues de stocks[33]. C'est aussi ce qui se passe dans les colloques et congrès en la matière, particulièrement ceux du PMI (Project Management Institute).

Pourtant, dans un numéro spécial de la revue *International Project Management Journal*, paru en août 1984 et consacré à l'éducation et à la formation des chefs de projets, trois articles sur neuf décrivent comme « de loin les plus complexes et les plus importants » les problèmes sociaux et humains dans la conduite des projets. Au congrès du Project Management Institute d'octobre 1987 à Milwaukee, deux communications sur cinq étaient axées sur de sérieuses interrogations sur la formation non technique du chef de projet et sur la conduite des personnes et des équipes. Cependant, quand on y regarde de plus près, on s'aperçoit vite qu'y est véhiculée une conception de la gestion et des aspects humains aussi mécaniste qu'archaïque. À l'heure des profonds questionnements sur les conséquences des fondements symboliques et des représentations subjectives, les débats, chez

---

31. Simon (1977). Pour une revue critique de ce courant, voir Aktouf, « À propos de management » *in* Chanlat et Dufour (1985). Signalons que cela constitue, encore aujourd'hui, le cœur et le point d'appui de l'organisation « en réseaux », où les systèmes de liaisons jouent un rôle de premier plan.
32. Herzberg (1980).
33. L'auteur enseigne, depuis 1978, en gestion de projets dans les programmes de deuxième cycle. Il a effectué, en 1987, une vaste tournée de travail et d'information auprès de plusieurs organismes comptant des programmes du même genre en Europe. Partout, la conception technico-économique domine la scène (jusqu'à intituler les programmes « Diplôme d'ingénieurs de projets »).

les gestionnaires de projets, lèvent à peine le voile sur la quasi-préhistoire des travaux sur le « facteur humain » dans l'entreprise ; on y découvre, presque fasciné, les bonnes vieilles recettes qui ont fait la gloire des « relations humaines ». En règle générale, **le gestionnaire de projet est présenté comme un calculateur-planificateur émérite, un maître ès arts en réseaux et arborescences, un orfèvre du contrôle des coûts, du PERT et du CPM**. Accessoirement, il pourra être *social-oriented* et se soucier d'équipes et de personnes, dont la « gestion », classée dans les « routines », est considérée comme l'affaire de « bureaucrates » des sièges sociaux.

Même si, depuis *In Search of Excellence*, on dénonce à qui mieux mieux les méfaits du rationalisme et de l'instrumentalisme qui ont caractérisé la gestion jusqu'aux années 1970, y compris dans ses parties les plus « humaines », la gestion de projets reste le bastion le plus technicisé et le plus résistant du *hard management*.

Je discute ailleurs, plus à fond, le manque de solidité et la courte vue d'une telle conception[34].

S'il est une leçon à tirer, c'est qu'aucun symbole, aucun système de représentations collectives, aucune culture ne saurait être « créé », inculqué ou imposé sans un ancrage dans les conditions de vie concrètes et matérielles.

Mais le projet étant, lui, par définition non permanent, hétérogène, mobile, souvent transrégional, sinon transnational, se désintéresserait-il de ces questions de culture et de symboles ? C'est précisément là que les notions de « partage de visions » et de « cohérence entre les discours-représentations et la vie matérielle et concrète » prennent toute leur importance. Le contexte du projet, loin d'être à l'abri des phénomènes de « cultures », est au contraire marqué par de solides « cultures de métiers » : des professions qui élaborent leurs propres façons de voir, d'agir, d'être héros, de vaincre les angoisses, qui forgent leurs propres idéologies, leurs propres « rites et coutumes », etc.[35]. (Sans parler, bien entendu, des cas où l'on a affaire à une main-d'œuvre de différentes nationalités, voire de différents continents, dans les projets internationaux.)

D'après mes propres recherches et expériences, il apparaît que les contextes de gestion de projets sont, à la base, marqués par la coexistence d'une double, sinon d'une triple vision : d'abord les sièges sociaux ou les directions centrales de l'entreprise, ensuite les dirigeants « opérationnels » (chefs de projets) et enfin les équipes locales des chantiers. Je donne ailleurs les

---

34. Voir Aktouf (1988b et 1990).
35. Voir Dejours (1980), Crozier (1963), Bouchard (1985), Latta (1968), Hofmaier (1980), Dandridge (1976). Tous ces auteurs (comme Aktouf lui-même [1986a] pour les travailleurs de brasseries) se sont intéressés aux vies subjectives et aux systèmes de représentations de travailleurs de bureau, de camionneurs, d'ouvriers du bâtiment, d'employés d'hôtellerie, etc. À peu près tous ces corps de métier peuvent se retrouver réunis dans une situation de projet.

fondements et la démarche qui ont conduit à un tel constat, ainsi que les détails et illustrations qui s'y rapportent[36]. Très brièvement, les dirigeants centraux semblent avoir une vision d'eux-mêmes et de leur rôle basée sur la conviction qu'ils agissent comme :

– un soutien logistique et administratif indispensable ;
– une entité d'aide et de conseil ;
– une entité qui facilite au maximum les opérations, les « simplifie », les rend conformes aux règles ;
– une entité dont les membres ont pour premier rôle d'être « au service du terrain » ;
– une entité qui se charge de toutes les tâches répétitives, rébarbatives, harassantes (toutes les corvées juridico-administratives et d'intendance quotidienne) ;
– une entité dont la raison d'être est de faciliter le plus possible la vie aux « gens de terrain ».

Il existe une abondante littérature managériale, notamment à propos de l'organisation matricielle, qui entretient et reproduit cette image idyllique des rapports entre les sièges sociaux et les dirigeants opérationnels[37]. Pourtant, si on y regarde de plus près, la façon dont les « gens de terrain », en particulier les chefs de projets, vivent leurs rapports avec leurs entités centrales est tout autre[38]. Les sièges sociaux, les directions fonctionnelles et les directions générales seraient, du point de vue des chefs de projets :

– bien plus préoccupés de faire respecter des procédés et de faire remplir des « formulaires » que d'agir concrètement ;
– bien plus acharnés à exercer un rôle de contrôle que de soutien ;
– bien plus tatillons que « facilitateurs » (des « maniaques du détail administratif qui veulent tout savoir, tout le temps ») ;
– des gens qui s'imaginent que « l'on n'a rien d'autre à faire que de remplir leurs tableaux, fiches de contrôle et de statistiques » ;

---

36. Aktouf (1987b).
37. Même un auteur très moderne tel que Henry Mintzberg y échappe difficilement, par exemple dans le chapitre 10 de *Structure et dynamique des organisations* (1982).
38. Voir Aktouf (1987a) pour les détails et les questions de procédés et de méthodes. En bref, je parle aussi bien en tant que chercheur que selon ma propre expérience dans des contextes de gestion par projet où j'ai eu à occuper des positions tantôt du côté « projet », tantôt du côté « direction générale ». Mes recherches sur les systèmes langagiers et symboliques m'ont conduit à me pencher sur des entreprises qui appliquent plus ou moins régulièrement des formes de gestion par projet: Cascades, Fédération des caisses populaires. Par ailleurs, je me sers de témoignages, largement convergents, de plusieurs professionnels des projets tels que MM. J.-C. Huot du Centre international des grands projets de l'université Concordia à Montréal et C. Frégeau, responsable du secteur construction, Aluminerie de Bécancour-Péchiney. Enfin, l'ensemble de mon propos a subi une sorte de « test », largement positif, devant un parterre de spécialistes de projets lors d'une table ronde organisée sur le thème « Chefs de projet/ directions centrales » dans le cadre du 54ᵉ congrès de l'ACFAS à l'Université de Montréal, mai 1986.

– des gens qui font passer « leurs » réunions et « leurs » comités avant le travail réel ;

– des gens pour qui « la réalité, c'est leurs papiers, leurs plans, leurs ratios » ;

– des gens « payés pour couper les cheveux en quatre » ;

– des gens « obsédés par l'analyse financière et le contrôle des coûts » ;

– des « boulets » que l'on doit « traîner », que l'on s'épuise à faire bouger ;

– des maniaques des plans, des réglementations, des cahiers de charges, etc., qui comprennent difficilement que « la réalité n'est jamais ce qui est couché sur papier ».

Bien entendu, il faut comprendre que j'ai quelque peu mis en relief les extrêmes ; cela ne constitue pas la situation qu'on trouve toujours et partout. Mais c'est quelque chose que toute organisation pratiquant la gestion par projet vit régulièrement.

Il est aisé d'imaginer les conséquences de cet état de choses lorsqu'on y ajoute l'hypothèse – très fondée – d'une troisième « vision » : celle des chantiers et des équipes de terrain[39].

On peut, avec de nombreux spécialistes[40], établir que le contexte de la gestion de projets est marqué par un climat de précarité, de changements rapides, de fantasmes de « puissances hostiles[41] » à dominer, d'« espaces sociaux » différents entretenant de constantes interactions[42], de « métamanagers » (hautes directions) qui ne gèrent pas des « opérations » mais d'autres managers[43] (et qui sont donc enclins à voir les choses tout autrement) et, enfin, par un monde **d'« ordre » et de « héros » dans un univers plutôt propice aux « antihéros » et au « désordre »**[44].

---

39. Voir Aktouf (1986a et 1987b), où l'on montre en quoi l'entreprise traditionnelle est un lieu de quasi-affrontement entre plusieurs systèmes de « visions », de langages, de représentations, incarnés par des « groupes » plus ou moins distincts que sont les employés du rang, les syndicats, les directions, les cadres de maîtrise, etc.

40. Voir Vallée (1985), Condominas (1980), Chanlat (1984), notamment les chapitres 6, 7 et 8, où sont décortiqués les mécanismes fonctionnels et dysfonctionnels de la « logique des structures », les « systèmes de représentations et l'accès à la toute-puissance », et « la tentation des structures miracles » ; ainsi que Hafsi (1985) et, tout particulièrement, Denis (1983).

41. Voir Vallée (1985), Chanlat (1984), chapitre 7.

42. Pour une meilleure compréhension de la notion d'« espace social » empruntée à Condominas (1980) [vécu particulier de sous-groupes au sein d'une collectivité plus large] et de la façon dont j'en tiens compte dans mes analyses, voir, en particulier, Aktouf (1987b et 1988b).

43. Voir Hafsi (1985), où les « métamanagers » sont désignés comme étant ceux qui pratiquent un « métamanagement », c'est-à-dire un management « au-dessus » des managers : les hautes directions.

44. Voir Denis (1983), pour qui l'organisation traditionnelle classique est un univers où l'on recherche l'homogénéité, les choses bien classées et bien ordonnées, et où les chefs sont ceux qui passent en avant, les « leaders » qui retirent toute la gloire des actions réussies, donc des « héros ». Au contraire, la gestion de projets implique un travail sans ordre ni homogénéité assurés (l'inattendu, l'incertitude et l'hétérogénéité des acteurs y sont la règle) et l'effacement du chef derrière l'équipe qui est l'âme de tout projet, chef qui est donc un « antihéros ».

S'ajoute à cela un facteur de confusion et de tension, qui est la nécessaire multilatéralité, la réciprocité et l'interdépendance des relations, des responsabilités et des comptes à rendre.

En somme, et là je rejoins, entre autres, Chanlat, Hofmaier et Dejours, le contexte du projet est particulièrement propice au développement de mécanismes collectifs internes de sécurisation et d'encouragement et émulation, conséquemment d'idéologies et de visions particulières. Malgré le caractère hétérogène et provisoire de tout projet, les diverses «cultures de métiers» sont susceptibles, si les conditions favorables sont présentes, d'aboutir à une fusion dans la poursuite du succès partagé, des puissances vaincues en commun, des adversités domestiquées ensemble, des souffrances et des joies vécues ou à vivre les uns avec les autres. C'est donc dire qu'un projet est une situation où il existe des facteurs mobilisateurs et rassembleurs puissants et multiples : le but commun tangible et précis à accomplir, les défis et les occasions de dépassement qu'il offre, l'intensité des relations qu'il provoque, la proximité et l'entraide dont il est le prétexte, le contact soutenu entre de nombreux «profils» et spécialités qu'il impose, ainsi que l'obligation d'un dialogue et d'une collaboration en temps réel à laquelle il soumet tous les participants.

Mais quelles sont les conditions favorables à une telle ambiance et en quoi le chef de projet peut-il y jouer un rôle ? C'est là l'«habileté» fondamentale dont il doit faire preuve, en plus, bien entendu, de ses compétences en ce qui regarde les choses techniques et économiques.

Le chef de projet et ses compétences particulières

Le chef de projet n'est, pas plus que n'importe quel autre manager, susceptible de générer des symboles mobilisateurs ou rassembleurs, ni de créer une «culture» de la performance soutenue sans un minimum de conditions concrètes préalables. Je donne ailleurs les faits et les raisons, relatifs aussi bien à la théorie qu'au terrain, qui me fondent à soutenir une telle position[45]. Toutefois, et c'est là l'objet central de mon propos, le chef de projet,

---

45. Voir Aktouf (1988a et 1990). En bref, m'appuyant sur les concepts et conclusions les plus solides de l'anthropologie sociale et de l'ethnologie, je m'inscris en faux contre les prétentions du mouvement «*corporate culture*» (dont on trouve une incursion dans la gestion de projets sous la plume de D.I. Clelland [1988] qui voudrait que les managers puissent prétendre devenir des «héros semeurs de valeurs» et créateurs de cultures d'entreprise par le simple grâce de leur leadership, ou de leur détermination à insuffler à leurs troupes la croyance en des slogans-forces [promus au rang de «symboles» ou de «valeurs»] ou, encore, par leur ardeur à faire intérioriser et vénérer l'histoire des fondateurs — histoire promue au rang de «mythe»). Je soutiens au contraire, avec les anthropologues, qu'aucune «culture» n'est ainsi possible — *a fortiori* en gestion de projets — si elle ne correspond à une expérience, une situation matérielle de vie de tous les jours axée sur la communauté, la symétrie, le partage, la considération réciproque, surtout lorsqu'on désire une culture de convergence, de soutien, de participation et d'engagement actif et enthousiaste.

plus que tout autre, est soumis à la fois à la nécessité et à la possibilité de favoriser l'émergence d'une vision partagée. Plus la vision liée à un contexte de travail (que je définirai comme **une façon de vivre une situation particulière, de la caractériser, d'y réagir, d'en parler, momentanément homogène et partagée** par une pluralité de personnes intervenant à des degrés divers dans cette situation) est commune, plus les chances de voir les différents participants s'y engager et s'y intégrer seront grandes.

Cela se base sur le principe évident que plus on **partage de présupposés et de convictions** à propos des tenants et des aboutissants de ce qu'on fait ensemble, plus on sera en mesure de se comprendre vite et de se convaincre qu'on chemine dans le même sens, animés par des objectifs communs. La conséquence immédiate de ce principe est que, dans le projet, **chaque individu pourra se comporter comme « acteur », comme « sujet » considéré, consulté** et admis à donner « son » point de vue, à faire de sa tâche « son » acte.

Les habiletés cardinales du chef de projet doivent donc être inscrites dans cette première grande exigence, définie par W.G. Ouchi : **l'honnêteté, la confiance et l'intimité** envers ses collègues-employés[46].

Le contexte de la gestion par projet, répétons-le, est propice à l'angoisse, qui est, selon la belle formule de H. Laborit, « un déficit informationnel[47] ». La deuxième habileté cardinale du chef de projet sera d'être un **agent de transparence, d'accessibilité de l'information**, de franchise dans le propos et de patience empathique dans l'écoute (prendre le temps d'écouter et de comprendre est un investissement précieux qui évitera bien des malentendus et des travaux mal faits).

Une autre grande habileté consisterait à réduire au minimum les effets pernicieux de la distance qui sépare la vision du siège social de celle du terrain d'opérations. Voici, pour mieux faire ressortir le type d'habiletés dont doit faire preuve le chef de projet, les éléments essentiels de cette « coupure » entre les deux visions :

–   En premier lieu, et maints auteurs en témoignent, il convient de considérer l'existence d'un « malentendu » autour de l'organisation « matricielle » ou « transversale » : **au départ, mode spontané ou quasi spontané de fluidification des relations** dans une situation devenue complexe (par l'avènement de « programmes » ou de projets traversant la structure dans tous les sens), la structure matricielle perd vite cette vocation initiale pour devenir un lourd appareil voué à la réintégration du contrôle et de l'« ordre » dont ne peuvent se passer les structures centrales[48].

---

46. Ouchi (1981).
47. Laborit (1987), p. 124 et suivantes.
48. Ces questions relatives à la structure matricielle et aux problèmes qu'elle pose sont traitées par de nombreux auteurs, dont Peters et Waterman (1982), Chanlat (1984), Denis (1983), Argyris (1967), Knight (1976), Mintzberg (1982).

–   En deuxième lieu, comme le montre H. Denis, les dirigeants centraux se meuvent dans un univers d'homogénéité, de continuité, de temps différé (on ne peut réagir qu'après l'étude ou l'analyse des dossiers), de héros (patrons et managers qui décident, imposent, occupent le premier rang), de refus de l'ambiguïté et de multiples façons d'occulter ou de mal percevoir la réalité du terrain[49]. De leur côté, les chefs de projets baignent dans un univers fait, par définition, d'hétérogénéité, de discontinuité, de temps réel (tout problème nécessite une réaction immédiate), d'antihéros (savoir passer au second plan, écouter, être capable de se remettre en question), de nécessité de l'ambiguïté et de l'incertitude et d'impossibilité d'occulter la réalité parce qu'ils sont sans cesse placés devant les faits. (Dans un article consacré aux problèmes de communication, un expert en gestion de projets dresse ainsi le constat de « deux univers » : l'un « **percevant le monde à travers les ordinateurs** » [les directions centrales] et l'autre « **percevant la réalité à travers les sens** » [les chefs de projets][50].)

–   En troisième lieu (ce qui, on le verra plus loin, revêt une importance fondamentale), les sièges sociaux sont un **monde d'écrits, de chiffres, de plans, de certitudes consignées sur papier**, alors que le terrain est un **monde d'oralité, de rapports verbaux, de contingences et d'événements fortuits,** qui sans cesse débordent les écrits et installent le « flou », le « bruit ».

Sans être manichéiste, ni normatif outre mesure, on peut tirer certaines conséquences de ce qui précède, dans le sens d'un recensement des différents « obstacles » qui se dressent sur le chemin de la gestion de projets et des moyens de les contourner ou de les prévenir.

Tout gestionnaire engagé dans un projet, qu'il soit superviseur, directeur fonctionnel ou chef de projet, devrait être averti de ces obstacles. Il lui faut faire preuve de **capacités d'uniformiser les visions et d'admettre le désordre et l'ambiguïté** qui vont de pair avec le « fonctionnement matriciel », inévitable dans le contexte d'un projet. En d'autres termes, il devra renoncer au mythe des certitudes, des prévisions infaillibles, de la toute-puissance du chef-héros, du contrôle omnipotent, du pouvoir unilatéral. Le chef de projet est appelé à être **capable de comprendre**, mieux que tout autre, **les différentes perceptions en présence**, de les synthétiser et de les faire converger vers leur dénominateur commun que, grâce à la position qu'il occupe, il

---

49. Voir sur cette question de l'occultation de la réalité dans la vie des entreprises : Ketz de Vries (1979) ; Kets de Vries et Miller (1985). Ce phénomène peut être illustré par le témoignage de deux contremaîtres (passés, lors d'un rachat d'usine, d'une multinationale américaine à une entreprise québécoise dont la philosophie de gestion est très cordiale et ouverte) pour qui la plus grande différence entre les deux situations était que, « du temps de la multinationale », ils étaient « obligés de raconter des mensonges » pour répondre à l'exigence de dresser le constat d'au moins deux infractions par jour de la part des ouvriers.
50. Blankevoort (1984).

peut entrevoir, soutenir et renforcer. Un chef de projet n'est ni un père Fouettard, ni un conducteur de travaux, ni un surveillant qui pousse au rendement, ni un calculateur en chef, ni l'expert *nec plus ultra* des aspects techniques du projet.

Dans la littérature la plus récente en management, on fait appel à de nécessaires « ouvertures » vers lesquelles le manager de demain devra s'orienter. Le gestionnaire de projet me semble concerné au premier chef par les exhortations suivantes :

— « Penser l'impensable » et renoncer au rêve de la « gestion scientifique » (surtout avec la pléthore de logiciels à tout faire que l'on connaît).

— Ne plus remplacer le jugement et la réflexion par des « outils de management » tels que les ratios, les algorithmes, les modèles, car réfléchir n'est pas seulement calculer ou se servir d'un instrument tout fait.

— Penser globalement pour agir localement : chaque action ou décision, même de détail, a des répercussions sur un ensemble d'éléments qui sont en interaction ; une vision systémique permet d'éviter la gestion à courte vue.

— Ne plus voir (le terme est de Herzberg lui-même[51]) l'être humain comme un « termite producteur » qu'on peut « gérer scientifiquement ».

— Se penser, lorsqu'on est dirigeant, comme catalyseur qui permet aux autres de s'exprimer et de se réaliser ; par conséquent, comme **pourvoyeur de moyens et générateur de conditions favorables à l'expression de tous.**

— Instaurer une participation sans préjugés, où les employés sont effectivement considérés et traités comme des partenaires.

— **Accepter et encourager** le dialogue, l'expression, **le « bruit »** (être en mesure de tolérer l'existence de différents contenus, sources et formes de « messages », autres que ceux des seuls dirigeants ; cela peut assurer l'autorégulation, l'adaptation et la fiabilité)[52].

— Être **capable d'une « déchirante autocritique »**, selon la formule de Toffler, donc de recul et de questionnement à l'égard de sa propre pratique.

— Être capable de prudence et d'humilité, autant que d'audace (mais en connaissance de cause) face à la complexité, aux interdépendances multiples. Comprendre qu'il n'y a pas de solutions simples aux choses complexes.

---

51. Voir Herzberg (1980).
52. On peut songer, par exemple, aux lois Auroux concernant l'instauration du droit d'expression dans l'entreprise en France, au « secret » du succès de l'entreprise québécoise Cascades tel qu'il est donné par ses dirigeants : l'ouverture, le partage et le **droit de parole.** Voir Atlan (1972 et 1979), Aktouf (1987a).

- **Entretenir la fierté d'appartenance** à un corps de métier qui participe au projet (par exemple, ne pas essayer d'imposer les mêmes règles à tous de façon rigide, laisser s'extérioriser les manières de vivre des différents corps de métiers).

- Faire en sorte que le mérite de chacun **soit reconnu et honnêtement récompensé**, et pas seulement par de bonnes paroles ou, comme je l'ai vu trop souvent, par des lettres standardisées. Des primes, des vacances payées, ou toute autre forme de gratifications tangibles, proportionnelles au service rendu – et accompagnant les bonnes paroles – sont les preuves d'une réelle considération.

Tout cela peut d'ailleurs être grandement facilité par le caractère nécessairement « organique » des rapports dans le contexte de la gestion de projets. Pour employer le langage de Mintzberg, je dirais qu'il s'agit des caractères d'une « adhocratie » doublés de ceux d'une « structure simple », caractères qui réapparaissent avec la complexité que connaissent les entreprises qui ont recours à la gestion par projet (l'ajustement mutuel, le couplage communautaire et réciproque, etc.)[53], alors que, pour les structures centrales, il s'agit, le plus souvent, des caractères de « bureaucraties professionnelles » (la standardisation des qualifications, le règne des technocrates-analystes)[54]. C'est dire, encore une fois, toute la différence de « cultures » ou d'« espaces sociaux » que les modes de structure et d'administration créent entre les uns et les autres.

Le projet se révèle aussi, par nécessité, beaucoup plus **marqué par l'oralité et les rapports verbaux**. Or c'est là, selon les leçons les plus profondes de la linguistique, que l'employé a précisément l'occasion d'être – et d'être traité – comme une « personne », comme un « sujet », ou, au contraire, d'être invalidé, traité en « objet » et poussé vers le non-engagement. Le langage est l'expression de la participation de l'employé à une situation. Parler le « même langage » ne signifie pas seulement dire les mêmes mots ou utiliser le même vocabulaire ; c'est vivre et signifier les mêmes choses. Il devient évident, quand on applique les grilles de la linguistique, que le monde managérial traditionnel (et *a fortiori* celui, très technicisé de la gestion par projet) crée, avec le type de langage qui y est privilégié (procédurier, technique, affirmatif, autoritaire, instrumental, dominateur, unilatéral) un fossé entre le discours et la réalité.

Le lecteur pourrait se demander, avec raison, comment on peut s'y prendre pour acquérir ou développer ce genre de compétences. Ce serait trop présomptueux que de prétendre pouvoir apporter une réponse directe

---

53. Voir Mintzberg (1982), en particulier les quatre premiers chapitres.
54. Voir, en particulier dans Chanlat (1984) et, dans une moindre mesure, dans Peters et Waterman (1982), comment les structures centrales des entreprises croient à des solutions toutes faites qu'apporteraient des « structures miracles » et la « puissance » de la rationalité, des langages formels, des outils d'analyse.

à une telle question. C'est pourquoi je me contenterai d'énoncer quelques principes qui me semblent devoir guider l'esprit de la gestion de demain et, tout particulièrement, la gestion des projets.

Ce n'est pas pour résoudre les problèmes de détails techniques ou financiers qu'on nomme un chef de projet, mais pour faire en sorte que les individus qui ont cette charge et l'expertise correspondante puissent le faire dans les meilleures conditions. Pour utiliser encore le vocabulaire de Mintzberg, je dirais que les rôles primordiaux que le chef de projet doit remplir sont ceux de « distributeur de ressources et d'informations », de « porte-parole » et de « représentant »[55]. Il doit être apte à saisir les langages et les demandes, apte à représenter, comprendre et défendre chacun et chaque corps de métier. C'est presque en véritable « anthropologue de terrain » qu'il devrait pouvoir « lire » chaque contexte particulier, s'y adapter et amener les structures centrales de sa société à s'y adapter ; car **c'est toujours le terrain et le réel qui doivent avoir le dernier mot**. Ainsi, c'est en se pliant aux exigences du terrain et en s'effaçant derrière ceux qu'il saura mettre en avant pour réaliser chaque portion du projet qu'il sera un « héros » dans le vrai sens mythique du terme.

Par ailleurs, plus que tout autre, le gestionnaire de projet est visé par l'incessant plaidoyer de B. Lussato, consultant international[56], qui en appelle à une indispensable « culture générale » du manager. Sa prémisse est simple et puissante : aucun esprit de synthèse, aucune réflexion globale ou « systémique » ne peut se faire sans **le recours aux deux hémisphères cérébraux à la fois**. Or, dans nos obsessions de scientisme, de rigueur technique et mathématique et de spécialisations poussées, nous ne développons et ne sollicitons que les fonctions de notre hémisphère gauche, celui du langage formel et de la logique rationnelle, linéaire et analytique, au détriment de l'hémisphère droit qui est le siège de la synthèse, de l'intuition et de la vision globale. Pour Lussato, il est indispensable de veiller à la stimulation parallèle de l'hémisphère droit (par la culture générale, les arts, les lettres) et il rappelle que c'est une pratique courante chez les managers et les travailleurs japonais.

Le chef de projet doit être capable de vision et de raisonnements synthétiques. Il lui faut alors, comme d'ailleurs tout manager d'aujourd'hui, acquérir les expériences les plus diversifiées et les connaissances fondamentales des sciences dites sociales et humaines. Ce sont ces connaissances qui serviront de base au développement du jugement, de l'esprit de synthèse, de la réflexion et du raisonnement global.

***

---

55. Mintzberg (1973).
56. Lussato (1986) et Lussato et Messadié (1986).

D. QUELQUES EXEMPLES DE MANAGEMENT RENOUVELÉ RÉUSSI

Je ne me propose pas de reprendre la description et l'analyse détaillées de certains exemples de styles de management qui semblent opérer un réel « renouvellement » empirique de la gestion. Je me contenterai d'en souligner les points communs et d'en signaler l'essentiel.

Ce qui est frappant, de prime abord, c'est la nature commune du « noyau dur » sur lequel s'appuient ces entreprises – aujourd'hui à grand succès –, bien qu'elles appartiennent à des types, des contextes, des cultures extrêmement différents, depuis le Québec, la France et les États-Unis jusqu'au Brésil. Il s'agit de cinq entreprises qui ont, peu ou prou, fait parler d'elles durant les dernières années, soit par la voie de livres, de thèses, d'articles, soit par la voie de reportages télévisés, comme Cascades au Québec mais aussi en France et ailleurs, Semco au Brésil, Johnsonville-Saussage aux États-Unis, Forbo au Canada anglophone et au Québec, Benoit SA en France et, enfin, Kimberley-Clark aux États-Unis[57].

De ces entreprises, deux sont multinationales, présentes sur trois continents et plus et totalisent, respectivement, autour de 10 000 à 40 000 employés. Les autres sont plutôt de taille moyenne et non multinationales.

Le « noyau dur » commun à ces exemples reste indéniablement et au-dessus de toutes choses le mode de rapports établis entre dirigeants et dirigés, employeurs et employés et, surtout, employés et entreprise. De façons différentes dans chacun des cas, on a fait, au fond, un peu autrement, ce que font les Japonais, les Scandinaves et les Allemands depuis près d'un siècle. D'une manière ou d'une autre, en effet, l'organisation est offerte comme espace de parole libre, comme lieu d'appropriation et comme lieu de partages. Voilà de quoi infliger un sérieux recul aux sempiternels et **fallacieux arguments de « non-transférabilité culturelle »** de « modèles » considérés comme étant aussi ésotériques qu'imperméables les uns aux autres. Nous ne le répéterons jamais assez : il ne s'agit pas et il ne s'est jamais agi de transférer quoi que ce soit de « culturel » (sinon, **comment les Japonais, de l'aveu même de l'Occident, auraient-ils pu aussi habilement copier, « espionner » et transférer chez eux ce qui venait non pas seulement de cultures, mais de civilisations différentes ?**). Ce dont il s'agit, c'est purement et simplement d'une décision sur le genre d'entreprises que nous voulons : comportant un pouvoir unilatéral, individualiste, égoïste, maximaliste, ou un pouvoir partagé, plus altruiste, moins aveuglément matérialiste et plus communautaire ? C'est là une question de choix, non de culture (si l'on soutient l'existence d'une soi-disant culture individualiste,

---

57. Cascades : voir mes propres publications ainsi que Cuggia (1989) ; Johnsonville-Saussage : voir Stayer (1990) ; Semco : voir Semler (1993) ; Forbo et Kimberley-Clark : voir Maisonneuve (1994).

cyniquement maximaliste, faudrait-il alors soutenir une légitimité du même type pour des pseudo-cultures totalitaristes, fascistes, antisémites, racistes, antiféministes ?).

La preuve, pour moi, qu'il est bien question de choix (de la part de ceux qui en ont le pouvoir, d'abord), c'est l'existence et la prospérité des exemples dont je traite ici. Comment des multinationales comme Cascades ou Kimberley-Clark auraient-elles recours au même type de gestion sur plusieurs continents, si cela était affaire de « cultures intransférables » ? (Comment les Japonais feraient-ils ce qu'ils font jusque dans la France profonde avec Sumitomo et Akaï, à Montluçon et à Honfleur ?)

Mais revenons au fameux noyau dur commun à ces exemples :

– une pyramide aplatie au maximum (deux ou trois échelons) ;

– des bureaux ouverts à tous ;

– l'interpellation possible de quiconque à tout instant ;

– la transparence de toute l'information (sauf, bien entendu, ce que tout un chacun peut concevoir comme devant être à distribution restreinte) ;

– aucune décision sans l'avis des employés en cause ;

– la simplicité et la spontanéité des rapports ;

– l'absence de signes distinctifs de statuts ;

– l'absence de privilèges exclusifs ou « occultes » ;

– l'écoute systématique de l'employé de base ;

– l'auto-organisation et l'autocontrôle ;

– aucun acte, « règle » ou signe de méfiance ;

– d'excellentes conditions de travail (y compris les salaires) ;

– le partage de tout ce qui est habituellement réservé à quelques-uns (les actions, les moyens matériels, les profits, les loisirs, etc.) ;

– la multiplication de gestes et de signes symboliques de la vie en commun (le mobilier, l'habillement, l'accès aux locaux, aux cérémonies, etc.) ;

– un management « à visage humain » (traiter, concrètement, tous les employés sur un mode plus amical que d'affaires ; être souple quant aux règles, être compréhensif, accorder le droit à l'erreur, faire *a priori* confiance, etc.).

Je pourrais prolonger cette liste des caractéristiques communes, mais quelques faits, avant une tentative de théorisation – à partir du cas Cascades – du genre de « leadership-management » en jeu édifieraient, je crois, bien mieux le lecteur sur la nature des relations entretenues dans ces entreprises.

Comme je reviendrai en détail sur Cascades, voici d'abord certains faits saillants relatifs aux quatre autres cas.

SEMCO (BRÉSIL, TAILLE MOYENNE, TURBINES, FROID INDUSTRIEL ET ÉLECTROMÉNAGER)

— Les emplois de secrétariat ont été supprimés car ils n'avaient pas de « potentiel » (chacun fait son propre courrier et les secrétaires occupent des postes plus valorisants).

— Même chose pour les emplois de téléphoniste, réceptionniste, etc.

— Dans l'atelier de production, les ouvriers disposent d'une aire de repos aménagée avec fauteuils, plantes vertes, boissons.

— Dans l'atelier toujours, les ouvriers disposent d'une cabine téléphonique insonorisée pour leurs besoins personnels.

— Les salaires payés aux employés de base (participation aux bénéfices exclue) représentent plus de 10 fois le salaire minimum communément offert au Brésil.

— Les marges, profits, ventes sont à la disposition de tous et les bénéfices font l'objet d'un partage négocié et accepté (23 % du profit net).

— Les repas du restaurant de l'entreprise (copieux et d'excellente qualité) sont payés par les employés en fonction de leur salaire : de 20 % à 40 % de leur valeur réelle.

— L'embauche ou la promotion des cadres (y compris le directeur de l'usine) sont décidées par les employés qui peuvent arrêter la production pour faire les interviews nécessaires.

— Tout cadre est évalué par ses employés qui peuvent mettre fin à son emploi, en cas de besoin.

— Toute liberté est laissée aux employés et aux ouvriers de s'auto-organiser, de discuter du traitement, des commandes avec la direction, de planifier les activités, les délais (je dis bien, liberté totale, la seule exigence étant que le travail déterminé et accepté soit fait, selon la quantité, la qualité et le temps convenus).

— Il n'y a aucun signe de différence de statuts sur le site de l'entreprise : ni uniformes, ni bureaux fermés, ni lieux réservés, ni mobilier particulier.

— L'ensemble des employés, et leur syndicat, sont encouragés, chaque fois qu'ils le jugent utile, à discuter (sinon à contester) les ordres, les directives et les orientations venant de l'entreprise et de ses cadres et dirigeants. Un texte distribué à tous affirme même que la haute direction voit dans l'exercice de la contradiction et du contre-pouvoir un élément sain et nécessaire à l'évolution de l'entreprise.

— Le P.-D.G.-propriétaire affirme que depuis qu'il a eu l'idée de négocier avec ses employés et de leur confier d'une certaine façon le sort de l'entreprise, lui-même n'a besoin d'y consacrer que 30 % de son temps (alors qu'avant il y passait souvent plus de 80 heures par semaine) ; il dit que son rôle principal, aujourd'hui, c'est de « ne rien y faire ».

– **Tous les indicateurs de bonne santé et de prospérité** de l'entreprise ont été améliorés dans des proportions qui vont **du simple au triple, au sextuple et plus,** soit le chiffre d'affaires, les bénéfices, la productivité, les accidents, les maladies, les absences, les coûts, la qualité, les innovations, etc.

– Enfin, signalons que lors d'une récession grave au début des années 1980, au lieu d'opérer des compressions, le patron a prêté à certains de ses ouvriers des machines et de l'outillage ; ainsi, 15 ouvriers ont lancé leurs propres entreprises, qui emploient aujourd'hui 120 personnes.

BENOIT SA (FRANCE, SECTEUR ALIMENTAIRE, 200 EMPLOYÉS) *

Un peu comme Semco, cette entreprise déclare qu'elle pratique une réelle démocratie depuis 1976. Cela consiste, entre autres, à faire élire le P.-D.G. (même si sa famille est l'actionnaire majoritaire) **par les actionnaires et les employés, chaque année.** Tout salarié ayant plus d'un an d'ancienneté participe à l'évaluation du P.-D.G. et des cadres, qui ne sont reconduits dans leurs fonctions que s'ils obtiennent une note supérieure à la moyenne (5 sur 10). De plus, tous les employés sont intéressés, sous forme de primes, à l'augmentation du chiffre d'affaires, aux bénéfices ; ils sont associés aux décisions, aux informations, aux projets, etc. De plus, comme chez Semco, le syndicat (la CFDT) est reconnu comme un partenaire essentiel et est traité comme tel.

Le chiffre d'affaires de Benoit SA a triplé en dix ans et tous se félicitent de ce mode de fonctionnement[58].

JOHNSONVILLE-SAUSSAGE (MID-WEST AMÉRICAIN, MOYENNE ENTREPRISE, SECTEUR ALIMENTAIRE)

De l'aveu même du patron-propriétaire, dans la très prestigieuse *Harvard Business Review*[59], il aurait, « en apprenant à laisser ses ouvriers prendre les décisions », transformé ses « troupes » en un « magnifique vol solidaire d'oies sauvages », alors qu'auparavant son entreprise ressemblait plutôt à un « troupeau de bisons se vautrant en désordre dans la boue ».

Il aurait réussi ce « tour de force », affirme-t-il, **en « apprenant »** tout simplement à « **rendre son propre rôle inutile** », jusqu'à confier à ses em-

---

58. Voir Benoit (1988).
59. Voir Stayer (1990).
* Benoit SA a, en 1997, été rachetée par un groupe allemand. Cependant, sa faillite ne doit pas remettre en cause sa philosophie, car ce sont plusieurs facteurs liés à la conjoncture mondiale qui sont en cause. Rien n'interdit de voir cette philosophie donner d'autres réussites.

ployés les entrevues d'embauche ou les décisions de licenciement et de restructuration. Inutile de préciser que, là aussi, le patron se félicite d'avoir enregistré des **records d'améliorations**, jusqu'à assurer que, sans ces mesures, si l'entreprise avait maintenu un style de gestion plus traditionnel, sa survie aurait été très sérieusement compromise.

KIMBERLEY-CLARK (MULTINATIONALE AMÉRICAINE, PLUSIEURS DIZAINES DE MILLIERS D'EMPLOYÉS, PRODUITS D'HYGIÈNE NOTAMMENT)

Un peu comme Cascades, la « philosophie » de cette multinationale est appliquée dans l'ensemble de ses filiales, partout à travers le monde :

– L'uniforme est le même pour tous, y compris le directeur et les cadres.

– Les lieux de réunions, de repos, de repas et les menus sont les mêmes pour tous.

– Les bureaux des cadres et des ingénieurs sont ouverts à tous et **en priorité aux employés et aux ouvriers** dont on traite immédiatement les demandes.

– Le point de vue de l'employé de base sur toutes les questions, même techniques et financières, est systématiquement sollicité et pris en considération, sinon prédominant (même vis-à-vis des ingénieurs pour des questions d'ajustements sur les lieux de production).

– Toute information touchant les divers aspects de la vie de l'entreprise (y compris les « orientations stratégiques ») est accessible, partagée, commentée.

– Un très savant programme de gestion par la « qualité totale », transformé en un lourd appareillage de démarches tatillonnes, a été subordonné à la concertation directe avec la base, à qui on a laissé l'initiative.

Parmi les résultats spectaculaires qui ont été obtenus, les dirigeants citent certaines **opérations délicates qui prenaient 10 heures et qui ont été réduites à 10 minutes** avec, en prime, une meilleure qualité et 3 fois moins d'accidents, de maladies et d'absences.

FORBO (QUÉBEC ET ONTARIO, ENTREPRISE MOYENNE, PRODUITS DÉRIVÉS DU BOIS ET DU PLASTIQUE)

En ce qui concerne ce dernier exemple, avant de passer à l'essai de compréhension théorique plus global du cas Cascades, je me contenterai de signaler qu'en dehors de mesures et de modes de relations semblables aux précédents, on y a notamment **donné aux employés la tâche de définir, de choisir et de chiffrer leur propre programme de formation pour s'améliorer et améliorer la qualité** ; on y a organisé des sessions de formation communes pour les employés et les cadres ; enfin, le directeur général des installations au Québec s'est donné cinq ans pour supprimer son rôle et son poste et « confier l'entière gestion » à la collaboration entre les cadres et les employés.

Il apparaît bien clairement, par ces exemples variés et différents sous à peu près tous les aspects, que **le soi-disant frein de la transposition culturelle n'est qu'une vue de l'esprit** ou, tout au plus, **un problème d'adaptation**, certes, mais dont on exagère considérablement les aspects prétendus inapplicables. On voit bien qu'entre les façons de faire de ces entreprises américaines, québécoises, brésilienne, anglo-canadienne et les façons de faire relevant des modèles allemand, scandinave ou nippon, il n'y a en fait pas de différence de nature, mais des « variations », pour ainsi dire, autour d'un **thème fondamental : donner, sous une forme ou une autre, la possibilité à l'ensemble des membres d'une organisation d'entrer en relation d'appropriation réelle** vis-à-vis de tout ce qui constitue la vie de l'entreprise. Qu'il y ait des degrés d'appropriation en fonction des « cultures », des rôles, des niveaux, des compétences ne fait aucun doute, mais l'indispensable est que **chacun se sente admis à tenter constamment son propre dépassement** (et pas seulement d'une manière rentabiliste), **en ait le désir et soit reconnu**[60] **par les autres membres de l'organisation**.

Une analyse plus théorique s'appuie sur la philosophie de gestion et le style de leadership ayant cours dans l'entreprise qui, depuis 1985, m'a servi de laboratoire et de phare dans l'exploration et la consolidation de ce que pourrait être le « canevas managérial » visant à répondre aux exigences de mobilisation, d'intérêt au travail, de qualité, de non-gaspillage, de traitement du complexe, de créativité, de constante amélioration de la productivité, de conscience écologique et sociale de cette fin de siècle : la société Cascades.

Malgré quelques déconvenues de taille comme la fermeture d'usines à Port-Cartier sur la Côte-Nord ou de sérieux démêlés dans les relations du travail à Jonquière, Cascades n'a encore, bien au contraire, démenti aucun des espoirs de succès que je plaçais en elle alors qu'elle n'était encore qu'au stade de la petite entreprise régionale, sinon villageoise, il y a bientôt dix ans.

CASCADES INC. (QUÉBEC, MULTINATIONALE, SECTEUR DES PÂTES ET PAPIERS, PRÈS DE 10 000 EMPLOYÉS, PRÈS DE 70 FILIALES SUR TROIS CONTINENTS)

L'étude du « cas » Cascades se fera ici non pas sur un plan descriptif et factuel (on en a parlé plus haut), mais sur un plan analytique et conceptuel,

---

60. Souvenons-nous de la remarquable formule, infiniment prémonitoire, de Max Weber, dans *Économie et société* : « Le zèle des travailleurs » et leur incitation au « dépassement » ne se conçoivent que s'il y a « réappropriation des moyens d'approvisionnement (équivalent de "moyens de production"). »

récapitulant en quelque sorte les attributs qui doivent présider au mode de gestion et de direction propice à cette fameuse « relation de réappropriation »[61].

Parallèlement à la vogue de la recherche de nouveaux modes de management tels que le management culturel ou symbolique, est apparu un questionnement sur le mode de direction des personnes, ses faces cachées, ses dimensions symboliques ou pathologiques. Il me semble cependant qu'un auteur tel que Sievers[62] reste parmi les rares à avoir poussé l'analyse jusqu'à certains fondements relevant de mécanismes psychiques profonds et inconscients. Partant de ce qu'il appelle le « mythe managérial » primordial (mythe voulant que seuls les dirigeants puissent et sachent gérer) et du constat que la théorie générale et la pratique du leadership sont une « perpétuation de l'immaturité » et une infantilisation par la mise (du dirigé) en rapport de dépendance[63], Sievers livre un angle d'attaque aussi radical qu'original d'un des phénomènes les plus abondamment traités en management.

Il y a une autre piste de réflexion qui me semble tout aussi prometteuse : l'interrogation plus poussée à propos du rôle joué par la capacité d'interpeller le pouvoir ou l'autorité. Berle (1957) la présente comme une source de légitimation et de reconnaissance de l'autorité par et pour ceux qui s'y soumettent et Sainsaulieu (1983) montre comment cette interpellation est nécessaire à l'avènement d'un genre d'« acteurs nouveaux », solidaires et complices, dans les organisations.

La transgression du mythe managérial et cette possibilité d'être interpellé semblent pouvoir conférer aux dirigeants une base de légitimité et une possibilité de mobilisation des volontés de leurs « dirigés » encore bien plus grandes et plus solides que ne le permettrait n'importe quelle forme de pouvoir autoritariste ou manipulateur. C'est le genre de pouvoir que Schumpeter (1979) met dans les attributs de ce qu'il appelle le « chef mythique » ou « romantique » et que l'on peut rapprocher, comme on le verra, de la notion de « chef charismatique » ou de mode d'autorité propre à instaurer un contexte de « communauté domestique », solidaire, semblable au modèle de l'*oïkos*[64] cher à Max Weber (1971).

---

61. Une étude plus détaillée sur ce sujet a été publiée sous le titre « Adhésion et pouvoir partagé » dans la revue *Gérer et comprendre* du Centre de recherche en gestion de l'École polytechnique de Paris ; voir Aktouf (1991).
62. Sievers (1986a et 1986b). On peut aussi citer Kets de Vries (1979), Denis (1983), Sainsaulieu (1983), Chanlat (1984), Schein (1985), Kets de Vries et Miller (1985), Kets de Vries (1988).
63. Cette « mise en rapport de dépendance » de l'autre a par ailleurs été soulignée par le groupe de Palo Alto et étudiée en tant que phénomène pathologique dans le processus de communication et de relations interpersonnelles. Bateson appelle cela des mécanismes de « complémentarité » et de « métacomplémentarité » (Watzlawick *et al.* 1979 et Bateson *et al.* 1981).
64. L'*oïkos* désignait, dans la Grèce ancienne, la « maison » communautaire, genre de ferme autarcique où maîtres des lieux, esclaves et travailleurs libres accomplissaient conjointement les divers travaux nécessaires à la vie économique, tout en conservant entre eux des liens de solidarité et d'entraide. La « maison » d'Ulysse et la façon dont elle était « gérée » est, sous la plume d'Homère, le prototype, sans doute, de ce qu'étaient la vie et l'état d'esprit de l'*oïkos* : travaux en commun, intimité et quotidien partagés.

Pour mieux comprendre le contexte des relations dans cette entreprise et le mode de leadership qui y est pratiqué, voici quelques propos édifiants de son président-directeur général, l'aîné des trois frères patrons-propriétaires, et d'un de ses frères, vice-président[65] :

– « Je ne veux pas de descriptions de postes, ni de titres : personne n'aura d'autorité par le titre. »

– « Il ne faut pas de mythe du patron... Il faut dire aux employés qu'on ne sait pas tout. »

– « On partage le travail et les profits, j'ai, et mes frères aussi, travaillé sur tous les postes, et même là où les ouvriers ne voulaient pas aller (parce que c'était très salissant ou pénible). Quand on parle, on n'en est que plus crédibles aux yeux des employés[66]. »

– « Il faut que les travailleurs prennent des décisions ; c'est ça, l'intérêt à ce qu'on fait. »

– « Les employés sont fiers de voir "leur" Cascades réussir. »

– « Il y a le partage des profits, mais ça va avec le reste. C'est un tout, il ne suffit pas de partager juste le profit... »

Voici également, question de symétrie, des propos typiques d'ouvriers de Cascades au sujet de leurs dirigeants[67] :

– « Ce sont des patrons et des dirigeants à qui on peut parler. »

– « Avec eux, on est gâtés, choyés. »

– « Bernard n'a pas peur de parler avec un pauvre petit gars comme moi. »

– « Bernard est égal à toi. »

– « Ici, chez Cascades, tu ne reçois pas d'ordres ! »

– « Ils consultent les employés sur n'importe quelle décision ; c'est leur point fort. »

– « La compagnie, c'est à nous tous ! »

– « C'est pour toi que tu travailles[68]. »

Avant de passer aux dimensions théoriques, voici un dernier fait significatif : à travers toute la compagnie sont colportées les deux histoires

---

65. Entrevues réalisées à l'automne 1985 et 1986 et à l'hiver 1990-1991.
66. Rappelons que les frères propriétaires sont partis de zéro, à la fin des années 1950, avec leur père, ex-ouvrier et syndicaliste, et ont été habitués à « travailler comme tout le monde », dès l'achat du premier « vieux moulin » de pâtes à papier, à tous les postes de travail, y compris les plus pénibles.
67. Propos tirés d'entrevues réalisées sur le site entre 1985 et 1991.
68. Tout cela ne doit pas laisser croire que tout est au beau fixe et parfait à Cascades. Il existe bien des aspects (l'ambiance physique, les conditions de travail, la gestion) dont certains se plaignent ainsi que des employés mécontents ou mal intégrés ou en désaccord avec la « philosophie Cascades » ; mais ils sont la petite minorité, presque les « exceptions qui confirment la règle », en particulier à Kingsey Falls, « village natal » de la compagnie.

suivantes, suscitant attachement et admiration, ainsi que la teneur d'une récente interview[69] donnée par le P.-D.G.-propriétaire :

– Au cours d'une fête, un ouvrier, très éméché, a interpellé le président (Bernard), lui reprochant on ne sait trop quoi. Ce dernier lui a fait remarquer qu'il vaudrait mieux en parler « moins en boisson ». L'ouvrier aurait alors frappé le président « très fort ». Lequel aurait seulement dit : « Il est saoul, il ne sait pas ce qu'il fait. » L'unique mesure prise contre l'ouvrier a été de ne plus lui permettre de se livrer à des excès d'alcool durant les cérémonies collectives.

– Au cours d'une autre fête du même genre, un groupe d'ouvriers a reproché au microphone à Alain (troisième frère et vice-président) d'avoir tendance à « jouer au boss ». Celui-ci a alors pris le microphone à son tour et promis de « se corriger ».

– Enfin, interrogé sur la « génération suivante » des Lemaire à la tête de Cascades, Bernard Lemaire a répondu au journaliste : « Nos enfants assureront la direction s'ils se montrent compétents. »

C'est autour de trois axes que l'on peut, selon ce que laisse entrevoir le style de direction de Cascades, tenter une interprétation du genre d'autorité et de relations auxquelles il renvoie : le premier axe serait l'étude de ce qui semble un type de leadership « charismatique » ; le deuxième axe serait l'essai de compréhension des sources et bases de ce pouvoir charismatique ; enfin, le troisième axe serait la réflexion sur les conditions et conséquences de la mise en place d'un pouvoir facilement accessible et auquel on peut demander des comptes.

Au vu de la façon dont les employés parlent, en particulier, de Bernard Lemaire, le président-propriétaire-fondateur, on comprend qu'on est en présence d'un charisme en même temps que d'un retour d'une forme d'autorité révélant un certain cachet « traditionaliste » et saint-simonien. Si on commence par l'aspect « tradition », on trouve en effet plusieurs facettes convergentes de ce type d'exercice du pouvoir[70] :

– Tout d'abord, la tradition, bien installée dans la civilisation occidentale, veut que la propriété confère des « droits » dont, en ce qui concerne l'entreprise, ceux de fixer le mode d'usage des moyens de production (Weber 1971) et de jouir du « droit de pouvoir » (Berle 1957, Etzioni 1964). Il y a donc une source de légitimation très puissante qui rend inadéquates, ici, les réserves énoncées depuis longtemps quant à la dilution de la propriété et à ses conséquences sur l'exercice du pouvoir dans les entreprises (Galbraith 1968 et Berle 1957). Par conséquent, il

---

69. Dans *Le Devoir*, le lundi 14 mars 1994.
70. Rappelons que Weber définit le pouvoir traditionnel par le fait d'« obéir non pas à des règles mais à la personne appelée à cette fin par la tradition » (1971, p. 232).

n'y a rien de plus « naturel » que d'être le « chef » d'une entreprise lorsqu'on en est le propriétaire-fondateur.

– Ensuite, le président et ses frères se prêtent volontiers à de multiples formes d'intervention dans le milieu et auprès des employés (prêts consentis à certains commerçants locaux, attention portée à l'endettement des employés pour l'achat d'actions, conseils, visite aux employés lorsqu'ils sont malades ou accidentés et lors du décès de parents, etc.) ; il apparaît nettement un caractère d'interpénétration de la vie sociale et de la vie au travail.

– Enfin, plusieurs éléments relèvent d'une tradition proche du saint-simonisme, telle qu'elle s'exprime dans la doctrine d'un Le Play, par exemple : une « autorité » toujours basée sur la bonté, l'amour du prochain, le souci du sort des employés, l'équité, la justice, etc.[71].

Une dimension indéniablement charismatique transparaît également dans les termes utilisés par les employés à propos, particulièrement, du président : « c'est un homme extraordinaire », « c'est un homme à part », « j'en ai jamais vu comme lui », « un patron comme ça, ça n'existe pas »[72].

Il est d'autres **dimensions du charisme recensées par Weber**, moins connues, et qu'on peut déceler chez Cascades : le **caractère absent ou très flou de la hiérarchie**, compensé par « l'intervention directe du chef », la capacité de « **vivre avec le "seigneur" dans un communisme d'amour ou de camaraderie** » ; celle de « **bouleverser le passé** » et d'être « spécifiquement révolutionnaire »[73]. Cascades rompt, en effet, avec tout management classique. Bien que Weber oppose le type charismatique « pur » aux types rationnel et traditionnel (surtout patriarcal et patrimonial) en vertu de son caractère irrationnel et de son **relatif détachement des affaires matérielles** du quotidien, il m'apparaît que Cascades réalise une sorte de coexistence intermédiaire entre le type charismatique et le type traditionnel.

Le charisme et l'héroïsme – bien que Weber n'utilise pas le terme « héros » – sont évidemment des notions très proches puisque les exploits d'un héros (d'un « chef guerrier », par exemple) peuvent en faire un grand porteur de charisme[74]. Il n'y a aucun doute, lorsqu'on se fie à la façon dont les employés en parlent, que **les trois frères propriétaires-dirigeants**, et en particulier le président, **font figure de héros, accomplissant à peu près**

---

71. On retrouve, çà et là, des « traces » de cette tradition chez Fayol dans son *Administration industrielle et générale* où il parle de « bonté », « d'équité ». D'ailleurs, son prédécesseur et supérieur hiérarchique, Stéphane Mony, était très saint-simonien dans son comportement avec les ouvriers, et disciple de Le Play (Reid 1986).
72. Weber définit la domination charismatique comme « la qualité extraordinaire d'un personnage, qui est, pour ainsi dire, doué de forces ou de caractères surnaturels ou surhumains ou tout au moins en dehors de la vie quotidienne » (1971, p. 249).
73. Weber (1971), p. 250 et 252.
74. Weber cite l'exemple de Napoléon. Schumpeter (1979) désigne ce genre de chef par « chef mythique » ou « romantique ».

toujours des actes hors du commun du point de vue de la générosité, de la solidarité, de la simplicité, de la fraternité, de la bonté, de la magnanimité, etc.

Avec des spécialistes de la mythologie comme Éliade (1963 et 1979) ou Caillois (1981), ou encore avec des auteurs comme Sievers (1986b), on apprend que le héros est caractérisé par un double attribut : d'abord transgresser, pour le commun des mortels, les tabous et, ensuite, être capable d'exposer sa vie à tout moment, de vivre avec ce risque et de faire face, en toute conscience, à l'idée de sa propre mort[75].

Commençons par la transgression des tabous. Pour les besoins de l'argumentation, prenons la liberté d'élever au rang de tabous un certain nombre d'interdits consacrés comme intouchables par la tradition industrielle, et constatons l'hétérodoxie de Cascades :

– La transgression du tabou de la hiérarchie, violable et contournable à volonté, dans tous les sens.

– La transgression du tabou de l'exclusivisme entourant le capital et le profit, par tradition chose appartenant strictement au propriétaire.

– La transgression du tabou du secret de l'information financière et comptable, considérée d'habitude comme une arme entre les mains des dirigeants (contre les concurrents, les syndicats et même les employés).

– La transgression du tabou du caractère de quasi-paria de l'employé ou de l'ouvrier avec qui il convient, traditionnellement, de maintenir une distance.

– La transgression du tabou de l'exclusivité de la propriété par le fait d'offrir des véhicules, du matériel, des produits, de l'outillage, des locaux, un gymnase et même la piscine du président ou son hélicoptère, à l'usage des employés et de leurs familles (pour des baptêmes de l'air, etc.).

– La transgression du tabou de la différenciation des statuts par les postes, les locaux, les privilèges exclusifs, etc.

– La transgression du tabou entourant l'organisation et la façon de produire, à travers la liberté d'organisation des équipes, le droit de « s'essayer », le droit à l'erreur, etc.

---

75. Cascades ferait ici figure d'exemple de relativisation de la « contradiction symbolique » dont nous parlions plus haut. Les archétypes de ce genre d'héroïsme peuvent être représentés par les mythes où les héros transgressent les tabous de l'inceste, de la contestation des dieux ou des lois (Antigone) ou par les légendes et mythes où les héros sont en quête, au risque constant de leur vie, de quelque symbole ou source d'immortalité ; quête au bout de laquelle ils finissent par acquérir la certitude de la mort, par faire acte de renoncement à l'immortalité et, par là, accéder à une forme de sagesse. Ainsi se présente l'un des mythes les plus anciens, celui de Gilgamesh (XXVIIᵉ siècle avant J.-C.), roi semi-légendaire d'Ourouk, parti en quête de l'immortalité et revenu assagi et acceptant l'idée de la mort, après avoir vu mourir son meilleur ami. C'est par ailleurs une des caractéristiques des héros de n'être éternels qu'après leur mort.

– La transgression du tabou de l'association de l'employé à la décision, à la conception, à l'orientation, ou du tabou de le laisser agir à sa guise[76].

Voyons à présent la deuxième catégorie d'attributs consacrant le statut de héros : **la sagesse par le deuil du fantasme de l'immortalité**. L'illusion fantasmatique de l'immortalité qui est inscrite dans le mode de rapport du manager avec la réalité est attestée de plusieurs façons et par plusieurs auteurs. D'abord, Sievers (1986c) la voit dans l'**identification des dirigeants à l'entreprise ou à leur propriété**, dans la succession, dans le **rêve de perpétuation de l'œuvre,** dans le fait de se faire enterrer dans la cour de leur entreprise, dans le **discours organisateur** (qui est forcément un discours de nature démiurgique), dans la **réification de l'employé** qui leur confère une sorte de monopole de l'état de sujet et d'exercice du libre arbitre...

Comment les frères Lemaire démontrent-ils l'absence de ce type de fantasmes ? Par maints signes d'acceptation de leur état de « simples mortels » : un ouvrier ou un employé peut faire de l'équitation avec l'un deux, se baigner dans leur piscine personnelle, monter dans leur hélicoptère, leur téléphoner, passer des soirées de danse avec eux et leurs familles, pratiquer son sport dans le même gymnase qu'eux, et ainsi de suite. Mais plus éloquentes encore, ces deux déclarations, presque trop belles, de la part de deux employés de base :

« C'est pas parce que t'es une secrétaire que t'es [traitée comme] une pioche. »

« Bernard ne se croit pas né d'une créature extraterrestre : il [sait qu'il] est né d'une mère comme nous autres[77]. »

On voit très clairement ici **la référence à l'absence de réification** ou de sentiment de réification de l'employé (ne pas être une pioche) et **l'absence de déification** de la fonction de dirigeant (né d'une mère comme tout le monde).

Le troisième et dernier élément caractérisant le style de direction de Cascades est sa **capacité à se laisser interpeller**. De cela, il existe plusieurs manifestations différentes :

– Les portes de tous les dirigeants, y compris les vice-présidents et le président, sont ouvertes.

---

76. Cela est un « tabou » de taille, peut-être aussi important que ceux liés au profit, à l'information ou à la promiscuité, car il rejoint (Sievers 1986c) un profond « mythe managérial » où seuls les managers « savent » et « peuvent » décider. Ce à quoi Berle (1957, p. 47 et suivantes) ajoute que, traditionnellement, celui qui détient l'autorité se croit seul à détenir l'information et la capacité de jugement pour décider.

77. Il est intéressant de comparer cette expression avec celle d'un ouvrier d'une brasserie étudiée quelques années auparavant : « La direction ? Il y a un Dieu au ciel, et eux, ce sont les dieux sur terre ! »

- Les numéros de téléphone sont affichés partout.

- L'écoute systématique de l'employé constitue une obligation.

- La concertation a lieu dans les deux sens.

- Une assemblée se déroule au moins une fois l'an, avec tous les employés et ouvriers, en présence d'un des Lemaire, que l'usine soit syndiquée ou non.

- Les reproches adressés aux dirigeants sont tolérés, voire encouragés.

Le fait de contourner la hiérarchie et l'incitation, par maints signes et comportements explicites et implicites, à s'exprimer, à questionner sinon à contester, semblent constituer l'épine dorsale du climat général de l'entreprise. C'est **une façon d'être**, de la part des dirigeants, **qui réduit considérablement les effets nocifs de l'exercice du pouvoir**, à travers ce que Berle (1957) dénomme «l'appel à la conscience du roi». C'est une façon de tempérer le pouvoir et de lui mettre des garde-fous.

C'est également un **contrepoids au pouvoir absolu** (qui peut, on le sait, conduire à des dérives catastrophiques). Ce contrepoids, paradoxalement, assure la légitimité, la pérennité, l'acceptation et la défense du pouvoir par ceux-là mêmes qui le «subissent». Car, précise Berle, derrière cette interpellation permise du pouvoir, il y a une **conception du bien, de l'acte moral et de l'équité**, une conception et un souci du bien-être d'autrui. Sans ce contrepoids, tout pouvoir devient despotique, donc insupportable. C'est là une dimension qui rapproche Cascades de la doctrine sociale aristotélo-thomiste[78].

Mais il y a encore plus à considérer : on peut, avec la linguistique, montrer que **cette capacité d'interpellation** est, en fait, la modalité organisationnelle d'une **condition de base de constitution de la personne en tant que personne**, du sujet en tant que sujet. C'est le fait de pouvoir se poser, dans un dialogue, comme un «je» qui s'adresse à un «tu» (Benveniste 1973), d'être reconnu comme **partenaire dans l'exercice d'une compétence partagée** au sein d'un «marché» de la langue «autorisée» (Bourdieu 1982). C'est, en bref, conserver son statut d'humain, du fait que «l'homme n'est homme qu'en tant qu'il est celui qui parle» (Heidegger 1981).

Ce qui retient l'attention, tout compte fait, dans le style de gestion de Semco, Kimberley-Clark, Johnsonville-Saussage, Forbo et Cascades, c'est surtout que **le pouvoir est largement démocratisé et reconnu, accepté,**

---

78. Par des éléments tels que, par exemple, la notion d'«amitié utile», où la finalité des actes humains est de s'inscrire dans le sens du bien commun, dans l'attachement à l'«économique» (production de richesses pour le bien-être de la communauté) par opposition à «chrématistique» (production de richesses dans le but d'une accumulation indéfinie et égoïste) [Aktouf 1988b].

légitimé et incontesté. Comment arriver à un tel degré d'adhésion et de complicité ? Une première hypothèse est que cela est possible quand **l'organisation est propice à l'expression et à l'existence de chacun en tant que personne.** C'est un tout, un **faisceau d'actes et de faits convergents** : bons salaires, transparence, partages, auto-organisation, décentralisation, proximité, générosité, humilité, écoute, solution des problèmes en commun, etc.

Quant au leadership lui-même, nous voyons, et c'est la seconde hypothèse, une situation où **le pouvoir des dirigeants est d'autant plus légitime et plus fort**, d'autant moins contesté, qu'il affiche les symboles paradoxaux de la puissance : **il se laisse interpeller**, il réalise l'équilibre indispensable à son renforcement par la **possibilité d'appel et de recours**, au « sens du bien » de ses dirigeants. Par ailleurs, il réalise les conditions que Weber et Schumpeter mettent dans l'acceptation d'une autorité : les dirigeants sont investis de l'aura des « héros mythiques », des « chefs romantiques » ou « charismatiques ». Et cela n'est, répétons-le, que parce que ces dirigeants transgressent maints « tabous », presque indéracinables, du management classique.

Les Lemaire, Semler et Stayer ont su montrer comment leur mode de direction était basé sur un **renoncement à la toute-puissance.** Or, ce renoncement, ce « deuil », est, on le sait tout au moins pour la psychologie kleinienne, un élément de résolution des conflits liés aux fantasmes de l'enfance, et aussi une lutte que la personne doit conduire toute sa vie durant (Klein 1940 et 1978). Ces dirigeants ont su, à mon sens, **éviter et dépasser les deux formes de pièges** symboliques du pouvoir : **celui** (déjà reconnu par Argyris [1958]) **qui consiste à pousser l'employé à se comporter de façon dépendante et infantile et celui** (Sievers 1986b, Kets de Vries 1979 et Morgan 1989) **qui consiste à céder au fantasme de toute-puissance.**

LES IDÉES IMPORTANTES

SUR LES PERSONNES, LES ACTIVITÉS, L'ENTREPRISE

Le management renouvelé

La pratique réelle d'un management renouvelé implique une remise en question de nombreux présupposés, idées, principes et surtout attitudes qui ont fondé la tradition managériale. Le « management de l'excellence » ou celui de la « qualité totale » sont encore considérés trop souvent comme des recettes additionnelles, des moyens d'ordre « symbolique » qui permettent d'embrasser le changement tout en maintenant le *statu quo*. La gestion de projets, par exemple, est fréquemment envisagée comme une activité de remaniement des structures et des rôles qui ne tient pas compte des problèmes humains et sociaux. Le partage de vision nécessaire à la réussite commune repose pourtant sur la cohérence entre le discours et les répercussions des changements sur l'expérience quotidienne de chacun.

✗ *Questions*

1. Quelles habiletés et compétences fondamentales devrait posséder le chef de projet?

2. De quelle façon le «management de l'excellence» ou celui de la «qualité totale» renforcent-ils la «déification» du dirigeant et quelles sont les conséquences de cette attitude sur l'employé, l'entreprise, la communauté et l'économie?

3. Quelles devraient être les principales connaissances à la base du management de demain?

SUR LA SOCIÉTÉ

Un changement en profondeur relève en définitive d'un choix de société, le choix d'une éthique de la dignité humaine. L'être humain est doté du libre arbitre, d'une grande capacité d'adaptation à la complexité, d'un potentiel créateur. En maintenant une répartition des richesses et du pouvoir telle que l'employé reste considéré comme un coût, une ressource alors dénuée de volonté et de conscience, les entreprises se voient coupées de leur source première d'innovation. Il y a des conditions à mettre en place dans l'entreprise afin de faire de la main-d'œuvre une partenaire complice et engagée, et ces conditions passent toutes par une transformation radicale du statut du dirigeant et surtout de l'employé, de l'objet au sujet.

✗ *Questions*

1. Discutez les différences entre le modèle de gestion nord-américain et les «modèles rivaux» (allemand, nippon, suédois).

2. De quelle façon le management «anglo-saxon» a-t-il alimenté les théories du management traditionnel? Quelles en sont les idées fondamentales?

3. Quel est le contenu des principales critiques quant à la prétendue «humanité» de l'entreprise nord-américaine?

Bibliographie de la conclusion générale

ABRAHAM, K. (1970) *Œuvres complètes*, Tome II, Paris, Payot.

AKTOUF, O. (1984a) « Le management et son enseignement : entre doctrine et science ? », *Gestion*, avril, p. 44-49.

AKTOUF, O. (1984b) « La méthode des cas et l'enseignement du management : pédagogie ou conditionnement ? », *Gestion*, novembre, p. 37-42.

AKTOUF, O. (1985) « À propos du management », *in* A. Chanlat et M. Dufour (dir.), *La rupture entre l'entreprise et les hommes*, Montréal-Paris, Québec/Amérique-Éditions d'Organisation, p. 363-388.

AKTOUF, O. (1986a) *Le travail industriel contre l'homme ?*, Alger, OPU-SNED.

AKTOUF, O. (1986b) « La parole dans la vie de l'entreprise : faits et méfaits », *Gestion*, vol. 11, n° 4, novembre, p. 31-37.

AKTOUF, O. (1987a) « Le cas Cascades : comment se crée une culture organisationnelle », *Revue française de gestion*, n°s 65-66, novembre-décembre, p. 156-166.

AKTOUF, O. (1987b) « Les rapports chefs de projets – directions générales : fonctionnement matriciel ou structure matricielle ? », *Revue P.M.O.*, Chicoutimi, vol. 2, n° 2, avril, p. 36-40.

AKTOUF, O. (1988a) *Corporate Culture, the Catholic Ethic and the Spirit of Capitalism : A Québec Experience*, Montréal, Centre d'études en administration internationale, École des hautes études commerciales, septembre (Cahier de recherche n° 88-06).

AKTOUF, O. (1988b) « La communauté de vision au sein de l'entreprise : exemples et contre-exemples », *in* G.L. Symons (dir.), *La culture des organisations*, Collection « Question de culture », Montréal, Institut québécois de recherche sur la culture n° 14, p. 71-98.

AKTOUF, O. (1989a) « Le symbolisme et la culture d'entreprise : des abus conceptuels aux leçons du terrain », *in* J.-F. Chanlat (dir.) [1990], *L'individu dans l'organisation : les dimensions oubliées*, Québec-Paris, PUL-ESKA.

AKTOUF, O. (1989b) *Le management entre tradition et renouvellement* (édition révisée 1990), Montréal, Gaëtan Morin Éditeur.

AKTOUF, O. (1989c) « L'interpellation de l'autorité et la transgression des tabous managériaux comme symboles de leadership puissant », inédit, Montréal, HEC.

AKTOUF, O. (1990) « Le symbolisme et la culture d'entreprise – Des abus conceptuels aux leçons du terrain », *in* J.-F. Chanlat (dir.), *L'individu dans l'organisation : les dimensions oubliées*, Québec-Paris, PUL-ESKA, p. 553-588.

AKTOUF, O. (1991) « Adhésion et pouvoir partagés : le cas Cascades », *Gérer et comprendre, Annales des mines*, n° 23, juin, p. 44-57.

AKTOUF, O. et M. CHRÉTIEN (1987) « Le cas Cascades : comment se crée une culture d'entreprise », *Revue française de gestion*, n°s 65-66, novembre-décembre, p. 156-166.

ALBERT, M. (1991) *Capitalisme contre capitalisme*, Paris, Éditions du Seuil.

AMADIEU, J.-F. (1989) « Les entreprises : églises ou équipages de rafting ? », *Gérer et comprendre*, n° 17, décembre, p. 36-40.

ARCHIER, G. et H. SÉRIEYX (1984) *L'entreprise du 3e type*, Paris, Éditions du Seuil.

ARGYRIS, C. (1957) *Personality and Organization*, New York, Harper.

ARGYRIS, C. (1958) « The Organization : What Makes it Healthy ? », *Harvard Business Review*, vol. 36, n° 6, p. 107-116.

ARGYRIS, C. (1967) *Executive Leadership : An Appraisal for Manager in Action*, Handem, Connecticut, Archon Books.

ARGYRIS, C. (1980) « Some Limitations of the Case Method : Experiences in a Management Development Program », *Academy of Management Review*, vol. 5, n° 2, avril, p. 291-299.

ARVON, H. (1960) *La philosophie du travail*, Paris, PUF (Sup.).

ATLAN, H. (1972) « Du bruit comme principe d'auto-organisation », *Communications*, n° 18, p. 21-36.

ATLAN, H. (1979) *Entre le cristal et la fumée*, Paris, Éditions du Seuil.

ATLAN, H. (1985) « Ordre et désordre dans les systèmes naturels », *in* A. Chanlat et M. Dufour (dir.), *La rupture entre l'entreprise et les hommes*, Paris, Éditions d'Organisation, p. 119-140.

AUBERT, N. et V. de GAULEJAC (1992) *Le coût de l'excellence*, Paris, Éditions du Seuil.

AUTREMENT (1988). *Le culte de l'entreprise*, n° 100 (numéro spécial), septembre.

BABBAGE, C. (1963) *On the Economy of Machinery and Manufacturers*, Londres, C. Knight.

BARNARD, C. (1950) *The Functions of the Executives*, Cambridge, Massachusetts, Cambridge University Press.

BATESON, G. *et al.* (1981) *La nouvelle communication*, Paris, Éditions du Seuil (Points).

BAUER, M. et B. BERTIN-MOUROT (1993) « Comment les entreprises françaises et allemandes sélectionnent-elles leurs dirigeants ? », *Problèmes économiques*, n° 2337, 11 août, p. 14-19.

BELLEMARE, D. et L. POULIN-SIMON (1986) *Le défi du plein emploi*, Montréal, Éditions Saint-Martin.

BELLON, B. et J. NIOSI (1987) *L'industrie américaine, fin du siècle*, Montréal, Boréal.

BENOIT, J. (1988) *La folle aventure*, Paris, Filipacchi.

BENVENISTE, É. (1973) *Problèmes de linguistique générale I*, Paris, Gallimard.

BENVENISTE, É. (1980) *Problèmes de linguistique générale II*, Paris, Gallimard.

BERLE, A. (1957) *Le capital américain et la conscience du roi : le néocapitalisme aux États-Unis*, Paris, Armand Colin.

BERTALANFFY, L. von (1973) *La théorie générale des systèmes*, Paris, Dunod.

BETTELHEIM, C. (1976) *Calcul économique et forme de propriété*, Paris, Maspero.

BEYNON, H. (1973) *Working for Ford*, Londres, Penguin Books.

BLANKEVOORT, P.J. (1984) « Effects of Communication and Organization », *International Journal of Project Management*, vol. 2, n° 3, août.

BOUCHARD, S. (1985) « Être truckeur (routier) », *in* A. Chanlat et M. Dufour, *La rupture entre l'entreprise et les hommes*, Montréal-Paris, Québec/Amérique-Éditions d'Organisation, p. 351-359.

BOURDIEU, P. (1982) *Ce que parler veut dire*, Paris, Fayard.

BOURGOIN, H. (1984) *L'Afrique malade du management*, Paris, Jean Picollec.

BRANDT, R. et B. TREECE (1986) « High Tech to the Rescue », *Business Week*, 16 juin, p. 100-108.

BRAUDEL, F. (1980) *Civilisation matérielle, économie et capitalisme, les jeux de l'échange*, Tome II, Paris, Armand Colin, 3 tomes.

BRAUDEL, F. (1985) *La dynamique du capitalisme*, Paris, Arthaud.

BRAVERMAN, H. (1974) *Labor and Monopoly Capital*, New York, Monthly Review Press.

BRAVERMAN, H. (1976) *Travail et capitalisme monopoliste*, Paris, Maspero.

BREITMEIER, W. (1987) « Le système allemand, l'employeur et l'éducateur », *Revue française de gestion*, n°s 65-66, novembre-décembre, p. 88-92.

BROWN, L.R. (1990) *State of the World 1990*, Washington, Worldwatch Institute.

BURR, I.W. (1976) *Statistical Quality Control Methods*, New York, Marcel Dekker.

BURR, I.W. (1984) *Elementary Statistical Quality Control*, New York, Marcel Dekker.

BURRELL, G. et G. MORGAN (1979) *Sociological Paradigms and Organizational Analysis*, Londres, Heineman Educational Books, chap. 5, 8 et 10.

BUSINESS WEEK (1992) « Executive Pay, Compensation at the Top is out of Control », 30 mars, p. 52-58.

CAILLÉ, A. (1989) *Critique de la raison utilitaire, Manifeste du MAUSS*, Paris, La Découverte.

CAILLOIS, R. (1981) *Le mythe et l'homme*, Paris, Gallimard (Idées).

CALVEZ, J.-Y. (1978) *La pensée de Karl Marx*, Paris, Éditions du Seuil (Points).

CANS, R. (1990) *Le monde poubelle*, Paris, Éditions du Seuil.

CAPRA, F. (1983) *Le temps du changement. Science – Société – Nouvelle culture*, Paris, Le Rocher.

CESSIEUX, R. (1976) *Recherche sur les processus de la division du travail*, Grenoble, IREP.

CHANLAT, A. (1984) *Gestion et culture d'entreprise : le cheminement d'Hydro-Québec*, Montréal, Québec/Amérique.

CHANLAT, A. (1990) « La gestion, une affaire de parole », *in* J.-F. Chanlat (dir.), *L'individu dans l'organisation : les dimensions oubliées*, Québec-Paris, PUL-Eska.

CHANLAT, A. (1993) « La Société malade de ses gestionnaires », *Interface*, vol. 14, n° 6, novembre-décembre, p. 25-31.

CHANLAT, A. et R. BÉDARD (1990) « La gestion, une affaire de parole », *in* J.-F. Chanlat (dir.), *L'individu dans l'organisation : les dimensions oubliées*, Québec-Paris, PUL-ESKA, p. 79-100.

CHANLAT, A. et M. DUFOUR (dir.) [1985] *La rupture entre l'entreprise et les hommes*, Montréal-Paris, Québec/Amérique et Éditions d'Organisation.

CHANLAT, J.-F. (dir.) [1990] *L'individu dans l'organisation : les dimensions oubliées*, Québec-Paris, PUL-ESKA.

CHANLAT, J.-F. et F. SÉGUIN (1987) *L'analyse des organisations, une anthologie sociologique*, Tome 2, Montréal, Gaëtan Morin Éditeur.

CHAYRIGUÈS, M. et O. AKTOUF (dir.) [1994] *Rapport de stage ouvrier à Cascades Kingsey-Falls*, Cahiers du CETAÏ, Montréal, HEC.

CLASTRES, P. (1974) *La société contre l'État*, Paris, Éditions de Minuit.

CLEGG, S.R. (1975) *Power Myth and Domination*, Londres, Routledge and Kegan Paul.

CLEGG, S.R. (1990) « Pouvoir symbolique, langage et organisation », *in* J.-F. Chanlat (dir.), *L'individu dans l'organisation : les dimensions oubliées*, Québec-Paris, PUL-ESKA, p. 663-681.

CLEGG, S.R. et D. DUNKERLEY (1977) *Critical Issues in Organizations*, Londres, Routledge and Kegan Paul.

CLELLAND, D.I. (1988) « The Cultural Ambience of Project Management », *Project Management Journal*, vol. 19, 3 juin, p. 49-56.

CODY, J. (1987) *Policies for Industrial Progress in Developing Countries*, New York, Oxford University Press.

CONDOMINAS, G. (1980) *L'espace social à propos de l'Asie du Sud-Est*, Paris, Flammarion.

COTTA, M. (1992) *Le capitalisme dans tous ses états*, Paris, Éditions du Seuil.

COURDY, J.-C. (1979) *Les Japonais, la vie de tous les jours dans l'empire du Soleil levant*, Paris, Belfond.

COURDY, J.-C. (1992) *Japonais. Plaidoyer pour les fourmis*, Paris, Belfond.

COURRIER INTERNATIONAL (LE) [1993] Mention de l'article du *Wall Street Journal* « Classics in American Business Schools », n° 125, 25 mars, p. 36-37.

CROSBY, P.B. (1979) *Quality Is Free : The Art of Making Quality Certain*, New York, McGraw-Hill.

CROZIER, M. (1963) *Le phénomène bureaucratique*, Paris, Éditions du Seuil.

CROZIER, M. (1989) *L'entreprise à l'écoute*, Paris, InterÉditions.

CROZIER, M. et H. SÉRIEYX (1994) *Le management panique*, Paris, Maxima et PUF.

CUGGIA, G. (1989) *Cascades, le triomphe du respect*, Montréal, Québec/Amérique.

DANDRIDGE, T.C. (1976) *Symbols at Work: Types and Functions in Relected Organizations*, thèse de doctorat, Los Angeles, University of California.

DEAL, T.E. et A.A. KENNEDY (1982) *Corporate Culture: The Rites and Rituals of Corporate Life*, Reading, Massachusetts, Addison-Wesley.

DEJOURS, C. (1980) *Le travail, usure mentale: essai de psychopathologie du travail*, Paris, Le Centurion.

DEJOURS, C. (1990) « Nouveau regard sur la souffrance humaine dans les organisations », *in* J.-F. Chanlat, (dir.), *L'individu dans l'organisation: les dimensions oubliées*, Québec-Paris, PUL-ESKA, p. 687-708.

DEJOURS, C. *et al.* (1985) *Psychopathologie du travail*, Paris, Entreprise moderne d'Édition.

DELVIN, E. (1986) « Ne tirez pas sur les M.B.A. », *Revue Commerce*, vol. 88, n° 10, octobre, p. 168-180.

DEMING, W.E. (1987) « Pourquoi sommes-nous si mauvais? », *Revue Commerce*, vol. 88, n° 10, octobre, p. 109-117.

DENIS, H. (1983) « Les défis de l'organisation matricielle », *L'ingénieur*, vol. 69, n° 358, novembre-décembre, p. 23-37.

DE PREE, J. (1989) *Leadership Is an Art*, New York, Doubleday.

DEVEREUX, G. (1970) *Essais d'ethnopsychiatrie générale*, Paris, Gallimard.

DEVOIR (LE) [1994] « Le succès "en cascade" », entrevue avec Bernard Lemaire de Cascades, réalisée par Claude Turcotte, lundi 14 mars, p. B-1.

DUMONT, R. (1988) *Un monde intolérable: le libéralisme en question*, Paris, Éditions du Seuil.

DUNCAN, A.J. (1974) *Quality Control and Industrial Statistics*, Homewood, Illinois, R.D. Irwin.

DURKHEIM, É. (1893) *De la division du travail social*, Paris, F. Alcan (réédité aux PUF en 1968 – 8ᵉ édition.

EIBLESFELDT, E. (1979) *Par delà nos différences*, Paris, Flammarion.

ÉLIADE, M. (1963) *Aspects du mythe*, Paris, Gallimard (Aspects).

ÉLIADE, M. (1979) *Traité d'histoire des religions*, Paris, Payot.

ÉLIADE, M. (1982) *Le phénomène religieux*, Paris, Payot.

ÉTAT DU MONDE 1991 (L') [1991-1992] Paris et Montréal, La Découverte et Boréal.

ETCHEGOYEN, A. (1990) *Les entreprises ont-elles une âme?*, Paris, François Bourrin.

ETZIONI, A. (1964) *Modern Organizations*, Englewood Cliffs, New Jersey, Prentice-Hall.

ETZIONI, A. (1989) *The Moral Dimension: Toward a New Economics*, New York, The Free Press.

EVANS-PRITCHARD, E.E. (1950) *Social Anthropology*, Londres, Cohen and West.

FAYOL, H. (1979) *Administration industrielle et générale*, Paris, Dunod (première publication en 1916).

FOLLET, M.P. (1942) *Dynamic Administration: The Collected Papers of M.P. Follet*, *in* H.C. Metcalf et L. Urwick (dir.), New York, Harper and Row.

FORTUNE (1989) « The Trust Gap », de A. Farnham, 4 décembre, vol. 120, n° 14, p. 56-78.

FRIEDMAN, M. (1962) *Capitalism and Freedom*, Chicago, University of Chicago Press.

FRIEDMANN, G. (1950) *Où va le travail humain?*, Paris, Gallimard.

FRIEDMANN, G. et P. NAVILLE (1969) *Traité de sociologie du travail*, Paris, Armand Colin, 2 volumes.

FRIEDRICH, O. (1981) « Business School Solutions May Be Part of the US Problem », *Time Magazine*, 4 mai, p. 52-59.

FROMM, E. (1961) *Marx's Concept of Man*, New York, Frederick Ungar.

FROMM, E. (1975) *La passion de détruire*, Paris, Robert Laffont.

GALAMBAUD, B. (1988) *L'initiative contrôlée ou le nouvel art du manager*, Paris, Entreprise moderne d'Édition.

GALBRAITH, J.K. (1968) *Le nouvel État industriel*, Paris, Gallimard.

GALBRAITH, J.K. (1989) *L'économie en perspective*, Paris, Éditions du Seuil.

GASPARINI, G. (1990) « Temps et travail en Occident », *in* J.-F. Chanlat (dir.), *L'individu dans l'organisation : les dimensions oubliées*, Québec-Paris, PUL-ESKA, p. 199-214.

GEAG, J.M. (1977) « Aggression and Submission in Monkey Societies », *Animal Behaviour*, vol. 25, n° 2, p. 465-474.

GEORGESCU-ROEGEN, N. (1971) *The Entropy Law and the Economic Process*, Cambridge, Massachusetts, Harvard University Press.

GIRIN, J. (1982) « Langage en actes et organisations », *Économie et sociétés, Cahiers de l'ISMEA*, Série « Sciences de gestion », vol. 3, n° 16, p. 1559-1591.

GIRIN, J. (1990) « Problèmes de langage dans les organisations », *in* J.-F. Chanlat (dir.), *L'individu dans l'organisation : les dimensions oubliées*, Québec-Paris, PUL-ESKA, p. 37-77.

GODELIER, M. (1966) *Rationalité et irrationalité en économie*, Paris, Maspero.

GORZ, A. (1973) *Critique de la division du travail*, Paris, Éditions du Seuil (Points).

GORZ, A. (1988) Métamorphoses du travail, quête du sens : critique de la raison économique, Paris, Galilée.

GORZ, A. (1989) *Les chemins du paradis : l'agonie du capital*, Paris, Galilée.

GUITTON, H. (1975) *Entropie et gaspillage*, Paris, Cujas.

HAFSI, T. (1985) « Du management au métamanagement : les subtilités du concept de stratégie », *Gestion*, vol. 10, n° 1, février, p. 6-14.

HAMMER, M. et J. CHAMPY (1993) *Le reengineering*, Paris, Dunod.

HARBOUR, J. (1976) « Is New-Tech Really the Answer ? », *Automotive Industries*, 19 juillet, p. 10.

HASSARD, J. (1988) *Time, Work and Organization*, Londres, Routledge and Kegan Paul.

HASSARD, J. (1990) « Pour un paradigme ethnographique du temps de travail », *in* J.-F. Chanlat (dir.), Québec-Paris, PUL-ESKA, p. 215-230.

HEIDEGGER, M. (1981) *Acheminement vers la parole*, Paris, Gallimard.

HEILBRONER, R. (1971) *Les grands économistes*, Paris, Éditions du Seuil.

HEILBRONER, R. (1994) *Le capitalisme du XXIe siècle*, Paris, Bellarmin.

HERZBERG, F. (1980) « Humanities : Practical Management Education », *Industry Week*, vol. 206, n° 7, 29 septembre, p. 69-72.

HOFMAIER, B. (1980) *Construction Worker : A Life of Permanent Temporality*, thèse de doctorat, Göteborg, Suède.

HOPKINS, P. (1977a) « Des femelles en quête de groupe », *La Recherche*, vol. 8, n° 74, janvier, p. 94-95.

HOPKINS, P. (1977b) « Les combats entre animaux de même espèce », *La Recherche*, vol. 8, n° 79, juin, p. 588.

HOPKINS, P. (1985) « Compétition, coopération, l'individu et le groupe », *in* A. Chanlat et M. Dufour (dir.), *La rupture entre l'entreprise et les hommes*, Québec-Paris, PUL-ESKA.

IACCOCA, L. (1985) *Iaccoca par Lee Iaccoca*, Paris, Robert Laffont.

INTERNATIONAL PROJECT MANAGEMENT JOURNAL (1984) Numéro spécial sur l'éducation et la formation des chefs de projet, vol. 2, n° 3, août.

IRIBARNE, P. d' (1992) *La logique de l'homme*, Paris, Éditions du Seuil.

JACCARD, P. (1960) *Histoire sociale du travail*, Paris, Payot.

JACCARD, P. (1966) *Psychosociologie du travail*, Paris, Payot.

JANIS, I.L. (1972) *Victims of Group Think*, Boston, Massachusetts, Houghton Mifflin.

JOLLY, P. (1933) *L'éducation du chef d'entreprise*, Paris, L. Eyrolles.

JULIEN, C. *et al.* (1990) « La planète mise à sac », *Le Monde diplomatique, Manière de voir*, n° 434, mai, p. 15-23.

JURAN, J.M. et F.M. GRYNA (1980) *Quality Planning and Analysis*, New York, McGraw-Hill.

KAKAR, S. (1970) *Frederick Taylor: A Study in Personality and Innovation*, Cambridge, Massachusetts, MIT Press.

KAMDEM, E. (1990) « Temps et travail en Afrique », *in* J.-F. Chanlat (dir.), *L'individu dans l'organisation: les dimensions oubliées*, Québec-Paris, PUL-ESKA, p. 231-255.

KAPLAN, A. (1964) *The Conduct of Inquiry: Methodology for Behavioral Science*, San Francisco, Chandler Pub.

KATZ, D. et R. KAHN (1978) *The Social Psychology of Organizations*, New York, John Wiley & Sons, 2ᵉ édition.

KÉLADA, J. (1986) « Approches japonaises en gestion des opérations », *in* J. Nollet, J. Kélada et M.O. Diorio, *La gestion des opérations et de la production*, Montréal, Gaëtan Morin Éditeur, p. 690-723.

KERVERN, G.-Y. (1989) « Le coût de l'excellence », *Gérer et comprendre*, n° 17, décembre, p. 41-52.

KETS DE VRIES, M. (1979) « Comment rendre fous vos subordonnés », *Harvard-L'Expansion*, n° 15, hiver 1979-1980, p. 51-59.

KETS DE VRIES, M. (1988) « Narcissisme et leadership: une perspective de relations d'objet », *Gestion*, vol. 13, n° 4, p. 41-50.

KETS DE VRIES, M. et D. MILLER (1985). *L'entreprise névrosée*, Paris, McGraw-Hill.

KILMAN, R.H. *et al.* (1985) *Gaining Control of the Corporate Culture*, San Francisco, Jossey-Bass.

KLEIN, M. (1940) *Développement de la psychanalyse*, Paris, Payot.

KLEIN, M. (1978) *Essais de psychanalyse*, Paris, Payot.

KNIGHT, K. (1976) « Matrix Organization: A Review », *Journal of Management Studies*, vol. 13, n° 2, mai, p. 111-130.

KOLAKOWSKI, L. (1987) *Histoire du marxisme*, Paris, Fayard, p. 280 et suivantes.

LABORIT, H. (1970) *L'homme imaginant*, Paris, Union générale d'édition (10/18).

LABORIT, H. (1974) *La nouvelle grille*, Paris, Robert Laffont.

LABORIT, H. (1979) *L'inhibition de l'action*, Montréal-Paris, Presses de l'Université de Montréal et Masson.

LABORIT, H. (1985) « Niveaux d'organisation biologiques, comportements et structures psychosociales productivistes », *in* A. Chanlat et M. Dufour (dir.), *La rupture entre l'entreprise et les hommes*, Québec-Paris, PUL-ESKA.

LABORIT, H. (1974) *La nouvelle grille*, Paris, Robert Laffont.

LABORIT, H. (1987) *Dieu ne joue pas aux dés*, Paris, Éditions de l'Homme.

LATTA, L.M. (1968) *Occupational Attitudes of Over-the-Road Truck Drivers: An Exploratory Survey*, D.B.A., Michigan State University.

LEE, J.A. (1980) *The Gold and the Garbage in Management Theories and Prescriptions*, Athens, Ohio, Ohio University Press.

LEMAÎTRE, N. (1984) « La culture d'entreprise, facteur de performance », *Revue française de gestion*, nᵒˢ 47-48, septembre-octobre, p. 51-59.

LINHART, D. (1978) « Quelques réflexions à propos du refus du travail », *Sociologie du travail*, vol. 20, n° 3, juillet-septembre, p. 310-321.

LINHART, D. (1991) *Le torticolis de l'autruche – l'éternelle modernisation des entreprises françaises*, Paris, Éditions du Seuil.

LOVELOCK, J. (1979) *Gaïa, a New Look at Life on Earth*, New York, W.W. Norton and Co.

LOVELOCK, J. (1984) *The Ages of Gaïa*, New York, W.W. Norton and Co.

LUSSATO, B. (1986) «Complot contre la culture», *L'Express international*, n° 1848, 12 décembre, p. 48-56.

LUSSATO, B. (1989) *Dirigeants, le défi culturel*, Paris, Nathan.

LUSSATO, B. et G. MESSADIÉ (1986) *Bouillon de culture*, Paris, Robert Laffont.

MAISONNEUVE, P. (1994) Émission *Enjeux*: «Embaucheriez-vous votre patron?», Société Radio-Canada, 23 février.

MALINOWSKI, B. (1923) «The Problem of Meaning in Primitive Languages», *in* C.R. Ogden et A.I. Richards, *The Meaning of Meaning*, Londres, International Library of Psychology.

MANTOUX, P. (1959) *La révolution industrielle au XVIIIe siècle*, Paris, Génin.

MARCUSE, H. (1968) *L'homme unidimensionnel, essai sur l'idéologie de la société industrielle avancée*, Paris, Éditions de Minuit.

MARGLIN, S. (1973) «Origines et fonctions de la parcellisation des tâches», *in* A. Gorz (dir.), *Critique de la division du travail*, Paris, Éditions du Seuil (Points), p. 43-81.

MARGLIN, S. (1974) «What Do Bosses Do? The Origins and Functions of Hierarchy in Capitalist Production», *Mimeo, Review of Radical Political Change*, vol. 6, n° 2, p. 53-69.

MASLOW, A. (1954) *Motivation and Personality*, New York, Harper.

MASLOW, A. (1969) «Toward Humanistic Biology», *American Psychologist*, vol. 24, p. 724-735.

MAURY, R. (1990) *Les patrons japonais parlent*, Paris, Éditions du Seuil.

MAUSS, M. (1968) *Sociologie et anthropologie*, Paris, Presses Universitaires de France.

MAYO, E. (1933) *The Human Problems of an Industrial Civilization*, New York, Macmillan.

MAYO, E. (1945) *The Social Problems of an Industrial Civilization*, Boston, Harvard University Press.

McLEAN (1992) *Les trois cerveaux de l'homme*, Paris, Seuil.

McMILLAN, C.J. (1982) «From Quality Control to Quality Management: Lessons from Japan», *The Business Quarterly*, vol. 47, n° 1, printemps, p. 31-40.

MEADOWS, D.L. (1972) *Halte à la croissance? Rapport au Club de Rome*, Paris, Fayard.

MICHEL, S. (1989) *Peut-on gérer les motivations?*, Paris, Presses Universitaires de France.

MILLER, D. (1992) *Le paradoxe d'Icare*, Québec, PUL.

MINC, A. (1990) *L'argent fou*, Paris, Grasset.

MINTZBERG, H. (1973) *The Nature of Managerial Work*, New York, Harper and Row (en français: *Le manager au quotidien*, Montréal, Agence d'Arc, 1984).

MINTZBERG, H. (1976) «Planning on the Left Side and Managing on the Right», *Harvard Business Review*, vol. 54, n° 2, juillet-août, p. 49-59.

MINTZBERG, H. (1982) *Structure et dynamique des organisations*, Montréal, Agence d'Arc.

MINTZBERG, H. (1984) *Le manager au quotidien*, Montréal, Agence d'Arc.

MINTZBERG, H. (1989) *On Management, Inside our Strange World of Organizations*, New York, The Free Press.

MINTZBERG, H. (1990) «La gestion n'est pas qu'une question de chiffres», *La Presse*, 23 janvier, p. D-4.

MITROFF, I.I. et T.C. PAUCHANT (1990) *We're so Big and Powerful Nothing Bad Can Happen to Us*, New York, Birch Lane Press.

MONDE DIPLOMATIQUE (LE) [1989] «Dossier sur le partage du travail», coordonné par Bernard Cassen, n° 468, mars, p. 1 et 11-17.

MONDE DIPLOMATIQUE (LE) – MANIÈRE DE VOIR (1991) «Allemagne, Japon, les deux titans», n° 12.

MONDE DIPLOMATIQUE (LE) [1993] «Faut-il partager l'emploi? Vers une révolution du travail», de B. Cassen, mars, n° 468, p. 11-17.

MONTHOUX, P.G. de (1989) *The Moral Philosophy of Management*, inédit, Université de Stockholm.

MORGAN G. (1986) *Images of Organizations*, Beverly Hills, Sage Publications.

MORGAN, G. (1989) *Images de l'organisation*, Québec-Paris, PUL-ESKA.

MORRIS, P.W. (1979) « Interface Management : An Organization Theory Approach to Project Management », *Project Management Quarterly*, juin.

NEUVILLE, J. (1976) *La condition ouvrière au XIXe siècle. L'ouvrier objet*, Tome 1, Paris, Éditions vie ouvrière.

NEUVILLE, J. (1980) *La condition ouvrière au XIXe siècle. L'ouvrier suspect*, Tome 2, Paris, Éditions vie ouvrière.

NORA, D. (1992) *L'étreinte du samouraï*, Paris, Éditions du Seuil.

NORD, W.R. (1974) « The Failure of Current Applied Behavioral Science : A Marxian Perspective », *Journal of Applied Behavioral Science*, vol. 10, p. 557-578.

OHTSU, M. (1989) « The Post Confucian Hypothesis Reconsidered », inédit, Département d'administration, Université Nanzan, Nagoya, Japon.

OLIVE, D. (1987) *Just Rewards : The Case of Ethical Reform in Business*, Toronto, Key Porter Books.

ORGOGOZO, I. et H. SÉRIEYX (1989) *Changer le changement*, Paris, Éditions du Seuil.

OUCHI, W.G. (1981) *Theory : How American Business Can Meet the Japanese Challenge*, Reading, Massachusetts, Addison-Wesley.

PACKARD, V. (1989) *The Ultra Rich, How Much Is Too Much*, Londres, Little, Brown and Co.

PAGÈS, M. (dir.) [1979] *L'emprise de l'organisation*, Paris, PUF (Économie en liberté).

PAGÈS, M. (dir.) [1984] *L'emprise de l'organisation*, 3e édition, Paris, PUF (Économie en liberté).

PASCALE, R.T. et A.G. ATHOS (1981) *The Art of Japanese Management*, New York, Simon and Schuster.

PASSET, R. (1983) *L'économique et le vivant*, Paris, Payot.

PAUCHANT, T.C. *et al.* (dir.) [1994] *In Search of Meaning*, San Francisco, Jossey-Bass.

PAUCHANT, T.C. et I. MITROFF (1992) *Transforming the Crisis-Prone Organization – Preventing Individual, Organizational and Environmental Tragedies*, San Francisco, Jossey-Bass.

PERROUX, F. (1970) *Aliénation et société industrielle*, Paris, Gallimard.

PERROW, C. (1972) *Complex Organizations : A Critical Essay*, Glenview, Illinois, Scott, Foresman and Co.

PERROW, C. (1979) « Organizational Theory in a Society of Organizations », actes du colloque international *L'administration publique : perspectives d'avenir*, mai, Québec.

PERROW, C. (1986) *Complex Organizations : A Critical Essay*, New York, Random House.

PESTEL, E. (1988) *L'homme et la croissance*, rapport au Club de Rome, Paris, Economica.

PETERS, T. (1987) *Thriving on Chaos*, San Francisco, Alfred A. Knopf Inc.

PETERS, T. (1988) *Le chaos management*, Paris, InterÉditions.

PETERS, T. et N. AUSTIN (1985) *La passion de l'excellence*, Paris, InterÉditions.

PETERS, T. et R. WATERMAN (1982) *In Search of Excellence*, New York, Harper and Row.

PETERS, T. et R. WATERMAN (1983) *Le prix de l'excellence*, Paris, InterÉditions.

PFEFFER, R. (1979) *Working for Capitalism*, New York, Columbia University Press.

PIAGET, J. (1976) « Épistémologie économique », *Logique des connaissances scientifiques*, Paris, Gallimard (La Pléiade), p. 1020.

POLANYI, K. et C. ASENBERG (1960) *Les systèmes économiques dans l'histoire et dans la théorie*, Paris, Larousse.

REID, D. (1986) « Genèse du fayolisme », *Sociologie du travail*, n° 1, p. 75-93.

RIFKIN, J. (1980) *Entropy. A New World View*, New York, Bentam Books.

RIFKIN, J. (1989) *The Entropy Law: In to the Green House World*, New York, Bentam Books.

RIOUX, J.-P. (1971) *La Révolution industrielle*, Paris, Éditions du Seuil (Points).

ROSEN, M. et G. INZIRILLI (1983) « Culture and Organizational Control », *Journal of Business Research*, 11 septembre, p. 281-292.

ROSNAY, J. de (1975) *Le macroscope*, Paris, Éditions du Seuil (Points).

SAINSAULIEU, R. (1983) « La régulation culturelle des ensembles organisés », *L'année sociologique*, n° 33, p. 195-217.

SAINSAULIEU, R. et al. (1987) *Organisation et management en question(s)*, Paris, L'Harmattan.

SAUL, J. (1993) *Les bâtards de Voltaire : la dictature de la raison en Occident*, Paris, Payot.

SAUTTER, C. (1987) *Les dents du géant. Le Japon à la conquête du monde*, Paris, Olivier Orban.

SAYLES, L. (1970) « Whatever Happened to Management ? », *Business Horizons*, vol. 13, n° 2, avril, p. 25-35.

SCHEIN, E. (1985) *Organizational Culture and Leadership*, San Francisco, Jossey-Bass.

SCHERKENBACH, W. (1988) *The Deming Route to Quality and Productivity*, Washington, D.C., CEE Press.

SCHUMPETER, J. (1942) *Capitalism, Socialism and Democracy*, New York Harper Brothers.

SCHUMPETER, J. (1979) *Capitalisme, socialisme et démocratie*, Paris, Payot.

SÉGUIN, F. (1988) *Les organisations ou deux ou trois choses que je sais d'elles*, rapport de recherche, n° 88-02, Montréal, HEC, mars.

SÉGUIN, F. et J.-F. CHANLAT (1983) *L'analyse des organisations*, Tome I, Chicoutimi, Gaëtan Morin Éditeur.

SEEMAN, M. (1967) « On the Personal Consequences of Alienation in Work », *American Sociological Review*, vol. 32, n° 2, p. 273-285.

SEMLER, R. (1993) *À contre-courant*, Paris, Dunod.

SÉRIEYX, H. (1989) *Le zéro mépris*, Paris, InterÉditions.

SÉRIEYX, H. (1990) *Mobiliser l'intelligence de l'entreprise : cercles de qualité et cercles de pilotage*, Paris, ESF.

SÉRIEYX, H. (1993) *Le Big-Bang des organisations*, Paris, InterÉditions.

SFEZ, L. (1976) *Critique de la décision*, Paris, Presses de la Fondation nationale des sciences politiques.

SIEVERS, B. (1986a) « Beyond the Surrogate of Motivation », *Organization Studies*, vol. 7, n° 4, p. 335-351.

SIEVERS, B. (1986b) « Participation as a Collusive Quarrel Over Immortality », *Dragon, The SCOS Journal*, vol. 1, n° 1, p. 72-82.

SIEVERS, B. (1986c) *Leadership as a Perpetuation of Immaturity. A New Perspective on Corporate Culture*, inédit, Wuppertal, RFA, Bergischen Universität, Gesamtochschule.

SIMON, H.A. (1977) *The New Science of Management Decision*, Englewood Cliffs, New Jersey, Prentice-Hall, 3e edition.

SMITH, A. (1976) *Recherche sur la nature et les causes de la richesse des nations*, Paris, Gallimard.

SOLOMON, R.C. et K.R. HANSEN (1985) *It's Good Business*, New York, Atheneum.

SPENCER, H. (1878) *Social Statics*, New York, D. Appleton.

SPENCER, H. (1882) *The Study of Sociology*, New York, D. Appleton.

SPENCER, H. (1940) *The Man versus the State*, Caldwell, Idaho, Coxton Printers.

SPROUSE, M. (1992). *Sabotage in the American Workplace*, San Francisco, Pressure Drop.

STAYER, R. (1990). « How I Learned to Let my Workers Lead », *Harvard Business Review*, novembre-décembre, p. 66-83.

SUMMER, W.G. (1914) « The Challenge of Facts and Other Essays », *in* A.G. Keller (dir.), New Haven, Yale University Press.

SYME, G.J. (1974) « Competitive Orders as Measures of Social Dominance », *Animal Behaviour*, vol. 22, n° 4, p. 931-940.

TAYLOR, F.W. (1947) *Scientific Management, Comprising Shop Management: The Principles of Scientific Management and the Testimony Before the Special House Committee*, New York, Harper & Brothers.

TERKEL, S. (1967) *Chicago: carrefour de la solitude*, Paris, Fayard.

TERKEL, S. (1974) *Working: People Talk about what they Do all Day and how they Feel about what they Do*, New York, Pantheon Books.

TERKEL, S. (1976) *Gagner sa croûte*, Paris, Fayard.

THINÈS, G. (1966) *Psychologie des animaux*, Bruxelles, Charles Dessart.

TOCQUEVILLE, A. de (1961) *De la démocratie en Amérique*, Paris, Gallimard.

TOFFLER, A. (1980) *La troisième vague*, Paris, Denoël.

TOFFLER, A. (1986) *S'adapter ou périr*, Paris, Denoël.

TURNER, B.A. (dir.) [1990] *Organizational Symbolism*, Berlin-New York, Walter de Gruyter.

URWICK, L. et E.F.L. BRECH (1945) *The Making of Scientific Management*, Londres, Management Publications Trust, 3 volumes (1945, 1946 et 1948).

VACQUIN, H. (1986) *Paroles d'entreprises*, Paris, Seuil.

VALLÉE, L. (1985) « Représentations collectives et sociétés », *in* A. Chanlat et M. Dufour (dir.), *La rupture entre l'entreprise et les hommes*, Montréal-Paris, Québec/Amérique et Éditions d'Organisation, p. 195-242.

VARELA, F.J. (1980) *Principles of Biological Autonomy*, New York, Elsevier North Holland.

VILLETTE, M. (1988) *La nomenklatura*, Paris, Pierre Belfond.

VILLETTE, M. et A. BRETON (1989) « La qualité totale au banc d'essai », *Gérer et comprendre, Annales des mines*, mars, p. 15-25.

VINCENT, C.-P. (1990) *Des systèmes et des hommes*, Paris, Éditions d'Organisation.

WALRAFF, G. (1986) *Tête de Turc*, Paris, La Découverte.

WATERMAN, R. (1987) *The Renewal Factor*, New York, Bentam Books.

WATERMAN, R. (1990) *Les champions du renouveau*, Paris, InterÉditions.

WATZLAWICK, P. *et al.* (1979) *Une logique de la communication*, Paris, Éditions du Seuil (Points).

WEBER, M. (1964) *L'éthique protestante et l'esprit du capitalisme*, Paris, Plon.

WEBER, M. (1971) *Économie et société*, Paris, Plon.

WEITZMAN, M.L. (1984) *The Share Economy: Conquering Stagflation*, Cambridge, Massachusetts, Harvard University Press.

WEITZMAN, M.L. (1986) *L'économie de partage, vaincre la stagflation*, Paris, L'Expansion – Hachette – J.C. Lattès.

WEST, E.G. (1976) *Adam Smith: The Man and his Work*, Indianapolis, Liberty Press.

WHITESIDE, D. et R. BRANDT (1985) « How G.M.'s Saturn Could Run Rings around Old-Style Car Makers », *Business Week*, 28 janvier, p. 660-663.

WILSON, D.S. (1975) « Theory of Group Selection », *Proceedings of the National Academy of Science* (États-Unis), vol. 72, p. 143-146.

WIME-EDWARDS, V.C. (1962) *Animal Dispersion in Relation to Social Behaviour*, Édimbourg, Écosse, Oliver and Boyd.

WOLFEREN, K. van (1989) *L'énigme de la puissance japonaise*, Paris, Robert Laffont.

WHYTE, W.H. (1956) *The Organization Man*, New York, Simon and Schuster (traduit et publié en français en 1959: *L'homme de l'organisation*, Paris, Plon).

En guise d'épilogue : le management performant entre l'éthique et l'humanisme ?

Il convient de prendre le terme « performant » dans un sens conforme à l'esprit du présent livre qui sous-entend la rentabilité des activités économiques, mais surtout pas une rentabilité **maximaliste et à n'importe quel prix**.

Plus que jamais, l'humanité a besoin de **choix clairs et réfléchis de projets de société**. Le « chacun pour soi » ne saurait en aucun cas constituer un choix autre que celui où l'humain subit de plus en plus les absurdes – et inhumaines – lois de l'économisme pour l'économisme[1]. Ce choix de société a été indirectement et paradoxalement montré du doigt par la Banque mondiale elle-même, qui, dans un rapport publié au début de 1994, indique que les pays qui se sont le mieux sortis de la « crise » sont **les pays ayant une économie réglementée ou guidée par l'État** ! Il s'agit, bien sûr, de pays comme l'Allemagne, l'Autriche, la Norvège, l'Espagne, le Japon, la Corée du Sud et la Suède, qui sont, je crois, chacun à sa façon, un heureux **juste milieu entre feu le *Gosplan* soviétique et la « déréglementation » sauvage à la Reagan**.

On l'aura compris, je ne peux être de ceux qui croient pouvoir considérer les questions de management comme des questions « techniques » traitant l'entreprise et les managers comme des entités isolées de ce qui fait le reste de la vie d'une nation ou d'une société. L'institution entreprise a pris aujourd'hui une telle importance – directement et indirectement – dans la vie des humains qu'elle ne saurait se dispenser de réfléchir à la place qu'elle occupe et au rôle qu'elle remplit dans tous les aspects de la vie. **C'est un des agents centraux de concrétisation d'un choix de société et de rapports humains**. On a déjà parlé des dégâts entraînés par le fait que l'entreprise et les dirigeants se sont crus autorisés à ne pas être le reflet, par leur comportement, de l'affirmation républicaine et démocratique qui a permis, pourtant, leur propre éclosion. Les Semco, Cascades, Kimberley-Clark et autres sont là pour démontrer la supériorité soutenue des sociétés qui savent passer (peu importent la manière et l'habillage culturel) du monarchisme au républicanisme, en faisant de l'organisation un lieu de transparence, de justice, de droit d'expression et d'appropriation pour tous.

---

1. Je n'en veux pour seul indicateur que cette aberration qui consiste à voir les milieux financiers (les Bourses) contrecarrer tout signe de « relance » économique (par exemple, la baisse du taux de chômage) par des mesures destinées à maintenir des taux d'intérêt bas (qui ont tendance à remonter pour juguler les menaces d'inflation par la reprise de l'emploi) afin de ne pas nuire aux titres à la Bourse !

Il est, depuis la nuit des temps, un leitmotiv qui peut servir d'indication de base de tout **choix social à la hauteur de la conscience morale de l'humanité** : le respect, en toutes circonstances et de toutes les manières, de la **dignité de l'être humain**. C'est, et nous verrons cela en détail un peu plus loin, la condition *sine qua non* pour la réelle performance de l'entreprise, car les employés y seraient mieux formés, plus heureux, plus sereins, moins malades, moins frustrés, plus coopératifs, plus responsables, moins souvent absents, plus inventifs.

Le respect de la dignité humaine, c'est faire en sorte que chacun de nos semblables ait **le droit** à tout ce qui en fait une personne et un citoyen à part entière : l'éducation, la santé, le travail, le logement, bref, le **droit à tout ce qui constitue les besoins fondamentaux**[2]. Et la satisfaction de ces besoins nécessite qu'on traite les citoyens et les employés **comme des investissements et non comme des coûts** qu'il faut constamment réviser à la baisse en les réduisant. C'est là une logique suicidaire qui ne fait qu'aggraver les coûts globaux et reporter une facture qui n'en sera que plus lourde (en plus de diminuer la demande globale, donc la consommation, donc le niveau des affaires[3]).

Bref, la « libre entreprise » ne doit pas se tuer elle-même en se transformant en renard dans un poulailler. La liberté n'a jamais été synonyme d'absence totale d'entraves pour quiconque ! Cette absence est au contraire une voie ouverte au totalitarisme et à la barbarie. Pour l'éviter, il convient de se résoudre à investir dans le citoyen et l'employé, les rendre meilleurs, les rassurer, leur garantir dignité, décence et sécurité. Conséquemment, si « libre entreprise » il doit y avoir, elle doit s'apparenter au renard dans la nature, celui-ci étant soumis, pour sa propre survie, à un équilibre basé sur les contraintes imposées par la pérennité de ses congénères, de ses proies et de ses prédateurs. Si cela veut dire quelque chose eu égard au rôle de l'entreprise, c'est :

1. Tenir loin des considérations de profits tout ce qui touche les besoins fondamentaux des citoyens, soit l'éducation, la santé, le logement, les communications, etc. (un être humain qui souffre ne peut être une occasion de « faire de l'argent », pas plus qu'un enfant à éduquer).

2. Laisser tout ce qui n'est pas de l'ordre de ces besoins à l'initiative « libre » ; on peut **faire autant d'argent que l'on peut, mais à trois conditions** :

   – **sans polluer** (ou en contrôlant en amont toute source de pollution, aux frais de l'entreprise) ;

---

2. Bien sûr, la notion de « besoin fondamental » est fonction de l'état général de chaque société considérée ; ainsi, au Canada, le téléphone et le chauffage sont aujourd'hui des besoins fondamentaux, en plus de la santé, du logement, etc.

3. C'est d'ailleurs la même logique qui prévaut face au Tiers-Monde : plus celui-ci deviendra pauvre et non solvable, moins les industries des pays nantis auront de débouchés.

- **sans créer «indûment» de chômage** (les critères et les conventions d'amortissements, de marges, de rendement du capital, de taux de profits, etc., peuvent être aisément négociés et revus de façon à réduire au minimum le recours au licenciement pour maintenir des niveaux de profits, ce qui est une aberration sur le plan global);

- en se soustrayant moins à l'obligation de **payer de l'impôt sur les profits**[4].

On le comprend bien, c'est proprement d'éthique (au sens général de «recherche du bien-être de soi et des autres, ainsi que des moyens d'y parvenir») et de vision plus humaniste qu'il s'agit. Un détour par l'analyse des «éthiques» dominantes dans le monde industrialisé et par celle des fondements d'une «entreprise à visage humain» s'impose.

Schumpeter a, je crois, plus raison qu'on ne le pense lorsqu'il soutient que les scolastiques italiens faisaient preuve de bon sens lorsqu'ils condamnaient les «progrès» scientifiques du XVe au XVIIe siècle, y «devinant» par un «instinct sûr» la montée de la mentalité «rationaliste individualiste».

Ce que Cooke appellera «la métaphysique capitaliste[5]». Il ne s'agit pas de condamner Copernic ou Galilée. Mais, avec Schumpeter, je considère qu'en effet l'allure utilitariste des sciences, dès le XVe siècle (notamment l'évolution quasi exclusive, à l'époque, des mathématiques vers les problèmes d'arithmétique commerciale et d'architecture) marque la naissance d'un nouvel état d'esprit dans l'Occident européen. C'est cet état d'esprit que Weber nommera «esprit du capitalisme».

Si nous retenons les éléments communs des sources qui font autorité en la matière (Weber, Sombart et Schumpeter[6]), il s'agit d'un esprit dont les racines tiennent aux progrès de l'usage de la monnaie et de ses corollaires: le calcul des coûts et la comptabilité à partie double. La percée du rationalisme dans la pensée scientifique après la Renaissance, accompagnée de la mentalité qui sous-tend le dogme calviniste de la prédestination, va fonder durablement le système moral des promoteurs du capitalisme industriel d'Europe du Nord.

Entre-temps, on sait l'intensité de l'agitation morale, philosophique et théologique que le luthéranisme avait provoquée dans le monde chrétien, en particulier en Europe du Nord. La notion de «*Beruf*», à la fois métier, profession, vocation et «appel» (*calling* en anglais), prend avec Luther la

---

4. Il est bien connu que tout comptable qui ne sait pas éviter ou, à tout le moins, minimiser l'impôt que doit payer l'entreprise qui l'emploie compromet sérieusement sa carrière. Voici à ce propos des chiffres plus qu'édifiants: d'après Statistique Canada, la part fiscale des entreprises était en 1950 de l'ordre de 46%; elle est passée en 1991 à 13%! Un des derniers Prix Nobel d'économie, Maurice Allais, estime que l'État doit disposer d'une «assiette» à raison de un tiers chacun: consommateur, travail, profit.
5. Voir Schumpeter (1979).
6. Voir Weber (1971) et Schumpeter (1979).

connotation de « tâche imposée par Dieu », qui aboutit socialement, d'après Weber (1964), à ce précepte moral rationnel-occidental généralisé : « **le devoir s'accomplit dans l'exercice d'un métier, d'une profession** ». Ce serait dans ce glissement du terme vers un sens plus religieux, à la fois « tâche de l'existence » et « activité morale la plus haute » qui « s'accomplit dans les affaires temporelles », que Weber voit un des jalons de la « civilisation capitaliste » : la besogne quotidienne prend une signification mystique incontestable.

Mais, pour Weber, c'est le calvinisme, bien qu'il soit considéré « avec horreur » par le luthéranisme[7], qui va marquer la mentalité industrielle nord-européenne. Ce que Calvin apporte de plus, c'est une permissivité à peu près non équivoque vis-à-vis de l'usure, du prêt ayant un intérêt « licite », comportant un « risque » et, bien sûr, du profit à titre individuel. Voilà donc la porte ouverte au prêt à intérêt et, en plus (du fait d'un taux « modéré » par prescription), à un loyer de l'argent plus facile et plus accessible.

Pour ce qui est du dogme, on servira la gloire de Dieu et l'ordre social voulu par lui non seulement en tenant sa place, mais en excellant dans son travail. Il ne reste alors plus qu'à acquérir la certitude subjective de son élection à travers l'efficacité de son activité professionnelle (« il surgit, dira Weber, des saints conscients d'eux-mêmes que sont ces marchands puritains à la trempe d'acier des temps héroïques du capitalisme[8] »). C'est, dans sa réussite professionnelle, « Dieu qui agit à travers soi » et qui fait de chaque homme s'adonnant avec passion à son *calling* un « instrument de la puissance divine ».

De la même façon, Sombart affirme sans détour que « la rationalité est le sens profond de l'évolution occidentale » et que, « sans la comptabilité à partie double », on ne pourrait « tout simplement pas imaginer le capitalisme » : l'un serait « le contenu » et l'autre, « la forme »[9].

Bien que Braudel remette, à juste titre, le rôle de la comptabilité à partie double à sa place de « facteur parmi d'autres » (rejoignant en cela Weber) à côté du religieux et de bien d'autres qui sont « une multitude[10] », il serait inconcevable de ne pas voir son apport décisif à la rationalité technico-économique qui va profondément marquer l'ère industrielle et la gestion[11].

---

7. Weber (1964).
8. Weber (1964), p. 134.
9. Cité par Braudel (1980), p. 510.
10. Weber (1964), p. 107.
11. Il suffit de jeter un coup d'œil sur les programmes de n'importe quelle école de gestion d'aujourd'hui pour constater à quel point les cours à caractère comptable, économique, technique, financier-statistique, économétrique, mathématique, etc., prennent une place prépondérante et à quel point on y entraîne à décider à partir d'éléments à peu près strictement, et en dernier ressort, mathématiques, financiers et comptables.

Alexis de Tocqueville, dans *De la démocratie en Amérique*, et Max Weber, dans *Économie et société*, l'ont bien vu : il s'est tout de suite agi d'une nouvelle forme de domination. Braudel montre que les sources de cette domination ne sont pas seulement la rationalité et le grand livre à partie double, mais aussi une toute nouvelle possibilité d'exploitation décuplée du travail. Avec Schumpeter, on ne peut que reconnaître aussi le prosaïsme et l'absence de noblesse et de romantisme de **cette nouvelle aristocratie qui a perdu l'aura de celle du droit divin ou de celle du charisme guerrier.**

À quoi tout cela a-t-il abouti dans la vie de l'entreprise ? À un dessè-chement des relations, à un règne omniprésent de la froideur technico-comptable qui dicte l'organisation, la division du travail, les décisions, les modes de gestion, le recrutement, etc. La qualification, la formation, la présence et le rôle attribués aux personnes sont entièrement tributaires de la logique des coûts-gains, qui, avec son infaillibilité arithmétique, fait de l'employé un *input* à rentabiliser. Déjà, depuis le XVIIIᵉ siècle, marchandise échangeable par les vertus du salariat, il n'est plus qu'une abstraction que l'on aligne périodiquement dans les comptes dits « d'exploitation ». C'est en ce sens qu'il faut, je crois, comprendre ce passage de Schumpeter :

> Engendré initialement par l'évolution vers la rationalité économique, le calcul des coûts et des profits réagit à son tour sur cette rationalité : de par son pouvoir de clarification et de précision arithmétique, il imprime une impulsion vigoureuse à la logique de l'entreprise. Or, une fois ainsi défini et quantifié dans le secteur économique, ce type de logique de méthode ou de comportement poursuit sa carrière de conquérant en subjuguant – en rationalisant les outils et les philoso-phies de l'homme, ses pratiques médicales, sa vision de l'univers cos-mique, sa conception de l'existence, en fait tout ce qui le préoccupe, y compris ses notions d'esthétique et de justice [...][12].

On le sait, rien plus que la science économique (et tout spécialement ses branches néo-classique, marginaliste, micro-économique et économé-trique) n'a marqué la gestion moderne, et dans sa pratique et dans son enseignement. C'est là encore une mainmise de la comptabilité à partie double. Et c'est G.G. Granger qui le rappelle : dès Quesnay, « la science économique va consister à décrire, **à la façon des comptables**, la circulation des quantités globales de produits et de monnaie[13] ». La société se résume en « producteurs », en « consommateurs » et en « services » : tous trois **pris comme de simples mécanismes à faire circuler la monnaie et de simples sièges de coûts et de gains,** de la même façon que la « nation » devient « concert d'entreprises ».

Pourtant, dit Braudel, la logique de la comptabilité et son usage, même en écriture double, sont loin d'être l'apanage de l'Europe du Nord et des

---

12. Schumpeter (1979), p. 170.
13. Cité par Piaget (1976), p. 1020.

contrées protestantes. Qu'est-ce donc qui fait que « l'esprit du capitalisme » a tellement moins – ou beaucoup moins vite – triomphé dans les régions du Sud de l'Europe, plus latines et catholiques ?

Il faut sans doute remonter à Aristote et à l'hostilité qu'inspire alors partout l'usage de la monnaie, « intrusion de l'échange impersonnel dans les vieilles économies agraires[14] ». Mais, en même temps, le crédit s'avère nécessaire à ces économies basées sur les saisons agricoles, et la monnaie constitue un facteur de progrès. On ne peut donc les bannir, pas plus que l'usure qui suscitera une ambivalence multiséculaire. La position aristotélicienne, qui se répand dans la chrétienté dès le début du XIIIe siècle et prend de l'ampleur par l'intermédiaire de saint Thomas d'Aquin, est **une condamnation radicale de l'usure qui détourne l'argent de sa fonction initiale de facilitateur des échanges**[15].

Bien que le deuxième concile de Latran ait décidé, en 1139, de priver « l'usurier non repentant » des sacrements et de l'inhumation en terre chrétienne, le débat ne cessa pas et ne fit que renforcer l'ambivalence. Mais, cette fois, vers un élan de libéralisme qui aboutit à baisser pavillon devant un fait déjà largement accompli. **Ce sont les scolastiques eux-mêmes** qui ouvrirent une brèche en condamnant, d'une part, l'intérêt usuraire comme « une vente du temps », alors que le temps « n'appartient qu'à Dieu », et en concédant, d'autre part, **que cela puisse se pratiquer « quand il y a pour le prêteur un risque ou un manque à gagner »**. Cela a donné libre cours à toutes sortes de façons déguisées de faire de l'usure : le change, les prêts d'une foire sur l'autre, les lettres de change qui prennent de la valeur en circulant, les dépôts à intérêt sous couvert de « participation aux entreprises », etc. Tous ces procédés rentrèrent largement dans les mœurs, même dans celles de l'Église[16]. Ce que Braudel décortiquera comme des séries de ruses et de tricheries visant la prédominance définitive du « marché privé » aux transactions cachées, anonymes, impersonnelles – mais combien propices aux manœuvres retorses et lucratives – sur le « marché public » dont le fondement a toujours été la transaction « l'œil dans l'œil et la main dans la main ».

Weber, lui, parle de « froideur rationnelle » par opposition à « émotion » féodale, de « finalité de profit maximal » et de « séparation » entre vie civile et vie économique : l'éclatement de la communauté domestique. C'est ce que nécessite la logique comptable : **scinder distinctement la vie en ce qui**

---

14. Braudel (1980), p. 501.
15. Le terme grec *tokos* (« rejeton ») qui désigne l'usure exprime bien le mépris qu'on lui porte : la formule « l'argent ne fait pas de petits » sera reprise avec insistance au concile de Trente.
16. On n'en constate pas moins des kyrielles de restitutions d'usure par repentir (jusqu'au XIVe siècle surtout) et de nombreux cas de retrait des affaires pour les mêmes motifs, ou de pathétiques consultations de docteurs en théologie, jusque vers la fin du XVIe siècle. Il faudra attendre 1789 pour que la législation française, par exemple, cesse officiellement d'interdire l'usure comme un délit !

touche, d'une part, les affaires domestiques et, d'autre part, les affaires économiques**, le second aspect devenant (l'éthique calviniste aidant) **progressivement le pôle dominant et absorbant**. C'est, nous dit très expressément Weber, **l'accroissement de la « calculabilité » qui va multiplier l'attrait de l'individualisme**. « L'activité orientée vers le profit [...] devient une profession distincte [...] entraînant la formation d'une société séparée[17] », société que Weber oppose à la communauté domestique. Ce n'est pas la séparation physique entre lieux de vie privée et lieux d'activités économiques qui est décisive (celle-ci existait déjà, par exemple, entre bazar, souk et casbah en Orient), mais bel et bien **« la distinction comptable et juridique** entre maison et exploitation et le **développement d'un droit, propre à l'Occident, construit sur cette séparation**[18] ».

Paradoxalement, c'est, semble-t-il, dans un retour vers une forme de nouvel humanisme, une éthique plus « domestique », plus féodalo-charismatique et plus méditerranéo-catholique que l'on peut lire aujourd'hui les signes de ce qui sauvera l'économie industrielle et postindustrielle dont le modèle dominant actuellement est en plein essoufflement. C'est à travers nos exemples québécois, brésilien et aussi suédois, allemand et japonais que je vais tenter de dégager des éléments préliminaires à verser dans **un débat, aujourd'hui inévitable, sur la nature des éthiques en jeu**.

Si nous tentons, même de façon hasardeuse, un rapprochement entre ces exemples, nous trouverons, comme nous l'avons vu, un minimum de fondements communs[19]. Il ne s'agit pas de faire de l'amalgame inconsidéré, mais force nous est de constater qu'on observe dans ces différents cas, à des degrés divers et sous des manifestations spécifiques, nombre d'éléments rappelant les modes de rapports préexistant au capitalisme dominant de l'Occident : en particulier, la communauté domestique de Weber. Le shintoïsme au Japon conserve maints aspects de la vie rurale féodale traditionnelle en s'infiltrant dans la vie sociale et économique depuis toujours. La Suède et l'Allemagne sont, dans leur Réforme, bien plus luthériennes que calvinistes[20]. Leur est donc étrangère la notion d'individualisme-solitude du destin... À l'instar de Weber, et tout en prenant acte des réserves de méthode exprimées par Braudel, ne pouvons-nous pas voir là **un des multiples facteurs** (comme disait Weber lui-même) de l'actuelle forme de « cogestion de droit » allemande et de concertation entre le patronat, l'État et les syndicats en Suède, et plus globalement leurs régimes plutôt sociaux-démocrates ?

Voyons à présent ce que pourraient être les raisons, conditions et fondements d'une entreprise plus humanisée puisque désormais, « qualité

---

17. Weber (1971), p. 403.
18. Weber (1971), p. 404.
19. Voir, entre autres, Bellemare et Poulin-Simon (1986), où l'on passe en revue, bien que de façon partielle, les modèles suédois, allemand, autrichien, etc.
20. On sait que le calvinisme a toujours été bien plus prégnant en Suisse, aux Pays-Bas, en Grande-Bretagne, en France et aux États-Unis d'Amérique.

totale » oblige, on ne semble plus jurer que par la primauté absolue du
« capital humain ».

Il ne se passe pas de jour sans que paraissent, çà et là, livres, articles,
pamphlets, tour à tour inquiets ou alarmistes, montrant que nous vivons
une période de profonds questionnements à propos de l'être humain, de
ses productions, de son avenir. On sent que l'ère des certitudes est dépassée
et beaucoup regardent avec étonnement et anxiété la « bonne gestion », les
richesses, la productivité et l'efficacité économique changer de camp, tandis
que la dégradation de la nature et de la qualité de la vie prend de
l'ampleur[21].

Si l'on s'attarde aux conséquences implicites de ces écrits, et si l'on veut
mieux cerner la portée et les limites de ce qui est préconisé, il apparaît
nécessaire de recourir à des concepts traditionnellement étrangers à l'univers
managérial dominant, tels que ceux de « radicalisme », de « radical-
humanisme », de « vision conflictuelle-dialectique »[22].

Les *best-sellers* actuels en management semblent appeler à plus d'humanisme critique et de systémisme dialectique-conflictuel qu'il n'y paraît[23].

Quelles sont les conséquences plus profondes de la convergence actuelle
de l'ensemble de cette littérature du « nouveau souffle[24] » managérial vers
un credo central : la « qualité totale » et le rôle déterminant des **personnes**,
de leur valorisation, de leur cohésion, de leur engagement, de leur mobilisation, etc. ? Quelle sorte d'humanisme avons-nous là[25] ?

Un survol des écrits managériaux les plus en vue depuis la fin des
années 1970 montre que les théories « tournent en rond » à l'intérieur du
cadre traditionnel du fonctionnalisme utilitariste nord-américain et de la
pensée économique néo-classique[26].

L'un des premiers chevaux de bataille enfourchés dans cette remise en
question du management traditionnel est celui de la **culture d'entreprise**.
Issu des premières tentatives pour comprendre le « modèle » japonais, ce
concept a connu, dans le courant dominant de la *corporate culture*, une

---

21. Lovelock (1979 et 1984), Julien *et al.* (1990), Dumont (1988), Brown (1990), Pestel (1988),
    Cans (1990), Mitroff et Pauchant (1990).
22. Burrell et Morgan (1979), chapitre 5.
23. Burrell et Morgan (1979), notamment les chapitres 8 et 10.
24. Ce que j'appelle « nouveau souffle », c'est essentiellement le mouvement amorcé depuis le
    début des années 1980 et qui tend à rénover les théories et les pratiques managériales face à
    de nouvelles règles du jeu de la productivité telles que celles dont témoigne le Japon. On peut
    penser dans ce sens à Ouchi (1981), Pascale et Athos (1981), Peters et Waterman (1983),
    Peters et Austin (1985).
25. Nous verrons plus loin ce que je propose de convenir à propos d'« humanisme » ou de « radical-
    humanisme » ; pour l'instant, j'invite le lecteur à entendre ici par « humanisme » le simple fait
    de centrer le débat et l'attention sur la « personne », sur ses actes, son sens d'elle-même, son
    rôle pivot dans tout processus d'activités organisées.
26. Burrell et Morgan (1979), Perrow (1986), Chanlat et Séguin (1987), Etzioni (1989), Caillé
    (1989).

fortune dont l'élan et le ton ont été donnés, notamment, avec le fameux *In Search of Excellence* de Peters et Waterman. Voilà une notion managériale par laquelle on invite le manager à **se muer en un héros créateur de mythes et de valeurs**, en un catalyseur de l'éclosion de symboles autour desquels, enthousiastes et galvanisées, les foules laborieuses se mobiliseraient pour la productivité et la performance soutenues[27]. Le second cheval enfourché, souvent considéré comme étant complémentaire du premier, est celui de la **qualité totale**[28].

Il est assez aisé de constater que, pour l'essentiel, la plupart des *best-sellers* récents en management combinent, d'une façon ou d'une autre, des éléments de culture d'entreprise et des éléments de gestion par la qualité[29]. Sur ces thèmes se greffent, accessoirement, des considérations d'écologie ou d'éthique et, surtout, des propositions de modes de gestion visant la cohésion, la complicité, l'esprit d'initiative et la créativité à tous les niveaux. Et cela se ferait, proclame-t-on, par la « revalorisation » du « capital humain ». Les **valeurs communes**, l'**esprit d'équipe**, la **collaboration**, l'**équité**, la **moralité** et l'**honnêteté**, etc., deviennent désormais, pour ce faire, dit-on, des passages obligés.

Le fait est que les facteurs du succès ont changé de nature tout en changeant de camp[30]. En effet, jusqu'à la fin des années 1970, il fallait s'arranger pour faire produire en grandes quantités et rapidement ce qui avait été décidé par la direction. Combinée avec l'obsolescence planifiée, cette philosophie devait assurer le succès avec un bien ou une gamme de biens, dont il suffisait d'« inonder » le marché. La créativité, l'initiative et la conception étaient du ressort de « chefs » et de spécialistes de départements nobles (recherche et développement, planification), **personnes expressément embauchées et payées pour être pensantes et intelligentes**.

Mais l'ère de la qualité et de la créativité étend ses exigences et montre que **tous les employés doivent être partie prenante, actifs et pensants**. Le management traditionnel n'est pas préparé à cela. Plus grave, il n'est pas armé, sur les plans conceptuel et théorique, pour comprendre à sa juste mesure l'ampleur du bouleversement qui se déclenche. Engoncés dans une gangue théorique cimentée par le fonctionnalisme et l'idéologie du consensus, les théoriciens et praticiens du management dominant ne pouvaient

27. Peters et Waterman (1982), Kilman *et al.* (1985), Peters et Austin (1985), Waterman (1987). Sans préjuger, bien sûr, de travaux plus critiques en la matière, comme ceux de Rosen et Inzerilli (1983).
28. Burr (1976), Crosby (1979), Duncan (1974), Juran et Gryna (1980).
29. Cela se fait par la reprise de thèmes tels que l'« esprit d'équipe », les « valeurs partagées », le « projet commun », les groupes de concertation tels que les « cercles de qualité » ; voir Peters (1988), Waterman (1987), De Pree (1989), Scherkenbach (1988), Crozier (1989), Archier et Sérieyx (1984), Sérieyx (1989).
30. Le changement de camp, c'est le Japon qui semble avoir pris la relève des États-Unis ; le changement de nature, lui, renvoie aux nouvelles bases et aux nouveaux critères de gestion qui font la performance et la « qualité totale ».

voir qu'à **facteurs de succès profondément différents doivent correspondre une philosophie de gestion et une conception du travail, du travailleur, tout aussi profondément différentes.**

Avant de nous engager dans une analyse plus directe de ce voile conceptuel et de certaines incohérences théoriques entre les problèmes posés et les solutions proposées, voyons de plus près les principaux auteurs et thèmes en jeu, qui semblent viser une entreprise plus humanisée.

S'il est, en effet, un **point de convergence majeur** de l'ensemble des courants que l'on peut regrouper sous cette bannière, c'est bien celui de la **centralité de la personne**, de ses attitudes et de ses comportements à son travail. Que ce soit par le courant de la *corporate culture* (Ouchi 1981, Deal et Kennedy 1982, Peters et Waterman 1982) ou par celui de la mobilisation des intelligences et de la valorisation des ressources humaines (Peters et Austin 1985, Waterman 1987, Crozier 1989, Archier et Sérieyx 1984); que ce soit par le biais de la qualité totale et de la réintroduction du sens du travail (Burr 1984, Juran et Gryna 1980, Michel 1989, Sérieyx 1989, Peters et Austin 1985, Mintzberg 1989) ou de la réalisation du lieu de travail comme un lieu de concertation et de partages (Peters et Austin 1985, Weitzman 1984, Peters 1987, De Pree 1989); que ce soit encore dans la récente discussion des méfaits des actions de la majorité des managers occidentaux pétris d'économisme, de court terme, d'utilitarisme, de technicisme mécaniste (Etzioni 1989, Minc 1990, Mintzberg 1989, Chanlat 1984, Crozier et Sérieyx 1994), ce qu'on voit se profiler de façon de plus en plus nette, c'est un **appel insistant à la mise au premier plan de l'humain**. Mais de quel humain est-il question? D'un humain, si j'ose dire, tronqué. Car nulle part dans ces écrits on ne fait mention du souci d'une **théorie de l'être humain. Quel est cet être humain que l'on veut valoriser, libérer, acculturer?** À qui l'on veut donner ou redonner du sens dans son lieu de travail? Avec qui on veut partager, qu'on ne veut plus traiter en instrument de rentabilité à court terme? Il est, en fait, constamment sous-entendu, considéré comme allant de soi[31]. Comme s'il suffisait de l'invoquer, « cet être humain », de faire appel à lui, de lui apprendre qu'on a à cœur de le voir épouser la bonne culture, adhérer aux bons symboles, se mobiliser autour d'un projet commun, se métamorphoser en champion. Tout se passe comme si on n'avait aucunement besoin d'avoir une **idée plus claire des raisons, des faits et des circonstances qui provoqueraient une telle métamorphose.** Tenter de comprendre cela ne peut, bien sûr, se faire que si l'on se résout à passer par le point de vue de l'employé qui, lui, est après tout l'« humain » que ces théories visent à promouvoir.

Il y a, dès lors, le constat d'un corollaire évident: le dépassement du management «orthodoxe» basé sur l'autorité, sur un ordre imposé par

---

31. Comme le rappelle très justement Nord (1974), à peu près seuls Maslow (1954 et 1969) et Argyris (1957) ont réellement manifesté le souci d'une définition non instrumentale de l'être humain dans la littérature managériale dominante. Mais on n'y fait guère plus référence.

l'« organisation », et sur les divers scientismes qui ont successivement envahi le champ (O.S.T., sciences du comportement, prise de décision, M.I.S., bureautique et robotique). Il devient inévitable de chercher à ouvrir la voie à une pratique managériale qui permette l'**éclosion du désir de l'employé d'adhérer à son travail**, d'y mobiliser son intelligence.

Comment concevoir une telle pratique si on ne **réinterroge radicalement ce qui, précisément, semble en avoir été jusque-là l'obstacle majeur** : la conception (et le traitement) de l'être humain au travail comme instrument de production ? Les théories du renouveau et du second souffle ne paraissent pas du tout préoccupées par **une théorie de la personne** qui, **combinée avec une autre théorie de l'organisation**, pourrait permettre l'avènement d'un employé prêt à coopérer et à faire siens les buts de l'entreprise.

Ce qui paraît néanmoins certain désormais, à en croire les différents gourous du management, c'est qu'il faut absolument trouver les moyens de passer à une manière de gérer où prime la « promotion » du travailleur (**plus de respect, plus d'autonomie, plus d'autodétermination**).

Cet état de **supplément d'autonomie et d'autodétermination** ne peut se concevoir, par ailleurs, sans **cession d'une parcelle de pouvoir**, de « droits » de gestion et de décision, de « droits » de disposition des moyens, des profits, etc.

C'est là un autre volet des limites du réformisme managérial des années 1980 et 1990 : il s'obstine à refuser de s'engager dans la remise en question des **fondements du rapport concret avec le travail dans l'entreprise**.

Par l'implicite conservation du *statu quo* pour tout ce qui touche le pouvoir, le contrôle des profits, la division du travail, il ne peut s'agir que d'un humanisme de façade, d'un humanisme tronqué. Comment, en effet, peut-on prétendre inviter l'employé à se libérer, s'exprimer, participer, se réaliser, adhérer à des valeurs partagées si on s'acharne à **désigner**, souvent explicitement, **les dirigeants comme les « acteurs » quasi uniques dans cette libération**[32] ?

Mais qu'entend-on par « humanisme » et « radical-humanisme » ?

Tout d'abord, me référant à Burrell et Morgan (1979), je dirais que par humanisme je ne prétends, au fond, qu'à une chose : retenir de chacune des grandes écoles ce qui paraît convergent, complémentaire, mutuellement plus éclairant, dans cette **quête difficile et complexe de ce qu'est une conception humaine de l'homme**. C'est une quête qui me semble inéluctablement vouée au radicalisme, dans le sens de la réinterrogation en profondeur,

---

32. C'est le tour de passe-passe que croyait pouvoir réaliser le courant dominant en symbolisme et culture d'entreprise (Deal et Kennedy 1982, Peters et Waterman 1982, Kilman *et al.* 1985) : réaliser une sorte de relation d'appropriation abstraite (symbolique) entre le travailleur et l'entreprise, sans coup férir sur le plan matériel ou concret.

du retour aux sources et aux racines des choses (historicisme, diachronie, structure). C'est pourquoi je parle de « radical »-humanisme.

En schématisant à l'extrême, je pourrais avancer les éléments suivants comme bases essentielles du radical-humanisme :

1. Considérer l'être humain comme un être voué, du fait de son statut unique de *self-conscient*, à la recherche de ce qui le libère, l'émancipe, le « rend à lui-même » et le conduit vers un accomplissement de ce qu'il est par vocation : un être doté de conscience, de jugement et de **libre arbitre, aspirant à sa propre élévation**. De ce fait, l'humain doit être considéré comme un « être générique », créateur de ce qui constitue son milieu, de sa société, et donc de lui-même. L'humanisme dont je parle exprime le **fait d'être tout entier centré sur l'homme, sur la signification humaine** (pour et par l'homme) **de ce qui est entrepris**. Je fais ainsi mienne cette définition de Fromm (1961) :

   [L'humanisme est] un système centré sur l'homme, son intégrité, son développement, sa dignité, sa liberté. Sur **le principe que l'homme n'est pas un moyen pour parvenir à tel ou tel but mais qu'il porte en soi sa propre fin**. Sur sa faculté d'activité non seulement individuelle, mais sur son activité de participation à l'histoire, et sur le fait que chacun porte en lui l'humanité tout entière (p. 147).

2. Une longue tradition, depuis Aristote (le fameux « l'homme est un animal politique ») jusqu'à Weber (le passage de la société organique à la société mécanique, de l'*oïkos* à la bureaucratie), fait de **l'humain un être fondamentalement de communauté, de société, de rapports avec ses semblables**. Rapports dans et par lesquels il vit, fonde et incarne son sens de lui-même (ce qui en fait son lieu et ses conditions de réalisation privilégiés).

3. **Le cœur du processus de déshumanisation, c'est l'aliénation par le travail**. D'où l'intérêt primordial de ce qui se passe, concrètement, lors du processus du travail et dans les rapports dans lesquels il s'inscrit. Dans ce processus, le travailleur s'aliène en vendant sa force de travail (et non son travail qui serait, lui, l'expression d'un acte créatif), tout en contribuant au développement de puissances (marchandises, profits, dirigeants) qui lui sont extérieures et, en définitive, hostiles par intérêt, donc encore plus déshumanisantes. La finalité poursuivie n'est plus l'homme et ce qu'il y a d'humain en lui (la satisfaction de ses besoins, par exemple, par le biais de la valeur d'usage), mais « la croissance illimitée de la valeur d'échange » (Kolakowski [1987], p. 280 et suivantes).

4. Enfin, je plaiderais pour une position humaniste qui tende (nécessairement) vers une **théorie du « sujet »**, par opposition aux théories (particulièrement en management) qui font de l'être humain plutôt un « objet » à diriger, à motiver, à contrôler).

Une certaine anthropologie, représentée, entre autres, par Evans-Pritchard (1950), s'est précisément attelée à cette question de la « théorie du sujet». Il y est rappelé que **les êtres humains ne sont pas semblables à des «organismes»**: c'est à des **raisons**, des **sentiments** et des **choix** qu'ils obéissent et **non à des causes**[33].

Certains travaux semblent déjà s'attaquer d'une façon plus directe à des problèmes qui sont autant de manquements flagrants à l'«humanité» de l'entreprise:

1. La remise en question de l'ordre établi, du **pouvoir unilatéral**, de l'accaparement patronal du profit, de la conception instrumentale de l'employé comme autant d'obstacles à la créativité collective, à l'adaptation, à l'innovation, à la «déviance créative» (Atlan 1972 et 1985, Orgogozo et Sérieyx 1989, Villette 1988, Morgan 1986, Weitzman 1984, De Pree 1989, Clegg 1975, Varela 1980).

2. L'appel pressant à la lutte contre la **fragmentation du travail**, contre la destruction de son sens, contre la surspécialisation et la subdivision des tâches, contre l'oubli que l'humain est un être de symboles, toutes choses qui font que le travail devient de plus en plus aliénant, démotivant, inintéressant, source de souffrances et de tensions (Braverman 1974, Terkel 1967, Sievers 1986a et 1986b, Dejours 1980 et 1990, Chanlat et Dufour 1985, Beynon 1973, Pfeffer 1979, Turner 1990).

3. L'inscription à l'ordre du jour des questions suivantes: les rapports entre le langage et le travail, **l'humain comme être de parole**, la place et le rôle du dialogue, de la possibilité de s'exprimer, les pathologies des communications dues à la violence faite à l'*homo-loquens* dans l'univers industriel, le tout dans la foulée, notamment, des travaux de l'école de Palo Alto (Chanlat 1984, Chanlat et Bédard 1990, Crozier 1989, Girin 1982 et 1990, Clegg 1990, Aktouf 1986b).

4. L'appel à la prise de conscience du fait que les conceptions et les pratiques managériales font obstacle à toute possibilité réelle de donner à l'humain un statut de sujet, d'**acteur interpellant**, personnellement et ontologiquement fondé à se reconnaître dans l'entreprise, à se réapproprier les actes qu'on veut qu'il accomplisse, à les vivre comme des actes qui sont l'expression de ses propres désirs (Dejours 1980 et 1990, Chanlat et Dufour 1985, Sievers 1986a, Sainsaulieu 1983 et 1987, Pagès *et al.* 1984, Crozier 1989).

5. La réinterrogation du **rapport avec le temps,** dans le travail industriel, la dénonciation des souffrances et des violences (physiques et symboliques) infligées aux travailleurs par l'imposition d'un rythme et d'un découpage déshumanisés du temps (Hassard 1988 et 1990, Kamdem 1990, Gasparini 1990).

---

33. Sauf, encore une fois, lorsqu'ils sont contraints, hétérodéterminés ou aliénés, auxquels cas ce n'est plus de sujets qu'on parle mais d'êtres objectivés, chosifiés.

6. La dénonciation de l'**absence d'une éthique** et d'une certaine honnêteté vis-à-vis des employés, des dégâts de la monopolisation des fruits du travail sur l'engagement et la productivité des travailleurs, du comportement égoïste et à court terme des dirigeants qui empêchent l'employé d'être traité et de vivre comme une personne (Etzioni 1989, Olive 1987, Packard 1989, Solomon et Hansen 1985).

7. La remise en question de l'**économisme** et de l'utilitarisme étroits dans lesquels baignent les théories et les pratiques managériales dominantes et qui font que les dirigeants et les entreprises se transforment en prédateurs cyniques, ayant très peu le respect de l'intégrité et de la dignité des personnes, que ce soit comme employés, comme consommateurs ou comme citoyens qui ont droit à une certaine qualité de la vie (Caillé 1989, Galbraith 1989, Etzioni 1989, Monthoux 1989, Pfeffer 1979, Rifkin 1980, Mitroff et Pauchant 1990).

8. Enfin, l'appel de plus en plus insistant à une sorte de **radicalisme épistémologique** et méthodologique qui consiste à mettre en avant la **nature complexe, systémique et multidimensionnelle de tout ce qui touche l'humain et les groupes humains**, y compris et surtout l'humain au travail et la vie des organisations. Y sont mises à contribution la multidisciplinarité et l'interdisciplinarité, la dialectique, la causalité circulaire, l'auto-organisation, la théorie générale des systèmes (Varela 1980, Morgan 1986, Chanlat et Dufour 1985, Chanlat *et al.* 1990, Vincent 1990, Atlan 1985, Sérieyx 1993, Crozier et Sérieyx 1994).

Tentons à présent de voir en quoi et comment une entreprise plus humanisée est souhaitable, concevable et possible, compte tenu de la position radicale-humaniste exposée et des percées théoriques plus originales que nous venons de recenser.

Une question importante doit d'emblée être tranchée : **ce mouvement vers une plus grande humanité dans l'entreprise n'est ni un idéal romantique, ni un acte de philanthropie gratuite, ni une utopie, mais une nécessité.** Beaucoup de praticiens – à voir la persistance des modes de gestion autoritaires – ne semblent pas avoir compris qu'il s'agit d'une obligation incontournable **si l'on veut vraiment sortir de l'ornière taylorienne,** c'est-à-dire aller vers l'employé capable de penser, d'intervenir, de changer et qui est autorisé à le faire.

C'est à cette condition que s'instaurera l'entreprise intelligente tant recherchée, car elle ne peut être (par la liberté de parole, une plus grande autonomie, l'équité et la convivialité) que le résultat de la **combinaison des différentes intelligences individuelles, animées du désir de collaborer.** Elle n'aura pas trop de la synergie de la majorité sinon de la totalité des cerveaux qui la composent, y compris ceux de ses employés, pour se donner une plus grande capacité d'invention de solutions originales, seule façon de mieux **faire face à la complexité** reconnue comme un des défis majeurs de la gestion d'aujourd'hui.

On appelle à rien de moins qu'un tout nouveau genre d'employé et un non moins nouveau genre de rapports de travail, d'entreprise et de management.

Commençons par l'employé. Comment concevoir un cadre théorique adéquat pour répondre à ce souci accru pour le sens du travail, la créativité, le partenariat, l'intérêt et la responsabilisation, le dialogue, l'initiative, l'engagement personnel, etc., si on ne regarde pas d'abord ce qui fait obstacle à tout cela depuis près de trois siècles ? La **théorie du travail aliéné**, pour peu qu'on veuille s'y intéresser, est sans doute le cadre le plus fondamental à partir duquel on peut chercher une réponse à l'**impasse persistante de la productivité dans l'industrie traditionnelle**. Donner un sens au travail et permettre cette appropriation et cet engagement souhaités, c'est ni plus ni moins atténuer – sinon éliminer – les **quatre coupures du travail aliéné**, que nous avons exposées plus haut (coupures avec le produit, l'acte, la nature et l'humain).

Par ailleurs, à peu près tous les auteurs de *best-sellers* contemporains s'accordent pour dire que favoriser l'éclosion de ce nouveau genre d'employé, c'est aller vers un autre genre d'entreprise. Qu'elle soit dite « excellente », « du troisième type », « à l'écoute » ou « transversale », il s'agit toujours d'une **entreprise où les rapports et les règles du jeu changent radicalement**. (Il faut, aujourd'hui, envisager autre chose que l'acharnement à changer, toutes choses égales d'ailleurs, les **comportements,** essentiellement, des seuls employés.) Cela touche à la nature du pouvoir et du contrôle que la tradition continue à perpétuer dans les organisations. Car enfin, ne l'oublions pas, ce qui est demandé, c'est la mise en place de **conditions de travail telles que l'employé ait le désir d'être complice**. Comme cela ne se manipule ni ne se commande mais **se vit**, il n'est guère qu'une voie possible : que le travailleur puisse vivre son rapport avec son travail sur un mode d'appropriation plus réel que formel. C'est-à-dire qu'il puisse, concrètement, **vivre ce qu'il fait dans l'entreprise comme une extension de lui-même, comme une occasion d'expression de lui-même**, autant que de poursuite et de satisfaction de ses propres désirs et intérêts, en convergence avec ceux de l'entreprise – entreprise devenue lieu de partenariat et de concertation, **lieu de travail et non plus lieu d'usage intensif de la force de travail**.

Mais cela, quitte à surprendre, passe par l'**abolition du salariat, dans sa conception occidentale classique**. Explicitement ou non, maints auteurs actuels en management en appellent à ce principe qui s'appuie, le plus souvent, sur la forme de rémunération à la japonaise, largement reliée aux résultats et profits. Il en est ainsi de Weitzman du MIT (1984) et de Peters (1987) qui préconisent le partage des bénéfices comme partie de rémunération, de Perrow (1979) qui demande qu'on reconnaisse que le contrôle et la coercition sont la meilleure façon d'obtenir un minimum de productivité, et cela tant que le système de salariat restera la règle, de Etchegoyen (1990) pour qui le salariat fait des employés des « mercenaires » travaillant dans des « entreprises sans âme », de Semler (1993), et la liste pourrait continuer.

Un puissant courant américano-européen se constitue pour réclamer une organisation où l'employé puisse vivre en acteur, en sujet pensant, parlant, interpellant. Dit autrement, c'est l'avènement d'un **travail vivant** (travail subjectif, créateur, qui sait s'adapter et innover) caractéristique de l'humain, en lieu et place du **travail mort** et du travail matérialisé (des machines, des fiches de poste rigides, un rendement maximal et de la répétition). Comment la pensée managériale peut-elle prétendre à un tel changement si elle ne remet pas en question ses présupposés et ses prémisses ? C'est là un radicalisme qui demanderait qu'on voie, par exemple, au-delà des comportements de l'employé japonais, suédois ou allemand[34], les **raisons** qui le poussent à agir comme il le fait (**raisons liées à la teneur de son travail, aux relations avec ses dirigeants, aux politiques sociales de son pays, au mode de répartition des richesses nationales, à la signification, pour lui, de sa tâche**), et non qu'on cherche coûte que coûte à y déceler quelque recette d'un management magico-ésotérique.

Symétriquement, ce radicalisme pousserait à se demander **pourquoi** l'employé de l'entreprise occidentale est si peu motivé (et non **comment** faire pour le motiver à tout prix). S'interroger en ce sens, comme l'a fait Sievers (1986a et 1986b), c'est **soulever la question de la signification du travail.**

Il n'est pas difficile, je pense, d'admettre que le cadre conceptuel fonctionnalo-pragmatiste traditionnel du management est plutôt démuni devant de telles questions[35]. Questions qu'il a d'ailleurs toujours rejetées comme étant hors de son champ de préoccupations et relevant, au mieux, de la philosophie, sinon d'une sociologie plus ou moins subversive ou gauchiste.

Mais on sait (ce qui éclaire la formidable vogue des sciences de la gestion et des organisations au XXe siècle) que le capitalisme industriel a eu besoin (à cause, entre autres, de l'extension des lois sur le travail) de recourir à un perfectionnement toujours plus raffiné de la production de la **plus-value relative** (plus-value obtenue par la réduction du temps de travail nécessaire, par une plus grande discipline et une meilleure organisation) puisque l'obtention de la plus-value absolue (plus-value résultant de l'allongement de la journée de travail et de la réduction de la valeur de ce dernier, par la contrainte et le pouvoir unilatéral) était rendue difficile et passible de sanctions. Ainsi, d'un point de vue managérial, **le XIXe siècle aura été le siècle de la plus-value absolue, alors que le XXe siècle est largement, en Occident tout au moins, celui de la plus-value relative.**

---

34. Sans faire, bien entendu, quelque amalgame que ce soit de systèmes politiques, ou sociaux, de régimes de travail, de cultures entre les trois pays visés. Il ne s'agit ici que du fait que ces pays sont sans cesse cités comme exemples de performances et de productivité, sinon de qualité de la vie (voir *L'état du monde 1991*).

35. Pour une discussion plus approfondie du paradigme managérial traditionnel par rapport à un paradigme plus radical ou plus critique, voir, entre autres, Séguin et Chanlat (1983), Clegg et Dunkerley (1977).

Cependant, devant la concurrence de systèmes différents comme le Japon, il devient de plus en plus difficile de réaliser de la plus-value relative seulement en organisant le travail, en le disciplinant et en rentabilisant au maximum le temps qu'il utilise. Le machinisme et même la robotisation semblent avoir atteint certaines limites, l'obsolescence est toujours plus rapide et **l'inventivité et la souplesse du cerveau humain sont, plus que jamais, indispensables à une meilleure rentabilité**[36]. L'obtention même de la plus-value relative paraît de plus en plus fonction d'une nouvelle attitude de la part de l'employé et semble impliquer, paradoxalement, l'adhésion de sa part et, conséquemment, une plus grande équité envers lui.

Il est malheureux de constater que le contexte actuel de récession pousse les entreprises (et non des moindres) à recourir à des mises à pied massives et à des « rationalisations » qui témoignent d'un retour très regrettable aux traditions managériales ancrées dans la courte vue fonctionnaliste. Or, le but essentiel de mon analyse est précisément de montrer que **le salarié ne doit plus être traité comme un coût à combattre, mais comme un allié à convaincre, sinon à séduire** ; les dirigeants ne doivent plus se considérer comme étant les seuls éléments de l'organisation admis à concevoir, décider et gérer ; la poursuite du profit ne doit plus être ni maximaliste, ni à court terme, ni égoïstement administrée par le patronat exclusivement – presque à son seul avantage –, mais envisagée comme le fruit d'un labeur commun, dont le taux, la destination et l'usage sont pensés et décidés en commun, entre dirigeants et dirigés. Le prix à payer est le renoncement à des privilèges nombreux et séculaires (souvent abusifs) pour pouvoir aller vers une forme d'organisation **où la flexibilité, la créativité et la qualité puissent réellement provenir du seul facteur qui est capable de celles-ci : la personne**. C'est là le passage obligé pour augmenter la capacité de gestion d'une complexité grandissante, tout en transformant des personnes individualistes, juxtaposées, poursuivant des carrières personnelles égoïstes, en équipes solidaires. Quant à la sempiternelle question de « l'obstruction des syndicats », je demanderais à ceux qui l'invoquent d'expliquer comment font les Allemands, les Scandinaves, les Japonais (et même Cascades en France, avec la CGT !) pour avoir des syndicats qui coopèrent. Ne serait-ce pas parce que, somme toute, et compte tenu du lieu d'exercice du pouvoir prédominant, on a les syndicats qu'on mérite ? Car, répétons-le, tout syndicat qui a en face de lui un patronat vraiment soucieux du sort commun et du bien-être de ses employés ne peut que perdre à persister dans la logique de l'affrontement (par ailleurs, le patronat ne peut plus ignorer que **ce contre-pouvoir est une nécessité pour l'harmonie et le progrès**, et non un ennemi à éliminer).

Plus de trente ans après Whyte (1956), qui réclamait déjà un management, une formation et une sélection des managers qui ne soient pas que

---

36. Ainsi, on rapporte que les entreprises japonaises, par exemple, accentuent la place donnée aux humains par rapport aux robots (Maury 1990, Nora 1992).

des manières d'assurer le conformisme, le *statu quo* et le pouvoir de ceux qui sont aux commandes, des Mintzberg (1989 et 1990), des Archier et Sérieyx (1984) et des Villette (1988) appellent eux aussi à un changement qui ne soit plus un « éteignoir des intelligences » ou une façon déguisée de combattre les vrais changements. Comme on le voit, c'est une histoire longue, et qui se répète. Entre-temps, ce dont nous avaient prévenus des Marcuse, des Ouchi ou des Club de Rome se confirme de plus en plus sous nos yeux. Et, sans que je veuille être indûment alarmiste, il n'est guère possible de continuer à baigner dans une sérénité béate appuyée sur un optimisme d'autruche et une confiance renforcée par la foi en nos modèles de gestion et en nos « sciences sans conscience ». Ce sera alors, et c'est le moins qu'on puisse craindre, comme le dit Mintzberg, « abandonner » de plus en plus de marchés à ces « petits malins de Japonais[37] ». Il convient de savoir ce que l'on fait lorsqu'on choisit de privilégier certains analystes, certains théoriciens ou certains prévisionnistes, parce qu'ils nous arrangent plus que d'autres.

C'est un peu dans cette voie que se dessinera un management plus intelligent[38]. Un management qui respecte la nature des choses, qui évite les violences et les souffrances, que ce soit aux humains ou à la nature, qui connaît et assume les données de l'histoire et des sciences. Et qui se conforme, en pleine connaissance de cause, à leur verdict le moins contesté à propos des savoirs de l'heure. Comme les contradictions interne et externe. Un management qui saura tirer les leçons de ce que font d'autres systèmes aujourd'hui plus performants, et de l'importance de la vision à long terme, plutôt que de celle du maximalisme à court terme.

Ce management-là ne doit jamais oublier la leçon des principes physiques de l'univers qui font que tout gain, y compris économique, en un lieu correspond à une perte équivalente ailleurs. Et ce raisonnement est valable autant dans les rapports entre l'employé et l'employeur que dans ceux entre les nations nanties et les nations démunies. L'affaiblissement d'autrui finira tôt ou tard par nous atteindre, quelle que soit notre force.

Le manager **doit savoir ce qui se passe sur la planète, connaître l'histoire de l'entreprise, les différents systèmes économiques existants, la géopolitique et l'ethnographie** ; les « MBA » doivent être « humanisés », clamait le dossier consacré à ces derniers dans la *Revue Commerce* d'octobre 1986.

Alain Chanlat, reprenant l'historien Fernand Braudel, nous rappelle la teneur d'un texte publié en Italie en 1776 et qui constatait, déjà, qu'une « partie de l'humanité est maltraitée à en mourir pour que l'autre s'empiffre à en crever ». Puis il commente[39] :

---

37. Mintzberg (1989), p. 92.
38. Je ne fais en cela que paraphraser d'autres auteurs, comme Deming (1987) qui s'exclame : « *Work smarter, not harder !* »
39. Chanlat et Dufour (1985), p. 18.

Cette formule lapidaire résume bien à quel prix est obtenue la richesse matérielle. Le niveau de vie élevé des Occidentaux repose en grande partie sur l'exploitation du Tiers-Monde, comme celui des bourgeois du XIXe siècle avait été construit sur la misère des ouvriers.

Au Sommet de la francophonie de Dakar, en mai 1989, le président français François Mitterand a énergiquement dénoncé « le scandale des milliards qui passent plus du Tiers-Monde vers les pays riches que de ces derniers vers les pays pauvres », avant de porter une accusation nette et sans équivoque contre le cynisme des soi-disant « lois du *business* » et du « marché », qui font, et je cite, « que quelques entreprises qui dominent le commerce mondial puissent décider la ruine de tel ou tel pays ». Lorsque ces choses sont dites à un tel niveau et dans un tel forum, peut-on soupçonner le mensonge ou l'exagération ? Le gestionnaire de demain ne doit plus ignorer ces faits, car la qualité de la vie, et même la survie, de tous sur notre planète dépend de ce genre de comportement.

Le management de l'an 2000 devra savoir tenir compte de l'ensemble de ces dimensions fondamentales, et non se complaire dans « le maquillage de son fort contenu idéologique par l'utilisation d'outils d'allure scientifique[40] ». L'idéologie, on le sait, est un système d'idées destiné à justifier, légitimer ou faire accepter un état de choses. Ce n'est là le rôle ni de l'université ni de ses enseignants, et ces derniers (je joins ma voix à celle de Chanlat[41] pour le clamer)

> [sont] là pour être les gardiens de valeurs qui transcendent celles de l'entreprise, pour les rappeler, pour les expliquer et pour les vivre. S'ils se conduisent autrement, ils ne méritent pas les privilèges importants qui leur sont accordés par la société, et il serait alors plus logique qu'ils rejoignent l'entreprise.

Le management, les managers et les enseignants en gestion doivent, enfin, tirer toutes les conséquences de la nécessaire interdépendance régnant dans tout ce qui est touché par leurs activités : faire plus de profits au détriment de leurs salariés, de la nature, des chômeurs ou des pays plus pauvres n'est qu'une façon provisoire de se mettre à l'abri, de croire qu'on se met à l'abri.

Mieux traiter l'environnement, nos employés et nos partenaires moins nantis, c'est assurer moins de gaspillage et plus de productivité, c'est assurer des possibilités d'échanges effectifs (un pays ruiné ne peut rien échanger avec personne, sinon sa misère) ; c'est, au bout du compte, assurer un meilleur avenir pour tous, à commencer par soi-même.

Au-delà des outils et des techniques, les plus sophistiqués soient-ils, c'est d'un nouvel état d'esprit, d'une certaine sagesse, d'une nouvelle générosité et

---

40. Chanlat (1984), p. 226.
41. Chanlat et Dufour (1985), p. 20.

d'un retour au sens de l'humain et au bon sens que le management de l'an 2000 a le plus besoin.

Après Jean Rostand, j'aimerais inviter le lecteur à ne jamais perdre de vue que le degré de civilisation se mesure à la façon dont on traite les plus faibles.

BIBLIOGRAPHIE GÉNÉRALE

ABRAHAM, K. (1970) *Œuvres complètes*, Tome II, Paris, Payot.

ABRAVANEL, H. et C. BENABOU (dir.) [1986] *Le comportement des individus et des groupes dans l'organisation*, Chicoutimi, Gaëtan Morin Éditeur.

ACKOFF, R.L. (1967) « Management Misinformation System », *Management Science*, vol. 14, n° 4, décembre, p. 147-157.

ADAMS, J.S. (1963) « Toward an Understanding of Iniquity », *Journal of Abnormal and Social Psychology*, n° 67, p. 422-436.

ADAMS, J.S. (1964) « Effects of Wage Iniquities on Work Quality », *Journal of Abnormal and Social Psychology*, n° 69, p. 19-25.

ADAMS, R. et C. RUMMEL (1984) « Worker Participation in Management in West Germany », *International Labor Review*, vol. 123, p. 615-630.

AKTOUF, O. (1984) « Le management et son enseignement : entre doctrine et science ? », *Gestion*, avril, p. 44-49.

AKTOUF, O. (1984) « La méthode des cas et l'enseignement du management : pédagogie ou conditionnement ? », *Gestion*, novembre, p. 37-42.

AKTOUF, O. (1985) « À propos du management », *in* A. Chanlat et M. Dufour (dir.), *La rupture entre l'entreprise et les hommes*, Montréal-Paris, Québec/Amérique-Éditions d'Organisation, p. 363-388.

AKTOUF, O. (1986) *Le travail industriel contre l'homme ?*, Alger, ENAL/OPU.

AKTOUF, O. (1986) *Les sciences de la gestion et les ressources humaines, une analyse critique*, Alger, ENAL/OPU.

AKTOUF, O. (1986) « La parole dans la vie de l'entreprise : faits et méfaits », *Gestion*, vol. 11, n° 4, novembre, p. 31-37.

AKTOUF, O. (1986) « Une vision interne des rapports de travail, le cas de deux brasseries », *Le travail humain*, vol. 49, n° 3, septembre, p. 238-248.

AKTOUF, O. (1987) « Les rapports chefs de projets-directions générales : fonctionnement matriciel ou structure matricielle », *Revue PMO*, vol. 2, n° 2, avril, p. 36-40.

AKTOUF, O. (1988) « La communauté de vision au sein de l'entreprise : exemples et contre-exemples », *in* G.L. Symons (dir.), *La culture des organisations*, Collection « Question de culture », Montréal, Institut québécois de recherche sur la culture, p. 71-98.

AKTOUF, O. (1989) « Parole, travail et productivité. Une étude de cas et une perspective comparée », document non publié, Montréal, HEC.

AKTOUF, O. (1989) *Le management entre tradition et renouvellement* (édition révisée 1990), Montréal, Gaëtan Morin Éditeur.

AKTOUF, O. (1989) « L'interpellation de l'autorité et la transgression de tabous managériaux comme symboles de leadership puissant », document non publié, HEC, Montréal.

AKTOUF, O. (1990) Management et théories des organisations des années 90 : vers un radical-humanisme critique ?, inédit, École des hautes études commerciales de Montréal.

AKTOUF, O. (1990) « Corporate Culture, the Catholic Ethic and the Spirit of Capitalism : A Quebec Experience », *in* S. Turner (dir.), *Organizational Symbolism*, Berlin-New York, Walter De Gruyter Publisher.

AKTOUF, O. (1990) « Le symbolisme et la culture d'entreprise : des abus conceptuels aux leçons du terrain », *in* J.-F. Chanlat (dir.), *Individu et organisations : les dimensions oubliées*, Québec-Paris, PUL-ESKA.

AKTOUF, O. (1991) « Adhésion et pouvoir partagé », *Gérer et comprendre – Annales des Mines*, Paris, juin, p. 44-57.

AKTOUF, O. (1992) « Theories of Organizations and Management in the 1990's: Towards a Critical Radical-Humanism? », *Academy of Management Review*, vol. 17, n° 3, juillet, p. 407-431.

AKTOUF, O. (1993) *Le management de l'excellence: de la déification du dirigeant à la dépersonnification de l'employé (ou « les dégâts du dilemme du Roi Lear dans les organisations »)*, communication présentée au colloque international « Sociologie de l'excellence: formation et déformation des ressources humaines », Paris, Sorbonne, 20-23 juillet.

AKTOUF, O. et M. CHRÉTIEN (1987) « Le cas Cascades: comment se crée une culture d'entreprise », *Revue française de gestion*, n°s 65-66, novembre-décembre, p. 156-166.

ALBERT, M. (1991) *Capitalisme contre capitalisme*, Paris, Éditions du Seuil.

ALLAIRE, Y. et M. FIRSIROTU (1984) « La stratégie en deux temps, trois mouvements », *Gestion*, vol. 9, n° 2, avril, p. 13-20.

ALLAIRE, Y. et M. FIRSIROTU (1988) « La nature contractuelle de la planification stratégique », *Gestion*, vol. 13, n° 2, mai, p. 5-19.

ALLAIRE, Y. et M. FIRSIROTU (1989) « Les racines de l'innovation. Le système japonais et l'expérience américaine », *Gérer et comprendre*, n° 17, décembre, p. 62-72.

ALLISON, G.T. (1971) *The Essence of Decision*, Boston, Little, Brown and Co.

ALLPORT, F.H. (1924) *Social Psychology*, Boston, Houghton Mifflin Co.

ALLPORT, F.H. (1933) *Institutional Behavior*, Chapel Hill, University of North Carolina Press.

ALVESSON, M. (1986) « On the Idea of Organizational Culture », *Dragon, the SCOS Journal*, n° 7, décembre, p. 92-123.

AMADIEU, J.-F. (1989) « Les entreprises: églises ou équipages de rafting? », *Gérer et comprendre*, n° 17, décembre, p. 36-40.

AMIN, S. (1971) *L'accumulation à l'échelle mondiale*, Paris, Anthropos.

AMIN, S. (1976) *L'impérialisme et le développement inégal*, Paris, Minuit.

ANDREWS, K. (1980) *The Concept of Corporate Strategy*, Homewood, Illinois, Richard D. Irwin Inc.

ANDREWS, K. et W.G. CHRISTENSEN (1965) *Business Policy, Texts and Cases*, Homewood, Illinois, Richard D. Irwin Inc.

ANSOFF, H.I. (1971) *Stratégie et développement de l'entreprise*, Paris, Éditions Hommes et Techniques.

ANSOFF, H.I. *et al.* (1976) *From Strategic Planning to Strategic Management*, Londres, John Wiley & Sons.

ANTHONY, R.N. (1965) *Planning and Control Systems: A Framework for Analysis*, Boston, Harvard University Press.

ARCHIER, G. et H. SÉRIEYX (1984) *L'entreprise du troisième type*, Paris, Éditions du Seuil.

ARCHIER, G. et H. SÉRIEYX (1986) *Pilotes du troisième type*, Paris, Éditions du Seuil.

ARDANT, G. (1976) *La révolution suédoise*, Paris, Robert Laffont.

ARDANT, G. et H. SÉRIEYX (1984) *La révolution suédoise*, Paris, Robert Laffont.

ARGYLE, M. (1953) « The Assembly Relay Test Room in Retrospect », *Occupational Psychology*, vol. 7, p. 103-110.

ARGYRIS, C. (1957) *Personality and Organization*, New York, Harper.

ARGYRIS, C. (1958) « The Organization: What Makes it Healthy? », *Harvard Business Review*, vol. 36, n° 6, p. 107-116.

ARGYRIS, C. (1967) *Executive Leadership: An Appraisal for Manager in Action*, Handem, Connecticut, Archon Books.

ARGYRIS, C. (1973) « Some Limits of Rational Man Organizational Theory », *Public Administration Review*, vol. 33, n° 3, mai, p. 253-268.

ARGYRIS, C. (1973) « Personality and Organization Theory Revisited », *Administrative Science Quarterly*, vol. 18, n° 2, juin, p. 141-168.

ARGYRIS, C. (1973) « Organization Man : Rational or Self Actualizing ? », *Public Administration Review*, vol. 33, n° 4, juillet-août, p. 346-354.

ARGYRIS, C. (1980) « Some Limitations of the Case Method : Experiences in a Management Development Program », *Academy of Management Review*, vol. 5, n° 2, avril, p. 291-299.

ARON, R. (1967) *Les étapes de la pensée sociologique*, Paris, Gallimard.

ARVON, H. (1960) *La philosophie du travail*, Paris, Presses Universitaires de France (coll. Sup.).

ATLAN, H. (1972) « Du bruit comme principe d'auto-organisation », *Communications*, n° 18, p. 21-36.

ATLAN, H. (1979) *Entre le cristal et la fumée*, Paris, Éditions du Seuil.

ATLAN, H. (1985) « Ordre et désordre dans les systèmes naturels », *in* A. Chanlat et M. Dufour (dir.), *La rupture entre l'entreprise et les hommes*, Paris, Éditions d'Organisation, p. 119-140.

ATLASECO, *Atlas économique mondial, années 1990, 1991, 1992, 1993*, Paris, Éditions du Sérail.

ATTALI, J. (1990) *Lignes d'horizon*, Paris, Fayard.

AUBERT, N. et V. de GAULEJAC (1992) *Le coût de l'excellence*, Paris, Éditions du Seuil.

AUBREY, B. (1993) « Repensons le travail du cadre », *Harvard-L'Expansion*, Paris, été.

AUDET, M. *et al.* (1986) « Science et résolution de problèmes : liens, difficultés et voies de dépassement dans le champ des sciences de l'administration », *Philosophie des sciences sociales*, n° 16, p. 409-440.

AUGUREN, S., J. EDGEREN et SAF (1981) *Des usines différentes*, Stockholm, SAF (Confédération des employeurs suédois) (Études et recherches).

AUTREMENT (1988) *Le culte de l'entreprise*, n° 100 (numéro spécial), septembre.

AXELROD, R. (dir.) [1976] *Structure of Decision. The Cognitive Maps of Political Elites*, Princeton, Princeton University Press.

AXTELL-RAY, C. (1986) « Corporate Culture, the Last Frontier of Control ? », *Journal of Management Studies*, vol. 23, n° 3, mai, p. 287-297.

BABBAGE, C. (1963) *On the Economy of Machinery and Manufacturers*, Londres, C. Knight.

BAIROCH, P. (1971) *Le Tiers-Monde dans l'impasse*, Paris, NRF.

BALES, R.F. (1958) « Task Roles and Social Roles in Problem Solving Groups », *Reading in Social Psychology*, New York, Holt, Rinehart and Winston, p. 437-447.

BARAN, P.A. et P.M. SWEEZY (1966) *Monopoly Capital : An Essay on the American Economic and Social Order*, New York, Monthly Review Press.

BARNARD, C. (1938) *The Functions of the Executive*, Cambridge, Harvard University Press.

BARNARD, C. (1950) *The Functions of the Executive*, Cambridge, Massachusetts, Cambridge University Press.

BAROU Y. et B. KEIZER (1984) *Les grandes économies*, Paris, Seuil (Points).

BARTHÉLÉMY, M. (1993) *in L'État du monde*, Montréal, Boréal, p. 467.

BATESON, G. *et al.* (1981) *La nouvelle communication*, Paris, Éditions du Seuil (Points).

BAUER, M. et B. BERTIN-MOUROT (1993) « Comment les entreprises françaises et allemandes sélectionnent-elles leurs dirigeants ? », *Problèmes économiques*, n° 2337, 11 août, p. 14-19.

BÉDARD, R. et A. CHANLAT (1993) « Être patron aujourd'hui », *Revue Notre-Dame*, n° 6, juin.

BEDJAOUI, M. (1978) *Pour un nouvel ordre économique international*, Paris, UNESCO.

BEHR, E. (1989) *Hiro-Hito*, Paris, Robert Laffont.

BELLEMARE, D. et L. POULIN-SIMON (1986) *Le défi du plein emploi*, Montréal, Éditions Saint-Martin.

BELLON, B. et J. NIOSI (1987) *L'industrie américaine, fin du siècle*, Montréal, Boréal.

BENDIX, R. (1949) « The Perspectives of Elton Mayo », *Review of Economics and Statistics*, vol. 31, n° 4, novembre, p. 312-321.

BENDIX, R. (1962) *Max Weber, an Intellectual Portrait*, New York, Garden City, Anchor Books.

BENN, S.I. et G.W. MORTIMORE (1976) *Rationality and the Social Sciences*, Londres, RKP.

BENNIS, W. et B. NANUS (1985) *Diriger : les secrets des meilleurs leaders* (traduction française de *Leaders : The Strategies for Taking Charge*), Paris, InterÉditions.

BENOIT, J. (1988) *La folle aventure*, Paris, Filipacchi.

BENVENISTE, É. (1973) *Problèmes de linguistique générale I*, Paris, Gallimard.

BENVENISTE, É. (1980) *Problèmes de linguistique générale II*, Paris, Gallimard.

BERG, P.O. et R. WITKIN (1984) « Organization Symbolling : Toward a Theory of Action in Organizations », document non publié, University of Lund, Suède.

BERGERON, J.-L. *et al.* (1979) *Les aspects humains de l'organisation*, Montréal, Gaëtan Morin Éditeur.

BERGERON, P.-G. (1983) *La gestion moderne, théories et cas*, Chicoutimi, Gaëtan Morin Éditeur.

BERGERON, P.-G. (1986) *La gestion dynamique, concepts, méthodes et applications*, Chicoutimi, Gaëtan Morin Éditeur.

BERLE, A. (1957) *Le capital américain et la conscience du roi : le néocapitalisme aux États-Unis*, Paris, Armand Colin.

BERLE, A. et G.C. MEANS (1937) *The Modern Corporation and Private Property*, New York, McMillan.

BERNE, E. (1964) *Games People Play*, New York, Grove Press Editor.

BERNE, E. (1971) *Analyse transactionnelle et psychothérapie*, Paris, Payot.

BERNIER, B. (1988) *Capitalisme, société et culture au Japon : aux origines de l'industrialisation*, Montréal, Presses de l'Université de Montréal.

BERTALANFFY, L. von (1973) *La théorie générale des systèmes*, Paris, Dunod.

BETTELHEIM, C. (1976) *Calcul économique et forme de propriété*, Paris, Maspero.

BEYER, J.B. (1981) « Ideologies, Values and Decision Making in Organizations », *in* P.C. Nystrom et W.H. Starbuck (dir.), *Handbook of Organizational Design*, vol. 2, Oxford, OUP, p. 166-202.

BEYNON, H. (1973) *Working for Ford*, Londres, Penguin Books.

BIRAT, J.-P. (1991) *Réussir en affaires avec les Japonais* (« Comprendre la mentalité japonaise, l'entreprise japonaise et ses rites »), Paris, Éditions du Moniteur.

BLAKE, R. et J. MOUTON (1964) *The Managerial Grid ; Key Orientations for Achieving Production through People*, Houston, Gulf Pub. Co.

BLAKE, R. et J. MOUTON (1969) *Building a Dynamic Corporation through Grid Organization Development*, Reading, Massachusetts, Addison-Wesley.

BLANC, M. (1989) « La Corée du Sud », *in La nouvelle Asie industrielle : enjeux, stratégies et perspectives*, Paris, PUF, publication de l'Institut universitaire des hautes études internationales de Genève.

BLANKEVOORT, P.J. (1984) « Effects of Communication and Organization », *International Journal of Project Management*, vol. 2, n° 3, août.

BLONDAL, S. et T. EGEBO (1992) « Coup de projecteur sur la Suède », *L'Observateur de l'OCDE*, n° 177, août-septembre, p. 33-34.

BLOOM, A. (1987) *L'âme désarmée, essai sur le déclin de la culture générale*, Paris, Guérin.

BLUMENTHAL, S.C. (1969) *Management Information Systems ; A Framework for Planning and Development*, Englewood Cliffs, New Jersey, Prentice-Hall.

BOGOMOLOVA, N. (1974) *La théorie des relations humaines, instrument idéologique des monopoles*, Moscou, Éditions du Progrès.

BOISVERT, M. (1980) *L'approche sociotechnique*, Montréal, Agence d'Arc.

BOISVERT, M. (1980) *Le manager et la gestion*, Montréal, Agence d'Arc.

BOISVERT, M. (1985) *L'organisation et la décision*, Montréal, Presses des HEC – Agence d'Arc.

BOISVERT, M. et R. DÉRY (1980) *Le manager et la gestion*, Montréal, Agence d'Arc.

BOMMENSATH, M. (1987) *Manager l'intelligence de votre entreprise*, Paris, Éditions d'Organisation.

BOMMENSATH, M. (1991) *Secrets de réussite de l'entreprise allemande : la synergie possible*, Paris, Éditions d'Organisation.

BOSCHE, M. (1984) « Corporate culture : la culture sans histoire », *Revue française de gestion*, n°s 47-48, septembre-octobre, p. 29-39.

BOSCHE, M. (1987) « Corée-France : au-delà du langage international des affaires », *Revue française de gestion*, n° 64, septembre-octobre, p. 83-90.

BOSCHE, M. (1991) « Stéréotypes culturels d'hommes d'affaires : deux visions de la Corée », *Intercultures*, n° 12, p. 57-68.

BOUCHARD, S. (1985) « Être truckeur (routier) », *in* A. Chanlat et M. Dufour, *La rupture entre l'entreprise et les hommes*, Montréal-Paris, Québec/Amérique-Éditions d'Organisation, p. 351-359.

BOURDIEU, P. (1982) *Ce que parler veut dire*, Paris, Fayard.

BOURDIEU, P. et J.-C. PASSERON (1970) *La reproduction : éléments pour une théorie du système d'enseignement*, Paris, Éditions de Minuit.

BOURGOIN, H. (1984) *L'Afrique malade du management*, Paris, Jean Picollec.

BOURNOIS, F. et M. PETIT (1992) « La gestion des ressources humaines en Allemagne », *Revue Personnel*, n° 331, mars-avril.

BOYER, R. et J.-P. DURAND (1993) *L'après-fordisme*, Paris, Syrox.

BRANDT, R. et B. TREECE (1986) « High Tech to the Rescue », *Business Week*, 16 juin, p. 100-108.

BRAUDEL, F. (1980) *Civilisation matérielle, économie et capitalisme, les jeux de l'échange*, Paris, Armand Colin, 3 volumes.

BRAUDEL, F. (1985) *La dynamique du capitalisme*, Paris, Arthaud.

BRAVERMAN, H. (1974) *Labor and Monopoly Capital*, New York, Monthly Review Press.

BRAVERMAN, H. (1976) *Travail et capitalisme monopoliste*, Paris, Maspero.

BREITMEIER, W. (1987) « L'employeur et l'éducateur », *Revue française de gestion*, novembre/décembre.

BREITMEIER, W. (1987) « Le système allemand, l'employeur et l'éducateur », *Revue française de gestion*, n°s 65-66, novembre-décembre, p. 88-92.

BRÉMOND, J. (1989) *Les économistes néo-classiques*, Paris, Hatier.

BRISOU, S., T. GLOBOCAR, V. LAINÉ et H. MÉDUNIER (1990) *Les deux Allemagne 1984-1989*, Paris, La Documentation Française, Notes et études documentaires.

BROUSSOLE, D. (1990) « Le modèle suédois dans les années 80 et la tertiarisation de l'économie », *Problèmes économiques*, n° 2205, 28 décembre, p. 11-18.

BROWN, D.S. (1982) « The Changing Role of the Manager », *Supervisory Management*, vol. 27, n° 7, juillet, p. 13-20.

BROWN, J.A.C. (1954) *The Social Psychology of Industry : Human Relations in the Factory*, Harmondsworth, Middlessex, Penguin Books.

BROWN, L.J. (dir.) [1993] *L'état de la planète*, Paris, Economica.

BROWN, L.R. (1990) *State of the World 1990*, Washington, Worldwatch Institute.

BRUHNES, B. (1989) « Syndicats ouvriers et organisations patronales en Europe, trois modèles de culture sociale », *Projet*, mai-juin.

BRUN, C. (1989) *L'irrationnel dans l'entreprise*, Paris, Balland.

BULLETIN DE LA COMMISSION BANCAIRE, n° 6, avril 1992, « Le système bancaire allemand », publié par *Problèmes économiques*, n° 2293, 30 septembre 1992.

BURAWOY, M. (1979) « Toward a Marxist Theory of the Labor Process : Braverman and Beyond », *Politics and Society*, vol. 8, n°ˢ 3-4, p. 247-312.

BURAWOY, M. (1979) *Manufacturing Consent*, Chicago, Chicago University Press.

BURNS, T. (1954) « The Direction of Activity and Communication in a Departmental Executive Group », *Human Relations*, vol. VII, n° 1, p. 73-97.

BURR, I.W. (1976) *Statistical Quality Control Methods*, New York, Marcel Dekker.

BURR, I.W. (1984) *Elementary Statistical Quality Control*, New York, Marcel Dekker.

BURRELL, G. et G. MORGAN (1979) *Sociological Paradigms and Organizational Analysis*, Londres, Heineman Educational Books, chap. 5, 8 et 10.

BUSINESS WEEK (1985) « How G.M.'s Saturn Could Run Rings around Old-Style Car Makers », 28 janvier 1985, p. 660-662.

BUSINESS WEEK (1986) « High Tech to the Rescue », 16 juin, p. 100-108.

BUSINESS WEEK (1992) « Executive Pay, Compensation at the Top is out of Control », 30 mars, p. 52-58.

CAILLÉ, A. (1989) *Critique de la raison utilitaire*, Manifeste du MAUSS, Paris, La Découverte.

CAILLOIS, R. (1981) *Le mythe et l'homme*, Paris, Gallimard (Idées).

CALVEZ, J.-Y. (1978) *La pensée de Karl Marx*, Paris, Éditions du Seuil (Points).

CAMPINOS-DUBERNET, M. et J.-M. GRANDO (1989) « Formation professionnelle ouvrière : 3 modèles européens » *Formation-Emploi*, n° 22, avril-juin.

CANS, R. (1990) *Le monde poubelle*, Paris, Éditions du Seuil.

CAPDEVIELLE, P., F. Heran et P. Politanski (1992) « Le rôle de la formation professionnelle dans la diffusion des technologies en Europe (Le cas allemand) », *Revue d'économie industrielle*, 1ᵉʳ trimestre, publié par *Problèmes économiques*, n° 2294, 7 octobre 1992.

CAPRA, F. (1983) *Le temps du changement, science – société – nouvelle culture*, Paris, Le Rocher.

CAREY, A. (1967) « The Hawthorne Studies : A Radical Criticism », *American Sociological Review*, vol. 32, n° 3, juin, p. 403-416.

CARLANDER, I. (1992) « La Suède à la recherche d'un autre "modèle" », *Le Monde diplomatique*, n° 461, août, p. 22-23.

CARLISLE, H.M. (1973) « L'organisation fonctionnelle est-elle périmée ? », *in* P. Laurin (dir.), *Le management – textes et cas*, Montréal, McGraw-Hill.

CARLZON, J. (1986) *Renversons la pyramide !*, Paris, InterÉditions.

CARREY-BÉLANGER, É. (1987) « Une étude comparative des systèmes de bien-être social avec référence particulière à l'organisation des services sociaux : Finlande, Suède, Québec », *Synthèse critique 39*, Québec, Université Laval, Les Publications du Québec.

CARROUÉ, L. (1991) « Nouvelles alliances germano-nippones », *Le Monde diplomatique, Manière de voir*, n° 12, mai.

CAZAL, D. (1990) « Corée : recrutement et affinités », *Ressources humaines*, n° 21.

CAZAL, D. (1991) « Communautarisme en Corée et au Japon : le réseau et l'arbre », *Intercultures*, n° 13, avril, p. 87-96.

CAZAL, D. (1992) « Visage, communication interculturelle et éthique : l'exemple de la Corée », *Intercultures*, n° 17, avril.

CAZAL, D. (1993) *Stéréotypes interculturels : une approche constructiviste appliquée à la Corée*, Marseille, Groupe EIA.

CAZAL, D. (1994) « Éthique et management interculturel : le cas du confucianisme d'entreprise », *in* M. Bosche, *Le management interculturel s'apprend-il ?*, Paris, Nathan.

CENTRE DE PROSPECTIVE ET D'ÉTUDES (CPE) [1986] *L'acquisition de technologies étrangères par le Japon*, numéro hors série, avril, Paris, Ministère de la recherche et de la technologie.

CESSIEUX, R. (1976) *Recherche sur les processus de la division du travail*, Grenoble, IREP.

CFCE (1989) *Suède (Un marché)*, n° 18, Direction de l'information, Paris, Centre français du commerce extérieur.

CHANDLER, A. (1972) *Stratégie et structure*, Paris, Éditions d'Organisation.

CHANG, C.Y. (1980) *Confucianism: A Modern Interpretation*, The HWA Kang Press.

CHANLAT, A. (1984) *Gestion et culture d'entreprise: le cheminement d'Hydro-Québec*, Montréal, Québec/Amérique.

CHANLAT, A. (1990) « La gestion, une affaire de parole », *in* J.-F. Chanlat (dir.), *L'individu dans l'organisation: les dimensions oubliées*, Québec-Paris, PUL-ESKA.

CHANLAT, A. (1992) *L'administration municipale à la croisée des chemins*, CETAI, École des hautes études commerciales, Montréal, septembre.

CHANLAT, A. (1993) « La société malade de ses gestionnaires », *in Interface*, vol. 14, n° 6, novembre-décembre, Montréal, ACFAS.

CHANLAT, A. et M. DUFOUR (dir.) [1985] *La rupture entre l'entreprise et les hommes*, Montréal-Paris, Québec/Amérique-Éditions d'Organisation.

CHANLAT, A. et R. BÉDARD (1990) « La gestion, une affaire de parole », *in* J.-F. Chanlat (dir.), *L'individu dans l'organisation: les dimensions oubliées*, Québec-Paris, PUL-ESKA, p. 79-100.

CHANLAT, J.-F. (1973) « Coûts, décision et contrôle », *in* P. Laurin (dir.), *Le management – textes et cas*, Montréal, McGraw-Hill, p. 648-658.

CHANLAT, J.-F. (1983) « Usure différentielle au travail, classes sociales et santé: un aperçu des études épidémiologiques contemporaines », *in* A. Cottereau, « L'usure au travail », *Le mouvement social*, Éditions ouvrières, n° 124, juillet-septembre, p. 153-169.

CHANLAT, J.-F. (dir.) [1990] *L'individu dans l'organisation: les dimensions oubliées*, Québec-Paris, PUL-ESKA.

CHANLAT, J.-F. et F. SÉGUIN (1983) *L'analyse des organisations, une anthologie sociologique*, Tome 1, Montréal, Gaëtan Morin Éditeur.

CHANLAT, J.-F. et F. SÉGUIN (1987) *L'analyse des organisations, une anthologie sociologique*, Tome II, Montréal, Gaëtan Morin Éditeur.

CHAPONNIÈRE, J.-R. (1982) « La république de Corée: un nouveau pays industriel », *Notes et études documentaires*, Paris, La Documentation française, n°ˢ 4667-4668.

CHARBONNEAU, R. (1973) « Le contrôle budgétaire », *in* P. Laurin (dir.), *Le management – textes et cas*, Montréal, McGraw-Hill, p. 671-692.

CHARTIER, L. et H. SÉRIEYX (1992) *Rapport de mission Face à face du Pacifique II*, du 6 au 21 décembre 1991, Montréal, Groupe CFC.

CHASE, S. (1941) « What Makes Workers Like to Work? », *Reader's Digest*, février, p. 15-20.

CHAUSSÉ, R. (1973) « Le contrôle et l'évaluation des cadres dans l'entreprise », *in* P. Laurin (dir.), *Le management – textes et cas*, Montréal, McGraw-Hill, p. 724-735.

CHAUSSÉ, R. et A. CHANLAT (1980) *PME: Possibilités de développement*, inédit, HEC.

CHAYRIGUÈS, M. et O. AKTOUF (dir.) [1994] *Rapport de stage ouvrier à Cascades Kingsey-Falls*, Cahiers du CETAI, Montréal, HEC.

CHIQUELIN, J.-J. (1988) « Les patrons qui viennent du froid », *Le nouvel observateur*, 25 au 31 mars, p. 7-11.

CHOME, G. (1985) « La formation professionnelle en RFA », *Travaux et documents du CIRAC* (Centre d'information et de recherche sur l'Allemagne contemporaine), Paris, décembre.

CHOURAK, M. (1990) « La Corée du Sud à la conquête de l'URSS et de l'Europe Centrale », *Le Courrier des pays de l'Est*, Paris, La Documentation française, Notes et études documentaires, n° 347.

CHUNG, J. (1993) Conférence sur la « Démystification du miracle économique coréen », Montréal, Centre d'études de l'Asie de l'Est, Université de Montréal, 18 février.

CHUNG, J. et S. BUCKLEY (1993) *Séminaire : facteurs économiques et négociations en Corée*, Montréal, Fondation Asie Pacifique du Canada, 4 mars.

CHUNG, S.W. (1978) « Administration et développement : le cas Sud-Coréen », *Revue française d'administration publique*, n° 7, juillet-septembre.

CLAIRMONTE, F. et J. CAVANAGH (1986) « Comment le tiers-monde finance les pays riches », *Le Monde diplomatique*, septembre, p. 14.

CLASTRES, P. (1974) *La société contre l'État*, Paris, Éditions de Minuit.

CLEGG, S.R. (1975) *Power Myth and Domination*, Londres, Routledge and Kegan Paul.

CLEGG, S.R. (1990) « Pouvoir symbolique, langage et organisation », *in* J.-F. Chanlat (dir.), *L'individu dans l'organisation : les dimensions oubliées*, Québec-Paris, PUL-ESKA, p. 663-681.

CLEGG, S.R. et D. DUNKERLEY (1977) *Critical Issues in Organizations*, Londres, Routledge and Kegan Paul.

CLEGG, S.R. et D. DUNKERLEY (1980) *Organization, Class and Control*, Londres, Routledge.

CLELLAND, D.I. (1988) « The Cultural Ambience of Project Management », *Project Management Journal*, vol. 19, 3 juin, p. 49-56.

CLELLAND, D.I. et W.R. KING (1971) *L'analyse des systèmes, technique avancée de management*, Paris, Entreprise Moderne d'Édition.

CLELLAND, D.I. et W.R. KING (1975) *Systems Analysis and Project Management*, 2e édition, New York, McGraw-Hill.

COCHARD, P.-D. (1992) « Gœudevert : Le bolide Franco-Allemand », interview du vice-président de Volkswagen, Figaro-Magazine, 16 mai.

CODY, J. (1987) *Policies for Industrial Progress in Developing Countries*, New York, Oxford University Press.

CODY, M.L. (1974) *Competition and the Structure of Bird Communities*, Princeton, New Jersey, Princeton University Press.

COHEN, M.D. *et al.* (1972) « A Garbage Can Model of Organizational Choice », *Administrative Science Quarterly*, vol. 17, n° 1, p. 1-25.

COLLECTIF SCIENCES HUMAINES PARIS IX – DAUPHINE (1987) *Organisations et management en question(s)*, Paris, L'Harmattan (Logiques sociales).

COMTE, A. (1949) *Cours de philosophie positive*, Paris, Garnier.

CONDOMINAS, G. (1980) *L'espace social à propos de l'Asie du Sud-Est*, Paris, Flammarion.

COOPER, R.M. (1982) *La recherche d'un consensus : l'expérience de cinq pays*, Paris, OCDE.

COPLEY, F.B. (1923) *Frederick W. Taylor, Father of Scientific Management*, 2 volumes, New York, Harper & Brothers.

CORIAT, B. (1992) « Dans le cercle vertueux de la qualité du travail », *Le Monde diplomatique, Manière de voir*, n° 12, mai.

CORIAT, B. (1993) *Penser à l'envers*, Paris, Christian Bourgois éditeur.

COTTA, M. (1992) *Le capitalisme dans tous ses états*, Paris, Éditions du Seuil.

COTTEREAU, A. (1980) *Le sublime*, Paris, Maspero.

COURDY, J.-C. (1979) *Les Japonais, la vie de tous les jours dans l'empire du Soleil Levant*, Paris, Belfond.

COURRIER DE LA CORÉE (LE), publications des années 1990 à 1993.

COURRIER INTERNATIONAL (LE) [1993] « Tableau noir d'une Allemagne en panne », extrait de *Der Spiegel*, Hambourg, n° 133, 19-26 mai, p. 9-11.

COURRIER INTERNATIONAL (LE) [1993] mention de l'article du *Wall Street Journal* « Classics in American Business Schools », n° 125, 25 mars, p. 36-37.

CROCKER, O., C. CHARNEY et J. LEUNG CHIU (1991) *Guide pratique des cercles de qualité : l'expérience des États-Unis et du Japon au service des entreprises françaises*, Paris, Eyrolles.

CROSBY, P.B. (1979) *Quality Is Free: The Art of Making Quality Certain*, New York, McGraw-Hill.

CROZIER, M. (1963) *Le phénomène bureaucratique*, Paris, Éditions du Seuil.

CROZIER, M. (1983) «La rationalité du décideur du point de vue du sociologue», *in* B. Roy, *La décision, ses disciplines, ses acteurs*, Lyon, Presses Universitaires de Lyon, p. 29-44.

CROZIER, M. (1989) *L'entreprise à l'écoute*, Paris, InterÉditions.

CROZIER, M. et E. FRIEDBERG (1977) *L'acteur et le système*, Paris, Éditions du Seuil.

CROZIER, M. et H. SÉRIEYX (1994) *Le management panique*, Paris, Maxima et PUF.

CUGGIA, G. (1989) *Cascades, le triomphe du respect*, Montréal, Québec/Amérique.

CULBERT, S. (1974) *The Invisible War: Pursuing Self Interests at Work*, New York, Wiley and Sons.

CULBERT, S. (1980) *The Organizational Trap and How to Get Out of It*, New York, Basic Books.

CYERT, C. et K.J. COHEN (1965) *Theory of the Firm*, Englewood Cliffs, New Jersey, Prentice-Hall.

CYERT, R.M. et J.G. MARCH (1970) *Processus de décision dans l'entreprise*, Paris, Dunod.

DALE, E. (1967) *Organization*, New York, American Management Association.

DANDRIDGE, T.C. (1976) *Symbols at Work: Types and Functions in Relected Organizations*, thèse de doctorat, Los Angeles, University of California.

DAVAL, R. (1981) *Logique de l'action individuelle*, Paris, PUF.

DAVIS, L.E. et A.R. CHERNS (1975) *The Quality of Working Life*, New York, The Free Press, 2 volumes.

DAVIS, L.E. et J. TAYLOR (1972) *Design of Jobs: Selected Readings*, Middlessex, Penguin Books.

DAWSON, M.M. (1915) *The Ethics of Confucius*, New York, G.P. Puman's Sons.

DE PREE, J. (1989) *Leadership is an Art*, New York, Doubleday.

DEAL, T.E. et A.A. KENNEDY (1982) *Corporate Culture: The Rites and Rituals of Corporate Life*, Reading, Massachusetts, Addison-Wesley.

DEJOURS, C. (1980) *Le travail, usure mentale: essai de psychopathologie du travail*, Paris, Le Centurion.

DEJOURS, C. (1990) «Nouveau regard sur la souffrance humaine dans les organisations», *in* J.-F. Chanlat, (dir.), *L'individu dans l'organisation: les dimensions oubliées*, Québec-Paris, PUL-ESKA, p. 687-708.

DEJOURS, C. *et al.* (1985) *Psychopathologie du travail*, Paris, Entreprise Moderne d'Édition.

DELAY, P. (1976) *Techniques de participation et vie dans l'entreprise*, Lausanne, HÉC Lausanne.

DELVIN, E. (1986) «Ne tirez pas sur les M.B.A.», *Revue Commerce*, vol. 88, n° 10, octobre, p. 168-180.

DEMING, W.E. (1987) «Pourquoi sommes-nous si mauvais?», *Revue Commerce*, vol. 88, n° 10, octobre, p. 109-117.

DEMOTES-MÉNARD, M. (1989) *L'économie allemande*, Paris, La Découverte.

DENIS, H. (1983) «Les défis de l'organisation matricielle», *L'ingénieur*, vol. 69, n° 358, novembre-décembre, p. 23-27.

DER SPIGEL (1993) «Tableau noir d'une Allemagne en panne», article publié dans l'hebdomadaire *Courrier International*, n° 133, 19 au 26 mai, p. 9-11.

DERTOUZOS, M., R. LESTER et R. SOLOW (1990), *Made in America*, New York-Paris, MIT Press et InterÉditions.

DERY, R. (1990) «La multidisciplinarité des sciences de l'organisation», *in L'organisation, un objet multidisciplinaire*, compte rendu du 12e Congrès international de sociologie, ISA, Madrid, 9 au 13 juillet.

DERY, R. (1992) « Enjeux et controverses épistémologiques dans le champ des sciences de l'administration », *Revue canadienne des sciences de l'administration*, vol. 1.

DESFORGES, J.G. (1973) « L'administrateur et l'organisation », *in* P. Laurin (dir.), *Le management – textes et cas*, Montréal, McGraw-Hill, p. 283-307.

DESJARDINS, M. (1973) « Le planning stratégique et structurel dans les PME », *in* P. Laurin (dir.), *Le management – textes et cas*, Montréal, McGraw-Hill, p. 141-161.

DEVEREUX, G. (1970) *Essais d'ethnopsychiatrie générale*, Paris, Gallimard.

DEVEREUX, G. (1980) *Ethnopsychanalyse complémentariste*, Paris, Gallimard.

DEVOIR (LE) [1989] « L'Allemagne fédérale connaît un boom économique sans équivalent en 20 ans », 6 septembre.

DEVOIR (LE) [1990], numéros des 16, 17, 18 et 19 janvier.

DEVOIR (LE) [1994] « Le succès "en cascade" », entrevue avec Bernard Lamaire de Cascades, réalisée par Claude Turcotte, lundi 14 mars, p. B-1.

DONNET, P.A. (1991) *Le Japon achète le monde*, Paris, Éditions du Seuil.

DREYFUSS, J. (1986) « Japan's Sudden Slowdown », *Fortune*, vol. 113, n° 7, 31 mars, p. 20-26.

DROZ, J. (1991) *Histoire de l'Allemagne*, Paris, Presses Universitaires de France.

DRUCKER, P. (1958) *The Practice of Management*, New York, Harper & Brothers.

DRUCKER, P. (1993) *Au-delà du capitalisme*, Paris, Dunod.

DRUCKER, P. (1993) *Je vous donne rendez-vous demain*, Paris, Maxima et Laurent du Mesnil Éditeur.

DRUCKER, P. (1993) « La fin de l'autorité hiérarchique », *in Harvard-L'Expansion*, Paris, été.

DRUCKER, P. (1993) « Le "big bang" des organisations », *in Harvard-L'Expansion*, Paris, été.

DUMONT, L. (1970) *Homo æqualis*, Paris, Éditions de Minuit.

DUMONT, L. (1979) *Homo hierarchicus : le système des castes et ses implications*, Paris, Éditions de Minuit.

DUMONT, R. (1966) *Nous allons à la famine*, Paris, Seuil.

DUMONT, R. (1986) *Pour l'Afrique j'accuse*, Paris, Plon.

DUMONT, R. (1988) *Un monde intolérable. Le libéralisme en question*, Paris, Éditions du Seuil.

DUNCAN, A.J. (1974) *Quality Control and Industrial Statistics*, Homewood, Illinois, R.D. Irwin.

DUNETTE, M.D. (1976) *Handbook on Industrial and Organizational Psychology*, Chicago, Rand McNally.

DUPEUX, L. (1989) *Histoire culturelle de l'Allemagne*, Paris, Presses Universitaires de France.

DURAND, C. (1978) *Le travail enchaîné*, Paris, Seuil.

DURKHEIM, É. (1893) *De la division du travail social*, Paris, F. Alcan (réédité aux PUF en 1968 – 8e édition).

DURKHEIM, É. (1897) *Le suicide : étude de sociologie*, Paris, F. Alcan.

DUSSAULT, F. (1982) *Les modèles scandinaves et la détermination des ententes salariales des industries manufacturières canadiennes*, Montréal Université de Montréal, Département des sciences économiques et Centre de recherche en développement économique.

EALEY, L. (1990) *Les méthodes taguchi dans l'industrie occidentale : accroître la qualité en diminuant les coûts*, Paris, Éditions d'Organisation.

ÉCOLE POLYTECHNIQUE ET CNRS (1989) *Actes du séminaire : Contradictions et dynamique des organisations*, Cahiers du Centre de Recherche en Gestion, n° 5, Paris.

ÉCONOMIE ET PROSPECTIVE INTERNATIONALE (1990) « Une économie allemande : points de vue, analyses, perspectives », Paris, La Documentation française, *Notes et études documentaires*, n° 43, 3e trimestre.

ECONOMIST INTELLIGENCE UNIT (THE), *World Outlook 1992, South Korea*.

EIBLESFELDT, E. (1979) *Par delà nos différences*, Paris, Flammarion.

ÉLIADE, M. (1963) *Aspects du mythe*, Paris, Gallimard (Aspects).

ÉLIADE, M. (1979) *Traité d'histoire des religions*, Paris, Payot.

ÉLIADE, M. (1982) *Le phénomène religieux*, Paris, Payot.

ENGELEN-KEFER, U. (1976) « L'humanisation du travail en République fédérale allemande : une approche axée sur les travailleurs », *Revue Internationale du Travail*, mars-avril, p. 245-260.

ÉTAT DU MONDE (L'), annuaire économique et géopolitique mondial, éditions 1990, 1991, 1992, 1993 et 1994, Montréal-Paris, Boréal-La Découverte.

ETCHEGOYEN, A. (1990) *Les entreprises ont-elles une âme ?*, Paris, François Bourrin.

ÉTIEMBLE (1966) *Confucius*, Paris, Gallimard.

ETZIONI, A. (1964) *Modern Organizations*, Englewood Cliffs, New Jersey, Prentice-Hall.

ETZIONI, A. (1971) *Les organisations modernes*, Bruxelles, Duculot (traduit de : Modern Organizations, Englewood Cliffs, New Jersey, Prentice-Hall, 1964).

ETZIONI, A. (1988) « Money, Power and Fame », *Newsweek*, 18 septembre, p. 10.

ETZIONI, A. (1989) *The Moral Dimension : Toward a New Economics*, New York, The Free Press.

EVANS-PRITCHARD, E.E. (1950) *Social Anthropology*, Londres, Cohen and West.

EVANS-PRITCHARD, E.E. (1969) *Anthropologie sociale*, Paris, Payot.

EXPRESS (L') [1987] « Spécial Japon : les maîtres du monde », n° 1899, du 27 novembre au 3 décembre.

FAR EASTERN ECONOMIC REVIEW, Annuaire Asia Yearbook 1991, Hong-Kong.

FARAMOND, G. de (1976) *La Suède et la qualité de la vie*, Paris, Le Centurion.

FARAMOND, G. de (1988) « Les pièges du consensus », *Ressources humaines*, n° 10, janvier, p. 30-32.

FARNHAM, A. (1989) « The Trust Gap », *Fortune*, 4 décembre, p. 56-78.

FAYOL, H. (1979) *Administration industrielle et générale*, Paris, Dunod (première publication en 1916).

FEIGELSON, K. (1986) « La Suède : crise et prospérité de l'État social », Projet n° 198, mars-avril, p. 92-102.

FERICELLI, A.M. (1978) *Théorie statistique de la décision*, Paris, Economica.

FERRANDON, M.C. et R. JAMMES (1978) *La division du travail*, Paris, Hatier.

FEUILHADE de CHAUVIN, T. de (1991) *Éthique et pouvoir dans l'entreprise*, Paris, ESF éditeur.

FIGARO (LE) [1990] « Dossier sur la réunification allemande », 1er octobre.

FINKELKRAUT, A. (1991) *Le mécontemporain*, Paris, Gallimard.

FISCHER, F. et C. SIRIANNI (dir.) [1984] *Critical Studies in Organization and Bureaucracy*, Philadelphie, Temple University Press.

FLEMING, J.E. (1968) « Étude d'une décision d'entreprise », *Synopsis*, juillet-août, p. 39-47.

FLOWERS, V.S. et G.L. HUGUES (1973) « Why Employees Stay ? », *Harvard Business Review*, vol. 51, n° 2, juillet-août, p. 49-61.

FOLLET, M.P. (1942) *Dynamic Administration : The Collected Papers of M.P. Follet*, in H.C. Metcalf et L. Urwick (dir.), New York, Harper and Row.

FORD, H. (1927) *Ma vie et mon œuvre*, Paris, Payot.

FORRESTER, J.W. (1961) *Industrial Dynamics*, Cambridge, Massachusetts, MIT Press.

FORRESTER, J.W. (1971) « Counterintuitive Behavior of Social Systems », *Technology Review*, vol. 73, n° 3, janvier, p. 53-68.

FORRESTER, J.W. (1982) *Dynamique mondiale*, Lyon, Presses Universitaires de Lyon.

FORTUNE (1989) « The Trust Gap », de A. Farnham, 4 décembre, vol. 120, n° 14, p. 56-78.

FORTUNE (1993) « Managing the Chaos », New York Time inc., Time Life Building, Rockefeller Center, avril.

FOUCOUNAU, D. (1991) « Corée, État divisé », *Relations internationales et stratégiques*, Paris, IRIS/Stock, n° 1.

FRANKE, R.H. et J.D. KAUL (1978) « The Hawthorne Experiments: First Statistical Interpretation », *American Sociological Review*, vol. 43, n° 5, octobre, p. 623-643.

FREUND, J. (1966) *La sociologie de Max Weber*, Paris, PUF.

FREUND, J. (1985) « Weber (Max) », *Encyclopædia Universalis*, p. 1071-1073.

FRIEDMAN, J. (1975) *Capitalism and Freedom*, Charlotteville, University Press of Virginia.

FRIEDMAN, M. (1962) *Capitalism and Freedom*, Chicago, University of Chicago Press.

FRIEDMANN, G. (1935) « Frederick Winslow Taylor: l'optimisme d'un ingénieur », *Annales d'histoire économique et sociale*, n° VII, p. 584-602.

FRIEDMANN, G. (1946) *Problèmes humains du machinisme industriel*, Paris, Gallimard.

FRIEDMANN, G. (1950) *Où va le travail humain?*, Paris, Gallimard.

FRIEDMANN, G. (1964) *Le travail en miettes*, Paris, Gallimard (Idées).

FRIEDMANN, G. et P. NAVILLE (1969) *Traité de sociologie du travail*, Paris, Armand Colin, 2 volumes.

FRIEDRICH, O. (1981) « Business School Solutions May Be Part of the US Problem », *Time Magazine*, 4 mai, p. 52-59.

FRITZSCH-BOURNADEL, R. (1987) *L'Allemagne, un enjeu pour l'Europe*, Bruxelles, Éditions Complexe.

FROMM, E. (1961) *Marx's Concept of Man*, New York, Frederick Ungar.

FROMM, E. (1975) *La passion de détruire*, Paris, Robert Laffont.

FÜRSTENGERG, F. (1984) « Recent Trends in Collective Bargaining in the Federal Republic of Germany », *International Labor Review*, vol. 123, p. 615-630.

FURTADO, C. (1964) *Development and Underdevelopment*, Berkeley, University of California Press.

FURTADO, C. (1976) *Le mythe du développement économique*, Paris, Anthropos.

GADAU, C. (1987) « Japan inc's New Face », *Maclean's*, 30 novembre, p. 22-52.

GALAMBAUD, B. (1988) *L'initiative contrôlée ou le nouvel art du manager*, Paris, Entreprise Moderne d'Édition.

GALBRAITH, J.K. (1961) *La crise économique de 1929*, Paris, Payot.

GALBRAITH, J.K. (1968) *Le nouvel État industriel*, Paris, Gallimard.

GALBRAITH, J.K. (1977) *Le temps des incertitudes*, Paris, Gallimard.

GALBRAITH, J.K. (1978) *Tout savoir ou presque sur l'économie*, Paris, Seuil (Points).

GALBRAITH, J.K. (1989) *L'économie en perspective*, Paris, Éditions du Seuil.

GALBRAITH, J.K. (1992) *La république des satisfaits*, Paris, Éditions du Seuil.

GARVIN, D. (1993) « Construire une organisation intelligente », *Harvard-L'Expansion*, Paris, été.

GASPARINI, G. (1990) « Temps et travail en Occident », *in* J.-F. Chanlat, (dir.), *L'individu dans l'organisation: les dimensions oubliées*, Québec-Paris, PUL-ESKA, p. 199-214.

GASSE, Y. (1982) « L'entrepreneur moderne, attributs et fonctions », *Gestion*, vol. 7, n° 4, novembre, p. 3-10.

GEAG, J.M. (1977) « Aggression and Submission in Monkey Societies », *Animal Behaviour*, vol. 25, n° 2, p. 465-474.

GÉLINIER, O. (1968) *La direction participative par objectifs*, Paris, Hommes et Techniques.

GÉLINIER, O. (1979) *Nouvelle direction de l'entreprise, personnaliste et compétitive*, Paris, Hommes et Techniques.

GÉOPOLIS, émission télévisée consacrée à la Corée du Sud, Paris, France 2, septembre 1993.

GEORGE, C.S. Jr. (1968) *The History of Management Thought*, Englewood Cliffs, New Jersey, Prentice-Hall.

GEORGESCU-ROEGEN, N. (1971) *The Entropy Law and the Economic Process*, Cambridge, Massachusetts, Harvard University Press.

GERSTENBERGER, W. (1992) « La compétitivité de l'industrie allemande dans le domaine des technologies de pointe », *Ifo-Schnelldienst*, mai 1992, publié par *Problèmes économiques*, nº 2316, 10 mars 1993.

GHERARDI, S. (1991) « Allemagne : pivot de l'espace européen », extrait de « Europe : l'heure allemande », *Dynasteur, le mensuel des Échos*, décembre 1991, publié par *Problèmes économiques* nº 2259, 22 janvier 1992.

GIASSON, F. et P. LAURIN (1973) « Les concepts de staff et line et d'autorité fonctionnelle », *in* P. Laurin (dir.), *Le management – textes et cas*, Montréal, McGraw-Hill, p. 314-320.

GILBRETH, L. (1953) « The Psychology of Management », *in* W.R. Spriegel et C. Myers (dir.), *The Writings of the Gilbreths*, Homework.

GILL, L. (1989) *Les limites du partenariat : les expériences social-démocrates de gestion économique en Suède, en Allemagne, en Autriche et en Norvège*, Montréal, Boréal.

GIRAUD, P.N. et M. GODET (1987) *Radioscopie du Japon*, Paris, Economica.

GIRIN, J. (1981) « Quel paradigme pour la recherche en gestion ? », *Économies et sociétés*, série « Sciences et gestion », nº 2, p. 1871-1889.

GIRIN, J. (1982) « Langage en actes et organisations », *Économie et sociétés, Cahiers de l'ISMEA*, Série « Sciences de gestion », vol. 3, nº 16, p. 1559-1591.

GIRIN, J. (1984) « Langages en actes et organisations », *Économies et sociétés*, série S-6, nº 3, p. 1559-1591.

GIRIN, J. (1990) « Problèmes de langage dans les organisations », in J.-F. Chanlat (dir.), *L'individu dans l'organisation : les dimensions oubliées*, Québec-Paris, PUL-ESKA, p. 37-77.

GLAYMAN, C. (1978) *Suède : la réforme permanente*, Paris, Stock.

GLAYMAN, C. et G. de FARAMOND (dir.) [1977] *Suède : la réforme permanente*, Paris, Stock.

GLUECK, W.F. (1976) *Business Policy : Strategy Formation and Management Action*, New York, McGraw-Hill.

GODELIER, M. (1966) *Rationalité et irrationalité en économie*, Paris, Maspero.

GOLDSMITH, J. (1993) *Le piège*, Paris, Éditions du Seuil (Points).

GONDRAND, F. (1989) *Quand les hommes font la différence*, Paris, Éditions d'Organisation.

GORZ, A. (1973) *Critique de la division du travail*, Paris, Éditions du Seuil (Points).

GORZ, A. (1983) *Les chemins du paradis : l'agonie du capital*, Paris, Galilée.

GORZ, A. (1988) *Métamorphoses du travail, quête du sens : critique de la raison économique*, Paris, Galilée.

GOULDNER, A.W. (1955) *Patterns of Industrial Bureaucracy*, Londres, Penguin Books.

GOW, Y. (1990) « Systèmes d'enseignement, formation et perfectionnement dans l'entreprise : le Japon », *in* C. Handy, C. Gordon, Y. Gow et C. Randlesome, *Formation : managers*, Paris, Eyrolles.

GRAS, A. (1988) « Pourquoi les Suédois sont-ils si forts en affaires ? Culture nationale et business international », *Ressources humaines*, nº 10, janvier, p. 26-28.

GRAY, D.J. (1986) « Uses and Misuses of Strategic Planning », *Harvard Business Review*, vol. 64, nº 1, janvier-février, p. 89-97.

GRAY, I. (1984) *General and Industrial Management. Henri Fayol Revised*, New York, IEE Press.

GRAY, J. (1978) *Le développement au ras du sol*, Paris, Entente.

GRAYSON, C.J. (1973) « Management Science and Business Practice », *Harvard Business Review*, juillet-août, p. 41-48.

GROULX, L.-H. (1990) *Où va le modèle suédois?*, Montréal-Paris, Presses de l'Université de Montréal-Éditions L'Harmattan.

GUÉHENNO, J.-M. (1993) *La fin de la démocratie*, Paris, Flammarion.

GUEST, R.H. (1956) « Of Time and the Foreman », *Personnel*, vol. 32, n° 6, p. 478-486.

GUINDON, M. (1980) « La vérification de gestion », *Gestion*, vol. 5, n° 2, p. 73-81.

GUITTON, H. (1975) *Entropie et gaspillage*, Paris, Cujas.

GULICK, L. et L.F. URWICK (1937) *Papers on the Science of Administration*, New York, Columbia University Press.

GURVITCH, G. (1950) *La vocation actuelle de la sociologie*, Paris, PUF (republié en 1969 comme second tome à *La vocation actuelle de la sociologie: vers la sociologie différentielle*, édité par PUF en 1963. L'édition de 1969 portait en sous-titre: *Antécédents et perspectives*).

GVICHIANI, G. (1972) *Théories des organisations*, Moscou, Éditions du Progrès.

HAFSI, T. (1985) « Du management au métamanagement: les subtilités du concept de stratégie », *Gestion*, vol. 10, n° 1, février, p. 6-14.

HAFSI, T. et C. DEMERS (1989) *Le changement radical dans les organisations complexes*, Montréal, Gaëtan Morin Éditeur.

HAGER, W. et M. NOELKE (1986) *La RFA, ses idéaux, ses intérêts et ses inhibitions*, rapport au président de la Communauté économique européenne, European Research Associates.

HALL, E. et M.-R. HALL (1990) *Guide du comportement dans les affaires internationales: Allemagne-États-Unis-France*, Paris, Éditions du Seuil.

HAMILTON, C. (1986) *Capitalist Industrialization in Korea*, Londres, Westview Press, Praeger.

HAMMER, M. et J. CHAMPY (1993) *Le reengineering*, Paris, Dunod.

HANDY, C. (1989) *The Age of Unreason*, Londres, Basic Books Limited.

HARBOUR, J. (1976) « Is New-Tech Really the Answer? », *Automotive Industries*, 19 juillet, p. 10.

HARBOUR, J. (1986) « Managing for Quality: Is New-Tech Really the Answer? », *Automotive Industries*, 19 juillet, p. 10.

HARRISON, R. (1976) *Work Participation in Western Europe*, Londres, Central House.

HASSARD, J. (1988) *Time, Work and Organization*, Londres, Routledge and Kegan Paul.

HASSARD, J. (1990) « Pour un paradigme ethnographique du temps de travail », *in* J.-F. Chanlat (dir.), *L'individu dans l'organisation: les dimensions oubliées*, Québec-Paris, PUL-ESKA, p. 215-230.

HAYECK, F.A. von (1973) *Economic Freedom and Representative Government*, Westminster, Institut of Economic Affairs.

HAYEK, F. (1993) *La présomption fatale*, Paris, Presses Universitaires de France.

HEALEY, D. (1991) *Les exportations japonaises de capitaux et le développement économique de l'Asie*, Paris, OCDE, Études du Centre de développement.

HEIDEGGER, M. (1981) *Acheminement vers la parole*, Paris, Gallimard.

HEILBRONER, R. (1971) *Les grands économistes*, Paris, Éditions du Seuil (Points).

HEILBRONER, R. (1994) *Le capitalisme du XXIᵉ siècle*, Paris, Bellarmin.

HERZBERG, F. (1972) *Le travail et la nature de l'homme*, Paris, Entreprise Moderne d'Édition.

HERZBERG, F. (1980) « Humanities: Practical Management Education », *Industry Week*, vol. 206, n° 7, 29 septembre, p. 69-72.

HERZBERG, F. (1980) « Herzberg, The Humanist Takes on Scientific Management », entretien accordé à la revue *Industry Week*, vol. 206, n° 6, 15 septembre, p. 45-50.

HERZBERG, F. (1980) « Maximizing Work and Minimizing Labour », *Industry Week*, vol. 207, n° 1, 13 octobre, p. 61-64.

HINRICHS, J.R. (1974) *Motivation Crisis, Winding down and Turning off*, New York, Amacom.

HIRSCHHORN, M. (1988) *Max Weber et la sociologie française*, Paris, L'Harmattan (Logiques sociales).

HOFMAIER, B. (1980) *Construction Worker: A Life of Permanent Temporality*, thèse de doctorat, Göteborg, Suède.

HOFSTEDE, G. (1980) *Culture's Consequences: International Differences in Work-Related Values*, Beverly Hills, Sage Publications.

HOFSTEDE, G. (1980) « Motivation, Leadership, and Organization: Do American Theories Apply Abroad? », *Organizational Dynamics*, été, p. 42-63.

HOGUE, J.-P. (1980) *L'homme et l'organisation*, Montréal, Éditions Commerce, Beauchemin.

HOLEINDRE, R. (1983) *L'Asie en marche (Japon, Corée du Sud, Taiwan, Hong-Kong, Singapour)*, Paris, Robert Laffont.

HOPKINS, P. (1977) « Des femelles en quête de groupe », *La Recherche*, vol. 8, n° 74, janvier, p. 94-95.

HOPKINS, P. (1977) « Les combats entre animaux de même espèce », *La Recherche*, vol. 8, n° 79, juin, p. 588.

HOPKINS, P. (1985) « Compétition, coopération, l'individu et le groupe », *in* A. Chanlat et M. Dufour (dir.), *La rupture entre l'entreprise et les hommes*, Québec-Paris, PUL-ESKA.

HURKA, T. (1990) « How to get to the top – Study Philosophy », *The Globe and Mail*, 2 janvier.

IACCOCA, L. (1985) *Iaccoca par Lee Iaccoca*, Paris, Robert Laffont.

IKEDA, M. (1991) « Trajectoires d'évolution de la sous-traitance japonaise », *Sociologie du travail*, n° 1/91, Dunod.

IMANO, K. et S. DAVIS (1991) « La recherche-développement et la formation des chercheurs et ingénieurs au Japon », *Sociologie du travail*, n° 1/91, Paris, Dunod.

INAGAMI, T. (1991) « Tendances récentes du système japonais de relations industrielles : néo-corporatisme et nouvelle identité syndicale », *Sociologie du travail*, n° 1/91, Paris, Dunod.

INGLE, S. (1982) « How to Avoid Quality Circle Failure in Your Company », *Training and Development Journal*, juin, p. 54-59.

INOHARA, H. (1991) *Ressources humaines dans les entreprises japonaises*, Paris, Eyrolles.

INSTITUT DE RECHERCHE ÉCONOMIQUE ET DE PLANIFICATION DU DÉVELOPPE-MENT (1987) *La république de Corée : concurrent ou nouveau partenaire?*, Grenoble, Cahiers IREP-D, n° 11.

INTERNATIONAL PROJECT MANAGEMENT JOURNAL (1984) numéro spécial sur l'éduca-tion et la formation des chefs de projet, vol. 2, n° 3, août.

IRIBARNE, P. d' (1987) « Cultures nationales et gestion : ce qui est universel et ce qui ne l'est pas », *Revue française de gestion*, n° 64, p. 6-9.

IRIBARNE, P. d' (1989) *La logique de l'honneur : gestion des entreprises et traditions nationales*, Paris, Éditions du Seuil.

IRIBARNE, P. d' (1992) *La logique de l'homme*, Paris, Éditions du Seuil.

ISAAC, T.S. (1978) « Intuition : An Ignored Dimension of Management », *Academy of Manage-ment Review*, vol. 3, n° 4, octobre, p. 917-921.

ITO, I. (1991) « Les mouvements du personnel comme vecteurs des transferts de technologie et de la compétitivité des entreprises japonaises », *Sociologie du travail*, n° 1/91, Paris, Dunod.

IWATAR, R. (1982) *Japanese-Style Management*, Tokyo, Asian Productivity Organization.

JACCARD, P. (1960) *Histoire sociale du travail*, Paris, Payot.

JACCARD, P. (1966) *Psychosociologie du travail*, Paris, Payot.

JACKSON, T. (1990) Articles sur la Corée du Sud dans *The Economist*, 18 août 1990, publiés par *Problèmes économiques*, n° 2215, 6 mars 1991.

JACOUD, R. et M. METSCH (1991) *Diriger autrement, les cinq réflexes du leader*, Paris, Éditions d'Organisation.

JACQUARD, A. (1978) *Éloge de la différence*, Paris, Seuil.

JACQUARD, A. (1982) *Au péril de la science ?*, Paris, Seuil.

JACQUARD, A. (1986) *L'héritage de la liberté*, Paris, Seuil.

JACQUEMIN, A. (1967) *L'entreprise et son pouvoir de marché*, Québec, PUL.

JALBERT, P. (1985) « La Suède et l'adaptation à la crise », *Interventions économiques*, n°s 14-15, printemps, p. 92-108.

JALÉE, P. (1965) *Le pillage du Tiers-Monde*, Paris, Maspéro.

JANIS, I.L. (1972) *Victims of Group Think*, Boston, Massachusetts, Houghton Mifflin.

JANKÉLÉVITCH, V. (1939) *Traité des vertus*, Paris, F. Alcan.

JASINSKI, F.J. (1956) « Foreman Relationships outside the Work Group », *Personnel*, vol. 33, n° 2, septembre, p. 130-136.

JOLLY, P. (1933) *L'éducation du chef d'entreprise*, Paris, L. Eyrolles.

JONES, H. (1977) *Planning and Productivity in Sweden*, Londres, Croom Helm.

JULIEN, C. *et al.* (1990) « La planète mise à sac », *Le Monde diplomatique, Manière de voir*, n° 434, mai, p. 15-23.

JURAN, J.M. et F.M. GRYNA (1980) *Quality Planning and Analysis*, New York, McGraw-Hill.

KAKAR, S. (1970) *Frederick Taylor : A Study in Personality and Innovation*, Cambridge, Massachusetts, MIT Press.

KAMDEM, E. (1990) « Temps et travail en Afrique », *in* J.-F. Chanlat (dir.), *L'individu dans l'organisation : les dimensions oubliées*, Québec-Paris, PUL-ESKA, p. 231-255.

KANTER, R. (1992) *L'entreprise en éveil*, Paris, InterÉditions.

KAPLAN, A. (1964) *The Conduct of Inquiry : Methodology for Behavioral Science*, San Francisco, Chandler Pub.

KATZ, D. et R. KAHN (1978) *The Social Psychology of Organizations*, New York, John Wiley & Sons, 2e édition.

KEIZAI KOHO CENTER (1989) *Japan 1989, An International Comparison*, Tokyo.

KEIZER, B. (1979) *Le modèle économique allemand : mythes et réalités*, Paris, La Documentation Française, Notes et études documentaires.

KEIZER, B. (1981) *La RFA : le modèle dans l'impasse*, Paris, Hatier.

KÉLADA, J. (1986) « Approches japonaises en gestion des opérations », *in* J. Nollet, J. Kélada et M.O. Diorio, *La gestion des opérations et de la production*, Montréal, Gaëtan Morin Éditeur, p. 690-723.

KÉLADA, J. (1986) « Le phénomène japonais : historique et évolution », *in* J. Nollet, J. Kélada et M.O. Diorio, *La gestion des opérations et de la production*, Chicoutimi, Gaëtan Morin Éditeur, p. 692-698.

KÉLADA, J. (1987) *La gestion intégrale de la qualité*, Dorval, Éditions Quafec, 2e édition.

KÉLADA, J. (1990) *Pour une qualité totale*, Dorval, Éditions Quafec.

KELLY, J. (1974) *Organization Behavior*, Homewood, Illinois, Richard D. Irwin Inc.

KENNEDY, C. (1993) *Guide to the Management Gurus. Shortcuts to the Ideas of Leading Management Thinkers* (traduction française sous le titre *Toutes les théories du management*), Paris, Maxima.

KERVERN, G.-Y. (1986) « L'évangile selon Saint Mac », *Gérer et comprendre*, n° 2, mars, p. 41-69.

KERVERN, G.-Y. (1989) « Le coût de l'excellence », *Gérer et comprendre*, n° 17, décembre, p. 41-52.

KETS DE VRIES, M. (1979) « Comment rendre fous vos subordonnés », *Harvard-L'Expansion*, n° 15, hiver 1979-1980, p. 51-59.

KETS DE VRIES, M. (1988) « Narcissisme et leadership : une perspective de relations d'objet », *Gestion*, vol. 13, n° 4, p. 41-50.

KETS DE VRIES, M. et D. MILLER (1985) *L'entreprise névrosée*, Paris, McGraw-Hill.

KILMAN, R.H. *et al.* (1985) *Gaining Control of the Corporate Culture*, San Francisco, Jossey-Bass.

KIM DONG KI (1988) « Corée : management et éthique professionnelle », *Harvard-L'Expansion*, n° 50, automne, p. 110-115.

KING, A. et B. SCHNEIDER (1991) *Question de survie*, Club de Rome, Paris, Calmann-Lévy.

KITAMURA, K. (1991) « L'avenir de l'enseignement supérieur au Japon », *Sociologie du travail*, n° 1/91, Paris, Dunod.

KLEIN, M. (1940) *Développement de la psychanalyse*, Paris, Payot.

KLEIN, M. (1978) *Essais de psychanalyse*, Paris, Payot.

KNIGHT, K. (1976) « Matrix Organization : A Review », *Journal of Management Studies*, vol. 13, n° 2, mai, p. 111-130.

KNUDSON, H.R. (1978) *Organizational Behavior : A Management Approach*, Cambridge, Winthrop Publishers Press.

KOIKE, K. (1991) « Le développement professionnel des "cols blancs" diplômés d'université », *Sociologie du travail*, n° 1/91, Paris, Dunod.

KOLAKOWSKI, L. (1987) *Histoire du marxisme*, Paris, Fayard, p. 280 et suivantes.

KOONTZ, H. et C. O'DONNELL (1955) *Principles of Management*, New York, McGraw-Hill, 1re édition.

KOONTZ, H., C. O'DONNELL et H. WEIHRICH (1984) *Management*, New York, McGraw-Hill (8e édition révisée de *Principles of Management*).

KOREA, K. (1987) *in Cahiers du Japon*, n° 31, p. 69.

KUHN, T.S. (1972) *La structure des révolutions scientifiques*, Paris, Flammarion.

LABORIT, H. (1970) *L'homme imaginant*, Paris, Union générale d'édition (10-18).

LABORIT, H. (1974) *La nouvelle grille*, Paris, Robert Laffont.

LABORIT, H. (1979) *L'inhibition de l'action*, Montréal-Paris, Presses de l'Université de Montréal-Masson.

LABORIT, H. (1985) « Niveaux d'organisation biologiques, comportements et structures psychosociales productivistes », *in* A. Chanlat et M. Dufour (dir.), *La rupture entre l'entreprise et les hommes*, Québec-Paris, PUL-ESKA.

LABORIT, H. (1987) *Dieu ne joue pas aux dés*, Paris, Éditions de l'Homme.

LAFERRIÈRE, P. (1973) « Le formel et l'informel dans l'organisation », *in* P. Laurin (dir.), *Le management – textes et cas*, Montréal, McGraw-Hill, p. 451-466.

LANDIER, H. (1989) *L'entreprise polycellulaire*, Paris, Entreprise Moderne d'Édition.

LANDRY, M. (1983) « Qu'est-ce qu'un problème ? », *INFOR*, n° 21, p. 31-45.

LANGLOIS, M. (1973) « L'administrateur et le contrôle », *in* P. Laurin (dir.), *Le management – textes et cas*, Montréal, McGraw-Hill, p. 605-629.

LANOIX, M. (1973) « La décision et l'analyse du point mort », *in* P. Laurin (dir.), *Le management – textes et cas*, Montréal, McGraw-Hill, p. 83-104.

LAPIERRE, L. (1988) « Puissance, leadership et gestion », *Gestion*, vol. 13, n° 2, mai, p. 39-69.

LAROCHE, C. (1985) « Le contrôle interne », *Gestion*, vol. 10, n° 2, p. 30-36.

LATOUR, R. (1973) « Initiation à la méthode du chemin critique », *in* P. Laurin (dir.), *Le management – textes et cas*, Montréal, McGraw-Hill, p. 201-217.

LATTA, L.M. (1968) *Occupational Attitudes of Over-the-Road Truck Drivers : An Exploratory Survey*, D.B.A., Michigan State University.

LAU, J.B. (1979) *Behavior in Organizations : An Experiential Approach*, Homewood, Illinois, Richard D. Irwin Inc.

LAUFER, R. et C. PARADEISE (1982) *Le Prince bureaucrate, Machiavel au pays du marketing*, Paris, Flammarion.

LAURIN, P. (1973) « L'administrateur et l'élément humain, *in Le management – textes et cas*, Montréal, McGraw-Hill, p. 489-502.

LAURIN, P. (1973) « Remise en question de la participation », *in Le management – textes et cas*, Montréal, McGraw-Hill, p. 407-417.

LAWRENCE, P.R. et J.W. LORSCH (1973) *Adapter les structures de l'entreprise*, Paris, Éditions d'Organisation.

LE MOUËL, J. (1992) *Critique de l'efficacité*, Paris, Éditions du Seuil.

LEAVITT, T. (1960) « Marketing Myopia », *Harvard Business Review*, vol. 38, n° 4, juillet-août, p. 4-18.

LEBAS, M. et J. WEIGENSTEIN (1986) « Management Control: The Role of Rules, Markets and Culture », *Journal of Management Studies*, vol. 23, n° 3, mai, p. 259-272.

LECLERC, Y. (1989) « Le méritocratisme pragmatique: vers une nouvelle politique salariale au Japon », *Gérer et comprendre*, Annales des mines, septembre.

LECLERC, Y. et C. MERCIER (1989) « Vers une gestion globale ? Le partenariat dans l'industrie automobile japonaise », *Gérer et comprendre*, n° 17, décembre, p. 53-61.

LEE, J.A. (1980) *The Gold and the Garbage in Management Theories and Prescriptions*, Athens, Ohio University Press.

LEFOURNIER, P. (1978) « Adam Smith ? il va bien, merci », *Harvard-L'Expansion*, décembre, p. 104-111.

LEMAÎTRE, N. (1984) « La culture d'entreprise, facteur de performance », *Revue française de gestion*, n°s 47-48, septembre-octobre, p. 51-59.

LEROY, G. (1973) « L'administrateur et la décision », *in* P. Laurin (dir.), *Le management – textes et cas*, Montréal, McGraw-Hill, p. 25-48.

LEVAC, R. (1987) « Japon: le miracle en crise », *Vie ouvrière*, vol. 36, n° 202, juin-juillet, p. 24-25.

LEVINSON, C. (1976) *La démocratie industrielle*, Paris, Éditions du Seuil.

LEVITT, T. (1991) *Réflexions sur le management*, Paris, Dunod.

LÉVY, A. (1988) « Un management à la suédoise ou… une autre manière de vivre », *Ressources humaines*, n° 10, janvier, p. 28-30.

LÉVY-BRUHL, L. (1922) *Les fonctions mentales dans les sociétés inférieures*, Paris, F. Alcan.

LÉVY-LEBOYER, C. (1984) *La crise des motivations*, Paris, PUF.

LEWIN, K. (1935) *A Dynamic Theory of Personality*, New York, McGraw-Hill.

LEWIN, K. (1947) « Frontiers in Group Dynamics », *Human Relations*, vol. 1, n° 1, juin, p. 143-157.

LEWIN, K. (1958) « Group Decision and Social Change », *in* E. Maccoby, *Readings in Social Psychology*, New York, Holt.

LEWIN, K. (1964) *Psychologie dynamique*, Paris, PUF.

LEWIN, K., LIPPIT, R. et R.K. WHITE (1939) « Patterns of Aggressive Behavior », *Journal of Social Psychology*, vol. 10, n° 2, mai, p. 271-300.

LIKERT, R. (1961) *New Patterns of Management*, New York, McGraw-Hill.

LIKERT, R. (1974) *Le gouvernement participatif de l'entreprise*, Paris, Gauthier-Villars.

LIKERT, R. (1976) *New Ways of Managing Conflicts*, New York, McGraw-Hill.

LINDBLOM, C.E. (1959) « The Science of Muddling Through », *Public Administration Review*, vol. 19, n° 2, printemps, p. 79-89.

LINDBLOM, C.E. (1979) « Still Muddling not yet Through », *Public Administration Review*, vol. 39, n° 1, p. 517-526.

LINHART, D. (1978) « Quelques réflexions à propos du refus du travail », *Sociologie du travail*, vol. 20, n° 3, juillet-septembre, p. 310-321.

LINHART, D. (1991) *Le torticolis de l'autruche – l'éternelle modernisation des entreprises françaises*, Paris, Éditions du Seuil.

LINHART, R. (1978) *L'établi*, Paris, Minuit.

LINHART, R. (1980) *La faim et le sucre*, Paris, Minuit.

LIVINGSTON, J.S. (1988) « Pygmalion in Management », *Harvard Business Review*, septembre-octobre, p. 121-130.

LIZÉE, M. (1992) *Même le soleil a des tâches*, Montréal, FTQ.

LOROT, P. et T. SCHWOB (1986) *Singapour, Taiwan, Hong-Kong, Corée du Sud : les nouveaux conquérants*, Paris, Hatier.

LOVELOCK, J. (1979) *Gaïa, a New Look at Life on Earth*, New York, W.W. Norton and Co.

LOVELOCK, J. (1984) *The Ages of Gaïa*, New York, W.W. Norton and Co.

LUKES, S. (1974) *Power : A Radical View*, Londres, McMillan.

LUSSATO, B. (1986) « Complot contre la culture », *L'Express international*, n° 1848, 12 décembre, p. 48-56.

LUSSATO, B. (1989) *Dirigeants, le défi culturel*, Paris, Nathan.

LUSSATO, B. et G. MESSADIÉ (1986) *Bouillon de culture*, Paris, Robert Laffont.

MACCOBY, M. (1976) *The Gamesman : The New Corporate Leaders*, New York, Simon and Schuster.

MAGEE, J.F. (1973) « L'arbre de décision, outil de la décision », *in* P. Laurin (dir.), *Le management – textes et cas*, Montréal, McGraw-Hill, p. 52-74.

MAHON, J.-E. (1992) « Stratégies d'industrialisation : une comparaison entre l'Amérique latine et l'Asie du Sud-Est », *The Journal of Development Studies*, Londres, Problèmes économiques, n° 2299, 11 novembre 1992.

MAISONNEUVE, P. (1994) Émission *Enjeux* : « Embaucheriez-vous votre patron ? » Société Radio-Canada, 23 février.

MALINOWSKI, B. (1922) *Les argonautes du Pacifique Sud*, Londres, G. Routledge.

MALINOWSKI, B. (1923) « The Problem of Meaning in Primitive Languages », *in* C.R. Ogden et A.I. Richards, *The Meaning of Meaning*, Londres, International Library of Psychology.

MANTOUX, P. (1959) *La révolution industrielle au XVIIIe siècle*, Paris, Génin.

MARCH, J.G. et J.P. OLSEN (1976) *Ambiguity and Choice in Organizations*, Bergen, Universitetsforlaget.

MARCUSE, H. (1968) *L'homme unidimensionnel, essai sur l'idéologie de la société industrielle avancée*, Paris, Éditions de Minuit.

MARGLIN, S. (1973) « Origines et fonctions de la parcellisation des tâches », in A. Gorz (dir.), *Critique de la division du travail*, Paris, Éditions du Seuil (Points).

MARGLIN, S. (1974) « What Do Bosses Do ? The Origins and Functions of Hierarchy in Capitalist Production », *Mimeo, Review of Radical Political Change*, vol. 6, n° 2, p. 53-69.

MARIS, B. (1990) *Des économistes au-dessus de tout soupçon ou la mascarade des prévisions*, Paris, Albin Michel.

MARTINEAU, J. (1989) *Le réveil de l'intelligence*, Paris, Éditions d'Organisation.

MASLOW, A.H. (1954) *Motivation and Personality*, New York, Harper.

MASLOW, A.H. (1969) « Toward Humanistic Biology », *American Psychologist*, 24, p. 724-735.

MAURER, J.-L. et P. REGNIER (1989) *La nouvelle Asie industrielle : enjeux, stratégies et perspectives*, Paris, PUF, Publication de l'Institut universitaire de hautes études internationales de Genève.

MAURY, R. (1986) *Marianne à l'heure japonaise*, Paris, Plon.

MAURY, R. (1990) *Les patrons japonais parlent*, Paris, Éditions du Seuil.

MAUSS, M. (1968) *Sociologie et anthropologie*, Paris, Presses Universitaires de France.

MAYO, E. (1924) « Revery and Industrial Fatigue », *Personnel Journal*, vol. III, n° 28, décembre, p. 273-292.

MAYO, E. (1933) *The Human Problems of an Industrial Civilization*, New York, McMillan.

MAYO, E. (1945) *The Social Problems of an Industrial Civilization*, Boston, Harvard University Press.

McCLELLAND, D.C. (1953) *The Achieving Motive*, New York, Appleton-Century Crofts.

McCLELLAND, D.C. (1961) *The Achieving Society*, Princeton, New Jersey, Van Norstrend.

McDOUGALL, W. (1920) *The Group Mind : A Sketch of the Principles of Collective Psychology*, New York, Putman's Sons.

McGREGOR, D. (1960) *The Human Side of Enterprise*, New York, McGraw-Hill.

McGREGOR, D. (1971) *La dimension humaine de l'entreprise*, Gauthier-Villars (McGraw-Hill, 1960).

McLEAN (1992) *Les trois cerveaux de l'homme*, Paris, Seuil.

McMILLAN, C.J. (1982) « From Quality Control to Quality Management : Lessons from Japan », *The Business Quarterly*, vol. 47, n° 1, printemps, p. 31-40.

MEADOWS, D.L. (1972) *Halte à la croissance ? Rapport au Club de Rome*, Paris, Fayard.

MENDE, T. (1972) *De l'aide à la recolonisation*, Paris, Seuil.

MÉNUDIER, H. (1986) « La RFA en 1985 », *Notes et études documentaires*, n° 4813, p. 37-60.

MERLEAU-PONTY, M. (1955) *Les aventures de la dialectique*, Paris, Gallimard.

MERTON, R.K. (1952) *Reader in Bureaucracy*, Glencoe, Illinois, The Free Press.

MESSINE, P. (1987) *Les saturniens*, Paris, Éditions La Découverte.

MÉTIVIER, E. et A. DUFOUR (1989) *Les cahiers de l'Europe : la république fédérale d'Allemagne*, Paris, Pierre Dubois et Éditions d'Organisation.

MICHEL, S. (1989) *Peut-on gérer les motivations ?*, Paris, Presses Universitaires de France.

MILLER, D. (1992) *Le paradoxe d'Icare*, Québec, PUL.

MILLER, R. (dir.) [1985] *La direction des entreprises, concepts et applications*, Montréal, McGraw-Hill.

MILLS, C.W. (1955) « Note sur l'idéologie des relations humaines », *La revue socialiste*, n° 84, février, p. 28-37.

MILNER, H. (1993) « La concertation à la suédoise », *Relations*, n° 589, avril, p. 85-88.

MILNER, H. et G. VERSAILLES (1986) « Le modèle suédois », articles I à IV, Montréal, *Le Devoir*, 3, 4, 5 et 6 novembre.

MINC, A. (1989) *La grande illusion*, Paris, Grasset.

MINC, A. (1990) *L'argent fou*, Paris, Grasset.

MINTZBERG, H. (1971) « Managerial Work : Analysis from Observation », *Management Science*, vol. 18, n° 2, octobre, p. 97-111.

MINTZBERG, H. (1973) *The Nature of Managerial Work*, New York, Harper and Row (en français : *Le manager au quotidien*, Montréal, Agence d'Arc, 1984).

MINTZBERG, H. (1973) « Strategy Making in Three Modes », *California Management Review*, vol. XVI, n° 2, hiver, p. 44-53.

MINTZBERG, H. (1975) « The Manager's Job : The Folklore and Fact », *Harvard Business Review*, vol. 53, n° 4, p. 49-61.

MINTZBERG, H. (1976) « Planning on the Left Side and Managing on the Right », *Harvard Business Review*, vol. 54, n° 2, juillet-août, p. 49-59.

MINTZBERG, H. (1979) *The Structuring of Organizations*, Englewood Cliffs, New Jersey, Prentice-Hall (en français : *Structure et dynamique des organisations*, Montréal, Agence d'Arc, 1982).

MINTZBERG, H. (1979) « An Emerging Strategy for "Direct" Research », *Administrative Science Quarterly*, vol. 24, nº 4, décembre, p. 582-589.

MINTZBERG, H. (1982) *Power and the Life Cycles of Organizations*, Montréal, Université McGill, Faculté de management.

MINTZBERG, H. (1982) *Structure et dynamique des organisations*, Montréal, Agence d'Arc.

MINTZBERG, H. (1984) *Le manager au quotidien*, Montréal, Agence d'Arc.

MINTZBERG, H. (1989) *On Management, Inside our Strange World of Organizations*, New York, The Free Press.

MINTZBERG, H. (1989) « Formons des managers, non des M.B.A. », *Harvard-L'Expansion*, nº 51, hiver 1988-1989, p. 84-92.

MINTZBERG, H. (1989) « Le management victime des business schools », *Le Monde*, 21 novembre, p. 14.

MINTZBERG, H. (1990) « La gestion n'est pas qu'une question de chiffres », *La Presse*, 23 janvier, p. D-4.

MINTZBERG, H. et al. (1976) « The Structure of Unstructured Decision Process », *Administration Science Quarterly*, vol. 2, nº 21, p. 246-275.

MISHIMA, Y. (1971) *Confessions d'un masque*, Paris, Gallimard.

MISHIMA, Y. (1985) *La mort en été*, Paris, Gallimard.

MITROFF, I.I. (1978) *Methodological Approaches to Social Sciences*, San Francisco, Jossey-Bass.

MITROFF, I.I. et T.C. PAUCHANT (1990) *We're so Big and Powerful Nothing Bad Can Happen to Us*, New York, Birch Lane Press.

MONDE (LE) – ENQUÊTES (1979) *Vingt ans de réussite allemande*, Paris, Economica.

MONDE (LE) – DOSSIERS ET DOCUMENTS (1992), janvier.

MONDE DIPLOMATIQUE (LE) [1989] « Dossier sur le partage du travail », coordonné par Bernard Cassen, nº 468, mars, p. 1 et 11-17.

MONDE DIPLOMATIQUE (LE) [1993] « Faut-il partager l'emploi ? Vers une révolution du travail », de B. Cassen, mars, nº 468, p. 11-17.

MONDE DIPLOMATIQUE (LE) – MANIÈRE DE VOIR (1991) « Allemagne Japon, les deux titans », nº 12.

MONITEUR DU COMMERCE INTERNATIONAL (MOCI), articles sur la Corée :

(1991) « Corée du Sud : stabiliser l'économie », nº 1058, 4 janvier, p. 71.

(1992) nº 1041, 7 septembre.

(1992) nº 1009, 27 janvier.

(1993) numéro spécial, nº 1058, 4 janvier, p. 68-69.

MONTHOUX, P.G. de (1989) *The Moral Philosophy of Management*, inédit, Université de Stockholm.

MONTMOLLIN, M. de (1984) « Actualité du taylorisme », *in* M. de Montmollin et O. Pastré, *Le taylorisme*, Paris, Éditions de la Découverte, p. 13-22.

MOO KI BAI et CHANG NAM KIM (1985) *Industrial Development and Structural Changes in the Labour Market: The Case of Korea*, Institute of Development Economics, JRP Series, nº 46, mars.

MORENO, J.L. (1954) *Fondements de la sociométrie*, Paris, PUF.

MORGAN, G. (1983) *Beyond Method*, Londres, Sage Publications.

MORGAN, G. (1986) *Images of Organizations*, Bervely Hills, Sage Publications.

MORGAN, G. (1989) *Images de l'organisation*, Québec-Paris, PUL-ESKA.

MORIN, E. (1993) *Terre-Patrie*, Paris, Éditions du Seuil.

MORISHIMA, M. (1987) *Capitalisme et confucianisme – technologie occidentale et éthique japonaise*, Paris, Flammarion.

MORITA, A. (1986) *Made in Japan*, Paris, Robert Laffont.

MORRIS, P.W. (1979) « Interface Management : An Organization Theory Approach to Project Management », *Project Management Quarterly*, juin.

MOULLET, M. (1992) *Le management clandestin*, Paris, InterÉditions.

MOUNIER, E. (1946) *Qu'est-ce que le personnalisme ?*, Paris, Éditions du Seuil.

MOUZELIS, N.P. (1967) *Organization and Bureaucracy*, Chicago, Aldine Publishing Co.

MUENSTERBERG, H. (1913) *Psychology and Industrial Efficiency*, Boston, Houghton, Mifflin and Co.

MYERS, C.S. (1925) *Industrial Psychology*, New York, People's Institute.

NADEAU, B. (1973) « L'administrateur et le planning », *in* P. Laurin (dir.), *Le management – textes et cas*, Montréal, McGraw-Hill.

NAULLOEAU, G. et C. MENDOZA (1993) « Le grand désarroi des chefs de service », *Harvard-L'Expansion*, Paris, été.

NEUMAN, J. von et O. MORGENSTERN (1947) *Theory of Games and Economic Behavior*, Princeton, Princeton University Press.

NEUVILLE, J. (1976) *La condition ouvrière au XIXe siècle. L'ouvrier objet*, Tome 1, Paris, Éditions vie ouvrière.

NEUVILLE, J. (1980) *La condition ouvrière au XIXe siècle. L'ouvrier suspect*, Tome 2, Paris, Éditions vie ouvrière.

NEWMAN, W.H. et J.P. LOGAN (1965) *Business Policies and Central Management*, Cincinnati, South-Western Pub. Co.

NITTA, M. (1991) « Diversification industrielle et stratégie de gestion des ressources humaines dans l'industrie japonaise du textile synthétique », *Sociologie du travail*, n° 1/91, Paris, Dunod.

NORA, D. (1991) *L'étreinte du samouraï ou le défi japonais*, Paris, Calmann-Lévy.

NORA, D. (1992) *L'étreinte du samouraï*, Paris, Éditions du Seuil.

NORD, W.R. (1974) « The Failure of Current Applied Behavioral Science : A Marxian Perspective », *Journal of Applied Behavioral Science*, vol. 10, p. 557-578.

NUGENT, P.S. (1981) « Intégrer le rationnel et l'intuitif pour mieux gérer », *Gestion*, vol. 6, n° 4, p. 30-44.

NUTTIN, J. (1985) *Théorie de la motivation humaine*, Paris, PUF.

OCDE (1987) Politiques nationales de la science et de la technologie en Suède, Paris, Publications de l'OCDE.

OCDE (1989) *Études économiques 1988-1989 : La Suède.*

OCDE (1990) *Études économiques 1989-1990 : Le Japon.*

OCDE (1991) *Études économiques 1990-1991 : La Suède.*

OCDE (1991) *Études économiques 1990-1991 : Le Japon.*

OCDE (1992) *Études économiques 1991-1992 : L'Allemagne.*

OCDE (1992) *Études économiques 1991-1992 : La Suède.*

OCDE (1992) *Études économiques 1991-1992 : Le Japon.*

OCDE (1992) *Perspectives économiques*, Paris.

OCDE (1993) *Études économiques 1992-1993 : L'Allemagne.*

OCDE (1993) *Études économiques 1992-1993 : Le Japon.*

ODAKA, K. (1975) *Towards Industrial Democracy*, Cambridge, Harvard University Press.

OHTSU, M. (1989) « The Post Confucian Hypothesis Reconsidered », inédit, Département d'administration, Université Nanzan, Nagoya, Japon.

OIT (Organisation internationale du travail) [1973] *La participation des organisations d'employeurs et de travailleurs à la planification économique et sociale*, Genève.

OKUDA, K. (1991) « L'ouvrier qualifié à l'ère de la mécatronique : bricoleur et artisan », *Sociologie du travail*, n° 1/91, Paris, Dunod.

OLIVE, D. (1987) *Just Rewards: The Case of Ethical Reform in Business*, Toronto, Key Porter Books.

OLIVE, D. (1989) *Le temps des purs: les nouvelles valeurs de l'entreprise*, Paris, Éditions de l'Homme.

ONU, *Département du développement économique et social (1992) Étude sur l'économie mondiale*, New York.

ORENGO, P. (1986) « Le maintien au pouvoir des sociaux-démocrates », *Notes et études documentaires*, n° 4813, p. 249-258.

ORENGO, P. (1989) « La Suède en 1988 : sous le double signe de la morale et de l'écologie », *in* A. Grosset (dir.), *Les pays d'Europe occidentale, Notes et études documentaires*, Paris, La Documentation Française.

ORENGO, P. (1990) « La Suède en 1989 : la refonte du système fiscal », *in* A. Grosset (dir.), *Les pays d'Europe occidentale, Notes et études documentaires*, Paris, La Documentation Française.

ORENGO, P. (1991) « La Suède en 1990 : vers l'adhésion à la CEE », *in* A. Grosset (dir.), *Les pays d'Europe occidentale, Notes et études documentaires*, Paris, La Documentation Française.

ORENGO, P. (1992) « La Suède en 1991 : la fin d'un modèle ? », *in* A. Grosset (dir.), *Les pays d'Europe occidentale, Notes et études documentaires*, Paris, La Documentation Française.

ORENGO, P. (1993) « La Suède de 1992 : une année mouvementée », *in* A. Grosset (dir.), *Les pays d'Europe occidentale, Notes et études documentaires*, n° 4975-4976 du 13 octobre, Paris, La Documentation Française.

ORGANISATION DES NATIONS UNIES POUR LE DÉVELOPPEMENT INDUSTRIEL (O.N.U.D.I.) [1988] *The Republic of Korea*, Vienne, Industrial Development Review Series, PPD 29, 30 mars.

ORGOGOZO, I. (1988) *Les paradoxes de la communication : à l'écoute des différences*, Paris, Éditions d'Organisation.

ORGOGOZO, I. (1991) *Les paradoxes du management – des châteaux forts aux cloisons mobiles*, Paris, Éditions d'Organisation.

ORGOGOZO, I. et H. SÉRIEYX (1989) *Changer le changement*, Paris, Éditions du Seuil.

OUCHI, W.G. (1981) *Theorie Z : How American Business can Meet the Japanese Challenge*, Reading, Massachusetts, Addison-Wesley.

PACKARD, V.O. (1960) *The Waste Makers*, New York, D. McKay Co.

PACKARD, V.O. (1989) *The Ultra Rich, How Much is Too Much*, Londres, Little, Brown and Co.

PAGÈS, M. (dir.) [1979] *L'emprise de l'organisation*, Paris, PUF (Économie en liberté).

PAGÈS, M. (dir.) [1984] *L'emprise de l'organisation*, 3e édition, Paris, PUF (Économie en liberté).

PALMIER, J.-M. (1991) « Aux sources de la nation allemande », *Le Monde diplomatique, Manière de voir*, n° 12, mai.

PAQUIN, B. (1987) *L'organisation du travail*, Montréal, Agence d'Arc.

PAQUIN, B. (1990), *Monographie sur l'usine Volvo à Kalmar*, rapport de recherche n° 90-04 sous la direction de M.-C. Malo, avril, Montréal, École des Hautes Études Commerciales.

PARIAS, L.H. *et al.* (1965) *Histoire générale du travail*, Paris, Nouvelle librairie de France.

PARIBAS (extrait du bulletin *conjoncture*) « Les pays nordiques en marche vers une intégration européenne », *Problèmes économiques*, n° 2284, 16 juillet 1992, p. 5-8.

PARSONS, H.M. (1974) « What Happened at Hawthorne ? », *Science*, vol. 183, mars, p. 922-933.

PARSONS, T. (1951) *The Social System*, New York, The Free Press.

PARSONS, T. (1955) *Éléments pour une sociologie de l'action*, Paris, Plon.

PARSONS, T. (1964) *Social Structure and Personality*, New York, Free Press of Glencoe.

PASCALE, R.T. (1992) *Les risques de l'excellence*, Paris, InterÉditions.

PASCALE, R.T. et A.G. ATHOS (1981) *The Art of Japanese Management*, New York, Simon and Schuster.

PASSET, R. (1983) *L'économique et le vivant*, Paris, Payot.

PASSET, R. (1987) « Prévision à long terme et mutation des systèmes économiques », *Revue d'économie politique*, n° 5, septembre-octobre, p. 532-555.

PATTON, J.A. (1982) « Managers and Productivity… n° One to Blame but Themselves », *Management Review*, vol. 71, n° 10, octobre, p. 13-18.

PAUCHANT, T.C. *et al.* (dir.) [1994] *In Search of Meaning*, San Francisco, Jossey-Bass.

PAUCHANT, T.C. et I. MITROFF (1992) *Transforming the Crisis-Prone Organization – Preventing Individual, Organizational and Environmental Tragedies*, San Francisco, Jossey-Bass.

PERROUX, F. (1970) *Aliénation et société industrielle*, Paris, Gallimard.

PERROW, C. (1972) *Complex Organizations : A Critical Essay*, Glenview, Illinois, Scott, Foresman and Co.

PERROW, C. (1979) « Organizational Theory in a Society of Organizations », *Actes du colloque international L'administration publique : perspectives d'avenir*, mai, Québec.

PERROW, C. (1983) « La théorie des organisations dans une société d'organisation », *in* J.-F. Chanlat et F. Séguin, *L'analyse des organisations, une anthologie sociologique*, Tome 1, Montréal, Gaëtan Morin Éditeur, p. 461-472.

PERROW, C. (1986) *Complex Organizations : A Critical Essay*, New York, Random House.

PESTEL, E. (1988) *L'homme et la croissance*, Rapport au Club de Rome, Paris, Economica.

PETERS, T. (1987) *Thriving on Chaos*, San Francisco, Alfred A. Knopf Inc.

PETERS, T. (1987) « There Are no Excellent Companies », *Fortune*, vol. 115, n° 9, 27 avril, p. 341-352.

PETERS, T. (1988) *Le chaos management*, Paris, InterÉditions.

PETERS, T. (1993) *L'entreprise libérée / Liberation Management*, Paris, Dunod.

PETERS, T. et N. AUSTIN (1985) *La passion de l'excellence*, Paris, InterÉditions.

PETERS, T. et R. WATERMAN (1982) *In Search of Excellence*, New York, Harper and Row.

PETERS, T. et R. WATERMAN (1983) *Le prix de l'excellence*, Paris, InterÉditions.

PETTIGREW, P.S. (1988) « Le Japon : une puissance en transition », *Le Devoir*, 13 janvier.

PFEFFER, R. (1979) *Working for Capitalism*, New York, Columbia University Press.

PIAGET, J. (1976) « Épistémologie économique », *Logique des connaissances scientifiques*, Paris, Gallimard (La Pléiade), p. 1020.

PINGUET, M. (1984) *La mort volontaire au Japon*, Paris, Gallimard.

PITCHER, P. (1993) « L'article, l'artisan et le technocrate », *Revue Gestion*, mai.

PITTE, J.-R. (1991) *Le Japon, mémentos de géographie*, Paris, Sirey.

POLANYI, K. (1983) *La grande transformation*, Paris, Gallimard.

POLANYI, K. et C. ASENBERG (1960) *Les systèmes économiques dans l'histoire et dans la théorie*, Paris, Larousse.

POPPER, K. (1956) *Misères de l'historicisme*, Paris, Plon.

PORTER, M.E. (1979) « Stratégie : analysez votre industrie », *Harvard-L'Expansion*, n° 13, été, p. 100-111.

PORTER, M.E. (1987) « The State of Strategic Thinking », *The Economist*, vol. 303, n° 7499, 23 mai, p. 17-24.

PORTER, M.E. (1993) *L'avantage concurrentiel des nations*, Paris, InterÉditions.

PRIGOGINE, I. et I. STENGHERS (1979) *La nouvelle alliance*, Paris, Gallimard.

PRIGOGINE, I. et I. STENGHERS (1988) *Entre le temps et l'éternel*, Paris, Fayard.

PROBLÈMES ÉCONOMIQUES (1991) « Forces et déséquilibres de l'économie coréenne », Paris, La Documentation Française, 6 mars.

RADCLIFFE-BROWN, A.R. (1969) *Structure et fonction dans la société primitive*, Paris, Éditions de Minuit.

RAPAPORT, A. (1967) *Combats, débats et enjeux*, Paris, Dunod.

RAPPORT MENSUEL DE LA DEUTSCHE BUNDESBANK D'AVRIL 1992 (1993) « L'épargne des ménages allemands depuis 20 ans », *Problèmes économiques*, n° 2316, 10 mars.

RAPPORT MENSUEL DE LA DEUTSCHE BUNDESBANK DE JUILLET 1992 (1992) « Impact économique de la réunification allemande sur les échanges avec ses partenaires européens », *Problèmes économiques*, n° 2305, 23 décembre.

RAYMOND, L. et al. (1986) *Systèmes d'information organisationnels*, Chicoutimi, Gaëtan Morin Éditeur.

RAYNAUD, P. (1987) *Max Weber et les dilemmes de la raison moderne*, Paris, PUF (Recherches politiques).

RÉALVILLE, C. (1987) « Allemagne de l'Ouest : les défis du miracle économique de l'après-guerre », *L'histoire*, n° 105, novembre, p. 91-93.

REBOUL, A. et P. ESLIMBAUM (1988) « Recherche industrielle : les secrets de la réussite allemande », *Problèmes économiques*, n° 2098.

REDDING, G. et X.Y. WONG (1986) « The Psychology of Chinese Organisation Behaviour », in M.H. Bond (dir.), *The Psychology of the Chinese People*, Oxford, Oxford University Press, p. 265-296.

REHFELDT, U. (1987) *Stratégie syndicale et négociations sur les nouvelles technologies en RFA*, Paris, Cahier du GIPMI.

REHFELDT, U. (1988) « Les racines du consensus : stratégies et rationalisation entre 1910 et 1933 », *Gérer et comprendre – Annales des mines*, juin.

REHFELDT, U. (1991) « Stratégies syndicales et négociations collectives : 1967-1991 », *Gérer et comprendre – Annales des mines*, décembre.

REICH, R. (1993) *L'économie mondialisée*, Paris, Dunod.

REID, D. (1986) « Genèse du fayolisme », *Sociologie du travail*, n° 1, p. 75-83.

RÉMY, A. (1988) « Les stratégies japonaise et allemande dans les secteurs en crise : le cas de la sidérurgie », *Problèmes économiques*, n° 2095.

REVET, R. (1989) « Un regard sur la Corée », *Le Courrier de l'ACAT*, n° 97.

REVUE FINANCES & DÉVELOPPEMENT (1990) « La croissance du marché financier coréen », vol. 27-28.

REVUE FRANÇAISE DE GESTION (1987) « Activité internationale et processus décisionnel : le cas Sud Coréen », n° 61, janvier-février.

RIFKIN, J. (1980) *Entropy, A New World View*, New York, Bentam Books.

RIFKIN, J. (1989) *Entropy, A New World View*, New York, Bentam Books (édition révisée).

RIOUX, J.-P. (1971) *La Révolution industrielle*, Paris, Éditions du Seuil (Points).

ROETHLISBERGER, F. et W. DICKSON (1939) *Management and the Worker*, Cambridge, Massachusetts, Harvard University Press.

ROSEN, M. et G. INZERILLI (1983) « Culture and Organizational Control », *Journal of Business Research*, 11 septembre, p. 281-292.

ROSENBERG, N. (1965) « Adam Smith on the Division of Labor : Two Views or One ? », *Economica*, mai.

ROSNAY, J. de (1975) *Le macroscope*, Paris, Éditions du Seuil (Points).

RUDWIG, S. (1993) « Allemagne : La facture de l'unification », *L'État du Monde*, Paris-Montréal, Éditions La Découverte-Boréal.

SABOURET, J.-F. (dir.) [1988] *L'État du Japon*, Paris, Éditions La Découverte.

SAINSAULIEU, R. (1977) *L'identité au travail*, Paris, P.F.N.S.P.

SAINSAULIEU, R. (1983) « La régulation culturelle des ensembles organisés », *L'année sociologique*, n° 33, p. 195-217.

SAINSAULIEU, R. *et al.* (1987) *Organisation et management en question(s)*, Paris, L'Harmattan.

SALAMAN, G. (1979) « The Determinants of Organizational Structure », *in Work Organization: Resistance and Control*, Londres, Longman, p. 81-100.

SALANCIK, G.R. et J. PFEFFER (1974) « The Bases and Use of Power in Organizational Decision Making », *Administrative Science Quarterly*, vol. 19, n° 4, p. 453-473.

SALOMÉ, B. et J. CHARMES (1988) *La formation en cours d'emploi : cinq expériences asiatiques*, Paris, OCDE, Études du Centre de développement.

SALVET, J.-M. (1993) *Vers l'organisation du XXIe siècle*, Groupe Innovation, Sainte-Foy, Presses de l'Université du Québec.

SARTRE, J.-P. (1960) *Critique de la raison dialectique*, Paris, Gallimard.

SASO, M. (1981) *Japanese Industry*, Londres, EIU.

SAUL, J. (1993) *Les bâtards de Voltaire : la dictature de la raison en Occident*, Paris, Payot.

SAUTTER, C. (1987) *Les dents du géant, le Japon à la conquête du monde*, Paris, Olivier Orban.

SAYLES, L. (1970) « Whatever Happened to Management ? », *Business Horizons*, vol. 13, n° 2, avril, p. 25-35.

SCHEIN, E. (1985) *Organizational Culture and Leadership*, San Francisco, Jossey-Bass.

SCHERKENBACH, W. (1988) *The Deming Route to Quality and Productivity*, Washington, D.C., CEE Press.

SCHUMPETER, J. (1942) *Capitalism, Socialism and Democracy*, New York Harper Brothers.

SCHUMPETER, J. (1979) *Capitalisme, socialisme et démocratie*, Paris, Payot.

SCHWEIKERT, K. (1989) « Le système dual de formation professionnelle en RFA », mai-juin.

SEEMAN, M. (1967) « On the Personal Consequences of Alienation in Work », *American Sociological Review*, vol. 32, n° 2, p. 273-285.

SÉGUIN, F. (1988) *Les organisations ou deux ou trois choses que je sais d'elles*, rapport de recherche, n° 88-02, Montréal, HEC, mars.

SÉGUIN, F. et J.-F. CHANLAT (1983) *L'analyse des organisations*, Tome I, Chicoutimi, Gaëtan Morin Éditeur.

SÉGUIN, F. et J.-F. CHANLAT (1987) *L'analyse des organisations*, Tome II, Chicoutimi, Gaëtan Morin Éditeur.

SELZNICK, P. (1957) *Leadership in Administration, A Sociological Interpretation*, Evanston, Illinois, Row Peterson.

SEMLER, R. (1993) *À contre-courant*, Paris, Dunod.

SÉRIEYX, H. (1982) *Mobiliser l'intelligence de l'entreprise*, Paris, Entreprise Moderne d'Édition.

SÉRIEYX, H. (1989) *Le zéro mépris*, Paris, InterÉditions.

SÉRIEYX, H. (1993) *Le Big-Bang des organisations*, Paris, InterÉditions.

SERVAN SCHREIBER, J.J. (1980) *Le défi mondial*, Montréal, Presses Select.

SFEZ, L. (1976) *Critique de la décision*, Paris, Presses de la Fondation Nationale des Sciences Politiques.

SFEZ, L. (1984) *La décision*, Paris, PUF (Que sais-je ?), n° 2181.

SHAPERO, A. (1977) « What Management Says and What Managers Do », *Interface*, vol. 7, n° 2, février, p. 106-108.

SHIN, Y.K. (1988) *Contrôle et stratégie d'expansion internationale des firmes d'un NPI, le cas de la Corée du Sud*, Toulouse, thèse de 3e cycle.

SIEVERS, B. (1986) *Leadership as a Perpetuation of Immaturity, A New Perspective on Corporate Culture*, inédit, Bergischen Universität, Gesamtochschule, Wuppertal, RFA.

SIEVERS, B. (1986) « Beyond the Surrogate of Motivation », *Organization Studies*, vol. 7, n° 4, p. 335-351.

SIEVERS, B. (1986) « Participation as a Collusive Quarrel over Immortality », *Dragon, The SCOS Journal*, vol. 1, n° 1, janvier, p. 72-82.

SIEVERS, B. (1986) *Leadership as a Perpetuation of Immaturity, A New Perspective on Corporate Culture*, inédit, Wuppertal, Allemagne, Bergischen Universität, Gesamtochschule.

SIMON, H. (1992) « Les PME allemandes, championnes du monde », *L'Expansion*, n° 65, été.

SIMON, H.A. (1946) « The Proverbs of Administration », *Public Administration Review*, vol. VI, n° 1, février, p. 53-68.

SIMON, H.A. (1947) *Administrative Behavior*, New York, John Wiley & Sons.

SIMON, H.A. (1955) « A Behavioral Model for Rational Choice », *Quarterly Journal of Economics*, n° 69, p. 99-118.

SIMON, H.A. (1958) *Organizations*, New York, Wiley.

SIMON, H.A. (1959) « Theories of Decision Making in Economic and Behavioral Sciences », *American Economic Review*, vol. 49, n° 2, juin, p. 253-283.

SIMON, H.A. (1960) *The New Science of Management Decision*, New York, Harper and Row.

SIMON, H.A. (1973) « Organizational Man : Rational and Self Actualizing », *Public Administration Review*, vol. 33, n° 3, mai-juin, p. 354-358.

SIMON, H.A. (1973) « Applying Information Technology to Organization Design », *Public Administration Review*, vol. 33, n° 3, mai-juin, p. 268-279.

SIMON, H.A. (1976) *Administrative Behaviour*, New York, McMillan, 3ᵉ édition.

SIMON, H.A. (1977) *The New Science of Management Decision*, Englewood Cliffs, New Jersey, Prentice-Hall, 3ᵉ édition.

SIMON, H.A. (1978) « Rationality as Process and as Product of Thought », *American Economic Review*, n° 68, p. 1-16.

SIMON, H.A. (1980) *Le nouveau management : la décision par les ordinateurs*, Paris, Economica.

SIMON, H.A. (1980) « Les processus de décision dans le domaine de la gestion », *in Le nouveau management : la décision par les ordinateurs*, Paris, Economica, p. 35-75.

SIMON, H.A. (1983) *Administration et processus de décision*, Paris, Economica.

SIMON, H.A. et J.G. MARCH (1958) *Organizations*, New York, John Wiley & Sons.

SKANDINAVISKA ENKILDA BANKEN (1983) « Some Data about Sweden », Stockholm.

SKINNER, B.F. (1938) *The Behavior of Organisms : An Experimental Analysis*, New York, Appleton-Century Crofts, 3ᵉ édition.

SKINNER, B.F. (1953) *Science and Human Behavior*, New York, Macmillan.

SKINNER, B.F. (1972) *Par-delà la liberté et la dignité*, Paris, Robert Laffont.

SKINNER, B.F. et C.B. FERTSER (1957) *Schedules of Reinforcement*, New York, Appleton-Century Crofts.

SKINNER, W. et N.E. SASSER (1977) « Le dirigeant idéal : incohérent et opportuniste », *Harvard-L'Expansion*, n° 18, automne 1980, p. 76-85 (paru dans la *Harvard Business Review*, en novembre-décembre 1977, sous le titre « Managers with Impact : Versatile and Inconsistent », p. 140-148).

SLOAN, A.P. (1963) *My Years at General Motors*, New York, Doubleday.

SMITH, A. (1976) *Recherche sur la nature et les causes de la richesse des nations*, Paris, Gallimard.

SOLOMON, R.C. et K.R. HANSEN (1985) *It's Good Business*, New York, Atheneum.

SPAR, C. (1984) « Suède : l'envers de la médaille », *L'Actualité*, vol. 9, n° 2, février, p. 65-66.

SPENCER, H. (1878) *Social Statics*, New York, D. Appleton.

SPENCER, H. (1882) *The Study of Sociology*, New York, D. Appleton.

SPENCER, H. (1940) *The Man versus the State*, Caldwell, Idaho, Coxton Printers.

SPROUSE, M. (1992) *Sabotage in the American Workplace*, San Francisco, Pressure Drop.

STATISTISK ARSBOK' (1993) *Statistical Yearbook of Sweden*, Stockholm.

STAW, B.M. et G.R. SALANCIK (1977) *New Directions in Organizational Behavior*, Chicago, St. Clair Press.

STAYER, R. (1990). « How I Learned to Let my Workers Lead », *Harvard Business Review*, novembre-décembre, p. 66-83.

STEWART, R. (1963) *The Reality of Management*, New York, Heinemann.

STOCKS, M. (1983) *A Structural Forecast to 1990*, London, EIU.

STOLOROW, D. et F. ATWOOD (1979) *Faces in a Cloud, Subjectivity in Personality Theory*, New York, Janson Aranson.

STUART MILL, J. (1864) *L'utilitarisme*, Toulouse, Privat.

STUART MILL, J. (1878) *Mes mémoires. Histoire de ma vie et de mes idées*, Paris, Gérus Baillière.

STUART MILL, J. (1889) *Principes de l'économie politique*, Paris, Guillaumin.

STUART-KOTZE, R. (1980) *Introduction to Organizational Behavior : A Situational Approach*, Reston, Virginie, Reston Pub. Co.

SUMMER, W.G. (1914) « The Challenge of Facts and Other Essays », *in* A.G. Keller (dir.), New Haven, Yale University Press.

SYME, G.J. (1974) « Competitive Orders as Measures of Social Dominance », *Animal Behaviour*, vol. 22, n° 4, p. 931-940.

TAKAHASHI, N. (1990) *Les petites et moyennes entreprises et leur financement au Japon*, Tokyo, People's Finance Corporation.

TANGUY, B. et A. KIEFFER. (1982) « L'école et l'entreprise : l'expérience des deux Allemagne », Paris, La Documentation Française, Notes et études documentaires.

TARRAB, G. (1982) « Les cercles de qualité : progrès social et rentabilité sont-ils conciliables ? », Revue *Commerce*, novembre, p. 108-112.

TAYLOR, F.W. (1911) *Shop Management*, New York, Harper & Brothers.

TAYLOR, F.W. (1913) *La direction des ateliers*, Paris, Dunod et Privat.

TAYLOR, F.W. (1947) *Scientific Management, comprising Shop Management. The Principles of Scientific Management and the Testimony Before the Special House Committee*, New York, Harper & Brothers.

TAYLOR, F.W. (1947) « Testimony Before the Special House Committee », *in Scientific Management*, New York, Harper & Brothers.

TAYLOR, F.W. (1957) *La direction scientifique des entreprises* (incluant le texte du témoignage devant la commission de la Chambre des représentants), Paris, Dunod.

TAZEZWA, S. et A. WHITEHILL (1981) *Work Ways : Japan and America*, Tokyo, The Japan Institute of Labor.

TEISSIER du CROS, R. (1990) *Les Coréens*, Paris, L'Harmattan.

TERKEL, S. (1967) *Chicago : carrefour de la solitude*, Paris, Fayard.

TERKEL, S. (1974) *Working : People Talk about what they Do all Day and how the Feel about what they Do*, New York, Pantheon Books.

TERKEL, S. (1976) *Gagner sa croûte*, Paris, Fayard.

THANHEISER, H. (1979) « Stratégie et planification allemandes », *Gestion*, vol. 4, n° 4, novembre, p. 79-84.

THEVENET, M. (1986) *Audit de la culture d'entreprise*, Paris, Éditions d'Organisation.

THIMM, A. (1980) *The False Promise of Codetermination*, Cambridge, Massachusetts, Lexington-Books.

THINÈS, G. (1966) *Psychologie des animaux*, Bruxelles, Charles Dessart.

THOMPSON, J.D. *et al.* (1959) *Comparative Studies in Administration*, Pittsburg, UPP.

THURLEY, K. (1991) *Vers un management multiculturel en Europe*, Paris, Éditions d'Organisation.

THURLEY, K. et H. WIRDENIUS (1991) *Vers un management multiculturel en Europe*, Paris, Éditions d'Organisation.

TOCQUEVILLE, A. de (1961) *De la démocratie en Amérique*, Paris, Gallimard.

TOFFLER, A. (1980) *La troisième vague*, Paris, Denoël.

TOFFLER, A. (1986) *S'adapter ou périr*, Paris, Denoël.

TOFFLER, A. (1991) *Les nouveaux pouvoirs*, Paris, Fayard.

TOMINAGA, K. (1991) « Les expériences historiques du Japon pour une théorie de la modernisation des sociétés non occidentales », *Sociologie du travail*, n° 1/91, Paris, Dunod.

TOULOUSE, J.M. (1979) *L'entrepreneurship au Québec*, Montréal, Presses des HEC.

TOULOUSE, J.M. (1980) *Les réussites québécoises*, Ottawa, Agence d'Arc.

TOURAINE, A. (1952) « Ambiguïté de la sociologie industrielle américaine », *Cahiers internationaux de sociologie*, vol. 7, n° 12, p. 49-72.

TURNER, B.A. (dir.) [1990] *Organizational Symbolism*, Berlin-New York, Walter de Gruyter.

UJIHARA, S. (1991) « Essai sur la transformation historique des pratiques d'emploi et des relations professionnelles au Japon », *Sociologie du travail*, n° 1/91, Paris, Dunod.

URBAN, S. et E.-M. LIPP (1988) *L'Allemagne : une économie gagnante ?*, Paris, Hatier.

URWICK, L. (1944) *The Elements of Administration*, New York, Harper & Brothers.

URWICK, L. (1956) *The Golden Book of Management*, Londres, Newman Neame Limited.

URWICK, L. (1965) « Have we Lost our Way in the Jungle of Management Theory ? », *Personnel*, vol. 42, n° 3, mai-juin, p. 12-23.

URWICK, L. et E.F.L. BRECH (1945) *The Making of Scientific Management*, 3 volumes (1945, 1946 et 1948), Londres, Management Publications Trust.

VACQUIN, H. (1986) *Paroles d'entreprises*, Paris, Seuil.

VALLÉE, L. (1985) « Représentations collectives et sociétés », *in* A. Chanlat et M. Dufour (dir.), *La rupture entre l'entreprise et les hommes*, Montréal-Paris, Québec/Amérique-Éditions d'Organisation, p. 195-242.

VANDERMEERSCH, L. (1986) *Le nouveau monde sinisé*, Paris, PUF (Perspectives internationales).

VARELA, F.J. (1980) *Principles of Biological Autonomy*, New York, Elsevier North Holland.

VARRON, M.T. (1877) *De l'agriculture*, Livre I, Paris, Nisard, 2 volumes (cité par M. Godelier, *Rationalité et irrationalité en économie*, Paris, Maspero, 1966, p. 48-49).

VEBLEN, T. (1912) *The Theory of the Leisure Class ; an Economic Study of Institutions*, New York, Macmillan.

VEBLEN, T. (1932) *The Theory of Business Enterprise*, New York, C. Scribner's Sons.

VEBLEN, T. (1970) *La théorie de la classe de loisir*, Paris, Gallimard.

VILLARD, N. (1992) « Le parcours des 200 premiers patrons français et allemands », enquête du CNRS et Herdrick & Struggles, *L'Expansion*, 9 au 22 janvier.

VILLETTE, M. (1988) *L'homme qui croyait au management*, Paris, Éditions du Seuil.

VILLETTE, M. (1988) *La nomenklatura*, Paris, Pierre Belfond.

VILLETTE, M. et A. BRETON (1989) « La qualité totale au banc d'essai », *Gérer et comprendre*, *Annales des mines*, mars, p. 15-25.

VINCENT, C.-P. (1990) *Des systèmes et des hommes*, Paris, Éditions d'Organisation.

VINCENT, J.M. (1973) *Fétichisme et société*, Paris, Anthropos.

VOGEL, E. (1983) *Le Japon, médaille d'or*, Paris, Gallimard.

VROOM, V.H. (1973) « A New Look at Managerial Decision Making », *Organizational Dynamics*, vol. 1, n° 4, printemps, p. 62-80.

WALRAFF, G. (1986) *Tête de Turc*, Paris, La Découverte.

WATERMAN, R. (1987) *The Renewal Factor*, New York, Bentam Books.

WATERMAN, R. (1990) *Les champions du renouveau*, Paris, InterÉditions.

WATSON, J.B. (1931) *Behaviorism*, Londres, Paul Kegan, 2e édition.

WATZLAWICK, P. *et al.* (1979) *Une logique de la communication*, Paris, Éditions du Seuil (Points).

WEBER, M. (1959) *Le savant et le politique*, Paris, Plon.

WEBER, M. (1964) *L'éthique protestante et l'esprit du capitalisme*, Paris, Plon.

WEBER, M. (1965) *Essais sur la théorie de la science*, Paris, Plon.

WEBER, M. (1971) *Économie et société*, Paris, Plon.

WEEKS, D.R. (1980) « Organizations and Decision Making », *in* G. Salaman et K. Thompson (dir.), *Control and Ideology in Organizations*, Cambridge, MIT Press, p. 187-215.

WEIL, S. (1964) *La condition ouvrière*, Paris, Gallimard (Idées).

WEITZMAN, M.L. (1984) *The Share Economy : Conquering Stagflation*, Cambridge, Massachusetts, Harvard University Press.

WEITZMAN, M.L. (1986) *L'économie de partage, vaincre la stagflation*, Paris, L'Expansion-Hachette- J.C. Lattès.

WEST, E.G. (1976) « Adam Smith and Alienation, Wealth Increases, Men Decay ? », *in* A.S. Wilson et T. Skinner (dir.), *The Market and the State. Essays in Honor of Adam Smith*, Oxford, Clarendon Press, p. 541-552.

WEST, E.G. (1976) *Adam Smith : The Man and his Work*, Indianapolis, Liberty Press.

WEVERT, K. et C. ALLEN (1992) « Les entreprises allemandes à l'épreuve », *Harvard-L'Expansion*, n° 67, hiver.

WHITE, R. et R. LIPPIT (1960) *Autocracy and Democracy : An Experimental Inquiry*, New York, Harper and Row.

WHITESIDE, D. et R. BRANDT (1985) « How G.M.'s Saturn Could Run Rings around Old-Style Car Makers », *Business Week*, 28 janvier, p. 660-663.

WHYTE, W.H. (1956) *The Organization Man*, New York, Simon and Schuster (traduit et publié en français en 1959 : *L'homme de l'organisation*, Paris, Plon).

WILSON, D.S. (1975) « Theory of Group Selection », *Proceedings of the National Academy of Science* (États-Unis), vol. 72, p. 143-146.

WIME-EDWARDS, V.C. (1962) *Animal Dispersion in Relation to Social Behaviour*, Édimbourg, Écosse, Oliver and Boyd.

WOLFEREN, K. van (1989) *L'énigme de la puissance japonaise*, Paris, Robert Laffont.

WORK IN AMERICA (1973 et 1983) « Report of a Special Task Force to the Secretary of Health, Education and Welfare », W.E. Upjohn Institute for Employment Research, Cambridge, Massachusetts, MIT Press.

WORLD BANK (1992) *World Development Report 1992*, Topic : Development and the Environment, Washington, D.C., World Bank Publications.

WRAPP, C.E. (1967) « Good Managers don't Make Policy Decisions », *Harvard Business Review*, vol. 45, n° 2, septembre-octobre, p. 91-100.

WREGE, C.D. et A.G. PERRONI (1974) « Taylor's Pig-Tale : A Historical Analysis of Frederick W. Taylor's Pig-iron Experiments », *Academy of Management Journal*, mai, p. 6-27.

WREN, D.A. (1979) *The Evolution of Management Thought*, New York, John Wiley & Sons, 2e édition.

Index des auteurs

Index des sujets

708*Index des sujets*

tactique, 120
planning stratégique, 110
plateau, 606
    notion de __, 605, 606
point mort, 143-144
polarisation de l'économie, 358
politique(s), 112
    de plein emploi, 472
    nationales de l'emploi, 479
pollution, 2
    effets dévastateurs de la __, 276
pouvoir, 134, 136, 166, 167, 219, 250, 366, *voir aussi*
    autorité
    absolu, 632
    démocratisé, 633
    exercice du __ dans les organisations, 589
    maintien et renforcement du __, 313
    unilatéral, 657
prévention, contrôle de, 178
prévision, 116
planification comme __, *voir* planification
principe
    d'autorité-responsabilité, 70
    de centralisation, 71
    de discipline, 70
    de division du travail, 70
    de hiérarchie, 71
    de l'adhésion, 366
    de limitation de l'étendue du contrôle, 233
    d'équité, 72
    de rémunération du personnel, 71
    de spécialisation, 233
    de stabilité du personnel, 72
    de subordination de l'intérêt général, 70
    d'initiative, 72
    d'ordre, 71
    d'organisation, 233
    d'union du personnel, 72
    d'unité
        de commandement, 70, 233
        de direction, 70
prise
    de décision, *voir* décision
    de parole, 556
privilèges, 275
    attributs et __ du chef, 535
    réservés, 534
problème(s), 137
    dans la conduite des projets, 610
    gestion comme __, 561-562
procédure, 112
processus, 136
    analyse des __ de décision, 231
    d'aliénation, 279
    de changement, 587
    de sélection, 355
production(s)
    coût de __, 38
    organisation en îlots de __ autonomes, 303
    qualité de la __, 306

système de __, 295
productivité, 201, 203, 340, 368
    baisse de __, 205
    des entreprises, 470
    du travail chez les Japonais, 379
    gain de __, 294
    notion de __, 536
    retards de __, 285
profil du dirigeant, 171
profit(s), 35, 61, 264, 266, 480, 588
    différés, 365
    poursuite du __ maximal, 580
programmation, 231
programmes, 122
projet(s), 601, 602-605, 607, 613, 617
    chef de __, 613, 614, 615, 618
    gestion
        de(s) __, 146, 602, 604, 605, 608, 609, 610, 612, 618
        par __, 232, 614
    gestionnaire engagé dans un __, 615
    organisation par __, 155-156
    problèmes dans la conduite des __, 610
promotion, 416
    système de __, 461
propriété
    notion de __, 534
        privée, 533
psychologie industrielle, 205, 218-219
psychosociologie industrielle, 204

Q

qualifications, 22
qualité, 544
    cercles de __, 149, 162, 219, 367, 372, 548, 600
    contrôle de (la) __, 180, 185, 186
    de la main-d'œuvre, 478
    de la production, 306
    de (la) vie, XII, 270, 510, 658, 663
        au travail, 271, 480
    de l'environnement, 510
        détérioration de la __, 275
    des méthodes, 478
    du travail chez les Japonais, 379
    gestion de la __, 186, 293
    management de la __, 600
    retards de __, 285
    totale, 26, 569, 587-601, 652
questionnaires, théories-, 226

R

radical-humanisme, 655
radicalisme, 660
raison, 46, 91
rapports de travail, 21-25, 589, 659
rationalisation, 58, 238, 296, 544
rationalité, 85, 91, 93, 287
    absolue, 73, 147, 157, 236
    dominante, 237
    limitée, 147, 234

IMPRESSION
IMPRIMERIE GAGNÉ

IMPRIMÉ AU CANADA